“十三五”国家重点出版物出版规划项目

南水北调中线工程河南省考古发掘报告

河南省文物局　主编

第34号

辉 县 路 固

（上）

中国社会科学院考古研究所　编著

科学出版社

北京

内 容 简 介

2006年4月至2007年12月，中国社会科学院考古研究所安阳工作站对南水北调中线工程干渠——河南新乡市辉县路固村西发掘了一处墓地，有汉代墓葬148座，宋代墓葬30座，另有少量明代墓和清代墓。汉代墓地范围内有汉代建筑基址、陶窑、水井和灰坑。汉代墓葬出土遗物有陶器、铜器、铁器、银器、铅器、铜镜、钱币、玉器、石器、琉璃器、玛瑙器、骨器、漆木器和粉块等。

路固汉代墓葬群的发掘，应是豫北地区汉代墓地规模较大、也较为系统的一次发掘，墓葬间的空间布局清楚，出土遗物丰富，为豫北地区的汉代墓葬制度研究提供了重要资料。

本书可供考古学、历史学方面的专家学者和高校相关专业的师生参考、阅读。

图书在版编目（CIP）数据

辉县路固 / 中国社会科学院考古研究所编著. —北京：科学出版社，2017.10

（南水北调中线工程文物保护项目河南省考古发掘报告；第34号）

“十三五”国家重点出版物出版规划项目

ISBN 978-7-03-055097-2

Ⅰ. ①辉… Ⅱ. ①中… Ⅲ. ①汉墓-墓群-发掘报告-辉县 Ⅳ. ①K878.85

中国版本图书馆CIP数据核字（2017）第268577号

责任编辑：张亚娜 / 特约编辑：田 雨 / 责任校对：邹慧卿

责任印制：肖 兴 / 封面设计：陈 敬

科学出版社 出版

北京东黄城根北街16号

邮政编码：100717

http://www.sciencep.com

中国科学院印刷厂 印刷

科学出版社发行 各地新华书店经销

*

2017年10月第 一 版 开本：889×1194 1/16

2017年10月第一次印刷 印张：53 插页：198

字数：2 300 000

定价：980.00元（全三册）

（如有印装质量问题，我社负责调换）

"13th Five-Year Plan" National Key Publications Publishing and Planning Project

Reports on the Cultural Relics Conservation
in the South-to-North Water Diversion Project
Administration of Cultural Heritage of Henan Province
Henan Vol.34

Lugu Cemetery in Huixian

I

Institute of Archaeology, Chinese Academy of Social Sciences

Science Press
Beijing

南水北调中线工程文物保护项目

南水北调中线工程文物保护项目

河南省考古发掘报告第34号

《辉县路固》

主　编

岳洪彬　岳占伟　苗　霞　缪　丹

项目承担单位

中国社会科学院考古研究所

前　言

作为举世瞩目的特大型水利建设项目，南水北调中线工程的文物保护工作在河南是史无前例的。无论是工程涉及区域之广大，还是文物点分布的密集程度和价值之高，在河南的考古史上都是前所未有的。因此，当黄河小浪底水利枢纽工程和长江三峡库区的文物保护工作结束后不久，随着南水北调中线工程设计规划和施工的渐次展开，世人的目光便开始聚焦古老的中原大地。如何在配合特大型工程建设的同时，使中原大地珍贵的文化遗产得到有效保护，成为河南文物部门的重要任务。

南水北调中线工程包括水源地和总干渠两个主要项目。水源地丹江口水库地跨河南、湖北两省，总淹没面积达370平方千米，其中河南省境内占170平方千米，约占总面积的46%。总干渠起自河南省淅川县的陶岔，流经河南、河北、北京、天津等省市，全长1276千米，其中河南境内达731千米，约占总长度的58%。从南阳盆地沿太行山东麓北行，流经南阳、平顶山、许昌、郑州、焦作、新乡、鹤壁、安阳8个省辖市32个县（市、区），南水北调中线工程纵贯了古代中原的核心区域。在淹没区和总干渠沿线及其附近分布的文物点，既有旧石器时代的化石地点和古人类遗迹，也有新石器时代的大型聚落，更有数量众多、内涵丰富的反映不同文化风格及其交融过程的历史时期的城址、墓葬群、古代建筑和石刻艺术等。可以说，纵贯河南南北的总干渠，在中原大地形成了一条极为难得的融汇各个文化发展时期和各种文化因素的古代文化廊道。

南水北调中线工程河南段的文物保护工作，有以下几个显著特点：

一是全国文物考古队伍积极参与。1994～2005年，河南省组织协调省内外有关文物考古、科研和工程设计单位，对南水北调中线工程丹江口河南淹没区和总干渠沿线进行文物调查、复核和确认工作。经国家有关部门复核确认，南水北调中线工程共涉及河南境内文物点330处。2005年，南水北调中线工程河南段文物保护抢救工作正式启动。河南省文物考古研究院和中国社会科学院考古研究所、武汉大学历史系、陕西省考古研究院等来自全国各地的50余家文物考古单位，先后参加南水北调中线工程河南段的文物保护抢救工作。河南省文物局积极组织协调，在工作中强化大局意识、质量意识、安全意识和服务意识，组织专家现场指导，安排部署市县文物部门进行巡视，为考古发掘单位提供优良的工作环境，确保工程建设和文物保护工程顺利进行。

二是保护抢救了一大批珍贵文物。南水北调文物保护不仅工程浩大，而且总干渠绝大部分是开挖明渠，更容易造成文物的破坏和损害。我们组织考古队伍提前介入，对将要开工渠段的已知文物点进行抢救发掘，有效地保护了文物。其中不乏历史价值、科学价值、艺术价值颇高的珍贵文物。如徐家岭墓地清理的一座战国早期楚国贵族墓葬，出土的一件小口鼎上铸有多达49字的清晰铭文，铭文上有岁星纪年和墓主人身份等，对于研究墓葬年代及墓主人身份提供了重要资料；鹤壁关庄墓地发现的清代西安府守备之墓，出土了一批金质头饰，造型优美，制作精细，特别是一件印有喜鹊登梅图案的金冠，工艺精良，有极高的艺术价值；博爱聂村墓地出土的4件唐代三彩钵，做工精湛，造型精美，是唐三彩器物中不可多得的精品。

三是考古发现具有重要的科学研究价值。如鹤壁刘庄遗址在全国首次发现分布密集、排列规律的大面积先商文化墓地，填补了先商文化发掘和研究工作的一项空白，是该研究领域的重大学术突破；安阳固岸墓地在我国第一次发现了以二十四孝为题材的东魏时期围屏石榻，首次发现了明确纪年的东魏墓葬，出土了大批北齐时期陶俑、瓷器和多方北齐、东魏墓志等重要文物，是研究豫北地区北朝时期的丧葬习俗和陶塑艺术，白瓷、黑瓷的起源和制作工艺，以及北齐和东魏时期的书法艺术的宝贵资料；卫辉大司马墓地唐代乞扶令和夫妇合葬墓的发掘，为研究我国隋唐时期的官吏体制、书法艺术和社会的繁盛提供了新证据；温县徐堡发现了龙山、西周、春秋、战国、汉、宋、明和清时期连续叠压的古城址，是目前黄河流域所发现的龙山文化城址中保存较好、规模较大的一座城址，填补了豫西北龙山城址发现的空白；荥阳薛村遗址为二里头文化晚期到早商文化时期的大型遗址，该遗址的发掘保护工作，对于研究薛村遗址聚落的结构、内部功能区的划分及其特点，探讨夏、商文化的演变的态势和更替有重要的学术意义和科学研究价值；荥阳关帝庙遗址发现了保存完整的商代晚期小型聚落，聚落功能齐全，分居住区、制陶区、祭祀区、墓葬区四部分，在我国商代考古发掘中尚属首次；新郑唐户遗址发现了大面积裴李岗文化时期的居住基址，房址形制结构特点和排水系统的使用，反映了裴李岗文化时期较为先进的建筑理念。

四是考古发掘与课题研究有机结合。在发掘过程中，不仅注重各类文物的抢救保护，而且采用现代科技手段，最大可能地采集各类标本。特别是对于出土的人骨、兽骨进行了性别、年龄、病理以及DNA等方面的鉴定；按照国家地理信息标准，对每处文物点都测量绘制了要素齐全的总平面图，为今后文物普查和保护奠定了基础。如武汉大学历史系对辉县大官庄墓地的一座9个墓室的大型汉墓，进行了发掘现场三维重建和近景摄影测绘技术的全面测绘，通过数字测绘技术、计算机虚拟现实技术，建立了三维的考古对象模型；山东大学在博爱西金城遗址发掘中，设立了主要涉及古地貌、动物、植物、石器、陶器以及遗址资源域十余个子课题的环境考古课题，是开展多学科综合研究的一次重大尝试。

河南省南水北调工程文物保护工作走过了艰辛而光荣的历程。我们积极探索大型项目建设中文物保护抢救工作的新路子，更新管理理念，创新管理机制，培育专业队伍，提升研究层次，取得了非凡的荣誉。安阳固岸墓地、鹤壁刘庄遗址、荥阳娘娘寨遗址、荥阳关帝庙遗址、新郑唐户遗址、新郑胡庄墓地等6个项目先后被评为“全国十大考古新发现”。鹤壁刘庄遗址、荥阳娘娘寨遗址、荥阳关帝庙遗址、新郑唐户遗址、新郑胡庄墓地、淅川沟湾遗址等6

个项目荣获“全国田野考古质量奖”。国家文物局授予河南省文物局南水北调文物保护办公室“全国文化遗产保护工作先进集体”荣誉称号。

河南省南水北调中线工程文物保护工作一直受到各级领导的关心和社会各界的支持。全国政协张思卿副主席曾率团视察河南省南水北调工程文物保护工作。国务院南水北调办公室和国家文物局各位领导多次亲临一线检查指导，帮助排忧解难。河南省委、省政府多次召开会议，研究解决文物抢救保护工程中的重大问题。南水北调中线干线工程建设管理局、南水北调中线水源有限责任公司、河南省南水北调中线干线工程领导小组办公室、河南省人民政府移民工作领导小组办公室对南水北调文物保护工作也给予了大力支持和帮助。国内诸多考古学家多次深入到文物保护抢救现场，对重大学术问题和考古发掘质量给予帮助指导。社会各界特别是新闻媒体给予极大关注和广泛宣传。

为了更好地利用考古资料开展学术研究，充分展示河南省南水北调中线工程文物保护项目考古发掘的巨大成果，河南省文物局积极组织考古发掘单位及时对考古发掘资料进行整理和研究，编辑出版考古发掘报告，以期进一步推动文物保护和考古学研究工作。

河南省文物局

2010年5月

目　录

插图目录

第一章　自然环境、历史地理和遗址概况

一、自然环境

辉县市位于河南省北部，介于东经113°23′～113°57′、北纬35°17′～35°50′之间，西与山西省陵川县交界，北同河南省林州市及山西省壶关县相接，东临卫辉市，南临获嘉县，东南与新乡市、新乡县毗连，西南与修武县相邻。市区北距北京市600公里，南距郑州市80公里，东南距新乡市20余公里（图1-1）。孟庄镇位于辉县市区东南，路固村位于孟庄镇东北。本次发掘的地点位于辉县市孟庄镇路固村西（图1-2）。

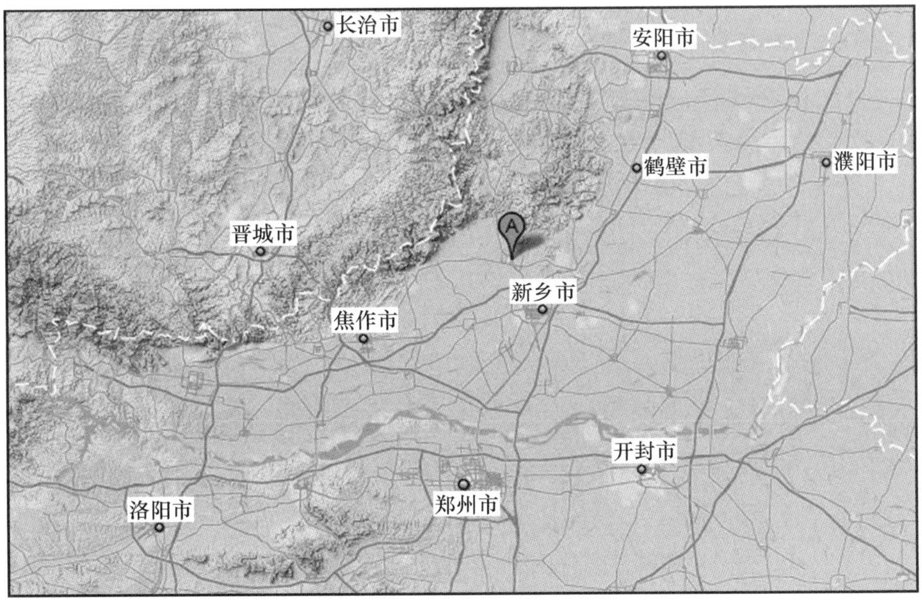

图1-1　辉县市位置示意图

辉县市共辖11个镇、9个乡、536个行政村。市域总面积2007平方公里，其中山地面积1007平方公里，丘陵216平方公里，平原784平方公里。

辉县市西部和北部均紧临太行山脉，主峰九峰山十字岭海拔1732米；南临平野，整体位于第二级地貌台阶向第三级地貌台阶的过渡地带，地势由西北向东南呈阶梯形下降，有深中山

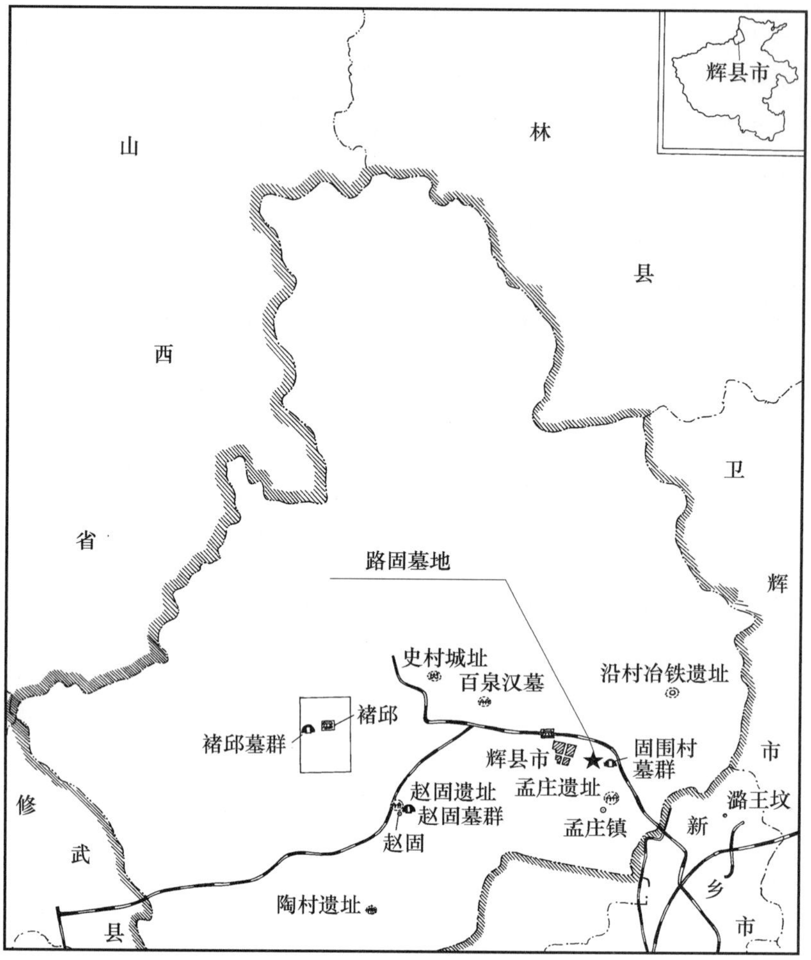

图1-2　路固墓地位置示意图

区、深低山区、丘陵区、盆地、山前倾斜平原、平原和洼地，最低洼地海拔72米。《辉县市志》记载："东达青徐，西通汾潞，为林虑之咽喉，作上党之门户"。自古以来辉县就是豫北通往晋东南的交通要道，地势险要，向为兵家相争之地。

辉县市处于太行山与华北平原相交处，为北亚热带向暖温带过渡区，属暖温带大陆性季风性气候。由于受山脉走向和海拔高度影响，季风作用较为明显，春季多风少雨，夏季多雨较热，秋季气候凉爽，冬季较冷少雪。境内分四个气候区：西北部中山温凉区，无霜期短，年平均气温在12℃以下；南村盆地和浅山温和区，年均气温12～14℃；山前丘陵温暖区，年均气温15℃左右；平原温湿区，年均气温14℃左右。据1971～2000年气象资料统计分析，1月最冷，月均气温为零下0.6℃；7月最热，月均气温为27.1℃。极端最高气温为41.5℃，出现在1992年7月2日；极端最低气温为零下18.3℃，出现在1990年1月31日。年均无霜期为214天，最长239天，最短194天。年均日照时数2020.1小时，平均日照百分率46%。5～8月日照充足，日照时数最多的5月为225小时。年均降水量为589.1毫米，7月降水最多，月均降水182.3毫米。境内地下水资源分布极不均匀，山区地下无水，丘陵及倾斜平原上部贫水，中部、南部平原地区富水，洼地弱富水[①]。

辉县市域属海河流域卫河水系，主要河流有淇河、百泉河、刘店干河、黄水河、石门河、峪河、纸坊沟河。本次发掘的孟庄镇路固村所在的平原地区，属石门河支流王村河和百泉河流域，素有“太行山下小江南”的美誉。

南水北调中线工程从西至东贯穿辉县市域全境。辉县市境可供防洪、灌溉的中小型水库19座，其中宝泉水库兴利库容1300万立方米，最大调蓄水量3821万立方米；石门水库总库容3084万立方米；三郊口水库调蓄水量2386万立方米；陈家院水库总库容1370万立方米。宝泉、石门、陈家院、三郊口诸水库为一流的群库汇流总干渠，全长86.5公里。

二、历史地理沿革

辉县市域内有许多著名的遗址，如孟庄故城、琉璃阁商代墓地、褚邱商代铜器群、西周时期共城遗址、固围村魏国国君墓地以及大量汉代墓群等，都再现了辉县市悠久辉煌的历史文化。

据地方志记载，辉县市在远古时期为共工氏部落居住之地。夏为冀州之域，殷商时期属畿内地。周初属墉，后为共国，共伯余、共伯和先后封于此。春秋属卫国，战国归晋，后属魏，秦属三川郡。

西汉时期，辉县境域一分为二，东部置共县，西部属山阳县。汉置区县均属河内郡。三国魏改属朝歌郡。晋时隶属汲郡。

隋开皇六年（公元596年），省山阳县，改置共城县，隶属河内郡。唐武德元年（公元618年），置共州，辖共城、凡城二县；武德四年废州，并凡城县入共城县。金大定二十九年（公元1189年），避显宗允恭（共之谐音）之讳，改称为河平县；明昌三年（公元1192年）又改称苏门县；贞祐三年（公元1215年）升苏门县为辉州。据传，“辉”字得名于苏门山下百泉湖畔的威惠王祠之清辉殿，而清辉殿又得名于谢灵运《石壁精舍还湖中作》中的诗句“昏旦变气候，山水含清晖”。

明洪武元年（公元1368年）废州立县，改辉州为辉县，属河南省布政使司卫辉府。1938年2月日军入侵辉县，1943年至1944年，根据抗战形势，中共太行区委将原辉县相继划为辉县（后改辉北县）、辉嘉、新乡（后改辉县）三县。1945年8月抗战胜利，1946年6月三县合并为辉县。新中国成立后，辉县属平原省新乡专区。1952年11月平原省撤销，改属河南省新乡专区。1986年新乡专区撤销，改属新乡市。1988年10月，撤销辉县，设立辉县市，为河南省辖县级市，由新乡市代管。

本次发掘的墓葬大部分属两汉时期，两汉时期的辉县历史如下。

高祖二年（公元前205年），共县改属河内郡。

---

① 辉县市史志编纂委员会编：《辉县市志（1989～2002）》，中州古籍出版社，2008年。

高祖八年（公元前199年），赐卢罢师侯爵，封于共国，食邑一千二百户，谥共庄侯。

文帝十五年（公元前165年），共庄侯孙共怀侯卢高，继承爵位及封地。文帝二十年逝，因乏后无子，取消封地。

元初二年（公元115年），河南郡国十之九遭蝗灾，已连续七年。

初平二年（公元191年），共县西北太行山农民起义军——黑山军领袖于毒、白绕、眭固等率十万众攻打驻扎在魏郡及东郡的曹操军队。

初平三年（公元192年），曹操从邺（今磁县南）出兵攻打共县太行山农民起义军大本营。

建安十年（公元205年），夏四月，黑山军领袖张燕率十余万将士降曹，被封为列侯①。

三、遗址概况

路固村墓群位于辉县市城关镇与孟庄镇、常村镇交界处，路固村、小王村和段屯三村之间（图1-3），为南水北调干渠里程602～604公里的占压区域。西北距琉璃阁遗址约2公里，东南约1公里为固围村魏国国君墓地。地理坐标为东经113°49.404，北纬35°27.079。墓群面积140万平方米，主要是汉代墓和宋代墓，另有极少量明代和清代墓。干渠由西北向东南穿过墓群中部，占压面积约15.5万平方米②。

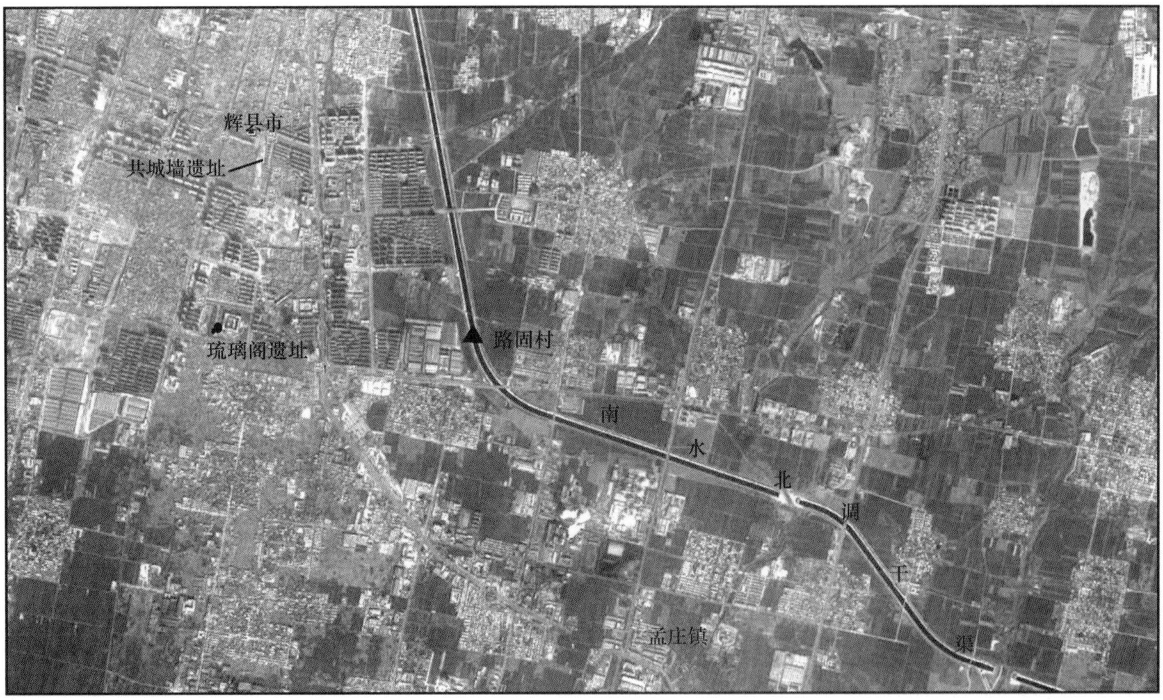

图1-3　路固墓地位置示意图

① 辉县市史志编纂委员会编：《辉县市志》，中州古籍出版社，1992年。

② 这些信息来自《南水北调文物保护合同文本》。

本发掘区东南约250米为重庆市文物考古研究所的发掘区，西北约200米为宁夏文物考古研究所发掘区，再向西北约2公里处为武汉大学考古系发掘区。这四个发掘区基本上连成一片，中间少有大规模的空白地带，很可能为同一个墓区。

从与周围村庄老年人的交谈中了解到，以前各村镇的生产生活中也发现有不少的古墓葬，大多与我们发掘的墓葬形制相似，多数也应为汉代墓葬。且越向北墓葬的规模越大，有的砖场取土时发现的大型墓葬，铲土车可以直接开进墓室内，可见其规模之大。在这些被破坏的墓葬中常可见到金属兵器，铁剑和铁刀最常见。据年纪较大的村民反映，有村民曾用数十把铁剑搭建狗窝、鸡舍等。这些信息，为我们认识墓地的性质提供了帮助。

四、辉县市域内秦汉墓葬的考古工作与研究状况

（一）2006年以前的考古工作

辉县考古发掘工作始于1935年[①]。从1935年至1952年，前中央研究院、前河南博物馆、中国科学院考古研究所曾在辉县进行过六次大规模且有计划的科学发掘[②]，发现了一批墓葬资料。其中有汉墓的几次发掘如下。

1）1935年冬，前中央研究院考古发掘团发掘汉墓8座（第一次科学发掘）。

2）1937年春，前中央研究院在琉璃阁进行了历时三个月的全面发掘，发掘汉墓25座（第三次科学发掘）。

3）1950年10月至1951年1月，中国科学院考古研究所对琉璃阁和固围两处墓地进行发掘，在琉璃阁发掘西汉中晚期至新莽时期洞室墓17座（第四次科学发掘）[③]。

4）1951年10～12月，对琉璃阁、赵固、百泉遗址进行发掘，在琉璃阁黄家坟发掘汉墓2座（第五次科学发掘），在百泉发掘东汉冢墓（大皇冢）1座。

5）1952年4～5月，在辉县褚邱村发掘了西汉中晚期竖井单棺墓8座（第六次科学发掘）。

其中，前两次发掘资料均于1949年运至台湾，目前保存于台湾历史语言研究所，未见发表更详细的资料；20世纪50年代初的几次发掘资料，主要见于《辉县发掘报告》[④]。

1985年8月，在辉县地方铁路饭店工地发掘1座汉墓（HTM1），共出土陶鼎、盒、壶、盘、罐、瓮、仓、灶、樽、耳杯、勺、器座，铜带钩、铜镜、铜柿蒂形饰，铁刀、铜钱等器物

① 中国科学院考古研究所：《辉县发掘报告》，科学出版社，1956年。

② 石兴邦：《走向辉县：新中国考古的开篇之作》，《中国文化遗产》2004年第1期。

③ A. 考古研究所辉县调查发掘团通讯组：《辉县考古发掘纪略》，《科学通报》1950年第8期；B. 辉县考古发掘团通讯组：《辉县考古发掘续记》，《科学通报》1951年第2期；C. 考古研究所辉县发掘团通讯组：《辉县考古发掘三记》，《科学通报》1951年第3期。

④ 中国科学院考古研究所：《辉县发掘报告》，科学出版社，1956年。

73件，大部分保存完好。简报称其周围为一汉代墓地[①]。

除上述汉代墓葬资料外，辉县市博物馆虽然在区域内也断断续续发掘了不少汉代墓葬，但资料均未发表。

（二）路固墓地及附近区域的发掘

2006年至2007年，为配合河南省境内南水北调中线工程干渠建设，在河南省文物局南水北调工程文物保护办公室的组织下，多家文物考古机构在辉县路固村及其附近的河线区域内参与考古发掘。

2006年4月底至2007年12月，中国社会科学院考古研究所安阳工作站在南水北调中线工程干渠区域——新乡辉县孟庄镇路固村西抢救性发掘了一处墓地，以两汉墓葬最多，共148座，另外还有30座宋代墓葬和少量明清墓[②]。

重庆市文物考古研究所，在路固村东南约250米处清理30余座汉代墓葬，规模普遍较小，出土遗物也较少。该墓地向北与路固墓地仅隔以太行大道，很可能为同一墓地。

宁夏文物考古研究所，在路固村西北约500米处清理汉代墓葬数十座。此处地势普遍高于路固墓地，所清理的墓葬规模也普遍大于路固汉墓，保存状况也相对较好。此处属城关镇地域，向南与路固墓地的C区北缘仅隔一农田。经勘探，该农田中分布有若干座汉代墓葬，南部（即靠近路固墓地C区）数量多，北部数量少。此处可能为路固墓地的北部边缘，但该农田中分布着数量众多的现代坟，因关系协调不妥，不得不放弃发掘。

武汉大学考古系，在路固村西北方向约2公里处的大官庄，清理了一批汉代墓葬，墓葬规模很大，其中的1座东汉墓有九个墓室，应是本次辉县发掘区内清理的规模最大的汉代墓葬。

上述资料大多在整理中。

除此之外，在配合后期施工过程中，辉县市博物馆在南水北调引水工程辉县市境内第五标段的庞村墓地、张雷墓地、赵雷墓地和金河小屯墓地，共发现并清理了86座墓葬，其中多数属两汉时期[③]。

---

① 新乡地区文管会、辉县百泉文管所：《辉县地方铁路饭店工地汉墓发掘简报》，《中原文物》1986年第2期。

② 其中包括未建成的墓BM41。BM41仅有一平面呈刀把状的斜坡墓道，上有五级台阶，未发现墓室。

③ 河南省文物局编著：《辉县汉墓（一）》，科学出版社，2014年。

第二章　发掘概况

2006年，为配合国家南水北调工程建设，中国社会科学院考古研究所安阳工作站临时组建辉县发掘队，在河南省新乡市辉县市孟庄镇路固村西南水北调干渠范围内进行考古钻探和发掘。由于当时河南省南水北调文物保护办公室与中国社会科学院考古研究所签订的合同是发掘辉县固围村东周墓地，所以，本次发掘编号为“2006HG”，其中2006为发掘年度，H代表辉县市，G代表固围村。当发掘队进驻现场后，发现发掘地点距固围村还有一段距离，即固围村不在本次发掘区域内，但编号没做变动，当地村民称路固村为“固村”，因此由G代表路固村。

一、分区和布方情况

为了便于统一控制工地和记录发掘资料，我们依据当地地形地貌，以两条东西向生产道路为界，将南北长约900米、东西宽100米的狭长发掘区划分为三个区域，从南向北分别编为A区、B区、C区（图2-1）。

图2-1　发掘区分布示意图

在每个发掘区内，依据钻探情况（图版一，1）、墓葬的分布位置布探方发掘（图版一，2）。由于墓葬分布较分散，布方因墓而宜。共布探方77个，其中10米×10米的探方6个，主要是为了发掘C区的一处建筑堆积；其他面积不等的探方71个，主要目的为发掘墓葬（附表一；图版二至图版四）。需要说明的是，BT01探方中探明5座墓葬，但因周围现代坟较多，与坟主亲属协商不妥而未能清理。

每一区的墓葬编号均自M1开始，文中为了方便介绍，墓葬编号简略为AM1、AM2……AMn，BM1、BM2……BMn和CM1、CM2……CMn。

二、发掘经过

野外的发掘工作分两个阶段进行。

第一阶段：从2006年4月底开始，至2007年1月27日结束。

这段时间的工作主要分为两部分。前期工作是与新乡市文化局文物科合作，确认发掘地点，并由新乡市文化局文物科组织技术工人对发掘区域进行钻探，确定重点发掘区域。2006年4～7月，新乡市方面共钻探70000余平方米，发现百余座墓葬，并认为是一处战国墓地。后经中国社会科学院考古研究所安阳工作队技工复探，确定为一处汉代墓地。后期工作主要是由安阳工作队依据前期钻探和复探信息，对河线干渠占压区域内的墓葬进行发掘。

发掘之初，我们决定先从C区南部开始，原因有三个：一是C区北部分布着较多的现代家族墓，协助发掘的辉县市文物局还未与村民谈妥，只能暂时搁置；二是经钻探，C区南部发现一处汉代建筑基址，可集中布探方发掘，便于更快地了解这一地区的地层堆积情况；三是钻探结束到开始发掘时已接近7月中旬，再有一个月就可以收割玉米，收完玉米不用耕田种小麦，这样既节省了部分青苗赔偿费，老百姓也可以有一季收成。故此，我们选择C区南部的建筑遗存、灰坑及其周边的墓葬首先进行集中发掘（图版五，1～3；图版六）。

2006年9月下旬C区发掘结束后，开始B区北部的发掘。先由数名技术人员复探以确定墓葬的准确位置，然后根据复探结果布方发掘，工作自B区北部逐步向南推进。10月底B区大面积发掘工作结束，仅东部边缘区域由于有高压线塔或现代坟占压暂时没有发掘，还有一些零星发掘工作持续到11月20日才全部结束（图版五，4）。

同年11月初，大部分人员进入A区，并由北向南逐步展开发掘工作（图版七，2、3）。A区发掘任务最重，不但面积较大，墓葬分布较密集，而且规模也相对大于B区和C区墓葬。直到2007年1月24日春节前，才阶段性地结束野外发掘工作，开始转入室内进行陶器的粘对、修复以及发掘资料（如发掘记录、登记表和图纸等）的初步整理（图版八，1、2）。

从2006年六七月份的酷暑到年底的寒冬，历时七个月，A区和C区的发掘基本完成，清理了B区的大部分墓葬（图版九，1、2）。从学术上，基本确定了遗址的年代，提出了有关坟丘形状、坟丘前供台、墓道形制和二次进棺等学术问题，并结合这些学术问题对发掘方法做出有针对性的调整。比如，坟丘多座落在墓室之上，由于墓室塌陷，坟丘也塌落在墓室的塌陷坑中，故对坟丘采用二分之一解剖式发掘，获得了坟丘的纵剖面，可清晰地看出坟丘的封筑层次和形状。再比如，墓室内有两棺或三棺者，除少数为迁葬外，多为二次进棺或三次进棺，这样墓道则会有被二次或三次打开的可能，因此清理墓道时，就会特别注意两个墓道的先后顺序，或者虽为单一墓道但有被第二次打开的痕迹。这些发掘方法的调整，对更全面地获取发掘信息和对整体墓地性质的认识，都非常有益。

这一阶段的发掘面积为8707平方米，发掘墓葬143座、水井1眼、陶窑1座、残损建筑堆积1处，出土遗物3000余件。

第二阶段：从2007年6月16日开始，至2007年12月底结束。

第一阶段发掘工作结束并做初步整理后，2007年6月16日开始对第一阶段没有涉及的河线区域进行二次勘探清查。在B区的河线区域东部边缘又发现数十座规模较小的土洞墓。故此向河南省文物局南水北调文物保护办公室提出希望增加发掘面积的申请，并很快得到答复，同意在原合同的基础上增加2500平方米的发掘面积。在第一阶段发掘结束并转入初步整理5个月后，本发掘队重新开始清理新发现的墓葬（图版七，1）。

本阶段的发掘至8月底结束，共发掘2295.07平方米，清理墓葬37座，出土遗物800余件。

2007年9月初开始转入陶器修复和发掘资料的初步整理。至12月底，基本完成文字资料和发掘图纸的初步整理，并于12月底将全部发掘标本转运至殷墟博物馆保存，以备以后的报告整理工作。

辉县路固村的考古发掘历时一年半，发掘面积11002.07平方米，清理各时期墓葬180座。其中汉墓148座、宋墓30座、明墓1座和清墓1座。此外，还清理汉代残损建筑堆积1处、陶窑1座、水井1眼及灰坑数座等（图2-2；图2-3；图2-4）。

三、参与发掘和整理人员组成

考古发掘领队为岳洪彬，主要参与发掘的人员有岳洪彬和岳占伟，谢肃、何毓灵、刘忠伏、唐际根和崔良生参与了部分发掘。王影伊和李存信负责遗址出土金属器的保护工作（图版八，3），王明辉负责现场人骨鉴定（图版八，4），刘方参与整理期间的绘图工作，赵春燕负责出土白色粉状物的检测分析以及金属遗物的检测分析工作。

由于发掘工作分两次进行，且中间间隔时间较长，所以参加野外发掘工作的人员有所变化。

参加第一次发掘的专业技师有：屈光富、霍慧军、黄晓芳、侯文明、杨树林、邓秀全、何金义、侯得让、侯贵成、侯钦平、侯钦房、侯文喜、侯玉璧、胡洪勇、卢六成、李勇、王金江、王儿生、王庆军、王卫杰、吴健华（图版九，3）。

参加第二次发掘的专业技师有：屈光富、霍慧军、侯文明、侯钦平、侯玉璧、侯尤田、侯大平、侯继文、贾学平、李勇、孟艳民、王卫杰、王庆军。此外，山东大学历史系考古专业学生李建、亓浩、韩滨、李宝垒、林森、赵永生等也参与部分发掘工作。

两次发掘所用民工均来自路固村以及孟庄镇各村村民，用工人数最多时有200余人同时参与发掘（图版九，4）。

本发掘报告的资料整理由岳洪彬主持，岳占伟和苗霞参与。在资料整理过程中，北京大学考古文博学院研究生缪丹参与了墓葬出土陶器的整理，陈灿平参与了铜镜整理，李雨生参与了钱币整理。文稿的撰写由岳洪彬、岳占伟、苗霞和缪丹共同完成，岳洪彬统校全稿。

整理期间，参与器物修复和绘图的人员有：屈光富、霍慧军、黄晓芳、刘素贞、岳俊艳、李海燕、何凯、段桂云、郭瑞莲（实习生）、霍慧庆、许艳霞、陈会霞等。出土遗物线图主要由北京大学考古文博学院研究生缪丹、杨清越、陈灿平和李雨生绘制，霍慧军、岳俊艳、王艳丽和何凯对线图进行了校正和修改。

在发掘期间，中国社会科学院考古研究所领导（图版一〇，1、2）和夏商周研究室同仁（图版一〇，3）、河南省文物局南水北调文物保护办公室领导和专家组（图版一一，2～4），都分别到考古发掘现场考察，为发掘工作建言献策；中国文物学会青铜专业委员会的部分学者（图版一〇，4）和中国社会科学院研究生院考古系上海教学部学员也考察了发掘工地（图版一一，1）。

第三章　汉代遗迹

本次发掘的汉代遗迹较为简单，有1座残损的建筑基址（主要为一些建筑构件堆积）、1座专门用于烧制青砖的陶窑、1眼附属于陶窑的水井、5座灰坑、148座墓葬。由于墓葬在遗迹中所占比例过大，故本报告将之单列一章重点介绍。

第一节　汉代建筑遗存及相关遗迹

仅发现1处残损的建筑遗存（2006HGC区F1，以下简称“CF1”），分布于汉代墓群中，CF1和汉墓无打破或叠压关系，它与汉墓应为同时。CF1的性质应较特殊，是此次发掘的重要收获之一。

CF1位于C区最南端。此处地势较高，普遍较其南侧的B区高出0.6～0.8米，且愈向北地势愈高。由于此处地势较高，也就成为村民经常取土之所。在CF1的西侧，因村民常年取土形成一个面积约5000平方米的大坑，坑深约1.2米，底部已到生土层。取土坑的东壁剖面可看到CF1的夯土块、石块、残砖和残瓦当等遗物，表明CF1的西部已被破坏。

根据钻探资料，我们在该取土坑的东侧高台地上布6个10米×10米的探方，其中东西2个，南北3个。下面详细介绍CF1的平面布局、结构以及相关遗存等。

一、堆积及包含物

CF1位于C区南端T1～T6内，发掘面积600平方米。其南侧的农村生产道为B区和C区的分界，地势较低，CF1即使向南延伸，也可能会因平整土地或取土被破坏；西侧为一条现代农田灌溉水渠和上文提到的大型取土坑。从探方北、东两侧的发掘情况看，这些区域已经不属于CF1的堆积范围。根据发掘，CF1残存面积很小，其主体部分很可能已被西侧取土坑破坏，向南可能也有部分延伸，但也被后期破坏。CF1地层堆积情况如下（图3-1）。

第1层：耕土层，土质松软，土色杂乱。厚0.2～0.25米。覆盖全部探方。内含有植物根系和煤渣，出土有泥质灰陶片、白瓷片、黑瓷片、残砖和残瓦等。

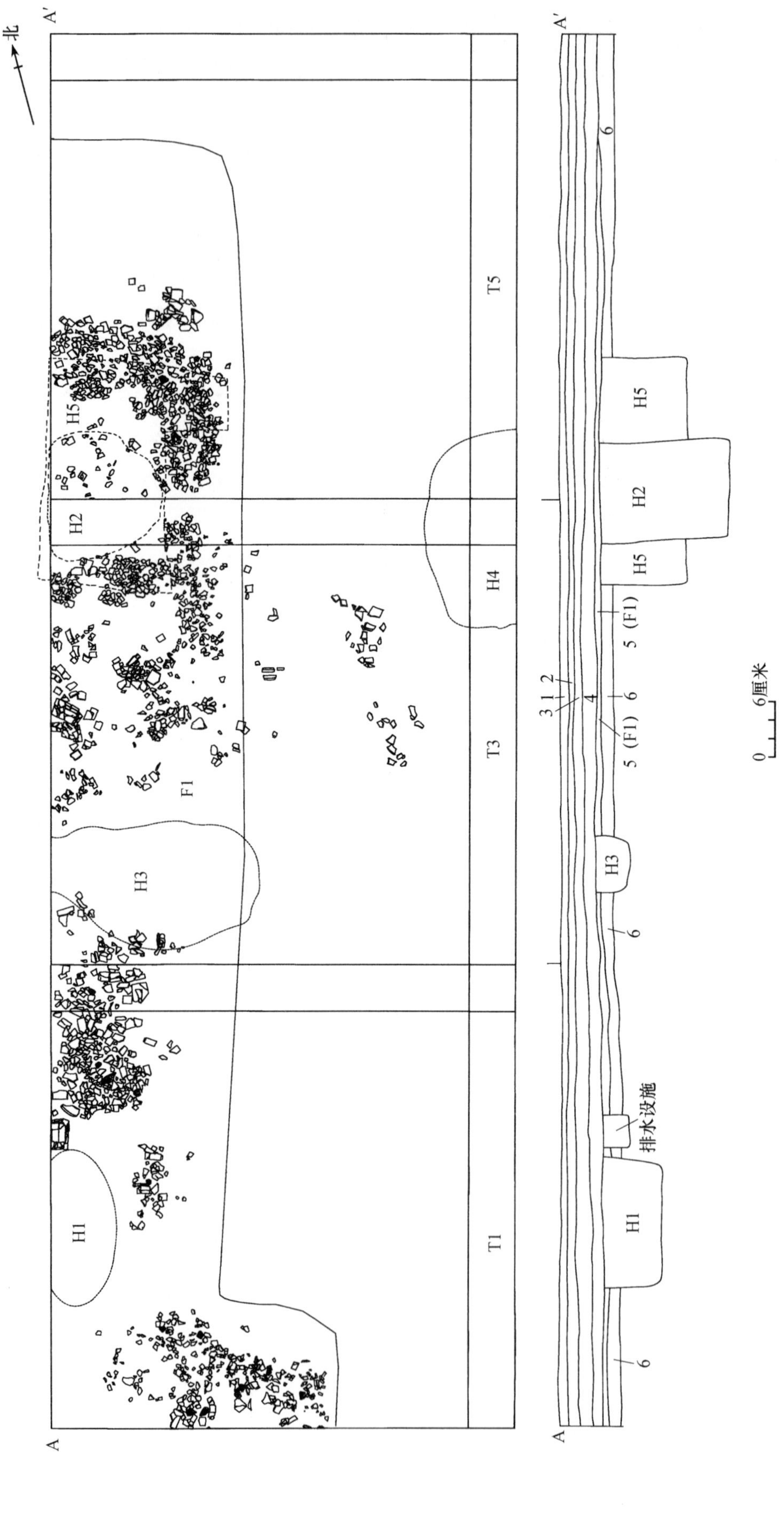

图3-1　CF1平、剖面图

第2层：扰土层，褐黑色土，土质较硬。距地表0.2～0.25、厚0.15～0.25米。覆盖全部探方。为耕土层下长期未动而板结的近代堆积层。出土泥质灰陶片、汉代筒瓦和板瓦片、白瓷片等遗物。应为近代扰土层。

第3层：褐黄色土，土质较硬。距地表0.4～0.45、厚0.2～0.45米。所有探方均有分布。出土泥质灰陶片、白瓷片和残板瓦等遗物。应为宋元堆积层。

第4层：红黄色土，土质粘硬。距地表0.6～0.75、厚0.1～0.35米。分布于T1、T3和T5的全部以及T2、T4和T6的西部，水平堆积。出土泥质灰陶片、汉代板瓦和筒瓦片、灰砖块等。从堆积特征判断，此层土应为淤积而成，可能为F1废弃后一段时间内形成的。年代应为汉魏时期。此层下叠压有2006HGC区H1、H3和H4。

第5层：CF1砖、瓦堆积层，有大量砖、瓦堆积及少量黄褐色土。距地表0.9～1、厚0～0.35米。主要分布于T1、T3、T5西部4米宽的区域内，T1南部也有少量分布。应为CF1的废弃堆积。在T5西南角此层下叠压有2006HGC区H2、H5，其中H2打破H5。H5是一座用大理石垒砌的窖穴式遗迹，也可能是CF1的地下室。

第6层：褐黑色土，土质较硬，较纯净。距地表1～1.25、厚0.2～0.25米。分布于T2、T4、T6距东壁2米一线以西，与第4层的分布范围大致相同。基本无遗物。此层堆积应为次生土层。

二、CF1及相关遗迹

CF1主体部分应在本发掘区的西侧，已被取土坑破坏，残留部分（即上述第5层堆积）可能为CF1倒塌后的部分建筑基址堆积，该堆积下未见CF1的基础槽和夯土等。根据目前资料，已无法得知CF1的平面布局和建筑结构。

CF1的建筑堆积分三处：第一处主要分布在T1南部中偏西，东西长5、南北宽1.5～2.5米，面积约10平方米；第二处主要集中于T1西北部，南北长5、东西宽2米，面积约10平方米；第三处主要集中T3西北部及T5西南部，南北长10、东西宽7～8米，面积约76平方米。另外还有零星砖瓦片分布在探方的其他区域。建筑构件堆积范围约为100平方米（图版一二）。

第4层下清理了3座灰坑（CH1、CH3、CH4）和1处残破的砖砌排水设施。CF1堆积层下有1座砖石混砌的窖穴式遗迹（CH5）和1座灰坑（CH2）。

CH1　位于T1西中部两处建筑构件堆积中间。CH1向西延伸出探方，未全部发掘。叠压于第4层下，打破建筑构件堆积层。坑口平面呈半椭圆形，口大底略小，壁面基本垂直，规则整齐，坑底较平，无踩踏及夯打痕迹。坑口距地表0.9、坑深1.18米。坑内填黄褐色土，土质疏松，出土少许砖块及板瓦片。初步判断为一处窖穴遗迹（图3-2）。

CH2　位于T5西南隅，向南延伸至T3北部。叠压于第5层（即CF1建筑基址堆积层）下，打破CH5及生土。其西部向西延伸出探方外，未全部发掘。整体呈袋状，坑口平面近圆形，

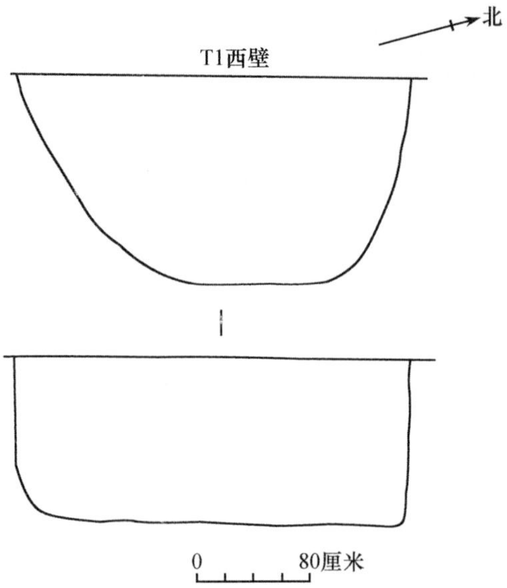

图3-2　CH1平、剖面图

壁面外斜，规则整齐，坑底稍倾斜，北部较南部深0.2米。坑底无踩踏痕迹。坑口距地表0.85、坑深2.7米，坑口南北长2.36、东西发掘宽2.14米，坑底南北长2.54、东西发掘宽2.22米。坑内填深黄褐色土，土质较疏松，出土有少许砖块、瓦片、陶瓮及盆片。推测CH2原应为一处储物类窖穴，废弃后一次性回填（图3-3）。

CH3　位于T3西南隅，北部紧邻第三处建筑构件堆积的南部边缘。叠压于第4层下。西部向西延伸出探方外，未全部发掘。坑口平面呈乒乓球拍状，柄部向西延伸，坑壁垂直，规则整齐，底略平，西侧底部较东侧底部浅6厘米左右。坑口距地表0.9、坑深0.72米，坑口发掘长5、宽1.3～3米。坑内填浅黄褐色土，土质疏松，出土少许砖块、板瓦和筒瓦片。H3原应为一处储物类窖穴，废弃后回填形成（图3-4）。

CH4　位于T3东北隅，北半部有少部分延伸到T5内，紧邻CF1建筑构件堆积层的东部边缘。叠压于第4层下。平面略呈椭圆形，口大底小，坑壁斜，规则整齐，底较平整，无踩踏痕迹。坑口距地表0.9、坑深1.44米，坑口长径4.74、短径2.88米，坑底长径4.54、短径2.6米。坑内填浅黄褐色土，土质疏松，出土少许陶片。CH4原应为储物类窖穴，废弃后一次性回填形成（图3-5）。

砖砌排水设施　仅余一小段，位于T1西部中间偏北。叠压于第4层下。该排水设施为砖石混筑砌成，东侧下部为一长条石头，其余部分均为青砖垒砌而成。从残存部分判断，此处应是一条南北走向的排水设施，北高南低，水由北向南排出。残存部分南北长0.7、东西宽0.5米左右，中间有一梯形孔作排水道，孔上宽0.12、下宽0.17米，底面中间有一块整砖。从层位关系判断，此排水设施应为F1的附属排水设施（图3-6；图版一三，1、2）。

CH5　位于T3西北角和T5西南角。叠压于第5层下，被CH2打破，其下打破第6层。平面呈“L”形，北部向东折出，四壁垂直，规则整齐，底面中间下凹0.05～0.1米，有踩踏痕迹。坑口距地表0.85、坑深1.65米，坑口南北长4.8、东西宽3.2米，折出部分东西长3.4、南北宽1.6米。CH5为砖、石混构的半地穴式窖穴，其中南墙由石头垒砌，北部东折部分的东墙、西墙为砖砌，北墙为土筑，南部石头墙为内、外两层，内侧选用较规则的石板平铺，外

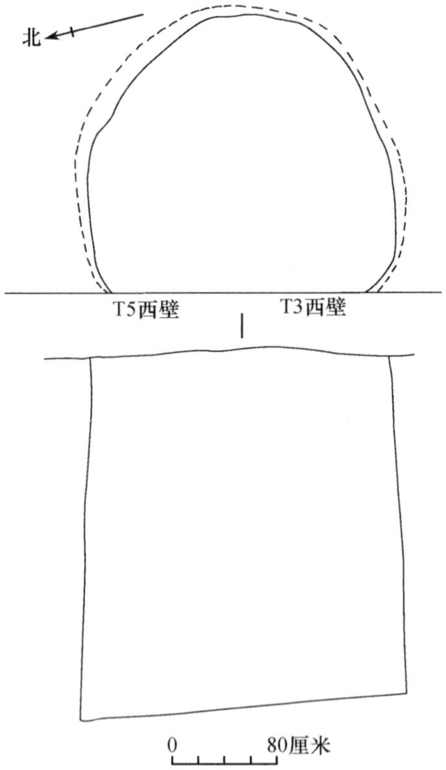

图3-3　CH2平、剖面图

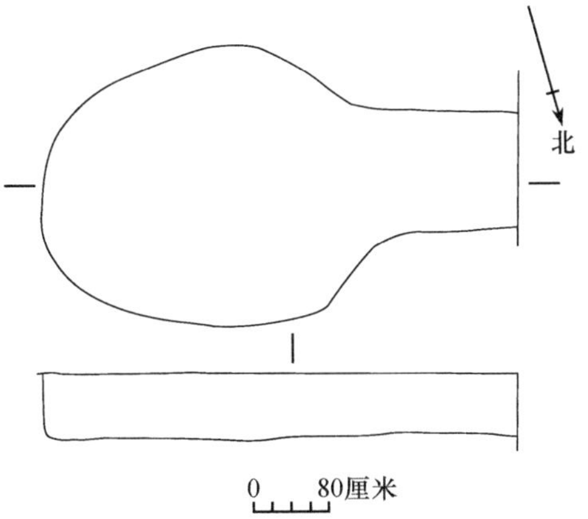

图3-4　CH3平、剖面图

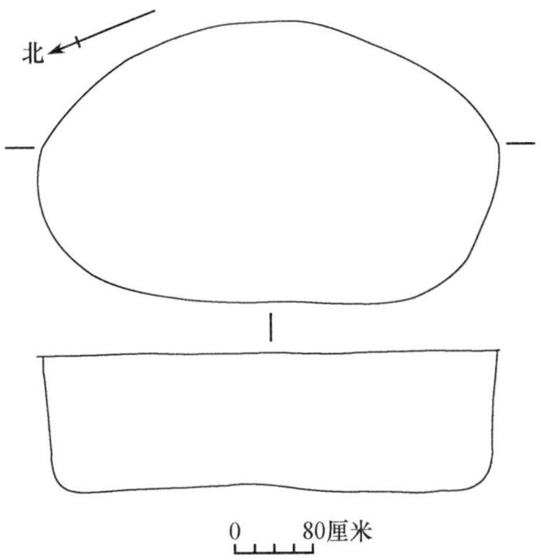

图3-5　CH4平、剖面图

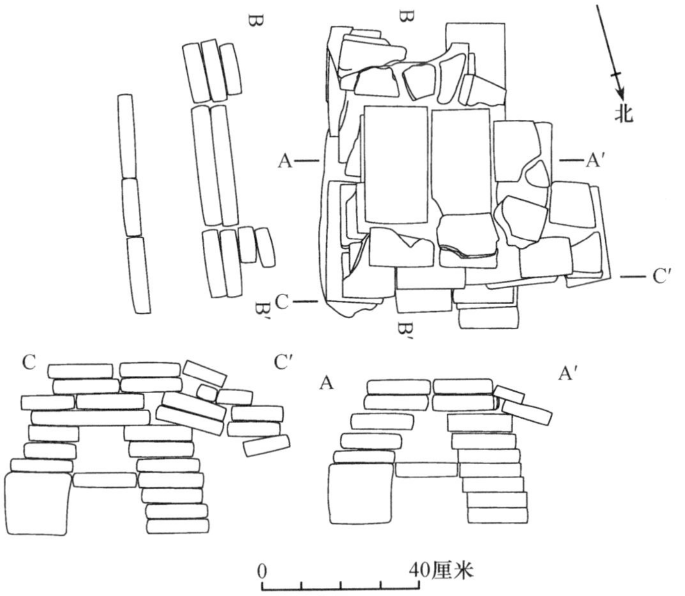

图3-6　砖砌排水设施

侧用不规则的石块压在内侧石板上，或填塞空隙。北部东折部分的西墙为顺砖错缝平砌，下部多用整砖，上部多用残砖。东折角处下半部有8层青砖，东墙尚存4层砖。墙体宽0.4～0.5、存高0.9～1.3米。CH5位于CF1建筑构件堆积层的西北角，应为CF1的配套设施（图3-7；图版一三，3～5）。

依据层位关系和空间分布，对上述遗迹的功能做如下初步分析。

CF1位于汉代墓群之中，周围无其他汉代生活类设施，据此推断CF1可能与汉代墓葬有关，不排除是专门为这些汉墓修建的享堂类设施。CH5建造规整考究，且被CF1的倒塌构件填埋，推测应是与CF1相关的附属窖穴，或为地下室类的附属设施。CH2为规则的圆形袋状坑，亦为较考究的窖穴类遗迹，其位置恰位于CH5的中部略偏西，很可能与CH5的功能相似，也是CF1的附属窖穴，但时代上略晚于CH5，功能上与CH5有前后交替的关系。其他3座灰坑均叠压

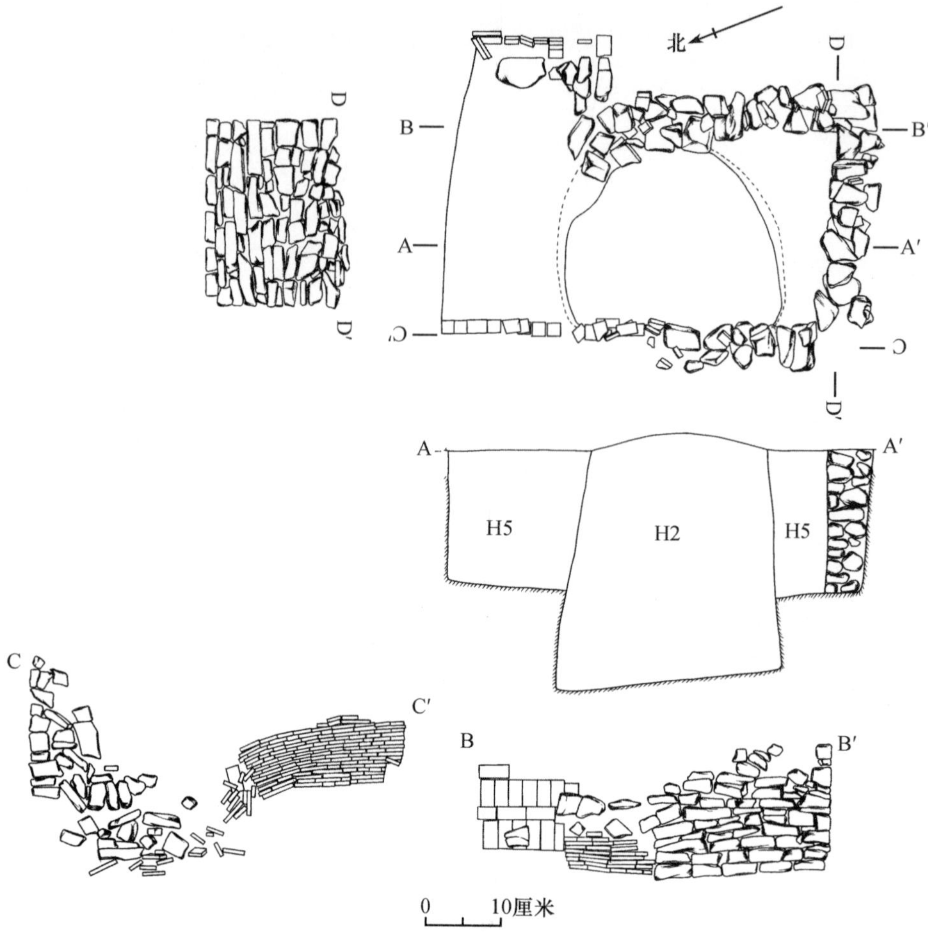

图3-7　CH5平、剖面图

于第4层下，打破CF1的堆积，时代应晚于CF1。残损的排水设施层位上与CF1相同，均被第4层所叠压，应是CF1的附属排水设施。

三、遗　　物

出土遗物有建筑构件和陶片。建筑构件以筒瓦片、板瓦片和砖块为主，另有少量瓦当。陶片均为泥质灰陶，可辨器形有盆、瓮、罐等。

陶瓦当　数量较少，仅有3件可修复，形制相同，均为圆瓦当，瓦面中心作半球形，圆心凸起，外有弧线一周，中部为双阳线将当面四等分，每格填单阳线卷云纹。CF1：1，瓦面直径14.6、残长9厘米（图3-8，4）。CF1：2，瓦面直径14.3、残长16厘米（图3-8，5）。CF1：3，瓦面直径14.3、残长11.2厘米（图3-8，6）。

陶筒瓦　数量较少，多为碎块。采集4件，形制相同，均为半圆筒状，外壁面两端和中部各有压印绳纹痕迹，内壁为布纹。CF1：4，唇长2.8、唇宽11、尾宽约14.3、厚1～1.2、通长36厘米（图3-8，2）。CF1：5，唇长2.2、唇宽10.3、尾宽约14.8、厚1～1.2、残长32.5厘米（图

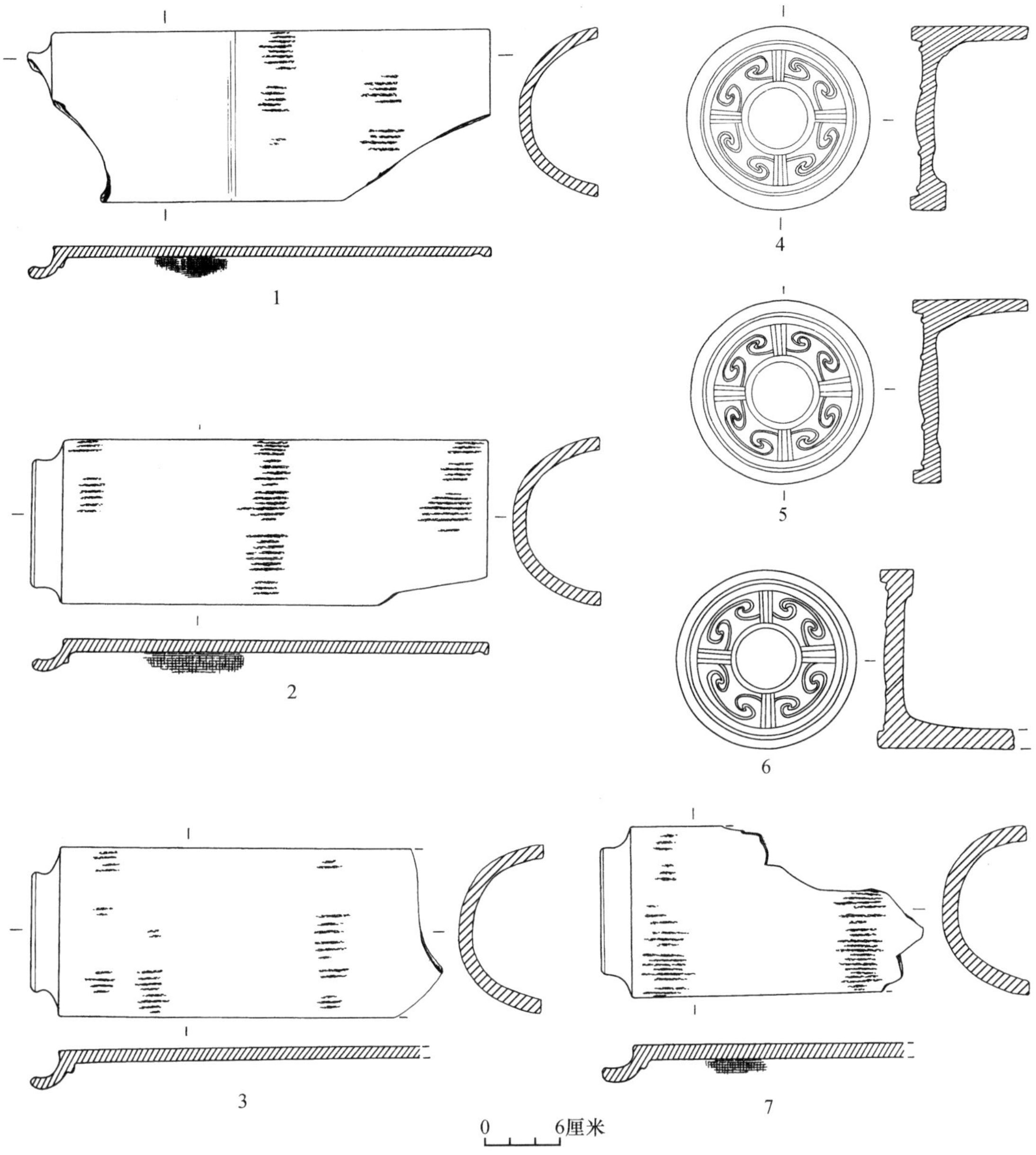

图3-8　CF1出土遗物

1～3、7. 陶筒瓦（CF1：6、4、5、7）　4～6. 陶瓦当（CF1：1～3）

3-8，3）。CF1：6，唇长2、厚1～1.2、残长35.7厘米，唇、尾均残（图3-8，1）。CF1：7，唇长2.2、唇宽10.3、厚1～1.2、残长25厘米（图3-8，7）。

陶板瓦　8件。均为泥质灰陶。无完整器物，可分为七型。

A型：2件。外面为斜向中绳纹，内面有布纹及大、中菱形网格纹。CF1：8，残长20～22、残宽21、厚1.7厘米（图3-9，8）。CF1：10，残长14～18、残宽20.5、厚1.5厘米（图3-9，3）。

B型：1件。外面有斜向中绳纹，内面一半为竖直中绳纹，一半为布纹。CF1：9，残长19～22.5、残宽19、厚1.3厘米（图3-9，2）。

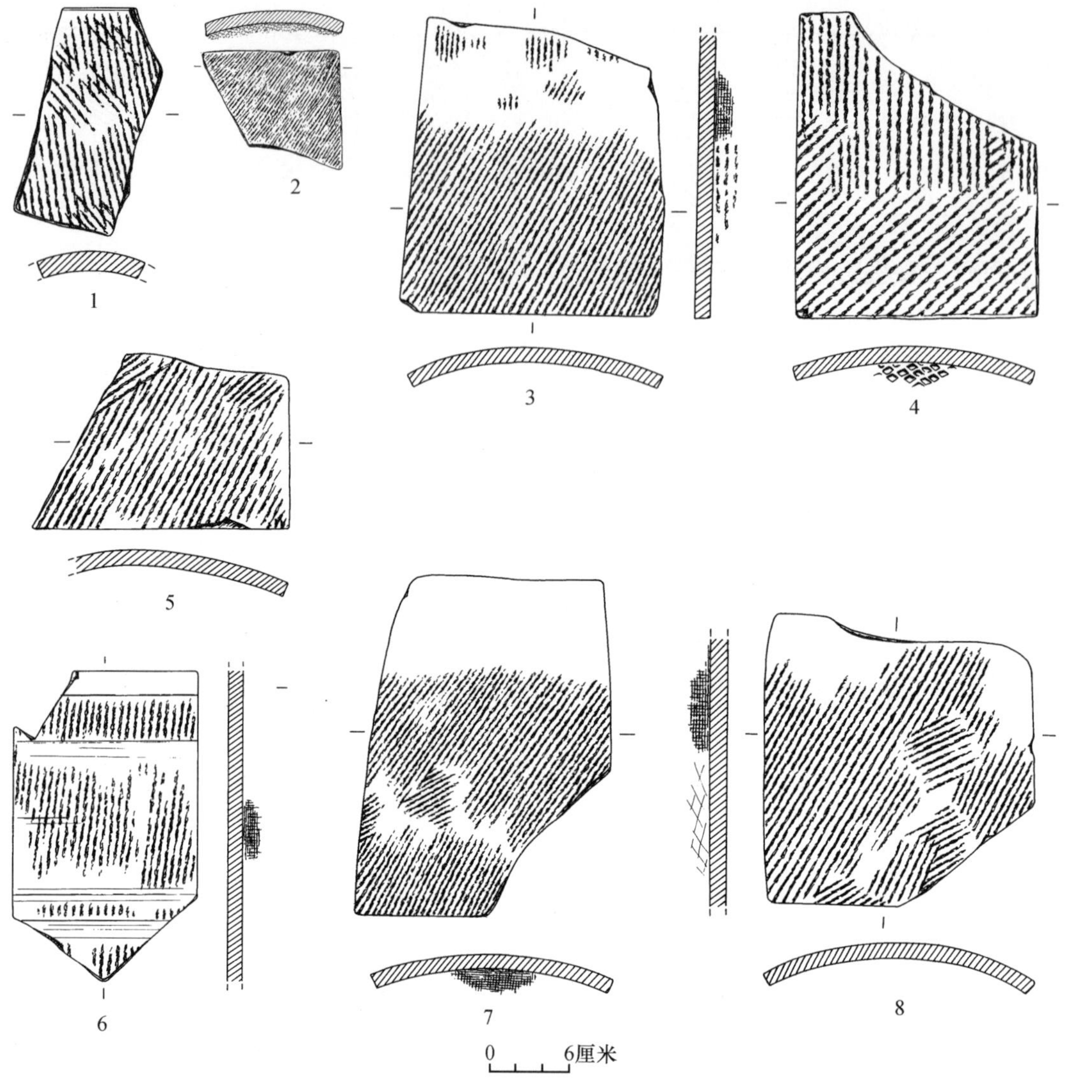

图3-9　CF1出土遗物

1. G型陶板瓦（CF1：15）　2. B型陶板瓦（CF1：9）　3、8. A型陶板瓦（CF1：10、8）　4. C型陶板瓦（CF1：11）
5. E型陶板瓦（CF1：13）　6. F型陶板瓦（CF1：14）　7. D型陶板瓦（CF1：12）

C型：1件。外面为斜向中绳纹间竖直中绳纹，内面为布纹及中菱形网格纹。CF1：11，残22.8、宽17～18.5、厚1.3厘米（图3-9，4）。

D型：1件。外面一端为斜细绳纹，一端素面，内面有布纹。CF1：12，残长25.2、残宽14～19、厚1.5厘米（图3-9，7）。

E型：1件。外面有斜向细绳纹，内面为横向粗绳纹。CF1：13，残长12.5～13.4、残宽19.2、厚1.3厘米（图3-9，5）。

F型：1件。外面有竖直中绳纹，一端有2厘米为素面，内面有布纹。CF1：14，残长23.3、宽14.5、厚1.1厘米（图3-9，6）。

G型：1件。外面有斜向中绳纹，内面有竖直中绳纹。CF1：15，残长17、残宽5～9、厚1.3厘米（图3-9，1）。

陶盆　数量较少，多为腹片及底片。根据器物口沿不同分四型。

A型：CF1：16，泥质灰陶。器形较大，复原口径约40厘米。敞口，宽平沿，方唇，斜腹。沿面上有浅凹槽一周，其余素面（图3-10，3）。

B型：CF1：17，泥质灰陶。复原口径约49.7厘米。敞口，宽折沿，方唇，斜腹。沿面上有浅凹槽一周（图3-10，5）。

C型：CF1：18，泥质灰陶。口径约46厘米。敞口，宽平沿，方唇，鼓腹。沿下有一周弦纹，腹中部有一周宽凹弦纹（图3-10，4）。

D型：CF1：19，泥质灰陶。口径约30.3厘米。敞口，宽平沿，双唇。沿面上有浅凹槽一周（图3-10，1）。

陶甑　1件。CF1：20，泥质灰陶。甑底有圆形小孔，孔径1.8厘米（图3-10，2）。

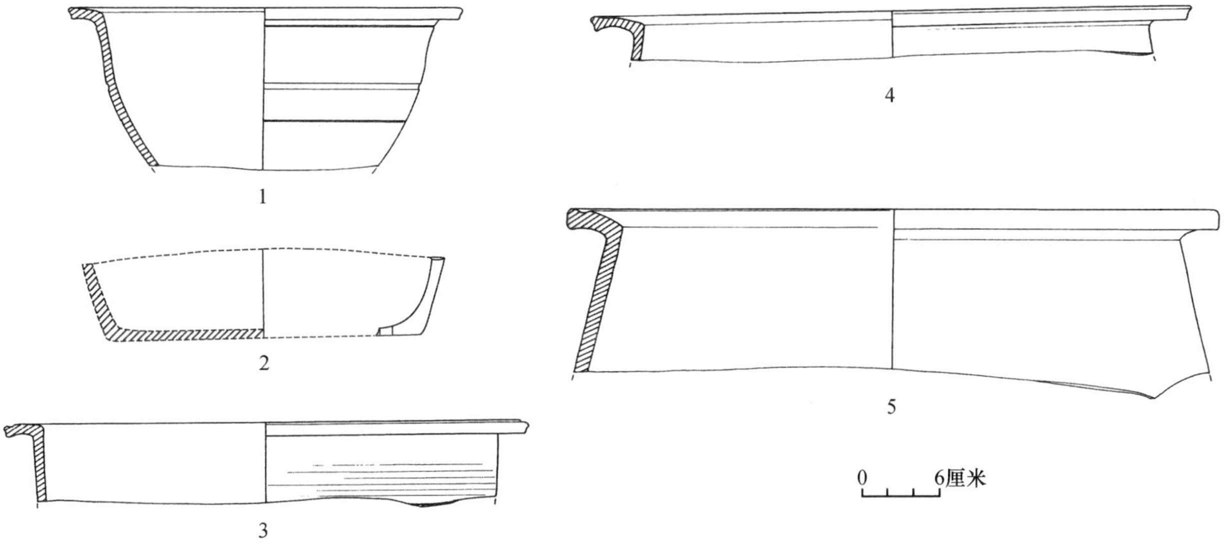

图3-10　CF1出土遗物

1. D型陶盆（CF1：19）　2. 陶甑（CF1：20）　3. A型陶盆（CF1：16）　4. C型陶盆（CF1：18）　5. B型陶盆（CF1：17）

砖　数量最多，但大小多不同。依据大小差异分七型。

A型：素面。残长23、宽15、厚5厘米。

B型：素面。残长14、宽14、厚4厘米。

C型：素面。残长12、宽15、厚3厘米。

D型：一面有绳纹。长27、宽13、厚3厘米。

E型：一面有绳纹。残长15、宽16、厚4厘米。

F型：一面有绳纹。长33、宽15、厚5厘米。

G型：素面。残长20、宽15、厚4厘米。

这些砖在A区、B区和C区的汉代墓葬常可见到，烧制火候普遍不高。

四、CF1的年代与性质

CF1与附近的汉代墓葬没有打破或叠压关系。堆积中常见长27、宽13、厚3厘米，一面素面一面饰绳纹的东汉晚期墓常用的砖；基址堆积中出土的直径15厘米的云纹瓦当也为汉代常见。由此判断，CF1应废弃于东汉晚期。

在南北长900、东西宽100米的干渠范围内，除了墓葬和与墓葬相关的设施外，未见其他生活遗迹，CF1可谓是特例。为什么在规模如此宏大的汉代墓地中只有一处建筑基址？其性质如何？现场发掘信息不足以精准回答此问题，但推测CF1应与这些汉代墓葬有关，抑或是家族墓地的享堂建筑，或为守墓人的居舍。

第二节　陶窑与水井

仅发现1座陶窑（2006HGAY1、以下简称“AY1”），位于A区中部偏南的汉代墓群中间。与此陶窑配套的还有1个大型取土坑和1眼水井（图版一四，1）。

一、陶　　窑

（一）基本情况和清理过程

AY1位于A区T25东南部，方向290度。

2006年12月28日开始发掘，窑道和窑室同时清理。窑道内填黄褐色土杂灰土块，土质疏松，含烧土颗粒，出土少量残砖、板瓦、筒瓦片和1枚铜钱。东部窑室发现尚未取走的砖时暂停发掘，决定先完成西侧窑道的发掘后再清理窑室。

12月29日继续窑道部分的清理并于下午基本清理完毕。窑道内为一次性堆积，其内填黄褐色土，含少许木炭及烧土颗粒，出土少量陶片，主要器形有盆、碗、瓦等。窑道西北壁上有五个凹坑式台阶，底部中间有火道口。

12月30日开始清理窑室、烟道和火道口的堆积。窑室内填黄灰土，夹杂较大块的烧土颗粒。烟道内填疏松的黄灰土。火道内填土可分两层：上层为黄灰土，应是陶窑废弃之后的堆积；下部为烧砖用木柴的灰烬堆积。窑床上有数百块排列整齐的青砖，均为烧制火候较低且尚未完全烧好。

12月31日至2007年1月1日，因陶窑附近的M50、M51、M55已清理近墓底，所有技工集中清理这三座墓葬，故暂停AY1的清理。2007年1月2日将AY1清理完毕。

（二）层位关系

AY1叠压于第2层下，打破生土层。从层位看，AY1与周围密集分布的墓葬处于同一层位，且与墓葬没有叠压或打破关系，布局紧凑合理。

（三）形制

AY1由窑道、火道、窑室、烟道四部分组成，东西总长7.9、南北宽2.6米，占地面积约21平方米（图3-11；图版一四，2）。

1. 窑道

位于窑室西侧，东距窑室约1.2米。窑道口距地表0.4米，窑道深1.6～1.7米，西部略高，且向东部略倾斜。窑道口平面不甚规则，除北边内凹外，其余三边均外弧，近似圆角方形，东西长4.02、南北宽3.8～4.1米。窑道底面近似半个椭圆形，东部与火道底相接，东西长2.6、南北宽2.4米。壁面斜，较规则整齐。窑道西北部呈缓坡状，缓坡上清理出五个不规则凹坑式台阶，台面上有明显的踩踏痕迹。由上至下1～4号脚窝基本在同一直线上，最底部的5号脚窝则在4号脚窝的右下方。

1号脚窝，长径0.46米，短径0.22米，台面宽0.14米，深0.16米。

2号脚窝，长径0.36米，短径0.26米，台面宽0.14米，深0.1米。

3号脚窝，长径0.36米，短径0.22米，台面宽0.14米，深0.16米。

4号脚窝，长径0.36米，短径0.2米，台面宽0.1米，深0.2米。

5号脚窝，长径0.52米，短径0.24米，台面宽0.1米，深0.12米。

2. 火道与火膛

位于窑道与窑室中间下部，呈隧道形，将窑道和窑室连接起来。火道在外侧，与窑道相连，火膛在内侧，大致与窑室相连。

火道入口处较窄小，顶部距窑道口约1米。火道口呈拱形，高0.68～0.76、底宽0.68米，底部中间平铺两层砖，两边竖置两层砖（图版一五，1）。火道向内0.4米后开始呈扇面扩张，并与窑室连为一体，形成较大的火膛，长边长2.8、短边长1.5、进深1.3米（图版一五，2）。火道与火膛的壁面已被烧成青灰色，壁面厚0.1～0.16米。

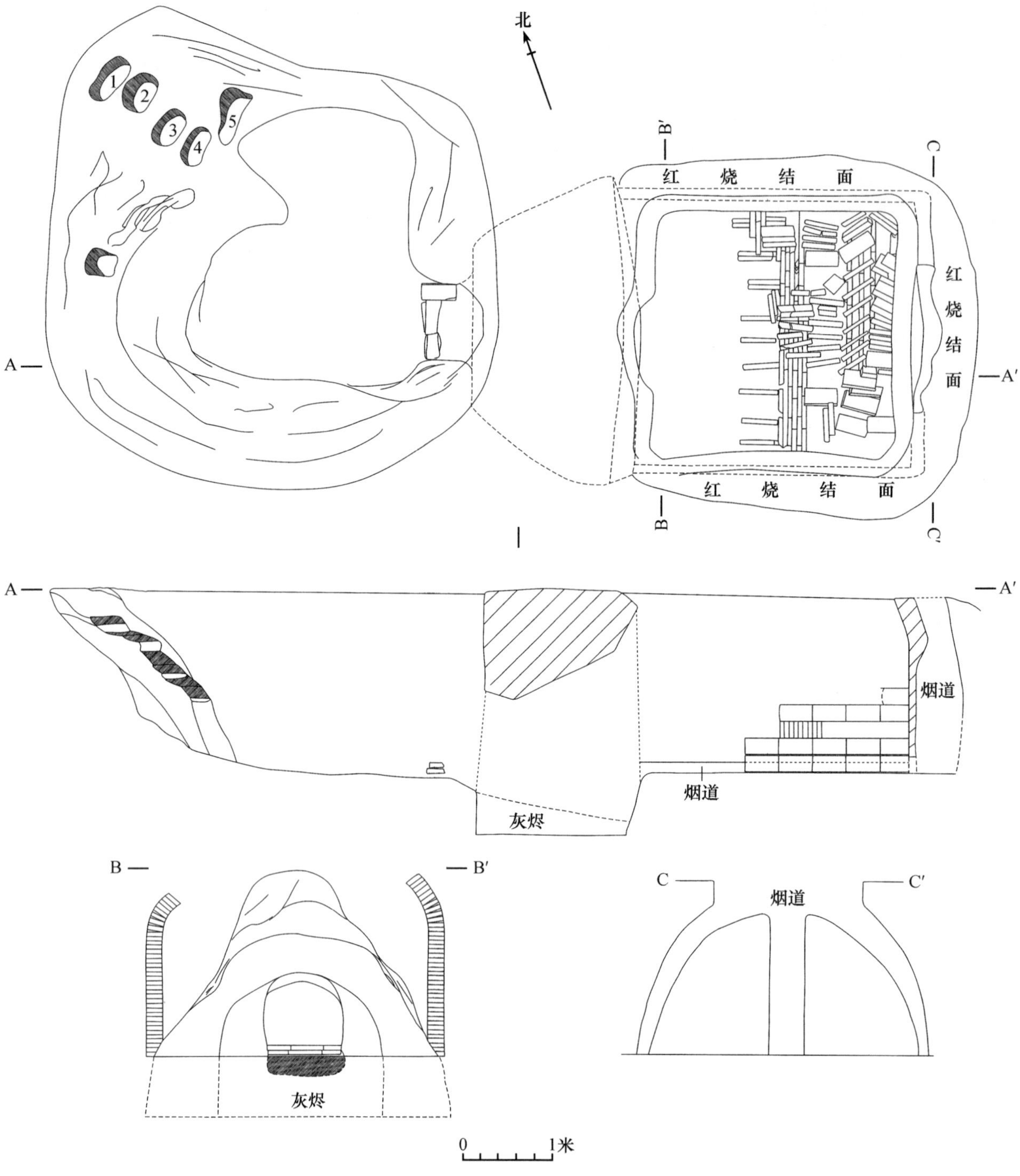

图3-11　AY1平、剖面图

1～5. 脚窝

3. 窑室

窑室位于火膛东部。底面呈圆角正方形，穹隆顶。窑室大部分保存较好，穹隆顶多被破坏，窑室底边长2.2、现存高2.1～2.2米。窑室壁垂直整齐，其中穹隆部分高0.5米。

窑室由特制的青砖垒砌而成，砖长30、宽15、厚9厘米，素面。CF1堆积层及所发掘的墓葬中没有发现类似的砖，常见的青砖厚度也只有该砖的一半。窑室内壁涂抹一层或两层草拌泥，厚度不足0.5厘米。抹泥后用5厘米宽的平板工具用力压平，压痕清晰，经长时间的高温已烧成青灰色（图版一五，3）。

窑室底部较西侧火膛底面高0.54米，形成一个规整的平台，作为窑床。窑床东西长2.4～2.54米。西半部规则整齐，经过高温已烧成青灰色。东半部保留有五层砖，排列整齐有序，自下而上的排列方式是：最下面两层砖为东西向竖立直砌，共有九列，间距0.2米，与西侧的火膛相对，可兼作通火道；第三层呈南北横向放置，与下层砖呈“十”字相交垒放，每列间距4～6厘米；第四层与第五层砖交错呈45度角摆放，间距4～10厘米（图版一五，4）。这样的摆砖方法可以在烧制时使得砖的每面均受火均匀，洇窑时砖的氧化效果也较好，在豫北地区一直沿用，直至现在。

4. 烟道

位于窑室东侧中部，从平面上看在窑室外侧，但其底部与窑室相通。

三个出烟口到口部时合成了一条状弧形烟道口，整个烟道呈弧状倒三叉形。中间烟道略呈长方形，长0.3米；两侧烟道呈倒梯形，下小上大，最窄约0.1米，最宽约0.2米。三处烟道在距窑床底1.2米处合并为一个烟道口。烟道最底端与窑室北、东、南面窑壁最下端0.1米处的外扩凹槽相连，形成环绕式抽烟道。这种烟道设计，主要起到通火均匀和抽烟的作用。

（四）堆积及包含物

窑道与窑室内均填黄褐色土，土质疏松，内含木炭和烧土颗粒，窑室内所含烧土颗粒稍多。填土均为一次性堆积。

窑道内填土厚1.6～1.7米，窑室内填土厚1.84～2.3米。窑室内保存有半窑青砖，窑道内出土少量陶片，主要器形有盆、碗、板瓦、筒瓦等，另有铜钱1枚。

陶盆　1件。AY1：2，泥质灰陶。敞口，宽平折沿，方唇，唇中间略凹，深腹，上腹微弧。沿下饰两道凹弦纹，中腹以下有两道刮削痕迹。口径32、残高11.8厘米（图3-12，1）。

陶壶　1件。AY1：3，泥质灰陶。鼓腹，假圈足，平底。下腹饰四道凹弦纹。腹径24、底径14.2、残高6.8厘米（图3-12，2）。

陶罐　1件。AY1：4，泥质灰陶。仅存底部，平底。底径26.2、残高4厘米（图3-12，3）。

陶筒瓦　1件。AY1：5，泥质灰陶，模制。仅存瓦唇和部分瓦身。瓦身外面施粗绳纹，内面施布纹。残长18厘米（图3-12，4）。

砖　200余块。

铜钱　1枚（AY1：1）。出土于窑道填土中，为货泉（图3-12，5）。

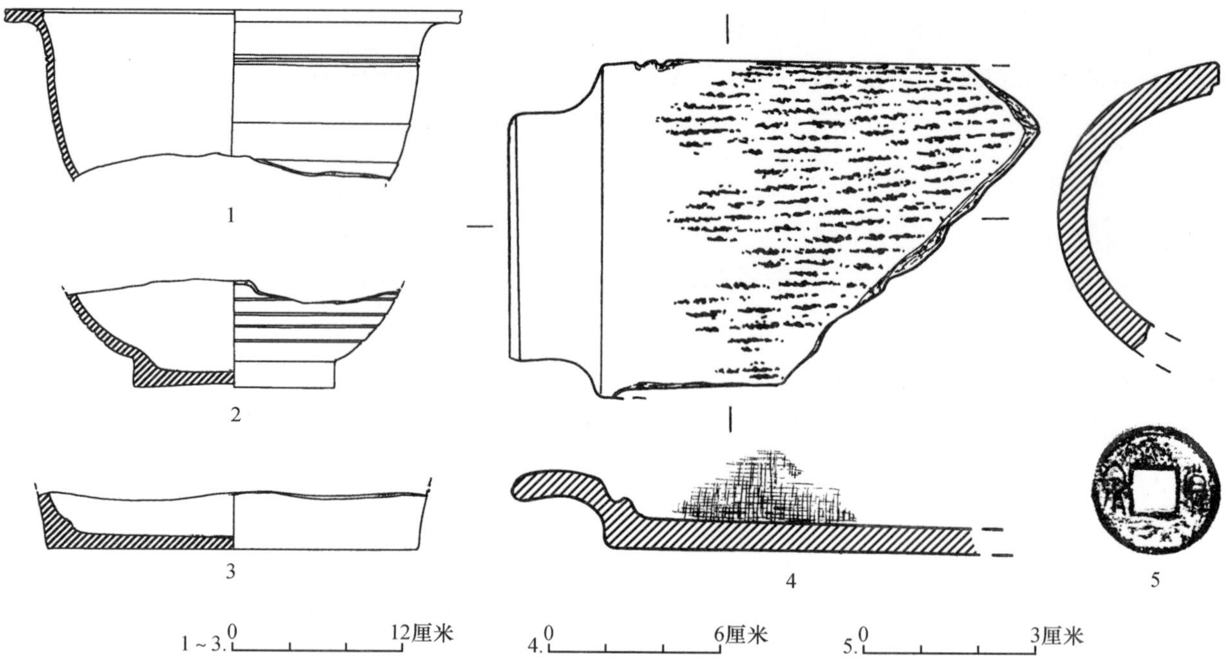

图3-12　AY1出土遗物

1. 陶盆（AY1：2）　2. 陶壶（AY1：3）　3. 陶罐（AY1：4）　4. 陶筒瓦（AY1：5）　5. 铜钱拓本（AY1：1）

（五）功能及与周围遗迹的关系

AY1周边同时代的遗迹有三种。

1. 南侧约3.5米处有一眼水井（2006HGA区T25J1，以下简称“AJ1”）。

2. 西侧约10米处有一个面积约70平方米的取土坑，坑内填纯净的黄褐土，土质较硬，无包含物，似为有意填平。应与AY1有关。

3. 东、南和北三面均发现密集分布的汉代墓葬。

也即是，AY1附近除密集分布的汉代墓葬外，没有发现房基、窖穴和灰坑等生活遗迹，唯一的是水井。试想在无人居住的区域，建一眼水井做何用呢？唯一的可能是AY1的配套设施，为制砖坯和浸洇氧化砖提供水源。

另一个值得注意的现象就是，AY1内窑床上残留有少半窑砖，并且码放整齐，由此判断AY1的功能主要是用来烧砖。而且所发掘范围内（除C区一处残损建筑基址外）罕见汉代建筑遗迹，均为汉代墓葬。由此判断，AY1很可能是专门烧制附近汉墓用砖的墓地砖窑。这种专门为墓地设窑场的现象并非孤例，在我们发掘区西北约1500米处的宁夏文物考古研究所的发掘区也发现相同的现象，在一片无生活遗迹的墓地中有一个烧砖的窑址。由此看来，在新乡地区的汉代墓地中，有专门建造供墓地用砖陶窑的现象。这种在墓地中建设配套陶窑的现象还见于焦作武陟苗庄汉代墓地中①。

---

① 焦作市文物考古研究所、河南省文物局南水北调文物保护办公室：《焦作武陟苗庄汉代陶窑发掘简报》，《中原文物》2015年第5期。

（六）年代判断

AY1北侧1.5～6.5米的范围内分布有AM50、AM51、AM55，三座墓均为竖井式墓道。在此区域的汉墓群中，竖井式墓道的墓葬均应属西汉晚期至东汉初期。根据AM50及AM51出土铜钱判断，AM50属西汉晚期，AM51属东汉初年。但其周边分布的大部分墓葬为东汉中晚期。建成这么一座陶砖窑，不会仅为这三座墓供砖，而应是长期使用。结合AY1窑道填土中出土的铜钱为东汉晚期，推断AY1的年代应为东汉中晚期。

（七）发掘中存在的问题

1）由于后期破坏严重，窑室及窑道的上部即地面以上部分的结构不清，窑室的封窑、洇砖设施不明，窑道的防雨、防晒等情况也无法确知。

2）AY1的开始使用时间和延续时间以及最后废弃时间都无法精准判断，只能结合其周围墓葬对AY1的年代做大致推断。

3）AY1废弃原因不明，为何窑床上还有半窑砖没有被取走？值得思考。

4）砖窑的整体布局和相关遗迹情况不明。由于发掘区仅限于河线区域，即局限于东西100米宽的范围之内，因此，附近是否还有此类陶窑及数量，一座陶窑供多少墓葬用砖，AY1距北部宁夏文物考古研究所清理的砖窑①直线距离1500米左右，两者之间还有没有同类陶窑，目前均不得而知。

5）AY1专门提供汉墓用砖，而汉代的墓葬中多随葬大量陶器，墓地所用的砖能就地烧制，那么墓地所用的陶器会不会也就地烧制呢？从事这种工作的人又居住在什么地方？这些问题皆因发掘面积小而无法得到全面解决。

二、水　　井

（一）基本情况和清理过程

AJ1位于A区中部的T25东南角。

2007年1月2日AY1的发掘结束后，在周围钻探时于其南侧发现AJ1。为搞清AJ1与AY1之间的关系，1月10日在AY1南侧把T25向南扩方5米×7米。1月11日发掘完第1、2层并确定AJ1的平面范围。1月12日开始清理，AJ1口部坍塌，当发掘至0.2米深时内收0.3米，南壁垂直向下；

① 资料正在整理中。

发掘至井口以下1.2米处，四周均内收且出现一平台，井径缩小为1.8米，平台东部稍宽，宽0.7米，其他三面宽0.5～0.6米，推测应是口部塌陷形成的平台。1月13日发掘至井口以下2.4米处出土少量残砖。1月15日，发掘至井口以下2.7米处出现险情暂停清理。1月19日，采取适当的安全措施后用支架滑轮吊土发掘，清理至井口以下5.6米，填土仍然非常纯净，鲜见包含物。1月20日，发掘至井口以下7米深，井壁四周因长期冲刷出现外张现象，且井身狭小，再加上土质松散，随时存在塌方的危险。为完全起见，发掘工作停止，在井口以下7米深处向下打梅花状探孔5个（中间1孔，四周各1孔），钻探了解井深尚有5.5米，总深度达12.5米，近底部有1.5米深的黄色淤土，未探到包含物。

（二）层位关系

AJ1叠压于第2层下，与AY1处于同一层位上，其下直接打破生土层。

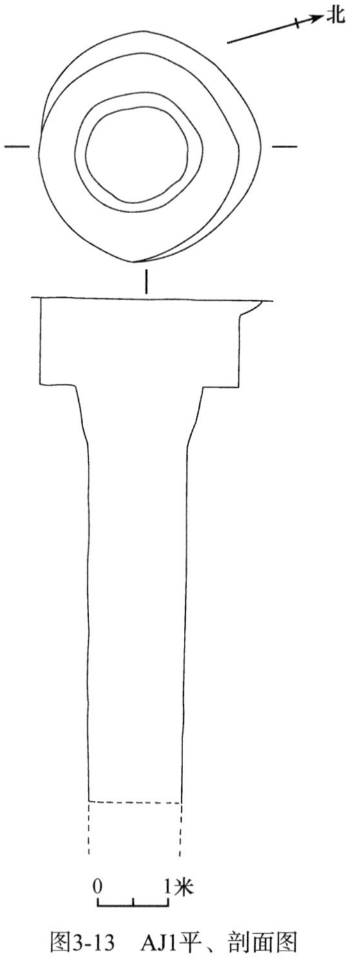

图3-13　AJ1平、剖面图

（三）形制

AJ1平面近圆形，井底详情不明，钻探可知井底较平。井口距地表0.7、井深12.5米，井口以下7米处应为该水井使用时期的水位线。井口以下1.2米深处较大，东西长径约3.1、南北短径约3.04米。北部井口有少部分塌落，倾斜稍内收，规则整齐。井口以下1.2米处内收，出现一宽0.5～0.7米的小平台。井口以下1.2～7米深之间的井壁呈较规则的圆形，长径1.42、短径1.3米，壁面垂直光滑（图3-13；见图版一四，1）。

（四）堆积及包含物

AJ1为一次性回填，井口至11米深填土均为浅红褐花土，土质疏松，含少量木炭及烧土颗粒，出土少量残砖及小瓦片。11～12.5米深为使用时期的黄淤土，较纯净，无其他包含物。

（五）年代推测

AJ1叠压于第2层下，打破生土，层位与AY1相同，时代也应大致相同。AJ1填土中出土残砖及小瓦片的特征均属汉代。因此推测AJ1与AY1均为汉代遗存。

（六）功能及与周围遗迹的关系

AJ1北侧3.5米处为AY1，附近没有发现房基。从发掘情况判断，AJ1应与AY1相关，很可能为AY1的配套设施（大致原因在AY1部分已做过阐述）。废弃时间应与AY1同时。

第四章　汉代墓葬

第一节　墓葬介绍

本次发掘，共清理汉代墓葬148座。根据打破关系以及墓葬的空间分布所反映的营建顺序，归纳出两汉时期墓道的大致演变过程。不同类型的墓道具有较明显的时代特征。因此，本章将以墓道不同为主线对墓葬进行分类介绍。在148座汉墓中，除BM2因为地形原因，墓道没有发掘完整未做分型外，其余的147座墓依据墓道形制和二次挖开墓道的组合差异分六型。

A型：竖井式墓道。

B型：台阶式长墓道，墓道与洞室间有竖井。依墓道为直或斜的差异分为两亚型：Ba型为直长墓道，Bb型为斜长墓道。

C型：斜坡式长墓道，墓道壁上有明显的进棺槽。依墓道为直或斜的差异分为两亚型：Ca型为直长墓道，Cb型为斜长墓道。

D型：斜坡式长墓道，墓道壁上无明显的进棺槽。依墓道为直或斜的差异分为两亚型：Da型为直长墓道，Db型为斜长墓道。

E型：台阶式长墓道，带过道和天井。依墓道为直或斜的差异分为两亚型：Ea型为直长墓道，Eb型为斜长墓道。

F型：双墓道。

墓葬的介绍顺序是：同一类型的墓葬，以时代先后顺序介绍；同类型、同时代的墓葬，按分区顺序介绍；同类型、同时代、同分区的墓葬，则以墓葬编号顺序介绍。

一、A　型　墓

竖井式墓道墓葬，共28座。多为土洞墓室，部分墓室地面铺砖。此型墓流行于西汉晚期，新莽至东汉早期也较为多见，东汉中期以后少见或不见。

（一）2006HGA区T25M50（下文简称“AM50”）

AM50位于A区中部的T25西北隅。叠压于第2层下，墓口距地表0.5、墓深5.2米。墓道向北，方向17度。保存完整。

由坟丘、墓道、封门、墓室和耳室组成（图4-1-1；图版一六，1）。

坟丘：地面坟丘已不存，应是早年随墓室塌落而陷在墓坑中，但地面有明显的坟丘范围。平面呈椭圆形，长径4.2、短径3、深1.5米。坟丘堆积黄花土，间杂黑褐色土颗粒。坟丘用土均为当地4～5米深处的土质特征，由此推测，坟丘封土是建造此墓时直接从地下挖土堆在地面墓室上方而成。

墓道：位于墓室北壁中部。平面略呈梯形，墓道口南北长2.5、北端宽0.9、南端宽0.95米，底南北长2.4、东西宽0.94米。底从北向南稍倾斜，北端深4.9米，南端与墓室底平。墓道南壁和西壁较垂直，北壁稍内收，东壁向外张出约0.08米。墓道北端两壁有对称的各8个椭圆形脚窝，脚窝长径0.18～0.28、短径0.1～0.2、深0.06～0.1米，脚窝间距0.3～0.4米（图版一六，2）。

封门：青砖封门。共十四层，丁砖左、右对角分层斜放，自底面第二层砖开始为前后交错放置。门宽0.96、高1.3米（图版一六，3）。

墓室：拱顶土洞结构。平面呈“T”字形，南北长3.94、北宽2.02、南宽1.94、高2.1米。

耳室：两个[①]，位于墓室北端两侧。拱顶土洞结构，平面近圆角方形，左耳室口长1.2、内边长1.14、进深1.2、高1.28米（图版一七，2），右耳室口长1.1、内边长1.04、进深1.02～1.06、高1.18米（图版一七，1）。

葬具：位于墓室南部。木棺两副，朽蚀严重，仅存朽痕。棺1长2.14、前宽0.86、后宽0.84米，棺2长2.22、前宽0.86、后宽0.74米。棺室内均铺有青灰一层。

葬式：人骨架两具，腐朽严重，仅余牙齿，性别不明。棺1内墓主高约1.4米，从牙齿判断为7～8岁的少年。棺2内墓主高约1.52米，从牙齿判断为12～14岁的青少年。推测二者可能是冥婚夫妇。

出土遗物：43件（组），有陶器、钱币、银器和玛瑙器，计有陶瓮1件、壶2件、鸮形小壶2件、罐13件、小罐2件、仓11件、灶2件、樽2件、盘2件、耳杯2件（图4-1-2A、2B、2C；图版一七，3），铜钱2组计15枚，银指环1件，玛瑙耳饰1对。陶器均成套成组，分置于两个耳室，木棺前各置一套陶樽和陶耳杯，应是墓室内作祭奠活动的供器。随葬陶器应为两套器物组合，分属于两位墓主人。

AM50的年代应属西汉晚期。

① 以从墓室内向墓门的方向辨左、右，以下均同。

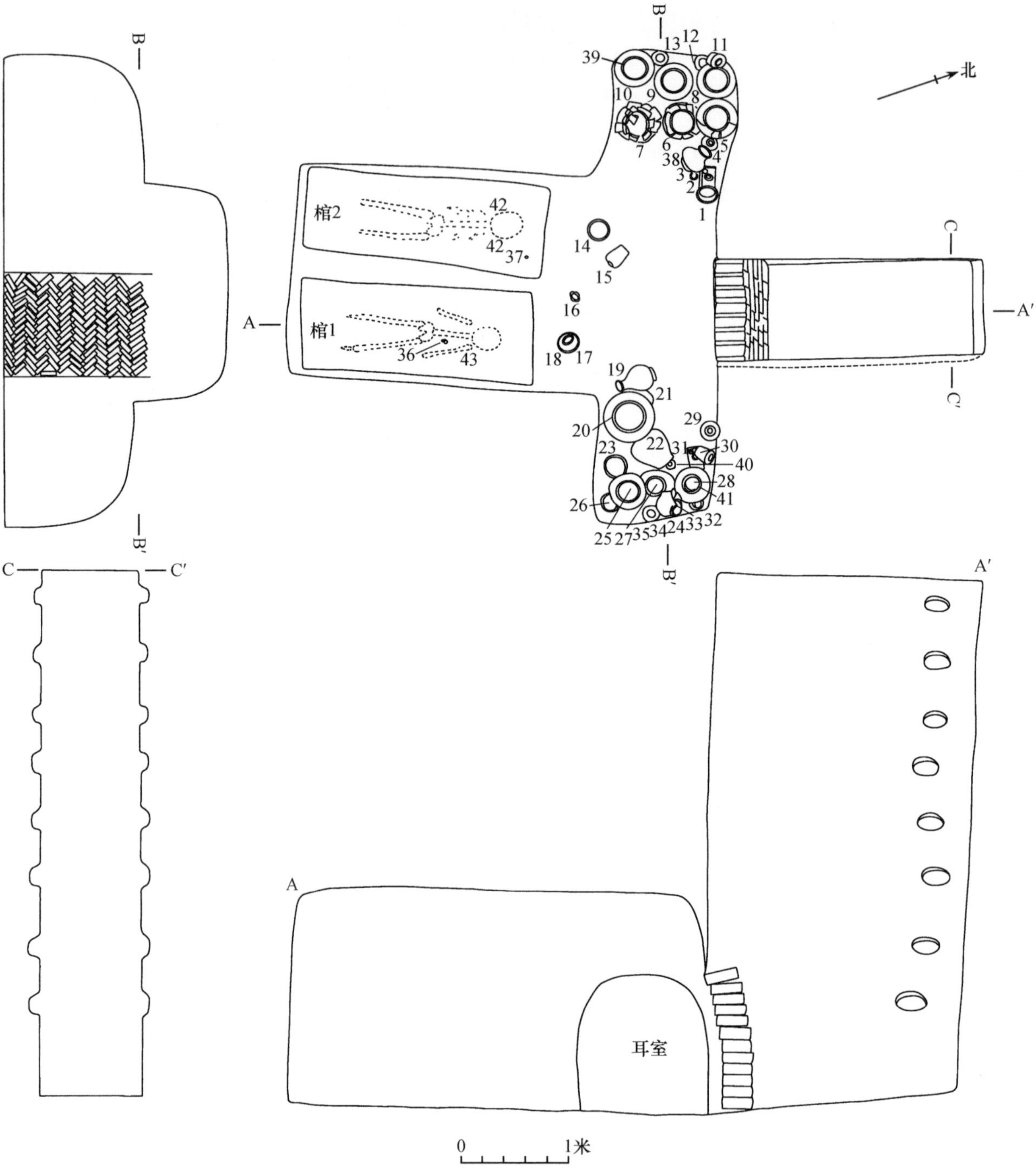

图4-1-1　AM50平、剖面图

1、21. 陶盘　2、31. 陶灶　3、19. 陶壶　4、29. 小陶罐　5～10、22～28. 陶罐　11～13、15、30、32～35、39、41. 陶仓　14、18. 陶樽　16、17. 陶耳杯　20. 陶瓮　36. 铜钱（10枚）　37. 铜钱（5枚）　38、40. 鸮形小陶壶　42. 玛瑙耳饰（2件）　43. 银指环

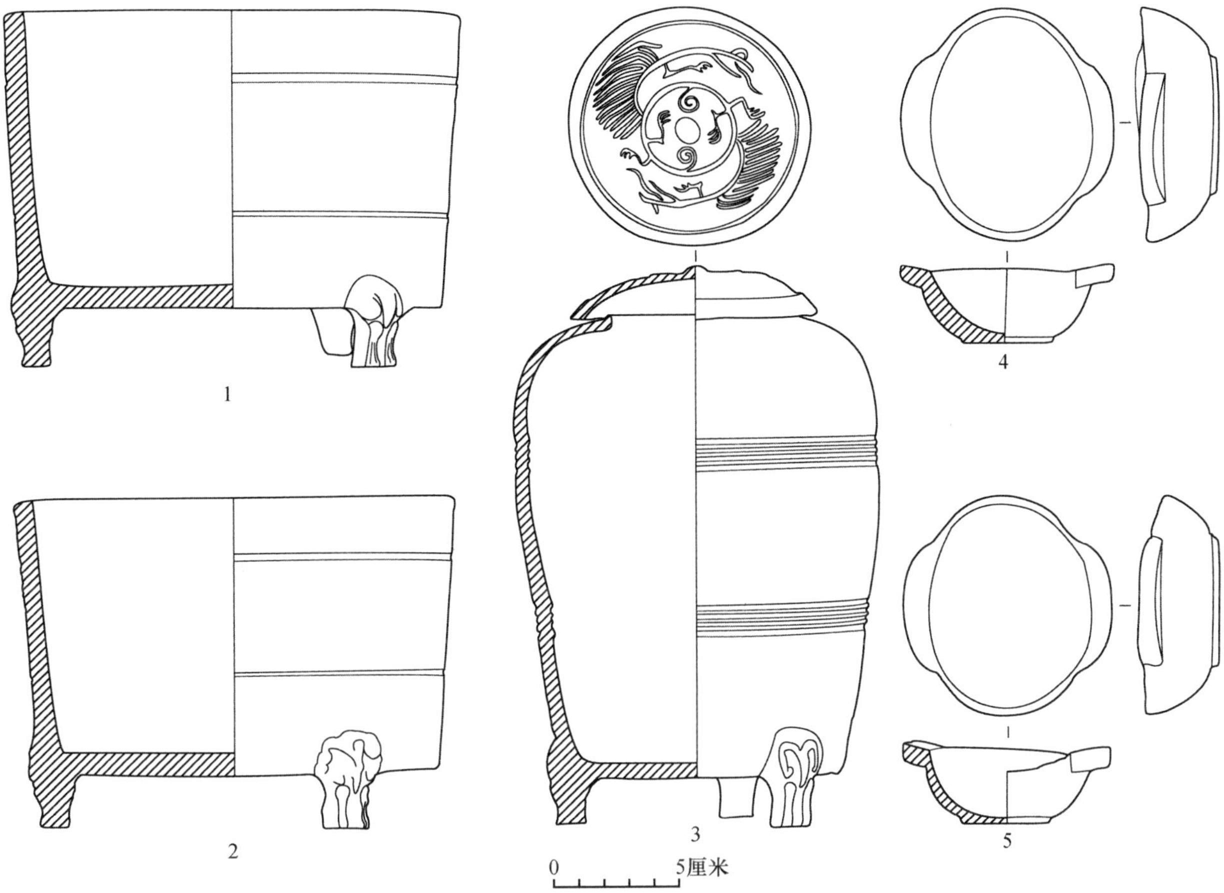

图4-1-2A　AM50厅室出土陶器

1、2. 樽（AM50：14、18）　3. 仓（AM50：15）　4、5. 耳杯（AM50：16、17）

（二）2006HGB区T8M12（下文简称“BM12”）

位于B区中部的T8东中部。叠压于第2层下，墓口距地表0.5、墓深3.05米。墓道向北，方向15度。保存完整。

由墓道、封门和墓室组成（图4-1-3；图版一八，1）。

墓道：位于墓室北壁中部偏东。平面近梯形，墓道口南北长2.4～2.5、北端宽0.76、南端宽0.9米，底面南北长2.6米。底稍呈缓坡状，从北向南斜，北端深2.6米，南端与墓室底平。

封门：位于墓道南端，墓室洞口外侧。青砖封门，共二十二层，底面平砖顺铺一层，墓道两侧边有一周侧放丁砖，与底面平砖形成一门框式样。中间十九层为丁砖左、右对角分层斜放，封砖为前后交错摆放，最上面两层砖为残砖顺砖平砌（图版一九，1）。底面宽0.9、高2米。

墓室：拱顶土洞结构。平面呈南北长方形，墓壁垂直且规则整齐，底较平整，长3.5、宽1.7、高2.1～2.2米（图版一八，2）。

葬具：位于墓室南部中间。木棺两副，朽蚀严重，仅存朽痕。棺1长1.84、前端宽0.34、后

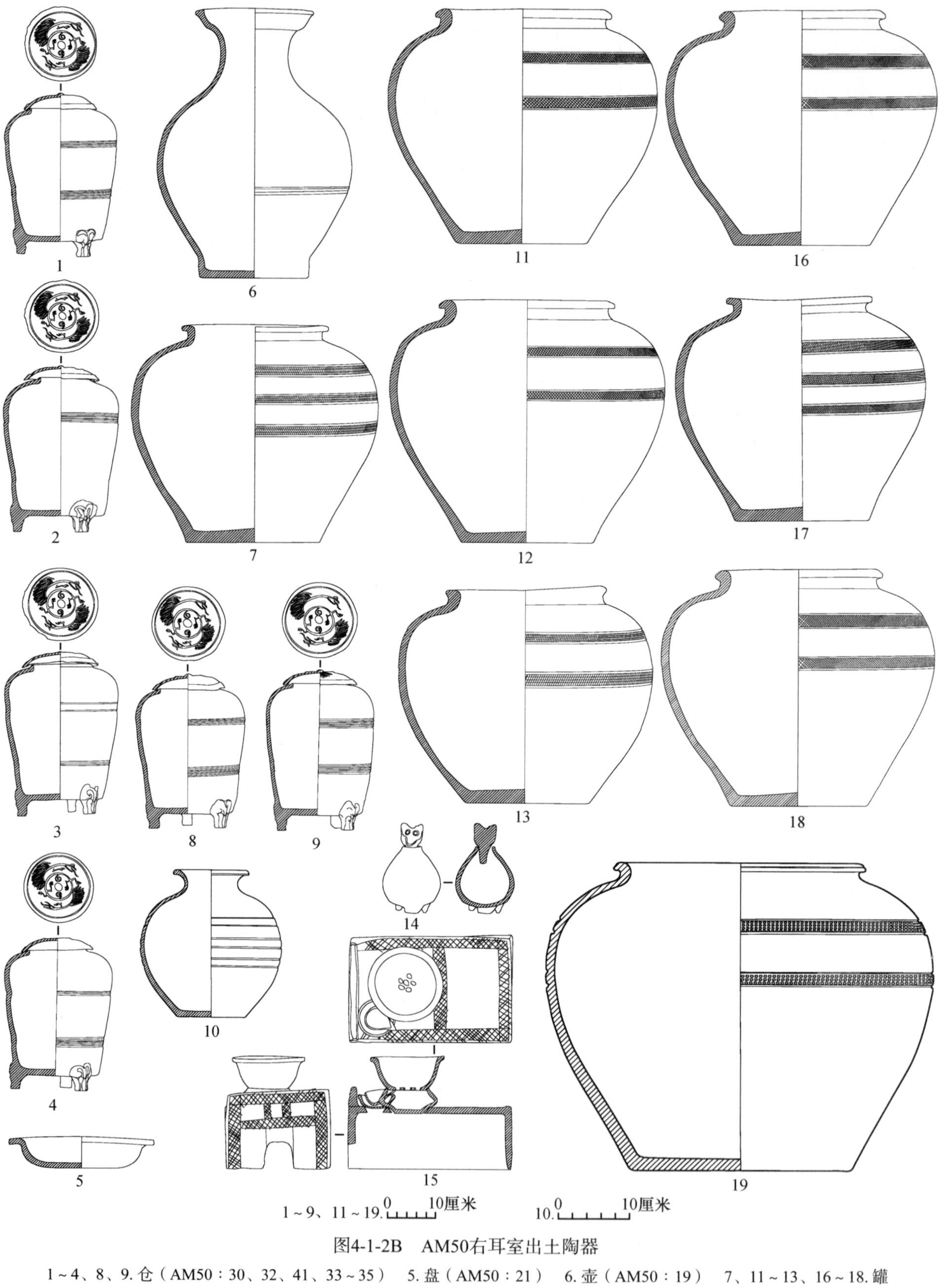

图4-1-2B　AM50右耳室出土陶器

1～4、8、9. 仓（AM50：30、32、41、33～35）　5. 盘（AM50：21）　6. 壶（AM50：19）　7、11～13、16～18. 罐（AM50：25、22、24、26、28、27、23）　10. 小罐（AM50：29）　14. 鸮形小壶（AM50：40）　15. 灶（AM50：31）　19. 瓮（AM50：20）

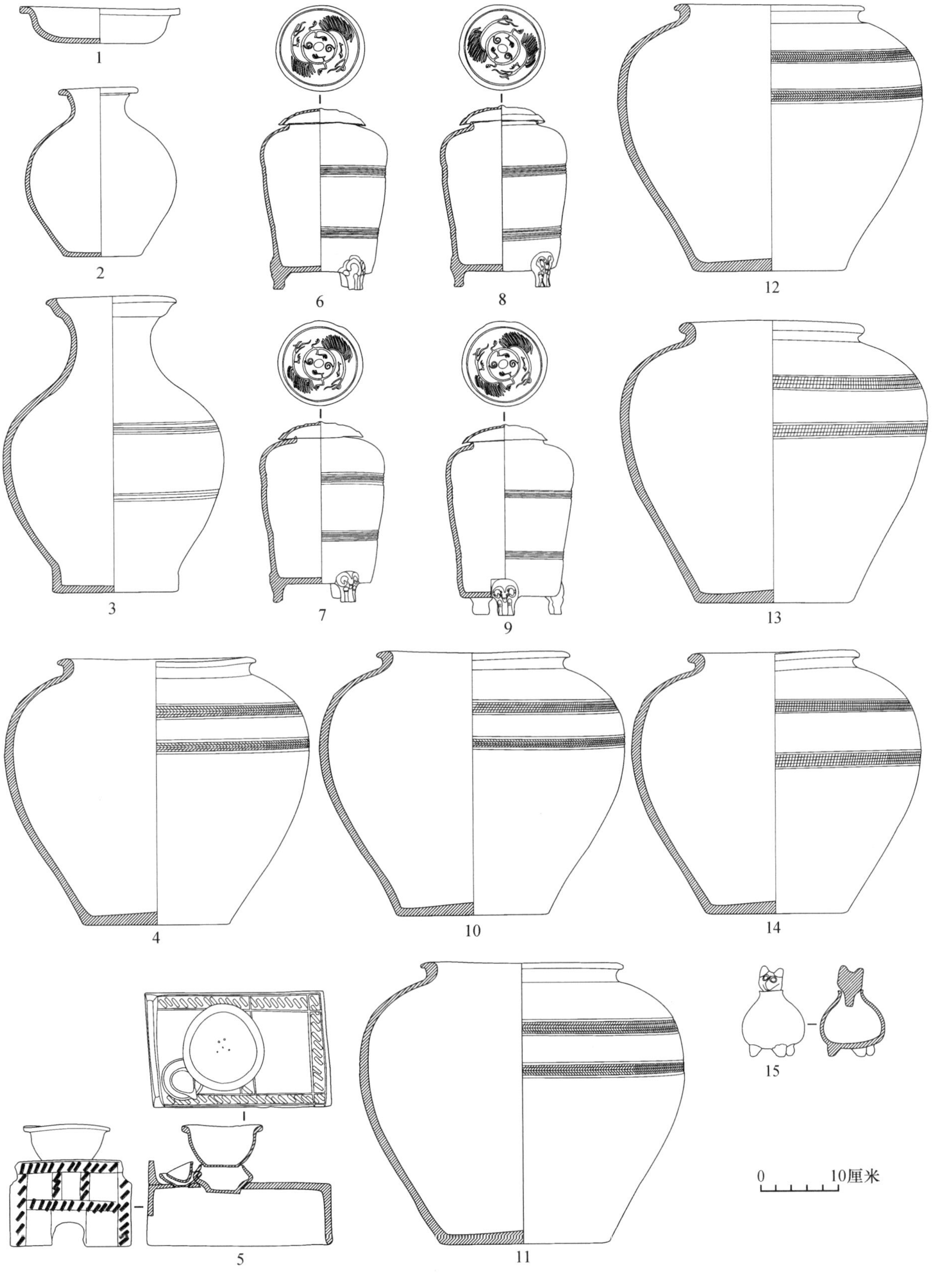

图4-1-2C　AM50左耳室出土陶器

1. 盘（AM50：1）　2. 小罐（AM50：4）　3. 壶（AM50：3）　4、10～14. 罐（AM50：9、10、7、5、6、8）
5. 灶（AM50：2）　6～9. 仓（AM50：11～13、39）　15. 鸮形小壶（AM50：38）

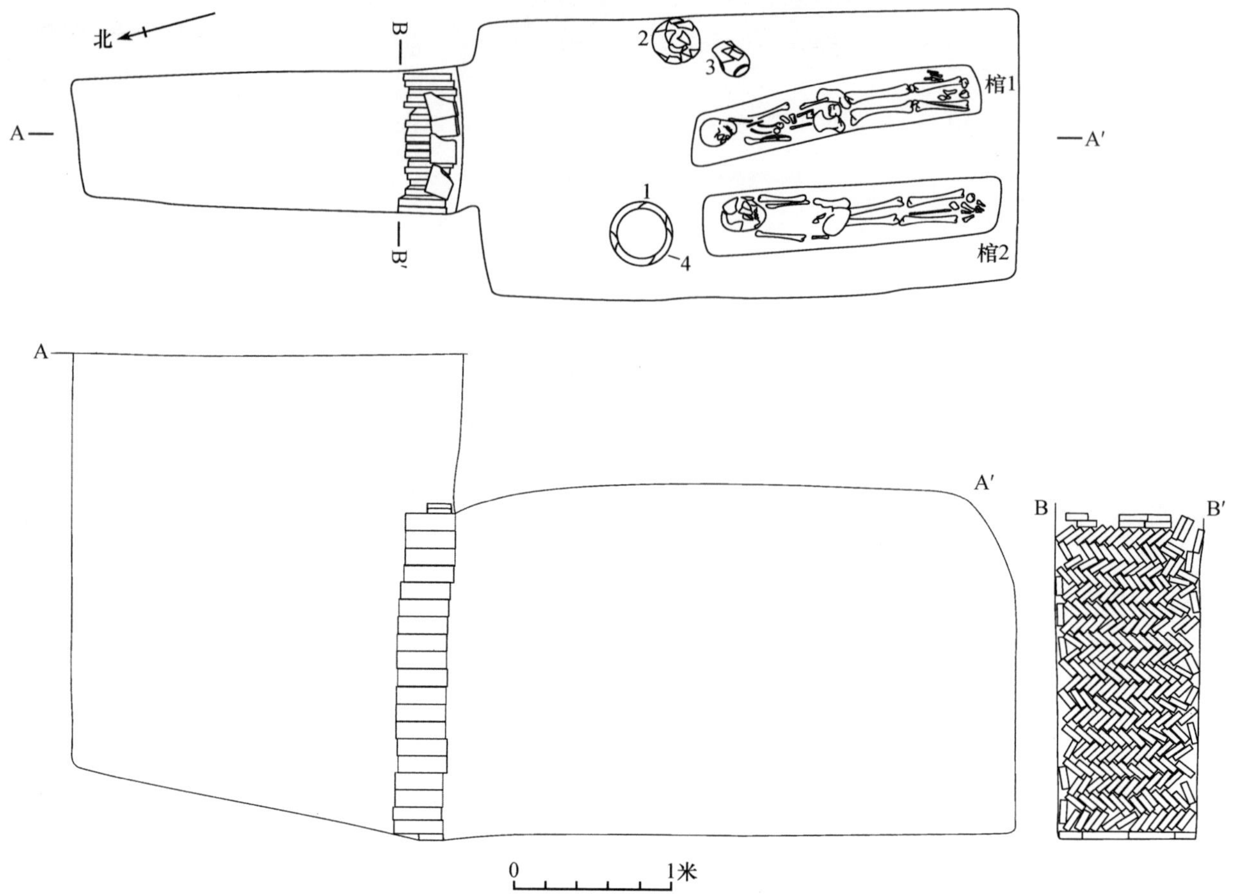

图4-1-3　BM12平、剖面图
1. 陶盆　2. 陶壶　3. 陶仓　4. 陶耳杯

端宽0.3米。棺内铺有青灰一层。棺2长1.88、前端宽0.4、后端宽0.36米。

葬式：两副木棺内各有一人。均为二次葬，仰身直肢，头向北，面向上，骨架较完整，保存较差。经鉴定，棺1内墓主为女性，年龄25～30岁。棺2内墓主为男性，年龄在30岁左右。推测应为夫妇合葬。

出土遗物：4件陶器，均为泥质灰陶，有壶、仓、耳杯和盆各1件（图4-1-4；图版一九，2），出土于墓室左、右两侧，左侧有盆和耳杯各1件，右侧放置壶和仓各1件。应为一套简单的器物组合。

BM12为小型土洞迁葬墓，两位墓主均为二次葬，棺室狭小，随葬器物较特殊，陶器组合中出现陶盆。

BM12的年代应属西汉晚期。

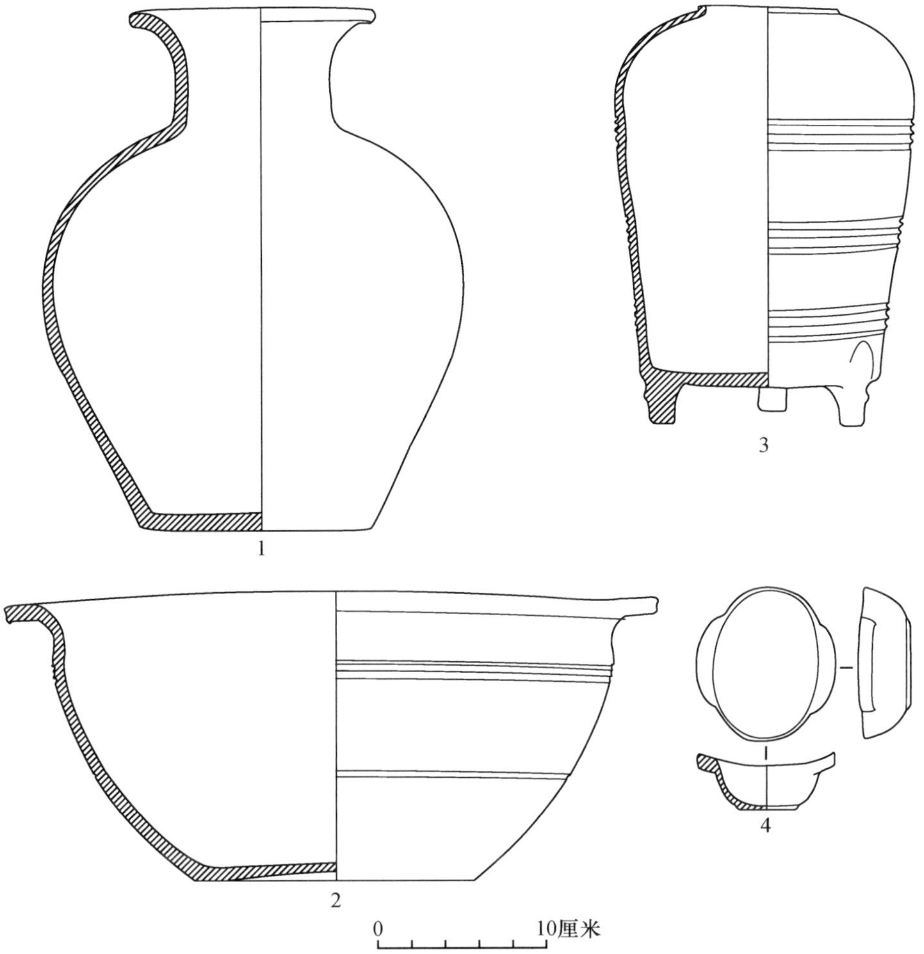

图4-1-4 BM12出土陶器

1. 壶（BM12：2） 2. 盆（BM12：1） 3. 仓（BM12：3） 4. 耳杯（BM12：4）

（三）2006HGB区T3M30（下文简称“BM30”）

位于B区西北部的T3北中部。叠压于第2层下，墓道被BM3叠压，部分墓室也被BM3打破，墓口距地表0.35、墓深6.86米。墓道向北，方向17度。墓室后部被BM3破坏，棺和人骨均不存。

由墓道、墓室和耳室组成（图4-1-5；图版二〇，1）。

墓道：位于墓室北侧中部。平面呈长方形，口小底大，墓道口南北长2.34、北宽0.84、南宽0.86米，底南北长2.58米。底略呈缓坡状，从北向南略斜，北端深6.4、南端深6.6米。墓道北端两侧壁面有对称脚窝，每侧各有十二个，脚窝长径0.2～0.24、短径0.14～0.18、进深0.14～0.18米，脚窝间距0.24～0.36米。

墓室：拱顶土洞砖室结构。因被BM3打破，墓室砖结构不明。由前厅和后室组成，从目前残存情况看，前厅平面呈长方形，南北长2.56、东西宽2.2～2.24、高1.86米。后室平面呈长方形，主要做棺床，为生土台结构，南部被BM3打破，残长2.3、宽2.22～2.24、高1.72米，棺床台高于厅室底面0.14米。

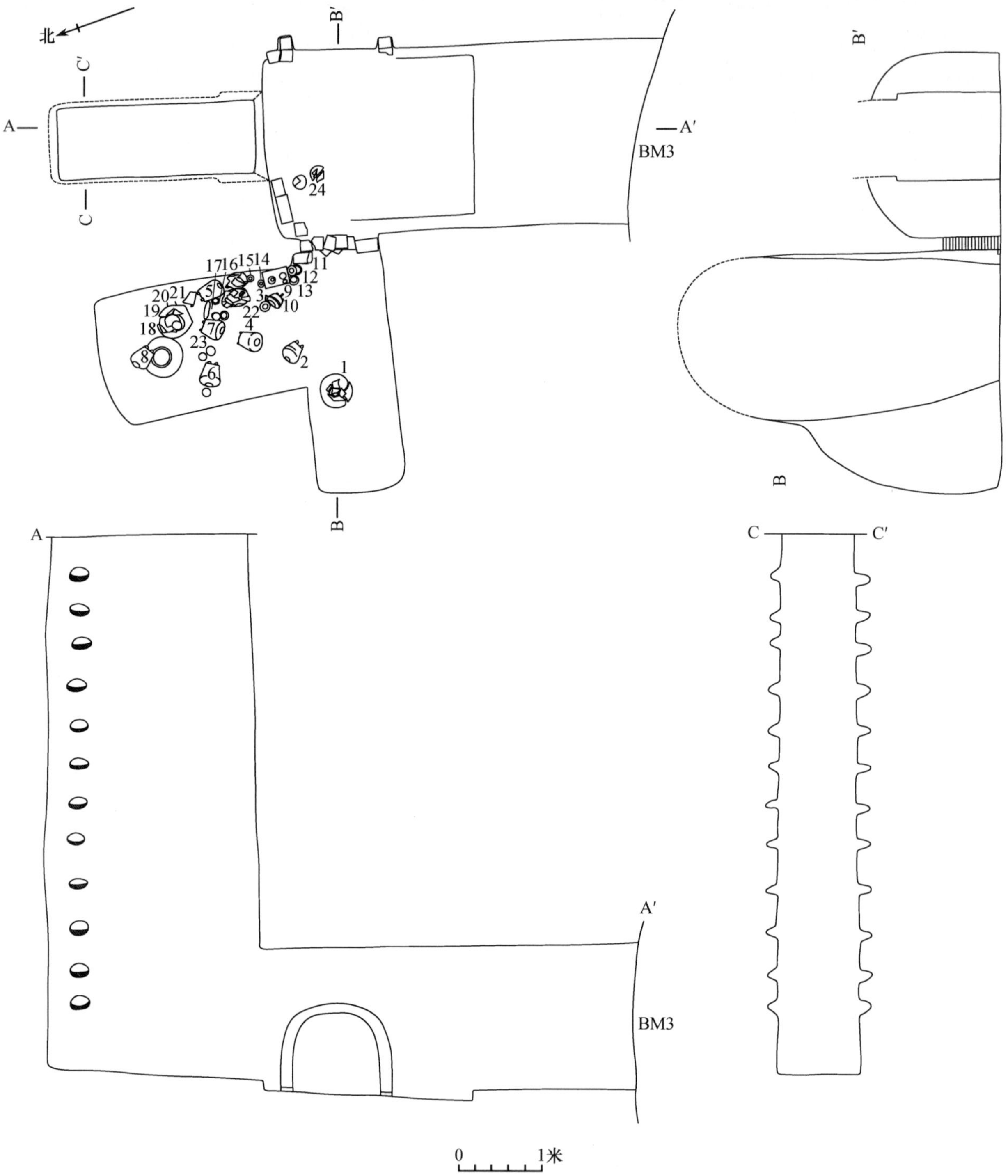

图4-1-5　BM30平、剖面图

1、18、19. 陶罐　2～8、20～22、24. 陶仓　9. 陶灶　10. 陶鼎　11、17. 陶器盖　12、13. 陶盒　14、15. 鸮形小陶壶
16. 陶罐　23. 陶仓盖

耳室：两个，拱顶土洞结构，口部与墓室结合处为砖结构。左耳室平面呈“L”形，洞口宽0.95米，东西最长3.3～3.5、内宽1.5米，南北最长3.1、内宽1.04米，高2.4～3米（因塌落原因现高3.9米）。左耳室壁较垂直，规则整齐。底十分平整，与厅室底平。左耳室底面有一层木板灰痕迹，可能曾放置过木棺，后被迁葬。可能因迁葬，耳室与墓室结合处的拱券被破坏，结构不明。左耳室有青砖封门，均为残砖顺砌（图版二〇，2）。右耳室为龛形，没有建造完成，仅为砖墙券口预留出耳室范围，洞口宽1.1、高1.38米（图版二〇，3）。

出土遗物：24件陶器，计有鼎1件、鸮形小壶2件、罐4件、仓11件、灶1件、器盖2件、盒2件、仓盖1件（图4-1-6；图版二〇，4），主要放于左耳室内，应为一套器物组合。

BM30有几个特殊现象值得注意。

1）被BM3完全叠压与打破，墓室位置基本重合，且BM3的墓室规模更大。这种现象在此墓地中很少见。为什么会出现时代相近且墓地仍在使用过程中两座墓葬的墓室相互打破的现象呢?

2）为什么BM30的墓室用砖均被取走，而BM3的墓室用砖却基本完好?

3）一般情况下，盗墓的目的是盗财取物，而BM30却不同，左耳室内的随葬品基本保留，在取走墓室用砖的同时把墓室内的人骨也取走。取走人骨的目的又是什么呢?

4）右耳室没有建造，却预留了拱券门。左、右耳室可能就像汉代民居的左、右厢房一样，应是仿照当时民居的基本格局。这个预留的耳室虽仅有拱券门，也象征一个厢房。

对上述诸问题，我们提出如下初步解读。

1）BM30右耳室只预留拱券，有两种可能：一是在汉代墓葬结构中曾有这种假耳室现象；二是可能提前预留耳室口，目的是等待第二位墓主入葬时为其建造耳室并放置随葬品。

2）BM30内的砖室被拆，人骨被完整取走。我们认为只有一种可能，即BM30为一座迁葬墓。那么BM30为什么要迁葬，又迁到哪里？联系到与BM3的打破关系，且BM3内有三副棺且棺3为二次葬看，BM3的棺3内有可能是迁来的BM30的墓主。我们尝试还原当时图景：某家女主人早逝后埋葬于BM30内；之后该家男主人又续妻室，且家庭财力也较前期更为殷实；若干年后男主人和续夫人相继仙逝，原只给男主人预留位置的墓葬无法葬入二人，因而只能把BM30挖掉重建并把三人均安葬其中，由此形成了上述几种特殊的现象。也只有这样，才可解释“同一墓地墓室打破墓室”，并可自圆“BM30中人骨和墓砖全部不见”的现象。遗憾的是，BM3中的人骨基本朽尽，无法判断性别和年龄。

3）BM30和BM3是此次发掘的汉代墓葬中唯一一组墓室打破墓室的墓例。BM30为竖井式墓道，BM3为直长墓道且有天井。由此可明确判断，直长墓道且带天井的墓葬要晚于竖井式墓道的墓葬。

BM30的年代应属西汉晚期。

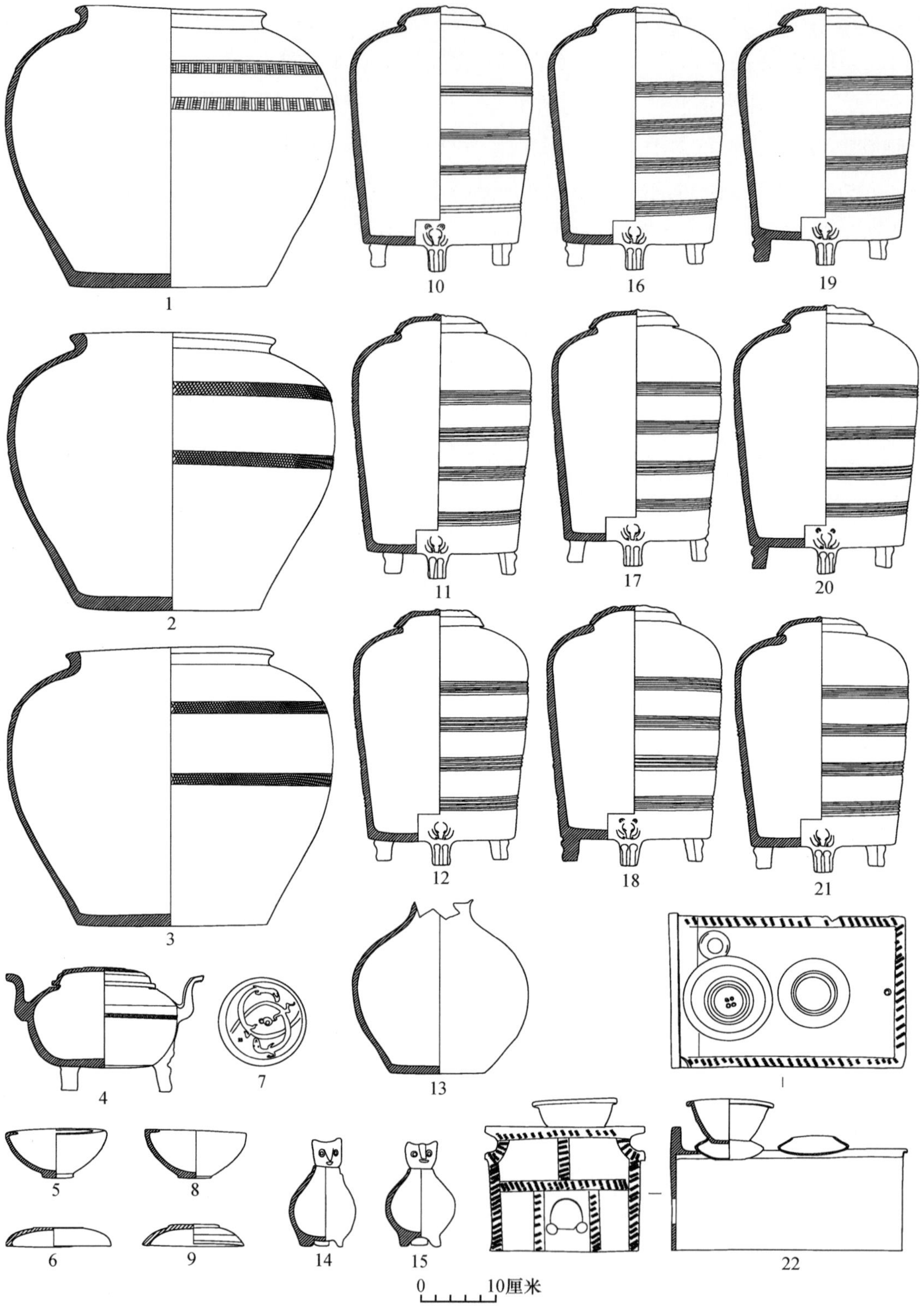

图4-1-6　BM30出土陶器

1～3. 罐（BM30：1、18、19）　4. 鼎（BM30：10）　5、8. 盒（BM30：12、13）　6、9. 器盖（BM30：11、17）　7. 仓盖（BM30：23）　10～12、16～21. 仓（BM30：2、3、7、4～6、8、20、21）　13. 罐（BM30：16）　14、15. 鸮形小壶（BM30：14、15）　22. 灶（BM30：9）

（四）2006HGB区T25M43（下文简称“BM43”）

BM43位于B区北中部的T25中部。叠压于第2层下，墓口距地表0.3、墓深2.1米。墓道向东，方向105度。在墓道和墓室连接处有一盗洞，墓室被扰动。

由墓道、封门、墓室组成（图4-1-7；图版二一，1）。

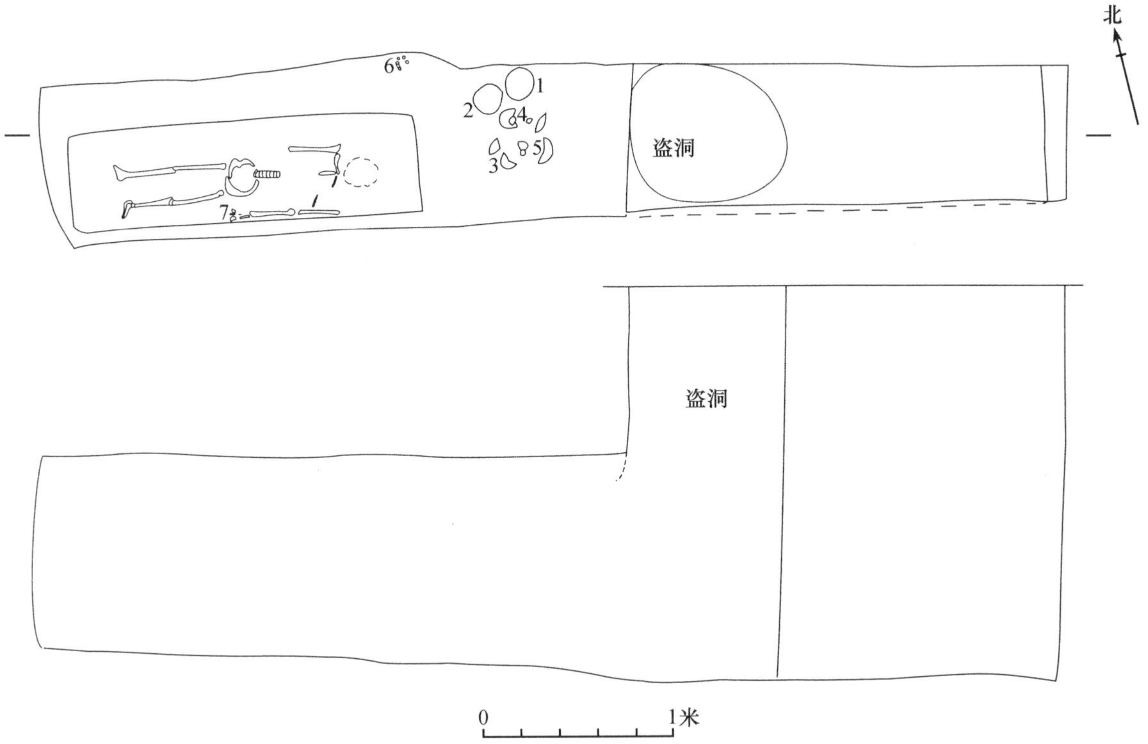

图4-1-7　BM43平、剖面图

1. 陶樽　2. 陶盘　3. 陶耳杯　4、5. 陶仓盖（残）　6. 铜钱（18枚）　7. 铜钱（4枚）

墓道：位于墓室东端。平面呈梯形，口部东西长2.3、东端宽0.72、西端宽0.8米；底面为长方形，东西长2.18、东端宽0.74、西端宽0.82米。墓道西壁和北壁较垂直，东壁稍倾斜，南壁向外张出0.04米。底面较平整。

封门：因被盗扰，封门详情不明。

墓室：平顶土洞结构。平面呈长方形，东西长3.1、南北宽0.82～0.92、高1～1.1米。墓室底西高东低，略呈坡状，东端距墓口2.1、西端距墓口1.9米。

葬具：位于墓室西端中部偏南。木棺一副，仅存朽木痕迹，具体结构不明，平面呈长方形，长1.84、宽0.52、朽蚀后存高0.15米。棺室内墓主身下铺有一层青灰。

葬式：人骨架上半身被扰动，下半身保存尚好。仰身直肢，头东足西，人骨朽蚀严重。性别、年龄不明，身高约1.5米。

出土遗物：7件（组），有陶仓盖2件、樽1件、耳杯1件、盘1件（图4-1-8；图版二一，2），铜钱2组计22枚，出土于棺室前端。应为一套简单的器物组合。

BM43的年代应属西汉晚期。

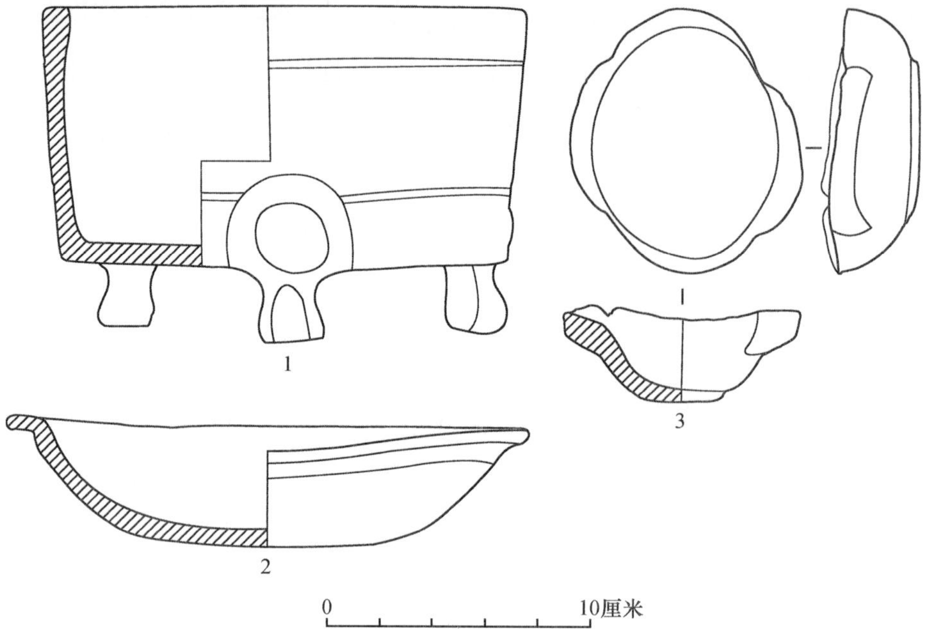

图4-1-8　BM43出土陶器

1. 樽（BM43：1）　2. 盘（BM43：2）　3. 耳杯（BM43：3）

（五）2006HGB区T18M48（下文简称“BM48”）

位于B区东南的T18东南部。叠压于第2层下，墓口距地表0.4、墓深5.2米。墓道向北，方向16度。墓道南端近墓门处有盗洞，墓室被盗扰。

由墓道、墓室、耳室组成（图4-1-9；图版二二，1）。

墓道：位于墓室北侧中部。平面呈长方形，口略小于底，口部南北长2.5、东西宽0.84米。底面亦呈长方形，南北长2.58、东西宽0.86米。底面稍呈坡状，北端深4.4、南端深4.74米。南壁和西壁较垂直，北壁及东壁均向外张出0.08米。北端两侧壁面有对称脚窝，每侧各有九个，脚窝略呈椭圆形，长径0.24～0.32、短径0.14～0.22、进深0.14～0.2米，脚窝间距0.16～0.3米。

墓室：拱顶土洞结构。平面呈“T”字形，底南北长3.66、北端宽1.7、南端宽1.8、中间宽1.94、洞高1.72～1.9米。底面较平整，南端较北端略向左斜（图版二二，2）。

耳室：两个，位于墓室北端两侧。拱顶土洞结构，平面呈圆角梯形，左耳室口宽1.04、内宽0.7、进深0.54、洞高1～1.24米，右耳室口宽1.06、内宽0.7、进深0.7、洞高1～1.4米。

葬具：位于墓室南半部。木棺两副，朽蚀严重，仅存棺痕。由于墓室底不平，棺1北部两角和棺2东北角各垫一残砖。棺1长2.06、前宽0.66、后宽0.6米，棺2长2.14、前宽0.7、后宽0.6米。棺室内均铺有一层青灰。

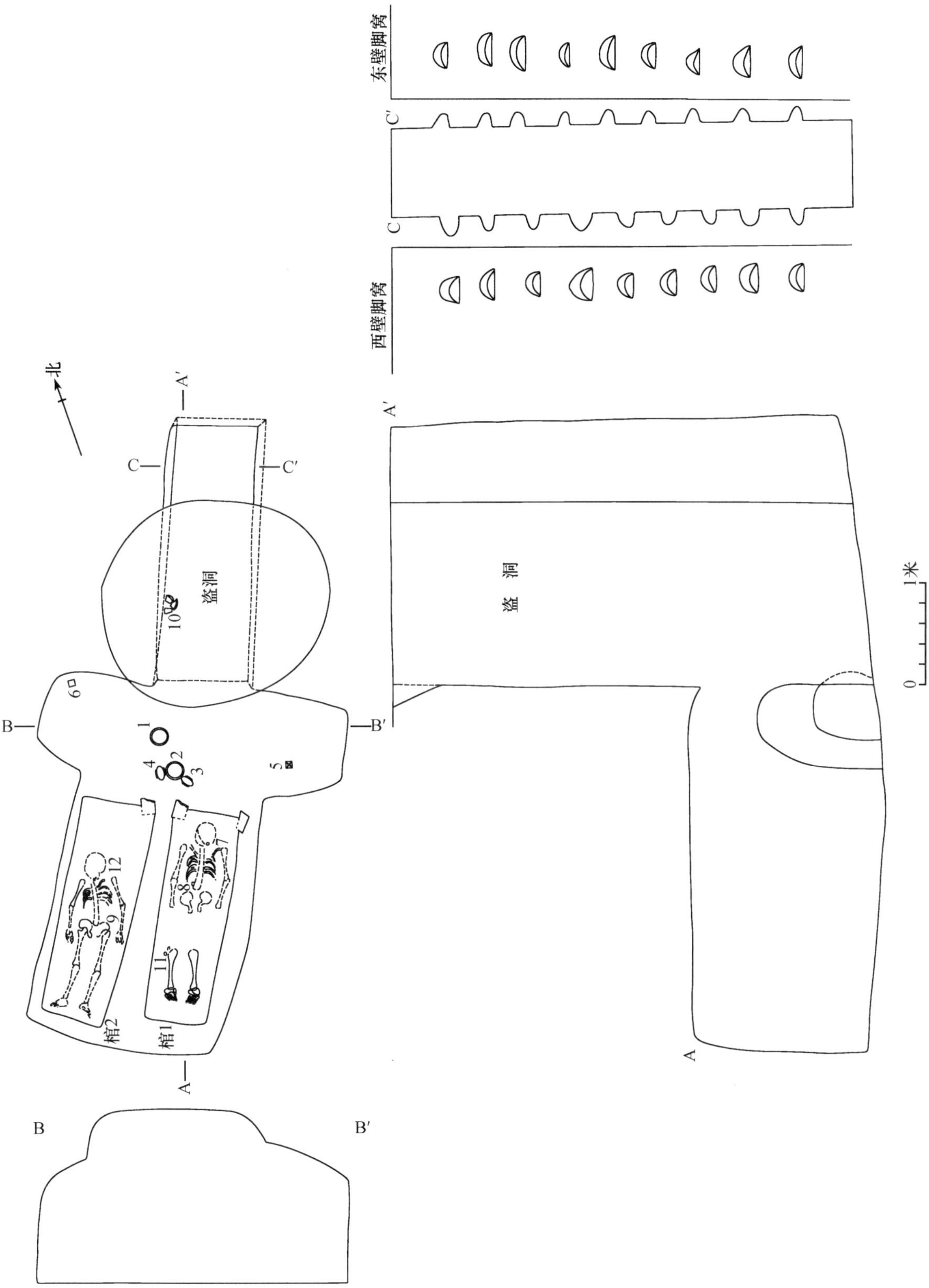

图4-1-9 BM48平、剖面图

1、2. 陶樽 3、4. 陶耳杯 5、6. 陶井亭顶 7、11. 铜钱 8. 铜钱（2枚） 9. 银指环 10. 陶壶 12. 玛瑙耳饰葬式：人骨架两具，腐朽严重。两具人骨均为仰身直肢，头向北，面向上，双臂贴身直放，双腿并拢直放，骨质较差。棺1内人骨手掌骨及股骨被盗扰，倾向为男性，身高1.62米。棺2内人骨脚骨向两侧放置，骨架较完整，倾向为女性，身高1.5米。应为夫妇合葬。

出土遗物：12件（组），有陶器、钱币、银器和玛瑙耳饰，陶器有壶1件、井亭顶2件、樽2件、耳杯2件（图4-1-10；图版二二，3），铜钱3组计4枚，银指环1件，玛瑙耳饰1件，主要放置于棺室前部，每棺前各放置陶樽和陶耳杯各1件作供器，耳室内各残留1件陶井架上的亭顶。应为两套器物组合，但因被盗扰严重，具体陶器组合情况不明。

BM48的年代应为西汉晚期。

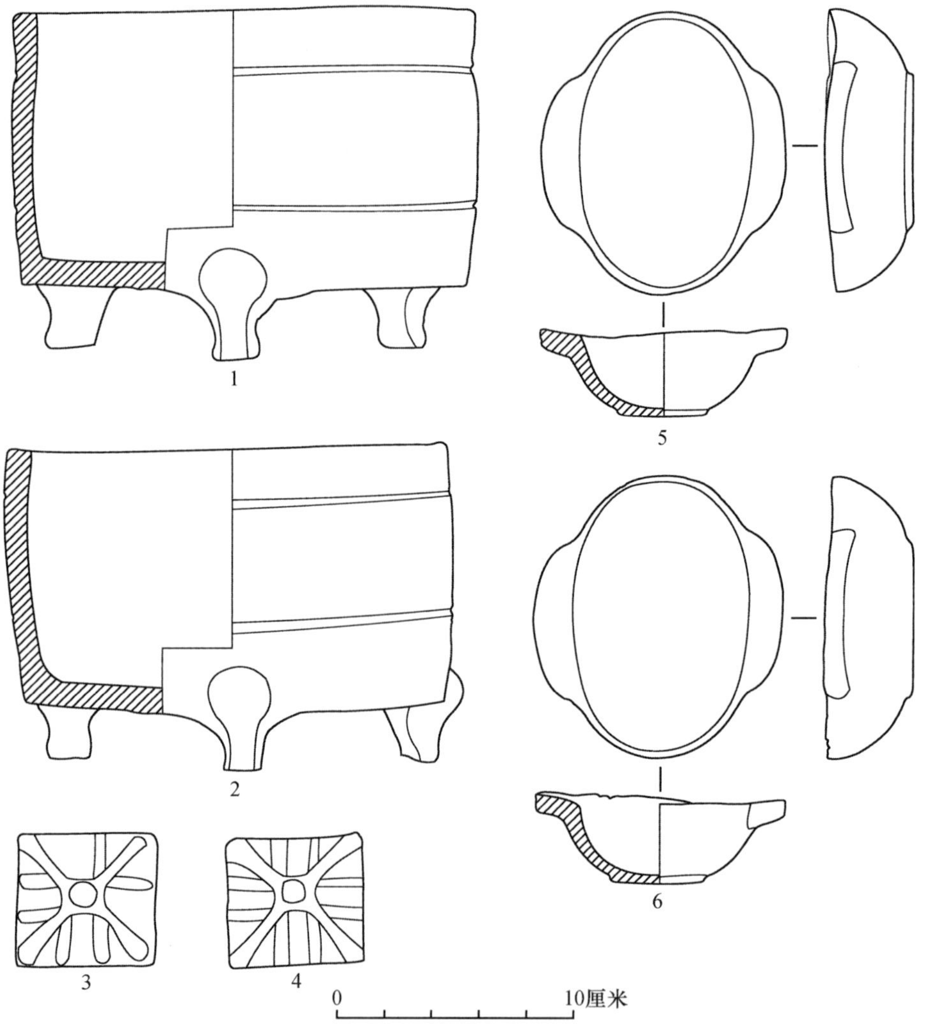

图4-1-10　BM48出土陶器

1、2. 樽（BM48：1、2）　3、4. 井亭顶（BM48：5、6）　5、6. 耳杯（BM48：3、4）

（六）2006HGB区T18M49（下文简称“BM49”）

位于B区东南的T18西中部。叠压于第2层下，墓口距地表0.4、墓深5.2米。墓道向北，方向18度。墓道与墓室连接处有一盗洞，墓室中的棺1被盗扰。

由墓道、墓室、耳室组成（图4-1-11；图版二三，1）。

墓道：位于墓室北端中部。平面呈长方形，口部南北长2.5、东西宽0.92米，底南北长2.4、东西宽0.92米。底稍呈坡状，北端距墓口4.6、南端距墓口5.2米。北壁略内收，其他三壁均较垂直。北端两侧壁面有脚窝，东壁保存五个，西壁保存三个，脚窝长径0.22～0.32、短径0.14～0.18、进深0.14～0.16米，脚窝间距0.32～0.5米。

墓室：拱顶土洞结构。平面呈“T”字形，南北长3.66、北端宽1.7、南端宽1.8、中间宽

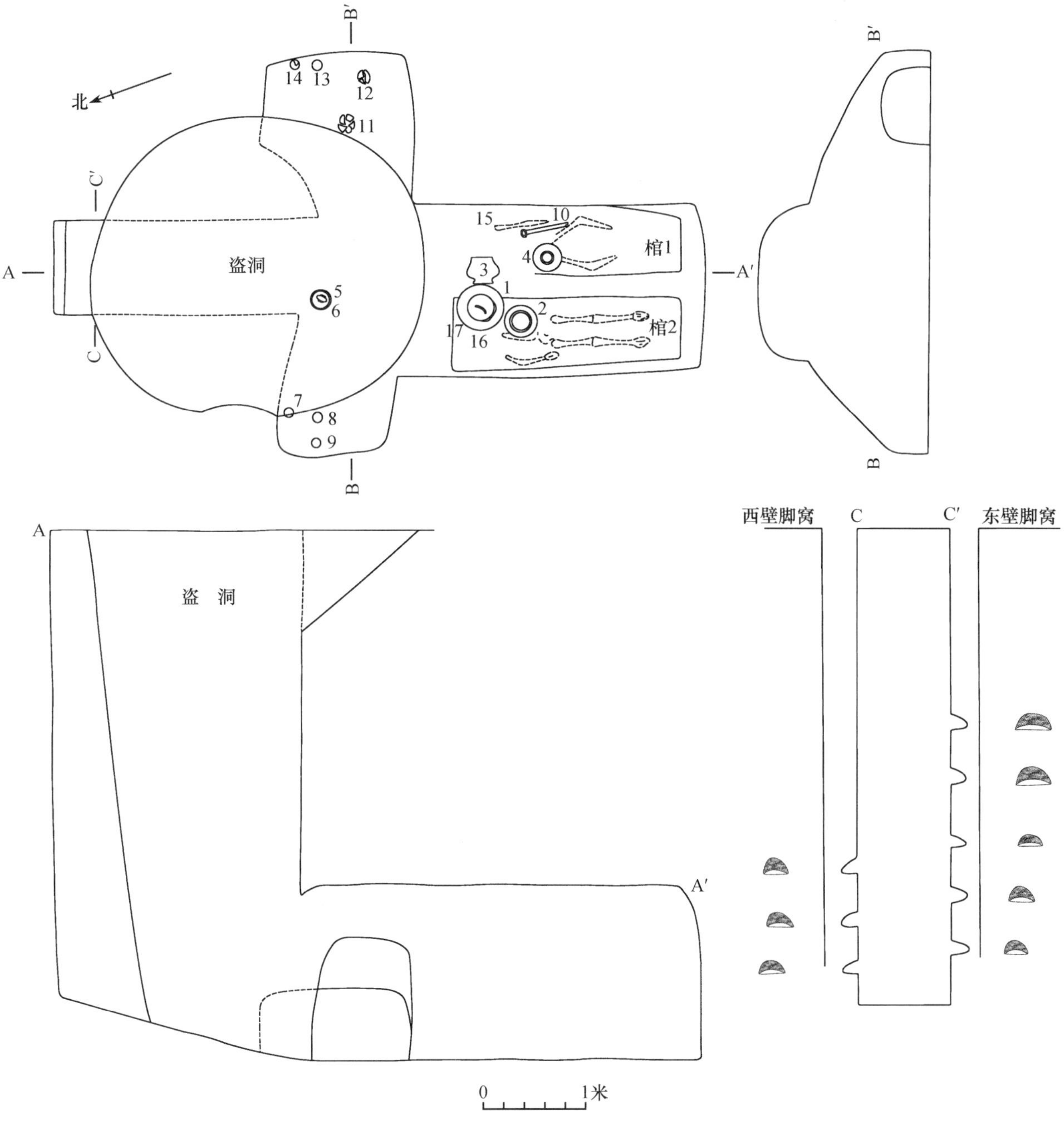

图4-1-11　BM49平、剖面图

1. 陶瓮　2～4. 陶罐　5. 陶樽　6. 陶耳杯　7～9、12～14. 陶仓盖　10. 铁刀　11、18. 陶器盖　15. 铜钱（3枚）　16. 铜钱　17. 铜钱（7枚）（18出自盗洞中）

1.94、洞高1.72～1.9米。底面南端稍低，北端略高。

耳室：位于墓室北端左右两侧。两个耳室，拱顶土洞结构。左耳室平面呈圆角长方形，口宽1.1、内宽1.06、进深0.7～0.8、洞高0.4～1.2米。右耳室平面不太规则，耳室向北侧斜出约0.5米，口宽0.92、内宽1.4、进深1.44、洞高0.5～1.2米。

葬具：位于墓室南半部棺床上。木棺两副，朽蚀严重，仅存朽痕。棺1前端被扰，残长1.4、后端宽0.52米，棺2长2.2、前宽0.72、后宽0.6米。两棺内均铺有一层青灰，棺2青灰层下还铺有一层白灰（图版二三，2）。

葬式：人骨架两具，腐朽严重。两位墓主均为仰身直肢，头向北，面向不明。棺1内墓主仅保留部分股骨和胫骨，左胯外侧随葬1把铁刀，倾向为男性。棺2内墓主右臂贴身直放，双腿并拢，脚骨直放，倾向为女性，身高约1.5米。

出土遗物：18件（组），有陶器、钱币和铁器等，计有陶仓盖6件（均为模制，形制完全相同）、樽1件、耳杯1件、器盖2件、罐3件、瓮1件（图4-1-12；图版二三，3），铜钱3组11枚，铁刀1件。墓室南部中间放置陶樽，樽内放1件耳杯作供器；另有1件陶瓮、3件陶罐应在耳室中，因被盗后墓室进水漂移至墓室中间，现置于人骨上方。两耳室各有3件陶仓盖，右

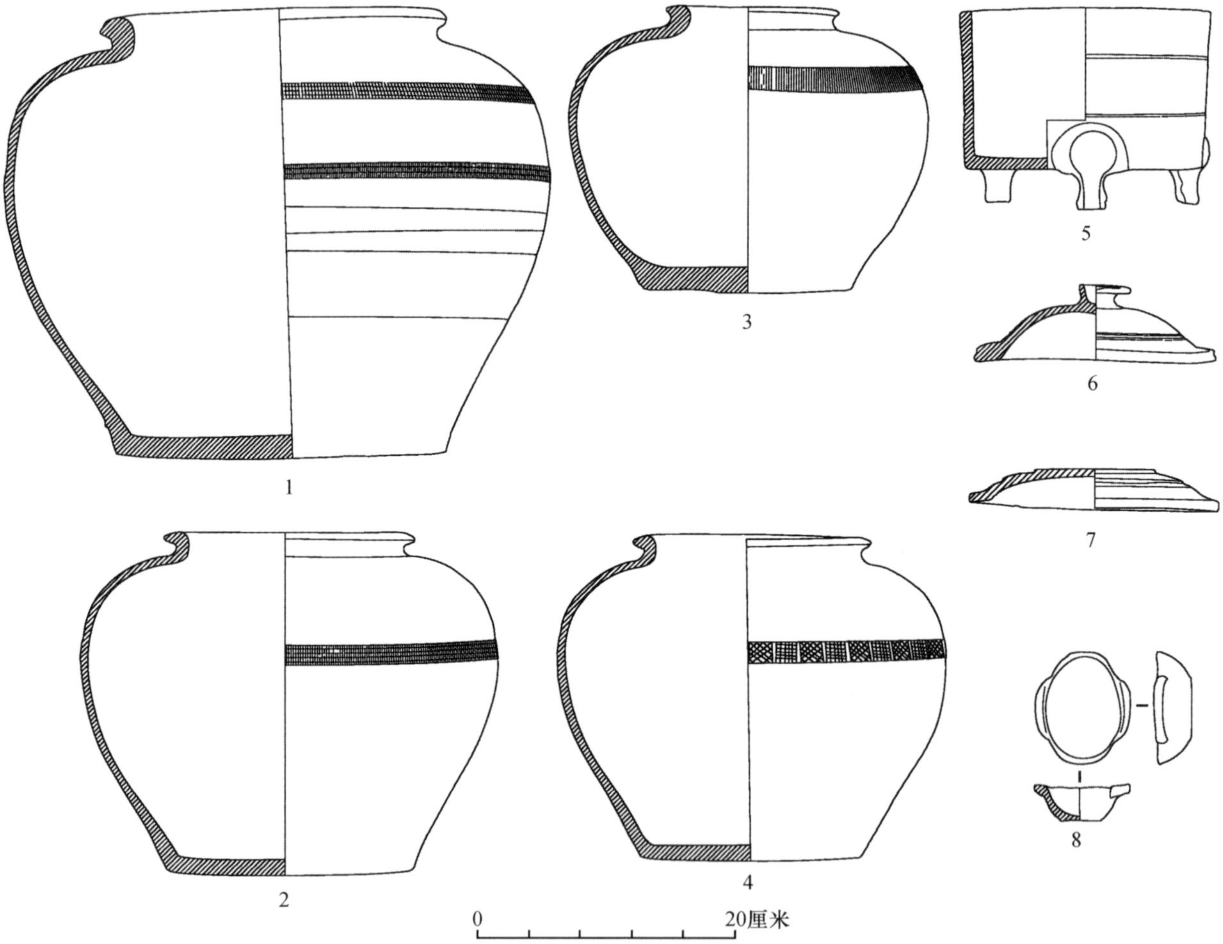

图4-1-12　BM49出土陶器

1. 瓮（BM49：1）　2～4. 罐（BM49：3、4、2）　5. 樽（BM49：5）　6、7. 器盖（BM49：11、18）　8. 耳杯（BM49：6）

耳室内有1件残陶器盖。随葬陶器原应为两套器物组合，其中陶仓应为3件一组，因被盗扰部分器类缺失。

BM49的年代应属西汉晚期。

（七）2006HGB区T18M50（下文简称“BM50”）

位于B区东南隅的T18中部。叠压于第2层下，墓口距地表0.4、墓深5.1米。墓道向北，方向18度。在墓道和厅室前端有一盗洞，墓室中棺2被盗。

由墓道、封门、甬道、墓室、耳室组成（图4-1-13；图版二四，1）。

墓道：位于墓室北壁中部。平面呈长方形，口部南北长1.96、东西宽0.9~0.94米。底平面呈长方形，南北长1.76、东西宽0.9~0.94米。底面呈坡状，北端距墓口4.86、南端距墓口5.1米。墓道北壁斜收，其他壁面均垂直。

封门：青砖封门，现存五层，为丁砖左、右对角分层斜放，底面第二层砖开始为前后交错放置。门宽1.5米。

甬道：位于墓道南端。原应是土洞结构，因被盗扰严重，甬道洞塌陷，高度不明。东侧向外折出0.32~0.42米，存宽1.3~1.6、进深0.7米。

墓室：拱顶土洞砖室结构，平面呈“T”字形。前厅平面呈正方形，边长1.84米。后室平面呈梯形，应做棺床，东边长2.38、西边长2.48、宽1.84米，后室比前厅高两层砖（图版二五，1）。前厅地面有斜行“人”字形铺砖；棺床内边及外沿为平砖错缝平铺，中间铺地砖作斜行“人”字形平铺，以整砖为主，边缘用砖均被切成合适大小。墓室为一体的拱形砖券，前厅上部被盗扰破坏，墙为平砖错缝平砌，1米高以上起券，券顶尚保存十组单排拱券，券砖也为顺砖平砌起券，券高1.9米。

耳室：两个，位于墓室前厅两侧。拱顶土洞结构。右耳室与墓室联结处保存砖券结构，平面呈圆角长方形，底稍斜，内深外浅，口宽1.3、内宽1.2、进深1.3、洞高0.8~1.04米（图版二五，2）。左耳室底斜，内深外浅，口宽1.4、内宽1.34、进深2.24~2.34、洞高0.9~0.98米（图版二五，3）。

葬具：位于墓室南部棺床上。木棺两副，朽蚀严重，仅存部分朽痕。因被盗扰严重，仅知棺1内铺有青灰一层。

葬式：人骨架两具，腐朽严重。棺1内墓主为仰身直肢，头向北，面向不明。应为夫妇合葬。

出土遗物：50件（组），有陶器和钱币，计有陶壶3件、鸮形小壶3件、罐15件、小罐2件、仓16件、仓盖1件、井1件、灶2件、樽2件、耳杯2件、瓮1件、盘1件（图4-1-14A、14B、14C；图版二四，2），铜钱1组4枚，多数位于两个耳室内。出土陶器应为两套器物组合。

BM50的年代应为西汉晚期。

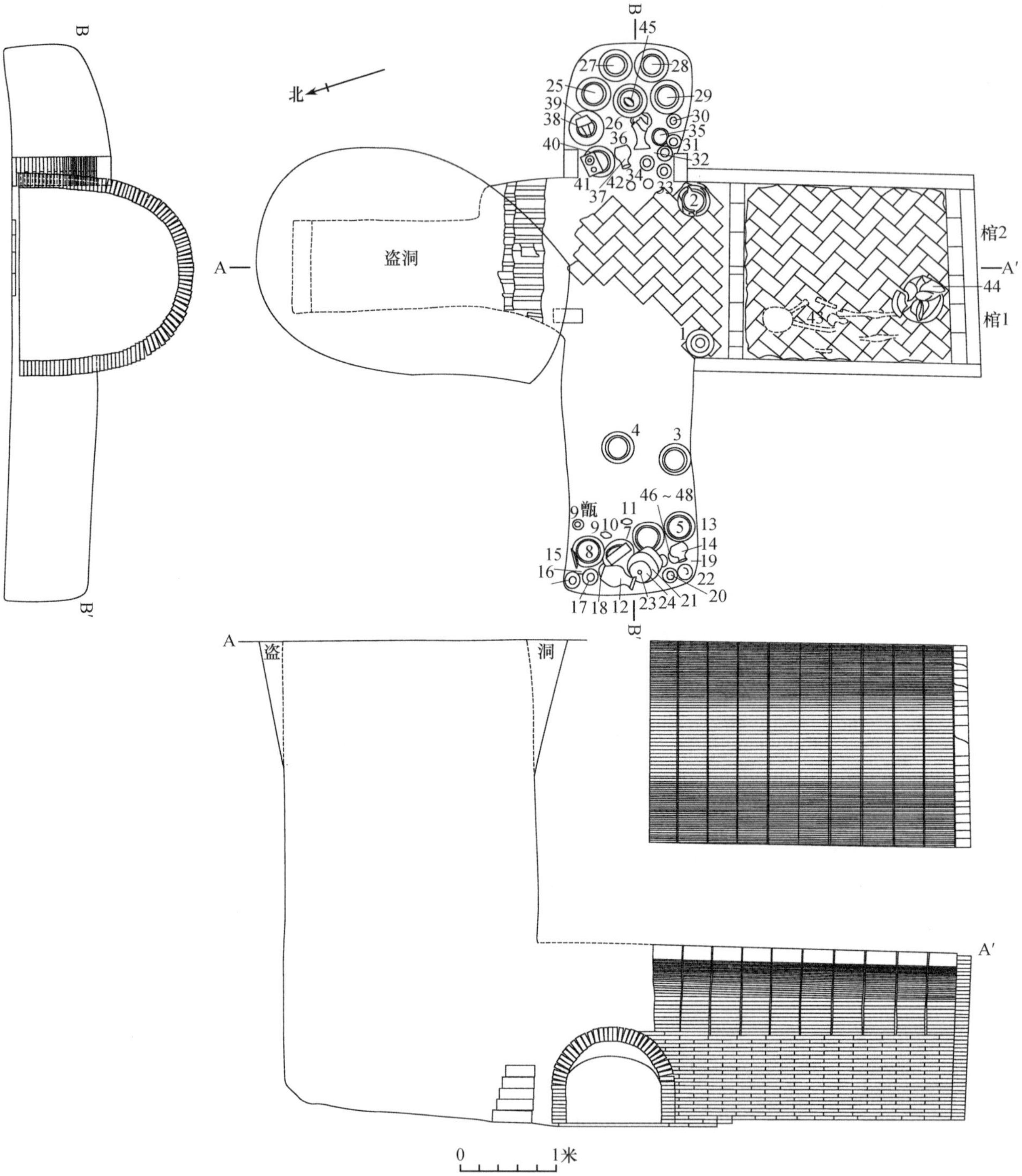

图4-1-13　BM50平、剖面图

1、12、36. 陶壶　2～8、13、25～29、39、42. 陶罐　9、40. 陶灶　10、11、41. 鸮形小陶壶　14、37. 小陶罐　15、16、18～24、30～34、46、47. 陶仓　17、45. 陶耳杯　35、49. 陶樽　38. 陶井　43. 铜钱（4枚）　44. 陶瓮　48. 陶仓盖　50. 陶盘（49、50出自盗洞中）

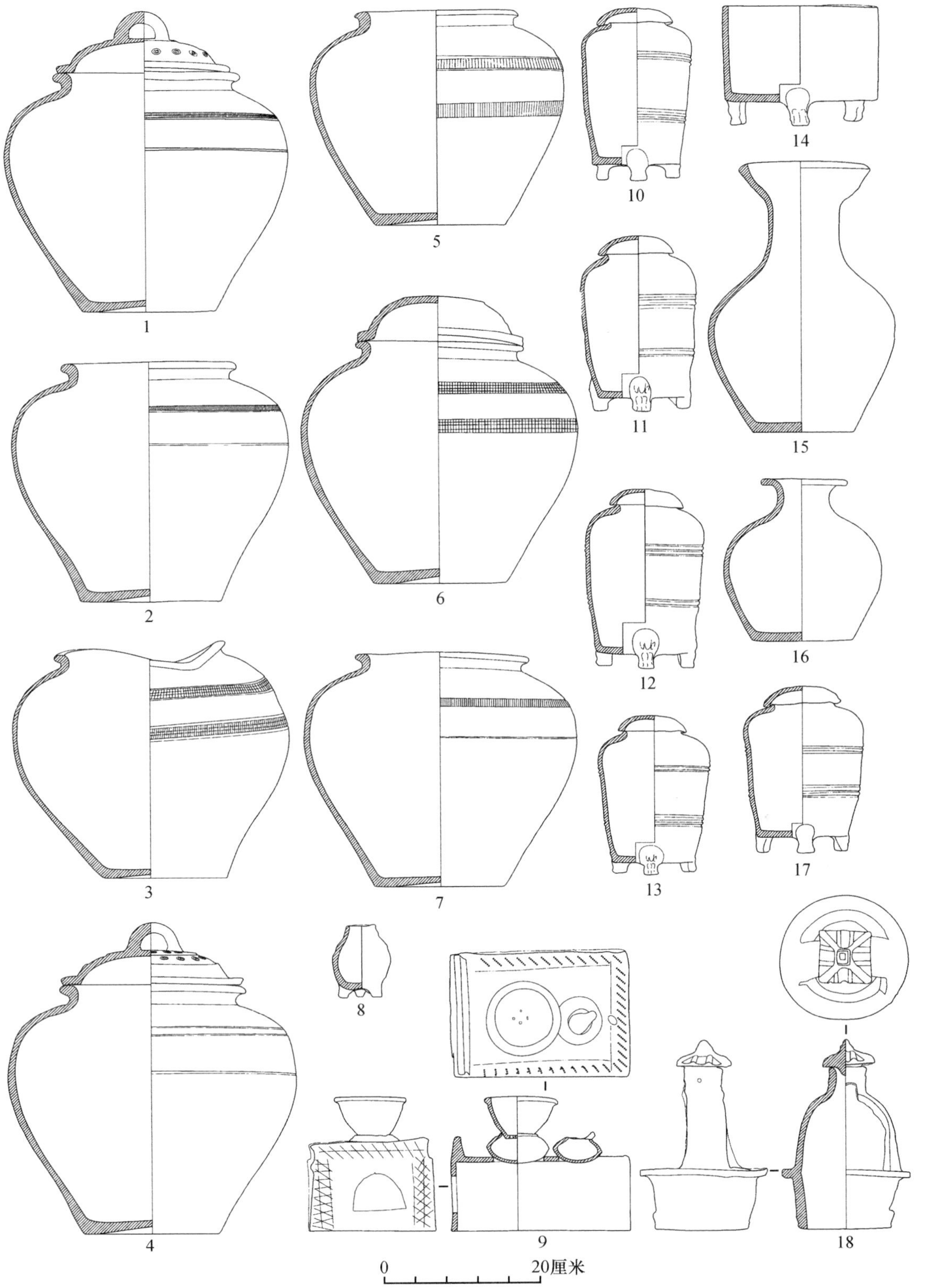

图4-1-14A　BM50右耳室出土陶器

1～7. 罐（BM50：25～29、39、42）　8. 鸮形小壶（BM50：41）　9. 灶（BM50：40）　10～13、17. 仓（BM50：30～34）　14. 樽（BM50：35）　15. 壶（BM50：36）　16. 小罐（BM50：37）　18. 井（BM50：38）

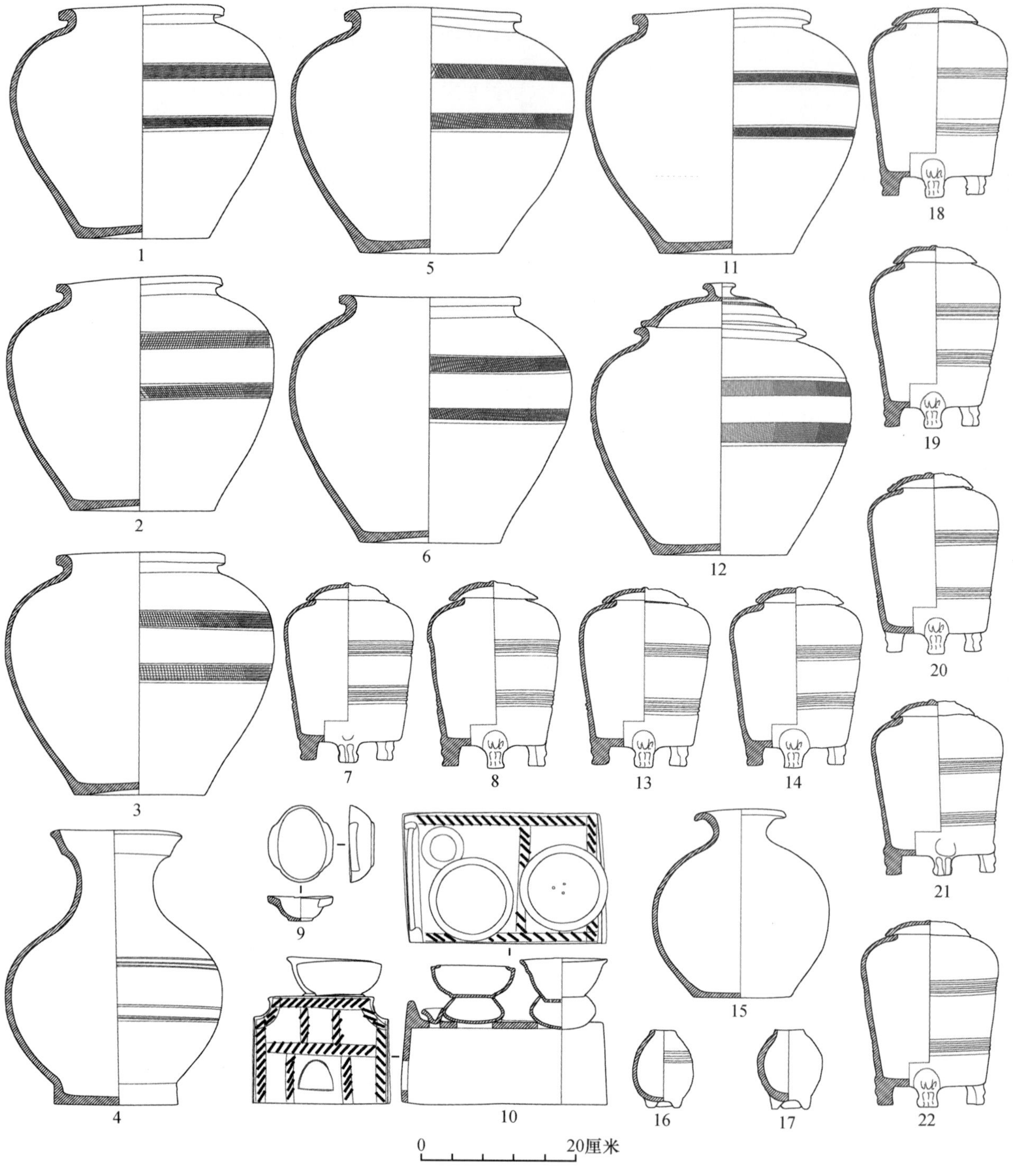

图4-1-14B　BM50左耳室出土陶器

1～3、5、6、11、12. 罐（BM50：3～8、13）　4. 壶（BM50：12）　7、8、13、14、18～22. 仓（BM50：19、21、24、23、15、16、18、20、22）　9. 耳杯（BM50：17）　10. 灶（BM50：9）　15. 小罐（BM50：14）　16、17. 鸮形小壶（BM50：10、11）

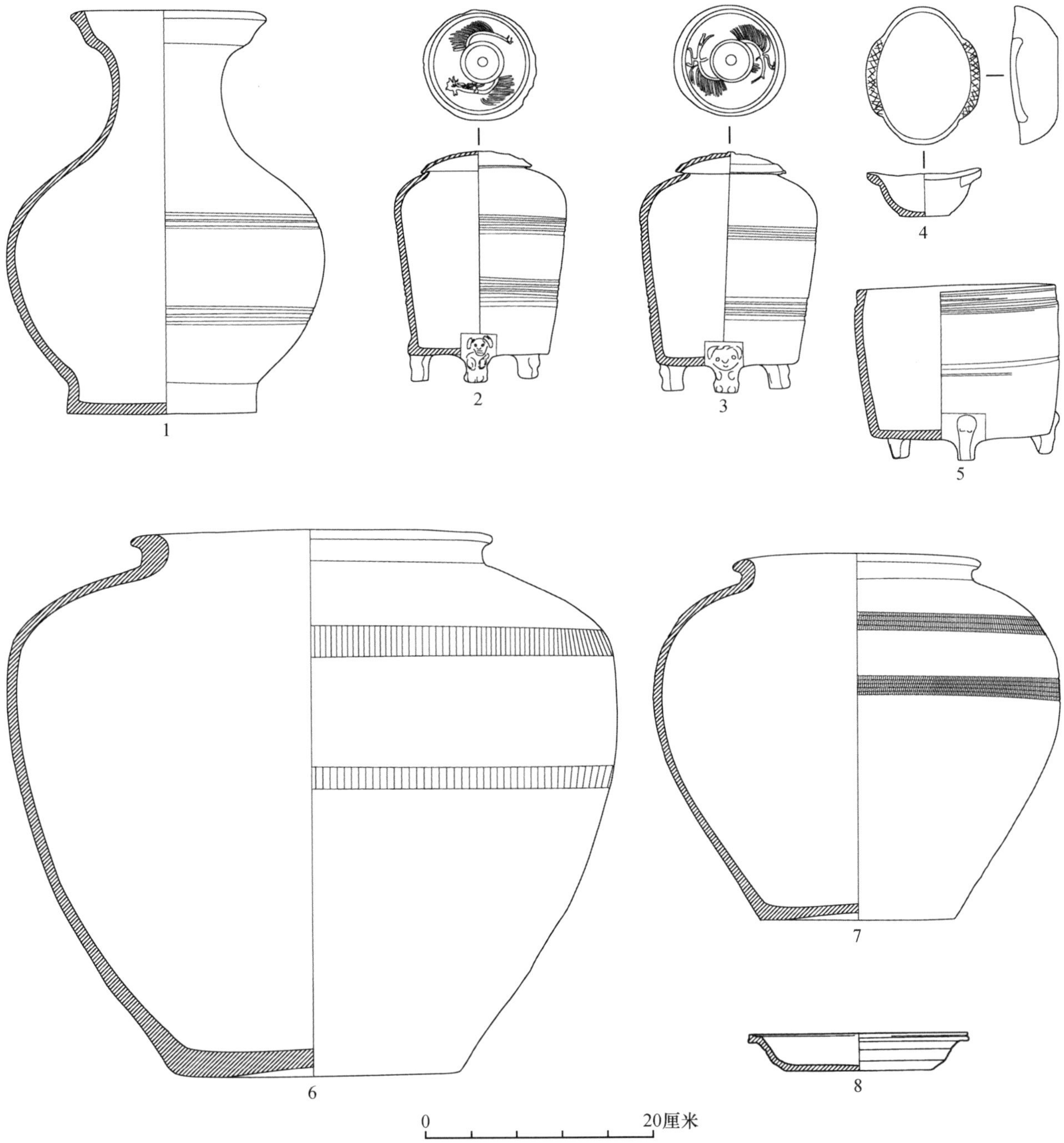

图4-1-14C　BM50厅室、墓室及位置不明陶器

1. 壶（BM50：1）　2、3. 仓（BM50：46、47）　4. 耳杯（BM50：45）　5. 樽（BM50：49）　6. 瓮（BM50：44）　7. 罐（BM50：2）　8. 盘（BM50：50）

（八）2006HGA区T23M48（下文简称“AM48”）

位于A区中东部的T23中部。叠压于第2层下，墓口距地表0.35、墓深5.2米。墓道向东，方向104度。此墓曾被迁葬，虽然随葬品仍在，但棺和人骨架均无存，甚至连墓室内的砖都被拆走。这样的墓例还有BM30、BM40、AM56等10余座，可见汉代该区域的迁葬为较常见习俗。

由墓道、封门、甬道、墓室、耳室组成（图4-1-15；图版二六，1）。

墓道：位于墓室东部。平面呈长方形，口部东西长2.1、底东西长1.95米，口、底宽相同，均为1米。底略呈坡状，东端距墓口4.75米，西端与墓室底平。东端两侧壁有对称脚窝，每侧各有八个，脚窝长径0.2～0 .36、短径0.1～0.16、进深0.12～0.24米，脚窝间距0.16～0.6米（图版二七，1）。

封门：位于墓道西端。封门砖迁葬时取走，保存有封门砖槽。砖槽向墓道壁两边外折。宽1.2、进深0.64米，高不明。

甬道：位于墓室东壁中部。迁葬时被破坏，具体形制和结构不明，现存甬道壁面垂直规则，可能原为砖结构。土洞底宽1.04、进深0.64米。

墓室：拱顶土洞砖室结构，东西长4.7、南北宽2.1、洞高2.2米。墓室原为砖结构，后砖被拆除，但在墓室东端两角和耳室口处仍有残砖。墓室内角为直角，墓壁规则整齐，底部的南、西和北边分别退出一砖宽，且高出墓室底0.1米。墓室东南角保存的两层砖为两丁两顺。

耳室：两个，拱顶土洞结构，口部与墓室结合处为砖结构。左耳室平面为圆角“L”形，壁较垂直，规则整齐，底面平整，高出墓室底0.1米，洞口宽1.4米，可分为北小室和东小室，平面均呈圆角长方形：北小室南北长3.2～3.4、东西宽1.6、洞高1.5～1.76米（图版二七，2），东小室宽1.28、洞高1.1～1.36米。右耳室平面为靴形，平底，入口处有门槛，高于墓室约0.1米，耳室内地面低于墓室地面0.1米，洞口东西长2.46、南北宽1.4、东侧边宽1.44、洞高1.4～1.7米（图版二七，3）。

葬具与葬式：此墓应是迁葬后留下的无棺无人骨墓。

出土遗物：81件（组），有陶器、钱币、铁器和铅器等，计有陶鼎2件、壶2件、鸮形小壶2件、罐15件、仓18件、瓮1件、井2件、灶2件、圈1件、熏炉1件、樽1件、勺1件、耳杯2件、烤炉1件、盘4件、器盖11件、仓盖4件（图4-1-16A、16B、16C、16D、16E；图版二六，2），铜钱1枚，铁剑1件、镞1组10件、铁箍3件、铁器2件，铅盖弓帽3件。陶器主要出土于左耳室内，放置规则整齐，井然有序，未被扰动。左耳室东部有部分铅构件，应为车马器构件。右耳室器物被扰动严重，较为散乱，入口处有残铁剑、镞等兵器。

AM48虽被迁葬，随葬品仍较丰富。出土陶器应为两套器物组合，左、右耳室各置一套。从保存完整的左耳室随葬陶器组合来看，陶仓为11件一组，陶罐亦为11件一组，陶壶则为2件一组。

从随葬陶器组合、器形和铜钱等判断，AM48的年代应属新莽至东汉初年。

（九）2006HGA区T25M51（下文简称“AM51”）

位于A区中部的T25北中部。叠压于第2层下，墓口距地表0.35、墓深4.76米。墓道向东，方向106度。墓道西侧靠近墓室处有一盗洞，墓室被盗扰。

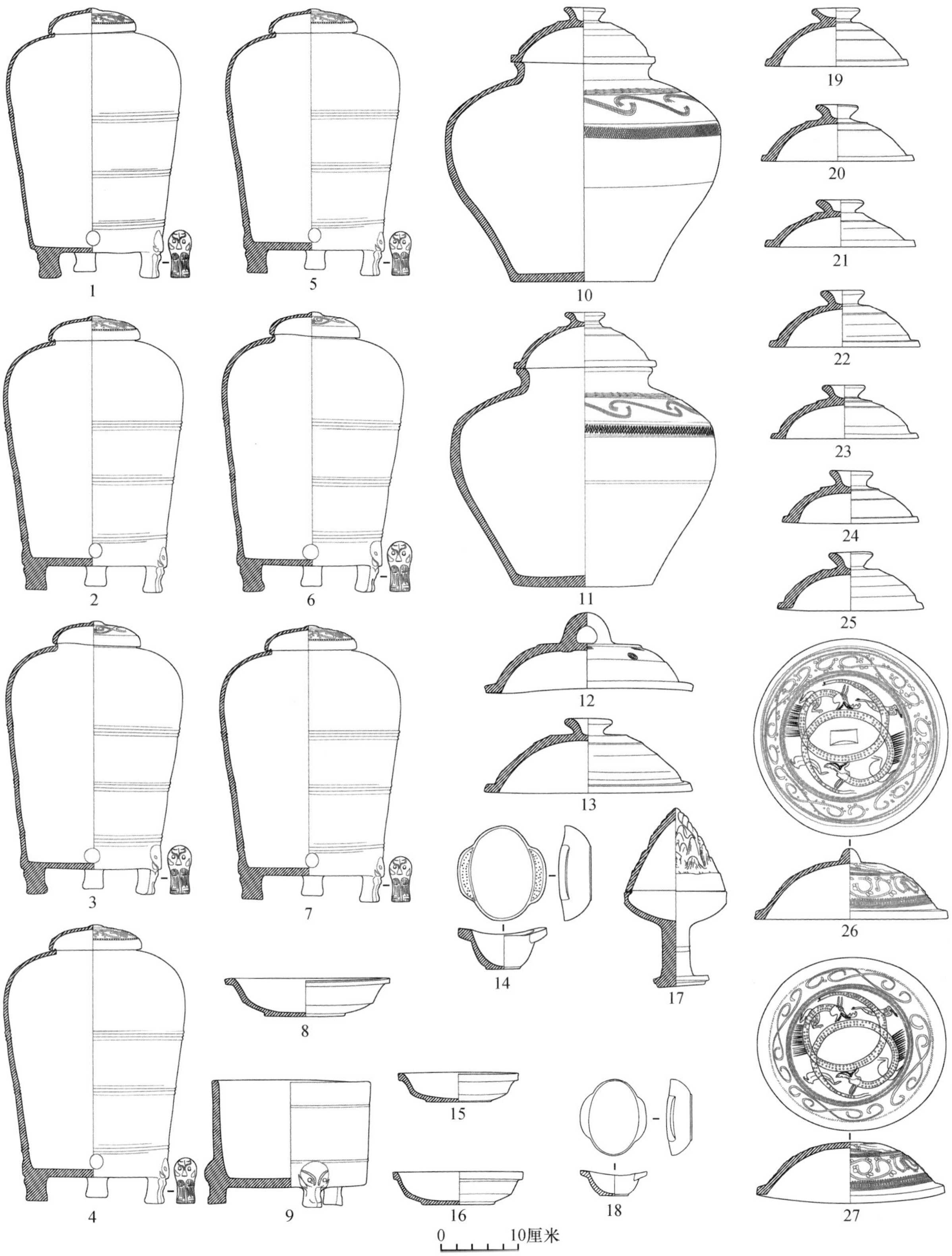

图4-1-16A　AM48出土陶器

1～7. 仓（AM48：35～41）　8、15、16. 盘（AM48：59、58、74）　9. 樽（AM48：60）　10、11. 罐（AM48：42、43）　12、13、19～27. 器盖（AM48：55、57、48～51、53、54、72、56、52）　14、18. 耳杯（AM48：64、73）　17. 熏炉（AM48：71）

图4-1-16B　AM48右耳室出土陶器

1. 圈（AM48：44）　2. 烤炉（AM48：61）　3. 井（AM48：45）　4. 勺（AM48：75）　5. 灶（AM48：46）

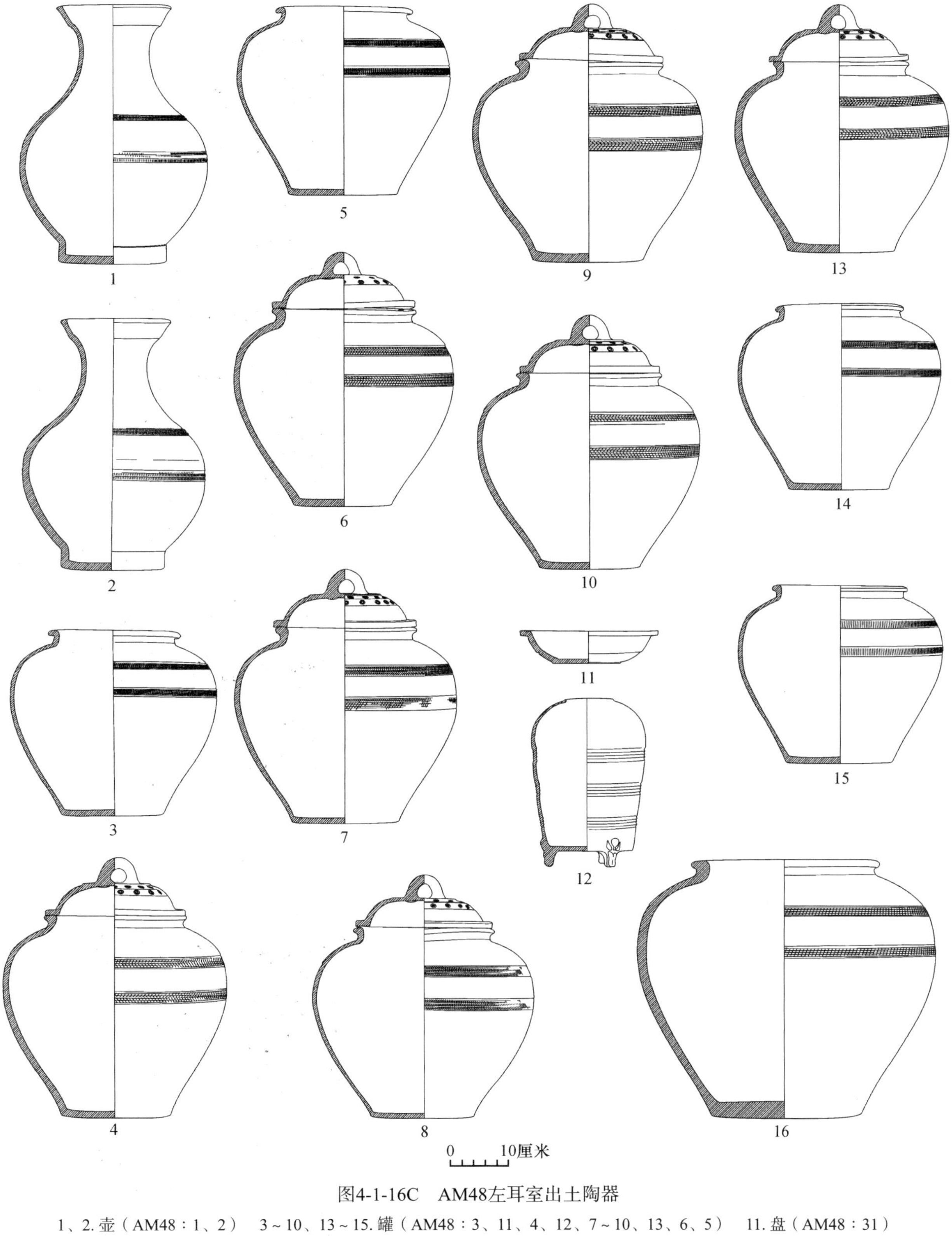

图4-1-16C　AM48左耳室出土陶器

1、2. 壶（AM48：1、2）　3～10、13～15. 罐（AM48：3、11、4、12、7～10、13、6、5）　11. 盘（AM48：31）　12. 仓（AM48：21）　16. 瓮（AM48：25）

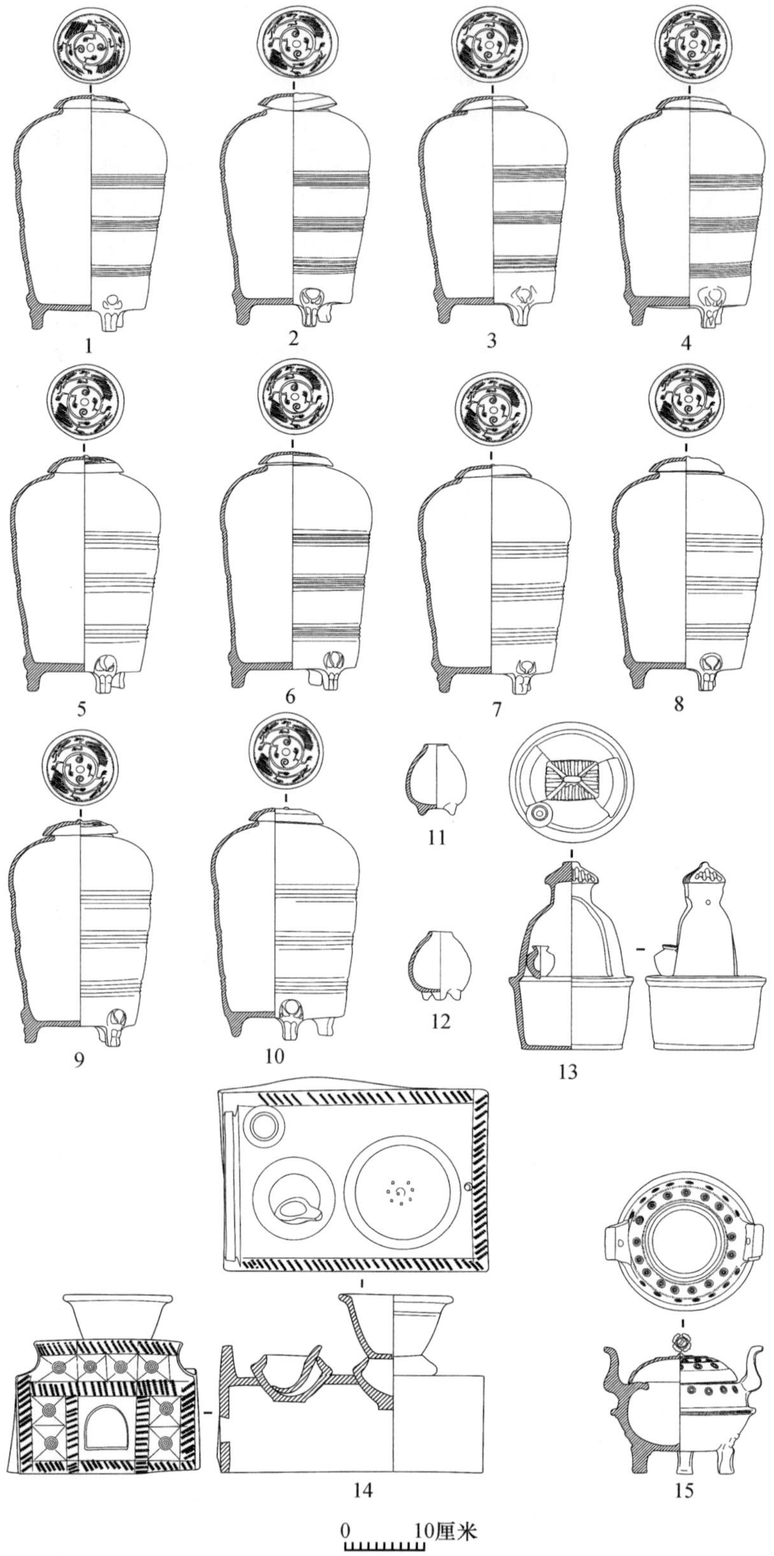

图4-1-16D　AM48左耳室出土陶器

1～10. 仓（AM48：14～20、22～24）　11、12. 鸮形小壶（AM48：29、30）　13. 井（AM48：26）
14. 灶（AM48：27）　15. 鼎（AM48：28）

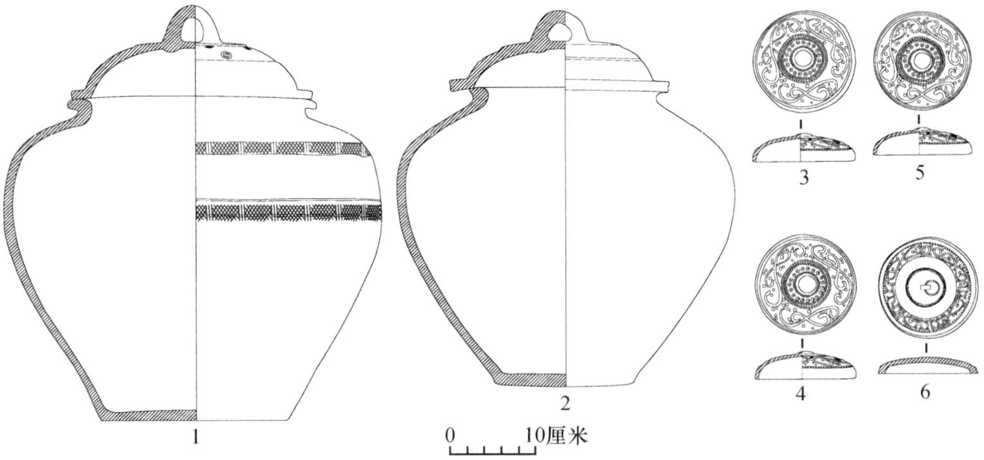

图4-1-16E　AM48盗洞出土陶器

1、2. 罐（AM48：76、77）　3～6. 仓盖（AM48：78～81）

由墓道、封门、甬道、墓室、耳室组成（图4-1-17；图版二八，1）。

墓道：位于墓室东壁中部。平面呈长方形，口大底小，口部东西长2.58、东端宽0.96、西端宽1.04米，底部东西长2.46米。底面为坡状，东端深4.34米。东端两侧壁面有对称脚窝，每侧各有六个，脚窝长径0.2～0.3、短径0.14～0.22、进深0.06～0.1米，脚窝间距0.3～0.5米（图版二九，1）。

封门：青砖封门，目前尚保存六层。底面平砖平铺一层，墓道两侧边有侧立丁砖，与底面顺砌平砖形成一门框样式。框内封门砖作丁砖左、右对角分层斜放，为前后交错摆放。

甬道：位于墓室东部。拱形土洞砖构，单层平砖丁砌作拱顶。券洞宽1.06、甬道进深0.56、洞存高1.1米。

墓室：拱顶土洞结构。平面形状不规则，东西长4.1～4.3、东端宽2、西端宽2.3、高1.9米。

耳室：两个，拱顶土洞结构。位于墓室南、北两侧。左耳室平面近圆角正方形，口宽1.5、内宽1.6、进深1.6～1.84、洞高1.1～1.7米（图版二八，4）。右耳室平面呈靴形，入耳室1.5米后向东折出1.1米，口宽1.5、内宽2.46、洞高1.2～1.7米（图版二八，2）。

葬具：位于墓室西部。木棺两副，朽蚀严重，仅存朽痕。

葬式：人骨大部分无存，仅在墓室北部发现被移动过的股骨及髋骨块（图版二八，3）。推测应为夫妇合葬。

出土遗物：53件（组），有陶器、铜镜、铜器、钱币、铁器、铅器和石器等，有陶壶2件、鸮形小壶2件、罐14件、小罐3件、仓10件、井1件、灶2件、樽2件、耳杯2件、盒1件、瓮1件、饼形器1件（图4-1-18A、18B、18C；图版二九，3），铜镜1件，铜眉刷1件，铜钱2组13枚，铁刀2件、剑1件、钩2组3件、铁镰刀1件，铅軎1件，长方形石器1件，主要放于两个耳室内，其中有1件陶壶漂移至墓室北部中间。值得注意的是，该墓出土的陶仓内多盛有炭化种子，具体种类有待鉴定（图版二九，2），墓室东南角及东北角各有1件陶樽。随葬陶器应为两套器物组合，左、右耳室各放一套，以5仓1樽1耳杯为其明显特征。

AM51的年代应属新莽至东汉初年。

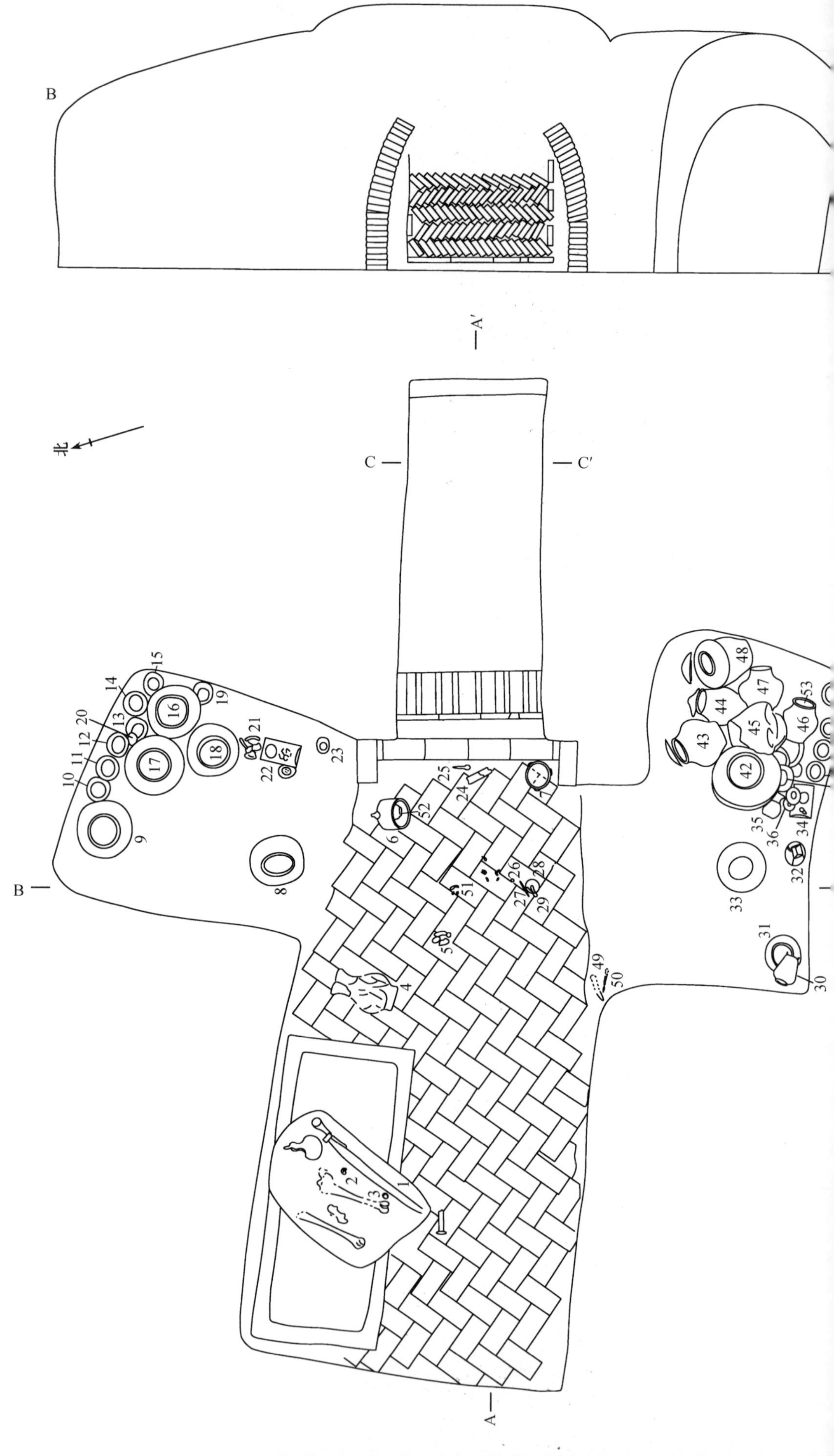
B
A′
北
C
C′
B
A

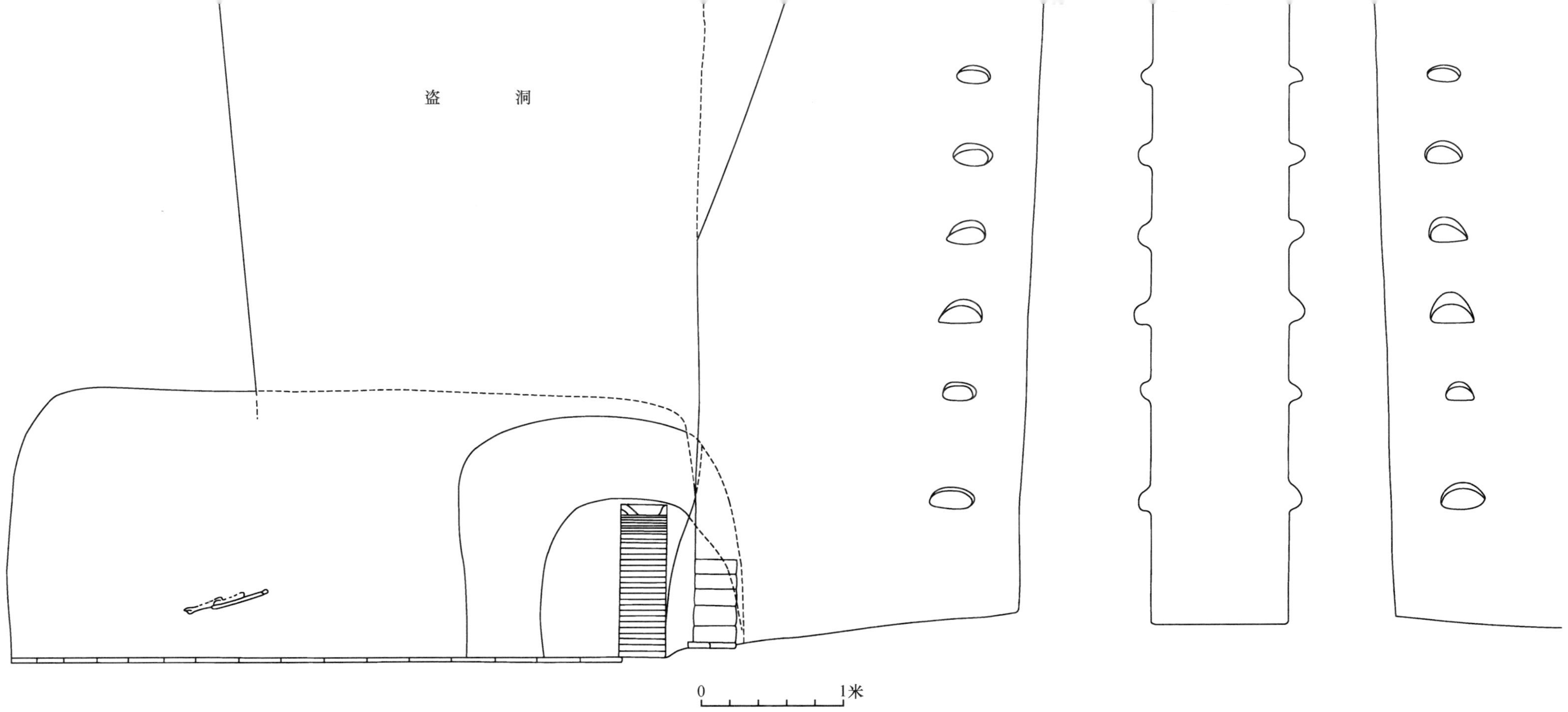

图4-1-17　AM51平、剖面图

1.铁剑　2. 铜钱（8枚）　3. 铜钱（5枚）　4、31. 陶壶　5、52. 陶耳杯　6、7. 陶樽　8、9、16～18、33、35、41、43～48. 陶罐　10～14、30、37～40. 陶仓　15、19. 小陶罐　20、36. 鸮形小陶壶　21. 陶盒　22、34. 陶灶　23. 小陶罐　24. 长方形石器　25. 铁镰刀　26.铅害　27. 铜眉刷　28. 铜镜　29、49. 铁刀　32. 陶井　42. 陶瓮　50. 铁钩　51. 铁钩（2件）　53. 陶饼形器

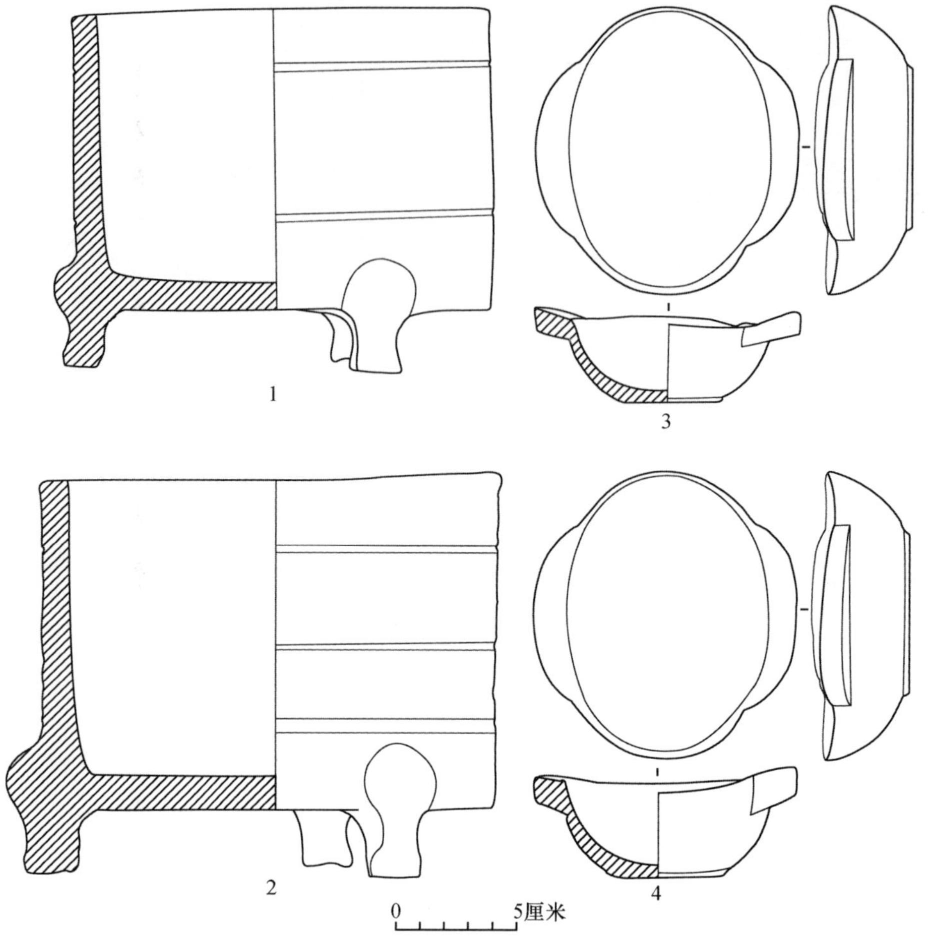

图4-1-18A　AM51厅室出土陶器
1、2. 樽（AM51：7、6）　3、4. 耳杯（AM51：5、52）

（一〇）2006HGA区T25M55（下文简称“AM55”）

位于A区中部的T25东中部。叠压于第2层下，墓口距地表0.3、墓深4.25米。墓道向北，方向16度。保存完好。

由墓道、封门、墓室组成（图4-1-19；图版三〇，1、2）。

墓道：位于墓室北壁中部。平面呈长方形，口部南北长2.6、东西宽0.86米，底南北长2.74～2.88、东西宽0.86米。北壁斜收，其他三壁较垂直。底北半部较平，北端距墓口3.7米，南半部呈陡坡状，南端与墓室底平。墓道北端两壁有一组对称脚窝，每壁各有五个，脚窝长径0.16～0.26、短径0.14～0.16、进深0.1～0.14米，脚窝间距0.26～0.34米。

封门：青砖封门，共十八层，上部四层为顺砖错缝平砌，下部十四层为丁砖左、右对角分层斜放，为前后交错摆放。墓道两侧边有侧放丁砖，与顶层封门砖形成门框式样。底面宽0.94、高1.7米。

墓室：拱顶土洞结构，由前厅和后室两部分组成。前厅平面近长方形，南北长1.6～1.8、东西宽1.88～1.9、洞高1.94米。后室主要做棺床，为生土台结构，高于厅室地面0.08～0.16

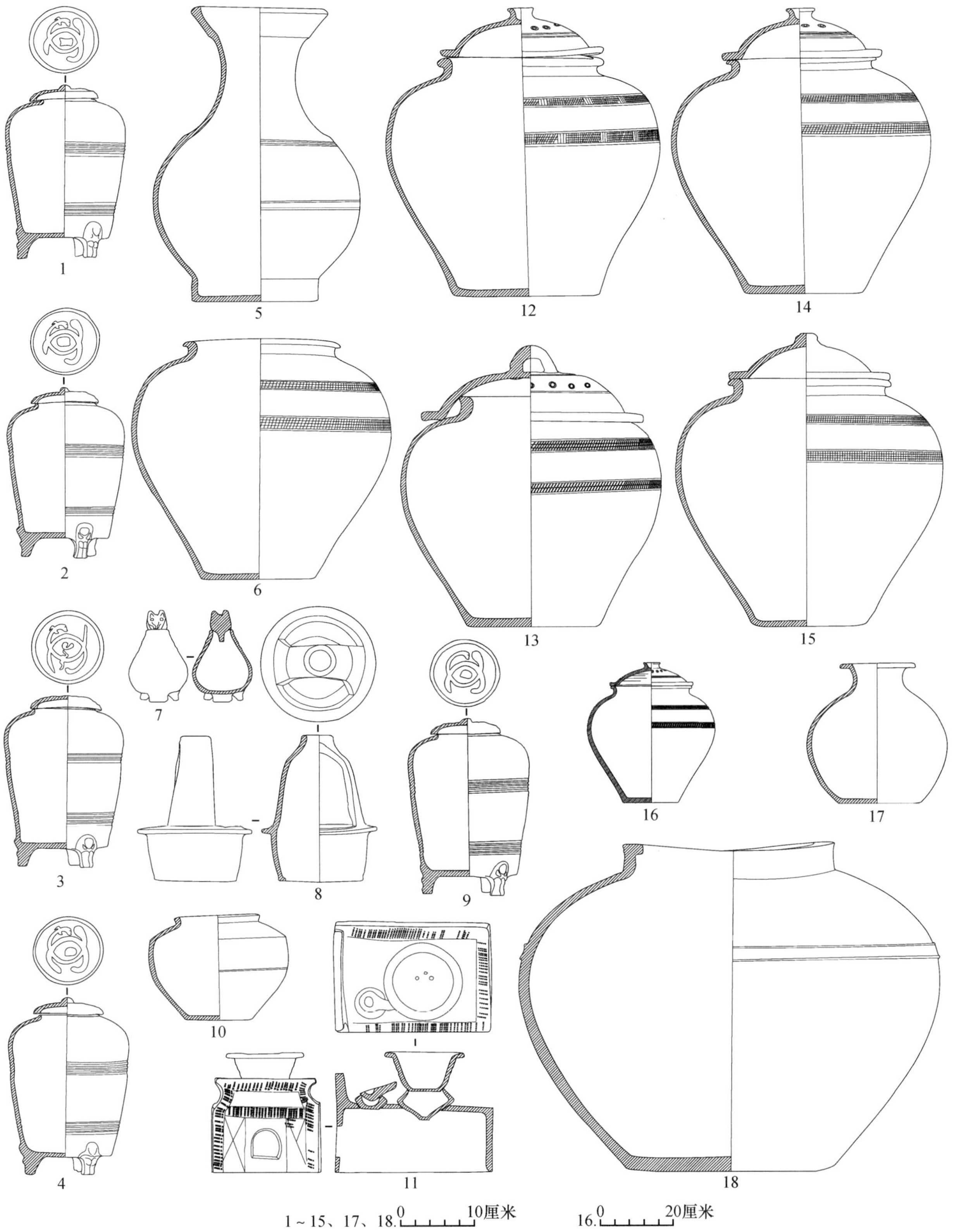

图4-1-18B AM51右耳室出土陶器

1～4、9.仓（AM51：30、38～40、37） 5.壶（AM51：31） 6、10、12～17.罐（AM51：47、41、46、43、44、48、33、35） 7.鸮形小壶（AM51：36） 8.井（AM51：32） 11.灶（AM51：34） 18.瓮（AM51：42）

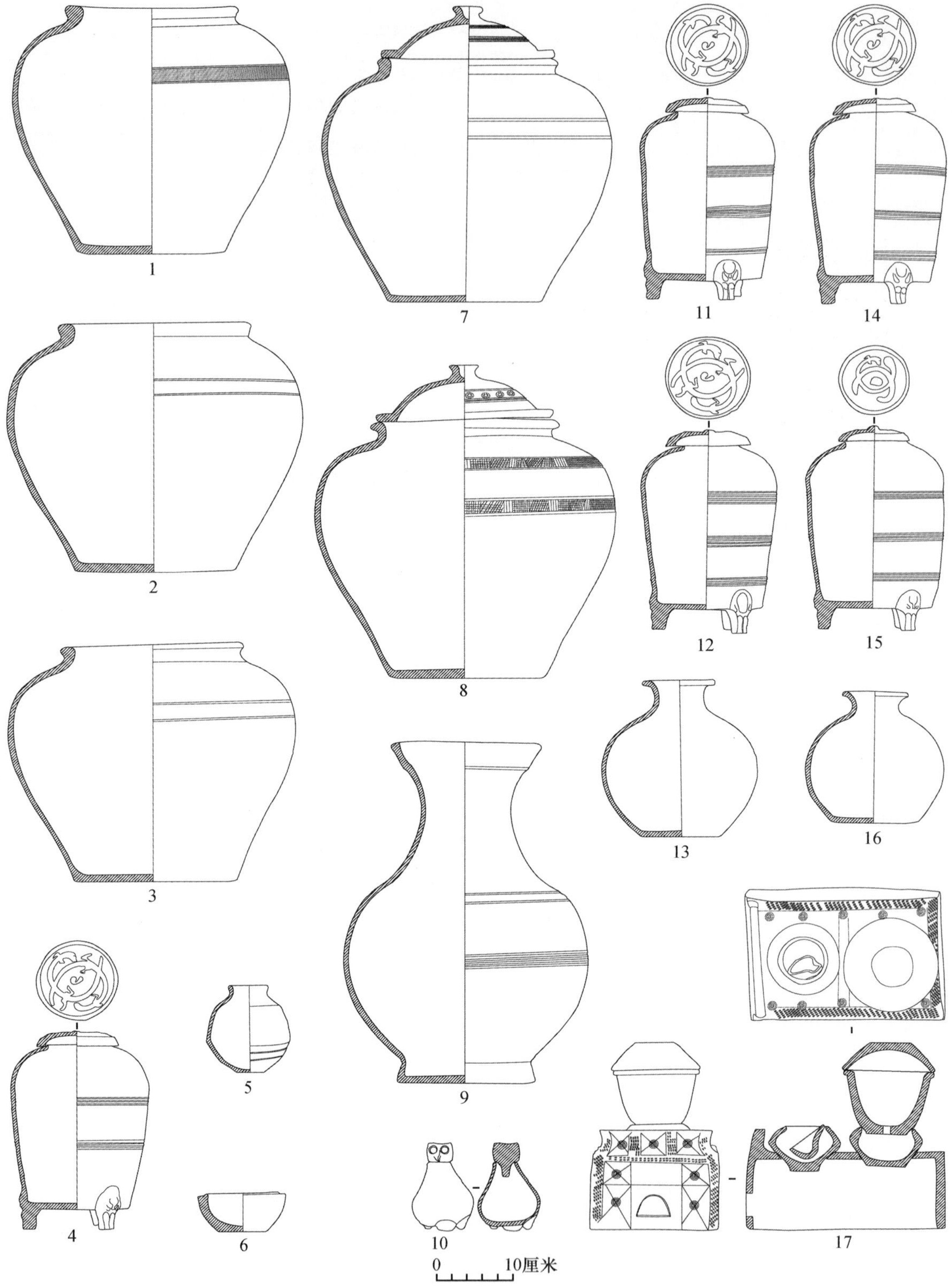

图4-1-18C　AM51左耳室出土陶器

1～3、7、8. 罐（AM51：8、17、18、9、16）　4、11、12、14、15. 仓（AM51：14、10～13）　5、13、16. 小罐（AM51：23、15、19）　6. 盒（AM51：21）　9. 壶（AM51：4）　10. 鸮形小壶（AM51：20）　17. 灶（AM51：22）

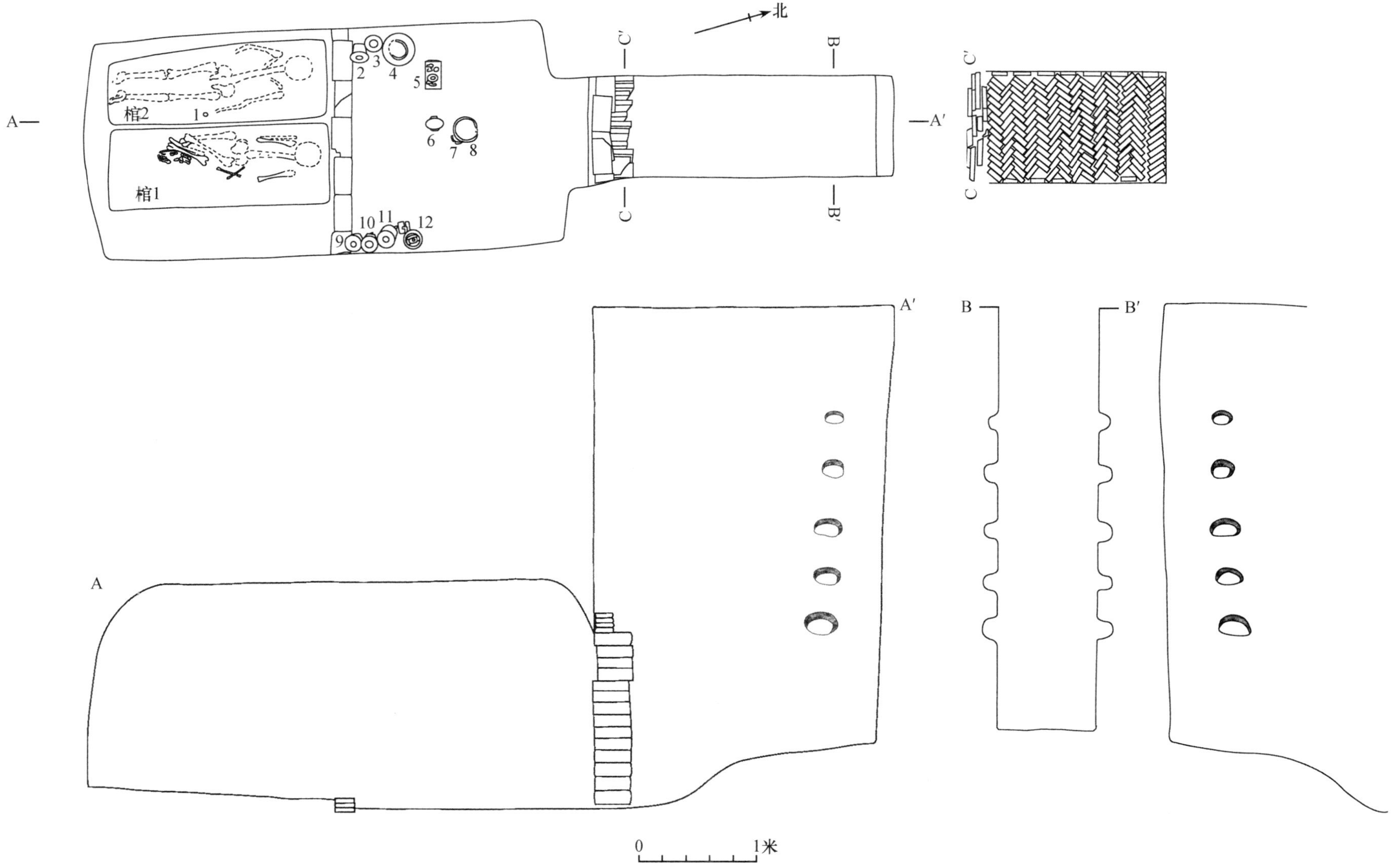

图4-1-19　AM55平、剖面图

1. 银指环　2、3、9～11. 陶仓　4. 陶壶　5. 陶灶　6、7. 陶耳杯　8. 陶樽　12. 陶井

图4-1-20　AM55出土陶器

1～3、6、7. 仓（AM55：2、3、10、11、9）　4. 壶（AM55：4）　5. 樽（AM55：8）　8. 井（AM55：12）　9. 灶（AM55：5）　10、11. 耳杯（AM55：7、6）

米。床沿铺有三层砖，为错缝平铺。

葬具：位于墓室棺床中部。木棺两副，朽蚀严重，仅存朽痕。棺1长1.86、前端宽0.68、后端宽0.66米，棺2长1.86、前端宽0.66、后端宽0.5米。棺室内均铺有青灰一层。

葬式：人骨架两具，腐朽严重。棺1内墓主为二次葬，头向北，面向不明，经鉴定为女性，年龄25～30岁。棺2内墓主为仰身直肢，头向北，面向上，经鉴定为男性，年龄亦为25～30岁，身高1.56米。墓主左手有银指环1件。应为夫妇合葬。

出土遗物：12件，有陶器和银器，计有陶壶1件、仓5件、井1件、灶1件、樽1件、耳杯2件（图4-1-20；图版三〇，3），银指环1件，主要置于厅室中部及左、右两侧，厅室中部放置1件陶樽及2件陶耳杯作供器，左侧放置陶仓2件、壶1件和灶1件，右侧放置陶仓3件、井1件。这些随葬品排列井然有序，为一套完整的器物组合，5件仓1件樽2件耳杯的组合关系非常明确。

AM55的年代为新莽至东汉初年。

（一一）2006HGA区T3M69（下文简称“AM69”）

位于A区西北部的T3中部偏东。叠压于第2层下，墓口距地表0.35、墓深3.86米。墓道向北，方向15度。墓道南端靠近墓室处有一盗洞，墓室被盗。

由坟丘、墓道、封门、墓室、耳室组成（图4-1-21；图版三一，1）。

坟丘：平面呈椭圆形，长径2.6、短径1.6、深1.3米。坟丘堆积黄花土，内含黑褐土颗粒。

墓道：位于墓室北壁中部。平面呈长方形，口部南北长2.6、底部南北长2.54、宽0.86～0.92米。四壁较垂直。底面略呈缓坡状，北端距墓口3.46米，南端与墓室底平。北端两壁有对称脚窝，每侧各有五个，脚窝长径0.2～0.26、短径0.14～0.18、进深0.1～0.14米，脚窝间距0.3～0.5米。

封门：青砖封门，保存较好，有九层，底面一层为平砖顺砌，墓道两侧边、封门砖层与层对角外侧边有侧放丁砖，与底面铺砖形成门框式样。封门砖第一至六层为丁砖左、右对角分层斜放，第七至九层为前后交错摆放。门宽0.92、存高1.5米。

墓室：拱顶土洞结构，平面呈长方形，由前厅和后室组成。前厅平面近长方形，南北长2.04、东西宽1.96、洞高1.96米。后室平面呈长方形，主要做棺床，为生土台结构，底较平整，南北长2.4、东西宽1.68～1.78、洞高1.88米，后室地面高于前厅地面0.08米。棺床沿有两层错缝平铺砖（图版三一，2）。

耳室：一个，位于墓室北端右侧。拱顶土洞结构，平面呈长方形，口宽1.1、内宽0.92、进深1.1～1.2、洞高0.6～1.36米，耳室地面高出厅室约0.08米。

葬具：位于墓室中东部。木棺一副，因盗扰严重，仅存少许朽痕及青灰。

葬式：人骨架一具，被盗扰严重，残存头骨朽痕，可知墓主头向北。

出土遗物：12件（组），有陶器和钱币，计有陶壶1件、仓1件、仓盖5件、井1件、灶1件、樽1件、耳杯1件（图4-1-22；图版三一，3），铜钱1枚，主要出土于墓室棺床西侧，其中1

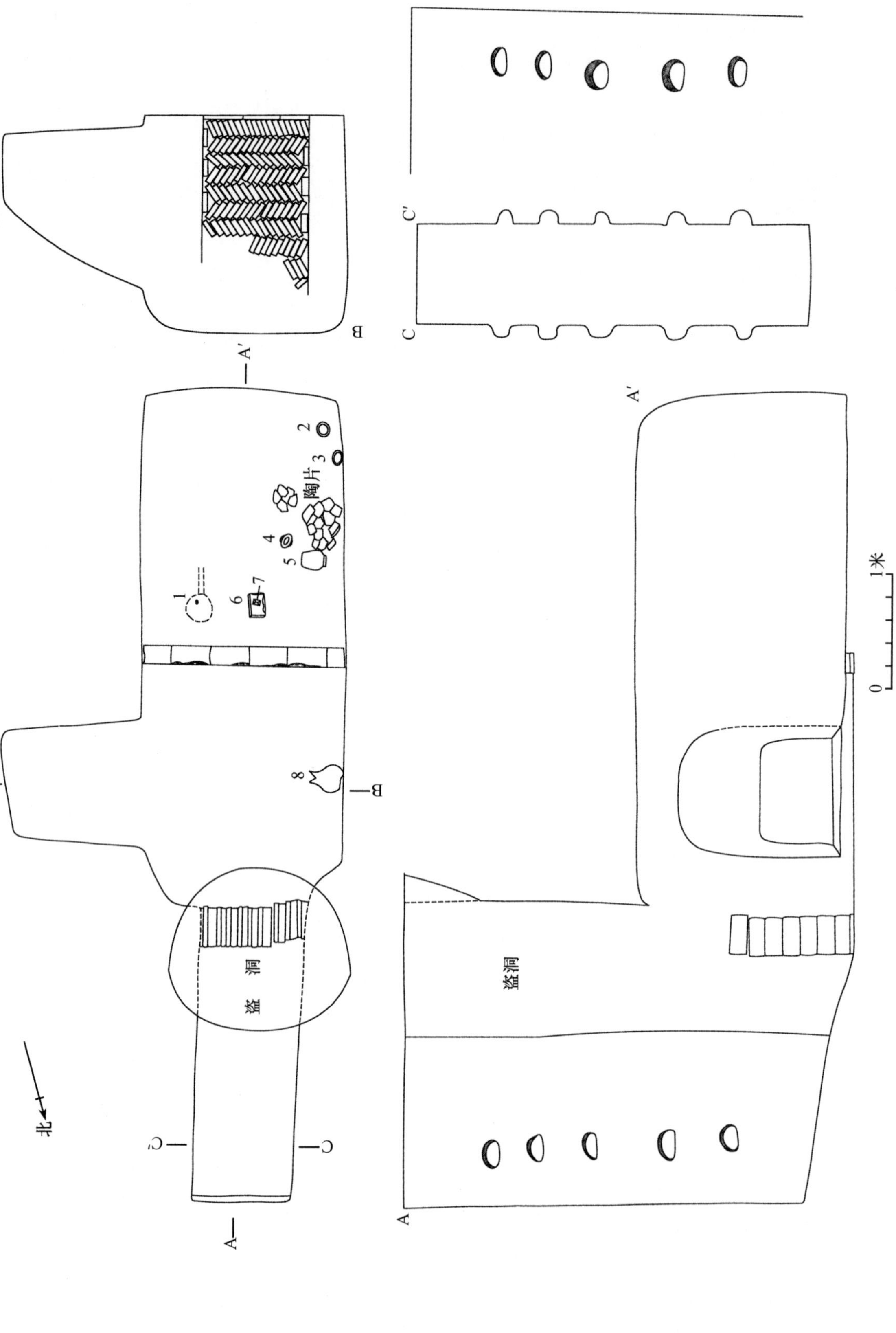

图4-1-21　AM69平、剖面图

1. 铜钱（1枚）　2、3、10～12. 陶仓盖　4. 陶耳杯　5. 陶仓　6. 陶灶　7. 陶井　8. 陶壶　9. 陶樽（9～12出自盗土中）

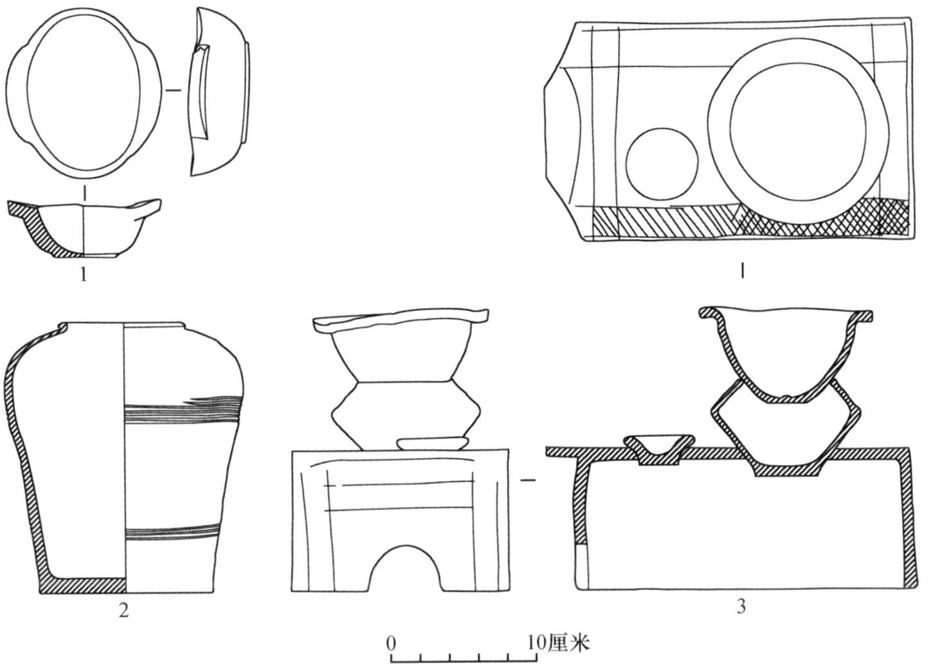

图4-1-22　AM69出土陶器

1. 耳杯（AM69：4）　2. 仓（AM69：5）　3. 灶（AM69：6）

件陶壶被扰至前厅西部。陶器为一套器物组合，应为5件仓1件樽1件耳杯组合，与AM79相似，只是AM79为两套。

AM69的年代应属新莽至东汉初期。

（一二）2006HGA区T30M77（简称“AM77”）

位于A区北中部的T30南部。叠压于第2层下，墓口距地表0.35、墓深5.25米。墓道向北，方向18度。墓道南端近墓室处有一盗洞，墓室被盗扰。

由墓道、封门、墓室组成（图4-1-23）。

墓道：位于墓室北壁中部。平面呈长方形，口部南北长3、东西宽0.92米，底部南北长3.08、东西宽0.84～0.92米。底面略呈缓坡状，北端深4.5、南端深5.1米。在北端两侧壁面有对称脚窝，每侧各有八个，脚窝长径0.2、短径0.1、进深0.1～0.18米，脚窝间距0.18～0.4米。

封门：青砖封门，大部分被破坏，仅保存底面一层，为平砖顺砌。

墓室：拱顶土洞结构，分前厅和后室两部分。前厅平面近正方形，东西长2.2、南北宽1.9米。后室平面略呈正方形，主要做棺床，边长约2.2米，高于前厅地面约0.1米。棺床南东西两侧边内收0.1～0.2米并延伸1.05～1.1米形成小后室，底与棺床底平，宽约1.9～1.94米，墓室高2.58米。墓室后设小室现象仅此一例，而且盗扰严重，具体用途不明。

出土遗物：仅于棺床西半部出土铜钱11枚。

AM77的年代应属新莽至东汉初年。

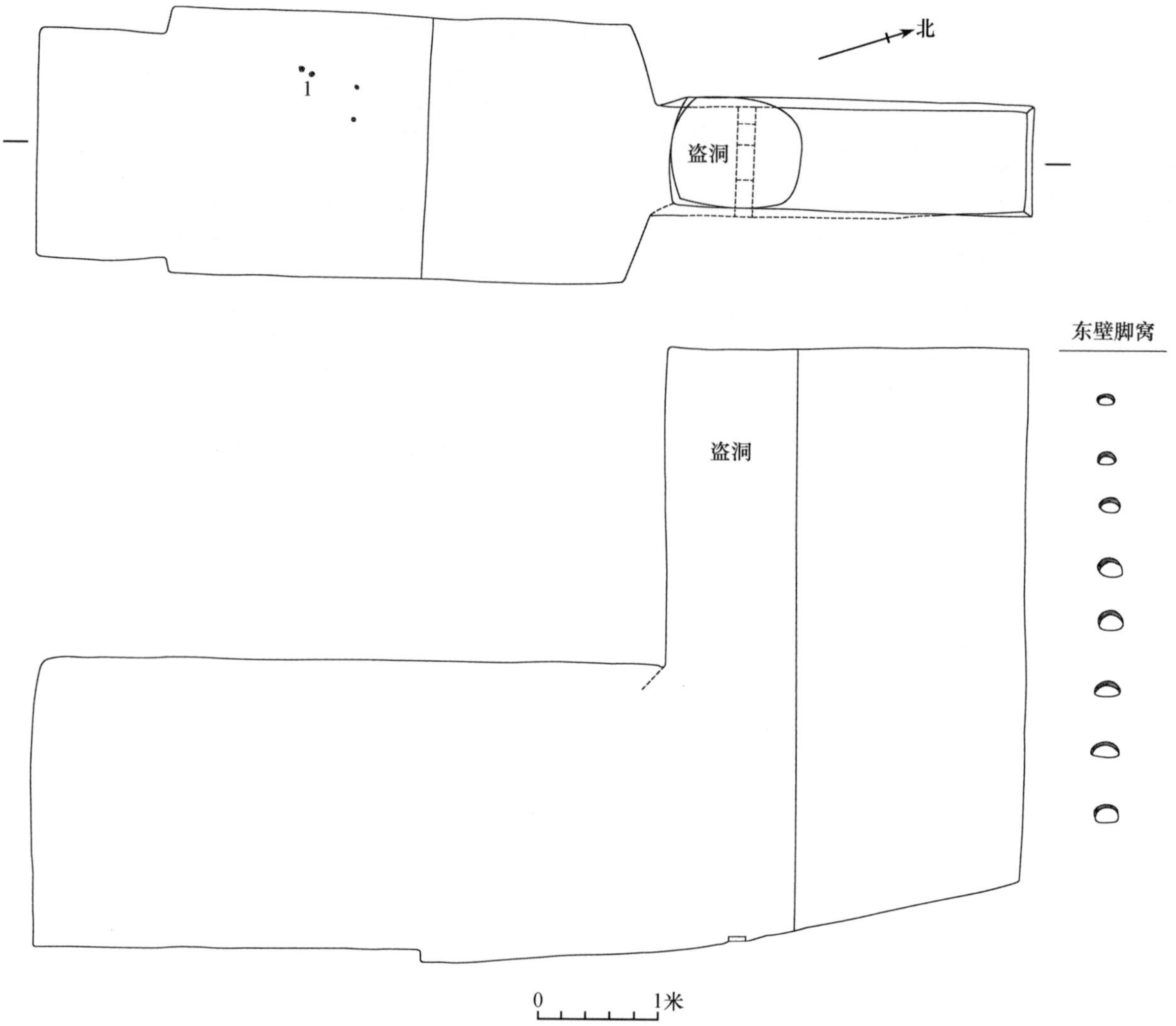

图4-1-23　AM77平、剖面图
1. 铜钱（11枚）

（一三）2006HGA区T33M79（简称“AM79”）

位于A区西北部的T33中部。叠压于第2层下，墓口距地表0.3、墓深4.74米。墓道向北，方向13度。保存完好。

由坟丘、墓道、封门、墓室、耳室组成（图4-1-24；图版三二，1）。

坟丘：地面封丘已不存，目前尚存墓室塌落时封土塌落部分。平面呈椭圆形，长径4、短径2.3、深1.3米。塌落封土堆积黄花土，间杂黑褐土颗粒。

墓道：位于墓室北壁中部。平面呈长方形，口小底大，口部南北长2.78、北端宽0.9、南端宽0.94米。底平面呈长方形，南北长2.9、东西宽1.14米。底呈坡状，北端深3.94米，南端与墓室底平。北端两侧壁有脚窝，每侧各有六个，脚窝长径0.18～0.28、短径0.1～0.18、进深0.06～0.1米，脚窝间距0.3～0.6米。

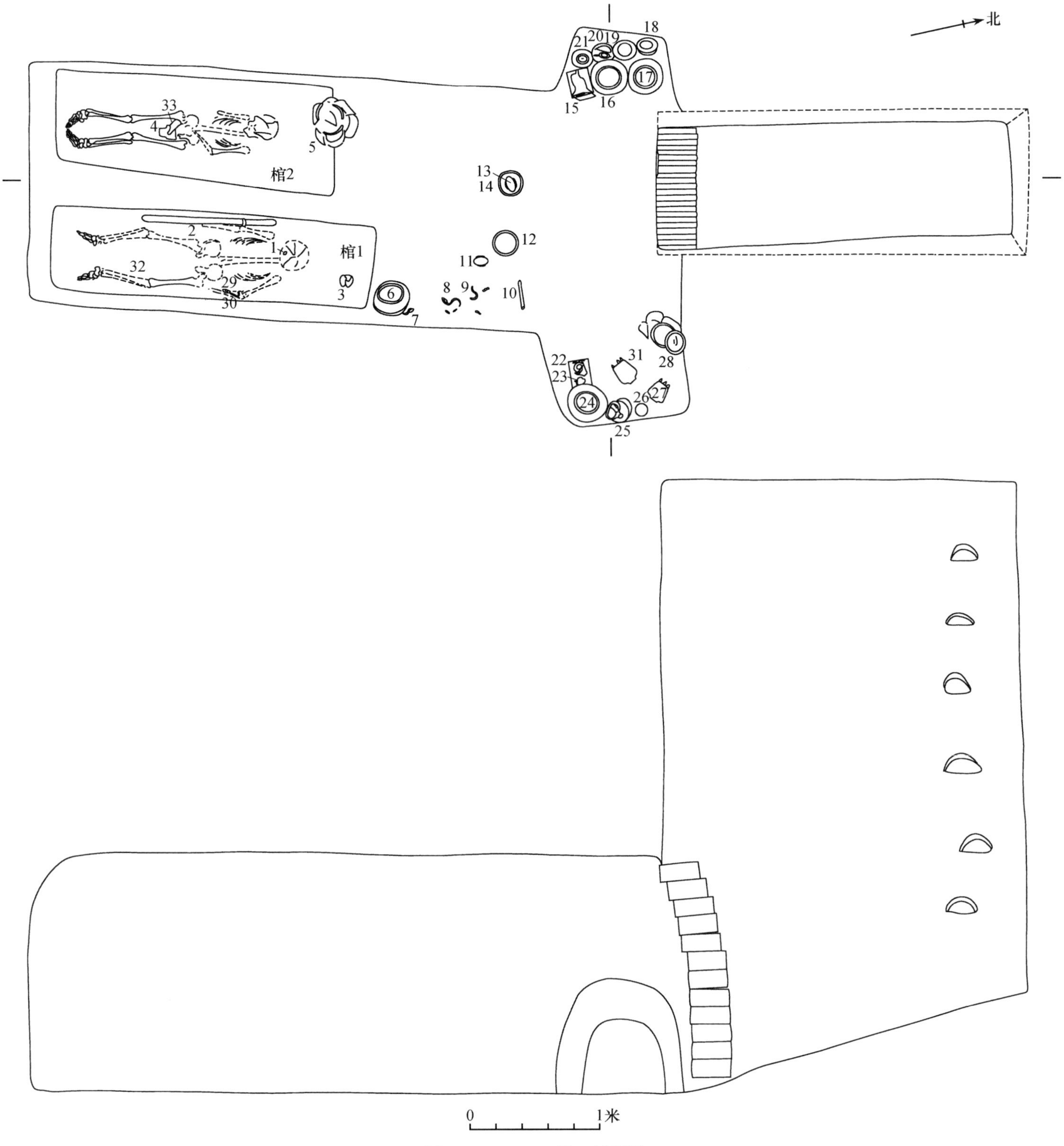

图4-1-24　AM79平、剖面图

1. 铜钱（1枚）　2. 铁剑　3. 粉块　4. 铁铲　5、6、16、17、24、28. 陶罐　7～9. 铁钩　10. 铁刀　11、13. 陶耳杯　12、14. 陶樽　15、22. 陶灶　18、19、21、26、27、31. 陶仓　20、25. 陶井　23. 鸮形小陶壶　29. 铁勺　30、33. 铁器　32. 铁棺钉

封门：青砖封门，共十二层，为丁砖左、右对角分层斜放，底面第一至六层砖摆放紧密整齐，自第七层开始至顶层为前后交错摆放，放置得较松散，残砖较多，这很可能是二次封门形成的特殊现象。门宽1.14、高1.8米。

墓室：平顶土洞结构。平面呈“T”字形，长5、宽1.9、高1.84米。

耳室：两个，位于墓室北端两侧。拱顶土洞结构，平面呈圆角长方形，左耳室口宽0.8、内边宽0.66、进深0.54、洞高0.5～0.9米，右耳室口宽1.1、内边宽0.98、进深0.78、洞高0.6～0.9米。

葬具：位于墓室南部。木棺两副，朽蚀严重，仅存朽痕。棺1长2.46、宽0.64米。内有铁棺钉1枚。棺2长2.14、前宽0.84、后宽0.7米。棺室内均铺有一层青灰。

葬式：人骨架两具，腐朽严重。墓主均为仰身直肢，头向北，面向上。棺1内墓主为男性，成年，身高1.6米。墓主口含铜钱1枚，身体右侧有铁剑1把。棺2内墓主为女性，年龄在16～18岁之间，身高1.5米。应为夫妇合葬（图版三三，2）。

出土遗物：33件（组），有陶器、钱币、铁器和粉等，计有鸮形小陶壶1件、罐6件、仓6件、井2件、灶2件、樽2件、耳杯2件（图4-1-25A、25B、25C；图版三二，2），铜钱1枚，铁铲1件、刀1件、剑1件、勺1件、钩3件、铁器2件（残）、棺钉1枚，粉块1块，主要出土于两个耳室及墓室北半部，其中棺前各置一套樽和耳杯作供器，墓室中间两侧各有陶罐1件，两个耳室内各放置一套陶器，井、仓位于耳室内侧边缘，灶、罐置于外侧，排列有序（图版三三，1）。随葬陶器应为两套完整的器物组合，其中罐和仓为3件一组，应为两套3件仓1件樽1件耳杯组合。

AM79的年代应属新莽至东汉初年。

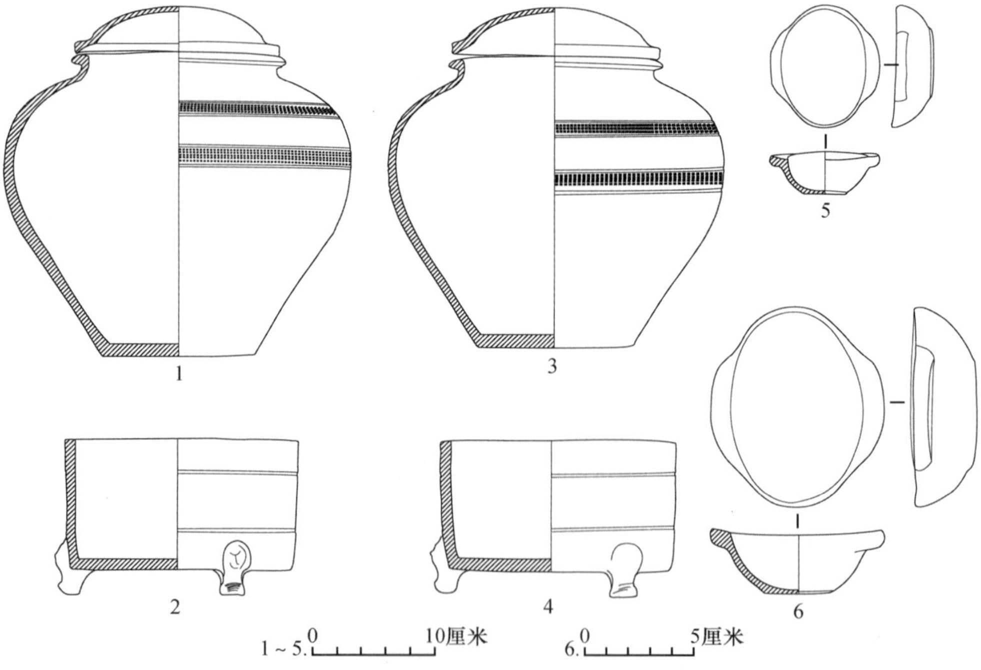

图4-1-25A　AM79厅室出土陶器

1、3. 罐（AM79：5、6）　2、4. 樽（AM79：12、14）　5、6. 耳杯（AM79：11、13）

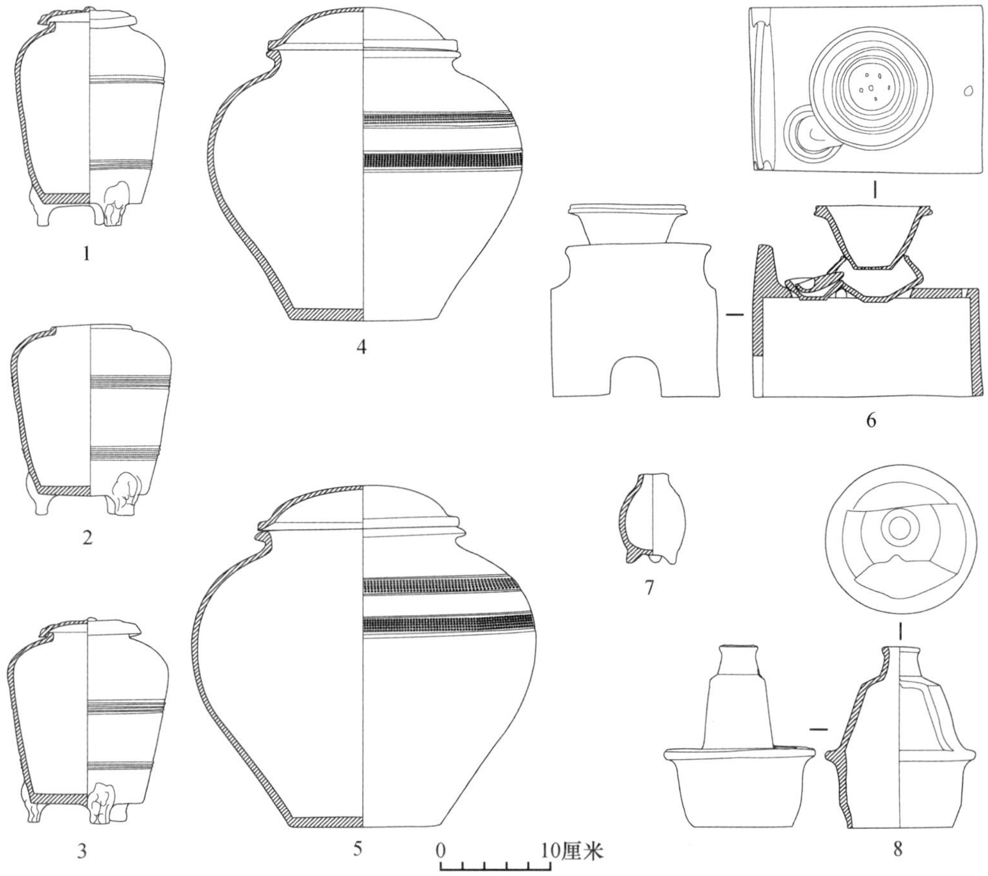

图4-1-25B　AM79右耳室出土陶器

1～3. 仓（AM79∶26、27、31）　4、5. 罐（AM79∶24、28）　6. 灶（AM79∶22）　7. 鸮形小壶（AM79∶23）　8. 井（AM79∶25）

（一四）2006HGB区T5M36（下文简称“BM36”）

位于B区北部的T5西南部。叠压于第2层下，墓口距地表0.4、墓深3.1米。墓道向北，方向23度。该墓保存完整。

由墓道、封门、墓室组成（图4-1-26；图版三四，1）。

墓道：位于两墓室中间。平面呈长方形，四壁垂直，口、底大小相同，南北长2.4、东西宽0.76～0.86米。底略斜，南部深3.1、北部深3米。

封门：两墓室均为青砖封门，底面平砖顺砌一层，墓道两侧边有侧放丁砖，与底面砖形成门框式样。封门砖为丁砖左、右对角分层斜放，为前后交错摆放。1号墓室封门砖有九层，上部三层发掘时塌落少许，底宽0.86、高0.8～1米。2号墓室有封门砖八层，上部一层不完整，底宽0.8、高0.9～1.1米。

墓室：拱顶土洞结构。两个墓室平面均呈长方形，1号墓室长3.36、宽0.9～0.96、洞高0.86～1.24米（图版三四，3），2号墓室长3.46、宽1～1.04、洞高0.82～1.3米（图版三四，4）。

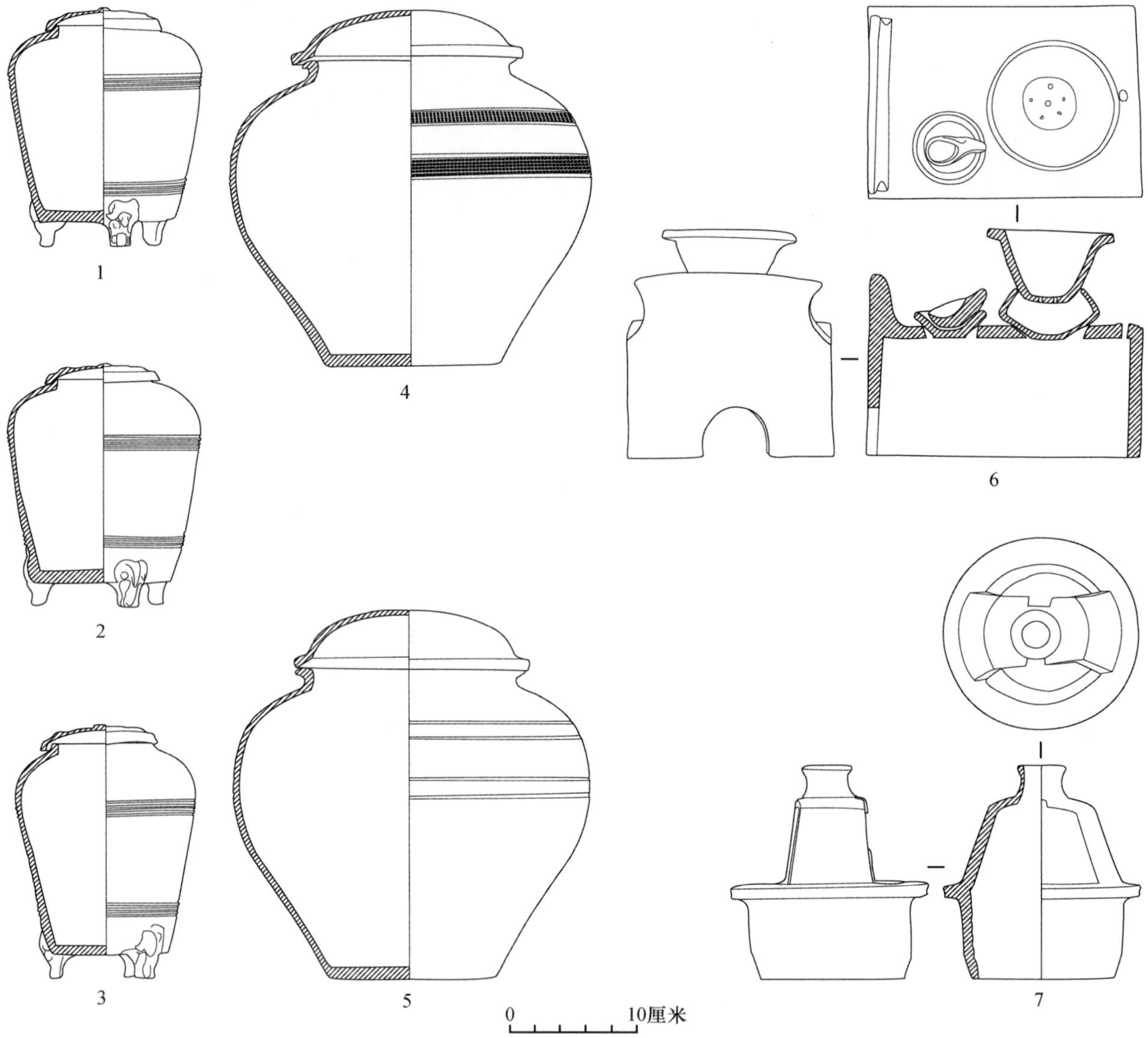

图4-1-25C　AM79左耳室出土陶器

1～3. 仓（AM79：18、19、21）　4、5. 罐（AM79：16、17）　6. 灶（AM79：15）　7. 井（AM79：20）

葬具：均位于墓室中间里侧。两墓室内各有一副木棺，现仅存朽痕，棺1长2.26、前宽0.68、后宽0.5米，棺2长2.08、前宽0.56、后宽0.54米。棺内墓主身下各铺一层青灰。

葬式：人骨架两具。均为仰身直肢。棺1内墓主头向南，面向上，仅余牙齿，性别不明，年龄在14～18岁之间，身高约1.7米。棺2内墓主头向北，面向上，亦仅余牙齿，性别不明，年龄在16～18岁之间，身高约1.6米。该墓同穴异室的独特埋葬方式的具体寓意不明。两个墓主的年龄基本相同，性别不详，无法判断是否为夫妇异穴合葬。

出土遗物：6件（组），有陶器、钱币和铜镜，计有陶樽2件（图4-1-27；图版三四，2）、铜镜2面、铜钱2组（323枚），其中铜镜位于墓主头部，陶樽放于墓主右上方，铜钱主要置于墓主身体下面。每位墓主各随葬1面铜镜和1件陶樽，棺1出土铜钱94枚，棺2出土铜钱229枚。随葬陶器为两套器物组合，每组仅有1件陶樽，较为特殊。

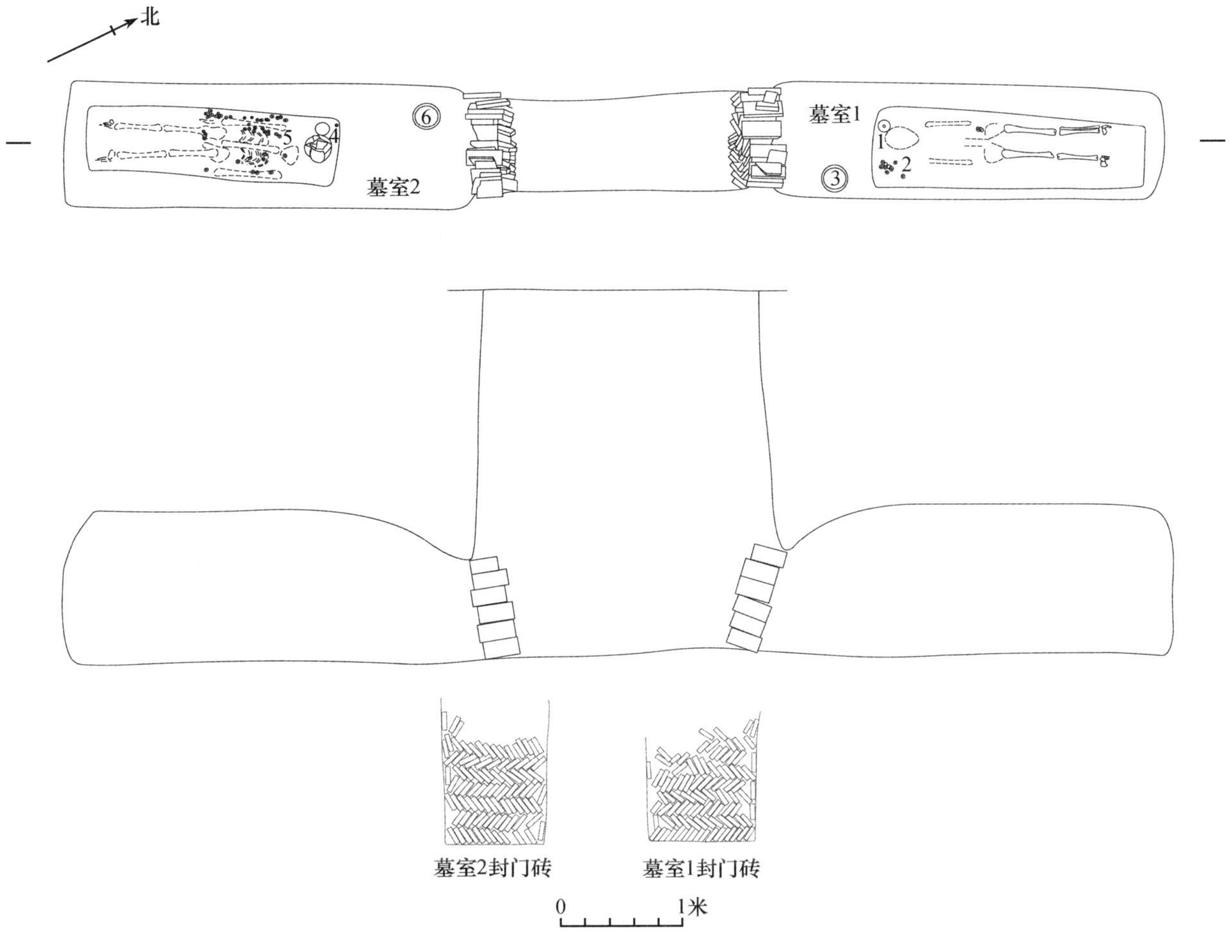

图4-1-26 BM36平、剖面图

1、4. 铜镜 2. 铜钱（94枚） 3、6. 陶樽 5. 铜钱（229枚）

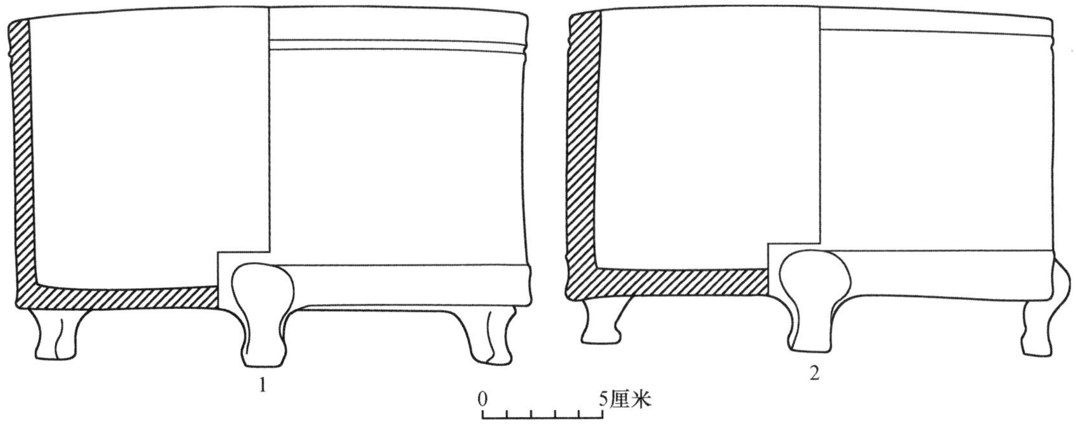

图4-1-27 BM36出土陶器

1、2. 樽（BM36：6、3）

此墓形制较为特殊，墓室为双墓室，设置于墓道的两端，是该墓地中唯一的墓例。

BM36的年代应属新莽至东汉初期。

（一五）2006HGB区T18M42（下文简称“BM42”）

位于B区东南隅的T18南中部。叠压于第2层下，墓口距地表0.3、墓深1.64米。墓道向东，方向108度。保存完整。

由墓道、墓室组成（图4-1-28；图版三五，1）。

墓道：位于墓室东壁中部。平面呈长方形，口大底小，口部东西长1.94、南北宽0.75米。底较平整，东西长1.78、南北宽0.7、深1.54米。

墓室：拱顶土洞结构。平面呈梯形，东西长1.96、东端宽0.98、西端宽0.7、洞高0.5～0.9

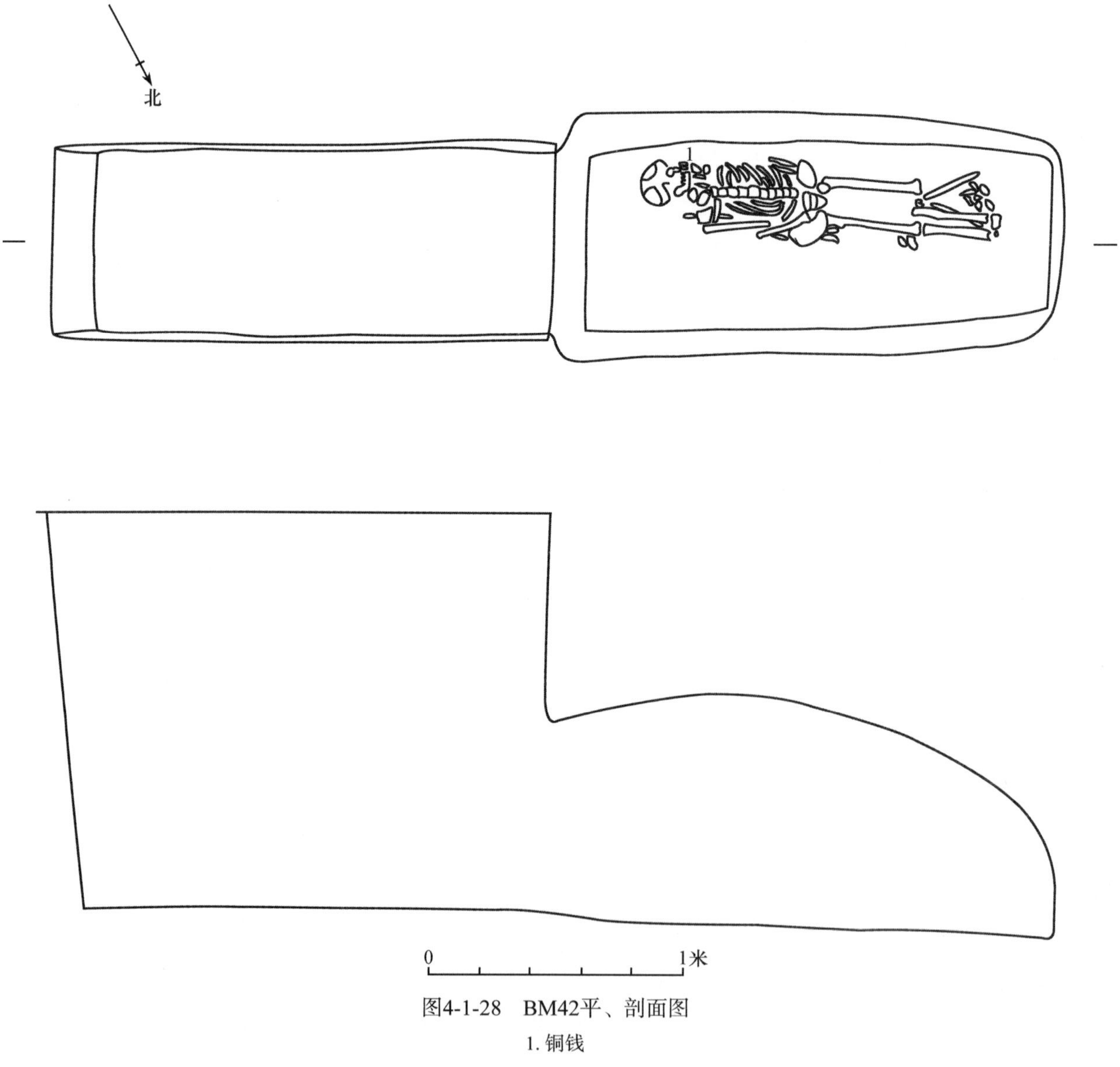

图4-1-28　BM42平、剖面图

1. 铜钱

米。底略斜，东端距墓口1.54、西端距墓口1.64米。

葬具：位于墓室中部。木棺一副，朽蚀严重，仅存朽痕，长1.78、前宽0.7、后宽0.62米。棺室内有少许白灰。

葬式：人骨架一具，腐朽严重。墓主为二次葬，仰身直肢，头向东，面向南，倾向为男性，未成年，年龄在14岁左右。

出土遗物：仅出土铜钱1枚。

BM42的年代应属新莽至东汉初年。

（一六）2006HGB区T18M47（下文简称“BM47”）

位于B区东南隅的T18南中部。叠压于第2层下，墓口距地表0.3、墓深3.9米。墓道向北，方向21度。墓道与墓室连接处有一盗洞，墓室被盗扰。

由墓道、墓室组成（图4-1-29；图版三五，2）。

墓道：位于墓室北壁中部。平面呈长方形，口大底小，口部南北长2.42、东西宽0.88米，底南北长2.34、东西宽0.88米。底斜，北端距墓口3.5米，南端与墓室底平。北端两侧壁有脚窝，其中东壁六个，西壁两个，脚窝长径0.18～0.26、短径0.14～0.18、进深0.16米，脚窝间距0.3～0.46米（图版三六，1）。

墓室：拱顶土洞结构。平面呈长方形，底较平整，南北长3.26、东西宽1.34、洞高1.6米。

葬具：位于墓室中部。木棺一副，朽蚀严重，仅存朽痕，长1.8、宽0.6米。棺室内铺有一层青灰。

葬式：人骨架一具，腐朽严重。墓主为仰身直肢，头向北，面向上，倾向为男性，身高约1.5米（图版三六，2）。

出土遗物：9件（组），有陶器和钱币，计有陶罐1件、仓5件、井1件、灶1件（图4-1-30；图版三六，3），铜钱1枚，主要出土于墓室西部中间，其中1件陶罐漂移至墓主身上。随葬陶器应为一套器物组合，陶仓为一组5件。

BM47的年代应属新莽至东汉初年。

（一七）2006HGB区T18M54（下文简称“BM54”）

位于B区东南部的T18北部。叠压于第2层下，墓口距地表0.35、墓深3.84米。墓道向北，方向15度。墓室西北部及墓室上部各有一个盗洞，墓室被盗扰严重。

由墓道、墓室、耳室组成（图4-1-31；图版三七，1）。

墓道：位于墓室北壁中部。平面呈长方形，口小底大，口部南北长2.84、东西宽0.94米，底宽1.04米。底呈坡状，北端深3.34米，南端与墓室底面平。墓道南壁和西壁较垂直，北壁

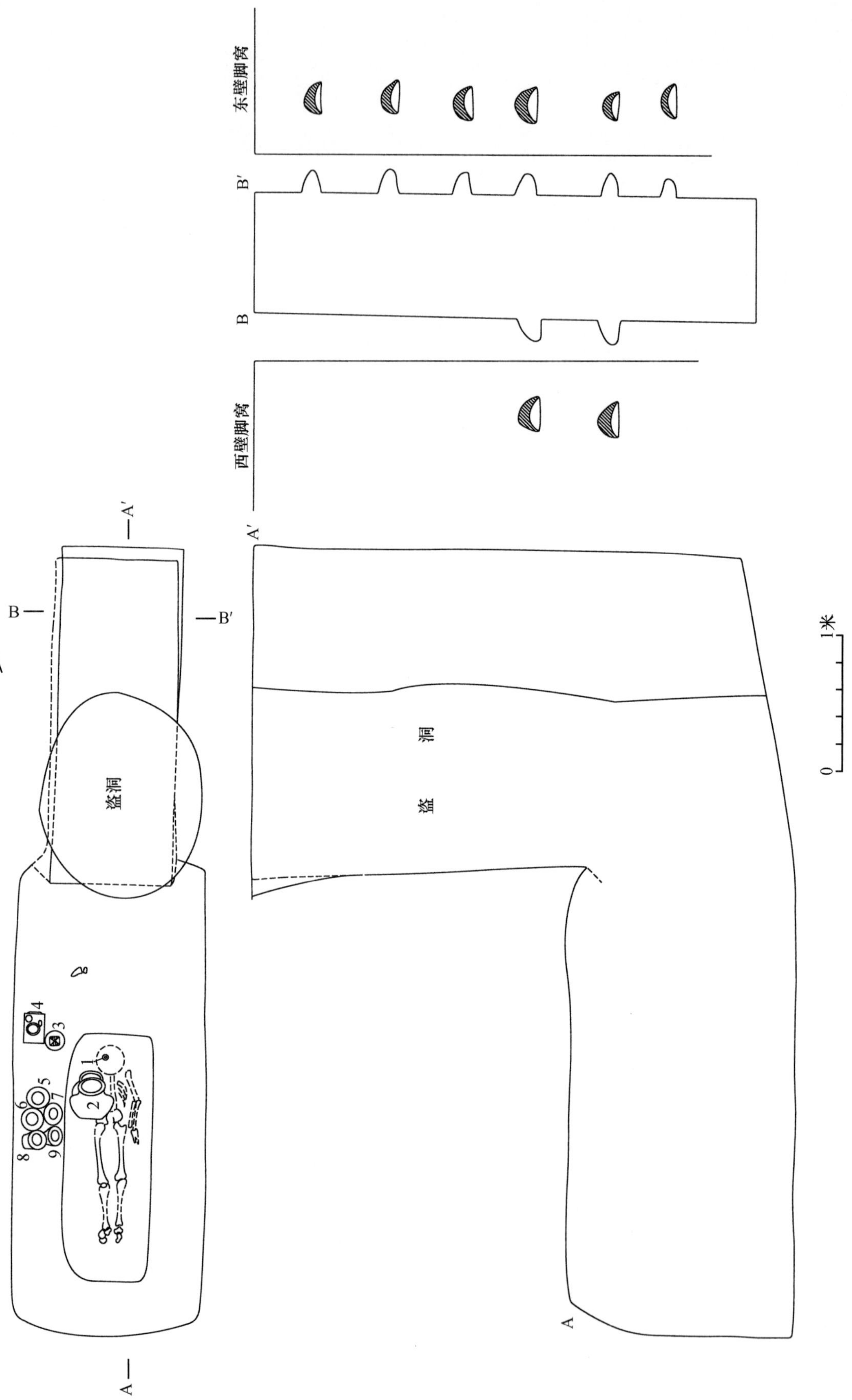

图4-1-29　BM47平、剖面图

1. 铜钱（1枚）　2. 陶罐　3. 陶井　4. 陶灶　5～9. 陶仓

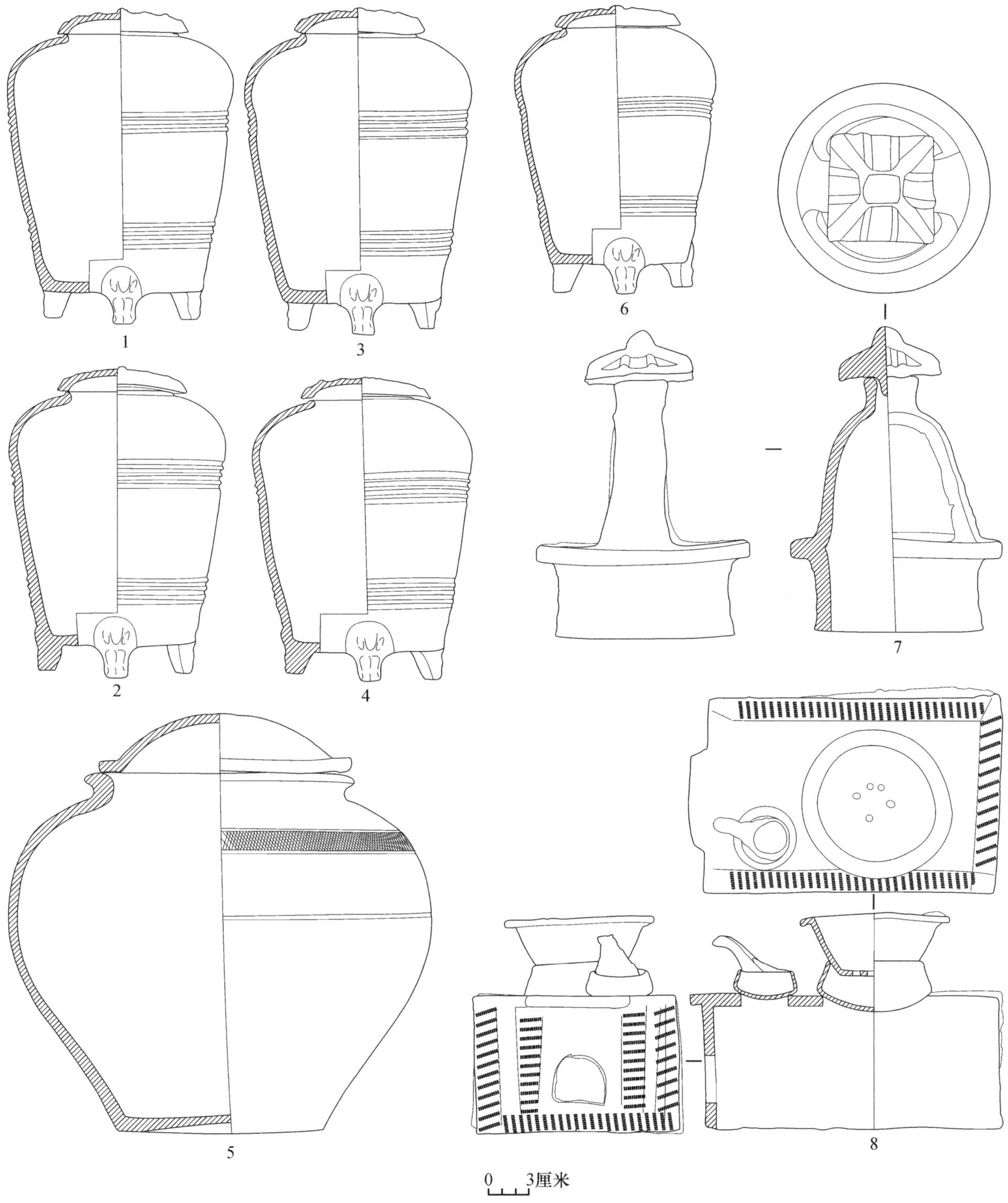

图4-1-30　BM47出土陶器

1～4、6.仓（BM47：5～9）　5.罐（BM47：2）　7.井（BM47：3）　8.灶（BM47：4）

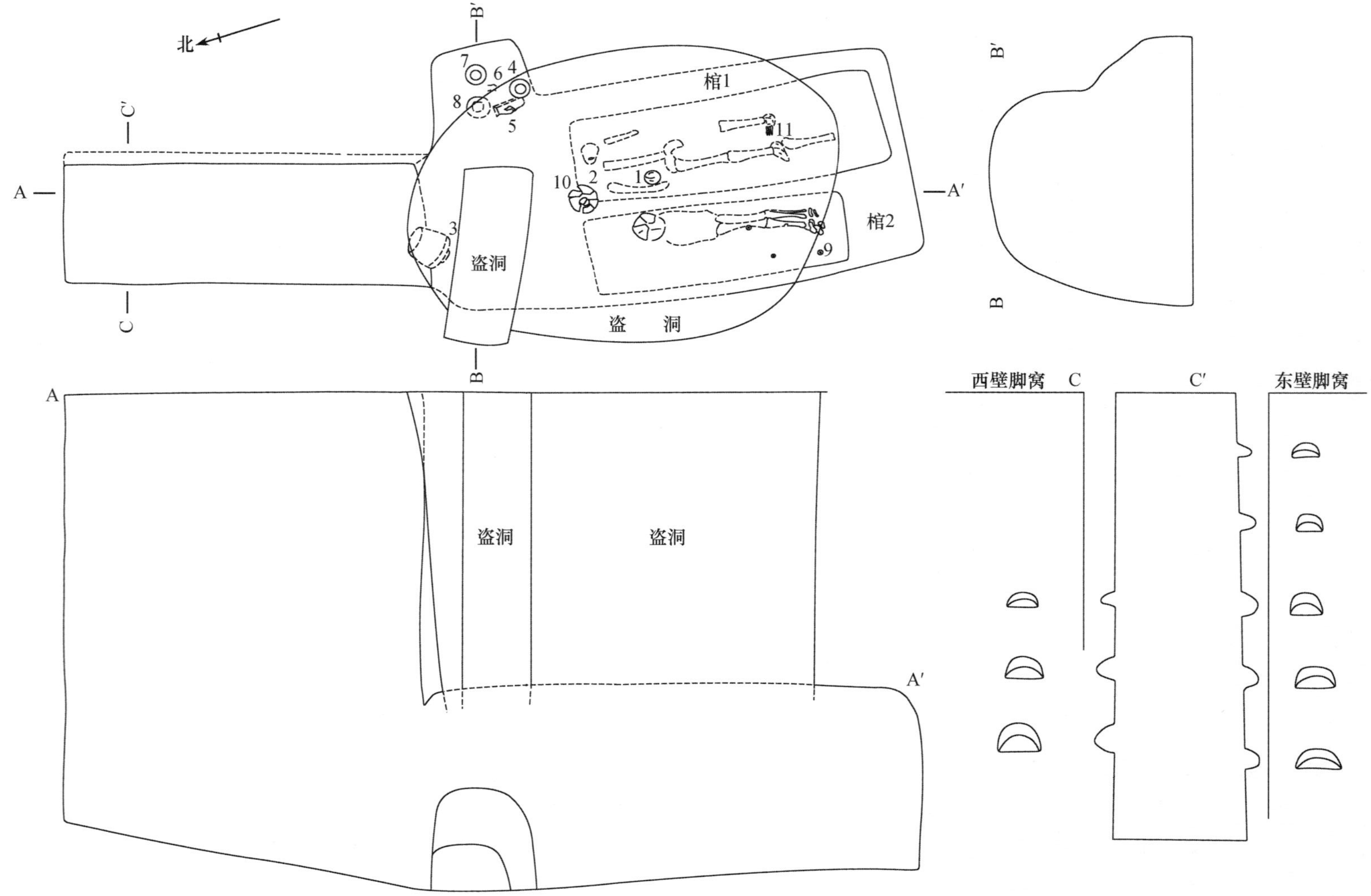

图4-1-31　BM54平、剖面图

1、6、15、16. 陶仓盖　2. 陶魁　3、4、7、8、12. 陶仓　5. 陶圈　9. 铜钱（3枚）　10. 陶勺　11. 铜钱（7枚）　13. 陶灶　14. 陶樽（12～16出自盗洞中）

略内收，东壁向外张出0.08米。北端两侧壁有脚窝，其中东壁五个，西壁三个，脚窝长径0.22～0.34、短径0.14～0.22、进深0.14～0.16米，脚窝间距0.34～0.46米。

墓室：拱顶土洞结构，南北长3.8、东西宽1.6、洞高1.6米。底面稍斜，后端地面较前端高0.2米（图版三七，2）。

耳室：一个，位于墓室前端右侧。拱顶土洞结构，平面近圆角长方形，壁面垂直，规则整齐，底平整，口宽0.8、内边宽0.7、进深0.46、洞高0.4～0.8米。

葬具：位于墓室南中部。木棺两副，朽蚀严重，仅存朽痕。棺1长2.42、前宽0.66、后宽0.7米，棺2长2.02、前宽0.6、后宽0.56米。棺室内均铺一层青灰。

葬式：人骨架两具，腐朽严重。墓主皆头向北，面向不明。棺1内墓主倾向为男性，身高约1.56米。棺2内墓主倾向为女性，身高1.4米。应为夫妇合葬。

出土遗物：16件（组），有陶器和钱币，计有陶仓5件、灶1件、圈1件、樽1件、魁1件、勺1件、仓盖4件（图4-1-32；图版三七，3），铜钱2组（10枚），陶器主要放于耳室内，部分陶器被扰至盗洞及棺1附近。从陶仓数量和形制判断，应为两套组合，因被盗扰严重已不全，其中较瘦高的一组为3件，另一组较肥硕，现仅存2件。

BM54的年代应属新莽至东汉初期。

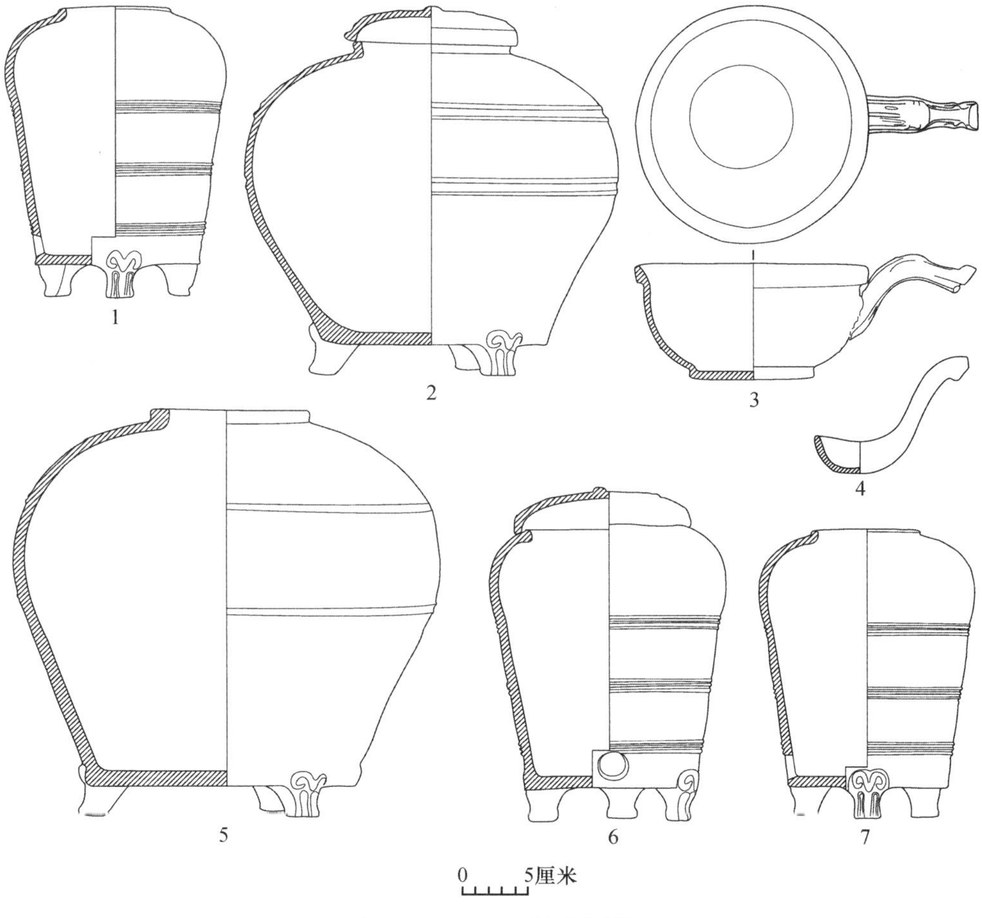

图4-1-32　BM54出土陶器

1、2、5～7. 仓（BM54：7、12、3、4、8）　3. 魁（BM54：2）　4. 勺（BM54：10）

（一八）2006HGB区T20M77（下文简称“BM77”）

位于B区东南部的T20南中部偏西。叠压于第2层下，墓口距地表0.3、墓深5.2米。墓道向北，方向13度。墓道上有一盗洞，墓室被盗扰。

由墓道、墓室、耳室组成（图4-1-33；图版三八，1）。

墓道：位于墓室北壁中部。平面呈长方形，口部南北长2.3、东西宽0.94米，口、底大小相同。底呈坡状，北端距墓口4.6米，南端与墓室底平。

墓室：拱顶土洞结构。平面呈“T”字形，南北长4、北端宽2.2、南端宽2.1、洞高1.9米。

耳室：两个，位于墓室北端两侧。拱顶土洞结构，平面近圆角正方形，左耳室口宽1.4、内边宽1.3、进深1.26、洞高1～1.3米（图版三八，2），右耳室口宽1.44、内边宽1.32、进深1～1.14、洞高1.6～1.8米（图版三八，3）。

葬具：位于墓室南部。木棺两副，朽蚀严重，仅存朽痕。棺1长2.3、前端宽0.64、后端宽0.7米，棺2长2.22、前端宽0.84、后端宽0.84米。棺内均铺有一层青灰，青灰下有一层白灰。

葬式：墓主骨架被盗扰，葬式不明。

出土遗物：36件（组），有陶器、铜镜、钱币和铁器，计有陶瓮1件、鸮形小壶2件、小罐2件、罐8件、仓11件、井2件、灶2件、樽2件、耳杯2件（图4-1-34A、34B、34C；图版三八，4），铜镜1面，铜钱1组（4枚），铁刀1件、残铁器1件，陶器主要出土于两个耳室内，部分陶器扰动或漂移至厅室内，其中墓室北部两个棺室前各置1件陶樽作供器。随葬陶器应为两套器物组合，两个耳室内各置一套。

BM77的年代应属新莽至东汉初年。

（一九）2006HGB区T13M20（下文简称“BM20”）

位于B区西北的T13中部。叠压于第2层下，墓口距地表0.35、墓深5.3米。墓道向北，方向14度。墓道南端右侧有盗洞，推测应是早期盗扰，可能盗墓人知道墓道中填有防盗石块，所以把盗洞挖在墓道右侧。

由墓道、封门、甬道、墓室、耳室组成（图4-1-35；图版三九，1）。

墓道：位于墓室北壁中部。墓道内填黄花土，间杂红土和红褐土颗粒。距墓口0.6～1.3米有较大青石块（图版三九，3）。这种填埋石块的现象在该墓地仅此一例，可能是在二次葬后填入，主要目的是防盗。平面呈长方形，口部南北长2.38、底南北长2.32、宽0.9～0.92米。底呈坡状，北端深4.5、南端深5.1米。北端两侧有对称脚窝，每侧各有八个，脚窝长径0.3、短径0.15、进深0.1～0.2米，脚窝间距0.24～0.6米。

一个值得注意的现象是，墓道北端向西有长2.8、宽0.9米的花土。起初我们以为这是另一

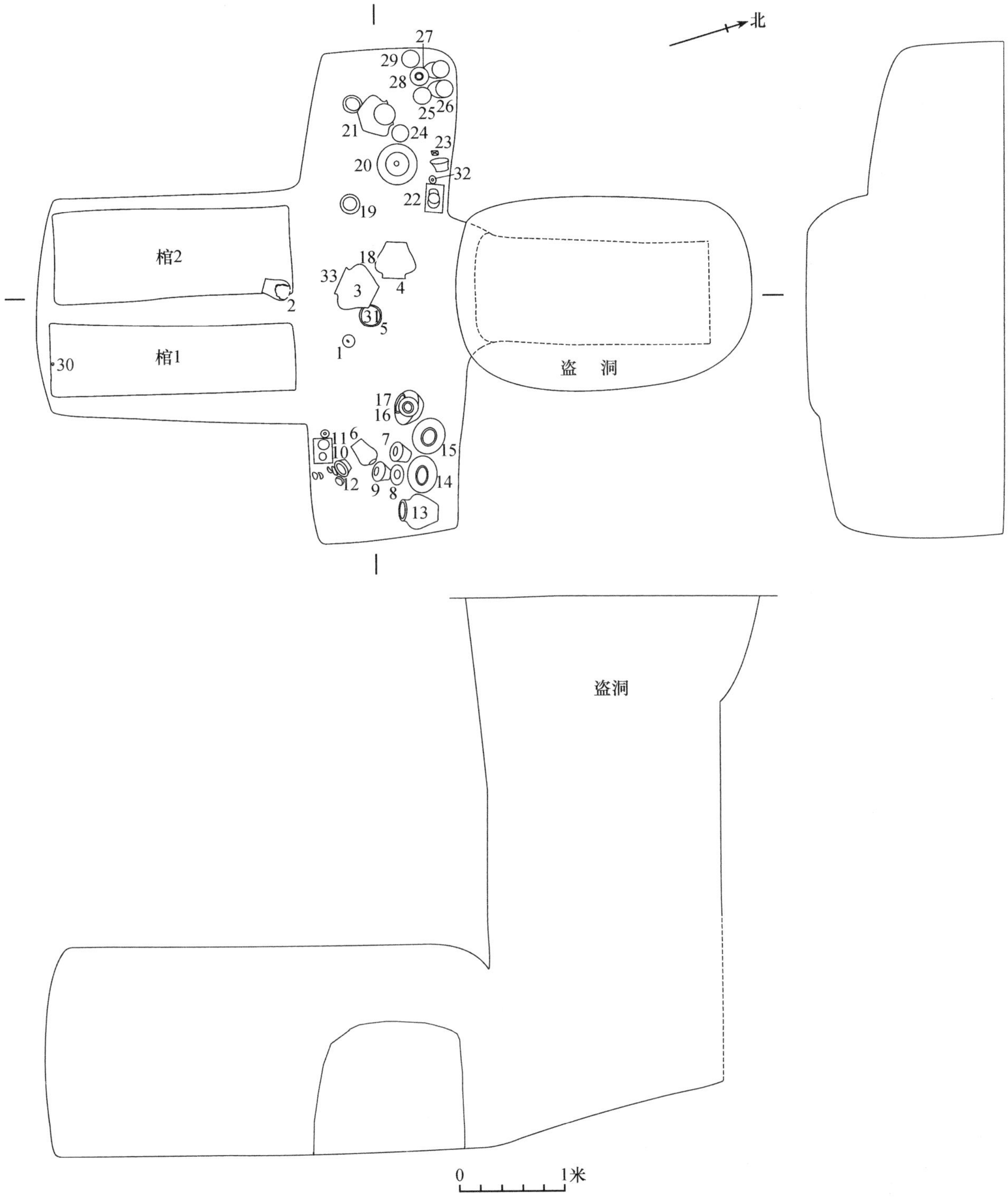

图4-1-33 BM77平、剖面图

1. 铜镜 2、6~9、24~29. 陶仓 3、4、13~16、20、21. 陶罐 5、18. 陶樽 10、32. 鸮形小陶壶 11、22. 陶灶 12、23. 陶井 17、19. 小陶罐 30. 铜钱（4枚） 31、33. 陶耳杯 34. 陶瓮 35. 残铁器 36. 铁刀

（33压在3下，34~36出土于盗土中）

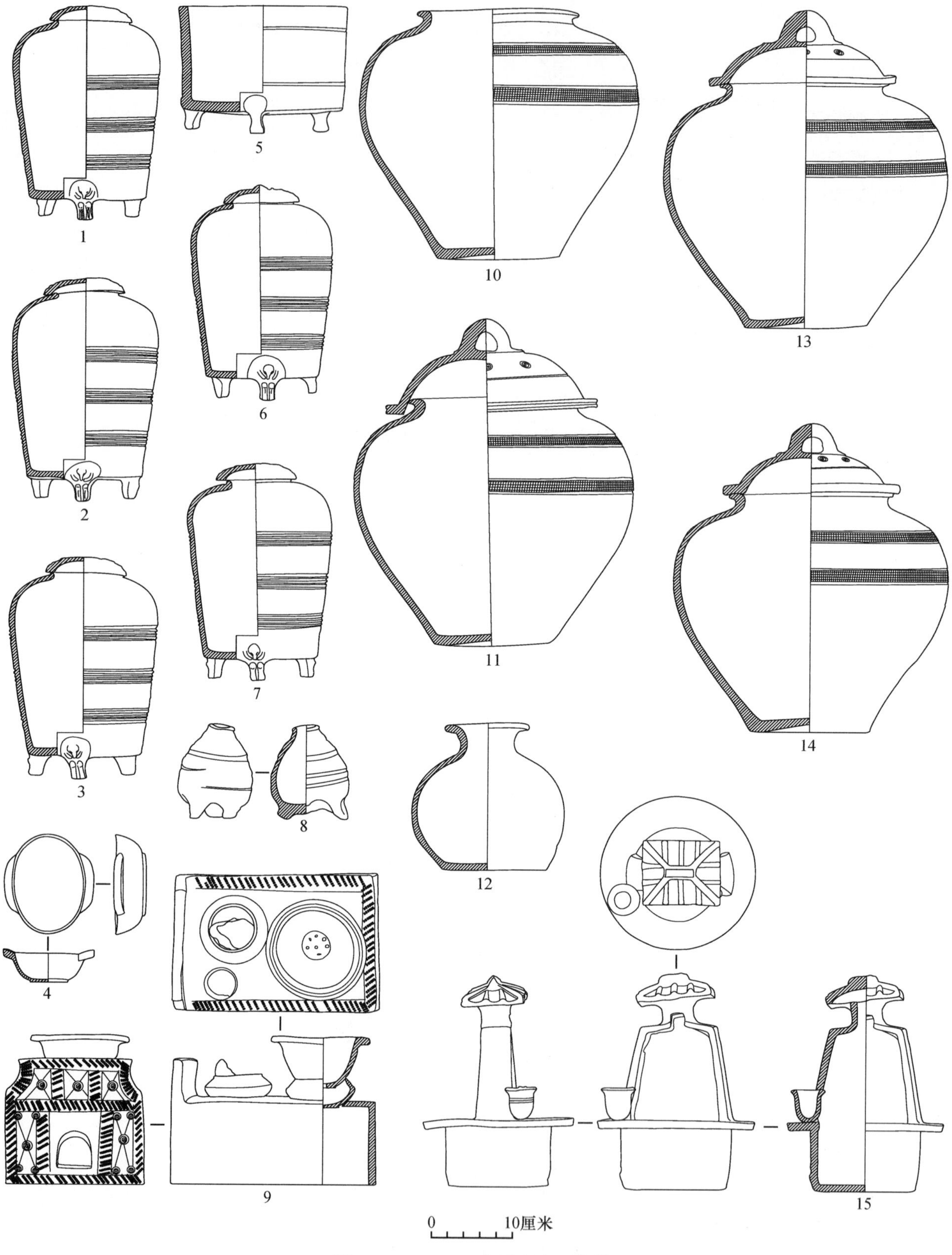

图4-1-34A　BM77右耳室出土陶器

1～3、6、7. 仓（BM77：2、6、7、9、8）　4. 耳杯（BM77：31）　5. 樽（BM77：5）　8. 鸮形小壶（BM77：10）　9. 灶（BM77：11）　10、11、13、14. 罐（BM77：13、14、16、15）　12. 小罐（BM77：17）　15. 井（BM77：12）

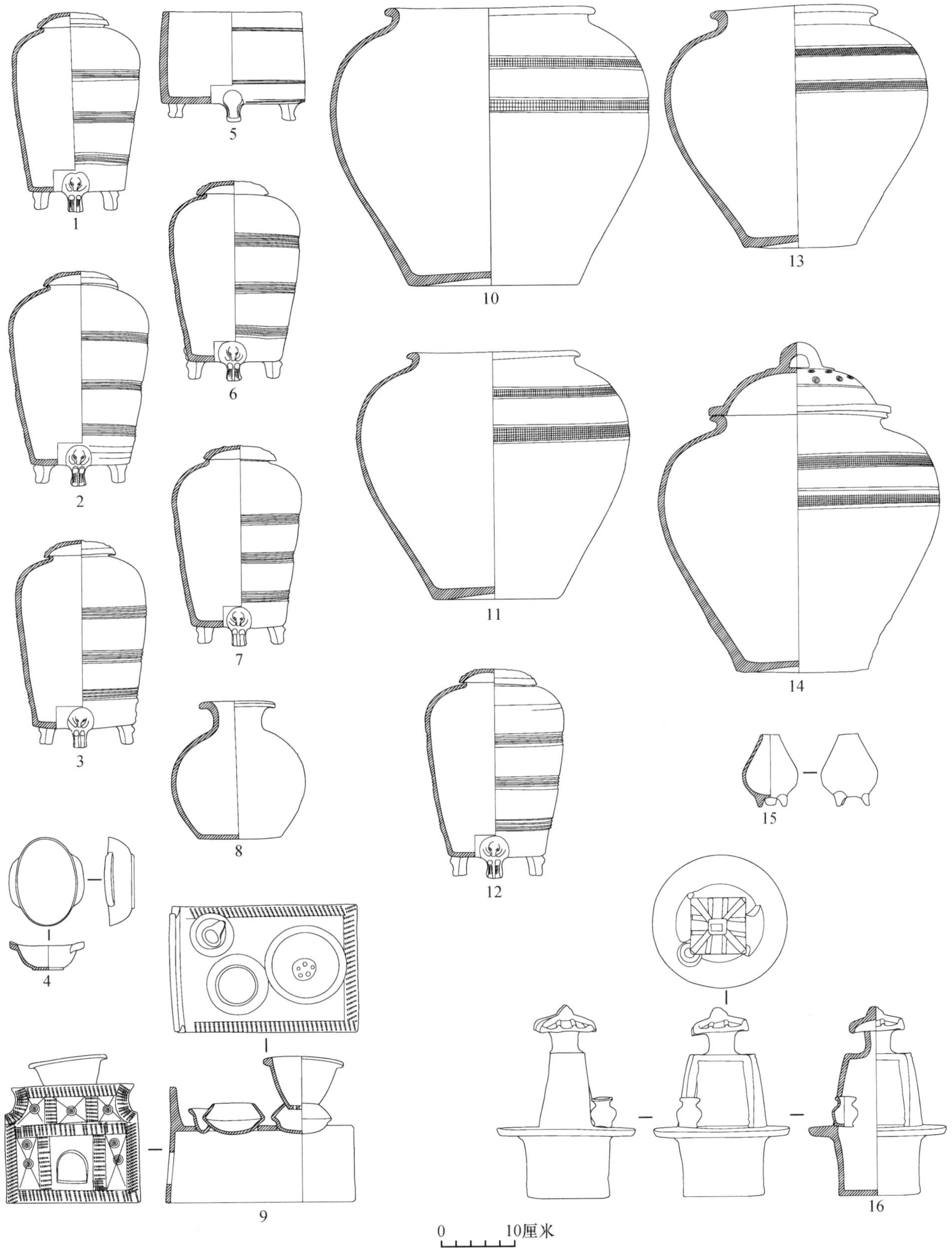

图4-1-34B　BM77左耳室出土陶器

1～3、6、7、12. 仓（BM77：26～28、24、25、29）　4. 耳杯（BM77：33）　5. 樽（BM77：18）　8. 小罐（BM77：19）　9. 灶（BM77：22）　10、11、13、14. 罐（BM77：3、4、20、21）　15. 鸮形小壶（BM77：32）　16. 井（BM77：23）

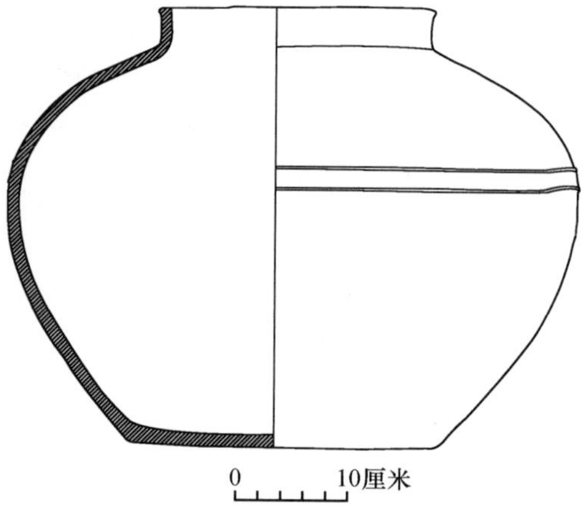

图4-1-34C　BM77盗洞出土陶瓮（BM77：34）

座墓葬的墓道，但钻探后在该墓道东、西两侧没有发现其他墓葬，而且花土仅有0.5米深。这个现象非常重要，可有两种解释：一种可能这是第二次挖开BM20寻找竖井式墓道所留的沟槽；另一种可能是第二次挖开时建墓人欲由竖井处向西增加台阶式墓道，但不知何种原因，挖0.5米后停止。上述两种解释均可说明BM20存在二次进墓室现象，更合理的应是第二种。如果这种解释成立，本墓地两汉时期墓道的演变序列便基本清楚。台阶与竖井相结合的墓道演变的先后顺序在此次发掘中均能找到证据，唯独竖井式墓道如何演变成台阶携天井式墓道，目前还没有找到直接的证据。BM20的墓道特征可以证明，台阶携竖井式墓道是由竖井式墓道演变而来。

封门：青砖封门，现保存五层，底面平砖顺砌一层，其中左边第一块砖为丁放，余者为顺放，上部四层为丁砖左、右对角分层斜放。门宽1.16、存高0.48米。

甬道：位于墓室北壁中部。因二次打开和盗扰，具体形制不明，底面存宽1.16、进深0.5米。

墓室：应为土洞砖室拱顶结构，因盗扰严重，土洞和砖券顶部均塌落，由前厅、供台、后室组成。前厅平面呈长方形，南北长3.5～3.54、东西宽2.14、高2.26～2.38米。前厅北端与后室连接处有顺砌的两排平砖作供台，供台高出前厅底面两层砖，低于棺床0.14米。棺床北端一排砖斜铺以和供台连接。后室平面亦呈长方形，南北长2.44、东西宽2.14、洞高2.1米。墓室砖墙存高0.4～0.85米，左、右壁和后墙为平砖错缝平砌，前墙保存底面一层砖，为丁砖侧放。前厅与后室地面铺砖均为一丁一顺平铺，规则整齐。

耳室：一个，位于墓室右壁中部。拱顶土洞结构，口部与墓室结合处为砖拱券顶结构，平面近圆角长方形，口宽0.96、内边宽1.04、进深1.54、洞高1.04米（图版三九，2）。

葬具与葬式：由于盗扰严重，没有发现葬具痕迹，葬式情况不明。

出土遗物：29件（组），有陶器、铜镜、铜器、钱币、铁器和铅器，计有陶壶1件、仓5件、井1件、灶1件、圈1件、耳杯5件、案1件、器盖3件、舟形盒1件、盘1件、勺1件（图4-1-36A、36B；图版三九，4），铜镜1面，铜眉刷1件、带钩2件，铜钱1组104枚，铁钩1件，铅盖弓帽2件，主要出土于盗洞、前厅中部和耳室内，其中陶案、勺、耳杯放置于前厅中间作供器。随葬陶器应为一套器物组合，陶仓为5件一组。

BM20的年代应属东汉早期。

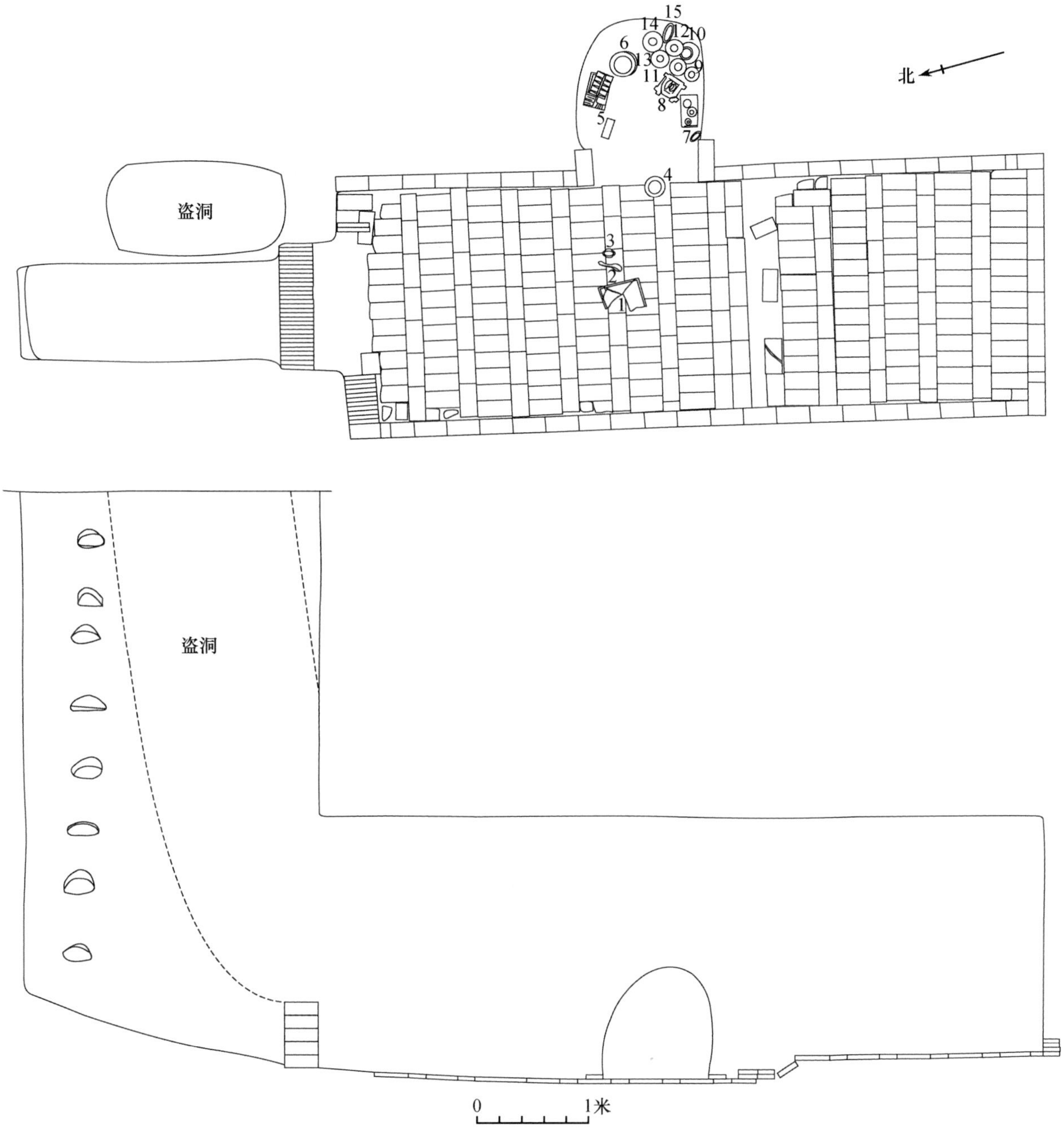

图4-1-35 BM20平、剖面图

1. 陶案 2. 陶勺 3、26～29. 陶耳杯 4. 陶盘 5. 陶圈 6、15、17. 陶器盖 7. 陶灶 8. 陶井 9、11～14. 陶仓 10. 陶壶 16. 陶舟形盒 18. 铜钱（104枚） 19、20. 铜带钩 21. 铜镜 22. 铜眉刷 23、24. 铅盖弓帽 25. 铁钩（16～29出自盗洞中）

图4-1-36A　BM20出土陶器

1. 壶（BM20：10）　2～4、10、13. 仓（BM20：14、13、12、11、9）　5. 盘（BM20：4）　6～8. 器盖（BM20：15、17、6）　9. 勺（BM20：2）　11、15～17. 耳杯（BM20：27、28、3、29）　12. 灶（BM20：7）　14. 井（BM20：8）

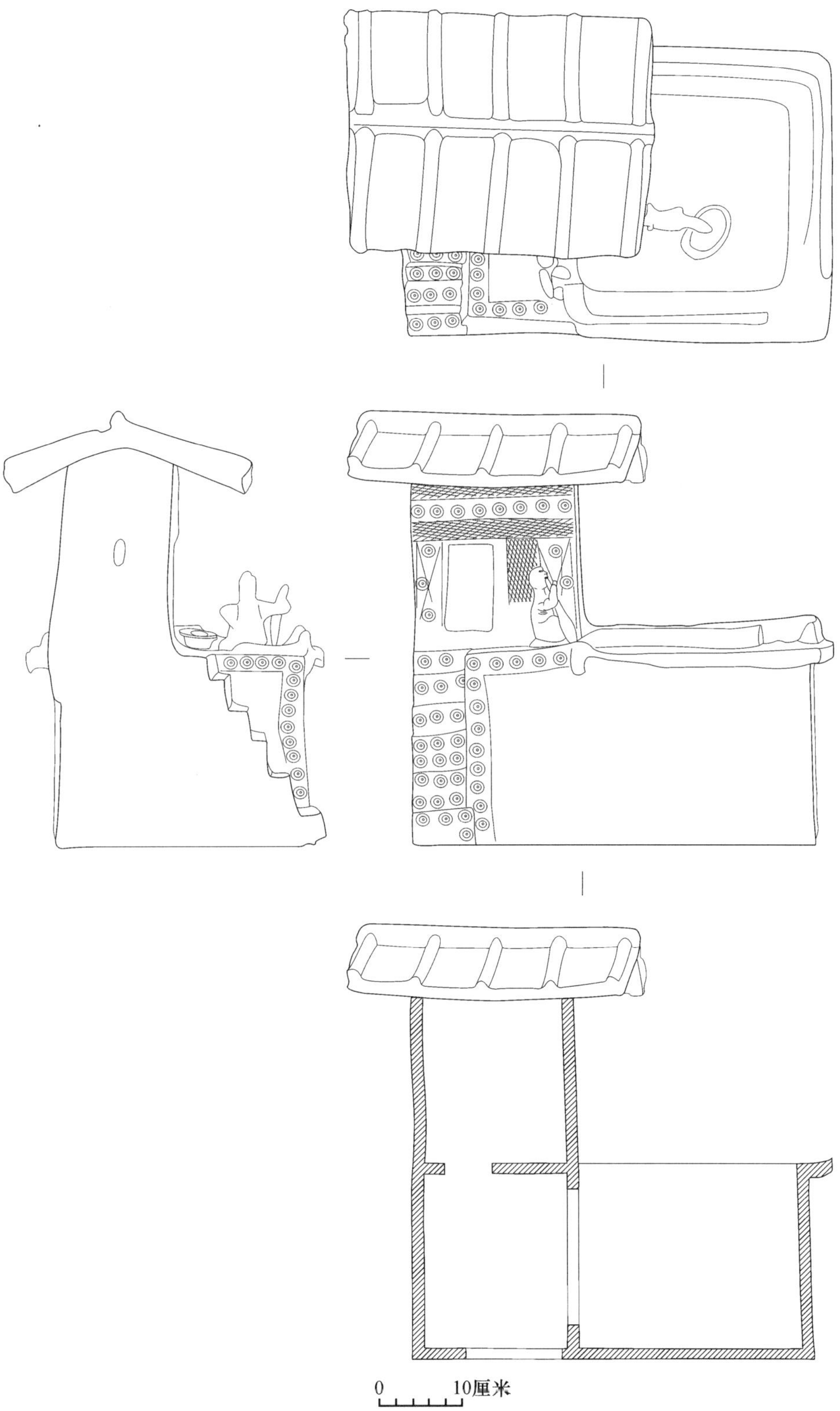

图4-1-36B　BM20出土陶圈（BM20：5）

（二〇）2006HGB区T5M39（下文简称“BM39”）

位于B区西北部的T5东中部。叠压于第2层下，墓口距地表0.3、墓深2.9米。墓道向北，方向20度。保存完整。

由墓道、墓室组成（图4-1-37；图版四〇，1）。

墓道：位于墓室北壁中部。平面近梯形，口小底大，口部南北长2.3、北端宽0.62、南端宽0.74米，底南北长2.3、北端宽0.68、南端宽0.86米。底呈斜坡状，北端距墓口2.5米，南部与墓室底平。

墓室：拱顶土洞结构。平面呈梯形，南北长3.1、北端宽0.86、南端宽1.14、洞高1.1～1.3米。墓室壁较垂直，底较平整。

葬具：位于墓室中部偏南。木棺一副，朽蚀严重，仅存朽痕，长1.86、前端宽0.76、后端宽0.6米。

葬式：人骨架一具，腐朽严重，仰身直肢，头向南，面向上，经鉴定为男性，年龄20～25岁。墓主身下有少许白灰。

出土遗物：无。

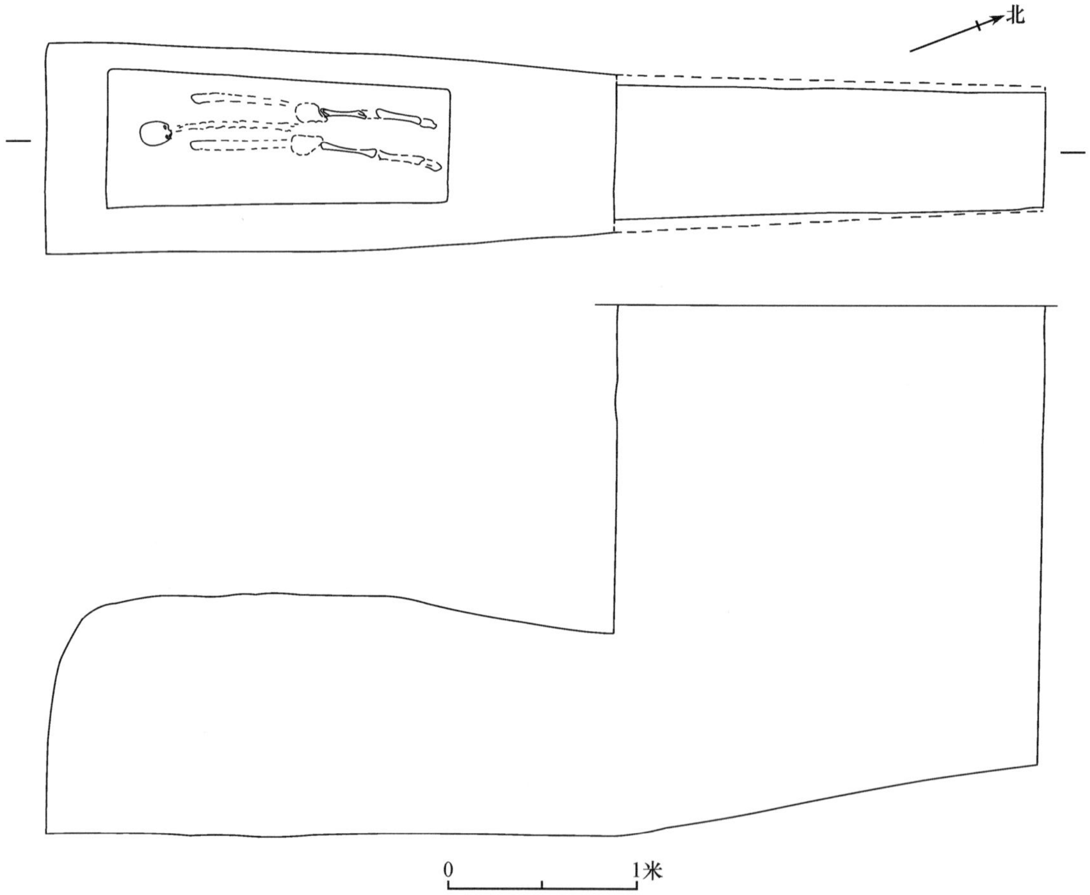

图4-1-37　BM39平、剖面图

从墓葬形制推断此墓应为汉代墓葬，由竖井式墓道推断应不晚于东汉中期，其年代为东汉早期的可能性较大。

（二一）2006HGB区T5M40（下文简称“BM40”）

位于B区西北部的T5东中部。叠压于第2层下，墓口距地表0.3、墓深3.6米。墓道向西，方向285度。该墓未发现盗洞，但人骨无存，可能是迁葬后的空墓。

由墓道、封门、墓室组成（图4-1-38；图版四〇，2）。

墓道：位于墓室西壁中部。平面呈长方形，口小底大，口部东西长2.4、西端宽0.78、东端

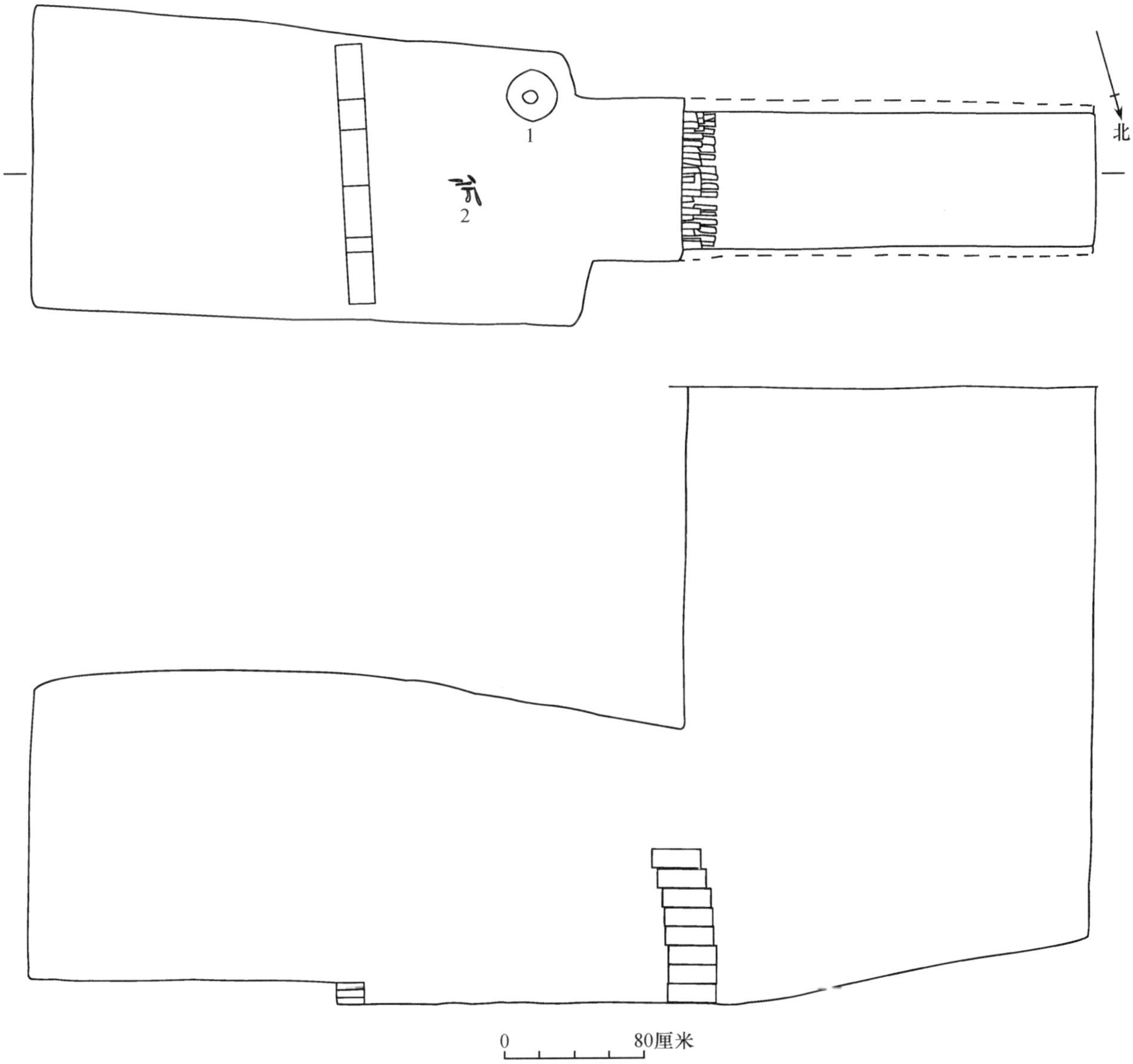

图4-1-38　BM40平、剖面图
1. 陶罐　2. 动物骨头

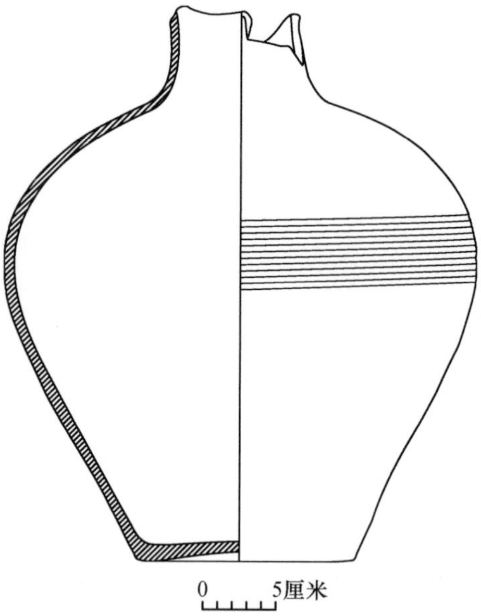

图4-1-39　BM40出土陶罐（BM40：1）

宽0.8米，底东西长2.9、西端宽0.88、东端宽0.94米。底呈斜坡状，西端距墓口3.2米，东端与墓室底平。

封门：位于墓室洞口外侧。青砖封门，保存八层，为丁砖左、右对角分层斜放，为前后交错摆放，前层砖为整砖，后层砖多为残砖。这种封门方法既美观，而且节省了四分之一的用砖量。

墓室：拱顶土洞结构，平面呈长方形，由前厅和后室组成。前厅平面近长方形，南北长1.6～1.66、东西宽1.16～1.2、洞高1.6～1.9米。后室平面近正方形，主要做棺床，为生土台结构，东西长1.9～2、南北宽1.86～1.9、洞高1.8米，棺床高出厅室地面0.14米。床沿有三层砖，为平砖错缝平铺。墓室壁垂直整齐，底较平整。

出土遗物：出土陶罐1件（图4-1-39；图版四〇，3）和少量动物骨头，其中少量动物骨头放于厅室中间，应是供品，陶罐出土于厅室西南角。

BM40的年代应属东汉早期。

（二二）2006HGB区T18M45（下文简称“BM45”）

位于B区东南隅的T18东南角。叠压于第2层下，墓口距地表0.4、墓深4.5米。墓道向北，方向25度。墓道与墓室连接处有一盗洞，墓室被盗扰。

由墓道、墓室、耳室组成（图4-1-40；图版四一，1）。

墓道：位于墓室北壁中部。口部被盗，原应为长方形，口小底大，残长1.14、宽0.8米。底部亦呈长方形，南北长2.66～2.76、北端宽0.94、南端宽1.1米。底呈坡状，北端深3.96米，南端与墓室底平。北端两侧壁有脚窝，西壁有六个，东壁有四个，脚窝长径0.14～0.32、短径0.14～0.22、进深0.14～0.16米，脚窝间距0.28～0.48米（图版四一，2）。

墓室：拱顶土洞结构，南北长3.5～3.66、东西宽1.8、洞高1.64～1.74米。墓室壁垂直，规则整齐，底较平整。

耳室：两个，位于墓室北端两侧。拱顶土洞结构，平面近圆角长方形，左耳室口宽0.6、内边宽0.5、进深0.2、洞高0.5米，右耳室口宽0.9、内边宽0.7、进深0.6、洞高0.9米。耳室壁垂直，规则整齐，底与墓室底平。

葬具：位于墓室南半部。木棺两副，盗扰严重。棺2内铺有一层青灰。

葬式：人骨架两具，被盗扰，腐朽严重。从残痕推断为仰身直肢，头向北，面向不明。应为夫妇合葬。

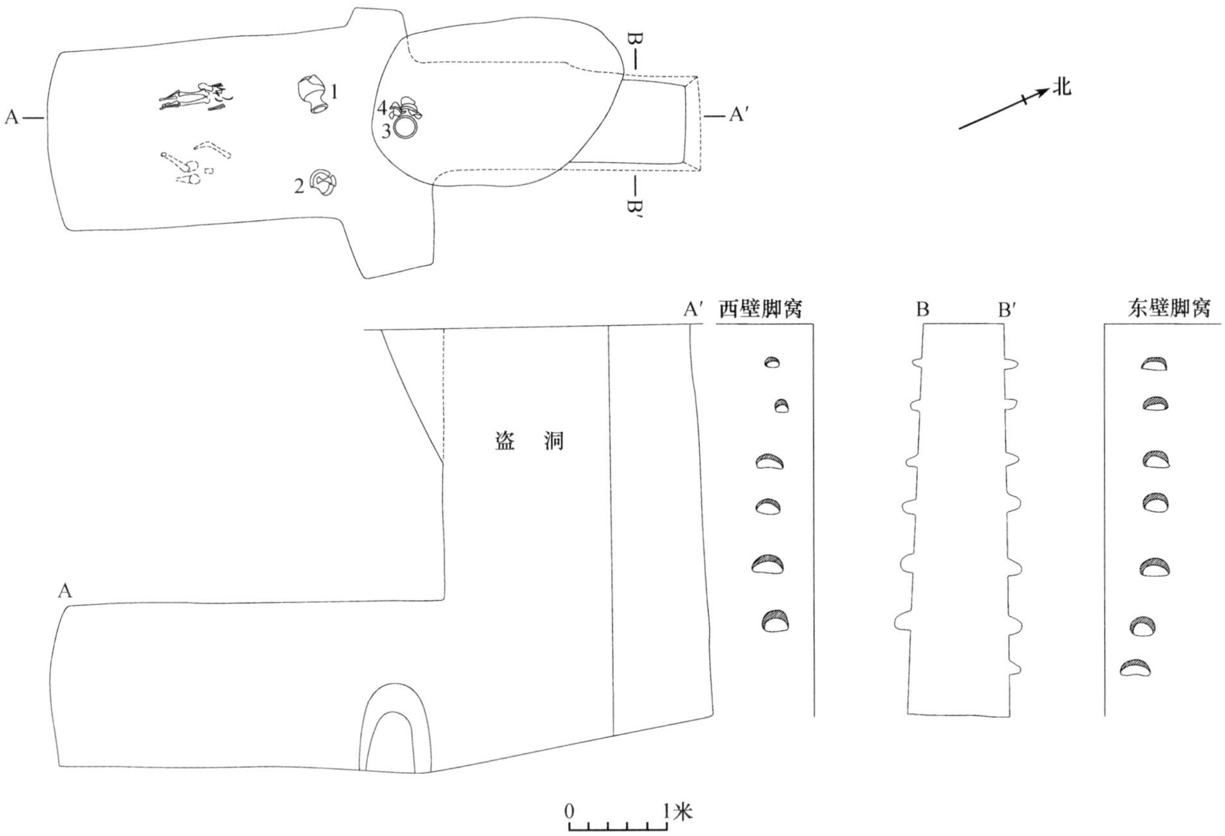

图4-1-40　BM45平、剖面图

1. 陶壶　2、3. 陶器盖　4. 陶罐　5. 铜钱（5出自盗洞中）

出土遗物：5件（组），计有陶壶1件、罐1件、器盖2件（图4-1-41；图版四一，3），铜钱1枚，出土于墓室北中部，铜钱出自盗洞中，陶器被扰动。

BM45的年代应属东汉早期。

（二三）2006HGB区T18M46（下文简称“BM46”）

位于B区东南隅的T18西南部。叠压于第2层下，墓口距地表0.4、墓深4.5米。墓道向北，方向18度。墓道南部有一盗洞，墓室被盗扰。

由墓道、封门、墓室组成（图4-1-42；图版四二，1）。

墓道：位于墓室北壁中部。平面呈长方形，口小底大，口部被盗洞破坏，残长0.64、宽0.74米，底南北长1.9、北端宽0.78、南端宽0.82米。底呈斜坡状，北端距墓口4.24米，南端与墓室底平。北端两壁有脚窝，西壁有五个，东壁有六个，脚窝长径0.2～0.28、短径0.14～0.2、进深0.08～0.16米，脚窝间距0.2～0.4米。

封门：位于墓室洞口外侧。青砖封门，因盗扰后塌陷，少量封门砖倒塌进墓室内，保存四层，为丁砖左、右对角分层斜放。

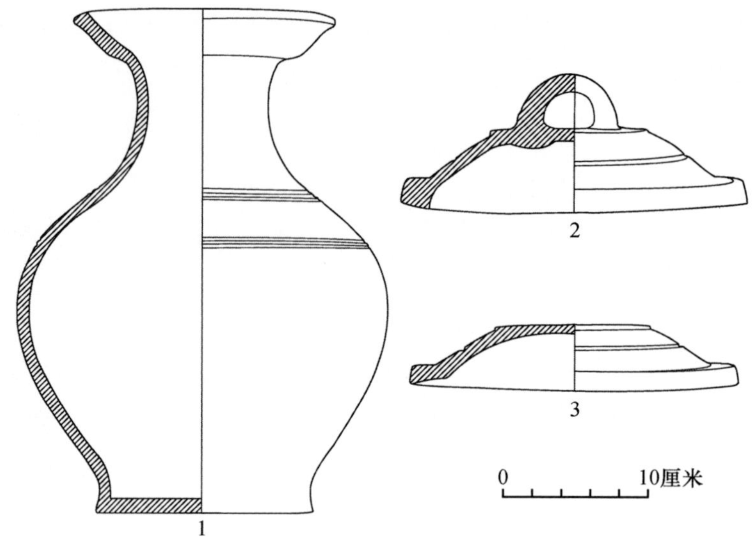

图4-1-41　BM45出土陶器

1. 壶（BM45：1）　2、3. 器盖（BM45：2、3）

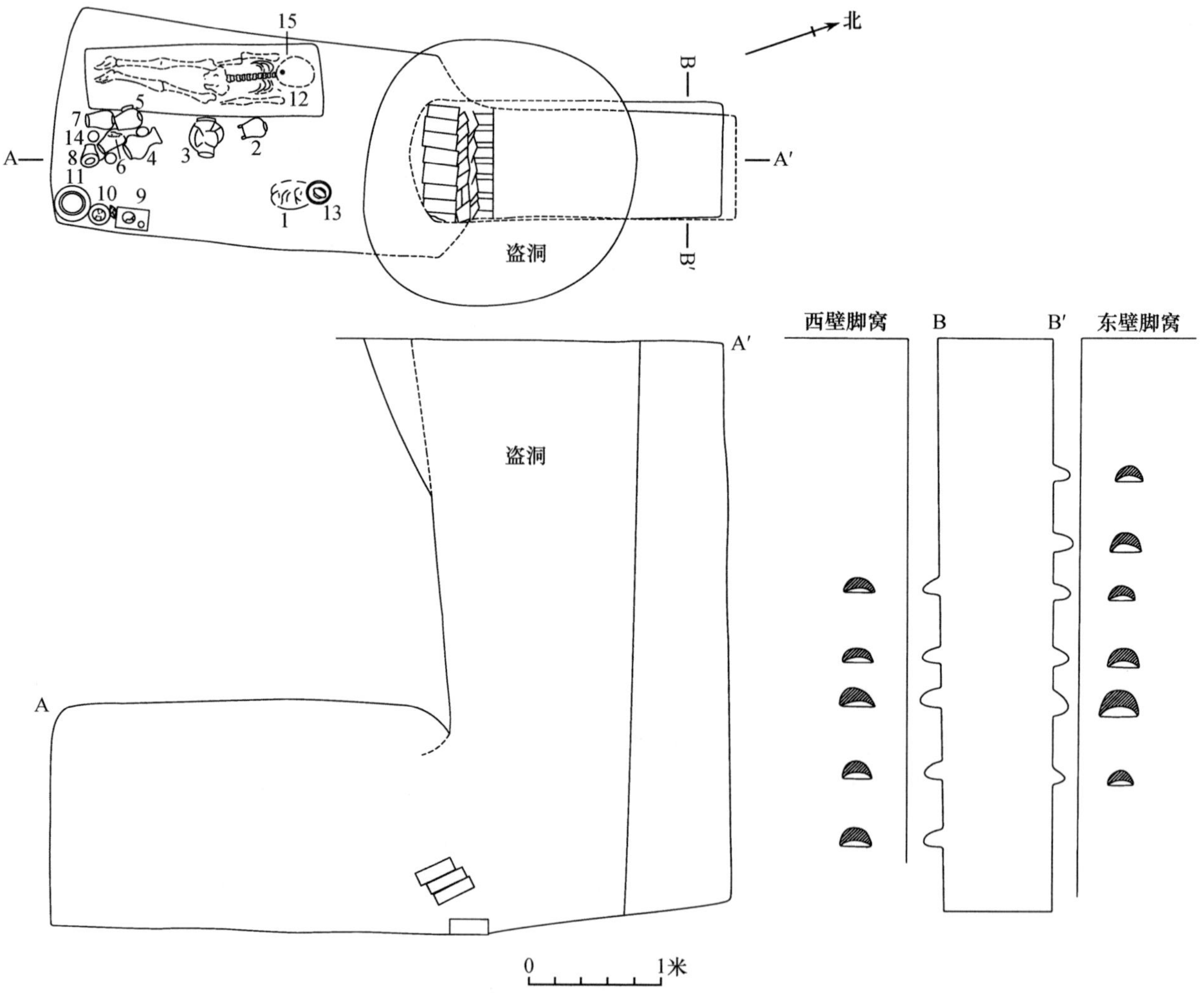

图4-1-42　BM46平、剖面图

1. 陶樽　2、5～8. 陶仓　3、11. 陶罐　4. 陶壶　9. 陶灶　10. 陶井　12. 铜钱（2枚）　13. 陶耳杯　14. 陶仓盖　15. 玛瑙耳饰

墓室：拱顶土洞结构。平面呈长方形，南北长3.1、北端宽1.5、南端宽1.64、洞高1.94米。墓室壁较垂直，规则整齐，底较平整（图版四二，2）。

葬具：位于墓室西南部。木棺一副，仅存朽痕，长1.78、前端宽0.54、后端宽0.44米。棺室内铺有青灰一层。

葬式：骨架一具，腐朽严重。墓主为仰身直肢，头向北，面向上，倾向为女性，身高1.5米。墓主右耳处有玛瑙耳饰1件。

出土遗物：15件（组），有陶壶1件、罐2件、仓5件、井1件、灶1件、樽1件、耳杯1件、仓盖1件（图4-1-43；图版四二，3），铜钱1组2枚，玛瑙耳饰1件，主要出土于墓室东半部，陶器被扰动，棺室北端东侧放1件陶樽、1件耳杯作供器，陶樽南侧有一片红漆，周围有少许白色粉状物，可能为木奁朽痕。随葬陶器为一套器物组合，5件仓1件樽1件耳杯的组合较明确。

BM46的年代为东汉早期。

（二四）2006HGB区T18M51（下文简称“BM51”）

位于B区东南隅的T18中部偏东。叠压于第2层下，墓口距地表0.4、墓深4.1米。墓道向北，方向19度。墓道南端有一长方形盗洞，墓室被盗扰。

由墓道、封门、墓室组成（图4-1-44；图版四三，1）。

墓道：位于墓室北壁东部。平面呈长方形，口大底小，口部南北长2.4、东西宽0.72～0.82米，底南北长2.2、北端东西宽0.74、南端东西宽0.82米。底面呈斜坡状，北端深3.64米，南端与墓室底平。北端两侧壁有对称脚窝，东壁有六个，西壁有四个，脚窝长径0.16～0.22、短径0.14～0.2、进深0.14～0.14米，脚窝间距0.22～0.4米。

封门：位于墓道南端，墓室洞口外侧。青砖封门，因被盗残存右侧少许砖，为丁砖左、右对角分层斜放。

墓室：拱顶土洞结构。平面呈长方形，南北长3.1、北端东西宽1.24、南端东西宽1.5、洞高1.84米。墓室壁较垂直，规则整齐，底较平整。

葬具：位于墓室内南端。木棺两副，仅存朽痕，其中棺2底比棺1低0.14米。棺1长2.02、前端宽0.74、后端宽0.8米，棺2长2.02、前端宽0.6、后端宽0.52米。棺室内均铺一层青灰，其下有一层白灰。

葬式：人骨架两具，腐朽严重。均为仰身直肢，头北足南，面向不明。棺2内墓主头右侧有1件骨饰，推测应是女性，身高1.6米。棺1内墓主倾向为男性，身高1.6米。推测应为夫妇合葬。

出土遗物：2件，有陶甑（图4-1-45）和骨饰各1件。

BM51的年代应属东汉早期。

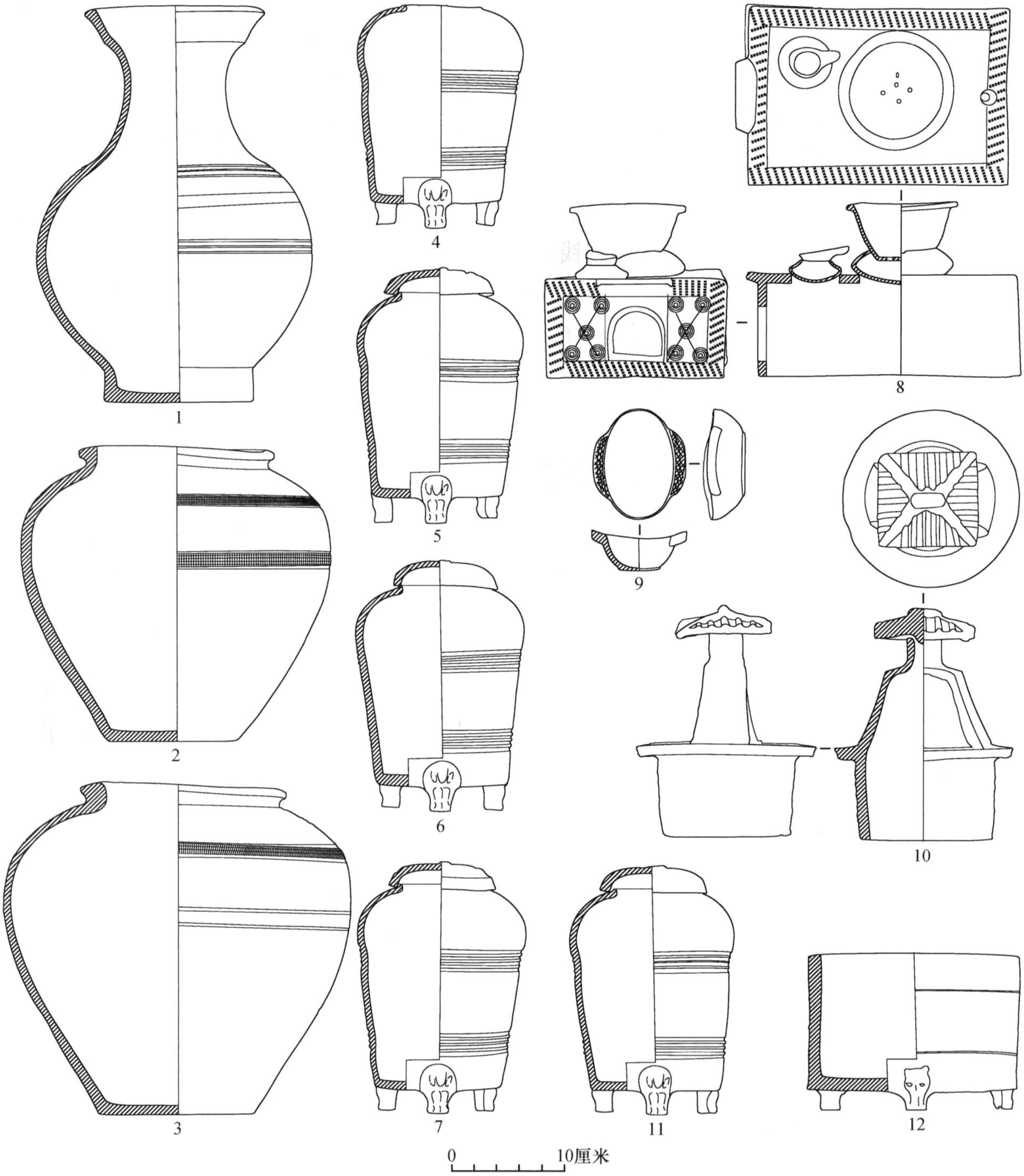

图4-1-43　BM46出土陶器

1. 壶（BM46：4）　2、3. 罐（BM46：11、3）　4～7、11. 仓（BM46：2、5、6、8、7）　8. 灶（BM46：9）
9. 耳杯（BM46：13）　10. 井（BM46：10）　12. 樽（BM46：1）

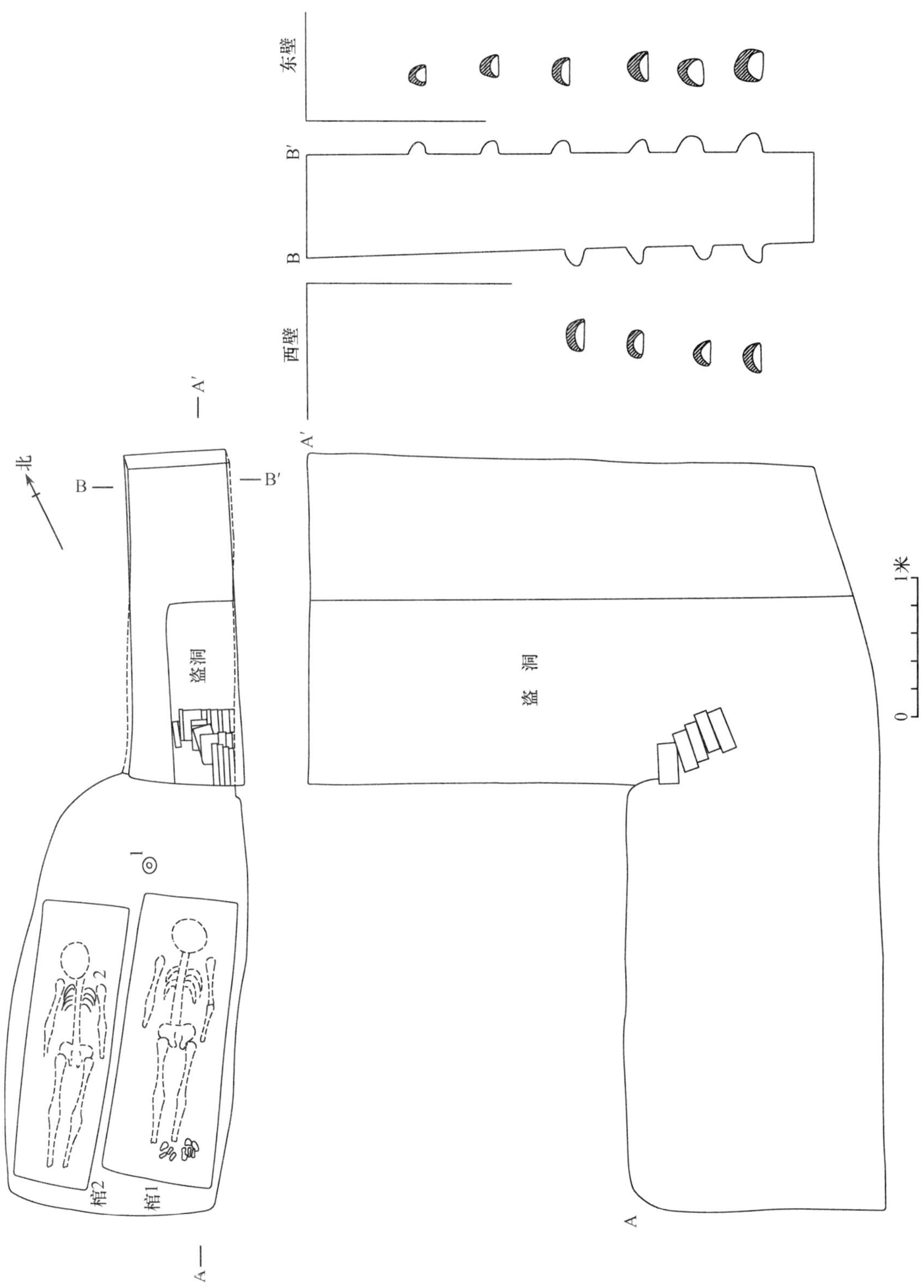

图4-1-44 BM51平、剖面图
1. 陶甑 2. 骨饰

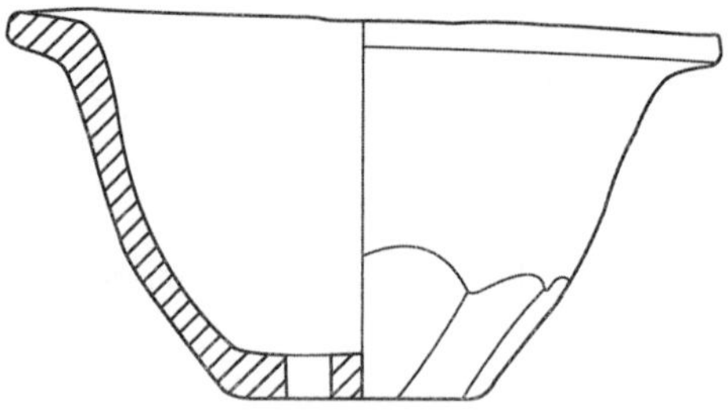

图4-1-45　BM51出土陶甑（BM51：1）

（二五）2006HGB区T18M52（下文简称“BM52”）

位于B区东南隅的T18北西部。叠压于第2层下，墓口距地表0.4、墓深5.3米。墓道向北，方向10度。墓道南端近墓室处有一盗洞，墓室被盗扰。

由墓道、墓室、耳室组成（图4-1-46；图版四三，2）。

墓道：位于墓室北壁中部。平面呈长方形，口部被盗严重，南北残长0.84、宽0.84米，底南北长2.14、宽0.86～0.9米。底呈斜坡状，北端深5.1米，南端与墓室底平。北端两侧壁有脚窝，脚窝呈三角状，每侧各有六个，脚窝为基本垂直且平行相对设置，长径0.16～0.22、短径0.18～0.22、进深0.14～0.14米，脚窝间距0.3～0.4米。

墓室：拱顶土洞结构，南北长4～4.04、东西宽1.8、洞高1.8米。墓室底铺砖，北半部大都被扰，南半部部分保存，但铺砖方式不同，左半部作斜行“人”字形，右侧为两丁一顺。

耳室：两个，位于墓室北端两侧。拱顶土洞结构，左耳室平面呈圆角正方形，洞口宽1.5、内边宽1.54、进深1.54、洞高0.8～1米。左耳室内侧边有一台阶，台宽0.28、高0.34米。底平整，底面高出墓室0.1米。右耳室平面近“L”形，洞口宽1.1、东侧内宽1.6、北侧宽1.4、耳室横长2.5、纵长2.14、洞高0.7～1米。右耳室壁较垂直，规则整齐，底与墓室底平。

葬具：位于墓室南半部。木棺两副，仅存朽木痕迹，棺1残长2、前端宽0.74、后端宽0.72米，棺2残长2.1、前端宽0.58、后端宽0.64米。棺室内各铺青灰一层。

葬式：人骨架两具。腐朽严重，应为仰身直肢，头北足南，面向不明。推测应为夫妇合葬。

出土遗物：24件，有陶器和铁器，计有陶鸮形小壶2件、罐3件、仓盖12件、灶1件、樽1件、瓮1件、耳杯1件、器盖2件（图4-1-47；图版四三，3），铁刀1件，除2件鸮形小陶壶和陶灶出土于左耳室口部外，其余随葬品均出自盗洞中。因盗扰严重，器物组合情况不明，但从盗洞中出土的12件陶仓盖判断，该墓随葬的陶器组合应不止一套，很可能为两套，两个墓主各有一套。

BM52的年代属东汉早期。

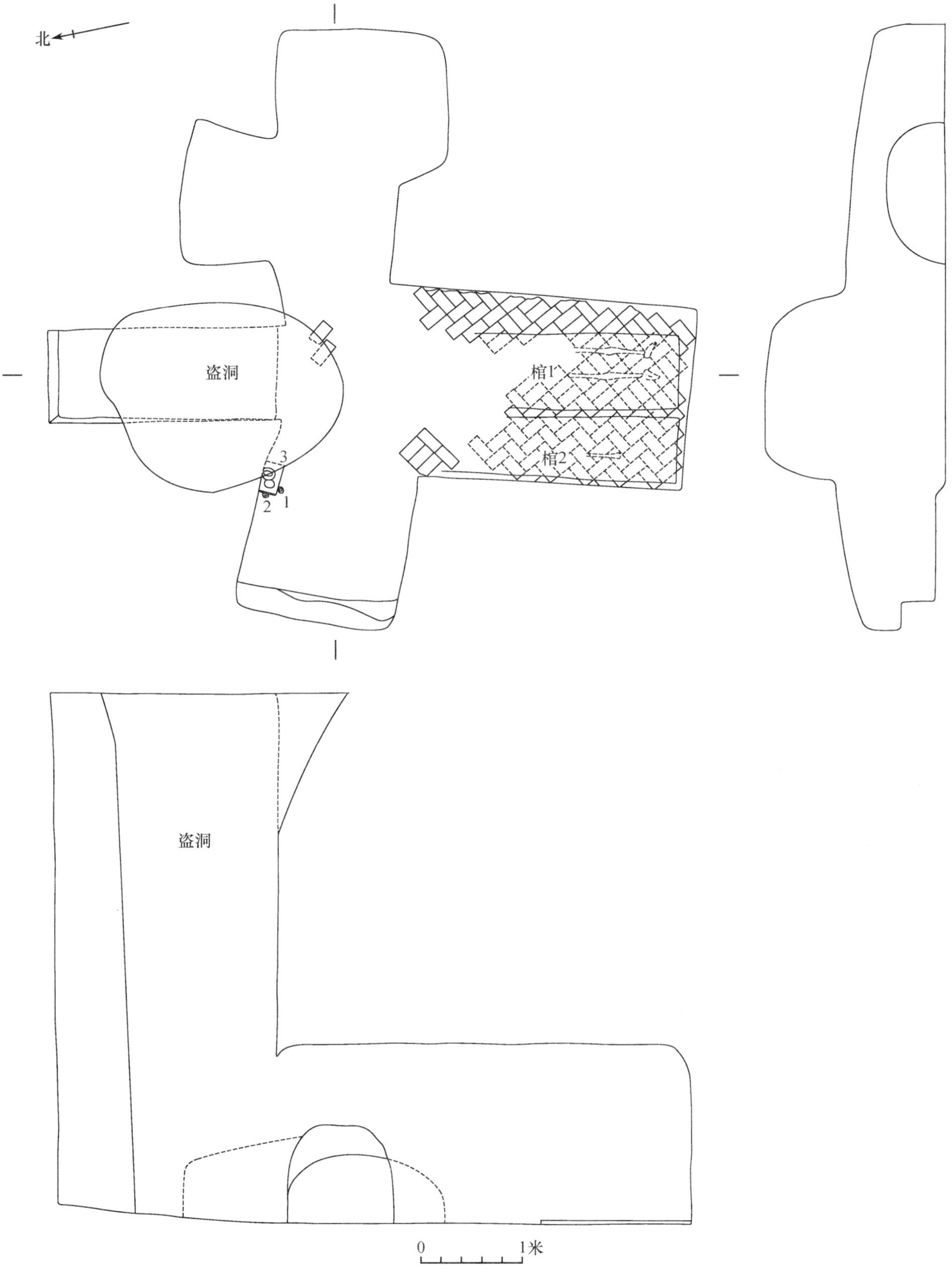

图4-1-46　BM52平、剖面图

1、2. 鸮形小陶壶　3. 陶灶　4. 铁刀　5. 陶瓮　6、7、9. 陶罐　8. 陶樽　10～21. 陶仓盖　22、23. 陶器盖　24. 陶耳杯（4～24出自盗洞中）

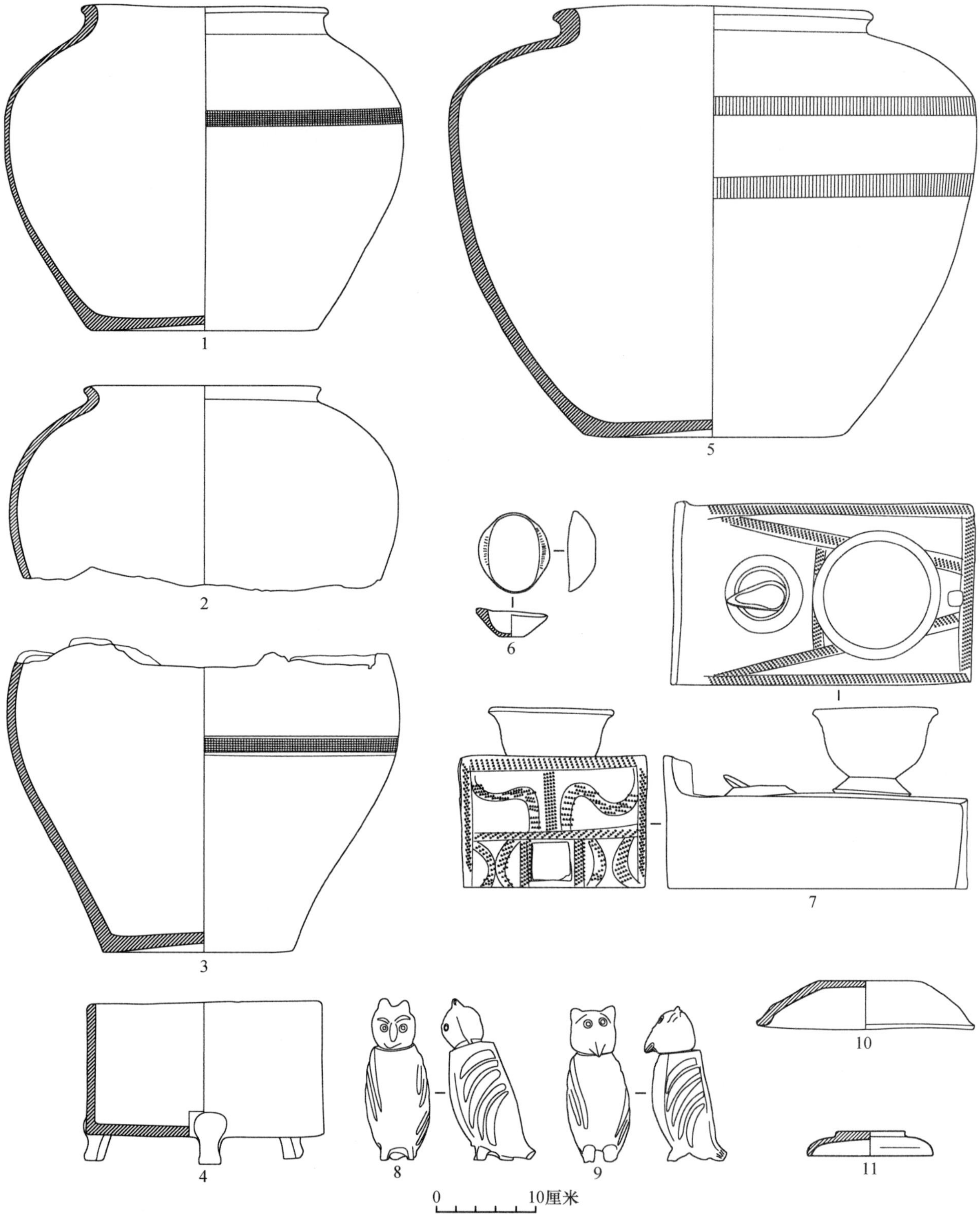

图4-1-47　BM52出土陶器

1～3. 罐（BM52：6、7、9）　4. 樽（BM52：8）　5. 瓮（BM52：5）　6. 耳杯（BM52：24）　7. 灶（BM52：3）　8、9. 鸮形小壶（BM52：2、1）　10、11. 器盖（BM52：23、22）

（二六）2006HGB区T18M53（下文简称“BM53”）

位于B区东南隅的T18北部偏东。叠压于第2层下，墓口距地表0.4、墓深5.2米。墓道向北，方向16度。从发掘判断，此墓应为迁葬后的空墓。

由墓道、封门、墓室、耳室组成（图4-1-48；图版四四，1）。

墓道：位于墓室北壁中部。平面呈长方形，口大底小，口部南北长2.4、东西宽0.8米，底

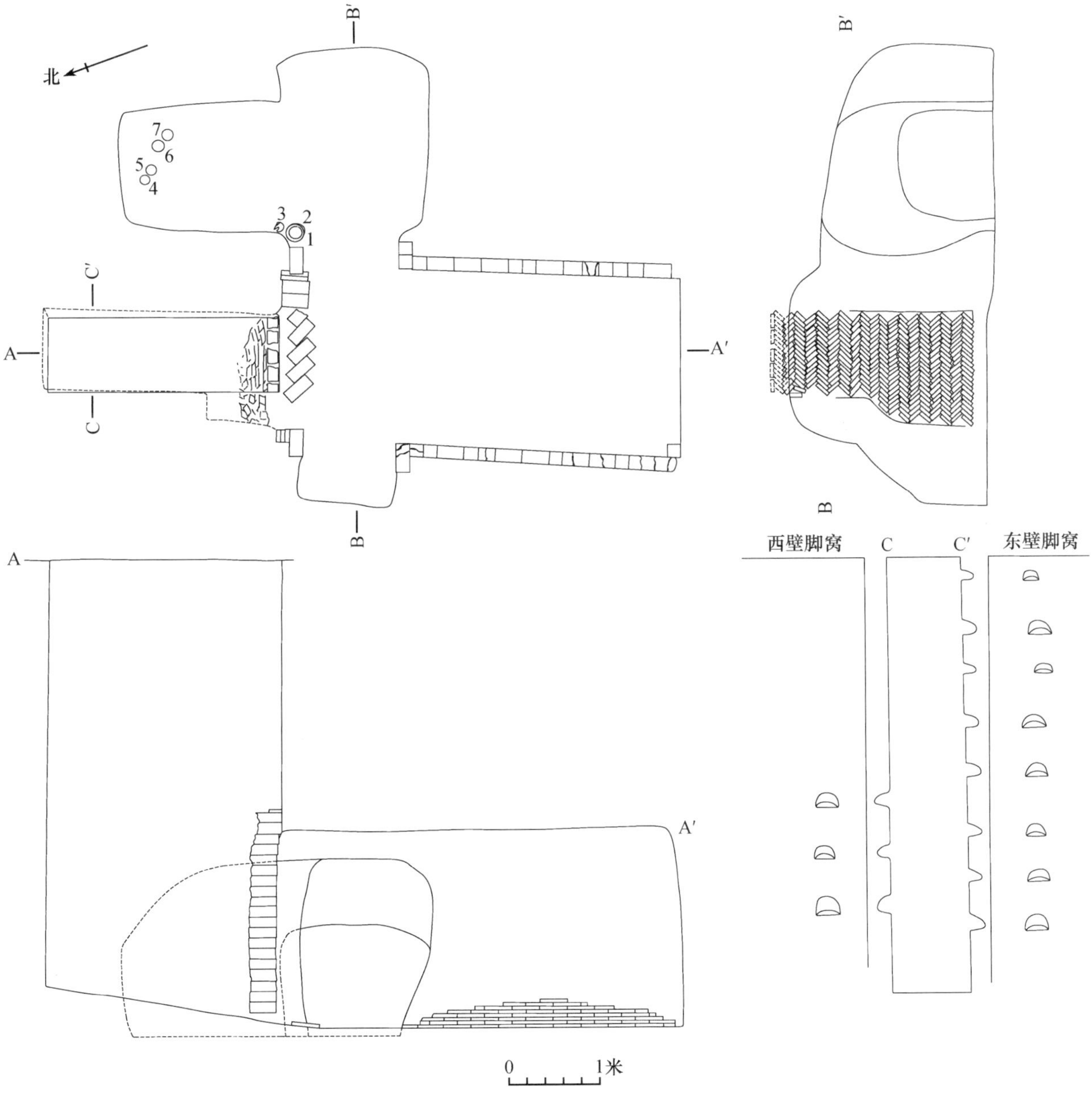

图4-1-48　BM53平、剖面图

1、2、4、8、9. 陶器盖　3、5～7. 陶仓盖　10. 铜钱（2枚）　11. 铅盖弓帽　12. 铅軎　13、15. 骨饰　14. 铜弩机　16. 铅扣饰　17. 铁刀　18. 陶小勺（8～18出自盗洞中）

南北长2.6、北端宽0.9米，可能由墓室塌陷造成墓道南端0.8米处向左侧折出0.3～0.4米，底宽1.26米。底呈斜坡状，北端深4.72米，南端与墓室底平。北端两侧壁有脚窝，西壁有三个，东壁有八个，脚窝长径0.2～0.26、短径0.1～0.18、进深0.14～0.16米，脚窝间距0.32～0.5米（图版四四，2）。

封门：位于墓道南端，墓室洞口外侧。青砖封门，共二十层，顶层为平砖顺砌，墓道两侧边有丁砖，与顶层平砖形成门框样式。框内砖为丁砖左、右对角分层斜放，封门砖全部为残砖，直边向内，残边向外。此种封门砖摆放方式较为少见，一般为直边向外，残边向内。该墓封门砖摆放松散，可能为第二次封门所致。

墓室：拱顶土洞砖室结构，南北长4.34、东西宽2.2～2.3、洞高2.2米。墓室砖券被破坏，仅保存东西两侧的残砖墙和墓室券门的底砖，砖墙为平砖错缝顺砌，券门两侧底铺砖为两丁两顺，砖墙存高0.3～0.46米。底面铺砖仅保存入口处的一排，具体摆放方式不明。

耳室：两个，位于墓室北端两侧入口处。拱顶土洞结构，与墓室结合处为砖结构。左耳室平面呈圆角长方形，洞口宽1、内边宽1.04、进深0.6、洞高0.8～1.44米。底面平整。右耳室平面近“L”形，洞口宽1.2、东侧内宽1.6、北侧内宽1.24、进深2.26、洞高1.28～1.74米，底面比墓室底低0.08米（图版四四，3）。右耳室壁较垂直，规则整齐。

葬具与葬式：墓内棺和人骨均已不存，葬具与葬式均不明。

出土遗物：18件（组），有陶器、铜器、铁器、钱币、铅器和骨器，计有陶仓盖4件、器盖5件、小勺1件（图4-1-49；图版四四，4），铜弩机1件，铁刀1件，铜钱1组2枚，铅盖弓帽1件、軎1件、扣饰1件，骨饰2件，铅饰、骨饰、铜弩机和铁刀出土于底面扰土中，右耳室出土有4件陶仓盖和5件器盖。因扰乱严重，器物组合情况不明。

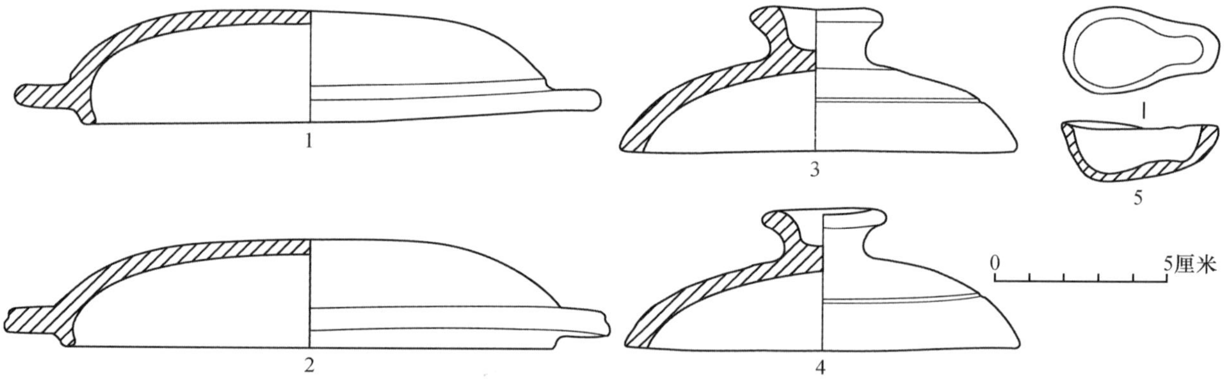

图4-1-49　BM53出土陶器

1～4. 器盖（BM53：1、2、4、8）　5. 小勺（BM53：18）

值得注意的是，该墓墓道和墓室上均没有发现盗洞和塌陷现象，但是墓室明显有被扰动的迹象，不但墓室券砖大部分被取走，而且墓室内也无人骨架。此现象与BM30基本相似，由此判断此墓可能为迁葬后留下的空墓。但迁葬墓为何把人迁走后还要再次封门护穴，就不得而知了。

BM53的年代应属东汉早期。

（二七）2006HGB区T20M60（下文简称“BM60”）

位于B区东南部的T20东北部。叠压于第2层下，墓口距地表0.3、墓深4.08米。墓道向北，方向16度。保存完整。

由墓道、封门、墓室组成（图4-1-50；图版四五，1）。

墓道：位于墓室北壁中部。平面近长方形，口部南北长2.26、东西宽0.82～0.84米。口、底大小相同，壁面垂直。底呈坡状，北端深3.58米，南端与墓室底平。北端两侧壁有两组脚窝：第一组在墓道北端东、西壁对称分布着六个脚窝，基本垂直且平行相对设置，脚窝长径0.18～0.26、短径0.1～0.2、进深0.14～0.18米，脚窝间距0.22～0.42米；第二组在墓道中部东、西壁上分布有四个脚窝，与第一组交错设置，间距0.6～0.7米，脚窝长径0.18～0.24、短径0.14～0.18、进深0.14～0.18米，脚窝间距0.22～0.44米。

封门：位于墓道南端，墓室洞口外侧。青砖封门，共十七层，上部六层为平砖错缝顺砌。墓道两侧边有侧放丁砖，与顶层平砖形成门框样式，封门砖基本为丁砖左、右对角分层斜放，由下至上第五层东侧有四块丁砖，第七至十一层西侧为前后交错放置，第十四、十五层砖外侧面有顺放的两块砖（图版四五，2）。

墓室：拱顶土洞结构，平面呈南北长方形，由前厅、后室组成。前厅平面近长方形，长1.3、宽1.48～1.58、洞高1.8米。后室平面近长方形，主要做棺床，为生土台结构，底较平整，长2.26～2.28、宽1.48～1.58、洞高1.7米，棺床高于厅室底面0.1米。床沿有两层砖，为平砖顺砌，残砖整砖混用，床沿中间上部平铺两块砖（图版四六，1）。

葬具：位于棺床西部。木棺一副，仅存朽痕，棺下中间偏北及东南角各垫一砖，木棺长2、前端宽0.64、后端宽0.6米。棺室内铺青灰一层，使用四枚铁棺钉固棺。

葬式：人骨架一具。上半身朽为粉末，尚存少部分股骨、胫骨、脚骨。墓主为仰身直肢，头北足南，面向上。左臂处有铁戟1件。

出土遗物：19件（组），有陶器和铁器，有陶壶2件（1件有彩绘）、彩绘罐2件、仓盖4件、井1件、灶1件、圈1件、樽1件、耳杯3件、碗2件（图4-1-51；图版四六，2），铁戟1件、棺钉1组4件。陶器主要出土于棺床东半部及厅室内，其中厅室中间放陶樽1件、耳杯3件作供器；厅室东、西两侧中间各置1件陶壶，东侧陶壶有彩绘；棺床上东北角放陶井和灶各1件；棺东部中间有2件彩绘陶罐（图版四五，3），棺床东部中间偏南放置1件陶圈，圈内有1件小陶碗及4件陶仓盖。随葬陶器为一套完整的器物组合。

BM60的随葬品中有彩绘陶罐和兵器铁戟，这可能与墓主的特殊身份有关。

BM60的年代属东汉早期。

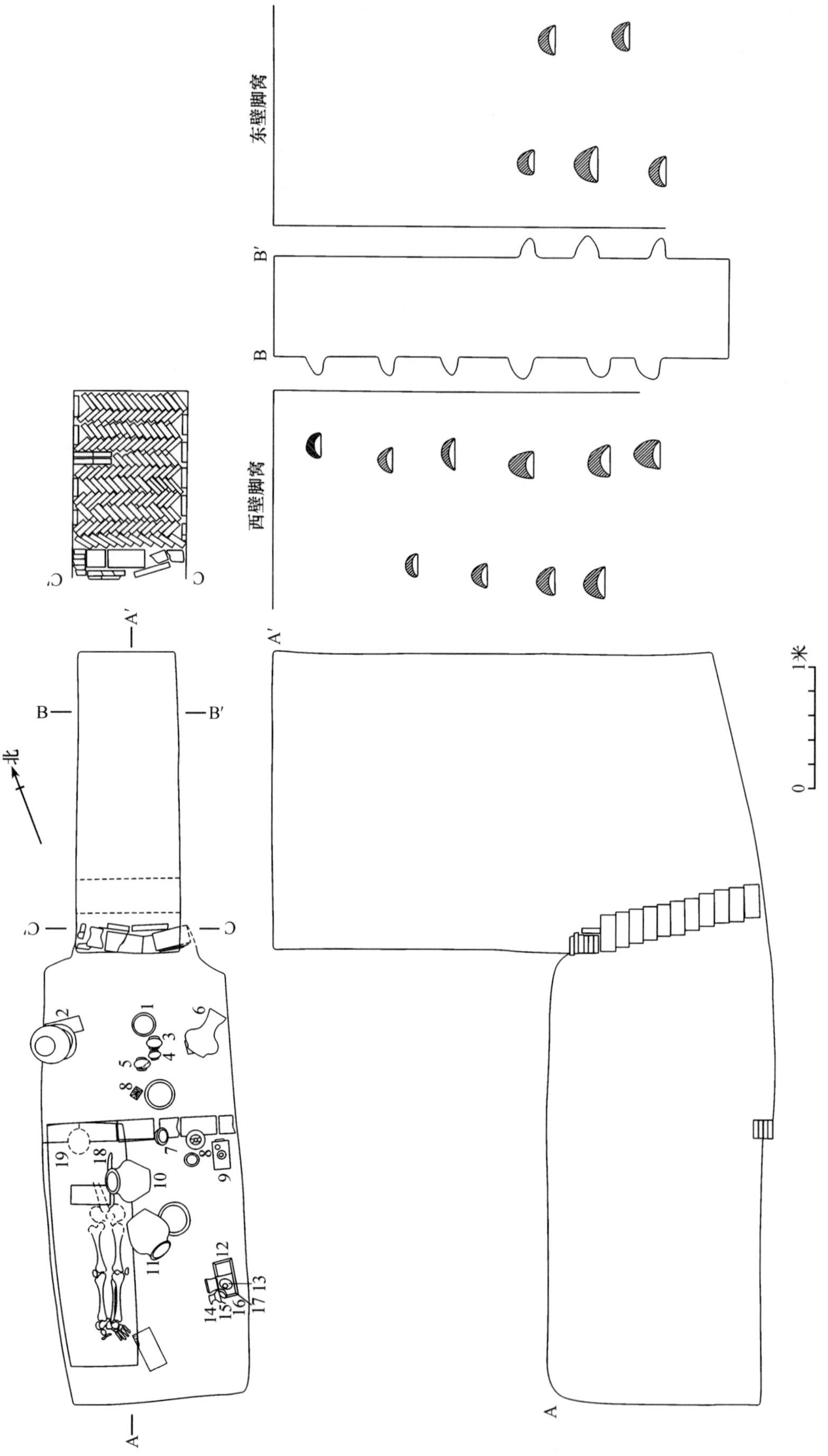

图4-1-50　BM60平、剖面图

1. 陶樽　2. 陶壶　3～5. 陶耳杯　6. 彩绘陶壶　7、13. 陶碗　8. 陶井　9. 陶灶　10、11. 彩绘陶罐　12. 陶圈　14～17. 陶仓盖　18. 铁戟　19. 铁棺钉（4件）

图4-1-51　BM60出土陶器

1. 彩绘壶（BM60：6）　2. 井（BM60：8）　3、8、9. 耳杯（BM60：5、3、4）　4、5. 碗（BM60：7、13）　6. 灶（BM60：9）　7. 壶（BM60：2）　10. 樽（BM60：1）　11、12. 彩绘罐（BM60：11、10）　13. 圈（BM60：12）

（二八）2006HGB区T23M67（下文简称“BM67”）

位于B区北中部的T23东北隅。叠压于第2层下，墓口距地表0.3、墓深2.54米。墓道向南，方向195度。保存完整。

由墓道、封门、墓室组成（图4-1-52；图版四七，1）。

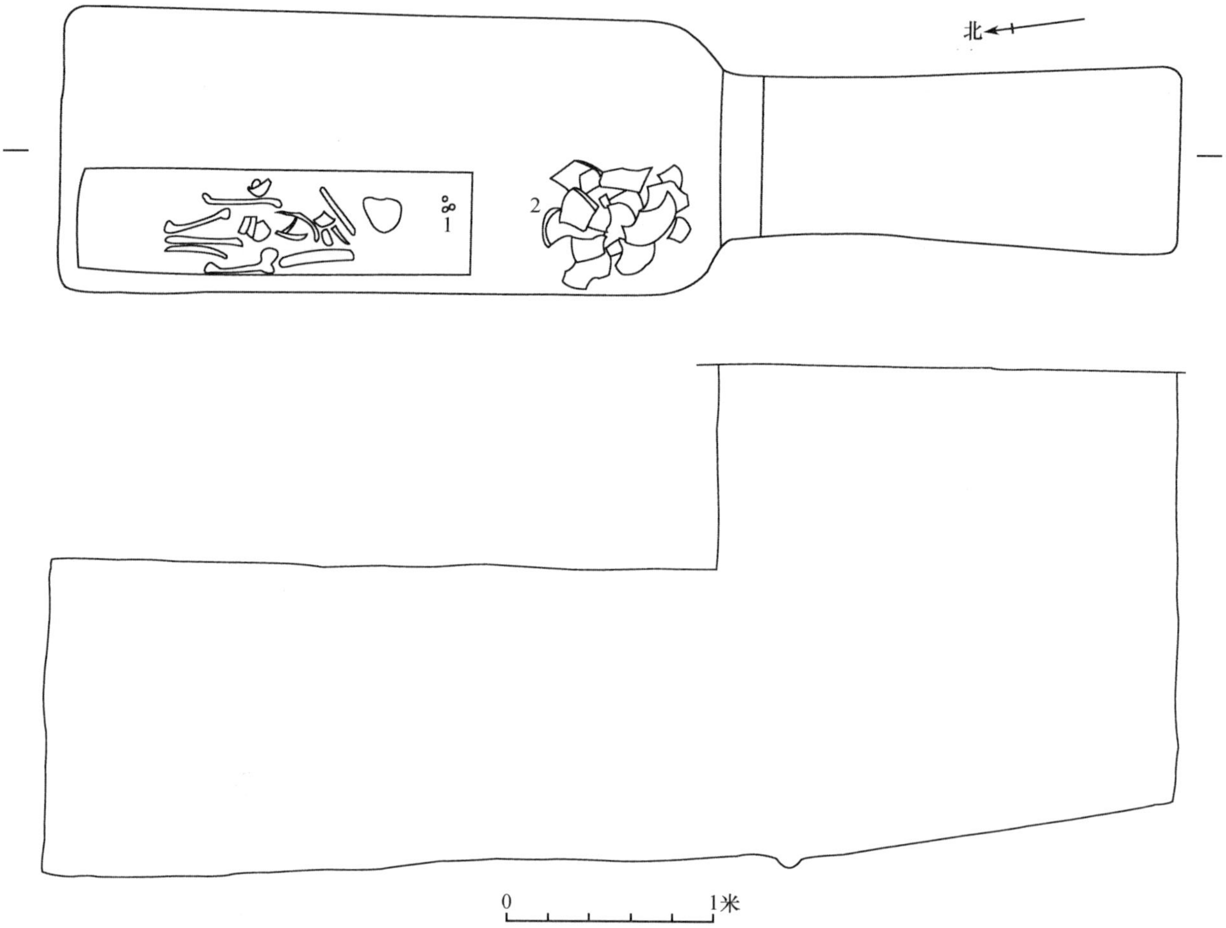

图4-1-52　BM67平、剖面图

1. 铜钱（7枚）　2. 陶罐

墓道：位于墓室南壁中部。平面呈梯形，口部南北长2.2、东西宽0.76～0.9米，口、底大小相同。底呈坡状，南端深2.1米，北端与墓室底平。

封门：位于墓室门洞外侧。木板门，已全部朽蚀，仅留有门槽痕迹，门槽长0.8、厚0.1米，具体高度和结构不明。

墓室：拱顶土洞结构，平面呈长方形，南北长3.2、南端宽1.32、北端宽1.4、洞高1.4～1.54米。墓室地面内深外浅，略呈缓坡状（图版四七，3）。

葬具：位于墓室右半部。木棺一副，朽蚀严重，仅存朽痕，长1.9、宽0.5米。

葬式：人骨架一具。较完整，骨质保存较差。墓主头向南，从骨骼摆放方式判断，应是二次葬，倾向为男性。

出土遗物：2件（组），有白彩陶罐1件（图4-1-53；图版四七，2）和铜钱1组7枚，陶器放于墓室内西南角，铜钱放置在墓主头南侧。

BM67的年代应属东汉早期。

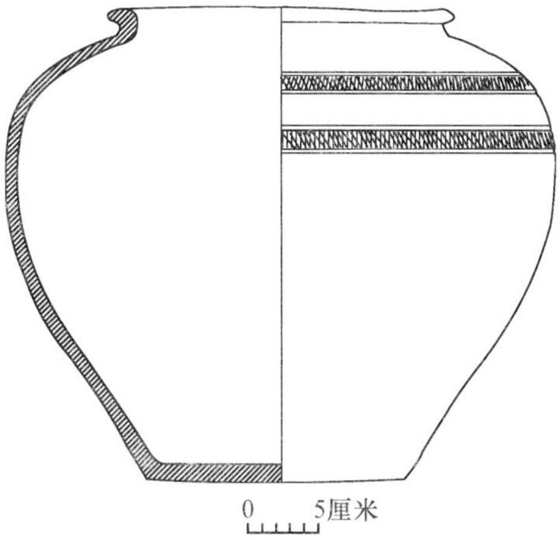

图4-1-53 BM67出土陶罐（BM67：2）

二、Ba 型 墓

此型墓有直长墓道，墓道带有台阶并有竖井。共19座，其中18座有较明确的时代证据，只有1座墓（BM41）因为没有完成且未见随葬器物，具体年代无法判定。此型墓开始出现于西汉晚期，流行于新莽至东汉早期，东汉中期仅见1座，东汉晚期基本不见。

从前述BM30的发掘情况判断，Ba型墓的墓道可能由竖井式墓道演变而来，这样的墓例在A区也有发现。起初是竖井式墓道，二次进棺时，在竖井墓道前端重新挖建直长带台阶的墓道，而竖井式墓道还保留着脚窝。如果只是直长台阶墓道携竖井式结构，竖井内就没有设置脚窝的必要了。对墓道早晚演变的认识，为研究墓葬的年代和分期，甚至同墓中不同器物组合的早晚关系，都有很大的帮助。

（一）2006HGB区T23M69（下文简称“BM69”）

位于B区北部偏东的T23西中部。叠压于第2层下，被BM68打破，墓口距地表0.3、墓深5.06米。墓道向东，方向100度。竖井处有一盗洞，墓室被盗扰严重。

由墓道、墓室、耳室组成（图4-1-54；图版四八，1）。

墓道：位于墓室东壁中部偏北。平面呈刀把状，由台阶墓道和竖井组成，通长6.86米，台阶部分平面长4.06、宽0.66～0.72米。目前尚保存十五级台阶，台阶宽0.22～0.34、高0.16～0.26米，竖井部分长2.8、宽0.94～0.98米。壁较垂直，底呈坡状，东端深4.46米，西端与墓室底平。竖井东端两侧壁有脚窝，每壁各有七个，为基本垂直且平行相对设置，脚窝长径0.14～0.26、短径0.08～0.18、进深0.08～0.16米，脚窝间距0.26～0.44米。

墓室：拱顶土洞砖室结构，由前厅、后室组成。前厅平面近长方形，东西长2.36～2.42、宽1.86、洞高2.06～2.16米。后室平面近长方形，主要做棺床，为生土台结构，东西长2.64～2.74、南北宽1.86～1.9、洞高2.06米，高于厅室地面0.1米。棺床为青砖铺底，砖铺成

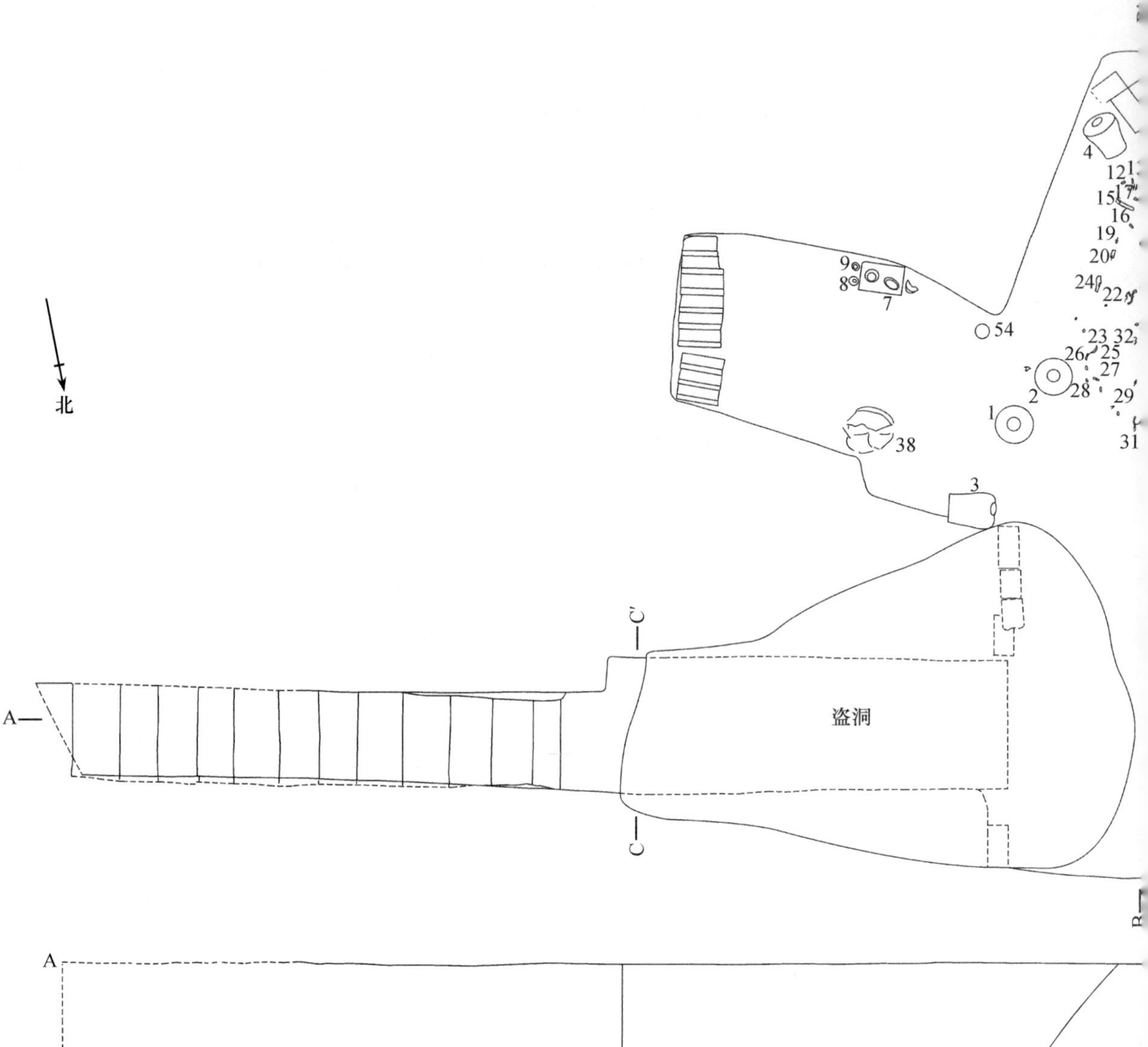

图4-1-54　BM

1～4、39～42. 陶仓　5. 陶瓮　6. 陶井　7. 陶灶　8、9. 鸮形小陶壶　10. 铜钱（4枚）
15. 铁剑　16、27、31. 铜盖弓帽　19. 铜弩机　20. 铜当卢　21、36. 铜圆扣饰　23、
（10枚）　34. 铁刀　35. 陶器（残）

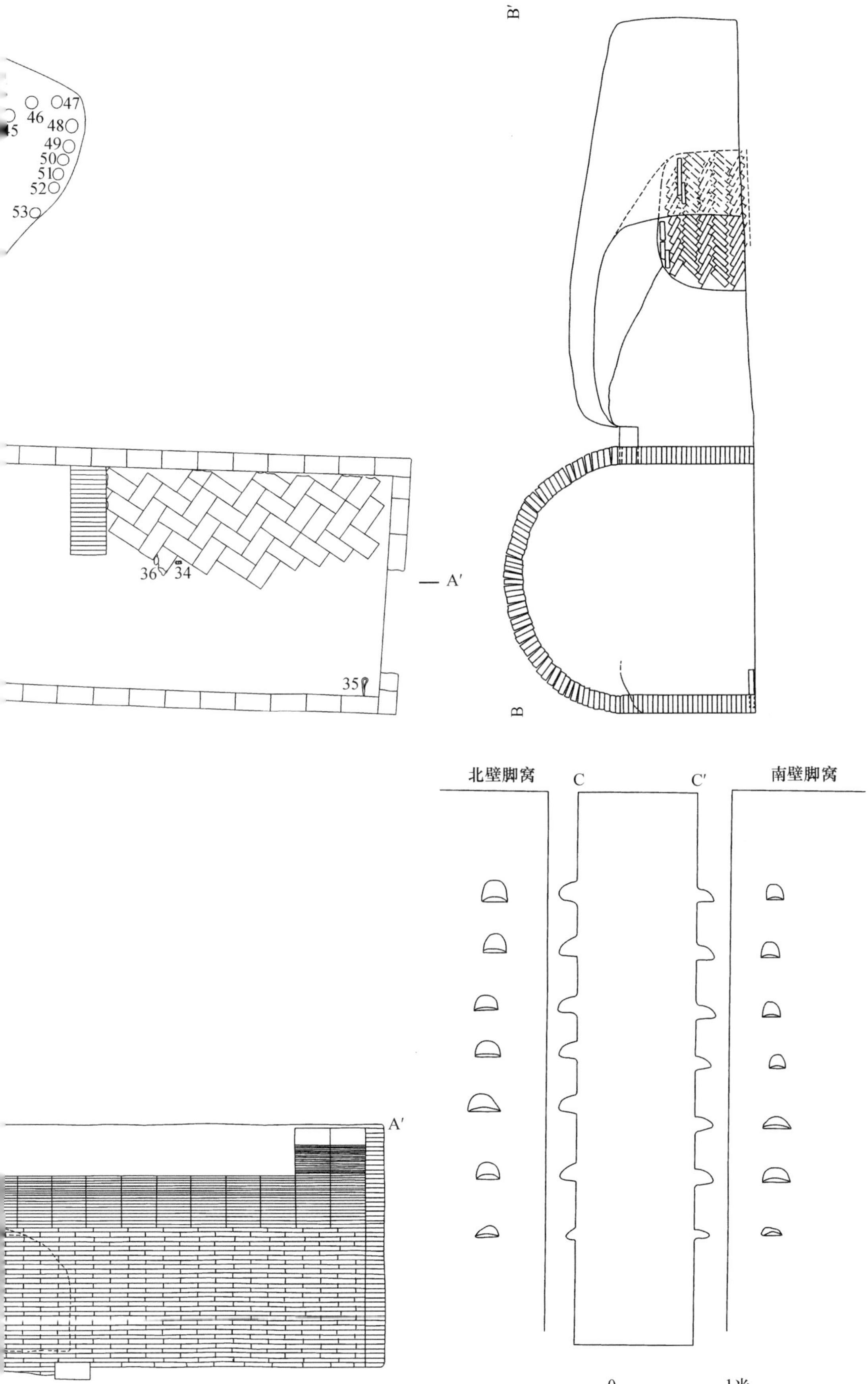

平、剖面图

1、43、44～54. 陶仓盖　12、22. 铜构件　13、14、17、18、32、37. 铜镞
9. 铜衔镳　24、26、28. 铜帽饰　25. 铜軎（含铜辖）　30. 铜軥　33 .铜钱
8. 陶盘（10、39～44出自盗洞中）

斜行“人”字形，床沿有一排砖，为丁砖侧放。由于盗扰严重，厅室内砖已不存，铺设方式不明。砖室左、右砖墙为顺砖错缝平砌，与前墙的连接方不明。拱券为丁砖砌筑，保存两组拱券。

耳室：两个，位于墓室东端南部。左边为龛形假耳室，进深很浅，仅有一丁砖深，因盗扰严重，仅保存底面几层砖，口宽1.06米。右耳室为土洞结构，平面近“L”形，入口与墓室结合处为砖拱券顶，入口宽1.06、券高1.1米，东西耳室长3.4～3.74、南北耳室长3.8～4.04、洞高0.5～1.5米。右耳室内放有一摞残砖，底面局部铺有斜行“人”字形砖（图版四八，2）。

葬具与葬式：墓内不见葬具和人骨，葬具与葬式情况不明。

出土遗物：54件（组），有陶器、铜器、钱币和铁器，有陶鸮形小壶2件、瓮1件、仓8件、仓盖13件、井1件、灶1件、盘1件（图4-1-55；图版四八，3）、残陶器1件，铜弩机1件、镞6件、軎（附辖）1件、衔镳2件、当卢1件、帽饰3件、盖弓帽3件、圆形扣饰2件、軥1件、构件2件，铜钱2组14枚，残铁刀1件、剑1件，陶器主要出土于右耳室内。随葬陶器应为一套器物组合。

根据墓葬出土青铜兵器如弩机、镞以及明器车构件等，推测该墓主有着较高的身份，是此墓地中不多见的墓例。

BM69的年代应属西汉晚期。BM68打破BM69，前者为Bb型墓，BM69为Ba型墓，由此可以推断Bb型墓应晚于或不早于Ba型墓。

（二）2006HGB区T23M75（下文简称“BM75”）

BM75位于B区北中部的T23南部。叠压于第2层下，墓口距地表0.3、墓深4.34米。墓道向东，方向105度。在竖井和墓室顶部各有一处盗洞，墓室被盗扰严重。

由墓道、封门、墓室、耳室组成（图4-1-56；图版四九，1）。

墓道：位于墓室东壁中部。平面呈刀把状，由台阶墓道和竖井两部分组成，通长6.48米，台阶部分口部长3.94、宽0.5～0.56、底面宽0.56米。目前尚存十五级台阶，台阶面宽0.2～0.24、高0.2～0.34米，竖井部分长2.54、上口宽0.9～0.92、下口宽0.94～0.96米。墓道口小底大。竖井底呈斜坡状，东端距墓口3.9米，西端与墓室底面平。竖井东端两侧壁面有脚窝，每侧壁面各有六个，脚窝长径0.15～0.16、短径0.1～0.14、进深0.1～0.16米，脚窝间距0.26～0.48米。

封门：位于竖井西端墓室券门外侧。青砖封门，仅保存底部两层，为丁砖左、右对角分层斜放，墓道两侧有砖槽加固封门砖，两侧边稍宽于竖井，门宽1.05米。

墓室：拱顶土洞砖室结构，由前厅、后室组成。前厅平面近长方形，东西长2.04、南北宽1.94、洞高1.8～1.84米。后室平面近长方形，主要做棺床，为生土台结构，东西长2.4、南北宽1.94、洞高1.74～1.8米，棺床高于厅室地面0.06～0.1米。厅室地面保存有斜行“人”字形铺砖，墓室券门下为一排平铺顺砖。两侧砖墙为平砖错缝顺砌。

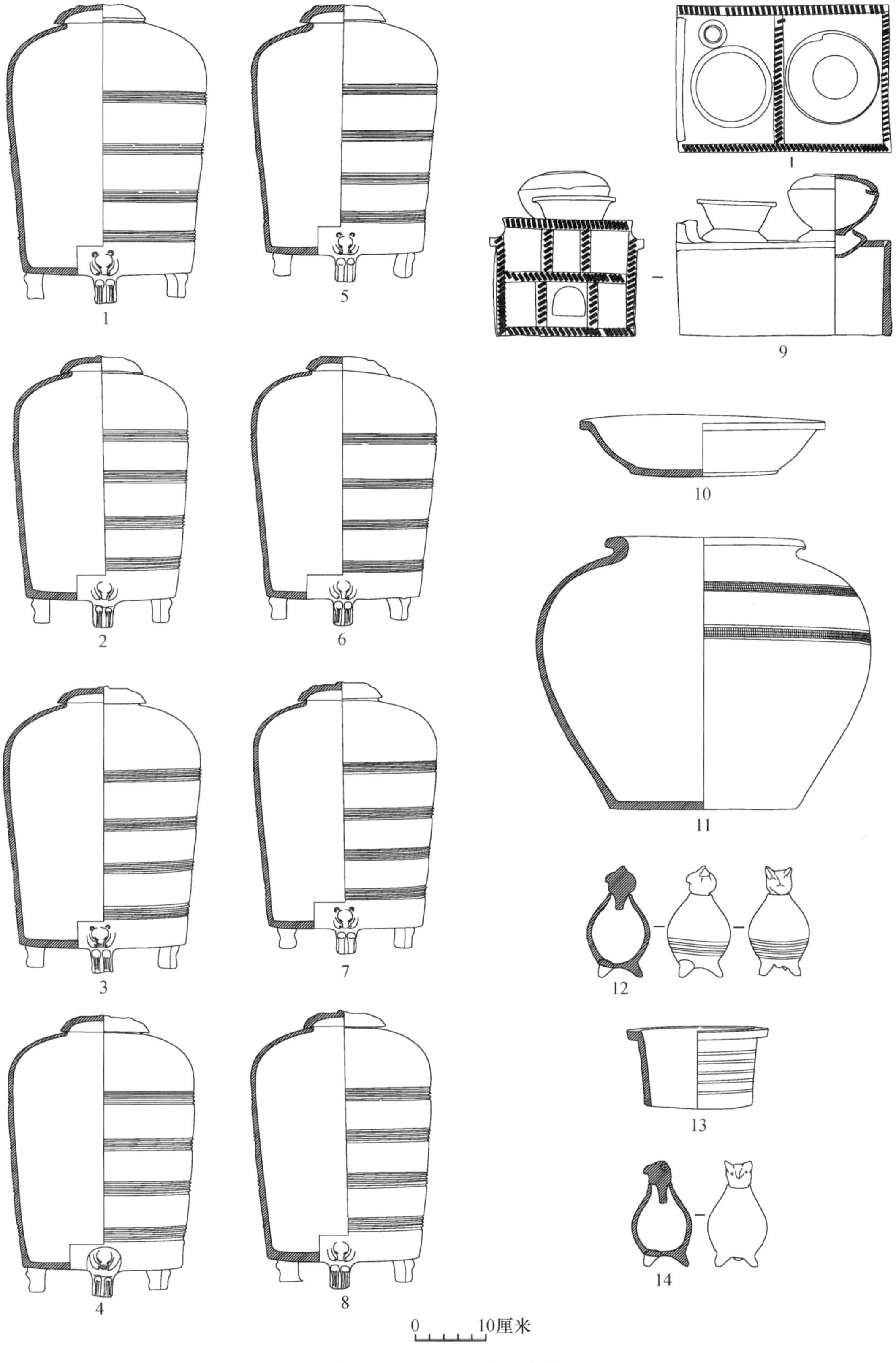

图4-1-55　BM69出土陶器

1～8. 仓（BM69：1、40、3、4、39、2、41、42）　9. 灶（BM69：7）　10. 盘（BM69：38）
11. 瓮（BM69：5）　12、14. 鸮形小壶（BM69：8、9）　13. 井（BM69：6）

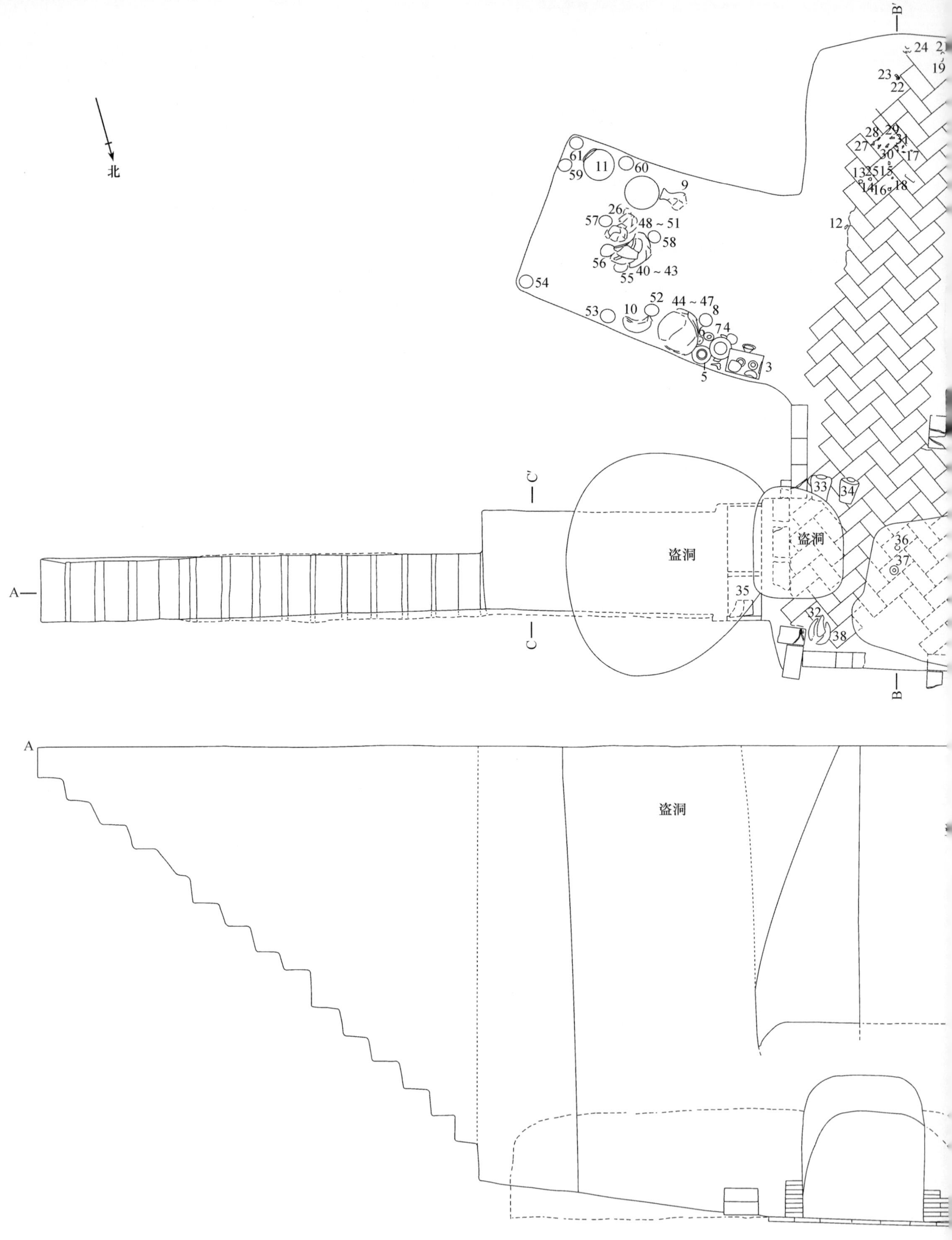

图4-1-5

1. 铜镜　2. 铜钱（14枚）　3. 陶灶　4. 陶鼎　5、9、32. 陶壶　6、7. 鸮形小陶壶　8. 陶盒　10、
19 ~ 21. 残铁器　22. 铜弩机　23. 铅衔镳　24. 铜扣饰　25. 铜軎（含铜辖）　26、51 ~ 61. 陶仓
45.陶樽　48. 陶井　49、50. 陶器盖　62. 铜鞘首饰　63. 铜钱（6枚

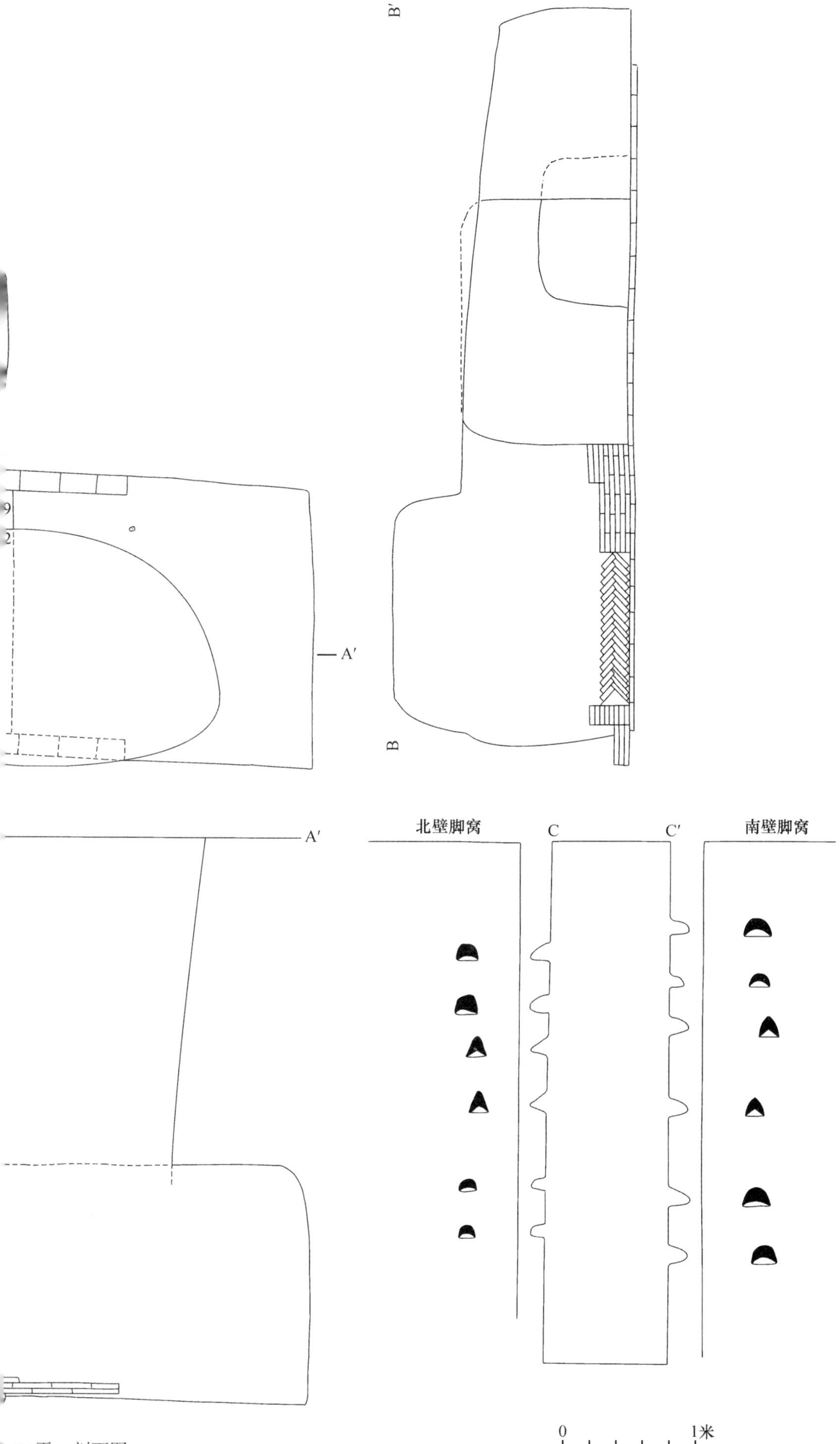

M75平、剖面图

~35、46、47. 陶仓　12、15、16、67. 铜帽饰　13、14. 铜兽面饰　17. 铜镞（4件）　18、69. 铜锜饰
~31. 铜盖弓帽　36. 陶甑　37. 陶釜　38. 铅构件　39. 残铁戟　40. 陶瓮　41 ~ 43. 陶罐　44. 小陶罐
铜眉刷　65. 铜钱（5枚）　66. 铜钗　68. 铜扣饰（62 ~ 69出自盗洞中）

耳室：两个，位于墓室东部两侧。左边为龛形假耳室，仅有一丁砖进深，因盗扰严重，仅保存底面几层砖，口宽1.1米。右耳室为土洞结构，平面近“十”字形，入口处为砖拱券，入口宽1.08、横宽1.44、纵宽1.22～1.46米，耳室东西长4.4、南北宽3.4～3.5、洞高0.74～1.34米。右耳室底面局部铺砖，与厅室铺砖为一体，均为斜行“人”字形平铺（图版四九，2）。

葬具与葬式：墓内棺和人骨架均已不存。

出土遗物：69件（组），有陶器、铜镜、铜器、钱币、铁器和铅器，计有陶鼎1件、壶3件、鸮形小壶2件、瓮1件、罐3件、小罐1件、仓7件（其中1件肩部有白彩“大吉”二字）、仓盖11件、井1件、灶1件、樽1件、耳杯1件、盒1件、甑1件、釜1件、器盖2件（图4-1-57A、57B；图版四九，3），铜镜1面，铜弩机1件、镞1组4件、鞘首饰1件、軎（附铜辖）1件、盖弓帽5件、帽饰4件、兽面饰2件、犄饰2件、扣饰1件、刷1件、钗1件，铜钱3组25枚，残铁戟1、残铁器3件，铅衔镳1件、扣饰1件、构件1件，陶器主要出土于右耳室内，厅室内也有部分陶器，因盗扰严重，应非原位置。尤其在封门砖上放有1件陶仓，显然为盗墓者所为。在该墓地被盗扰的墓葬中，多数陶器都保存完好，可能为早期盗扰，盗墓者不要专门用于随葬的陶器类遗物，而此墓陶器类遗物也被扰动，推测可能为晚近被盗。因盗扰严重，随葬的陶器组合不完整，但从出土陶灶和陶仓判断，随葬陶器应为两套器物组合。

BM75的年代应属西汉晚期。

（三）2006HGA区T21M43（下文简称“AM43”）

AM43位于A区东南的T21中部。叠压于第2层下，墓口距地表0.3、墓深6.1米。墓道向北，方向17度。墓室有一盗洞。

由墓道、封门、甬道、墓室、耳室组成（图4-1-58；图版五〇，1）。

墓道：位于墓室北壁中部。平面呈刀把状，由台阶墓道、竖井和甬道三部分组成，因发掘地形受限，墓道未能全部发掘，墓道长不少于6米。台阶部分口部平面长不少于3.32米，宽0.6～0.7、底面宽0.64～0.7米。发掘部分有十一个台阶，台阶面宽0.18～0.34、高0.2～0.3米，竖井部分长2.68、宽0.92～1.04米。竖井底面呈斜坡状，北端深5.36米，南端与墓室底面平。

封门：位于墓道南端。青砖封门，共十二层，其中底部和顶层各有一层为平铺，与墓道两边侧放丁砖形成门框式样。砖为左、右对角分层斜放，偶有前后交错放置现象。封门上部有四层错缝平铺顺砖。底面宽0.96、门高1.7米。

甬道：位于墓室北壁中部。拱顶土洞结构，盗扰严重，土洞已坍塌，底面宽1.32、进深0.3米。

墓室：拱顶土洞结构，平面呈“T”字形，分前厅和后室两部分。前厅平面呈长方形，南北长2.56～2.6、东西宽2.04～2.14、洞高2.5～2.7米。后室平面呈长方形，主要做棺床，为生土台结构，南北长2.5、东西宽2～2.04、洞高2.62米，棺床高出厅室地面0.1米。前厅底面较平，

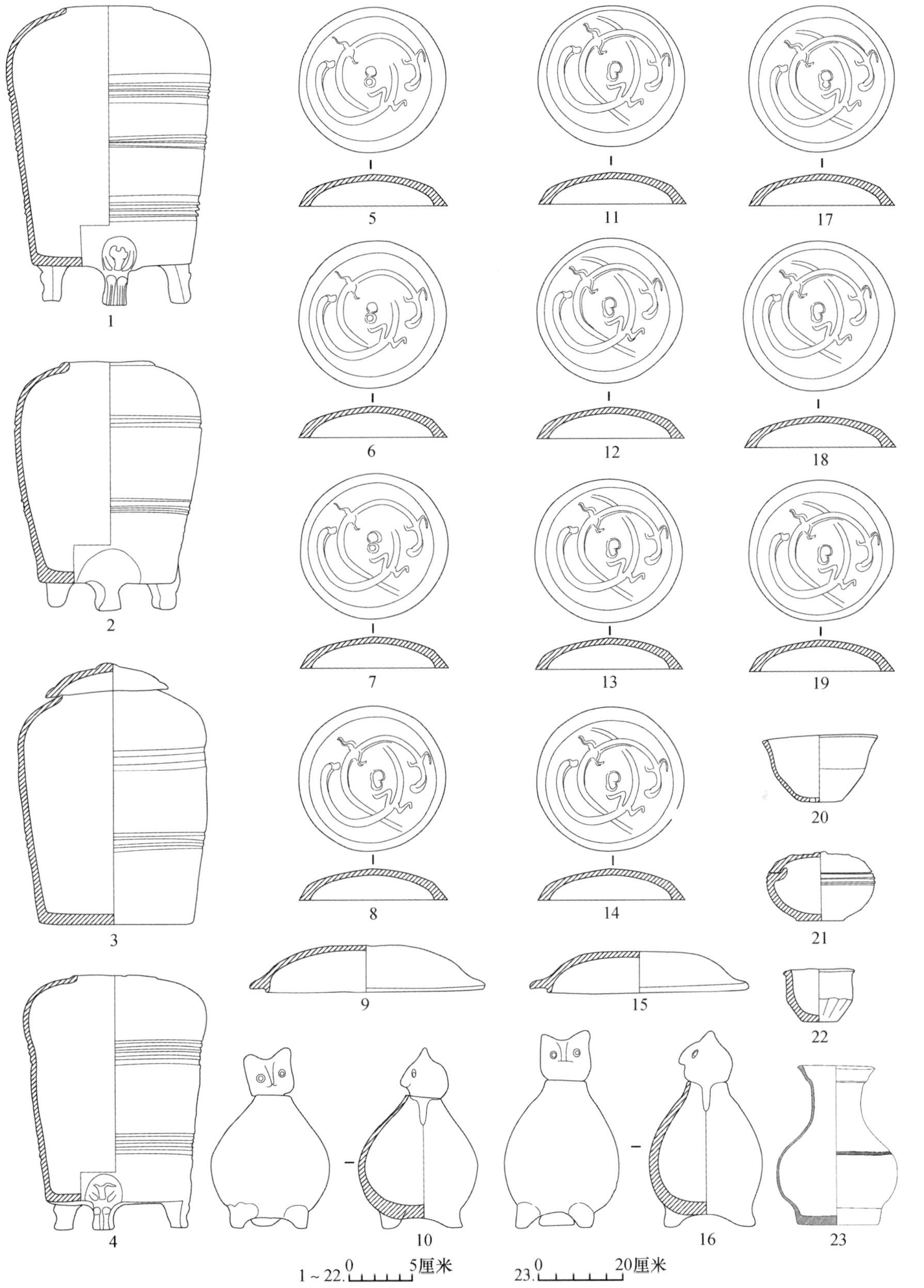

图4-1-57A　BM75出土陶器

1～4. 仓（BM75：33、34、46、47）　5～8、11～14、17～19. 仓盖（BM75：52～61、26）　9、15. 器盖（BM75：49、50）　10、16. 鸮形小壶（BM75：6、7）　20. 甑（BM75：36）　21. 盒（BM75：8）　22. 釜（BM75：37）　23. 壶（BM75：32）

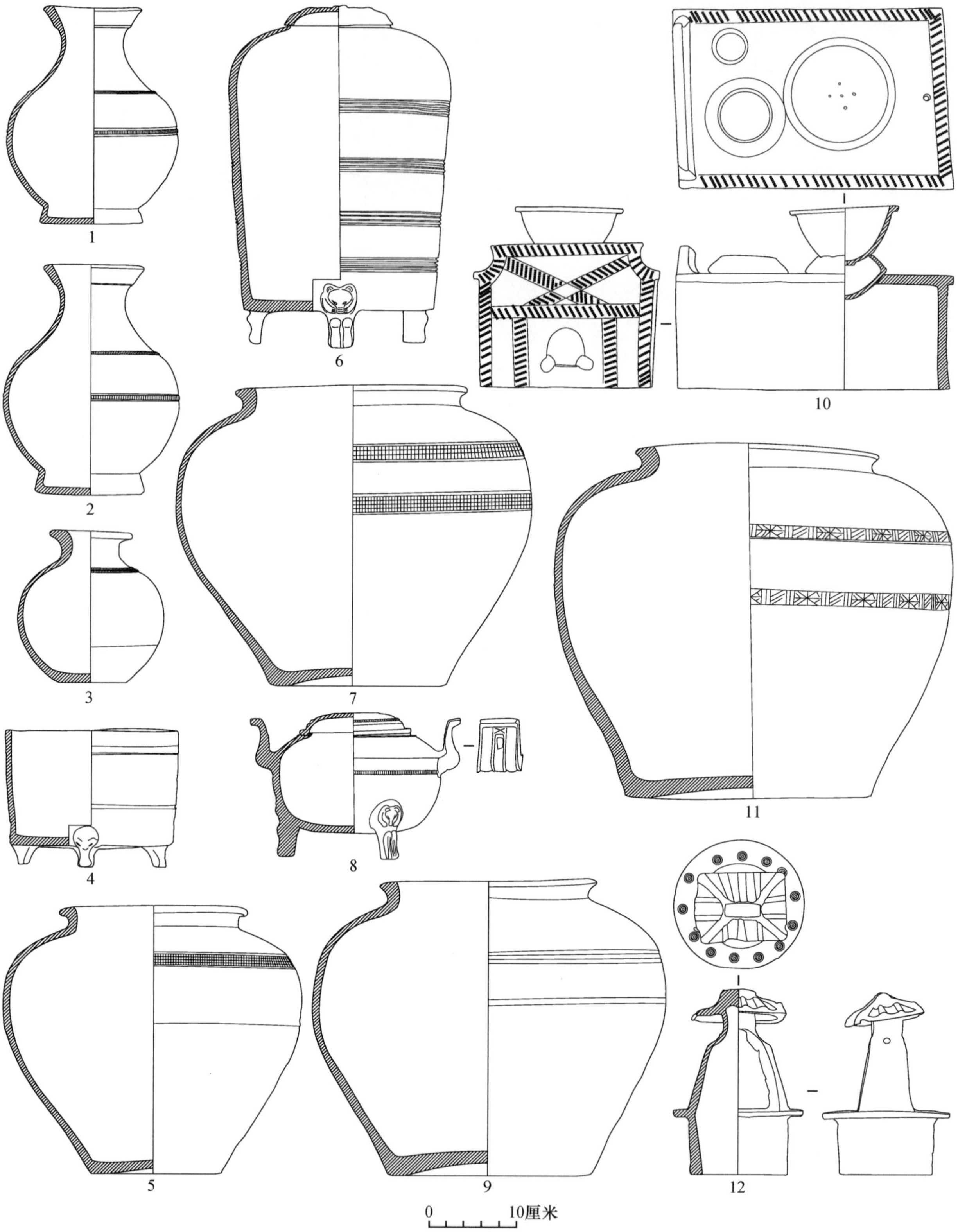

图4-1-57B　BM75出土陶器

1、2. 壶（BM75：5、9）　3. 小罐（BM75：44）　4. 樽（BM75：45）　5、7、9. 罐（BM75：43、41、42）　6. 仓（BM75：10）　8. 鼎（BM75：4）　10. 灶（BM75：3）　11. 瓮（BM75：40）　12. 井（BM75：48）

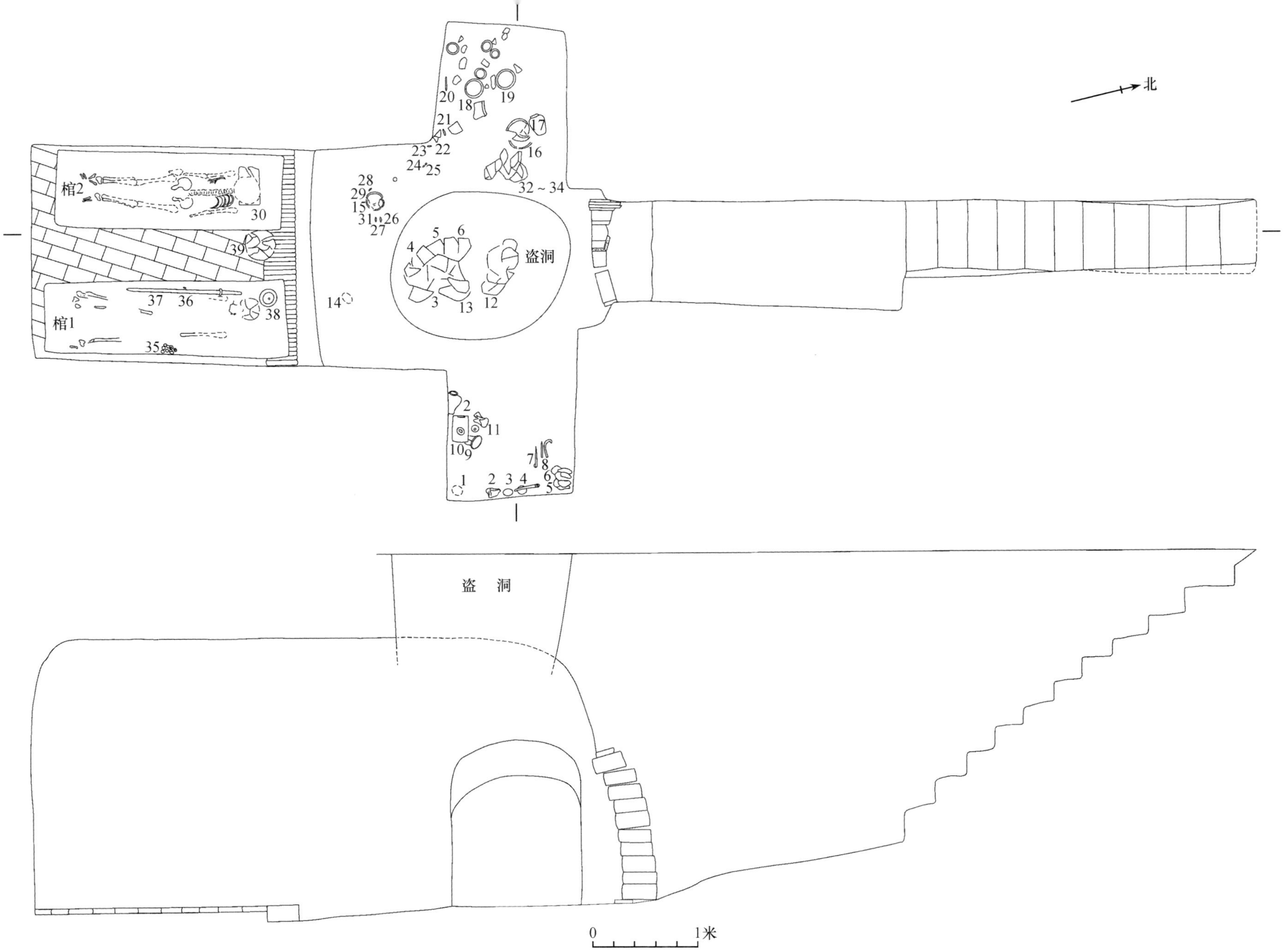

图4-1-58　AM43平、剖面图

1、18、19. 陶器盖　2～6、12、17. 陶仓　7. 铁刀　8. 铁钩（3件）　9. 陶井　10. 陶灶　11. 鸮形小陶壶　13、16. 陶罐　14. 陶耳杯　15. 陶樽　20、22. 铅衔镳　21、23～26、28、29、31. 铅盖弓帽　27. 铅軎　30. 陶筒瓦　32～34. 铅帽饰　35. 铜钱（116枚）　36. 铜带钩　37. 铁剑　38. 铜镜　39. 陶壶

无铺砖，棺床上有斜向错缝铺砖，床沿有一排侧放丁砖（图版五〇，2）。

耳室：两个，位于墓室北端左、右两侧。拱顶土洞结构，平面近正方形，左耳室口宽1.26、内边宽1.1、进深1.1、洞高1.5～1.9米，右耳室口宽1.2、内边宽1.18、进深1.2、洞高1.2～1.58米。

葬具：木棺两副，仅存朽痕。棺1长2.24、宽0.64～0.72米，棺2长2.14、宽0.7米。棺室内各铺青灰一层。

葬式：人骨架两具。两位墓主均为一次葬，仰身直肢，头北足南。棺1内墓主人骨已朽成粉末，经鉴定为男性，年龄为25～30岁，身高1.6米。墓主头部右上方有铜镜1面，右臂处有铁剑1把，左手处有铜钱一堆。棺2内墓主骨质保存较差，经鉴定为女性，年龄为25～30岁，身高1.45米。墓主无随葬器物，头骨下有1件筒瓦。推测应为夫妇合葬。

出土遗物：39件（组），有陶器、铜镜、铜器、钱币、铁器和铅器，计有陶壶1件、鸮形小壶1件、罐2件、仓7件、井1件、灶1件、樽1件、耳杯1件、器盖3件、筒瓦1件（图4-1-59；图版五〇，3），铜镜1面，铜带钩1件，铜钱1组116枚，铁刀1件、剑1件、钩1组3件，铅衔镳2件、盖弓帽8件、帽饰3件、軎1件，主要出土于两个耳室内和厅室中部，由于盗扰严重，器物多数残碎，右耳室内有陶井、灶、仓和部分铁饰，左耳室主要有陶仓、罐和部分铅饰，厅室南部中间有陶樽和耳杯作供器。从随葬品出土情况判断，应为一套器物组合。

AM43的年代应属新莽末至东汉初年。

（四）2006HGB区T3M3（下文简称“BM3”）

BM3位于B区西北部的T3中部。叠压于第2层下，打破BM30，墓口距地表0.3、墓深6.34米。墓道向北，方向19度。墓室上部有一盗洞，墓室被盗扰。

由墓道、封门、墓室、耳室组成（图4-1-60；图版五一，1）。

墓道：位于墓室北壁中部。平面呈刀把状，由台阶墓道和竖井两部分组成。因墓道完全打破BM30的竖井及墓室部分的特殊关系，墓道设为斜坡状，通长8.1米，竖井部分长2.94、宽1～1.1米。竖井壁较垂直，底面呈斜坡状，南端深6.1米。

封门：位于竖井南端，墓室券门外侧。青砖封门，封门砖被盗扰严重，仅保存中部一层散落的侧放丁砖。

墓室：拱顶土洞砖室结构。由前厅和后室组成，土洞通长5.96、宽3.1米。前厅平面近长方形，南北长2.86、东西宽2.74、洞高2.08米。后室为生土台作棺床，内高外低，南北长2.66、东西宽2.74、洞高1.74～1.8米，棺床高出厅室地面0.14～0.2米。厅室底面有斜行错缝铺砖，墓室门洞下为一排平铺顺砖，棺床上为丁砖对缝平铺，床沿为一排侧放丁砖（图版五二，1、2）。墓室为丁砖侧放拱券，为一节一节券建，未错缝，两侧砖墙为平砖错缝顺砌。

耳室：两个，位于墓室北端左、右两侧。拱顶土洞混砖结构，入口与墓室结合处为双

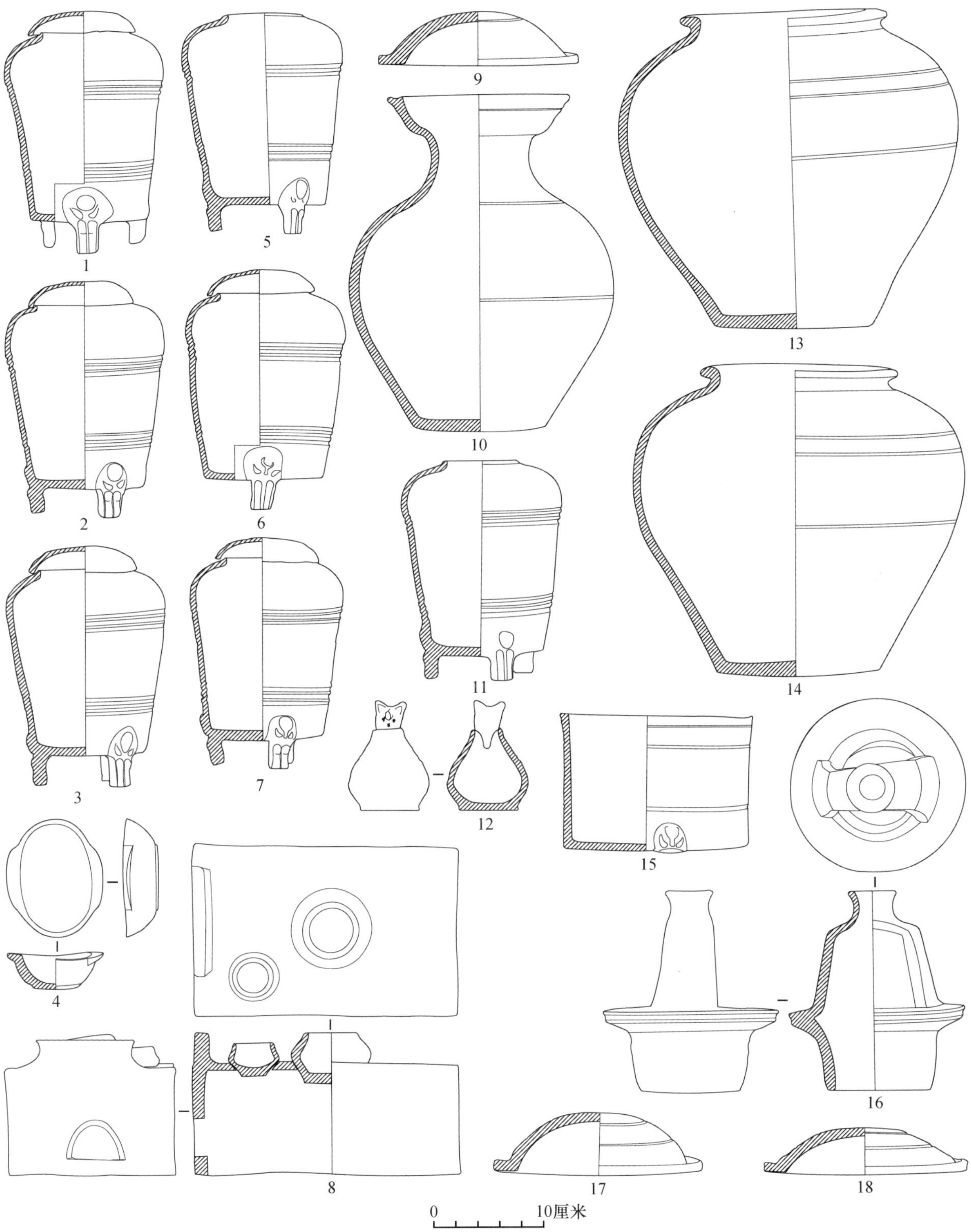

图4-1-59 AM43出土陶器

1～3、5～7、11. 仓（AM43：2～4、12、5、6、17） 4. 耳杯（AM43：14） 8. 灶（AM43：10） 9、17、18. 器盖（AM43：1、18、19） 10. 壶（AM43：39） 12. 鸮形小壶（AM43：11） 13、14. 罐（AM43：13、16） 15. 樽（AM43：15） 16. 井（AM43：9）

层砖拱券，平面均近圆角长方形，底面低于厅室底0.1米。左耳室口宽0.76、内边宽0.92、进深1.42、洞高0.4～1.06米（图版五三，2），右耳室口宽0.96、内边宽0.9、进深1.66、洞高0.4～1.06米（图版五三，1）。

葬具：木棺三副。棺1位于棺床右边，长2.28、宽0.6～0.66米；棺2位于棺床中部，长2.34、宽0.66～0.76米；棺3位于棺床左边，长2.14、宽0.5～0.68米。棺2内底面铺有青灰一层。应为夫妇合葬，可能为一夫两妻。

葬式：人骨架三具，已朽为粉末。棺1内墓主为一次葬，仰身直肢，头北足南，倾向为女性，身高1.5米。墓主头下压铜钱1枚。棺2内墓主为一次葬，仰身直肢，头北足南，男性，身高1.65米。墓主头下压铜镜1面，左肩处有1块长方形石器，颈骨上放1枚刻铭方形石器，左臂处有1柄铁剑，尖向南柄向北平放，右手部有小铁刀1把，腰部有铜带钩1件，左侧髋骨下方有铜印章1枚，字面向下平放，髋骨中间压铜钱13枚。方形石器上有“君官宜”刻铭，铜印章有“郭禹私印”（图版五三，3）。棺3内墓主为二次葬，葬式不明，头北足南，性别不明，疑为女性。棺内有铜钱10枚。

出土遗物：49件（组），有陶器、铜镜、铜器、钱币、铁器、石器和骨器，计有陶壶1件、罐3件、涂朱耳杯15件、涂朱舟形盒2件、涂朱樽盖1件、涂朱案1件、涂朱盘2件、盘1件、盆1件、彩绘罐5件、彩绘器盖2件、瓦当1件（图4-1-61A、61B；图版五一，2），铜镜1面，铜带钩1件、印章1件，铜钱3组24枚，铁刀1件、剑1件、带钩1件、钩1组2件、镘1件，长方形石器1件、刻铭方形石器1件，骨管形饰1件，陶器主要出土于右耳室和厅室（图版五三，4；图版五四），厅室内的陶樽、案（图版五四，3）和耳杯等应是棺床前的供器，但因盗扰严重多已移位。由于被盗严重，器物组合已不完整，井、灶、圈等器类均已不见。从墓室规模和随葬品情况判断，该墓墓主郭禹应有着较高的地位，不但出土铁剑和铁刀等兵器，还出土有明器车构件和印章，彩绘、涂朱陶器所占比例也较高。

BM3的年代应属新莽至东汉初期。

（五）2006HGB区T10M14（下文简称“BM14”）

BM14位于B区中部偏东的T10中部。叠压于第2层下，墓口距地表0.3、墓深4.14米。墓道向北，方向13度。保存完整（图版五五，1）。

由坟丘、墓道、封门、甬道、墓室、耳室组成（图4-1-62；图版五五，2）。

坟丘：塌落坟丘堆积位于南部。平面呈椭圆形，长径3、短径1.5、深1.1米。坟丘堆积褐色土，间杂黄土、红土颗粒。

墓道：位于墓室北壁中部。平面呈刀把状，由台阶墓道、竖井和甬道组成，通长5.78米，台阶部分口部平面长3.02、宽0.6～0.64米。现存十级台阶，台阶面宽0.16～0.28、高0.16～0.22米。竖井部分长2.76、宽0.94米。竖井底面呈斜坡状，北端深2.96米，南端与墓室底面平。

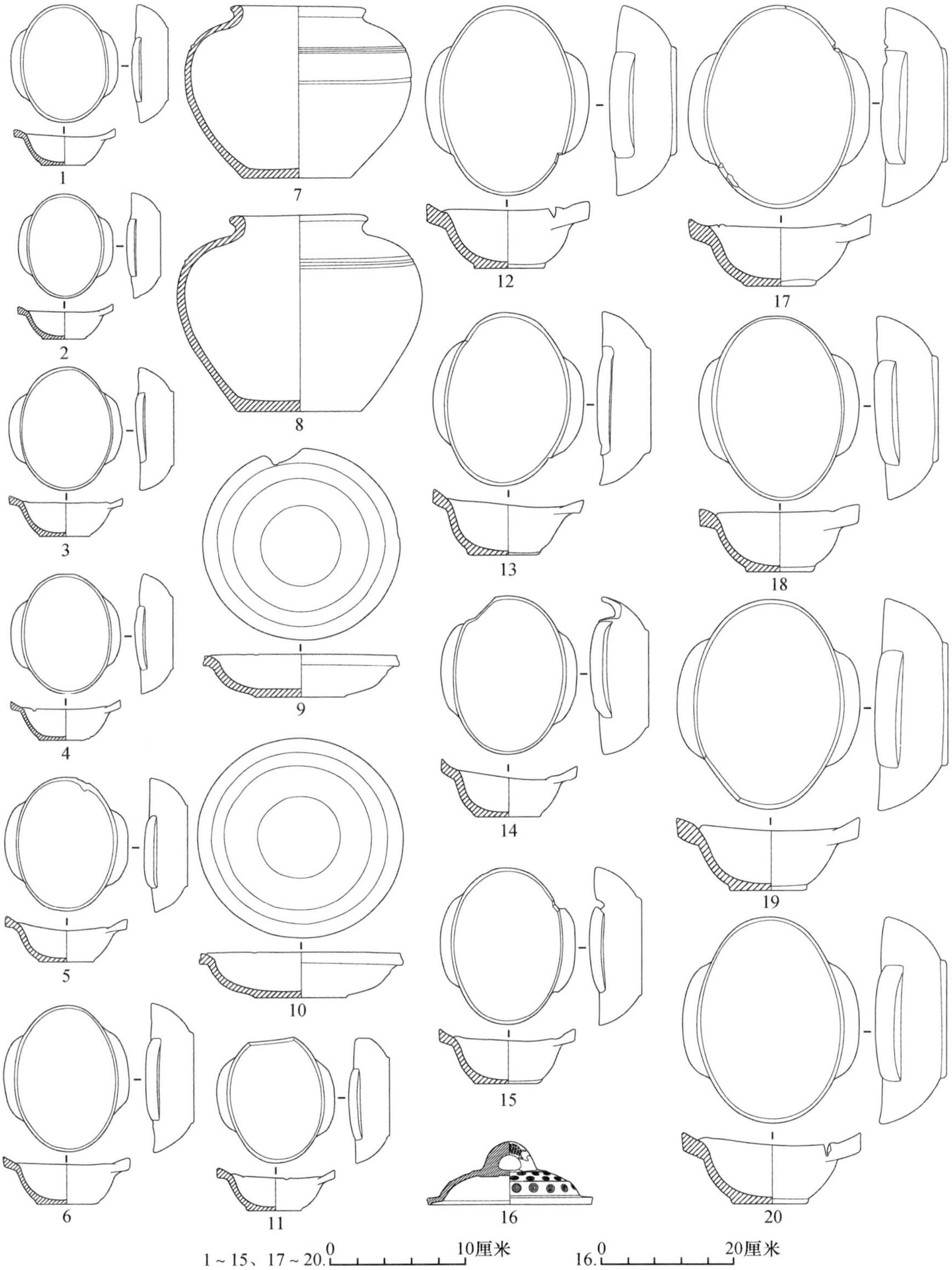

图4-1-61A　BM3出土陶器

1～6、11～15、17～20. 涂朱耳杯（BM3：8、14、9、16、17、11、18、20、41、13、36、15、10、19、12）
7、8. 罐（BM3：33、32）　9、10. 涂朱盘（BM3：25、26）　16. 彩绘器盖（BM3：22）

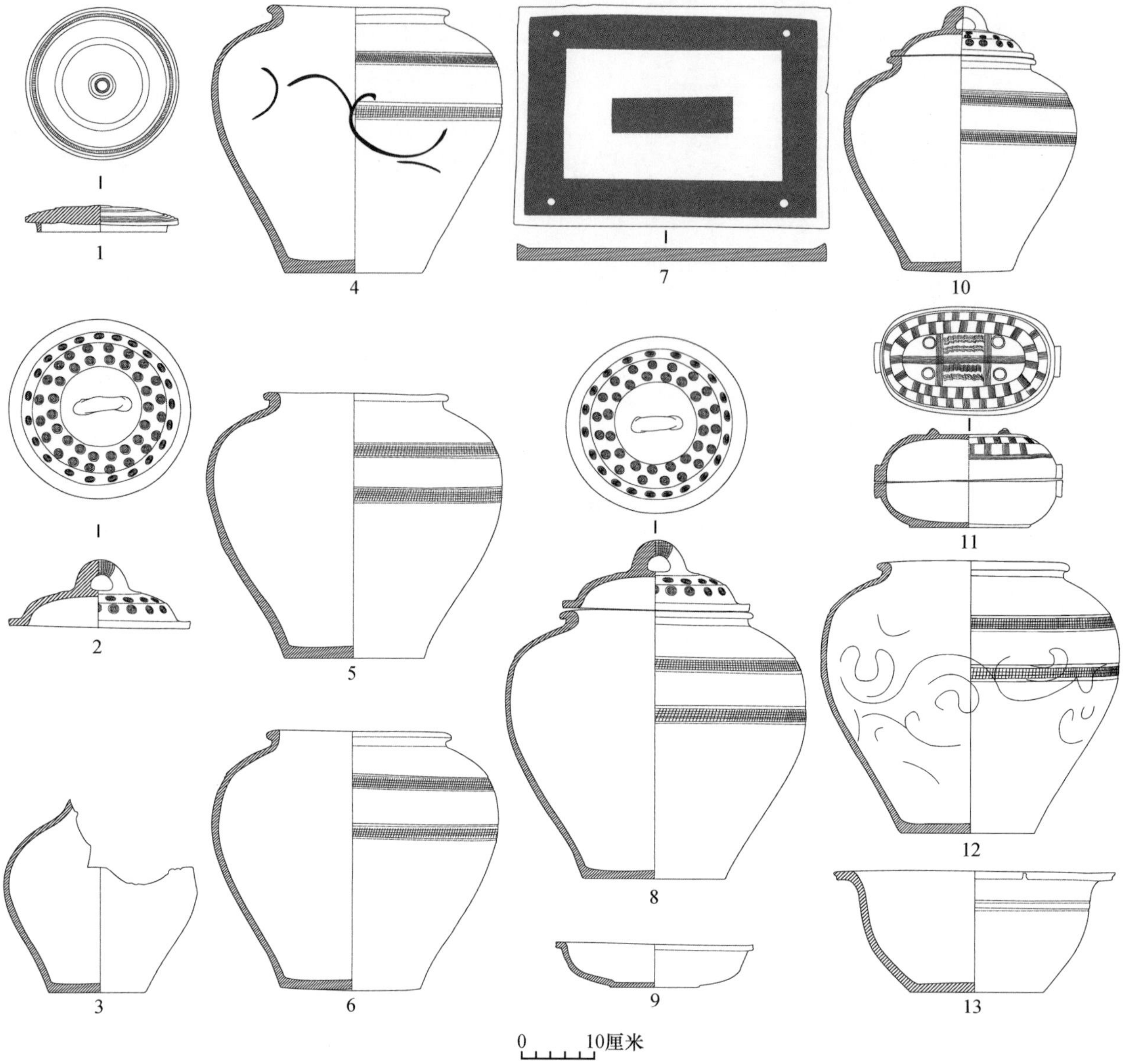

图4-1-61B　BM3出土陶器

1. 涂朱樽盖（BM3∶23）　2. 彩绘器盖（BM3∶21）　3. 壶（BM3∶48）　4～6、8、10、12. 罐（BM3∶44～46、30、43、29）　7. 涂朱案（BM3∶7）　9. 盘（BM3∶27）　11. 舟形盒（BM3∶24、31）　13. 盆（BM3∶28）

封门：位于墓道南端，甬道券门外。青砖封门，共十七层，顶部四层为平砖顺砌，下部十三层为丁砖左、右对角分层斜放。底面宽0.95、高1.82米。

甬道：位于墓室北部中间。拱顶砖券，为单重三层券：第一层砖券为完整的拱券，第二层与第三层券只有拱顶上部，无直立砖墙。左侧甬券砖墙外侧填三块砖，砖为丁砖侧放。底面宽1.36、进深0.42米。底面有两排铺砖：一排顺铺，一排丁砖平铺。

墓室：拱顶土洞结构，平面呈长方形，由前厅和后室组成。前厅平面近长方形，长2.5、宽2.14～2.2、洞高2.28米。后室主要做棺床，为生土台结构，长2.56～2.7、宽2.06～2.2、洞高2.1

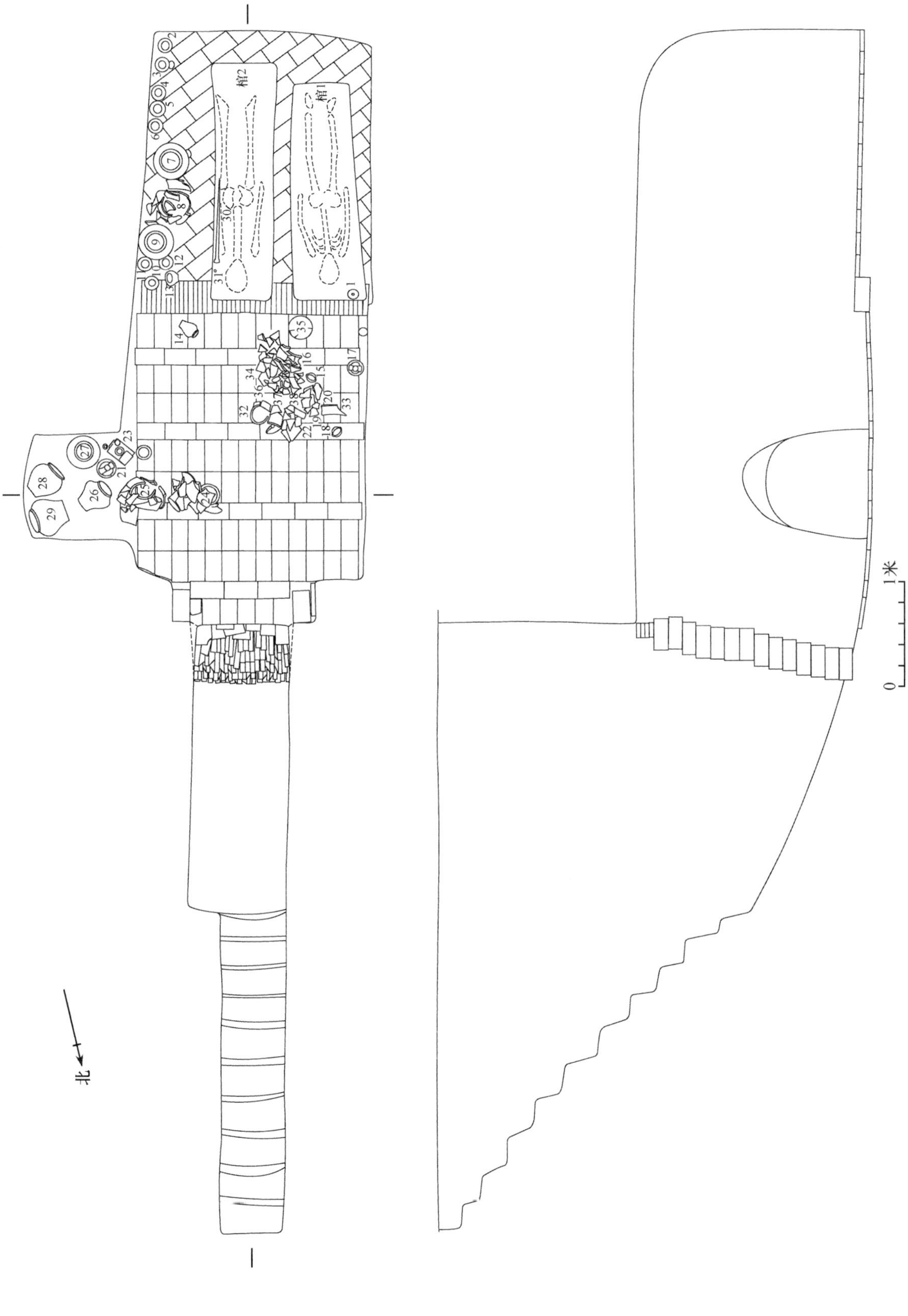

图4-1-62　BM14平、剖面图

1. 铜镜　2～6、10～14. 陶仓　7～9、24～29、34. 陶罐　15、16、18～20、36、37. 陶耳杯　17、21. 陶井　22、23. 陶灶　30. 铁刀　31. 铜印章　32、33. 陶樽　35. 小陶罐　38. 陶盆

米，高出厅室地面0.1米。墓室地面均有铺砖，厅室为两排丁砖一排顺砖平铺，棺床上为斜行错缝平铺，床沿为一排侧放丁砖（图版五六，1）。

耳室：仅有右耳室，位于墓室北端右侧。拱顶土洞结构，平面呈长方形，口宽1.04、内边宽0.86、进深0.84～0.94、洞高1～1.2米。

葬具：木棺两副。平面呈长方形，仅存底面朽痕。棺1长2.06、宽0.54～0.7米，棺2长2.26、宽0.58～0.62米。棺室内各铺有青灰一层。

葬式：人骨架两具。两位墓主均为一次葬，仰身直肢，头北足南。棺1内墓主骨架朽甚，倾向为女性，年龄20岁左右，身高1.6米。头部右上方有铜镜1面（图版五五，3）。棺2内墓主骨架朽为粉末，男性，身高1.68米。左臂上压环首铁刀1把，尖南柄北，刃向东平放，刀柄北侧有铜印章1枚（图版五五，4）。推测应为夫妇合葬。

出土遗物：38件，有陶器、铜镜、铜器和铁器，计有陶罐10件、小罐1件、仓10件、井2件、灶2件、樽2件、耳杯7件、盆1件（图4-1-63A、63B、63C；图版五六，2），铜镜1面，铜印章1件，铁刀1件。器物主要出土于耳室、厅室和棺床东部；厅室中部有陶樽2件和陶耳杯7件作供器；耳室内有陶罐4件，其中有3件施彩绘（图版五五，5）；棺床上放陶罐3件、仓10件；男墓主左臂置1把环首铁刀及铜印章1枚。随葬陶器应为两套完整的器物组合，但随葬品在墓室中的摆放无规律，并非按组合摆放。令人不解的是，该墓所出印章无印文。

BM14的年代应属新莽至东汉初年。

（六）2006HGB区T15M25（下文简称“BM25”）

BM25位于B区东南的T15东部。叠压于第2层下，墓口距地表0.3、墓深5.3米。墓道向北，方向23度。墓道竖井南端有一盗洞，墓室被严重盗扰。

由墓道、封门、墓室组成（图4-1-64；图版五七，1）。

墓道：位于墓室北壁中部。平面呈刀把状，口小底大，由台阶墓道和竖井两部分组成，通长7米，台阶部分口部平面长4.7、宽0.4、底面宽0.46～0.6米。现存十七级台阶，台阶面均较窄，台阶面宽0.14～0.22、高0.14～0.5米。竖井部分长2.3、上口宽0.8～0.82、底宽1～1.1米，竖井底面呈斜坡状，北端深4.9米，南端与墓室底面平（图版五八，4）。竖井北段两侧壁面有一组脚窝，每侧六个，基本垂直且平行相对设置，脚窝长径0.2～0.24、短径0.14～0.16、进深0.06～0.14米，脚窝间距0.2～0.5米（图版五八，1）。

封门：位于竖井南端，墓室券门外侧。青砖封门，仅存底部三层，为丁砖左、右对角分层斜放，由底面第二层砖开始为前后交错摆放，前层砖为整砖，后层砖为残砖。封门内侧有券门，无甬道。因盗扰券门被破坏，具体形制不明，现仅存券门底部两侧底部砖，左侧存三层，右侧存十层，均为两顺两丁铺设。

图4-1-63A　BM14厅室出土陶器

1～3、8、12～14. 耳杯（BM14：15、16、19、18、20、36、37）　4. 小罐（BM14：35）　5、6. 樽（BM14：32、33）　7. 罐（BM14：34）　9. 井（BM14：17）　10. 盆（BM14：38）　11. 灶（BM14：22）

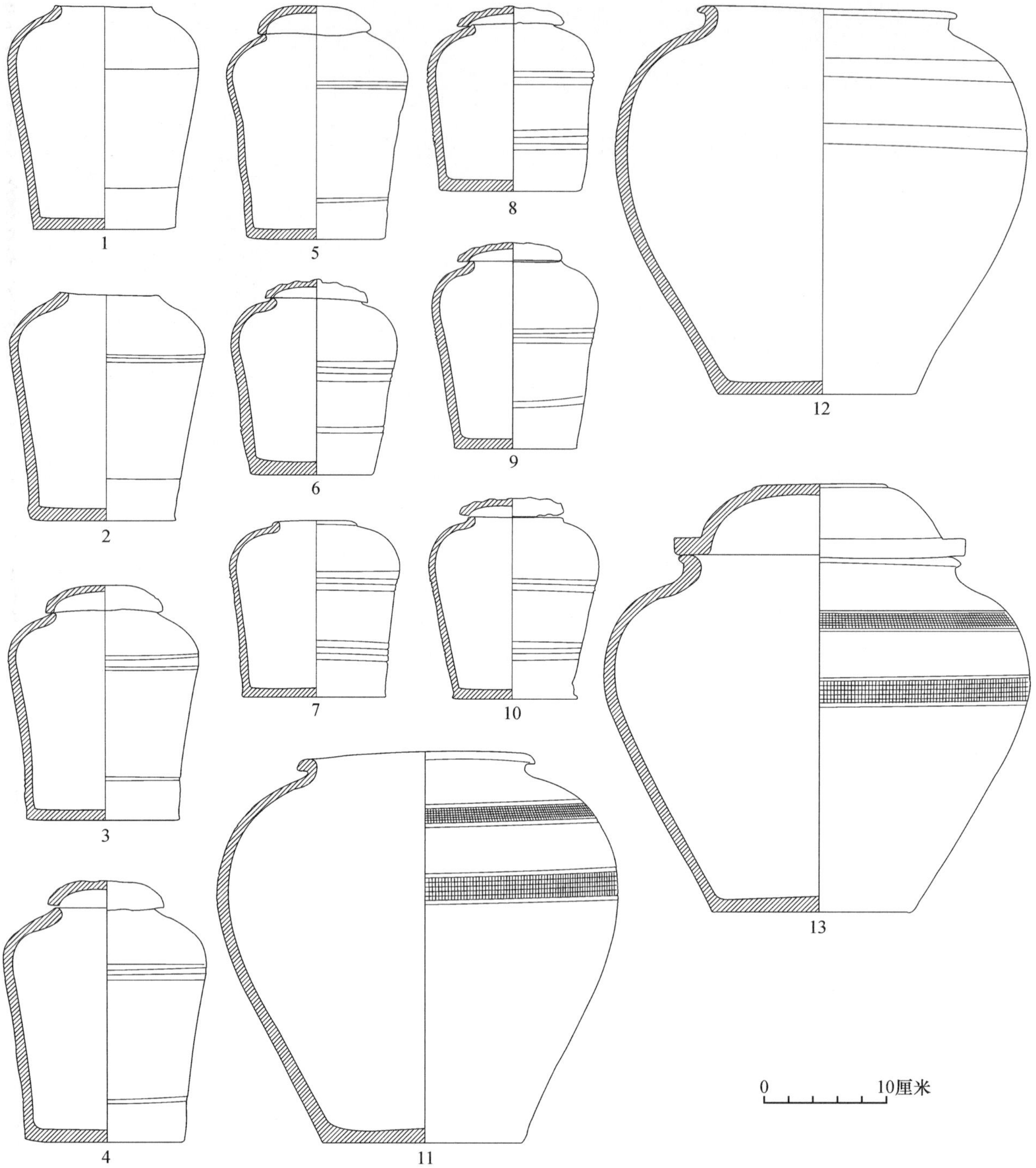

图4-1-63B　BM14棺床出土陶器

1～10. 仓（BM14：2、6、4、5、3、12、10、11、13、14）　11～13. 罐（BM14：9、7、8）

墓室：拱顶土洞结构，平面近圆角长方形，由前厅和后室组成。前厅平面近长方形，南北长2.1、东西宽1.8～2.2、洞高2～2.6米。后室平面近长方形，主要做棺床，为生土台结构，南北长2.2、东西宽1.9～2.2、洞高2.4米，高出厅室地面0.14米。床沿有一排侧放丁砖，棺床东、南、西三边均有生土台，台宽0.2、高0.14米（图版五七，2）。

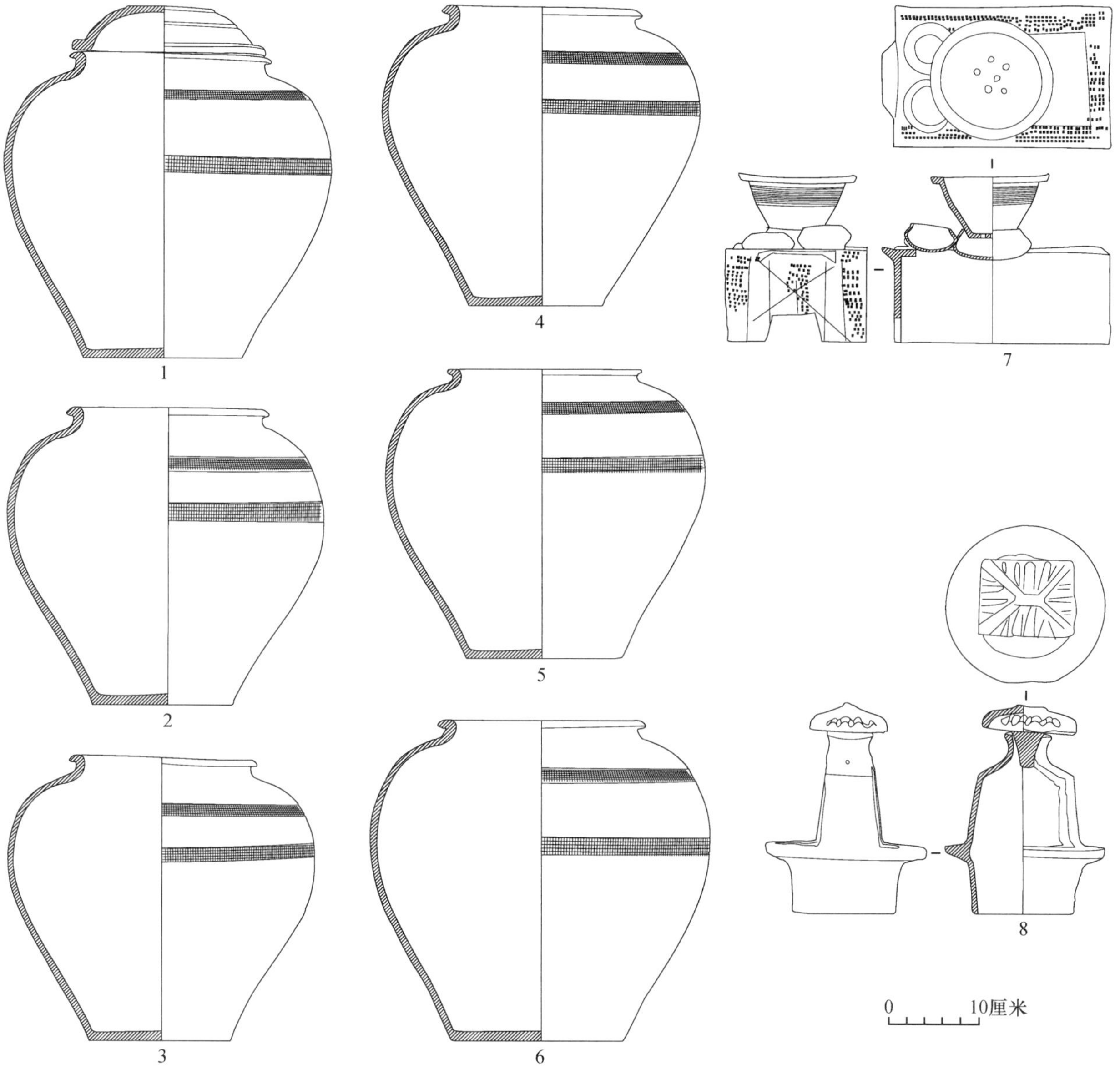

图4-1-63C　BM14耳室出土陶器

1～6. 罐（BM14：24～29）　7. 灶（BM14：23）　8. 井（BM14：21）

葬具：位于棺床上。木棺三副，仅存朽木痕迹。棺1长2.04、前端宽0.54、后端宽0.4米，棺2长2.1、宽0.44米，棺3长2.1、前端宽0.6、后端宽0.5米。

葬式：人骨架三具，腐朽严重，均已成粉末状，头北足南，面向不明。疑为一夫两妻合葬。

出土遗物：27件（组），有陶器、铜镜、钱币和琉璃器，计有彩陶壶4件（2件红彩、1件白彩、1件红白相间彩绘）、罐4件（均有朱色字符）、小仓5件、白彩绘仓2件、井1件、灶1件、耳杯2件、白彩绘盒2件、器盖3件（图4-1-65A、65B；图版五七，3），铜镜1面，铜钱1组7枚，琉璃耳饰1件，均出土于厅室内，右侧主要放置陶井、灶、仓和壶，左侧主要放置陶罐（图版五八，2、3、5、6）。新出现器类有三足罐形仓和圆形带盖陶盒，彩绘陶器也是该墓随

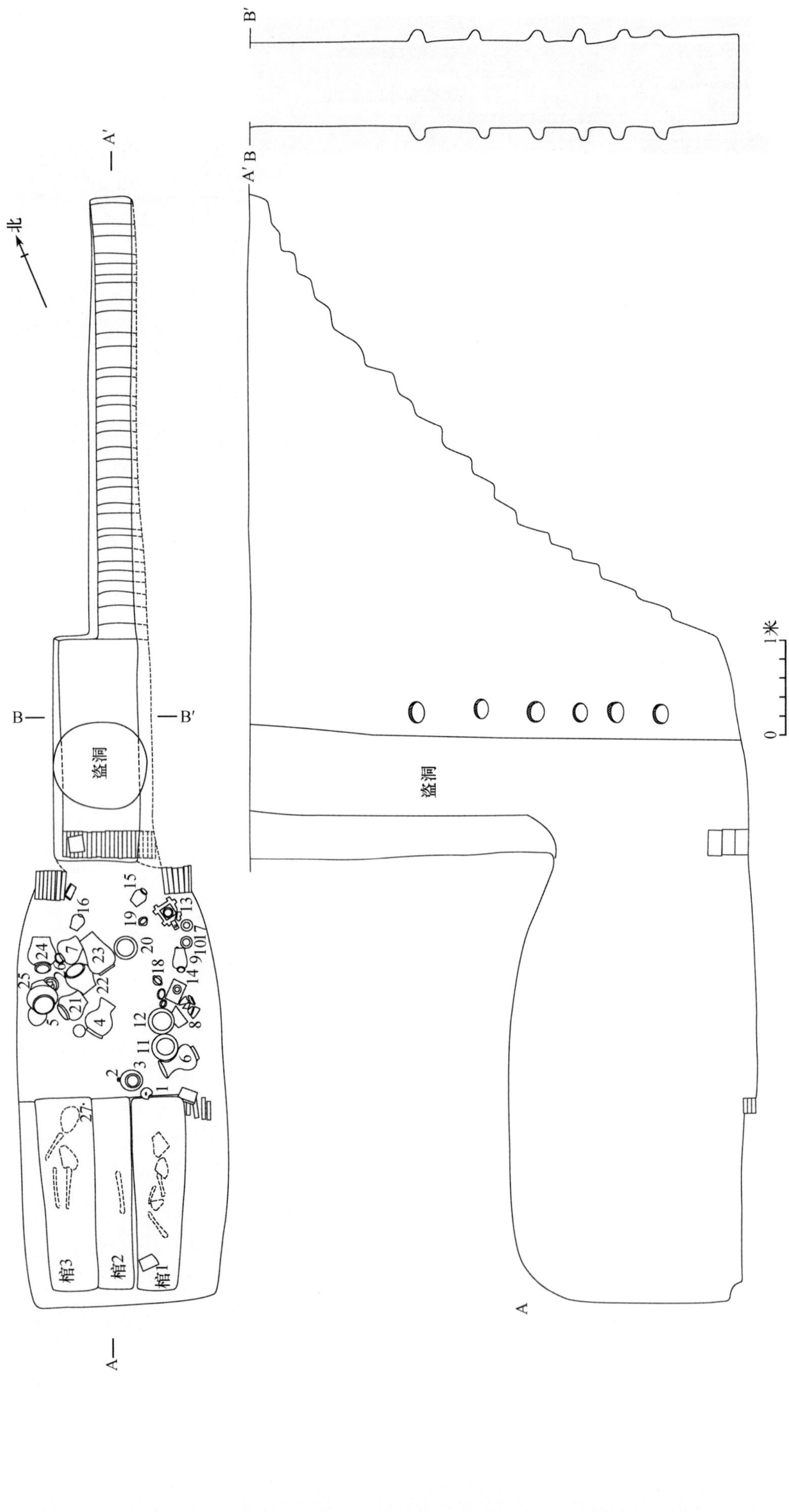

图4-1-64　BM25平、剖面图

1. 铜镜　2. 铜钱（7枚）　3～6. 彩绘陶壶　7、8. 彩绘陶仓　9、10、15～17. 小陶仓　11、12. 彩绘陶盒　13. 陶井　14. 陶灶　18、19. 陶耳杯　20、25、26. 陶器盖　21～24. 陶罐　27. 琉璃耳饰

图4 1 65A BM25出土陶器

1～3. 彩绘壶（BM25：3～5） 4. 器盖（BM25：20） 5～7、9. 罐（BM25：21～24） 8. 井（BM25：13）
10. 灶（BM25：14） 11、12. 彩绘仓（BM25：8、7） 13、14. 彩绘盒（BM25：12、11）

图4-1-65B　BM25出土陶器

1、2、4、5、8. 仓（BM25：9、10、17、15、16）　3. 彩绘壶（BM25：6）　6、7. 耳杯（BM25：18、19）
9、10. 器盖（BM25：26、25）

葬品的一大特色，计有2件白彩三足罐形陶仓、2件白彩圆形陶盒、2件红彩陶壶、1件白彩陶壶、1件红白相间彩绘陶壶和4件红彩陶罐。从随葬陶器器类分析，应为一套器物组合。

BM25的年代应属新莽至东汉初年。

（七）2006HGB区T5M27（下文简称“BM27”）

BM27位于B区中西部偏北的T5中部。叠压于第2层下，墓口距地表0.35、墓深6.64米。墓道向北，方向12度。竖井处有一盗洞，墓室被盗扰。

由墓道、甬道、墓室、耳室组成（图4-1-66；图版五九，1）。

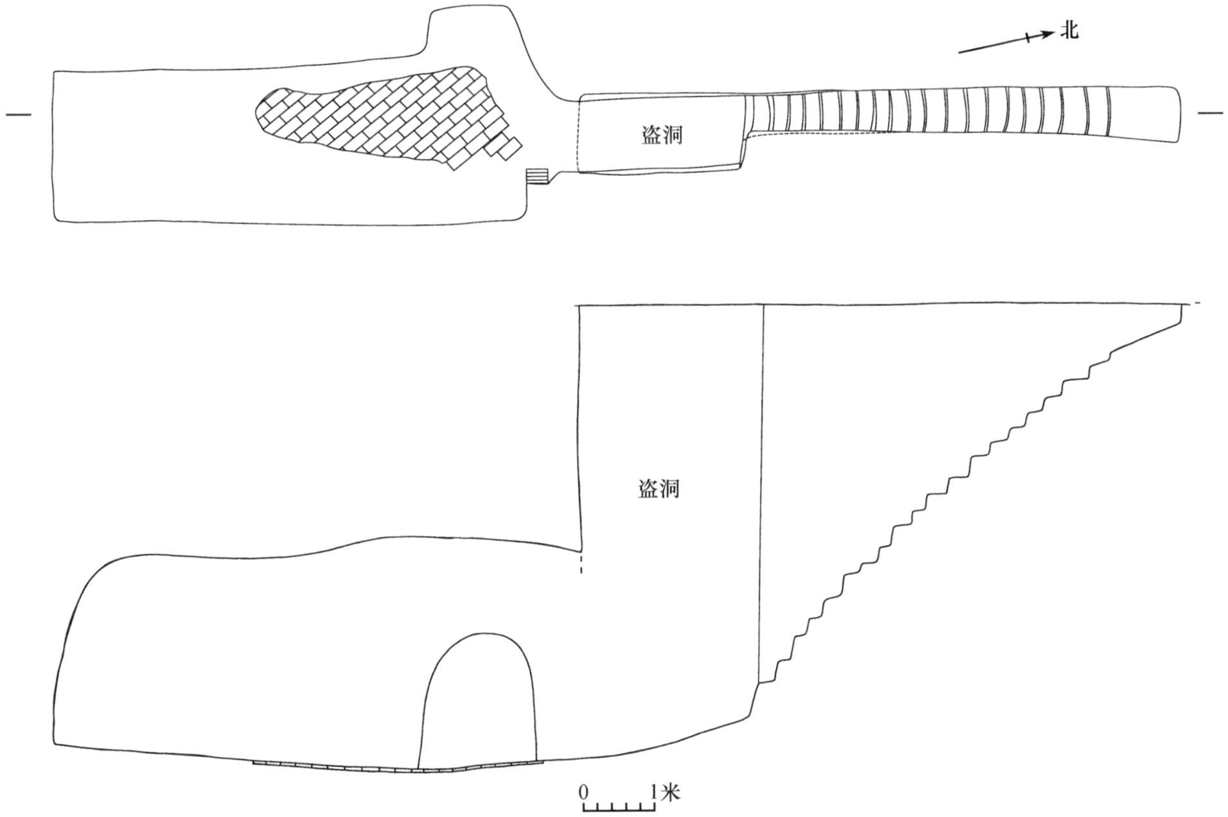

图4-1-66 BM27平、剖面图

1. 陶勺 2. 铜钱（2枚） 3. 铜帽钉 4. 陶耳杯 5. 陶舟形盒（均出自盗洞中）

墓道：位于墓室北壁中部。平面呈刀把状，由台阶墓道和竖井甬道组成，通长8.5米，台阶部分口部平面长6.16、宽0.52～0.8、底面宽0.6～0.8米。现存二十级台阶，叠压处为斜坡台面，面宽1米，其余台阶面均较窄，台阶面宽0.14～0.26、高0.14～0.5米。天井部分长2.34、上口宽1.04、底宽0.94米。台阶部分口小底大，天井处口大底小。天井底面呈斜坡状，北端深5.96米，南端与墓室底面平。

甬道：位于墓室北部中间。砖砌结构，盗扰严重，仅保存底面甬券右侧的一层砖，为丁砖侧放。

墓室：拱顶土洞结构。平面呈长方形，长6.6、宽2.1～2.4、洞高2.8～3.3米。地面原应为全部铺砖，因盗扰严重，仅存墓室北部斜行错缝铺砖。

耳室：单耳室，位于墓室北端左侧。拱顶土洞结构，平面近长方形，入口宽1.4、内边宽1.1、进深0.6、洞高1.84米。

葬具与葬式：因盗扰严重，棺和人骨均不存。

出土遗物：5件（组），有陶耳杯1件、舟形盒1件、勺1件（图4-1-67；图版五九，2），铜帽钉1件，铜钱1组2枚，均出自盗洞中。器物组合不明，但由舟形陶盒的存在可知陶耳杯应不止1件，很可能有一组。这些迹象都表明，此墓很可能为晚期被盗掘，随葬陶器被盗墓者取走。

BM27的年代应属新莽至东汉初年。

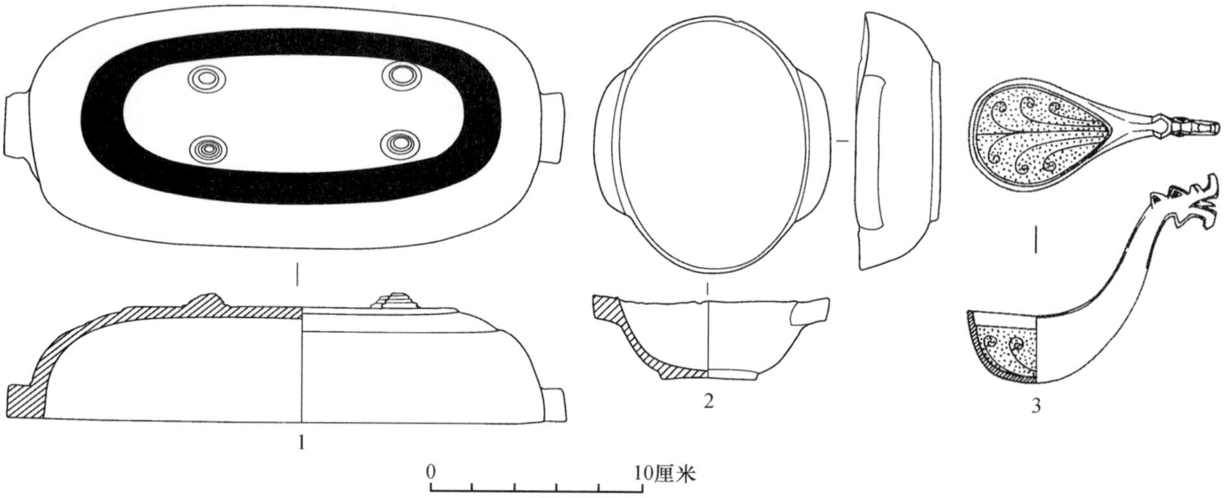

图4-1-67　BM27出土陶器

1. 舟形盒（BM27：5）　2. 耳杯（BM27：4）　3. 勺（BM27：1）

（八）2006HGB区T5M28（下文简称“BM28”）

BM28位于B区西北部的T5中部偏西。叠压于第2层下，墓道被BM24墓道打破，墓口距地表0.3、墓深5.6米。墓道向北，方向16度。在墓道南端厅室前部坟丘北端有一盗洞，盗洞长1.3、宽0.9米，墓室被盗扰严重。

由坟丘、墓道、封门、墓室、耳室组成（图4-1-68；图版六〇，1）。

坟丘：位于墓室顶部，已塌陷进墓室塌落坑中。平面呈椭圆形，南北长3.2、东西宽2、深2.1米。坟丘堆积褐色土，间杂黄土、红土颗粒。

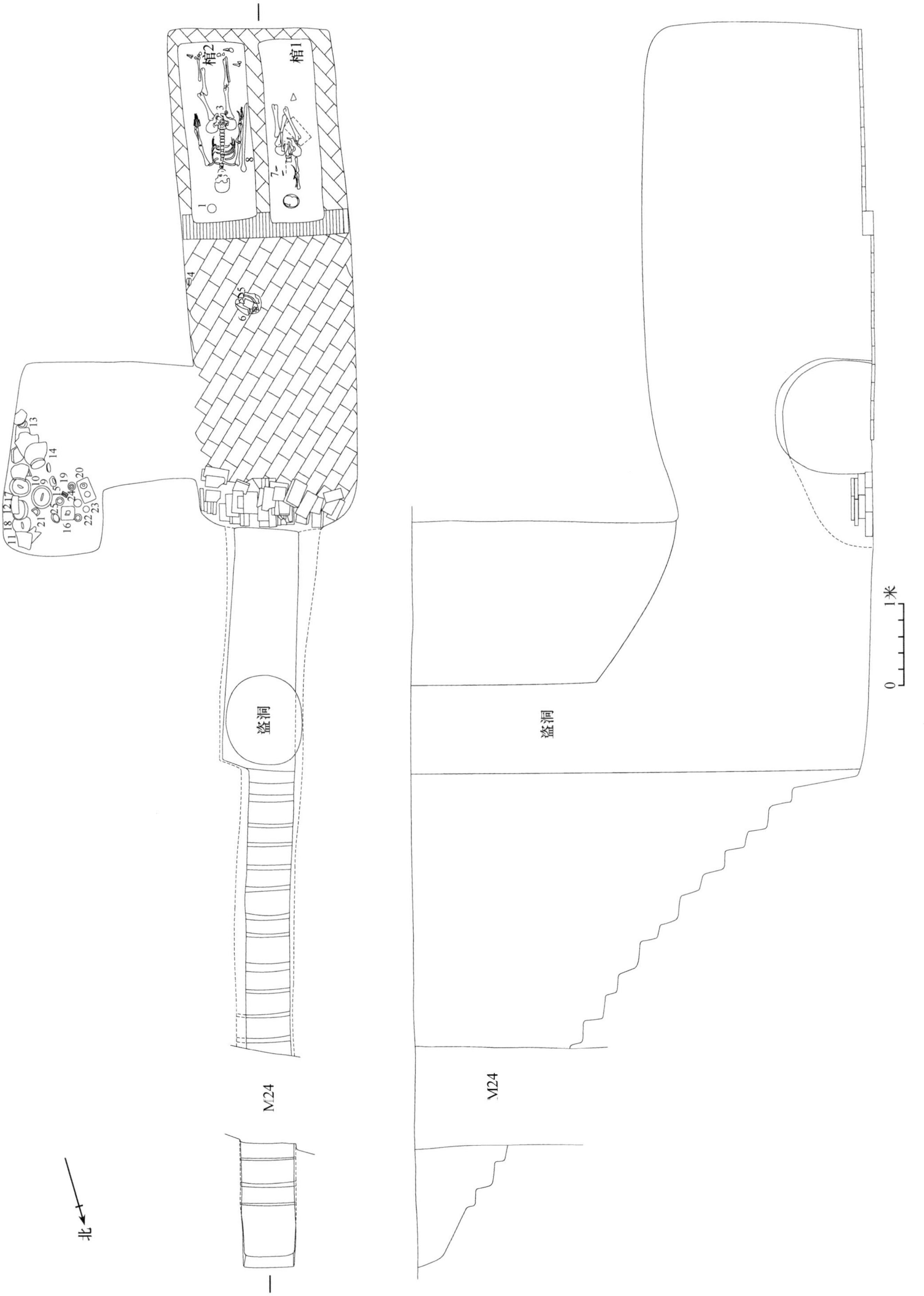

图4-1-68　BM28平、剖面图

1. 铜镜　2. 铜带钩　3. 铜钱（7枚）　4. 陶耳杯　5. 陶盆　6. 铁钩（3件）　7. 铅軎　8. 铁刀　9、10. 陶器盖　11. 陶壶　12. 陶樽　13、26. 陶罐　14. 陶熏炉　15. 陶井盖　16. 陶井亭顶　17、18、22～25. 陶仓盖　19. 鸮形小陶壶　20. 陶灶　21. 舟形陶盒　27. 铁铲（26、27出自扰土中）

墓道：位于墓室北壁中部。平面呈刀把状，口小底大，由台阶墓道和竖井两部分组成，通长9米，台阶部分口部平面长6.2、宽0.76～0.84、底面宽0.6～0.72米。现存十六个台阶，台阶面宽0.16～0.28、高0.14～0.78米（图版六一，1）。竖井部分南北长2.8、上口宽0.9～0.92、底宽1～1.1米。竖井底面呈斜坡状，北端深5.4米，南端与墓室底面平。

封门：青砖封门，仅存底部六层，均为丁砖左、右对角分层斜放，为前后交错摆放，前面砖为整砖，后面砖为残砖（图版六一，2）。

墓室：拱顶土洞结构，由前厅、后室组成。前厅平面近长方形，长3.5、宽1.9～2、洞高2.36～2.84米。后室平面近长方形，主要做棺床，为生土台结构，南北长2.56、东西宽2、洞高2.4～2.7米，高出厅室地面0.1～0.14米。墓室底面均有铺砖，厅室内和棺床上均为斜行错缝平铺，床沿为一排侧放丁砖，中间铺砖为整砖，边角处偶用残砖（图版六〇，2）。

耳室：单耳室，位于墓室北端右侧。土洞结构，平面呈靴状，入口宽1.36、内边宽1.14米，横长2.1～2.3、纵长2.3、洞高0.6～1.1米。耳室底面局部铺砖，与厅室铺砖相连（图版六一，3）。

葬具：位于棺床上。木棺两副，仅存朽木痕迹。棺1残长2.24、前端宽0.62、后端宽0.64米，棺2残长2.2、前端宽0.8、后端宽0.82米。

葬式：人骨架两具，被盗扰，骨质保存较好，均为仰身直肢。均为一次葬。棺1内墓主头北足南，面向不明，残存少许骨架，经鉴定为女性，35岁左右。棺2内墓主头北足南，面向上，经鉴定为男性，30岁左右，身高1.65米。墓主头部左上方有铜镜1面，腰部有铜带钩1件，右臂外侧有1把长铁刀（图版六一，5、6）。应为夫妇合葬。

出土遗物：27件（组），有陶器、铜镜、铜器、钱币、铁器和铅器，计有陶壶1件、鸮形小壶1件、罐2件、井2件、灶1件、熏炉1件、樽1件、耳杯1件、舟形盒1件、盆1件、仓盖6件、器盖2件（图4-1-69A、69B；图版六〇，3），铜镜1面，铜带钩1件，铜钱1组7枚，铁刀1件、铲1件、钩1组3件，铅軎1件，陶器主要放在耳室内（图版六一，4），1件陶盆和1件耳杯放置于厅室中间偏东作供器。随葬陶器应有两套器物组合，如陶井有2件，但因盗扰严重，器物组合不完整。

BM28的年代应属新莽至东汉初期。

（九）2006HGB区T24M74（下文简称“BM74”）

BM74位于B区中部的T24西北隅。叠压于第2层下，墓口距地表0.34、墓深2米。墓道向北，方向10度。保存完整。

由坟丘、墓道、封门、甬道、墓室、耳室组成（图4-1-70；图版六二，1）。

坟丘：塌落坟丘堆积位于墓室上部。平面近椭圆形，长径2.6、短径1.6～1.9、深1.7米。封土堆积黄花土，间杂黑褐土颗粒。

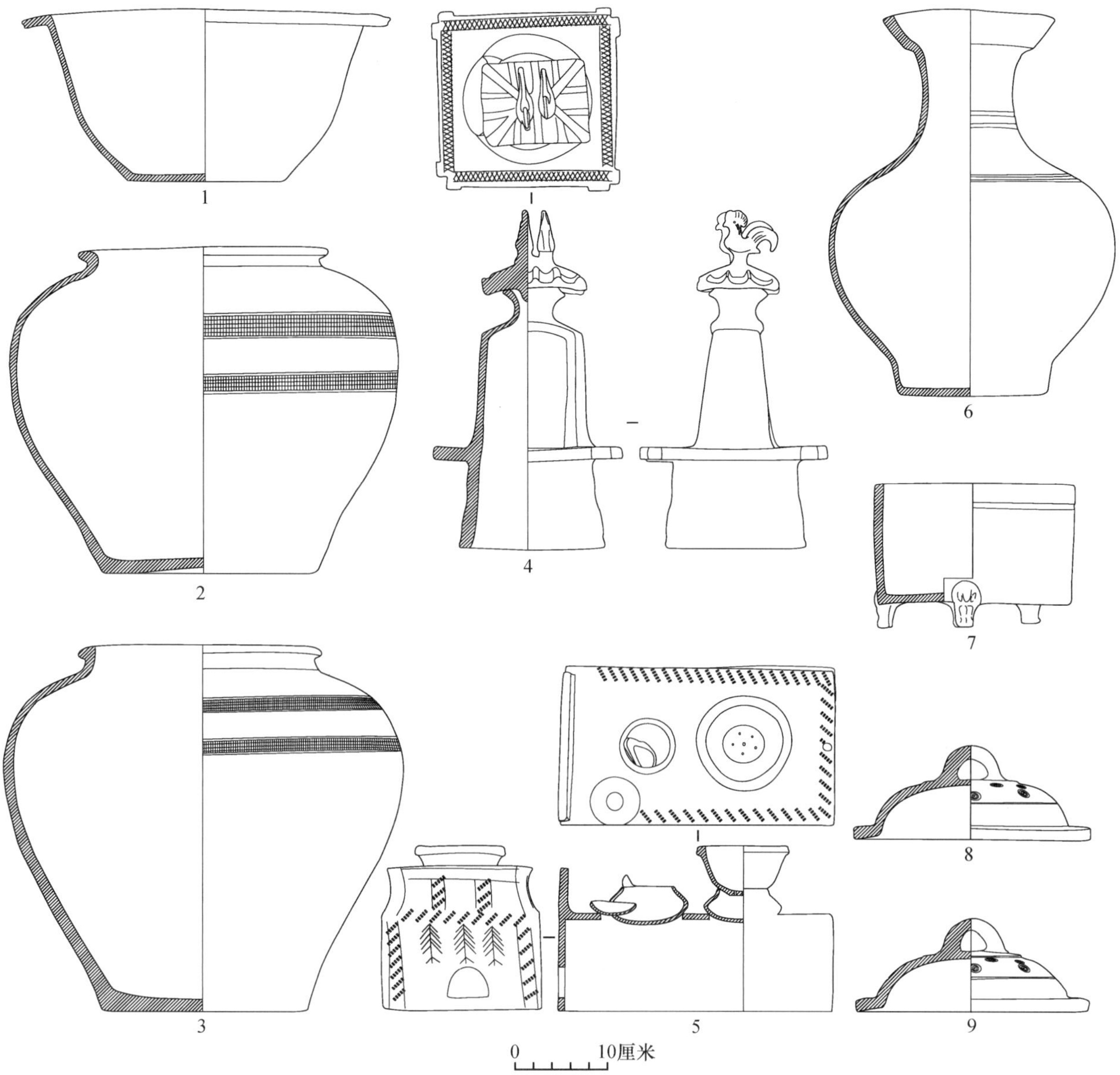

图4-1-69A　BM28出土陶器

1. 盆（BM28：5）　2、3. 罐（BM28：13、26）　4. 井（BM28：16）　5. 灶（BM28：20）　6. 壶（BM28：11）　7. 樽（BM28：12）　8、9. 器盖（BM28：10、9）

墓道：位于墓室北壁中部。口大底小，由台阶墓道和竖井组成，通长5.2米。台阶部分位于竖井北部正中，平面呈平头铲形，台阶部分口部平面长2.46、宽0.54～0.66、底面宽0.46～0.66米。尚存八级台阶，台阶面均较窄，面宽0.2～0.3、高0.08～0.26米。竖井部分长2.74、上口宽1.04、底长2.7米。竖井底面呈斜坡状，北端距墓口2.46米，南端与墓室底面平。

封门：位于竖井南端，墓室券门外侧。青砖封门，现存十五层，其中下部十四层为丁砖左、右对角分层斜放，顶层为顺砖平砌，底面向上第七层砖开始偶有前后交错摆放，不太规律且放置较松散，可能为二次进棺后再次封门所致。墓道两侧边有两列直放丁砖。

甬道：位于墓室北壁中部。拱顶土洞砖构，甬券为双层券：第一层砖券为完整的拱券；第

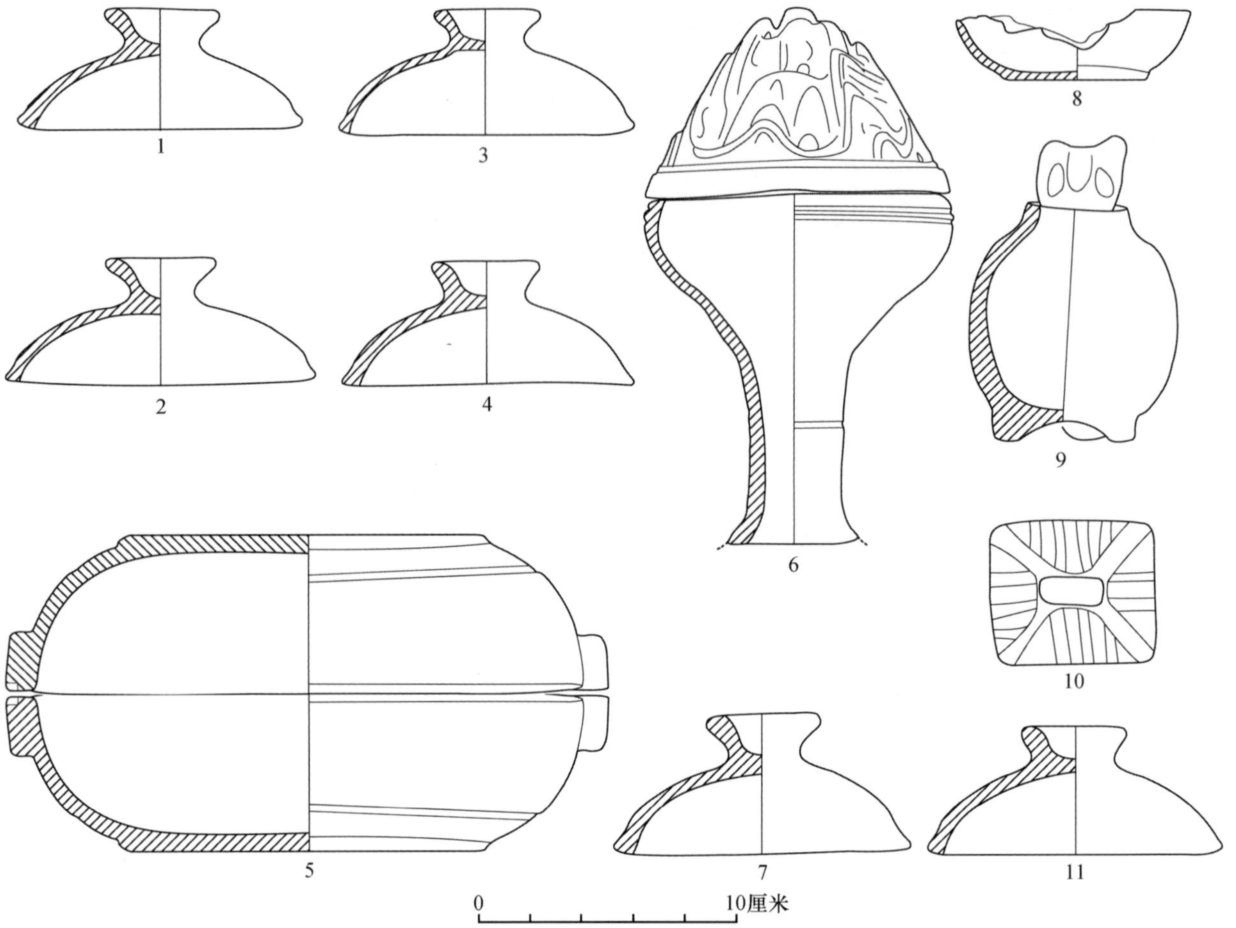

图4-1-69B　BM28出土陶器

1～4、7、11. 仓盖（BM28：17、18、25、24、23、22）　5. 舟形盒（BM28：21）　6. 熏炉（BM28：14）　8. 耳杯（BM28：4）　9. 鸮形小壶（BM28：19）　10. 井亭顶（BM28：15）

二层券只有拱顶上部，无砖墙部分。左侧甬券砖墙外侧为填塞加固的几块砖。甬道底宽1、进深0.3、洞高1.2米。甬道底面有一排平铺顺砖。

墓室：拱顶土洞结构，由右侧室和主墓室组成。主墓室平面不太规则，东侧有二次扩建现象，南北长3.76、东西宽1.34～1.9、洞高1.8～1.9米，右侧折出0.4米为二次扩建部分。主墓室北半部有铺底砖（图版六三，1）。

侧室：位于墓室北端右侧，土洞结构，平面近长方形，入口处宽1.1、内边宽0.6、进深1.6～1.9、洞高0.6～0.94米（图版六三，2）。

耳室：单耳室，位于主墓室北端左侧。土洞结构，平面呈梯形，入口处宽0.9、内边宽0.7、进深0.82、洞高0.4～0.8米（图版六三，3）。

葬具：木棺三副，主墓室内有两棺，右侧室有一棺，平面均呈梯形，仅存底面朽痕。棺1位于主墓室，长2.18、宽0.62～0.7米，底面有一层厚不足半厘米的白灰，木棺底面南北两端各平放一块砖。棺2位于棺1右侧，长1.68、宽0.54～0.66米，底面有1厘米厚的青灰。棺3位于右侧室内，长1.72、宽0.42～0.5米。

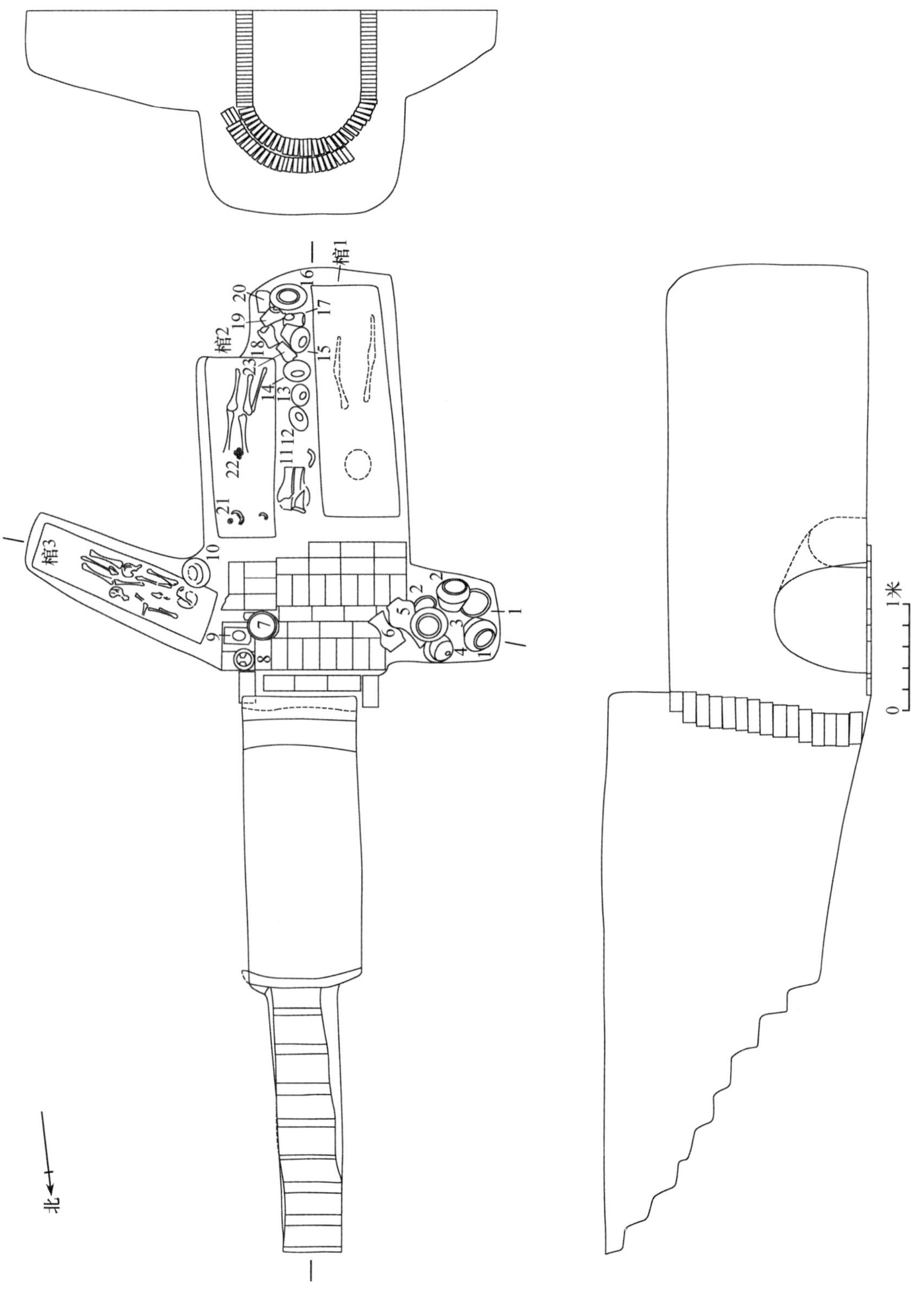

图4-1-70 BM74平、剖面图

1～4、16. 陶罐 5、11. 陶壶 6、10. 彩绘陶壶 7. 彩绘陶樽 8. 陶井 9. 陶灶 12～15. 彩绘陶仓 17～20、23. 陶仓 21. 铜钱（5枚） 22. 铜钱（49枚）

葬式：人骨架三具。棺1内墓主为一次葬，骨骼已朽为粉末状，仰身直肢，头北足南，疑为男性，年龄不详。棺2内墓主为二次葬，骨骼朽蚀殆尽，头北足南，疑为女性，年龄不详。棺3内墓主为二次葬，骨质较差，头向西北，疑为女性，年龄不详。应为夫妇合葬。

出土遗物：23件（组），计有陶壶4件（2件彩绘）、罐5件、白彩绘仓4件、仓5件、井1件、灶1件、白彩绘樽1件（图4-1-71A、71B；图版六二，2），铜钱2组54枚，主要置于墓室棺1与棺2之间、左耳室以及右侧室入口处，其中左耳室内放置陶罐4件、陶壶1件、彩绘陶壶1件，右侧室放置陶井1件、灶1件、白彩绘樽1件、彩绘陶壶1件，棺1和棺2中间放置陶壶1件、陶仓5件。从出土陶器判断，应是一套完整的陶器组合。

BM74的年代应属新莽至东汉初年。

（一〇）2006HGA区T12M56（下文简称“AM56”）

AM56位于A区东南部的T12西南角。叠压于第2层下，墓口距地表0.3、墓深4.8米。墓道向北，方向13度。在竖井和墓室上部有一个较大的扰坑，墓室全部被扰动，人骨无存，推测此墓可能是迁葬后留下的空墓。

由墓道、封门、甬道和墓室组成（图4-1-72；图版六四，1）。

墓道：位于墓室北壁中部。平面呈刀把状，口大底小，由台阶墓道、竖井组成，通长6.5米，台阶部分口部平面长3.76、宽0.62～0.7、底面宽0.46～0.64米。现存十个台阶，台阶面宽0.22～0.34、台高0.18～0.32米。竖井部分平面长2.72、宽0.96～1.06、底面宽0.9～0.94米。竖井底面呈斜坡状，北端距墓口4.04米，南端与墓室底面平。

封门：位于甬道拱券外侧。应是青砖封门，因扰动严重封门砖已不存，在竖井南端有封门砖槽痕迹。砖槽底宽1.1、存高1.34米。

甬道：位于墓室北壁中部。拱顶土洞结构，扰动严重，洞高不明，底宽1.4、进深0.4～0.46米。

墓室：拱顶土洞结构。平面呈长方形，由前厅和后室组成，通长5.3～5.4、洞高2.4米，前厅长2.5～2.6、宽1.94米。后室设生土台作棺床，底面基本平整，略呈外低内高，长2.8、宽1.94、洞高1.9～2.16米，高出厅室地面0.14～0.2米。墓室底面均有铺砖，棺床上为东南–西北方向错缝铺砖，厅室内则为东北–西南向错缝铺砖（图版六四，2）。

出土遗物：6件，有陶器和铁器，计有陶壶1件、井亭顶1件、耳杯1件、轮盘1件、甑1件（图4-1-73；图版六四，3），铁刀1把，其中陶器盖、井亭顶、甑出土于盗土中，陶壶和耳杯出土于厅室中部，铁刀出土于棺床西部。器物组合不明。

AM56的年代应属东汉早期。

图4-1-71A　BM74出土陶器

1～5. 罐（BM74：1～4、16）　6、8. 彩绘壶（BM74：10、6）　7、9. 壶（BM74：11、5）

图4-1-71B　BM74出土陶器

1～4. 彩绘仓（BM74：12～15）　5. 彩绘樽（BM74：7）　6. 井（BM74：8）　7. 灶（BM74：9）
8～12. 仓（BM74：19、20、17、23、18）

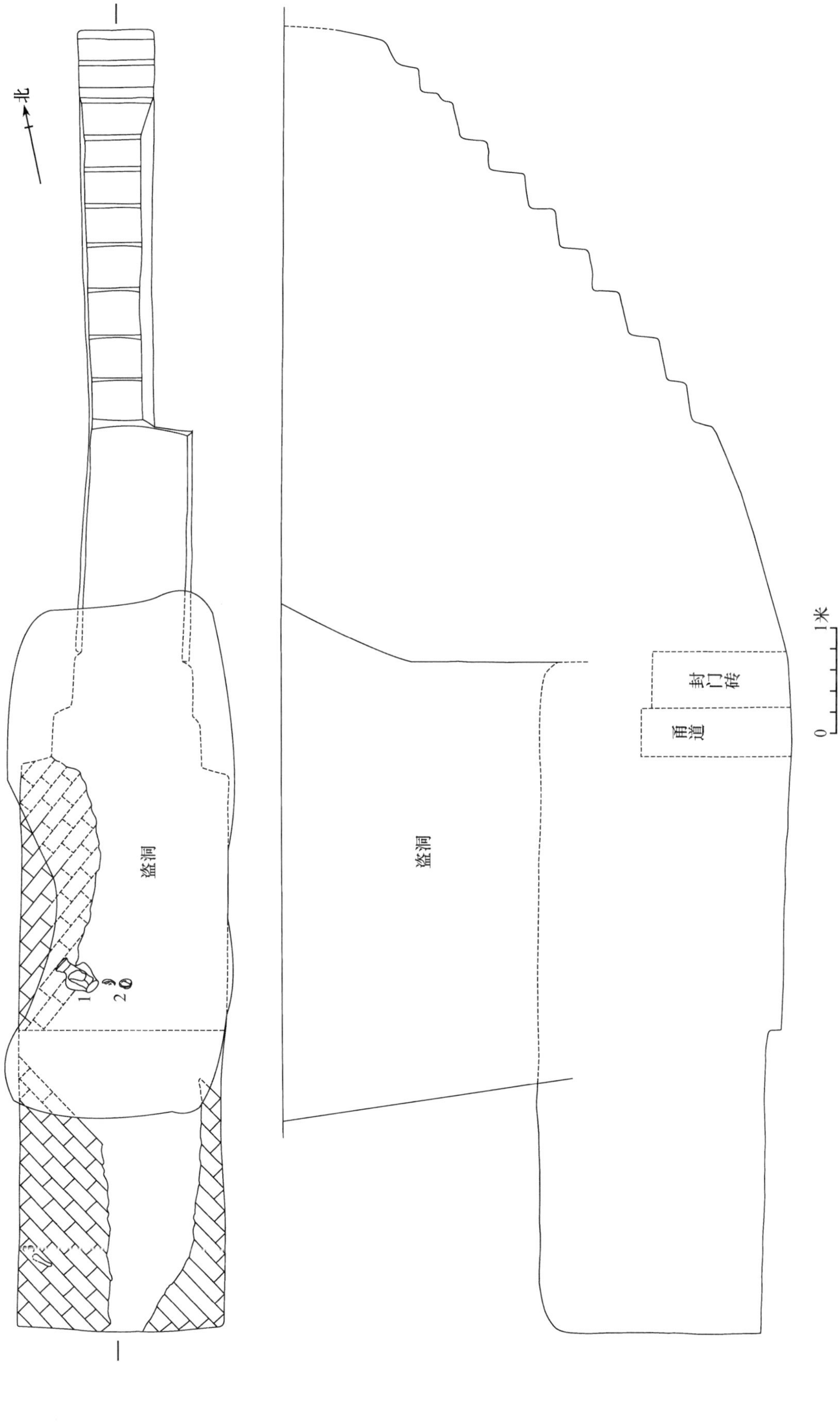

图4-1-72　AM56平、剖面图

1. 陶壶　2. 陶耳杯　3. 铁刀　4. 陶轮盘　5. 陶井亭顶　6. 陶甑（4～6出自盗洞中）

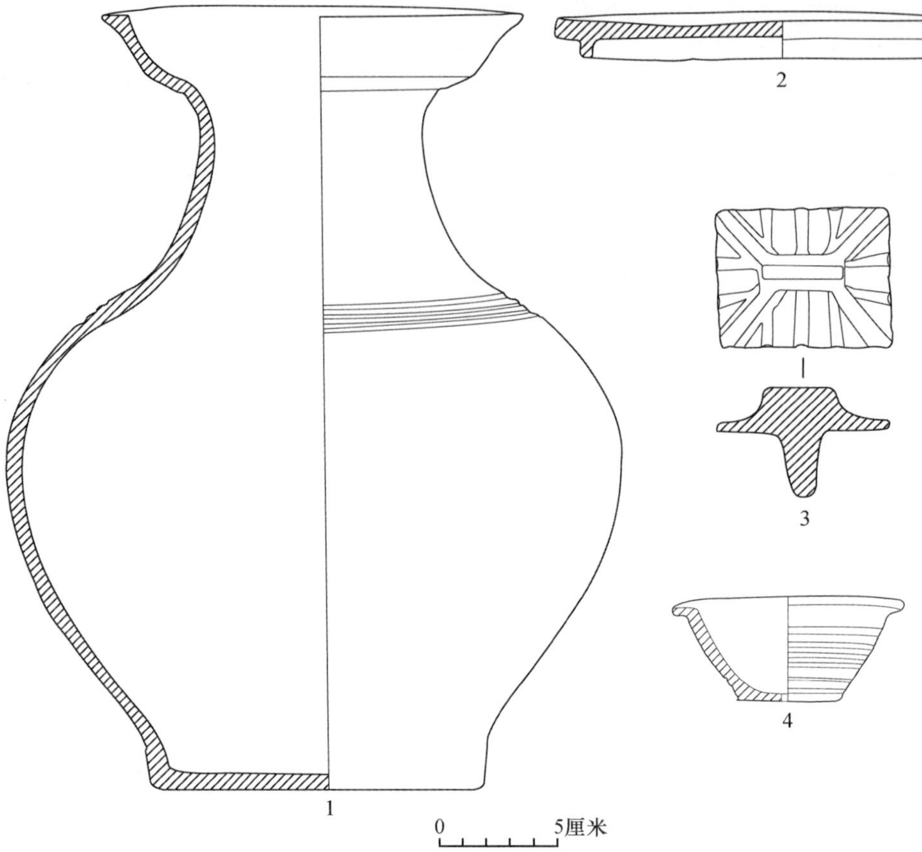

图4-1-73　AM56出土陶器

1. 壶（AM56：1）　2. 轮盘（AM56：4）　3. 井亭顶（AM56：5）　4. 甑（AM56：6）

（一一）2006HGA区T31M76（下文简称“AM76”）

AM76位于A区中部的T31中部。叠压于第2层下，墓口距地表0.3、墓深4.7米。墓道向北，方向17度。保存完整。

由坟丘、墓道、封门、甬道、墓室、耳室组成（图4-1-74；图版六五，1）。

坟丘：在天井南部发现塌落坟丘堆积。平面呈椭圆形，长径3、短径2.4、深1.2米。坟丘堆积褐色土，间杂黄土、红土颗粒。

墓道：位于墓室北壁中部。平面呈刀把状，口小底大，由台阶墓道、竖井组成，通长6.8米，台阶部分口部平面长3.94、宽0.44～0.52、底面宽0.52米。现存十二级台阶，台阶面宽0.18～0.36、台高0.16～0.34米。竖井部分平面长2.7、宽0.8～0.94、底面宽0.98～1.1米。竖井底面呈斜坡状，北端距墓口3.9米，南端与墓室底面平。

封门：位于甬道北部。青砖封门，共十四层，顶部第一层砖为平砖顺砌，下面十三层为丁砖左、右对角分层斜放。因多次开启封门，砖之间缝隙较大，参差不齐。底面宽0.96、上口宽1.16、高1.94米。

甬道：位于墓室北壁中部。拱顶土洞结构，外窄内宽，外边宽0.98、内边宽1.14、进深0.9

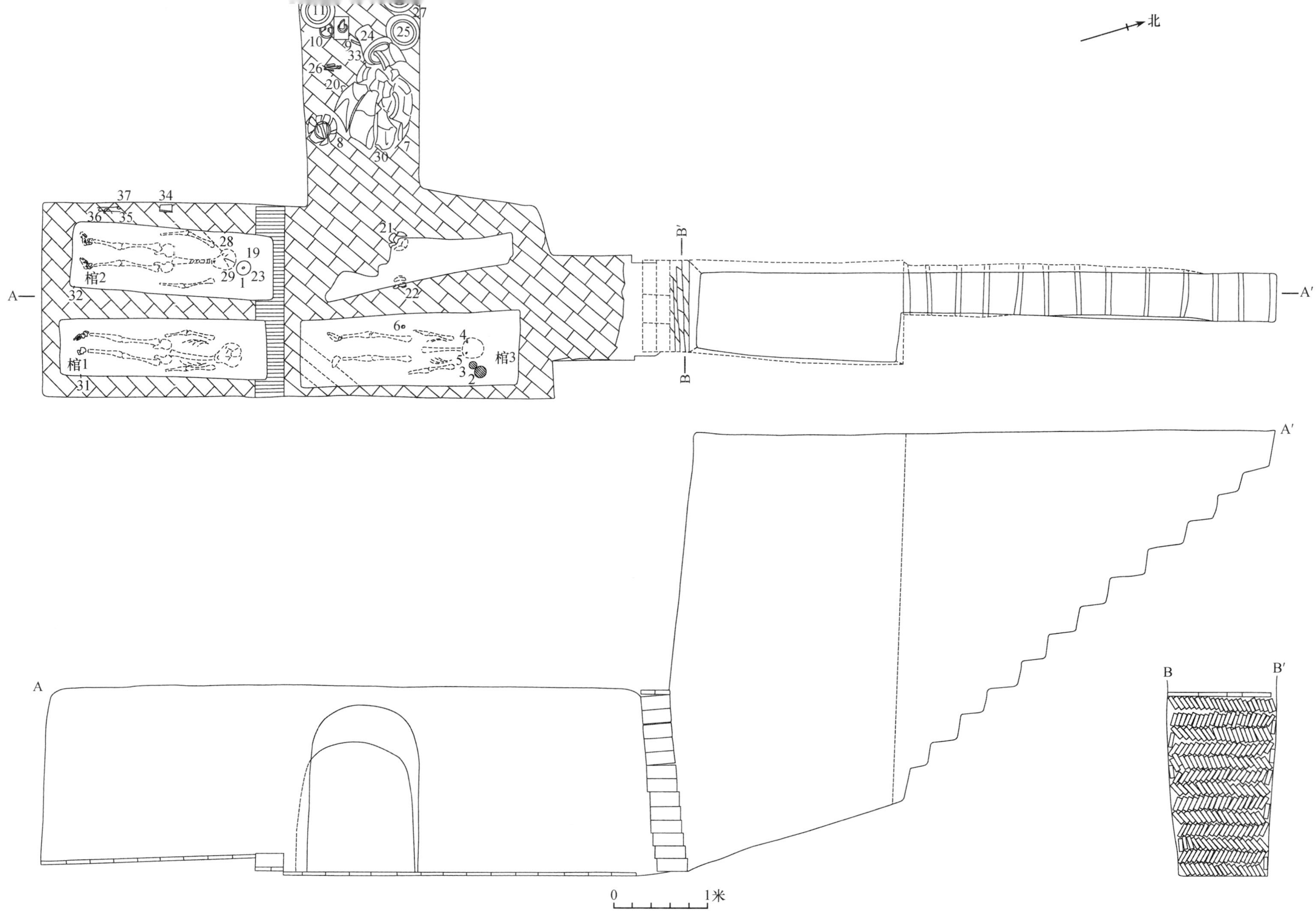

图4-1-74　AM76平、剖面图

1. 铜镜　2、3、19. 粉块　4、5、23、28、29. 琉璃耳饰　6. 铜指环　7. 陶瓮　8. 陶壶　9. 陶灶　10. 陶井　11、17、24、25. 陶罐　12～16. 陶仓　18. 陶圈　20、27、30、35～37. 铁钩　21. 陶樽　22. 陶耳杯　26. 动物骨头　31. 铁棺钉（3件）　32. 铁棺钉（2件）　33. 铁刀　34. 铁锸

米。底面有斜向铺砖，为厅室内延伸铺置。

墓室：拱顶土洞结构。壁较垂直，分前厅、后室两部分，通长5.4、洞高2.02米，前厅长2.84、宽2～2.04米。后室设生土台作棺床，底面基本平整，略呈外高内低，长2.56、宽2～2.06、洞高1.8米，后室底高出厅室地面0.1～0.18米。墓室底面均铺砖，为斜向错缝平铺，棺床沿有两层砖，底层为两排平铺，上层为丁砖侧放（图版六六，1）。

耳室：一个，位于墓室中部偏北左侧。拱顶土洞结构，平面呈长方形，口宽1.18、内边宽1.26、进深2.38～2.56、洞高1.3～1.9米。底面铺砖，与厅室内铺砖相连（图版六六，2）。

葬具：木棺三副。平面均为长方形，仅存底面朽痕。棺1位于棺床右侧，长2.18、宽0.6～0.62米，有铁棺钉加固，棺底有白灰层。棺2位于棺床左侧，长2.14、宽0.66～0.68米，有铁棺钉固棺，棺底铺一层青灰，青灰下有一层厚厚的白灰泥。棺3位于厅室，长2.2、宽0.72～0.78米，棺底铺一层青灰。

葬式：人骨架三具。三位墓主均为一次葬，仰身直肢，头北足南。棺1内墓主骨架朽甚，倾向为男性，身高1.65米。棺2内墓主骨架朽为粉末，倾向为女性，身高1.56米。墓主头部左上方有铜镜1面，铜镜下压琉璃耳饰1件和粉1块，墓主耳部佩戴有琉璃耳饰。棺3内墓主骨架朽为粉末，倾向为女性，身高1.54米。墓主头部左上方有粉2块，耳部有琉璃耳饰，右手部有1件铜指环。推测为夫妇合葬。

出土遗物：37件（组），有陶器、铜镜、铜器、铁器、琉璃器和粉，计有陶壶1件、罐4件、仓5件、井1件、灶1件、圈1件、樽1件、耳杯1件、瓮1件（图4-1-75；图版六五，2），铜镜1面，铜指环1件，铁刀1件、锸1件、钩6件、棺钉2组5件，琉璃耳饰5件，粉块3件，耳室中间还有少许动物骨头，陶器主要置于厅室及耳室内，其中厅室中间放陶樽和陶耳杯各1件作供器，棺床上左边放有铁锸1件、铁钩3件。其中8号陶壶有彩绘，11号陶罐肩上似有墨书文字“囗米稻天”（图版六六，3）。为一套完整的器物组合。

AM76的年代属东汉早期。

（一二）2006HGB区T7M11（下文简称“BM11”）

BM11位于B区西南部的T7南部。开口于第2层下，墓口距地表0.3、墓深4.6米。墓道向东，方向105度。墓道被BM4墓道打破少许，没有发现后期盗扰，墓室保存完整。

由坟丘、墓道、封门、甬道、墓室组成（图4-1-76；图版六七，1）。

坟丘：在竖井西侧发现塌落坟丘堆积，平面呈椭圆形，长径3、短径2、深1.5米。坟丘北浅南深，堆积褐色土，间杂黄土和红土颗粒。

墓道：位于墓室北壁中部。平面呈刀把状，口小底大，由台阶墓道、竖井组成，通长8.6米，台阶部分口部平面长5.7、宽0.5～0.6、底面宽0.54～0.6米。发掘部分保存十七级台阶，台阶面宽0.14～0.44、台高0.14～0.34米。竖井部分叠压平面长2.44、宽0.9米，底面长2.66、宽

图4-1-75　AM76出土陶器

1. 壶（AM76：8）　2. 井（AM76：10）　3、6～8. 罐（AM76：11、25、24、17）　4、5、9～11. 仓（AM76：14、16、15、13、12）　12. 瓮（AM76：7）　13. 灶（AM76：9）　14. 圈（AM76：18）

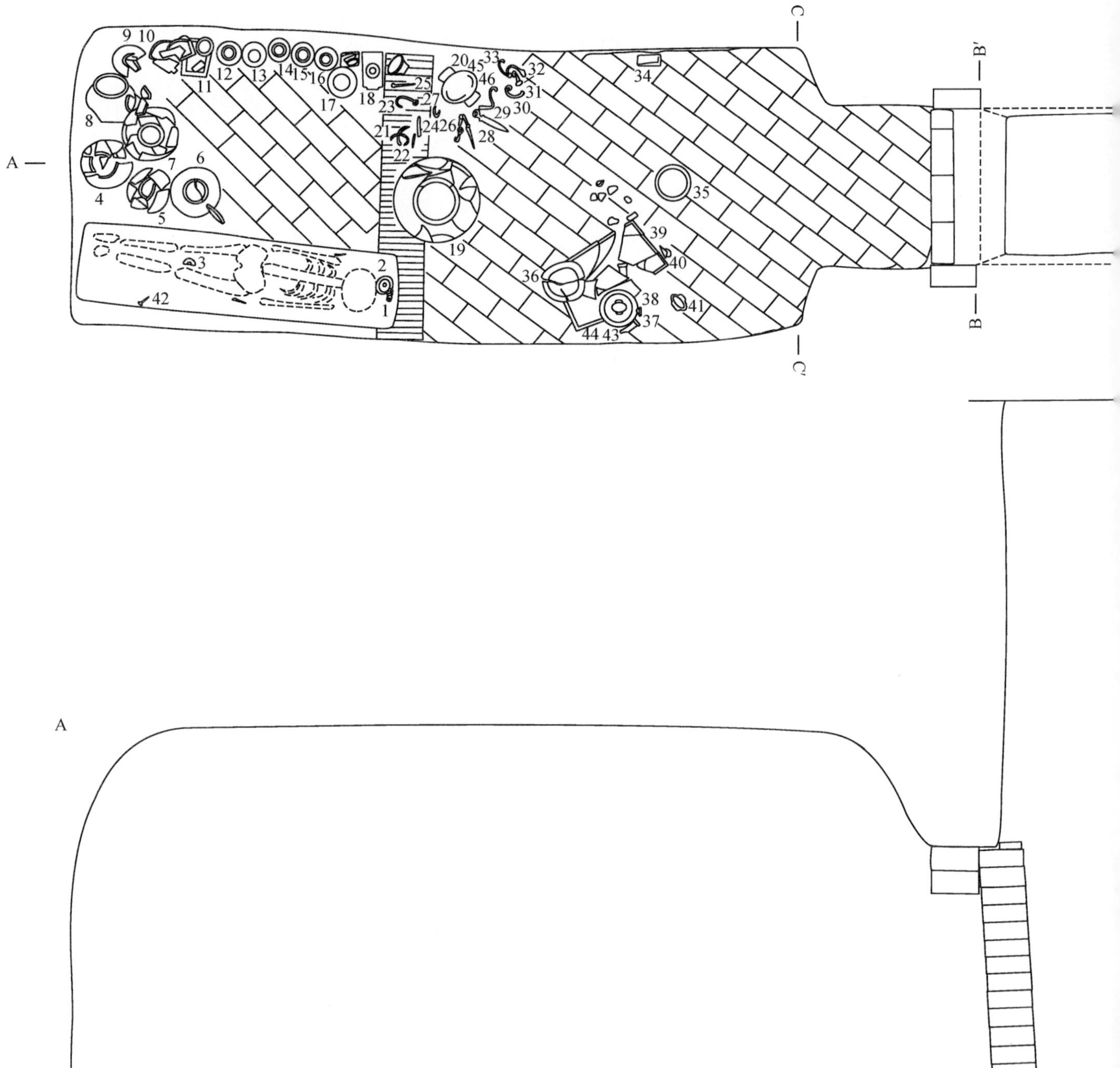

图4-1-7

1. 铜钱（43枚） 2、3. 铜镜 4、8. 陶罐 5、6. 彩绘陶壶 7. 陶壶
21～25、27、29～33、45、46. 铁钩 26. 铁马衔 28. 铁刀 34. 铁

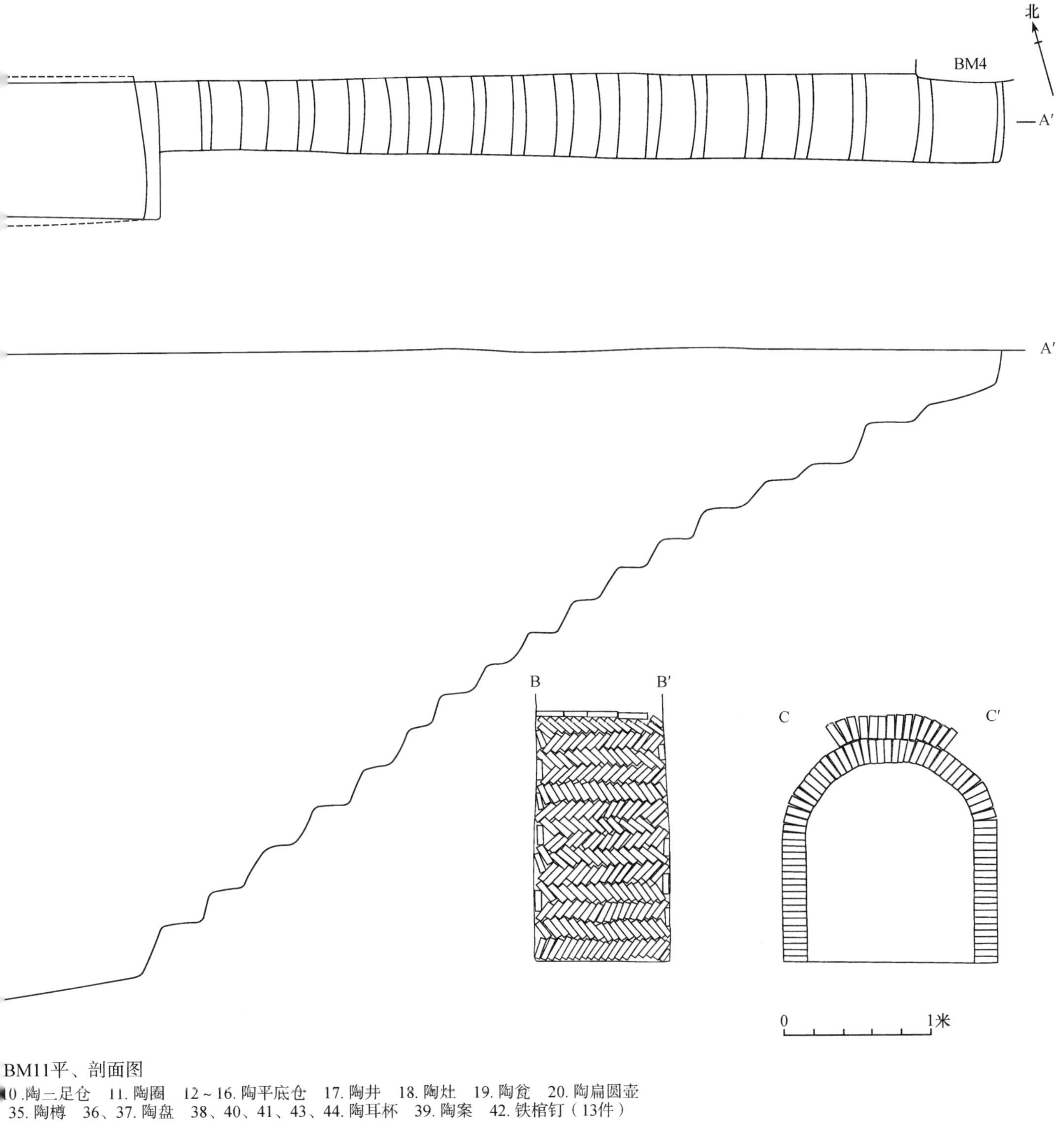

BM11平、剖面图
0.陶三足仓 11.陶圈 12～16.陶平底仓 17.陶井 18.陶灶 19.陶甑 20.陶扁圆壶
35.陶樽 36、37.陶盘 38、40、41、43、44.陶耳杯 39.陶案 42.铁棺钉（13件）

0.96～1米。竖井底面为斜坡状，东端距墓口4.2米，西端与墓室底面平。

封门：位于墓道西端券门外侧。青砖封门，共十五层封门砖，其中顶层为残砖顺砌，与墓道两边侧放丁砖形成门框式样。封门砖为左、右对角分层斜放，偶有前后交错摆放。底面宽1、高1.8米（图版六八，2）。

甬道：位于墓室东部中间。拱顶土洞砖构，甬券为双层券结构：第一层砖券为完整的拱券，第二层券只有拱顶上部，无直立砖墙。甬道土洞高1.68、底宽1.28米，券门洞高1.34、进深1米。甬道底面有铺砖，砖券下有一排平铺顺砖，券门土洞北侧铺砖与厅室铺砖相连。

墓室：拱顶土洞结构。平面呈长方形，由前厅和后室组成，通长4.74、洞高2.56米，前厅长2.4～2.48、宽1.8～1.9米。后室设生土台作棺床，长2.34、宽1.9、洞高2.36米，高出厅室地面0.2米。前厅底面平整，有斜向错缝铺砖，棺床上同样为斜向错缝铺砖，棺床沿有两层砖，底面一层为顺砖平铺，上面一层为丁砖侧放（图版六八，1）。

葬具：木棺一副，平面呈长方形，仅存底面朽痕，棺长2.04、宽0.48～0.52米。棺室内铺白灰一层（图版六八，3）。

葬式：人骨架一具。一次葬，已朽成粉末状，仰身直肢，头东足西，性别、年龄不详，身高1.64米。墓主头部右上方和股骨中间各有铜镜1面，头部铜镜上压1串共43枚铜钱。

出土遗物：46件（组），有陶器、铜镜、钱币和铁器，计有陶壶3件（2件有彩绘）、扁圆壶1件、罐2件、平底仓5件、三足仓2件（1件有彩绘）、井1件、灶1件、圈1件、樽1件、耳杯5件、案1件、盘2件、瓮1件（图4-1-77A、77B；图版六七，2），铜镜2面（其中一面只有半片），铜钱1组43枚，铁刀1件、锸1件、马衔1件、钩13件、棺钉1组13件，主要放于厅室中部及西南隅，部分陶器放于棺床北侧。厅室中部放置陶耳杯5件、盘2件、樽1件、案1件作供器，西北隅放一些铁钩；棺床东中部放置1件陶瓮，北侧内端放置陶罐2件、壶2件，北部放一排，有陶仓7件、圈1件、井1件、灶1件。

随葬品分布非常规则有序。厅室内近棺床正前方放置一组祭奠用供器，厅室内还放置日用器具及工具；棺床上放盛储器及明器。墓室内出土2面铜镜，其中有1件为半个，可能有“破镜重圆”的寓意[①]，只是墓主没能等来拿着另一半铜镜的人。随葬的陶仓分两类：小陶仓一组5件均为平底，大陶仓一组2件为三足器。随葬陶器中彩绘陶较多，计有1件三足仓、2件壶和1件扁圆壶。应是一套完整的器物组合。

BM11的年代应属东汉早期。

① 中国社会科学院考古研究所编著：《偃师杏园唐墓》，科学出版社，2001年。

图4-1-77A　BM11出土陶器

1、2. 彩绘壶（BM11∶5、6）　3. 圈（BM11∶11）　4. 瓮（BM11∶19）　5. 壶（BM11∶7）　6. 井（BM11∶17）　7、8. 盘（BM11∶37、36）　9. 案（BM11∶39）　10、11. 罐（BM11∶4、8）　12. 灶（BM11∶18）　13. 扁圆壶（BM11∶20）

图4-1-77B　BM11出土陶器

1、2. 三足仓（BM11：9、10）　3. 樽（BM11：35）　4～7、13. 平底仓（BM11：12～16）　8～12. 耳杯（BM11：43、44、41、38、40）

（一三）2006HGB区T9M13（下文简称“BM13”）

BM13位于B区东北隅的T9中部。叠压于第2层下，墓口距地表0.3、墓深3.88米。墓道向北，方向15度。在竖井南端、坟丘北端有一盗洞，盗洞直径1.4米，深达墓室，墓室被盗扰严重。

由坟丘、墓道、封门、墓室、耳室组成（图4-1-78；图版六九，1）。

坟丘：塌落坟丘堆积位于天井南部。平面呈椭圆形，长径4、短径1.8、深0.8米。坟丘堆积褐色土，间杂黄土、红土颗粒。

墓道：位于墓室北壁中部。平面呈刀把状，口小底大，壁面较垂直，由台阶墓道和竖井组成，通长7.14米，台阶部分口部平面长4.34、宽0.58～0.6米。保存十四级台阶，台阶面宽0.2～0.76、高0.14～0.3米。竖井部分口长2.66、口宽0.9～1、底面长2.8米。竖井底面呈斜坡状，北端距墓口3.5米，南端与墓室底面平。竖井北部两侧壁面有一组脚窝，每壁各有六个，脚窝基本垂直且平行相对设置，长0.18～0.2、高0.14～0.16、进深0.08～0.16米，脚窝间距0.3～0.42米。

封门：青砖封门，仅存下部七层，均为丁砖左、右对角分层斜放。墓道两侧边放丁砖，形成门框式样（图版七〇，1）。封门底边宽1、存高1米。

墓室：拱顶土洞砖室结构，平面呈“T”字形。主墓室平面为长方形，土洞通长4.14、宽2.34、洞高1.84米，砖砌墓室长3.8、宽2.04米。墓室北部地面局部尚保存有少许斜行“人”字形铺地砖，券门下为一排平铺顺砖，砖墙为平砖错缝顺砌（图版七〇，2）。

耳室：两个，位于墓室北端两侧。入口处与墓室砖墙结合为砖券结构。左耳室为龛形假耳室，进深仅0.3米，内设一高0.2米的生土台，台面进深0.26、入口宽0.9米，券高1米（图版七〇，3）。右耳室平面呈半椭圆形，入口宽0.9、进深1.4米，券高1米（图版七〇，4）。

葬具与葬式：因盗扰严重，木棺和人骨架均不存。另据墓中用砖也多数被取走判断，不排除在被盗之前此墓已被迁走的可能。

出土遗物：31件（组），有陶器、钱币和铁器，计有陶鸮形小壶1件、罐2件、小罐1件、仓10件、井1件、灶1件、耳杯4件、瓮1件、盆1件、饼形器3件、器盖4件（图4-1-79A、79B；图版六九，2），铜钱1组5枚，铁带钩1件，陶器主要出土于底部盗土中，从保存情况看器物应主要放在右耳室内。初步分析应是一套陶器组合。新出土器类为陶饼形器，用途不详。

BM13的年代应属东汉早期。

（一四）2006HGB区T19M56（下文简称“BM56”）

BM56位于B区东南的T19中部。叠压于第2层下，墓口距地表0.3、墓深4.6米。墓道向北，方向20度。在竖井南端坟丘北侧有一盗洞，墓室被盗扰严重。

由坟丘、墓道、甬道、墓室组成（图4-1-80；图版七一，1）。

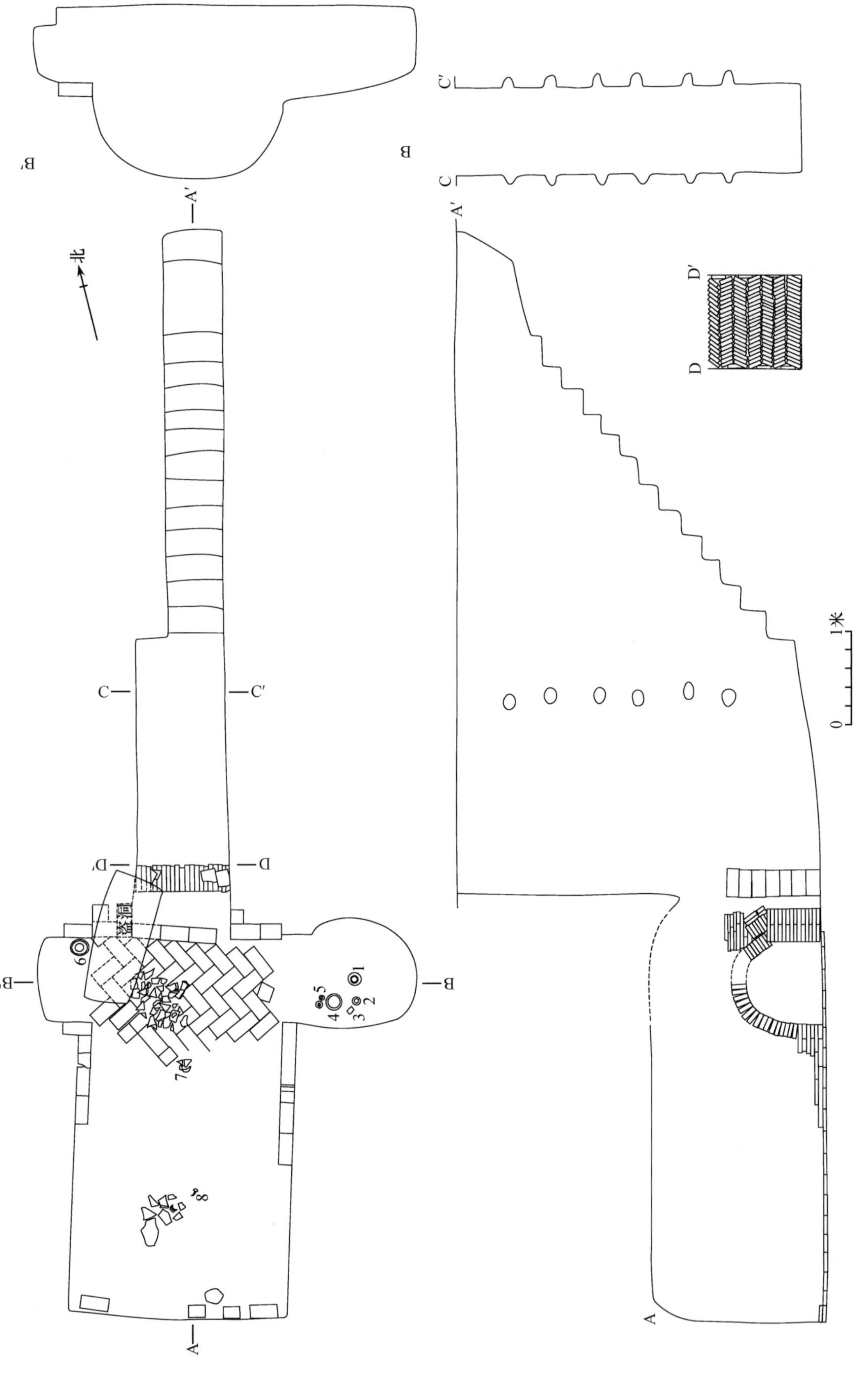

图4-1-78　BM13平、剖面图

1. 小陶罐　2. 陶灶　3. 陶井　4. 陶盆　5. 鸮形小陶壶　6、13～20、30. 陶仓　7、27～29. 陶耳杯　8. 铁带钩　9、21、22. 陶饼形器　10、11. 陶罐　12. 陶瓮
23～26. 陶器盖　31. 铜钱（5枚）（9～31出自盗洞中）

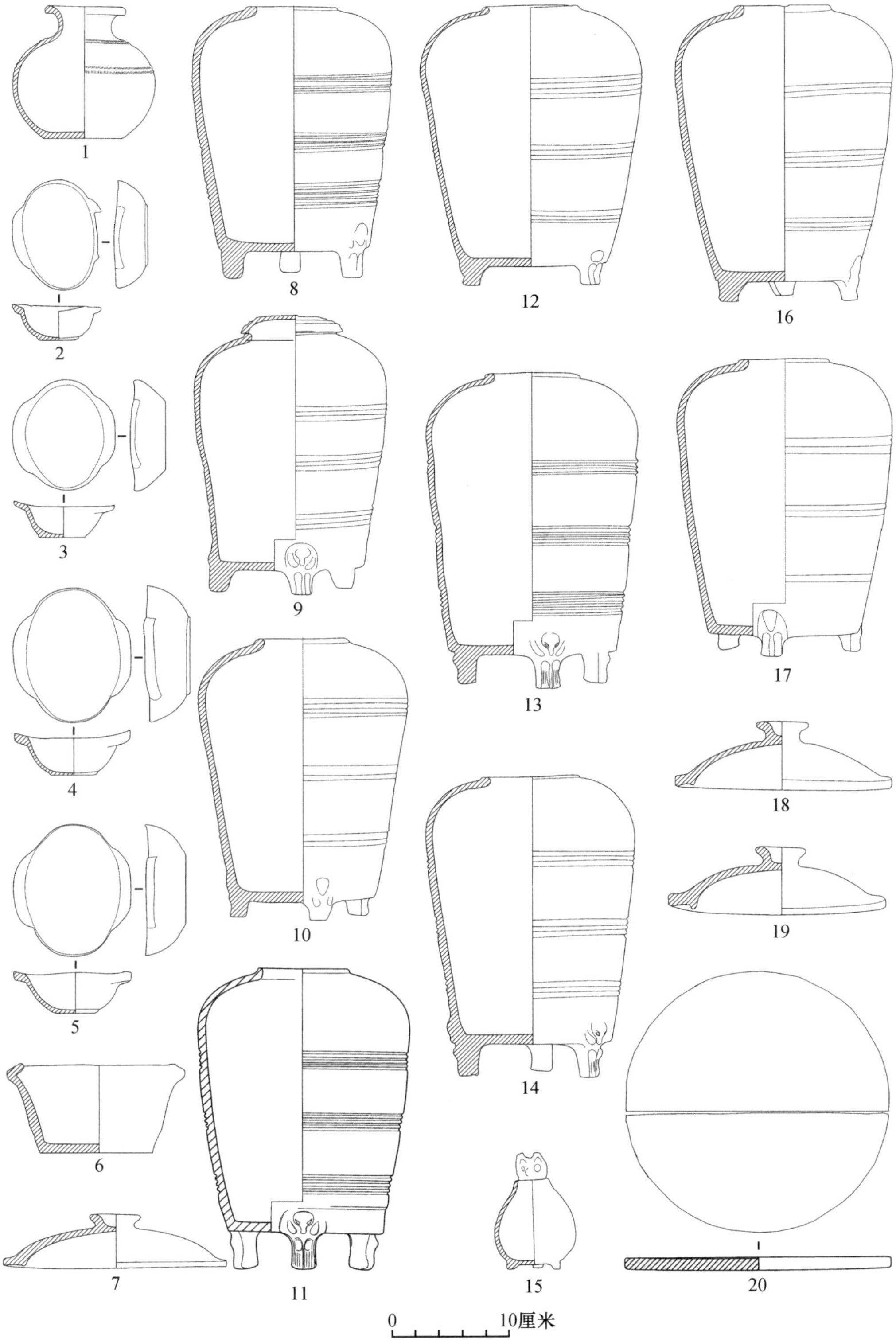

图4-1-79A　BM13出土陶器

1. 小罐（BM13：1）　2～5. 耳杯（BM13：7、27～29）　6. 井（BM13：3）　7、18、19. 器盖（BM13：24、26、25）　8～14、16、17. 仓（BM13：13、15、20、16、6、14、17～19）　15. 鸮形小壶（BM13：5）　21. 饼形器（BM13：22）

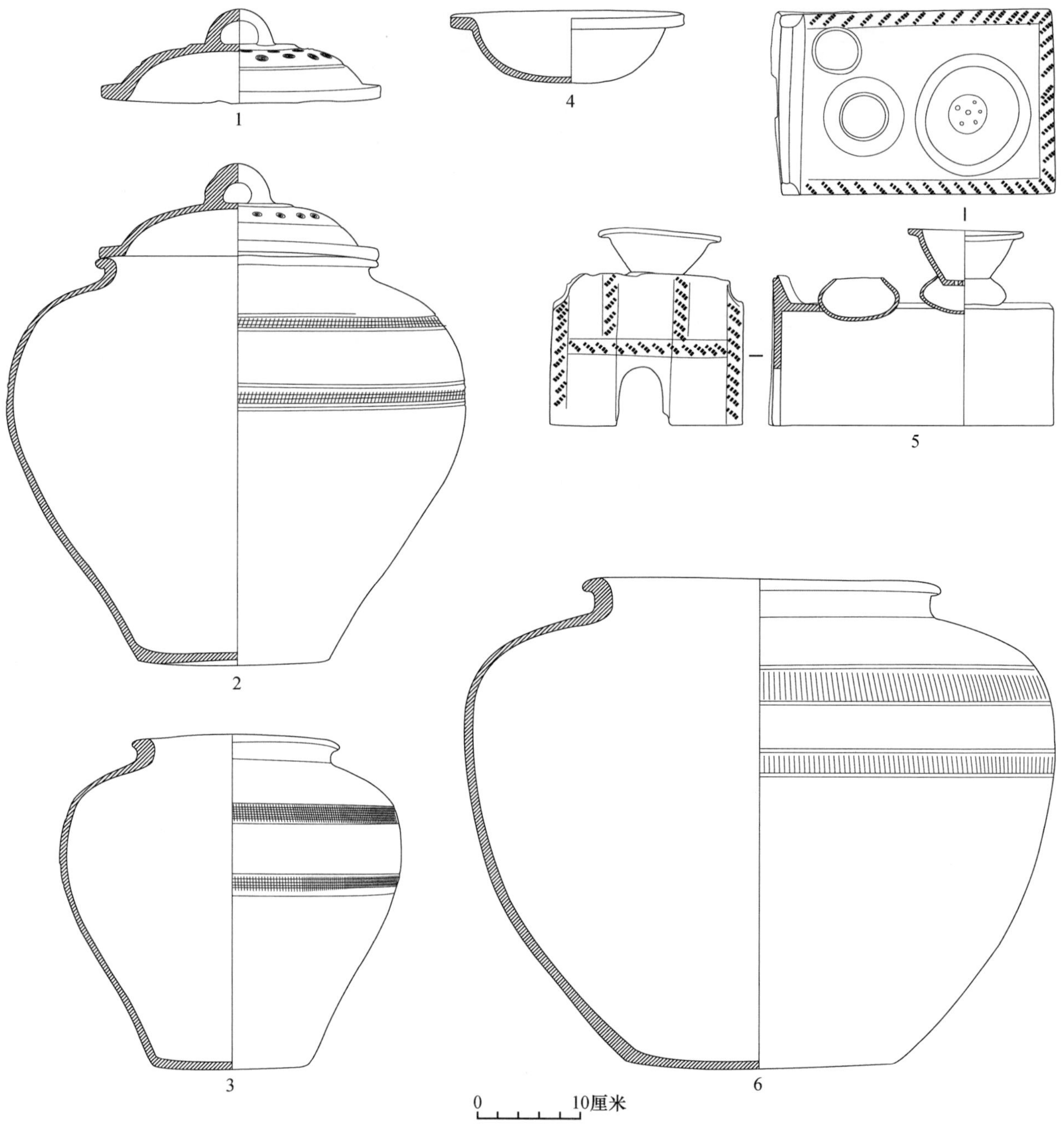

图4-1-79B　BM13出土陶器

1. 器盖（BM13：23）　2、3. 罐（BM13：10、11）　4. 盆（BM13：4）　5. 灶（BM13：2）　6. 瓮（BM13：12）

坟丘：竖井南部有塌落坟丘堆积。平面近椭圆形，长径4、短径3、深1.6米。坟丘北浅南深，堆积褐色土，间杂黄土、红土颗粒，土质较硬。

墓道：位于墓室北壁中部。平面呈刀把状，口大底小，由台阶墓道和竖井两部分组成，通长5.56米，台阶部分口部平面长3.3、宽0.56、底面宽0.46～0.56米。十级台阶，台阶面宽0.16～0.3、台高0.14～0.34米。竖井部分平面长2.26、宽0.98米，底面长2.34～2.4、宽0.8～0.9米。竖井底面呈坡状，北端距墓口3.72米，南端与墓室底面平。竖井北段两侧壁面有一组脚

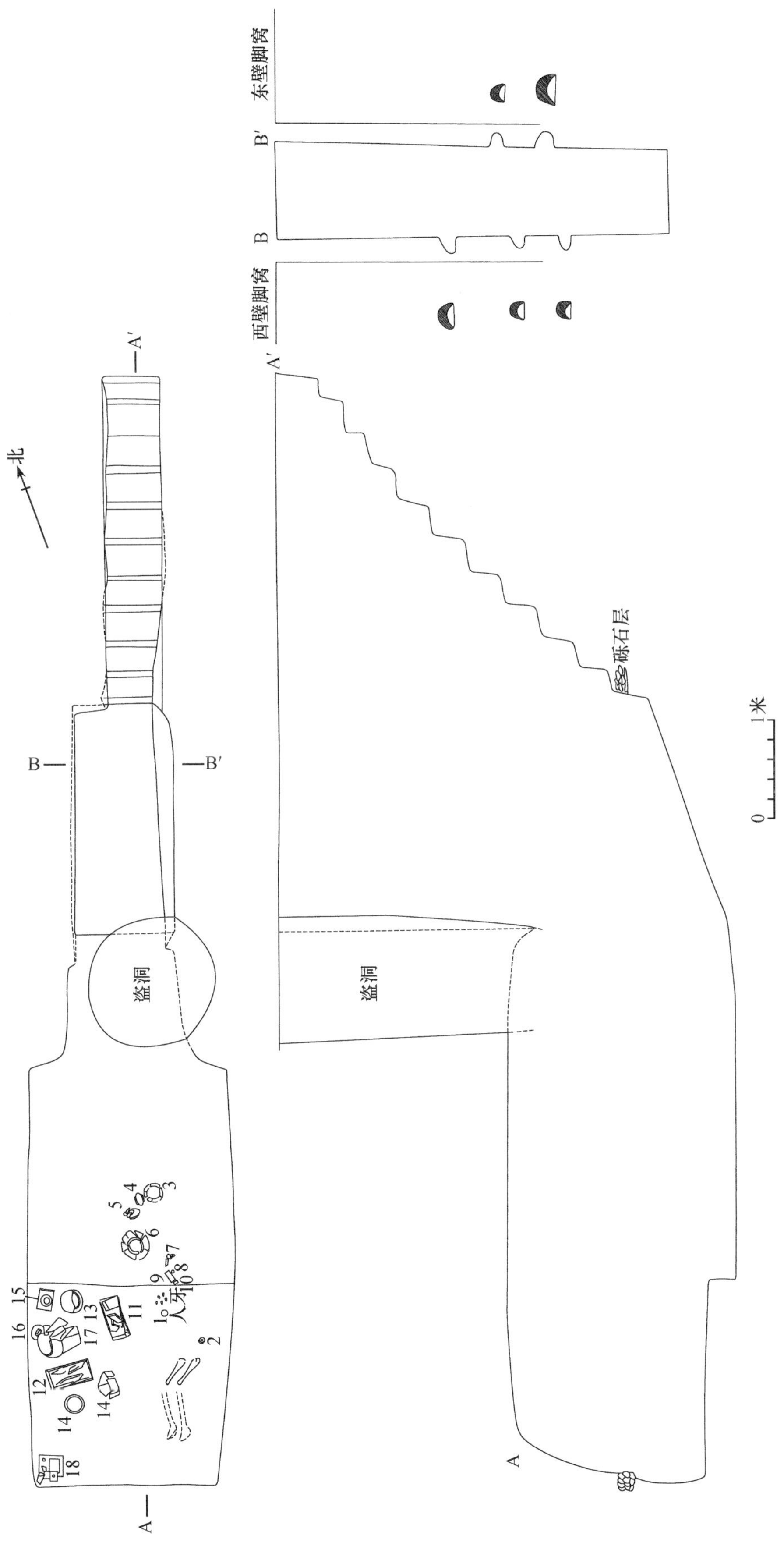

图4-1-80　BM56平、剖面图

1. 铜镜　2. 铜钱（6枚）　3. 陶盘　4、5. 陶耳杯　6、17. 陶罐　7. 铁刀　8. 圆形石器　9. 长方形石器　10. 方形石器　11、12. 长方形陶盒　13、14. 彩绘圆形陶盒　15. 陶灶　16. 陶井　18. 陶圈

窝，其中西壁三个，东壁两个，脚窝长径0.18～0.3、短径0.14～0.2、进深0.14～0.16米，脚窝间距0.32～0.54米。

甬道：位于墓室北壁中部，拱顶土洞结构，土洞略有塌落，底宽1.1～1.26、进深0.94～1.1、存高1.74米。

墓室：拱顶土洞结构。平面呈长方形，分前厅和后室两部分，土洞长4.16、高2.3米，前厅长2.16、宽1.98～2.04米。后室设生土台作棺床，长1.98、宽1.8～2.04、洞高1.9～2米，高出厅室地面0.3米（图版七一，2）。

葬具：木棺一副，仅存底面朽痕。棺底有少许青灰，棺下垫有三块砖。

葬式：人骨架一具。一次葬，已朽成粉末状，仰身屈肢，头北足南，膝部屈向西侧，疑为女性，身高约1.58米。墓主头部右上有铜镜1面，镜旁有少许红漆痕迹，铜镜似放于漆木盒内，左侧腰部放1串6枚铜钱。

出土遗物：18件（组），有陶器、铜镜、钱币、铁器和石器，计有陶罐2件、井1件、灶1件、圈1件、耳杯2件、长方形盒2件、彩绘圆形盒2件、盘1件（图4-1-81；图版七一，3），铜镜1面，铜钱1组6枚，铁刀1件，长方形石器1件、方形石器1件、圆形石器1件，主要放置于厅室南部中间及棺床西侧，陶耳杯2件和陶盘1件置于厅室中部作供器，陶井、灶、圈、罐、彩绘圆形盒和长方形盒等置于棺床西侧。随葬陶器为一套器物组合。较为特殊的是，此墓未见汉墓常见的陶仓，也未见棺床前的供器陶樽，早期盗墓者未盗走较为贵重的铜镜，应也不会盗取专门用于随葬的陶器。因此推测，该墓随葬陶器组合中原本就没有陶仓。

BM56的年代应属东汉早期。

（一五）2006HGB区T24M71（下文简称“BM71”）

BM71位于B区中部的T24东南角。叠压于第2层下，墓口距地表0.3、墓深4.16米。墓道向北，方向15度。保存完整。

由墓道、封门、甬道和墓室组成（图4-1-82；图版七二，1）。

墓道：位于墓室北壁中部。口大底小，由台阶墓道和竖井两部分组成，通长5.78米。台阶部分位于竖井北端，平面呈平头铲形，平面长3.2、宽0.42～0.46、底面宽0.46～0.48米。现存十一级台阶，台阶面宽0.14～0.24、台高0.18～0.34米。竖井部分口部平面长2.58、宽0.98～1.04米，底面长2.38～2.4、宽0.86～0.9米。竖井底面呈斜坡状，北端距墓口3.76米，南端与墓室底面平。竖井北段两侧壁面有一组脚窝，每壁各有四个，脚窝基本垂直且平行相对设置，长径0.18～0.3、短径0.14～0.16、进深0.1～0.14米，脚窝间距0.3～0.56米（图版七三，1）。

封门：位于甬道拱券外侧。青砖封门，共有十三层，上部两层为平砖错缝顺砌，下部十一层为丁砖左、右对角分层斜放。底边宽0.9、存高1.46米（图版七三，2）。

图4-1-81　BM56出土陶器

1. 盘（BM56：3）　2、3. 罐（BM56：6、17）　4、5. 长方形盒（BM56：11、12）　6、7. 彩绘圆形盒（BM56：13、14）　8、9. 耳杯（BM56：5、4）　10. 井（BM56：16）　11. 灶（BM56：15）　12. 圈（BM56：18）

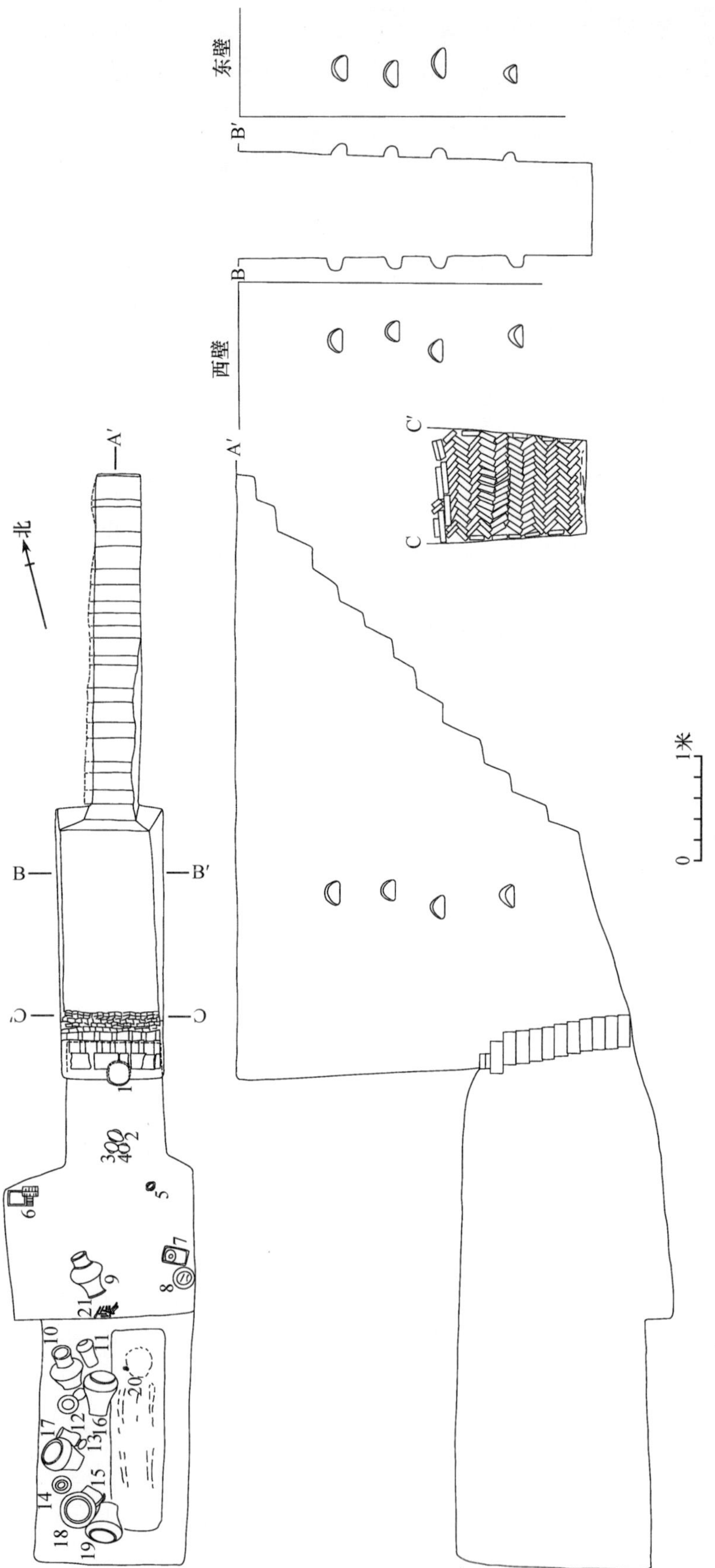

图4-1-82　BM71平、剖面图

1. 陶樽　2 ~ 5. 陶耳杯　6. 陶圈　7. 陶灶　8. 陶井　9、10. 陶壶　11 ~ 15. 陶仓　16 ~ 19. 陶罐　20. 铜钱（22枚）　21. 动物骨头

甬道：位于墓室北侧中部。拱顶土洞结构，底宽0.92～0.96、进深0.8～0.9、洞高1.5米。

墓室：拱顶土洞结构。分前厅和后室两部分，通长3.8～3.9、洞高2.02米，前厅左侧边宽于后室0.26～0.36米，前厅长1.46～1.5、宽1.72～1.82米。后室设生土台作棺床，棺床长2.34～2.4、宽1.46米，洞高1.78～1.84米，高出厅室地面0.18～0.26米。厅室底面北浅南深，略呈斜坡状（图版七三，3）。

葬具：木棺一副。仅存底面朽痕，长1.92、宽0.5～0.52米。棺内近底有少许白灰。木棺西壁倒塌后压于16号陶罐上面。据倒塌的木痕分析，木棺高应不低于0.4米。

葬式：位于棺床东半中部。人骨架一具，一次葬，已朽成粉末状，仰身直肢，头北足南，从骨痕判断身高应不足1.3米，可能为未成年人。

出土遗物：21件（组），计有陶壶2件、罐4件、仓5件、井1件、灶1件、圈1件、樽1件、耳杯4件（图4-1-83；图版七二，2），铜钱1组22枚，动物骨头1组。主要放在甬道、厅室和棺床西侧，陶器摆放规则有序：甬道放置有陶樽1件和陶耳杯4件作供器；厅室西北角置陶圈1件，东南角置陶井1件和陶灶各1件，南中部有少许动物骨头，骨头碎小散乱，种类不明，疑原在9号陶壶内；棺床西侧放置陶壶1件、仓5件和罐4件；1件陶壶位于厅室南部中间，可能为墓室塌落时滑落至棺床下。随葬陶器为一套完整的器物组合。

BM71的年代应属东汉早期。

（一六）2006HGB区T24M73（下文简称“BM73”）

BM73位于B区中部的T24东中部。叠压于第2层下，墓口距地表0.3、墓深4.08米。墓道向北，方向16度。墓道中部有一盗洞，墓室被盗扰严重。

由坟丘、墓道、甬道、墓室组成（图4-1-84；图版七四，1）。

坟丘：墓室上部有塌落坟丘堆积。平面呈椭圆形，长径4.6、短径2.4、深1.4米。坟丘堆积褐色土，间杂黄土、红土颗粒。

墓道：位于墓室北壁中部。口大底小，由台阶墓道、竖井两部分组成，通长6.68米。台阶部分位于竖井北端中部，平面呈平头铲形，平面长4.1、宽0.48～0.68、底面宽0.48～0.54米。现存十二级台阶，台阶面宽0.2～0.3、台高0.14～0.32米。竖井口部平面长2.58、宽1.14～1.18、底面宽1.06～1.1米。竖井底面呈斜坡状，北端距墓口3.06米，南端与墓室底面平。竖井北段两侧壁面有一组脚窝，每壁各有三个，脚窝基本垂直且平行相对设置，长径0.16～0.18、短径0.14～0.18、进深0.14～0.16米，脚窝间距0.32～0.52米（图版七四，2）。

甬道：位于墓室北侧中部。拱顶土洞结构，底边宽1.04、进深0.76、洞高1.6米。底面呈坡状。

墓室：拱顶土洞结构。分前厅和后室两部分，通长4.34～4.5、洞高1.92米，前厅长1.54～1.7、宽1.9～1.98米。后室设生土台棺床，长2.8、宽1.84～1.98、洞高1.88米，高出厅室

图4-1-83　BM71出土陶器

1～4. 罐（BM71：16～19）　5、6. 壶（BM71：9、10）　7、8、11～13. 仓（BM71：11～15）　9. 樽（BM71：1）　10. 圈（BM71：6）　14、15、18、19. 耳杯（BM71：3、2、4、5）　16. 井（BM71：8）　17. 灶（BM71：7）

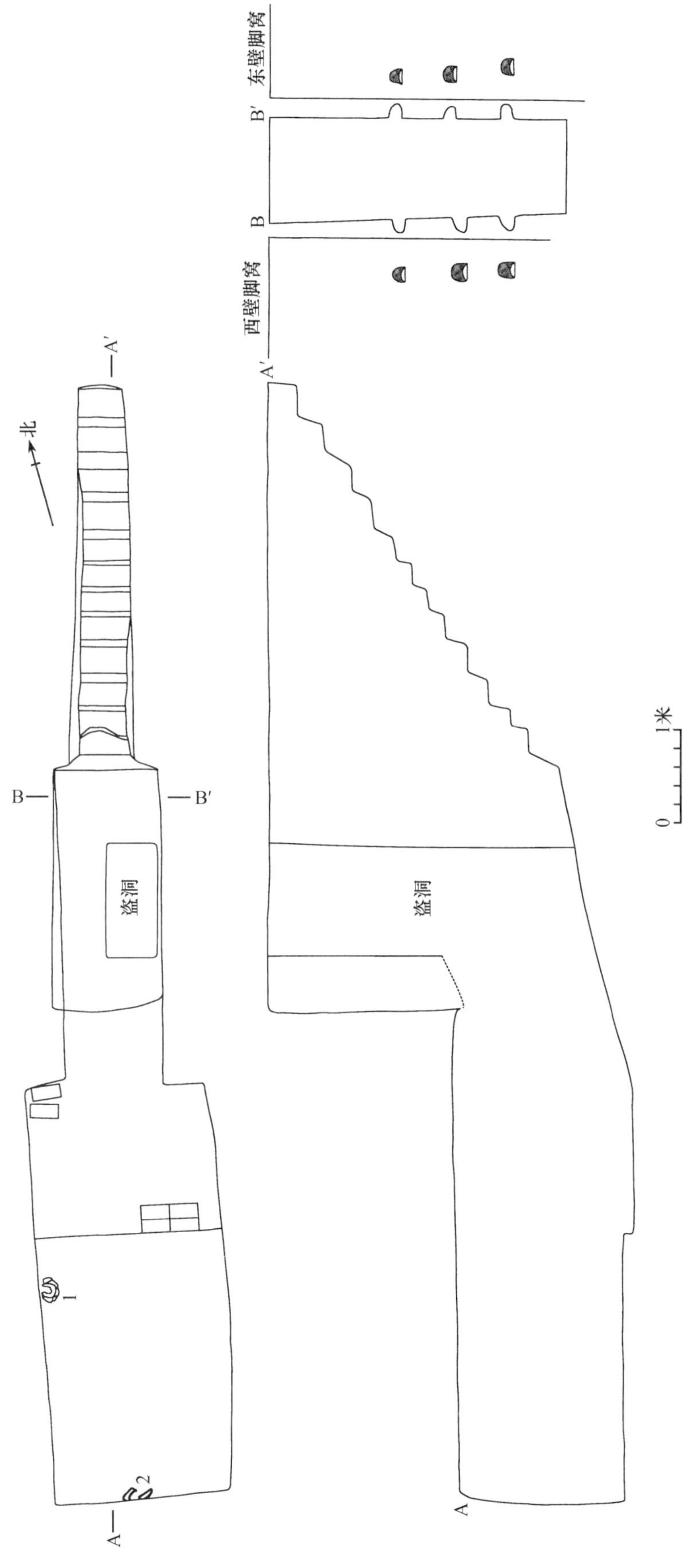

图4-1-84　BM73平、剖面图
1. 陶壶　2、6. 陶罐　3、4. 陶仓　5. 陶灶（3～6出自盗土中）

地面0.1米。棺床底面基本平整，原可能均有铺砖，因盗扰大部分缺失。前厅底面保存六块铺砖，为顺砖平铺。

葬具：被盗扰无存，具体大小不明，仅余散乱的白灰痕迹。

出土遗物：6件陶器，4件出土于盗土中，皆残碎，计有陶壶1件、罐2件、仓2件、灶1件（图4-1-85；图版七四，3）。

BM73的年代应属东汉早期。

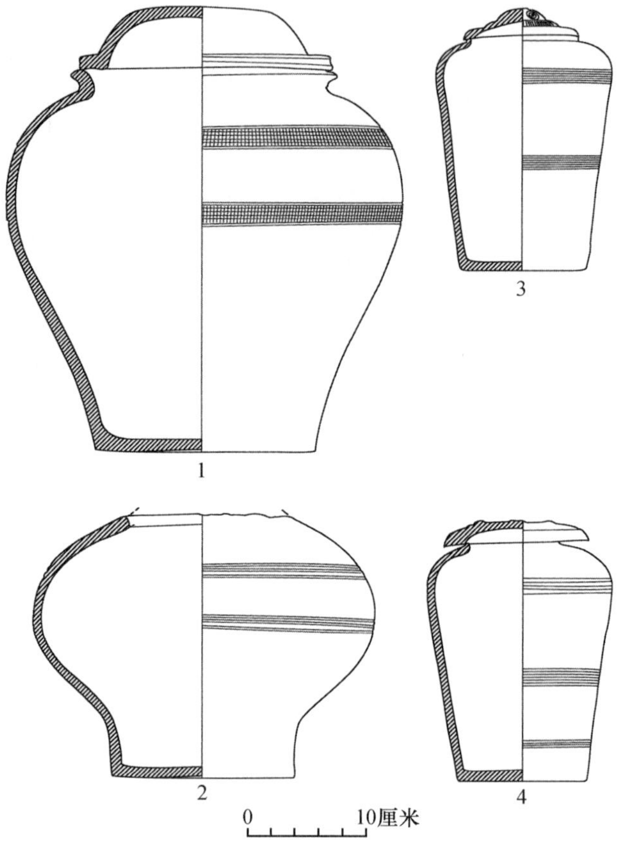

图4-1-85　BM73出土陶器

1. 罐（BM73：2）　2. 壶（BM73：1）　3、4. 仓（BM73：3、4）

（一七）2006HGC区T15M19（下文简称“CM19”）

CM19位于C区北部的T15中部。叠压于第3层下，墓口距地表0.5、墓深4.54米。墓道向北，方向19度。保存完整。

由墓道、封门、甬道和墓室组成（图4-1-86；图版七五，1）。

墓道：位于墓室北壁中部。平面呈刀把状，口小底大，由台阶墓道和竖井组成，通长6.58米。台阶部分平面长4、口部宽0.48～0.6、底面宽0.62～0.66米。现存十五级台阶，台阶面宽0.1～0.26、台高0.14～0.26米。竖井口部平面长2.58、宽0.86～1米，底面长2.6、宽0.96～1米。竖井底面呈斜坡状，北端距墓口4.54米，南端与墓室底面平。

图4-1-86　CM19平、剖面图

1. 铜镜　2. 陶灶　3. 陶井　4. 陶圈　5. 长方形石器　6. 陶壶　7、13、14、16、17. 陶罐　8～12. 陶仓　15. 陶耳杯　18、20. 铁刀　19. 粉　21. 铁锸

封门：位于甬道拱券外侧。青砖封门，共十五层，其中顶层为顺砖平砌，下部十四层为丁砖左、右对角分层斜放，多为前后交错摆放，不甚规整。底宽0.96、存高2.08米（图版七六，2）。

甬道：位于墓室北壁中部。拱顶土洞结构，底宽1.2～1.26、进深1.1、洞高2米。

墓室：拱顶土洞结构。平面呈长方形，分前厅和后室两部分，通长4.94、洞高2.36米，前厅长2.5、宽1.96～2米。后室设生土台棺床，底面北深南浅，略呈坡状，长2.44、宽1.96、洞高2.18米，高出厅室地面0.1～0.18米。墓室底面均有铺砖，其中前厅里侧一半铺砖为东南–西北向斜行错缝平铺，棺床基本为顺砖错缝平铺，中间偶有丁砖，床沿为一排侧放丁砖，墓室铺砖多为残砖（图版七六，1）。

葬具：木棺一副，仅存底面朽痕，长2.24、宽0.48～0.5米。棺内铺青灰一层。

葬式：位于棺床中部。人骨架一具，一次葬，已朽成粉末，仰身直肢，头北足南。人骨偏于棺床的右侧，左侧保留有一棺的宽度，棺床布局与BM71相同。

出土遗物：21件，有陶器、铜镜、铁器、石器和粉，计有陶壶1件、罐5件、仓5件、井1件、灶1件、圈1件、耳杯1件（图4-1-87；图版七五，2），铜镜1面，铁刀2件、锸1件，长方形石器1件，粉1件，主要放置于厅室左右两侧中部和棺床上左侧，其中墓主头部右侧有铜镜、粉和长方形石器各1件，左臂下压1把环首铁刀（图版七六，3）；厅室右侧放置陶井和灶各1件，左侧有陶圈1件；棺床上有陶罐和仓各5件，其中 7号陶罐在厅室内。应是一套完整的陶器组合。

CM19的年代应属东汉早期。

（一八）2006HGA区T12M22（下文简称“AM22”）

AM22位于A区东南部的T12西中部。叠压于第2层下，墓口距地表0.3、墓深4.32米。墓道向北，方向12度。保存完整。

由墓道、封门、甬道、墓室、耳室组成（图4-1-88；图版七七，1）。

墓道：位于墓室北壁中部。平面呈刀把状，口大底小，由台阶墓道、竖井两部分组成，通长6.9米，台阶口部平面长4.2、宽0.6～0.68、底面宽0.52～0.58米。现存十四级台阶，台阶面宽0.18～0.46、台高0.14～0.3米。竖井部分长2.7、宽0.84～0.96米。竖井底面呈斜坡状，北端距墓口3.68米，南端与墓室底面平。

封门：位于墓道南端。有两道封门青砖，第一道位于墓室洞口处，仅存四层砖，存高0.44米；第二道位于第一道封门外侧，共二十层砖，上部四层为平砖顺砌，以残砖为主，下部十六层为左、右对角分层斜放。底面宽0.96、高2.1米。

甬道：位于墓室北侧中部。拱顶土洞结构，已塌落，高应与第二道封门高相同。底面宽1.08、进深0.8米。底面有少许铺砖，与厅室底铺砖相连。

墓室：拱顶土洞结构。平面呈“T”字形，分前厅和后室两部分，前厅长2.34～2.5、

图4-1-87　CM19出土陶器

1. 壶（CM19：6）　2. 井（CM19：3）　3～5、13、14. 仓（CM19：10、12、9、8、11）　6. 灶（CM19：2）　7、8、11、12、15. 罐（CM19：13、14、16、17、7）　9. 圈（CM19：4）　10. 耳杯（CM19：15）

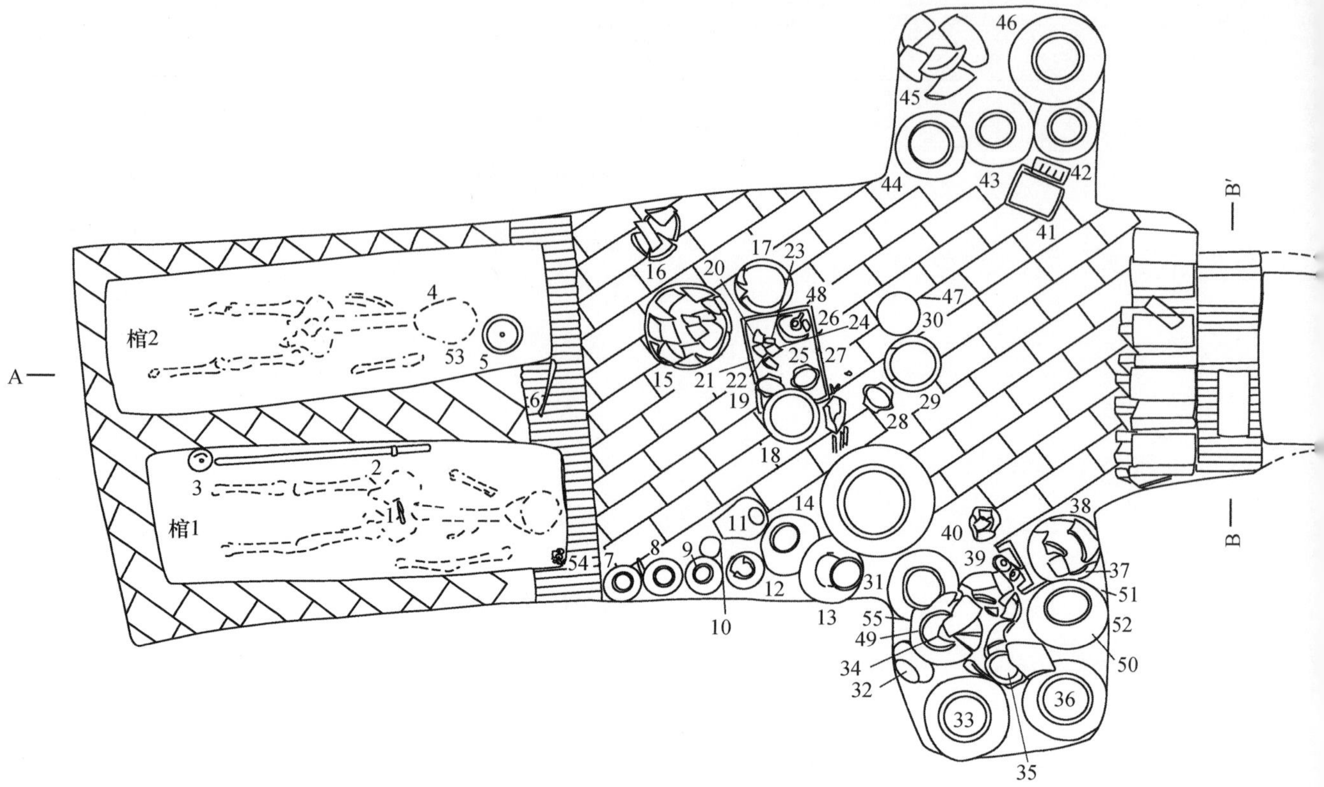

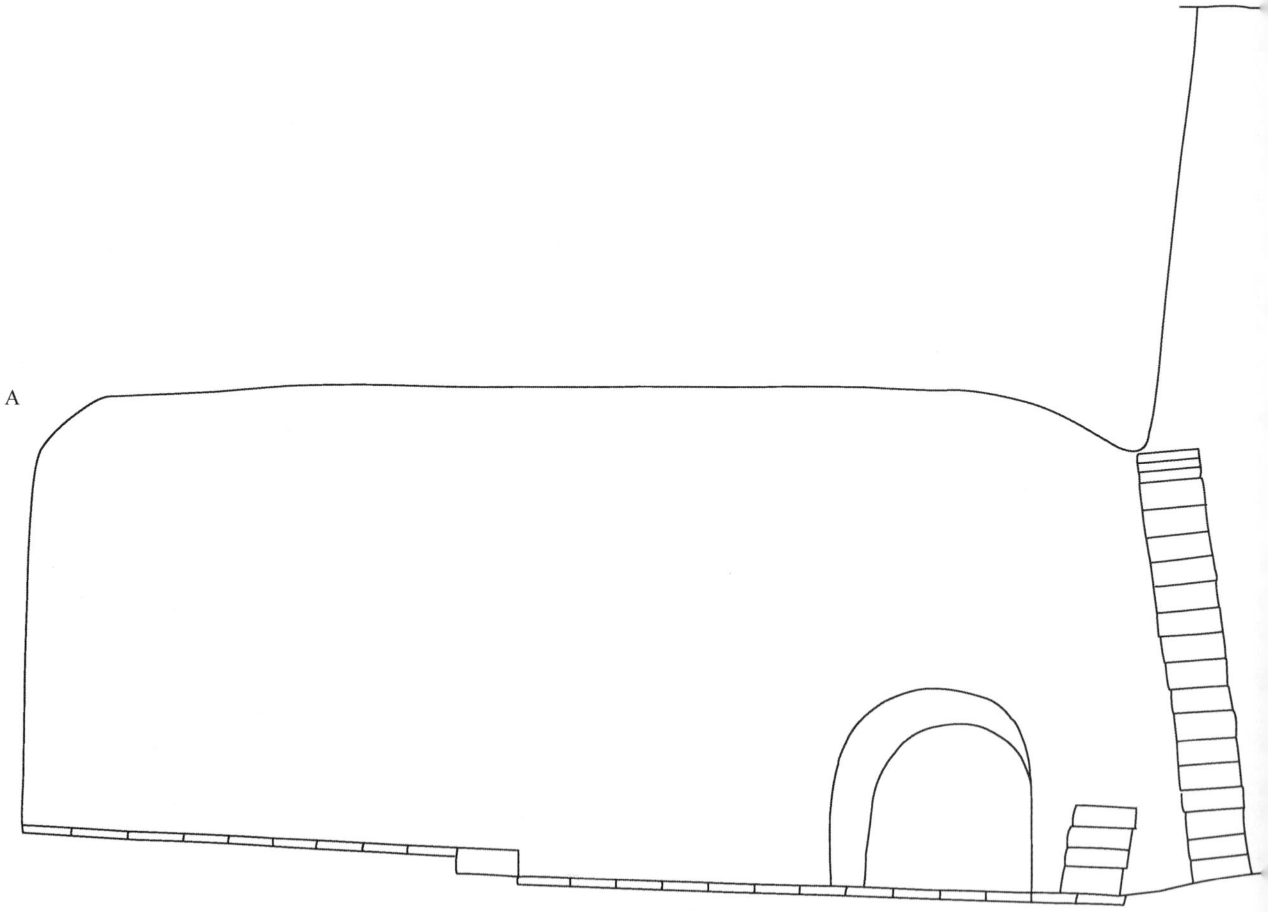

图4-1-88 A

1. 铜带钩 2. 铁剑 3、5. 铜镜 4、53. 琉璃耳饰 6. 铁刀 7～11. 陶仓 12、
26. 陶勺 27. 陶魁 29、51、52、55. 陶器盖 30. 陶樽 31、33、36、44～46
47. 铅盖弓帽 48.

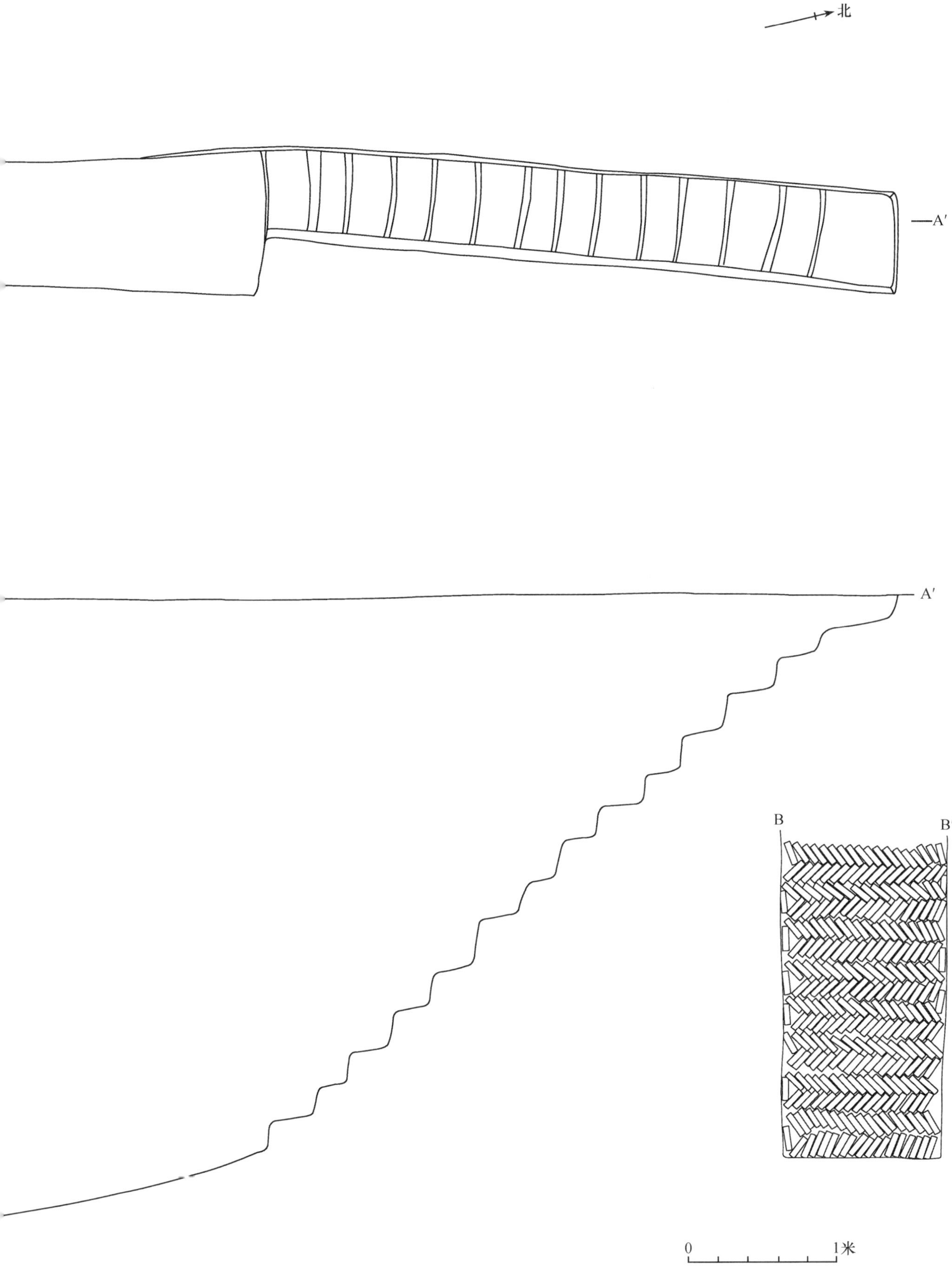

2平、剖面图

、彩绘陶壶　14. 陶瓮　15、17. 陶盘　16. 陶熏炉　18. 陶盆　19. 陶案　20～25、28. 陶耳杯
0. 陶罐　32、34、35、37、38、49. 彩绘陶罐　39. 陶灶　40. 陶井　41. 陶圈　42、43. 陶壶
弓帽（2件）　54. 铜钱（7枚）

宽1.88～2、洞高2.4米。后室平面呈长方形，外低内高，设生土台作棺床，长2.5、宽1.88～1.92、洞高2～2.22米，高出厅室地面0.18～0.24米。墓室底面均有铺砖，厅室内为东南–西北向错缝铺砖，棺床上为东北–西南向铺砖，棺床沿有一排侧放丁砖（图版七八，1）。

耳室：两个，位于墓室北端两侧。拱顶土洞结构，平面呈长方形，左耳室口宽1、内边宽1、进深0.82、洞高0.7～1米，右耳室口宽1.04、内边宽0.8、进深0.78、洞高0.7～1米。

葬具：木棺两副。平面呈长方形，仅存底面朽痕。棺1长1.98、宽0.6～0.64米，棺2长2.14、宽0.58～0.64米。棺室内各铺青灰一层，棺1内青灰下有一层白灰（图版七八，2）。

葬式：人骨架两具。均为一次葬，仰身直肢，头北足南。棺1内墓主骨头已朽尽，倾向为男性，身高1.6米。墓主腹部中间偏下有铜带钩1件，头部左上有一组7枚铜钱，右臂下有1把柄北尖南平放铁剑，剑南部放1面正面向下铜镜，镜下有斜纹织物痕迹。棺2内墓主骨质保存较差，女性，身高1.56米。墓主头部左上方放1面正面向下铜镜，镜下有斜纹织物痕迹，两耳处各有1件琉璃耳饰。应为夫妇合葬。

出土遗物：55件（组），有陶器、铜镜、铜器、钱币、铁器、铅器和琉璃器，计有陶壶4件（2件带彩）、罐13件（6件带彩）、仓5件、井1件、灶1件、圈1件、熏炉1件、樽1件、耳杯7件、魁1件、案1件、盘2件、瓮1件、器盖4件、盆1件、勺1件（图4-1-89A、89B、89C；图版七七，2），铜镜2面，铜带钩1件，铜钱1组7枚，铁刀1件、剑1件，铅盖弓帽2组3件，琉璃耳饰2件，主要放于两个耳室内和厅室中部。为一套完整的器物组合。

AM22的年代应属东汉中期。

（一九）2006HGB区T17M41（下文简称“BM41”）

BM41位于B区东南的T17中部。叠压于第2层下，墓口距地表0.3、墓深1.44米。墓道向东，方向112度。仅存墓道部分（图4-1-90；图版七九，1、2）。

墓道：平面呈刀把状，口小底大，由台阶墓道和竖井两部分组成，通长5.22米，台阶口部平面长2.8、上口宽0.52～0.58、底宽0.58～0.66米。现存五级台阶，台阶面宽0.14～0.18、台高0.16～0.28米。壁面较垂直，规则整齐。

此墓未见墓室，应是一座未修造完成的汉代土洞墓的墓道部分。未建成可能是因为该范围1.44米以下为大面积的砾石层，因不易建造而放弃。此次发掘中仅此一例。

根据墓道的形制判断，BM41的年代应属东汉时期，具体年代不详。

三、Bb 型 墓

Bb型墓，为有斜长墓道、墓道带台阶并携竖井式天井的墓葬。共22座。该墓地中的此型墓，最早见于西汉晚期，流行于新莽至东汉早期，东汉中期有少量存在，东汉晚期基本不见。与Ba型墓的存续时间大致相同。

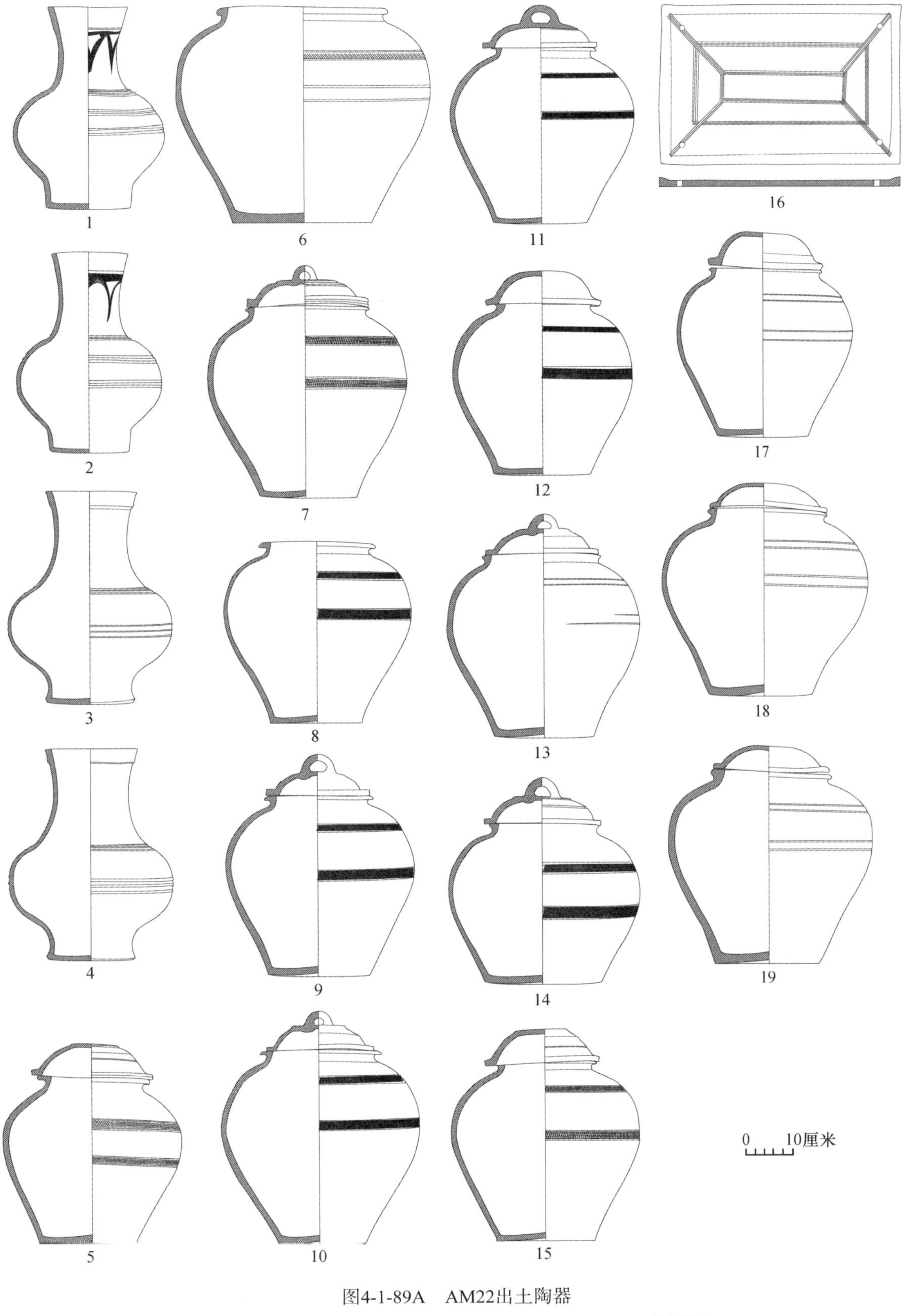

图4-1-89A　AM22出土陶器

1、2. 彩绘壶（AM22：12、13）　3、4. 壶（AM22：42、43）　5、8、9、12、14、15. 彩绘罐（AM22：49、37、38、32、34、35）　6. 瓮（AM22：14）　7、10、11、13、17～19. 罐（AM22：36、50、31、33、44～46）　16. 案（AM22：19）

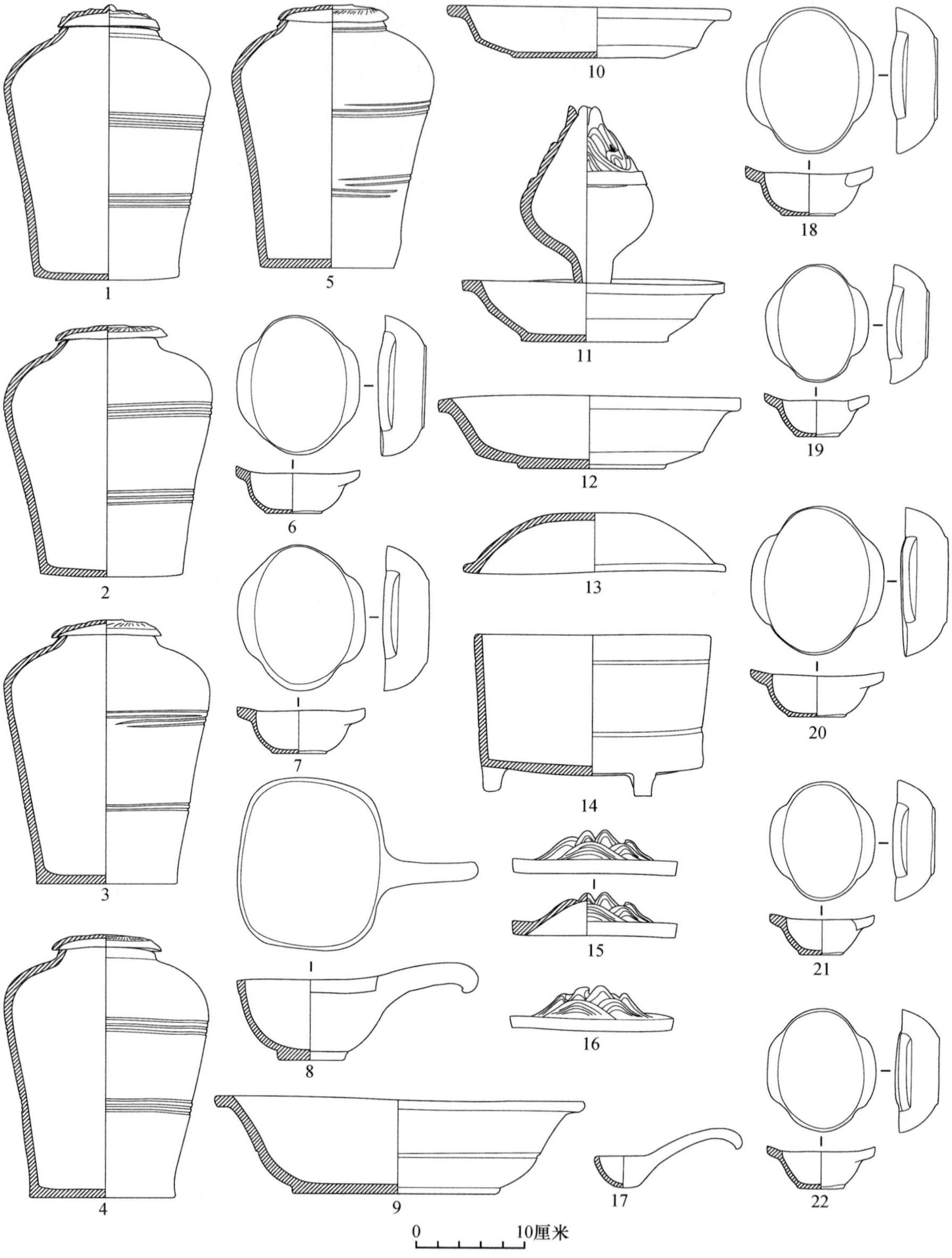

图4-1-89B　AM22出土陶器

1～5. 仓（AM22：7～11）　6、7、18～22. 耳杯（AM22：28、25、20～24）　8. 魁（AM22：27）　9. 盆（AM22：18）
10、12. 盘（AM22：15、17）　11. 熏炉（AM22：16）　13、15、16. 器盖（AM22：55、51、52）　14. 樽（AM22：30）
17. 勺（AM22：26）

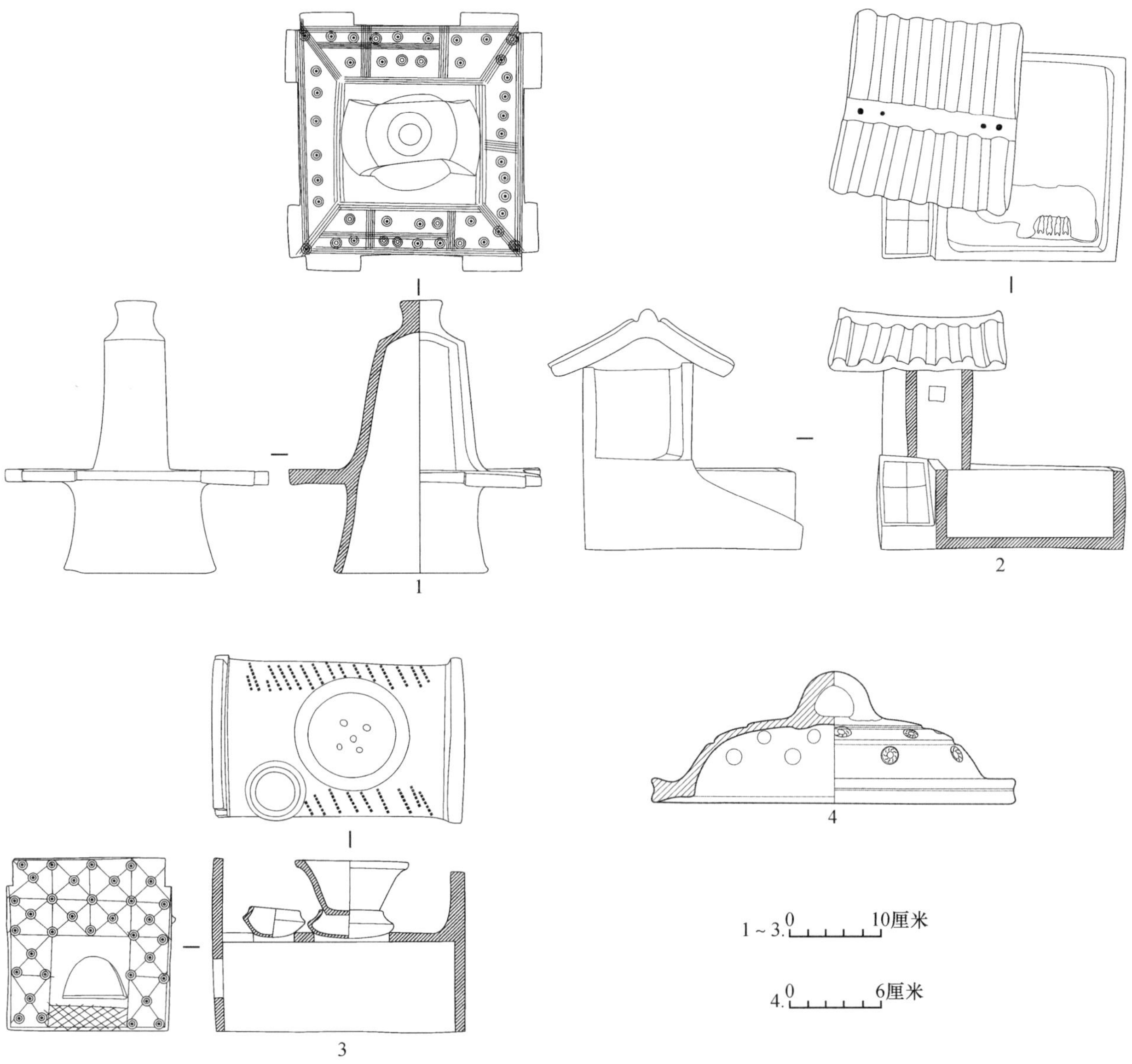

图4-1-89C　AM22出土陶器

1. 井（AM22：40）　2. 圈（AM22：41）　3. 灶（AM22：39）　4. 器盖（AM22：29）

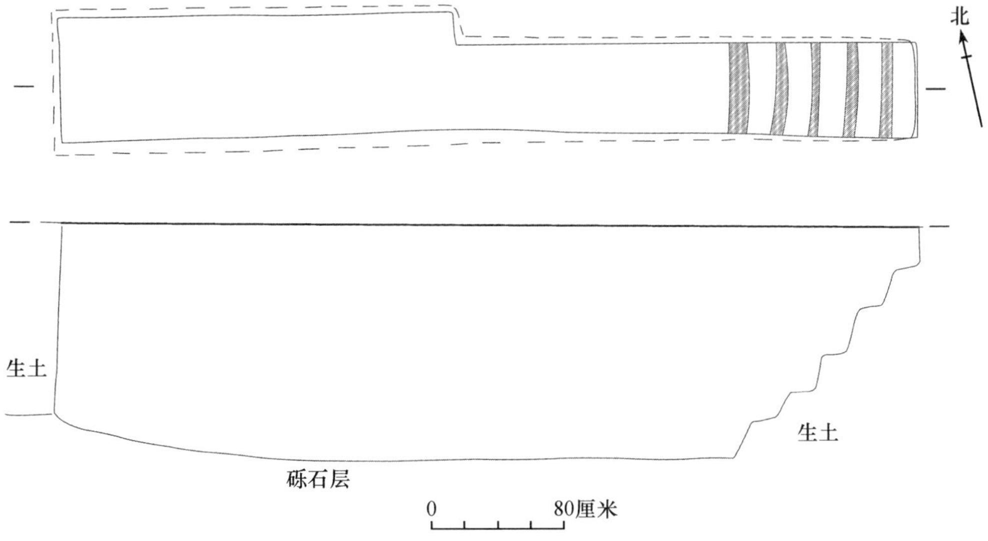

图4-1-90　BM41平、剖面图

（一）2006HGB区T18M55（下文简称“BM55”）

BM55位于B区东南隅的T18东北角。叠压于第2层下，墓口距地表0.3、墓深5.68米。竖井和墓室向北，方向15度，台阶墓道向东，与竖井基本成90度。该墓被严重扰动，竖井和厅室有大盗洞，推测可能为迁葬墓。

由墓道、封门、墓室、耳室组成（图4-1-91；图版七九，3）。

墓道：位于墓室北侧。口小底大，由台阶墓道、竖井两部分组成。台阶墓道与竖井平面呈“L”形，台阶墓道部分因范围受限未全部发掘，口部发掘长3.3、宽0.52、底面宽0.56～0.6米。发掘部分现存十四级台阶，台阶面宽0.18～0.26、高0.22～0.48米。竖井口部平面南北长2.44、底面长2.52、宽0.9～0.94米。竖井底面呈斜坡状，北端距墓口5.24米，南端与墓室底面平。竖井北端西侧壁面有一排脚窝，共八个，脚窝长径0.2～0.26、短径0.1～0.14、进深0.14～0.18米，脚窝间距0.26～0.6米。

值得注意的是，竖井仅有西壁有脚窝。推测原墓道可能为竖井式，东、西两壁均有脚窝，后二次进棺时已开始流行带台阶墓道并携竖井，故重新挖建带台阶的斜长墓道并破坏了东壁的脚窝。若此推测不误，这种斜长或直长的带台阶并携竖井式的墓道（即Ba型和Bb型墓），很可能是由竖井式（或天井式）墓道（即A型墓）发展而来。这一认识对墓地的形成和发展过程研究具有重要意义。

封门：位于竖井内南端。青砖封门，仅存底面一层，为丁砖一砖前一砖后斜放，前面砖为整砖，后面砖为半砖。设有砖槽，砖槽北端0.5米处向两边折出0.16米，槽宽1.26、进深0.5、高1.6米。

墓室：拱顶土洞砖室结构。平面呈长方形，由前厅和后室组成，土洞通长4.82～4.9、洞高1.86米，前厅长1.74～1.8、宽1.92米。后室主要做棺床，为生土台结构，长2.6～2.66、宽1.92、洞高1.72米，棺床高于厅室地面0.08米。墓室壁面垂直规则，存高0.1～0.26米，保存少许墙砖，为顺砖错缝平砌。前厅和后室地面均为斜行“人”字形铺砖，券门下为一行顺砖平铺，棺床沿有一排侧放丁砖。

耳室：两个，位于墓室北端两侧。拱顶土洞结构，口部与墓室结合处为砖结构。左耳室平面呈“丁”字形，洞口宽0.96、横内边宽1.24、竖内边宽1.22米，耳室横长1.82～2.14、竖长2.16～2.24米，横洞高0.7～1.3、竖洞高0.62～1.2米。右耳室为拱顶土洞结构，平面呈靴状，洞口宽0.96、竖内边宽1.26米，横长1.8～1.94、竖长2.6～2.9米，横洞高1～1.3、竖洞高0.5～1.2米。入口处有两排对缝平铺顺砖。

葬具与葬式：因盗扰严重，葬具和墓主信息不详。

出土遗物：10件（组），有陶器、铜器、钱币和铁器等，均出自盗土中，多数已破碎，计有陶鸮形小壶1件、罐1件、仓盖2件（图4-1-92；图版七九，4），铜环饰2件、帽钉1件，铜钱1

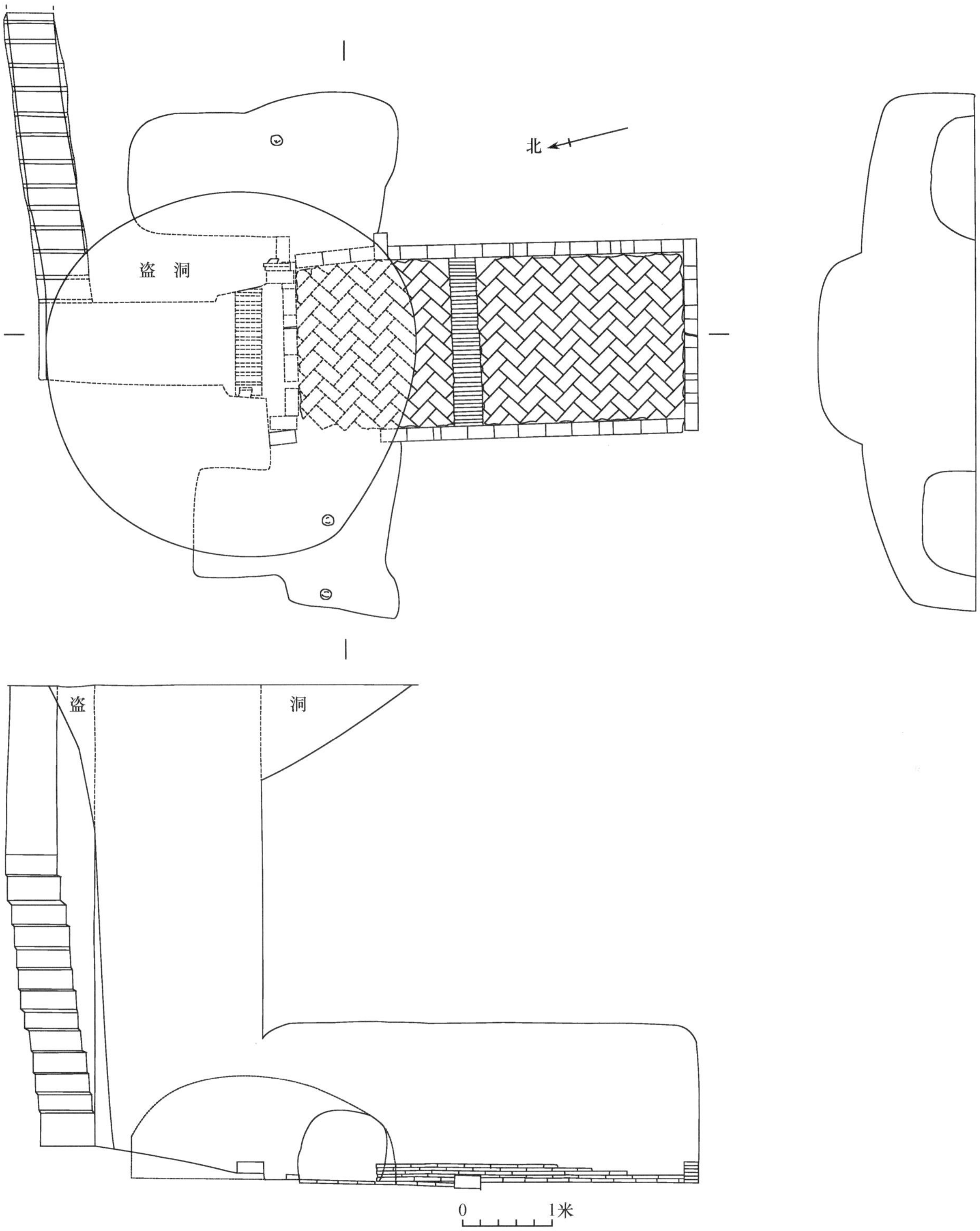

图4-1-91 BM55平、剖面图

1、4. 铜环饰 2. 铜钱（4枚） 3. 鸮形小陶壶 5. 铁刀 6. 残铁器 7. 铜帽钉 8. 陶罐 9、10. 陶仓盖（均出自盗洞中）

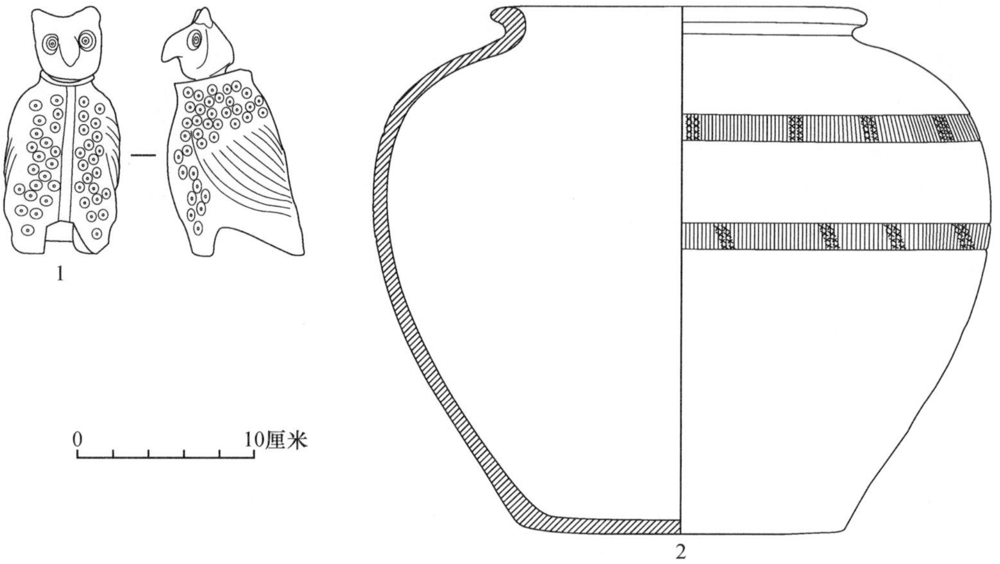

图4-1-92　BM55出土陶器

1. 鸮形小壶（BM55：3）　2. 罐（BM55：8）

组4枚，铁刀1件、剑柄1件。器物组合不明。

BM55的年代应属西汉晚期。

（二）2006HGA区T14M29（下文简称“AM29”）

AM29位于A区东南部的T14中部。叠压于第2层下，墓口距地表0.3、墓深4.7米。墓门向北，方向15度。在竖井南端有一盗洞，墓室被严重盗扰。

由坟丘、墓道、封门、墓室、耳室组成（图4-1-93；图版八〇，1）。

坟丘：竖井南部有塌落坟丘堆积。平面近椭圆形，长径2.4、短径2、深1.2米。坟丘堆积褐色土，间杂黄土、红土颗粒。

墓道：位于墓室北侧中部。平面呈刀把状，由台阶墓道和竖井两部分组成。台阶墓道位于竖井北端东侧，并向右前方斜直伸出，口大底小，口部长7.1～7.4、宽0.6～0.66、底面宽0.52～0.68米。现存十九级台阶，台阶面宽0.18～0.4、高0.08～0.16米。竖井底面呈坡状，口部平面长2.66、宽0.92～1米，北端距墓口4.16米，南端与墓室底面平。

封门：位于竖井南端。青砖封门，盗扰严重，仅存五层，为丁砖左、右对角分层斜放，高0.54米。有封门砖槽，位于竖井南端向两侧折出0.14米，砖槽宽1.26、进深0.46米，高度不明。

墓室：拱顶土洞砖券结构。平面呈“T”字形，由前厅和后室组成，土洞通长6.28～6.34、宽2.46、洞高2.14米，前厅长2.6、宽2.14米。后室主要用作棺床，为生土台铺砖结构，长3.24、宽2.12、洞高2.08米，高于厅室地面0.04米。由于被盗扰，墓室仅保留少许墙砖，前墙、

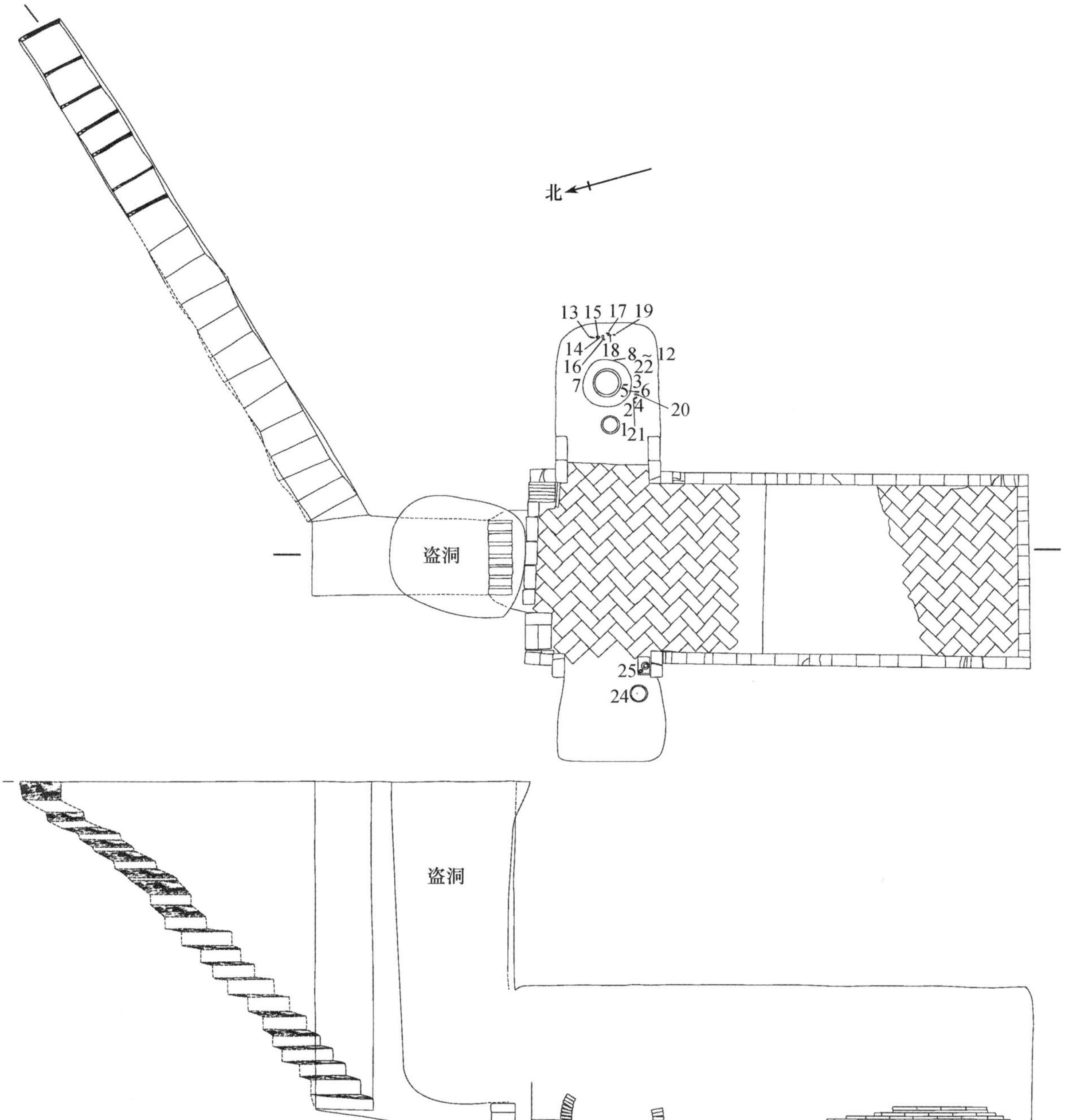

图4-1-93　AM29平、剖面图

1、12. 涂朱陶盆　2、11. 铜釴　3. 陶瓮　4、5、7～10、14～16. 铜盖弓帽　6、18、20～22. 铜帽饰　13、17. 铜軎　19. 陶器盖　23. 铜钱（11枚）　24. 陶樽　25. 陶灶　26. 铜衔镳　27. 铜当卢　28～34. 陶耳杯（23出自棺床扰土中，26～34出自盗土中）

后墙以及左、右两侧墙均为直立砖墙，其中前墙为丁砖，其他三面墙为顺砖错缝平砌，券砖存高0.56米。墓室底面均有铺砖，前厅、后室均铺成斜行“人”字形，厅室最外为一排平铺顺砖，床沿砖被扰，结构不明（图版八〇，4）。

耳室：两个，位于墓室北端左、右两侧。拱顶土洞结构，入口与墓室砖券结合处为砖拱券结构，平面均近圆角长方形，左耳室口宽1.06、内边宽1.2、进深1.34、洞高1.6米，右耳室口宽1、内边宽1.16、洞高1.78米（图版八〇，2）。

葬具与葬式：因盗扰严重，墓主及葬具情况不明。

出土遗物：34件（组），有陶器、铜器和钱币，计有陶耳杯7件、灶1件、樽1件、瓮1件、涂朱盆2件、器盖1件（图4-1-94；图版八〇，3），铜衔镳1件、当卢1件、轪2件、盖弓帽9件、軎2件、帽饰5件，铜钱1组11枚，主要出土于右耳室内，少数铜构件出土于左耳室内，应是铜车马饰。器物组合不明。

AM29的年代应属新莽至东汉初年。

（三）2006HGA区T22M62（下文简称“AM62”）

AM62位于A区东南部的T22东北部。叠压于第2层下，墓道台阶打破AM63台阶墓道，墓口距地表0.3、墓深3.66米。墓北向，方向15度。竖井南端和厅室北端有一盗洞，墓室被盗扰严重。

由墓道、封门、甬道、墓室、耳室组成（图4-1-95；图版八一，1；图版八二，1）。

墓道：位于墓室北侧中部。平面呈“L”形，口小底大，由台阶墓道、竖井两部分组成。台阶墓道位于竖井北端右侧，与竖井部分呈钝角相连，口部长3.1～3.5、宽0.52、底面宽0.56～0.6米。现存十二级台阶，台阶面宽0.18～0.26、台高0.18～0.24米。竖井部分口部平面长2.8、宽0.9～0.94、底面宽0.98～1.2米。竖井底面呈斜坡状，北端距墓口3.2米，南端与墓室底面平。

封门：位于竖井内南端，甬道券门外。青砖封门，保存十六层，为丁砖左、右对角分层斜放，自下向上第六层至第十六层砖为前后交错放置，最下面五层摆放规整，第六层以上砖较松散，应为第二次开启墓门所致，最上面五层封砖被盗扰。封门两侧边层与层中间有一侧放丁砖。底面宽1.24、高2米（图版八三，2）。

甬道：位于墓室北侧中部。拱顶土洞砖券结构，甬券为单重三层券，三层均为完整拱券，第三层拱券右侧砌砖为丁砖错缝平砌，其余均为丁砖侧放。甬券门洞宽1.24、进深0.3、高1.6米。底面铺砖与厅室铺砖连为一体，均为斜行错缝平铺。

墓室：拱顶土洞砖室结构。平面呈长方形，由前厅和后室组成，土洞通长6、洞高2.28米，前厅长2.86、宽2.1米。后室主要为生土台作棺床，长2.76、宽2.08、洞高2.04米，高于厅室地面0.14米。墓室由十七排丁砖拱券构成，其中北起第七、八排为两丁砖错缝侧放，其余均为丁砖对缝侧放，墙砖为顺砖错缝平砌，砖墙1.22米高时开始起券。前墙与后墙为顺砖错缝平砌，后墙为单面独立墙，与拱券不相连。前厅和后室底面为东北–西南向斜行错缝铺砖，棺床沿铺砖为一排侧放丁砖（图版八三，1）。

耳室：两个，位于墓室北端两侧。拱顶土洞结构，口部与墓室结合处为砖结构，平面均呈

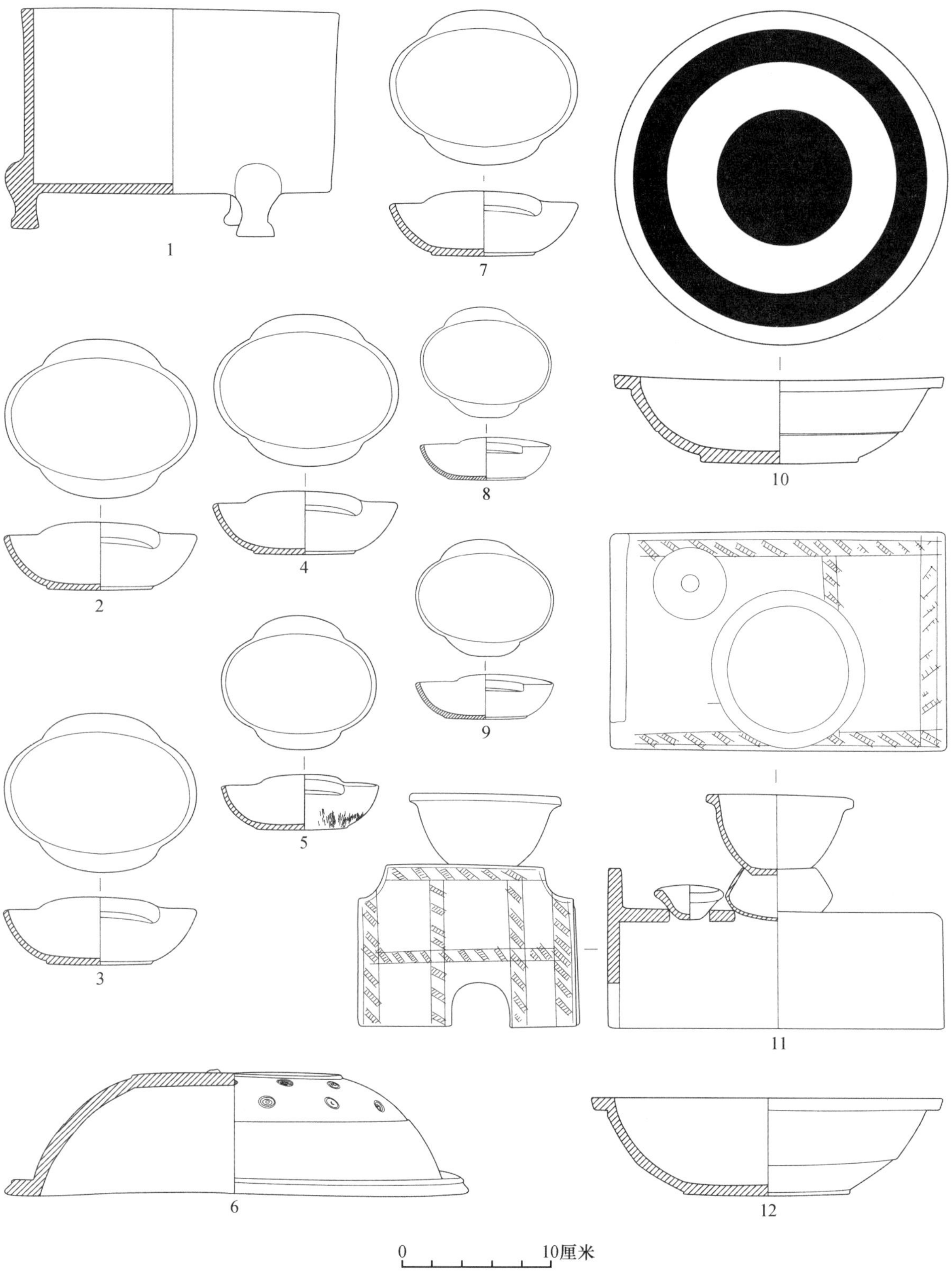

图4-1-94 AM29出土陶器

1. 樽（AM29：24） 2～5、7～9. 耳杯（AM29：32～34、30、31、29、28） 6. 器盖（AM29：19）
10、12. 彩绘盆（AM29：12、1） 11. 灶（AM29：25）

圆角长方形，左耳室洞口宽1、内边宽1.02、洞高0.92米，右耳室洞口宽0.9、内边宽1.1、洞高0.94米（图版八三，3）。

葬具：木棺两副，仅存朽木痕迹。棺1位于棺床右侧，长2.26、宽0.46～0.56米；棺2位于棺床左侧，长2.3、宽0.66～0.7米。棺室内均有青灰一层，棺2使用铁棺钉。

葬式：人骨架两具。两位墓主均为一次葬，仰身直肢，头向北，面向上，人骨被扰，上半身朽蚀严重，仅股骨与胫骨保存较好。棺1内墓主经鉴定为男性，成年人，身高1.7米。墓主口含铜钱1枚，腰部有铜带钩1件，身旁有铜钱4枚，身体左侧下部有铁剑1把，尖南柄北（图版八二，3）。棺2内墓主经鉴定为女性，年龄18～20岁，身高约1.55米。墓主腰部左侧有铜钱4枚。应为夫妇合葬。

出土遗物：51件（组），有陶器、铜器、铜镜、钱币和铁器，计有陶壶1件、罐2件、熏炉1件、樽2件、耳杯16件、舟形盒1件、魁2件、案2件、盘4件、勺2件、瓮2件、筒形杯1件、器盖2件（图4-1-96A、96B；图版八一，2），铜眉刷1件、带钩1件，铜镜1面，铜钱3组9枚，铁剑1件、矛2件、带钩1件、钩2组3件、棺钉1组3件，应放在两个耳室内，被盗扰至厅室南部。应为两套器物组合。墓室上部有陶瓮1件（图版八二，2）。从出土遗物看，此墓男墓主人不仅随身佩戴1把长剑，而且厅室内还出土铁矛2件，至少可以判断男墓主是尚武的。此外，墓中还出土有陶博山炉、圆形案、筒形杯等新器形，结合砖券墓室、单重三层甬券情况来看，该墓主生前身份应较高。

AM62的年代应属新莽至东汉初年。

（四）2006HGA区T22M63（下文简称“AM63”）

AM63位于A区东南部的T22北部。叠压于第2层下，墓道台阶部分被AM62墓道台阶打破，墓口距地表0.35、墓深3.8米。墓门向东，方向104度。保存完整。

由墓道、封门、甬道、墓室、耳室组成（图4-1-97；图版八四，1）。

墓道：位于墓室东侧中部。平面呈刀把状，由台阶墓道、竖井两部分组成，口部长3.3、宽0.46～0.7、底面宽0.6～0.66米。台阶墓道位于竖井东端，向右前方斜出，现存十一级台阶，台阶面宽0.22～0.3、高0.16～0.3米。竖井部分平面长2.84、宽0.94～0.98米。竖井底面呈斜坡状，东端距墓口3.1米，西端与墓室底面平。

封门：位于竖井西端，甬道券门外。双层封门，内侧为木门，外侧为青砖封门。外侧封门砖共二十二层，顶部四层为顺砖对缝平砌，下部十八层为丁砖左、右对角分层斜放，两侧边层与层中间放一丁砖，封门砖上端宽0.94、底面宽1.2、高2.1米。内侧木门已腐朽塌落，保存朽木痕迹，现存痕迹有五块木板，中间塌落一块，原可能为六块木板，左数第一块宽0.28米，第二块宽0.18米，第三块宽0.1米，第四块倒塌，第五块宽0.18米，第六块宽0.08米，厚度不明，存高0.58米。墓室东端底面有二次封门时散落的残砖（图版八五，2）。

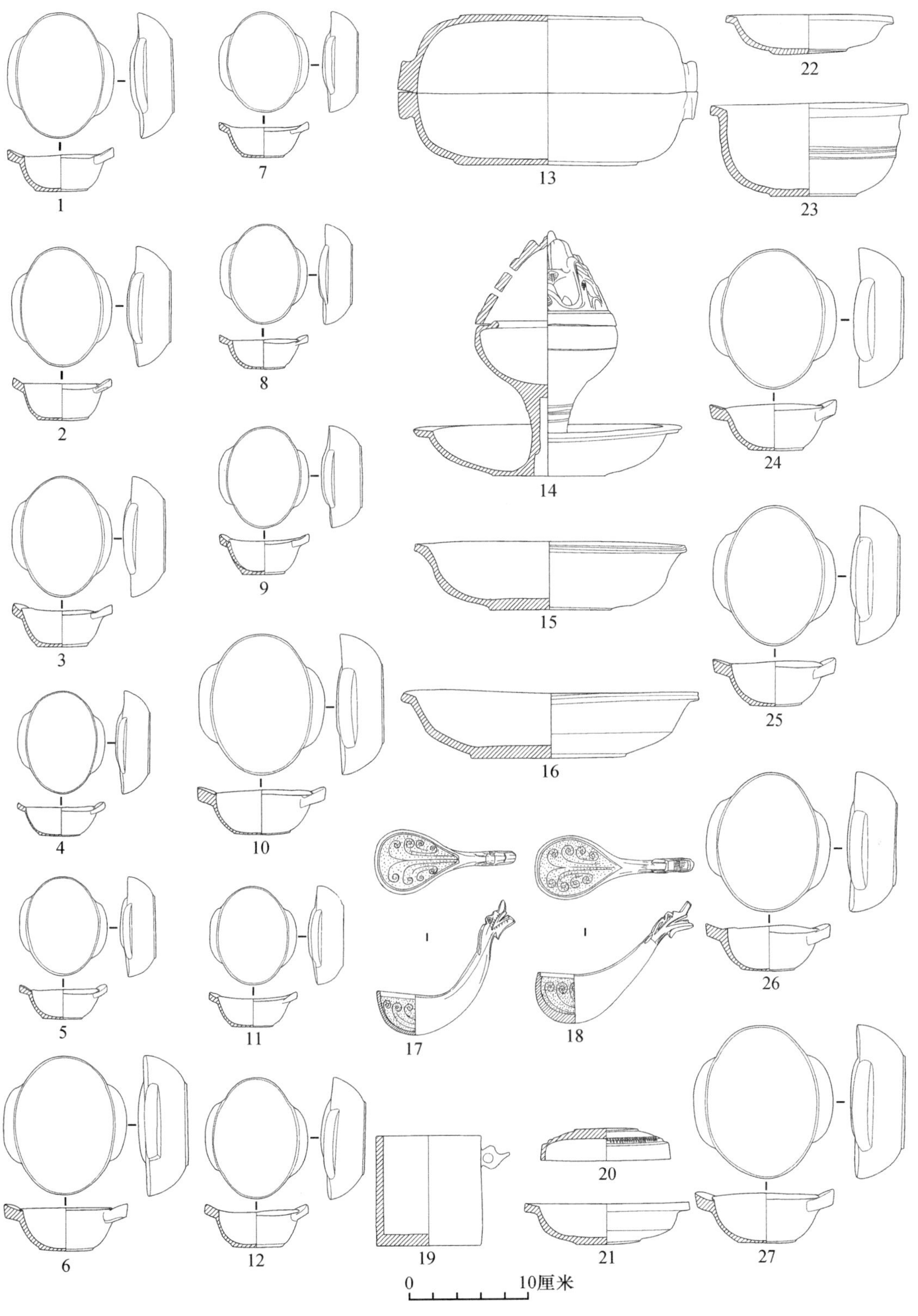

图4-1-96A　AM62出土陶器

1～12、24～27. 耳杯（AM62：10、15～20、22～24、26、37、42～45）　13. 舟形盒（AM62：14）　14. 熏炉（AM62：21）　15、16、21、22. 盘（AM62：25、27、47、12）　17、18. 勺（AM62：49、50）　19. 筒形杯（AM62：31）　20. 器盖（AM62：46）　23. 魁（AM62：30）

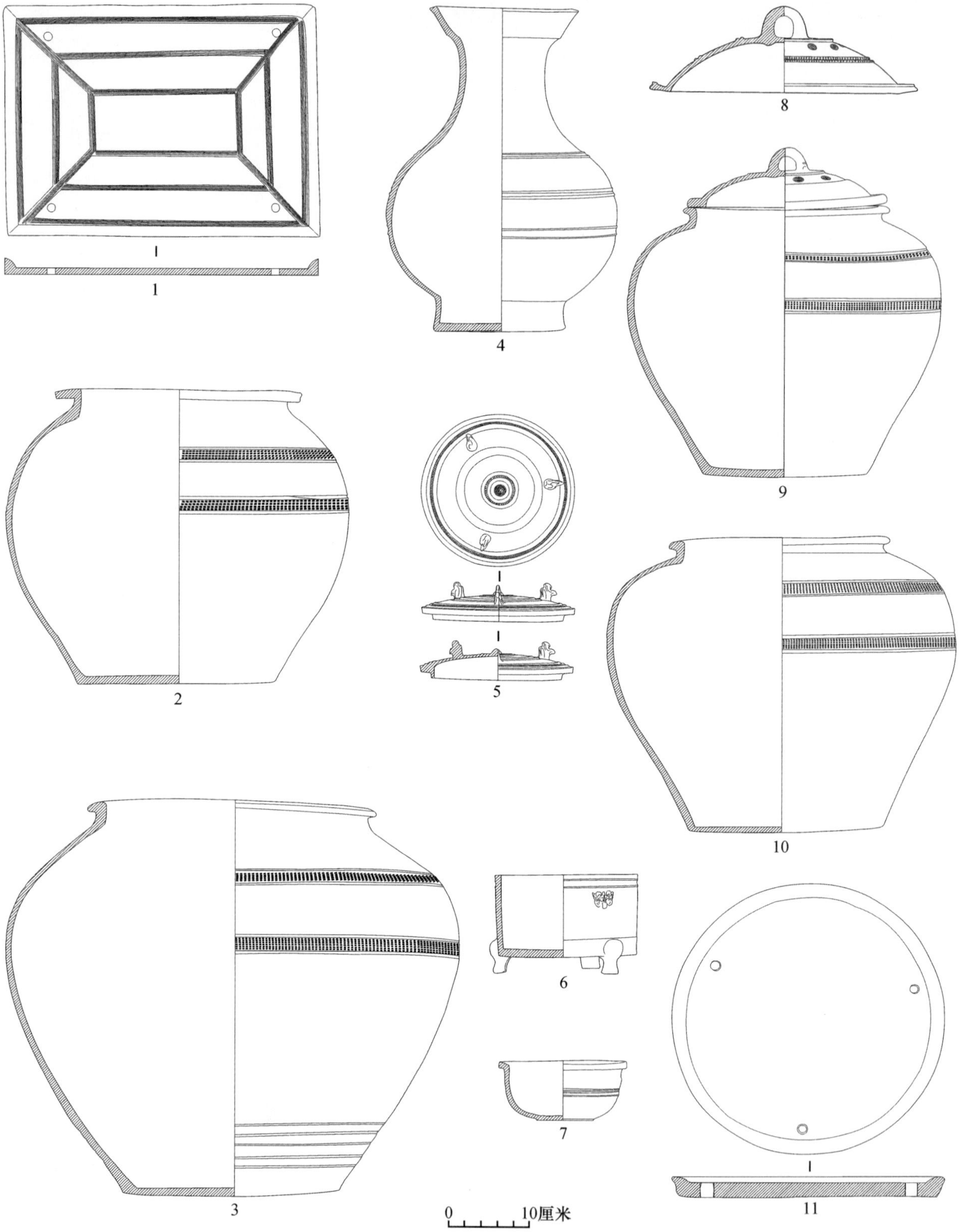

图4-1-96B　AM62出土陶器

1、11. 案（AM62：11、28）　2、9. 罐（AM62：36、51）　3、10. 瓮（AM62：1、52）　4. 壶（AM62：35）
5. 樽盖（AM62：13）　6. 樽（AM62：29）　7. 魁（AM62：7）　8. 器盖（AM62：32）

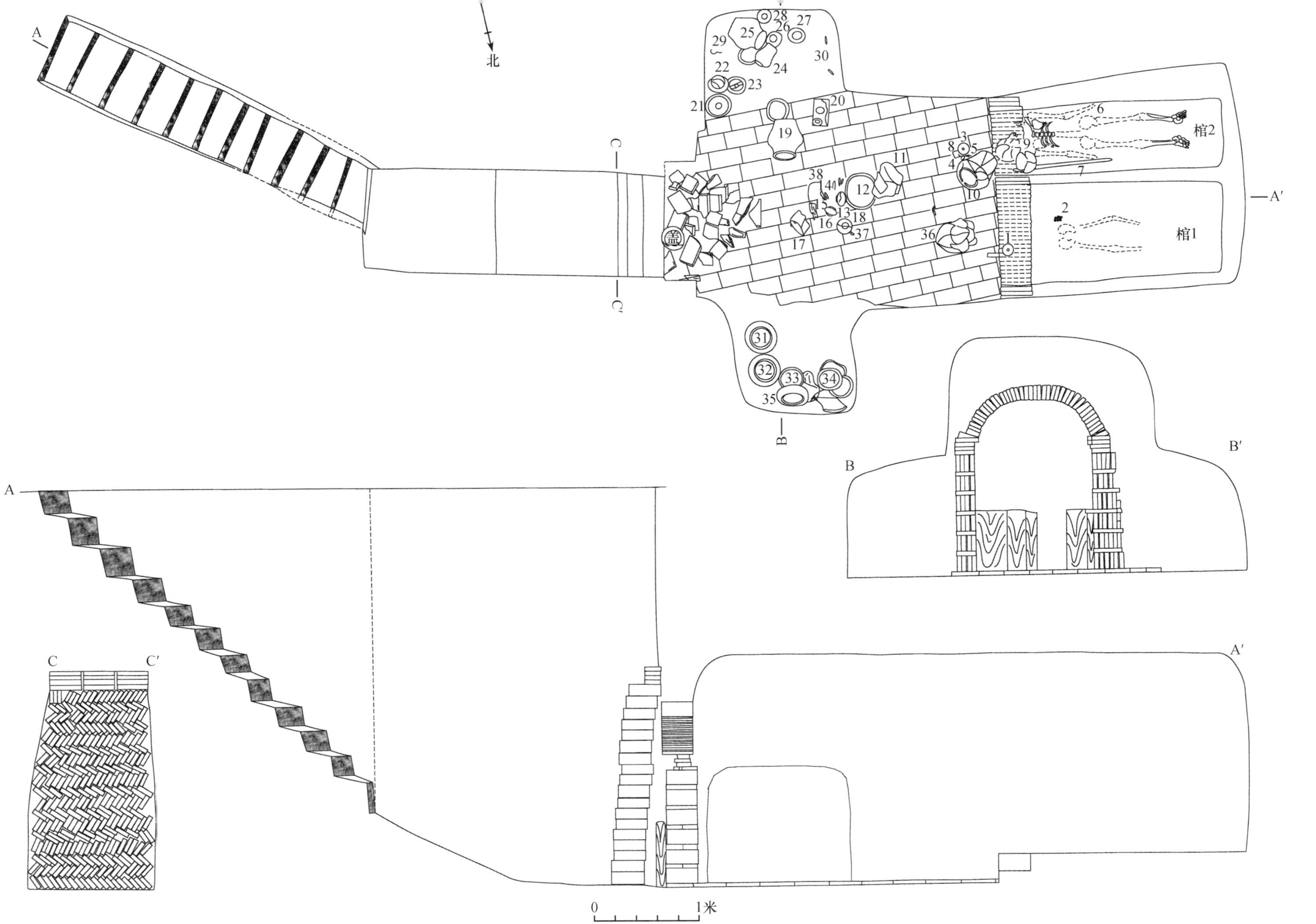

图4-1-97　AM63平、剖面图

1、3. 铜镜　2. 铜钱（12枚）　4. 刻铭石器　5、7. 铁刀　6. 铜钱（5枚）　8. 长方形石器　9. 陶器盖　10、11、19、25、31～34、36. 陶罐　12. 陶案　13～16. 涂朱陶耳杯　17. 陶樽　18. 涂朱陶魁　20. 陶灶　21. 陶熏炉　22、24、26、27. 陶仓　23. 陶井　28. 小陶罐　29. 铁钩　30. 铅衔镳　35. 陶圈　37. 涂朱小陶勺（18号陶魁内）　38. 动物骨头

甬道：位于墓室东端。拱顶土洞砖券结构，土洞宽1.58、进深0.3、高1.78米。甬券为单层拱券，直立砖墙的结构较少见，拱券为常见的丁砖侧放，直立墙顶部为四层单砖顺砖平砌。甬券门洞宽1.04、高1.64米。底面有部分铺砖。

墓室：拱顶土洞结构，平面呈“T”字形，由前厅和后室组成。主墓室平面呈束腰长方形，土洞通长4.98、洞高2.22米，前厅长2.76～2.86、宽1.9米。后室主要做棺床，为生土台结构，长2.14～2.22、宽1.9～2.1米，棺床台面高于厅室地面0.28米。前厅底面有顺砖错缝平铺砖，后室棺床上无铺砖，棺床沿为一排侧放丁砖（图版八五，1）。

耳室：两个，位于墓室东端。拱顶土洞结构，平面近圆角长方形，左耳室口宽1.3、内边宽1.04、进深0.9、洞高0.96～1.14米（图版八五，3），右耳室口宽1.32、内边宽1.8、进深0.8～1、洞高0.84～1.14米。

葬具：木棺两副，仅存朽木痕迹。棺1长2.3、宽0.84～0.94米，棺2长2.56、宽0.62～0.64米。棺1内铺有青灰一层，棺2内有白灰泥一层。

葬式：人骨架两具，朽蚀严重，大部分成粉末状。两位墓主均为一次葬，仰身直肢，头向东。棺1内墓主面向不明，倾向为女性，年龄不详，身高约1.4米。墓主头部放有1面铜镜，左侧腰部有铜钱12枚，铜钱有穿绳痕迹，铜镜有织物包裹痕迹。棺2内墓主面向南，经鉴定为男性，年龄在16～20岁之间，身高1.7米。墓主头上部有铜镜1面、石器和铁器各1件，左手部有铜钱5枚，铜钱有织物包裹痕迹，右臂下西侧有1柄铁刀，尖西柄东刃向南。应为夫妇合葬。

出土遗物：38件（组），有陶器、铜镜、钱币、铁器、铅器和石器，计有小陶罐1件、罐9件、仓4件、井1件、灶1件、圈1件、熏炉1件、樽1件、涂朱耳杯4件、涂朱魁1件、涂朱勺1件、案1件、器盖1件（图4-1-98A、98B；图版八四，2），铜镜2面，铜钱2组17枚，铁刀2件、钩1件，铅衔镳1件，刻铭石器1件、长方形石器1件，动物骨头1组，主要出土于耳室及厅室，出土时器物不在原来位置。应为一套完整的器物组合。其中陶魁和陶勺内均施红彩，柄为龙首状。

AM63的年代应属新莽至东汉初年。

（五）2006HGA区T29M75（下文简称“AM75”）

AM75位于A区北中部的T29东南角。叠压于第2层下，墓口距地表0.35、墓深5.18米。墓门向北，方向18度。保存完整。

由坟丘、墓道、封门、甬道、墓室、耳室组成（图4-1-99；图版八六，1）。

坟丘：竖井南部有塌落坟丘堆积。平面呈椭圆形，长径3.8、短径2、深1.3米。坟丘堆积褐色土，间杂黄土、红土颗粒。

墓道：位于墓室北侧中部。平面呈刀把状，口小底大，由台阶墓道、竖井两部分组成。台阶墓道位于竖井北端，并向右前方斜出，墓道口长4.7～4.94、宽0.46～0.64、底面宽0.6～0.64米。现存十六级台阶，台阶面宽0.18～0.3、台高0.16～0.44米。竖井部分口部平面长2.76、宽

图4-1-98A　AM63出土陶器

1. 器盖（AM63：9）　2. 熏炉（AM63：21）　3、8、9. 耳杯（AM63：16、14、15）　4. 罐（AM63：32）
5. 樽（AM63：17）　6. 小罐（AM63：28）　7. 魁（AM63：18）　10～13. 仓（AM63：22、24、26、27）

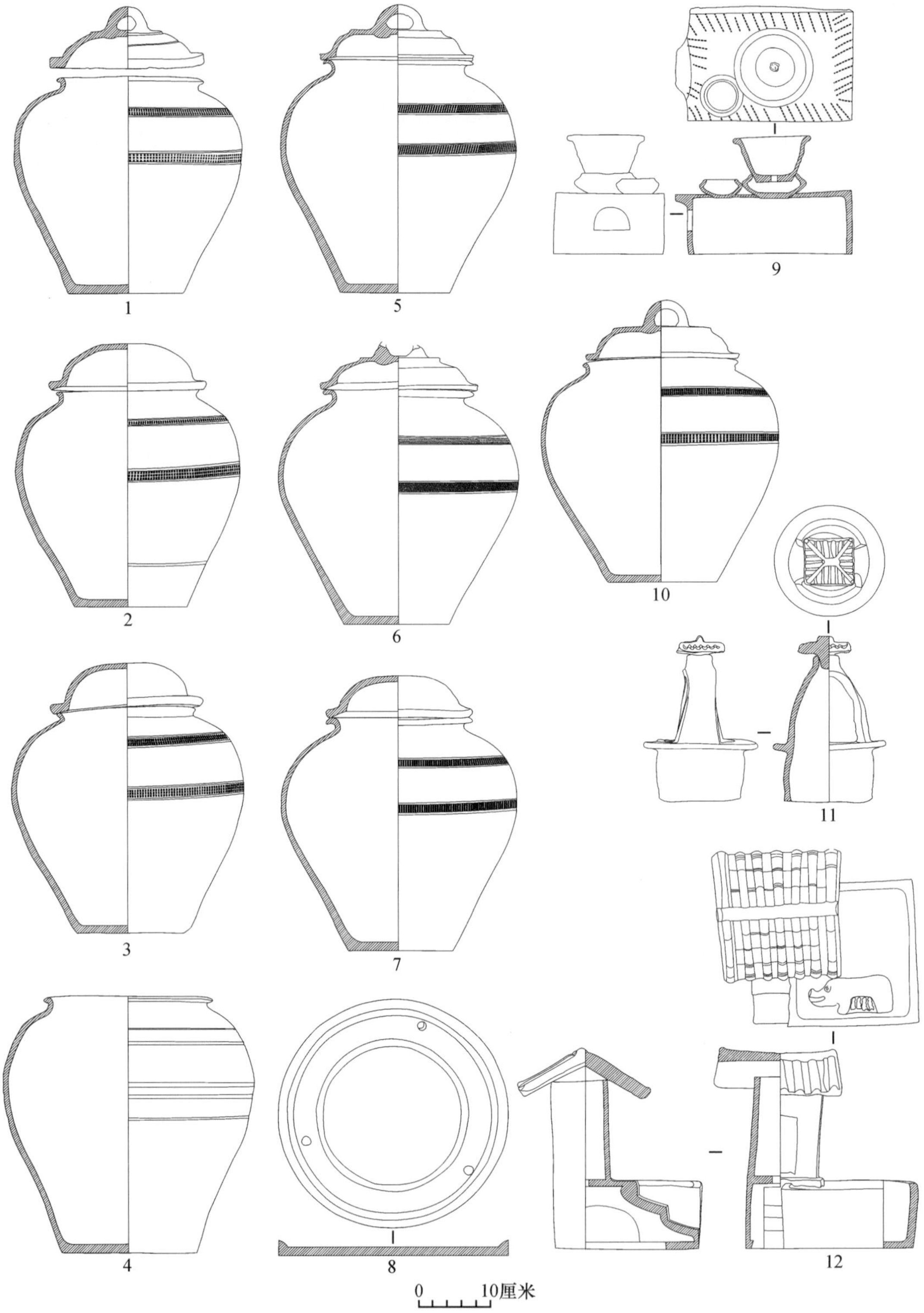

图4-1-98B　AM63出土陶器

1～7、10. 罐（AM63：11+9、19、25、36、31、33、34、10）　8. 案（AM63：12）　9. 灶（AM63：20）
11. 井（AM63：23）　12. 圈（AM63：35）

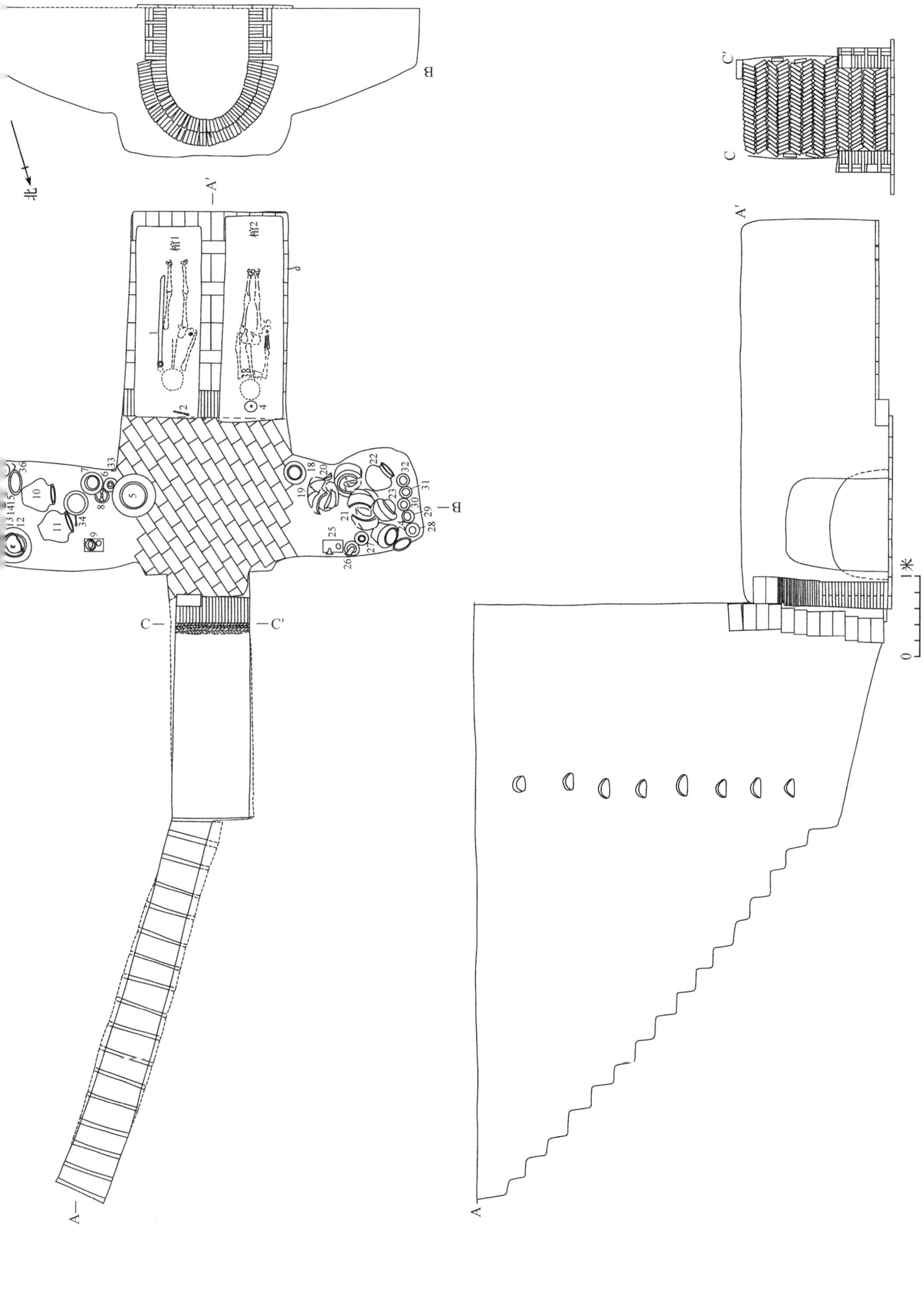

图4-1-99 AM75平、剖面图

1、34. 铁刀 2. 小铁刀 3. 铜钱（4枚） 4. 铜镜 5. 陶瓮 6、27. 小陶罐 7、18. 陶壶 8、26. 陶井 9、25. 陶灶 10～12、19～24. 陶罐 13～17、28～32. 陶仓 33. 铁钩 35. 铜钱（5枚） 36. 陶器盖 37、38. 玛瑙耳饰

0.9～0.94、底面宽1米。竖井底面呈坡状，北端距墓口4.5米，南端与墓室底面平。竖井北段两侧壁面有一组共八个脚窝，脚窝长径0.2～0.26、短径0.1～0.14、进深0.14～0.18米，脚窝间距0.26～0.48米。

封门：位于竖井南端，甬道券门外侧。青砖封门，共十二层，底层为顺砖平铺，与封门两侧边丁砖形成门框式样，下面为丁砖左、右对角分层斜放，底部第四至七层偶有前后交错摆放。封门砖底面宽1.26、高1.88米。

甬道：位于墓室北端。土洞砖券结构，甬券为双层券，券墙为三丁两顺结构，其中顺砖均为平砌，丁砖内侧为三块平砖，外侧为两块侧砖，甬券墙高0.64米开始起券，两层拱券完整，甬道土洞宽1.92、进深0.3、高1.74米，甬券门洞宽1.02、高1.42米。甬道底面有与厅室底面相连的斜行铺砖，斜行砖外为一排平铺顺砖。

墓室：拱顶土洞结构，平面呈“T”字形，由前厅、后室组成。主墓室平面呈长方形，土洞通长4.44～4.5、洞高1.88米，前厅长1.88～1.98、宽2米。后室主要做棺床，为生土台结构，长2.52～2.56、宽1.92～2米，高于厅室地面0.16米。墓室壁面垂直整齐。前厅底面为东南–西北向斜行错缝铺砖，后室棺床上为两丁一顺铺砖，边沿为一丁一顺铺砖，棺床沿为一排侧放丁砖（图版八七，1）。

耳室：两个，位于墓室北端两侧。拱顶土洞结构，平面近圆角长方形，左耳室口宽1.24、内边宽1.1、进深1.5～1.7、洞高0.7～1.3米（图版八七，2），右耳室口宽1.2、内边宽1.24、进深1.5、洞高0.66～1.3米（图版八七，3）。

葬具：木棺两副，仅存朽木痕迹。棺1长2.36、宽0.78～0.8米，棺2长2.54、宽0.7～0.8米。棺内壁有白灰，底面铺一层青灰。

葬式：人骨架两具，已朽为粉末。两位墓主均仰身直肢，头向北，面向上。棺1内墓主倾向为男性，年龄10～14岁，身高1.56米。墓主左臂上放1把环首铁刀，尖南柄北刃向东（图版八七，4、5），头北部有1把小铁刀，右手握铜钱4枚。棺2内墓主倾向为女性，年龄16～18岁，身高1.54米。墓主头北中部有1面铜镜，双耳部各有1件玛瑙耳饰，右臂中部有铜钱5枚。应为夫妇合葬。

出土遗物：38件（组），有陶器、铜镜、钱币、铁器和玛瑙器，计有陶壶2件、罐9件、小罐2件、仓10件、井2件、灶2件、瓮1件、器盖1件（图4-1-100A、100B；图版八六，2），铜镜1面，铜钱2组9枚，铁刀3件、钩1件，玛瑙耳饰2件。从出土情况看，两个耳室内各置一套陶器。出土时土洞已坍塌，器物倾倒，但摆放整齐规则，耳室最内侧放置一排5件陶仓，中部放置4件陶罐、1件陶壶，外侧中间放陶灶、井和小罐各1件。

AM75的年代应属新莽时期至东汉初年。

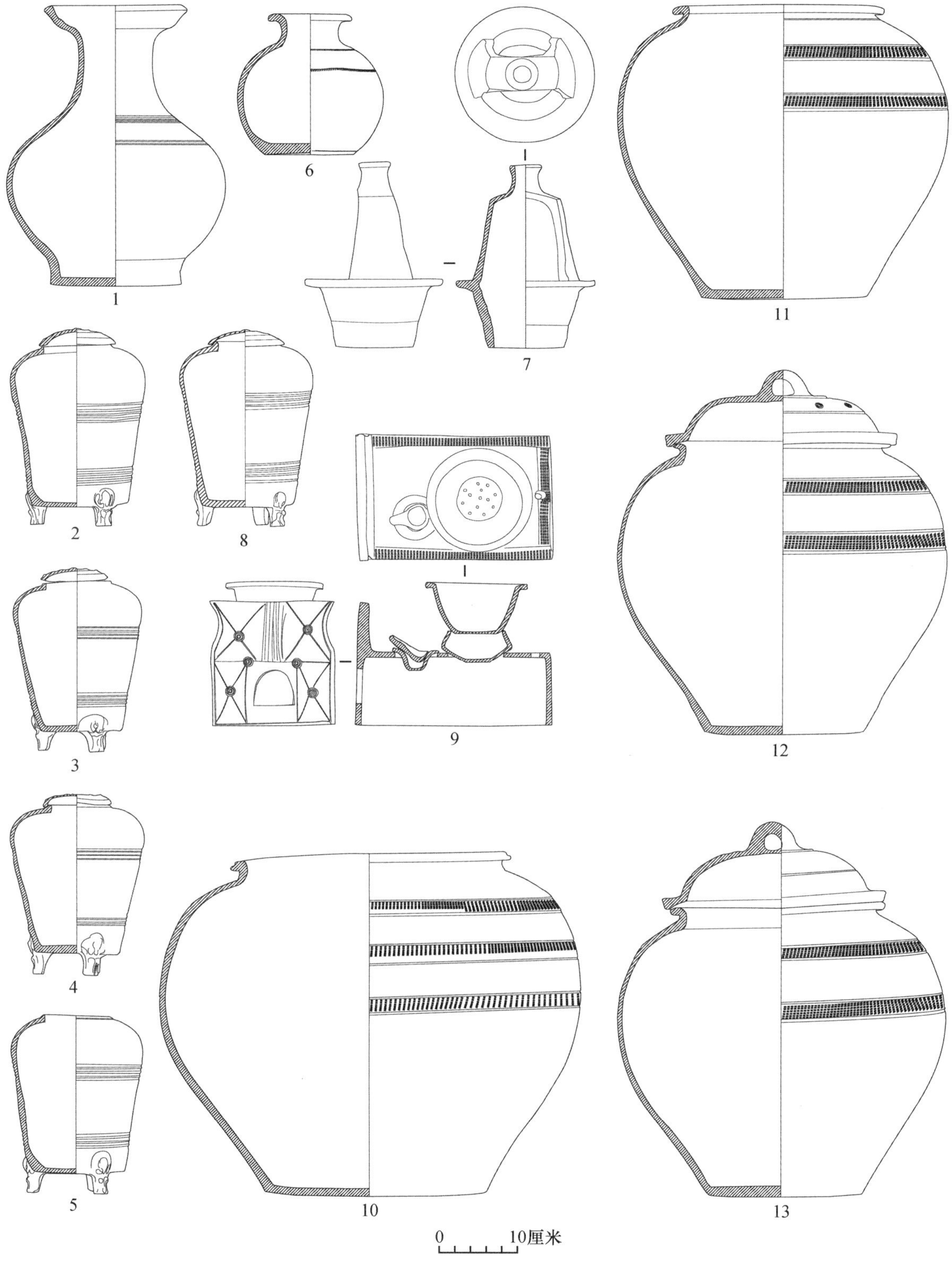

图4-1-100A　AM75右耳室出土陶器

1. 壶（AM75：7）　2～5、8. 仓（AM75：13、15～17、14）　6. 小罐（AM75：6）　7. 井（AM75：8）　9. 灶（AM75：9）　10. 瓮（AM75：5）　11～13. 罐（AM75：10～12）

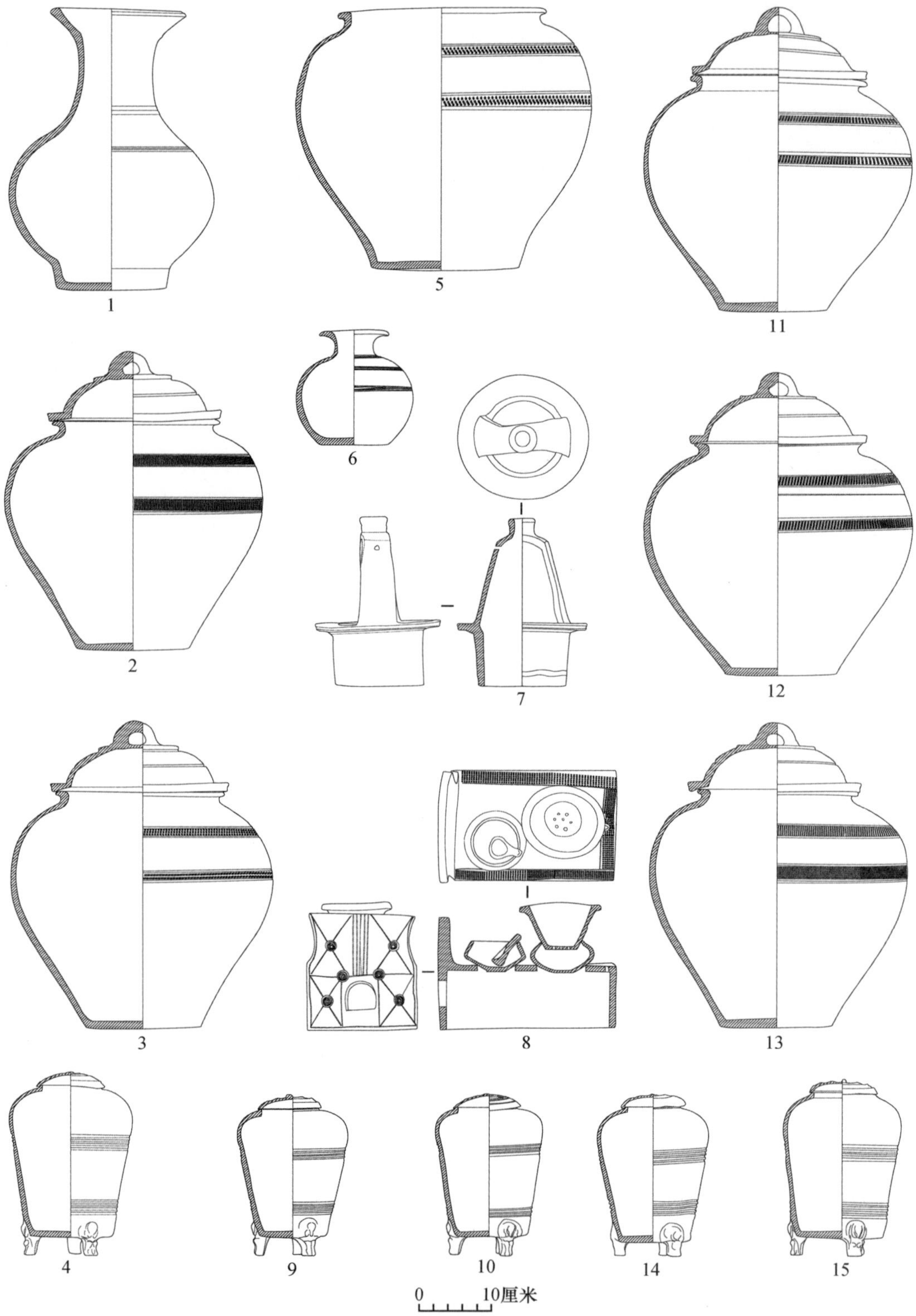

图4-1-100B　AM75左耳室出土陶器

1. 壶（AM75：18）　2、3、5、11～13. 罐（AM75：22、23、19、20、24、21）　4、9、10、14、15. 仓（AM75：28～32）　6. 小罐（AM75：27）　7. 井（AM75：26）　8. 灶（AM75：25）

（六）2006HGB区T5M29（下文简称“BM29”）

BM29位于B区西北部的T5西中部。叠压于第2层下，墓口距地表0.3、墓深5.5米。墓门向北，方向24度。在竖井和厅室处有较大盗洞，墓室被盗扰严重。

由墓道、封门、甬道、墓室、耳室组成（图4-1-101；图版八八，1）。

墓道：位于墓室北侧中部。平面呈刀把状，由台阶墓道、竖井两部分组成。台阶墓道位于竖井北部，并向右前方斜出，因BM24墓室塌落而使此墓墓道台阶北端随之坠入塌陷坑中而未能全部发掘，台阶墓道口长不少于5、宽0.56～0.6米。发掘部分现存二十级台阶，台阶面宽0.2～0.3、台高0.1～0.3米。竖井部分口部平面呈南北长方形，长2.8～3、宽1.1～1.16米。竖井底面呈坡状，北端距墓口4.9米，南端与墓室底面平。

封门：位于竖井南端，甬道券门外侧。青砖封门，共二十层封门砖，其中最上部三层为平砖顺砌，下部十七层为丁砖左、右对角分层斜放，为前后交错摆放。底面宽0.93、高1.96米。

甬道：位于墓室北端。土洞砖券结构，券顶已被破坏，只存两边拱券砖墙，砖墙为丁砖平砌，券底有顺铺平砖。底面宽1.54、进深0.3、存高0.9米。

墓室：拱顶土洞结构，由前厅和后室组成。墓室土洞通长5.68、洞高2.5米，前厅长3.06～3.14、宽1.88～2.06米。后室主要做棺床，为生土台结构，长2.56～2.62、宽1.9～2.06、洞高1.72米，高于厅室地面0.1米。前厅底面有斜行“人”字形铺砖，后室棺床为东北–西南向斜行错缝铺砖，棺床沿为一排侧放丁砖（图版八八，2）。

耳室：仅有左耳室，位于墓室北端左侧。拱顶土洞结构，平面近圆角长方形，洞口宽1.4、内边宽1、进深1.36、洞高1～1.44米（图版八九，2）。

葬具：木棺两副，仅存朽木痕迹。棺1长2.4、宽0.6米，棺2长2.48、宽0.64～0.84米。棺1内壁有白灰，棺2底面铺有一层青灰和一层白灰（图版八九，1）。

葬式：人骨架两具。腐朽严重，上半身略被扰。两位墓主均仰身直肢，头向北，面向上。棺1内墓主倾向为男性，身高1.68米。口含1块方形玉佩，左手握铜钱2枚，右臂处有1把环首铁刀，尖南柄北刃向西。棺2内墓主倾向为女性，身高1.5米。头北中部有1面铜镜及1块粉，两耳部各有1件玛瑙耳饰，右手握铜钱10枚（图版八九，3、4）。推测为夫妇合葬。

出土遗物：64件（组），有陶器、铜镜、钱币、铁器、玉器、玛瑙器和粉，计有陶鼎1件、壶1件、鸮形小壶2件（1件完整、1件仅存鸮首钮盖）、罐6件、仓11件、井2件、灶2件、樽2件、涂朱耳杯18件、涂朱舟形盒1件、魁1件、涂朱案1件、盘3件（1件涂朱）、器盖1件、勺1件（图4-1-102A、102B、102C；图版八九，5），铜镜1面，铜钱2组12枚，铁刀2件、钩2组5件、马衔1件，方形玉饰1件，玛瑙耳饰1组2件，粉1件，主要出土于耳室及厅室内，耳室有陶井1件、灶1件、鼎1件、罐3件、仓6件，厅室内有陶樽2件、仓5件、涂朱耳杯14件、涂朱盘1件、彩绘舟形盒1件，另有1件涂朱陶案被扰至棺2附近。从出土情况看应是两套器物组合。

BM29的年代应属新莽至东汉初年。

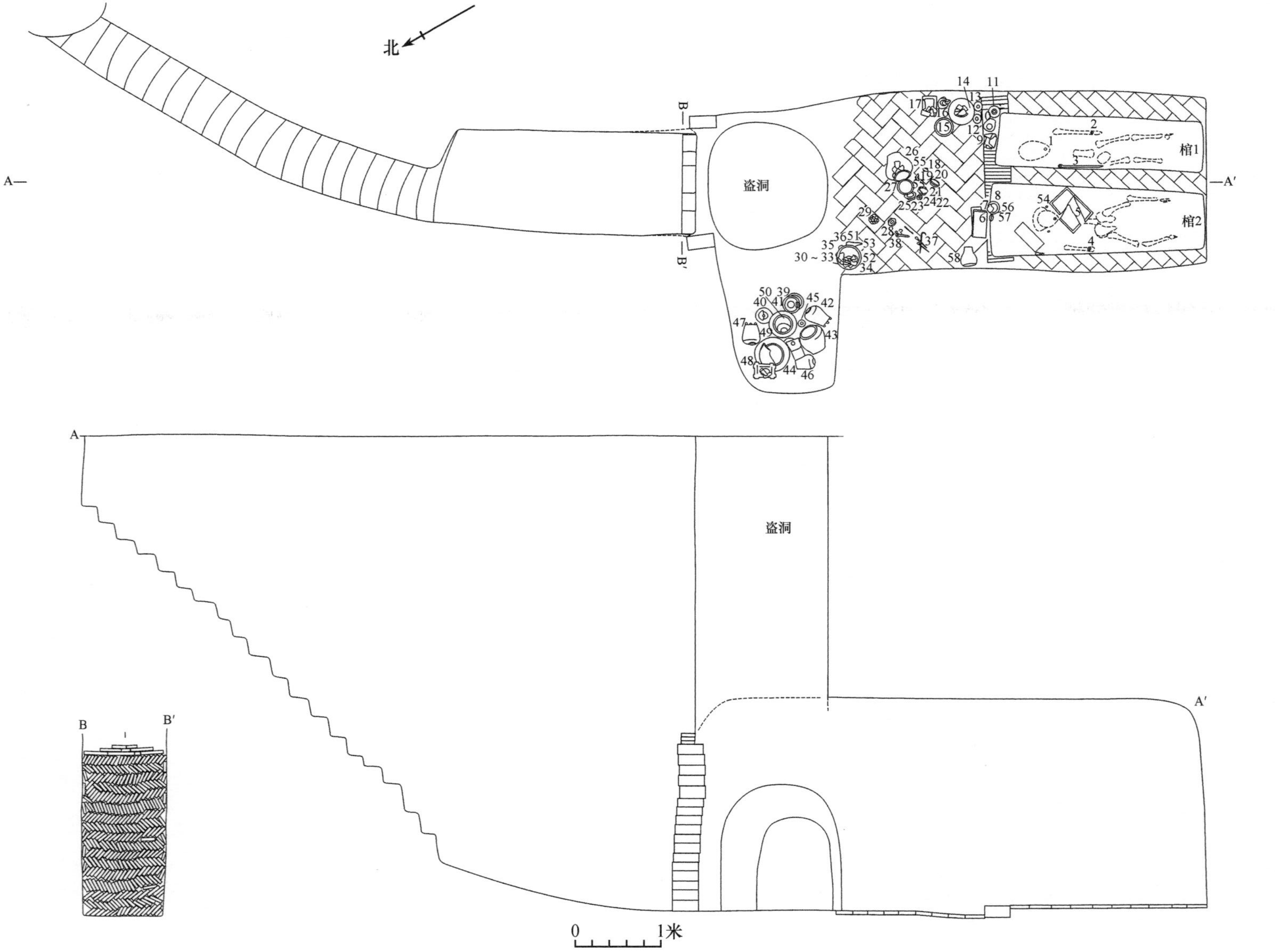

图4-1-101　BM29平、剖面图

1. 方形玉佩　2. 铜钱（2枚）　3、38. 铁刀　4. 铜钱（10枚）　5. 陶案　6、34、52. 陶盘　7、63. 鸮形小陶壶　8. 铜镜　9～13、40、42、45～47、50. 陶仓　14、26、41、43、49、57. 陶罐　15、27. 陶樽　16、48. 陶井　17、44. 陶灶　18～25、28～33、55、59～61. 涂朱陶耳杯　35. 彩绘舟形陶盒　36. 陶魁　37. 铁钩（4件）　39. 陶鼎　51. 陶勺　53. 铁马衔　54. 玛瑙耳饰（2件）　56. 粉　58. 铁钩　62. 陶器盖　64. 陶壶（59～64出自扰土中）

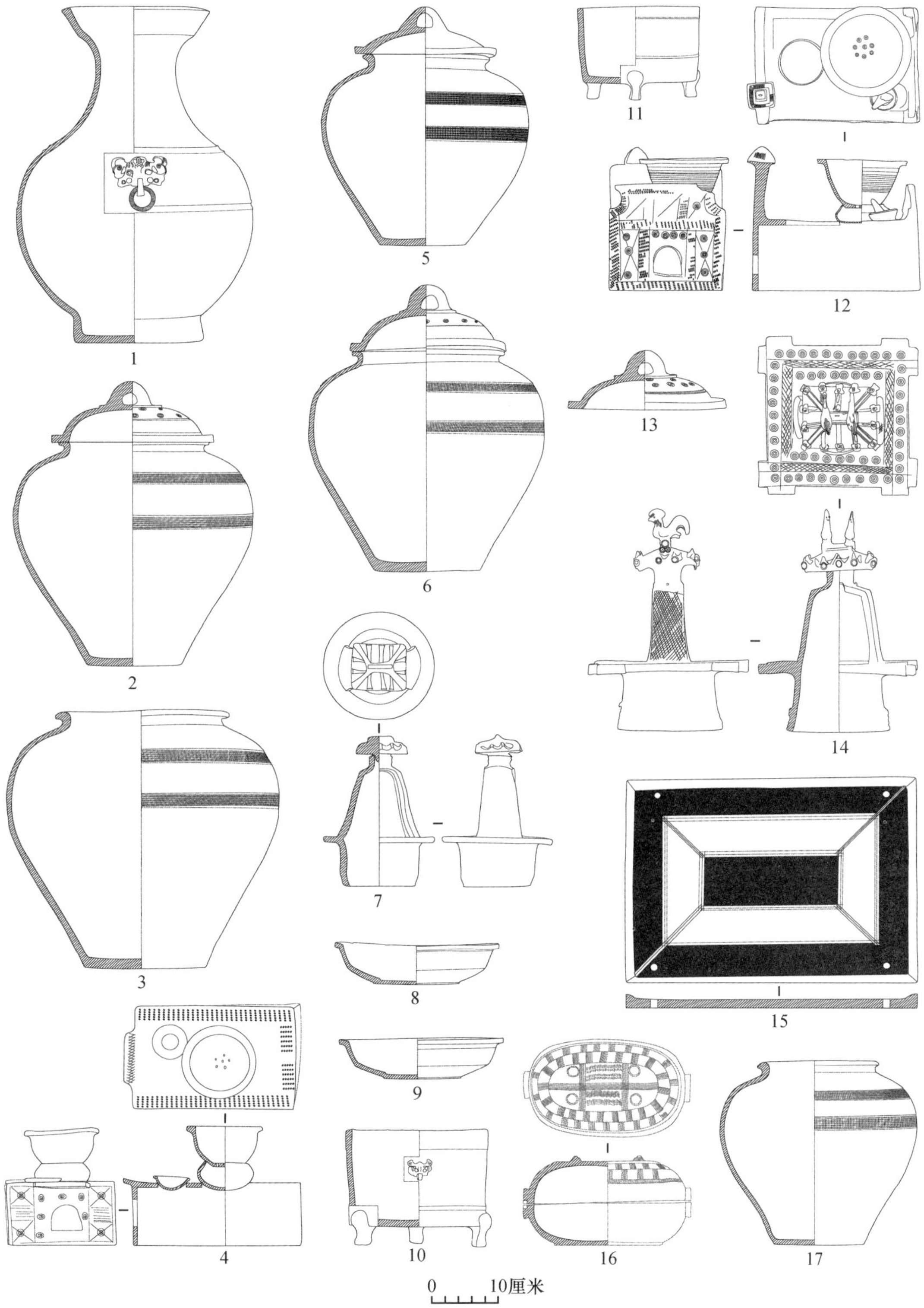

图4-1-102A BM29出土陶器

1. 壶（BM29：64） 2、3、5、6、17. 罐（BM29：43、57、26、41、14） 4、12. 灶（BM29：17、44） 7、14. 井（BM29：16、48） 8、9. 盘（BM29：34、52） 10、11. 樽（BM29：15、27） 13. 器盖（BM29：62） 15. 涂朱案（BM29：5） 16. 涂朱舟形盒（BM29：35）

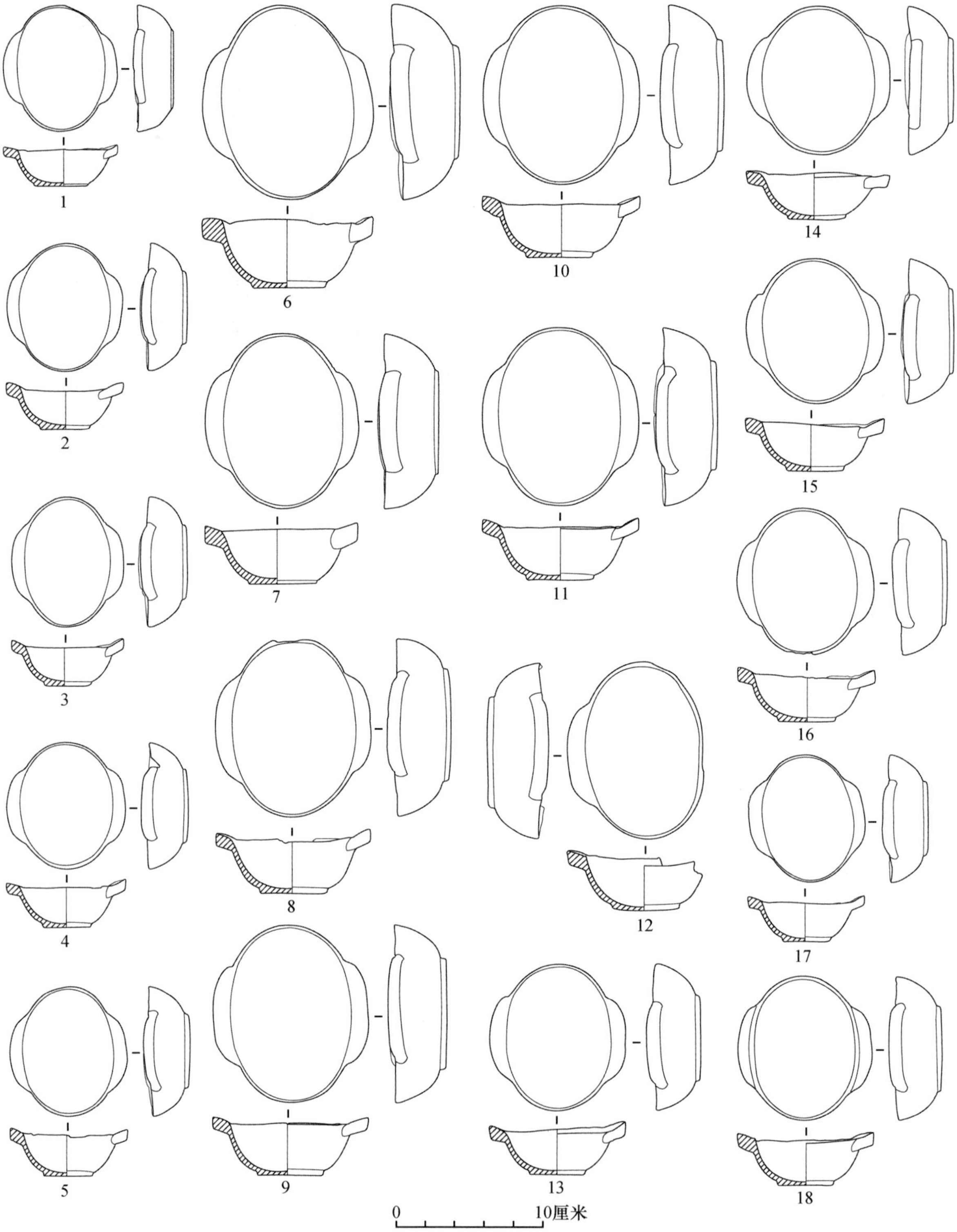

图4-1-102B　BM29出土陶器

1～18. 涂朱耳杯（BM29：59、19、23、24、33、60、61、22、32、20、25、29、55、18、21、28、30、31）

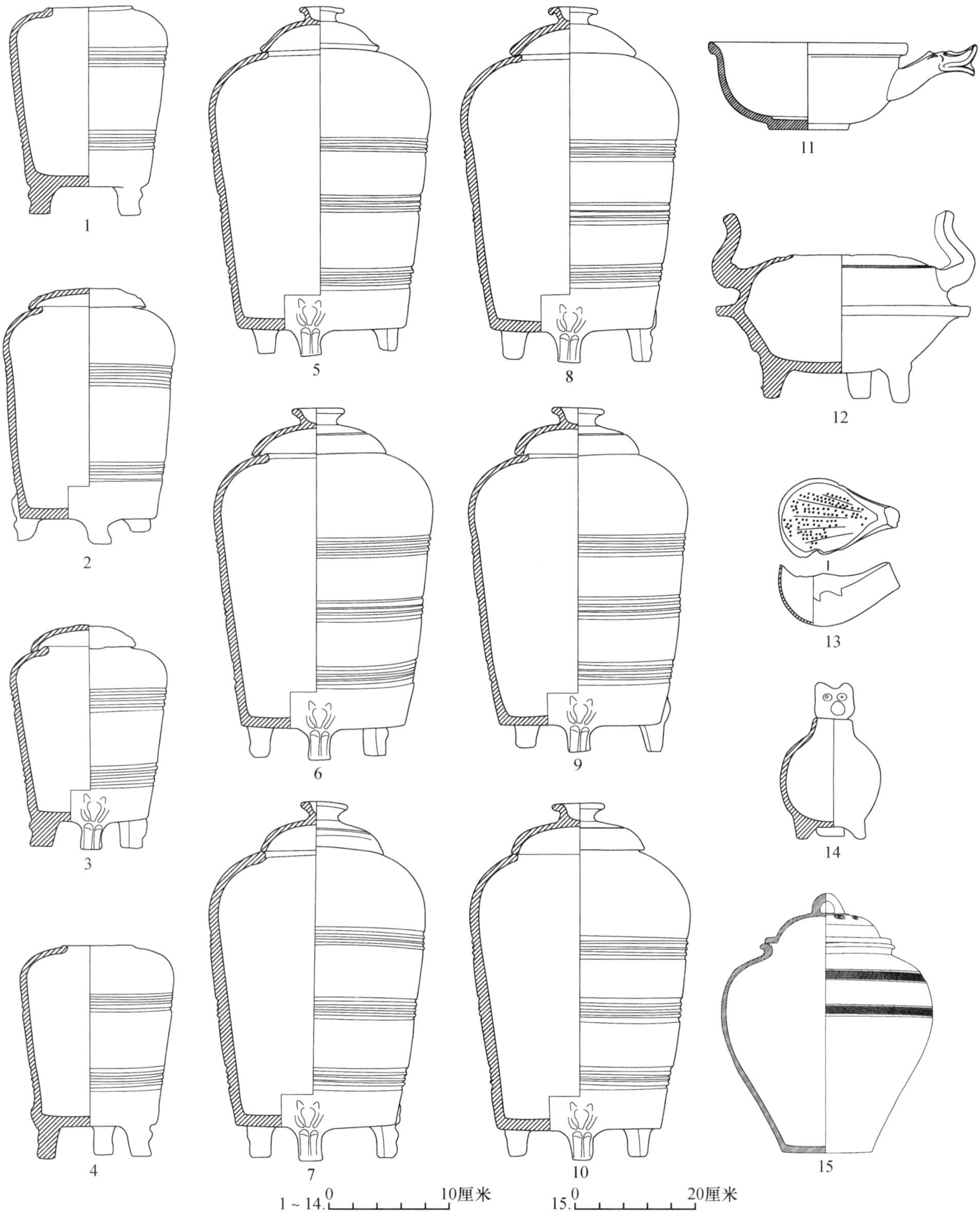

图4-1-102C　BM29出土陶器

1～10. 仓（BM29：10～13、40、42、45～47、50）　11. 魁（BM29：36）　12. 鼎（BM29：39）　13. 勺（BM29：51）
14. 鸮形小壶（BM29：7）　15. 罐（BM29：49）

（七）2006HGC区T7M1（下文简称“CM1”）

CM1位于C区东南部的T7中部。叠压于第3层下，墓口距地表0.65、墓深5.2米。墓门向东，方向102度。保存完整。

由坟丘、墓道、封门、甬道、墓室、耳室组成（图4-1-103；图版九〇，1）。

坟丘：竖井西部有塌落坟丘堆积。平面呈椭圆形，长径3、短径2.5、深1.7米。坟丘堆积褐色土，间杂黄土、红土颗粒。

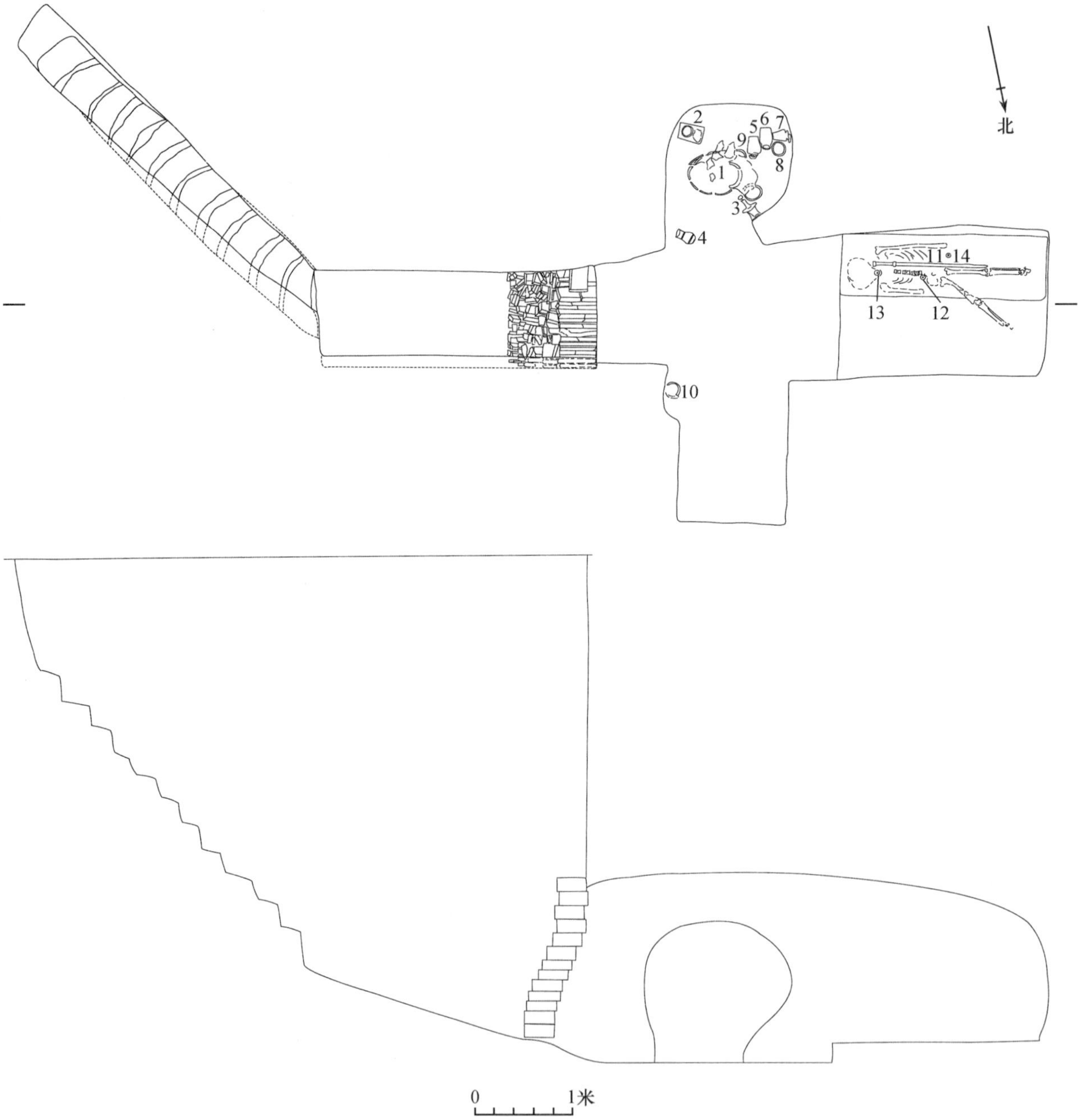

图4-1-103　CM1平、剖面图

1. 陶瓮　2. 陶灶　3. 陶井　4～8. 陶仓　9. 陶樽　10. 陶碗　11. 铁剑　12～14. 铜钱　15. 陶瓦当（15出自填土中）

墓道：位于墓室东侧中部。平面呈刀把状，口小底大，由台阶墓道、竖井两部分组成。台阶墓道位于竖井东端，并向右前方斜出，长3.99～4.4、上口宽0.36～0.54、底面宽0.54～0.6米。现存十一级台阶，台阶面宽0.14～0.3、台高0.3～0.35米。竖井部分口部平面长2.8～2.88、上口宽0.88～0.92、底面宽1～1.06米。竖井底面呈斜坡状，东端距墓口4.2米，西端与墓室底面平。

封门：位于竖井西端，甬道券门外侧。青砖封门，共十三层封门砖，均为丁砖左、右对角分层斜放，下部第八层至顶层砖为前后交错摆放，封门砖两侧边层与层之间有侧放丁砖。封门砖底面宽1、高1.68米。

甬道：位于墓室东端，拱顶土洞结构，土洞宽1～1.18、进深0.7～0.76、高1.8米。

墓室：拱顶土洞结构。由前厅和后室组成，土洞通长3.9、洞高1.2～1.94米，前厅长1.8、宽1.4～1.5米。后室主要做棺床，为生土台结构，长2.1、宽1.5米，高于厅室地面0.2米。

耳室：两个，位于墓室东端左、右两侧。拱顶土洞结构，左耳室平面呈长方形，口宽1.22、内边宽0.9、进深1.5、洞高1.2～1.4米；右耳室平面形状不规则，口宽1、内边宽1、进深1.4～1.5、洞高0.4～1.4米（图版九〇，3）。

葬具：木棺一副，仅存朽木痕迹，长2.1、宽0.62～0.66米。棺内壁有一厚层白灰。

葬式：人骨架一具，已朽为粉末状。墓主为仰身直肢，头向东，面向上，右腿骨斜向棺室外，倾向为男性，年龄为30岁左右，身高约1.74米。墓主身体左侧有1把铁剑，尖西柄东，口部和双手处各有1枚铜钱（图版九〇，2）。棺置于棺床右侧，左侧空置，明显为预留位置，但不知何因没有使用。

出土遗物：15件（组），有陶器、钱币和铁器，计有陶仓5件、井1件、灶1件、樽1件、瓮1件、碗1件、瓦当1件（图4-1-104；图版九〇，4），铜钱3组3枚，铁剑1件，主要出土于右耳室内，左耳室只有1件陶碗。为一套完整的器物组合。

CM1的年代应属新莽至东汉初年。

（八）2006HGA区T20M38（下文简称“AM38”）

AM38位于A区东南隅的T20东北角。叠压于第2层下，墓口距地表0.2、墓深4.62米。墓门向北，方向13度。保存完整。

由坟丘、墓道、封门、甬道、墓室组成（图4-1-105；图版九一，1）。

坟丘：竖井南部有塌落坟丘堆积。平面呈椭圆形，长径3、短径1.5、存深1.3米。坟丘堆积褐色土，间有黄土、红土颗粒。

墓道：位于墓室北侧中部。平面呈刀把状，口小底大，由台阶墓道、竖井两部分组成。台阶墓道位于竖井北端，向右前方斜出，口部长4.4～4.8、宽0.44～0.6、底面宽0.6～0.78米。现存十一级台阶，台面宽0.18～1.5、台高0.16～0.3米。竖井部分口部平面长2.68、宽0.84、底面

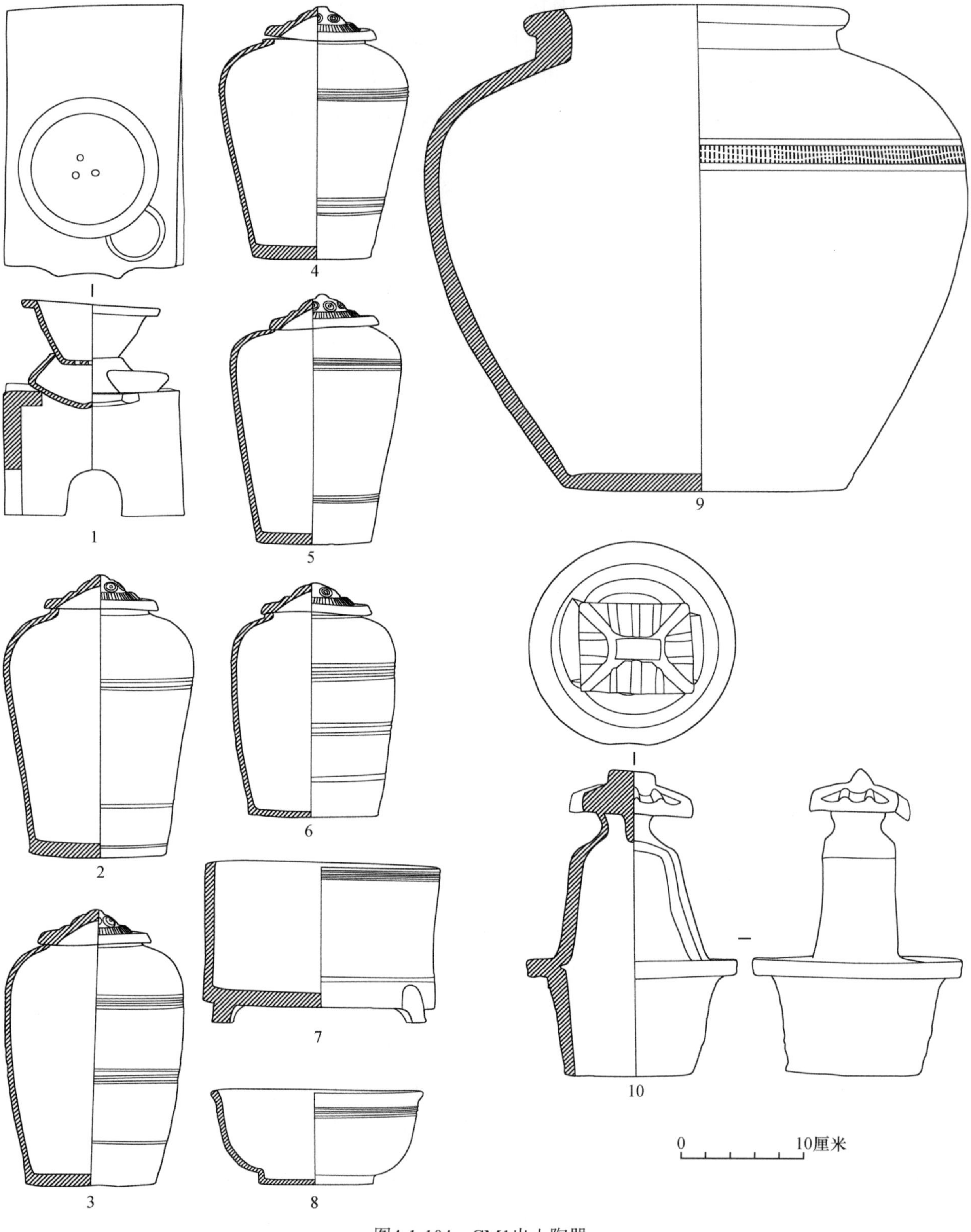

图4-1-104　CM1出土陶器

1. 灶（CM1：2）　2～6. 仓（CM1：5、8、4、6、7）　7. 樽（CM1：9）　8. 碗（CM1：10）　9. 瓮（CM1：1）
10. 井（CM1：3）

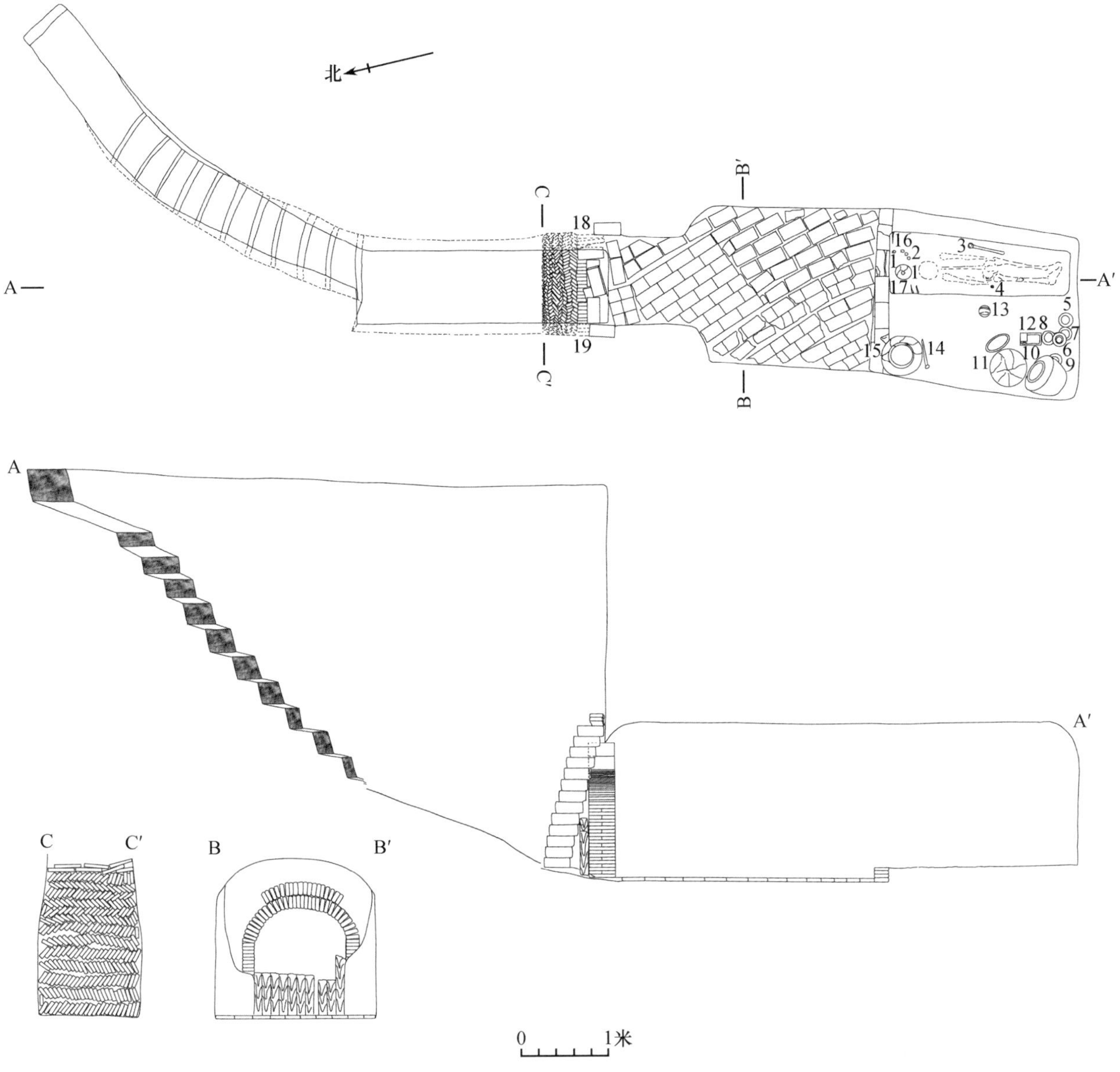

图4-1-105　AM38平、剖面图

1. 铜镜　2. 铜钱（4枚）　3、14. 铁刀　4. 铜钱（2枚）　5～9. 陶仓　10、11. 陶罐　12. 陶圈　13. 陶井　15. 陶瓮　16. 铁棺钉（3件）　17. 铜钱（6枚）　18、19. 铁门枢

宽1.1～1.16米。竖井底面呈斜坡状，北端距墓口3.8米，南端与墓室底面平。

封门：位于竖井南端，甬道券门外侧。双层封门，内侧为木门，外侧为青砖封门，共十五层封门砖，顶部两层为顺砖错缝平砌，下部十三层为丁砖左、右对角分层斜放，部分封门砖两侧边层与层中间有侧放丁砖。封门砖上端宽1、底面宽1.16、高1.94米（图版九二，2）。内侧木门发掘时上半部已塌落无存，仅保存下半部分木痕，木门为条状木板，共十块，宽0.1～0.16、高0.5～0.7米，厚度不明。木门两边上端尚存一对固定门枢的铁扣，说明为对开的两扇（图版九二，1）。

甬道：位于墓室北侧中部。土洞砖券结构，外部为砖拱券，内侧为土洞结构。拱券为单重双层券：第一层为完整拱券，既有拱券又有直立砖墙；第二层只有拱券顶，无立墙。甬券宽1.04、门洞高1.28米。甬道北端砖券两边壁面内有凹槽，凹槽为一丁砖宽，甬道土洞进深1～1.2米。底面铺砖与厅室铺砖为一体。

墓室：拱顶土洞结构。平面呈长方形，由前厅和后室组成，通长4.3～4.5、洞高1.84米，前厅长1.86～2.2、宽1.8～1.9米。后室主要做棺床，现存为生土台，长2.3～2.44、宽1.84～1.9、洞高1.66米，台面高于厅室地面0.16米。前厅底面有东南–西北向斜行错缝铺砖，残砖较多，棺床无铺砖，床沿有一排错缝平铺砖，共四层（图版九一，2）。

葬具：位于棺床右侧。木棺一副，仅存朽木痕迹，长2.1、宽0.5～0.72米。棺室内有一层青灰，使用铁棺钉。

葬式：人骨架一具，朽甚，一次葬，仰身直肢，头向北，面向不明，性别、年龄均不详，身高约1.5米。墓主头部上方有1面铜镜，镜下压铜钱6枚，镜东侧散放铜钱4枚，墓主右手握铜钱2枚，腰部左侧有1把环首短刀。

出土遗物：19件（组），有陶器、铜镜、钱币和铁器，计有陶瓮1件、罐2件、仓5件、井1件、圈1件（图4-1-106；图版九二，3），铜镜1面，铜钱3组12枚，铁刀2件、门枢2件、棺钉1组3件，出土于棺床上左侧。陶器为一套器物组合。

此墓规模较小，无耳室，墓底铺砖较乱且多用残砖。随葬品较少且组合不完整，不见陶灶和樽等重要器类。由此判断，墓主人的地位应较低。

AM38的年代应属东汉早期。

（九）2006HGA区T20M40（下文简称“AM40”）

AM40位于A区东南隅的T20中部。叠压于第2层下，墓口距地表0.3、墓深4.78米。墓门向北，方向19度。保存完整。

由坟丘、墓道、封门、甬道、墓室组成（图4-1-107；图版九三，1）。

坟丘：在竖井南部发现塌落坟丘堆积。平面呈椭圆形，长径3.9、短径2.7、深1.5米。坟丘堆积褐色土，间杂黄土、红土颗粒。在塌落坟丘中部有散乱的残砖，可能为营建墓室所剩残砖堆放在坟丘上作为供台使用（图版九四，2）。

墓道：位于墓室北侧中部。平面呈刀把状，口小底大，由台阶墓道、竖井两部分组成。台阶墓道位于竖井北端，并向右前方斜出，口部长4.2～5.2、宽0.5～0.7、底面宽0.64～0.74米。现存十六级台阶，台阶面宽0.14～0.26、台高0.14～0.3米。竖井部分口部平面长2.78、宽0.96米。竖井底面呈斜坡状，北端距墓口4.18米，南端与墓室底面平。

封门：位于竖井南端，甬道券门外侧。双层封门，内侧为木门，外侧为砖封门，封门砖共十六层，其中顶部一层为顺砖平砌，下部十五层为丁砖左、右对角分层斜放，封门砖两侧边层与层中间有侧放丁砖，由下向上第五至十五层砖为前后交错摆放。封门砖墙上端宽1.02、底

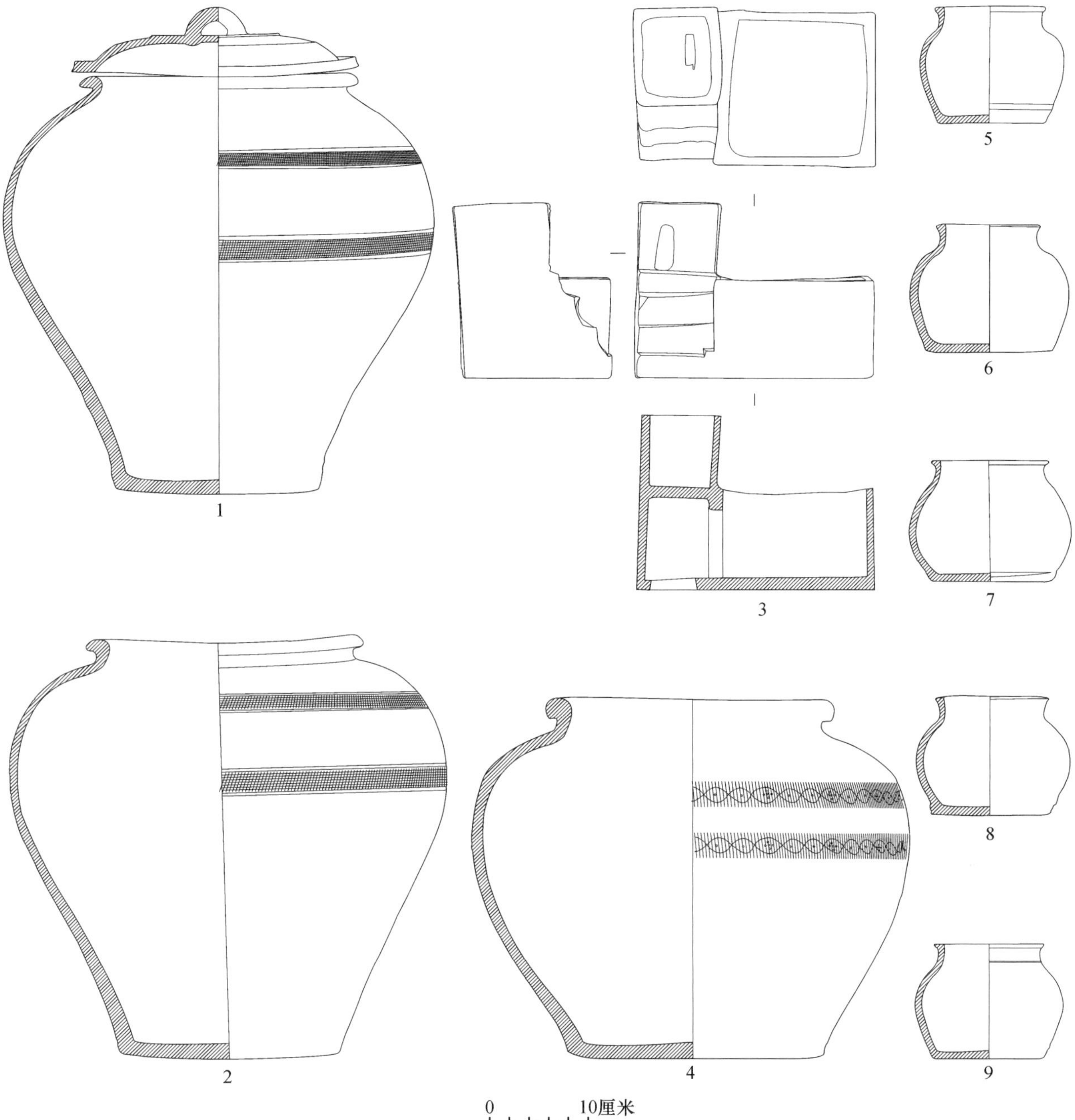

图4-1-106　AM38出土陶器

1、2. 罐（AM38：11、10）　3. 圈（AM38：12）　4. 瓮（AM38：15）　5～9. 仓（AM38：8、6、7、5、9）

面宽1.04、高1.8米。内侧为一层木门，已朽尽，附土层也已塌落，木门印痕也不存，故木板数量不明。底面有一宽5～7、深5厘米的凹槽，凹槽东、西两边下端塌落一对固定木门的铁门枢（图版九三，2）。

甬道：位于墓室北侧中部。土洞砖券结构，外部为砖拱券，内部为土洞，拱券为单层券，甬券门洞宽0.99、高1.36米。甬道砖券北端两侧壁面有凹槽，槽宽约一丁砖，甬道土洞进深1.1～1.16米。甬道底面与厅室地面均为斜行铺砖。

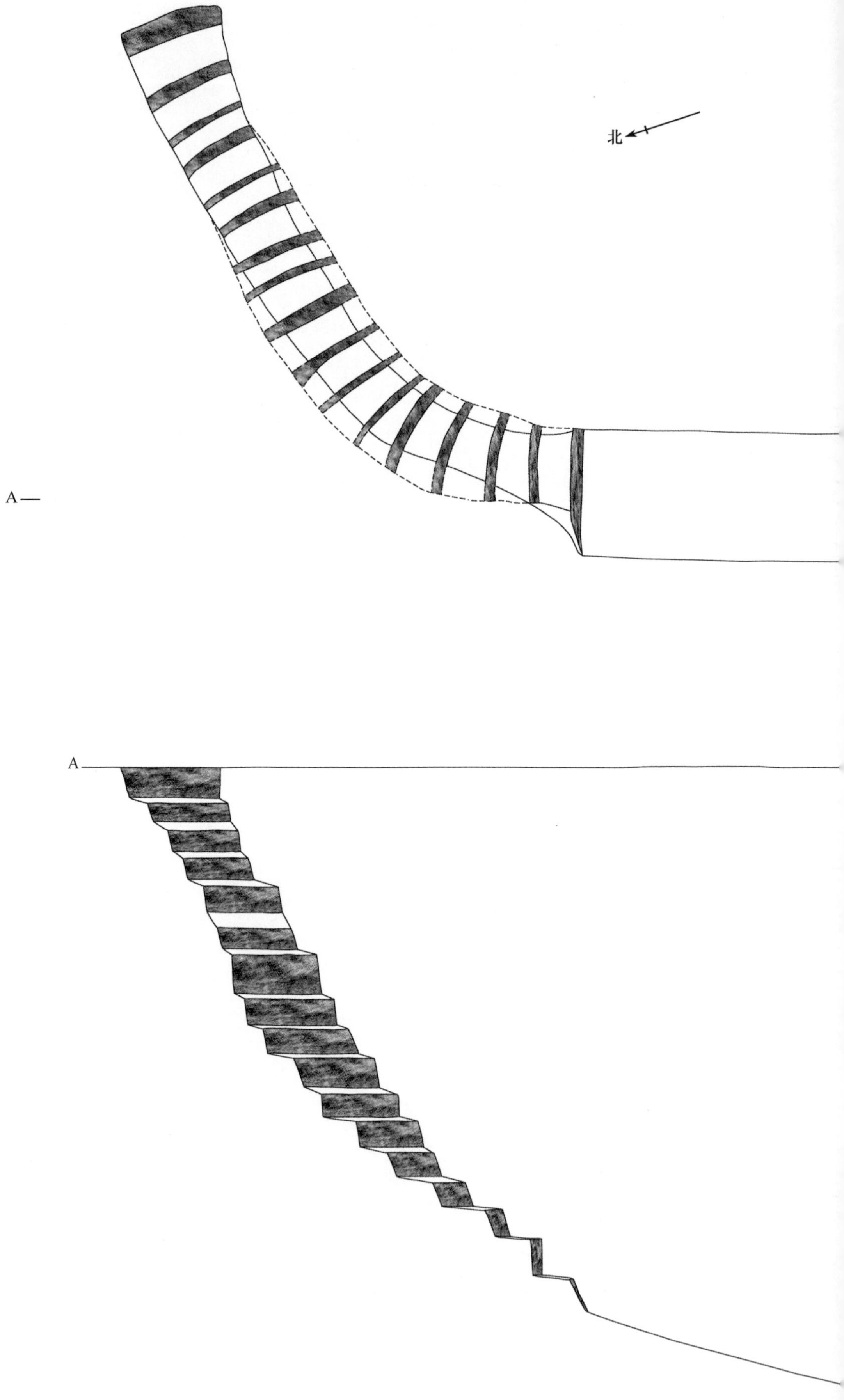

图4-1-107　A

1、4. 铁刀　2、6. 铜镜　3. 铜钱（19枚）　5. 琉璃耳饰（2件）　7、18. 陶
19. 陶瓮　20～24. 陶仓　25. 陶耳杯　26、27. 铁门枢　28. 铁棺钉　2

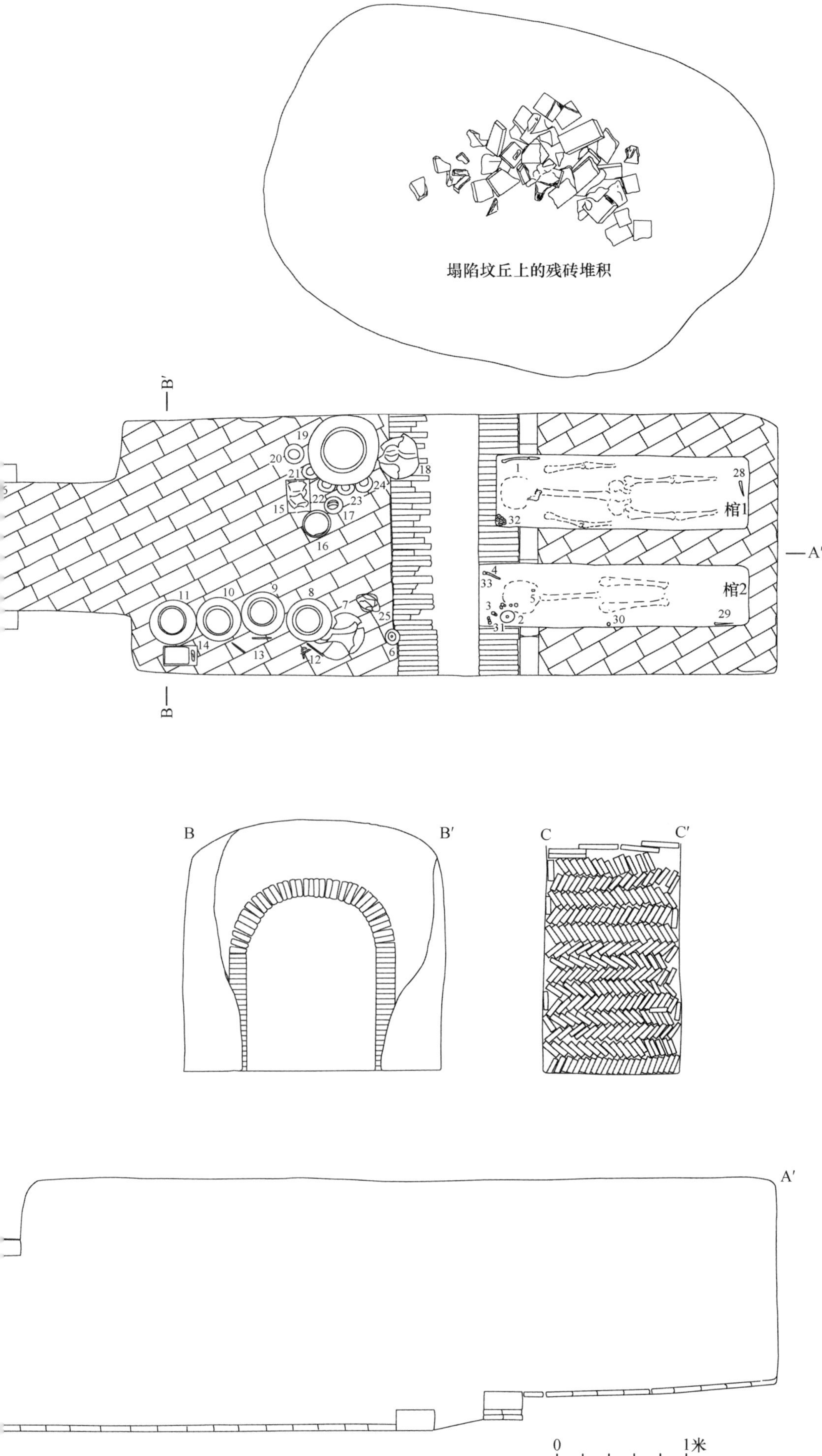

平、剖面图

~11. 陶罐　12.、13. 铁钩（3件）　14. 陶圈　15. 陶灶　16. 陶樽　17. 陶井

棺钉（3件）　30. 铜指环　31. 残铁器　32. 铜钱（10枚）　33. 铁顶针

墓室：拱顶土洞结构。平面呈长方形，由前厅、供台和后室组成，通长5.02～5.06、洞高1.96米，前厅长2.06、宽2.04米。供台位于前厅和后室之间，进深0.68米，供台面高出厅室地面约0.12米。后室主要做棺床，为生土台结构，长2.28～2.32、宽2.04、洞高1.56～1.7米，棺床面高出厅室地面0.25～0.31米。前厅、后室地面均有东南–西北向斜行错缝铺砖，其中供台只有部分沿砖，为一排侧放丁砖，一整砖一残砖交替放置，残砖光面向外，内侧部分填土与侧砖等高形成供台。棺床沿有两排铺砖，外侧为丁砖侧放，内侧为顺砖平砌（图版九四，1）。

葬具：木棺两副，仅存朽木痕迹。棺1位于棺床右侧，长1.94、宽0.56米；棺2位于棺床左侧，长2.06、宽0.48米。两棺均使用铁棺钉，棺1内有一层白灰，下面四角支垫有砖。

葬式：人骨架两具，已朽为粉末状。两位墓主均为一次葬，仰身直肢，头向北。棺1内墓主面向上，倾向为男性，年龄30～35岁，身高1.68米。棺室东北角放置1把小铁刀，西北角放置铜钱10枚。棺2内墓主面向不明，倾向为女性，年龄30～40岁，身高不明。双耳有琉璃耳饰，右手指带铜指环，棺室东北角有1把小铁刀，西北角有1面铜镜及铜钱19枚。应为夫妇合葬。

出土遗物：33件（组），有陶器、铜镜、铜器、钱币、铁器和琉璃器，计有陶壶2件、罐4件、仓5件、井1件、灶1件、圈1件、樽1件、耳杯1件、瓮1件（图4-1-108；图版九四，3），铜镜2面，铜指环1件，铜钱2组29枚，铁刀2件、残铁器1件、钩2组4件、门枢2件、棺钉2组4件、顶针1件，琉璃耳饰1组2件，主要出土于厅室内，西侧有铜镜1件、陶壶1件、陶耳杯1件、陶罐4件、陶圈1件，东南角有陶瓮1件、仓5件、井1件、灶1件，中部有陶樽1件，另有1件陶壶放置于厅室东南角的供台上。随葬品为一套器物组合。

AM40的年代应属东汉早期。

（一〇）2006HGA区T22M53（下文简称“AM53”）

AM53位于A区东南部的T22西北部。叠压于第2层下，墓口距地表0.4、墓深4.4米。墓门向北，方向12度。在竖井南端有一盗洞，墓室被严重盗扰。

由坟丘、墓道、墓室、耳室组成（图4-1-109；图版九五，1）。

坟丘：在竖井南部有塌落坟丘堆积，平面近圆角三角形，长4.4、宽5、深0.5米。坟丘堆积褐色土，间杂黄土、红土颗粒。

墓道：位于墓室北侧中部。平面呈刀把状，由台阶墓道、竖井两部分组成。台阶墓道位于竖井北端，并向左前方斜出，口小底大，口部被晚期沟打破，口部长3～3.4、宽0.5～0.6、底面宽0.66米。现存八级台阶，台阶面宽0.18～0.5、台高0.14～0.4米。竖井部分口部平面长2.7、宽0.88米。竖井底面呈斜坡状，北端底面距墓口4米，南端与墓室底面平。

墓室：拱顶土洞砖券结构。由前厅和后室组成，土洞通长5.8、宽1.96～2.08、洞高1.9米，前厅长2.96、宽1.96～2.08米。后室主要做棺床，为生土台铺砖，长2.84、宽2.06、洞高1.8米，

图4-1-108　AM40出土陶器

1～4. 罐（AM40：8～11）　5、6. 壶（AM40：7、18）　7. 井（AM40：17）　8、9、15～17. 仓（AM40：20～24）
10. 瓮（AM40：19）　11. 樽（AM40：16）　12. 圈（AM40：14）　13. 耳杯（AM40：25）　14. 灶（AM40：15）

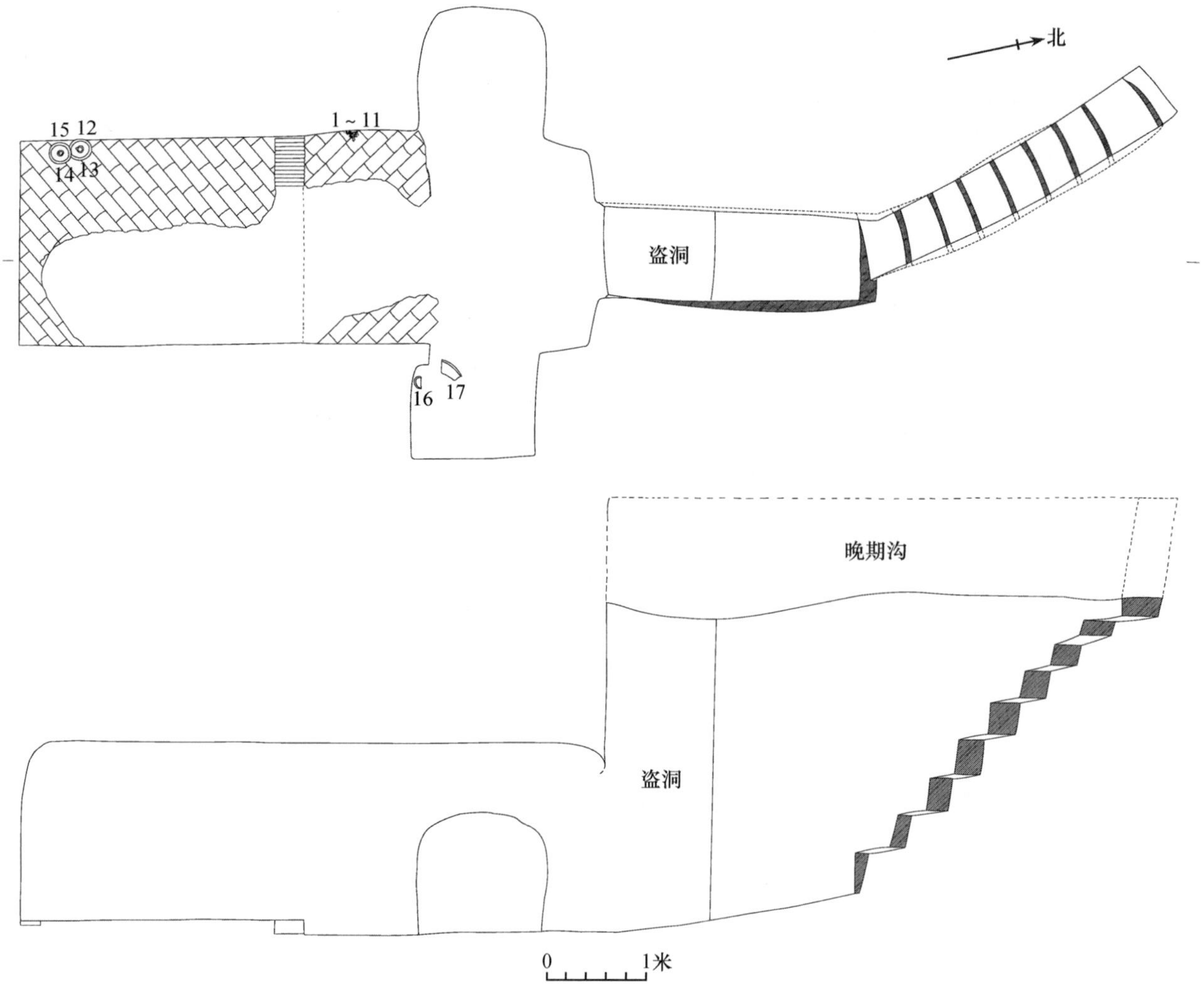

图4-1-109 AM53平、剖面图
1. 铜弩机 2、3. 铅軎 4～11. 铅盖弓帽 12～15. 陶器盖 16. 陶井 17. 陶盆

生土台高于厅室地面0.15米。墓室底面均铺砖，前厅为东南–西北向斜行错缝铺砖，棺床上为东北–西南向斜行错缝铺砖，床沿为一排侧放丁砖。

耳室：两个，位于墓室北端两侧。拱顶土洞结构，平面近圆角长方形，左耳室口宽1.26、内边宽1.04、进深1.2、洞高1.2米，右耳室口宽1.1、内边宽1.24、洞高1.1～1.5米。

葬具与葬式：由于盗扰严重，墓主骨架及葬具情况不明。

出土遗物：17件（组），有陶器、铜器和铅器，计有陶井1件、盆1件、器盖4件（图4-1-110；图版九五，2），铜弩机1件，铅盖弓帽8件、軎2件，出土于厅室和右耳室内。器物组合不明。

AM53的年代应属东汉早期。

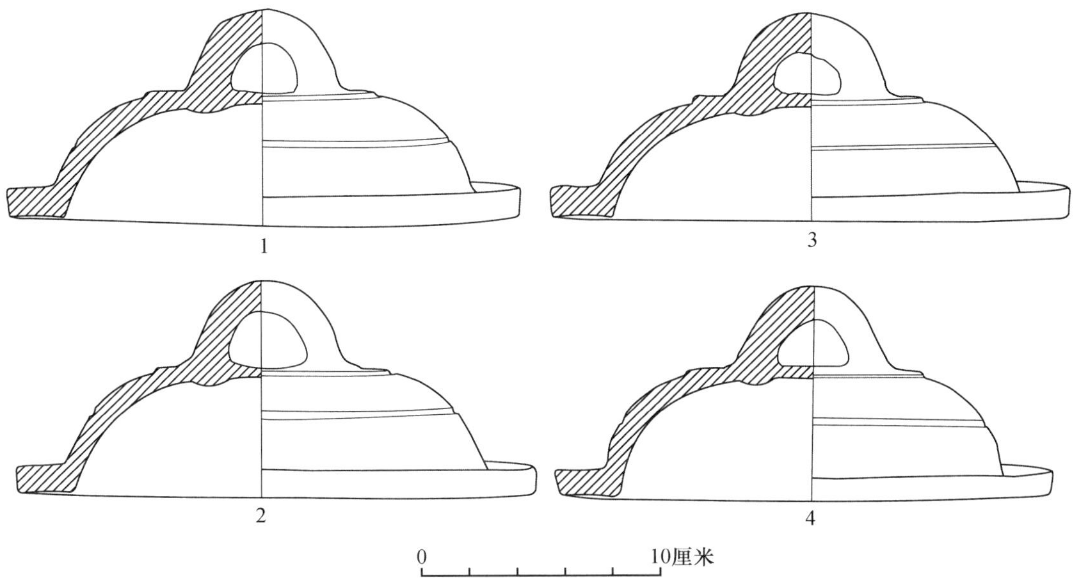

图4-1-110 AM53出土陶器

1～4. 器盖（AM53：12～15）

（一一）2006HGA区T3M68（下文简称“AM68”）

AM68位于A区西北部的T3西中部。叠压于第2层下，墓道台阶部分被AM67盗洞打破，墓室土洞被AM70墓室土洞打破①。墓口距地表0.3、墓深4.96米。墓门向北，方向20度。在竖井南端靠近厅室处有一盗洞，墓室被盗扰严重。

由坟丘、墓道、封门、墓室、耳室组成（图4-1-111；图版九六，1）。

坟丘：在竖井南部有塌落坟丘堆积。平面呈椭圆形，长径3.6、短径1.2～1.6、深1.3米。坟丘堆积褐色土，间杂黄土、红土颗粒。

墓道：位于墓室北侧中部。平面呈刀把状，口小底大，由台阶墓道、竖井两部分组成。台阶墓道位于竖井北端，向左前方斜出，口部残长1.8～1.96、宽0.44～0.54、底面宽0.54～0.6米。现存六级台阶，台阶面宽0.2～0.42、台高0.2～0.38米。竖井部分口部平面长2.8、宽0.92～1.1米。竖井底面呈斜坡状，北端距墓口4.5米，南端与墓室底面平。竖井东端两侧壁面有一组脚窝，每壁有六个，基本垂直且平行相对设置，长径0.2～0.26、短径0.14～0.18、进深0.1～0.14米，脚窝间距0.32～0.5米。

封门：位于竖井南端。青砖封门，共十五层，上面十四层为丁砖左、右对角分层斜放，前后交错摆放，封门砖两侧边层与层中间有一侧放丁砖。封门砖底边宽1.04、高1.86米。

墓室：拱顶土洞结构。平面不太规整，由前厅和后室组成，通长5.7～5.76、洞高2米，前厅长3.2、宽2.44～2.5米。后室主要做棺床，为生土台结构，长2.5～2.56、宽1.9～2.44、洞高

① AM68和AM70的口部无打破关系，所以分别给以编号，但清理至墓室时，发现AM68的墓室被AM70打破，但遗物已统一编号，不便更改。故维持原有墓葬编号，特此说明。

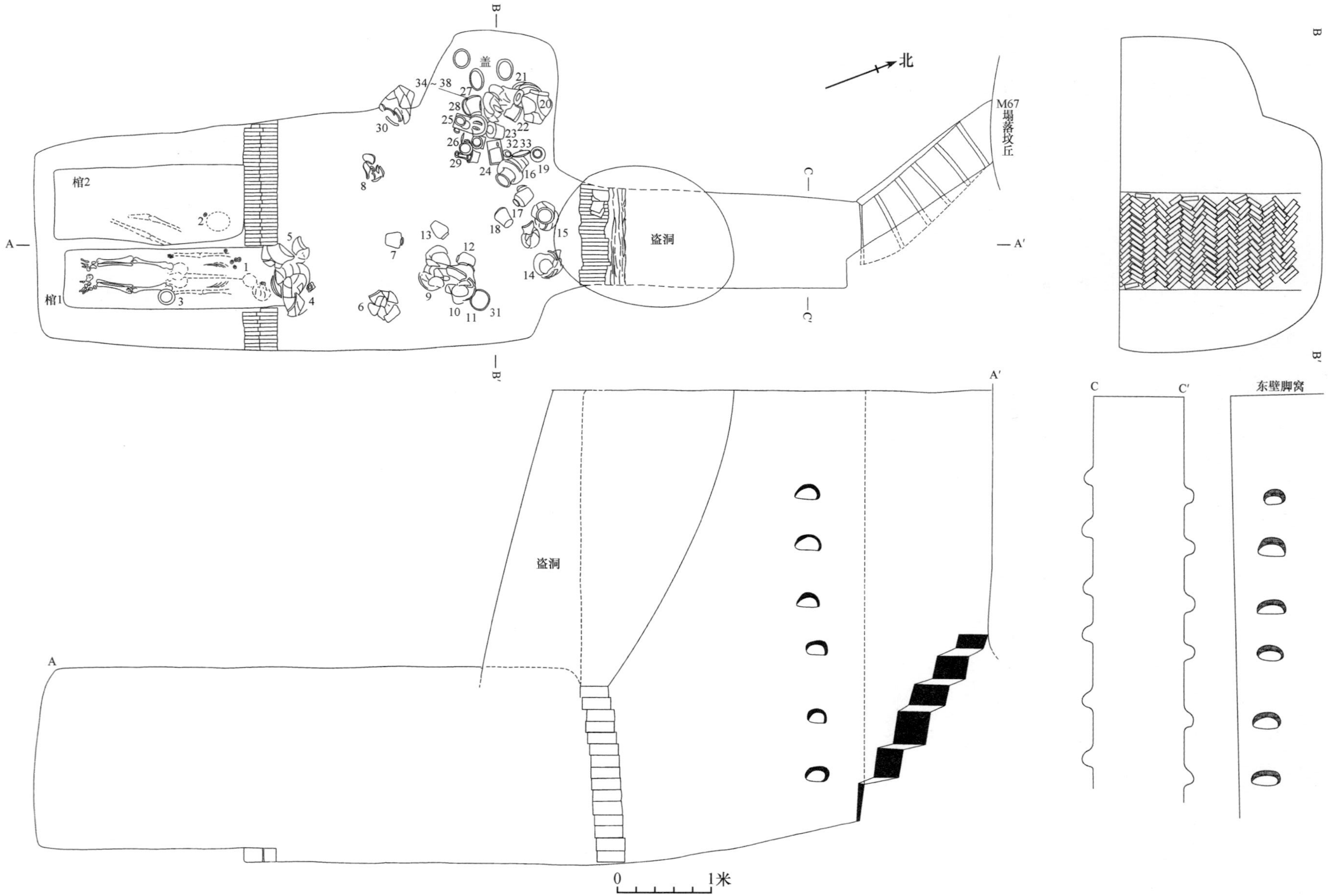

图4-1-111　AM68平、剖面图

1. 铜钱（5枚）　2. 铜钱（1枚）　3、29. 陶井　4～6、9、10、14、20、30、39. 陶罐　7、8、12、13、17～19、21、23、27. 陶仓　11、28. 陶樽　15、16、22. 陶壶　24. 陶圈　25、26. 陶灶　31、34～38. 陶耳杯　32、33. 陶器盖（39出自盗土中）

1.9米，棺床高于厅室地面0.15米。棺床沿为一排侧放丁砖（图版九六，2）。

耳室：一个，位于墓室左侧。拱顶土洞结构，平面呈长方形，口宽1.4、内边宽1.04、进深0.7～0.8、洞高1.2～1.5米。

葬具：木棺两副，仅存朽木痕迹。棺1位于棺床右侧，长2.36、宽0.64米；棺2位于棺床左侧，长2、宽0.72～0.8米。棺1内有一层青灰。

葬式：人骨架两具，已朽为粉末状。两位墓主均为一次葬，仰身直肢，头北足南。棺1内墓主倾向为男性，成年，身高1.7米。墓主头西侧散放铜钱5枚。棺2内墓主经鉴定为女性，年龄在45岁左右，身高约1.5米。墓主骨架被扰至棺室东部，口含铜钱1枚。

出土遗物：39件（组），有陶器和钱币，计有陶壶3件、罐9件、仓10件、井2件、灶2件、圈1件、樽2件、耳杯6件、器盖2件（图4-1-112A、112B；图版九六，3），铜钱2组6枚，器物被扰，出土于厅室及耳室内。随葬陶器应为两套器物组合。

AM68的年代应属东汉早期。

（一二）2006HGB区T5M37（下文简称“BM37”）

BM37位于B区西北部的T5西南角。叠压于第2层下，墓口距地表0.3、墓深4.48米。墓门向北，方向11度。在竖井南端靠近厅室顶部有一盗洞，墓室被盗扰严重。

由坟丘、墓道、封门、甬道、墓室、耳室组成（图4-1-113；图版九七，1）。

坟丘：在竖井南部有坟丘堆积。平面近椭圆形，长径3、短径1.5、深1.6米。坟丘堆积褐色土，间杂黄土、红土颗粒。

墓道：位于墓室北侧中部。平面呈刀把状，由台阶墓道和竖井两部分组成。台阶墓道位于竖井北端，并向右前方斜弧出，口部长4.3～4.8、宽0.64～0.7米。现存十六级台阶，台阶面宽0.2～0.56、台高0.14～0.3米。竖井部分口部平面长2.56、宽0.86～0.94米。竖井部分口小底大，底面呈斜坡状，北端距墓口4.25米，南端与墓室底面平。

封门：位于竖井南端，甬道券门外侧。青砖封门，仅存十层，为丁砖左、右对角分层斜放，自下向上第三至十层为前后交错摆放。封门砖底面宽1.06、高1.23米（图版九七，2）。

甬道：位于墓室北侧中部。土洞砖券结构，发掘时已塌落，甬券土洞宽1.74、进深0.3～0.46米，高不明。甬道底面外侧边有一排平铺顺砖。

墓室：拱顶土洞结构，土洞通长4.56～4.86、宽1.9～2.1、洞高2.46米。墓室被盗扰严重，看不出前厅、后室布局（图版九七，3）。

耳室：一个，位于墓室左侧。拱顶土洞结构，平面近圆角长方形，口宽1.6、内边宽1.16、进深1.9～2.24、洞高0.9～1.9米。

葬具：位于墓室内端左侧。木棺一副，平面呈梯形，长1.98、宽0.64～0.76米。右侧空一棺位置。

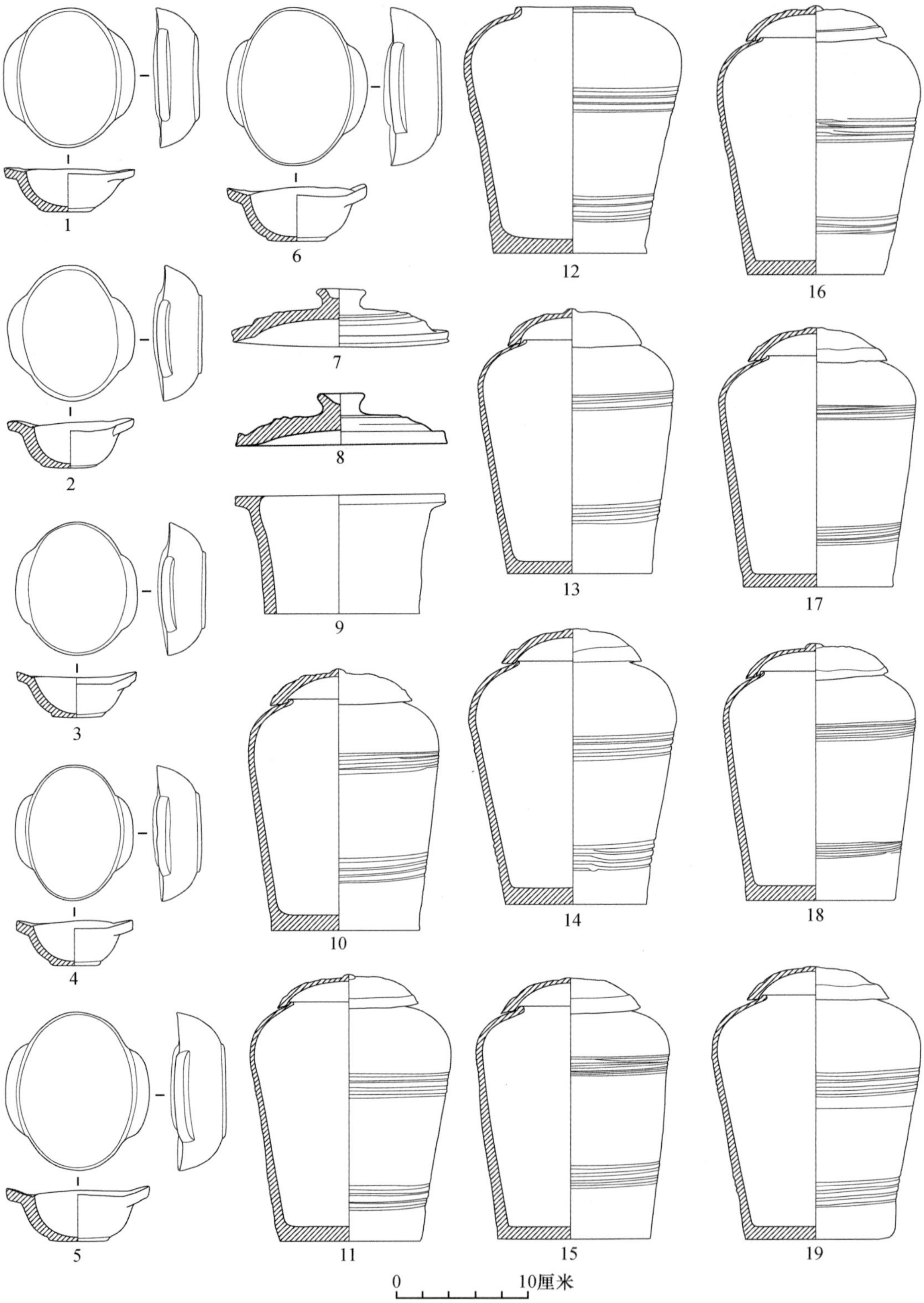

图4-1-112A　AM68出土陶器

1～6. 耳杯（AM68：31、34～38）　7、8. 器盖（AM68：32、33）　9. 井（AM68：3）
10～19. 仓（AM68：23、27、7、8、12、13、17～19、21）

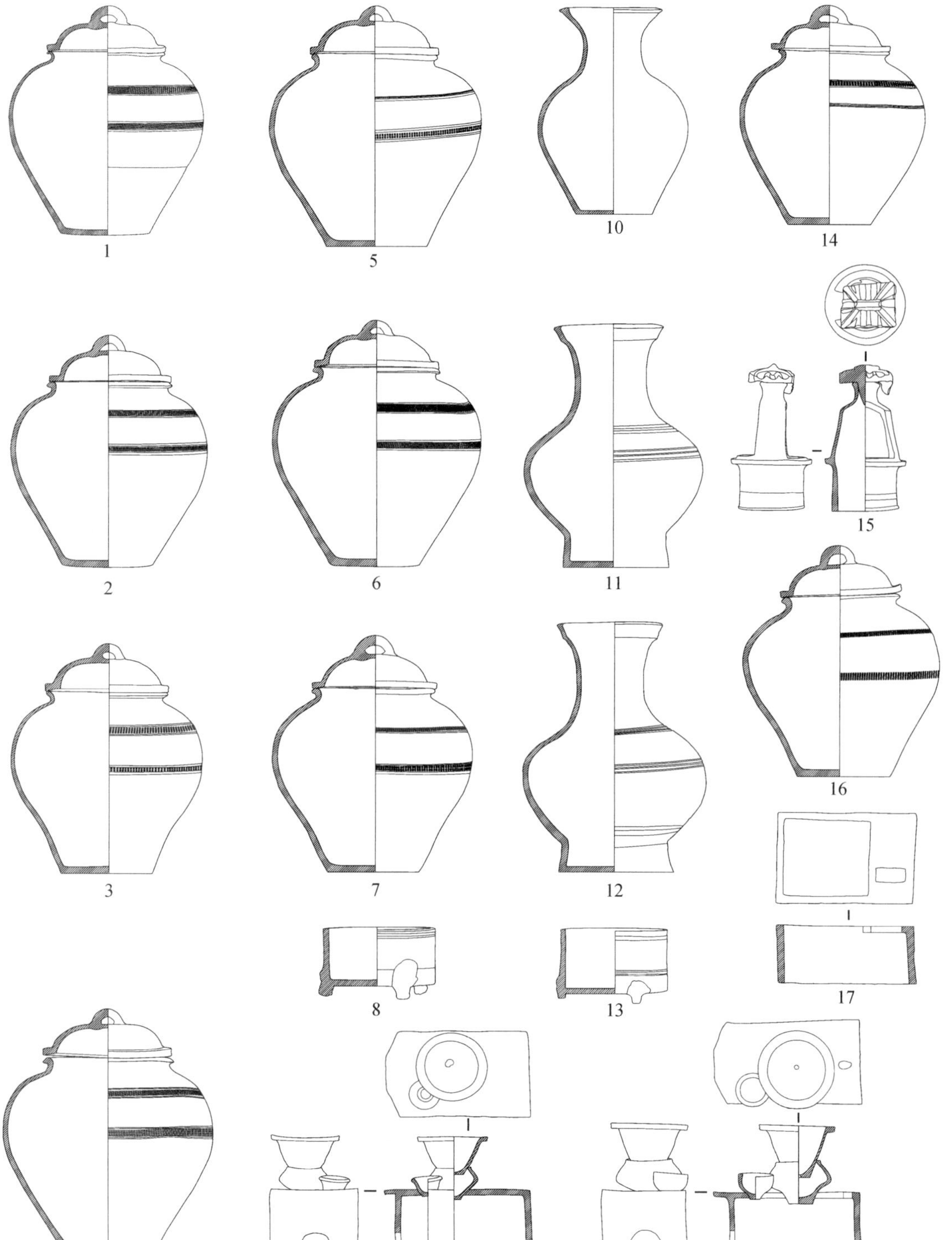

图4-1-112B　AM68出土陶器

1～7、14、16. 罐（AM68：4～6、9、10、14、20、30、39）　8、13. 樽（AM68：11、28）　9、18. 灶（AM68：25、26）　10～12. 壶（AM68：15、16、22）　15. 井（AM68：29）　17. 圈（AM68：24）

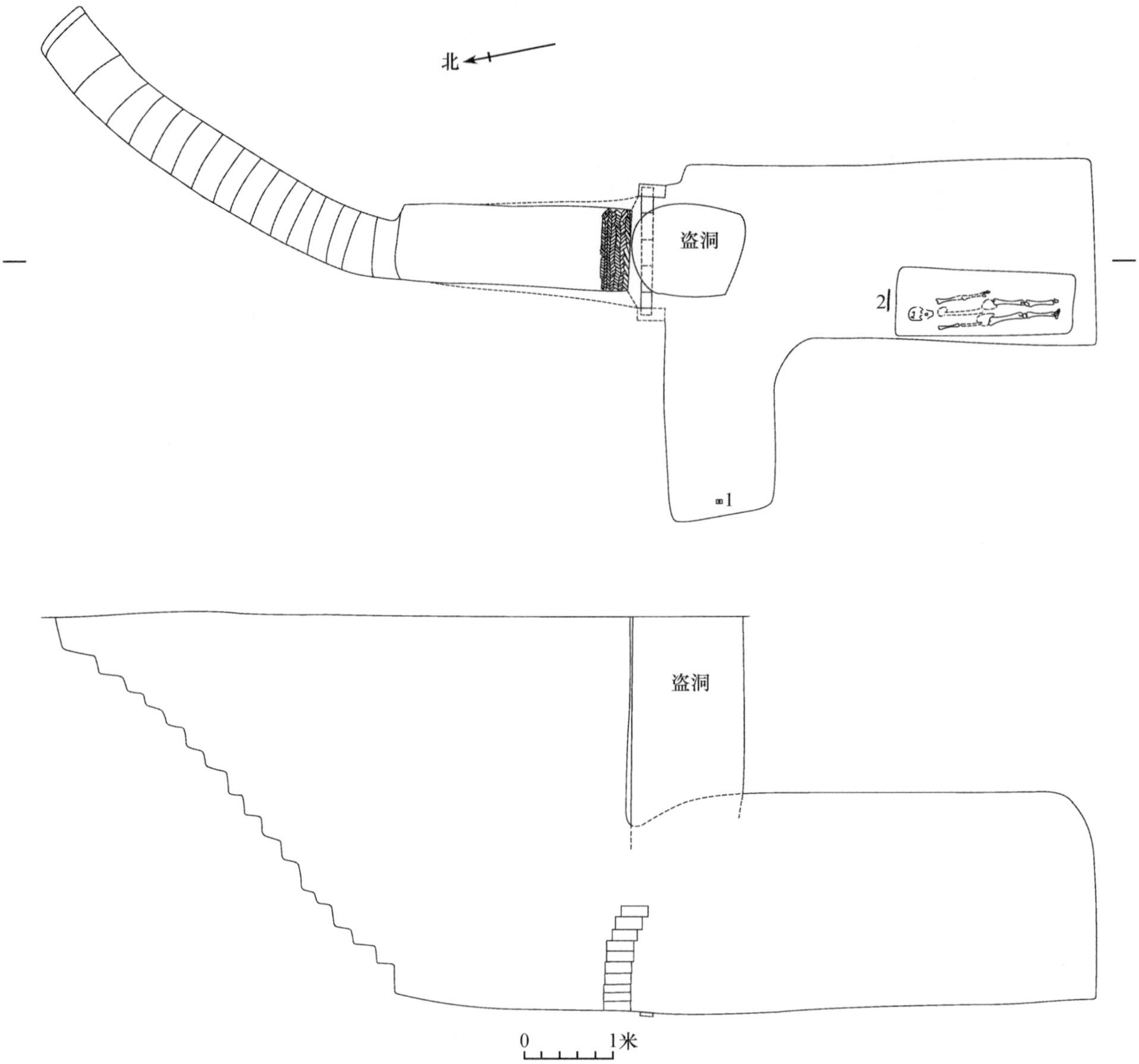

图4-1-113　BM37平、剖面图
1. 陶井亭顶　2. 铁构件

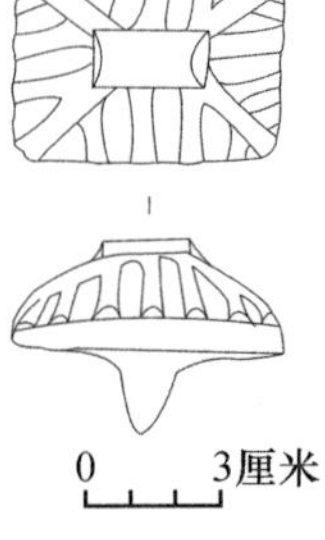

图4-1-114　BM37出土陶井亭顶（BM37：1）

葬式：人骨架一具，仰身直肢，头向北，面向上，倾向为成年男性，身高约1.6米。

出土遗物：2件，计有陶井亭顶（图4-1-114）和铁构件各1件。因盗扰严重，随葬器物组合不明。

BM37的年代应属东汉早期。

（一三）2006HGB区T20M57（下文简称“BM57”）

BM57位于B区东南部的T20西部。叠压于第2层下，墓口距地表0.3、墓深4.96米。墓门向北，方向17度。在竖井南端有一盗洞，墓室被盗扰严重。

由坟丘、墓道、封门、甬道、墓室、耳室组成（图4-1-115；图版九八，1）。

坟丘：在竖井南部有塌落坟丘堆积。平面大致呈椭圆形，长径3.8、短径3.7、深1.1米。坟丘堆积褐色土，间杂黄土、红土颗粒。

墓道：位于墓室北侧中部。平面近平头铲状，口小底大，由台阶墓道、竖井两部分组成。台阶墓道位于竖井北端中部，并向左前方斜出，口部长4.9、宽0.4～0.56、底面宽0.5～0.7米。现存十七级台阶，台阶面宽0.14～0.4、台高0.1～0.5米。竖井部分口部平面长2.4～2.44、宽1～1.04米。竖井底面呈斜坡状，北端距墓口4.52米，南端底面深4.76米。竖井北端两侧壁面有一组脚窝，每壁各有六个，均为垂直且平行相对设置，脚窝长径0.14～0.32、短径0.1～0.16、进深0.1～0.16米，脚窝间距0.3～0.54米。

封门：位于竖井南端，甬道券门外侧。青砖封门，由于盗扰严重，仅保存底面一块，为丁砖侧放。封门砖设有封门砖槽，位于竖井南端向两侧折出6厘米，砖槽宽0.96～1.22、进深0.4米，高不明（图版九八，2）。

甬道：位于墓室北侧中部，拱顶土洞结构，底面宽1.2、进深1.2、洞高1.46米。

墓室：拱顶土洞结构。平面呈长方形，由前厅、供台和后室组成，通长5.76～5.84、洞高1.98米，前厅长2.76～3、宽2米。供台位于前厅和后室之间，为生土台结构，进深0.84、高出厅室地面0.08米。后室主要做棺床，现存为生土台结构，长2～2.16、宽2～2.04、洞高1.56～1.7米，棺床高出厅室地面0.16～0.24米。前厅底面残存铺砖，多为顺砖对缝平铺，右侧边及中部偶有丁砖。

耳室：仅有左耳室，位于墓室左侧。拱顶土洞结构，平面呈长方形，口宽1.08、内边宽0.9、洞高0.9～1.2米。

葬具与葬式：由于盗扰严重，墓主骨架及葬具情况不明。

出土遗物：30件（组），有陶器、铜器、钱币和铁器，计有陶壶2件、罐2件、仓盖5件、炉1件、樽1件、耳杯10件、魁1件、案1件、鸡1件、小勺1件（图4-1-116；图版九八，3），铜铃1件、环1件，铜钱1组25枚，铁门枢1件、棺钉1件，多出土于盗土中，且多数残破严重。随葬陶器为一套器物组合。新出土器类为陶鸡。

BM57的年代应属东汉早期。

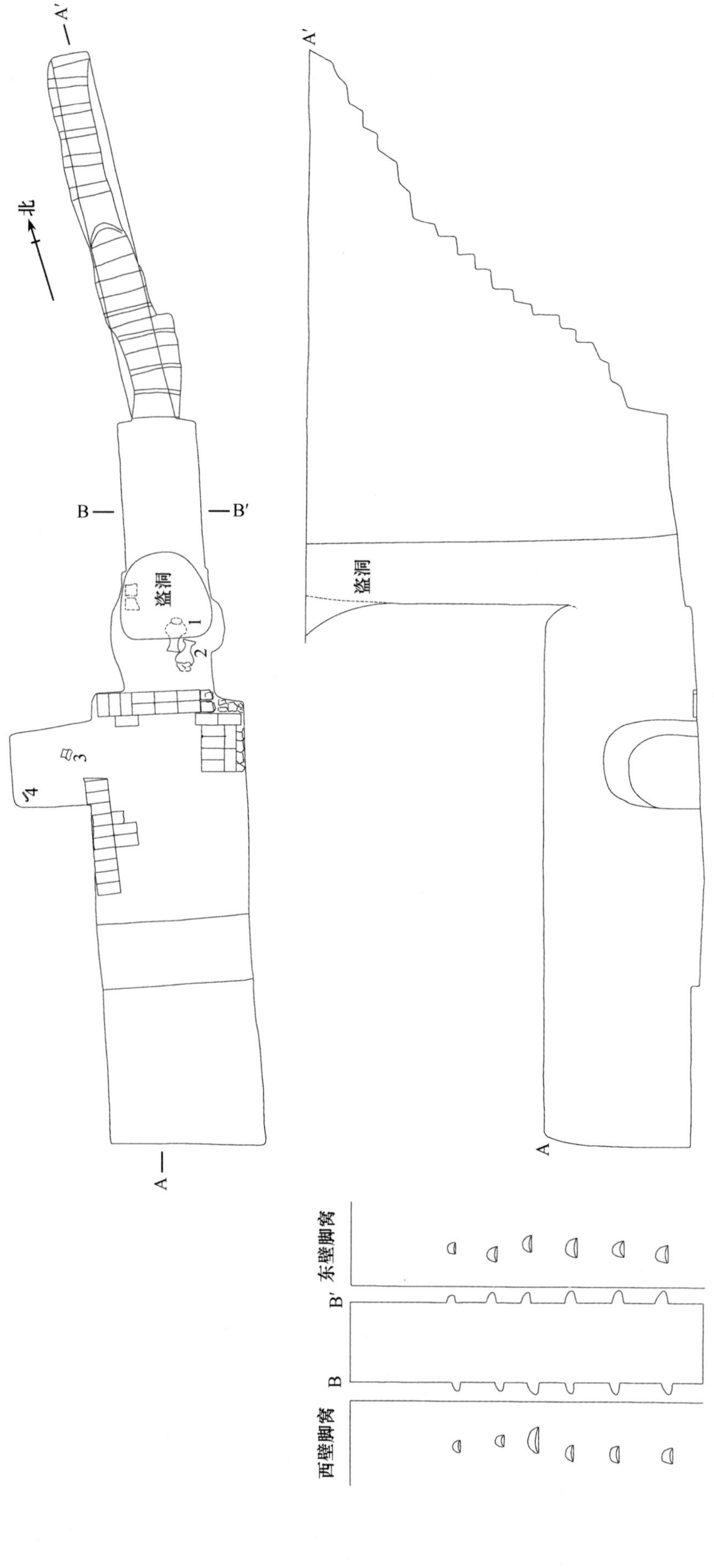

图4-1-115　BM57平、剖面图

1、2. 陶壶　3. 陶炉　4. 铁门枢　5. 铜钱（25枚）　6. 铁棺钉　7. 铜环　8. 铜铃　9. 陶魁　10～14. 陶仓盖　15. 小陶勺　16. 陶案　17. 陶樽　18. 陶鸡　19～28. 陶耳杯　29、30. 陶罐（5～30出自盗土中）

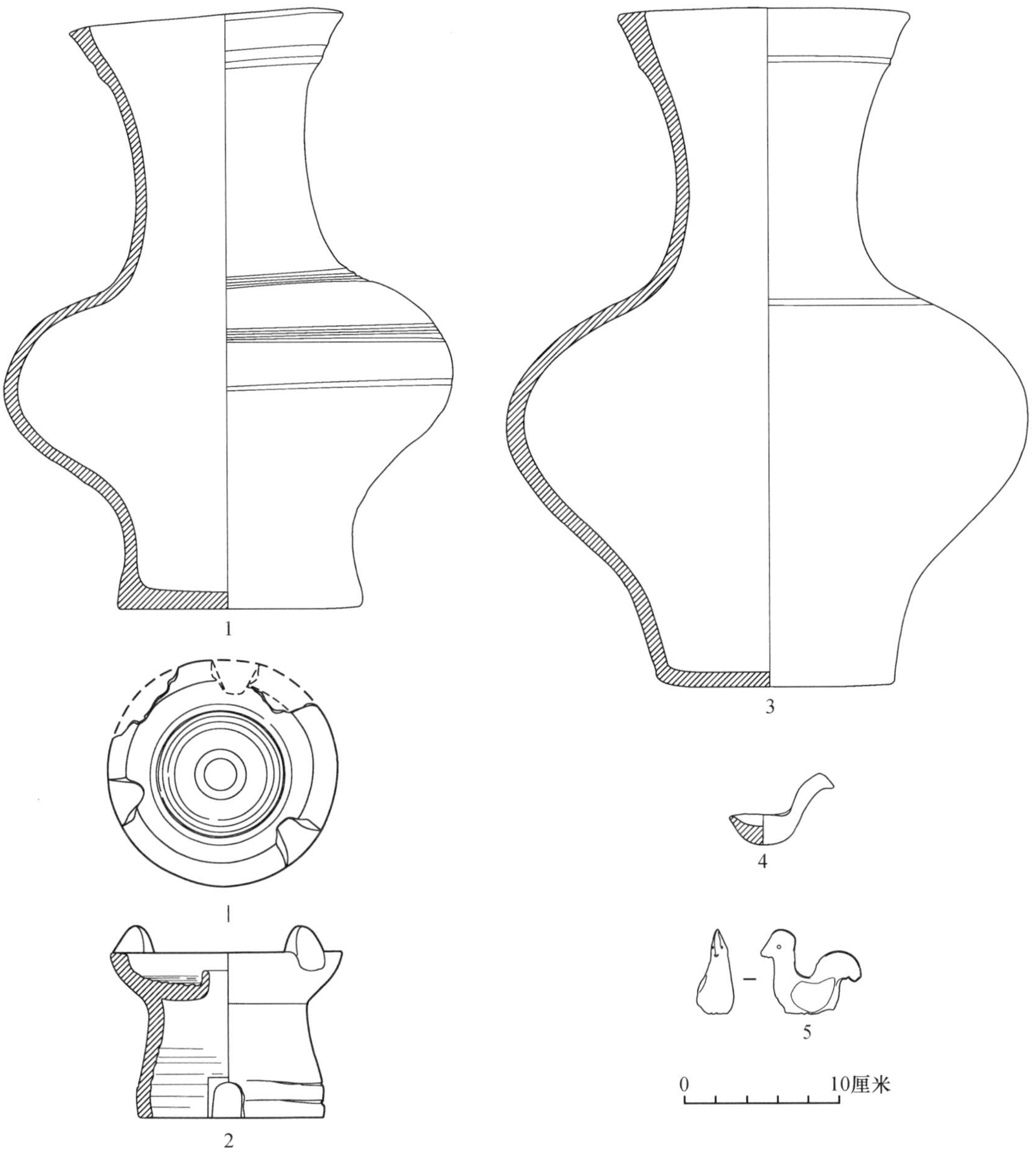

图4-1-116　BM57出土陶器

1、3. 壶（BM57：2、1）　2. 炉（BM57：3）　4. 小勺（BM57：15）　5. 鸡（BM57：18）

（一四）2006HGB区T20M58（下文简称“BM58”）

BM58位于B区东南部的T20中部偏西。叠压于第2层下，墓口距地表0.3、墓深4.94米。墓门向北，方向15度。竖井南端有一盗洞，盗扰严重，木棺和人骨架均不存。

由坟丘、墓道、封门、墓室、耳室组成（图4-1-117；图版九九，1）。

坟丘：在竖井南部有塌落坟丘堆积。平面近椭圆形，长径5.4、短径3.2、深1.4米。坟丘堆积褐色土，间杂黄土、红土颗粒。

墓道：位于墓室北侧中部。平面近刀把状，由台阶墓道和竖井两部分组成。台阶墓道位于竖井北端东侧，口小底大，向右前方斜出，口部长4.5～4.74、宽0.5～0.6、底面宽0.6～0.64

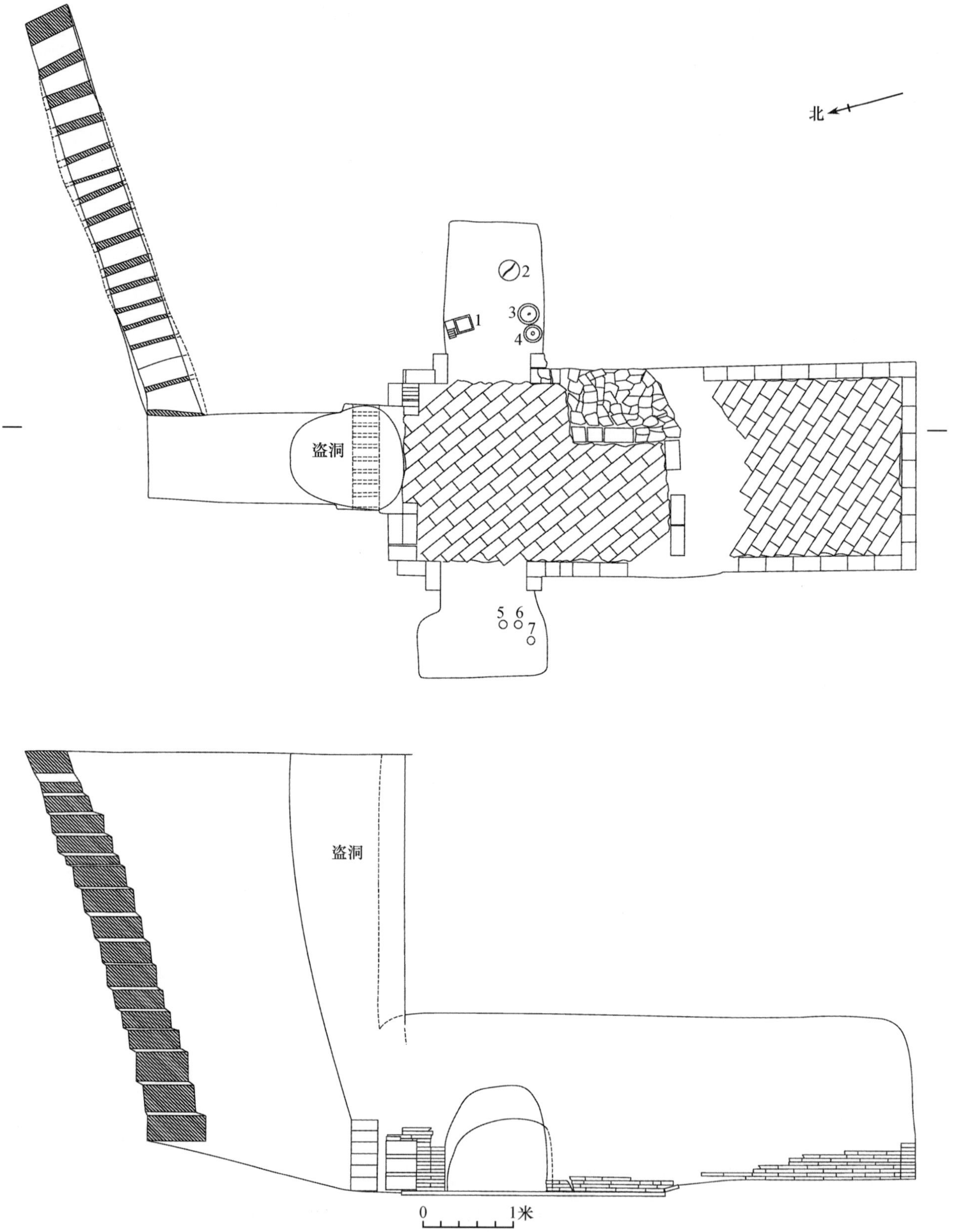

图4-1-117　BM58平、剖面图

1. 陶圈　2、12. 陶樽　3、4、18～22、25. 陶器盖　5～7、23、24. 陶仓盖　8. 陶罐　9. 陶壶　10. 陶井　11. 陶魁　13、14. 陶灶　15. 陶仓　16. 陶盘　17. 陶耳杯　26. 铜镜　27. 陶勺　28. 残铁器　29. 铁钩（8～29出自盗土中）

米。现存十六级台阶，台阶面宽0.14～0.3、台高0.1～0.32米。竖井部分口部平面长2.58、宽0.9～1.02米。竖井底面呈斜坡状，北端距墓口4.32米，南端底面与墓室底平。竖井中部偏北有一组脚窝，右侧脚窝被北墓道台阶打破少许，现存五个，左侧壁面脚窝保存完整，有六个，垂直且平行对称设置，脚窝长径0.22～0.24、短径0.1～0.18、进深0.06～0.16米，脚窝间距0.24～0.34米。

封门：位于竖井南端。青砖封门，因盗扰严重，仅存六层封门砖，为丁砖左、右对角分层斜放，层与层两边中间有一块侧放丁砖。封门砖宽1.16、存高0.84米。竖井南端两侧有封门砖槽，砖槽宽1.16、进深0.4～0.48米，高不详（图版九九，2）。

墓室：拱顶土洞砖券结构。由前厅和后室组成，土洞通长5.86、宽2.3、洞高1.94米，前厅长2.8、宽1.96米。后室主要做棺床，为生土台铺砖，长2.6、宽1.96、洞高1.8米，高于厅室地面0.2米。墓室被盗扰严重，仅保留少许砖墙，前墙左、右两侧为独立直墙，与两侧墙无连接，后墙与两侧墙为顺砖错缝平砌，结合处为丁拐结构。前墙仅存底部，为二顺砖平砌与五丁砖侧放交替砌筑，存高0.4～0.74米。前厅、后室均为东南–西北向斜行错缝铺砖，棺床沿砖为顺砖平铺，厅室东南角的散乱砖应为盗扰时堆放。

耳室：两个，位于墓室北端左、右两侧。拱顶土洞结构，与墓室结合处为砖拱券结构。左耳室平面不甚规则，口宽0.94、内边宽1.4、进深1.3、洞高0.9～1.24米；右耳室平面呈长方形，口宽0.9、内边宽0.94、进深1.8、洞高0.8～1.2米（图版九九，3）。

葬具与葬式：由于盗扰严重，墓主骨架及葬具情况不明。

出土遗物：29件（组），有陶器、铜镜和铁器，计有陶壶1件、罐1件、仓1件、仓盖5件、井1件、灶2件、圈1件、樽2件、耳杯1件、魁1件、盘1件、勺1件、器盖8件（图4-1-118；图版九九，4），铜镜1面（残），残铁器1件、钩1件，主要出土于盗土及耳室内。因盗扰严重，多数器物残，组合亦不完整，但从随葬2件陶灶判断，原应为两套器物组合。

从该墓竖井中的脚窝与台阶墓道的打破关系来看，该墓原应是竖井墓道，后二次埋葬时又营建了台阶墓道，使得仅带竖井式墓道的A型墓演变为台阶墓道携竖井式结构的B型墓，为B型墓由A型墓演变而来的观点增添了新的例证。

BM58的年代应属东汉早期。

（一五）2006HGB区T20M59（下文简称“BM59”）

BM59位于B区东南部的T20东部。叠压于第2层下，墓口距地表0.3、墓深4.16米。墓门向北，方向17度。在前厅有一盗洞，墓室被盗扰严重。

由坟丘、墓道、封门、甬道、墓室组成（图4-1-119；图版一〇〇，1）。

坟丘：在竖井南部有塌落坟丘堆积。平面近椭圆形，长径3.58、短径2、深1.2米。坟丘堆积褐色土，间杂黄土、红土颗粒。

墓道：位于墓室北侧中部。平面近刀把状，由台阶墓道和竖井两部分组成。台阶墓道位于竖井北端东侧，口小底大，向右前方斜弧出，口部长3.5～3.94、宽0.36～0.58、底面宽

0　　10厘米

图4-1-118　BM58出土陶器

1. 魁（BM58：11）　2、14. 樽（BM58：12、2）　3～5、8、13. 器盖（BM58：3、4、18、19、25）　6. 罐（BM58：8）　7. 壶（BM58：9）　9. 盘（BM58：16）　10. 圈（BM58：1）　11. 耳杯（BM58：17）　12、15. 灶（BM58：13、14）　16. 仓（BM58：15）　17. 井（BM58：10）

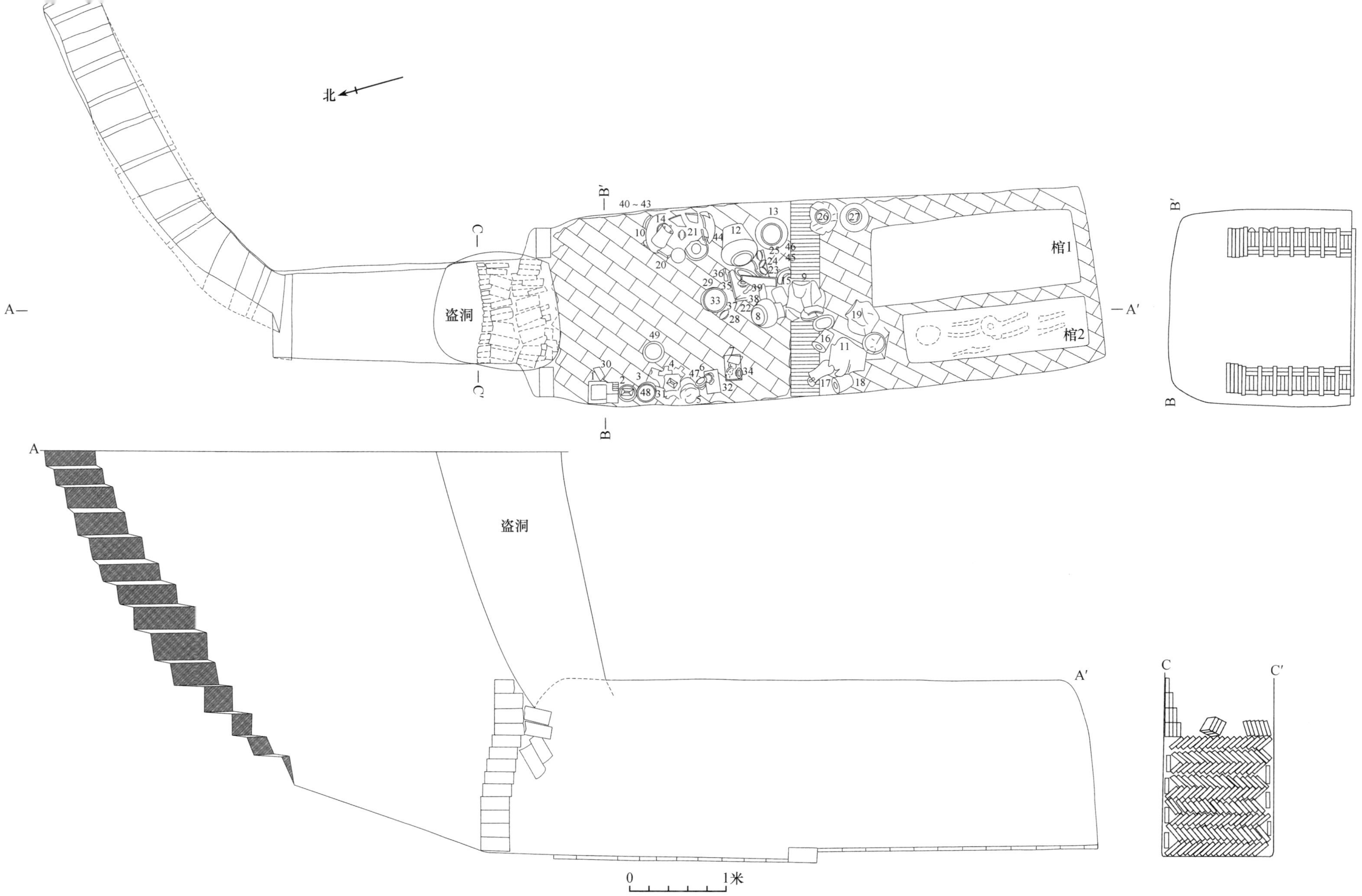

图4-1-119　BM59平、剖面图

1. 陶圈　2、4. 陶井　3、29. 陶樽　5. 陶熏炉　6、7. 陶灶　8、26、27、50. 陶壶　9 ~ 13、19. 陶罐　14 ~ 18. 陶仓　20、22. 陶案　21、23 ~ 25、28、31 ~ 35、40 ~ 46. 陶耳杯　30. 铁锸　36、38、39. 陶盘　37. 铁刀　47、48. 陶碗　49. 陶器盖　51. 铁钩（50、51出自盗洞中）

0.5～0.64米。现存十三级台阶，台阶面宽0.18～0.32、台高0.16～0.28米。竖井部分口部平面长2.5、宽0.82～0.9、底面宽0.9～1.04米。竖井底面呈斜坡状，北端距墓口3.48米，南端底面与墓室底平。

封门：位于竖井南端，甬道券门外侧。青砖封门，已塌落，仅存十三层封门砖，封门砖为丁砖左、右对角分层斜放，层与层两边中间有侧放丁砖。封门砖宽1.08、高1.4～1.84米。

甬道：位于墓室北端中部。拱顶土洞砖券结构，券顶已塌落，底部宽1.7、进深0.4米，券高不明。

墓室：拱顶土洞结构，券门为土洞砖券结构。平面呈长方形，由前厅和后室组成，土洞通长6.04、宽1.7～2、洞高1.86米，前厅长2.8、宽1.96米。后室主要做棺床，为生土台铺砖结构，长3.24、宽1.76～2、洞高1.76米，生土台高于厅室地面约0.14米。墓室砖墙为一顺六丁砌筑，其中丁砖中间三块平砌，内侧边为两块侧放丁砖，外侧边为一块侧放丁砖，丁砖多为残砖。前厅、后室均为东北–西南向斜行错缝铺砖，床沿为一排侧放丁砖（图版一〇一，1）。

葬具：木棺两副，仅存朽木痕迹。棺1长2.1、宽0.76～0.8米，棺2长1.9、宽0.5米。棺1内有一层白灰泥。

葬式：棺1被盗扰严重，人骨已不存，性别和年龄均无法判断。棺2内墓主人骨朽蚀严重，呈粉末状，但能看出为仰身直肢，头向北，面向上，倾向为成年女性，身高1.55米。应为夫妇合葬。

出土遗物：51件，有陶器和铁器，计有陶壶4件、罐6件、仓5件、井2件、灶2件、圈1件、熏炉1件、樽2件、耳杯17件、案2件、盘3件、碗2件、器盖1件（图4-1-120A、120B、120C、120D；图版一〇一，2），铁锸1件、刀1件、钩1件，主要出土于厅室及棺床北端（图版一〇〇，2）。随葬陶器应为两套器物组合，其中一套组合中缺少陶圈和陶熏炉。

BM59的年代应属东汉早期。

（一六）2006HGB区T22M65（下文简称“BM65”）

BM65位于B区东中部的T22北部。叠压于第2层下，墓口距地表0.3、墓深4.96米。墓门向东，方向107度。在竖井西端有一盗洞，墓室被盗扰严重。

由坟丘、墓道、封门、甬道、墓室、耳室组成（图4-1-121；图版一〇二，1）。

坟丘：在竖井西部有塌落坟丘堆积。平面看为东西并排的两处，发掘后发现是因为墓室进深大，墓室中部的券顶保存较好，厅室和后室的券顶均塌陷致使其上的坟丘亦塌落下来而得以保存，中部没有塌落的坟丘则被破坏，形成似并排两处坟丘的现象。也由此可知，汉代普通墓葬的坟丘规模也很大。东侧坟丘平面近圆角长方形，长1.94、宽1.64、深1.3米；西侧塌陷的坟丘平面近椭圆形，长径2.7、短径2.48、深2米。坟丘堆积褐色土，间杂黄土、红土颗粒。

墓道：位于墓室东侧中部。平面近刀把状，由台阶墓道、竖井两部分组成。台阶墓道位于竖井东端，口大底小，并向右前方斜出，口部长5.3～5.7、宽0.6、底面宽0.4～0.54米。现存

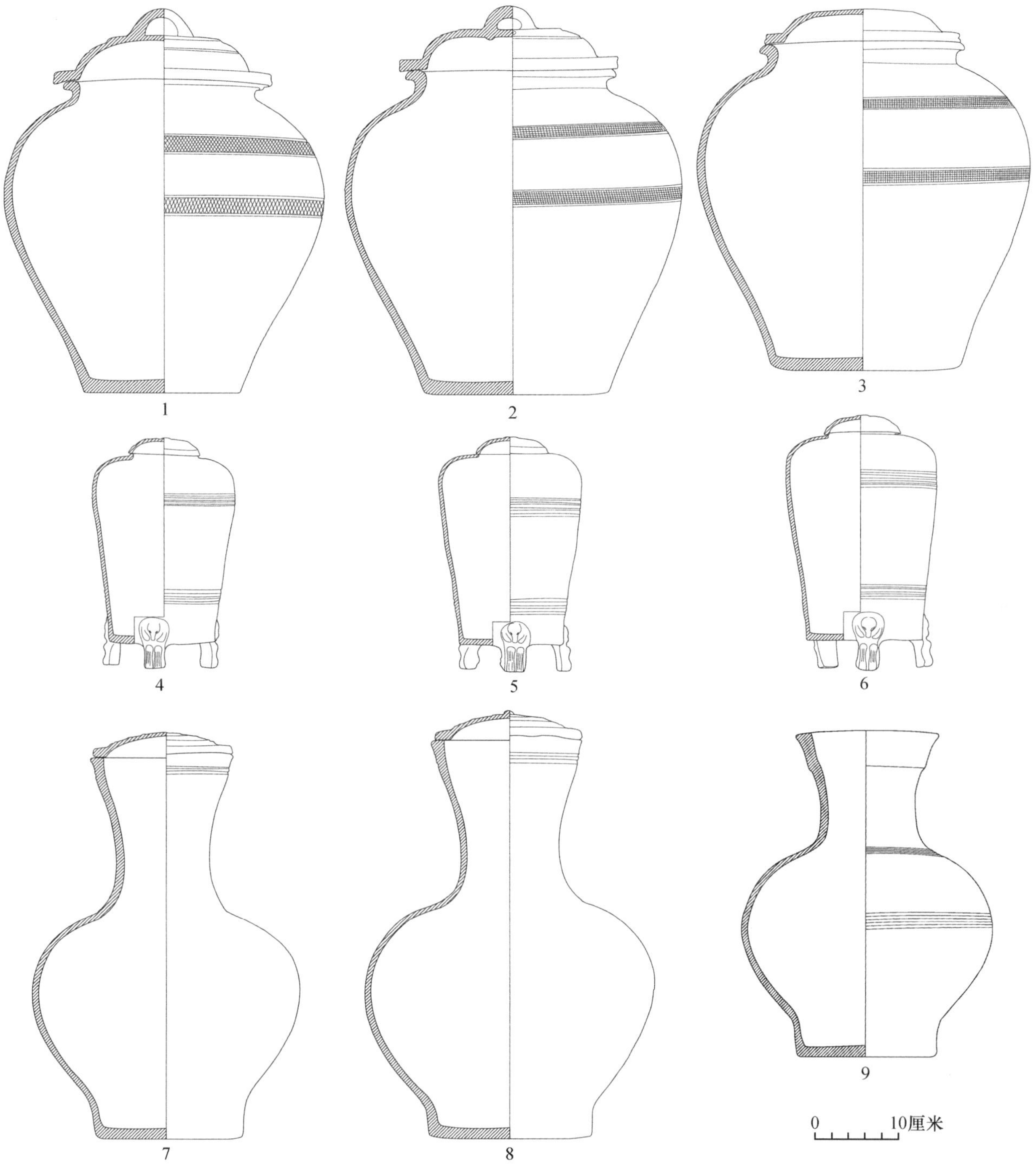

图4-1-120A　BM59棺床及盗洞出土陶器

1～3. 罐（BM59：9、11、19）　4～6. 仓（BM59：16、18、17）　7～9. 壶（BM59：26、27、50）

十八级台阶，台阶面宽0.16～0.38、台高0.1～0.34米。竖井部分口小底大，口部平面长2.3、宽0.8米，底面长2.2、宽1米。竖井底面为斜坡状，东端距墓口4.3米，西端底面与墓室底平。竖井东、西两端的南、北两壁面各有两组脚窝，东端一组南、北各有六个，相对设置，脚窝长径0.2～0.28、短径0.1～0.16、进深0.14～0.16米，脚窝间距0.3～0.46米。西端一组被盗扰，北壁

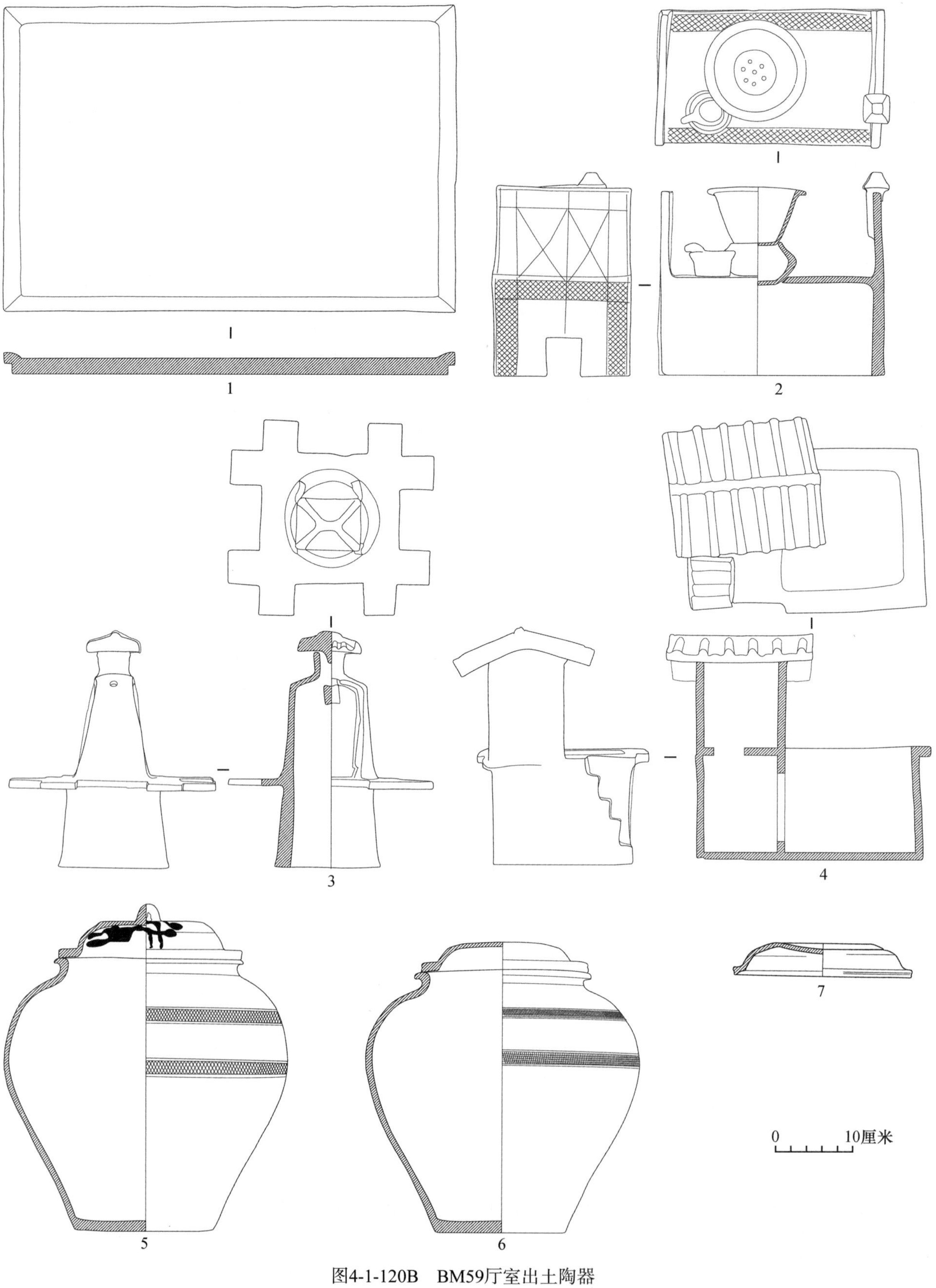

图4-1-120B　BM59厅室出土陶器

1. 案（BM59：22）　2. 灶（BM59：7）　3. 井（BM59：4）　4. 圈（BM59：1）　5、6. 罐（BM59：12、13）
7. 器盖（BM59：49）

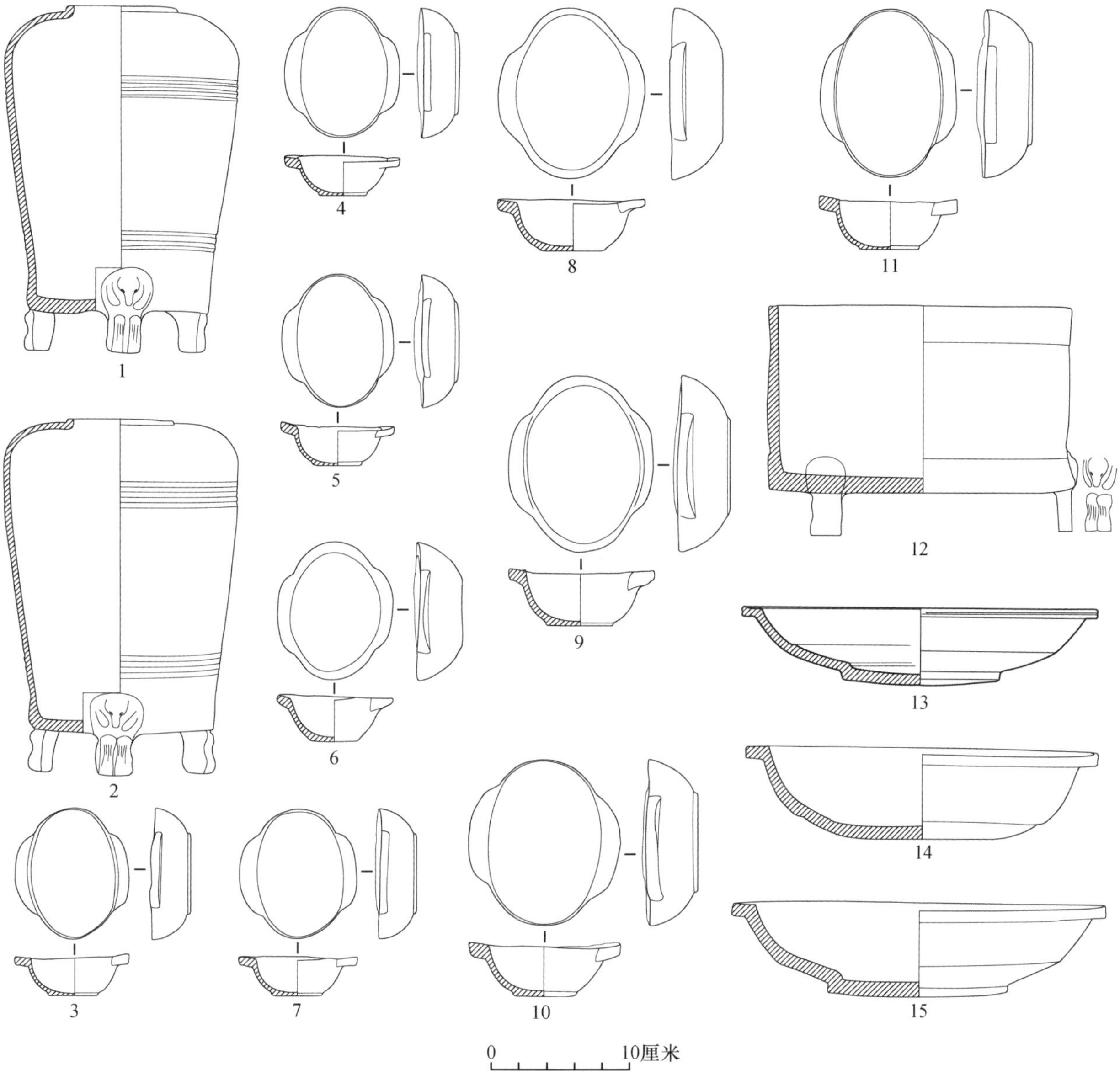

图4-1-120C　BM59厅室出土陶器

1、2. 仓（BM59：14、15）　3～11. 耳杯（BM59：33、23、24、32、45、28、34、25、46）　12. 樽（BM59：29）　13～15. 盘（BM59：36、38、39）

现存三个，南壁现存近底面两个，脚窝长径0.14～0.2、短径0.1～0.16、进深0.1～0.14米，脚窝间距0.3～0.5米。

封门：位于竖井西端，甬道券门外侧。应有封门砖，由于盗扰严重已不存，但竖井西端有封门砖槽，向两侧折出6厘米，砖槽宽1.1、进深0.5米，高不明。

甬道：位于墓室东侧中部。拱顶土洞砖券结构，由两部分构成：外侧券门是在竖井壁面基础上外张0.32～0.36、宽0.32米的凹槽内建成；内侧在甬道土洞基础上建单层砖拱券。甬道西端砖墙与墓室砖墙呈顺砖平砌丁拐结构。从甬道底面看，甬道外侧拱券顶至少应为两层。甬道门洞底面宽1.1、进深1米，洞高不详。

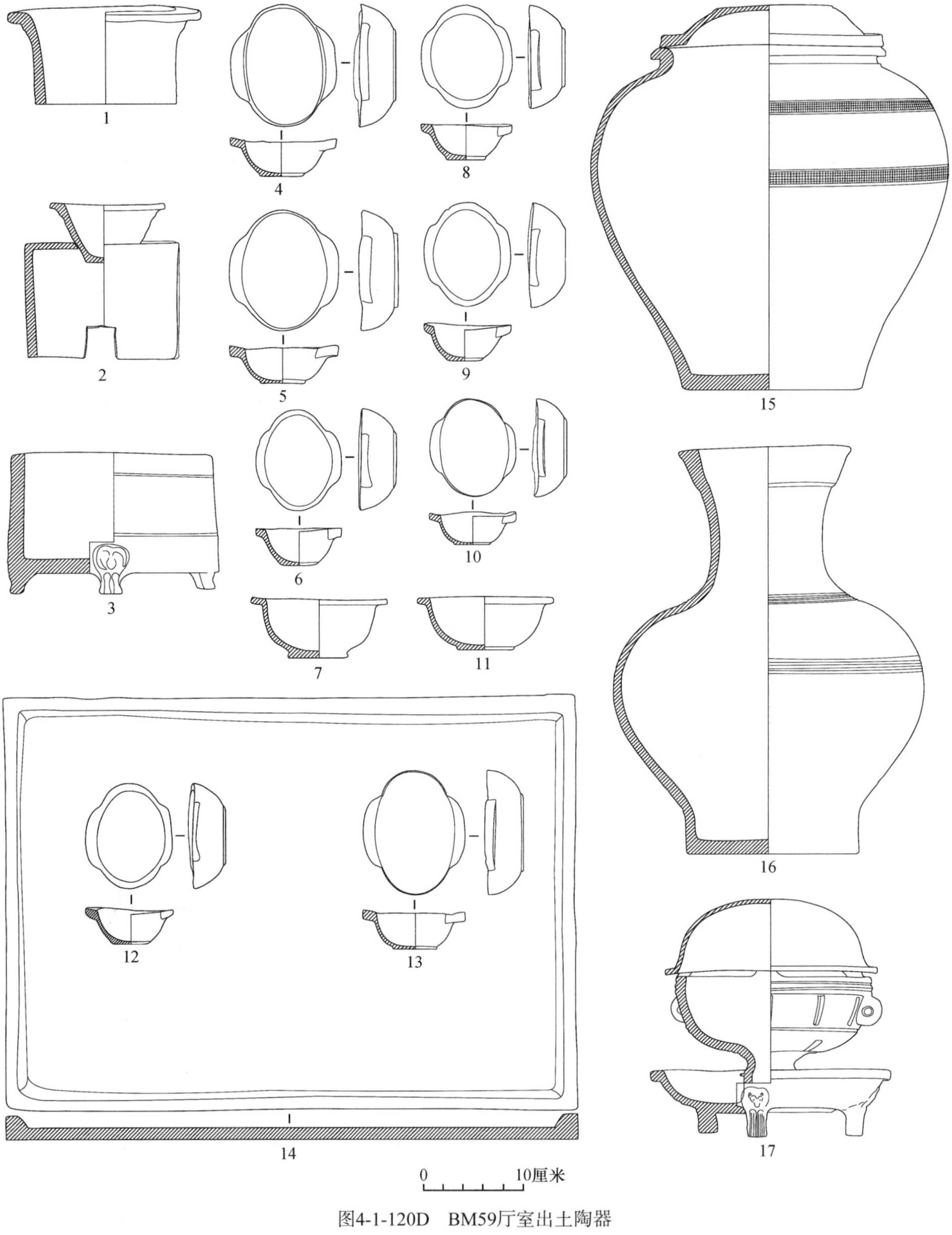

图4-1-120D　BM59厅室出土陶器

1. 井（BM59：2）　2. 灶（BM59：6）　3. 樽（BM59：3）　4～6、8～10、12、13. 耳杯（BM59：35、31、40～43、21、44）　7、11. 碗（BM59：47、48）　14. 案（BM59：20）　15. 罐（BM59：10）　16. 壶（BM59：8）　17. 熏炉（BM59：5）

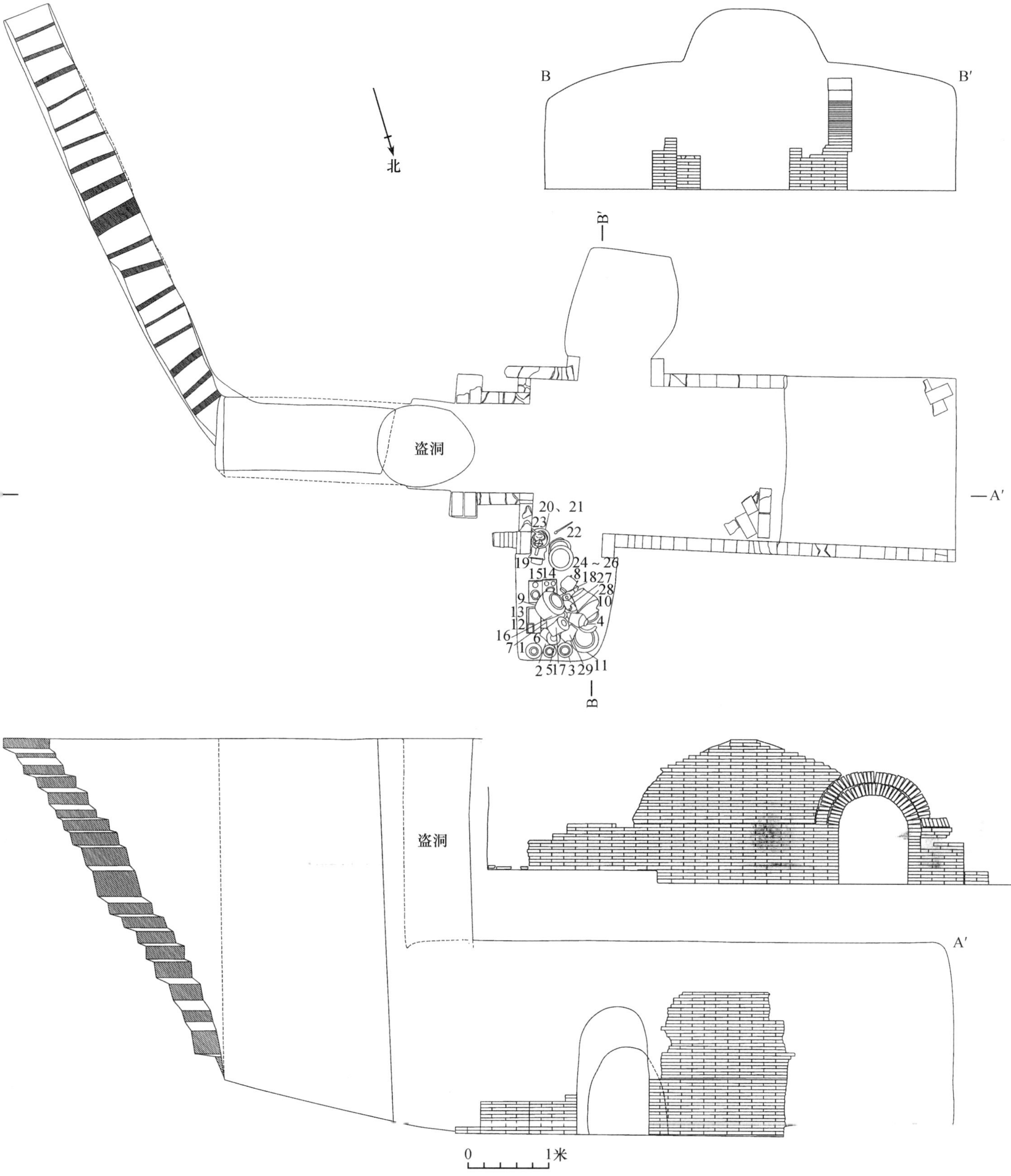

图4-1-121　BM65平、剖面图

1～8、28. 陶仓　9～11. 陶罐　12、13. 陶圈　14、15. 陶灶　16、17. 小陶罐　18、19. 陶井　20. 陶魁　21. 陶勺　22. 铁刀　23. 陶樽盖　24、26. 陶盘　25、27. 陶器盖　29. 陶仓盖　30. 铜钱（6枚）　31. 陶樽　32. 陶壶盖　33. 陶案足（4件）　34. 铁棺钉（2件）　35. 陶熏炉（30～35出自盗土中）

墓室：拱顶土洞砖券结构。由前厅和后室组成，土洞通长5.26、洞高2.4米，前厅长2.8、宽2.2米。后室主要做棺床，为生土台铺砖结构，长2.46、宽2.28、洞高2.24米，棺床面高于厅室地面0.16米。墓室无后墙，两侧墙为顺砖错缝平砌，存高1.8米。前厅底面残存铺砖为东南–西北向斜行错缝平铺，棺床上铺砖为东北–西南向斜行错缝平铺，棺床沿残存两块平铺顺砖，具体结构不明。

耳室：两个，位于墓室东端两侧。拱顶土洞结构，平面均近长方形，与墓室结合处为砖券结构。左耳室保存完整，为双层拱券顶结构，口宽0.88、内边宽0.9、进深1.6、土洞高1.3～1.6、拱券高1.1米；右耳室拱券已塌陷，口宽0.9、内边宽1、洞高1.1～1.6米。

葬具与葬式：由于盗扰严重，墓主骨架及葬具情况不明。

出土遗物：35件（组），有陶器、钱币和铁器，计有小陶罐2件、罐3件、仓9件、仓盖1件、井2件、灶2件、圈2件、熏炉1件、樽2件、魁1件、盘2件、勺1件、案足1组4件、壶盖1件、器盖2件（图4-1-122A、122B、122C；图版一〇二，3），铜钱1组6枚，铁刀1件、棺钉1组2件，主要出土于盗土中及左耳室内（图版一〇二，2）。从出土情况判断，随葬陶器应为两套器物组合。

BM65的年代应属东汉早期。

（一七）2006HGB区T22M68（下文简称“BM68”）

BM68位于B区北中部的T23中西部。叠压于第2层下，墓口距地表0.3、墓深4.7米。墓道东北部被BM66盗土扰破，并打破BM69墓道少许。墓门向北，方向17度。墓室完整，没有被盗扰。

由坟丘、墓道、封门、甬道、墓室、耳室组成（图4-1-123；图版一〇三，1）。

坟丘：在竖井南部有塌落坟丘堆积。平面呈椭圆形，长径3.2、短径1.4、深1.5米。坟丘堆积褐色土，间杂黄土、红土颗粒。

墓道：位于墓室北侧中部。平面近刀把状，由台阶墓道、竖井两部分组成。台阶墓道位于竖井东北角，并向右前方斜出，残长3.86～4.26、口部宽0.4～0.64、底宽0.52米。现存九级台阶，台阶面宽0.14～0.2、台高0.12～0.38米。竖井部分口部平面长2.5、宽0.94～1米，底面长2.4、宽1米。竖井底面为斜坡状，北端距墓口3.94米，南端底面距墓口4.5米。

封门：位于竖井南端，甬道券门外侧。青砖封门，现存十九层，由下向上第一至十四层为丁砖左、右对角分层斜放，两边封门砖层与层之间为一侧放丁砖，形成门框式样，第十五至十九层为顺砖错缝平砌。封门宽1.06、高1.68米。

甬道：位于墓室北侧中部。拱顶土洞结构，平面为长方形，底面宽1.1、进深0.54～0.74、洞高1.98米。

墓室：拱顶土洞结构。平面形状不规则，由前厅和后室组成，东北角有二次建造现象，在

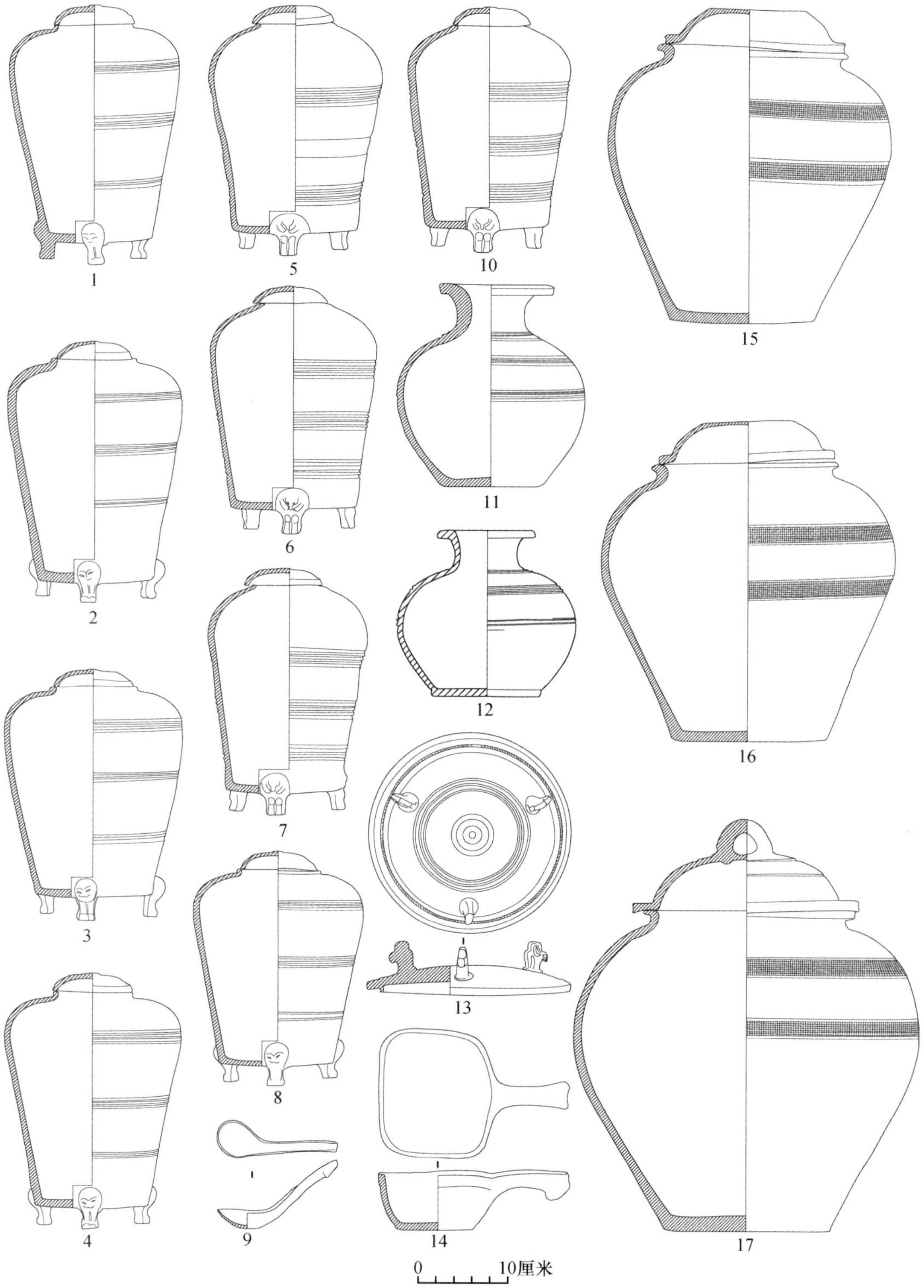

图4-1-122A BM65出土陶器

1~8、10. 仓（BM65：1~7、28、8） 9. 勺（BM65：21） 11、12. 小罐（BM65：17、16） 13. 器盖（BM65：23） 14. 魁（BM65：20） 15~17. 罐（BM65：9~11）

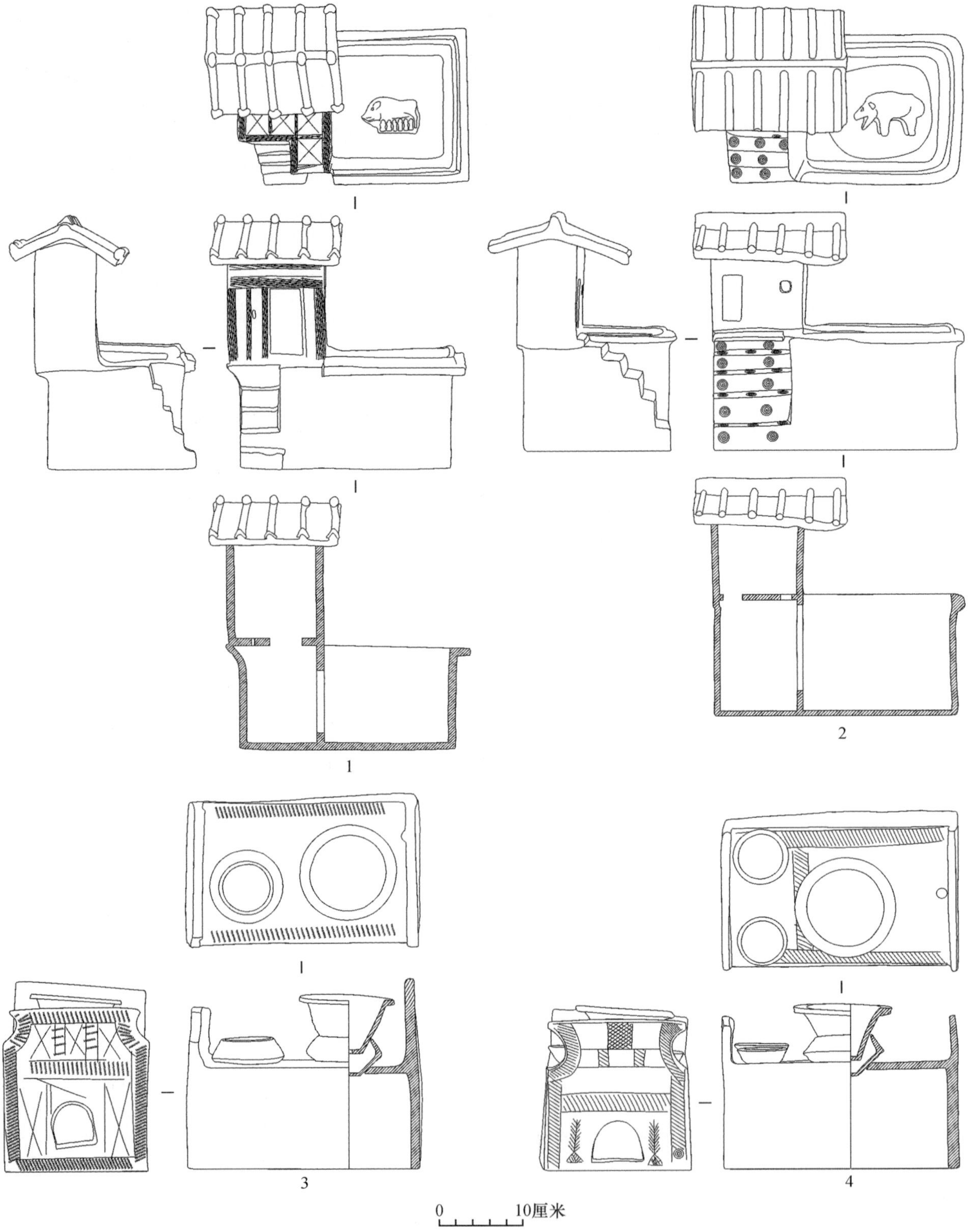

图4-1-122B　BM65出土陶器

1、2. 陶圈（BM65∶12、13）　3、4. 陶灶（BM65∶15、14）

图4-1-122C　BM65出土陶器

1、2. 井（BM65：18、19）　3、4. 盘（BM65：24、26）　5. 壶盖（BM65：32）　6. 樽（BM65：31）　7、8. 器盖（BM65：27、25）

原墓室基础上向北折出0.22米，土洞通长4.4～4.5、洞高2米，前厅长2.1～2.14、宽1.88～2米。后室主要做棺床，为生土台铺砖结构，长2.26～2.4、宽1.9、洞高2米，棺床台面高于厅室地面0.16米。厅室地面无铺砖，棺床上为东北–西南向斜行错缝铺砖，棺床沿底残存一排错缝平铺砖，共四层（图版一〇四，1）。

斗室：一个，位于墓室北端右侧。拱顶土洞结构，平面近长方形，口宽0.94、内边宽0.9、洞高0.8～1.12米（图版一〇三，3）。

葬具：木棺两副，仅存朽木痕迹。棺1位于墓室内端右侧，长1.96、宽0.56、存高0.1米；棺

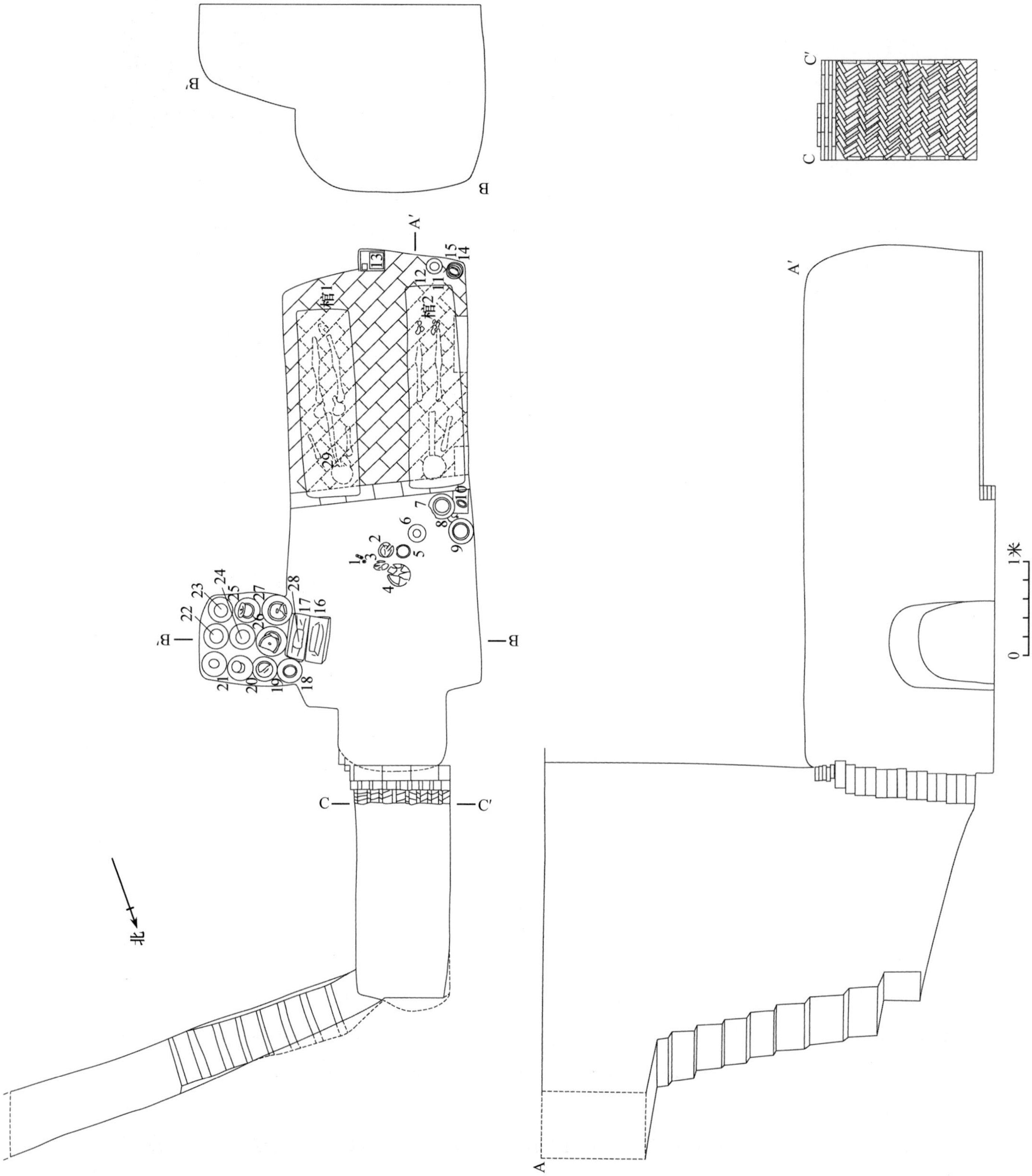

图4-1-123　BM68平、剖面图

2位于墓室内端左侧，长2.12、宽0.52～0.6、存高0.1米。棺1内有一层厚4～6厘米的青灰，棺2内有一层厚2～4厘米的青灰。

葬式：人骨架两具，均朽成粉末状。均为一次葬，仰身直肢，头北足南。其中棺1内墓主身高约1.6米，口含1片长方形穿孔玉板。棺2内墓主身高约1.56米。推测应为夫妇合葬。

出土遗物：29件（组），有陶器、钱币和玉器，计有陶壶4件、罐6件、仓4件（其中2件有白彩绘）、井1件、灶1件、圈1件、樽1件、耳杯2件、盒3件（2件有白彩绘）、魁1件、小盘2件、碗1件（图4-1-124A、124B；图版一〇四，2），铜钱1组8枚，长方形穿孔玉板1件，主要出土于厅室及耳室内，部分出土于棺2里侧（图版一〇三，2）。从出土情况判断，随葬陶器应为一套完整的器物组合。

BM68的年代应属东汉早期。

（一八）2006HGB区T23M70（下文简称“BM70”）

BM70位于B区北中部的T23北中部。叠压于第2层下，被BM66打破，墓口距地表0.3、墓深4.1米。墓门向南，方向198度。在竖井处有一盗洞，墓室被严重盗扰。

由墓道、封门、墓室组成（图4-1-125；图版一〇五，1）。

墓道：位于墓室南侧中部。平面呈刀把状，由台阶墓道和竖井两部分组成。台阶墓道位于竖井南端东侧，并向左前方斜出，台阶向左侧倾斜，口部残长2～2.36、宽0.5～0.54、底面宽0.5米。现存八级台阶，台阶面宽0.14～0.22、台高0.16～0.32米。竖井部分口部平面长3.16、宽1.02～1.24米。竖井壁较垂直，底面呈斜坡状，南端距墓口3.2米，北端与墓室底面平。

封门：青砖封门。因盗扰，封门砖大部分倒塌于墓室内，现仅存底面四层，位于距竖井底面0.3米处，为丁砖左、右对角分层斜放，上部两层为前后交错摆放。封门砖宽1.18、存高0.46米。

墓室：拱顶土洞结构。平面呈长方形，无前厅、后室布局，通长4.1、洞高1.9米。壁面较垂直规整（图版一〇五，2）。

葬具：木棺两副，仅存朽木痕迹。棺1位于墓室内端右侧，长1.9、宽0.64～0.74米；棺2位于墓室内端左侧，长2.1、宽0.52～0.58米。棺内均有一层青灰，青灰下有较厚一层白灰泥。

葬式：人骨架两具，均朽成粉末状。棺1内墓主盗扰严重，应为仰身直肢，头向南，倾向为成年男性，身高不详。墓主头部有铜钱10枚。棺2内墓主为一次葬，仰身直肢，头向南，面向上，倾向为成年女性，身高1.6米。墓主左侧盆骨处有铜钱3枚。推测应为夫妇合葬。

出土遗物：15件（组），有陶器、钱币和铁器，计有陶壶1件、罐1件、仓5件、井1件、井亭顶1件、灶1件、樽1件、耳杯1件（图4-1-126；图版一〇五，3），铜钱2组13枚，铁刀1件，器物均不在原来位置。随葬陶器应为一套器物组合。

BM70的年代应属东汉早期。

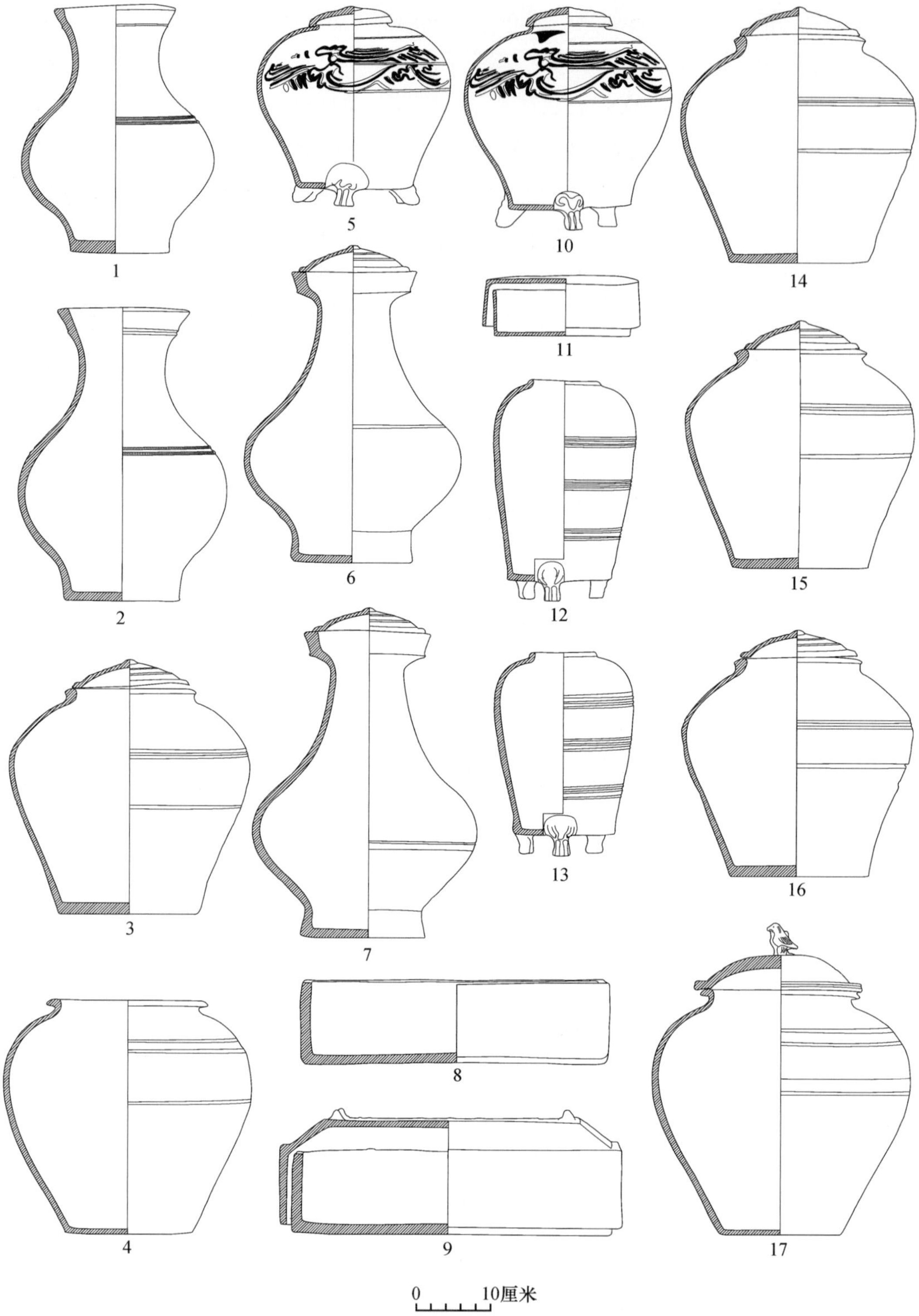

图4-1-124A　BM68出土陶器

1、2、6、7. 壶（BM68：7、9、18、19）　3、4、14～17. 罐（BM68：25、26、22～24、27）　5、10. 彩绘仓（BM68：21、20）　8、9. 长方形盒（BM68：17、16）　11. 小盒（BM68：28）　12、13. 仓（BM68：11、12）

图4-1-124B　BM68出土陶器

1. 圈（BM68：13）　2. 井（BM68：8）　3. 灶（BM68：10）　4. 魁（BM68：4）　5. 樽（BM68：5）　6、9. 盘（BM68：15、2）　7. 耳杯（BM68：14）　8. 碗（BM68：6）

（一九）2006HGA区T3M70（下文简称“AM70”）

AM70位于A区西北部的T3西南部。叠压于第2层下，墓室土洞打破了AM68墓室土洞。墓口距地表0.3、墓深3.7米。墓门向东，方向105度。保存完整。

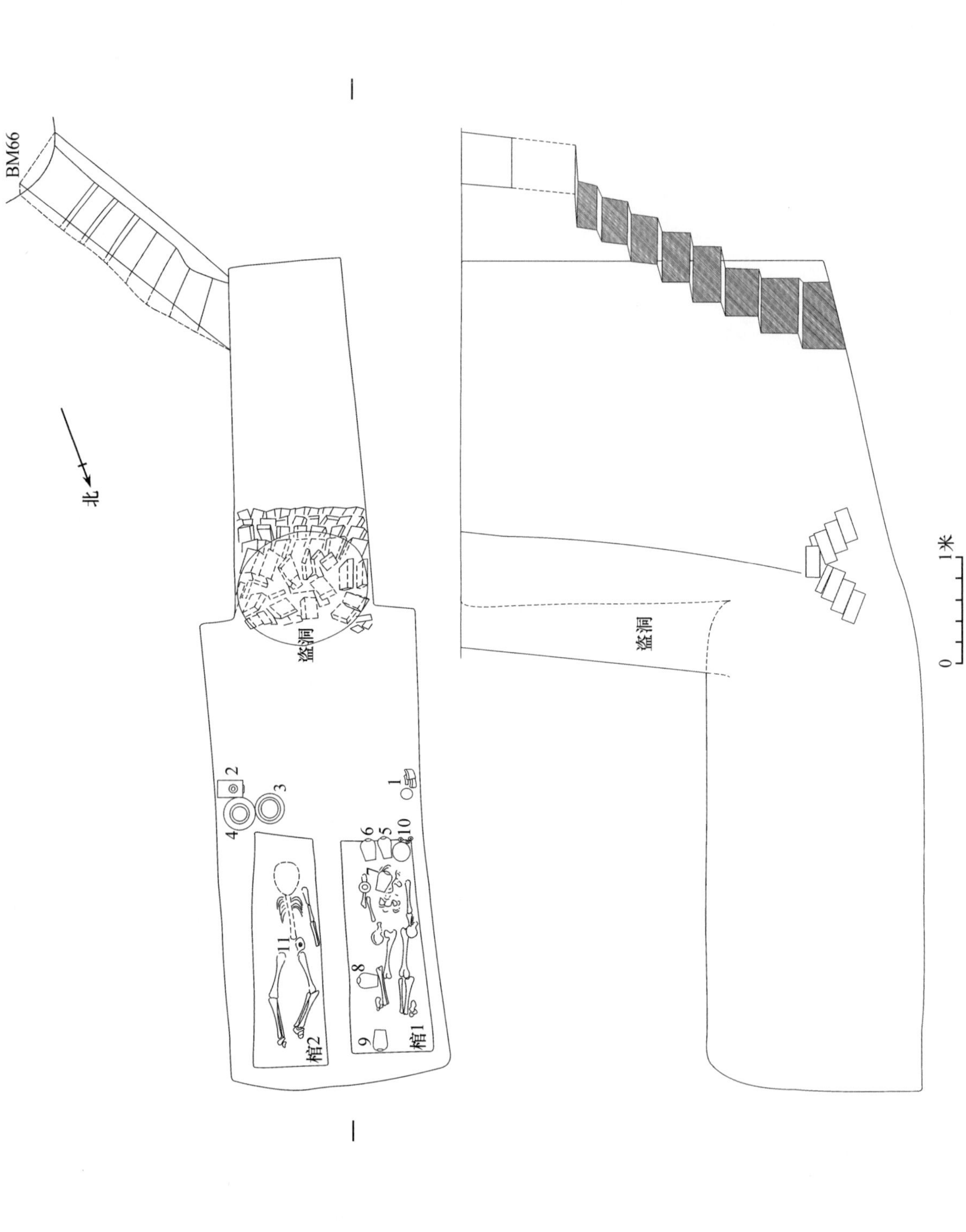

图4-1-125　BM70平、剖面图

1. 陶井　2. 陶灶　3. 陶壶　4. 陶罐　5～9. 陶仓　10. 铜钱（10枚）　11. 铜钱（3枚）　12. 陶樽　13. 陶耳杯　14. 铁刀　15. 陶井亭顶（12～15出自盗土中）

图4-1-126　BM70出土陶器

1. 罐（BM70：4）　2. 壶（BM70：3）　3. 灶（BM70：2）　4. 井（BM70：1）　5～9. 仓（BM70：5～9）

由坟丘、墓道、封门、墓室、耳室组成（图4-1-127；图版一〇六，1）。

坟丘：在竖井西部有塌落坟丘堆积。平面不太规则，长径5.2、短径1.2～3、深1.5米。坟丘堆积褐色土，间杂黄土、红土颗粒。

墓道：位于墓室东侧中部。平面呈刀把状，口大底小，由台阶墓道、竖井两部分组成。台阶墓道位于竖井东端，略向左侧倾斜，口部长3.5米，底面在二次挖开时把竖井底面挖破并设成台阶状，所以墓道台阶部分底面长5、口部宽0.4～0.6、底面宽0.46～0.52米。现存十四级台阶，台阶面宽0.16～0.3、台高0.14～0.36米。竖井部分口部平面长2.2～2.6、宽0.78米。竖井底面原为坡状，东端距墓口2.86米，西端与墓室底面平，二次挖开后底面成台阶形制。

封门：位于竖井西端。两次封门，均为砖封门。第一次封门位于墓室底面，保存底部一层砖，为丁砖斜放，左侧边保存的四层砖也为左、右对角分层斜放。第二次封门位于竖井西距底面0.64米处，共十八层封门砖，下部两层为顺砖错缝平砌，以残砖为主，第三至六层为丁砖左、右对角分层斜放，第七至十八层为顺砖错缝平砌。第二次封门砖上口宽0.88、底边宽1.24、高0.96米。第一次封门砖在二次开启墓门再次进棺时破坏，第二次封门砖为二次进棺后再次封门时形成（图版一〇六，2）。

墓室：拱顶土洞结构。平面不太规则，由前厅和后室组成，通长3.8、洞高1.66米，前厅长1.4～1.7、宽1.26～2米。后室主要做棺床，为生土台结构，长2.3～2.4、宽1.9～2、洞高1.54米，棺床台面高于厅室地面0.15米。棺床沿为一排共三层错缝平铺顺砖（图版一〇七，1）。此墓墓室与竖井不在一条直线上，应是先建天井和台阶墓道，之后建造墓室时可能是为了避开早已建成的其他墓葬将其建在西偏北方向，形成了墓室与竖井不在一条直线上的特殊现象。

耳室：一个，位于墓室右侧。拱顶土洞结构，平面呈圆角长方形，口宽0.76、内边宽0.72、进深0.54～0.6、洞高0.46～0.76米。耳室底面有一生土台，和棺床同高（图版一〇六，3）。

葬具：木棺两副，仅存朽木痕迹。棺1位于棺床左侧，长2.36、宽0.64米；棺2位于棺床右侧，长2、宽0.72～0.8米。棺内均有一层厚白灰泥，均使用铁棺钉。

葬式：人骨架两具，朽为粉末状。两位墓主均为一次葬，仰身，头向西。棺1内墓主面向上，经鉴定为男性，年龄为40～45岁，身高1.7米。墓主头右侧有1面铜镜，身体上下散布铜钱112枚。棺2内墓主面向不明，倾向为成年女性，身高约1.5米。墓主双耳处有琉璃耳饰，左手处有银指环2件，棺室东南角有1面铜镜，身体上下散置铜钱31枚。另外，在棺2内还发现2颗小乳牙，经鉴定年龄为3～5岁，未发现其他骨骼，这种现象有两种可能：一是这为棺2内墓主人的乳牙，一直保留到她死亡时作为纪念物葬入棺内；二是为棺2内墓主人子女的乳牙，不知何故与她一起亡故并葬入棺2内，其他骨骼全部朽尽。另外，值得注意的是，此墓地中少见墓主头向内的墓例，头多向墓口方向，AM70为特例。

出土遗物：32件（组），有陶器、铜镜、钱币、铁器、银器和琉璃器，计有陶壶1件、罐5件、仓5件、井1件、灶1件、圈1件、耳杯3件、魁1件、案1件、盘1件、勺1件、磨1件（图4-1-128；图版一〇七，2），铜镜2面，铜钱2组143枚，铁棺钉2组11件，银指环2件，琉璃耳饰2件，主要出土于棺床上及耳室内，耳室内有陶井1件、陶灶1件、陶罐3件、陶仓5件和陶魁

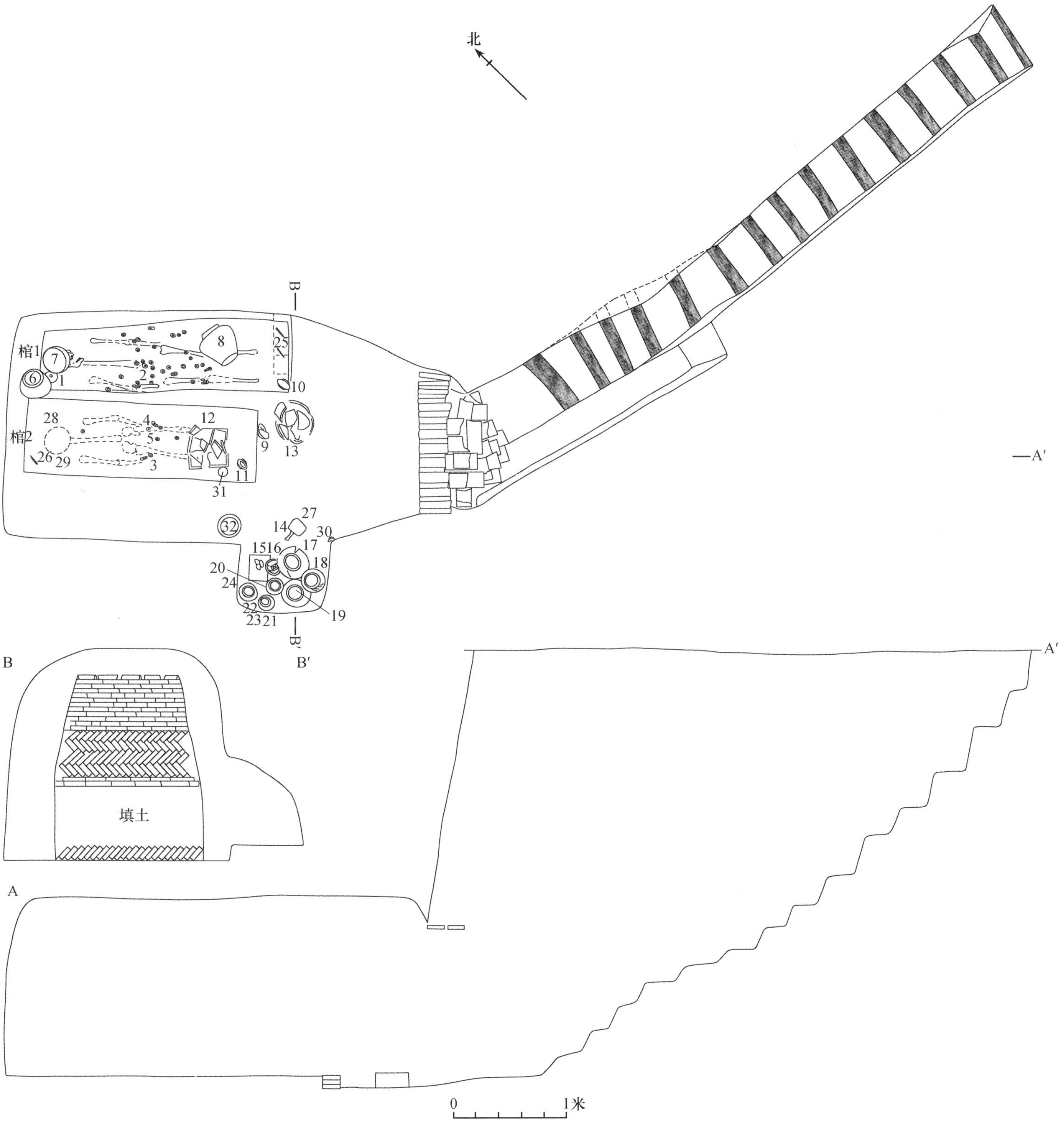

图4-1-127　AM70平、剖面图

1、31. 铜镜　2. 铜钱（112枚）　3. 铜钱（31枚）　4、5. 银指环　6. 陶壶　7. 陶圈　8、13、17～19. 陶罐　9～11. 陶耳杯　12. 陶案　14. 陶魁　15. 陶灶　16. 陶井　20～24. 陶仓　25、26. 铁棺钉（11件）　27. 陶勺　28、29. 琉璃耳饰　30. 陶磨　32. 陶盘

图4-1-128 AM70出土陶器

1. 壶（AM70：6） 2～4、8、9. 罐（AM70：18、17、19、8、13） 5～7. 耳杯（AM70：10、11、9） 10. 磨（AM70：30）
11. 井（AM70：16） 12、19～22. 仓（AM70：21、20、24、23、22） 13. 灶（AM70：15） 14. 圈（AM70：7）
15. 魁（AM70：14） 16. 勺（AM70：27） 17. 盘（AM70：32） 18. 案（AM70：12）

1件，棺床内端中间有陶壶1件，棺1内有陶罐1件，棺2内有陶案和耳杯各1件，厅室西中部有陶罐1件。随葬陶器为一套完整的器物组合。新出土器形为陶磨，并出现以小陶罐代替陶仓的现象。

AM70的年代应属东汉中期。

（二〇）2006HGA区T3M71（下文简称“AM71”）

AM71位于A区西北部的T3南部居中。叠压于第2层下，宋墓AM65打破AM71的坟丘和墓室。墓口距地表0.3、墓深3.92米。墓门向北，方向15度。保存完整。

由坟丘、墓道、封门、甬道、墓室、耳室组成（图4-1-129；图版一〇八，1）。

坟丘：在竖井南部有塌落坟丘堆积。平面呈椭圆形，长径4.4、短径2.8、深1.3米。坟丘堆积褐色土，间杂黄土、红土颗粒。

墓道：位于墓室北侧中部。平面呈横“L”形，口小底大，由台阶墓道、竖井两部分组成。台阶墓道位于竖井北端右侧，与竖井近直角相连，推测是因竖井北部仅1米左右就是另一座汉墓的墓道，为避开那座墓，AM71只能把墓道从竖井处作直角右转。墓道台阶口部长4.3、宽0.58～0.62、底面宽0.56～0.68米。现存十二级台阶，台阶面宽0.22～0.4、台高0.14～0.28米。竖井部分口部平面长2.58、宽0.9～0.94、底面宽0.9～1.08米。竖井底面原为斜坡状，北端距墓口3.2米，南端与墓室底面平。

封门：位于竖井南端。青砖封门，现存二十层砖，由下向上第一至十五层为丁砖左、右对角分层斜放，第二至十五层为前后交错摆放，第十六至二十层为顺砖错缝平砌，墓道两边封砖层与层之间为一侧放丁砖。封门上口宽1.32、底边宽1.14、高1.8米（图版一〇八，2）。

甬道：位于墓室北侧中部。拱顶土洞结构，平面呈长方形，甬道底面宽1.04、进深0.8、洞高1.8～2.04米。

墓室：拱顶土洞结构。由前厅和后室组成，通长5.06～5.2、洞高2.04米，前厅长2.5～2.66、宽1.8～2.1米。后室主要做棺床，为生土台结构，长2.4～2.7、宽2.1、洞高1.96米，棺床台面高于厅室地面0.14米（图版一〇九，1）。

耳室：一个，位于墓室右侧。拱顶土洞结构，平面呈长方形，口宽0.56、内边宽0.62、进深0.48、洞高0.5～0.9米。耳室底面不平，外侧与厅室底面近平，内侧底弧。

葬具：木棺两副，仅存朽木痕迹。棺1原应位于棺床右侧，现在厅室中部距地面约0.5米处，残长1.1、宽0.5米；棺2位于棺床左侧，残长2、宽0.56～0.7米。棺内均有一层白灰，并使用铁棺钉固棺。

葬式：人骨架两具，均已朽成粉末状。棺1木棺范围内有琉璃耳饰、铜手镯、指环、铅镜等（图版一〇八，3）；棺2内墓主头向北，棺内有铜镜1面、铜钱2枚。

出土遗物：50件（组），有陶器、铜镜、铜器、钱币、铁器、铅器和琉璃器，计有陶壶

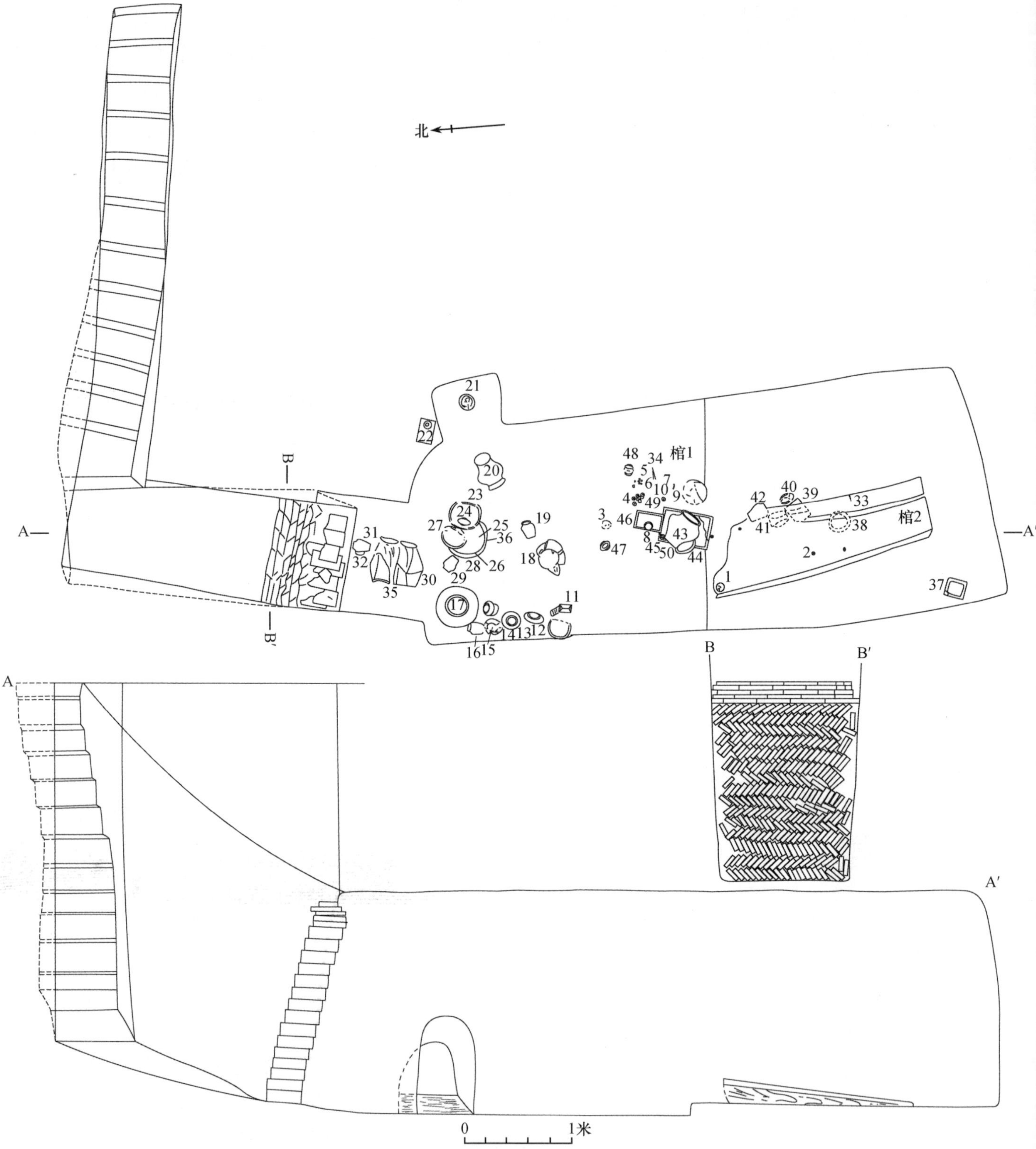

图4-1-129　AM71平、剖面图

1. 铜镜　2. 铜钱（2枚）　3. 铅镜　4. 铜钱（79枚）　5. 琉璃耳饰　6. 串珠　7、8. 铜手镯　9. 铁镊　10. 铜指环　11、37. 陶圈　12～16、19、29、31、41、42. 陶仓　17. 陶瓮　18. 陶樽　20. 陶壶　21、40. 陶井　22、39. 陶灶　23. 陶盆　24～26、32、35、47～50. 陶耳杯　27、38、44. 陶盘　28. 陶轮盘　30、43. 陶罐　33. 铁棺钉（5个）　34. 铁棺钉（2个）　36. 铁顶针　45. 陶案　46. 长方形陶盒

1件、罐2件、瓮1件、仓10件、井2件、灶2件、圈2件、樽1件、耳杯9件、长方形盒1件、案1件、轮盘1件、盘3件、盆1件（图4-1-130A、130B；图版一〇九，2），铜镜1面，铜手镯2件、指环1件，铜钱2组81枚，铁镊1件、顶针1件、棺钉2组7件，铅镜1面，琉璃耳饰1件，串珠1组11件，主要出土于厅室、耳室及棺床上，因墓室进水器物已不在原来位置，摆放较散乱。随葬陶器为两套器物组合。新出土器形有圆形陶轮盘，盘面上为凹弦纹同心圆，圈足内底面竖刻“大吉利”三字。

AM71的年代应属东汉中期或中晚期。

（二一）2006HGB区T1M1（下文简称“BM1”）

BM1位于B区西北角的T1中部。叠压于第2层下，墓口距地表0.35、墓深5米。墓门向北，方向18度。保存完整。

由墓道、封门、甬道、墓室、耳室组成（图4-1-131；图版一一〇，1）。

墓道：位于墓室北侧中部。平面呈刀把状，口小底大，由台阶墓道、竖井两部分组成。台阶墓道位于竖井北端，并向右前方斜出，口部长5、宽0.4～0.5、底面宽0.5～0.58米。现存十五级台阶，台阶面宽0.24～0.34、台高0.18～0.36米。竖井部分口部平面长2.8、宽0.76～0.88米。竖井底面呈斜坡状，北端距墓口4.4米，南端与墓室底面平。

封门：位于竖井南端，甬道券门外侧。青砖封门，共十四层，顶层为三块侧放砖，下面十三层为丁砖左、右对角分层斜放，自下向上第六至十三层为前后交错摆放，封门砖两侧边层与层之间为一侧放丁砖。封门砖底面宽0.9、高2.05米（图版一一〇，2）。

甬道：位于墓室北端。拱顶土洞砖券结构。甬券为单重三层券：第一层为完整拱券，第二层和第三层只有拱券而无直立砖墙，第三层券顶与甬道土洞缝隙间填塞碎砖。甬道设有拱券槽，土洞底面宽1.2、进深0.35、高1.66米。在甬券门外侧墓道两侧边的凹槽内贴拱券平铺一排竖直顺砖。甬道门洞宽0.9、高1.16米。

墓室：拱顶土洞结构，平面形状不规则，由前厅和后室组成。厅室北端两角弧，南端宽出后室约0.16米，前厅长3.34、宽1.4～2.6、洞高2.44米。后室平面呈梯形，主要作棺床，为生土台铺砖结构，长2.5～2.6、宽1.7～2.2米，棺床高出厅室地面0.15～0.2米。前厅、后室底面均有铺砖，厅室底面有两种铺砖方式，厅室南端0.95米范围为六排顺砖错缝平铺，其余铺成“人”字形，北部为东北–西南向斜行错缝平铺。后室棺床上为东南–西北向斜行错缝铺砖，棺床沿为一排侧放丁砖（图版一一一，1）。

耳室：一个，位于墓室右侧。拱顶土洞结构，平面近圆角正方形，口宽0.9、内边宽0.74、进深0.74、洞高1.6米。底面为错缝平铺顺砖，比厅室地面高出一平砖厚。

葬具：木棺三副，仅存朽木痕迹。棺室内均有白灰，使用铁棺钉。棺1位于棺床右侧，长2.1、宽0.5米。棺2位于棺床左侧，棺下四角有垫砖，长1.92、宽0.6米。棺3位于厅室东南角，

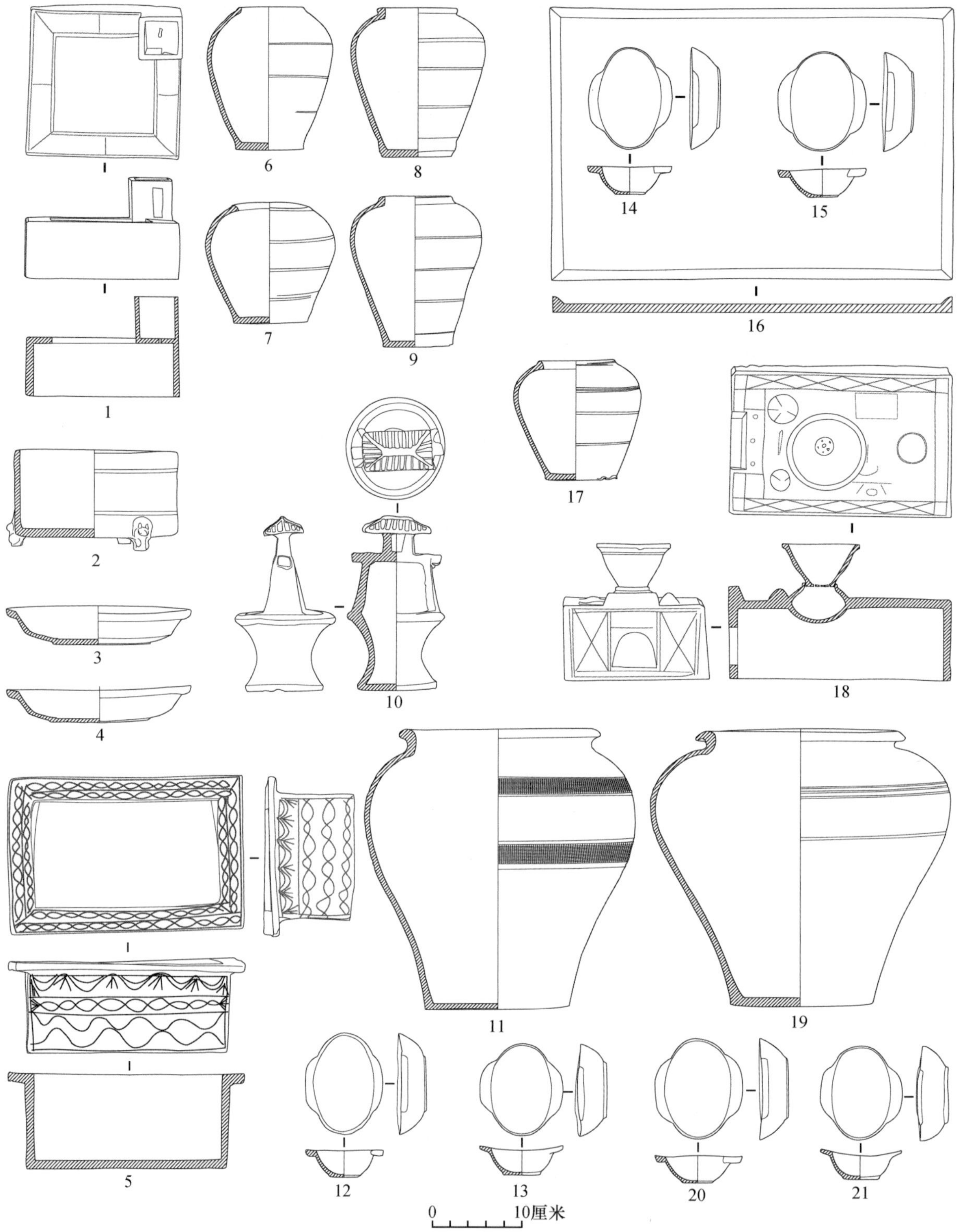

图4-1-130A　AM71出土陶器

1. 圈（AM71：37）　2. 樽（AM71：18）　3、4. 盘（AM71：38、44）　5. 长方形盒（AM71：46）　6～9、17. 仓（AM71：19、29、42、41、31）　10. 井（AM71：40）　11、19. 罐（AM71：30、43）　12～15、20、21. 耳杯（AM71：32、35、47～50）　16. 案（AM71：45）　18. 灶（AM71：39）

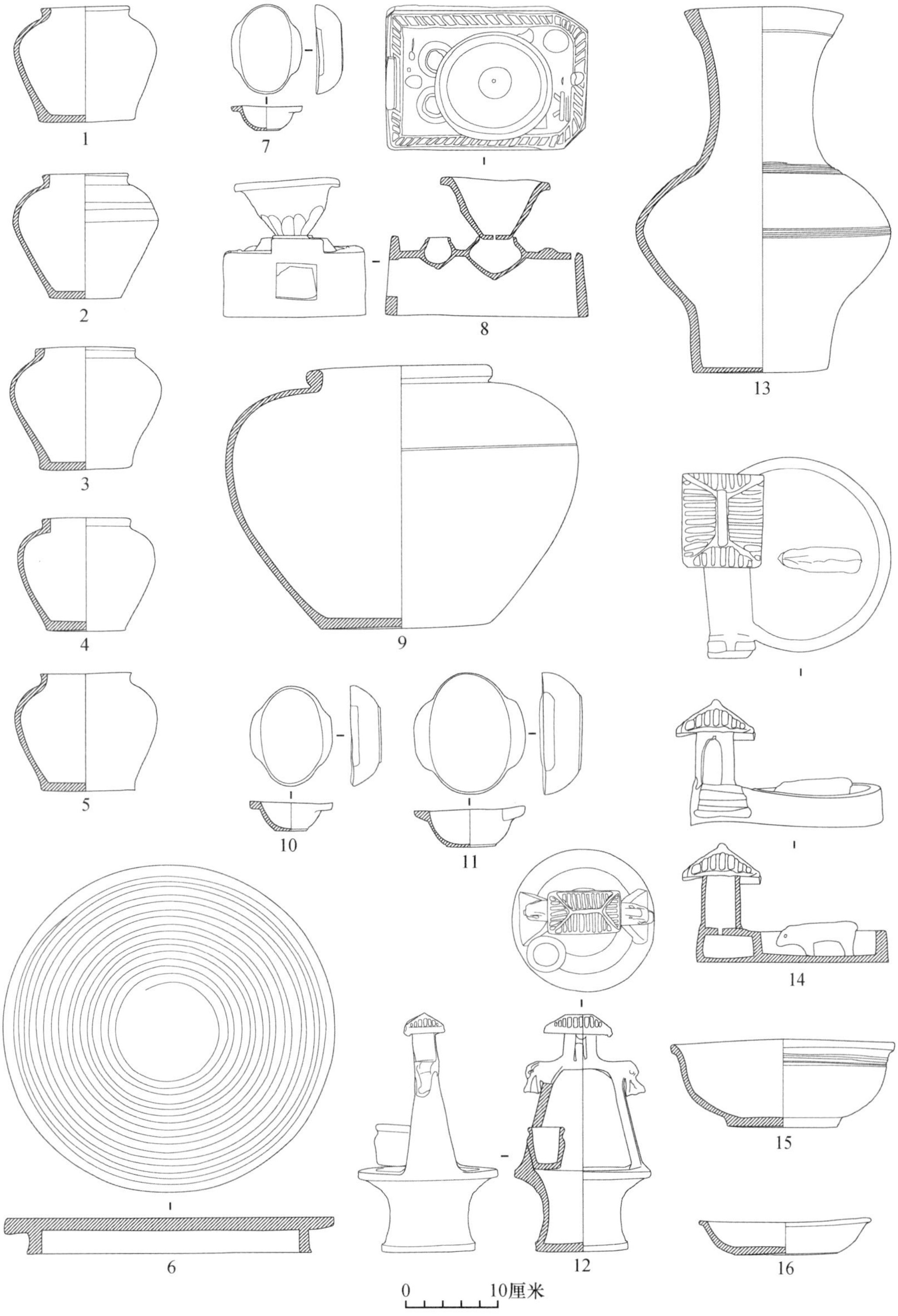

图4-1-130B　AM71出土陶器

1～5. 仓（AM71：12～16）　6. 轮盘（AM71：28）　7、10、11. 耳杯（AM71：26、25、24）　8. 灶（AM71：22）　9. 瓮（AM71：17）　12. 井（AM71：21）　13. 壶（AM71：20）　14. 圈（AM71：11）　15. 盆（AM71：23）　16. 盘（AM71：27）

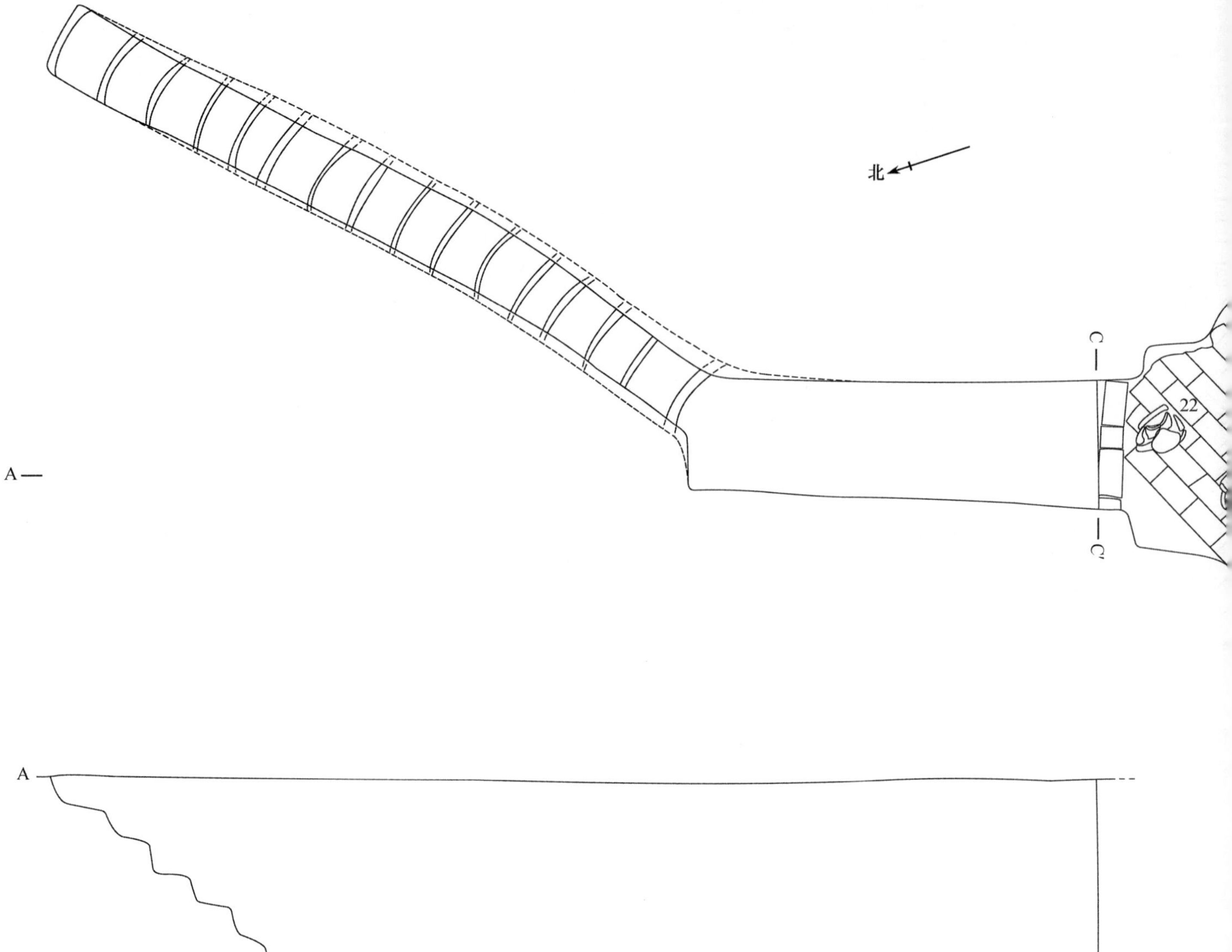

图4-1-131 B
1. 陶灶 2. 陶井 3、20. 陶器盖 4. 铁剑 5、9. 铁镊 6. 铜镜 7. 铜环
19. 陶樽 23. 铜钱（47枚） 24. 铁棺钉（7枚） 25. 铁棺钉（3枚

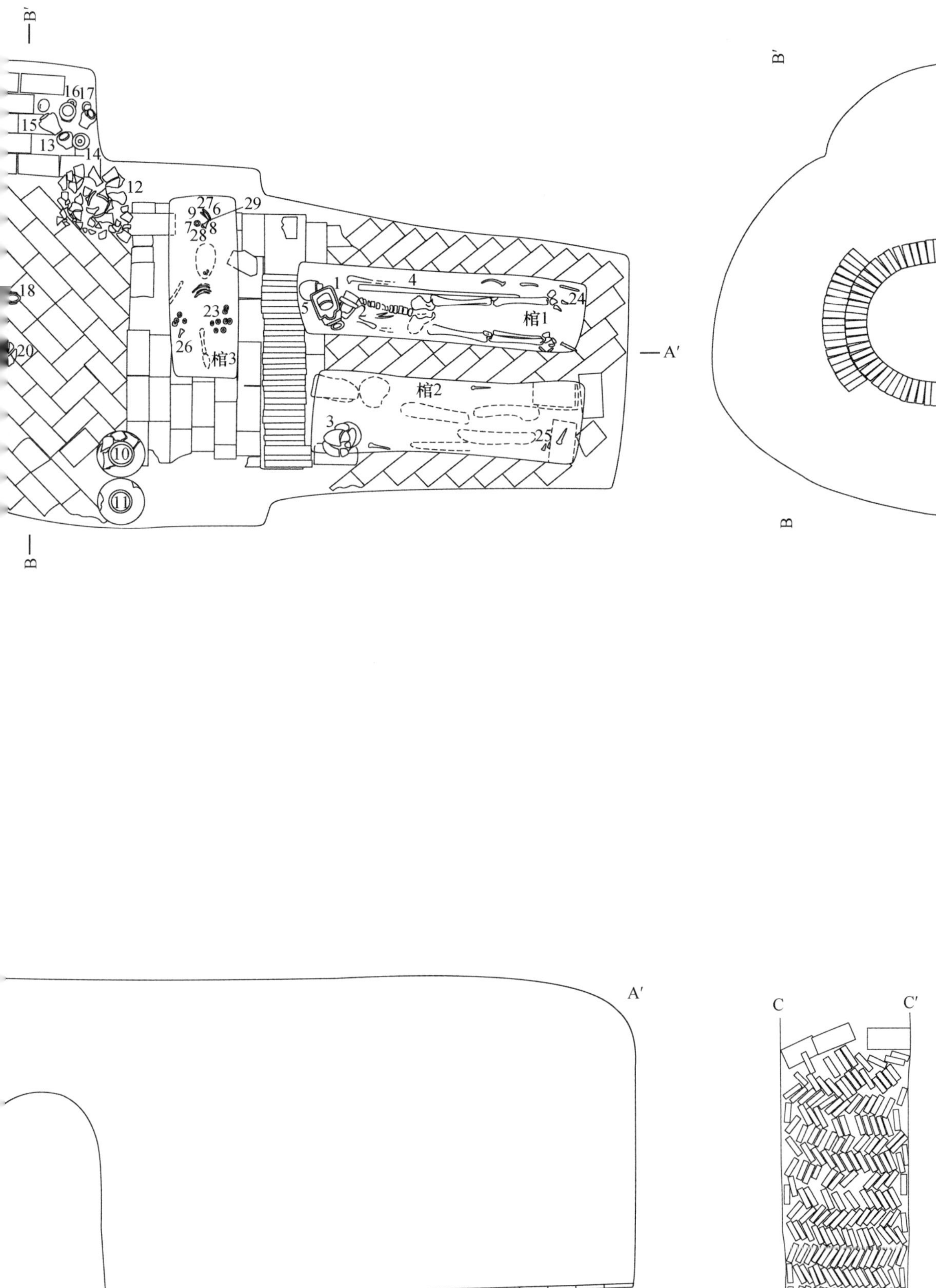

、剖面图

铁带钩　10、11. 陶壶　12、21、22. 陶罐　13～17. 陶仓　18. 陶耳杯

26. 铁棺钉（1枚）　27. 石墨饰　28. 铁顶针（2件）　29. 铁刀

棺下东端两角有垫砖，长1.32、宽0.48米。

葬式：人骨架三具。棺1内墓主为一次葬，仰身直肢，头向北，面向上，倾向为男性，年龄为45～50岁，身高1.78米。墓主身体左侧有1把铁剑，尖南柄北。棺2内墓主为一次葬，仰身直肢，头向北，面向上，倾向为女性，年龄不明，应是成年人，身高1.4米（图版一一一，2）。棺3内墓主为二次葬，仰身直肢，头向东，面向不明，性别不明，年龄为14～16岁，身高0.8米。墓主头东中部有铜镜、铜环、铁带钩、铁镊各1件，这些器物可能是配套使用，双手部放有铜钱47枚（图版一一一，3）。棺1与棺2在棺床上并排放置，应为夫妇。棺3位于厅室内，年龄较小，疑是墓主人的子女。

出土遗物：29件（组），有陶器、铜镜、铜器、钱币、铁器和石器，计有陶壶2件、罐3件、仓5件、井1件、灶1件、樽1件、耳杯1件、器盖2件（图4-1-132；图版一一〇，3），铜镜1面，铜环1件，铜钱1组47枚，铁剑1件、带钩1件、镊2组3件、顶针1组2件、刀1件、棺钉3组11件，石墨饰1件，主要出土于右耳室、厅室及棺床上，耳室内有陶仓5件，厅室中间有陶樽和耳杯各1件作供器，厅室西南角有陶壶2件，厅室东南角及北中部有陶罐3件，棺1盖上北端有陶灶和井各1件。随葬陶器为一套完整的器物组合。

BM1的年代应属东汉中期。

（二二）2006HGB区T23M76（下文简称“BM76”）

BM76位于B区北中部的T23东南部。叠压于第2层下，墓口距地表0.3、墓深4.5米。墓门向东，方向95度。保存完整。

由坟丘、墓道、封门、甬道、墓室组成（图4-1-133；图一一二，1）。

坟丘：在竖井墓道西部有塌落坟丘堆积。平面近椭圆形，长径3.6、短径2.6、深0.9米。坟丘堆积褐色土，间杂黄土、红土颗粒。

墓道：位于墓室东侧中部。平面近刀把状，由台阶墓道、竖井两部分组成。台阶墓道位于竖井东端，并向右前方斜出，口小底大，口部长2.84～3.3、宽0.44～0.5、底面宽0.46～0.58米。现存十一级台阶，台阶面宽0.1～0.26、台高0.14～0.24米。竖井部分长2.8、宽0.9～1.04米。竖井底面呈斜坡状，东端距墓口3.2米，西端距墓口4.06米。竖井底面有铺砖，西半部为丁砖对缝平铺，东半部为一丁三顺平铺，顺砖多为残砖，东南角未铺置完整。竖井底面铺砖，是此次发掘中的唯一一例，推测可能因封门砖剩余顺手铺置而成。

封门：位于竖井西端，甬道券门外侧。青砖封门，共十七层封门砖，上部四层为顺砖错缝平砌，下部为丁砖左、右对角分层斜放。封砖墙宽1.06、高1.64米。

甬道：位于墓室东侧中部。拱顶土洞砖券结构，甬道外侧边有砖构拱券，内侧为土洞拱顶结构。甬道砖券有券槽，是在生土壁面上外扩长约0.34、宽0.15米的券槽。甬道砖拱券为单重双层券：第一层为完整拱券；第二层只有顶部拱券，无直立砖墙。甬道门洞底面宽1～1.08、

图4-1-132　BM1出土陶器

1、2. 壶（BM1∶10、11）　3～5. 罐（BM1∶12、21、22）　6. 樽（BM1∶19）　7、8、14～16. 仓（BM1∶13、14、16、15、17）　9、11. 器盖（BM1∶3、20）　10. 灶（BM1∶1）　12. 耳杯（BM1∶18）　13. 井（BM1∶2）

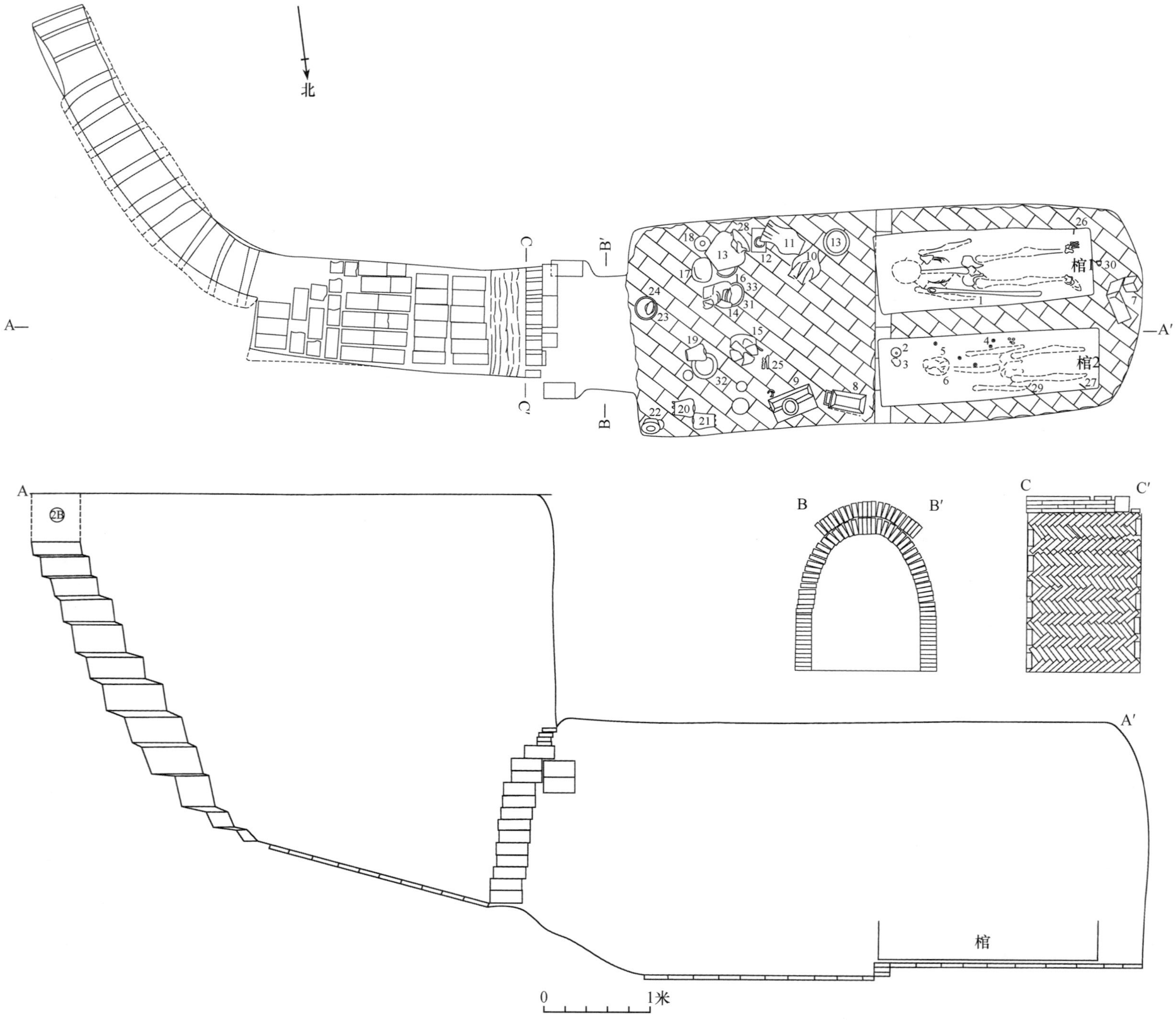

图4-1-133　BM76平、剖面图

1. 铁刀　2. 铜镜　3. 粉块　4. 铜钱（41枚）　5、6. 琉璃耳饰　7. 陶圈　8、9. 陶长方形盒　10、11. 陶壶　12. 陶灶　13、14. 陶罐　15～17. 白彩绘陶圆形盒　18. 陶熏炉

进深0.7～0.84、洞高1.2米。甬道底面呈坡状，向内与墓室底面平。

墓室：拱顶土洞结构。平面呈长方形，由前厅和后室组成，土洞通长4.7、洞高2.4米，前厅长2.2～2.3、宽2米。后室主要做棺床，为生土台铺砖结构，棺床长2.4～2.5、宽1.8～2、洞高2.24米，生土台高于厅室地面0.1米。前厅、后室均有东南–西北向斜行错缝平铺砖，棺床沿为三层错缝平铺顺砖（图版一一二，2）。

葬具：木棺两副，仅存朽木痕迹。棺1位于墓室内端右侧，长2、宽0.62～0.74米；棺2位于墓室内端左侧，长2.04、宽0.58～0.64米。棺内底均铺有一层青灰，青灰下有白灰泥，均使用铁棺钉固棺（图版一一三，1、2）。

葬式：人骨架两具，皆朽为粉末状。两位墓主均为一次葬，仰身直肢，头向东，面向上。棺1内墓主经鉴定为成年男性，身高1.6米。墓主右臂有1把铁环首刀，尖向西，柄向东，刃向南，棺室西端外侧中部有铜铃1件。棺2内墓主经鉴定为成年女性，身高1.5米。墓主头东端有铜镜1件和粉1块，耳部有琉璃耳饰，右手部有铜钱20枚。应为夫妇合葬。

出土遗物：33件（组），有陶器、铜镜、铜器、钱币、铁器、琉璃器和粉，计有陶壶2件、罐2件、仓4件、井1件、灶1件、圈1件、熏炉1件、樽1件、耳杯1件、盒5件（其中2件为长方形陶盒，3件白彩绘圆形陶盒）、器盖3件（图4-1-134A、134B；图版一一三，3），铜镜1面，铜铃1件，铜钱2组61枚，铁刀1件、棺钉2组13件，琉璃耳饰2件，粉块1件，另有动物骨头少许，主要出土于厅室中。随葬陶器为一套器物组合。新出土器类有白彩圆形陶盒、长方形陶盒和铜铃。这类组合不见于以前的墓葬中。

BM76的年代应属东汉中期。

四、Ca 型 墓

带直长斜坡式墓道，多数无台阶，部分有凹坑式台阶，墓道前端有明显的长方形置棺槽，墓道两侧壁面上有明显的进棺槽。共29座。此型墓在该墓地中始见于东汉早期，流行于东汉中、晚期。

（一）2006HGB区T16M26（下文简称“BM26”）

BM26位于B区东南的T16中部。叠压于第2层下，墓口距地表0.3、墓深4.8米。墓道向南，方向200度。在墓道尾端靠近墓门处有一盗洞，墓室被盗扰。

由坟丘、墓道、封门、甬道、墓室组成（图4-1-135；图版一一四，1）。

坟丘：在墓道尾端有塌落坟丘堆积。平面近椭圆形，长径4.6、短径3.6、深1.1米。坟丘堆积褐色土，间杂黄土、红土颗粒。

墓道：位于墓室南侧中部。平面呈长方形，顶端1.6米处有置棺槽，口部平面宽 0.84米。

图4-1-134A　BM76出土陶器

1. 井（BM76：28）　2. 圈（BM76：7）　3. 罐（BM76：13）　4、5. 长方形盒（BM76：8、9）
6. 灶（BM76：12）　7. 熏炉（BM76：18）

底面为斜坡状，坡度36～41度。斜坡面上有十个椭圆形凹坑式台阶，台阶面长0.28～0.42、宽0.14～0.16、进深0.04～0.06米。沿墓道底部和两侧壁设下滑式进棺槽，槽宽0.9～1、高1.1～2.3米。

封门：位于墓道北端，甬道券门外侧。青砖封门，因盗扰严重，仅保存底面两层封门砖，为丁砖左、右对角分层斜放。

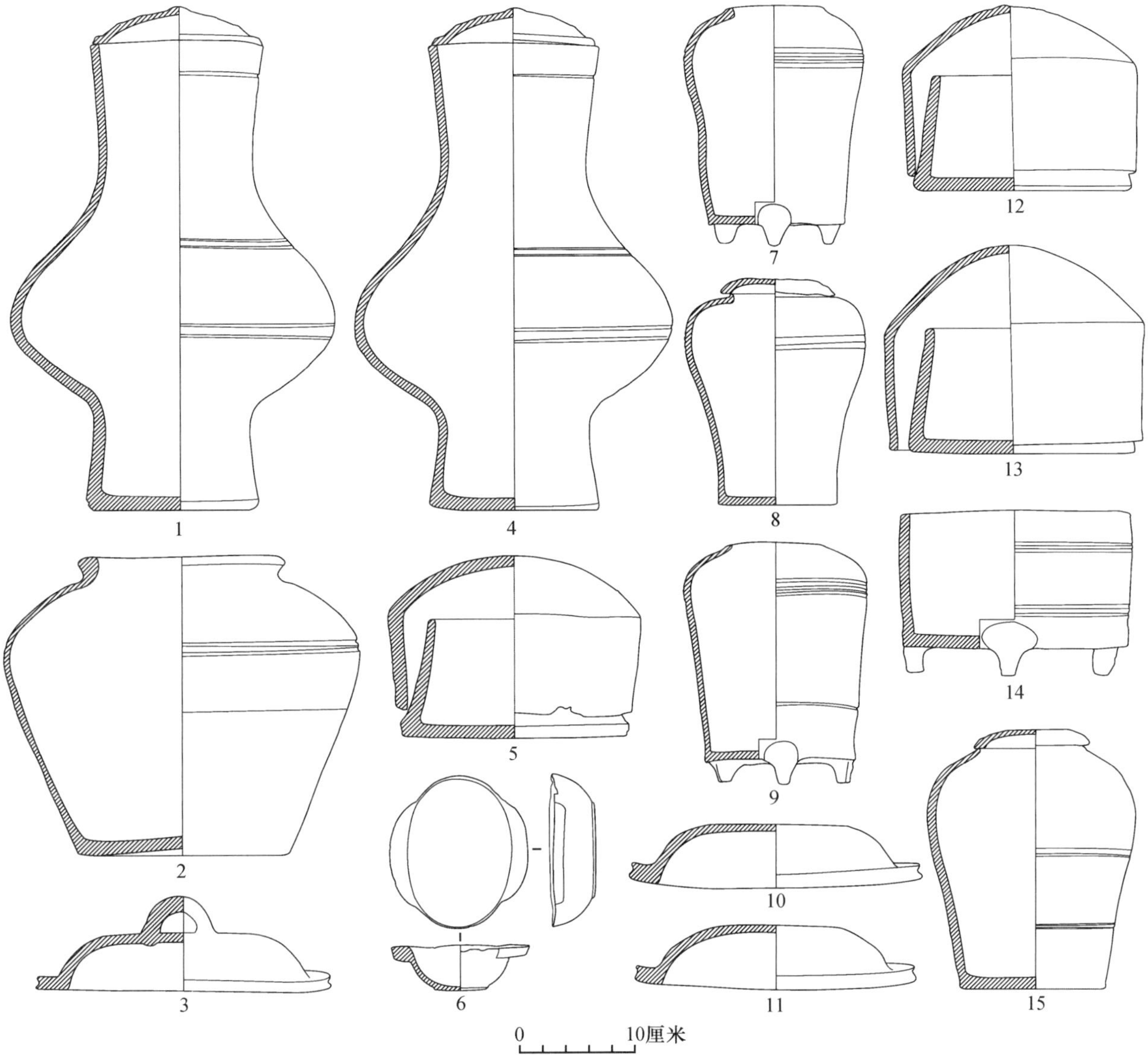

图4-1-134B　BM76出土陶器

1、4. 壶（BM76：10、11）　2. 罐（BM76：14）　3、10、11. 器盖（BM76：33、31、32）　5、12、13. 白彩绘圆形盒（BM76：17、15、16）　6. 耳杯（BM76：24）　7～9、15. 仓（BM76：21、19、20、22）　14. 樽（BM76：23）

甬道：位于墓室南侧中部。拱顶土洞结构，外侧为丁砖拱券，内侧为土洞结构。在墓道两边的生土中有一丁砖宽的券槽，在券槽内建造甬道砖券。拱顶已被盗扰。平面呈长方形，底面宽1.04、进深0.6米。

墓室：拱顶土洞结构。平面呈长方形，由前厅和后室组成，土洞通长4.54～4.6、洞高3.06米。前厅平面近正方形，长2.2、宽2.16米。后室平面呈长方形，主要作棺床，生土台结构，长2.34～2.4、宽2.14～2.16米，生土台高于厅室地面约0.14米。厅室地面铺砖，南边两排为一顺一丁平铺，其余为顺砖错缝平铺，棺床上多为顺砖错缝平铺，内边一排为丁砖平铺，床沿为一排侧放丁砖（图版一一四，2）。

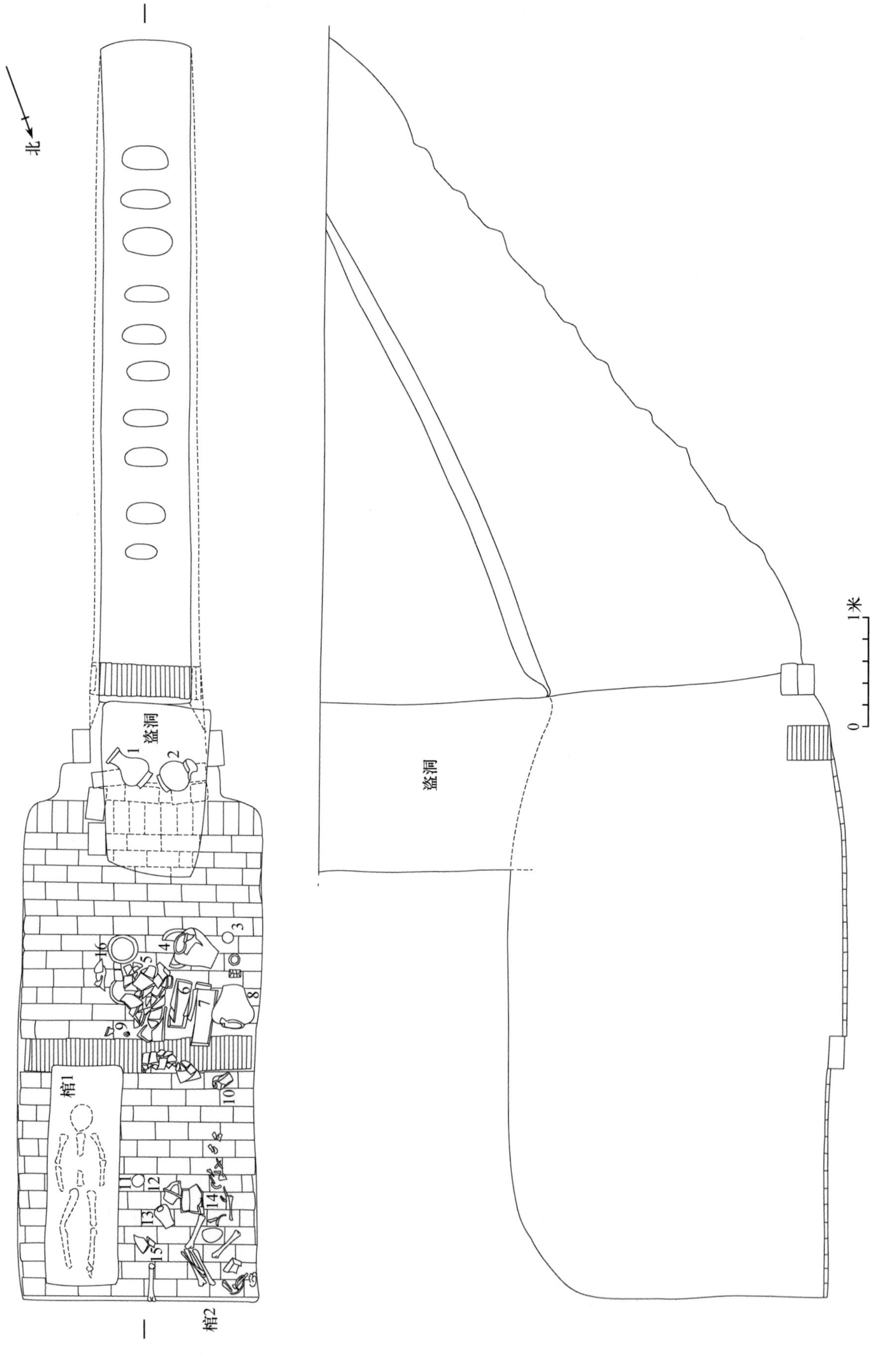

图4-1-135 BM26平、剖面图

1、2. 彩绘陶壶 3. 彩绘陶仓盖 4、5、8. 陶罐 6、7. 长方形陶盒 9. 铜钱（9枚） 10、11、13. 陶仓 12. 陶井 14. 陶灶 15、16. 陶器盖

葬具：木棺两副。棺1长2、宽0.64米；棺2被盗严重，具体情况不详。棺内均铺有青灰一层。

葬式：人骨架两具。棺1内墓主头向南，面向不明，倾向为女性，身高约1.5米；棺2内墓主骨架散乱，仅存部分头盖骨、股骨、胫骨、肋骨和脊椎骨，经鉴定为男性，年龄在40岁左右。应为夫妇合葬。

出土遗物：16件，有陶器和钱币，计有彩绘陶壶2件、罐3件、仓3件、彩绘仓盖1件、井1件、灶1件、长方形盒2件、器盖2件（图4-1-136；图版一一四，3），铜钱1组9枚，主要出土于厅室北部棺床前和棺床中部。随葬陶器为一套器物组合。

BM26的年代应属东汉早期。

（二）2006HGA区T17M32（下文简称“AM32”）

AM32位于A区东南部的T17中部。叠压于第2层下，墓口距地表0.3、墓深4.04米。墓道向北，方向15度。保存完整。

由坟丘、墓道、封门、甬道、墓室组成（图4-1-137；图版一一五，1）。

坟丘：塌落坟丘堆积位于墓道南侧。平面呈椭圆形，长径4.25、短径2.5、深1.2米。坟丘堆积褐色土，间杂黄土、红土颗粒（图版一一五，2）。

墓道：位于墓室北侧中部。因发掘范围限制，墓道未全部发掘，原平面呈平头铲状，营建时或后期雨水渗入墓道致使南段有所塌陷，形成南、北两段较宽中间较窄的现象，平面通长不少于7.94、中间宽0.58米、南段塌落部分宽0.56～0.82、北段置棺槽宽1～1.08米。墓道底面为斜坡状，坡度27度。沿墓道底部设进棺槽，进棺槽宽0.96～1.04、高1.1～1.24米（图版一一六，1）。斜坡面上有凹坑式台阶，现存八个，台阶面长0.24～0.5、宽0.14～0.18、进深0.06～0.1米。

封门：位于墓道南端，甬道券门外侧。青砖封门，现存十七层封门砖，底面一层为顺砖平铺，上部十六层为丁砖左、右对角分层斜放，由下向上第九层至顶层为前后交错摆放。封门砖墙上部宽0.32、底面宽1、高1.98米，保存较好，没有二次开启的迹象。

甬道：位于墓室北侧中部。拱顶土洞结构，平面呈长方形，底面宽1～1.06、进深0.76～0.88、洞高2.06米。

墓室：拱顶土洞结构。平面呈长方形，由前厅和后室组成，土洞通长4.92～5.04、洞高2.1米，前厅长2.52～2.64、宽1.98米。后室主要做棺床，为生土台结构，内高外低，长2.4、宽1.88～1.98米，棺床面高于厅室地面0.28～0.32米。棺床沿砌有一排共七层错缝平铺顺砖（图版一一六，2）。

葬具：木棺两副。棺1位于棺床中间，长1.76、宽0.42米，使用多枚铁棺钉固棺。棺2位于棺床左侧，长2.14、宽0.62米。棺内均铺有一层白灰泥。

葬式：人骨架两具。棺1内墓主为二次葬，头向北，经鉴定为男性，年龄为45～50岁。棺

图4-1-136　BM26出土陶器

1、2. 彩绘壶（BM26：1、2）　3～5. 罐（BM26：8、5、4）　6、7. 器盖（BM26：15、16）　8、9、13. 仓（BM26：13、11、10）　10、11. 长方形盒（BM26：6、7）　12. 井（BM26：12）　14. 灶（BM26：14）

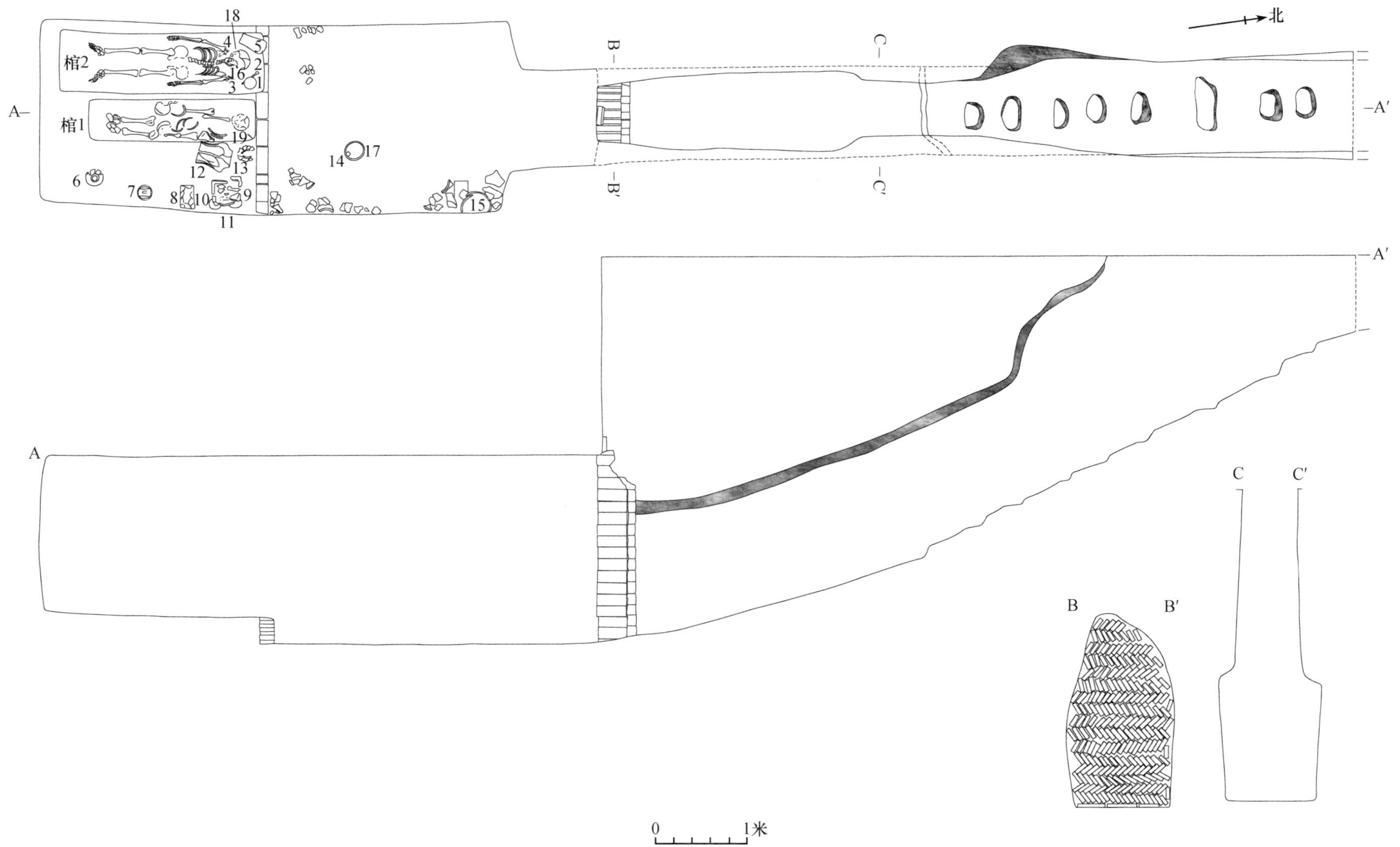

图4-1-137　AM32平、剖面图

1. 铜镜　2. 铁刀　3. 铜钱（3枚）　4. 铜钱（14枚）　5、6、10、11、13. 陶仓　7. 陶井　8. 陶灶　9. 陶圈　12. 陶壶　14. 陶樽　15. 陶罐　16、18. 琉璃耳饰　17. 陶耳杯　19. 铁棺钉（2件）

2内墓主为一次葬，仰身直肢，头向北，面向上，经鉴定为女性，年龄为40岁左右，身高1.52米。棺2内墓主头骨左上方有1面铜镜和1把小铁刀，双耳部有琉璃耳饰，左肩部有铜钱3枚，右肩部有铜钱14枚。应为夫妇合葬。

出土遗物：19件（组），有陶器、铜镜、钱币、铁器和琉璃器，计有陶壶1件、罐1件、仓5件、井1件、灶1件、圈1件、樽1件、耳杯1件（图4-1-138；图版一一六，3），铜镜1面，铜钱2组17枚，铁刀1件、棺钉1组2件，琉璃耳饰2件，陶器主要出土于厅室及棺床右侧。随葬陶器为一套器物组合。墓室内陶器质地有两种：一种为灰陶，陶质较好，火候较高；另一种为火候较差的黄灰陶。

AM32的年代应属东汉中期。

（三）2006HGA区T19M36（下文简称“AM36”）

AM36位于A区东南部的T19中部。叠压于第2层下，墓口距地表0.3、墓深4.42米。墓道向北，方向15度。在墓道尾端有一个盗洞，墓室被盗扰严重。

由坟丘、墓道、甬道、墓室、耳室组成（图4-1-139；图版一一七，1）。

坟丘：塌落坟丘堆积位于墓道南侧1.5米左右。平面近椭圆形，长径4、短径2.4、深1.1米。坟丘堆积褐色土，间杂黄土、红土颗粒。

墓道：位于墓室北侧中部。平面呈平头铲状，尾端较窄，通长10.66、宽0.52～0.68米。顶端有南北长方形置棺槽，平面长2.9、宽0.98米，底面为斜坡状，坡度在15～25度之间。沿墓道底部和两侧壁设下滑式进棺槽，槽宽0.98～1.02、高1.14～1.5米。

甬道：位于墓室北侧中部。拱顶土洞砖券结构，拱顶已被盗扰，平面呈长方形，门洞底面宽0.98、进深1.06、砖墙存高0.48米。底面保存有厅室内延伸过来的斜行错缝铺砖。

墓室：拱顶土洞结构。由前厅和后室组成，通长5.74～5.84、洞高1.64米。前厅平面近长方形，南北长3.34、东西宽1.5～2.06米。后室平面为长方形，主要做棺床，生土台结构，长2.4～2.5、宽2.06米，生土台高于厅室地面0.2米。厅室地面与棺床上均有东南–西北向斜行错缝铺砖，棺床沿为两层铺砖，下面一层为丁砖平铺，上面一层为丁砖侧放（图版一一七，2）。

耳室：两个，位于墓室北端左、右两侧。拱顶土洞结构，平面呈圆角长方形，左耳室口宽1.14、内边宽0.84、进深1.14、洞高0.78～1.64米（图版一一八，2），右耳室口宽1、内边宽1、进深0.84、洞高0.78～1.64米（图版一一八，1）。

葬具：木棺两副，棺室北部被盗扰。棺1位于棺床右侧，残长1.7、宽0.62～0.66米。棺2位于棺床左侧，残长1.46、宽0.64～0.66米。棺内各铺有白灰一层，均使用铁棺钉。

葬式：人骨架两具。棺1内墓主为一次葬，头部、胸部被盗扰，头向北，面向不明，倾向为男性，身高约1.6米。在墓主盆骨下、股骨近端散置铜钱32枚，右臂外侧有1件残铁戟。厅室东南角棺床沿附近有1把铁剑，尖向南，柄向北。棺2内墓主为一次葬，髋骨以上被盗扰，头

图4-1-138　AM32出土陶器

1. 壶（AM32：12）　2. 罐（AM32：15）　3. 井（AM32：7）　4. 樽（AM32：14）　5、9～12. 仓（AM32：5、10、6、11、13）　6. 圈（AM32：9）　7. 灶（AM32：8）　8. 耳杯（AM32：17）

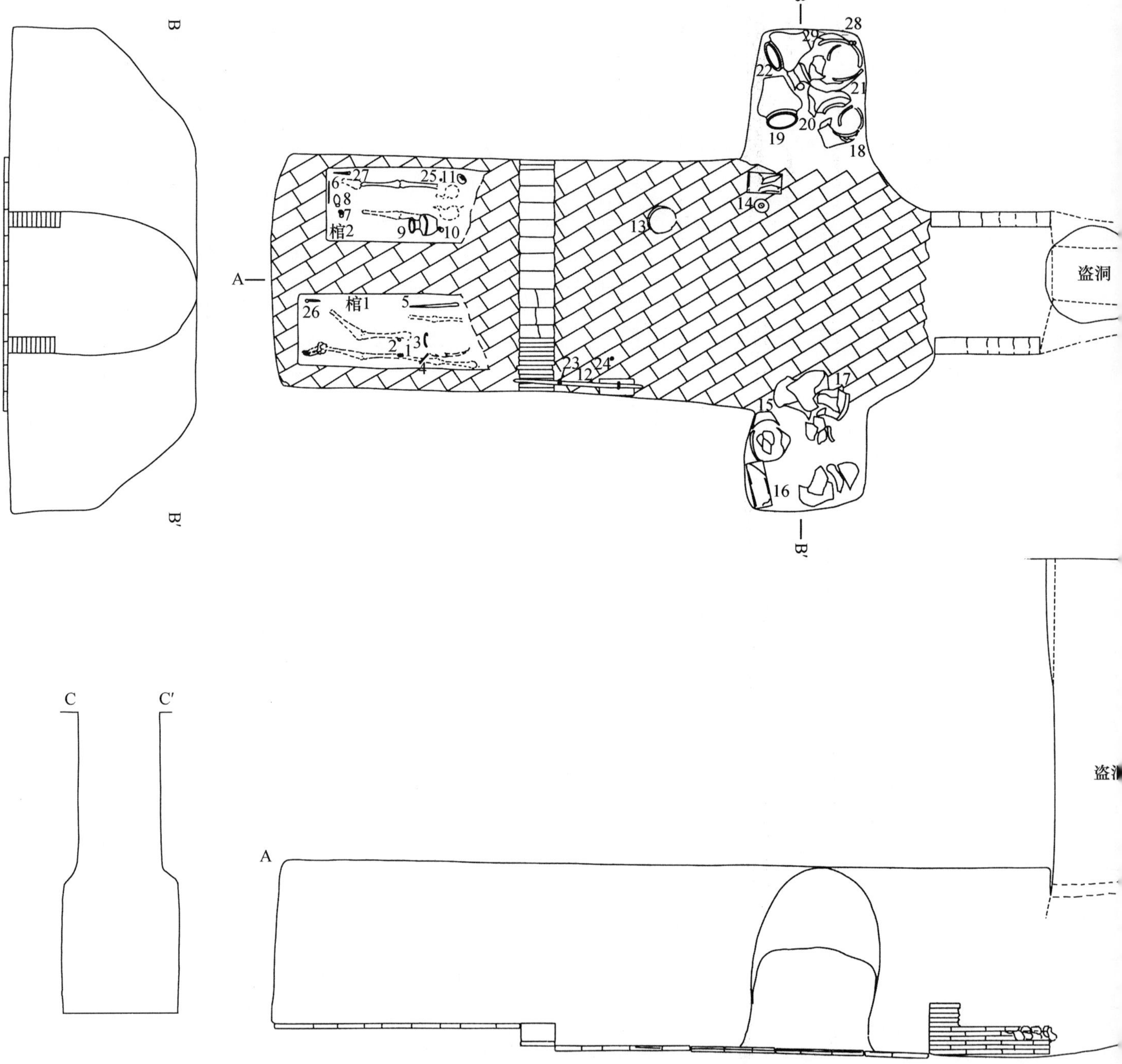

图4-1-139　A

1. 铜钱（1枚）　2. 铜钱（31枚）　3、24. 铜带钩　4. 铁棺钉　5. 铁戟　6. 铜镜　7. 铜钱（5枚）
16. 绿釉陶盒　17、30～32. 绿釉陶罐　23. 铜钱（1枚）　25. 银指环　26. 铁棺钉（6件）　27. 铁棺钉

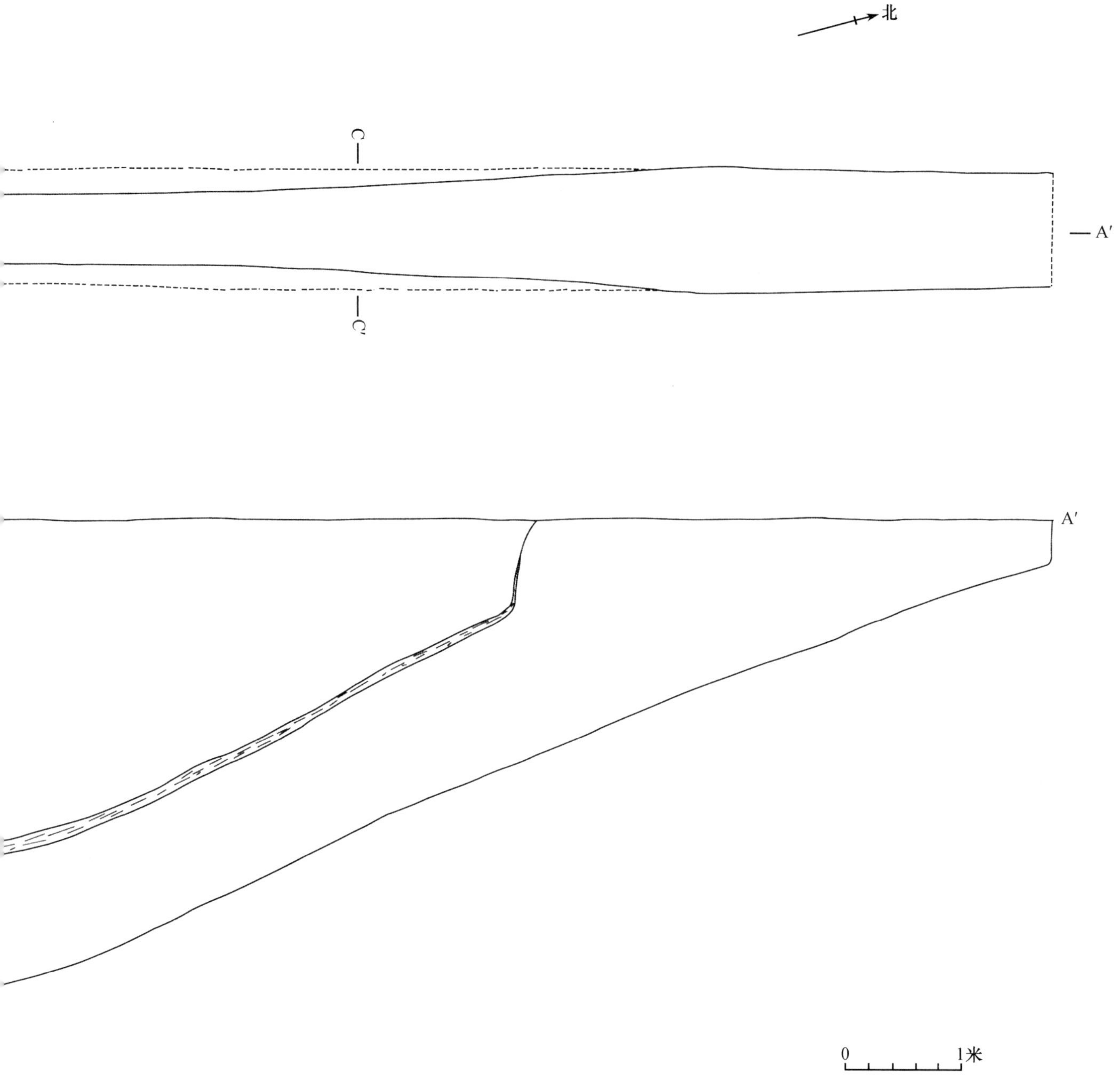

、剖面图

份块　9. 小陶罐　10. 铜钱（8枚）　12. 铁剑　13. 绿釉陶盒盖　14. 陶釜　15、18～22、37. 陶罐
）　28、29. 陶仓　33. 陶耳杯　34. 陶盘　35. 陶圈　36. 铁门枢　38. 陶盒（30～38出自盗土中）

向北。墓主左手部有铜钱8枚，右手部有银指环1件、粉1块，棺室南边缘侧放铜镜1面、铜钱5枚、粉1块。应为夫妇合葬。

出土遗物：38件，有陶器、釉陶器、铜镜、铜器、钱币、银器、铁器和粉，计有小陶罐1件、罐7件、仓2件、釜1件、圈1件、盒盖1件、耳杯1件、盘1件，釉陶盒2件、罐4件（图4-1-140；图版一一八，3），铜镜1面，铜带钩2件，铜钱5组46枚，银指环，铁剑1件、戟1件、门枢1件、棺钉3组12件，粉块2件，陶器主要出土于两个耳室中。随葬陶器为一套器物组合。

AM36的年代应属东汉中期。

（四）2006HGA区T20M39（下文简称“AM39”）

AM39位于A区东南隅的T20西部居中。叠压于第2层下，墓口距地表0.3、墓深4.54米。墓道向北，方向15度。保存完整。

由坟丘、墓道、封门、甬道、墓室组成（图4-1-141；图版一一九，1）。

坟丘：塌落坟丘堆积位于墓道尾端南侧约1.1米。平面呈椭圆形，长径4.6、短径2.6、深1.2米。坟丘堆积褐色土，间杂黄土、红土颗粒。

墓道：位于墓室北侧中部。平面呈平头铲状，通长10.24米。顶端设长方形置棺槽，平面长2.4、宽0.72～1米。尾端相对较窄，宽0.54～0.6米。底面为斜坡状，坡度约28度。沿墓道底部和两侧壁设下滑式进棺槽，槽宽0.96、高0.88～1.7米。

封门：位于墓道南端，甬道券门外侧。双层封门，外侧为青砖封门，内侧为对开木板门。木板门因发掘时上部积土塌落，仅存下部木板印痕。从印痕判断，木门由七块木板组成，并且木门两端上面有铁门扣固定门枢。从左向右：第一块木板宽0.1、存高0.26米，第二块木板宽0.1、存高0.26米，第三块木板宽0.14、存高0.24米，第四块木板宽0.15、存高0.26米，第五块木板宽0.1、存高0.3米，第六块木板宽0.1、存高0.36米，第七块木板宽0.14、存高0.38米，木板厚均约0.1米（图版一一九，2）。

外侧封门青砖现存十七层，顶部三层为顺砖错缝平砌，下部十四为丁砖左、右对角分层斜放，由下向上第六至十四层偶有前后交错摆放，有用残砖的现象。第六层以下各层砖码放整齐，无残砖。封门砖上部宽0.8、底面宽1.3、高1.78米。

甬道：位于墓室北侧中部。拱顶土洞砖券结构，为单重双层券，外侧边为一丁砖结构的拱券顶，第一层拱券完整，第二层拱券只有中间部分。甬道平面近长方形，土洞底面宽1～1.14、进深1.06、洞高1.3米。

墓室：拱顶土洞结构。平面呈长方形，由前厅和后室组成，土洞通长5.36、洞高2.06米，前厅长2.82、宽1.86～1.94米。后室主要做棺床，为生土台结构，底面内高外低，长2.54、宽1.94～1.98米，生土台高于厅室地面0.26～0.38米。厅室地面为东南-西北向斜行错缝铺砖，棺床上为东北-西南向斜行错缝铺砖，床沿放五层砖，下面四层为顺砖错缝平铺，最上面一层为

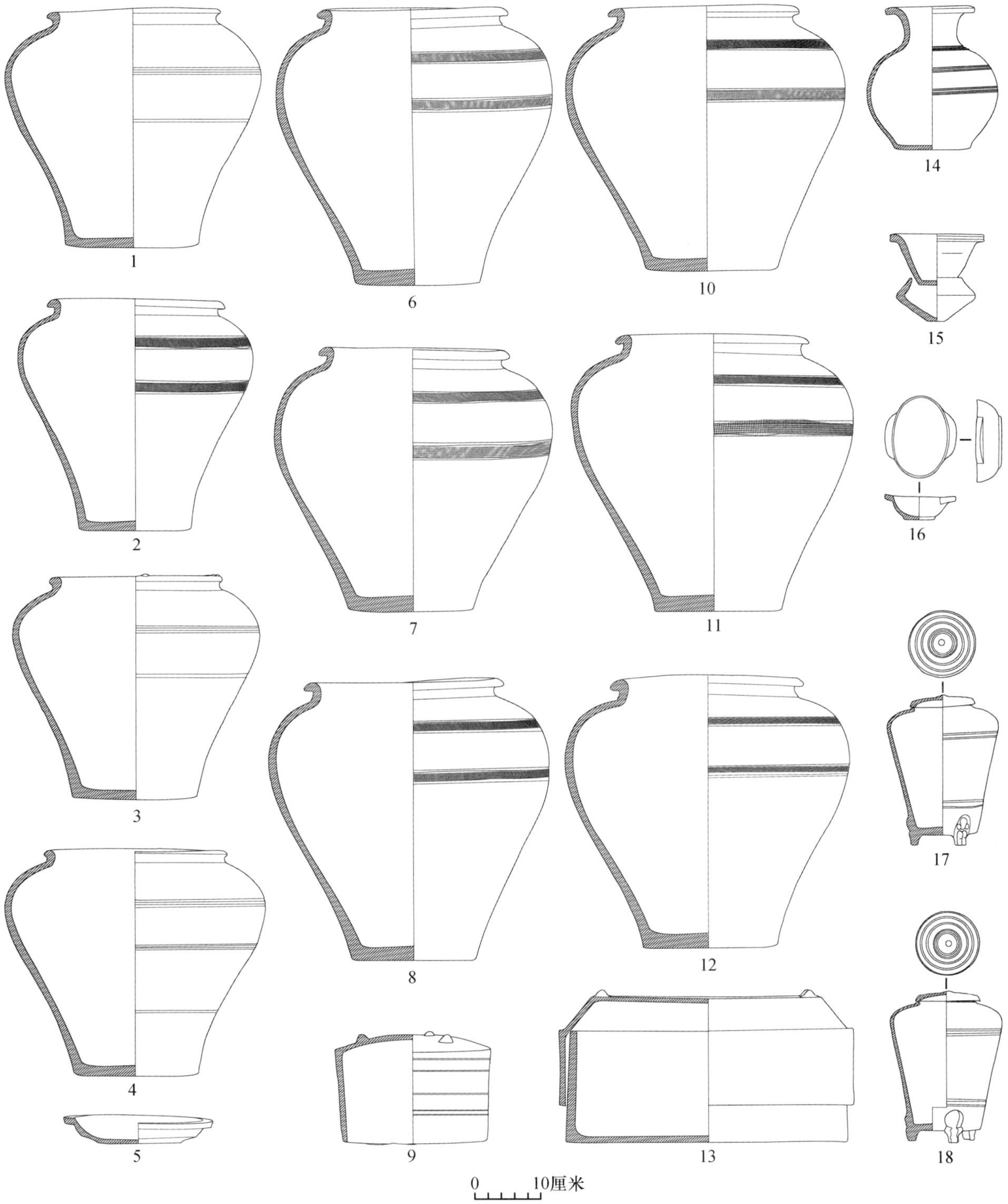

图4-1-140　AM36出土陶器

1、3、4. 绿釉陶罐（AM36：17、31、30）　2、6～8、10～12. 罐（AM36：20、19、21、37、15、18、22）
5. 盘（AM36：34）　9. 绿釉陶盒盖（AM36：13）　13. 绿釉陶盒（AM36：16）　14. 小罐（AM36：9）
15. 釜（AM36：14）　16. 耳杯（AM36：33）　17、18. 仓（AM36：29、28）

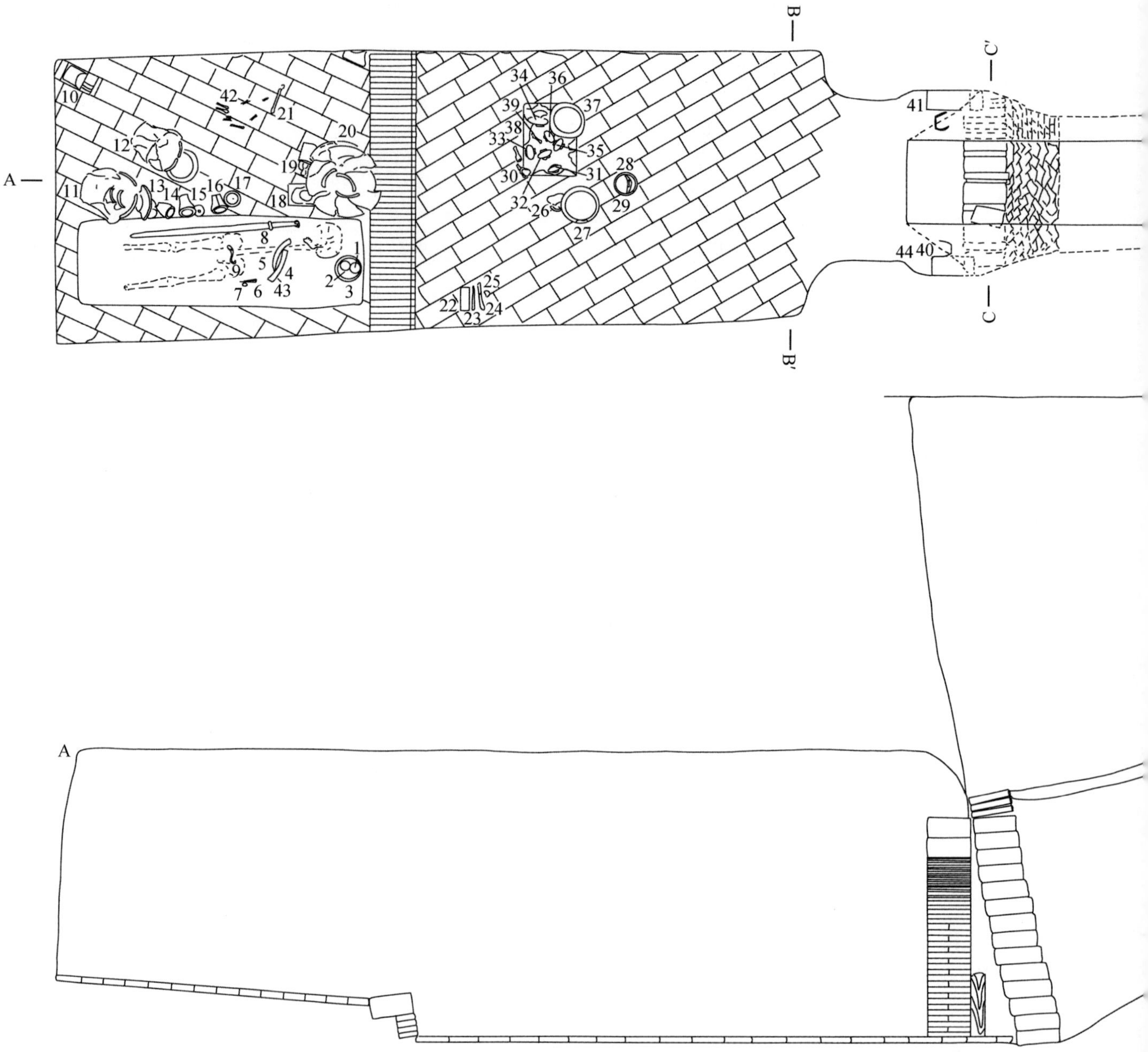

图4-1-1

1、2. 粉块　3. 铜镜　4、5. 铁镰　6. 铁镊　7. 铜钱（16枚）　8. 铁剑　9. 铜
22. 长方形石器　23. 骨器　25. 陶镇　26、28、30～36. 陶耳杯　27、37.

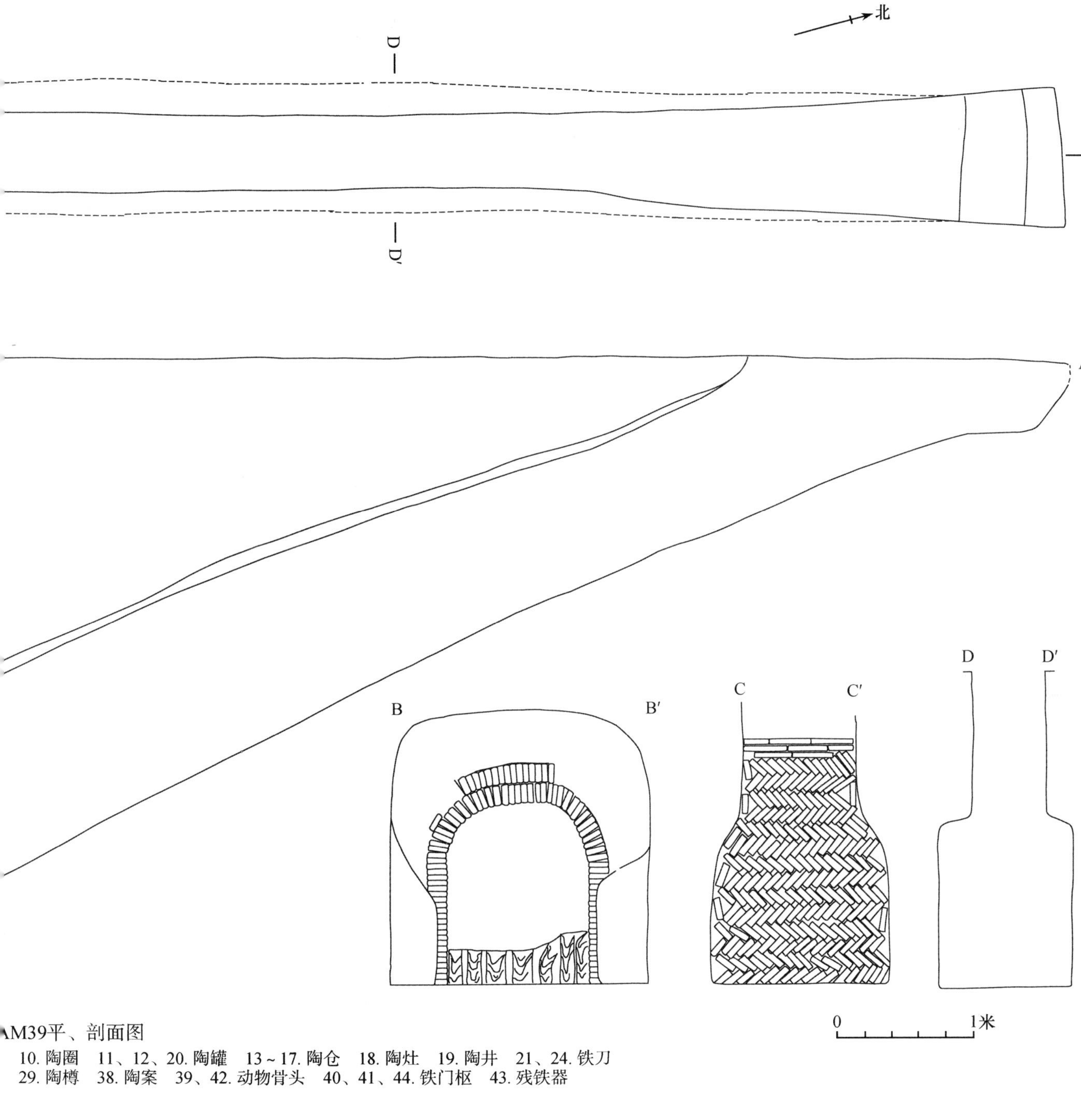

AM39平、剖面图

10. 陶圈 11、12、20. 陶罐 13～17. 陶仓 18. 陶灶 19. 陶井 21、24. 铁刀
29. 陶樽 38. 陶案 39、42. 动物骨头 40、41、44. 铁门枢 43. 残铁器

丁砖侧放（图版一二〇，1）。

葬具：木棺一副，位于棺床右侧边，长2、宽0.6米。棺内铺有一层青灰（图版一一九，3）。

葬式：人骨架一具。保存完整，但朽为粉末状。墓主为一次葬，仰身直肢，头向北，面向上，经鉴定为男性，年龄为25～30岁之间，身高1.6米。墓主头左上方有1面铜镜和2块粉，胸部有2件铁器（形似“铁镰”），左手握铜钱16枚，腰部有1件铜带钩，右臂放有1把长铁剑，尖南柄北。

出土遗物：44件（组），有陶器、铜镜、铜器、钱币、铁器、石器、骨器和粉，计有陶罐3件、仓5件、井1件、灶1件、圈1件、樽1件、耳杯9件、案1件、盘2件、陶镇1件（图4-1-142；图版一二〇，2），铜镜1面，铜带钩1件，铜钱1组16枚，铁刀2件、剑1件、镊1件、门枢3件、残铁器1件、镰2件，长方形石器1件，骨器1件，粉块2件，另采集动物骨头2组，主要出土于厅室中部和棺床左侧，厅室中间有陶樽、陶案和陶耳杯等，排列整齐，为墓室内的供器，棺床上主要有陶井1件、陶灶1件、陶圈1件、陶仓5件和陶罐3件。随葬陶器应为一套器物组合。

AM39的年代应属东汉中期。

（五）2006HGA区T18M42（下文简称“AM42”）

AM42位于A区东南的T18南部。叠压于第2层下，墓口距地表0.35、墓深3.34米。墓道向东，方向105度。保存完整。

由坟丘、墓道、封门、甬道、墓室、耳室组成（图4-1-143；图版一二一，1）。

坟丘：塌落坟丘堆积位于墓道西侧，大致在墓室顶部。平面呈较规则的椭圆形，长径3.2、短径2.1、深1.2米。坟丘堆积褐色土，间杂黄土、红土颗粒。

墓道：位于墓室东侧中部。平面呈平头铲状，长6.3米。顶端设置棺槽，长1.9、宽0.78～0.86米。其余墓道口部较窄，宽0.5～0.66米。底面呈斜坡状，坡度25度。斜坡面上有十四个凹坑式台阶，台阶面长0.2～0.3、宽0.1～0.16、进深0.06～0.08米。沿墓道底部设进棺槽，槽宽0.82、高0.8～1.3米。

封门：位于墓道西端，甬道券门外侧。青砖封门，现存十三层封门砖，底面一层及顶层为顺砖平铺，中间十一层为丁砖左、右对角分层斜放，为前后交错摆放。封门砖上部宽0.6、底面宽0.82、高1.44米。

甬道：位于墓室东侧中部。拱顶土洞结构，底面宽0.82、进深0.84、洞高1.38米。

墓室：拱顶土洞结构。主墓室平面近长方形，由前厅和后室组成，土洞通长3.7～3.9、洞高1.62米。前厅平面略呈方形，长1.64～1.8、宽1.62～1.84米。后室主要做棺床，为生土台结构，长2.06～2.1、宽1.4～1.86米，棺床台面高于厅室地面0.2～0.36米。棺床内高外低，床沿为一排错缝顺砖，共五层（图版一二一，3）。

耳室：一个，位于墓室右侧。拱顶土洞结构，平面近圆角长方形，口宽0.68、内边宽0.5、

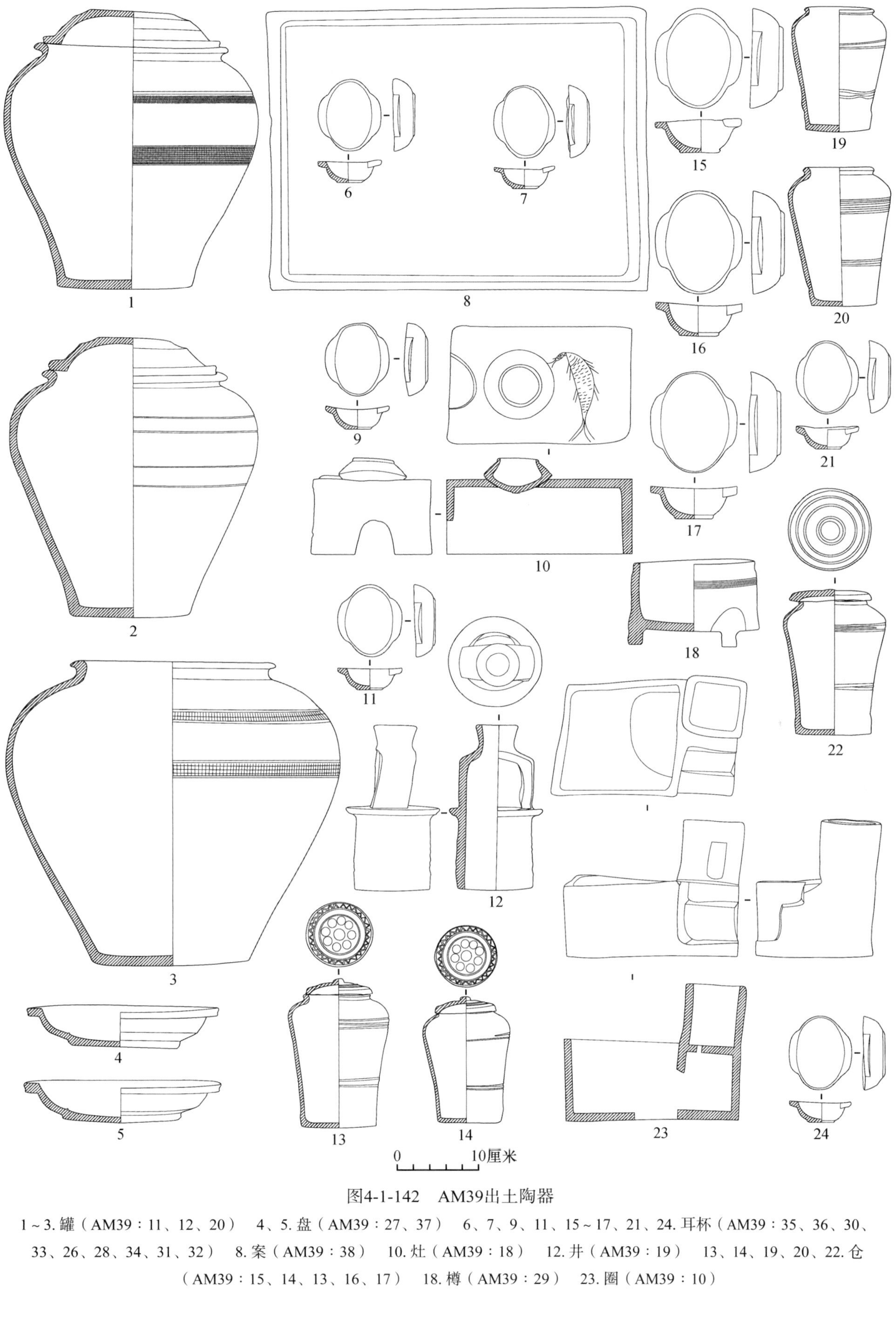

图4-1-142 AM39出土陶器

1～3. 罐（AM39：11、12、20） 4、5. 盘（AM39：27、37） 6、7、9、11、15～17、21、24. 耳杯（AM39：35、36、30、33、26、28、34、31、32） 8. 案（AM39：38） 10. 灶（AM39：18） 12. 井（AM39：19） 13、14、19、20、22. 仓（AM39：15、14、13、16、17） 18. 樽（AM39：29） 23. 圈（AM39：10）

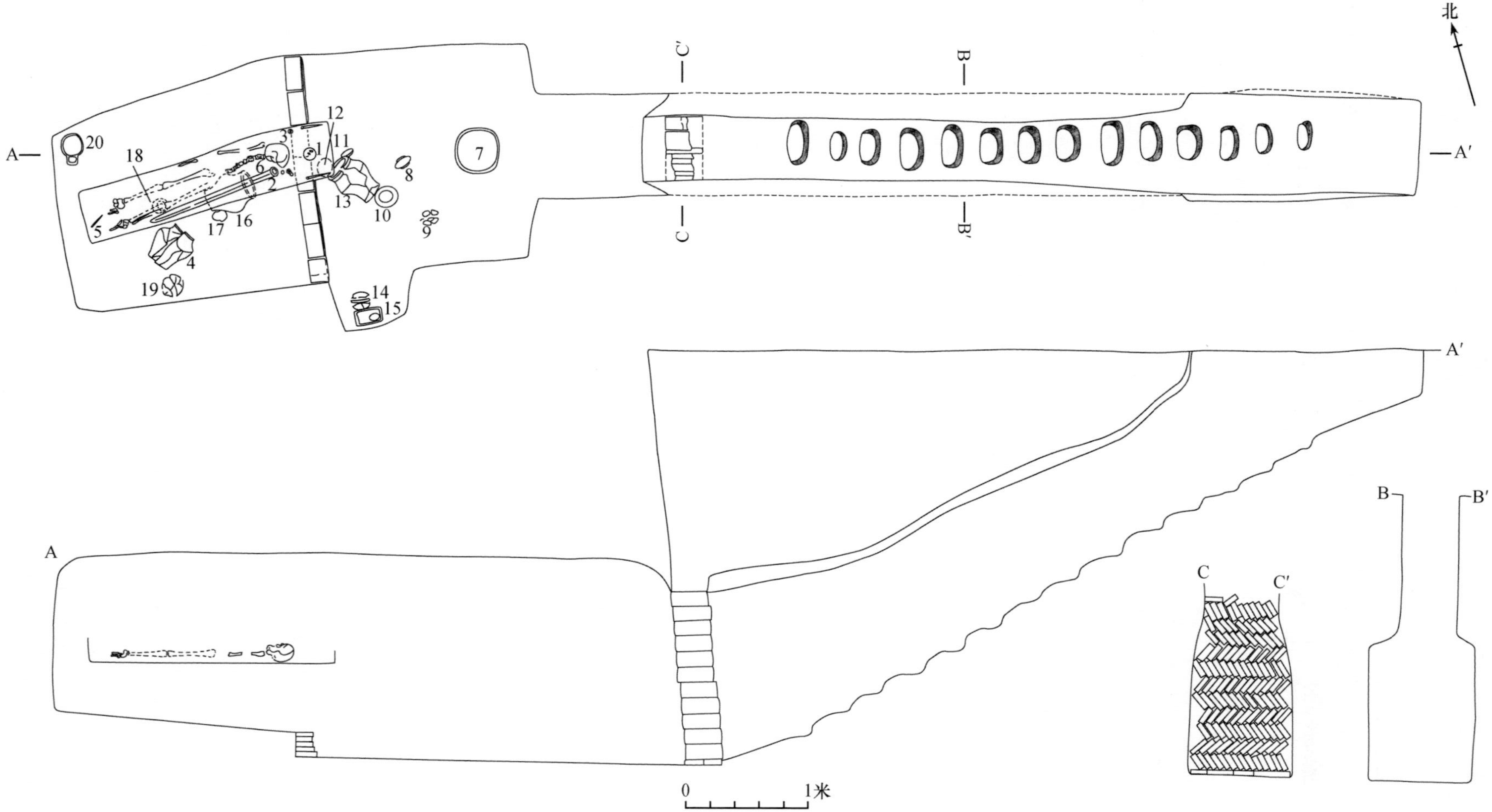

图4-1-143 AM42平、剖面图

1. 铜镜 2. 铁刀 3. 铜钱（9枚） 4、13、16. 陶罐 5. 铁棺钉（4件） 6. 铜钱（1枚） 7. 陶案 8、9、11. 陶耳杯 10. 陶盘 12. 陶樽 14. 陶井 15. 陶灶 17～19. 陶仓 20. 陶圈

进深0.42、洞高0.6～0.8米。

葬具：位于棺床中部偏北。木棺一副，因墓室进水木棺上浮0.52米，仅存朽木痕迹。棺内有白灰，使用铁棺钉固棺。木棺长2.08、宽0.44米（图版一二一，4）。

葬式：人骨架一具，朽蚀严重，仰身直肢，头向东，面向南，经鉴定为女性，年龄为25～30岁，身高1.45米。墓主口含铜钱1枚，头上方有铜镜1面和铜钱9枚，身体左侧有1柄长铁刀，尖向西，柄向东，刃向北。女性随葬长铁刀的墓例不多见。

出土遗物：20件（组），有陶器、铜镜、钱币和铁器，计有陶罐3件、仓3件、井1件、灶1件、圈1件、樽1件、耳杯3件、案1件、盘1件（图4-1-144；图版一二一，2），铜镜1面，铜钱2组10枚，铁刀1件、棺钉1组4件，因雨水进入，器物已不在原来位置，主要位于厅室及耳室内。随葬陶器为一套器物组合，其中以小陶罐代替陶仓。

AM42的年代应属东汉中期。

（六）2006HGA区T22M44（下文简称“AM44”）

AM44位于A区东南的T22西南角。叠压于第2层下，墓口距地表0.45、墓深3.65米。墓道向东，方向105度。在墓道西端靠近墓门处有一盗洞，墓室遭到严重盗扰。

由坟丘、墓道、甬道、墓室组成（图4-1-145；图版一二二，1）。

坟丘：塌落坟丘堆积位于墓道西侧。平面呈椭圆形，长径3.2、短径2.3、深1.7米。坟丘堆积褐色土，间杂黄土、红土颗粒。

墓道：位于墓室东侧中部。平面呈平头铲状，通长7.56米。墓道顶端设置棺槽，平面呈长方形，长4.1、宽0.84～0.94米。其余墓道口部较窄，宽0.56～0.62米。底面呈斜坡状，坡度23度。沿墓道底部设进棺槽，槽宽0.84～0.94、高0.9～1.36米。斜坡面上有十个凹坑式台阶，台阶面长0.2～0.38、宽0.14～0.22、进深0.08～0.1米。这些台阶犹如斜坡上的脚窝一样，非常狭小，仅可容一足。

甬道：位于墓室东侧中部。拱顶土洞结构，底面宽0.96、进深0.26、洞高1.62米。

墓室：拱顶土洞结构。平面呈长方形，由前厅和后室组成，土洞通长4.36～4.5、洞高1.78米，前厅长2.1～2.2、宽1.84～1.9米。后室主要做棺床，生土台结构，内高外低，长2.06～2.3、宽1.84～1.9米，棺床生土台面高于厅室地面0.15～0.3米。棺床沿为一排错缝顺砖，共三层（图版一二二，2）。

葬具：木棺两副。棺1位于棺床左侧，长2.1、宽0.62～0.66米。木棺内有白灰泥，使用铁棺钉固棺。棺2位于棺床中部，因墓室进水，木棺上浮0.3米，仅存朽木痕迹，长1.94、宽0.46米（图版一二二，3）。

葬式：人骨架两具，均朽蚀严重，大部分呈粉末状。棺1内墓主为仰身直肢，头向西，面

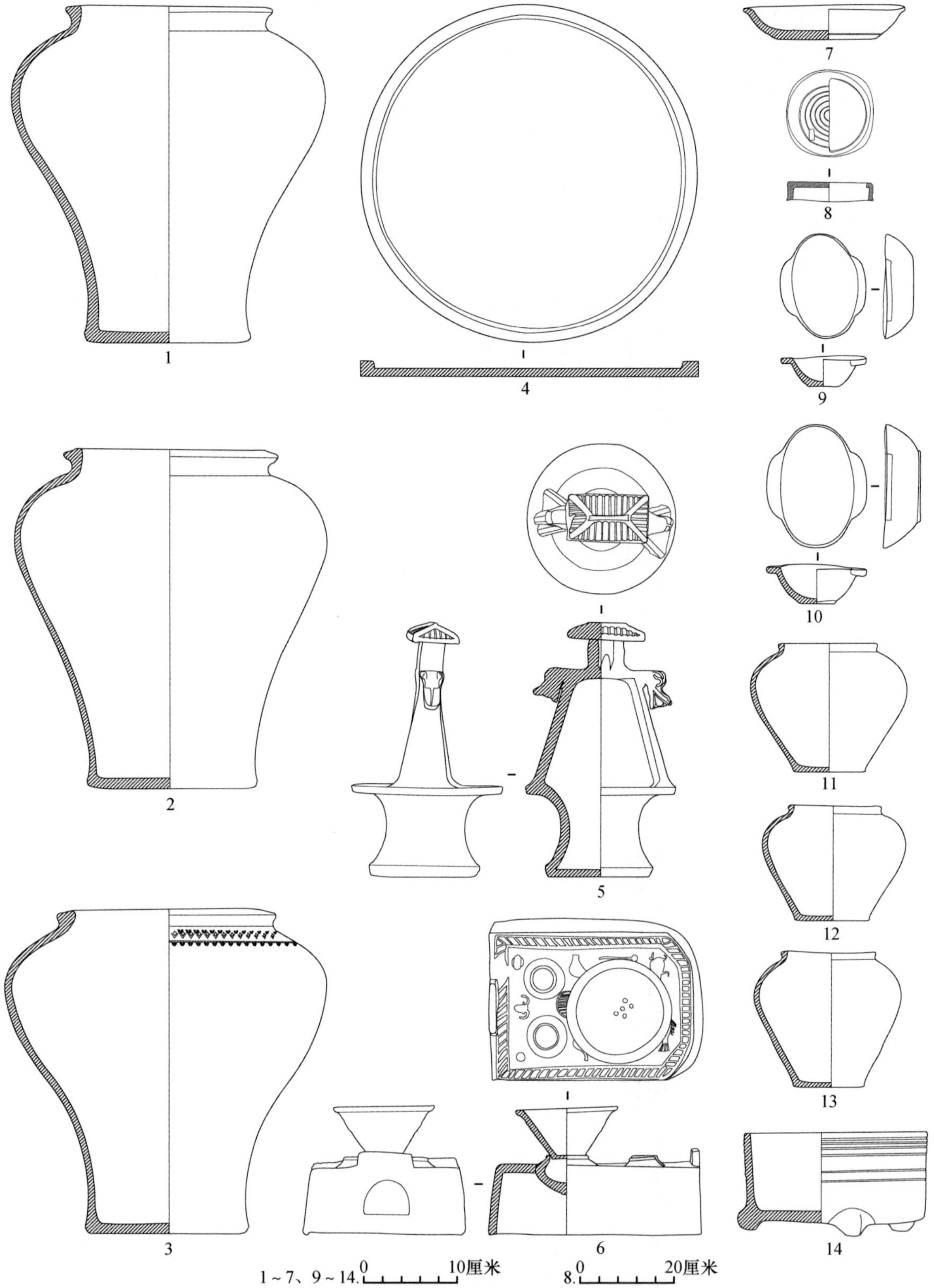

图4-1-144　AM42出土陶器

1～3. 罐（AM42：4、13、16）　4. 案（AM42：7）　5. 井（AM42：14）　6. 灶（AM42：15）　7. 盘（AM42：10）　8. 圈（AM42：20）　9、10. 耳杯（AM42：8、11）　11～13. 仓（AM42：17～19）　14. 樽（AM42：12）

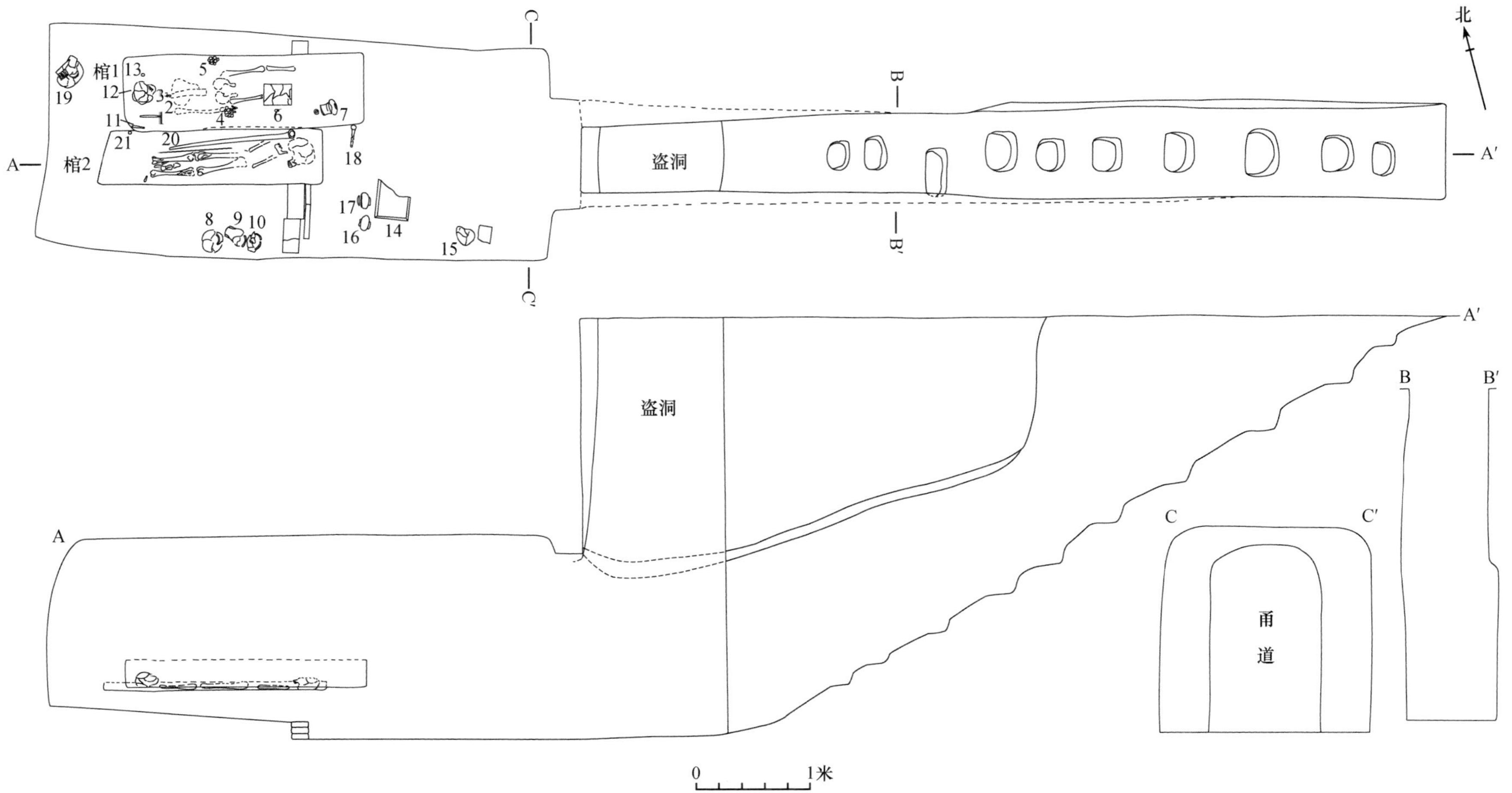

图4-1-145　AM44平、剖面图

1、18、20. 铁刀　2. 铜钱（4枚）　3. 骨饰　4. 铜钱（43枚）　5. 铜钱（26枚）　6. 陶灶　7. 陶井　8～10、15. 陶仓　11. 铁棺钉（2件）　12. 铅镜　13. 铜钱（1枚）　14. 陶案　16、17. 陶耳杯　19. 陶圈　21. 铜顶针　22. 陶樽（22出自盗土中）

向上，经鉴定为女性，年龄35岁左右，身高1.45米。墓主头下有铅镜1枚、铜钱1枚，头部有小铁刀1把，颈部有铜钱4枚和骨饰1件，右手部有铜钱43枚，左手部有铜钱26枚。棺2内墓主为仰身直肢，头向东，面向南，经鉴定为男性，年龄30岁左右，身高1.45米。墓主右臂有1柄长刀，尖向西，柄向东，刃向北，西北角有1件铜顶针。墓主头向相反，一位向内一位向外，推测可能是棺2埋葬时洞室略有塌陷，仓促间把墓主头向放反，当然也不排除是进水漂移所致。推测应为夫妇合葬。

出土遗物：22件（组），有陶器、铜器、钱币、铁器、铅器和骨器，计陶仓4件（用小陶罐代替）、井1件、灶1件、圈1件、樽1件、耳杯2件、案1件（图4-1-146；图版一二二，4），铜顶针1件，铜钱4组74枚，铁刀3件、棺钉1组2件，铅镜1件，骨饰1件，陶器盗扰移动不在原来位置，出土时主要位于厅室及棺床上。随葬陶器为一套器物组合。

AM44的年代应属东汉中期。

（七）2006HGA区T22M47（下文简称“AM47”）

AM47位于A区东南的T22东南角。叠压于第2层下，墓口距地表0.35、墓深3.66米。墓道向北，方向15度。保存完整。

由坟丘、墓道、封门、甬道、墓室、耳室组成（图4-1-147；图版一二三，1）。

坟丘：塌落坟丘堆积位于墓道南侧。平面呈椭圆形，长径4、短径1.4～1.8、深1.1米。坟丘堆积褐色土，间杂黄土、红土颗粒。

墓道：位于墓室北侧中部。平面呈平头铲状，长5.76米。墓道顶端设置棺槽，置棺槽平面长2.3、宽0.86～0.92米，尾端较窄，宽仅0.44～0.68米。底面呈斜坡状，坡度15～27度。沿墓道底部和两侧壁设进棺槽，槽宽0.86～0.9、高1.2～1.5米。斜坡面上有七个凹坑式台阶，台阶面长0.14～0.22、宽0.1～0.22、进深0.06～0.1米。

封门：位于墓道南端，甬道券门外侧。共有两层封门：第一层位于砖封门内侧，为斜靠在拱券顶上的两根圆木，左侧圆木直径0.06、长1.56米，右侧圆木较弯曲，直径0.1米（图版一二四，1）；第二层为外侧的封门砖墙，现存三十二层封门砖，为顺砖平砌，上部七层为丁砖平砌和顺砖立放，封门砖外侧底边侧放一排砖。封门砖墙上宽0.46、底宽0.92、高1.68米。圆木的作用是加固外侧的封门砖墙。

甬道：位于墓室北侧中部。拱顶土洞结构，底面宽0.88～1、进深0.96、洞高1.66米。

墓室：拱顶土洞结构。平面呈长方形，由前厅和后室组成，土洞通长4.3～4.5、洞高1.74米，前厅长2.16～2.2、宽1.74～1.84米。后室主要做棺床，为生土台结构，内高外低，长2.14～2.3、宽1.8～1.84米，棺床生土台高于厅室地面0.16～0.26米（图版一二四，3）。

耳室：一个，位于墓室前厅中部右侧。拱顶土洞结构，平面近圆角正方形，口宽0.92、内边宽0.78、进深0.76～0.8、洞高0.82～1.14米，耳室地面高出厅室地面约0.08米。

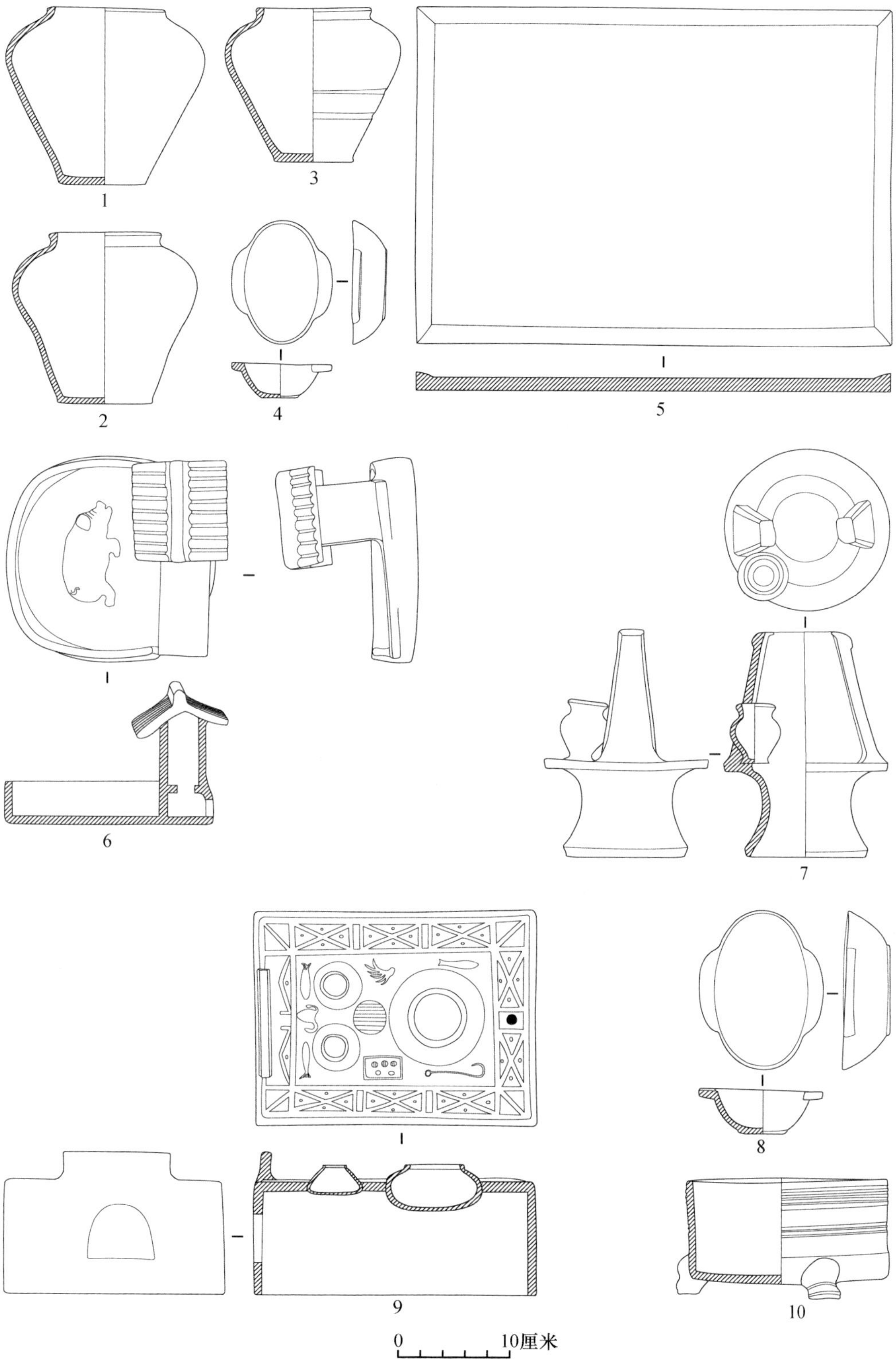

图4-1-146　AM44出土陶器

1～3. 仓（AM44：8～10）　4、8. 耳杯（AM44：16、17）　5. 案（AM44：14）　6. 圈（AM44：19）　7. 井（AM44：7）　9. 灶（AM44：6）　10. 樽（AM44：22）

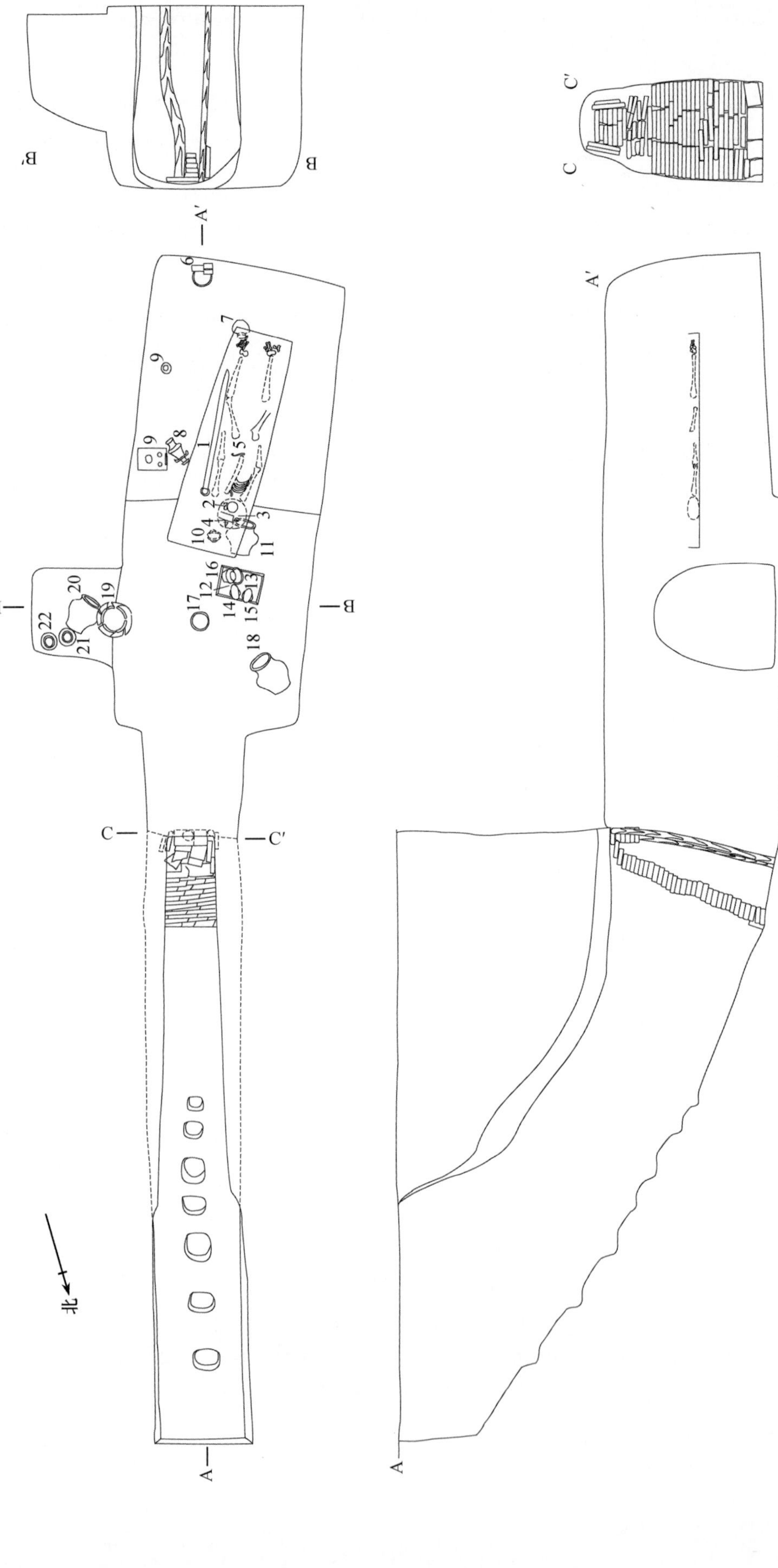

图4-1-147　AM47平、剖面图

1. 铁刀　2. 铜镜　3. 铜钱（1枚）　4. 长方形石器　5. 铁带钩　6. 陶圈　7、12、21、22. 陶仓　8. 陶井　9. 陶灶　10、14、15. 陶耳杯　11、18～20. 陶罐　13. 陶盘　16. 陶案　17. 陶樽

葬具：木棺一副，仅存朽木痕迹，长2.14、宽0.54～0.68米。因墓室进水，木棺上浮0.84米，且漂移至棺床中部偏北。棺内有一层白灰泥（图版一二三，2）。

葬式：人骨架一具，朽蚀严重，仰身直肢，头向北，面向上，疑为男性，年龄为20～30岁，身高1.7米。墓主头上方有铜镜1面、铜钱1枚和长方形石器1件，左侧有1柄长铁刀，尖向南，柄向北，刃向西（图版一二三，3；图版一二四，2）。

出土遗物：22件（组），有陶器、铜镜、钱币、铁器和石器，计有陶罐4件、仓4件（以小陶罐代替）、井1件、灶1件、圈1件、樽1件、耳杯3件、案1件、盘1件（图4-1-148；图版一二三，4），铜镜1面，铜钱1枚，铁刀1件、带钩1件，长方形石器1件。因雨水进入，器物已不在原来位置，出土时主要位于厅室、耳室和棺床上，其中厅室中间有陶案1件，陶案上有陶耳杯2件，案旁置陶樽1件，应属供器。随葬陶器为一套器物组合。

AM47的年代应属东汉中期。

（八）2006HGA区T26M57（下文简称“AM57”）

AM57位于A区西北部的T26南部。叠压于第2层下，墓口距地表0.3、墓深4.98米。墓道向东，方向105度。在厅室顶部有一盗洞，墓室局部被盗扰。

由墓道、封门、墓室组成（图4-1-149；图版一二五，1）。

墓道：位于墓室东侧中部。平面原为平头铲状，尾端较窄，宽0.7米。顶部设置棺槽，平面长2.1、宽0.92米。墓道底面为斜坡状，坡度31度。底面中段保存七个凹坑式脚窝，脚窝长径0.22～0.4、短径0.1～0.14、深0.06～0.1米。沿墓道底部设进棺槽，槽宽0.9～1.1、高0.7～1.3米。

封门：位于墓道西端墓室门洞外。砖封门，封门砖被盗扰后，上层倒塌散落于厅室内，保存十层封门砖，为丁砖左、右对角分层斜放。封门砖上宽1.3、底面宽1、高0.96米。

墓室：拱顶土洞砖室结构，由前厅、后室组成。墓室为单层砖拱券结构，墙砖和拱券砖为丁砖错缝顺放，无前墙，后墙为顺砖错缝平砌，与拱券不相连。拱券左侧外边可能因建拱券时墓壁塌落，现填塞几块残砖。前厅为横直土洞结构，平面呈长方形，长3.5～3.7、宽2～2.3米。后室为土洞砖拱券结构，平面呈长方形，主要做棺床，为生土台结构，土洞长3.06、宽2.26、券高2.14～2.24米，棺床生土台高于厅室底面0.2米。厅室底面与棺床上为斜行“人”字形铺砖，床沿为一排侧放丁砖。

葬具：木棺两副。棺1位于棺床左侧，长2.3、宽0.8～0.84、存高0.1米。棺2位于棺床右侧偏中，长2.3、宽0.6～0.62、存高0.1米。棺室底面铺白灰。

葬式：人骨架两具，保存完整，骨质一般。棺1内墓主为一次葬，仰身直肢，头向东，面向不明，女性，身高约1.55米。墓主头部右侧有1面铜镜，腰部有1件琉璃坠饰，棺内有铜钱97枚。棺2内墓主被盗扰，头向东，葬式不明，男性，身高约1.6米。墓主头部上方有1面铜镜，

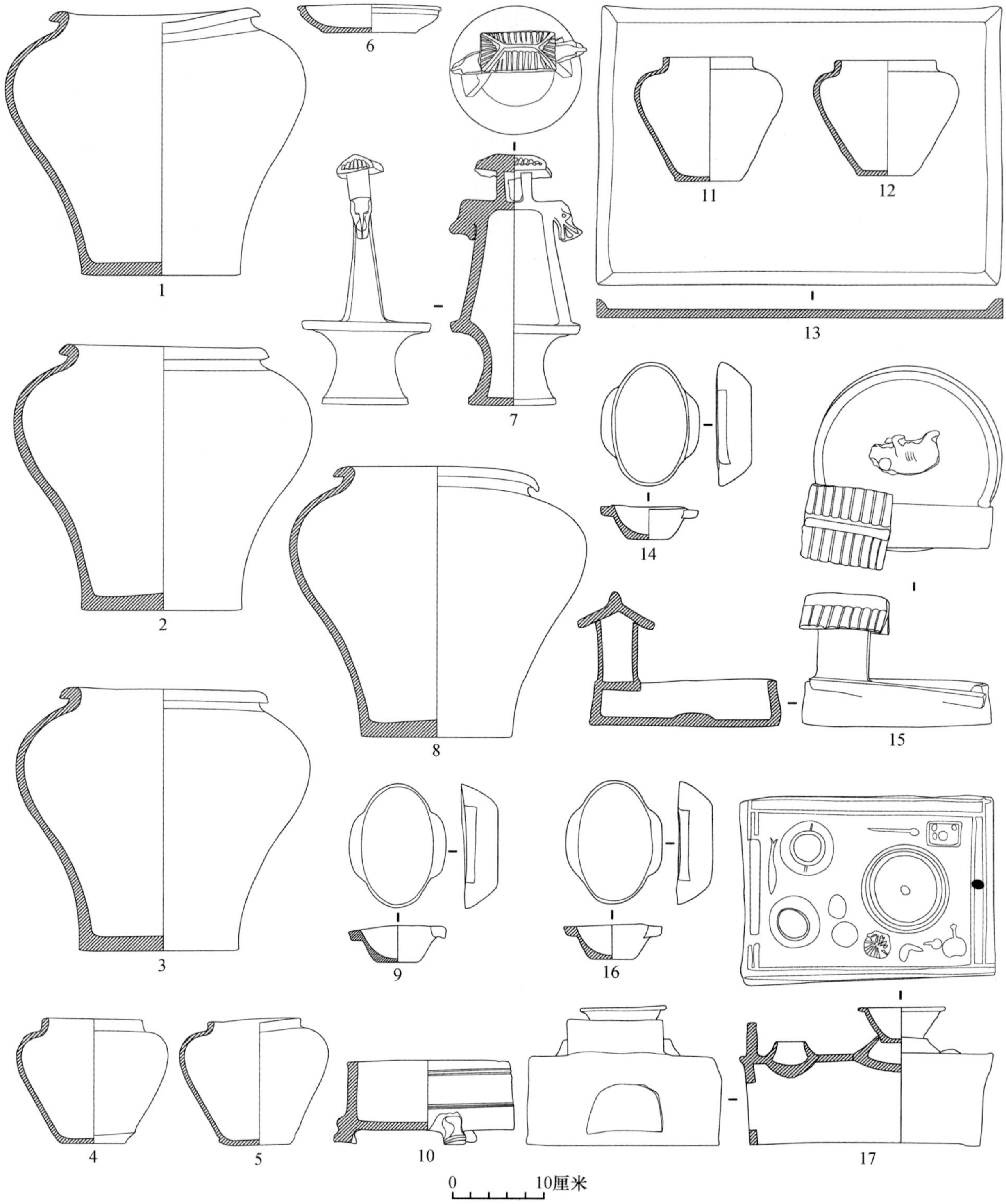

图4-1-148　AM47出土陶器

1～3、8. 罐（AM47：11、20、19、18）　4、5、11、12. 仓（AM47：7、21、22、12）　6. 盘（AM47：13）　7. 井（AM47：8）　9、14、16. 耳杯（AM47：15、10、14）　10. 樽（AM47：17）　13. 案（AM47：16）　15. 圈（AM47：6）　17. 灶（AM47：9）

颈部有1把铁戟，南侧有1把铁剑，棺内有铜钱14枚（图版一二五，3）。墓主随葬2件兵器，说明尚武。应为夫妇合葬。

出土遗物：38件（组），有釉陶器、陶器、铜镜、铜器、钱币、铁器、铅器和琉璃器，计有釉陶壶4件、罐6件、盒3件，陶罐1件、仓5件（以小陶罐代替）、井1件、灶1件、圈1件、樽1件、耳杯1件、盒1件（图4-1-150；图版一二五，4），铜镜2面，铜带钩1件，铜钱2组111枚，铁刀2件、剑1件、戟1件、钩2件，铅衔镳1件，琉璃坠饰1件，陶器主要出土于厅室内（图版一二五，2）。随葬陶器为一套较完整的器物组合。

AM57的年代应属东汉中期。

（九）2006HGA区T27M59（下文简称“AM59”）

AM59位于A区西北部的T27中部。叠压于第2层下，墓口距地表0.3、墓深5.14米。墓道向北，方向17度。保存完整。

由墓道、封门、甬道、墓室、耳室组成（图4-1-151；图版一二六，1、2）。

墓道：位于墓室北侧中部。平面呈平头铲状，通长10.66米。墓道顶端设置棺槽，平面长2.4、宽0.7～0.88米，尾端平面口部较窄，宽0.48～0.7米。底面呈斜坡状，坡度28度。沿墓道底部和两侧壁设进棺槽，作向下滑棺之用，槽宽0.88～1、高0.74～2.1米。墓道近封门处地面上有三块青砖，随着墓道填土的塌陷稍有下沉，推测原应为墓上坟丘前供台用砖（图版一二七，1）。

封门：双层封门，内侧为木门，外侧为青砖封门。木门位于甬道券门外侧，朽蚀严重，从朽木痕迹判断应由四块木板组成，自左向右第一块宽0.24米，第二块宽0.2米，第三块宽0.14米，第四块宽0.46米，存高0.34～0.54、厚0.08～0.1米。封门青砖现存十九层，由下向上第一至十六层为丁砖左、右对角分层斜放，第十一至十六层为前后交错摆放，第十七至十九层为顺砖错缝平砌。封门砖墙上部宽0.8、底面宽1、高1.9米。

甬道：位于墓室北侧中部。拱顶土洞砖券结构，为单重双层券，第一层券为完整拱券，第二层只有拱券而无直立砖墙（图版一二七，2）。甬道门洞底面宽0.92、进深0.84、洞高1.54米。甬道底面有“人”字形铺砖。

墓室：拱顶土洞砖券结构。平面呈长方形，由前厅和后室组成，土洞通长4.88～4.96、洞高2.44米，前厅长2.28～2.32、宽1.84米。后室主要做棺床，为生土台结构，内高外低，长2.24、宽1.82～1.84米，棺床生土台面高出厅室底面0.18～0.2米（图版一二七，4）。

墓室为砖砌结构。前墙和后墙的直墙部分与两侧砖墙为丁拐结构，前墙起券时墓室拱券内为顺砖错缝干摆，墓室起券时在拱券外侧边起后墙，为顺砖平砌错缝干摆。墓室两侧直墙及拱券均为丁砖错缝平彻，其中拱顶中心夹缝为两丁砖并放。拱券洞高2.14米。前厅、后室地面均有“人”字形铺砖。

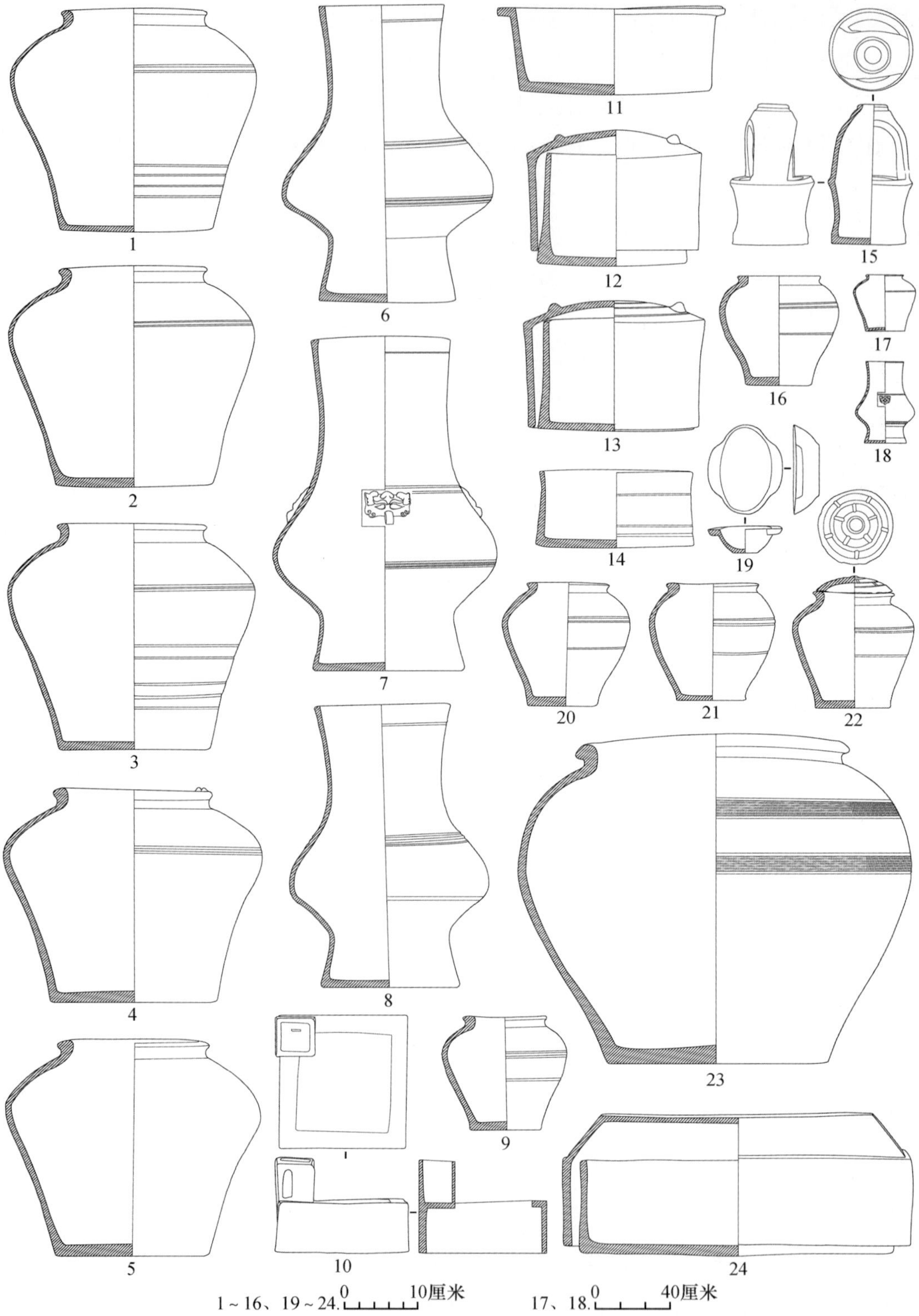

图4-1-150　AM57出土陶器

1～5、17. 釉陶罐（AM57：1、3、5、16、19、7）　6～8、18. 釉陶壶（AM57：2、6、9、8）　9、16、20～22. 仓（AM57：34、31、23、17、15）　10. 圈（AM57：33）　11. 方形盒（AM57：12）　12、13. 釉陶圆形盒（AM57：10、18）　14. 樽（AM57：13）　15. 井（AM57：22）　19. 耳杯（AM57：14）　23. 罐（AM57：11）　24. 釉陶长方形盒（AM57：4）

耳室：一个，位于墓室中部右侧。拱顶土洞结构，与墓室砖券结合处为双层砖拱券结构，平面呈长方形，口宽0.8、内边宽0.8、券门高0.86、进深0.48～0.56、洞高0.4～0.48米。

葬具：木棺三副。棺1位于棺床右侧，长2.1、宽0.56米；棺2位于棺床左侧，长2、宽0.62米，使用铁棺钉固棺；棺3位于厅室内，因朽蚀严重棺的形制不明。棺1和棺2内底面有一层白灰。

葬式：人骨架三具。棺1内墓主为一次葬，仰身直肢，头向北，面向不明，性别、年龄不详，身高约1.4米。墓主头上部有铜镜1面及粉块，左手部有铜钱1串共19枚。棺2内墓主为一次葬，仰身直肢，头向北，面向不明，性别、年龄不详，身高1.6米。墓主头上部有铜镜1面、小铁刀1把，左手处有铜钱1串共12枚，身体左侧有1把带玉剑格和剑璏长铁剑。棺3内墓主头向北，因后期雨水渗入，人骨有所漂移，具体葬式不明，股骨较好，两端均未愈合，长0.3米，说明墓主为7～9岁的少年，与墓主关系不明。棺床上两位墓主应为夫妇。

出土遗物：39件（组），有陶器、铜镜、铜器、钱币、铁器、铅器、玉器和粉，计有陶瓮1件、仓5件（以小陶罐代替）、井2件、灶1件、圈1件、樽1件、耳杯7件、案1件、盘2件（图4-1-152；图版一二六，3），铜镜2面，铜顶针2件，铜钱4组38枚，铁刀1件、剑1件、棺钉2组12件，铅帽饰2件，玉剑璏1件，粉块2件以及动物骨头1组，主要出土于厅室内，中部有陶案1件，案上放陶耳杯5件（其中23号陶耳杯内有动物骨头）和陶樽1件（樽内也有动物骨头），陶案南有动物骨头（初步判断为猪骨），这些陶器和动物骨头应是在墓内做祭祀用的供器和供品（图版一二七，3）。随葬陶器为一套器物组合。

AM59为东汉中期保存完整的夫妇合葬墓，墓主身份应较高。墓室较大，为砖室结构，双层券，但没有耳室。墓主随葬的铁剑有玉配饰。随葬品器形明显变小，小平底陶罐替代小陶仓，有以肉食为主的供品等，以上都反映出在东汉中期，不仅墓道、墓室形制有了变化，人们在随葬陶器数量、成套比例的思想观念上也有所淡化。另外，该墓随葬陶器为一套器物组合，但陶井有2件，其他如圈、灶、樽、案等均为1件，寓意不明。

AM59的年代应属东汉中期。

（一〇）2006HGA区T32M78（下文简称“AM78”）

AM78位于A区中部的T32中部。叠压于第2层下，墓口距地表0.35、墓深4.34米。墓道向南，方向197度。保存完整。

由坟丘、墓道、封门、甬道、墓室组成（图4-1-153；图版一二八，1）。

坟丘：塌落坟丘堆积位于墓道北侧。平面呈椭圆形，长径3.9、短径2.6、深1米。坟丘堆积褐色土，间杂黄土、红土颗粒。

墓道：位于墓室南侧中部。平面呈平头铲状，通长7.4米。前端有长方形置棺槽，长2.3、宽0.82～0.92米。墓道其余部分口部较窄，宽0.56～0.66米。底面呈斜坡状，坡度25～30

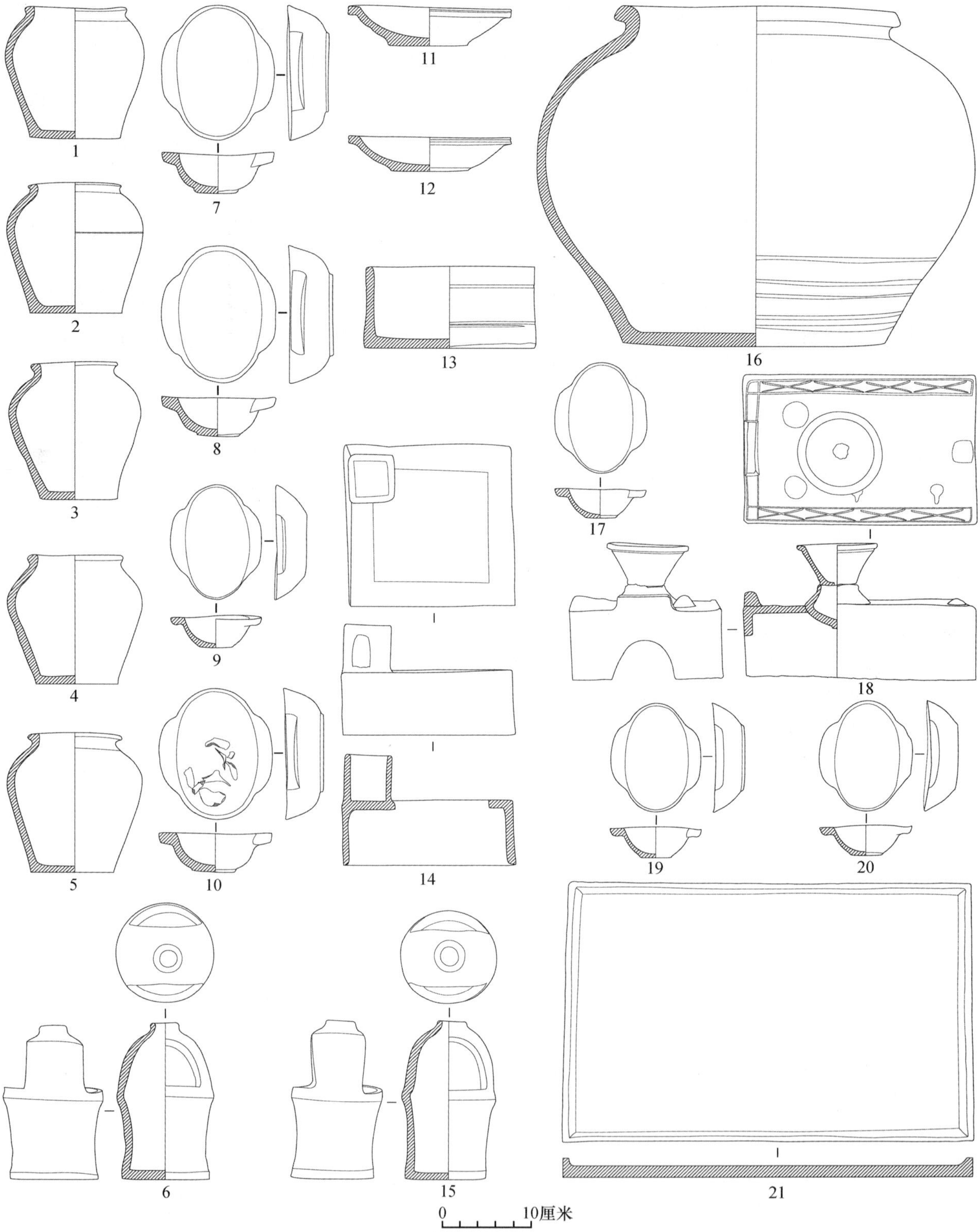

图4-1-152　AM59出土陶器

1～5. 仓（AM59：9、13、16、18、29）　6、15. 井（AM59：14、15）　7～10、17、19、20. 耳杯（AM59：17、19、21、23、25、22、26）　11、12. 盘（AM59：24、27）　13. 樽（AM59：20）　14. 圈（AM59：33）　16. 瓮（AM59：10）　18. 灶（AM59：11）　21. 案（AM59：28）

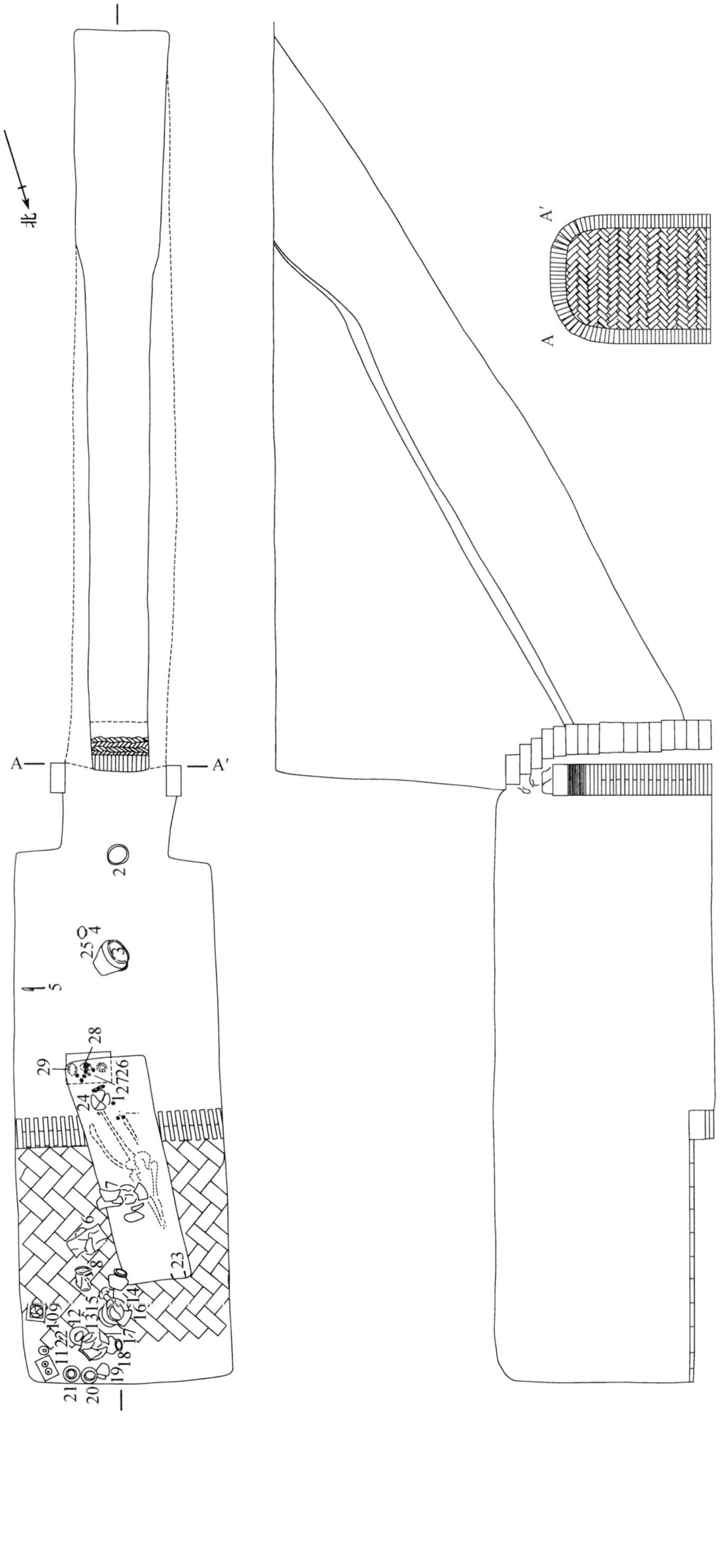

图4-1-153　AM78平、剖面图

1. 铜钱（48枚）　2. 陶樽　3. 陶罐　4、13、25、27～29. 陶耳杯　5. 残铁器　6、7. 釉陶壶　8、14、15、18～21. 陶仓　9. 陶圈　10. 陶井　11. 陶灶　12、22. 陶盘　16、17. 釉陶罐　23. 铁棺钉（7件）　24. 铁钱（1枚）　26. 陶案　30. 铁锸（30出自墓道中）

度。沿墓道底部和两侧壁面设置进棺槽，局部墓道斜坡上还有木棺下滑痕迹，槽宽0.96、高0.86～1米。

封门：位于墓道北端，甬道券门外侧。青砖封门，现存十九层封门砖，顶层和底面一层为平铺顺砖，中间十七层为丁砖左、右对角分层斜放，偶有前后交错摆放。封门砖墙上部宽0.56、底面宽1、高1.96米。

甬道：位于墓室南侧中部。拱顶土洞砖券结构，甬道外侧边为丁砖拱券结构，内侧为土洞结构。完整单层甬券顶中部有九块侧放丁砖，为残砖，没有形成双层券。甬道平面呈长方形，砖券门洞底面宽1、土洞底面宽1.06～1.1、进深0.9～0.94、洞高1.44米。

墓室：拱顶土洞结构。平面呈长方形，由前厅和后室组成，土洞通长5.1～5.36、洞高2.2米，前厅长2.5～2.66、宽1.92～2.04米。后室主要做棺床，为生土台结构，长2.6、宽2～2.04米，棺床生土台高于厅室地面0.2米。棺床上为斜行“人”字形铺砖，床沿有三层砖，下面两层为顺砖错缝平砌，上面一层为丁砖侧放，丁砖为一整砖一残砖交替摆放，光面向外（图版一二八，2）。

葬具：位于棺床中部。木棺一副，平面呈长方形，长2.24、宽0.64～0.8米，木棺上浮0.3米。

葬式：人骨架一具，完整，已朽为粉末，头向南，葬式不明，经鉴定为男性，年龄在35～40岁之间，身高1.5米。墓主身体上下散置铜钱48枚，主要出土于头骨上方，另有铁钱1枚。

出土遗物：30件（组），有陶器、釉陶器、钱币和铁器，计釉陶壶2件、罐2件，陶仓7件（以小陶罐代替）、罐1件、井1件、灶1件、圈1件、樽1件、耳杯6件、案1件、盘2件（图4-1-154；图版一二八，3），铜钱1组48枚，铁钱1枚，铁锸1件、残铁器1件、棺钉1组7件，主要出土于厅室及棺床左侧内端。随葬陶器为一套器物组合。

铁锸出土于墓道近墓门处，应是有意葬于此。把铁锸放置在墓道内的墓葬在路固墓地共有7座，很可能是该墓地的一种葬俗。

AM78的年代应属东汉中期。

（一一）2006HGB区T5M5（下文简称“BM5”）

BM5位于B区西北部的T5东北角。叠压于第2层下，墓口距地表0.35、墓深4.74米。墓道向南，方向191度。保存完整。

由坟丘、墓道、封门、甬道、墓室组成（图4-1-155；图版一二九，1）。

坟丘：塌落坟丘堆积位于墓道北侧，大致在墓室上部。平面形状不太规则，近椭圆形，长径5、短径约3.7、深1.4米。坟丘堆积褐色土，间杂黄土、红土颗粒。在塌落坟丘南部居中及墓道近封门处地面上均有塌落的砖构供台，有部分砖塌落到墓道内。坟丘上面砖构供台范围较大，南北长约1.8、东西宽约1.2米，保存较完整的为一顺一丁结构，共三至五层。该供台原来

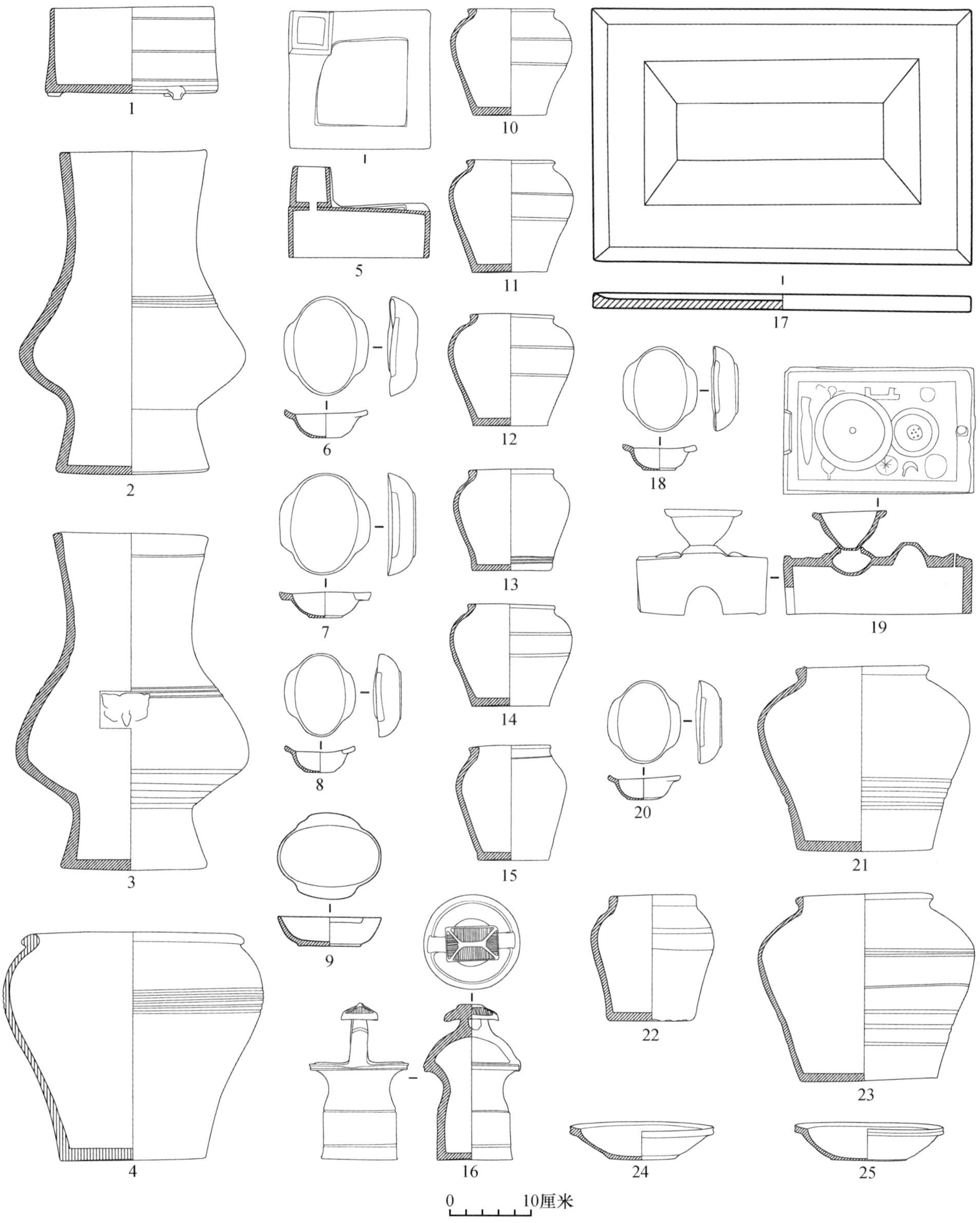

图4-1-154 AM78出土陶器

1. 樽（AM78：2） 2、3. 陶壶（AM78：6、7） 4. 罐（AM78：3） 5. 圈（AM78：9） 6～9、18、20. 耳杯（AM78：4、13、28、25、27、29） 10～15、22. 仓（AM78：8、14、15、18、20、21、19） 16. 井（AM78：10） 17. 案（AM78：26） 19. 灶（AM78：11） 21、23. 釉陶罐（AM78：16、17） 24、25. 盘（AM78：12、22）

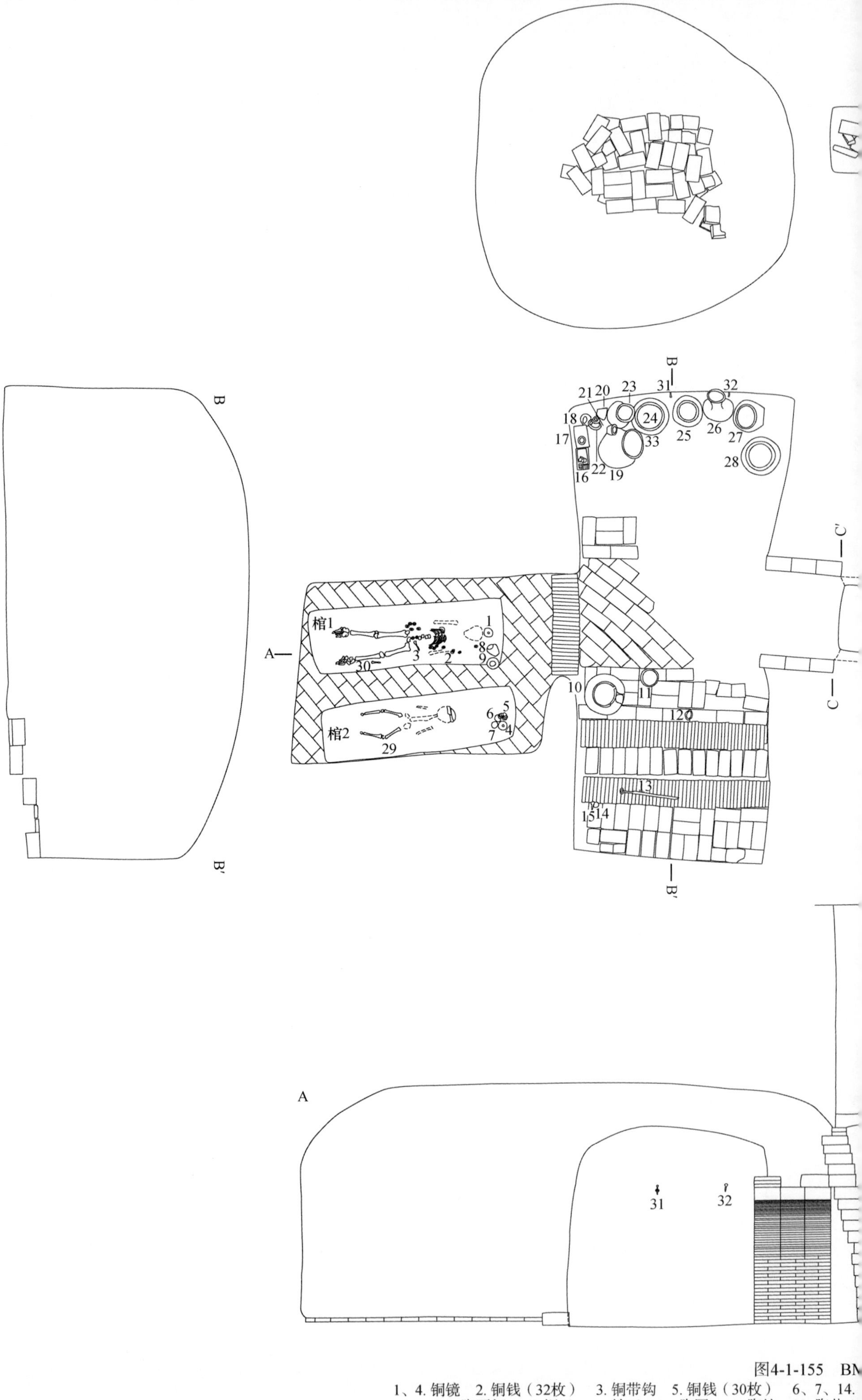

图4-1-155　BM

1、4. 铜镜　2. 铜钱（32枚）　3. 铜带钩　5. 铜钱（30枚）　6、7、14.
12. 陶耳杯　13. 铜刀　15. 铁刀　16. 陶圈　17. 陶灶　22. 陶井

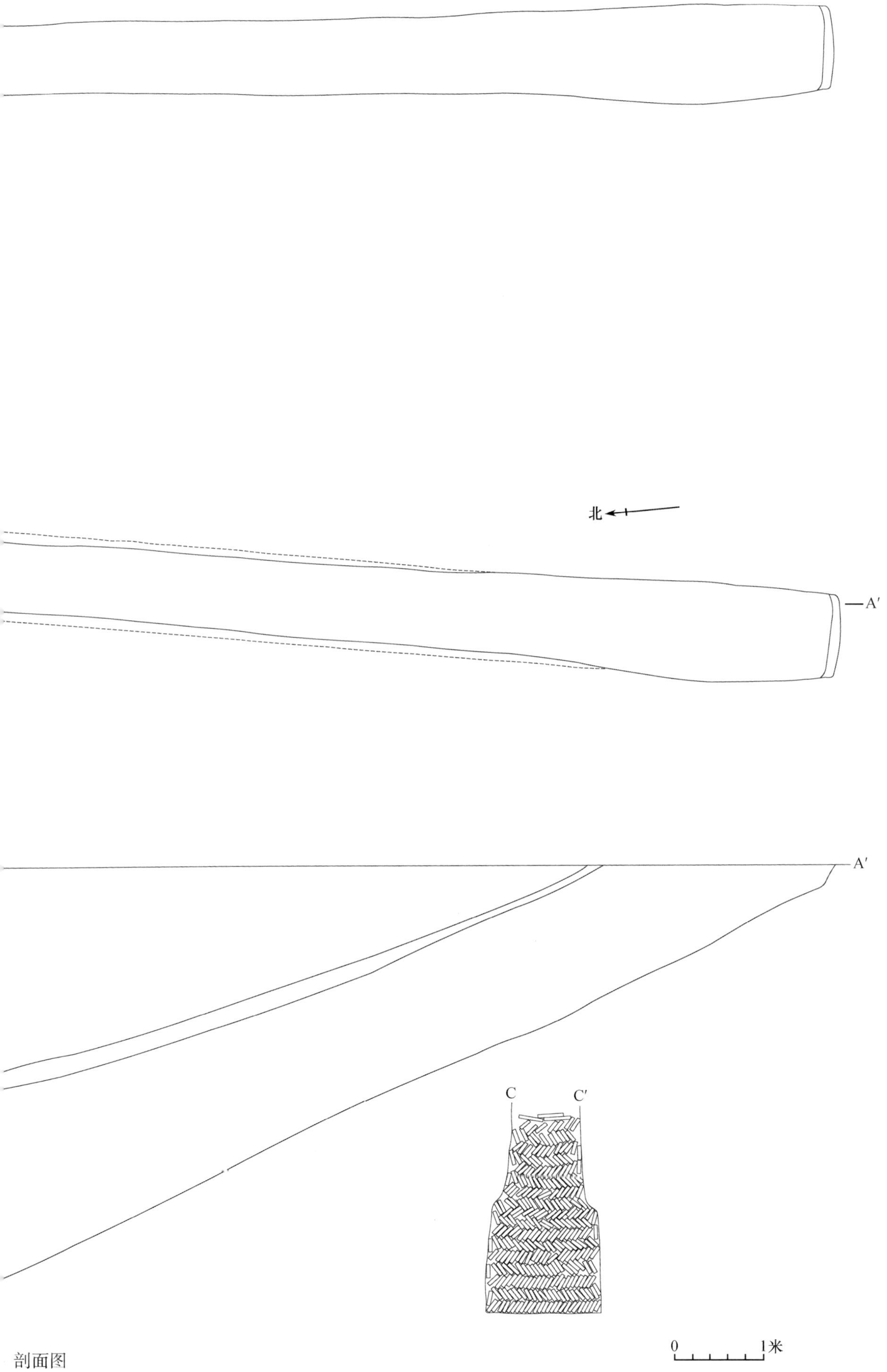

剖面图
8、9、18、20、21. 陶仓　10、19、24、25、27、28. 陶罐　11. 陶樽
26. 陶壶　29. 铁棺钉（4件）　30. 铁棺钉（2件）　31～33. 铁钩

的具体位置、结构不明，推测可能建于坟丘之上（图版一二九，2、3）。

墓道：位于墓室南侧中部。平面呈平头铲状，通长10.48米。墓道顶端设平面呈长方形的置棺槽，长2.4、宽0.9～1.04米。尾端平面口部较窄，宽0.74～0.94米。底面呈斜坡状，坡度24度。沿墓道底部和两侧壁设进棺槽，槽宽0.94、高1.26～2.2米（图版一二九，4）。

封门：位于墓道北端，甬道券门外侧。青砖封门，现存十九层，顶部两层砖为顺砖错缝平砌，下部十七层为丁砖左、右对角分层斜放，由下至上第三至十七层为前后交错摆放。封门砖墙上部宽0.72、底面宽1.22、高2.14米。

甬道：位于墓室南侧和前厅与后室之间。墓室南侧甬道为拱顶土洞双层砖券结构，第一层有拱券和直立墙，第二层只有顶上拱券（图版一三〇，1）。甬道砖券门洞底面宽0.98、进深0.7、洞高1.44米。后室左侧甬道为拱顶土洞结构，发掘时已经塌落，底面宽1.16、进深0.3米。

墓室：拱顶土洞结构，由前厅和后室组成。厅室平面近正方形，长2.1～2.3、宽2.3米。前厅左侧为侧室（图版一三〇，3），右侧为双层供台。前厅底面西北部铺砖，中间为东北–西南向斜行错缝铺砖，两边为平铺丁砖，厅室西部四排砖的中间两排为两丁两顺平铺。前厅左侧无铺砖，左侧壁距地面1.6米处有2件铁饰钉在墙上，可能是挂幔帐或食物用，间距0.74米（图版一三〇，4）。前厅右侧为两层砖台，台沿均为顺砖侧放，第一层台面为一排平铺顺砖，第二层台面为两排铺砖，无规律，多为顺砖铺置（图版一三一，1）。后室平面呈南北长方形，主要做棺床，为生土台结构，南北长2.7、东西宽2～2.04米，棺床生土台高于厅室地面约0.14米。棺床有东北–西南向斜行错缝铺砖，床沿砖在甬道下，为一排侧放丁砖。

葬具：木棺两副。棺1位于棺床左侧，底面铺有一层白灰泥，长2.16、宽0.74米（图版一三一，2）。棺2位于棺床右侧，棺内铺有青灰，青灰下还铺有一层厚白灰泥，长2.16、宽0.62米。两棺均使用铁棺钉（图版一三二，1）。

葬式：人骨架两具。两位墓主均为一次葬，仰身直肢，头向南，面向上。棺1内墓主倾向为男性，身高1.5米。墓主头部上方有1面铜镜，腰部中间有1件铜带钩，身体上下散置铜钱32枚。棺2内墓主倾向为女性，身高约1.2米。墓主头部上方有铜镜1面、粉2块、铜钱30枚，似放在1件奁盒内，其中粉块为灰白色，外表涂朱（图版一三二，2）。应为夫妇合葬。

出土遗物：33件（组），有陶器、铜镜、铜器、钱币、铁器和粉，计有陶壶2件、罐6件、仓5件、井1件、灶1件、圈1件、樽1件、耳杯1件（图4-1-156A、156B；图版一三二，3），铜镜2面，铜刀1件、带钩1件，铜钱2组62枚，铁刀1件、钩3件、棺钉2组6件，粉块3件，陶器主要出土于厅室左侧室内，前厅第一层供台有陶樽、耳杯各1件和少许动物骨头，应为供器和供品（图版一三〇，2）；第二层供台上有环首铜刀、小铁刀、粉块各1件。随葬陶器为一套器物组合。

BM5的年代应属东汉中期。

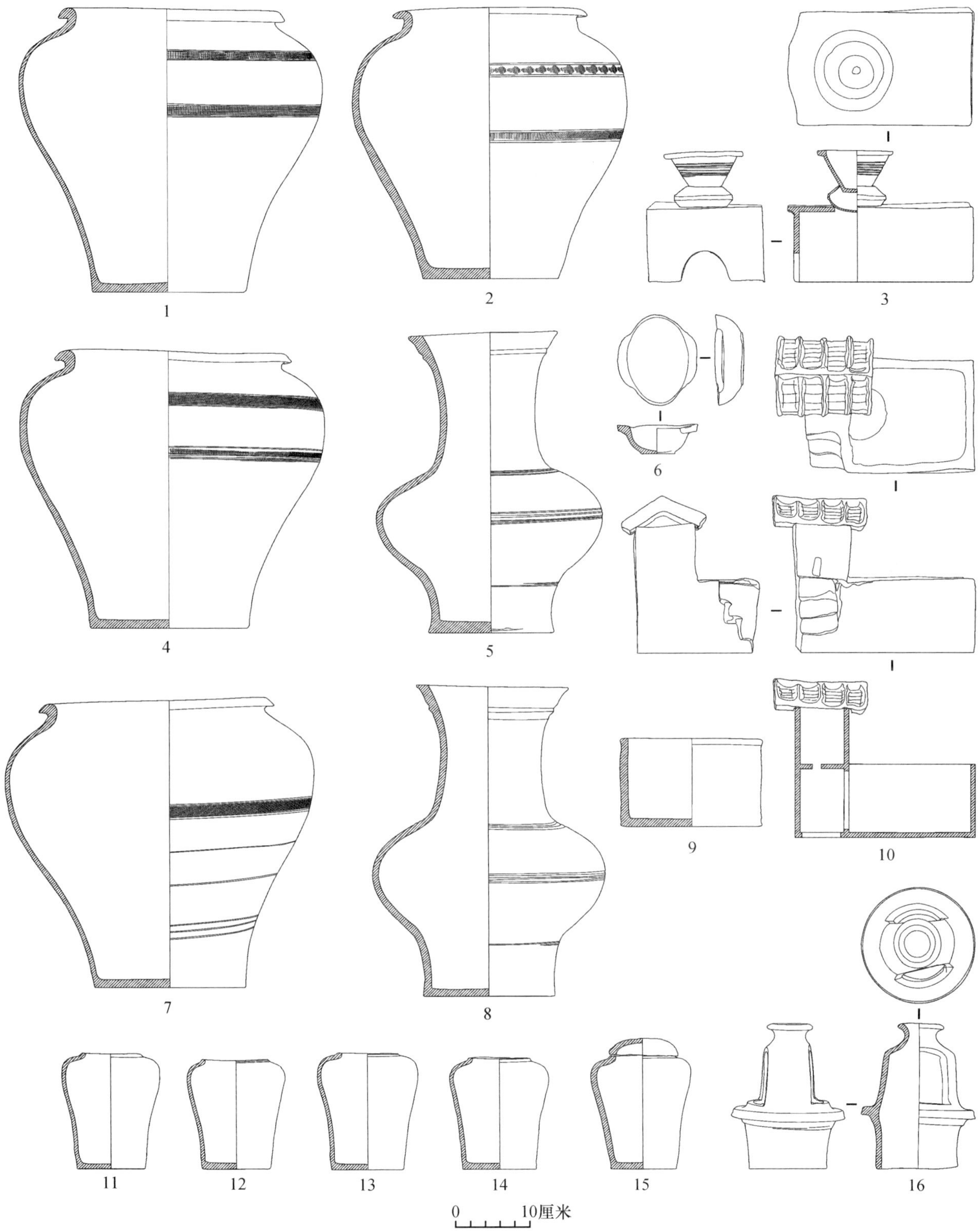

图4-1-156A　BM5出土陶器

1、2、4、7. 罐（BM5：19、27、24、28）　3. 灶（BM5：17）　5、8. 壶（BM5：23、26）　6. 耳杯（BM5：12）　9. 樽（BM5：11）　10. 圈（BM5：16）　11～15. 仓（BM5：8、9、18、21、20）　16. 井（BM5：22）

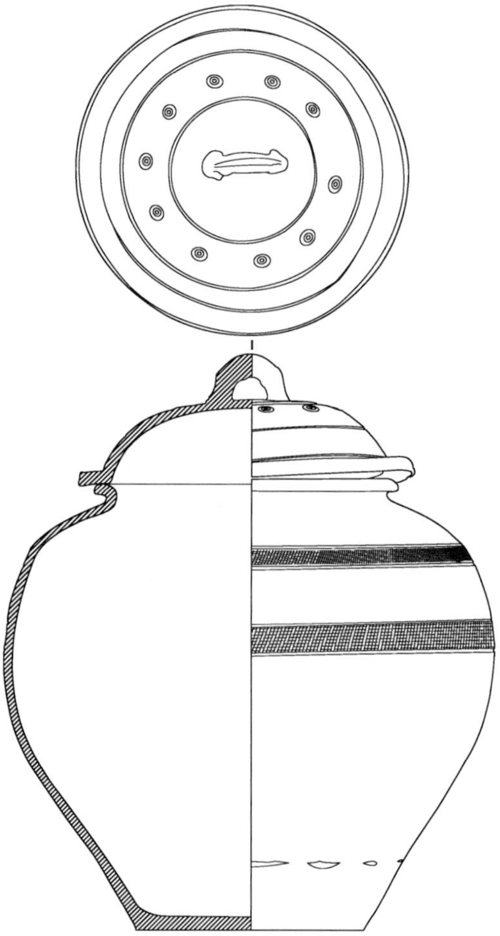

图4-1-156B BM5出土陶罐（BM5：10、25）

（一二）2006HGB区T6M7（下文简称"BM7"）

BM7位于B区中西部的T6中部。叠压于第2层下，墓口距地表0.35、墓深5.14米。墓道向西，方向285度。保存完整。

由坟丘、墓道、封门、甬道、墓室、侧室组成（图4-1-157；图版一三三，1）。

坟丘：塌落坟丘堆积位于墓道东侧。平面形状不规则，近椭圆形，长径4.8、短径3.1、深1.5米。坟丘堆积褐色土，间杂黄土、红土颗粒。

墓道：位于墓室西侧中部。平面呈平头铲状，通长8.78米。口端设有长方形置棺槽，长2、宽0.78～0.82米。尾端口部较窄，宽0.44～0.62米。底面呈斜坡状，坡度15～32度。沿墓道底部和两侧壁设下滑式进棺槽，槽宽0.72～0.94、高1.2～1.76米。

封门：位于墓道底部东端，甬道券门外侧。青砖封门，现存十五层封门砖，顶部两层为顺砖错缝平砌，下部十三层为丁砖左、右对角分层斜放。封门砖墙上部宽0.8、底面宽0.96、高1.86米。

甬道：位于墓室西侧中部。拱顶土洞结构，平面呈长方形，底面宽0.96～1、进深0.76、洞高1.9米。

墓室：拱顶土洞结构。由前厅和后室组成，通长4.3～4.7、洞高2.3米，前厅长1.98～2.38、宽1.8～2米。后室主要做棺床，为生土台结构，内高外低，长2.32、宽1.8～2米，棺床生土台高于厅室地面0.1～0.24米。棺床沿为一排平砌错缝顺砖，共三层（图版一三三，2）。

侧室：位于墓室前端右侧。拱顶土洞结构，平面呈长方形，口宽1.06、内边宽0.96、进深2～2.2、洞高1.6～2.12米（图版一三三，3）。

葬具：木棺三副。棺1位于棺床左侧，长1.9、宽0.64～0.68米。棺2位于棺床右侧，长2.04、宽0.66～0.78米。棺3位于右耳室内，长1、宽0.72米。

葬式：人骨架三具。棺1内墓主为二次葬，头向西，面向上，经鉴定为男性，年龄为壮年。棺2内墓主为二次葬，头向西，面向上，经鉴定为女性，年龄在20～30岁之间。墓主头部两侧各有铜钱1枚，盆骨外侧有铜指环1枚。棺3内墓主为二次葬，头向北，面向不明，倾向为女性，年龄7～8岁。棺1和棺2均位于棺床之上，应为夫妇合葬。右耳室内的儿童可能为墓主夫妇的子女。这种情况与AM59相似。

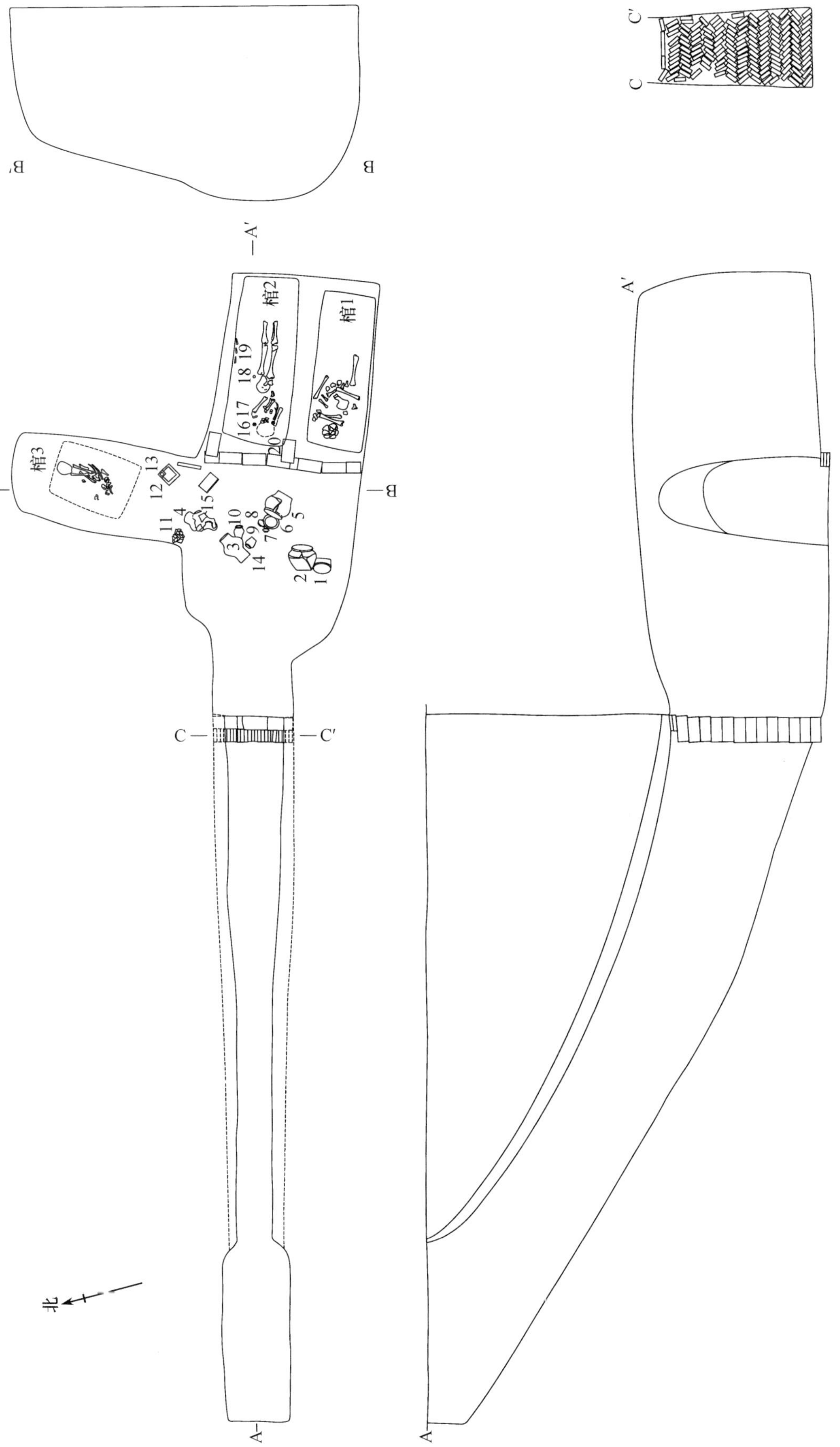

图4-1-157　BM7平、剖面图

1. 陶樽　2、5. 陶罐　3、4. 陶壶　6. 陶盘　7、8、14. 陶耳杯　9～11. 陶仓　12. 陶圈　13. 陶灶　15. 陶井　16. 铜钱（2枚）　17. 铁顶针（2件）　18. 铜指环　19. 铁棺钉（3件）　20. 铁镊（2件）

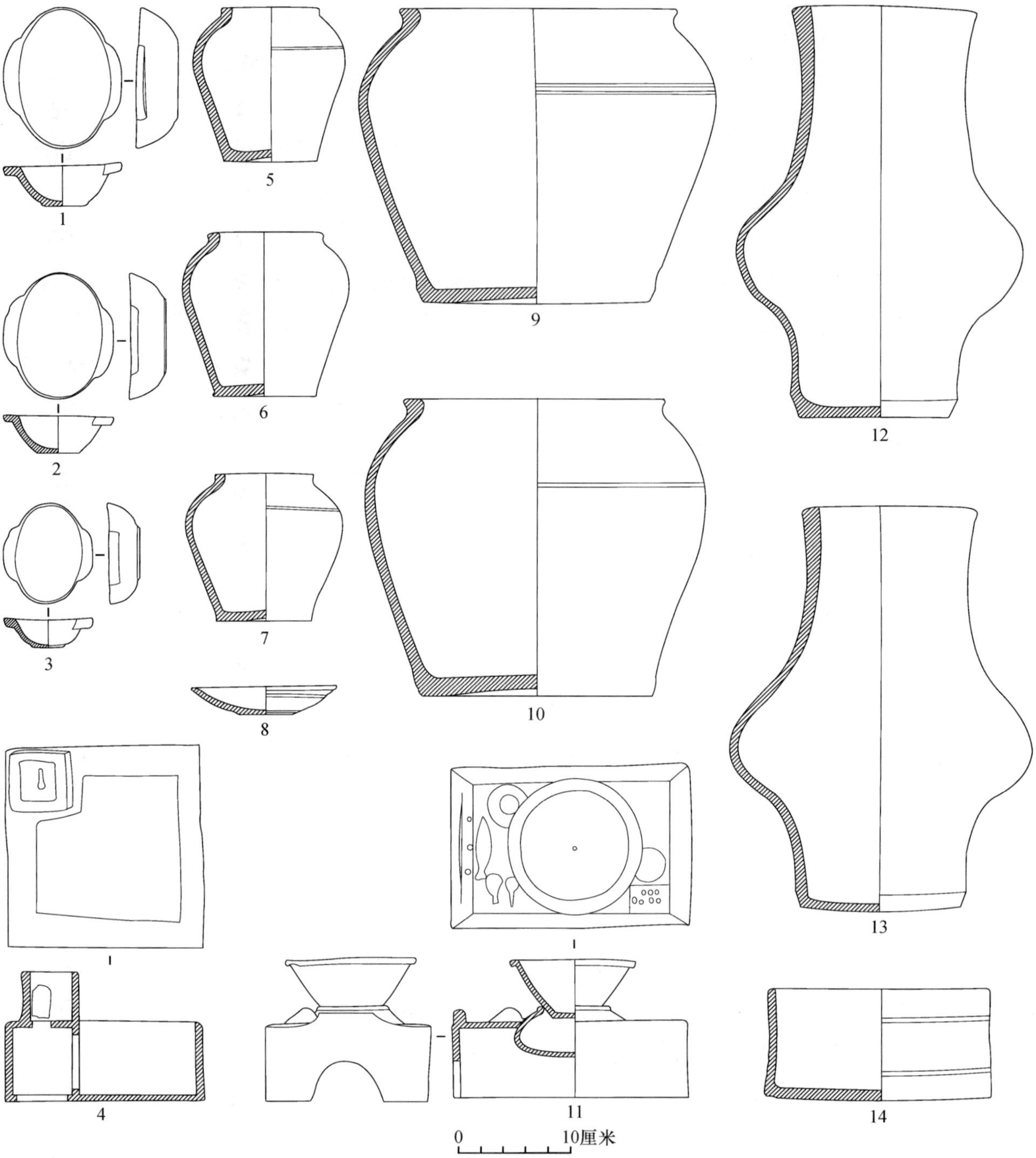

图4-1-158　BM7出土陶器

1～3. 耳杯（BM7：14、8、7）　4. 圈（BM7：12）　5～7. 仓（BM7：10、11、9）　8. 盘（BM7：6）　9、10. 罐（BM7：2、5）　11. 灶（BM7：13）　12、13. 壶（BM7：3、4）　14. 樽（BM7：1）

出土遗物：20件（组），有陶器、铜器、钱币和铁器，计有陶壶2件、罐2件、仓3件、井1件、灶1件、圈1件、樽1件、耳杯3件、盘1件（图4-1-158；图版一三三，4），铜指环1件，铜钱1组2枚，铁顶针1组2件、镊1组2件、棺钉1组3件，陶器主要出土于厅室内。随葬陶器为一套器物组合。

BM7的年代应属东汉中期。

（一三）2006HGB区T6M8（下文简称“BM8”）

BM8位于B区西中部的T6北部。叠压于第2层下，墓口距地表0.35、墓深4.9米。墓道向西，方向305度。保存完整。

由坟丘、墓道、封门、甬道、墓室、耳室组成（图4-1-159；图版一三四，1）。

坟丘：塌落坟丘堆积位于墓道东侧偏南。平面形状不甚规则，近椭圆形，长径4.9、短径3.1、深1.4米。坟丘堆积褐色土，间杂黄土、红土颗粒。

墓道：位于墓室西侧中部。平面呈梯形，通长11.2米。前端设长方形置棺槽，平面东西长2.2、宽0.9～1米。尾端平面口部较窄，宽0.52～0.7米。底面呈斜坡状，坡度27度。沿墓道底部和两侧壁设下滑式进棺槽，槽宽0.8～1、高1.2～1.7米。

封门：位于墓道底部东端，甬道券门外侧。两道封门。内侧木门已朽尽，仅保存铁门枢。外侧青砖封门现存十四层封门砖，顶部两层为顺砖错缝侧放，上层一块砖和下层两块砖摆成“品”字形，下部十二层为丁砖左、右对角分层斜放。封门砖墙上部宽0.63、底面宽1.1、高1.82米（图版一三四，2）。

甬道：位于墓室西侧中部。拱顶土洞砖券结构，平面呈梯形，近墓道处较窄，近墓室处较宽。甬道外侧为砖券结构，内侧为土洞。甬道砖券为单重双层券，其中第一层砖券有完整的拱券和直立砖墙，第二层只设置了拱券顶而无直立墙，且拱券顶上缝隙用残砖填塞。门洞底面宽1～1.14、进深0.8、洞高1.36米。

墓室：拱顶土洞结构。平面形状不太规则，由前厅、供台和后室组成，土洞通长5.4～5.6、洞高2.4米，前厅长2.3～2.4、宽1.2～2.1米。供台位于厅室与后室之间，为一条宽约0.8米的长方形砖台，供台比厅室地面高0.06米。后室主要做棺床，为生土台结构，内高外低，长2.3～2.4、宽1.92～2.1米，棺床生土台高于厅室地面0.16～0.22米。墓室地面均有铺砖，前厅为东南–西北向斜行错缝铺砖，供台由外向内为三顺一丁铺砖，共两层，棺床上为东南–西北向斜行错缝铺砖，床沿为一排共三层侧放丁砖（图版一三四，4）。

耳室：一个，位于墓室西端右侧。拱顶土洞结构，平面呈半椭圆形，口宽1.26、内边宽1、进深1.4、洞高1～1.44米（图版一三五，1）。

葬具：木棺两副。棺1位于棺床左侧，长2.1、宽0.56～0.82米；棺2位于棺床右侧，长2.24、宽0.6～0.62米。木棺内均铺有一层白灰泥，使用铁棺钉固棺。

葬式：人骨架两具。两位墓主均为一次葬，头向西，面向南。棺1内墓主倾向为女性，成年人，身高约1.5米。墓主头部有铜镜1面和小铁刀1把，耳部有琉璃耳饰1对，颈部有铜顶针1件，骨架上下散置铜钱130枚（图版一三五，3）。棺2内墓主倾向为男性，中年人，身高1.7米。腰部有铜带钩1件，身体左侧有铁剑1把，身体下散置铜钱20枚（图版一三五，2）。应为夫妇合葬。

图4-1-159　B

1、11. 彩绘陶壶　2、4、9、13. 釉陶罐　3、6. 彩绘陶罐　5、10. 釉陶壶　7. 陶樽　8. 陶瓮　12、15、16、25.
53. 陶罐　24. 铜钱（130枚）　26、28、38、39. 陶仓　27. 陶圈　29. 陶灶　30. 陶井　31. 长方形石器　32. 铜
铁棺钉（4件）　45. 铁钩（2件）　46. 铜钱（1枚）　47. 铁器　48. 石球　49. 铁棺钉（6件）

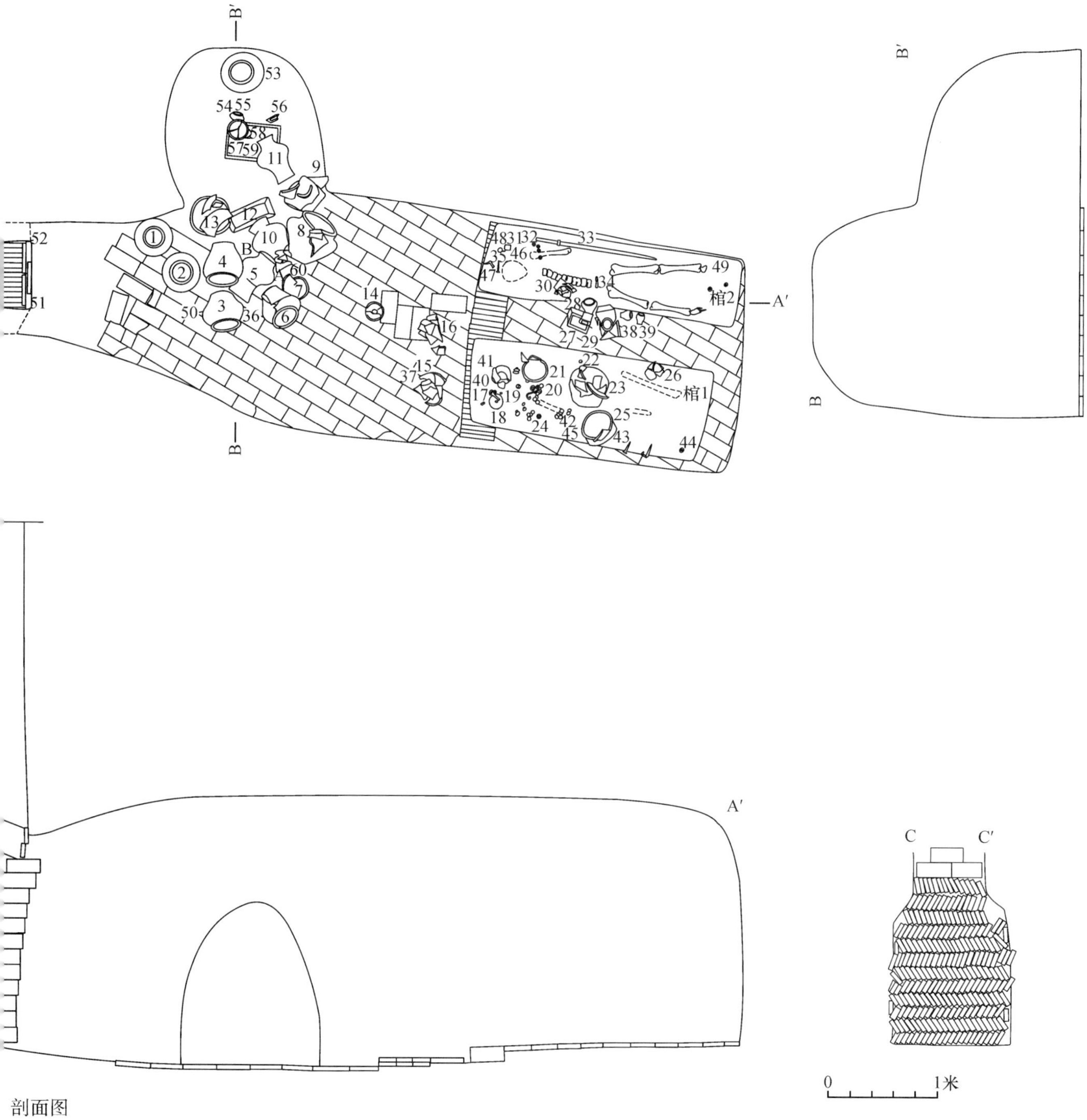

剖面图

14、18. 铜镜　17. 铁刀　19、41. 琉璃耳饰　20、42. 铜顶针　21. 陶盆　22. 琉璃坠饰　23、
）　33. 铁剑　34. 铜带钩　35. 石墨饰　36. 铅扣饰　37. 鸡骨　40. 粉块　43. 铁钩（2件）　44.
（3件）　51、52. 铁门枢　54～56、58. 陶耳杯　57. 陶盘　59. 陶案　60. 猪骨

出土遗物：60件（组），有陶器、釉陶器、铜镜、铜器、钱币、铁器、铅器、石器、琉璃器、粉及动物骨头，计有彩绘陶壶2件、陶罐4件（2件彩绘）、仓4件、井1件、灶1件、圈1件、樽1件、耳杯4件、彩绘陶盒4件（其中2件圆形盒、2件长方形盒）、案1件、盘1件、盆1件、瓮1件，釉陶壶2件、罐4件（图4-1-160A、160B、160C；图版一三五，5），铜镜2面，铜顶针2件、带钩1件，铜钱3组151枚，铁刀1件、剑1件、钩3组6件、门枢2件、棺钉2组10件、残铁器1件，铅扣饰1件，长方形石器1件、石球1件，石墨饰1件，琉璃耳饰2件、坠饰1件，粉块1件，猪骨和鸡骨各1组，陶器主要出土于厅室和耳室内（图版一三四，3；图版一三五，4），棺床上的陶器可能为墓室进入雨水时漂移所致。随葬陶器为一套器物组合。该墓出土釉陶和彩绘陶数量较多，规格应较高。

BM8的年代应属东汉中期。

（一四）2006HGB区T14M31（下文简称“BM31”）

BM31位于B区东南部的T14中部。叠压于第2层下，墓口距地表0.35、墓深3.64米。墓道向南，方向192度。保存完整。

由坟丘、墓道、封门、墓室组成（图4-1-161；图版一三六，1）。

坟丘：塌落坟丘堆积位于墓道北侧。平面呈较规则的椭圆形，长径3.2、短径2.6、深0.8米。坟丘堆积褐色土，间杂黄土、红土颗粒。

墓道：位于墓室南侧中部。平面呈平头铲状，通长7.7米。顶端设长方形置棺槽，平面长2.2、宽0.7～0.86米。尾端平面口部较窄，宽0.46～0.7米。底面呈斜坡状，坡度33度。沿墓道底部和两侧壁设下滑式进棺槽，槽宽0.8、高0.84～1.3米（图版一三六，3）。斜坡面上有凹坑式台阶，现存十三个，台阶面长0.2～0.32、宽0.14～0.18、进深0.06～0.08米（图版一三七，1）。

封门：位于墓道北端，墓室券门外侧。青砖封门，现存十四层封门砖，顶部为两层松散残砖，第三层为顺砖平铺，下部十一层为丁砖左、右对角分层斜放，多数为前后交错摆放。封门砖墙上部宽0.58、底面宽0.8、高1.76米。

墓室：拱顶土洞结构。平面形状太不规则，无前厅、后室结构，南半部略宽，北半部稍窄，土洞通长3.9～4、洞高2米。南半部主要放置随葬器物，与厅室的功能相同（图版一三六，2）。

葬具：木棺两副。棺1位于墓室北端左侧，长1.9、宽0.6米。棺内涂一层白灰泥，底面四角各有半块垫砖。棺2位于墓室北端右侧，长1.92、宽0.52米。棺内铺有一层细沙，未见铺青灰和白灰泥。使用铁棺钉固棺（图版一三七，2）。

葬式：人骨架两具。棺1内墓主为一次葬，仰身直肢，头向北，倾向为成年女性，身高约1.6米。棺内有铜钱5枚。棺2内墓主为一次葬，仰身直肢，头向南，面向东，经鉴定倾向为男性，年龄在30～40岁之间，身高1.6米。应为夫妇合葬。

出土遗物：28件（组），有釉陶器、陶器、铜器、钱币、铁器和琉璃器，计有釉陶壶1

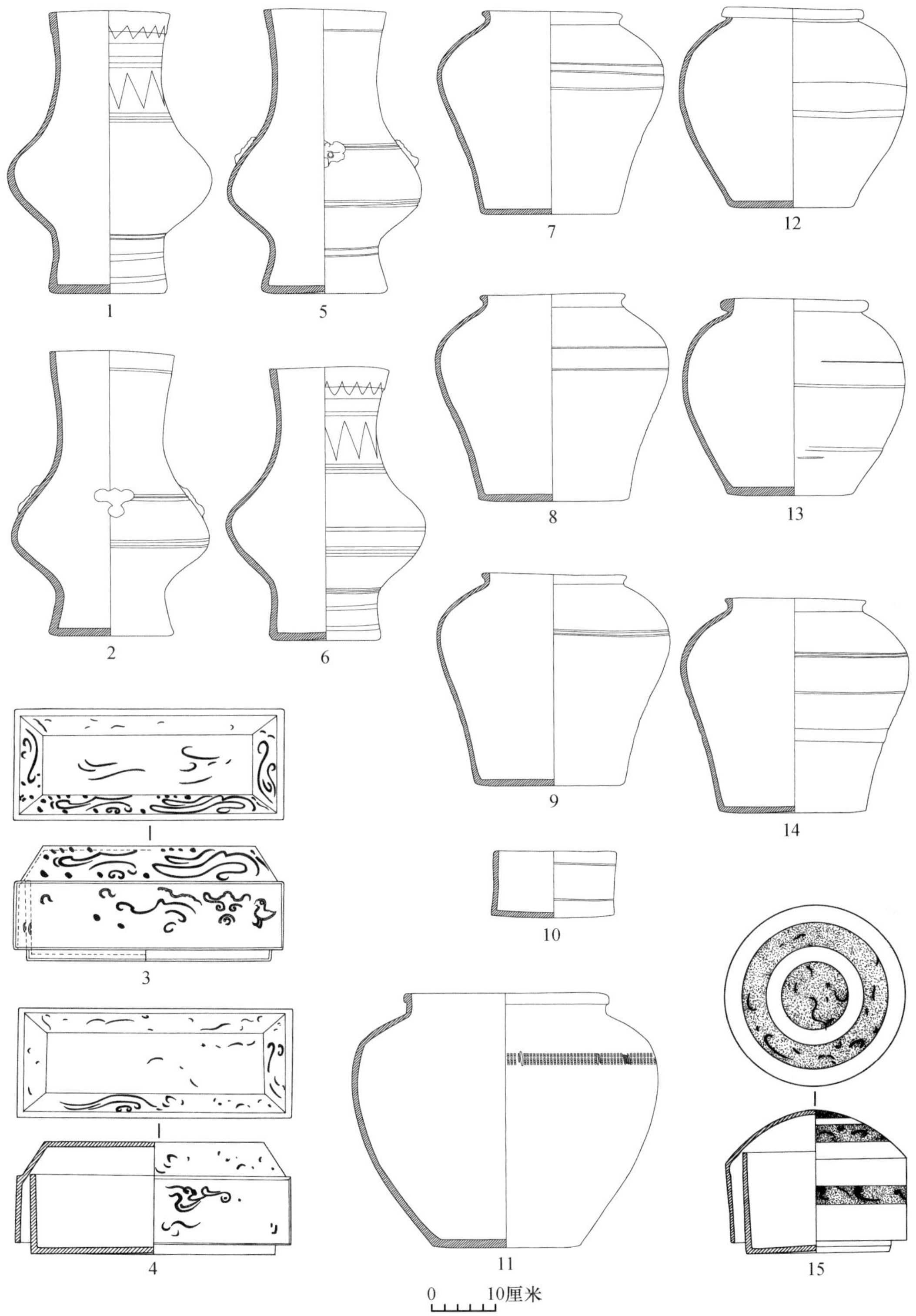

图4-1-160A　BM8厅室出土陶器

1、6. 彩绘壶（BM8：1、11）　2、5. 釉陶壶（BM8：5、10）　3、4. 彩绘长方形盒（BM8：12、16）　7～9、14. 釉陶罐（BM8：2、4、9、13）　10. 樽（BM8：7）　11. 瓮（BM8：8）　12、13. 彩绘罐（BM8：3、6）　15. 彩绘圆盒（BM8：15）

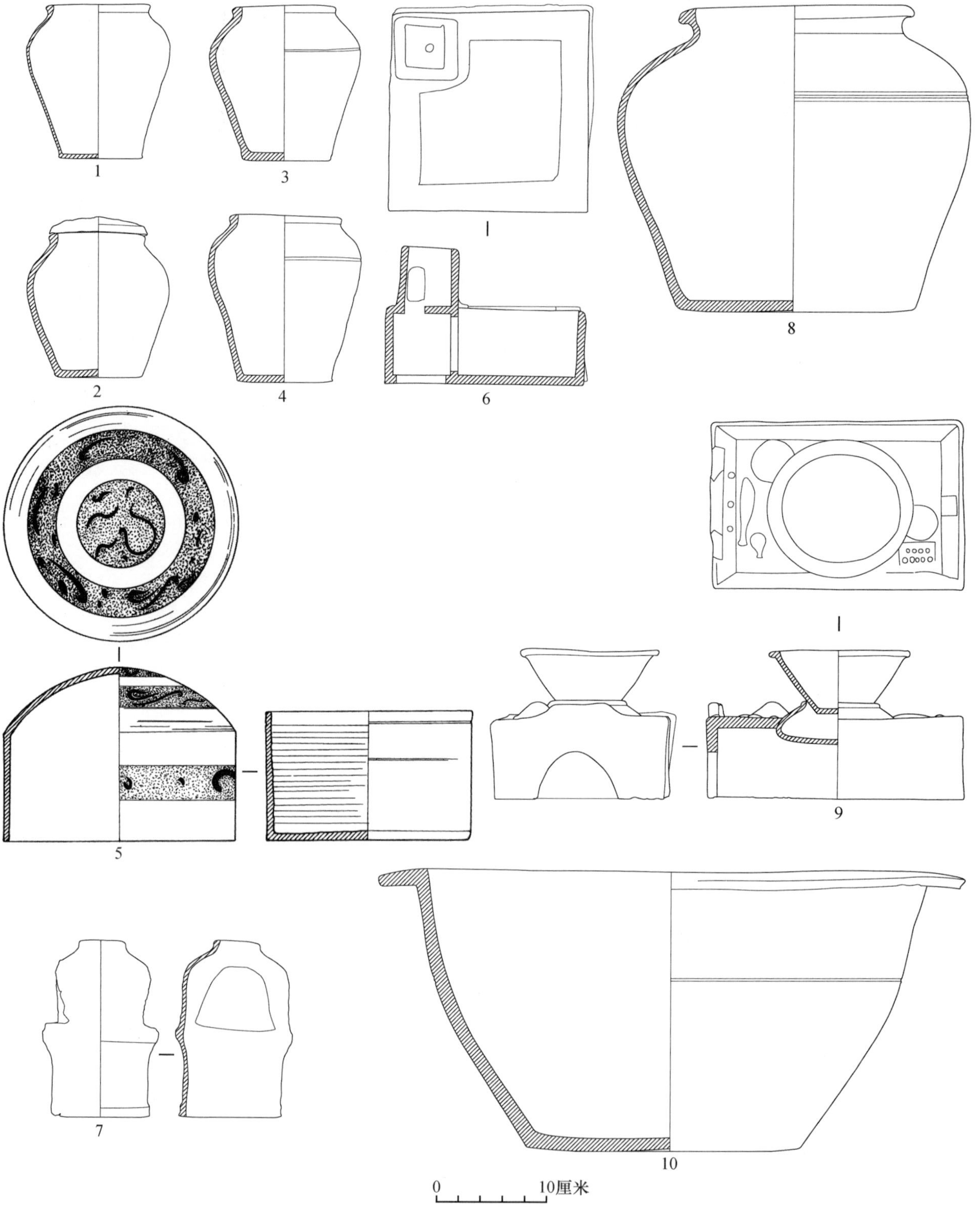

图4-1-160B　BM8棺床出土陶器

1～4. 仓（BM8：26、28、38、39）　5. 彩绘圆盒（BM8：25）　6. 圈（BM8：27）　7. 井（BM8：30）
8. 罐（BM8：23）　9. 灶（BM8：29）　10. 盆（BM8：21）

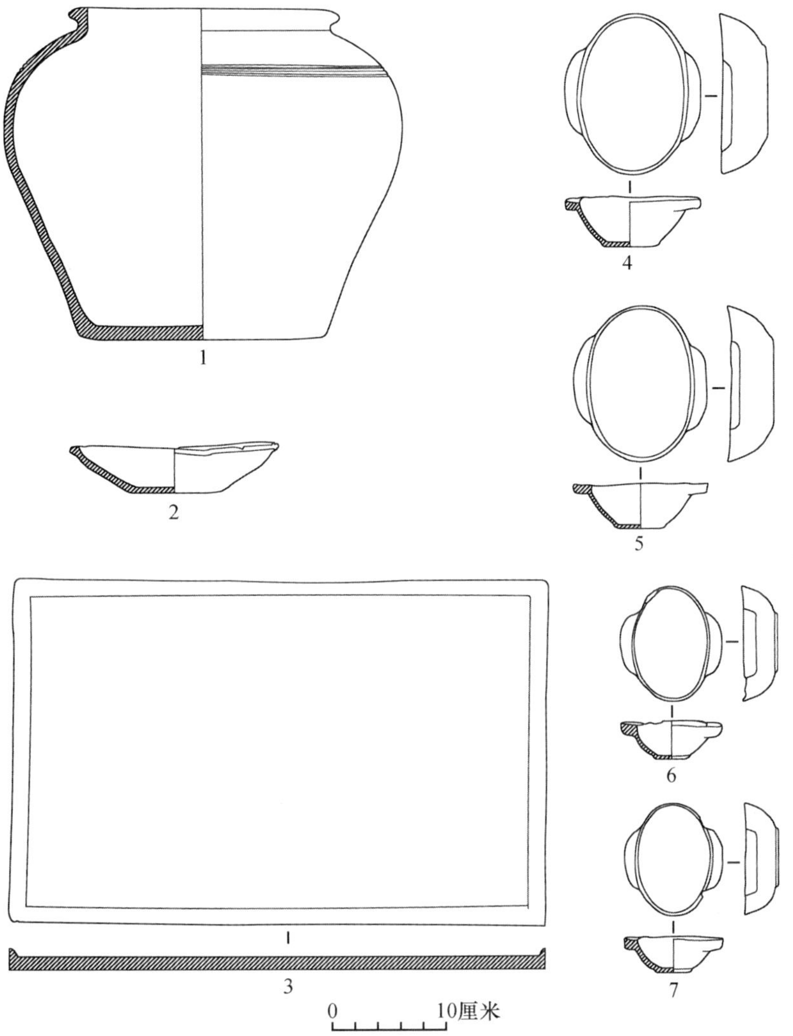

图4-1-160C　BM8耳室出土陶器

1. 罐（BM8：53）　2. 盘（BM8：57）　3. 案（BM8：59）　4～7. 耳杯（BM8：56、55、54、58）

件、罐3件，陶仓5件、井1件、灶1件、圈1件、樽1件、耳杯8件、案1件、盘1件（图4-1-162；图版一三七，3），铜指环1件，铜钱1组5枚，铁钩1组4件、棺钉1组4件，琉璃耳饰1件，陶器主要出土于墓室南半部及西北角。随葬陶器为一套器物组合。

BM31的年代应属东汉中期。

（一五）2006HGB区T5M35（下文简称“BM35”）

BM35位于B区西北部的T5东南部。叠压于第2层下，墓口距地表0.35、墓深4.7米。墓道向西，方向280度。保存完整。

由坟丘、墓道、封门、墓室组成（图4-1-163；图版一三八，1）。

坟丘：塌落坟丘堆积位于墓道东侧。平面呈较规则的椭圆形，长径5.4、短径3.6、深1.2

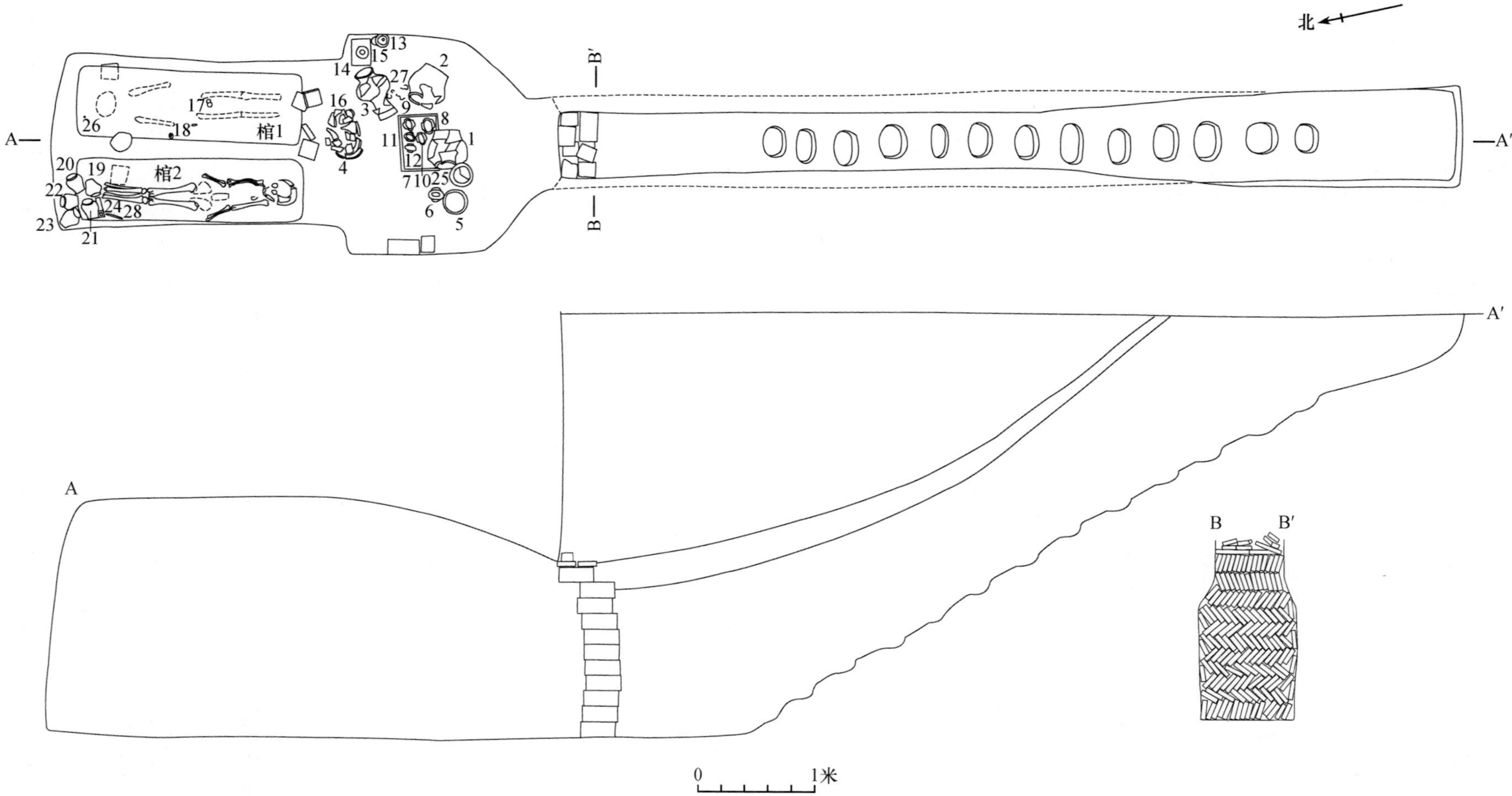

图4-1-161　BM31平、剖面图

1、2、4. 釉陶罐　3. 釉陶壶　5. 陶樽　6、8～12、15、16. 陶耳杯　7. 陶案　13. 陶井　14. 陶灶　17. 铜指环　18. 铜钱（5枚）　19～23. 陶仓　24. 陶圈　25. 陶盘　26. 琉璃耳饰　27. 铁钩（4件）　28. 铁棺钉（4件）

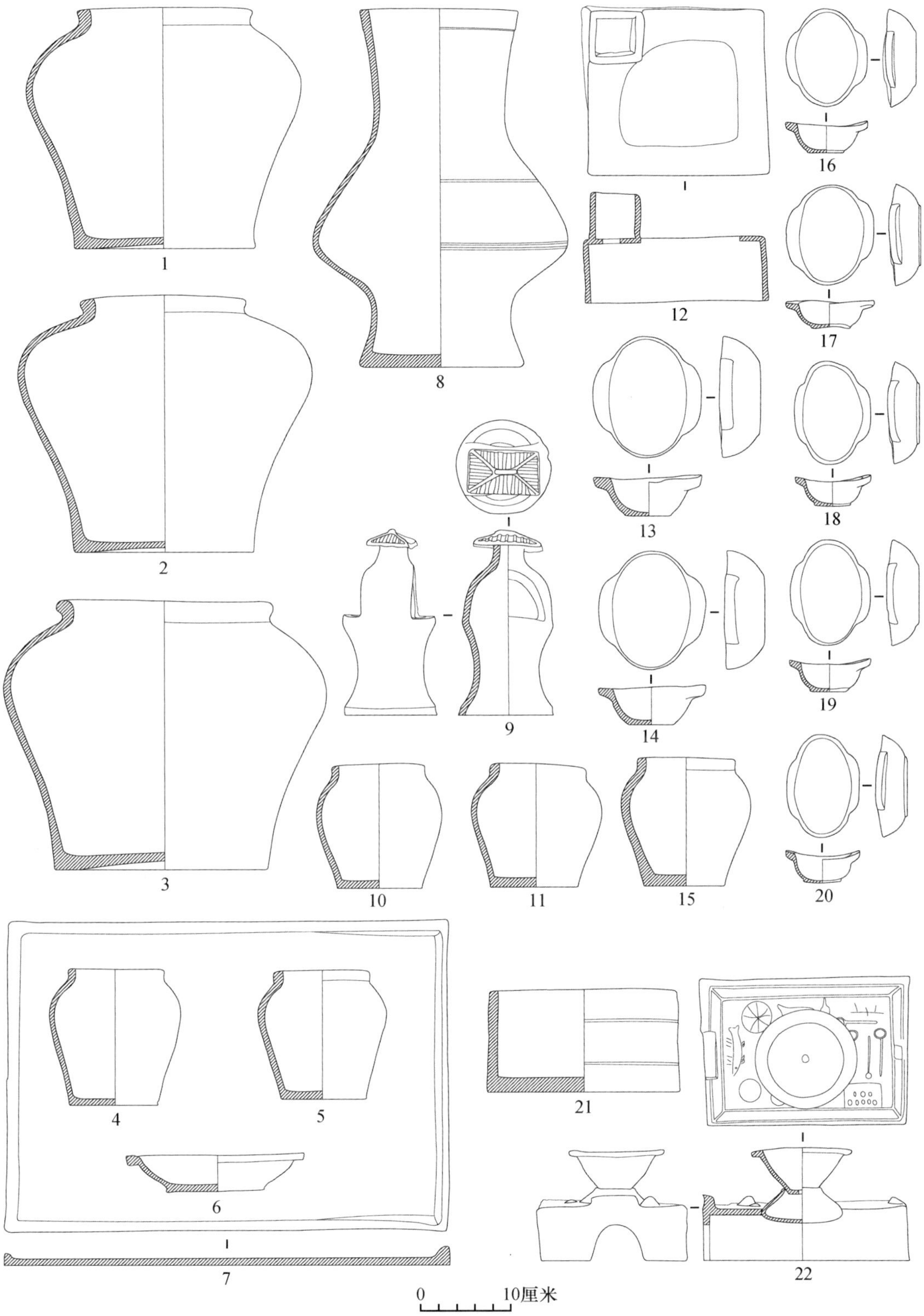

图4-1-162　BM31出土陶器

1～3. 釉陶罐（BM31：1、2、4）　4、5、10、11、15. 仓（BM31：20、21、19、22、23）　6. 盘（BM31：25）　7. 案（BM31：7）　8. 釉陶壶（BM31：3）　9. 井（BM31：13）　12. 圈（BM31：24）　13、14、16～20. 耳杯（BM31：8、6、9～12、15）　21. 樽（BM31：5）　22. 灶（BM31：14）

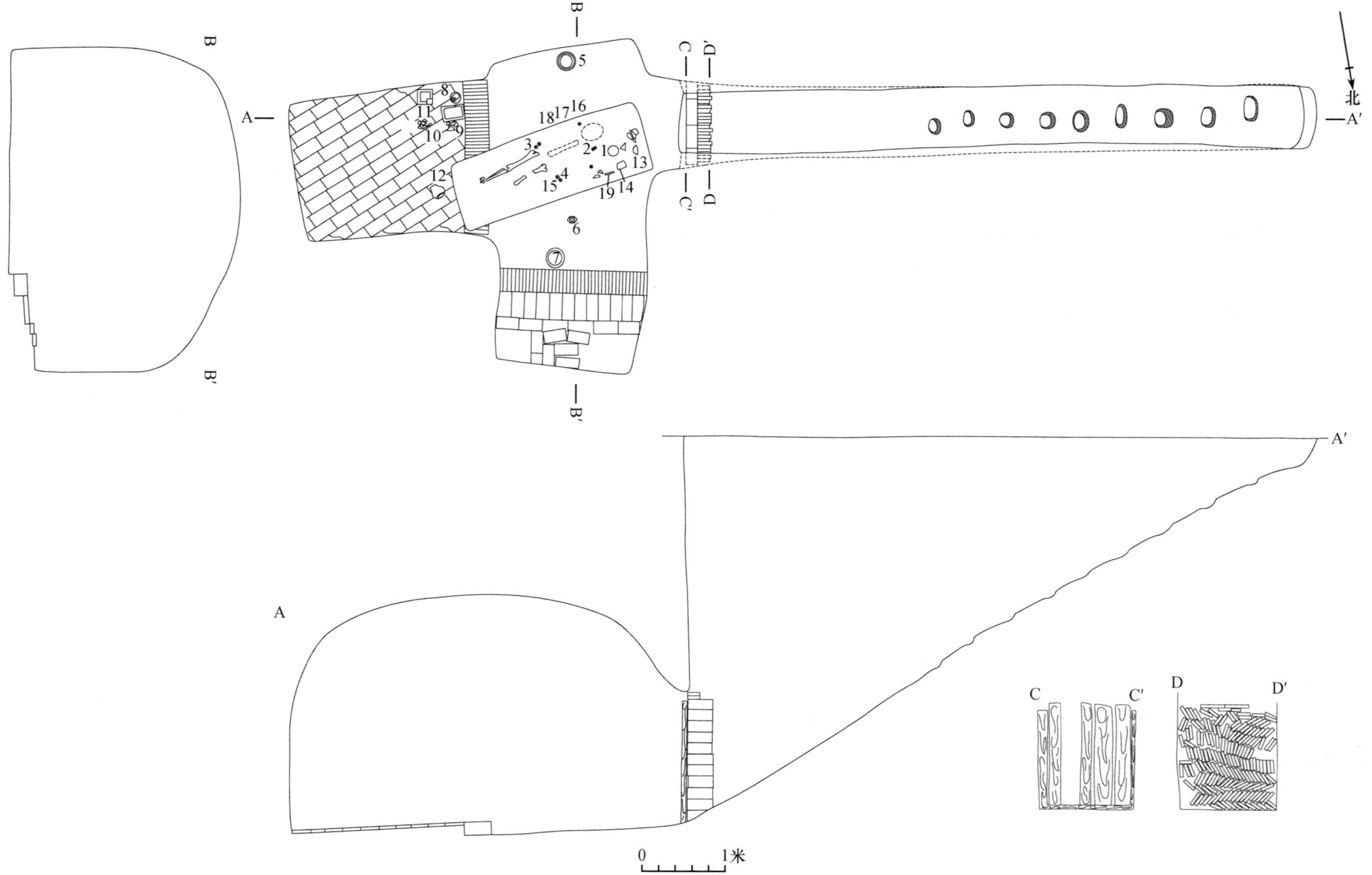

图4-1-163　BM35平、剖面图

1. 铜镜　2. 铜钱（9枚）　3. 铜钱（15枚）　4. 铜钱（10枚）　5. 陶樽　6. 陶耳杯　7. 陶盘　8. 陶井　9. 陶灶　10、12、16～18. 陶仓　11. 陶圈　13. 陶罐　14. 铜顶针（2件）　15. 铁钱（1枚）　19. 铁棺钉（4件）

米。坟丘堆积褐色土，间杂黄土、红土颗粒。

墓道：位于墓室西侧中部。平面呈平头铲状，口部通长7.6米。前端为长方形置棺槽，平面长2.1、宽0.8米。尾端较窄，宽约0.7米。底面呈斜坡状，坡度31度。沿墓道底部和两侧壁面设下滑式进棺槽，槽宽0.8～1、高0.9～1.1米。斜坡面上有九个凹坑式台阶，台阶面长0.14～0.2、宽0.08～0.14、进深0.06～0.08米。

封门：位于墓道东端，墓室券门外侧。有两层封门，内侧为木板封门，外侧为砖封门。内侧木门结构较简单，有一近似方形木框，框内有五块木板作门板，清理时门框上部横木塌落。门上框木条长0.96、宽0.08、厚0.06米，下部横木长1.06、宽0.06、厚0.06米，木框左侧木条宽0.08、厚0.06、高1.1米，右边木条宽0.04、厚0.06、高1.1米；中间五块木板中，除已朽木板，其他均厚0.06米，左数第一块宽0.14、高1.18米；第二块腐朽严重已经塌落，尺寸不明；第三块宽0.14、高1.18米；第四块宽0.2～0.22、高1.16米；第五块宽0.17～0.32、高1.16米（图版一三八，2）。外侧现存十四层封门砖，顶部四层为顺砖平砌，下部十层为丁砖左、右对角分层斜放，封门砖斜层不规则，有的砖封了半层就又开始另一层。封门砖墙上部宽1.18、底面宽1.14、高1.22米。

墓室：拱顶土洞结构，由前厅和后室两部分组成，通长4～4.24米，前厅横长3.5～3.96、宽1.6～1.8米。厅室右侧内端1.2米为砖砌平台作供台，供台高出前厅中间地面0.05～0.25米。供台内有五排铺砖，其中外边两排为一丁一顺铺置，内侧三排铺置不完整，供台沿为一排侧放丁砖。后室主要做棺床，为生土台铺砖结构，平面长2.26～2.36、宽1.64～1.84、洞高2.4～2.6米，棺床生土台高出厅室地面0.1米。棺床上为东北–西南向斜行错缝铺砖，床沿为一排侧放丁砖（图版一三九，1）。

葬具：木棺一副。木棺原应在棺床上，由于进水漂移至前厅中部，长2.32、宽0.8米。木棺内壁有一层白灰，使用铁棺钉固棺（图版一三八，3）。

葬式：人骨架一具。完整，但均朽为粉末状。墓主为一次葬，头向西，经鉴定为女性，年龄在30～35岁之间，身高约1.5米。头上方有铜镜1面，右手有铜钱15枚，左手有铜钱10枚和铁钱1枚。

出土遗物：20件（组），有陶器、铜镜、铜器和钱币和铁器，计有陶罐1件、仓5件、井1件、灶1件、圈1件、樽1件、耳杯1件、盘1件（图4-1-164；图版一三九，2），铜镜1面，铜顶针2件，铜钱3组34枚、铁钱1枚，铁棺钉1组4件。因进水器物均不在原来位置，据清理情况看，陶器主要出土于厅室及棺床上。随葬陶器为一套器物组合。

BM35的年代应属东汉中期。

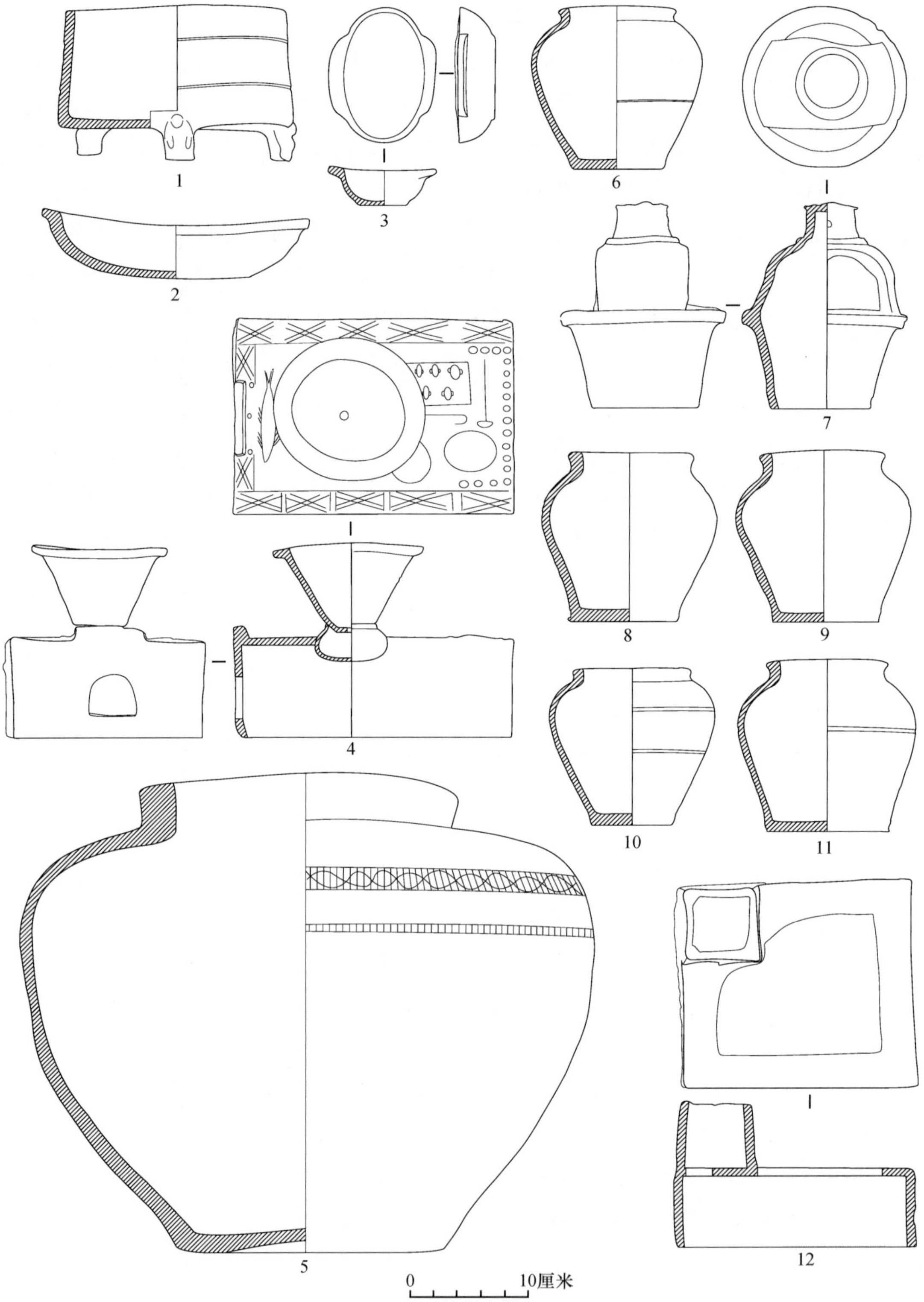

图4-1-164　BM35出土陶器

1. 樽（BM35：5）　2. 盘（BM35：7）　3. 耳杯（BM35：6）　4. 灶（BM35：9）　5. 罐（BM35：13）
6、8～11. 仓（BM35：18、12、16、10、17）　7. 井（BM35：8）　12. 圈（BM35：11）

（一六）2006HGB区T21M62（下文简称“BM62”）

BM62位于B区东中部的T21中部。叠压于第2层下，墓口距地表0.3、墓深4.8米。墓道向东南，方向110度。保存完整。

由坟丘、墓道、封门、甬道、墓室、侧室组成（图4-1-165；图版一四〇，1）。

坟丘：塌落坟丘堆积位于墓道西侧。平面形状不规则，长径5.9、短径2.24～3.6、深约1米。坟丘堆积黄褐色土，间杂黄土、红土颗粒以及大量料礓石和鹅卵石。

墓道：位于墓室东侧中部。平面形状不规则，因发掘限制未全部发掘，通长不短于7.3米。顶端设置棺槽，平面长约2、宽0.9米。尾端较窄，宽0.52米。墓道前端为斜坡状，因有鹅卵石层，坡度较缓；后端凿穿鹅卵石层后竖直向下，故与上端没有形成统一的斜坡面，上端底面坡度约15度。墓道底部设进棺槽，槽宽0.9～1、高0.8～1米。

封门：位于墓道西端，甬道券门外侧。青砖封门，现存十层封门砖，底面一层为顺砖平铺，与墓道两边丁砖形成门框式样，中间为丁砖左、右对角分层斜放，偶有前后交错摆放。砖墙底面宽0.94、高1.24米。

甬道：位于墓室和封门之间。拱顶土洞结构，发掘时洞顶已经塌落，底部平面呈长方形，宽1.04、进深0.6～0.7米。

墓室：拱顶土洞结构。平面呈长方形，无明显的前厅、后室区分，通长4.3、宽1.55～1.7、洞高1.8米（图版一四一，1）。

侧室：一个，位于墓室左侧。拱顶土洞结构，平面近长方形，口宽0.94、内边宽0.92、进深2.1～2.3、洞高1.04～1.48米。底面为生土台，台面高于墓室底面0.2～0.5米（图版一四〇，2）。

葬具：木棺两副。棺1位于墓室内侧中部，长2.2、宽0.64～0.7米，内壁及底面有一层白灰泥，使用铁棺钉固棺（图版一四一，2）。棺2位于侧室内，朽蚀严重，具体形制不明。

葬式：人骨架两具。棺1内墓主为一次葬，仰身直肢，头向东，面向上，倾向为男性，成年人，身高1.55米。墓主口含铜钱1枚，头东侧有铜镜1面、铁镰1把，周身散置铜钱348枚。棺2内墓主为二次葬，头向南，面向不明，倾向为女性，成年人。棺内有铜钱3枚。推测应是夫妇合葬。

出土遗物：19件（组），有陶器、铜镜、钱币和铁器，计有陶罐1件、仓2件（以小陶罐代替）、井1件、灶1件、圈1件、耳杯2件、魁1件、案1件、盘1件、勺1件（图4-1-166；图版一四〇，3），铜镜1面，铜钱3组352枚，铁镰1件、镊1件、棺钉1组23件，陶器主要出土于厅室东南角（图版一四一，3）。随葬陶器为一套器物组合。此墓陶器组合虽较完整，但都是最基本的配制，1件罐2件仓2件耳杯应是最简单的组合。

BM62的年代应属东汉中期。

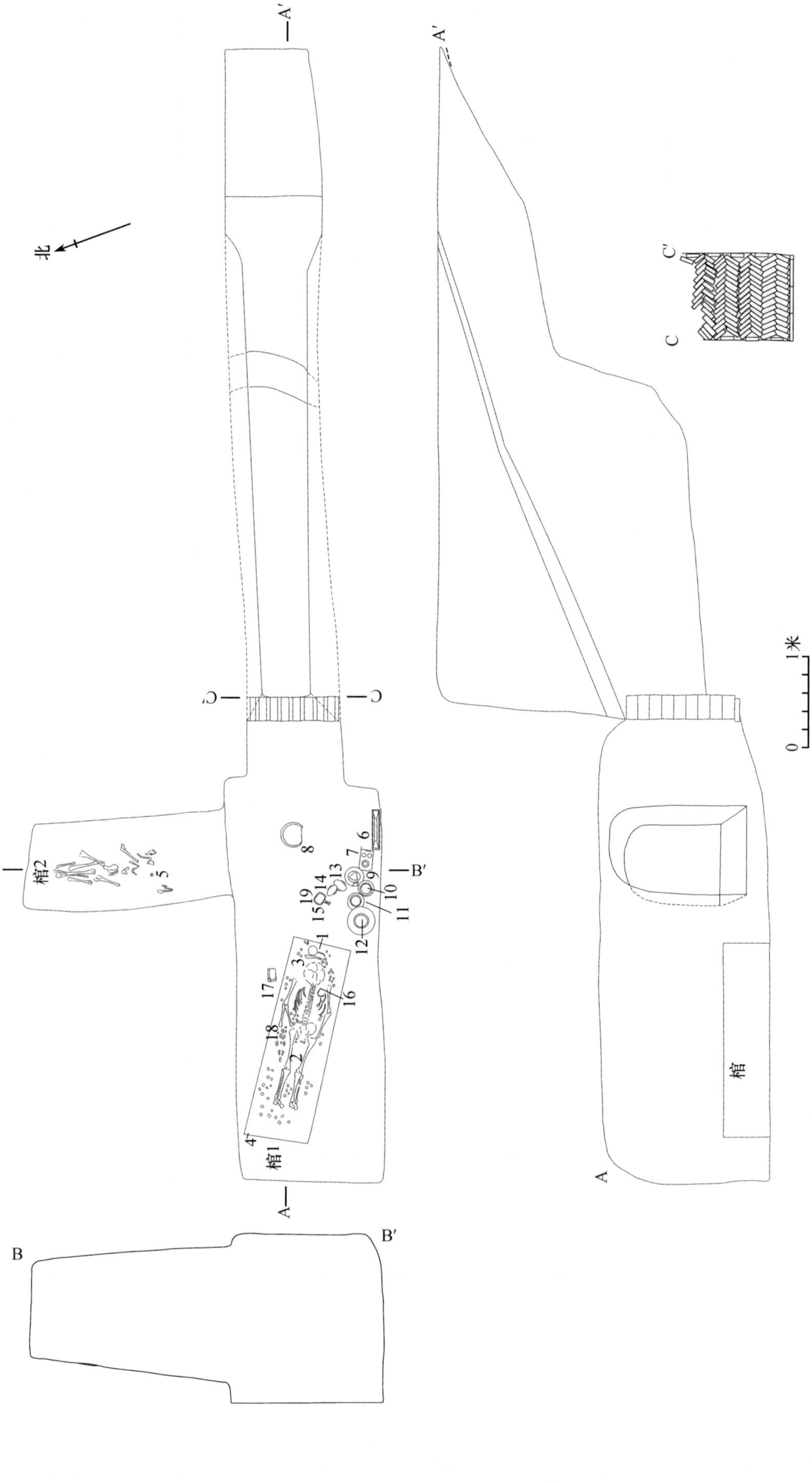

图4-1-165　BM62平、剖面图

1. 铜镜　2. 铜钱（346枚）　3. 铁镰　4. 铁棺钉（23件）　5. 铜钱（3枚）　6. 陶案　7. 陶灶　8. 陶盘　9. 陶井　10、11. 陶仓　12. 陶罐　13、14. 陶耳杯　15. 陶魁　16. 铜钱（1枚）　17. 陶圈　18. 铁镊　19. 陶勺

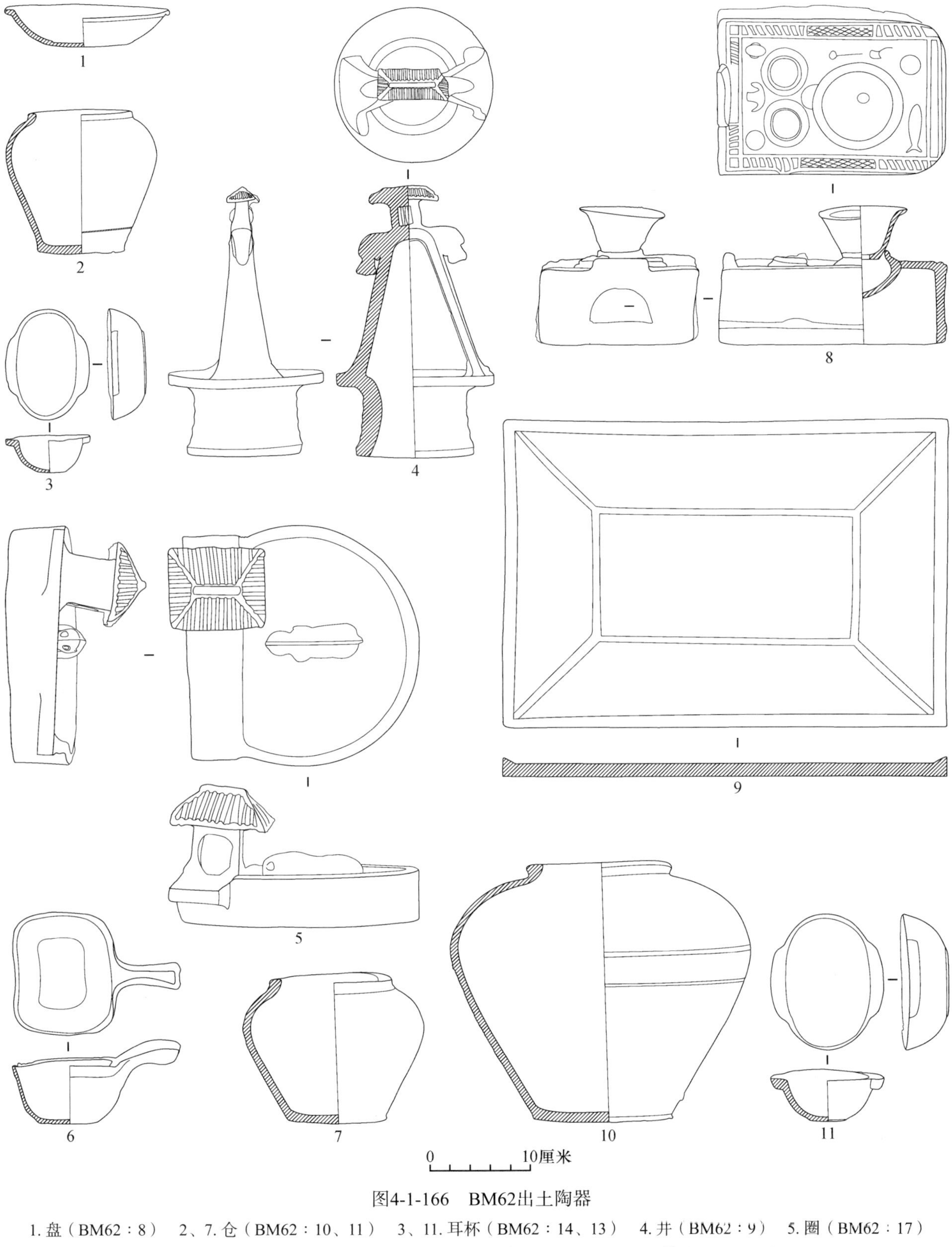

图4-1-166　BM62出土陶器

1. 盘（BM62：8）　2、7. 仓（BM62：10、11）　3、11. 耳杯（BM62：14、13）　4. 井（BM62：9）　5. 圈（BM62：17）　6. 魁（BM62：15）　8. 灶（BM62：7）　9. 案（BM62：6）　10. 罐（BM62：12）

（一七）2006HGB区T22M63（下文简称“BM63”）

BM63位于B区东中部的T22西部。叠压于第2层下，墓口距地表0.3、墓深4.46米。墓道向西南，方向200度。保存完整。

由坟丘、墓道、封门、甬道、墓室、耳室组成（图4-1-167；图版一四二，1）。

坟丘：塌落坟丘堆积的南边缘距墓道北侧约1米。平面呈较规则的椭圆形，长径4、短径3.4、深1.4米。坟丘堆积褐色土，间杂黄土、红土颗粒。

墓道：位于墓室南侧中部。墓道北端有被二次挖开的迹象。墓道平面原为平头铲状，顶端设有南北长方形置棺槽，平面长2、宽0.84米。尾端平面口部较窄，宽0.54～0.6米。底面呈斜坡状，坡度约24度。墓道底部和两侧壁设下滑式进棺槽，槽宽0.78～0.84、高0.8～1.4米。

封门：位于墓道北端，甬道券门外侧。青砖封门，现存十四层封门砖，其中由下向上第二层为丁砖直放，余者均为丁砖左、右对角分层斜放，偶有前后交错摆放。封门砖上部宽0.7、底面宽0.8、高1.78米。

甬道：位于墓室南侧中部。土洞砖券结构，砖券为单重双层拱券顶，外侧为砖券，内侧为土洞。第一层拱券在两侧生土中设一丁砖宽的券槽，拱券完整；第二层拱券只有拱顶无直立砖墙。甬道底部平面为长方形，底面宽0.88、进深1、门洞高1.36米。甬道底面有“人”字形铺砖。

墓室：拱顶土洞结构。平面呈长方形，由前厅和后室组成，土洞通长4.9、洞高2.08米。前厅呈南北长方形，长2.6、宽1.9～2米。后室为南北长方形生土台，其上铺砖作为棺床，南北长2.3、东西宽1.84～2米，生土台棺床高于厅室地面0.2米。棺床上有“人”字形铺砖，床沿有两层砖，下层为两排平铺顺砖，上层为侧放丁砖（图版一四二，2）。

耳室：一个，位于墓室前厅左侧。拱顶土洞结构，平面近正方形，入口宽0.6、内边宽0.62、进深0.66、洞高0.64～1.04米。

葬具：木棺两副。棺1位于棺床右侧，朽蚀严重，因进水木棺漂移，具体形制、结构不明。棺2位于棺床中部，长1.9、宽0.46～0.52米，棺底有一层白灰泥。两棺均使用铁棺钉。

葬式：人骨架两具。棺1内墓主为一次葬，头向北，面向不明，性别和年龄无法判断，但从骨架大小看应是成年人。墓主右手有3个银指环，棺室内散置铜钱80枚。棺2内墓主骨架有所漂移，葬式不明，疑为成年女性。棺室内有铜镜、铅构件、陶纺轮各1件。应为夫妇合葬。

出土遗物：43件（组），有陶器、铜镜、钱币、铁器、银器、铅器和石器，计有陶壶2件、罐2件、仓5件、井1件、灶1件、圈1件、樽1件、耳杯7件、案1件、盘2件、瓮1件、纺轮1件（图4-1-168A、168B；图版一四二，3），铜镜2面，铜钱2组87枚，铁刀3件、带钩1件、钩5件、棺钉2组6件，银指环1组3件，铅构件1件，石磨1件，陶器主要出土于厅室、甬道下和棺床东北角，厅室中部正对棺床处有陶案1件，但耳杯均在甬道内，1件大陶瓮却叠压在陶案上，推

图4-1-168A　BM63出土陶器

1、2. 罐（BM63：2、1）　3. 井（BM63：15）　4. 灶（BM63：13）　5、6. 壶（BM63：3、4）　7. 樽（BM63：16）　8、9. 盘（BM63：12、22）　10. 瓮（BM63：9）　11. 案（BM63：10）　12. 圈（BM63：14）

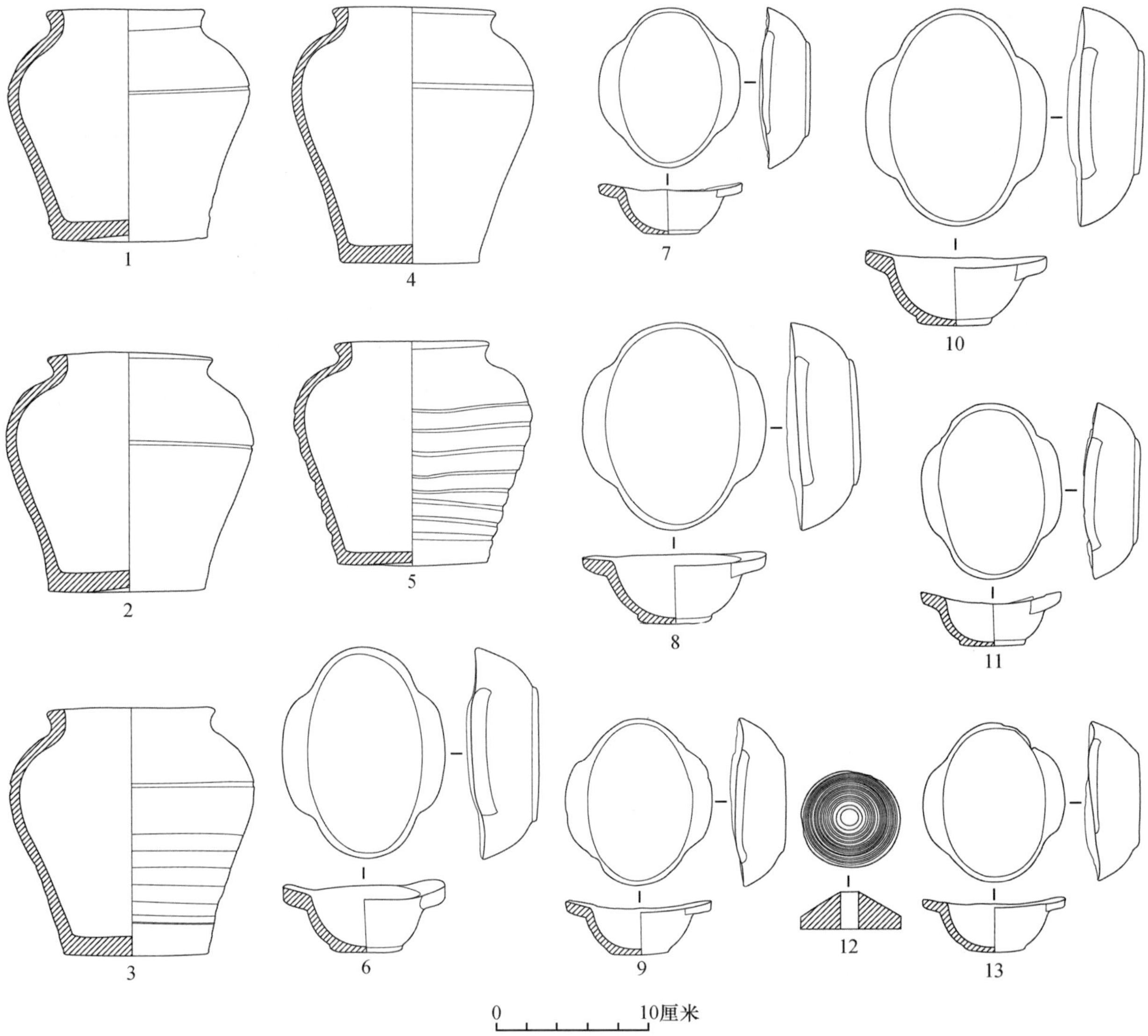

图4-1-168B　BM63出土陶器

1～5. 仓（BM63：17、19～21、18）　6～11、13. 耳杯（BM63：25、24、26～28、23、38）　12. 纺轮（BM63：31）

测陶耳杯和大陶瓮都是移位至此，耳杯原应在陶案上，大陶瓮在左耳室内。随葬陶器应为一套器物组合。

BM63的年代应属东汉中期。

（一八）2006HGB区T24M72（下文简称“BM72”）

BM72位于B区中部的T24西中部。叠压于第2层下，墓口距地表0.35、墓深2.92米。墓道向北，方向15度。保存完整。

由坟丘、墓道、封门、甬道、墓室组成（图4-1-169；图版一四三，1）。

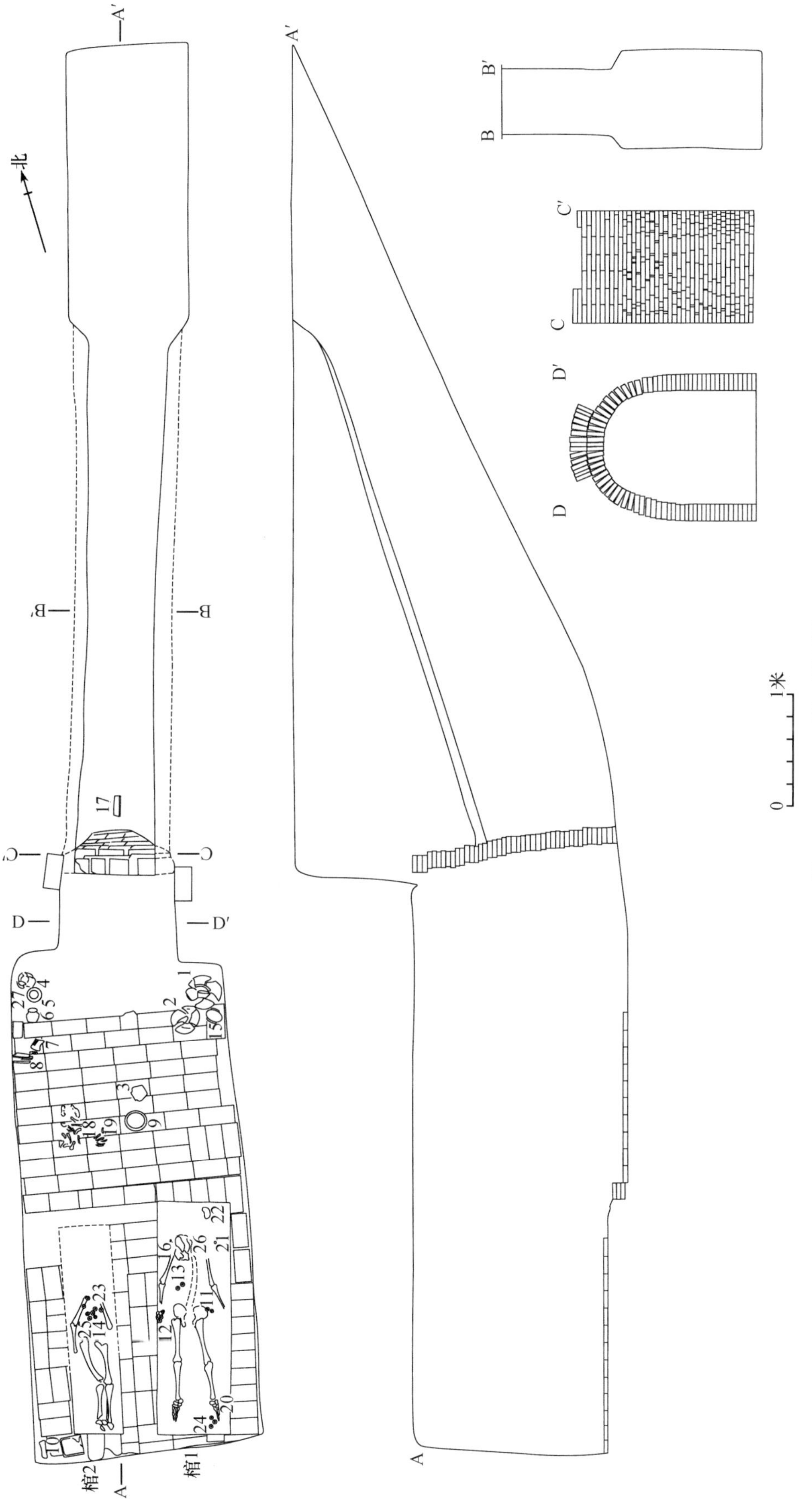

图4-1-169　BM72平、剖面图

1、2. 釉陶罐　3～6、27. 陶仓　7. 陶井　8. 陶灶　9. 陶樽　10. 陶圈　11. 铜钱（5枚）　12. 铜钱（55枚）　13. 铜钱（2枚）　14. 铜钱（10枚）　15. 陶耳杯　16、26. 琉璃耳饰　17. 铁插　18、19. 动物骨头　20. 铜钱（3枚）　21. 铁顶针　22. 铜镜　23. 铜钱（34枚）　24. 铁棺钉（2件）　25. 铜钱（11枚）

坟丘：塌落坟丘堆积位于墓道南侧。平面呈较规则的椭圆形，长径3.84、短径2.6、深1.2米。坟丘堆积褐色土，间杂黄土、红土颗粒。

墓道：位于墓室北侧中部。平面呈平头铲状，通长7.36米。上端设长方形置棺槽，平面长2.4、宽1.04～1.08米。尾端平面口部较窄，宽0.58～0.7米。底面呈斜坡状，坡度26度。沿墓道底部和两侧壁面设下滑式进棺槽，槽宽0.92、高0.84～1.14米（图版一四四，1）。

封门：位于墓道南端，甬道券门外侧。青砖封门，现存四十余层封门砖，均为顺砖错缝平砌，中间砖稍外鼓。封门砖宽1、高1.6米。

甬道：位于墓室北侧中部。拱顶土洞砖券结构，单重双层券，外侧边为丁砖拱券，内为土洞。甬道平面为长方形，砖券位于生土内。门洞底面宽1.04、进深0.84、洞高1.36米（图版一四四，2）。

墓室：拱顶土洞结构。平面呈南北长方形，由前厅和后室组成，土洞通长4.2～4.5、洞高1.9米，前厅长1.9～2.1、宽1.86～1.96米。后室主要做棺床，为生土台结构，长2.3～2.4、宽1.96～2米，棺床台面高于厅室地面0.18米。厅室地面北部0.4～0.6米范围内无铺砖，其余大部分为顺砖错缝平铺，东南角有三块丁砖。棺床上为丁、顺无规律平铺，床沿为四层砖，最上一层为一排丁砖（图版一四三，2）。

葬具：木棺两副。棺1位于棺床右侧，长2.06、宽0.64米。棺内壁及底面均有一层白灰泥，使用铁棺钉固棺。棺2位于棺床左侧，长2、宽0.44米。棺内底面有一层白灰泥。

葬式：人骨架两具。棺1内墓主为一次葬，仰身直肢，头向北，面向上，倾向为成年女性，身高1.5米。墓主头上部有铜镜1面，双耳部有琉璃耳饰，左手握铜钱5枚，右手处散置铜钱55枚。棺2内墓主为二次葬，头向北，面向不明，成年，疑为男性，身高约1.55米。墓主身体上下散置铜钱34枚。推测应为夫妇合葬。

出土遗物：27件（组），有釉陶器、陶器、铜镜、钱币、铁器、琉璃器和动物骨头，计有釉陶罐2件，陶仓5件、井1件、灶1件、圈1件、樽1件、耳杯1件（图4-1-170；图版一四四，3），铜镜1面，铜钱7组120枚，铁顶针1件、锸1件、棺钉1组2件，琉璃耳饰2件，动物骨头2组，陶器主要出土于厅室北端两侧，厅室中部有陶樽1件和2组动物骨头作供器和供品。随葬陶器应为一套器物组合。陶圈放于棺床西南角，位置较特殊，寓意不明。

BM72的年代应属东汉中期。

（一九）2006HGA区T5M5（下文简称“AM5”）

AM5位于A区西北部的T5中部。叠压于第2层下，墓口距地表0.35、墓深5.14米。墓道向北，方向16度。据墓室中无棺无人骨且建墓用砖大部分被搬走等现象，推测此墓应是迁葬后的空墓。

由坟丘、墓道、甬道、墓室组成（图4-1-171；图版一四五，1）。

坟丘：塌落坟丘堆积位于墓道南侧。平面呈较规则的椭圆形，长径4.8、短径2.56、深1.8～2.2米。坟丘堆积褐色土，间杂黄土、红土颗粒。

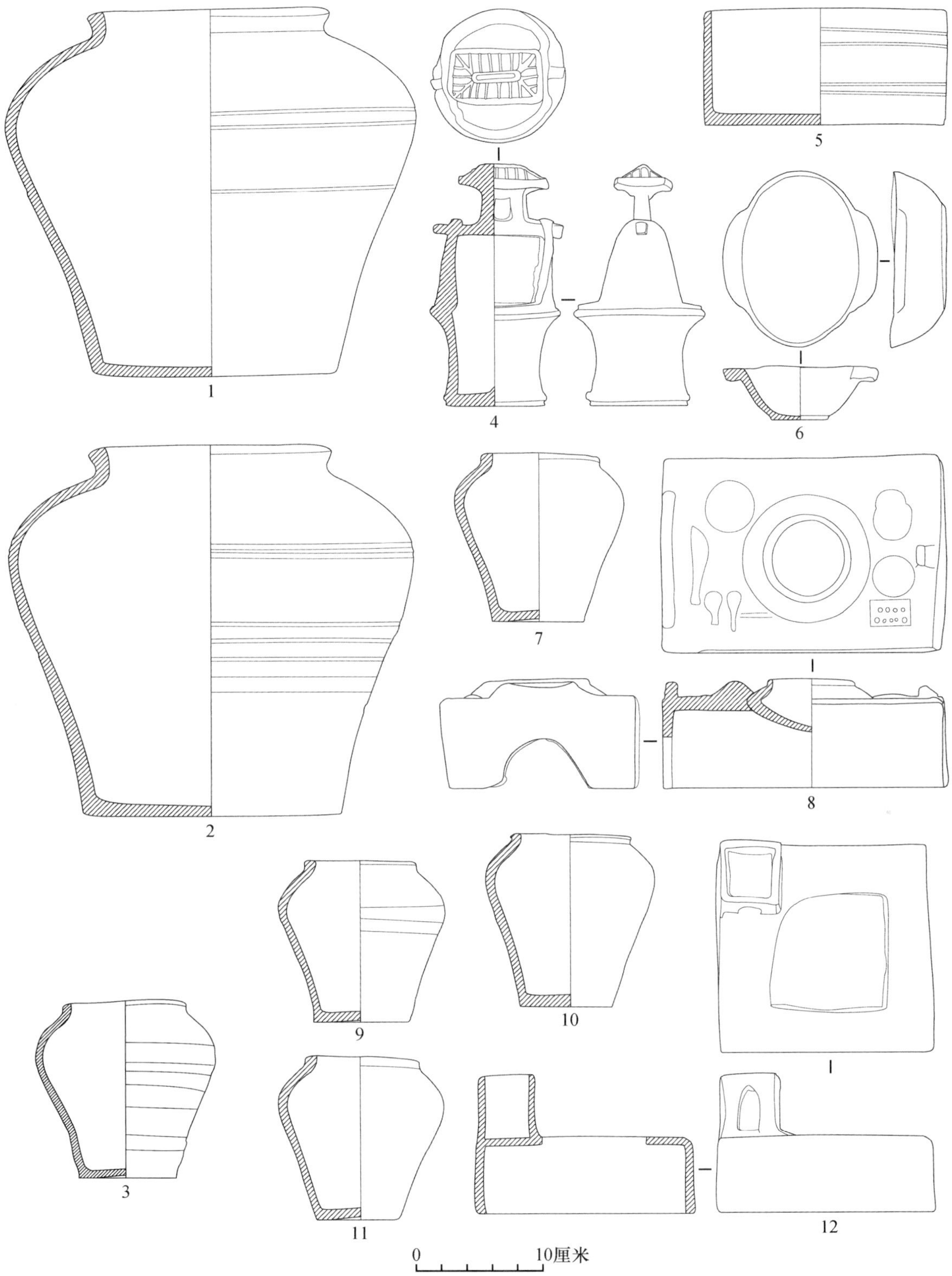

图4-1-170　BM72出土陶器

1、2. 釉陶罐（BM72：1、2）　3、7、9～11. 仓（BM72：4、5、3、6、27）　4. 井（BM72：7）　5. 樽（BM72：9）　6. 耳杯（BM72：15）　8. 灶（BM72：8）　12. 圈（BM72：10）

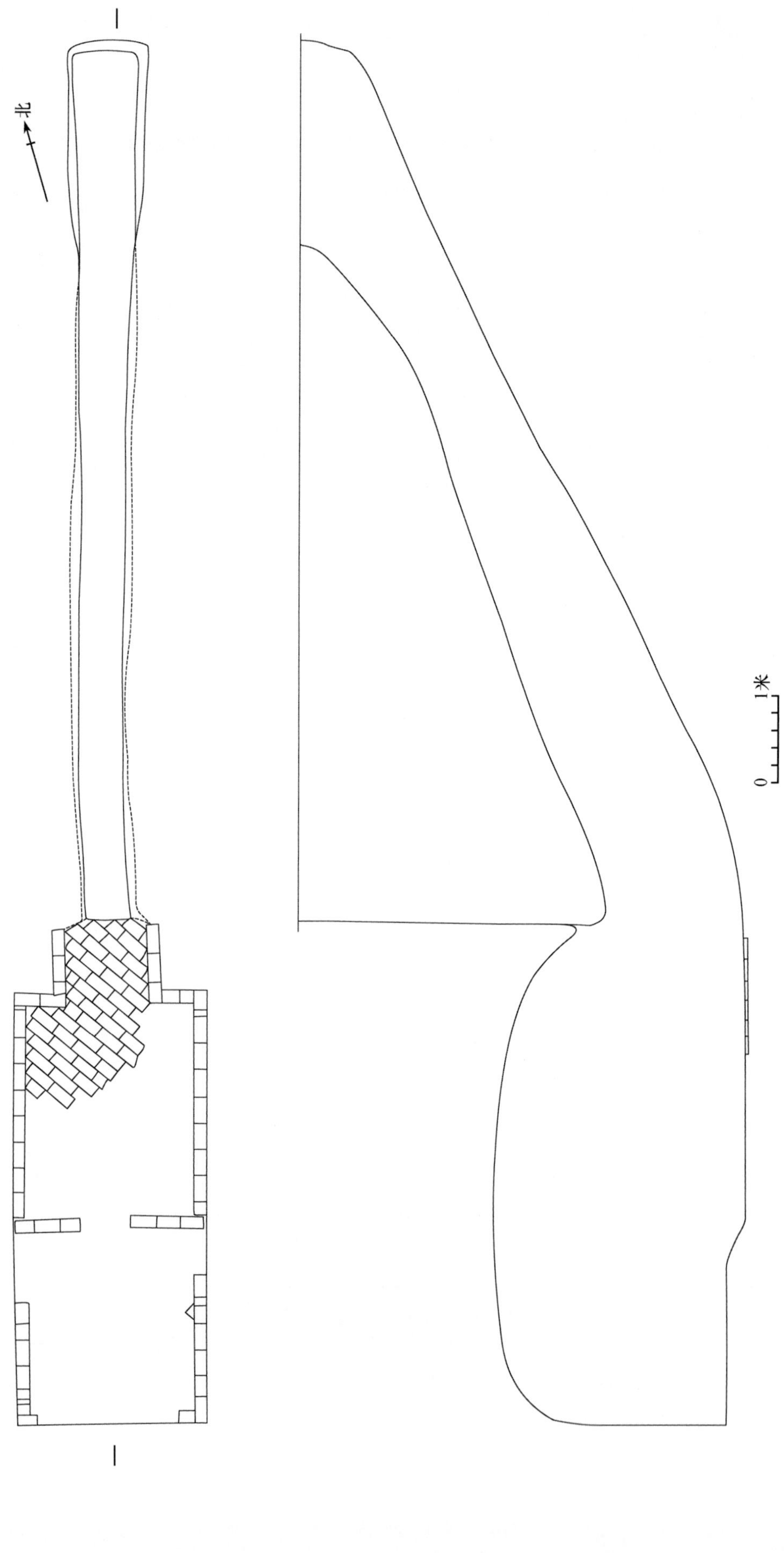

图4-1-171　AM5平、剖面图

1. 铜钱（7枚）　2. 陶灶　3. 陶樽　4. 陶圈　5. 陶罐　6、7. 陶耳杯　8. 陶壶（均出自扰土中）

墓道：位于墓室北侧中部。平面呈平头铲状，通长10.14米。前端设长方形置棺槽，南北长2.4、东西宽0.8～0.9米。尾端较窄，宽0.5～0.62米。底面呈斜坡状，坡度约27度。沿墓道底部和两侧壁设下滑式进棺槽，槽宽0.64～0.7、高0.92～1.56米。

甬道：位于墓室北侧中部。拱顶土洞砖券结构，券顶已被扰，甬道砖墙和墓室前墙为丁拐结构，门洞底面宽0.94、进深0.9米。底面与厅室底面统一铺砖。

墓室：拱顶土洞砖券结构。平面呈南北长方形，分前厅和后室两部分，土洞通长4.98、洞高2.8米，前厅长2.42、宽1.92米。后室主要做棺床，为生土台结构，长2.2、宽1.9米，棺床生土台高于厅室地面0.22米。墓室为四面砖墙，直墙部分为一体，四角处均为丁拐结构，前、后直立砖墙均位于拱券内，直墙为顺砖错缝平砌，厅室及甬道地面为东南–西北向斜行错缝铺砖，棺床为东北–西南向斜行错缝铺砖，棺床沿为一排平铺顺砖。

出土遗物：8件（组），计有陶壶1件、罐1件、灶1件、圈1件、樽1件、耳杯2件（图4-1-172；图版一四五，2），铜钱1组7枚。随葬陶器应为一套器物组合。

AM5的年代应属东汉晚期。

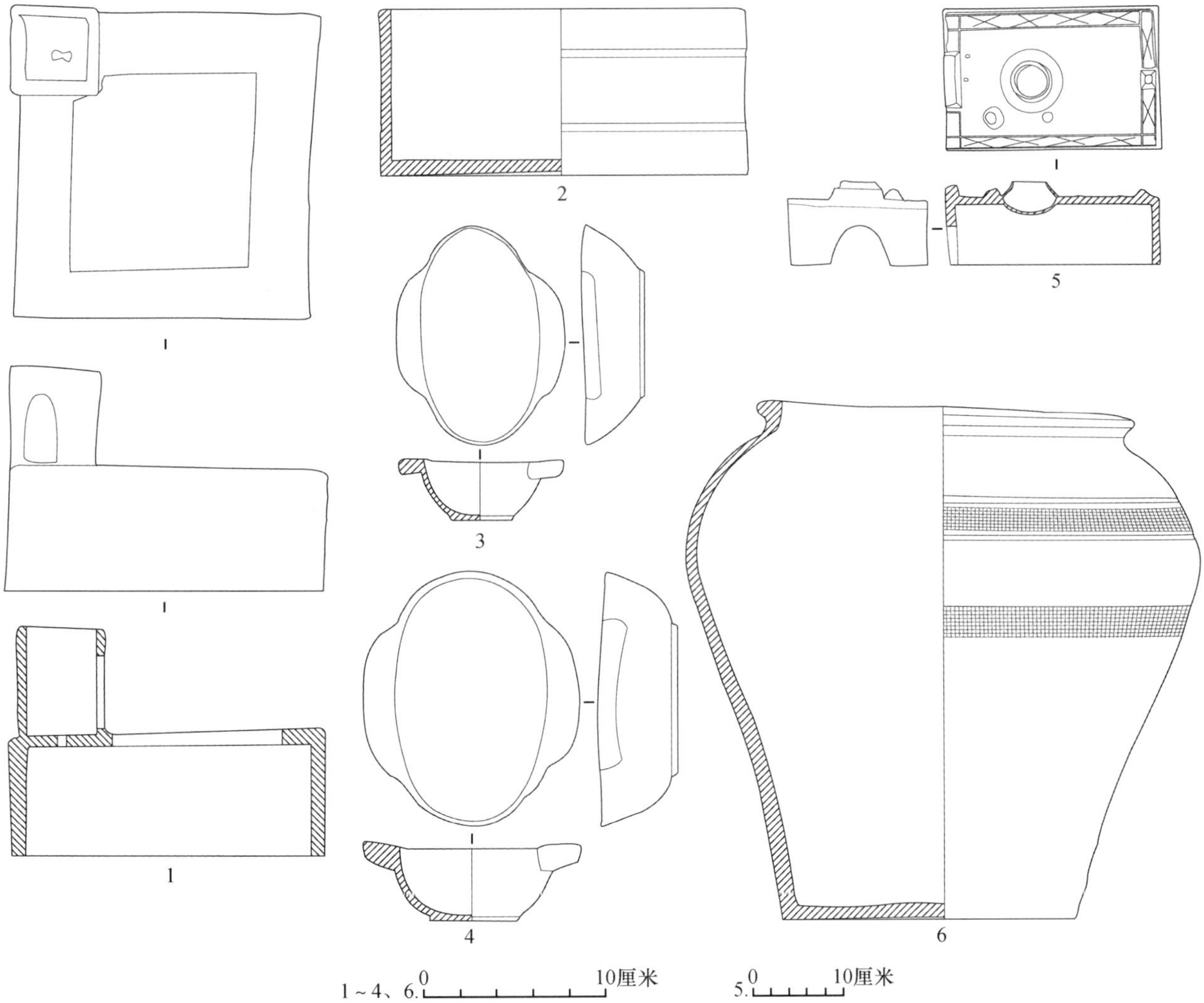

图4-1-172　AM5出土陶器

1. 圈（AM5：4）　2. 樽（AM5：3）　3、4. 耳杯（AM5：6、7）　5. 灶（AM5：2）　6. 罐（AM5：5）

（二〇）2006HGA区T6M6（下文简称“AM6”）

AM6位于A区北中部偏西的T6北部。叠压于第2层下，墓口距地表0.4、墓深5.14米。墓道向北，方向15度。在墓道南端靠近墓门处有一处盗洞，墓室被严重盗扰。

由坟丘、墓道、甬道、墓室、耳室组成（图4-1-173；图版一四六，1）。

坟丘：塌落坟丘堆积位于墓道南侧。平面略呈椭圆形，长径2.8、短径2.2、深1.5米。坟丘堆积褐色土，间杂黄土、红土颗粒。

墓道：位于墓室北侧中部。平面呈平头铲状，通长8米。上端设长方形置棺槽，长1.8、宽0.78～0.84米。尾端较窄，宽0.58～0.68米。底面为斜坡状，坡度约30度。斜坡面上有十二个凹坑式台阶，台阶面长0.16～0.24、宽0.14～0.18、进深0.04～0.06米。沿墓道底部和两侧壁设进棺槽，槽宽0.8～1、高0.9～1.5米。

甬道：位于墓室北侧中部。拱顶土洞砖券结构，因盗扰严重，仅存砖拱券底砖，外侧为一丁砖宽的拱券，内侧为土洞。甬道平面呈长方形，底面宽1.04、进深0.6米。

墓室：拱顶土洞结构。由前厅和后室组成，土洞通长4.8、洞高2.26米，前厅长2.4、宽1.7～1.9米。后室主要做棺床，为生土台铺砖结构，长2.4、宽1.9米，生土台高于厅室地面0.1米。棺床上铺砖无规律，床沿为一排侧放丁砖（图版一四六，2）。

耳室：一个，位于墓室中部左侧。拱顶土洞结构，平面近圆角长方形，口宽1、内边宽0.7、进深0.5、洞高0.8～1.5米。

葬具：木棺一副，长2.16、宽0.7米。棺底铺有少量青灰，使用铁棺钉固棺（图版一四六，4）。

葬式：人骨架一具，朽蚀严重，仰身直肢，头向北，面向不明，性别和年龄均不详，身高1.66米。胸部散置铜钱14枚。

出土遗物：9件（组），有釉陶器、陶器、铁器和钱币，计有绿釉陶壶2件、罐1件，陶仓1件、井1件、耳杯2件、盆1件（图4-1-174；图版一四六，3），铜钱1组14枚，铁棺钉1件，陶器主要出土于棺上及厅室两侧。随葬陶器应为一套器物组合。

AM6的年代应属东汉晚期。

（二一）2006HGA区T6M8（下文简称“AM8”）

AM8位于A区北中部偏西的T6东南部。叠压于第2层下，坟丘被AM7塌落坟丘打破，墓口距地表0.4～0.6、墓深5.14米。墓道向北，方向15度。在墓道尾端近墓门处有一盗洞，墓室被严重盗扰，人骨架被扰乱。

由坟丘、墓道、墓室组成（图4-1-175；图版一四七，1）。

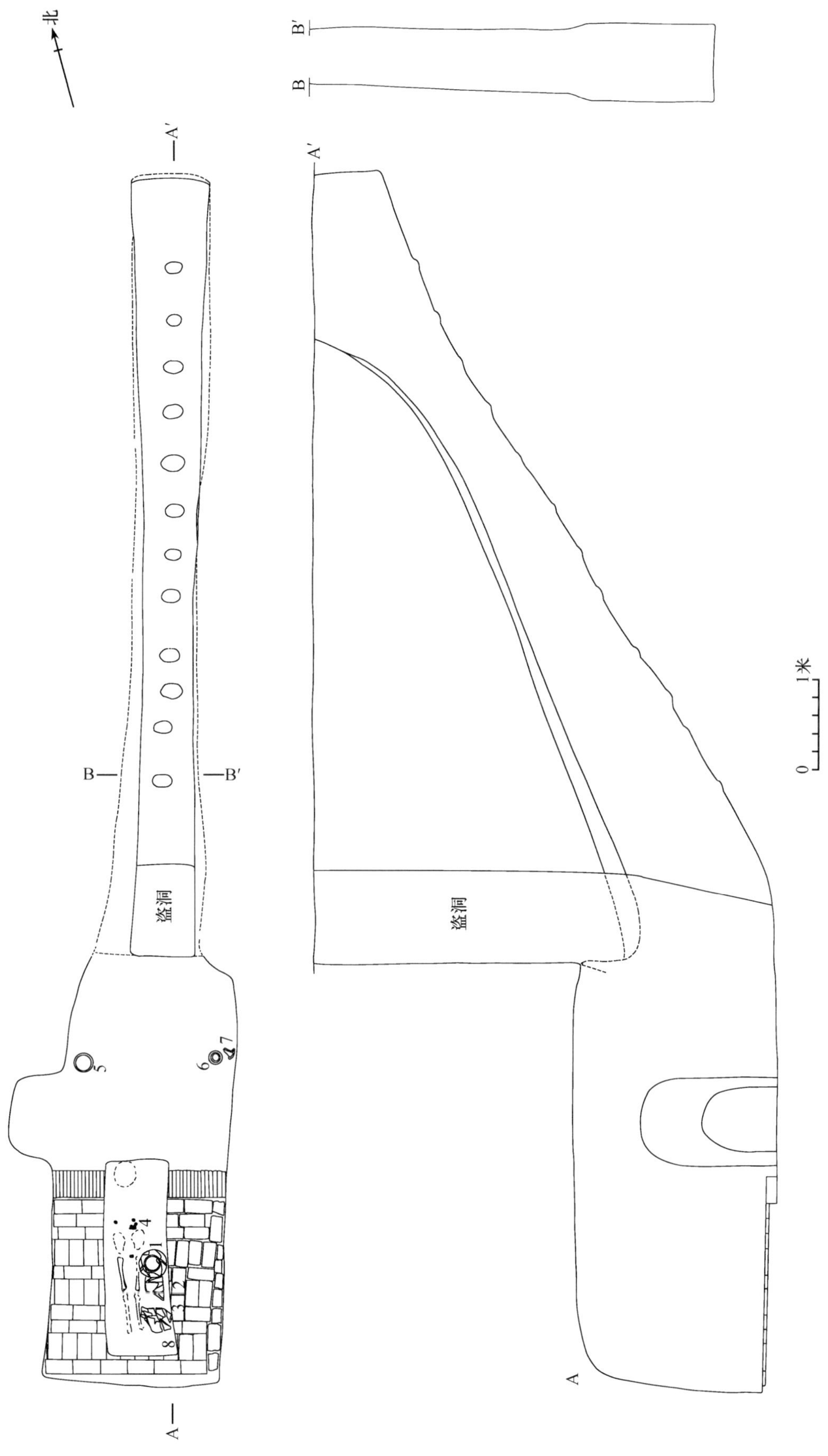

图4-1-173　AM6平、剖面图

1、3. 绿釉陶壶　2. 绿釉陶罐　4. 铜钱（14枚）　5. 陶盆　6. 陶仓　7. 陶井　8. 铁棺钉　9、10. 陶耳杯（9、10出自盗土中）

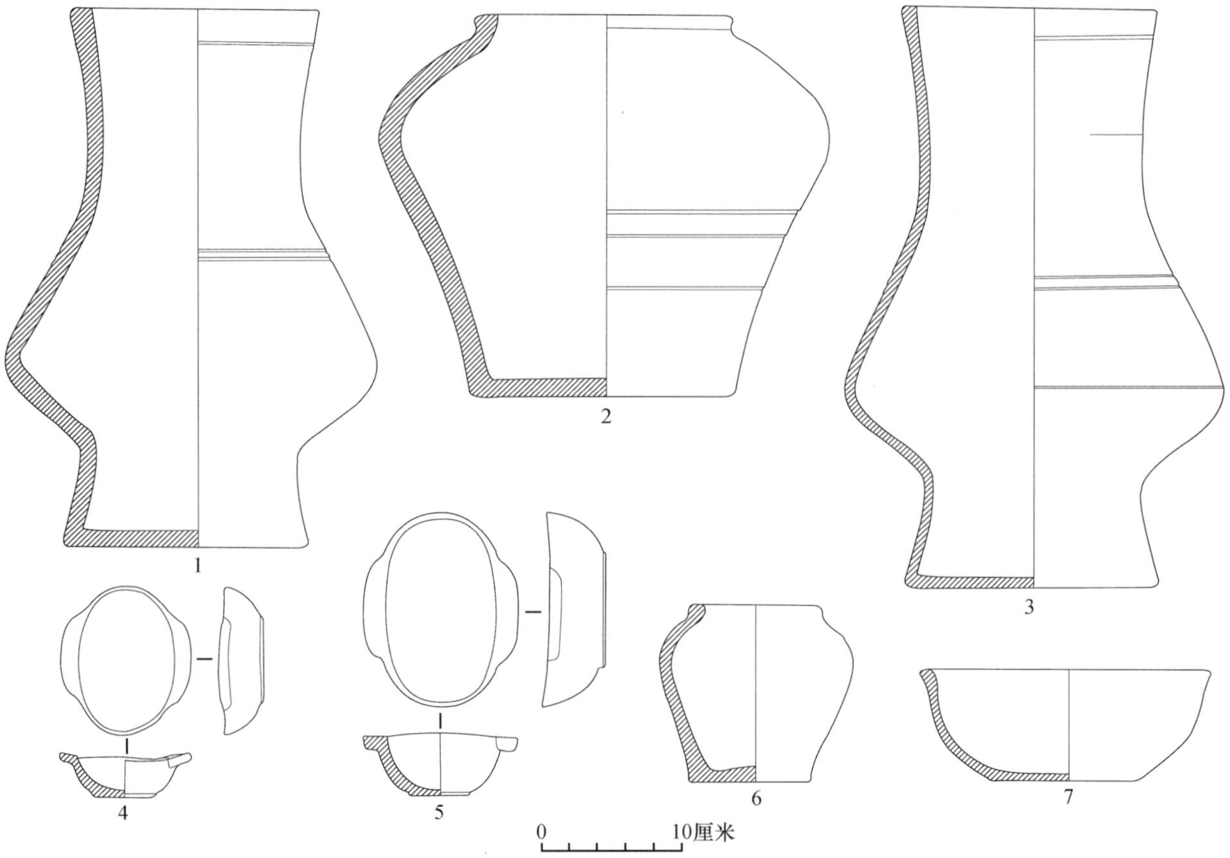

图4-1-174　AM6出土陶器

1、3. 绿釉陶壶（AM6：1、3）　2. 绿釉陶罐（AM6：2）　4、5. 耳杯（AM6：10、9）　6. 仓（AM6：6）　7. 盆（AM6：5）

坟丘：塌落坟丘堆积位于墓道南侧。平面近圆形，直径3.6、深1.4米。坟丘堆积褐色土，间杂黄土、红土颗粒。

墓道：位于墓室北侧中部。平面呈平头铲状，通长9.8米。上端设长方形置棺槽，南北长1.82、东西宽0.8米。尾端较窄，宽0.64～0.7米。底面呈斜坡状，坡度20～27度。斜坡面上有四个凹坑式台阶，台阶面长0.24～0.32、宽0.06～0.08、进深0.04米。沿墓道底部和两侧壁设进棺槽，槽宽0.74～1、高0.6～1.5米。

因盗扰严重，封门砖和甬券情况不明。

墓室：拱顶土洞结构。平面略呈梯形，由前厅和后室组成，土洞通长4.52～4.6、洞高2.36米。前厅略呈东西长方形，东西长2.46～2.54、南北进深1.82～1.96米。后室平面呈南北长方形，主要做棺床，为生土台结构，南北长2.64～2.7、东西宽1.7～2米，棺床高于厅室地面0.1米。棺床底面内低外高，内端底面与厅室底面大致相平。棺床沿有四层砖，为顺砖错缝平砌（图版一四七，2）。

葬具：木棺两副。棺1位于棺床左侧，长2.14、宽0.6～0.7米，棺内铺一层青灰，棺北端下垫一砖。棺2因盗扰严重，具体形制不明。

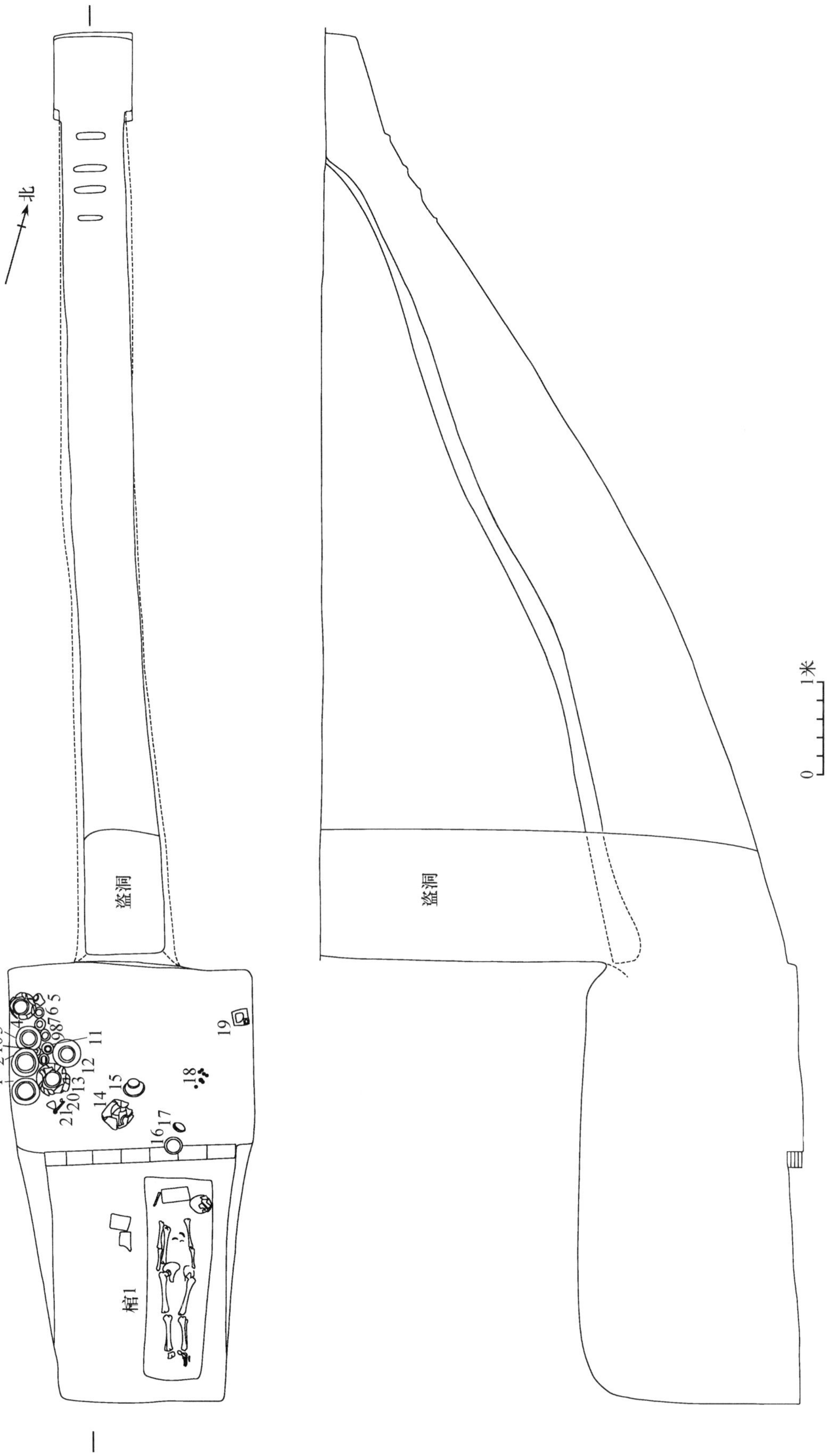

图4-1-175　AM8平、剖面图

1、2、4、13、14. 陶罐　3、12. 陶壶　5～9. 陶仓　10. 陶井　11. 陶灶　15. 陶盆　16. 陶樽　17. 陶耳杯　18. 铜钱（7枚）　19. 陶圈　20. 铜环　21. 铁刀　22. 铜铃饰　23. 陶碗（22、23出自盗土中）

葬式：人骨架两具。棺1内墓主骨架较完整，仰身直肢，头向北，面向西，经鉴定为男性，年龄在35～40岁之间，身高约1.64米。棺2内墓主被盗扰严重，股骨被盗扰至棺1墓主的肱骨上面，性别和年龄不详，推测应为女性。该墓可能为夫妇合葬。

出土遗物：23件（组），有陶器、铜器、钱币和铁器，计有陶壶2件、罐5件、仓5件、井1件、灶1件、圈1件、樽1件、耳杯1件、盆1件、碗1件（图4-1-176；图版一四七，3），铜环1件、铃饰1件，铜钱1组7枚，铁刀1件，陶器主要出于厅室内，右侧放置两排罐、壶、仓等盛储类陶器，南部中间棺床沿有陶樽和陶耳杯各1件作供器，西北角有陶圈1件。随葬陶器应为一套器物组合。

AM8的年代应属东汉晚期。

（二二）2006HGA区T8M10（下文简称“AM10”）

AM10位于A区西中部的T8中部。叠压于第2层下，墓口距地表0.3、墓深4米。墓道向东，方向106度。墓室顶部被大范围扰动，未见塌陷坟丘痕迹，推测可能为迁葬墓，也不排除为盗墓所致。

由墓道、封门、甬道、墓室组成（图4-1-177；图版一四八，1）。

墓道：位于墓室东侧中部。平面呈平头铲状，通长8.06米。上端设一长方形置棺槽，平面长2.3、宽0.8～0.88米。尾端平面口部较窄，宽0.5～0.8米。底面呈斜坡状，坡度约23度。斜坡面上有两个凹坑式台阶，台阶面长0.26～0.28、宽0.16～0.2、进深0.04～0.06米。沿墓道底部和两侧壁设下滑式进棺槽，槽宽0.86～0.9、高0.88～1.4米。

封门：位于墓道西端，甬道券门外侧。青砖封门，现存四层封门砖，为丁砖左、右对角分层斜放。封门砖底面宽0.9、高0.54米。

甬道：两处。一处位于封门内侧，为砖拱券结构，券顶已被扰，保存甬道直墙部分，甬道门洞底面宽0.9、进深0.96米，墙存高0.56～0.88米，底面残存三块铺砖。另一处位于厅室和后室之间，作为由厅室进入后室的通道，砖券拱顶也已被扰，保存券道直墙部分，券道门洞底面宽0.9、进深0.56米，甬道直墙存高约0.7米。

墓室：该墓未采用常见的“先掏洞，再在洞内建券顶”的建墓室方法，而是先挖土坑竖穴墓圹，再在土坑中营建双穹隆顶砖室结构墓室。由前厅和后室组成。前厅平面近方形，边长2.5～2.58米。后室平面亦近方形，边长2.76～2.8米。后室作棺床，为生土台结构，台面高于厅室地面0.06米，墓室四面砖墙为一体垒砌，只有厅室东北角有起券，其他部分只保留了直墙。厅室底面南半部有东北–西南向斜行错缝铺砖，北半部多为残砖无规律铺置，棺床上均为残砖无规律铺置，床沿为一段侧放丁砖，亦为残砖（图版一四八，2）。

葬具与葬式：因墓室被盗扰严重，棺床上仅留有木棺朽痕，似为三棺并排摆放，具体形制均不详。中间一棺有白灰泥，可能为一次葬，两侧木棺未见白灰泥，均有青灰，不排除二次葬的可能。三棺均有铁棺钉固棺。

图4-1-176　AM8出土陶器

1、2. 壶（AM8：3、12）　3. 圈（AM8：19）　4～6、14、15. 罐（AM8：1、2、4、13、14）　7. 耳杯（AM8：17）　8～12. 仓（AM8：5～9）　13. 碗（AM8：23）　16. 盆（AM8：15）　17. 灶（AM8：11）　18. 井（AM8：10）　19. 樽（AM8：16）

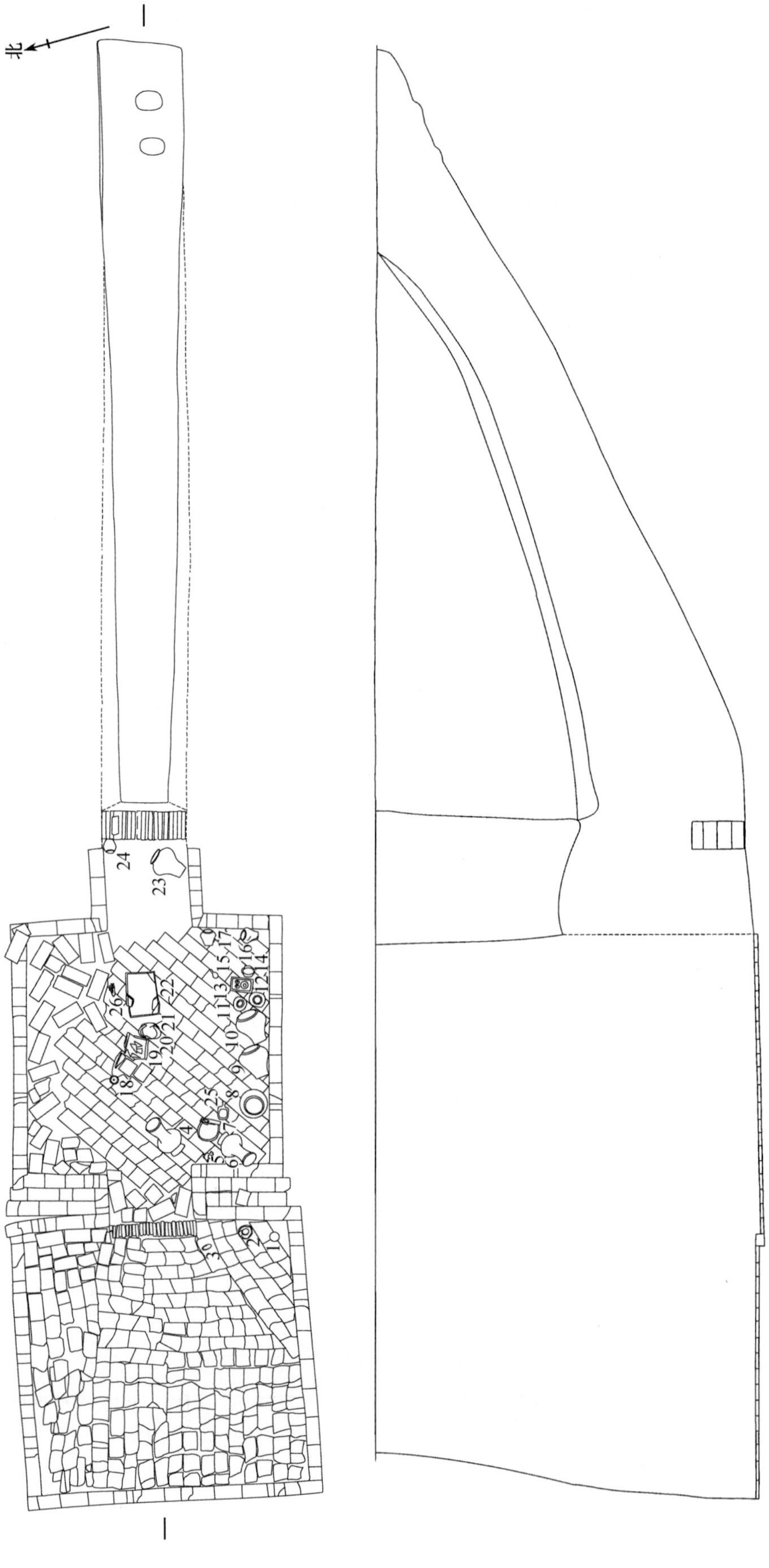

图4-1-177　AM10平、剖面图

1. 陶磨　2. 陶井　3. 陶狗　4、6. 陶壶　5. 陶鸡　7. 陶圈　8～10、23. 陶罐　11、12、16、17、24. 陶仓　13. 陶灶　14. 陶耳杯　15. 陶勺　18、21. 铜镜　19. 长方形陶盒　20. 陶樽　22. 陶案　25. 陶魁　26. 动物骨头　27. 铜钱（8枚）　28. 铁棺钉（2件）（27、28出自扰土中）

出土遗物：28件（组），有陶器、铜镜、钱币、铁器和动物骨头，计有陶壶2件、罐4件、仓5件（以小陶罐代替）、井1件、灶1件、圈1件、樽1件、耳杯1件、盒1件、魁1件、案1件、鸡1件、狗1件、勺1件、磨1组（图4-1-178A、178B；图版一四八，3），铜镜2面（1件完整，1件残甚），铜钱1组8枚，铁棺钉1组2件，动物骨头1件，主要出土于厅室内，因盗扰或迁葬，陶器并非在原来位置。随葬陶器为一套器物组合。新出土器类有陶鸡、狗和磨。

AM10为双穹隆顶砖室墓，是本次发掘的5座穹隆顶砖室墓之一，说明AM10墓主人的地位较高。

AM10的年代应属东汉晚期。

（二三）2006HGA区T9M11（下文简称“AM11”）

AM11位于A区中部偏西的T9中部。叠压于第2层下，墓口距地表0.55、墓深4米。墓道向东，方向110度。在墓道尾端靠近封门处有一盗洞，墓室被盗扰严重。

由墓道、封门、甬道、墓室组成（图4-1-179；图版一四九，1）。

墓道：位于墓室东侧中部。平面呈平头铲状，通长7.46、口端宽0.7～1米。上端设有东西向长方形置棺槽。尾端平面口部较窄，宽0.7米。底面为斜坡状，坡度约26度。沿墓道底部和两侧壁设下滑式进棺槽，槽宽0.8、高1～1.3米。

封门：位于墓道西端，甬道券门外侧。青砖封门，由于盗扰严重，封门砖几乎被破坏殆尽，结构不明，现仅存封门砖槽，砖槽进入墓道两边生土约0.2米，宽约0.25、存高1.32米，左侧砖槽底面尚保存一块残砖。

甬道：位于墓室东侧中部。拱顶土洞结构，拱顶已被盗扰，平面呈长方形，底面宽0.78、进深0.54米。

墓室：拱顶土洞结构。平面呈长方形，由前厅和后室组成，土洞通长4.5、洞高2.3～2.76米。前厅平面近长方形，长2.1、宽1.72～1.78米。后室主要做棺床，为生土台结构，长2.4、宽1.7～1.78米，生土台高于厅室地面0.12～0.22米。后室底面内高外低。厅室底面无铺砖，棺床上为东南–西北向斜行错缝铺砖，床沿原应有砌砖，但因盗扰结构不明（图版一四九，2）。

葬具：位于棺床中部。木棺一副，长2.06、宽0.76～0.78米。木棺内铺有青灰和白灰泥各一层。

葬式：因盗扰严重，墓主骨架已不存。

出土遗物：12件（组），有陶器、钱币和动物骨头，计有陶井1件、灶1件、樽1件、耳杯3件、案1件、鸡1件、狗1件、磨1件（图4-1-180；图版一四九，3），铜钱1组7枚，动物骨头1组，陶器主要出土于厅室内。随葬陶器为一套器物组合，组合中出现陶鸡、狗和磨为其典型特征。

虽然该墓所出铜钱为新莽至东汉初年，但从随葬陶器的形制和组合判断，AM11的年代应属东汉晚期。

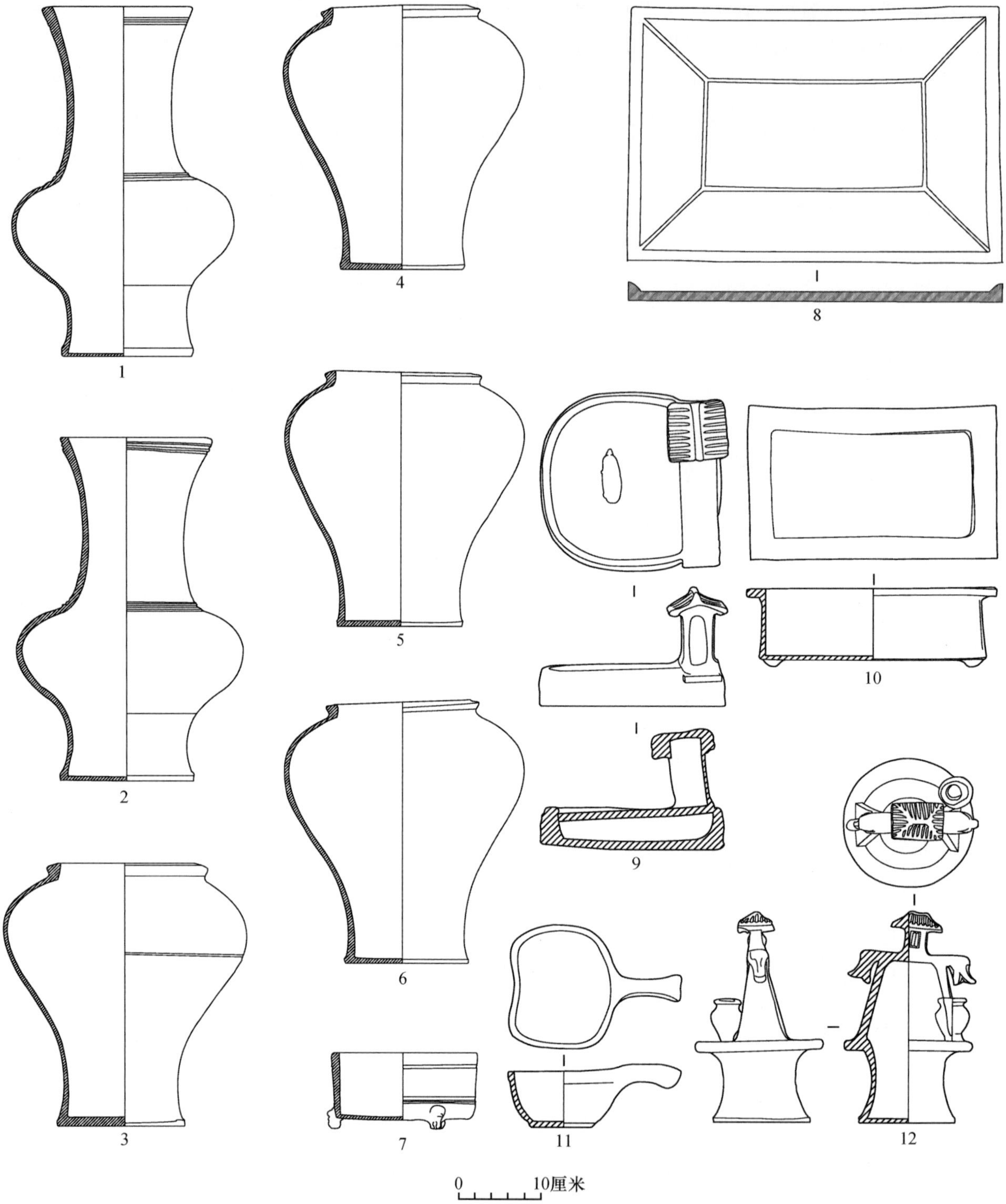

图4-1-178A　AM10出土陶器

1、2. 壶（AM10：4、6）　3～6. 罐（AM10：8～10、23）　7. 樽（AM10：20）　8. 案（AM10：22）
9. 圈（AM10：7）　10. 长方形盒（AM10：19）　11. 魁（AM10：25）　12. 井（AM10：2）

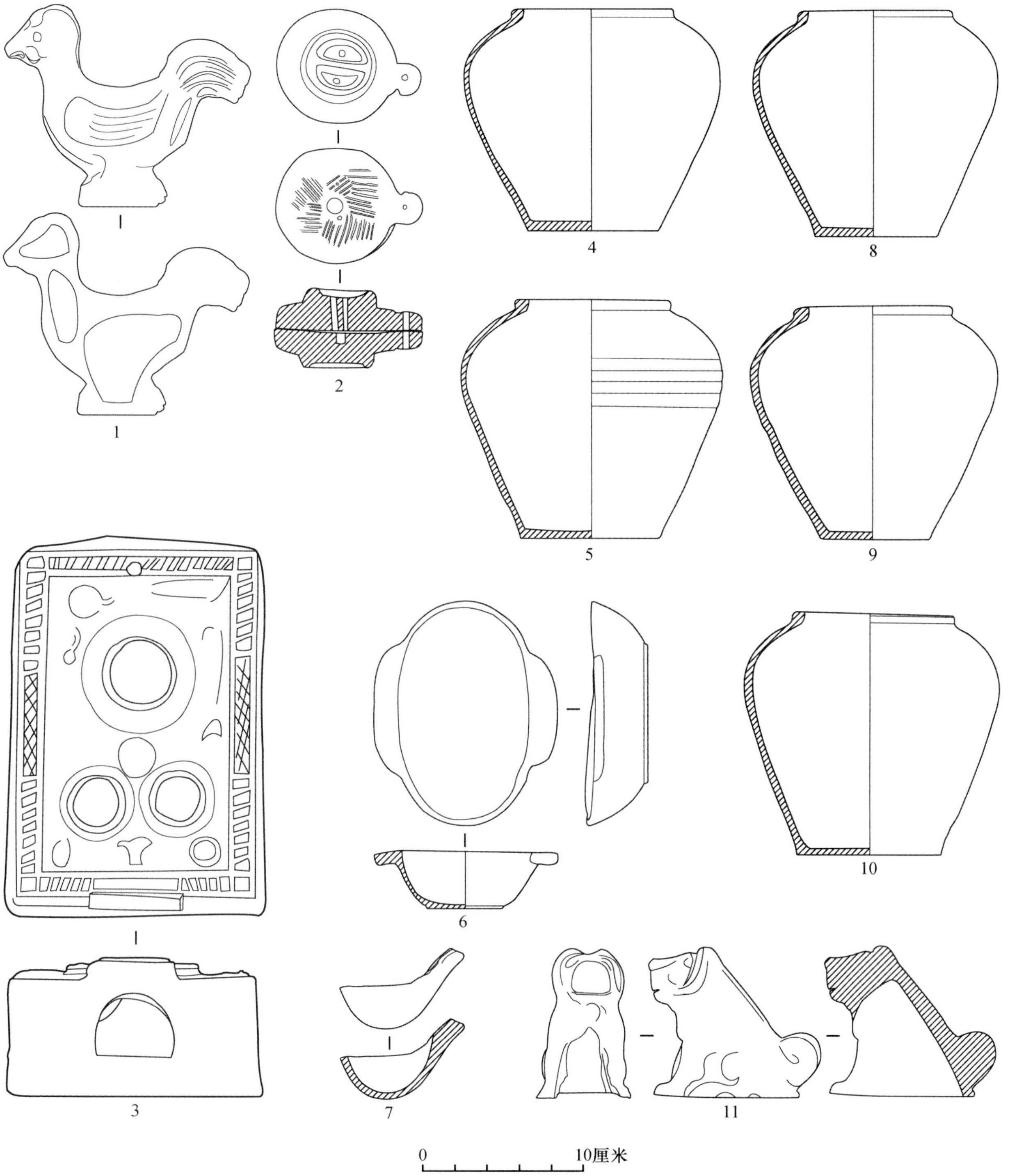

图4-1-178B AM10出土陶器

1. 鸡（AM10：5） 2. 磨（AM10：1） 3. 灶（AM10：13） 4、5、8～10. 仓（AM10：11、12、16、24、17） 6. 耳杯（AM10：14） 7. 勺（AM10：15） 11. 狗（AM10：3）

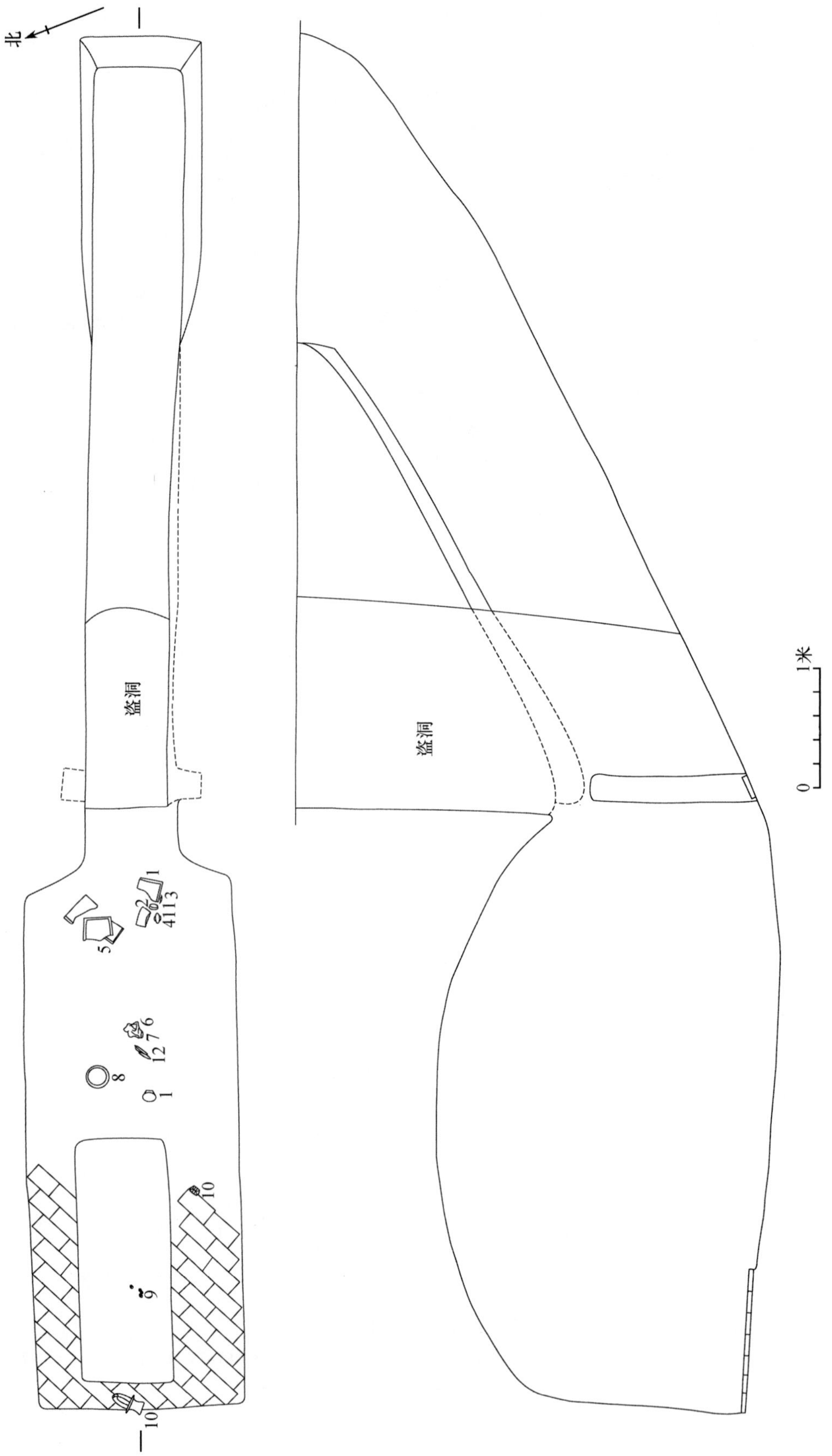

图4-1-179　AM11平、剖面图

1. 陶灶　2. 陶磨　3、4、11. 陶耳杯　5. 陶案　6. 陶狗　7. 陶鸡　8. 陶樽　9. 铜钱（7枚）　10. 陶井　12. 动物骨头

图4-1-180　AM11出土陶器

1、5. 耳杯（AM11：3、11）　2. 井（AM11：10）　3. 狗（AM11：6）　4. 磨（AM11：2）　6. 案（AM11：5）　7. 樽（AM11：8）　8. 鸡（AM11：7）　9. 灶（AM11：1）

（二四）2006HGA区T10M17（下文简称“AM17”）

AM17位于A区中部偏西的T10北部。叠压于第2层下，墓道前端被三座排列整齐的宋代墓（AM12～AM14）打破，墓口距地表0.3、墓深5.26米。墓道向东，方向105度。在墓道近封门处有一规模较大的圆形盗洞，直径约2.5米，墓室遭到严重盗扰。

由坟丘、墓道、封门、甬道、墓室组成（图4-1-181；图版一五〇，1）。

坟丘：塌落坟丘堆积位于墓室顶部。平面呈椭圆形，长径4.8、短径3.4、深1.3米。坟丘堆积褐色土，间杂黄土、红土颗粒。

墓道：位于墓室东侧中部。平面呈平头铲状，通长约9.48米。上端设有长方形置棺槽，东西长1.22、南北宽0.8米。尾端平面口部较窄，宽约0.62米。底面为斜坡状，坡度约28度。沿墓道底部和两侧壁设下滑式进棺槽，槽宽1、高0.7～1.8米。

封门：位于墓道西端，甬道外侧。青砖封门，现存九层封门砖，均为丁砖左、右对角分层斜放。底面宽1、存高约1米。

甬道：两处，分别位于墓室东侧封门内侧和前厅与后室之间，均为拱顶土洞结构，因盗扰严重，甬券均塌落。封门内侧甬道平面呈长方形，底面宽1、进深0.68～0.8米。前厅与后室之间甬道较窄，在前厅和后室之间有一堵生土墙，中间掏出甬道，甬道底面宽0.96、进深0.56米。

墓室：拱顶土洞结构，由前厅和后室组成。前厅为横前堂结构，南北长4.06～4.2、东西宽1.74～1.9米。厅室左侧约1.2米宽的范围内均用青砖铺底，可能作供台，供台上铺砖，外侧第一排为顺砖平铺，内侧为丁砖平铺，供台边沿有两层砖，底面为丁砖平铺，上面为丁砖侧放。后室平面呈东西长方形，无棺床，与厅室底面平，长3.26、宽2.34米（图版一五〇，2）。

葬具：木棺两副。棺1位于后室右侧，长2.1、宽0.52～0.64米。棺2位于后室中部偏东，长2.16、宽0.52米。两棺内壁均涂一层白灰，使用铁棺钉固棺。

葬式：人骨架应为两具，均盗扰严重，部分被盗扰至前厅。值得注意的是，被扰至前厅的人骨并非散乱不堪，而是大部分保存完整，应是墓主尸骨未完全腐朽时被盗扰。说明在两汉时期存在热盗的可能。应为夫妇合葬。

出土遗物：44件（组），有陶器、铜镜、铜器、钱币、铁器、银器、骨器和石器，计有陶鼎1件、罐8件、井1件、灶1件、圈1件、耳杯6件、案1件、鸡2件、狗1件、灯2件、盘1件、勺1件（图4-1-182；图版一五〇，4），铜镜1面，铜刀柄1件、扣器2件，铜钱1组27枚，铁刀2件、剪2件、顶针1件、棺钉3组23件，银镯2件（图版一五〇，3），骨簪1件，绿松石饰1件、石串珠1组2件，陶器主要出土于厅室两侧及墓室内端。随葬陶器为一套器物组合。此墓陶器组合中较为特殊的是有8件陶罐而无陶仓，其中一组3件者形体略大，可能用作罐，另一组5件者形制、大小均相同，略小于罐，应是代替陶仓。铜扣器也是此墓地中不多见的遗物。

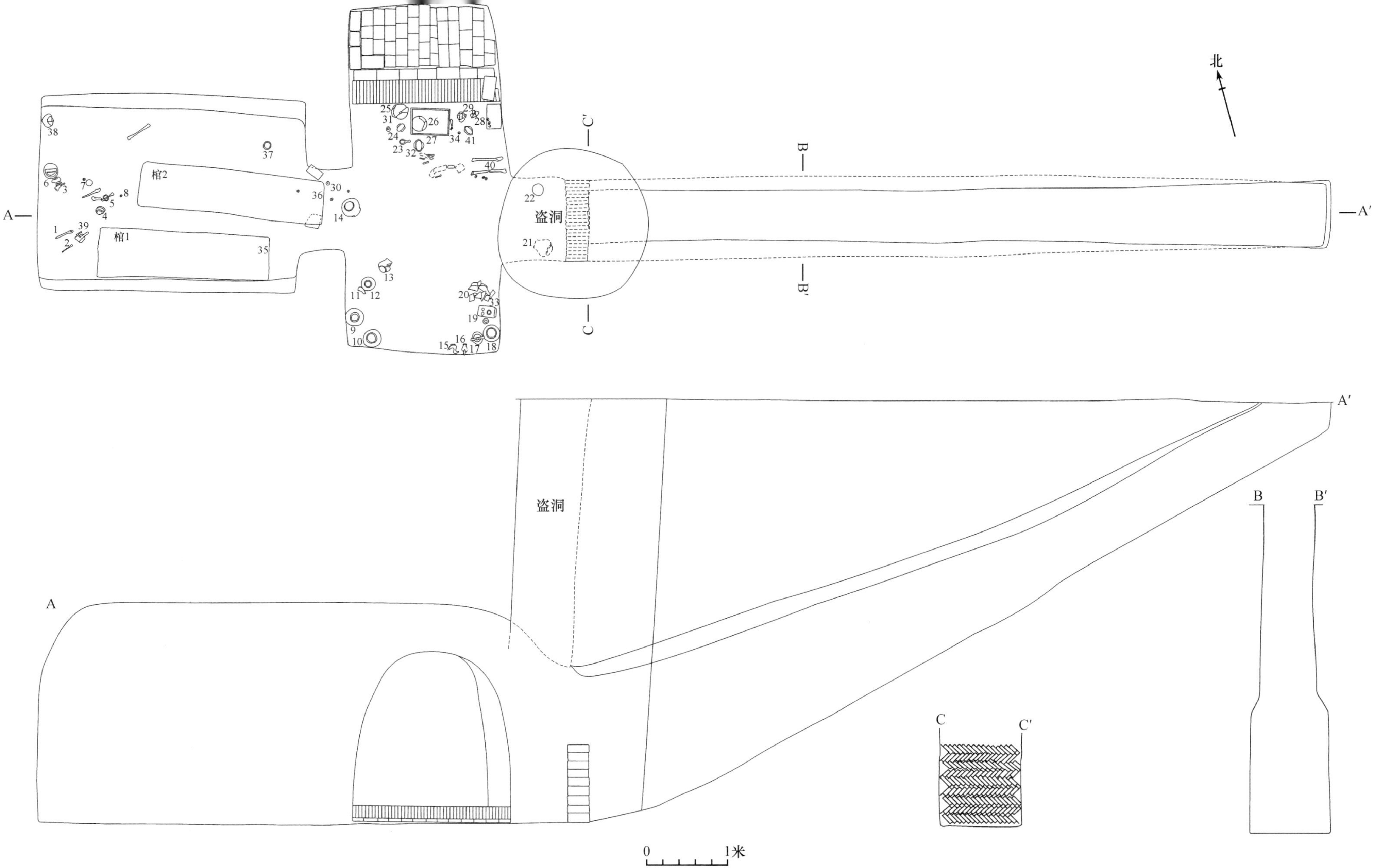

图4-1-181　AM17平、剖面图

1、2. 铁刀　3、34. 铁剪　4、7. 铜扣器　5. 银镯（2件）　6. 陶圈　8. 铁顶针　9、10、12～14、18、20、21. 陶罐　11. 陶狗　15、16. 陶鸡　17. 陶井　19. 陶灶　22. 铜镜　23. 陶勺　24、28、29、31、32、41. 陶耳杯　25. 陶鼎　26. 陶盘　27. 陶案　30. 铜钱（27枚）　33、37. 陶灯　35. 铁棺钉（1件）　36. 铁棺钉（2件）　38. 骨簪　39. 绿松石饰　40. 铜刀柄　42. 石串珠（2件）　43. 铁棺钉（20件）（42、43出自盗土中）

图4-1-182　AM17出土陶器

1～5、7、8、24. 罐（AM17：9、10、14、20、21、12、13、18）　6. 盘（AM17：26）　9、13～16、20. 耳杯（AM17：28、31、32、24、29、41）　10. 圈（AM17：6）　11、12. 鸡（AM17：15、16）　17. 井（AM17：17）　18. 灯（AM17：33）　19. 鼎（AM17：25）　21. 灶（AM17：19）　22. 狗（AM17：11）　23. 勺（AM17：23）　25. 案（AM17：27）

AM17墓室为双重券，同样代表着墓主身份较高。墓主随葬的银镯、石串珠和铜扣器等说明墓主生前比较富裕。

AM17的年代应属东汉晚期。

（二五）2006HGA区T12M25（下文简称“AM25”）

AM25位于A区中部偏东的T12东北部。叠压于第2层下，墓道北端打破AM27坟丘，墓口距地表0.3、墓深5.14米。墓道向北，方向23度。在墓道底端封门处、前堂左、右两侧和后室末端均有盗洞，墓室遭到严重盗扰，随葬品几乎被洗劫一空。

由墓道、封门、甬道、墓室组成（图4-1-183；图版一五一，1）。

墓道：位于墓室北侧中部。平面呈平头铲状，有二次挖开迹象，平面通长8.96米。墓道顶端有南北长方形置棺槽，平面长1.3、宽1.04米。尾端口部较窄，宽0.7～0.9米。底面呈斜坡状，坡度17～23度。沿墓道底和两侧壁设下滑式进棺槽，槽宽1.06、高1～1.26米（图版一五一，2）。

封门：位于墓道南端，甬道券门外侧。青砖封门，由于盗扰严重，仅存三层封砖，底面一层为顺砖平铺，上面两层为丁砖左、右对角分层斜放，为前后交错摆放，前面一层均为整砖，后面一层为残砖。封砖墙底面宽1.3、残高0.32米。

甬道：两处，分别位于墓室北侧墓门处和前厅与后室之间。墓门处甬道为土洞砖券，由于盗扰严重，甬券已塌落，仅存底部直墙部分，平面呈长方形，底面宽1～1.06、进深0.92、存高0.88米。前厅、后室间甬道位于前厅和后室之间偏右侧，拱顶双层砖券，底面宽1、进深0.6米。

墓室：拱顶土洞砖券结构，平面呈“T”字形，由前厅和后室组成。前厅为横前堂结构，平面呈东西长方形，土洞横长6.08、宽2.36米，前厅长5.84、宽2.04～2.1、券高2.5米。厅室墙为顺砖错缝平砌，起券时为两顺错缝平砌，底面为东南–西北向斜行错缝铺砖。后室主要做棺床，为生土台铺砖结构，平面呈长方形，土洞长3.2、宽2.26、洞高2.24米，砖室长2.9、宽2米，地面高于厅室地面0.14米。棺床上为东北–西南向斜行错缝铺砖，砖券直墙为丁砖错缝平砌，起券处为两丁错缝砌筑（图版一五一，3）。

葬具与葬式：由于盗扰严重，葬具和葬式均不详。

出土遗物：10件（组），有陶器、釉陶器、铜器、铁器等，计有陶井1件、案1件、盘1件、器盖3件，釉陶耳杯2件（图4-1-184；图版一五一，4），铜刀1件，铁棺钉1组4件，陶器均出土于盗土中。器物组合不明。

AM25是东汉晚期规模较大的砖室墓，由于盗扰严重，器物组合和埋葬方式均不详。从复杂的墓葬结构看，墓主生前应有着较高的社会地位。

由于AM25的墓道打破AM27的坟丘边缘，AM27属东汉中晚期，因此AM25最早不过东汉中晚期。再结合AM25出土的部分陶器形制判断，AM25的年代应属东汉晚期。

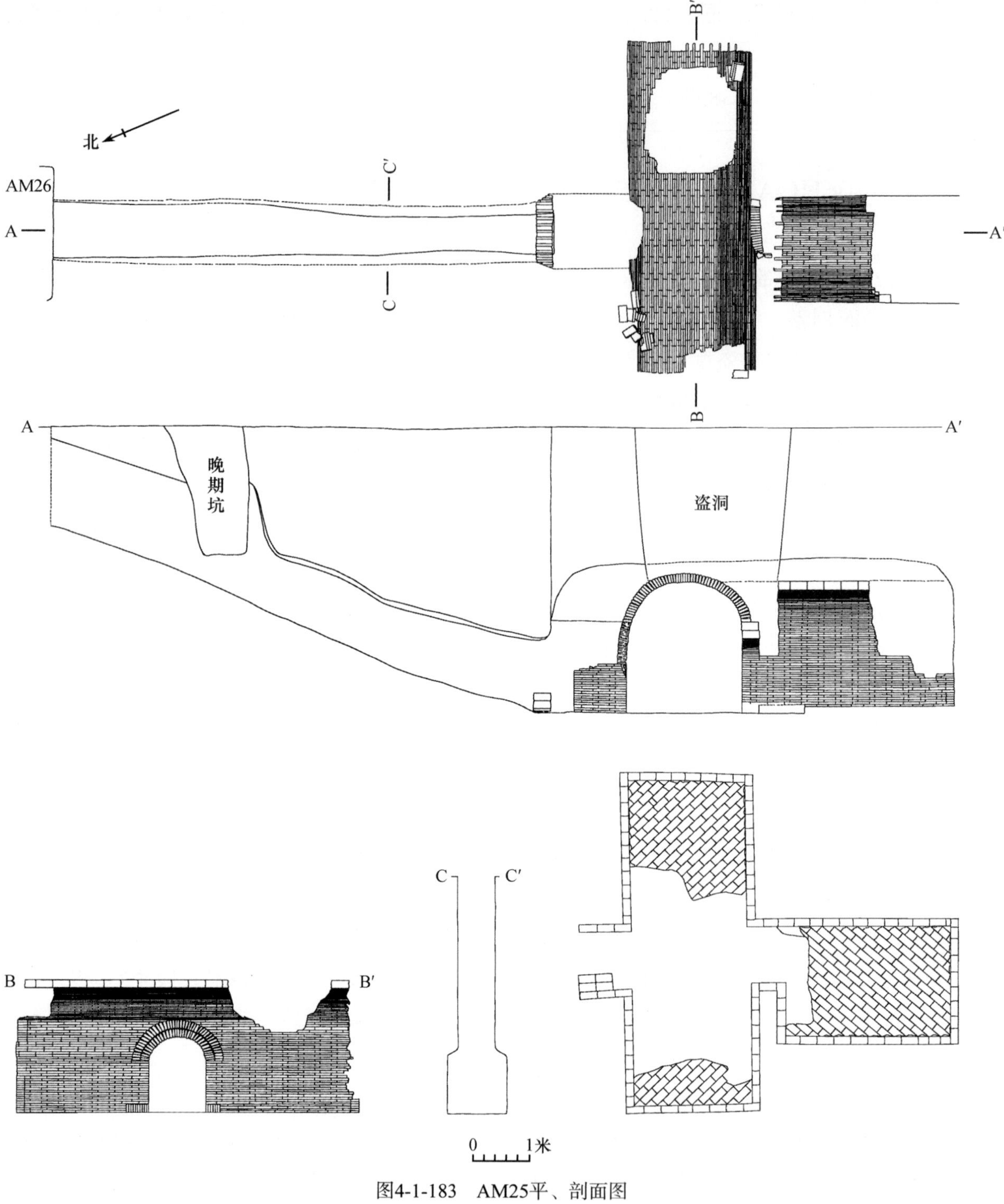

图4-1-183　AM25平、剖面图

1. 铜刀　2. 陶井　3. 陶案　4、5. 釉陶耳杯　6、9、10. 陶器盖　7. 陶盘　8. 铁棺钉（4件）（均出自盗土中）

（二六）2006HGA区T18M33（下文简称“AM33”）

AM33位于A区东南部的T18西北部。叠压于第2层下，墓口距地表0.2、墓深4.04米。墓道向北，方向14度。在墓道近墓门处有一盗洞，墓室被盗扰严重。

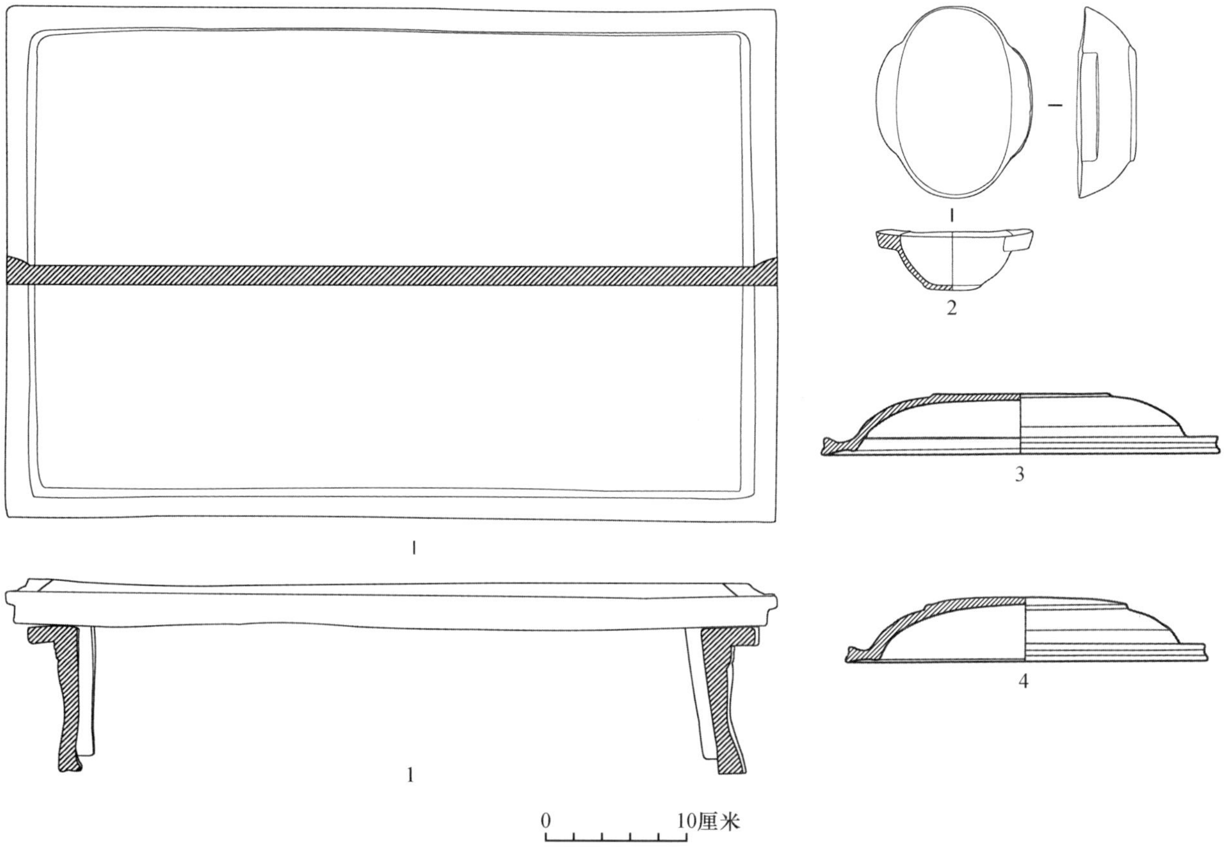

图4-1-184　AM25出土陶器
1. 案（AM25：3）　2. 釉陶耳杯（AM25：4）　3、4. 器盖（AM25：9、10）

由坟丘、墓道、封门、甬道、墓室、耳室组成（图4-1-185；图版一五二，1）。

坟丘：塌落坟丘堆积位于墓道南侧约2米处。平面呈椭圆形，长径3.3、短径2.6、深1米。坟丘堆积褐色土，间杂黄土、红土颗粒。

墓道：位于墓室北侧中部。平面呈平头铲状，通长10.26米。顶端设有长方形置棺槽，平面长2.6、宽1米。尾端较窄，宽0.62～0.78米。底面为斜坡状，坡度约22度。斜坡面上有十一个凹坑式台阶，台阶长0.3～0.46、宽0.16～0.32、进深0.06～0.14米。沿墓道底部和两侧壁设下滑式进棺槽，槽宽1～1.1、高0.98～1.44米（图版一五二，2）。

封门：位于墓道南端，甬道券门外侧。双层封门，外侧为青砖封门，内侧为木板封门。木板封门紧贴甬道砖券门洞外侧，在两侧生土设有木门槽，以固定木门枢。由于盗扰严重，木板数量不明，仅存门槽朽痕，门槽厚约0.1、高约0.7米。外侧封门砖仅存六层，均为丁砖左、右对角分层斜放，由下向上第五至六层为前后交错摆放。封门砖底面宽1.04、残高0.7米。

甬道：位于墓室北侧中部。拱顶土洞砖券结构，券顶已被扰，仅存墙壁。甬道门洞底面宽0.96、进深0.6米，墙存高0.9米，底面残存两块铺砖。

图4-1-185 A

1. 陶罐 2. 陶仓 3. 陶灶 4. 陶圈 5. 铜鞘首饰 6、7. 琉璃耳饰

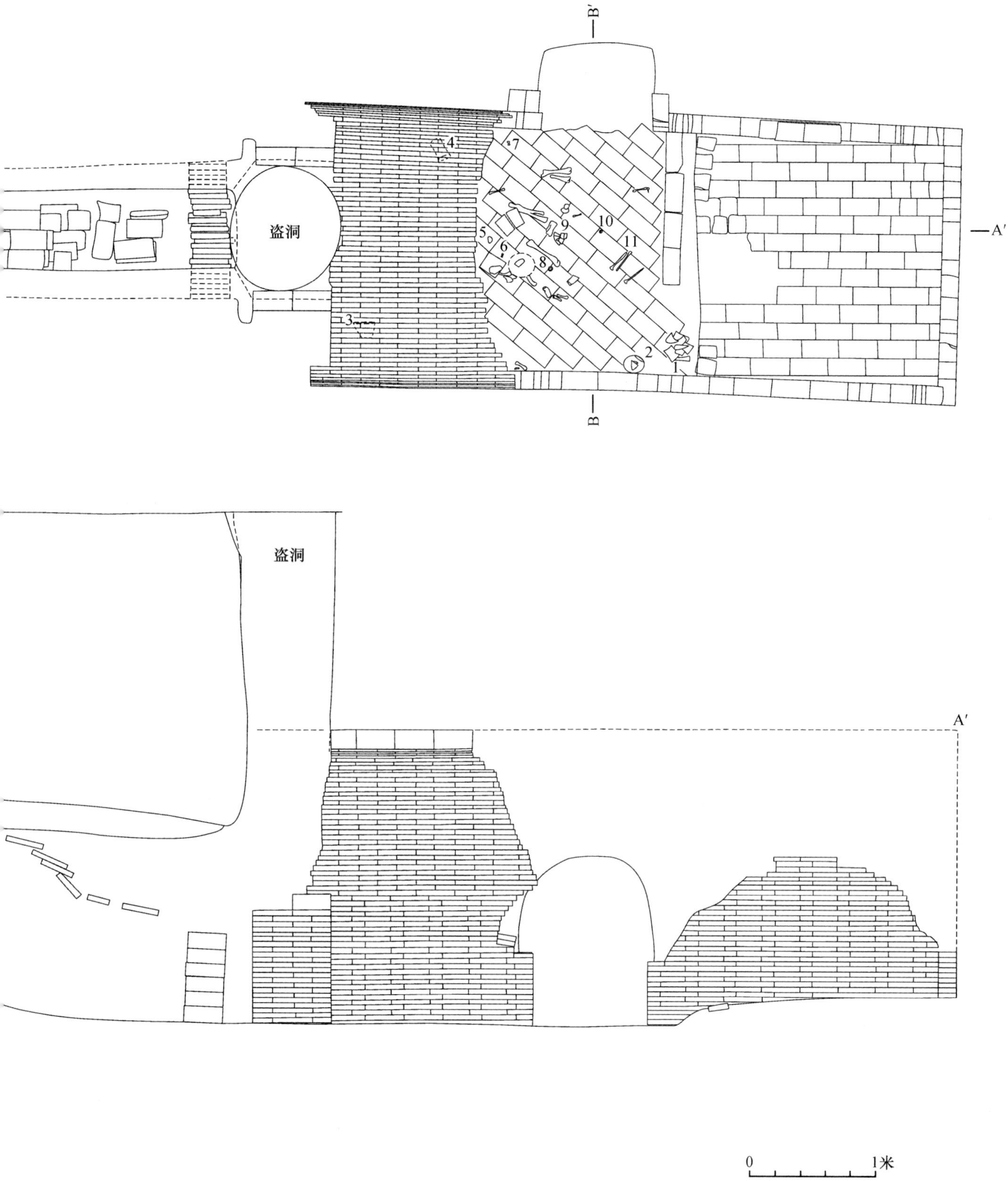

二、剖面图
铜指环（3件）　9. 陶耳杯　10. 铜钱（11枚）　11. 铁棺钉（4枚）

墓室：拱顶土洞砖券结构。由前厅和后室组成，土洞通长5.16、洞高2.32米，前厅长2.54～2.78、宽1.9米。后室主要做棺床，为生土台结构，长2.14～2.2、宽1.9米，棺床生土台高于厅室地面0.14～0.24米。墓室四面为砖砌墙，墙为一体构筑，前、后砖墙均位于拱券内。墙为顺砖错缝平砌，厅室底面为东北–西南向斜行错缝铺砖，棺床上为丁砖错缝平铺，床沿砖被扰动，仅存底面两排平铺顺砖，棺床沿下铺砖多为残砖（图版一五二，4）。

耳室：一个，位于墓室厅室右侧。平面呈长方形，入口处与厅室砖墙结合处为砖拱券，拱券已塌落。耳室口宽0.88、进深0.7、洞高1.35米。

葬具与葬式：墓室内被盗扰严重，棺床上仅余木棺朽痕，似为双棺葬，具体形制不明，均涂有白灰泥并使用铁棺钉。部分残碎人骨被移至厅室内。

出土遗物：11件（组），有陶器、铜器、钱币、铁器和琉璃器，计有陶罐1件、仓1件、灶1件、圈1件、耳杯1件（图4-1-186；图版一五二，3），铜鞘首饰1件、指环1组3件，铜钱1组11枚，铁棺钉1组4件，琉璃耳饰2件，铜鞘首饰、琉璃耳饰和铜指环等出土于墓室扰土中。随葬陶器为一套器物组合。墓砖上多数有模印的“亖”形和“X”形符号。

AM33的年代应属东汉晚期。

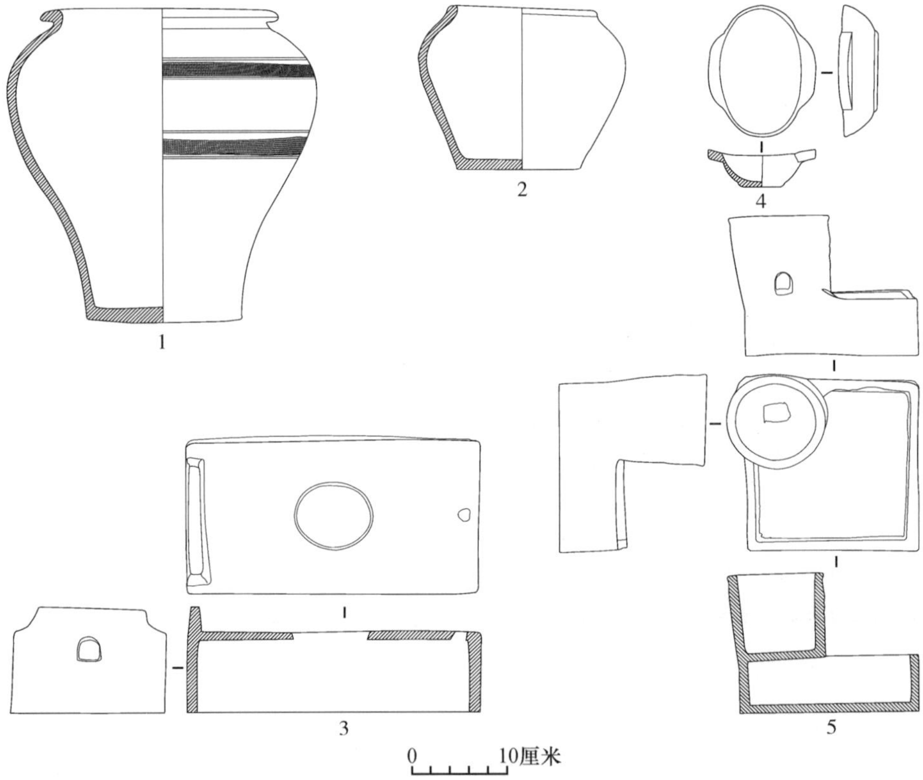

图4-1-186　AM33出土陶器

1. 罐（AM33：1）　2. 仓（AM33：2）　3. 灶（AM33：3）　4. 耳杯（AM33：9）　5. 圈（AM33：4）

（二七）2006HGA区T18M34（下文简称“AM34”）

AM34位于A区东南部的T18东北部。叠压于第2层下，墓口距地表0.25、墓深4.3米。墓道向北，方向11度。保存完整。

由坟丘、墓道、封门、甬道、墓室、耳室组成（图4-1-187；图版一五三，1）。

坟丘：塌落坟丘堆积位于墓道南侧约1.3米处。平面呈椭圆形，长径4.2、短径2.2、深1.45米。坟丘堆积褐色土，间杂黄土、红土颗粒。

墓道：位于墓室北侧中部。平面呈平头铲状，通长7.56米。顶端设长方形置棺槽，平面长2.4、宽0.94米。尾端较窄，宽0.66～0.74米。底面为斜坡状，坡度20～32度。斜坡面上有十四个凹坑式台阶，台阶面长0.26～0.32、宽0.1～0.2、进深0.06～0.1米。沿墓道底部和两侧壁设下滑式进棺槽，槽宽0.86～0.94、高0.78～0.94米。

封门：位于墓道南端，甬道券门外侧。青砖封门，现存十四层封门砖，顶上一层为顺砖平砌及丁砖侧放组成，下部十三层为丁砖左、右对角分层斜放，为前后交错摆放。封门砖上部宽0.8、底面宽1、高1.44米。

甬道：位于墓室北侧。拱顶土洞结构，平面呈长方形，土洞底面宽1～1.14、进深0.84～0.92、洞高1.44米。

墓室：拱顶土洞结构。平面呈南北长方形，由前厅和后室组成，土洞通长4.6～4.68、洞高2.3～2.5米，前厅长2.74～2.78、宽1.86～2.1米。后室主要做棺床，为生土台结构，长1.86～1.9、宽1.96～2.1米，棺床台面高于厅室地面0.14～0.18米。厅室底面和棺床底面均内高外低（图版一五三，2）。

耳室：一个，位于墓室厅室左侧。平面近长方形，土洞结构，口宽1.06、内宽0.9、进深0.56、洞高0.8～0.96米。

葬具：木棺两副。棺1位于棺床右侧，长2.3、宽0.5～0.64米。棺2位于棺床左侧，长2.1、宽0.5～0.6米。棺2内壁及底面均涂有一层白灰泥，并使用铁棺钉固棺。

葬式：人骨架两具。两位墓主均为一次葬，仰身直肢，头向北，面向上。棺1内墓主经鉴定为男性，年龄40岁左右，身高1.62米。墓主口含铜钱2枚。棺2内墓主经鉴定为女性，年龄在30～35岁之间，身高约1.6米。墓主头上部有铜镜1面，左肩部有铜钱12枚，右侧腰部有铜钱6枚。推测应为夫妇合葬。

出土遗物：18件（组），有陶器、铜镜、钱币、铁器、铅器和琉璃器，计有陶瓮1件、仓5件（以小陶罐代替）、井1件、灶1件、圈1件、樽1件、耳杯1件（图4-1-188；图版一五三，3），铜镜1面，铜钱3组20枚，铁棺钉1组5件，铅衔镳1组3件，琉璃耳饰1组2件，陶器主要出土于厅室右部，排列整齐有序，由北向南依次为圈1件、井1件、灶1件、仓5件；厅室南部中间有1件陶樽，应为供器；耳室内有1件陶瓮。随葬陶器应为一套器物组合。

AM34的年代应属东汉晚期。

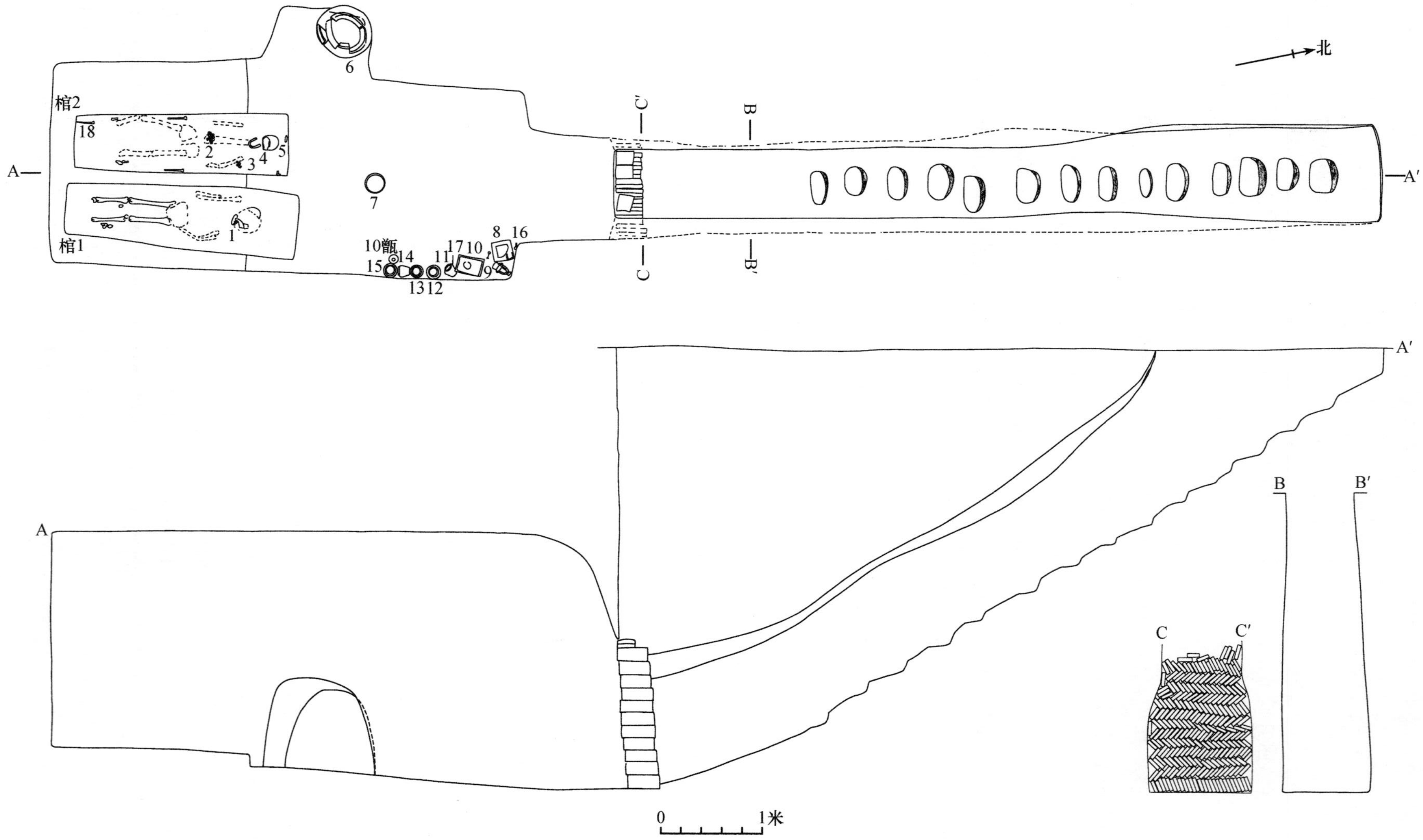

图4-1-187　AM34平、剖面图

1. 铜钱（2枚）　2. 铜钱（6枚）　3. 铜钱（12枚）　4. 琉璃耳饰（2件）　5. 铜镜　6. 陶瓮　7. 陶樽　8. 陶圈　9. 陶井　10. 陶灶　11～15. 陶仓　16. 铅衔镳（3件）　17. 陶耳杯　18. 铁棺钉（5件）

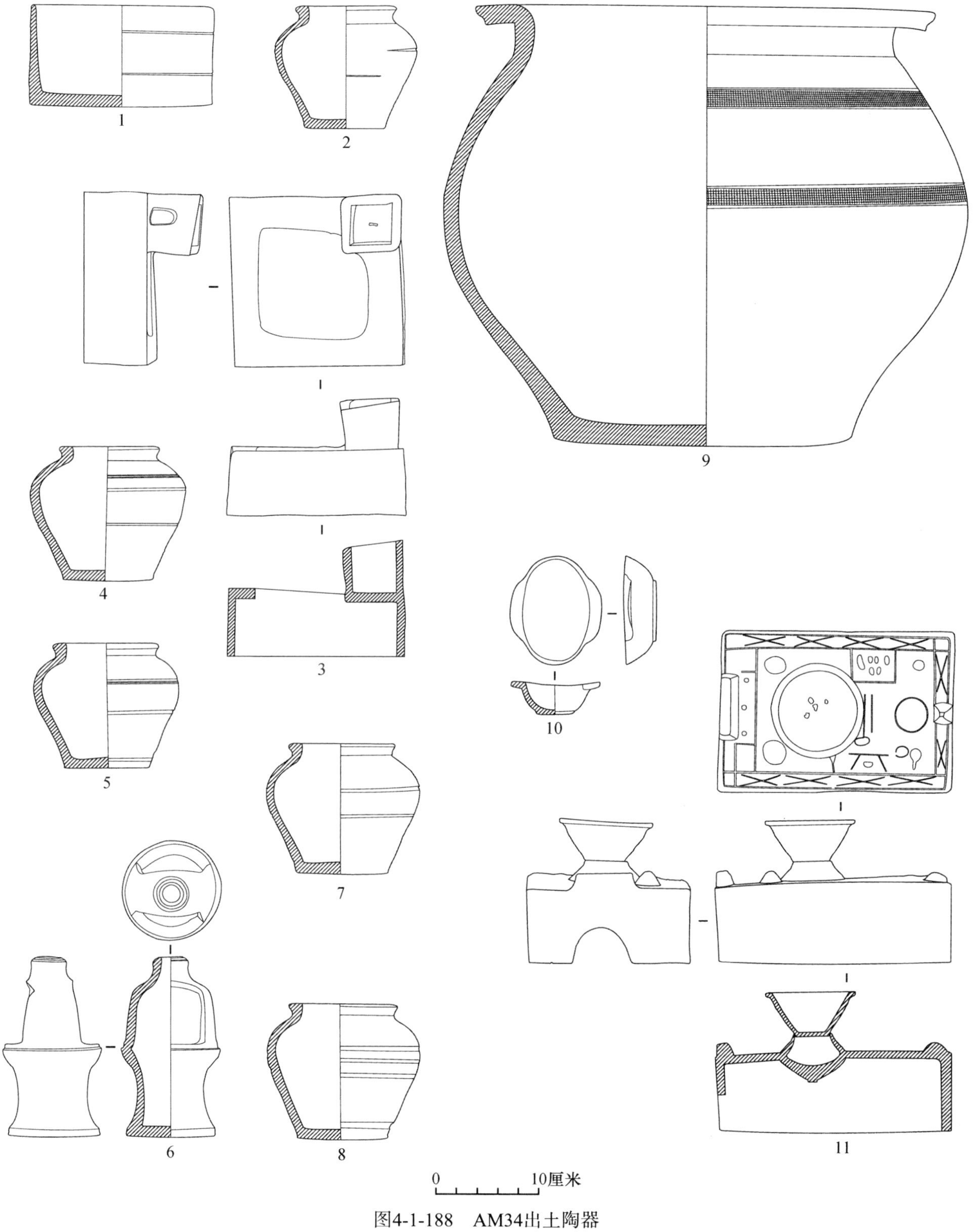

图4-1-188　AM34出土陶器

1. 樽（AM34：7）　2、4、5、7、8. 仓（AM34：11～15）　3. 圈（A34：8）　6. 井（AM34：9）　9. 瓮（AM34：6）
10. 耳杯（AM34：17）　11. 灶（AM34：10）

（二八）2006HGA区T20M41（下文简称“AM41”）

AM41位于A区东南角的T20南部。叠压于第2层下，墓口距地表0.35、墓深4.52米。墓道向南，方向约200度。在墓室中部塌陷的坟丘上有一盗洞，墓室被盗扰。由此看来，此墓是在墓室塌陷后才被盗扰，应是后世盗墓者所为①。

由坟丘、墓道、封门、甬道、墓室组成（图4-1-189；图版一五四，1）。

坟丘：塌落坟丘堆积位于墓道北侧约1.1米。平面呈较规则的椭圆形，长径4.3、短径2.6、深0.9米。坟丘堆积褐色土，间杂黄土、红土颗粒。

墓道：位于墓室南侧中部。南端受发掘范围所限未能全部发掘，置棺槽没有全部暴露出来，平面发掘长6.15、宽0.7～0.8米。底面为斜坡状，坡度约25度。沿墓道底部和两侧壁设下滑式进棺槽，槽宽0.8～0.86、高0.92～1米（图版一五四，2）。

封门：位于墓道北端，甬道券门外侧。共有内、外两层砖封门，内侧现存十四层封门砖，均为丁砖左、右对角分层斜放，上部六层为前后交错摆放（图版一五四，3），外侧封门砖为立砖斜放于内侧封门砖上。封门砖墙上部宽0.76、底面宽0.96、高1.5米。

甬道：位于墓室南侧中部。外侧为砖券，内侧为土洞。砖券为双层拱券：第一层拱券在两侧生土中设有一丁砖宽的券槽，较为完整；第二层拱券只有拱顶，在第二层拱券的上面空隙处填塞有两层顺砖。甬道平面为长方形，底面宽0.94、进深0.9、洞高1.44米。

墓室：拱顶土洞结构。平面呈长方形，由前厅和后室组成，土洞通长5.7、洞高2米，前厅南北长2.4～2.5、东西宽1.88～1.96米。后室主要做棺床，为生土台结构，南北长3.2～3.3、东西宽1.9～1.96米，棺床台面高于厅室地面0.22～0.26米。棺床内高外低。棺床上为东北–西南向斜行错缝铺砖，床沿有六层砖，为顺砖错缝平砌（图版一五五，1）。

葬具与葬式：因盗扰严重，葬具和葬式均不明。

出土遗物：21件（组），有陶器和铁器，计有陶壶1件、罐4件、瓮1件、仓4件（以小陶罐代替）、井1件、灶1件、圈1件、熏炉1件、樽1件、耳杯1件、陶器1件（图4-1-190；图版一五五，2），铁钩3组4件、棺钉1件，陶器主要出土于棺床左侧。从被盗后陶器器类判断，随葬陶器应为一套器物组合。

AM41的年代应属东汉晚期。

① 此墓地中盗掘现象较常见。但从地层、墓内被扰情况、盗洞位置及形状判断，应有墓葬入葬不久就被盗，也即是通常所说的“热盗”，这种盗掘多是为了盗取死者身上的衣物而非随葬品，因为部分被盗墓葬墓主有被整体移动的现象。但晚近盗掘者多数将铜镜等遗物盗走，有些甚至连陶器也取走或打碎。

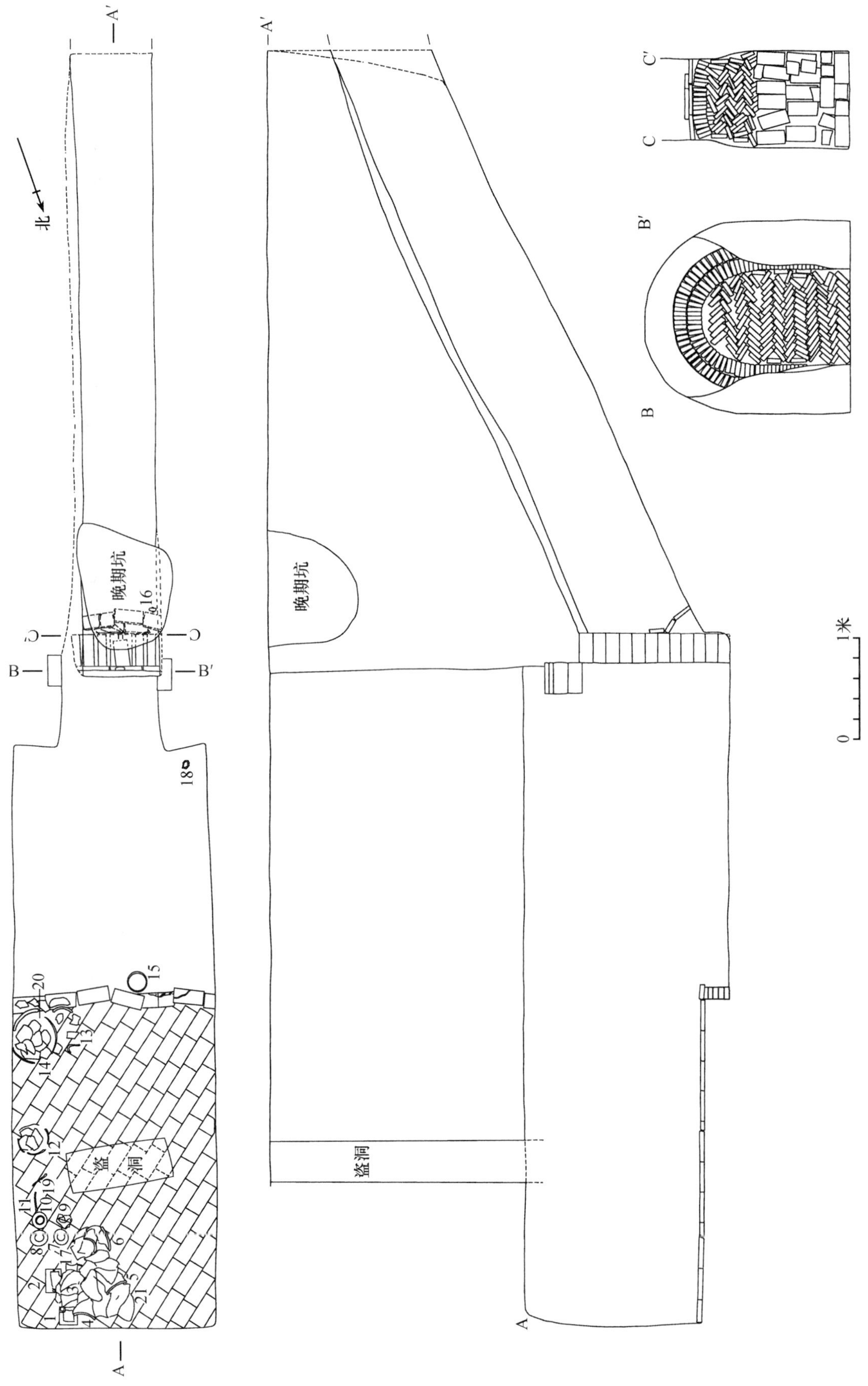

图4-1-189　AM41平、剖面图

1. 陶圈　2. 陶灶　3～6. 陶罐　7～10. 陶仓　11. 铁棺钉　12. 陶壶　13. 铁钩（2件）　14. 陶瓮　15. 陶樽　16. 陶耳杯　17. 陶井　18. 陶器　19、20. 铁钩　21. 陶熏炉

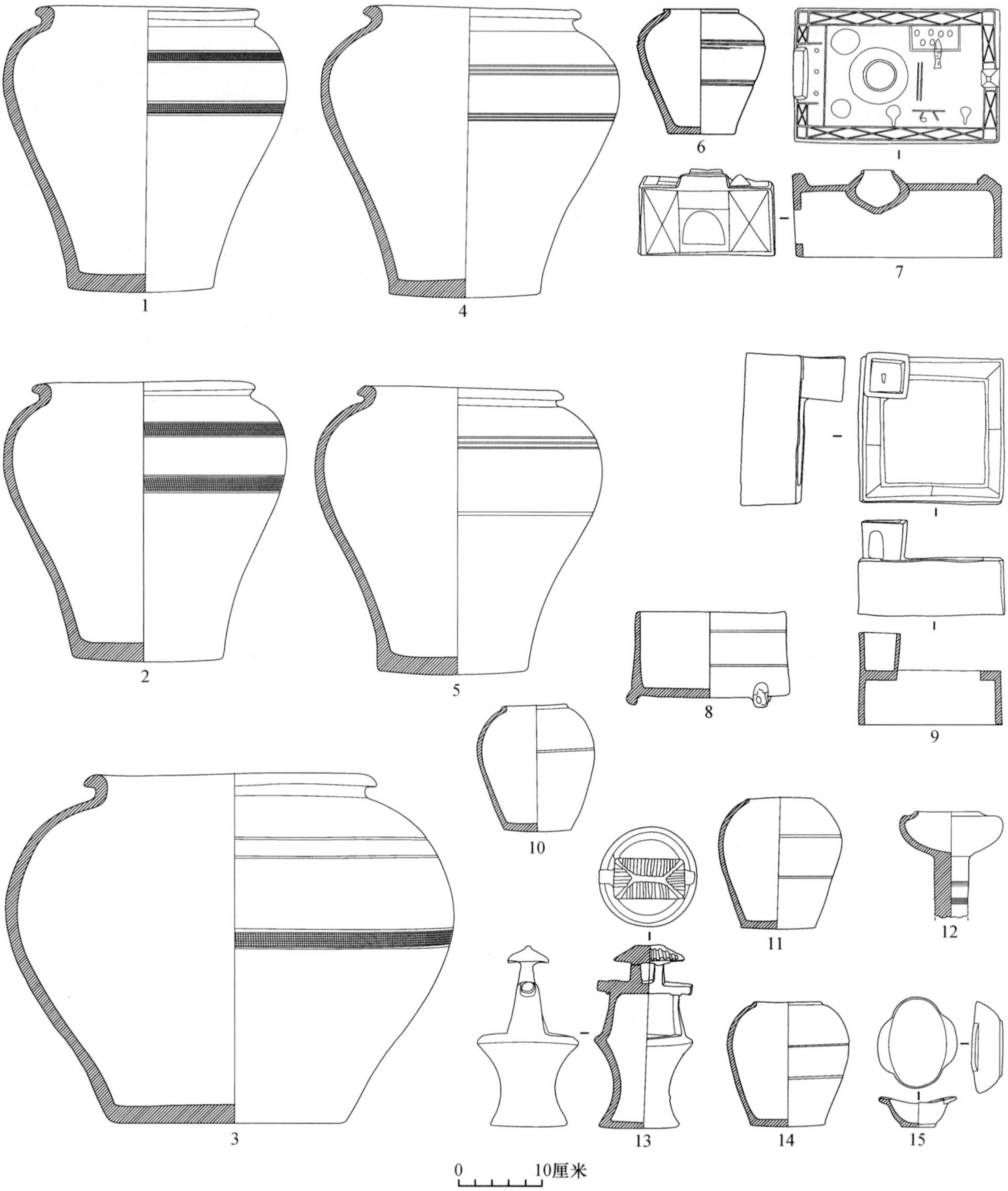

图4-1-190　AM41出土陶器

1、2、4、5. 罐（AM41：3～6）　3. 瓮（AM41：14）　6、10、11、14. 仓（AM41：8、9、7、10）　7. 灶（AM41：2）　8. 樽（AM41：15）　9. 圈（AM41：1）　12. 熏炉（AM41：21）　13. 井（AM41：17）　15. 耳杯（AM41：16）

（二九）2006HGA区T22M46（下文简称“AM46”）

AM46位于A区东南的T22南中部。叠压于第2层下，墓口距地表0.35、墓深4.78米。墓道向北，方向22度。保存完整。

由坟丘、墓道、封门、甬道、墓室组成（图4-1-191；图版一五六，1）。

坟丘：塌落坟丘堆积位于墓道南约0.8米处。平面形状不甚规则，长约4.4、宽4.2、深1.2米。坟丘堆积褐色土，间杂黄土、红土颗粒。

墓道：位于墓室北侧中部。平面呈平头铲状，通长8.76米。墓道上端因二次挖开略有错位，平面形状不规则，但仍能明显看出置棺槽，平面略呈南北长方形，长2.3、宽0.78～0.92米。尾端平面口部较窄，宽0.44～0.52米。底面为斜坡状，坡度约25度。斜坡面上有十五个凹坑式台阶，台阶面长0.18～0.62、宽0.16～0.28、进深0.08～0.14米。沿墓道底部和两侧壁有下滑式进棺槽，槽宽0.96～1、高1.32～1.66米。

封门：位于墓道南端，甬道券门外侧。双层封门，内侧为木板封门，外侧为青砖封门。内侧封门尚保留五块木板朽痕，木板朽痕均宽0.2、存高0.64、厚0.04米（图版一五八，1）。木板上部已不存，可能与二次进棺的扰动有关。现存十六层封门砖，顶部两层为顺砖平砌，下部十四层为丁砖左、右对角分层斜放，为前后交错摆放。封门砖上部宽0.9、底面宽1、高1.7米（图版一五七，2）。

甬道：位于墓室北侧中部。拱顶土洞砖券结构，平面呈长方形，甬券底面宽0.94、进深0.9、门洞高1.38米。底面为斜行错缝铺砖。

墓室：拱顶土洞结构，平面呈“T”字形，由前厅和后室组成。前厅为横前堂结构，东西通长4.5、南北宽1.64～2.04米。前厅又可分为左、中、右三区，中区为前厅，左、右两区可能与左、右耳室功能相似。中区平面近正方形，边长1.9～1.94米。左区和右区均为生土台铺砖结构，高于前厅地面0.14～0.18米。左区台面为丁砖错缝平铺，台沿为五层错缝平铺砖；右侧台面外侧砖为错缝平铺，内侧为东南–西北向斜行错缝铺，台沿为四层错缝平铺；厅室底面铺砖分两部分：左半部为东北–西南向斜行错缝铺砖，右半部为东南–西北向斜行错缝铺砖，中间有部分无铺砖。后室平面呈南北长方形，主要做棺床，为生土台铺砖结构，南北长3、宽1.96～2.1米，后室生土台高于厅室地面0.18～0.24米。棺床上铺砖为顺砖错缝平铺，床沿为五层，亦为顺砖错缝平铺（图版一五七，1）。

葬具：木棺两副。棺1位于棺床右侧，长2.14、宽0.62～0.66米。棺2位于棺床左侧，长2.2、宽0.74米。两棺底面均铺一层白灰泥，均使用铁棺钉（图版一五六，2）。

葬式：人骨架两具，完整，但均朽成粉末状。棺1内墓主为一次葬，仰身直肢，头向北，面向西，倾向为男性，壮年，身高1.8米。墓主头部左上方有铜镜1面（图版一五六，3；图版一五七，3），口部下方有1件银指环，左手握铜钱5枚，右手处散置铜钱132枚，左臂处有1把

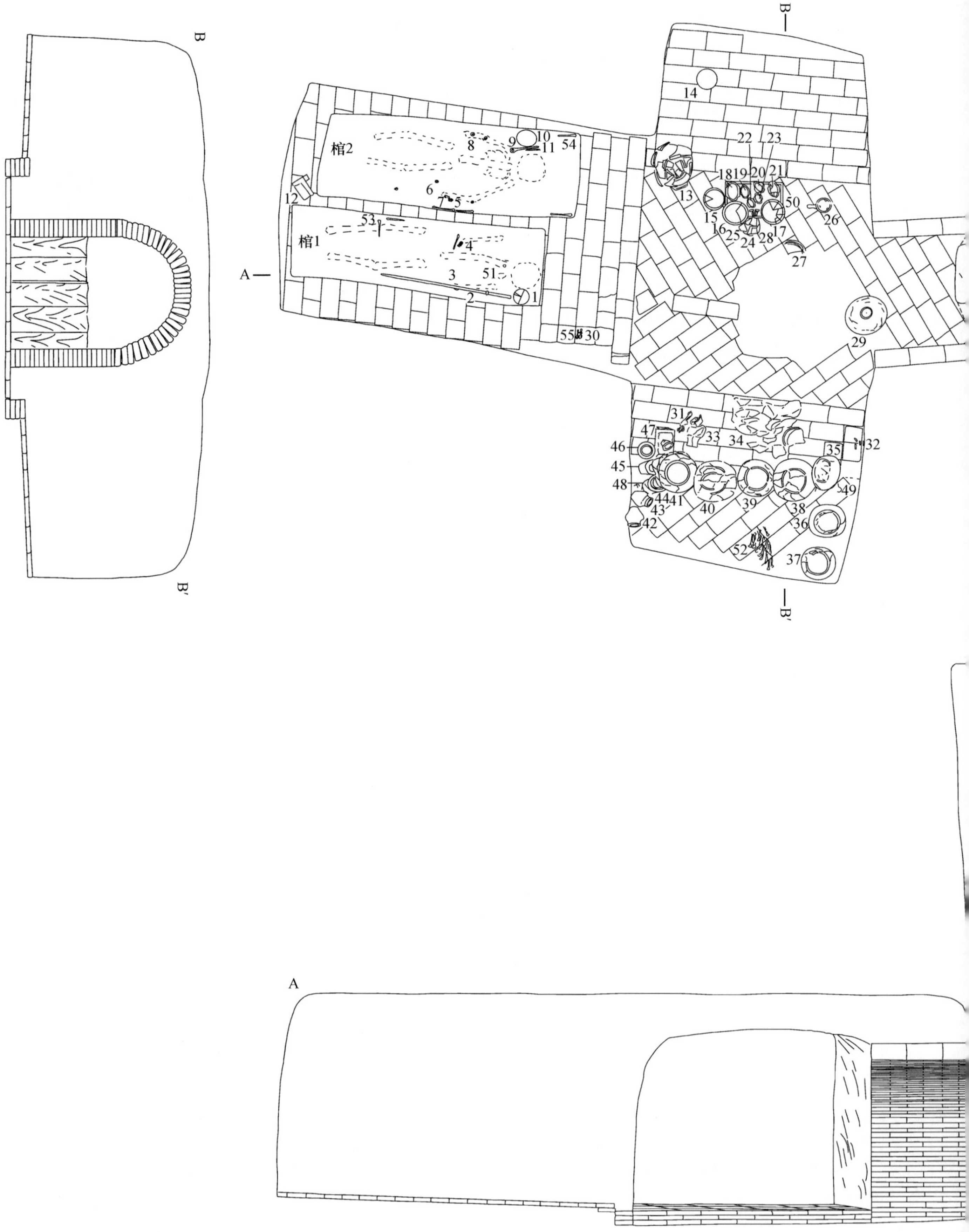

图4-1-191　A

1、10、14. 铜镜　2. 铁剑　3. 铜钱（5枚）　4. 铜钱（132枚）　5. 铜钱（13枚）　6. 铜钱（7枚
18～24. 陶耳杯　25. 陶樽　26. 铁灯　27. 铅钗（5件）　28. 骨六博骰子（5件）　29. 陶壶　30.
（各2件）　50. 陶案　51. 银指环　52.

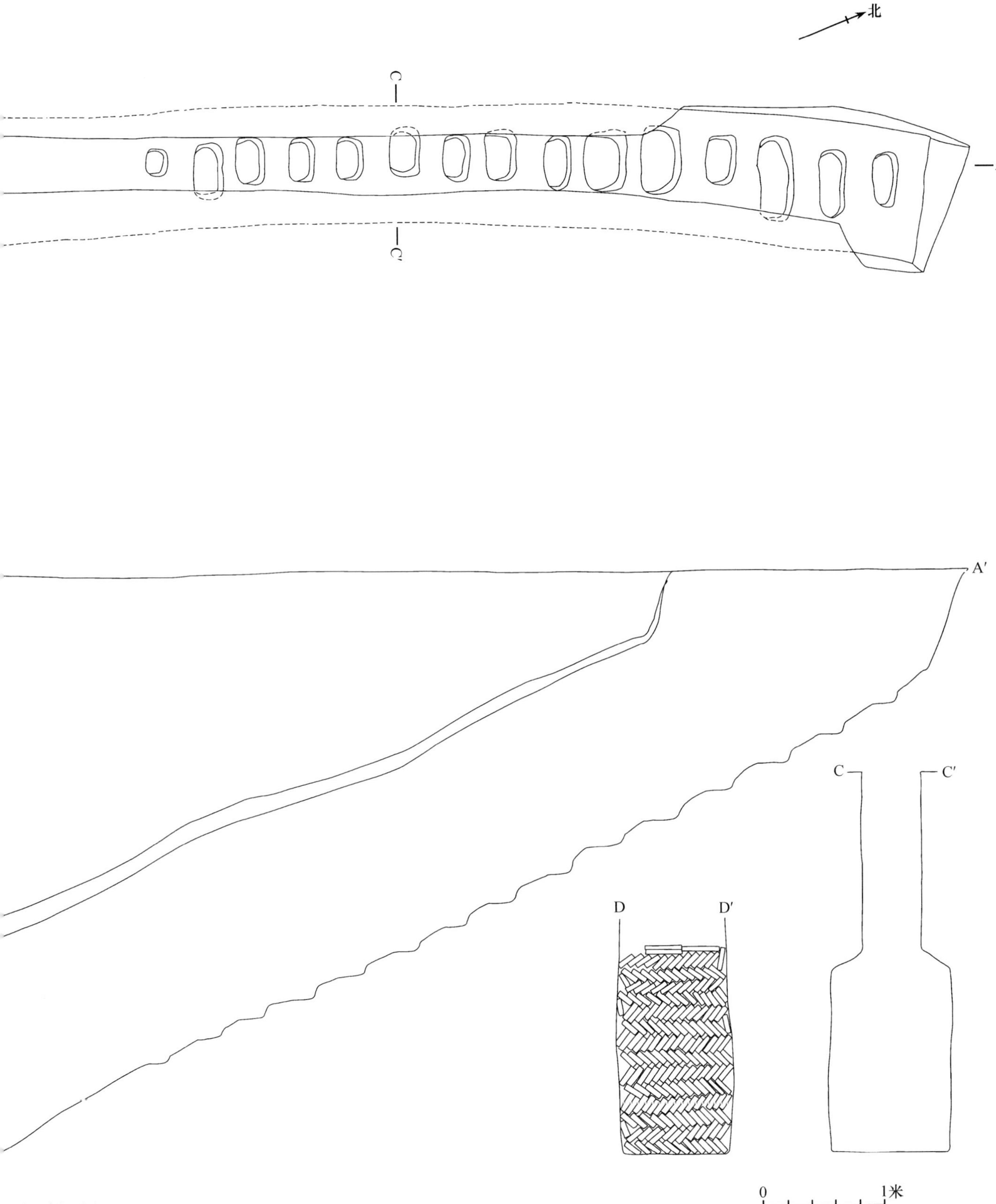

6平、剖面图

7. 银指环（3件） 8. 铜钱（20枚） 9. 铁刀 11. 铁镊 12. 陶圈 13、38～41. 釉陶罐 15～17. 陶盘

镳 31、32. 铅盖弓帽（各3件） 33. 陶井 34～37. 釉陶壶 42～46. 陶仓 47. 陶灶 48、49. 铁钩

骨头 53、54. 铁棺钉（各3件） 55. 铅扣饰

长铁剑，尖向南，柄向北。棺2内墓主为一次葬，仰身直肢，头向北，面向上，倾向为女性，成年，身高约1.5米。墓主头部左侧有铜镜1面及小铁刀等，左手握铜钱13枚，右手握铜钱20枚，左手指处有银指环3件。推测应为夫妇合葬。

出土遗物：54件（组），有釉陶器、陶器、铜镜、钱币、铁器、铅器、银器、骨器和动物骨头，计有釉陶壶4件、罐5件，陶仓5件、井1件、灶1件、圈1件、樽1件、耳杯7件、案1件、盘3件（图4-1-192A、192B；图版一五六，4），铜镜3面，铜钱5组177枚，铁刀1把、剑1把、灯1件、钩2组4件、镢1件、棺钉2组6件，铅扣饰1件、钗1组5件、盖弓帽2组6件、衔镳1件，银指环2组4件，骨六博骰子1组5件，动物骨头1组，陶器主要出土于厅室左侧和右侧，厅室左侧有陶案、耳杯、盘和骨六博骰子，整齐排列，应为供器（图版一五八，2）；右侧主要放置绿釉陶罐4件、绿釉陶壶4件和大量动物骨头，其中29号陶罐内有部分家禽类骨头（图版一五八，3）；左侧放置1面铜镜和1件漆器，漆器已朽蚀殆尽，仅余印痕。随葬陶器为一套器物组合。

AM46是土洞室墓葬，墓室内共出土3面铜镜，除棺内各放置1面外，在前厅左侧南中部也放置1面铜镜。另外，陶案上不仅有陶耳杯和陶盘，中部还有骨六博骰子5件，应是一套完整的博局饮酒器具。出土的1件铁灯盏，应是墓室内的长明灯。绿釉陶壶应是盛酒器具，29号陶罐内出土的家禽类骨头，证明汉代确用肉酿酒。由上可知，AM46的墓主人生前生活应十分富裕。

AM46的年代应属东汉晚期。

五、Cb　型　墓

Cb型墓，为带有斜长墓道，墓道底部和两侧壁设有下滑式进棺槽的墓葬。共4座。此型墓始见于东汉早期，流行于东汉中期，东汉晚期不见。墓道口部较窄、底部带进棺槽是Ca型和Cb型墓的共同特征，但是墓道是直或斜，似乎无时代差别，可能主要与周边墓葬的空间位置有关，如果一座墓前面已有墓葬，直长墓道可能会破坏到前面墓葬，故墓道会挖成斜向。这是新乡地区汉代墓葬中普遍存在的现象。

（一）2006HGA区T30M74（下文简称“AM74”）

AM74位于A区西北部的T30北部。叠压于第2层下，墓口距地表0.5、墓深4.5米。墓道向北，方向18度。在甬道顶部有一大盗洞，墓室遭到盗扰。

由坟丘、墓道、甬道、墓室、耳室组成（图4-1-193；图版一五九，1）。

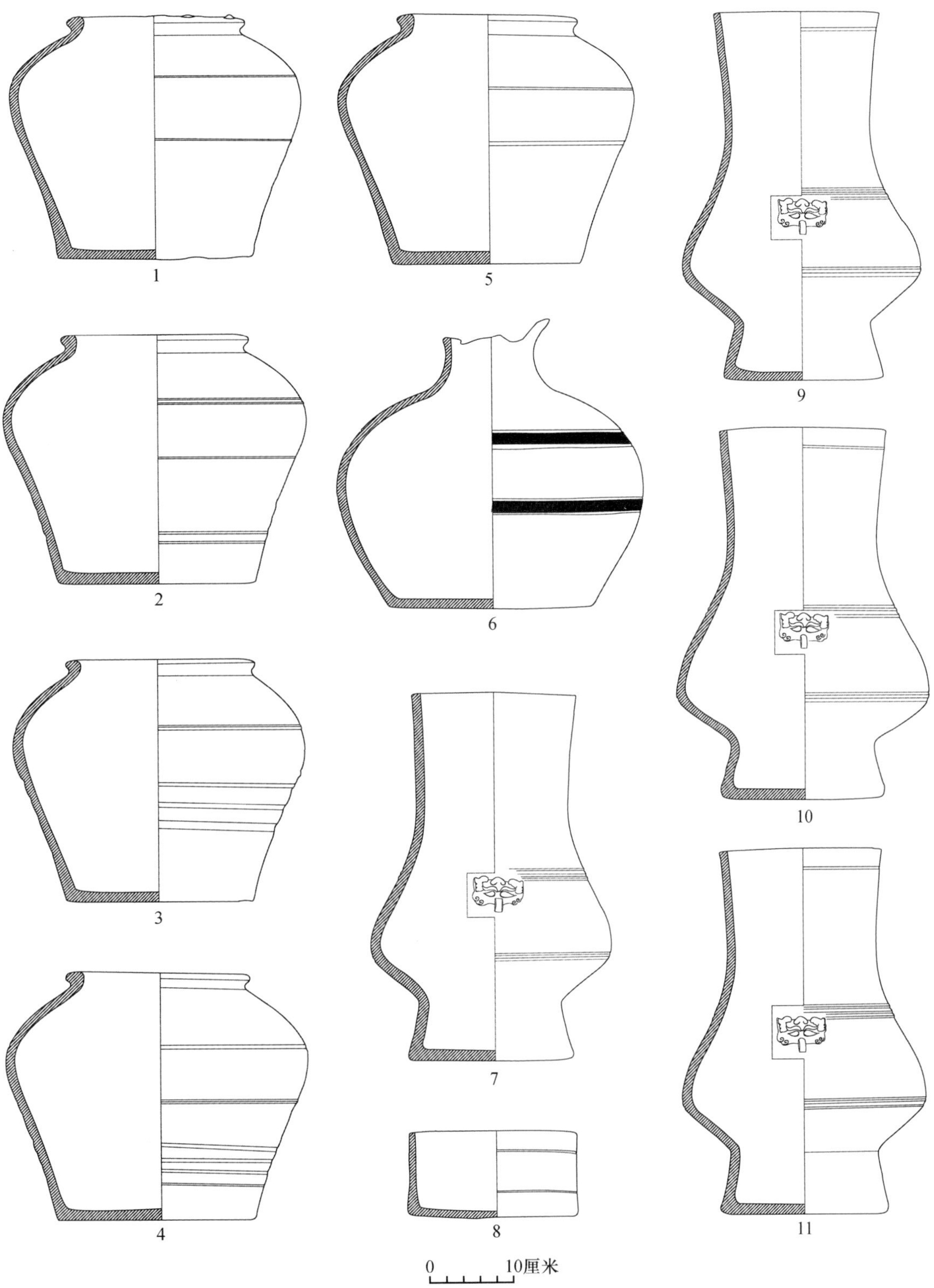

图4-1-192A　AM46出土陶器

1～5. 釉陶罐（AM46：13、38～41）　6. 壶（AM46：29）　7、9～11. 釉陶壶（AM46：34～37）　8. 樽（AM46：25）

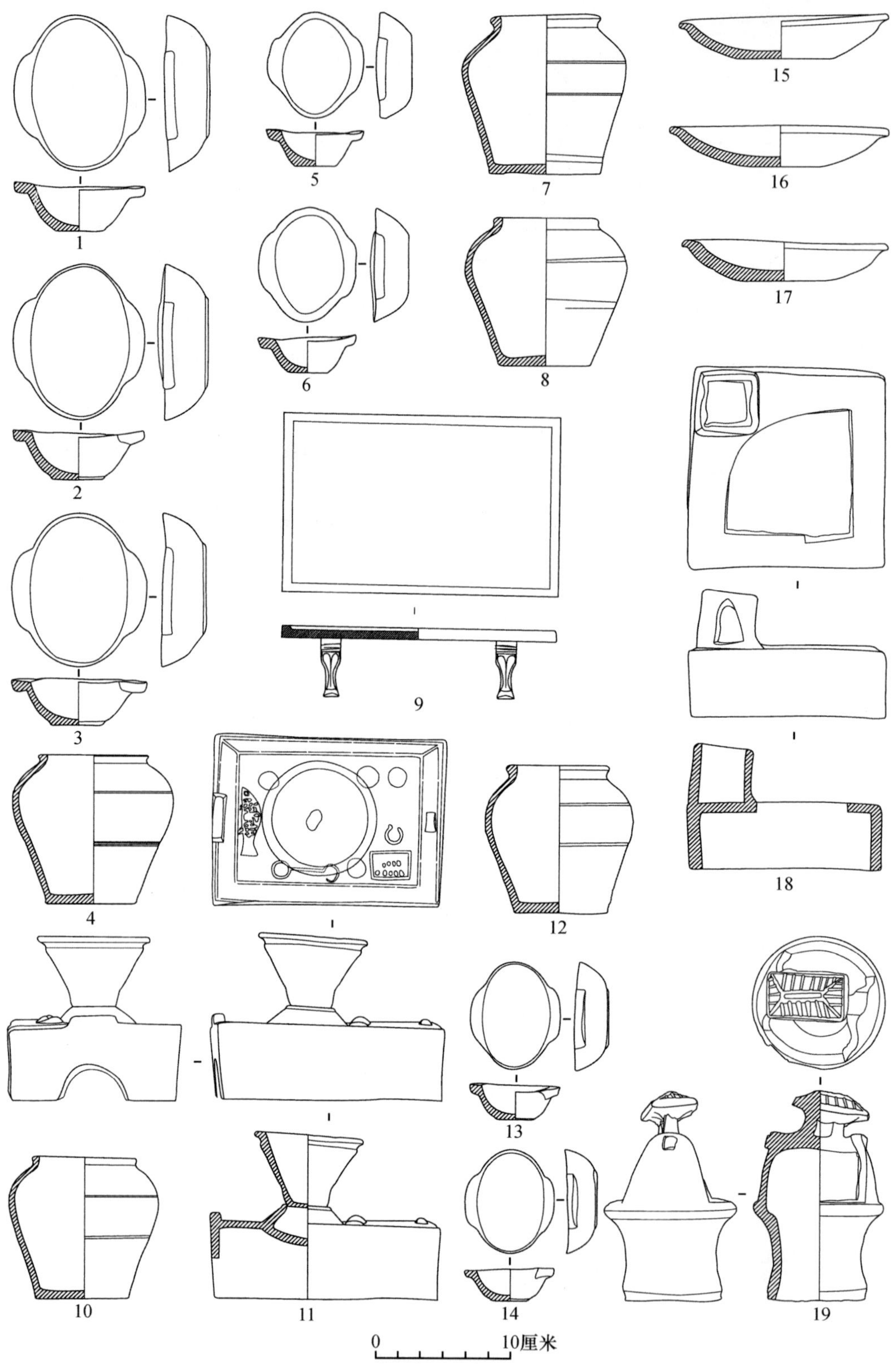

图4-1-192B　AM46出土陶器

1～3、5、6、13、14. 耳杯（AM46：18、24、21、19、20、22、23）　4、7、8、10、12. 仓（AM46：44、42、43、46、45）　9. 案（AM46：50）　11. 灶（AM46：47）　15～17. 盘（AM46：15～17）　18. 圈（AM46：12）　19. 井（AM46：33）

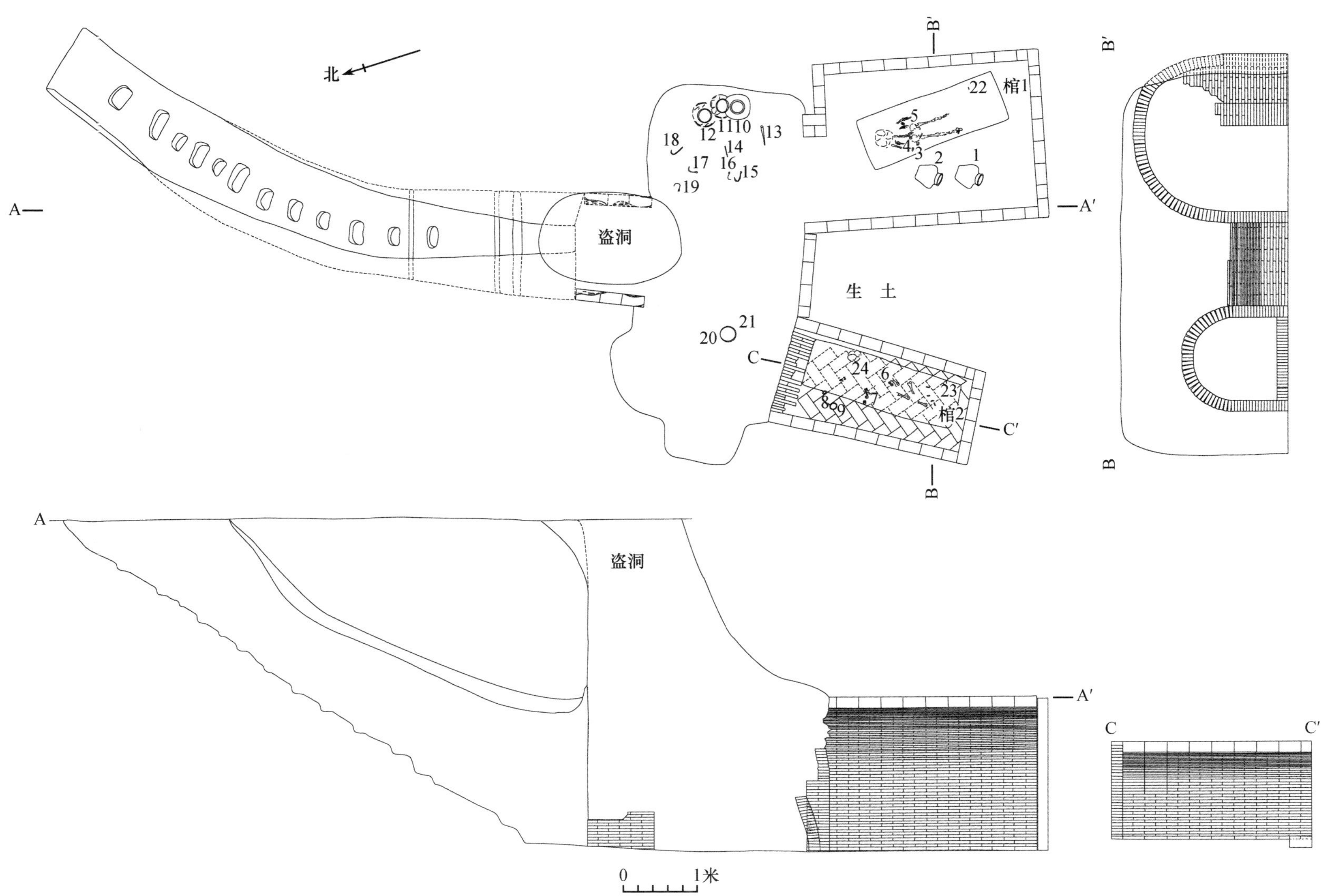

图4-1-193　AM74平、剖面图

1、2、10. 绿釉陶罐　3. 骨饰　4. 铜钱（18枚）　5. 铜钱（6枚）　6. 铜钱（10枚）　7. 铜钱（20枚）　8. 绿釉小陶壶　9. 铁灯　11、12. 绿釉陶壶　13. 铁刀
14～19. 铁钩　20. 绿釉陶樽　21. 绿釉陶耳杯　22. 铁棺钉（5件）　23. 铁棺钉（3件）　24. 小铁刀

坟丘：塌落坟丘堆积位于墓道南侧约1米。平面近椭圆形，长径3.6、短径3.4、深1.2米。坟丘堆积褐色土，间杂黄土、红土颗粒。

墓道：位于墓室北侧中部，并向右前方斜出。平面原为平头铲状，估计在二次进棺再次挖开墓道时有所破坏，长方形置棺槽不太明显，平面长2.4、宽1米。尾端平面口部较窄，宽0.38～1米。底面为斜坡状，坡度约26度。斜坡面上有十二个凹坑式台阶，台阶面长0.22～0.38、宽0.1～0.14、进深0.06～0.1米。墓道近底部有两斜坡台阶，台阶面宽0.2、高0.18米。沿墓道底部和两侧壁面设下滑式进棺槽，槽宽1.2～1.4、高0.9～1.8米。

甬道：位于墓室北侧中部封门内侧。土洞砖券结构，拱顶已被盗扰，保留直墙部分。平面呈长方形，甬券门洞底面宽1.1～1.16、进深0.94米。

墓室：拱顶土洞砖券结构。平面呈“丌”字形，由前厅和后室组成，土洞通长4.9～5.4、洞高2.08米。前厅为横前堂拱顶土洞结构，平面近圆角长方形，东西长4.4、南北宽2.1、洞高2.2米。后室为双室，左、右各有一室，两室相距1.2～1.96米，两室中间有一面砖墙。右墓室规模较大，应为主墓室，平面为长方形，长3.2～3.3、宽2、拱券高1.92米。底面无铺砖（图版一五九，2）。左墓室规模较小，平面近长方形，长2.64～2.74、宽1.14、拱券高1.26米。底面为生土台棺床，生土台高于厅室地面0.1米。棺床上为“人”字形铺砖，床沿为一排侧放丁砖（图版一五九，3）。

耳室：一个，位于墓室横前堂左侧中部。拱顶土洞结构，平面近长方形，入口宽1.1、内边宽0.86、进深0.5、洞高0.6～1.6米。

葬具：木棺两副。棺1位于右墓室中部偏东，长1.96、宽0.7米。棺2位于左墓室中部，长2.08、宽0.62米。两棺底面均铺一层白灰泥，均使用铁棺钉。

葬式：人骨架两具。棺1内墓主为一次葬，仰身直肢，头向北，面向上，性别不详，从牙齿判断年龄为7～8岁，身高1.1米。墓主右手握铜钱18枚和圆形骨饰1件，左手握铜钱6枚，墓室内左侧有绿釉陶罐2件。棺2内墓主被扰严重，葬式不明，从牙齿判断年龄为7～8岁。棺室内散置铜钱30枚，墓室内有绿釉小陶罐和铁灯盏各1件。由于墓主均为儿童，关系不明，此墓不排除为家境殷实者孩子的冥婚墓的可能。

出土遗物：24件（组），有釉陶器、钱币、铁器和骨器，计有釉陶壶2件、小壶1件、罐3件、樽1件、耳杯1件（图4-1-194；图版一五九，4），铜钱4组54枚，铁刀2件、灯1件、钩6件、棺钉2组8件，骨饰1件，陶器主要出土于厅室和墓室中。因盗扰严重，器物组合不明。

此墓为双室砖券墓，两位墓主均为儿童，且随葬陶器均为绿釉陶器，这在此墓地中是唯一一例。

AM74的年代应属东汉早期。

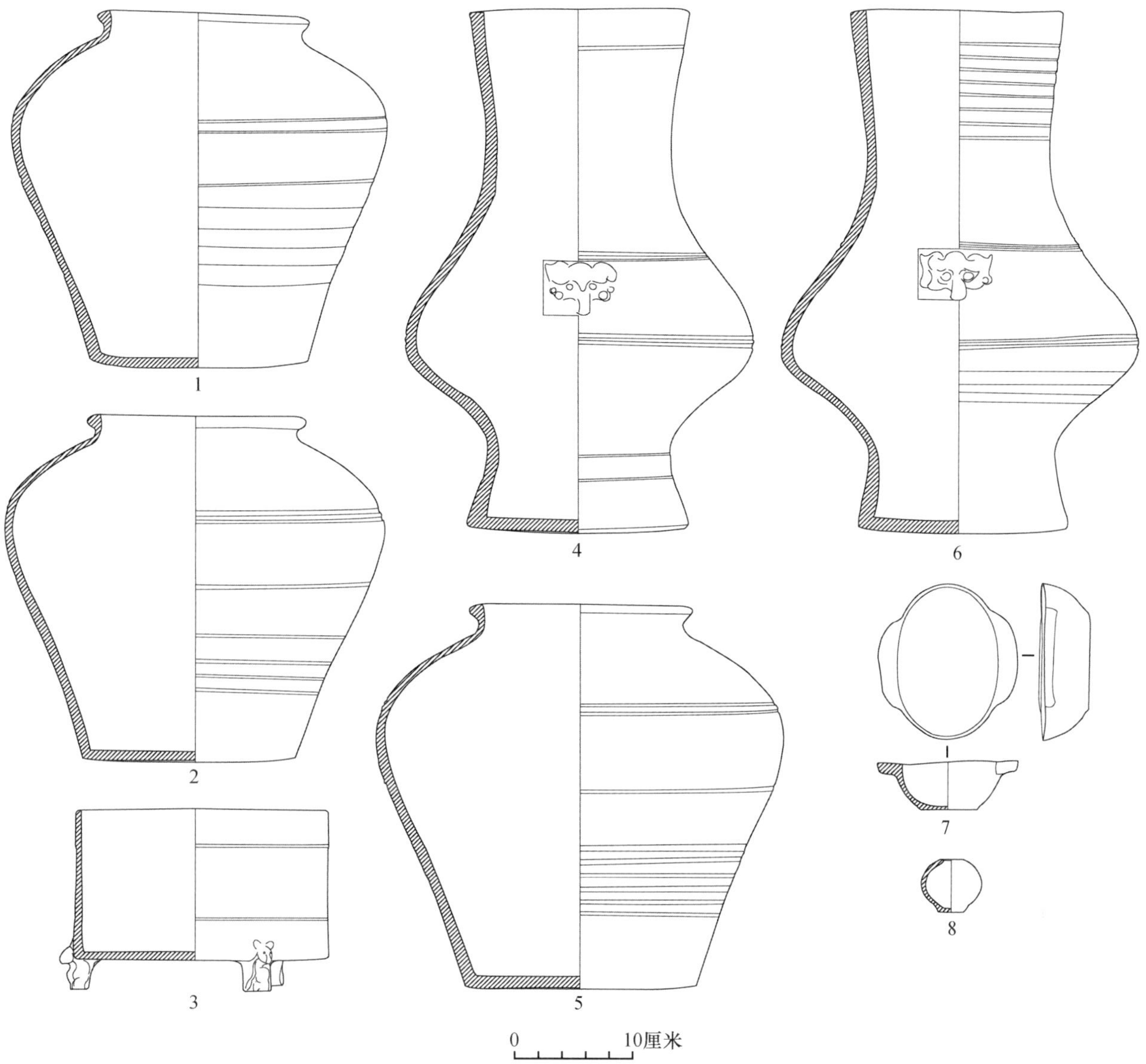

图4-1-194　AM74出土陶器

1、2、5. 绿釉陶罐（AM74：1、2、10）　3. 绿釉陶樽（AM74：20）　4、6. 绿釉陶壶（AM74：12、11）　7. 绿釉陶耳杯（AM74：21）　8. 绿釉陶小壶（AM74：8）

（二）2006HGA区T3M67（下文简称“AM67”）

AM67位于A区西北部的T3西北部。叠压于第2层下，墓口距地表0.6、墓深3米。墓道向北，方向18度。在前厅、后室上部均有大盗洞，墓室被严重盗扰，随葬品几乎被洗劫一空，仅于扰土中发现数件残陶器和零乱的人骨残块。

由墓道、封门、甬道、墓室组成（图4-1-195；图版一六〇，1）。

墓道：位于墓室北侧中部，并斜向右前方。因发掘受限，墓道未全部发掘。墓道平面呈平头铲状，通长不少于6.8米。尾端平面口部较窄，宽0.9米。前端设有置棺槽，发掘长约2.4、宽

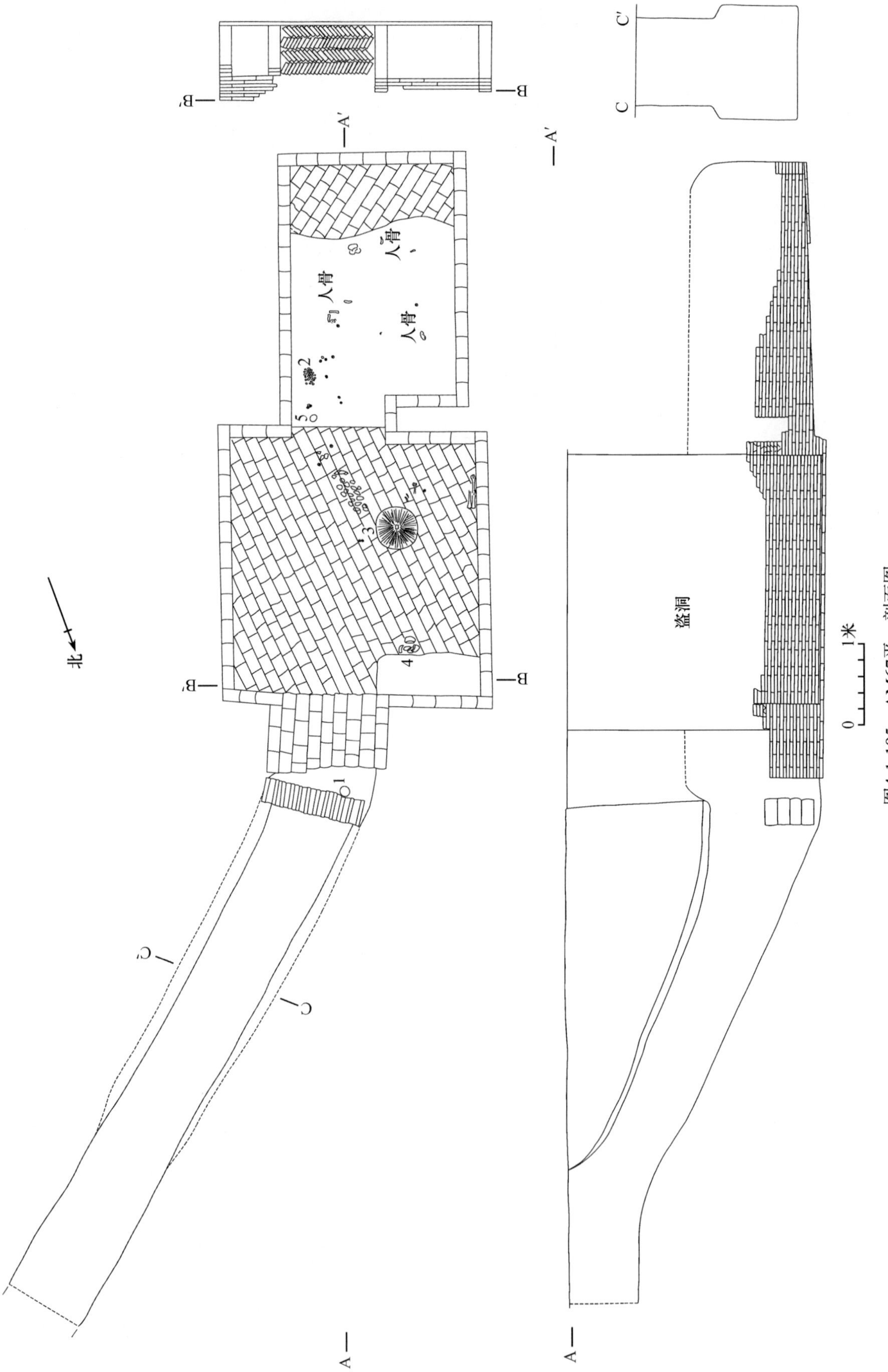

图4-1-195　AM67平、剖面图

1、5. 铜镜　2. 铜钱（133枚）　3. 石磨盘　4、7. 陶仓　6. 铜钱（4枚）　8. 陶盘　9. 黄釉陶罐（6~9出自扰土中）

1米。底面为斜坡状，坡度约24度。沿墓道底部和两侧壁设有下滑式进棺槽，槽宽1.1～1.2、高0.7～1.3米。

封门：位于墓道南端，甬道券门外侧。青砖封门，由于盗扰严重，大部分封门砖都已残失，现仅存4层。均为丁砖左、右对角分层斜放，上面两层有前后交错摆放现象。封门砖底面宽1.1、高0.58米。

甬道：两处，均为砖券结构。一处位于前厅与墓门之间，券顶已被扰，现仅存甬道直墙部分，甬道门洞底面宽1.14、进深0.9、墙存高0.84米。甬道底面铺砖为错缝平铺。另一处为由厅室进入后室的券门，券顶也已被扰，仅存直墙，券道门洞底面宽1.14、进深0.6、墙存高0.4米。

墓室：由前厅和后室组成。前厅为土坑竖穴墓圹，砖室穹隆顶结构，穹隆顶口部用石磨盘覆盖。后室为土洞砖室拱券顶结构。前厅平面近正方形，现仅存直墙，外土圹长3.3、宽3.24～3.3、深3米，厅室砖墙内边长2.92～3、高约0.94米。后室平面略呈南北向长方形，墙外土洞长3.04、宽2.26米，墙内南北长2.64、宽1.96米。后室为生土台结构，主要做棺床，棺床台高于厅室地面0.1～0.24米。棺床内高外低。厅室底面为南北向斜行错缝铺砖，棺床上为东北–西南向斜行错缝铺砖，铺砖均以残砖为主。

出土遗物：9件（组），有釉陶器、陶器、铜镜、钱币和石器，计有釉陶罐1件，陶仓2件、盘1件（图4-1-196），铜镜2面，铜钱2组137枚，石磨盘1件，主要出土于厅室扰土中。因盗扰严重，器物组合不明。

AM67为单穹隆顶和拱券顶相结合的砖室墓，是此次发掘中的唯一一座。墓室穹隆顶的攒口用石磨盘封盖，是新乡地区汉代墓葬中常见的现象。

AM67的年代应属东汉中期。

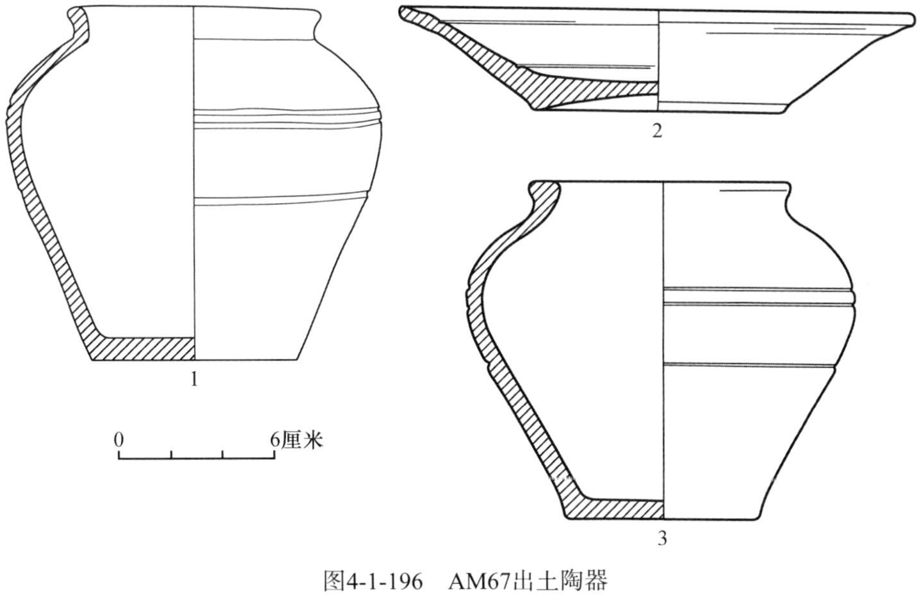

图4-1-196 AM67出土陶器

1、3. 仓（AM67：4、7） 2. 盘（AM67：8）

（三）2006HGB区T5M23（下文简称“BM23”）

BM23位于B区西北部的T5东北部。叠压于第2层下，墓口距地表0.35、墓深5.14米。墓道向西，方向280度。保存完整。

由坟丘、墓道、封门、甬道、墓室、侧室组成（图4-1-197；图版一六〇，2）。

坟丘：塌落坟丘堆积位于墓道东侧约1.3米处。平面近椭圆形，长径2.5、短径1.5、深1.6米。坟丘堆积褐色土，间杂黄土、红土颗粒。

墓道：位于墓室西侧中部，斜向右前方。平面呈平头铲状，通长8.4～8.5米。上端设有东西向长方形置棺槽，平面长1.6、宽0.66米。尾端平面口部较窄，宽约0.6米。底面为斜坡状，坡度约26度。沿墓道底部和两侧壁设下滑式进棺槽，槽宽0.76～1、高1.3～2.34米（图版一六〇，3）。

封门：位于墓道底部东端，甬道券门外侧。木板封门，发掘时木门已朽并大部分塌落，仅存底面固定木板门的凹槽，凹槽宽1.04、厚0.1米，高不明。

甬道：位于墓室西侧居中。拱顶土洞结构，平面呈长方形，底面宽1.08、进深0.3～0.4、洞高2.34米。

墓室：拱顶土洞结构。由前厅和后室组成，土洞通长4.4～4.6、洞高2.46米。前厅呈东西长方形，长2.5、宽1.7～1.78米。后室呈东西长方形，主要做棺床，为生土台结构，长1.9～2.1、宽1.78～1.84米，棺床台面高于厅室地面0.18米（图版一六一，1、2）。

侧室：一个，位于墓室前厅左后侧。拱顶土洞结构，向南略偏东方向斜入，平面近长方形，入口宽1.24、内边宽1.08、进深2.16～2.3、洞高0.8～1.16米（图版一六〇，4）。

葬具：木棺三副。棺1位于棺床左侧，长1.7、宽0.44～0.54米。棺2位于棺床右侧，长1.82、宽0.52～0.56米。棺3位于侧室中部，长1.8、宽0.52～0.62米。三棺均使用铁棺钉固棺，棺2和棺3内墓主均使用筒瓦作枕。三棺底面四角均有垫砖。

葬式：人骨架三具。三位墓主均为二次葬。棺1内墓主头向西，面向上，经鉴定为女性，年龄在14～18岁之间，身高约1.4米。棺室左侧中部有铜钱10枚，墓主头上方有粉1块。棺2内墓主头向西，面向上，经鉴定为男性，年龄在30～35岁之间。墓主右侧有1把小铁刀，头上方有1块粉，盆骨两侧各放有铜钱3枚，盆骨处有铜带钩1件。棺3内墓主头向北，面向上，经鉴定为女性，年龄在25～30岁之间。墓主头侧有1把小铁刀和粉1块，左手握铜钱3枚。推测为一夫多妻合葬。

出土遗物：32件（组），有陶器、铜器、钱币、铁器和粉，计有陶壶2件、罐3件、仓5件、井1件、灶1件、圈1件、樽1件、筒瓦2件（图4-1-198；图版一六一，3），铜带钩1件，铜钱3组19枚，铁刀4件、戟2件、棺钉3组6件，粉3块，陶器主要出土于棺3周围和后室两棺之间，铁兵器出土于厅室右侧近墓壁处。随葬陶器为一套器物组合。新出土器类为筒瓦、铁斧式戟。

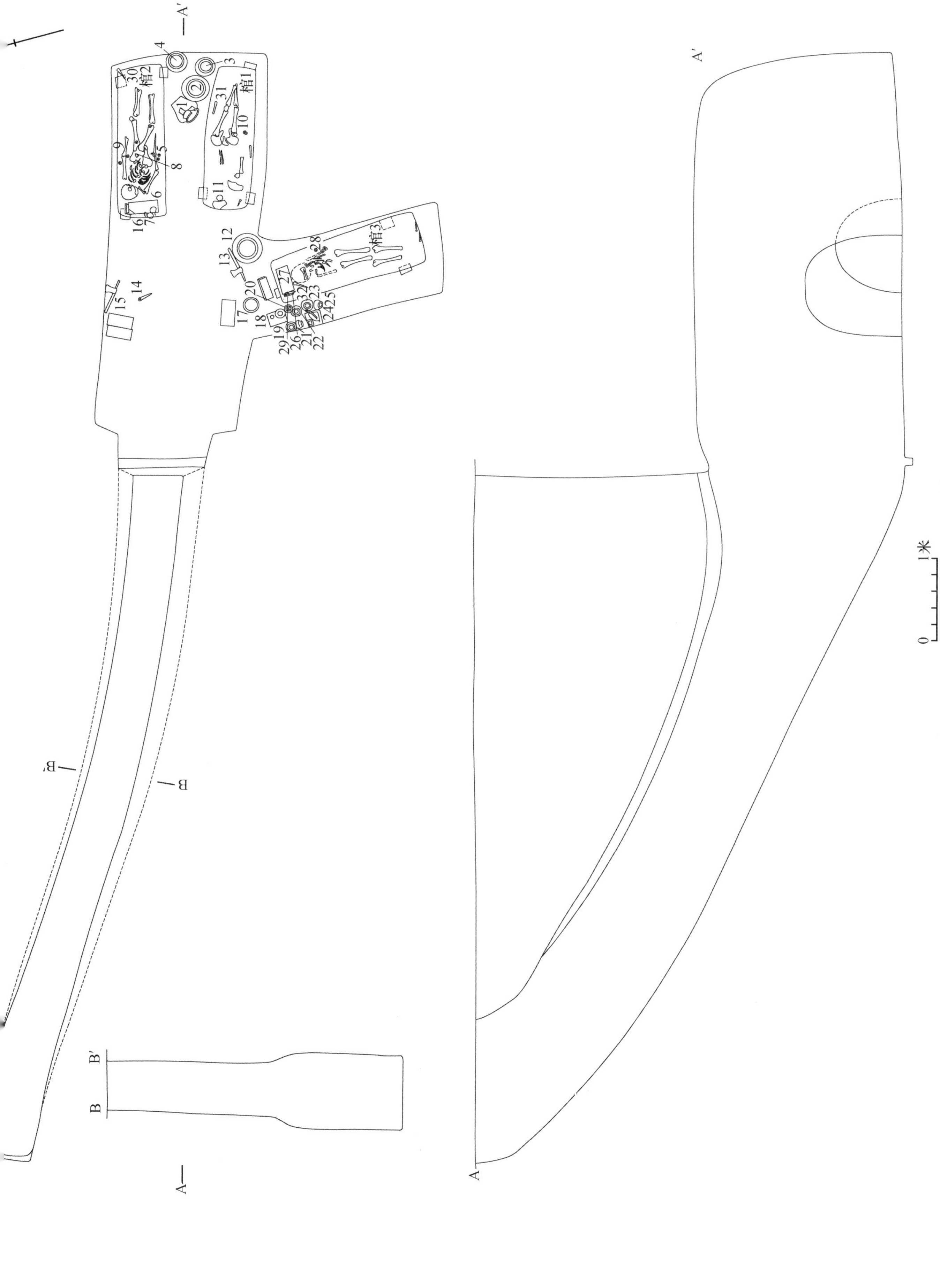

图4-1-197　BM23平、剖面图

1、2、12. 陶罐　3、4. 陶壶　5、14、16、26. 铁刀　6、27. 陶筒瓦　7、11、29. 粉　8. 铜带钩　9. 铜钱（6枚）　10. 铜钱（10枚）　13、15. 铁戟　17. 陶樽　18. 陶灶　19、21～23、25. 陶仓　20. 陶井　24. 陶圈　28. 铜钱（3枚）　30. 铁棺钉（2件）　31. 铁棺钉（1件）　32. 铁棺钉（3件）

图4-1-198　BM23出土陶器

1、3、4. 罐（BM23：2、1、12）　2、6. 壶（BM23：3、4）　5. 井（BM23：20）　7. 樽（BM23：17）
8、10～13. 仓（BM23：22、19、21、23、25）　9. 圈（BM23：24）　14. 灶（BM23：18）

BM23为东汉中期保存完整的三棺墓，三位墓主均为二次葬，不知何故三个墓主被同时迁葬于此。另外，大量陶器放于棺3周围，而且通常作为供器的陶樽也放于棺3北侧中部，说明棺3墓主可能具有较特殊的地位。

BM23的年代应属东汉中期。

（四）2006HGB区T22M64（下文简称“BM64”）

BM64位于B区东中部的T22南部。叠压于第2层下，墓口距地表0.3、墓深5.5米。墓道向东，方向110度。保存完整。

由坟丘、墓道、封门、甬道、墓室组成（图4-1-199；图版一六二，1）。

坟丘：塌落坟丘堆积位于墓道西侧。塌陷范围较大，平面近椭圆形，长径5.2、短径4.7、深1.8米。坟丘堆积褐色土，间杂黄土、红土颗粒。

墓道：位于墓室东侧中部，向右斜。墓道平面长11.2米。平面弧度不规则，尾端较窄，宽0.52～0.76米。顶端设置棺槽，平面长3.6、宽1.02～1.1米。底面为斜坡状，坡度28度。沿墓道底部设下滑式进棺槽，槽宽1.04～1.1、高1.1～1.66米。

封门：位于墓道底部西端，甬道券门外侧。双层封门，外侧为砖封门，内侧为木门。发掘时木门已朽，保留明显的朽蚀木板痕迹，为两块门板对开，北侧门板宽0.54、厚0.1米，南侧门板宽0.62、厚0.1米，门板高1.23米。门上两端门枢位置有门臼铁扣用于固定门枢（图版一六二，3）。外侧封门砖共二十二层，上面八层为顺砖错缝平砌，下部为丁砖左、右对角分层斜放，为前后交错摆放，层与层之间两侧边为侧放丁砖。封门砖底面宽1.1、上部宽0.78、高2.1米（图版一六二，2）。

甬道：位于墓室东侧中部。拱顶土洞砖券结构，甬券为单重三层券顶结构，第一层和第二层拱券完整，第三层只设置了拱顶部分，无直立砖墙，甬券直墙为两丁两顺砌筑。甬道底部平面呈长方形，门洞宽1.08、进深0.64、洞高1.44米。

墓室：拱顶土洞结构。平面呈“T”字形，由前厅、供台和后室组成（图一六三，1）。前厅为横前堂结构，南北横长5.8～5.9、东西进深2.2～2.4、洞高1.4～2米，底面无铺砖。后室平面为长方形，主要做供台和棺床，通长3.3、宽1.92～2.2、洞高1.74～1.84米。供台位于棺床前，为生土台铺砖结构，宽约0.9米，生土台高于厅室地面0.14米，台面为两排丁砖对缝平铺，供台沿为顺砖错缝平砌，共四层。棺床亦为生土台结构，高于厅室地面0.26米。棺床面为东北–西南向斜行错缝铺砖，床沿为顺砖错缝平砌，共三层（图版一六三，3）。

葬具：木棺两副。棺1位于棺床右侧，长2.24、宽0.66米。木棺内铺有青灰和白灰各一层。棺2位于棺床左侧，长2.24、宽0.9米。木棺内铺有一层青灰。均使用铁棺钉固棺（图版一六三，2）。

葬式：人骨架两具。骨架完整，均为一次葬，已朽成粉末状。棺1内墓主头向东，面向上，倾向为成年男性，身高1.6米。墓主头左侧有铜镜1面，右臂外侧有铁剑1把，腰部和铁剑边各有铜带钩1件，棺内散置铜钱12枚。棺2内墓主头向东，面向不明，倾向为成年女性，身高1.55米。墓主头上部有铜镜和银指环各1件，耳部有琉璃耳饰1对，棺内散置铜钱16枚。

出土遗物：53件（组），有釉陶器、陶器、铜镜、铜器、钱币、铁器、银器和琉璃器，计

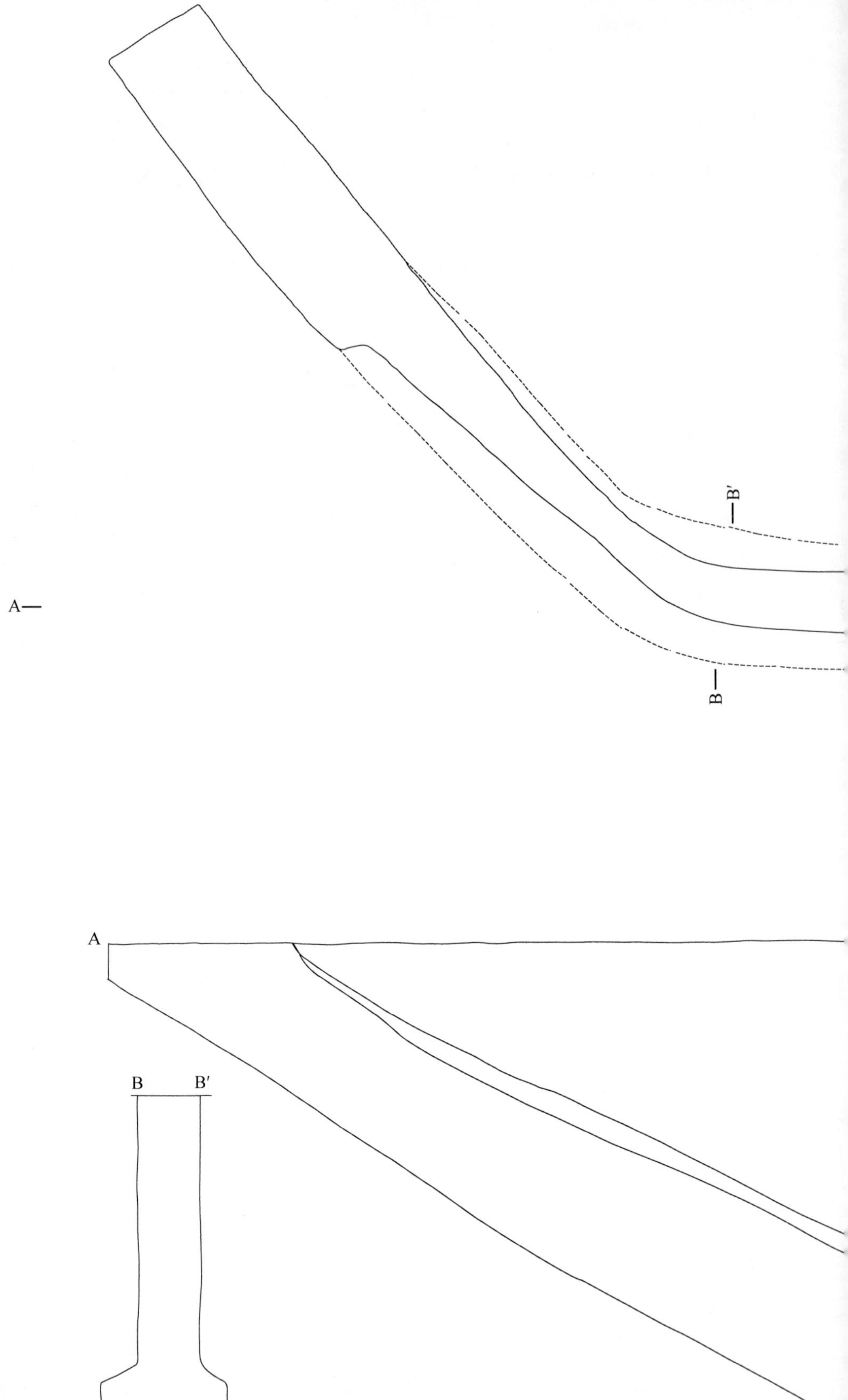

图4-1-199

1、5. 铜镜　2. 铁剑　3、48. 铜带钩　4. 铜钱（12枚）　6. 银指环　7. 铜钱（16枚）　8、9. 琉璃耳饰　10.

22. 陶灶　23～25、27、28. 陶仓　26. 陶井　33、34. 陶壶　35、36. 绿釉陶壶　37. 铁刀　38

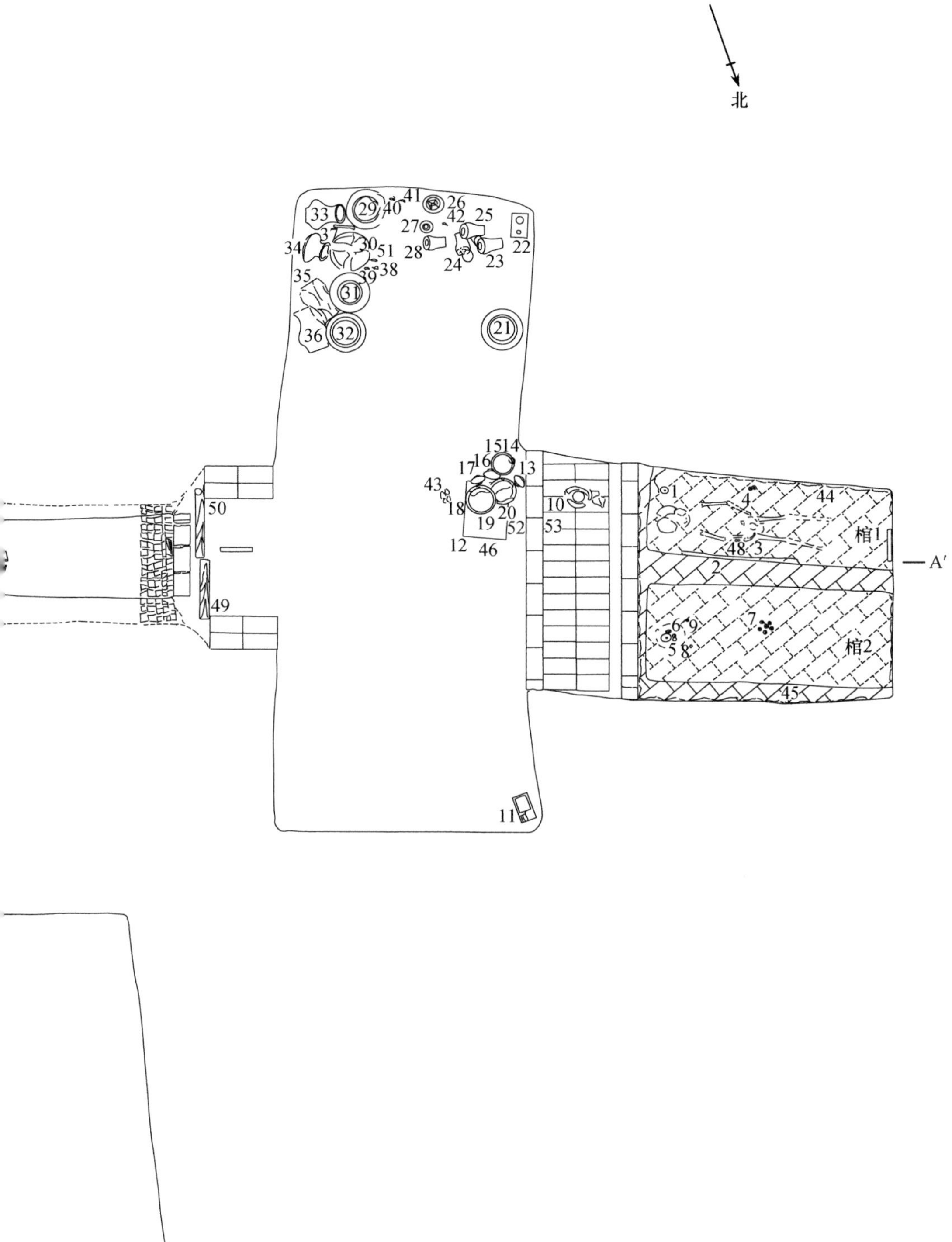

平、剖面图

熏炉　11. 陶圈　12. 陶案　13、15～18、43、46、52、53. 陶耳杯　14. 陶樽　19、20. 陶盘　21、29～32. 陶罐

、51. 铁钩　42. 动物骨头　44. 铁棺钉（3件）　45. 铁棺钉（9件）　47. 铁锸　49、50. 铁门枢

有绿釉陶壶2件、熏炉1件，陶壶2件、罐5件、仓5件、井1件、灶1件、圈1件、樽1件、耳杯9件、案1件、盘2件（图4-1-200A、200B；图版一六三，4），铜镜2面，铜带钩2件，铜钱2组28枚，铁刀1件、剑1件、锸1件、钩5件、门枢2件、棺钉2组12件，银指环1件，琉璃耳饰2件，动物骨头1组，陶器主要放于前厅右侧和前厅西中部偏右。随葬陶器为一套器物组合。

BM64的年代应属东汉中期。

六、Da 型 墓

Da型墓，为带斜坡式直长墓道，无竖井与进棺槽。相对于带进棺槽的Ca型和Cb型墓来说，D型墓（包括Da型和Db型）的墓道口部较宽，无需特意设进棺槽即可顺利进棺。共计29座。此型墓出现于西汉晚期，东汉早期较少，主要流行于东汉中期和东汉晚期。

（一）2006HGB区T2M15（下文简称“BM15”）

BM15位于B区西北角的T2中部。叠压于第2层下，墓道少部分被M2墓室打破，墓口距地表0.15、墓深5米。墓道向北，方向15度。墓道南端至厅室有一盗洞，墓室遭到严重盗扰。此墓由于被现代坟叠压，与村民协商不妥，墓道和封门未能全部清理，墓室和耳室大部分清理，但墓室最里侧由于存在塌方危险而不得不放弃清理，有关数据是钻探获得。

由墓道、墓室、耳室三部分组成（图4-1-201；图版一六四，1）。

墓道：位于墓室北侧中部。口部平面呈长方形，发掘长8.26、宽1.04～1.3米。底面为斜坡状，坡度32～36度。

墓室：拱顶土洞砖券结构。主墓室平面呈长方形，由前厅和后室组成，土洞通长5.52～5.56、洞高2.24米。前厅平面近长方形，南北长2.66～2.7、东西宽1.96～2.38米。后室主要做棺床，为生土台结构，长2.5、宽2米，生土台高于厅室底面0.14～0.24米。厅室底面有“人”字形铺砖，棺床上砖为一丁一顺平铺，床沿砖共4层，放于厅室铺砖上面，下面三层为顺砖错缝平砌，上面一排为丁砖平砌。

耳室：两个，位于墓室北端两侧。拱顶土洞结构，与墓室结合处为砖拱券。左耳室平面为圆角长方形，口宽1.14、内边宽1.4、进深2.8、洞高1.2米。右耳室平面呈圆角靴状，入耳室1.1米处向北折出1米，口宽1.1、内边宽1.6、进深2.4、高1.1～1.4米。

葬具与葬式：棺床被严重盗扰，葬具和人骨均已无存，故葬具和葬式不详。

出土遗物：37件（组），有陶器、铜器、钱币、铁器和石器，计有陶鼎1件、壶3件、罐9件、小罐1件、灶1件、瓮3件、樽2件、耳杯1件、盆1件、兽面1件、器盖4件、仓盖1件，铜镳斗1件、洗1件（图4-1-202A、202B、202C；图版一六四，2）、帽饰1件，铜钱1组36枚，铁刀1件、剑1件、钩1件，长方形石器1件、片饰1件，陶器主要出土于厅室和耳室内，厅室内出土的

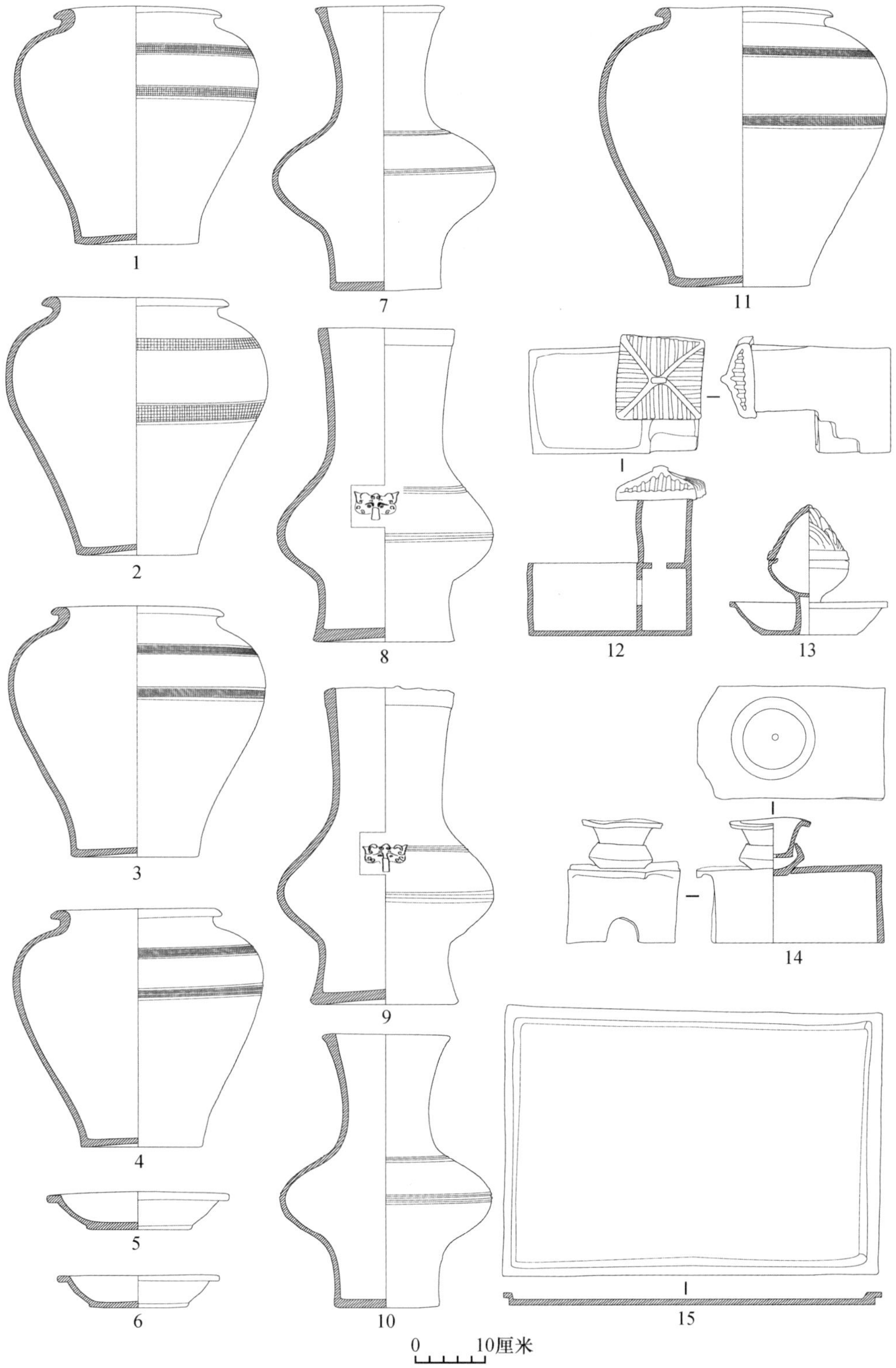

图4-1-200A　BM64出土陶器

1～4、11. 罐（BM64：29～32、21）　5、6. 盘（BM64：19、20）　7、10. 壶（BM64：34、33）　8、9. 绿釉陶壶（BM64：35、36）　12. 圈（BM64：11）　13. 绿釉陶熏炉（BM64：10）　14. 灶（BM64：22）　15. 案（BM64：12）

图4-1-200B　BM64出土陶器

1～4、6、8～10. 耳杯（BM64：13、53、17、52、46、15、16、18）　5. 樽（BM64：14）　7. 井（BM64：26）
11～15. 仓（BM64：25、23、24、27、28）

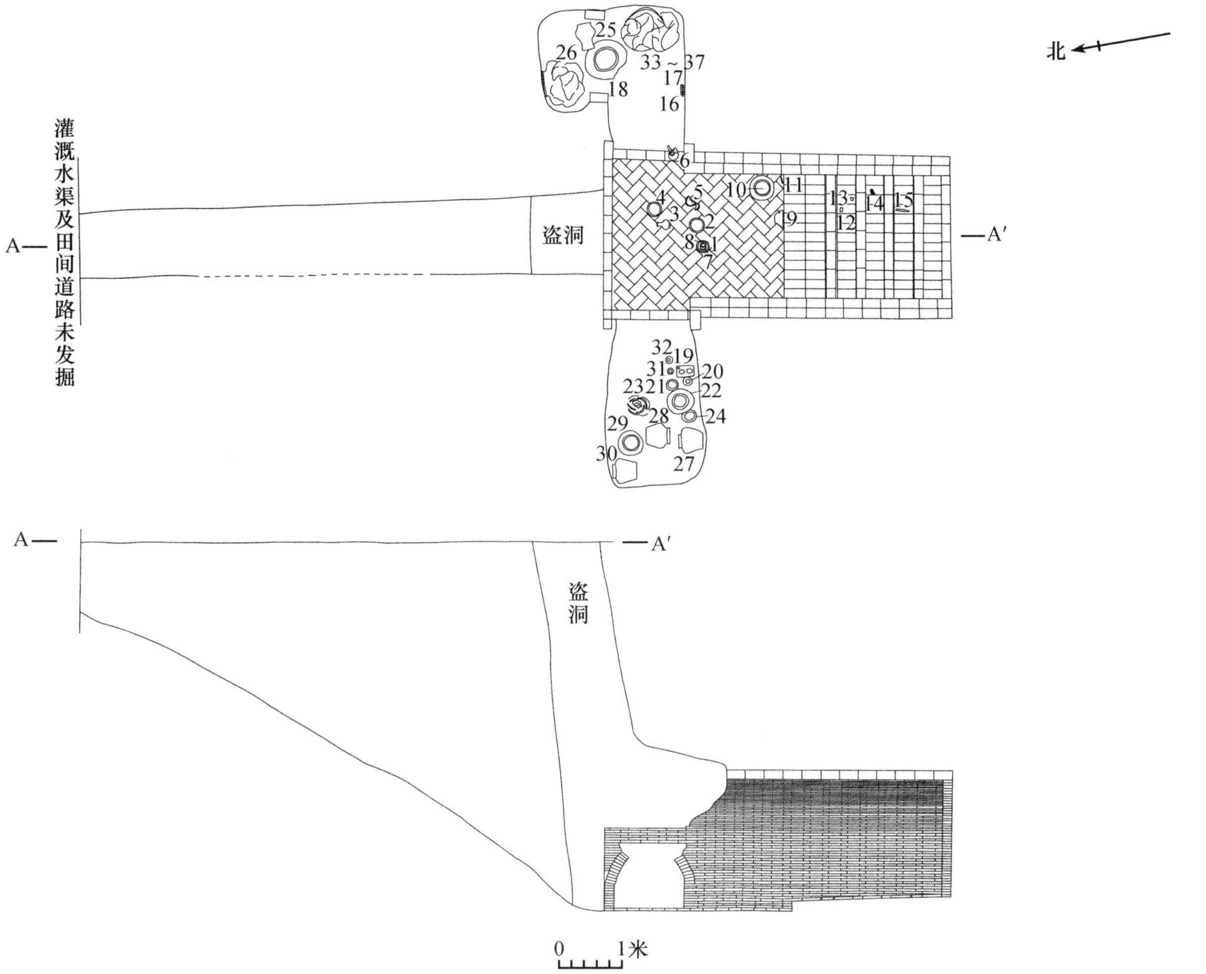

图4-1-201　BM15平、剖面图

1、4. 陶樽　2. 铜洗　3、20、25. 陶壶　5、31、32、36. 陶器盖　6. 铜鐎斗　7. 陶耳杯　8. 陶仓盖　9. 陶兽面　10、22、23、27～30、34、35. 陶罐　11. 铁钩　12. 石片饰　13. 铜帽饰　14. 铜钱（36枚）　15. 铁剑　16. 小铁刀　17. 长方形石器　18、26、33. 陶瓮　19. 陶灶　21. 陶鼎　24. 小陶罐　37. 陶盆（33～37出自盗土）

铜鐎斗和洗各1件为本次发掘仅见的青铜容器。由于盗扰严重，随葬陶器的组合不明，但从有2件陶樽判断为两套器物组合的可能性较大。

BM15的年代应属西汉晚期。

（二）2006HGA区T15M30（下文简称“AM30”）

AM30位于A区南中部的T15中部。叠压于第2层下，墓口距地表0.32、墓深4米。墓道向北，方向14度。在墓道底端和墓室后部均有盗洞，墓室遭到严重盗扰（图版一六五，2）。

由坟丘、墓道、甬道、墓室、耳室组成（图4-1-203；图版一六五，1）。

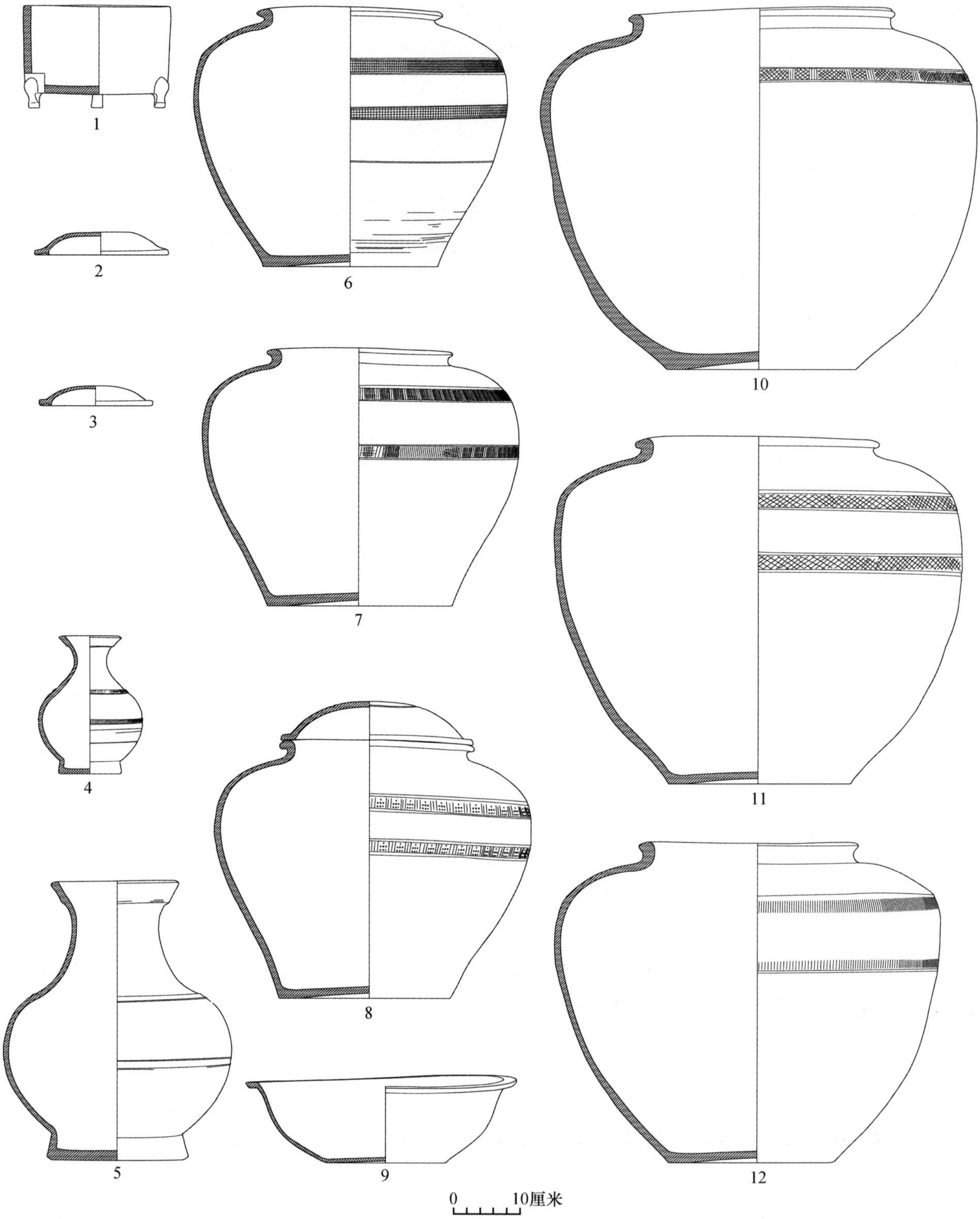

图4-1-202A　BM15右耳室出土陶器

1. 樽（BM15：4）　2、3. 器盖（BM15：5、36）　4、5. 壶（BM15：3、25）　6～8. 罐（BM15：10、34、35）　9. 盆（BM15：37）　10～12. 瓮（BM15：18、26、33）

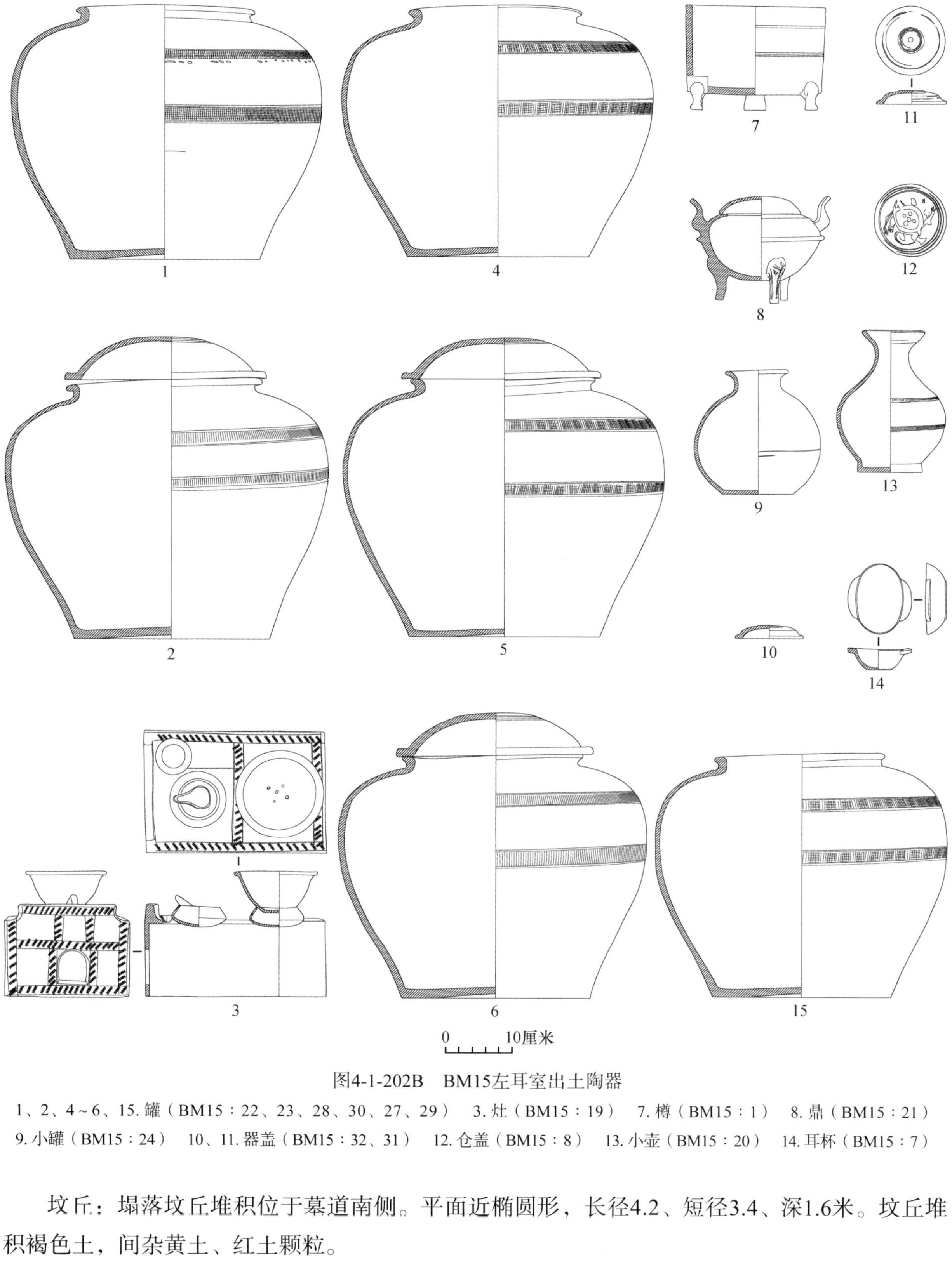

图4-1-202B　BM15左耳室出土陶器

1、2、4～6、15. 罐（BM15：22、23、28、30、27、29）　3. 灶（BM15：19）　7. 樽（BM15：1）　8. 鼎（BM15：21）　9. 小罐（BM15：24）　10、11. 器盖（BM15：32、31）　12. 仓盖（BM15：8）　13. 小壶（BM15：20）　14. 耳杯（BM15：7）

坟丘：塌落坟丘堆积位于墓道南侧。平面近椭圆形，长径4.2、短径3.4、深1.6米。坟丘堆积褐色土，间杂黄土、红土颗粒。

墓道：位于墓室北侧中部。平面呈长方形，长8.6、上口宽0.88～1.04、底面宽0.74～0.88

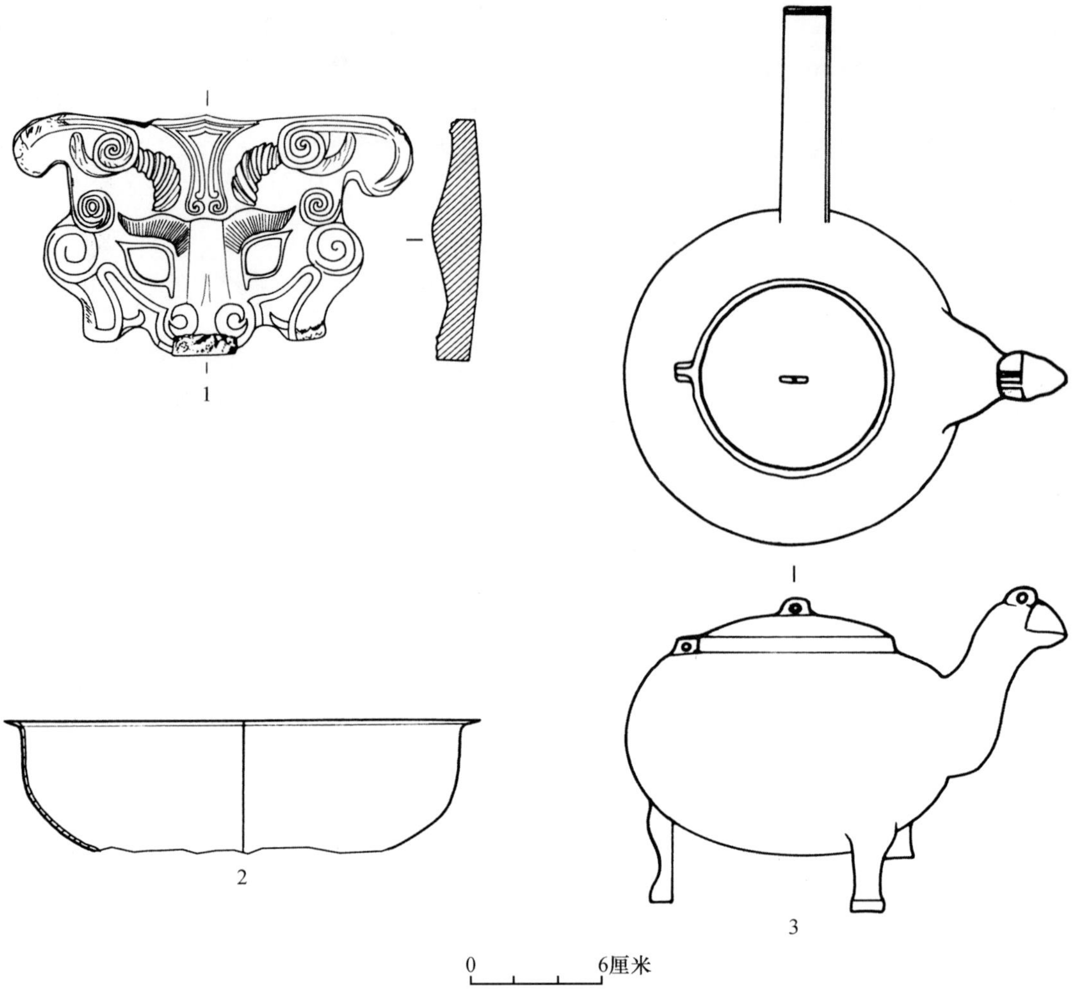

图4-1-202C　BM15出土遗物

1. 陶兽面（BM15：9）　2. 铜洗（BM15：2）　3. 铜鐎斗（BM15：6）

米。墓道明显有被二次挖开的痕迹，在距顶端3.6米的范围内为一个平台，而且尾端上口部不很规则，明显为二次挖开时所致。尾端底面为斜坡状，坡度约28度。斜坡面上尚保存有四个凹坑式台阶，台阶长0.2～0.24、宽0.08～0.16、进深0.04米（图版一六五，4）。

甬道：在墓室北侧中部和前堂与后室中间各有一段甬道，为土洞、砖券双重结构。墓门内侧甬道由于盗扰严重，甬券已塌落，仅存土洞底面，平面为长方形，底面宽1.24、进深0.7、高1.84米。后室左侧甬道仅保存与后室前墙结合处的丁砖，因盗扰严重，具体情况不明。

墓室：拱顶土洞砖券结构，由前厅和后室组成。前厅为土洞结构，平面近正方形，长3～3.1、洞高2.4米。后室原应为土洞砖室拱券结构，但因盗扰严重，仅存底面两层残砖，土洞长3.2～3.3、宽2.2～2.46、洞高2.4米。后室底面与厅室底面平，无生土台棺床。

耳室：两个，位于厅室左、右两侧。拱顶土洞结构，平面均为长方形。左耳室口宽1.86、内边宽1.92、进深1.1～1.24、洞高1.3米，耳室地面高于厅室地面0.15米。地面有东南–西北向

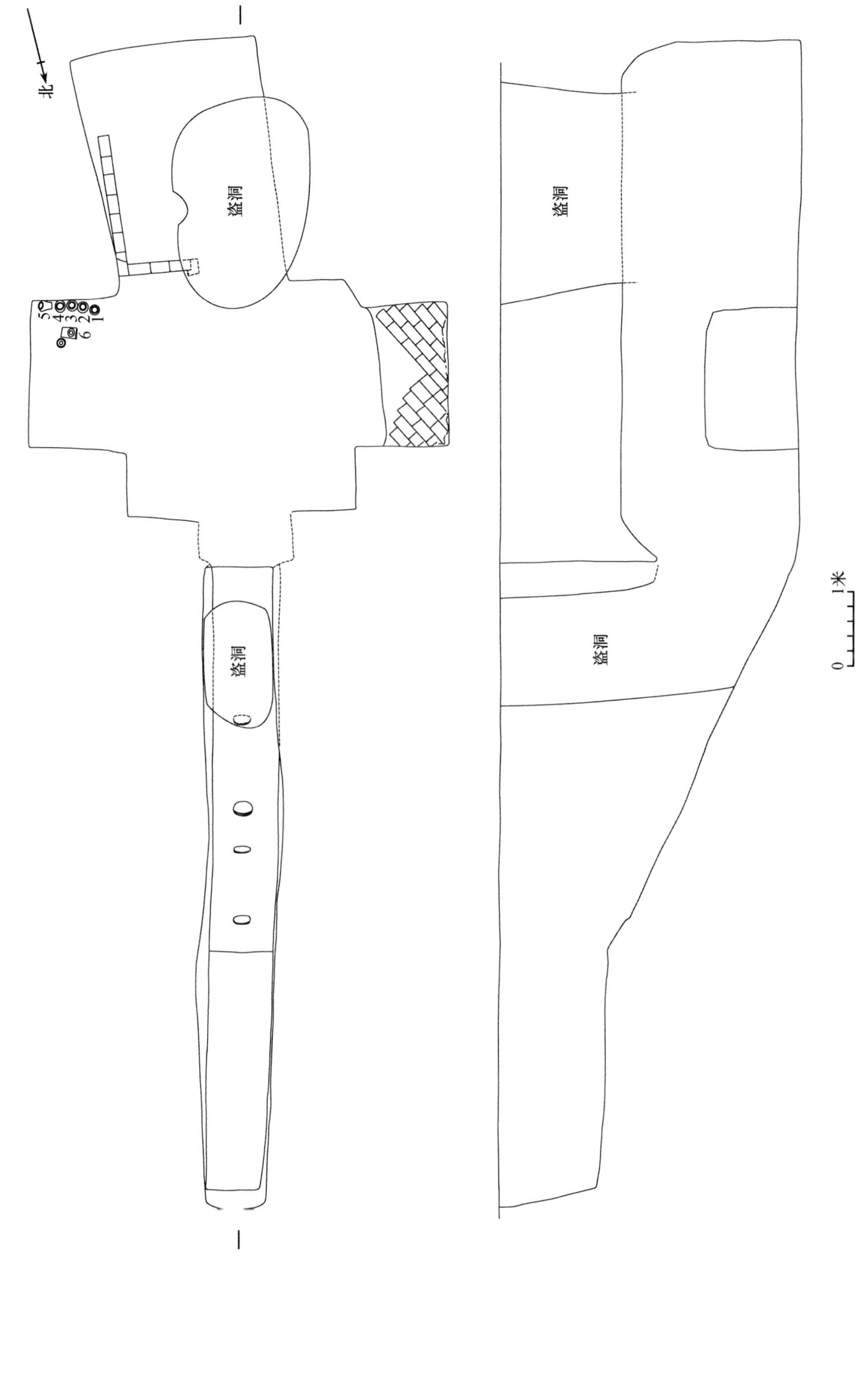

图4-1-203　AM30平、剖面图

1～5. 陶仓　6. 陶灶　7. 陶器盖　8. 铜钱（17枚）　9. 铜钱（11枚）　10. 陶井（7～10出自盗土中）

斜行错缝铺砖，台沿部被盗扰，情况不明。右耳室口宽2.1、内边宽1.94、进深1.14～1.3、洞高1.3米（图版一六五，3）。

葬具与葬式：棺床被严重盗扰，葬具和人骨均已无存，故葬具和葬式不详。

出土遗物：10件（组），有陶器和钱币，计陶仓5件、井1件、灶1件、器盖1件（图4-1-204；图版一六五，5），铜钱2组28枚，陶器主要出土于右耳室内。随葬陶器为一套器物组合。

由于此墓被盗扰严重，随葬器物组合已不完整，但总的来看，此墓规格不高，应属平民墓。

AM30的年代应属东汉早期。

（三）2006HGA区T4M4（下文简称“AM4”）

AM4位于A区西北部的T4中部。叠压于第2层下，墓口距地表0.3、墓深6.1米。墓道向北，方向18度。墓道尾端近封门处及前厅顶部各有一盗洞，墓室遭到严重盗扰。

由墓道、封门、甬道、墓室组成（图4-1-205；图版一六六，1）。

墓道：位于墓室北侧中部。平面呈南北长方形，口小底大，口部通长11.24、口部宽0.9、底面宽0.94～1米。壁面较垂直，规则整齐。底面为斜坡状，坡度32度。

封门：位于墓道南端，甬道券门外侧。青砖封门，现存八层封门砖，均为丁砖左、右对角分层斜放。底面宽1.18、高0.88米。

甬道：两处，分别位于墓室北侧中部和前厅与后室之间。均为土洞双重砖券结构，第一处甬券因盗扰严重已塌落，仅存底部墙。底平面为长方形，宽0.96、进深0.9、高0.6米。第二处券道偏于墓室左侧，因盗扰严重，券顶已经塌落，底面宽1、进深0.62米，高不详。第一处甬道下有斜行错缝铺砖，第二处券道底面因盗扰严重，铺砖已不存（图版一六六，2）。

墓室：拱顶土洞砖券结构，由前厅和后室组成。前厅为东西向横前堂结构，底平面为长方形，为先掏土洞，后在土洞中营建砖券洞室，土洞横长5.74～5.84、宽2.14～2.24米，前厅砖室内长5.44～5.52、宽1.84～1.9、券高2.26米（图版一六六，3）。后室平面呈南北向长方形，主要做棺床，棺床已被严重盗扰，土洞长2.94、宽2.3、洞高2.5米，砖室长2.68、宽1.96米。前厅墙为顺砖错缝平砌，起券时多为两顺砖错缝砌筑，底面为东南–西北向斜行错缝铺砖。后室北部底面保存一排顺砖，砖券墙为丁砖错缝平砌。

葬具与葬式：棺床、葬具和人骨均遭盗扰破坏，葬具与葬式均不详。

出土遗物：33件（组），有陶器和铁器，计有陶罐2件、仓7件（6件为仓盖）、井2件、灶1件、圈2件、盒盖2件、耳杯2件、案1件（只出土了2件陶案足）、盘3件、器盖10件（图4-1-206A、206B；图版一六六，4），铁门枢1件，陶器主要出土于盗土及前厅东部，多已移位。随葬陶器应为两套器物组合。

图4-1-204 AM30出土陶器

1~5. 仓（AM30：1、2、5、3、4） 6. 器盖（AM30：7） 7. 井（AM30：10） 8. 灶（AM30：6）

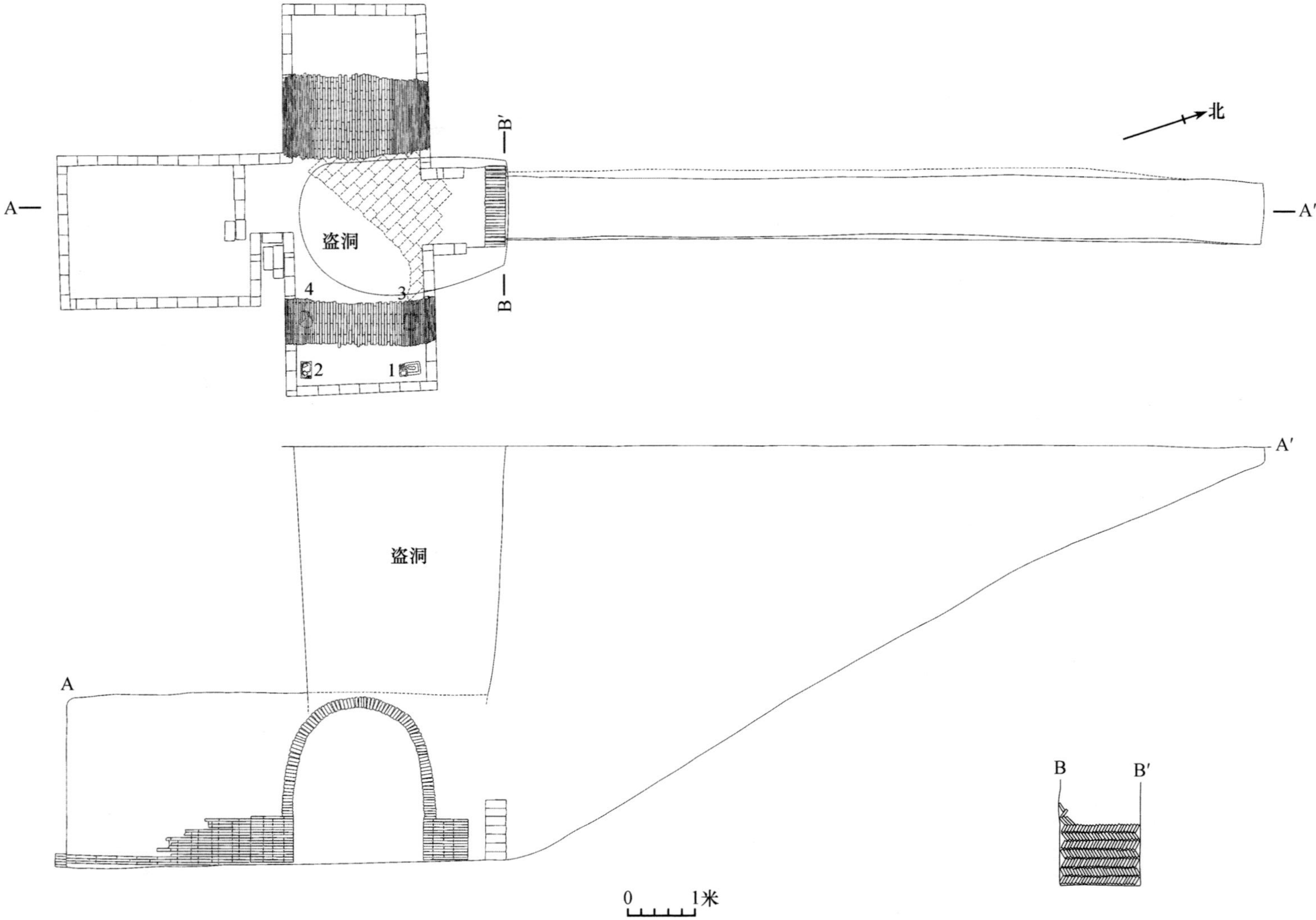

图4-1-205 AM4平、剖面图

1、2. 陶圈 3. 陶灶 4. 陶仓 5、6. 陶井 7、8. 陶罐 9、10. 陶耳杯 11、12、19. 陶盘 13、14. 陶盒盖 15～18、20～25. 陶器盖 26～31. 陶仓盖 32. 陶案足（2件） 33. 铁门枢（5～33出自盗土中）

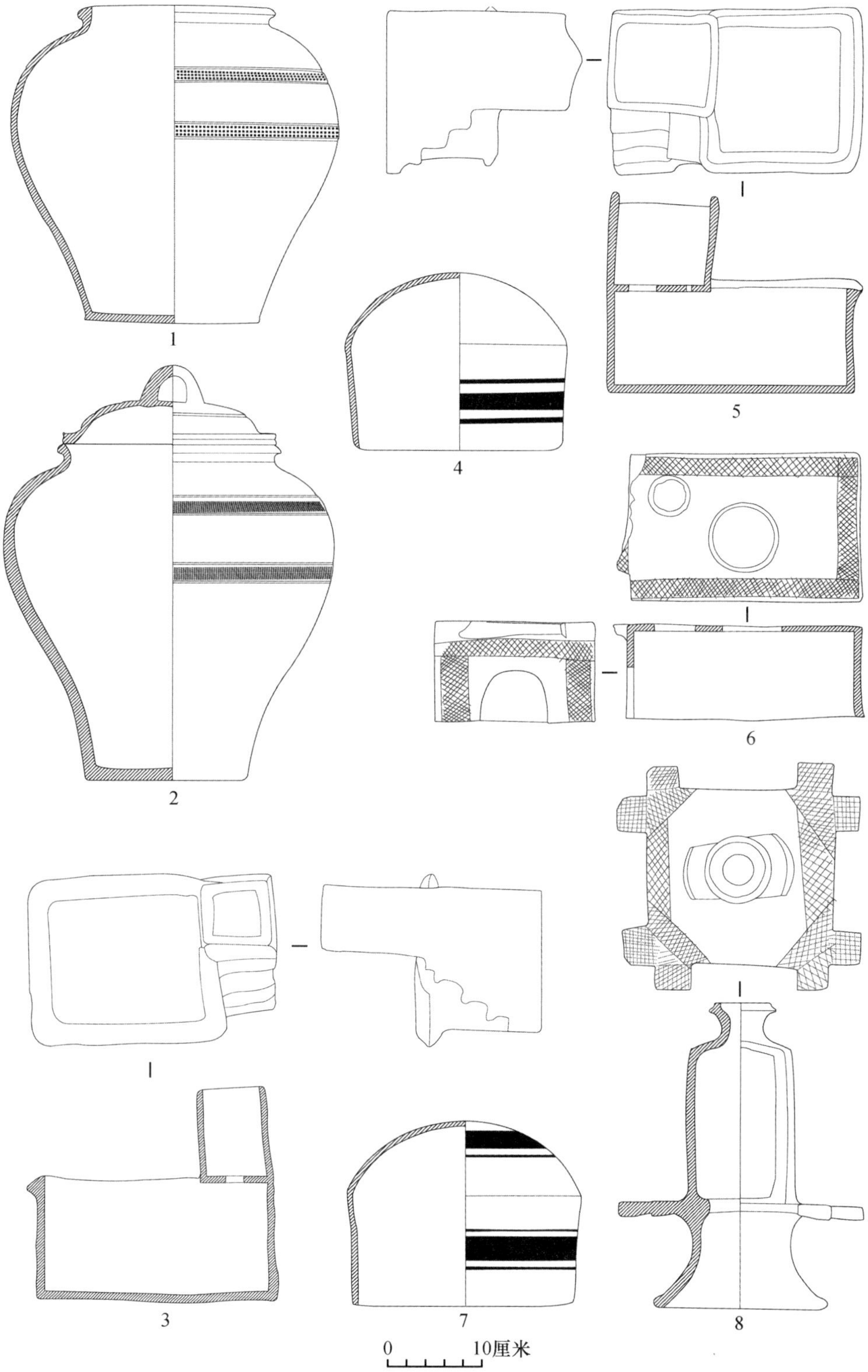

图4-1-206A　AM4出土陶器

1、2. 罐（AM4：8、7）　3、5. 圈（AM4：2、1）　4、7. 盒盖（AM4：13、14）　6. 灶（AM4：3）　8. 井（AM4：5）

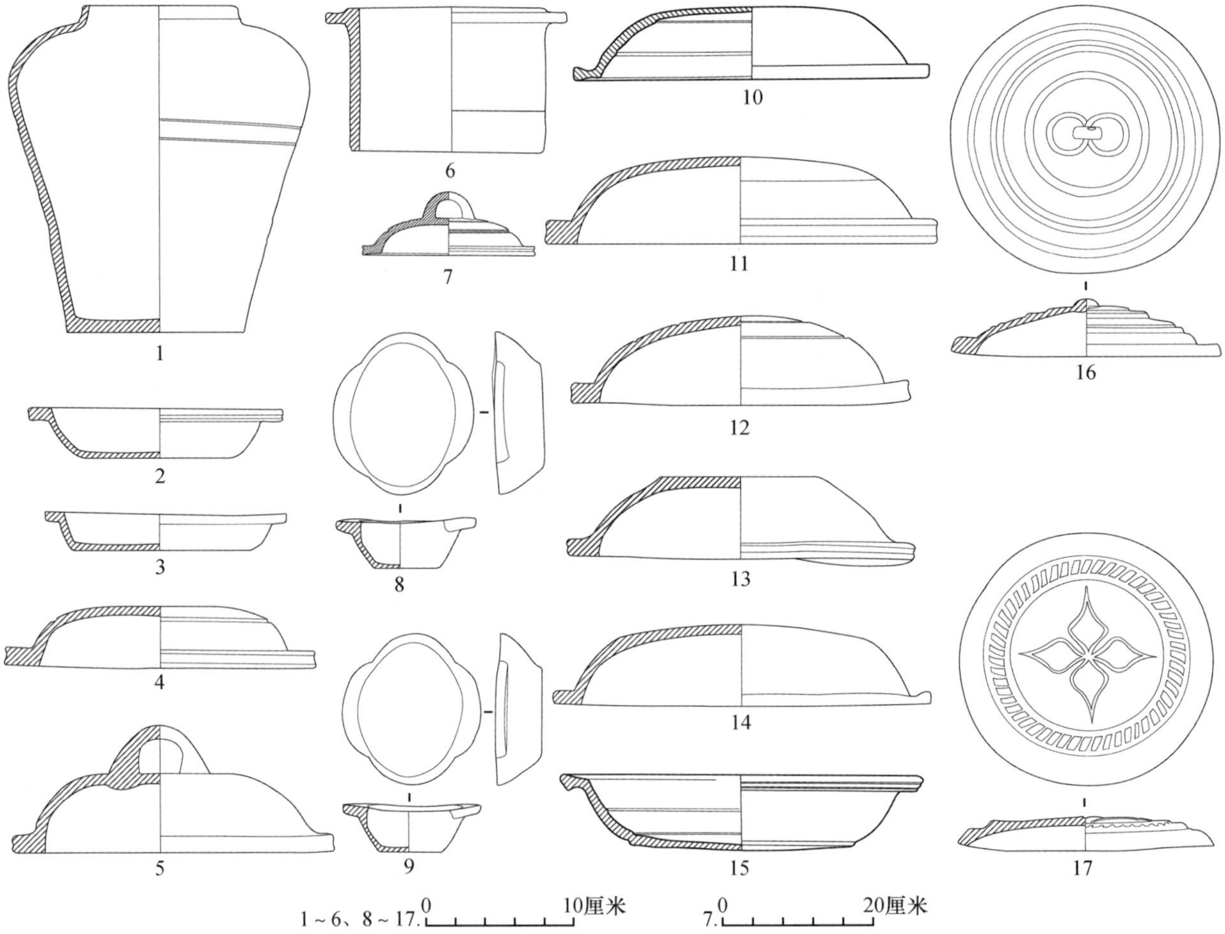

图4-1-206B　AM4出土陶器

1. 仓（AM4：4）　2、3、15. 盘（AM4：11、12、19）　4、5、7、10～14、16、17. 器盖（AM4：22、25、20、16、18、21、23、24、15、17）　6. 井（AM4：6）　8、9. 耳杯（AM4：9、10）

AM4是东汉中期规模较大的砖室墓，因盗扰严重，器物组合、埋葬情况已不详。从墓葬结构和随葬彩绘陶器来看，墓主生前应有较高的社会地位。

AM4的年代应属东汉中期。

（四）2006HGA区T13M28（下文简称“AM28”）

AM28位于A区东南部的T13中部。叠压于第2层下，墓口距地表0.3、墓深5.14米。墓道向北，方向18度。在墓道与封门之间有一规模较大的扰坑，墓室遭严重盗扰。

由坟丘、墓道、封门、甬道、墓室、耳室组成（图4-1-207；图版一六七，1）。

坟丘：塌落坟丘堆积位于墓道南侧，与墓道填土连接。平面近椭圆形，长径4.5、短径2.4、深1.3米。坟丘堆积黄褐色土，间杂黄土、红土颗粒。

墓道：位于墓室北侧中部。前端因被现代坟叠压未能全部发掘。平面呈较规则长方形，口

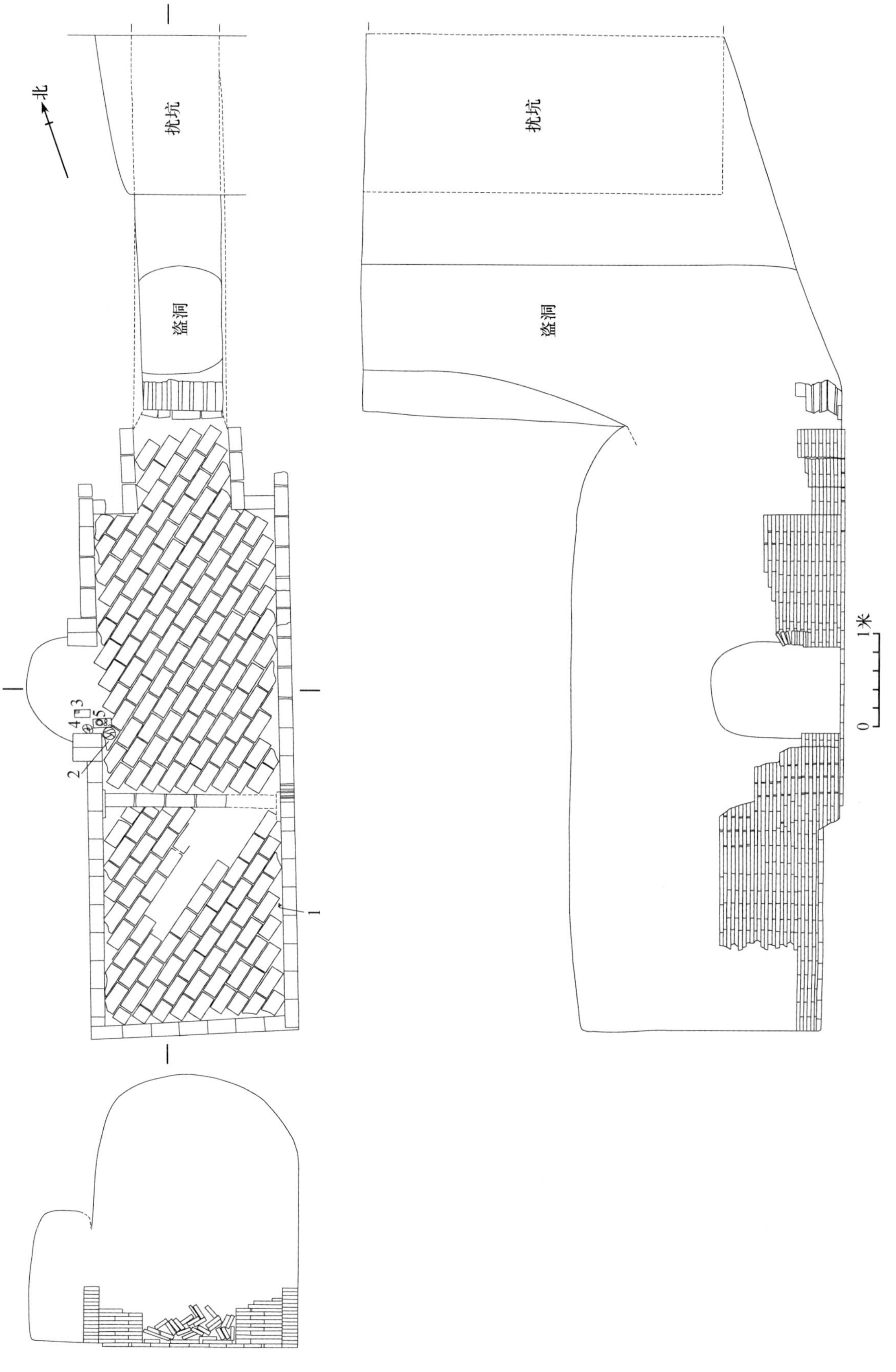

图4-1-207　AM28平、剖面图

1. 铜钱（10枚）　2. 铜镜　3. 陶圈　4. 陶井　5. 陶灶　6. 铁棺钉（2件）　7. 陶器盖（7出土于扰土中）

部平面长不少于4、宽0.94～0.98米。底面为斜坡状，坡度约21度。

封门：位于墓道南端，甬道券门外侧。青砖封门，现存四层封门砖，底面一层为顺砖平铺，上面为丁砖左、右对角分层斜放。封门砖底面宽1、残高0.4米。

甬道：位于墓室北侧中部。拱顶土洞砖券结构，因扰动严重，甬道洞顶已塌落，现存直墙部分。平面呈长方形，甬券门洞底面宽1、进深0.9、存高0.38米。底面有斜行错缝铺砖。

墓室：拱顶土洞砖室结构。平面呈规则的南北向长方形，由前厅和后室组成，土洞通长5.8、宽2.2、洞高2.9米。前厅平面呈南北向长方形，长3、宽1.9米。后室平面亦呈南北向长方形，长2.34、宽1.9、洞高2.7米。后室做棺床，为生土台结构，砖墙存高1.1米，台面高出厅室地面0.22米。前厅和后室底面均为东北–西南向斜行错缝铺砖，棺床沿为一排平铺顺砖，后室墙为丁、顺砖错缝平砌（图版一六七，2）。

耳室：位于厅室左侧。拱顶土洞结构，入口处与墓室连接处为拱顶砖券结构，平面为半圆形，口宽0.92、进深0.76、洞高1.4米。

葬具与葬式：墓内原应有两副木棺，现仅存棺内涂抹的白灰泥和铁棺钉，人骨不见，葬式不明。

出土遗物：7件（组），有陶器、铜镜、钱币和铁器，计有陶井1件、灶1件、圈1件、器盖1件（图4-1-208；图版一六七，3），铜镜1面，铜钱1组10枚，铁棺钉1组2件，陶器主要出土于耳室内。器物组合不明。

从墓室用砖和大部分随葬陶器被移走推断此墓为迁葬墓。迁葬时是从墓道底端近封门处进入尚未塌落的墓室，大部分随葬器物和建墓用砖被搬走，顶上坟丘为迁葬以后塌落。

AM28的年代应属东汉中期。

（五）2006HGA区T22M54（下文简称“AM54”）

AM54位于A区东南部的T22中部。叠压于第2层下，墓道被一现代扰沟打破，其墓室打破AM62的墓室少许，墓口距地表约1、墓深2.44米。墓道向东，方向106度。保存完好。

由墓道、封门、甬道、墓室、耳室组成（图4-1-209；图版一六八，1）。

墓道：位于墓室东侧中部。平面呈较规则的长方形，口部平面长3.94、宽0.92～1.04、底面宽1.06米。底面为斜坡状，坡度约25度。斜坡面上尚存七个凹坑式台阶，台阶面长0.26～0.38、宽0.1～0.18、进深0.06～0.14米。

封门：位于墓道西端，甬道券门外侧。青砖封门，现存十五层封门砖，底面一层为顺砖平砌，上部十四层为丁砖左、右对角分层斜放，偶有前后交错摆放。封门砖底面宽1.06、高1.56米。

甬道：位于墓室东侧中部。拱顶土洞砖券结构，甬道外侧为一丁砖宽的拱券，内侧为拱顶土洞。券砖设于墓道两侧边的生土券槽内，现存为单重单层券，券顶已塌落。甬道底面为长方

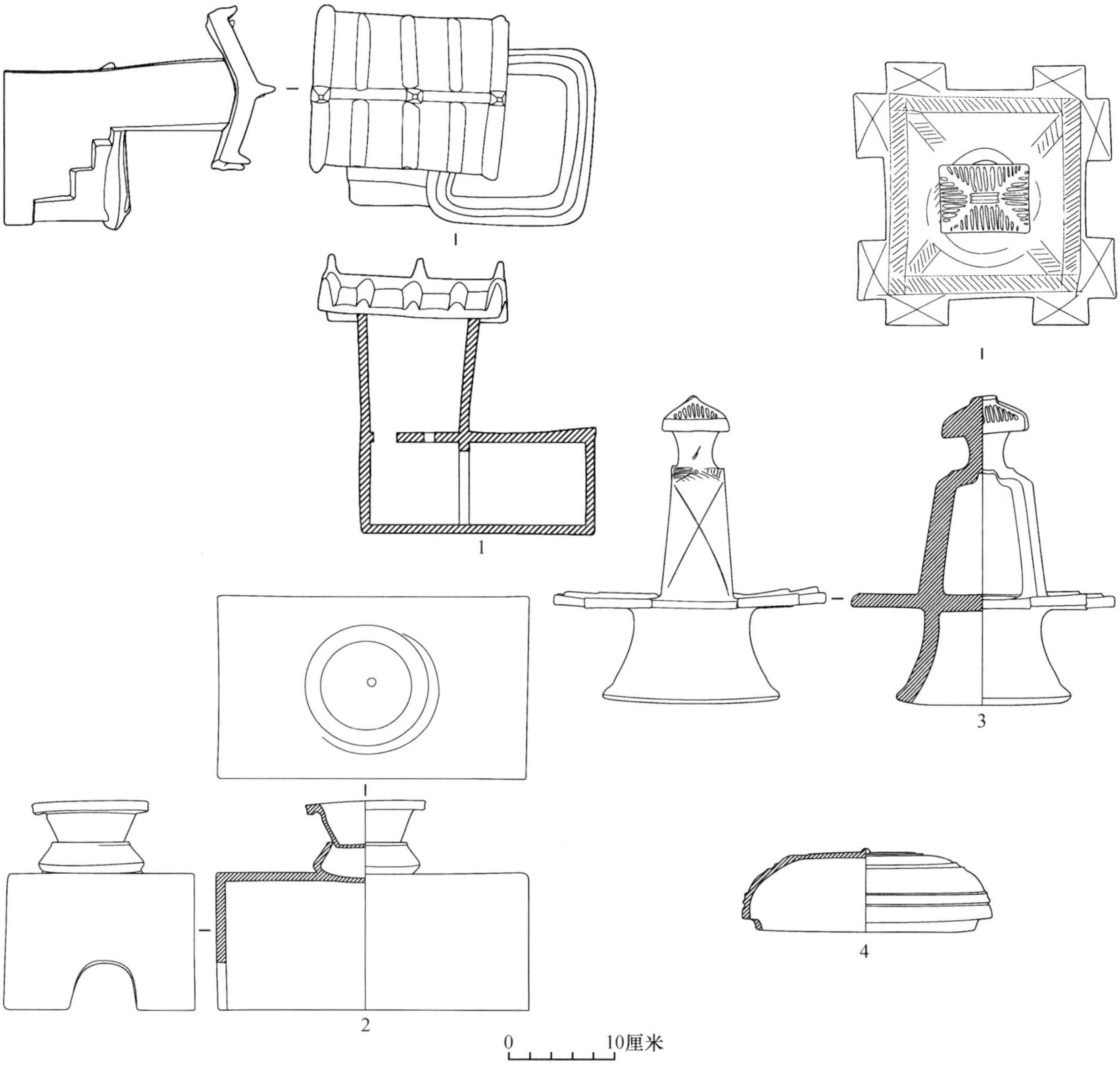

图4-1-208　AM28出土陶器

1. 圈（AM28∶3）　2. 灶（AM28∶5）　3. 井（AM28∶4）　4. 器盖（AM28∶7）

形，底面宽1.04、进深0.86～0.9、券高1.6米。

墓室：拱顶土洞结构。平面为东西向长方形，由前厅和后室组成，土洞通长4.2、洞高1.92米。前厅平面近正方形，边长约1.9米。后室做棺床，为生土台结构，东西长2.3、南北宽1.7～1.9米，生土台高于厅室地面0.08～0.14米。棺床底面内高外低。厅室底面与棺床上均有“人”字形铺砖，棺床沿为一排侧放残丁砖（图版一六八，2）。

耳室：一个，位于厅室右侧。拱顶土洞结构，平面略呈长方形，口宽0.76、内边宽0.6、进深0.36米。耳室底面为一生土台，高于厅室地面0.14米。

葬具：位于棺床中部偏左。木棺一副，长2.1、宽0.56米。棺内铺有青灰和白灰各一层，使用铁棺钉固棺。

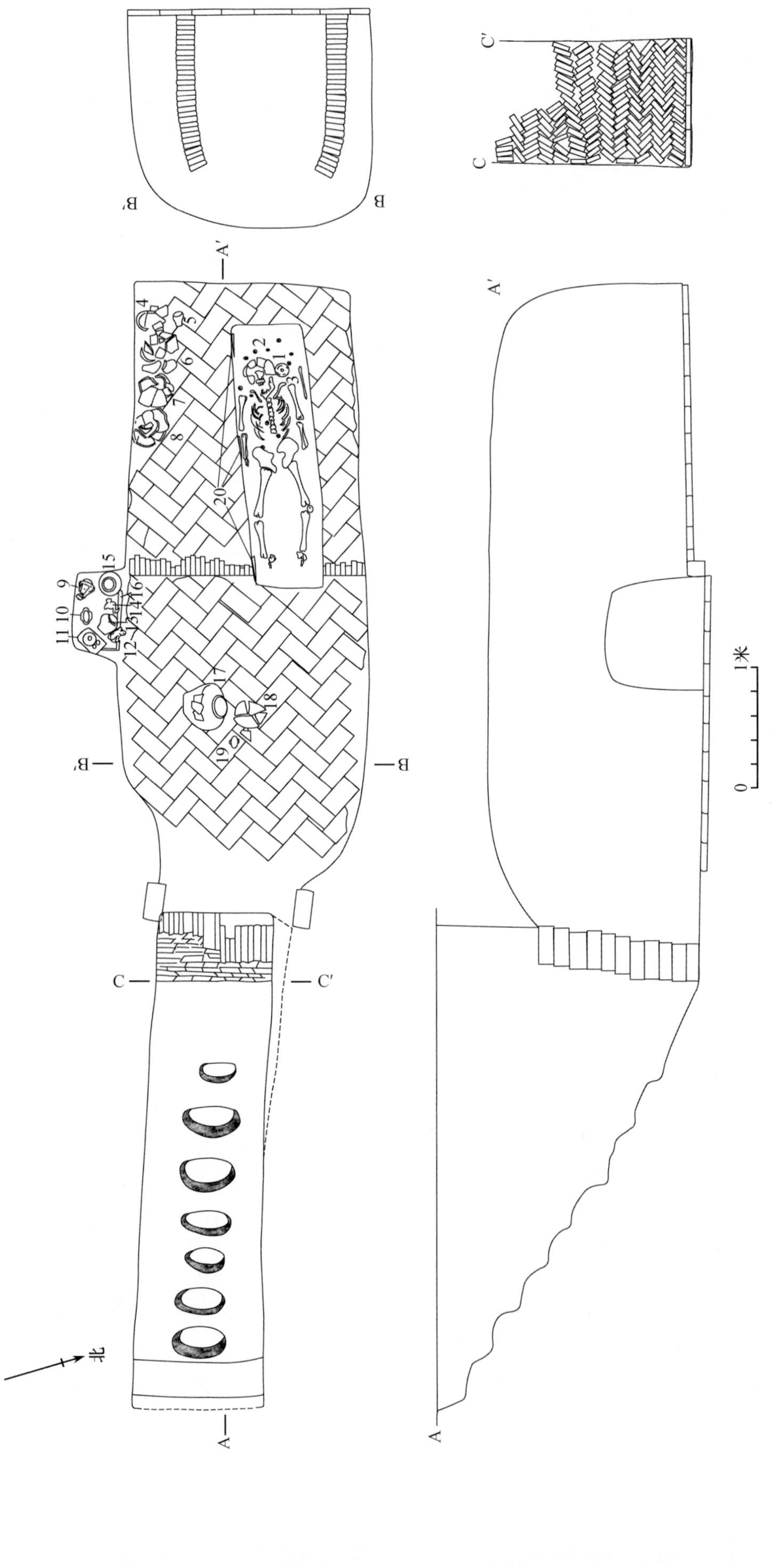

图4-1-209　AM54平、剖面图

1.铜镜　2.铜钱（33枚）　3.铁刀　4.陶圈（含4只陶猪）　5、13、15.陶仓　6～8、17.陶罐　9.陶井　10、19.陶耳杯　11.陶灶　12.陶狗　14.陶鸡　16.陶案　18.陶盘　20.铁棺钉（11件）

葬式：人骨架一具。保存较完整，骨质一般，仰身直肢，头向西，面向上，经鉴定为男性，年龄25~30岁，身高1.6米。墓主头左侧有铜镜1面，上半身散置铜钱33枚。

出土遗物：20件（组），有陶器、铜镜、钱币和铁器，计有陶罐4件、仓3件（以小陶罐代替）、井1件、灶1件、圈1件、耳杯2件、案1件、盘1件、鸡1件、狗1件（图4-1-210；图版一六八，3），铜镜1面，铜钱1组33枚，铁刀1件、铁棺钉1组11件，陶器主要出土于厅室、棺床上和耳室内。随葬陶器为一套器物组合。值得注意的是，此墓厅室中间放有陶盘和陶耳杯各1件，不像东汉中期以前墓葬厅室中放陶樽和陶耳杯。由此判断，东汉中期的墓葬可能存在着由陶盘代替陶樽的可能。

AM54的年代应属东汉中期。

（六）2006HGA区T26M58（下文简称“AM58”）

AM58位于A区西北部的T26东部。叠压于第2层下，墓口距地表0.35、墓深4.05米。墓道向北，方向15度。保存完整。

由坟丘、墓道、封门、甬道、墓室组成（图4-1-211；图版一六九，1）。

坟丘：塌落坟丘堆积位于墓室上方。平面形状不规则，长径3.1、短径3、深0.8米。塌落封土堆积黄花土，间杂小鹅卵石。

墓道：位于墓室北侧中部。西半部被晚期扰坑破坏。平面呈南北向长方形，墓道口长10.08、宽0.84~1米，口、底相同大小。底面为斜坡状，坡度28度。

封门：位于墓道南端底部，甬道券门外侧。青砖封门，封门砖下垫0.2米的熟土后开始用砖封门，共十七层，顶部四层为顺砖错缝平砌，以下均为丁砖左、右对角分层斜放，偶有前后交错摆放。底面宽1.04、高1.62米。

甬道：位于墓室北侧中部。拱顶土洞砖券结构，外侧边为砖券，内侧为土洞，甬券设有券槽，进入墓道两边壁面一丁砖宽，甬券为单重单层券，拱顶上部有一块或两块砖平放填塞拱顶上的缝隙。甬道门洞底面宽1.04、进深1.1、高1.52米。底面没有全部铺砖，有几块斜行“人”字形铺砖，和厅室铺砖连在一起。

墓室：拱顶土洞结构。由前厅和后室组成，平面呈南北向长方形，土洞通长4.8、宽2~2.1、洞高2.58米，厅长2.26、宽2~2.1米。后室主要做棺床，为生土台结构，长2.54、宽2~2.06、洞高1.86~2.34米，生土台高于前厅地面0.16~0.2米。墓室底面均为斜行“人”字形铺砖，床沿为一排侧放丁砖。

葬具：木棺两副。朽蚀严重，仅存朽痕。棺1位于棺床右侧，长1.96、宽0.6米。棺2位于棺床左侧，长2.02、前宽0.68、后宽0.5米。棺室内均铺有一层白灰泥，棺1使用铁棺钉。

葬式：人骨架三具。腐朽严重，性别不明，均为仰身直肢。棺1内墓主为一次葬，身高约1.5米，墓主头部上方有铜镜1面，镜下压1把小铁刀，腰部散放铜钱25枚，右手部有铜指环1

图4-1-210　AM54出土陶器

1～3. 仓（AM54：5、13、15）　4、5. 耳杯（AM54：10、19）　6～8、10. 罐（AM54：6～8、17）　9. 井（AM54：9）
11. 鸡（AM54：14）　12. 灶（AM54：11）　13. 盘（AM54：18）　14. 圈（含4只陶猪）（AM54：4）　15. 狗（AM54：12）
16. 案（AM54：16）

图4-1-211　AM58平、剖面图

1. 陶樽　2、10、28. 陶井　3. 陶圈　4、6. 陶案　5. 陶瓮　7～9、14、39、40. 陶仓　11、13. 铜镜　12、37. 陶盘　15、23、24、41、42. 陶耳杯　16. 铜刀　17、22. 陶罐　18. 铜钱（128枚）　19. 铜钱（25枚）　20. 铁刀　21. 铜带钩　25. 铜指环　26. 铁棺钉（3件）　27、34. 陶灶　29. 串饰（4件）　30. 琉璃耳饰（2件）　31. 铜钱（11枚）　32、33. 石豚　35、36、38. 绿釉陶罐　43. 铁剑（34～43被塌落墓室压在乱石中，具体位置不明）

件。棺2内墓主为一次葬，身高约1.52米。墓主头右上方有铜镜1面，双耳有琉璃耳饰，右侧髋骨上有小铜刀1把，腰部有铜带钩1件，右手处有串饰1组，棺内散放铜钱128枚（图版一六九，2）。从随葬品判断，棺2内墓主应为女性。3号墓主位于棺2左侧，外侧无明显棺室痕迹，二次葬，头向北。墓主左、右髋骨下各放置1件石豚。此墓可能为一夫多妻合葬。

出土遗物：43件（组），有釉陶器、陶器、铜镜、铜器、钱币、铁器、琉璃器、串饰和石器，计有釉陶罐3件，陶罐2件、瓮1件、仓6件（以小陶罐代替）、井3件、灶2件、圈1件、樽1件、耳杯5件、案2件、盘2件（图4-1-212A、212B；图版一六九，3），铜镜2面，铜刀1件、带钩1件、指环1件，铜钱3组164枚，铁刀1件、剑1件、棺钉1组3件，琉璃耳饰1组2件，串饰1组4件，石豚2件，器物主要出土于厅室内。随葬陶器应为两套器物组合。

AM58为东汉时期土洞室墓，墓室营建于鹅卵石堆积层中。此墓与BM41相反，BM41为计划修建而最终未完工，其营建墓道时遇到鹅卵石层就停止了墓道、墓室的营建，而M58则是遇到鹅卵石层后仍坚持营建完成，还建有甬道券槽。

AM58的年代应属东汉中期。

（七）2006HGB区T6M6（下文简称“BM6”）

BM6位于B区中西部的T6东南角。叠压于第2层下，墓道北端打破BM8坟丘，墓口距地表0.35、墓深4.74米。墓道向北，方向11度。在墓道近封门处有一盗洞，塌落坟丘及墓室遭到盗扰。

由坟丘、墓道、封门、甬道、墓室组成（图4-1-213；图版一七〇，1）。

坟丘：塌落坟丘堆积位于墓道南端。平面呈椭圆形，长径5.8、短径1.4～2.2、深1.2米。坟丘堆积黄褐色土，间杂少许红土颗粒和鹅卵石。

墓道：位于墓室北侧中部。平面呈长方形，通长7.16、口宽0.6～0.9、底面宽1.04米。底面为斜坡状，坡度25度。

封门：位于墓道南端，甬道券门外侧。青砖封门，封门砖设有砖槽，仅保存槽内两层顺砖，其余均不见。槽深0.1～0.15、底面宽1.04米。

甬道：位于墓室北侧中部。拱顶土洞结构，底平面近长方形，甬券底面宽1.1～1.5、进深0.9、高1.56米。

墓室：拱顶土洞结构。平面近长方形，由前厅和后室组成，土洞通长4.4米，前厅长2.2、宽1.9～2.18、洞高2.38米。后室较前厅略宽，主要做棺床，为生土台结构，平面长2.2、宽2～2.3、洞高2.04～2.1米，台面高于厅室底面0.2～0.24米。棺床面上无铺砖，床沿有一排错缝平铺顺砖，共三层（图版一七〇，2）。

葬具：位于棺床中部。木棺一副，仅存朽痕，长2.28、宽0.64米。使用铁棺钉固棺。

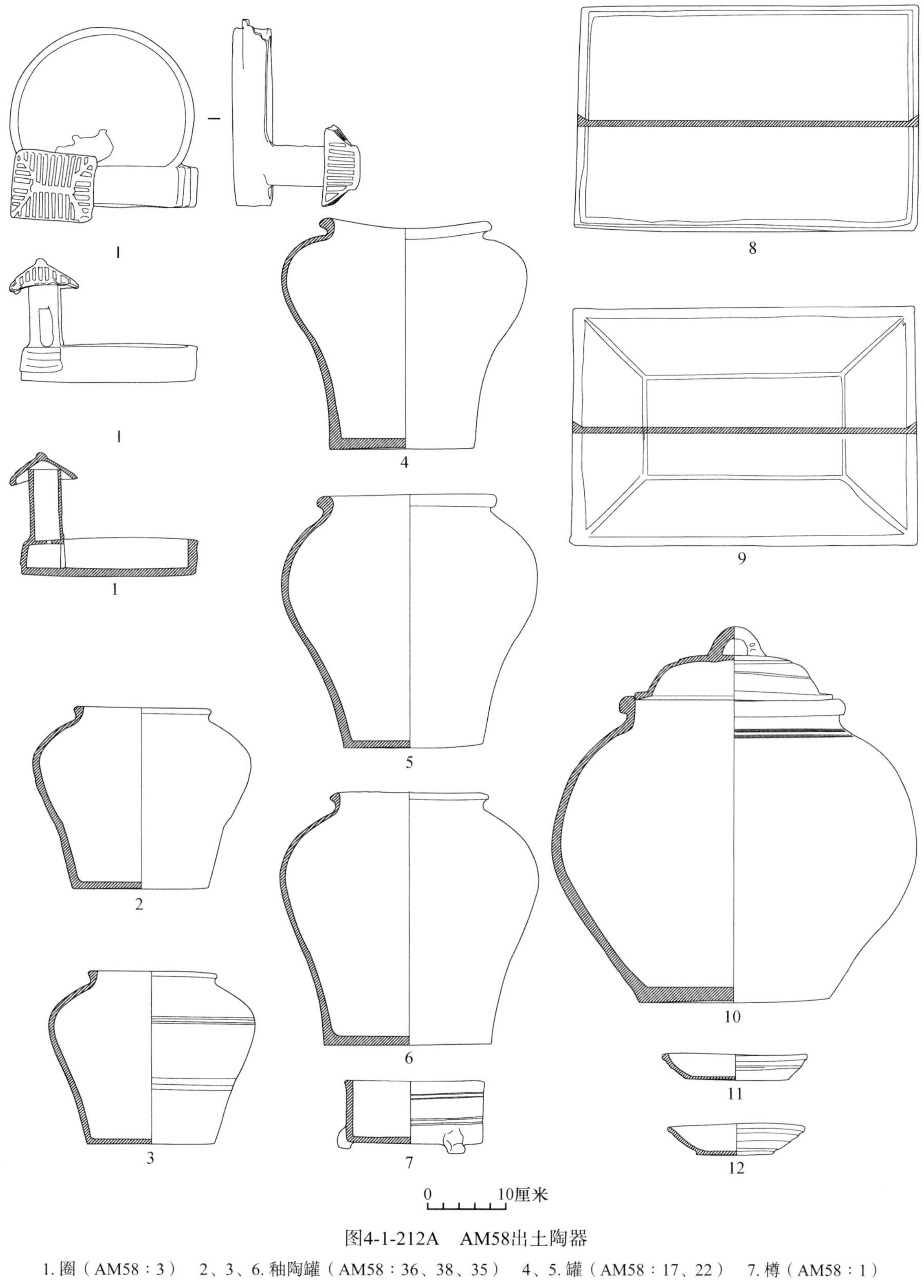

图4-1-212A　AM58出土陶器

1. 圈（AM58：3）　2、3、6. 釉陶罐（AM58：36、38、35）　4、5. 罐（AM58：17、22）　7. 樽（AM58：1）　8、9. 案（AM58：4、6）　10. 瓮（AM58：5）　11、12. 盘（AM58：37、12）

图4-1-212B　AM58出土陶器

1、2. 井（AM58：2、28）　3、4、11～13. 耳杯（AM58：15、41、24、23、42）　5～8、10. 仓（AM58：7～9、14、39）
9. 灶（AM58：27）

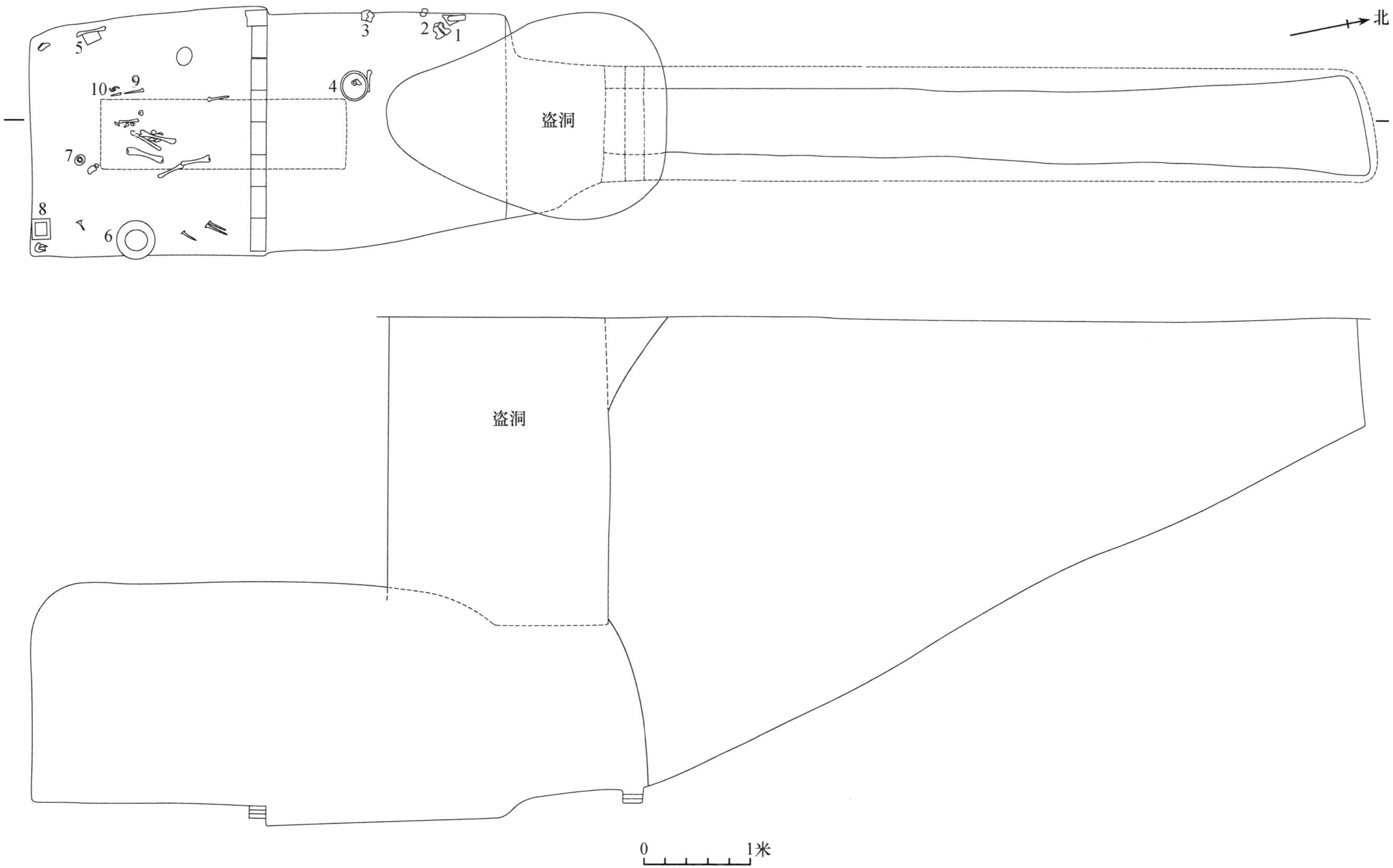

图4-1-213 BM6平、剖面图

1. 陶灶 2、3、5. 陶仓 4. 陶樽 6. 陶罐 7. 陶井 8. 陶圈 9. 铁棺钉（6件） 10. 铁钩（2件）

葬式：人骨架一具，遭盗扰，仅存两段肱骨和一块胫骨，骨质较差。性别、年龄不详。

出土遗物：10件（组），有陶器和铁器，计有陶罐1件、仓3件、井1件、灶1件、圈1件、樽1件（图4-1-214；图版一七〇，3），铁钩1组2件、棺钉1组6件，器物出土于厅室左侧及棺床右侧内角。随葬陶器为一套器物组合。

BM6打破BM8，BM8的年代为东汉中期略偏早，而BM6营建于BM8坟丘塌落以后。结合陶器形制，BM6的年代应为东汉中期。

（八）2006HGB区T7M17（下文简称“BM17”）

BM17位于B区西南部的T7西北角。叠压于第2层下，墓口距地表0.3、墓深4.2米。墓道向北，方向24度。在墓道南端近封门处有一盗洞，墓室被盗扰。

由坟丘、墓道、封门、甬道、墓室组成（图4-1-215；图版一七一，1）。

坟丘：塌落坟丘堆积位于墓道南侧。平面近椭圆形，长径3.6、短径2.4、深1.3米。坟丘堆积褐色土，间杂黄土、红土颗粒。

墓道：位于墓室北侧中部。平面形状较规则，南北通长7.44、口部宽0.88～1、底面宽0.78～0.82米。底面呈斜坡状，坡度约28度。斜坡面上现存八个凹坑式台阶，台阶面长0.16～0.28、宽0.08～0.2、进深0.04～0.1米（图版一七一，2）。

封门：位于墓道南端，甬道券门外侧。青砖封门，现存五层封门砖，为丁砖左、右对角分层斜放。封门砖底面宽0.82、存高0.58米。

甬道：位于墓室北侧中部。拱顶土洞砖券结构，券砖设于墓道两侧边的生土券槽内，券槽宽约一丁砖，券顶已塌落，仍可看出为单重单层券。甬道平面呈长方形，底面宽0.84、进深0.3米。

墓室：拱顶土洞结构。墓室原应建有横前厅，但因盗扰和塌落，墓室显得不甚规则，土洞南北通长5.4米，横前堂东西长4.7、南北宽1.5～1.8、洞高1.4～2.42米。后室亦为拱顶土洞结构，主要应放棺，但无明显的棺床设置，底面与前厅底面平，南北长2.5、东西宽1.9、洞高2.4米。

葬具：已漂移至墓室中部，东西向。木棺一副，长2.2、宽0.7～0.8米。棺内铺有一层白灰泥。

葬式：人骨架一具。保存完整，未被盗扰，但已朽为粉末，仰身直肢，头向西，面向上，性别不易判断，从随葬铁剑推测为男性，成年人，身高约1.5米。墓主头右上方有铜镜1面、铜钱30枚，左手处有银指环2件，腰部有铜钱一串186枚，盗土中出土铜钱102枚。墓室东端盗土内有铁剑1把。

出土遗物：15件（组），有陶器、铜镜、铜器、钱币、铁器和银器，计有陶罐2件、器盖1

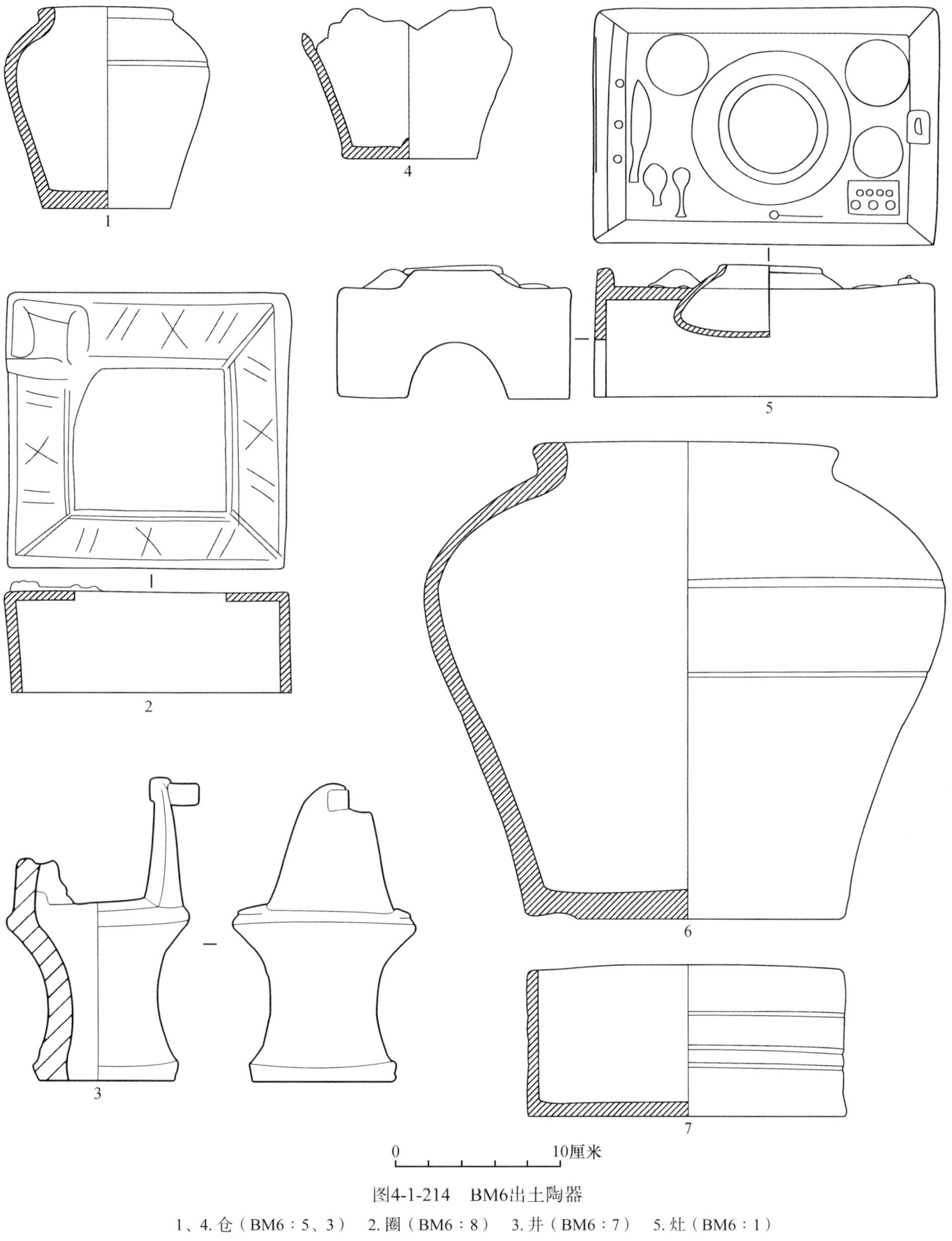

图4-1-214　BM6出土陶器

1、4. 仓（BM6：5、3）　2. 圈（BM6：8）　3. 井（BM6：7）　5. 灶（BM6：1）
6. 罐（BM6：6）　7. 樽（BM6：4）

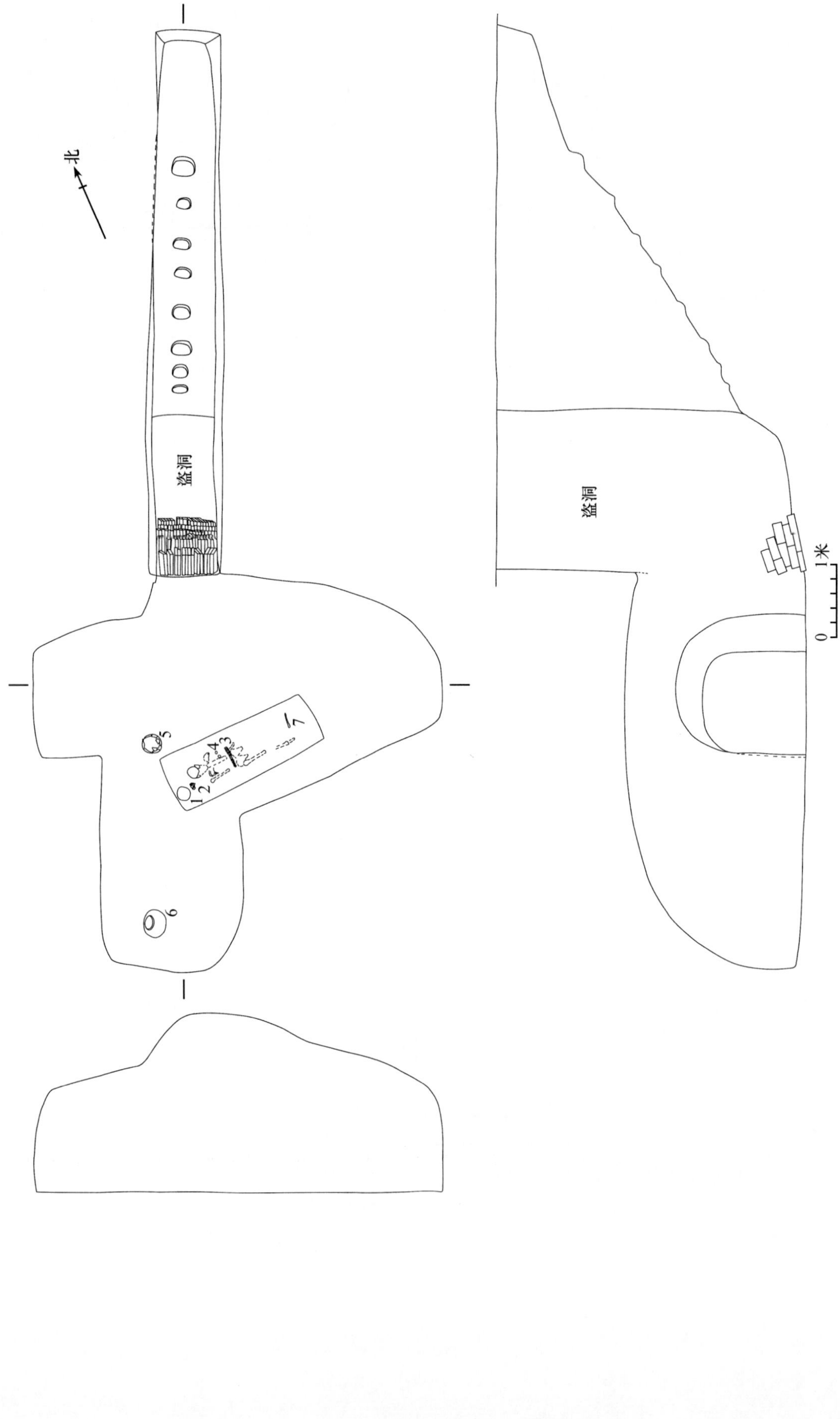

图4-1-215　BM17平、剖面图

1、8. 铜镜　2. 铜钱（30枚）　3. 铜钱（186枚）　4. 银指环（2件）　5、6. 陶罐　7、10、11. 铁刀　9. 铜镞　12. 铁剑　13. 铜钱（102枚）　14. 陶器盖　15. 铁矛
（8～15出自盗洞中）

件（图4-1-216；图版一七一，3），铜镜2面，铜镬1件，铜钱3组318枚，铁刀3件、剑1件、矛1件，银指环1组2件，陶器主要出土于墓室内，因盗扰严重，仅存2件陶罐和1件器盖，器物组合不明。

BM17的年代应属东汉中期。

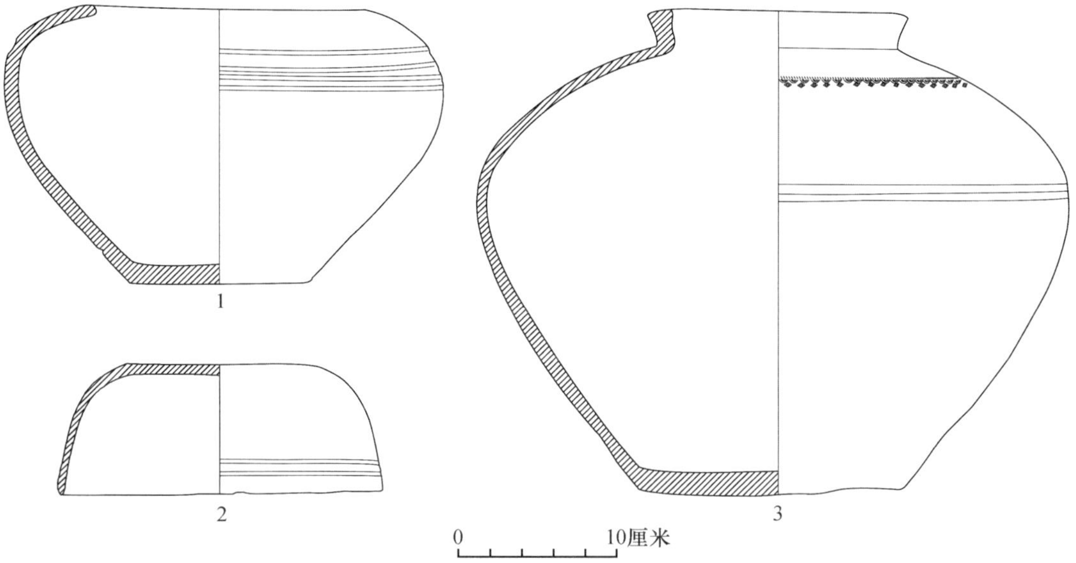

图4-1-216　BM17出土陶器

1、3. 罐（BM17：5、6）　2. 器盖（BM17：14）

（九）2006HGB区T5M24（下文简称“BM24”）

BM24位于B区西北部的T5西北角。叠压于第2层下，墓道打破BM28墓道，塌落坟丘堆积打破BM29的墓道，墓口距地表0.3、墓深4.8米。墓道向东，方向115度。保存完整。

由坟丘、墓道、封门、甬道、墓室、耳室组成（图4-1-217；图版一七二，1）。

坟丘：塌落坟丘堆积位于墓道西侧，与墓道相连。平面近椭圆形，长径4、短径3.2、深1.5米。坟丘堆积褐色土，间杂黄土、红土颗粒和少量料礓石块。

墓道：位于墓室东侧中部。平面呈长方形，口部平面通长9.86、上口宽0.8、底面宽1米。底面呈斜坡状，坡度20～26度。斜坡面上有两种形制的台阶：前端底面为七个直长台阶，台阶面宽0.14～0.42、高0.06～0.14米；自中部至近封门处为十二个椭圆形凹坑式台阶，台阶面长径0.3～0.5、短径0.14～0.24、进深0.04～0.08米（图版一七三，1）。

封门：位于墓道西端，甬道券门外侧。双层封门，内侧为木门，外侧为砖封门。内侧木门由十四块木板组成，上、下两端为两根横木作框，木板宽0.05～0.08、厚0.06、存高约1.15米。外侧封门砖因后期雨水渗入略斜，摆放无规律，层次不清，上部两层为顺砖平砌，下部均为丁砖侧放，封门砖上面宽0.9、底面宽0.98、高约1.75米（图版一七三，2）。

甬道：位于墓室东侧中部。拱顶土洞砖券结构，墓道两侧边生土内有约一丁砖宽券砖槽，

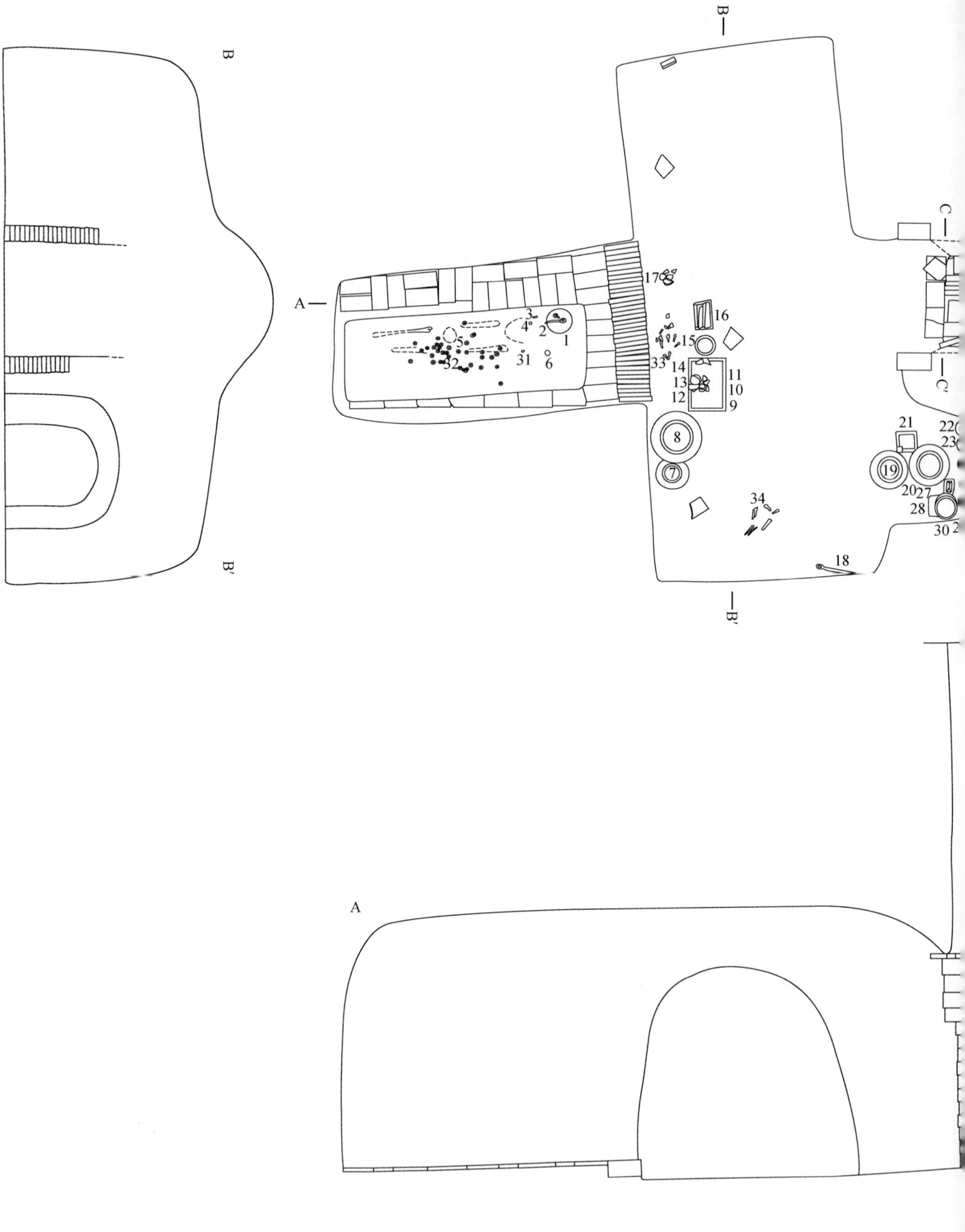

图4-1-217　B

1. 铜镜　2、18. 铁刀　3. 琉璃耳饰（2件）　4、31. 串饰瓷珠　5. 铜钱（

15. 陶圆形盒　16. 陶方形盒　21. 陶圈　22～26. 陶仓　27.

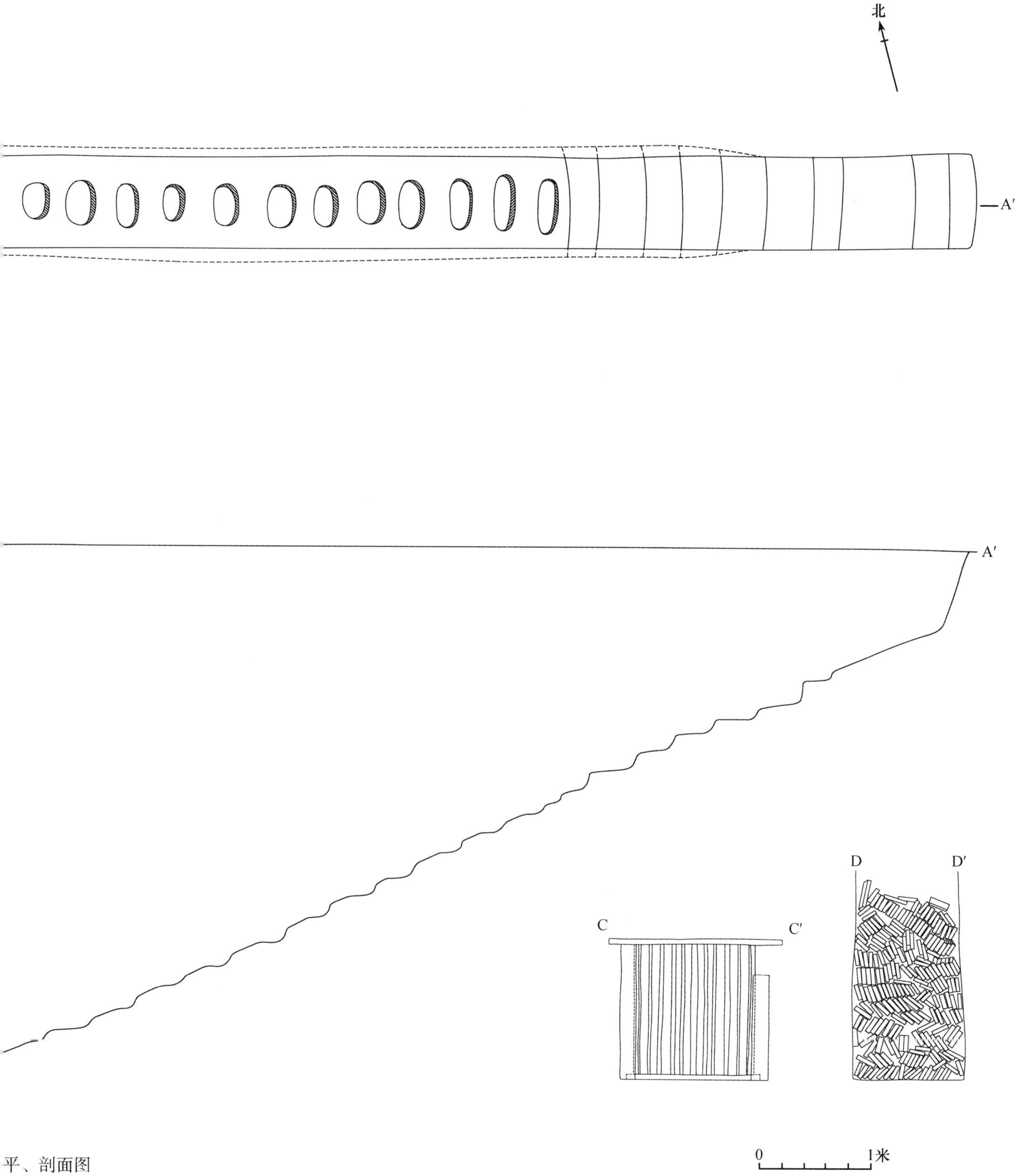

平、剖面图
）　6. 铜环　7. 陶壶　8、19、20. 陶罐　9. 陶案　10～14、17. 陶耳杯
28. 陶灶　29、30. 陶盘　32. 银指环　33、34. 动物骨头

券顶已塌落，为单重单层券，两侧砖墙保存较好。甬道平面呈长方形，底面宽1、进深0.3、存高约0.84米。

墓室：拱顶土洞结构，由前厅和后室组成。前厅为横前堂结构，平面呈长方形，土洞长4.6～4.8、宽1.92、洞高1.9～2.4米。后室平面呈长方形，主要做棺床，为生土台铺砖结构，土洞长2.6～2.76、宽1.2～1.46、洞高2.3米，棺床生土台高于厅室地面约0.1米。棺床面上铺砖由外向内第一排为丁砖，其余为两丁两顺平铺，床沿为一排侧放丁砖（图版一七二，2）。

耳室：一个，位于墓室前厅右侧。拱顶土洞结构，平面近长方形，口宽1.1、内边宽0.9、进深0.7、洞高0.82～1米。

葬具：位于棺床中部。木棺一副，长2.16、宽0.74米。棺内铺一层白灰泥。

葬式：人骨架一具。保存完好，朽为粉末状，仰身直肢，头向东，面向北，性别不易判断，从随葬品推测应为女性，年龄约35岁，身高1.5米。墓主头部上方有铜镜1面、小铁刀1把和串饰瓷珠2件，双耳部各有琉璃耳饰1件，头左侧有铜环1件，左手处有银指环1件，周身散置铜钱62枚（图版一七二，3）。

出土遗物：34件（组），有陶器、铜镜、铜器、钱币、铁器、银器、琉璃器、串饰瓷珠和动物骨头，计有陶壶1件、罐3件、仓5件、井1件、灶1件、圈1件、耳杯6件、盒2件、案1件、盘2件（图4-1-218；图版一七二，4），铜镜1面、铜环1件，铜钱1组62枚，铁刀2件，银指环1件，琉璃耳饰1组2件，串饰瓷珠2件和动物骨头2组，陶器主要放置在前厅中部和耳室内，其中前厅内陶器主要放于棺床前，有圆形盒1件、案1件、耳杯6件和方形盒1件以及少许动物骨头（图版一七三，3），这些遗物应是棺床前的供器和供品，耳室内放置陶器主要为储物器和明器，如井、灶、圈和仓等（图版一七三，4）。随葬陶器为一套器物组合。

BM24的年代应属东汉中期。

（一〇）2006HGC区T17M21（下文简称“CM21”）

CM21位于C区西北角的T17中部。叠压于第1层下，墓口距地表0.3、墓深4.1米。CM21位于现代取土坑内，坑深约1.4米，其原来深度应为5.5米以上。墓道向北，方向15度。墓道尾端与甬道结合处及厅室中部各有一处盗洞，墓室遭到严重盗扰。

由墓道、封门、甬道、墓室、耳室组成（图4-1-219；图版一七四，1）。

墓道：位于墓室北侧中部。口部平面呈南北向长方形，因受发掘范围限制，前端未全部发掘，经钻探，墓道通长11.6米，现仅清理了靠近封门2.7米长的一部分，墓道口宽0.74、底面宽1米。底面为斜坡状，坡度为18度。

封门：位于墓道南端，甬道券门外侧。青砖封门，共十六层，顶层为一块顺砖平放，下面均为丁砖左、右对角分层斜放。底面宽0.93、高1.92米。

图4-1-218　BM24出土陶器

1. 壶（BM24：7）　2. 井（BM24：27）　3. 圈（BM24：21）　4、5. 盘（BM24：29、30）　6. 案（BM24：9）　7、8、11. 罐（BM24：19、20、8）　9. 方形盒（BM24：16）　10、12、13、15、16. 仓（BM24：25、24、26、22、23）　14、17～20. 耳杯（BM24：13、12、17、11、14）　21. 圆形盒（BM24：15）　22. 灶（BM24：28）

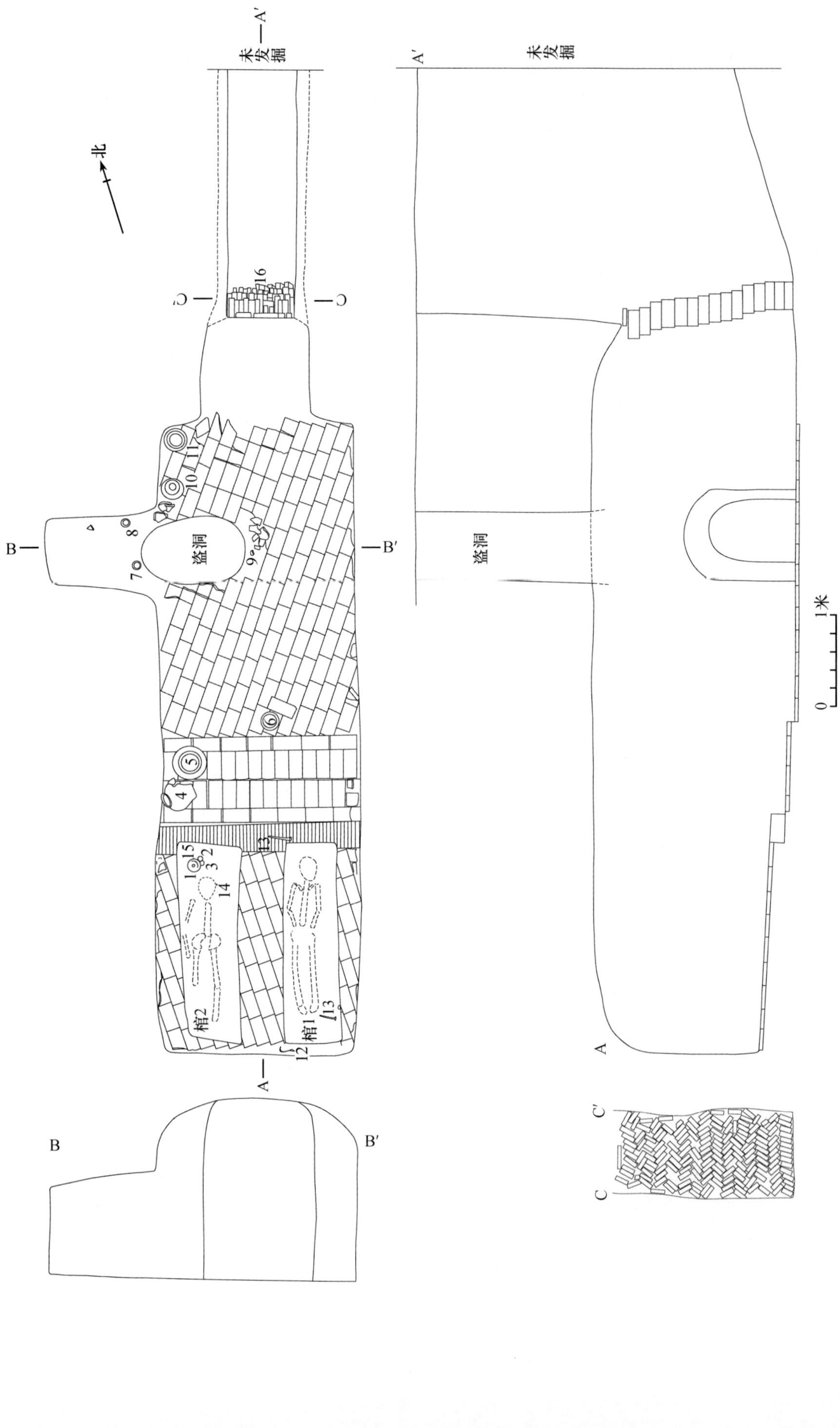

图4-1-219 CM21平、剖面图

1.铜镜 2.粉 3.铅粉盒底 4、5.陶罐 6.陶樽 7、8.陶仓盖 9、11.陶壶 10.小陶罐 12.铁钩（4件） 13.铁棺钉（4件） 14.琉璃耳饰 15.铁镊 16.“如耶有善”字砖

甬道：位于墓室北侧中部。拱顶土洞结构，平面近长方形，底面宽1.1～1.2、进深1.1、高2.2米。

墓室：拱顶土洞结构。平面形状较规则，呈南北向长方形，由前厅、供台和后室组成，土洞通长6.88～6.98米。前厅亦呈南北向长方形，长3.5、宽2.1～2.16、洞高2.24米。供台位于前厅与后室之间，为生土台铺砖结构，供台东西长2.1、南北宽0.94米，台面高于厅室底面0.08～0.14米。后室主要做棺床，为生土台铺砖结构，平面长2.44～2.54、宽2.06～2.2、洞高1.7～1.94米，棺床台面高于厅室底面0.28～0.4米。墓室底面均有铺砖，厅室为东北–西南向斜行错缝铺砖，供台由北向南有四排铺砖，南、北两边为顺砖平铺，中间两排为丁砖对缝铺置，棺床上为东南–西北向斜行错缝铺砖，床沿为一排侧放丁砖（图版一七四，2）。

耳室：一个，位于墓室前厅左侧偏北。拱顶土洞结构，底平面呈长方形，口宽1、内边宽0.7、进深1.2、洞高0.92～1.2米。

葬具：木棺两副。棺1位于棺床右侧，长2.2、宽0.54～0.62米。底面铺有白灰，使用铁棺钉固棺。棺2位于棺床左侧，长2.14、宽0.56～0.7米。

葬式：人骨架两具，朽蚀严重，均呈粉末状。两位墓主均为一次葬，头向北，面向上。棺1内墓主倾向为成年男性，身高1.6米。棺2内墓主倾向为成年女性，身高1.6米。墓主头右上方有铜镜1面，粉1块，其中粉和铜镜应是放在木奁盒内，奁盒朽蚀严重，仅有木及漆痕，无法采集；头部有琉璃耳饰1对。应为夫妇合葬。

出土遗物：16件（组），有陶器、铜镜、铁器、琉璃器和粉，计有陶壶2件、罐2件、小罐1件、樽1件、仓盖2件、字砖1件（图4-1-220；图版一七四，3），铜镜1面，铁镊1件、钩1组4件、棺钉1组4件，琉璃耳饰1件，粉1块，铅粉盒底1件，器物出土于耳室和供台上，其中供台前地面上有陶樽1件，应为供器，耳室口有陶仓等，供台上有陶罐2件。随葬陶器为一套器物组合。

出土封门砖中有1块字砖，从特征判断，字应为烧制之前刻写，字文为“如耶有善”。

CM21的年代应属东汉中期。

（一一）2006HGA区T1M1（下文简称“AM1”）

AM1位于A区西北角的T1中部。叠压于第2层下，墓口距地表0.4、墓深4.46米。墓道向北，方向15度。在墓室厅室顶部有大盗洞，墓室基本被劫空。

由墓道、甬道、墓室组成（图4-1-221；图版一七五，1）。

墓道：位于墓室北侧中部。平面呈南北长方形，通长9.72、墓道口宽1～1.22、底面宽1.14～1.22米。底面为斜坡状，坡度25度。

甬道：两处，分别位于墓室北侧中部和厅室与后室之间。均为拱顶土洞砖券结构，券顶为双层砖券。第一处位于厅室北部，门洞底面宽1、进深1、高1.54米，底面无铺砖。第二处位于厅室进入后室处，门洞底面宽1.16、进深0.86、高1.6米。底面铺砖被扰动。

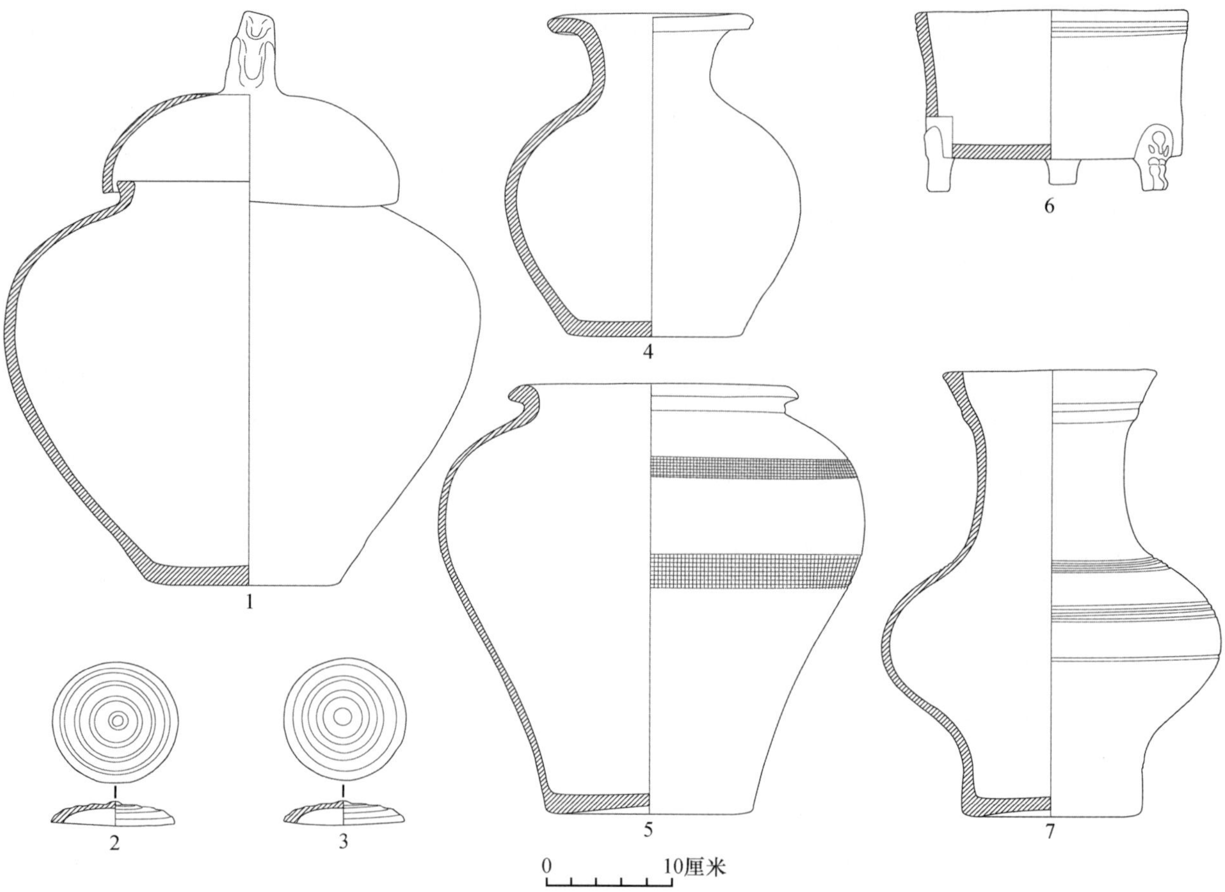

图4-1-220　CM21出土陶器

1、5. 罐（CM21：4、5）　2、3. 仓盖（CM21：8、7）　4. 小罐（CM21：10）　6. 樽（CM21：6）
7. 壶（CM21：11）

墓室：由前厅和后室组成。前厅为先挖土坑竖穴墓圹，再建穹隆顶砖室，竖穴土圹口小底大。墓口平面为圆形，直径约3米，底平面略呈圆角正方形，边长3.3～3.36米。前厅应为穹隆顶砖室结构，顶部砖券已被扰，现仅存直墙部分，平面略呈正方形，边长3～3.06米。前厅底面铺砖颇有特色，为以厅室西北角为中心，向东向南做扇形铺展，以残砖为主。厅室四面砖墙为一体，上部尚存少部分砖券，存高1.96米（图版一七五，3）。

后室位于厅室左侧。由于后室所处区域地表以下1.2米处有鹅卵石堆积层，质地极其坚硬，不易挖掘，因此后室没有像前厅一样挖掘竖穴土圹，而是在鹅卵石层下掏拱顶土洞，再在土洞内营建券顶砖室。后室主要做棺床，土洞通长4.5、宽2.2～2.3米，后室长4.02、宽1.92～2.02米。底面与厅室底面平。墓室四面砖墙为一体，墙大部分已不存，现仅存约0.36米高。底面铺砖为两种方式：东半部为东北–西南向斜行错缝铺砖，西半部为东南–西北向斜行错缝铺砖，部分铺砖已被拆除。

葬具与葬式：从墓室内大部分用砖和随葬陶器均无存判断，该墓很可能为迁葬墓。葬具和葬式均不明。

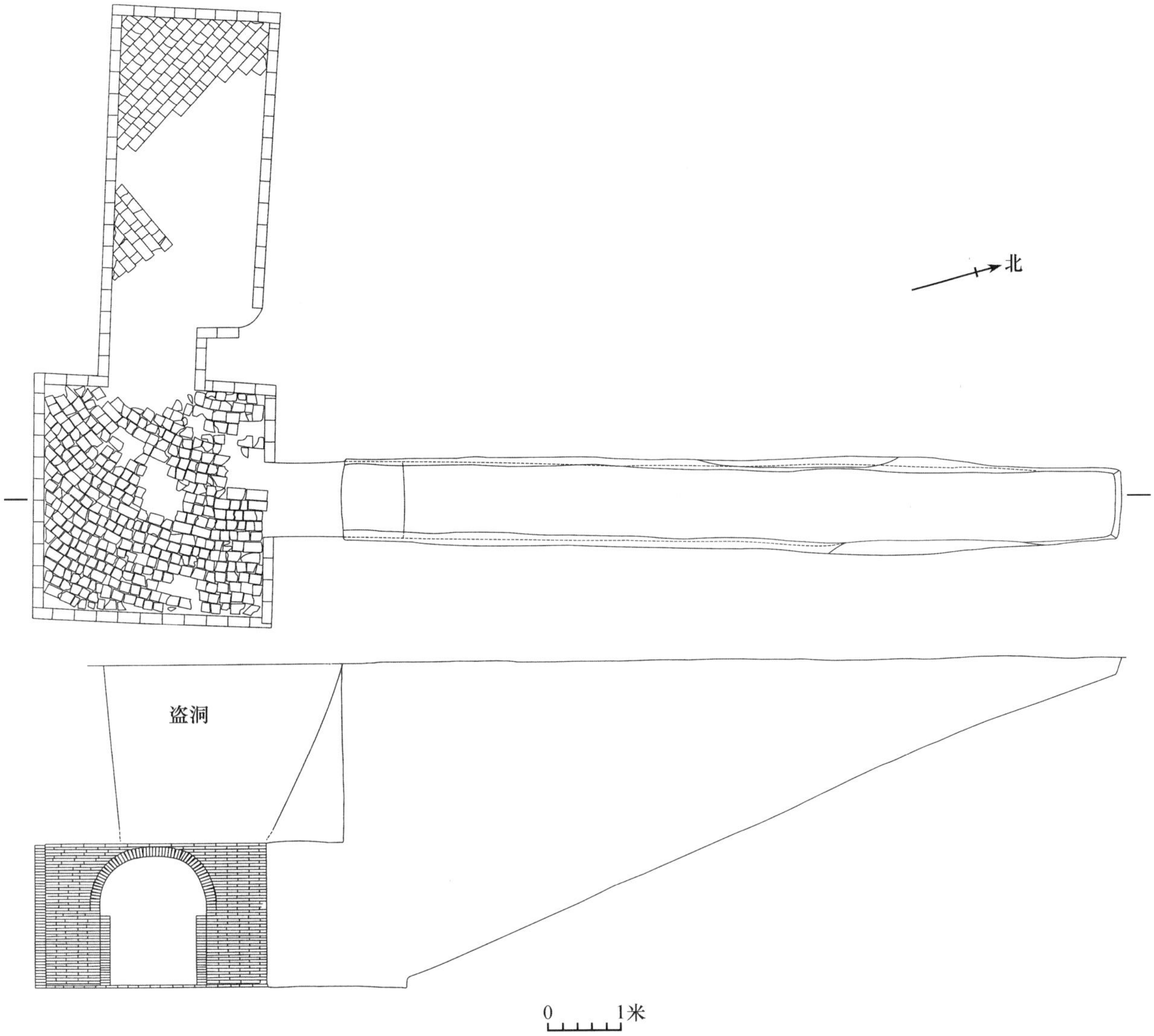

图4-1-221　AM1平、剖面图

1. 陶甑　2、3. 铜钱（73枚）　4. 铁棺钉（4件）　5. 铅軎　6. 陶井亭顶　7. 陶勺　8. 陶罐（均出自盗土中）

出土遗物：8件（组），有陶器、钱币、铁器和铅器，计有陶罐、甑、勺和井亭顶各1件（图4-1-222；图版一七五，2），铜钱2组73枚，铁棺钉1组4件，铅軎1件，器物均出土于盗土中。

AM1为穹隆顶和拱券顶相结合的砖室墓，并且采用土坑竖穴墓圹和土洞室相结合的方式，较为特殊，为此次发掘的汉代墓葬中少见的墓例。

AM1的年代应属东汉晚期。

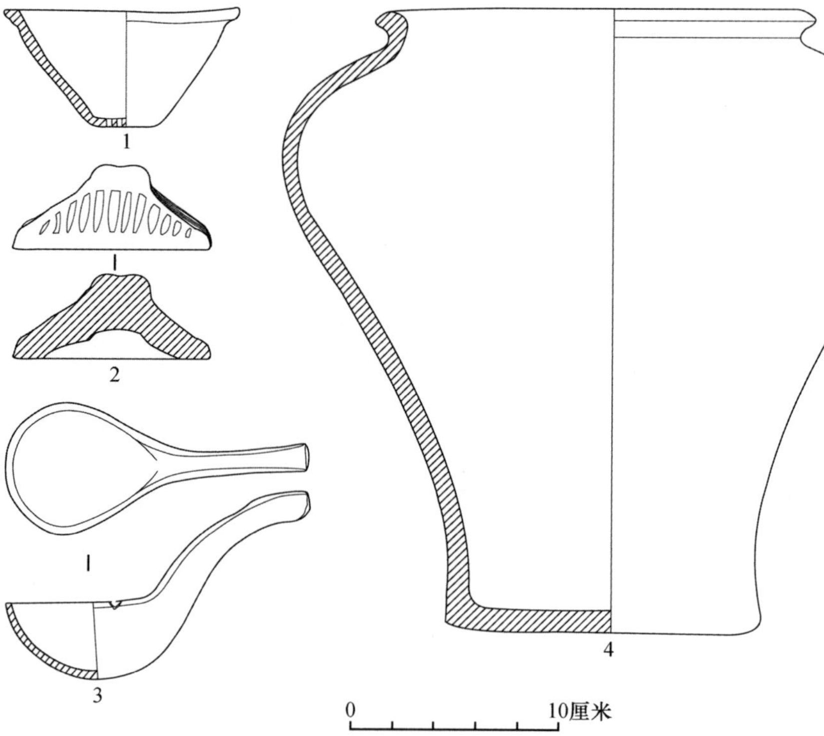

图4-1-222　AM1出土陶器

1. 甑（AM1：1）　2. 井亭顶（AM1：6）　3. 勺（AM1：7）　4. 罐（AM1：8）

（一二）2006HGA区T2M2（下文简称“AM2”）

AM2位于A区西北角的T2中部。叠压于第2层下，墓口距地表0.35、墓深3.72米。墓道向北，方向20度。保存完整。

由坟丘、墓道、封门、甬道、墓室组成（图4-1-223；图版一七六，1）。

坟丘：位于墓道南端，与墓道连接。平面呈椭圆形，长径4.2、短径2.6、深1.2米。坟丘堆积黄褐色土，间杂少许红土颗粒和料礓石。

墓道：位于墓室北侧中部。平面呈南北长方形，通长8.94米，墓道口宽0.9～1.28、底面宽0.88～0.98米。底面为斜坡状，坡度约26度。

封门：位于墓道南端，甬道券门外侧。青砖封门，上部数层封门砖塌落于甬道内，现存九层封门砖，均为丁砖左、右对角分层斜放。底面宽0.98、高1.3米。

甬道：位于墓道南端中部。拱顶土洞结构，底平面呈长方形，底面宽1.04～1.3、进深0.7、高1.5米。底面无铺砖。

墓室：拱顶土洞结构，平面呈“L”形，由前厅和后室组成。前厅平面略呈南北长方形，长2.6～3.1、洞高2.24米。后室位于厅室南端西部，并略斜向西南，亦为拱顶土洞结构。后室主要做棺床，为生土台结构，且台面铺砖，土洞长2.4、宽1.6～1.7、洞高1.9～2.1米，生土台

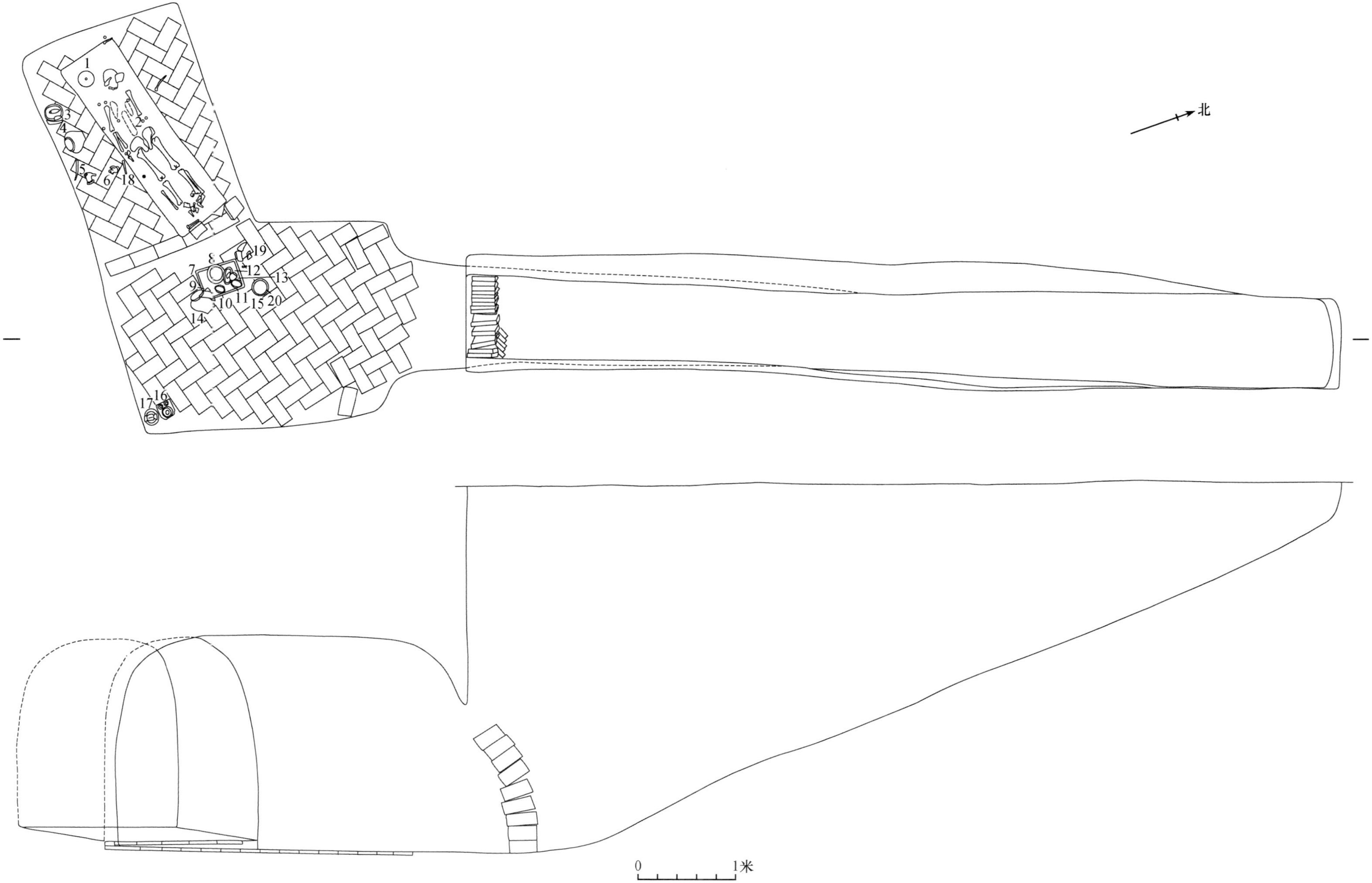

图4-1-223　AM2平、剖面图

1. 铜镜　2. 铜钱（22枚）　3. 陶圈　4、14. 陶罐　5. 陶狗　6. 陶鸡　7. 陶案　8. 陶盘　9～11. 陶耳杯　12、20. 陶勺　13. 陶魁　15. 陶樽　16. 陶灶　17. 陶井　18. 铁棺钉（6件）　19. 动物骨头

高于厅室地面0.1～0.24米。台面里端高外端低。前厅底面与棺床上均为斜行“人”字形铺砖，棺床沿为一排错缝平铺顺砖，共两层（图版一七六，2）。

葬具：位于棺床中部。木棺一副，长2.06、宽0.6～0.64米。棺内底面有一层白灰泥，使用铁棺钉固棺，棺下东端支垫有三块残砖。

葬式：人骨架一具。骨架基本完整，骨质一般。墓主为一次葬，仰身直肢，头向西，面向南，经鉴定为女性，年龄30～35岁，身高1.58米。头部右上方有铜镜1面，周身散置铜钱22枚。

出土遗物：20件（组），有陶器、铜镜、钱币、铁器和动物骨头，计有陶罐2件、井1件、灶1件、圈1件、樽1件、耳杯3件、魁1件、案1件、鸡1件、狗1件、盘1件、勺2件（图4-1-224；图版一七六，3），铜镜1面，铜钱1组22枚，铁棺钉1组6件，动物骨头1件，器物出土于厅室及棺床右侧，其中陶耳杯、案、魁、樽和动物骨头等放置于厅室南部左侧棺床前作供器和供品，陶井、灶放于厅室东南角，陶鸡、狗、圈（圈内有陶猪1件）、罐等放于棺床上。随葬陶器为一套器物组合。该墓未见陶仓。

AM2的年代应属东汉晚期。

（一三）2006HGA区T6M7（下文简称“AM7”）

AM7位于A区西北部的T6西南部。叠压于第2层下，坟丘塌陷堆积打破AM8，墓口距地表0.4、墓深2.96米。墓道向北，方向约15度。保存完整。

由坟丘、墓道、封门、甬道、墓室组成（图4-1-225；图版一七七，1）。

坟丘：塌落坟丘堆积位于墓道南端。平面略呈椭圆形，长径4.4、短径1.3～1.6、深1.2米。坟丘堆积黄褐色土，间杂少许红土颗粒和少量料礓石。

墓道：位于墓室北侧中部。平面呈规则南北长方形，南北通长3.3、宽0.94～0.98米。底面为斜坡状，坡度约40度。在斜坡中部有椭圆形凹坑式脚窝四个，脚窝长径0.18～0.22、短径0.1～0.14、进深0.04米。

封门：位于墓道南端，甬道券门外侧。青砖封门，保存较好，共有四十五层封门砖，均为顺砖错缝平砌。封门砖墙底面宽1、上部宽1.09、高1.8米。

甬道：位于墓室北侧中部。拱顶土洞砖券结构，外侧为一丁砖宽的直立砖墙和单层砖拱券顶结构，内侧为土洞结构。底平面为长方形。甬券门洞底面宽0.84、进深0.5、高1.02米。底面南部有铺砖。

墓室：拱顶土洞结构。平面呈长方形，无前厅和后室之分，土洞通长3、宽1.16～1.2、洞高1.72米。墓室底面为斜行“人”字形铺砖（图版一七七，2）。

葬具：位于墓室南部左侧。木棺一副，长2、宽0.48～0.54米。使用铁棺钉固棺。

葬式：人骨架一具，保存完整，但均朽为粉末状。墓主为一次葬，仰身直肢，头向南，面

图4-1-224　AM2出土陶器

1、5. 罐（AM2：4、14）　2. 狗（AM2：5）　3、4、13. 耳杯（AM2：11、9、10）　6. 魁（AM2：13）　7. 案（AM2：7）　8、14. 勺（AM2：20、12）　9. 樽（AM2：15）　10. 盘（AM2：8）　11. 井（AM2：17）　12. 鸡（AM2：6）　15. 灶（AM2：16）　16. 圈（AM2：3）

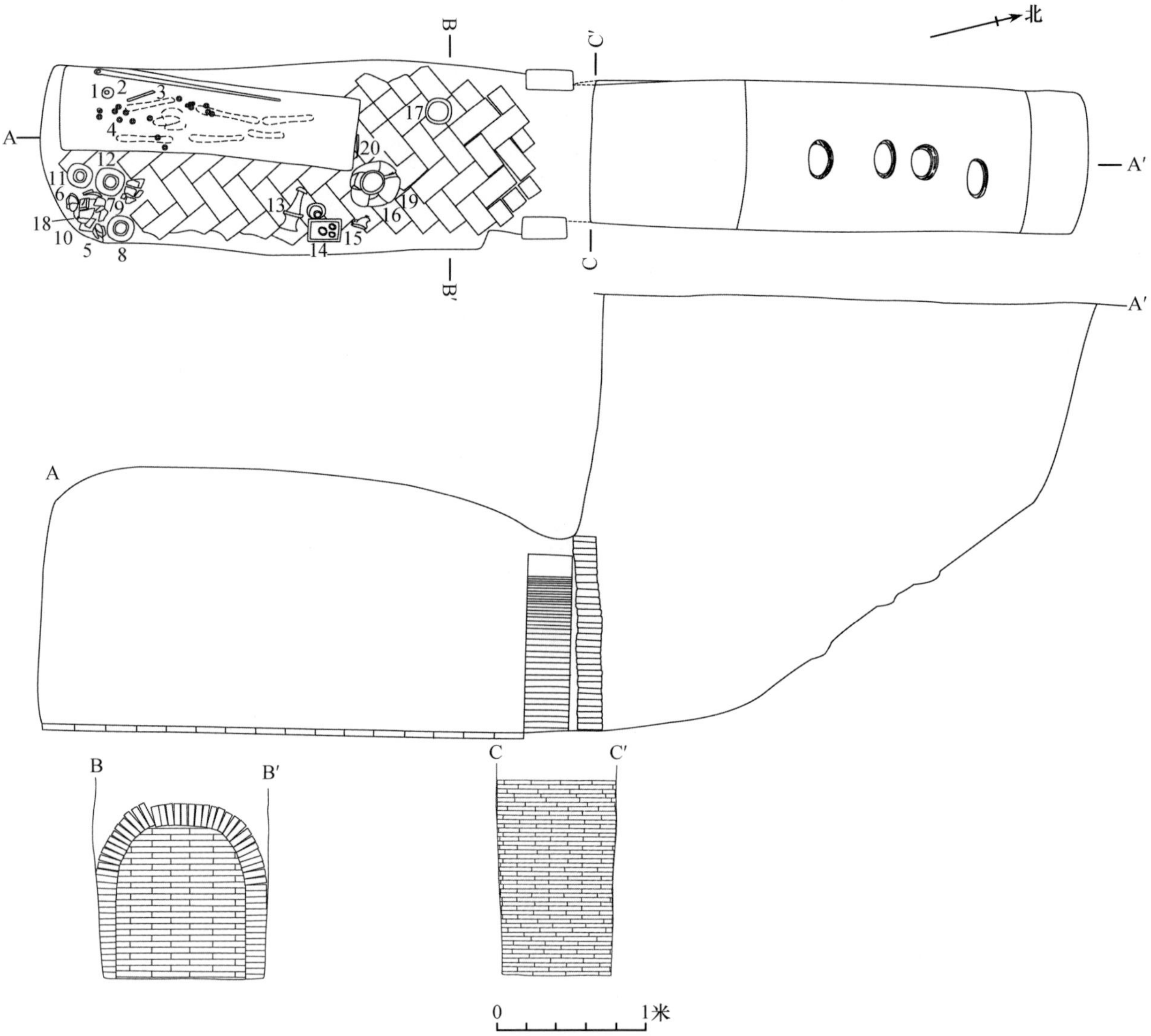

图4-1-225　AM7平、剖面图

1. 铜镜　2、3. 铁刀　4. 铜钱（58枚）　5、6、19. 陶耳杯　7. 陶案　8～12. 陶仓　13. 陶井　14. 陶灶　15. 陶狗　16. 陶罐　17. 陶盘　18. 陶圈　20. 铁棺钉（7件）

向上，性别不易判断，但从随葬有长铁刀推测为男性，成年人，身高1.55米。墓主头部左上方有铜镜1面，左臂处有环首铁刀1把，柄南尖北刃西，左胸部还有1把短铁刀，周身散置铜钱58枚。

出土遗物：20件（组），有陶器、铜镜、钱币和铁器，计有陶罐1件、仓5件、井1件、灶1件、圈1件、耳杯3件、案1件、狗1件、盘1件（图4-1-226；图版一七七，3），铜镜1面，铜钱1组58枚，铁刀2件、棺钉1组7件，主要出土于墓室右侧。随葬陶器为一套器物组合。无陶樽，棺前放置的陶盘可能代替陶樽。

AM7的年代应属东汉晚期。

图4-1-226　AM7出土陶器

1～3. 耳杯（AM7：5、6、19）　4、5、9、13、14. 仓（AM7：12、8～11）　6. 圈（AM7：18）　7. 罐（AM7：16）　8. 盘（AM7：17）　10. 狗（AM7：15）　11. 井（AM7：13）　12. 灶（AM7：14）

（一四）2006HGA区T7M9（下文简称“AM9”）

AM9位于A区中部偏西的T7中部。叠压于第2层下，墓口距地表0.35、墓深3.5米。墓道向东，方向106度。保存完整。

由墓道、封门、甬道、墓室组成（图4-1-227；图版一七八，1）。

墓道：位于墓室东侧中部。平面呈东西长方形，通长4.94、口部宽0.6～0.68、底面宽0.7米。底面为斜坡状，坡度36度。

封门：位于墓道西端，甬道券门外侧。青砖封门，共有十二层封门砖，均为丁砖左、右对角分层斜放。底面宽0.72、高1.69米（图版一七八，2）。

甬道：位于墓室东侧中部。拱顶土洞结构，底平面呈长方形，甬券底面宽0.74、进深0.8、高1.74米。

墓室：拱顶土洞结构。平面呈东西长方形，由前厅和后室组成，土洞通长2.2～2.34米，前厅长1.3～1.4、宽1.3～1.36、洞高2.08米。后室主要做棺床，为生土台结构，台面平面长0.9～0.94、宽1.2～1.36、洞高1.5～2米，生土台高于厅室底面0.04～0.06米（图版一七八，3）。

葬具与葬式：因朽蚀严重，葬具、葬式不明，仅于厅室东北角发现少许朽木痕迹和粉末状骨渣，似儿童骨头，具体情况不明。棺木原应在棺床中部，腐朽后进雨水漂移至现在位置。

出土遗物：19件，有陶器和动物骨头，计有陶罐4件、仓1件、井1件、灶1件、圈1件、樽1件、耳杯3件、魁1件、案1件、鸡1件、盘1件（图4-1-228；图版一七八，4），鱼骨、鸡骨和猪骨各1件，器物出土于厅室中部及南部。随葬陶器为一套器物组合。

AM9墓主可能为儿童，不但随葬一套完整的陶器组合，而且随葬较多肉食，如棺床上右侧为乳猪骨，北部有鸡骨和鱼骨。这反映出这位儿童富裕的家庭背景和汉代重视丧葬礼俗的观念。

AM9的年代应属东汉晚期。

（一五）2006HGA区T10M18（下文简称“AM18”）

AM18位于A区西中部的T10南部。叠压于第2层下，宋墓AM15和AM16打破墓道，墓口距地表0.5、墓深5.04米。墓道向东，方向107度。保存完整。

由坟丘、墓道、封门、甬道、墓室、耳室组成（图4-1-229；图版一七九，1）。

坟丘：塌落坟丘堆积位于墓道西端。平面呈椭圆形，长径3.8、短径3、深1.35米。坟丘堆积黄褐色土，间杂少许红土颗粒。

墓道：位于墓室东侧中部。平面呈东西长方形，口小底大，通长9.96、口部宽0.7～0.86、底面宽0.9～1.04米。底面为斜坡状，坡度约30度。

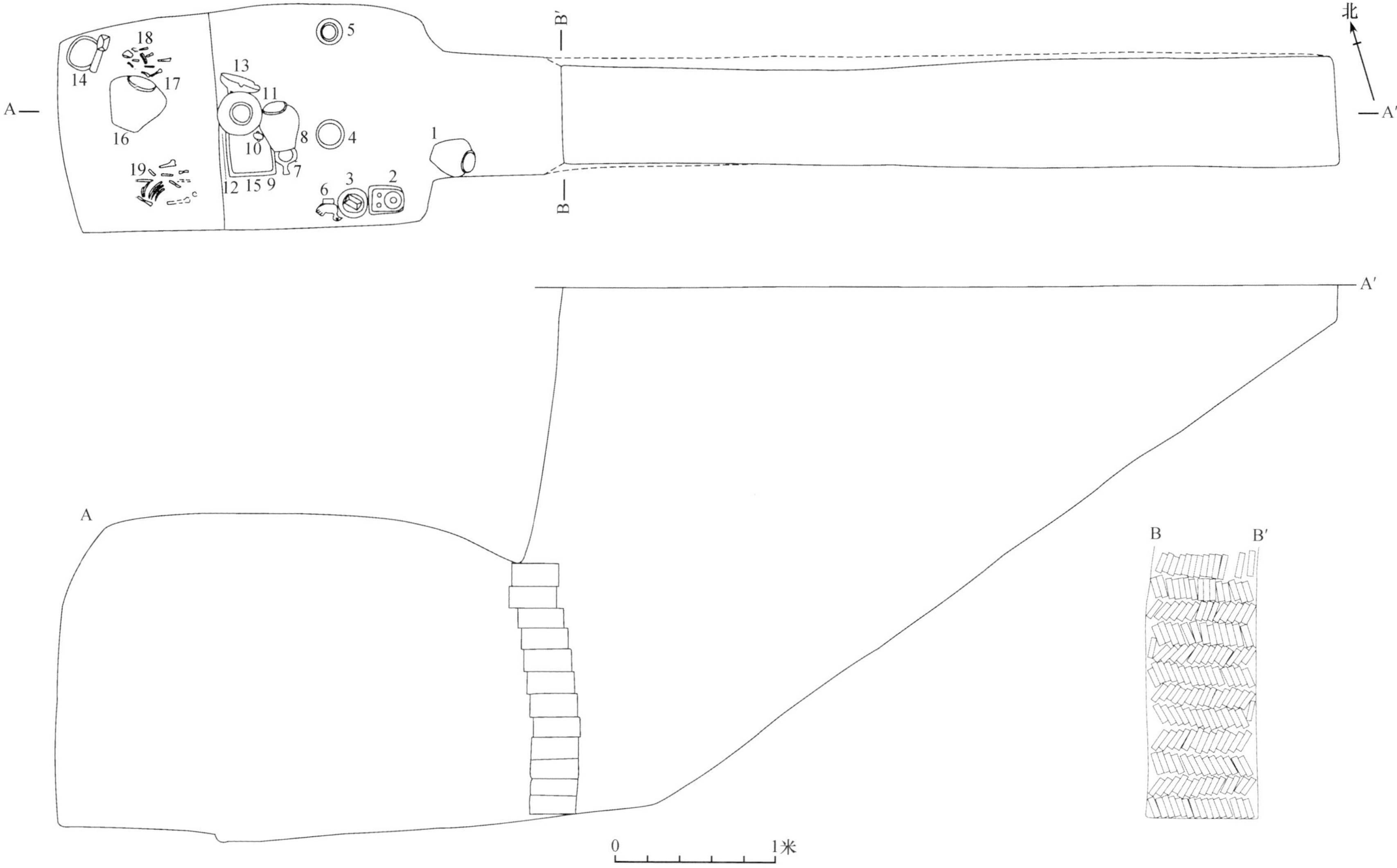

图4-1-227 AM9平、剖面图

1、8、11、13. 陶罐 2. 陶灶 3. 陶井 4. 陶盘 5. 陶仓 6. 陶鸡 7. 陶魁 9. 陶案 10、15、16. 陶耳杯 12. 陶樽 14. 陶圈 17. 鱼骨 18. 鸡骨 19. 猪骨

图4-1-228　AM9出土陶器

1、2、5、6. 罐（AM9：1、8、13、11）　3. 圈（AM9：14）　4. 魁（AM9：7）　7. 盘（AM9：4）　8、10、11. 耳杯（AM9：10、15、16）　9. 鸡（AM9：6）　12. 仓（AM9：5）　13. 樽（AM9：12）　14. 案（AM9：9）　15. 井（AM9：3）　16. 灶（AM9：2）

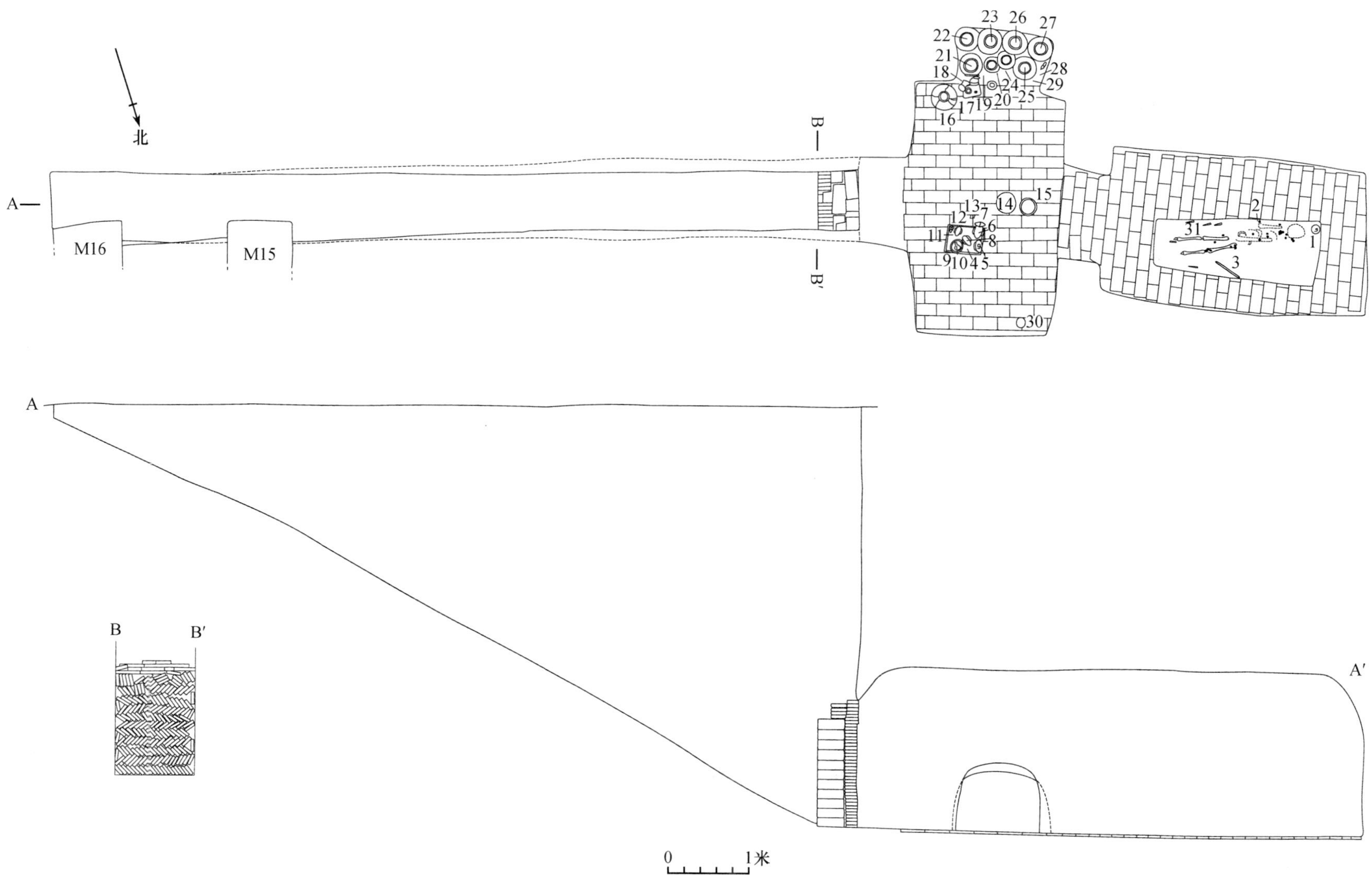

图4-1-229　AM18平、剖面图

1. 铜镜　2. 铜钱（86枚）　3、19. 铁刀　4. 陶案　5～8、11、12. 陶耳杯　9. 陶樽　10. 陶勺　13. 铁灯　14. 陶盘　15. 陶鼎　16、20～27. 陶罐　17. 陶灶　18. 陶井　28、29. 陶鸡　30. 漆器痕（未采集）　31. 铁棺钉（21件）

封门：位于墓道西端，甬道券门外侧。青砖封门，为双层砖封门，内侧为顺砖错缝平砌，共三十九层；外侧封门砖为十五层，上部四层为顺砖错缝平砌，下部十一层为丁砖左、右对角分层斜放。底面宽0.97、高1.35～1.55米。

甬道：两处，分别位于封门内侧和厅室与后室之间，均为拱顶土洞结构。发掘时拱顶均已塌落。第一处甬道券门平面呈长方形，底面宽1.04～1.1、进深0.6、高1.56米，底面无铺砖。第二处券道平面呈长方形，底面宽1.1、进深0.5～0.6米，因随墓室一起塌陷，高度不明。底面有后室延伸的铺砖，为顺砖错缝平铺。

墓室：拱顶土洞结构，由前厅和后室组成。前厅为横前堂，长2.86～3.06、宽1.6～1.9、洞高2.02米。前厅底面铺砖为丁砖错缝平铺。后室平面呈东西向长方形，长3.1～3.3、宽1.76～1.78、洞高2.06米。底面铺砖为顺砖错缝平铺（图版一八〇，1）。

耳室：一个，位于墓室前厅右侧中部。拱顶土洞结构，平面近长方形，口宽1.04、内边宽1.2、进深0.6、洞高0.78～0.88米。底面无铺砖（图版一七九，2）。

葬具：位于后室中部。木棺一副，长2.04、宽0.58～0.8米。木棺底面铺有一层白灰泥，使用铁棺钉固棺。

葬式：人骨架一具。朽蚀严重，呈粉末状。似为二次葬，头向西，面向不明，性别不明，年龄30～35岁，身高约1.58米。头部上方有铜镜1面，左侧有铁刀1把，周身散置铜钱86枚（图版一七九，3）。

出土遗物：31件（组），有陶器、铜镜、钱币、铁器和漆器，计有陶鼎1件、罐9件、井1件、灶1件、樽1件、耳杯6件、案1件、鸡2件、勺1件、盘1件（图4-1-230；图版一八〇，2），铜镜1件，铜钱1组86枚，铁刀2件、灯1件、棺钉1组21件，漆器1件，器物出土于厅室中部和耳室内，厅室中部有陶案、樽、耳杯、盘和鼎等作供器，还有圆形红漆印痕，似为漆木器腐朽后的痕迹，未能采集。随葬陶器为一套器物组合，器物组合中不见陶圈。

AM18的年代应属东汉晚期。

（一六）2006HGA区T11M19（下文简称“AM19”）

AM19位于A区东中部的T11北部。叠压于第2层下，墓口距地表0.32、墓深4.8米。墓道向东，方向103度。墓道有一盗洞，墓室被盗扰严重。

由墓道、墓室组成（图4-1-231；图版一八一，1）。

墓道：位于墓室东侧中部，西半部被晚期坑扰破。平面呈长方形，口、底大小基本相同，东西长4.8、南北宽0.94米。底面呈缓坡状，东端深4.2米，西端与墓室底平。

墓室：大部分为拱顶土洞结构，但在墓室口部有一丁砖宽的拱券，砖券北部宽出墓室一砖左右。平面呈长方形，由前厅和后室组成，底边宽1.96、券高1.9米。砖券均用残砖砌造。从墓道看像砖室墓，故本报告称之为“假砖室墓”，这在本墓地中只此一例。厅室为土洞假砖室结

图4-1-230　AM18出土陶器

1～4、10、11、17、18、22. 罐（AM18：21、22、25、26、23、24、16、27、20）　5. 盘（AM18：14）　6～9、12、20. 耳杯（AM18：5～8、12、11）　13. 勺（AM18：10）　14、15. 鸡（AM18：28、29）　16. 樽（AM18：9）　19. 案（AM18：4）　21. 灶（AM18：17）　23. 井（AM18：18）　24. 鼎（AM18：15）

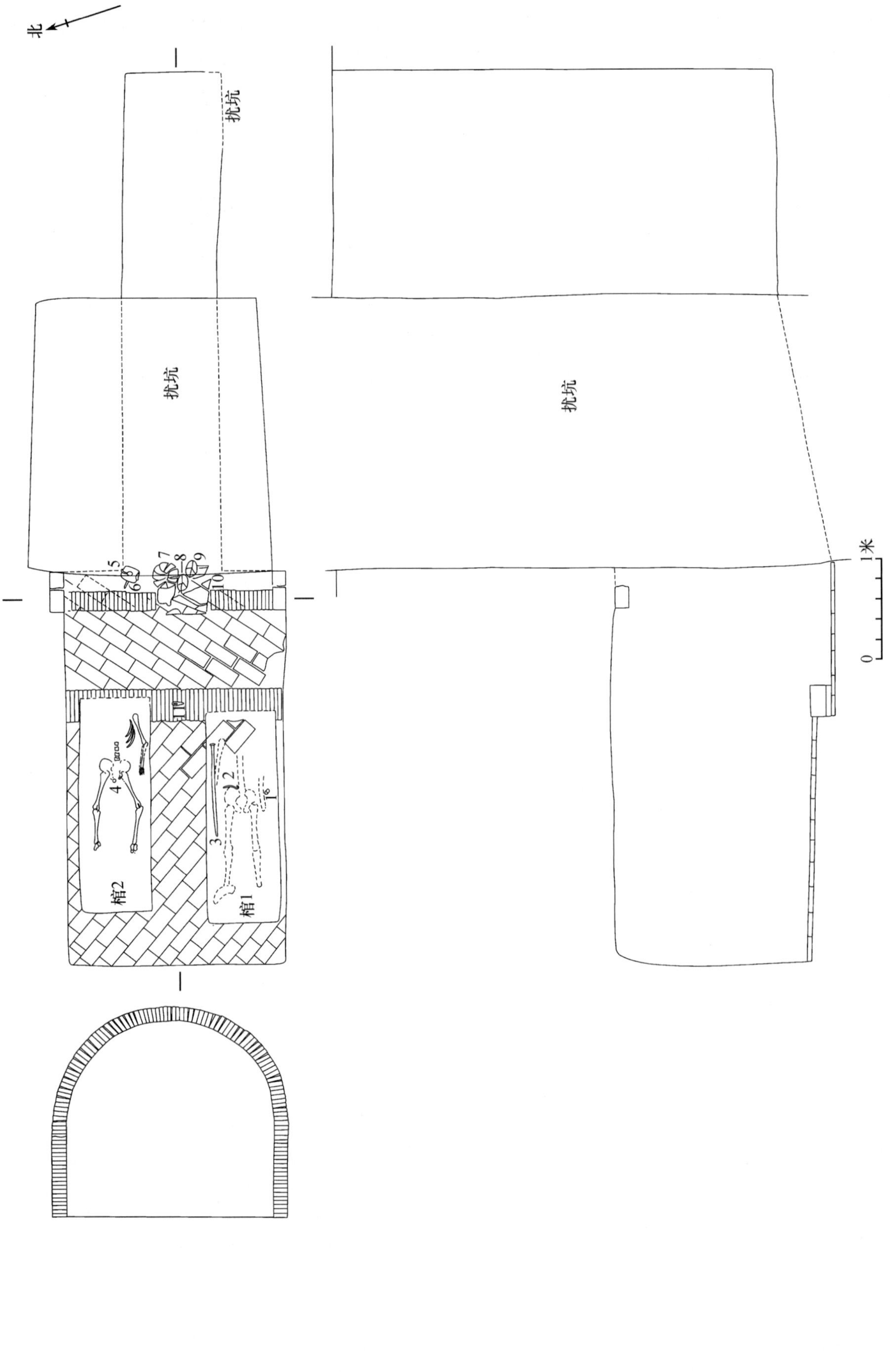

图4-1-231　AM19平、剖面图

1. 铜钱（5枚）　2. 铜带钩　3. 铁剑　4. 铜钱（3枚）　5. 陶勺　6. 陶魁　7. 陶盘　8、9. 陶耳杯　10. 陶案　11. 陶鸽

构，平面呈长方形，东西长1.16、宽2.14米。在墓室东端近口处有一层拱顶砖券，前厅洞高2.1米。底面有东北-西南向斜行错缝铺砖，多为整砖，边沿处偶用残砖。后室为拱顶土洞结构，平面呈长方形，主要做棺床，为生土台铺砖结构，长2.68、宽2.1、洞高1.86～1.96米，棺床台面高出前厅底面约0.21米。床沿有两层砖，厅室东部地面铺一层丁砖，棺床沿放一排丁砖，棺床上铺砖与厅室地面方向相反，为东南-西北向斜行错缝铺砖，铺砖同样多用整砖，边沿处用少量残砖，棺床铺砖与厅室铺砖方向垂直相对，形成明显的区域划分（图版一八一，2）。

葬具：木棺两副，均放置于棺床上。棺1朽蚀严重，仅存朽痕，长2.06、前宽0.68、后宽0.7米。棺室内铺有一层青灰，木棺内壁涂抹一层白灰泥。棺2朽蚀严重，长2.1、前宽0.68、后宽0.66、残高0.1～0.35米。棺室内均涂白灰一层，棺底所铺白灰较厚（图版一八一，3）。

葬式：人骨架两具，腐朽盗扰严重。棺1内墓主倾向为成年男性，身高约1.56米。左手处有铜钱5枚，腰部出土铜带钩1件，身体右侧有铁剑1把。棺2内墓主倾向为女性，年龄在40岁左右，身高约1.4米。墓主盆骨处有3枚铜钱。应为夫妇合葬。

出土遗物：11件（组），有陶器、铜器、钱币和铁器，计有陶耳杯2件、魁1件、案1件、盘1件、勺1件、鸽1件（图4-1-232；图版一八一，4），铜带钩1件，铜钱2组8枚，铁剑1件，陶器主要出土于厅室东部中间，耳杯置于陶案上做供器。随葬陶器为一套器物组合。

AM19的年代应属东汉晚期。

（一七）2006HGA区T12M26（下文简称“AM26”）

AM26位于A区东中部的T12东北角。叠压于第2层下，塌陷坟丘打破AM25的墓道前端，墓口距地表0.28、墓深4.1米。墓道向东，方向107度。该墓在墓道尾端近封门处和后室顶部各有一处盗洞，墓室遭到严重盗扰，棺床上的部分铺砖被扰动。

由坟丘、墓道、甬道、墓室、耳室组成（图4-1-233；图版一八二，1）。

坟丘：塌落坟丘堆积位于墓室顶部。平面略呈椭圆形，长径3.6、短径3.5、深1.3米。坟丘堆积黄褐色土，间杂少许红土颗粒。

墓道：位于墓室东侧中部。平面呈长方形，口小底大，通长6.2、口部宽0.8～0.9、底面宽0.8～0.96米。底面为斜坡状，坡度约35度。斜坡面上中段有椭圆形凹坑式脚窝九个，脚窝长径0.24～0.52、短径0.14～0.18、进深0.04～0.1米。

未见封门砖墙，可能被盗扰破坏。

甬道：位于墓室东侧中部。拱顶土洞砖券结构，甬道外侧边为丁砖拱券，砖券槽高于墓道两侧的生土墙，内侧为土洞结构。甬道底面为长方形，宽0.94、进深0.86～1.2、高1.52米。甬道底面无铺砖。

墓室：拱顶土洞结构。由前厅和后室组成，通长3.7～3.8、洞高1.94米。前厅略呈正方形，南北长1.7～1.9、东西宽1.66米。左侧为0.8米宽的砖铺供台，台面东北角为两排平铺丁

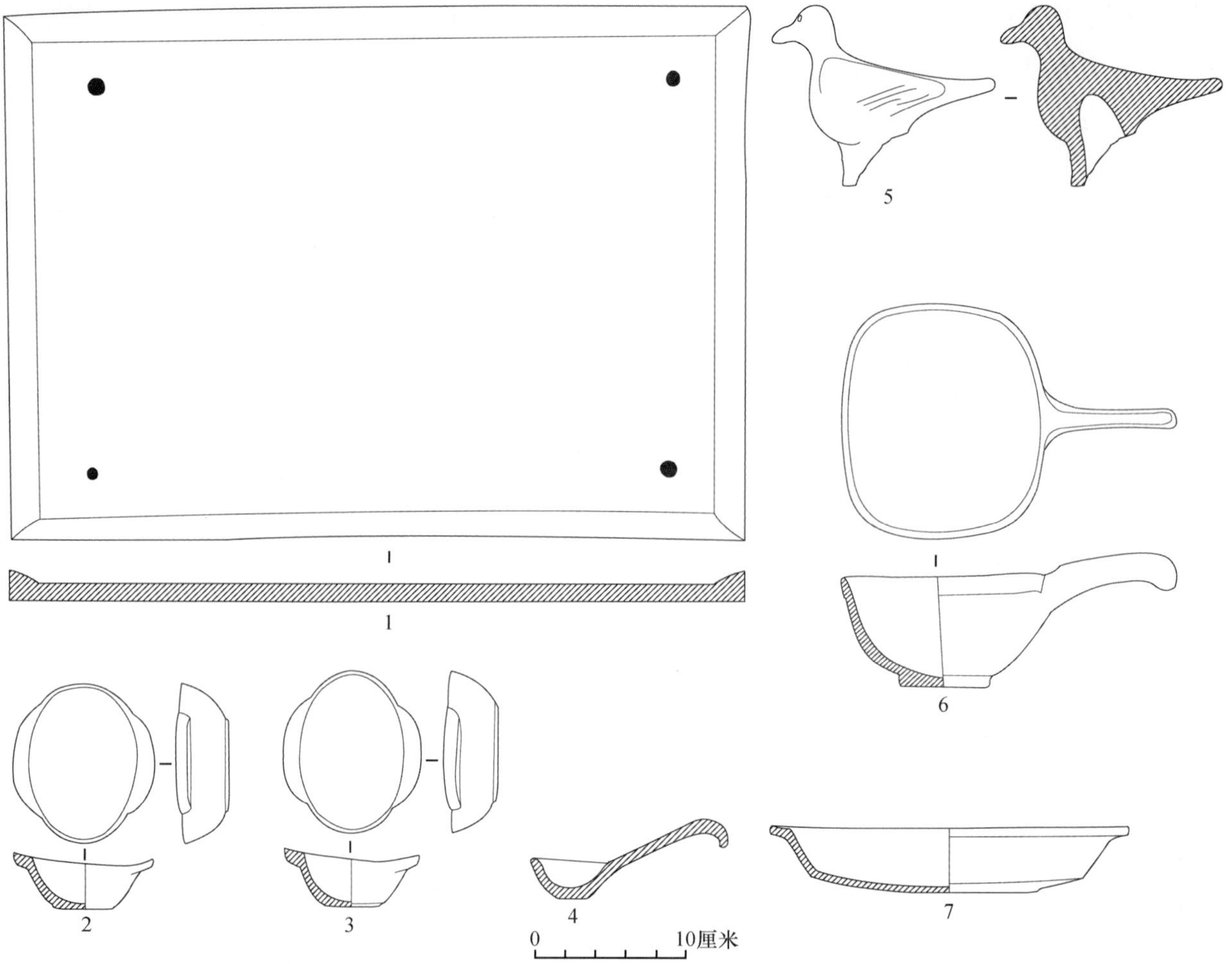

图4-1-232　AM19出土陶器

1. 案（AM19：10）　2、3. 耳杯（AM19：8、9）　4. 勺（AM19：5）　5. 鸽（AM19：11）　6. 魁（AM19：6）　7. 盘（AM19：7）

砖，其余为顺砖对缝平铺，台沿为三层平铺丁砖，台面高与后室棺床平，高于厅室底面0.14米。厅室底面铺砖为丁砖错缝平铺。后室主要做棺床，为生土台铺砖结构，内高外低，东西长2.04～2.14、南北宽1.9米，棺床台面高于厅室底面0.14～0.2米。棺床上为东南–西北向斜行错缝铺砖，棺床沿为一排错缝平铺顺砖，共三层（图版一八二，2）。

耳室：一个，位于墓室前厅右侧中部。拱顶土洞结构，底平面呈长方形，口宽1.1、内边宽1.1、进深1.2～1.3、洞高0.96～1.4米。底面较平整，无铺砖。

葬具与葬式：因盗扰严重，葬具情况不明，仅知道使用铁棺钉。人骨架均已不见，葬式亦不明。

出土遗物：26件（组），有陶器、铜镜、钱币、铁器和琉璃器，计有陶罐8件（其中2件陶罐质地较硬）、小罐1件、井2件、灶1件、圈1件、耳杯6件、盒1件、案2件（其中1件涂朱）（图4-1-234；图版一八二，3），铜镜1面，铜钱1组4枚，铁棺钉1件，琉璃耳饰1件，器物主要出土于厅室中部和耳室内，厅室近甬道处置涂朱陶案、长方形盒和大陶罐，耳室中置陶罐、

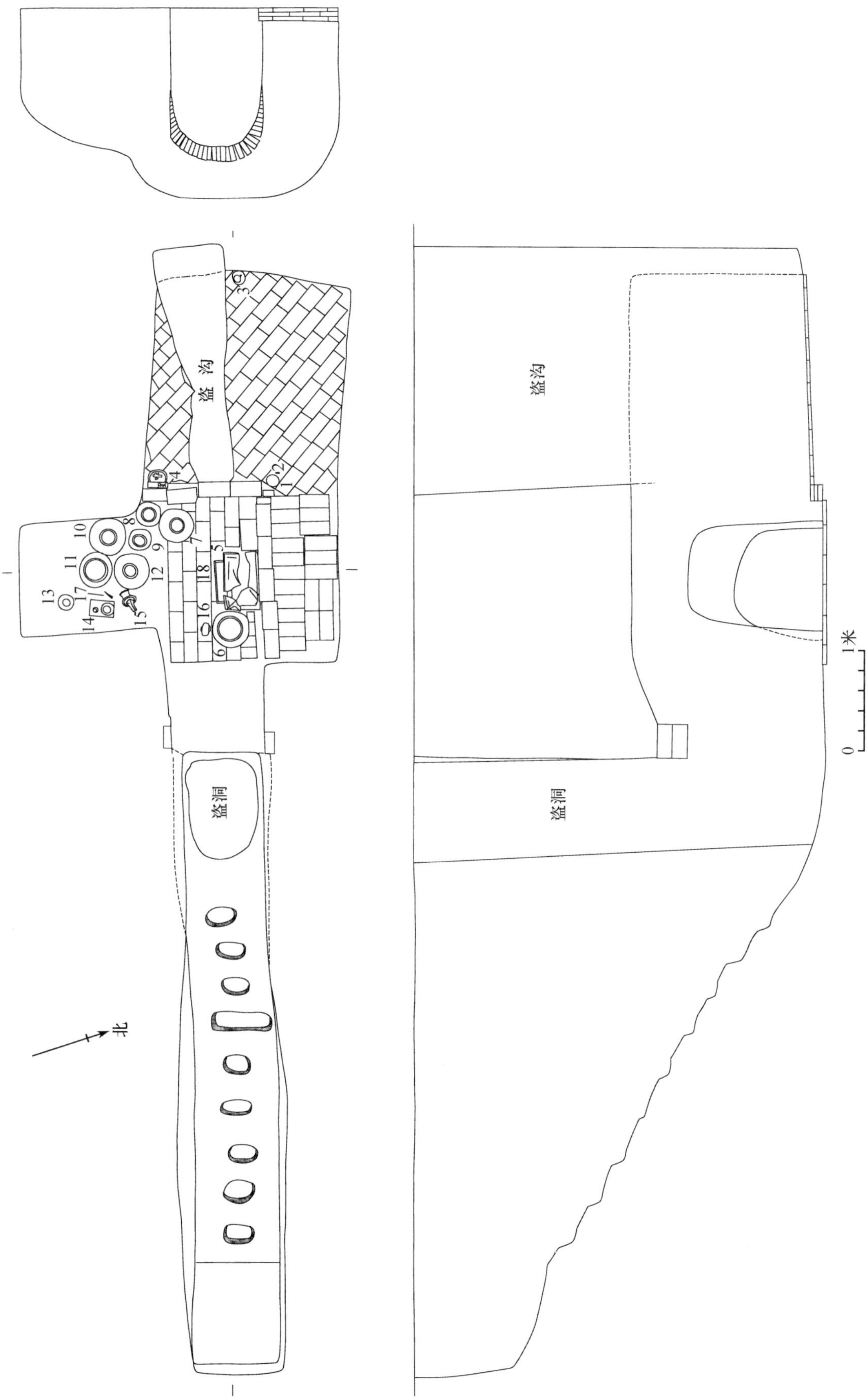

图4-1-233 AM26平、剖面图

1. 铜镜 2. 琉璃耳饰 3. 小陶罐 4. 陶圈 5. 涂朱陶案 6～12、26. 陶罐 13、15. 陶井 14. 陶灶 16、20～22、24、25. 陶耳杯 17. 铁棺钉 18. 陶盒 19. 陶案 23. 铜钱（4枚）
（19～26出自盗土中）

图4-1-234　AM26出土陶器

1～5、20. 耳杯（AM26：21、24、25、16、22、20）　6～9、12～14、19. 罐（AM26：9、11、10、7、6、26、12、8）　10. 盒（AM26：18）　11. 涂朱案（AM26：5）　15. 小罐（AM26：3）　16、18. 井（AM26：15、13）　17. 圈（AM26：4）　21. 灶（AM26：14）

井、灶等，棺床上散置陶圈、罐和铜镜。随葬陶器为一套器物组合，但却出土了2件陶井。

AM26的年代应属东汉晚期。

（一八）2006HGA区T16M31（下文简称“AM31”）

AM31位于A区南中部的T16中部。叠压于第2层下，墓口距地表0.3、墓深4.1米。墓道向北，方向16度。在墓道尾端靠近墓门处和前厅顶部各有一个盗洞，墓室遭到严重盗扰。

由墓道、封门、甬道、墓室、耳室组成（图4-1-235；图版一八三，1）。

墓道：位于墓室北侧中部。平面呈长方形，长9.74、口部宽0.76～0.86、底面宽0.78～1.5米。底面为斜坡状，坡度20～26度。

封门：位于墓道南端，甬道券门外侧。两层封门，外侧为砖封门，内侧为石门。砖封门为丁砖无规律斜放，底面宽1.14、高0.93米（图版一八四，2）。据发掘判断，外侧封门砖可能不是原墓门封砖，而是盗墓者揭开甬道券顶砖摆放在石门外形成。石门为两扇长方形条石，其上有一长方柱形石条作为门楣，门板宽0.48、高1.1、厚0.12米。石门两侧和底部均有石条分别作门框和过门石（图版一八三，2）。

甬道：两处，分别位于墓门内侧和前、后室之间。均为拱顶土洞砖券结构，第一处甬券顶已被毁，仅存甬道墙和少部分券砖，甬道北端尚保存少许拱券，明显为双层拱券顶结构。门洞底面宽1、进深1.46、存高1.06～1.46米。底面无铺砖。第二处券道位于后室右侧，券顶已被扰，仅保存券道墙。券道门洞底面宽1、进深0.72米，甬道墙尚保存1米高。

墓室：由前厅和后室组成。前厅为先挖竖井式土坑墓圹，再在墓圹内营建穹隆顶砖室结构的厅室。墓圹口小底大，前厅口部长3、宽2.2米。底面近正方形，长3.34、宽3.24米。厅室为砖室结构，但穹隆顶已因盗扰而塌陷，目前仅存部分墙。厅室平面略呈正方形，边长2.84～2.86米。在厅室底面西南角设有高于厅室一侧砖的砖砌供台，平面呈南北长方形，长1.44、宽1.04米。供台沿为侧放丁砖，台内填土，台面铺砖有几块为顺砖平铺。前厅底面为东北–西南向斜行错缝铺砖，整砖为主，有少部分残砖。厅室四面砖墙为一体结构，目前尚保存起券部分，墙高1.56～1.62米。后室为拱顶砖室结构，口部平面不规则，可能因发掘时边缘塌落造成，长径4.15、短径1.55～2.3米。后室底部平面呈长方形，主要做棺床，为生土台结构，砖室长3.14、宽1.9米，棺床生土台高于厅室底面0.1米。棺床上为东南–西北向斜行错缝铺砖，以残砖为主，床沿为一段侧放丁砖，墓室四面砖墙为一体结构，东北角砖墙尚保存少部分起券部分，其他部分只保留直墙，存高0.3～1.14米（图版一八四，1）。

耳室：位于墓室前厅右侧中部。拱顶土洞砖室结构，平面略呈正方形，土洞口宽1.32、内边宽1.24、进深1～1.1、洞高1.8～2.2米。耳室与厅室结合处为双层拱券，口宽0.94、内边宽0.84、存高1.6米。底面与厅室底面平，铺砖也与厅室地面铺砖为一体。

葬具与葬式：因墓室盗扰严重，葬具、葬式均不明。

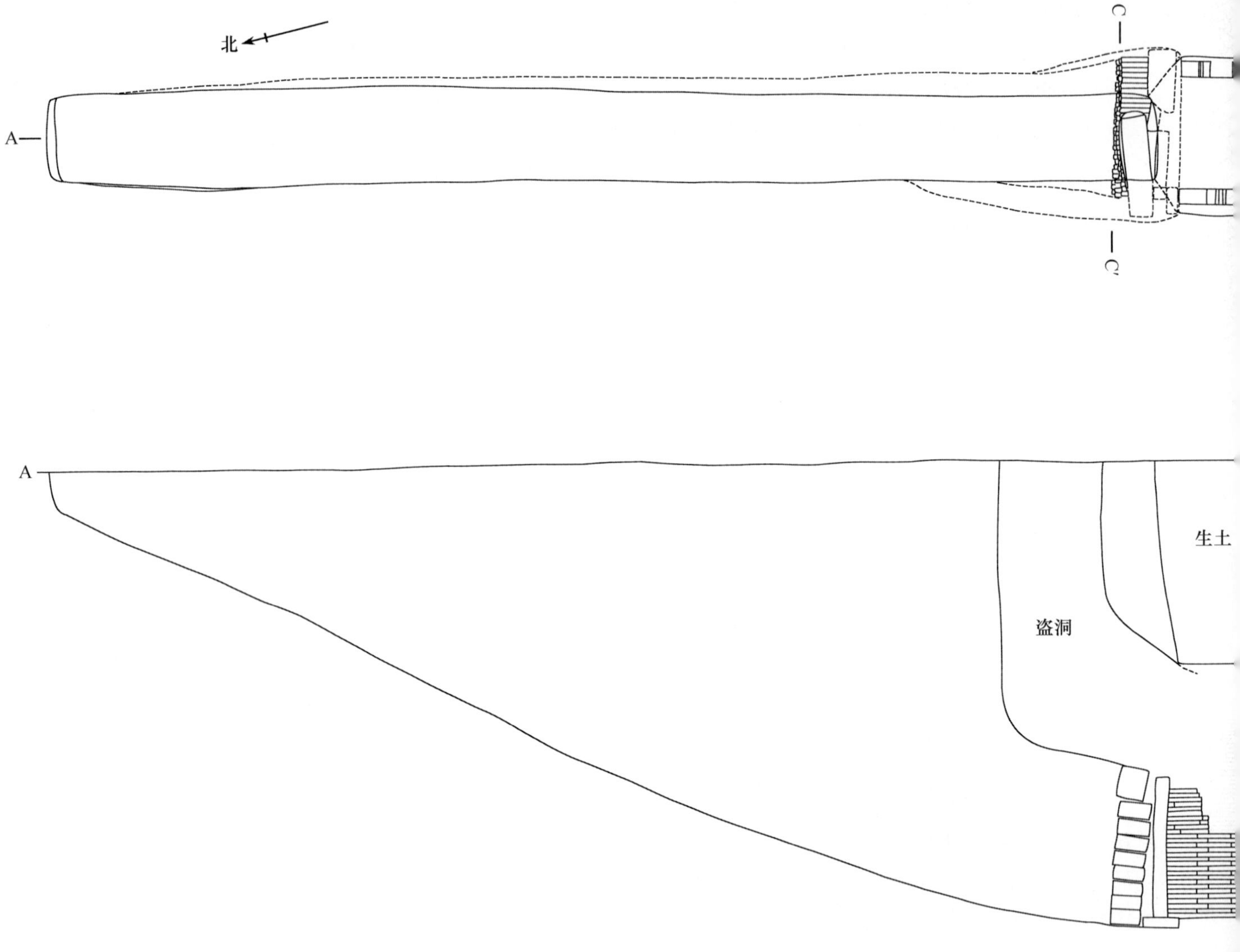

图4-1-235　A

1、30. 陶灶　2、3、6、18、32、36. 陶罐　4. 涂朱陶案　5、19、28、31. 陶器盖　7、20.
21. 陶樽　24、27. 陶盘　25. 陶瓮　26. 陶壶　29. 陶井　35. 陶汲水罐　37. 铁刀

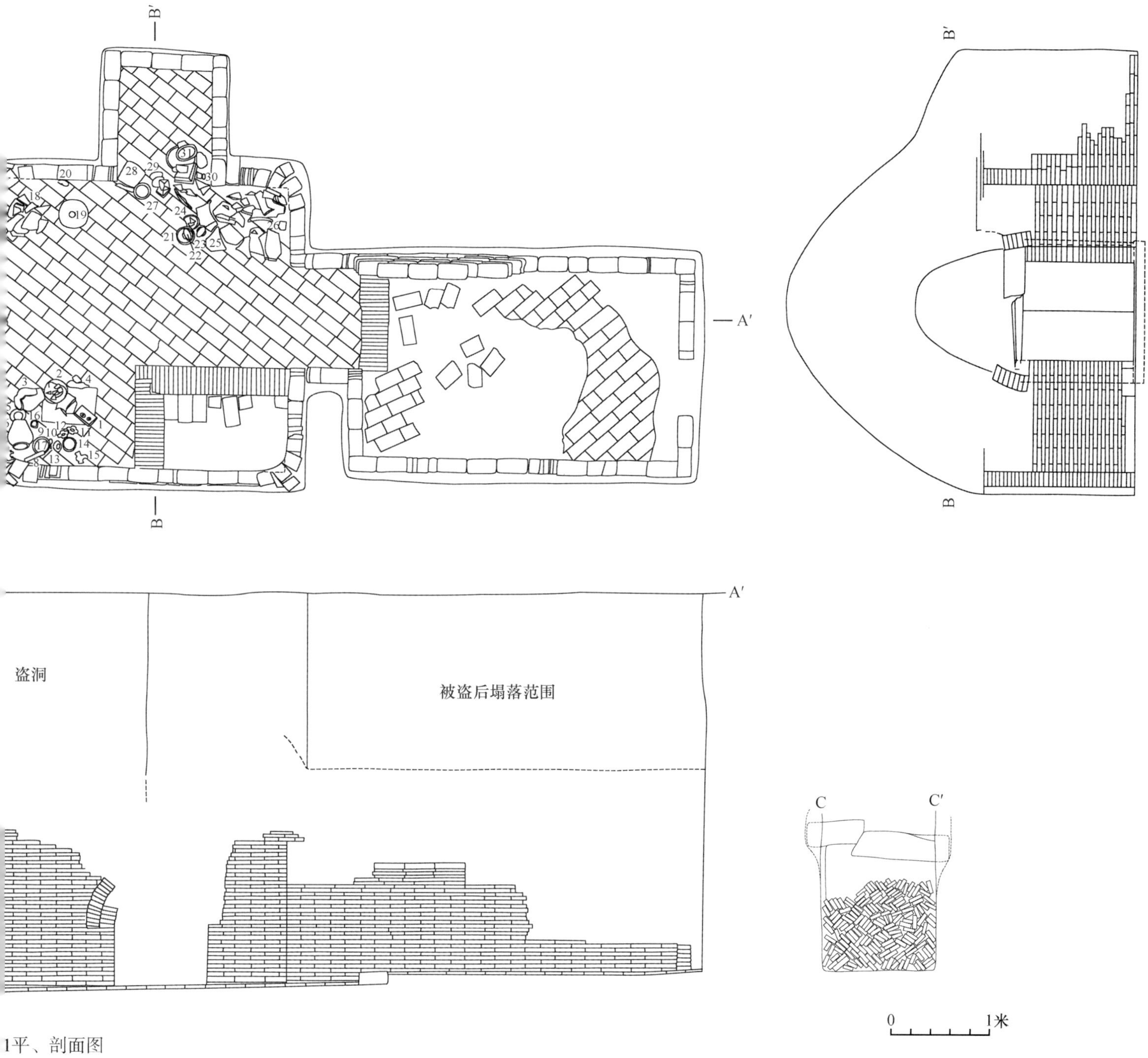

1平、剖面图

J 8、9. 陶圈 10. 陶猪 11～13、22、23、33、34. 陶耳杯 14. 陶碗 15. 陶鸡 16. 陶魁 17. 陶勺
8. 涂朱陶盘 39. 铜钱（5枚） 40. 铜钱（45枚） 41、42. 铜弩机（32～42出自盗土中）

出土遗物：42件（组），有陶器、铜器、钱币和铁器，计有陶壶1件、罐6件、井1件、灶2件、圈2件、樽1件、耳杯7件、魁1件、涂朱案1件、猪1件、鸡1件、狗2件、盘3件、瓮1件、汲水罐1件、碗1件、勺1件、器盖4件（图4-1-236A、236B；图版一八三，3），铜弩机2件，铜钱2组50枚，铁刀1件，器物主要放置于厅室内两侧和耳室口部，因盗扰陶器应非原来位置。随葬陶器应为两套器物组合。

AM31为穹隆顶与拱券顶相结合的砖室墓，也是土坑竖穴墓圹和土洞室相结合的墓葬，为此墓地汉代墓葬中少见。AM31被盗扰严重，但根据发掘情况来看，墓主是此次发掘的汉代墓葬中身份最高的，如墓葬采用条石封门，石门上刻制简单的图案，均是此次发掘的汉代墓葬中唯一一例。

AM31的年代应属东汉晚期。

（一九）2006HGA区T19M35（下文简称“AM35”）

位于A区东南部的T19北部。叠压于第2层下，墓口距地表0.3、墓深1.4米。墓道向东，方向102度。墓道西侧近墓室处有一盗洞，墓室被盗扰。

由墓道、封门、甬道、墓室组成（图4-1-237；图版一八四，3）。

墓道：位于墓室东侧中部。平面呈长方形，口、底同宽，口部东西长2.96、东端宽0.8、西端宽0.7、底面东西长2.5米。墓道原底面呈坡状，二次挖开时把斜坡打去少许。墓道壁面垂直，规则整齐。

封门：双层砖封门。第一层封门砖位于甬道内，为丁砖左、右对角分层斜放，多用整砖，底面宽0.76、存高0.94米。第二层位于甬道外侧，为平砖错缝顺砌，保存二十五层，均为残砖，底面宽0.8、高1米。

甬道：位于墓室东侧中部。因二次打开和盗扰，拱顶结构不明，拱券与墓室砖墙为丁顺交替砌筑。保存底面宽1、进深0.46米。

墓室：拱顶土洞砖室结构。平面呈长方形，东西长2.9、南北宽1.2、洞高1.26米。墓室前墙与左、右砖墙为一丁一顺砌筑，同样为丁顺交替砌筑。左、右砖墙为顺砖错缝砌筑后墙为单独一面墙，与左、右墙不相连，为顺砖错缝砌筑，存高0.76～0.8米。拱券为丁砖砌筑，因墓室顶部塌落，具体高度不明。底面无棺床，铺砖多为残砖，无序铺置，甬道底面也为同样的铺砖。

葬具与葬式：墓主骨架被扰，或迁葬他处，葬具与葬式均不明。

出土遗物：4件（组），有陶器、钱币和铁器等，计有陶罐1件、仓1件（图4-1-238；图版一八四，4），铜钱1组10枚，铁棺钉1组14件，陶器放于墓室里侧。

AM35的年代应属东汉晚期。

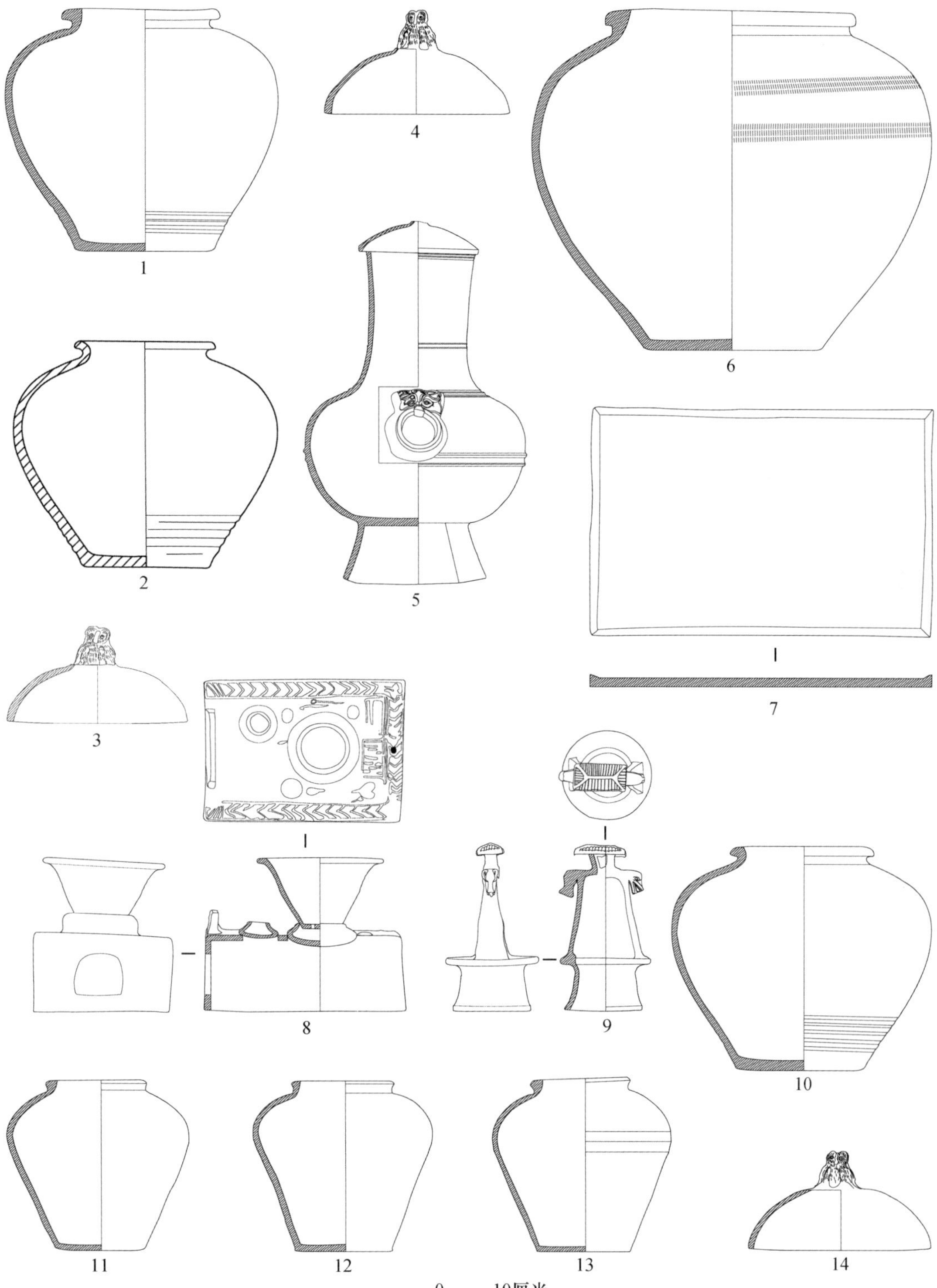

图4-1-236A　AM31出土陶器

1、2、10～13. 罐（AM31：18、32、36、2、3、6）　3、4、14. 器盖（AM31：31、28、19）　5. 壶（AM31：26）　6. 瓮（AM31：25）　7. 涂朱案（AM31：4）　8. 灶（AM31：30）　9. 井（AM31：29）

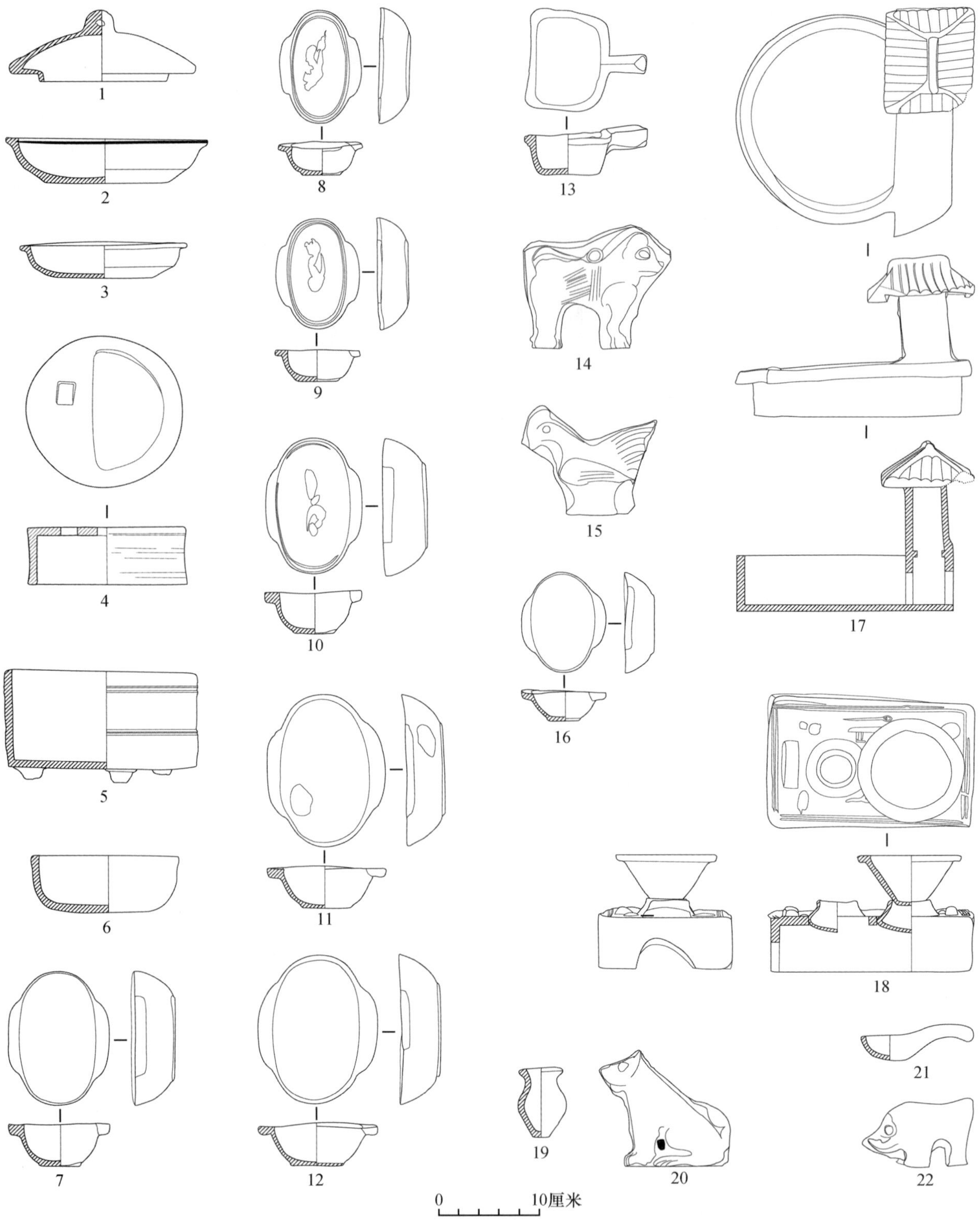

图4-1-236B　AM31出土陶器

1. 器盖（AM31：5）　2. 盘（AM31：24）　3. 涂朱盘（AM31：27）　4、17. 圈（AM31：9、8）　5. 樽（AM31：21）　6. 碗（AM31：14）　7～12、16. 耳杯（AM31：34、11～13、23、22、33）　13. 魁（AM31：16）　14、20. 狗（AM31：7、20）　15. 鸡（AM31：15）　18. 灶（AM31：1）　19. 汲水罐（AM31：35）　21. 勺（AM31：17）　22. 猪（AM31：10）

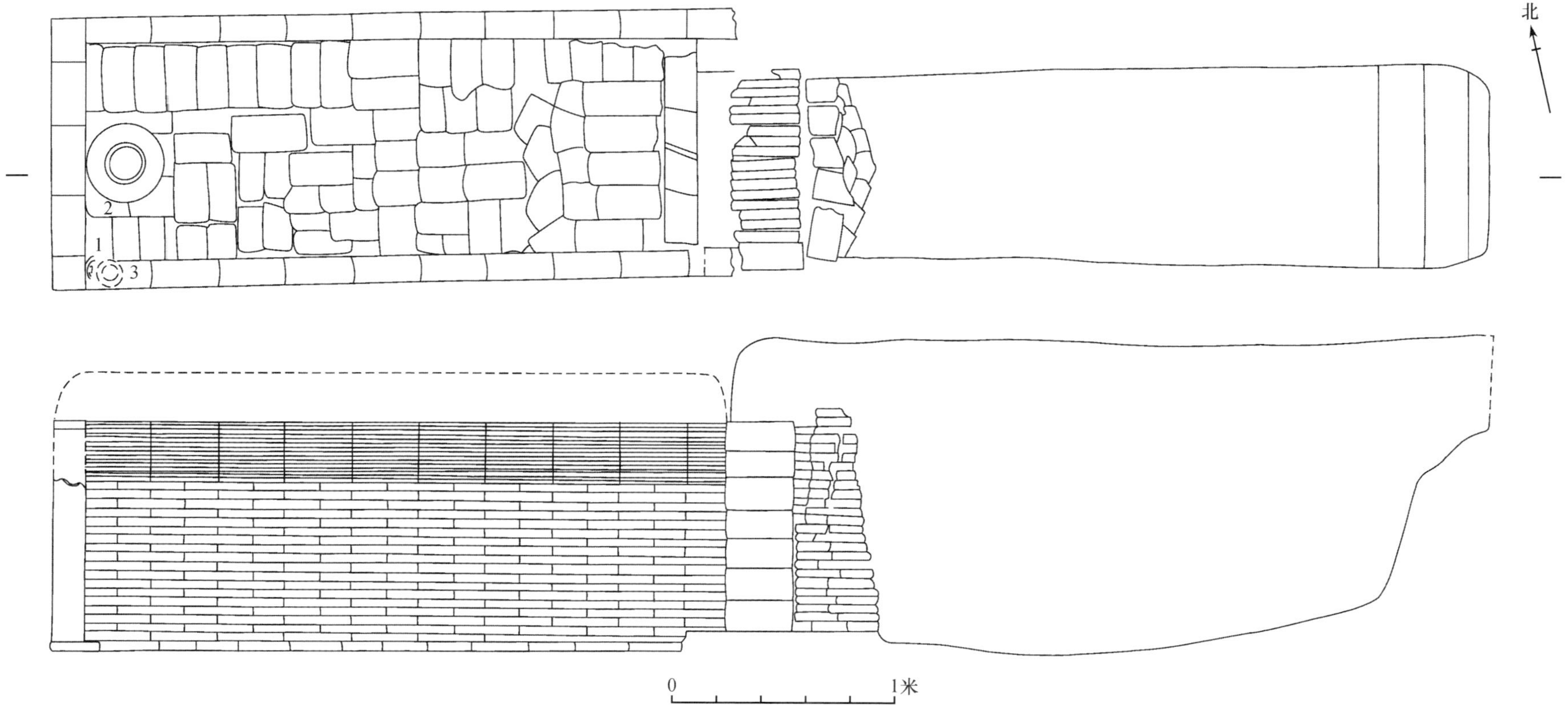

图4-1-237　AM35平、剖面图

1. 铜钱（10枚）　2. 陶罐　3. 陶仓　4. 铁棺钉（14件）（4出自扰土中）

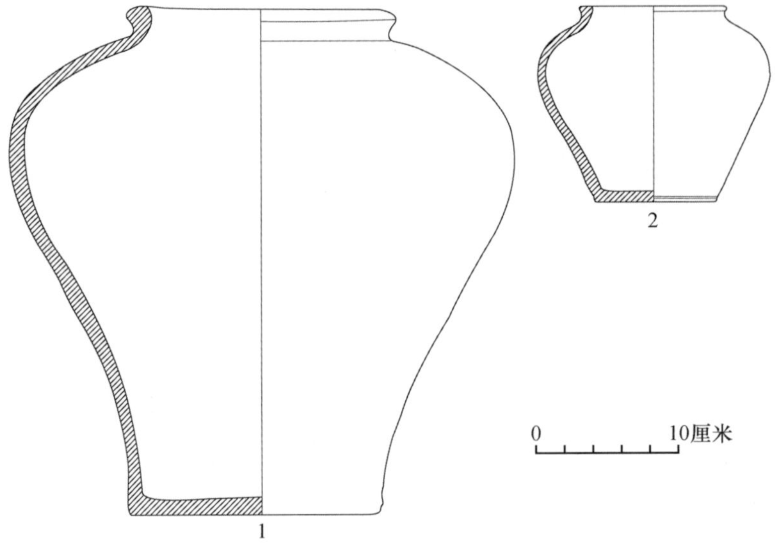

图4-1-238　AM35出土陶器

1. 罐（AM35：2）　2. 仓（AM35：3）

（二〇）2006HGB区T11M21（下文简称“BM21”）

BM21位于B区中南部的T11南部。叠压于第2层下，墓道中部被BM19打破少许，墓口距地表0.4、墓深3.7米。墓道向西，方向280度。保存完整。

由坟丘、墓道、封门、甬道、墓室组成（图4-1-239；图版一八五，1）。

坟丘：塌落坟丘堆积位于墓道东端。平面呈椭圆形，长径2.8、短径1.4、深0.5米。坟丘堆积黄褐色土，间杂少许红土颗粒，显然为挖建墓室的生土直接堆垫于墓室顶部而成。

墓道：位于墓室西侧中部。平面呈东西向长方形，口大底小，口部宽0.9～1、底面宽0.86、通长6.2米。底面为斜坡状，坡度约23度。

封门：位于墓道东端，甬道券门外侧。青砖封门，共十六层，顶部一层为顺砖平砌，下部均为丁砖左、右对角分层斜放。底面宽0.84、高1.98米。

甬道：位于墓室西侧中部。拱顶土洞结构，底平面呈长方形，宽0.9、进深0.5～0.54、高2.04米。

墓室：拱顶土洞结构，由前厅和后室组成。前厅为横前堂，南北长3.16～3.46、东西宽1.5～1.66、洞高2.5米。前堂左边作耳室使用（图版一八五，3），右边为0.8米宽的生土台作供台，供台为生土结构，台沿平铺一排残青砖，生土台面高于前堂底面0.18米。后室平面近长方形，长3.1～3.16、宽1.4～1.74、洞高2.5米。前堂、后室底面平，无铺砖（图版一八六，1）。

葬具：木棺两副。棺1位于墓室左侧，长2.1、宽0.58～0.6米。棺2位于墓室右侧，长2.24、宽0.5～0.54米。木棺底面均铺一层白灰泥，使用铁棺钉固棺（图版一八五，2）。

葬式：人骨架两具。骨架完整，均为一次葬，但朽蚀严重，皆呈粉末状。棺1内墓主头向西，面向不明，性别不易判断，但从随身装饰推测为女性，身高1.45米。墓主头上方有铜镜、小铁刀、铜顶针等，左臂有银镯1对，右臂有铁器1件，周身散置铜钱635枚，胸部有陶瓦当1

件，寓意不明。棺2内墓主头向西，面向不明，性别不易判断，但从随葬铁刀推测应为男性，身高1.6米。墓主头上方有铜镜和小铁刀各1件，身体右侧有1把环首铁刀，尖东柄西刃向南，身体下铺置铜钱285枚，棺上有残陶板瓦1块，寓意不明。应为夫妇合葬。

出土遗物：45件（组），有陶器、铜镜、铜器、钱币、铁器、银器和动物骨头，计有陶壶2件、罐6件（其中4件胎质较硬）、小罐1件、井1件、灶1件、圈1件、樽1件、魁1件、鸡1件、狗1件、碗1件、甑1件、汲水罐1件、器盖1件、瓦当1件、板瓦2件（图4-1-240；图版一八六，4），铜镜2面，铜环1件、顶针3件、帽钉2组5件，铜钱2组920枚，铁刀4件、灯1件、顶针1件、钩1组5件、棺钉2组20件、铁器1件，银镯1对，动物骨头1件，出土于前堂中部和左侧，其中前堂左侧置陶罐、壶、井、圈、狗、鸡和部分残铁器等，中部放有陶樽、器盖、魁和一副完整的动物骨架（可能为一头猪骨架）作为供品和供器（图版一八六，2、3）。随葬陶器为一套器物组合。

BM21的年代应属东汉晚期。

（二一）2006HGB区T12M22（下文简称“BM22”）

BM22位于B区中南部的T12中部。叠压于第2层下，墓口距地表0.38、墓深3.25米。墓道向西，方向290度。在墓室顶部有一盗洞，墓室局部被扰。

由墓道、墓室、耳室组成（图4-1-241；图版一八七，1）。

墓道：位于墓室西侧中部。平面呈较规则长方形，口部平面通长6.1、宽0.8～0.96、底面宽0.8～1米。底面前端为斜坡状，坡度约40度，尾端为平底。斜坡面上有凹坑式脚窝七个，脚窝长0.18～0.28、宽0.14～0.16、深0.04～0.08米。

墓室：拱顶土洞结构。平面形状不甚规则，土洞通长3.6、宽1.16～1.68、洞高1.92米（图版一八七，2）。

耳室：一个，位于墓室左侧。拱顶土洞结构，平面呈长方形，口宽0.9、内边宽0.66、进深1.4、洞高1.32米。

葬具：木棺两副。棺1位于墓室东部右侧，长2.1、宽0.6米。棺2位于墓室东部左侧，长2.04、宽0.64～0.7米。棺2上浮叠压棺1少许。棺2底面有一层白灰泥，两棺均使用铁棺钉固棺。

葬式：人骨架两具。棺1内墓主为一次葬，仰身直肢，头向东，面向南，经鉴定为男性，成年人，身高1.65米。墓主头枕1个陶筒瓦。棺2内墓主为二次葬，仅存髋骨以下部分，头向东，面向不明，疑为女性，成年人。棺内有铜钱72枚，陶筒瓦1件，西北角置铜镜1面。应为夫妇合葬。

出土遗物：13件（组），有陶器、铜镜、钱币和铁器，计有陶罐2件、小罐2件、筒瓦2件（图4-1-242；图版一八七，3），铜镜1面，铜钱1组72枚，铁刀1件、灯1件、棺钉2组19件、铁器1件，因盗扰，随葬陶器均非原来位置，器物组合不明。墓主头枕陶筒瓦。

BM22的年代应属东汉晚期。

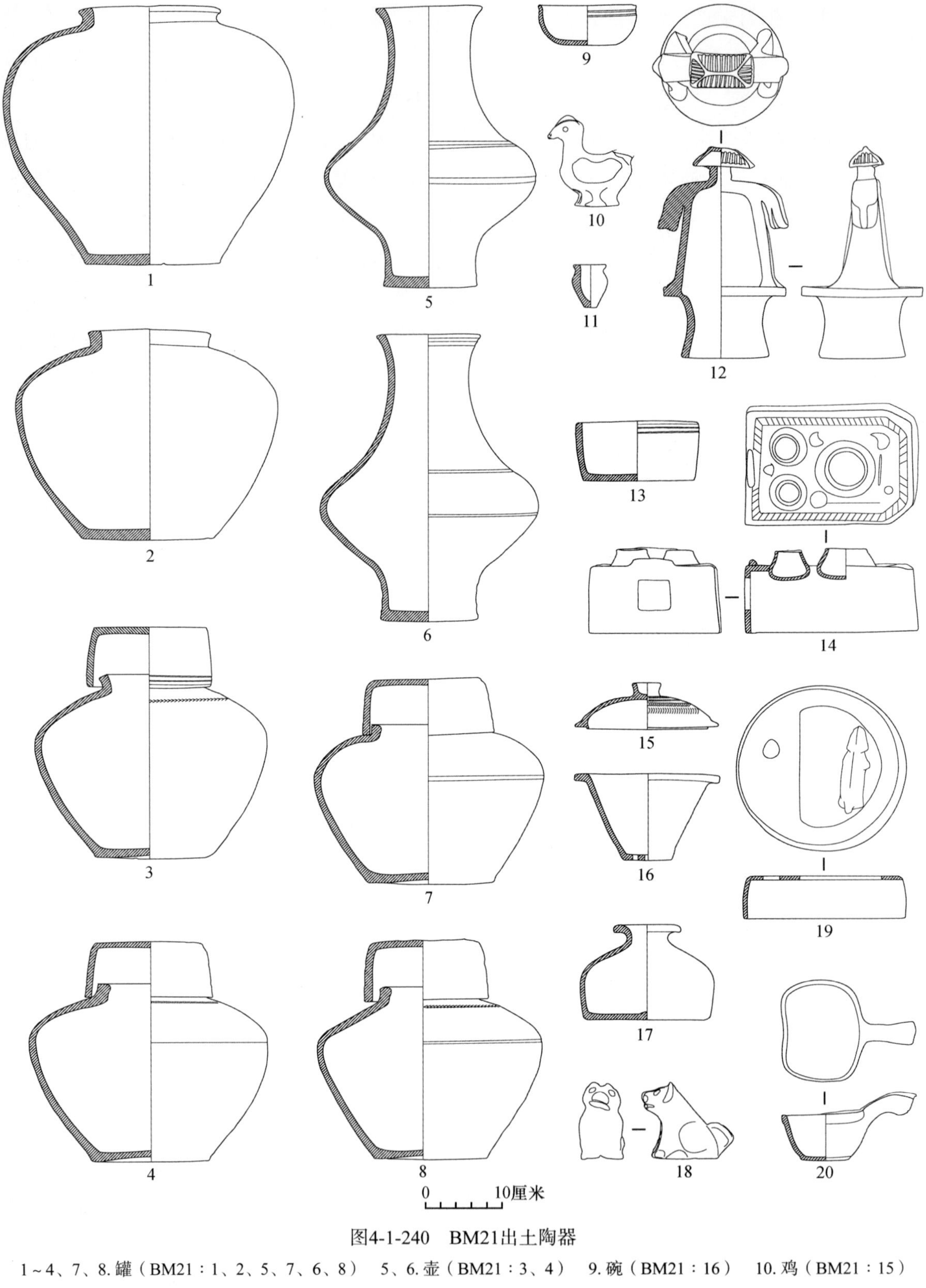

图4-1-240　BM21出土陶器

1～4、7、8. 罐（BM21：1、2、5、7、6、8）　5、6. 壶（BM21：3、4）　9. 碗（BM21：16）　10. 鸡（BM21：15）　11. 汲水罐（BM21：22）　12. 井（BM21：11）　13. 樽（BM21：44）　14. 灶（BM21：19）　15. 器盖（BM21：17）　16. 甑（BM21：20）　17. 小罐（BM21：33）　18. 狗（BM21：14）　19. 圈（BM21：12）　20. 魁（BM21：18）

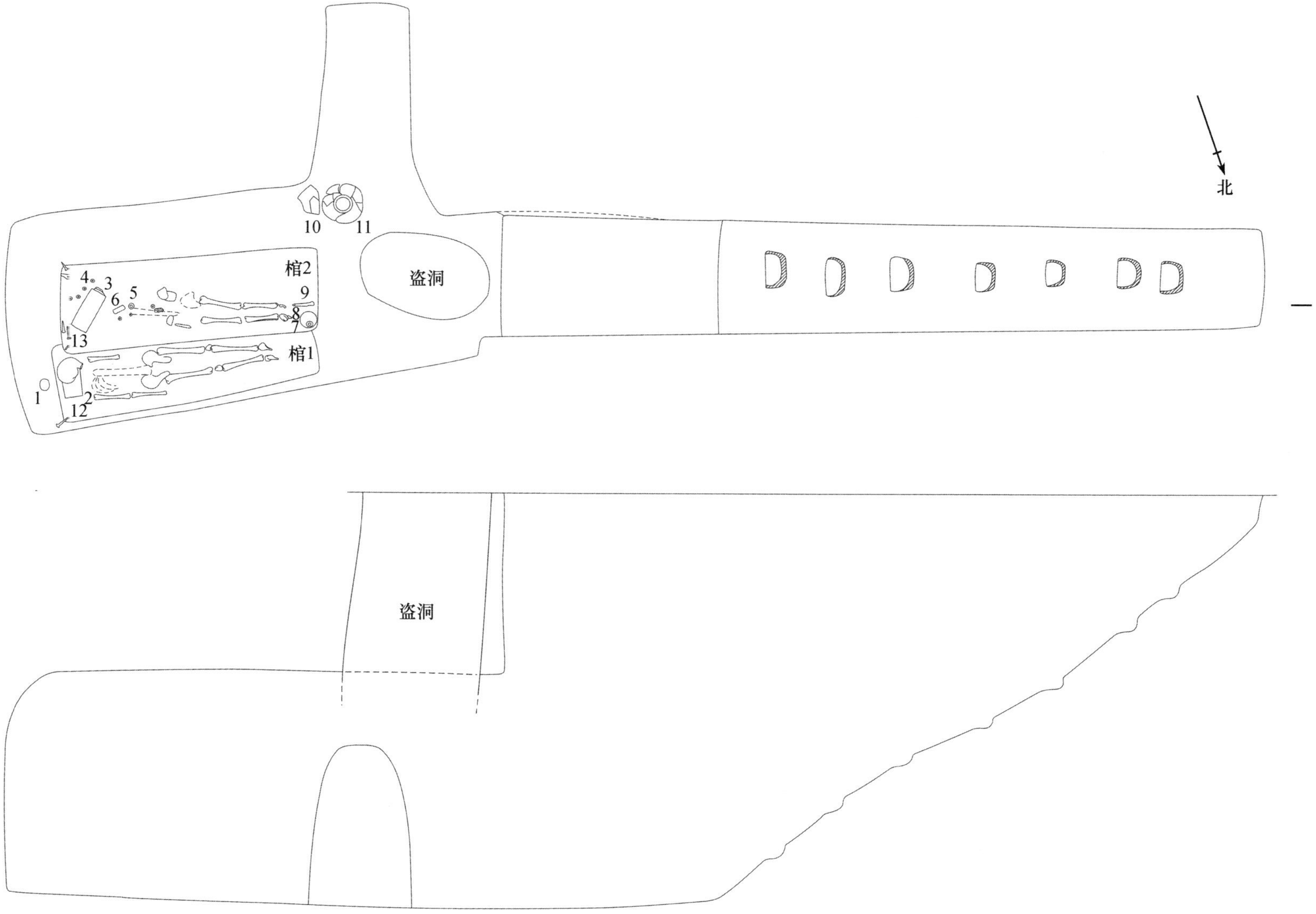

图4-1-241　BM22平、剖面图

1. 铁灯　2、3. 陶筒瓦　4. 铜钱（72枚）　5、7. 小陶罐　6. 铁器　8. 铜镜　9. 铁刀　10、11. 陶罐　12. 铁棺钉（9件）　13. 铁棺钉（10件）
（1在棺1上的1米处）

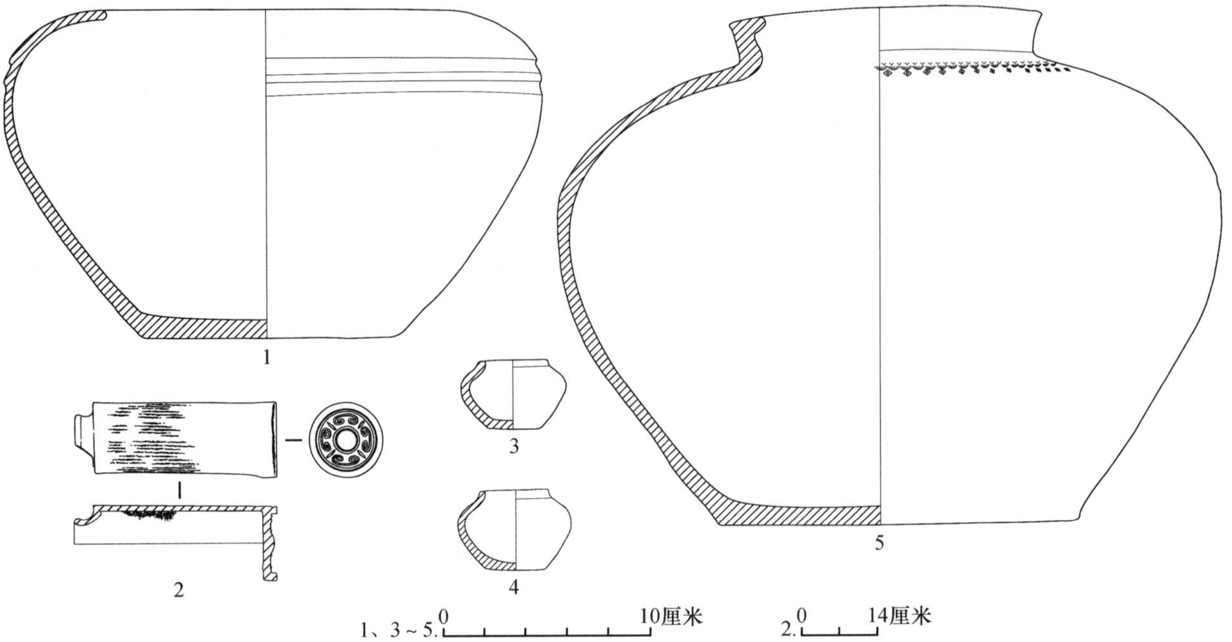

图4-1-242　BM22出土陶器
1、5. 罐（BM22：10、11）　2. 筒瓦（BM22：3）　3、4. 小罐（BM22：5、7）

（二二）2006HGB区T5M38（下文简称“BM38”）

BM38位于B区西北部的T5东南角。叠压于第2层下，墓口距地表0.35、墓深3米。墓道向北，方向16度。保存完整。

由坟丘、墓道、封门、甬道、墓室组成（图4-1-243；图版一八八，1）。

坟丘：塌落坟丘堆积位于墓道南端。平面呈椭圆形，长径3.4、短径1.8、深0.9米。坟丘堆积黄褐色土，间杂少许红土颗粒。

墓道：位于墓室北侧中部。平面呈南北长方形，口大底小，口部通长4.76、宽0.66～0.7、底面宽0.66米。壁面垂直，规则整齐。墓道前端呈陡坡状，坡度50度，靠近封门1.8米范围为平底。

封门：位于墓道南端，甬道券门外侧。青砖封门，共十层封门砖，均为丁砖左、右对角分层斜放，层与层墓道两边中间有侧放丁砖。封门底面宽0.74、高1.3米。

甬道：位于墓室北侧中部。拱顶土洞结构，底平面为长方形，宽0.66、进深0.9、高1.26～1.7米。

墓室：拱顶土洞结构。平面近圆角长方形，土洞长3.2～3.4、宽1.32～1.5、洞高1.7米。

葬具：位于墓室北部中间。木棺一副，北端中间下垫一残砖，长1.9、宽0.62米（图版一八八，2）。

葬式：人骨架一具，二次葬，骨架保存完整，骨质一般，头向北，面向上，经鉴定为男性，年龄在25岁左右。

出土遗物：2件，有陶耳杯和盆各1件（图4-1-244；图版一八八，3），出土于甬道东南

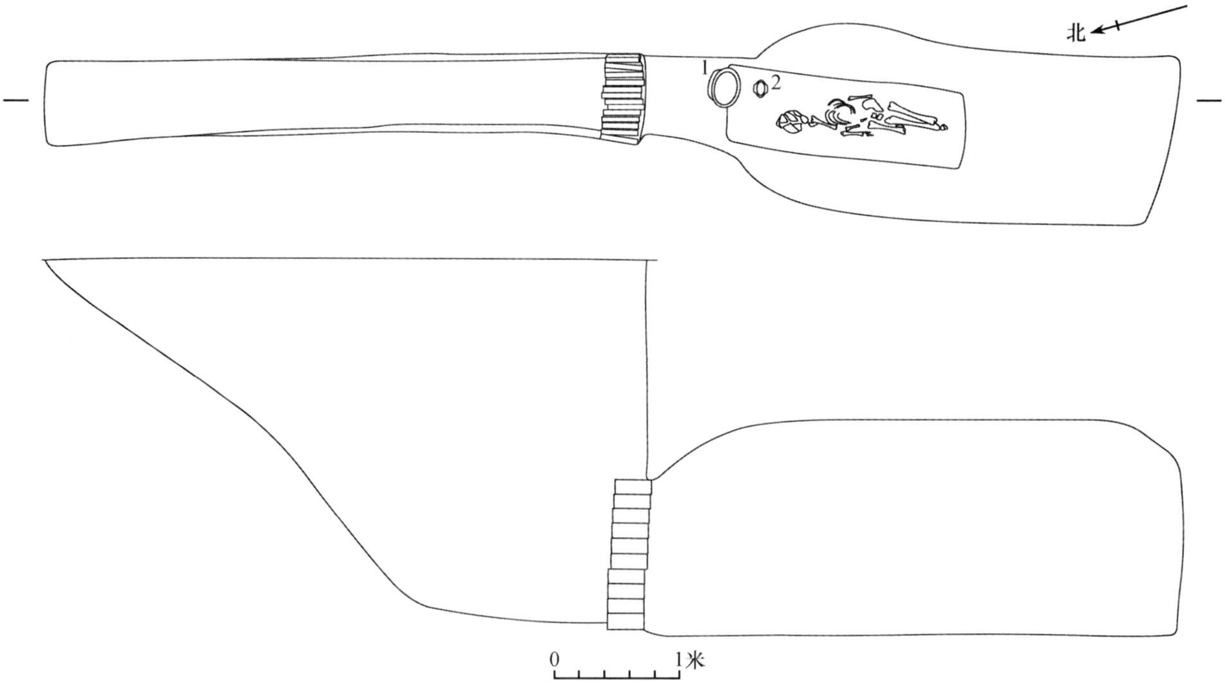

图4-1-243 BM38平、剖面图
1. 陶盆 2. 陶耳杯

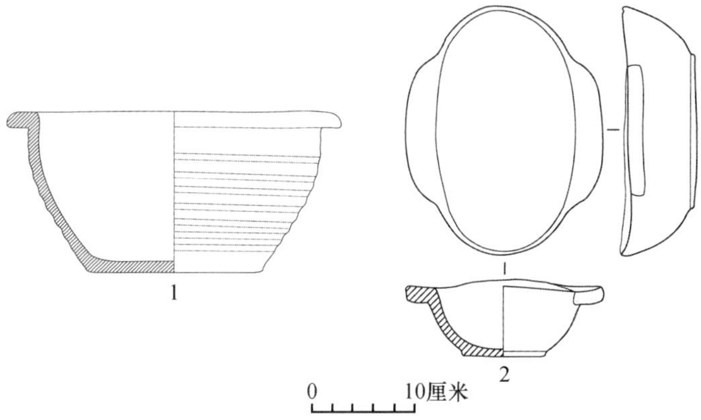

图4-1-244 BM38出土陶器
1. 盆（BM38：1） 2. 耳杯（BM38：2）

角，后因棺室塌落，陶耳杯漂移至棺室内。随葬陶器为一套器物组合，应是本次发掘保存完整的最简单的一套组合。如此简单的器物组合，反映出墓主生前生活的简单和贫困。而且，该墓在没有合葬的情况下进行二次葬，也从另一个侧面反映了汉代人重视丧葬礼俗。

BM38的年代应属东汉晚期。

（二三）2006HGC区T8M2（下文简称“CM2”）

CM2位于C区东中部的T8中部。叠压于第3层下，墓口距地表0.5、墓深3.66米。墓道向西，方向285度。保存完整。

由坟丘、墓道、封门、甬道、墓室、侧室、耳室组成（图4-1-245；图版一八九，1）。

坟丘：塌落坟丘堆积位于墓道东端。平面形状不规则，长径3.8、短径2～2.6、深1.3米。坟丘堆积黄褐色土，间杂少许红土颗粒，显然为挖建墓室时就地取土直接堆筑于墓室顶部形成。

墓道：位于墓室西侧中部。平面呈东西向长方形，口大底小，通长5.26、口部宽0.82～0.92、底面宽0.7～0.84米。口部不甚规则，有多次挖开痕迹，与墓室中有三棺相印证。

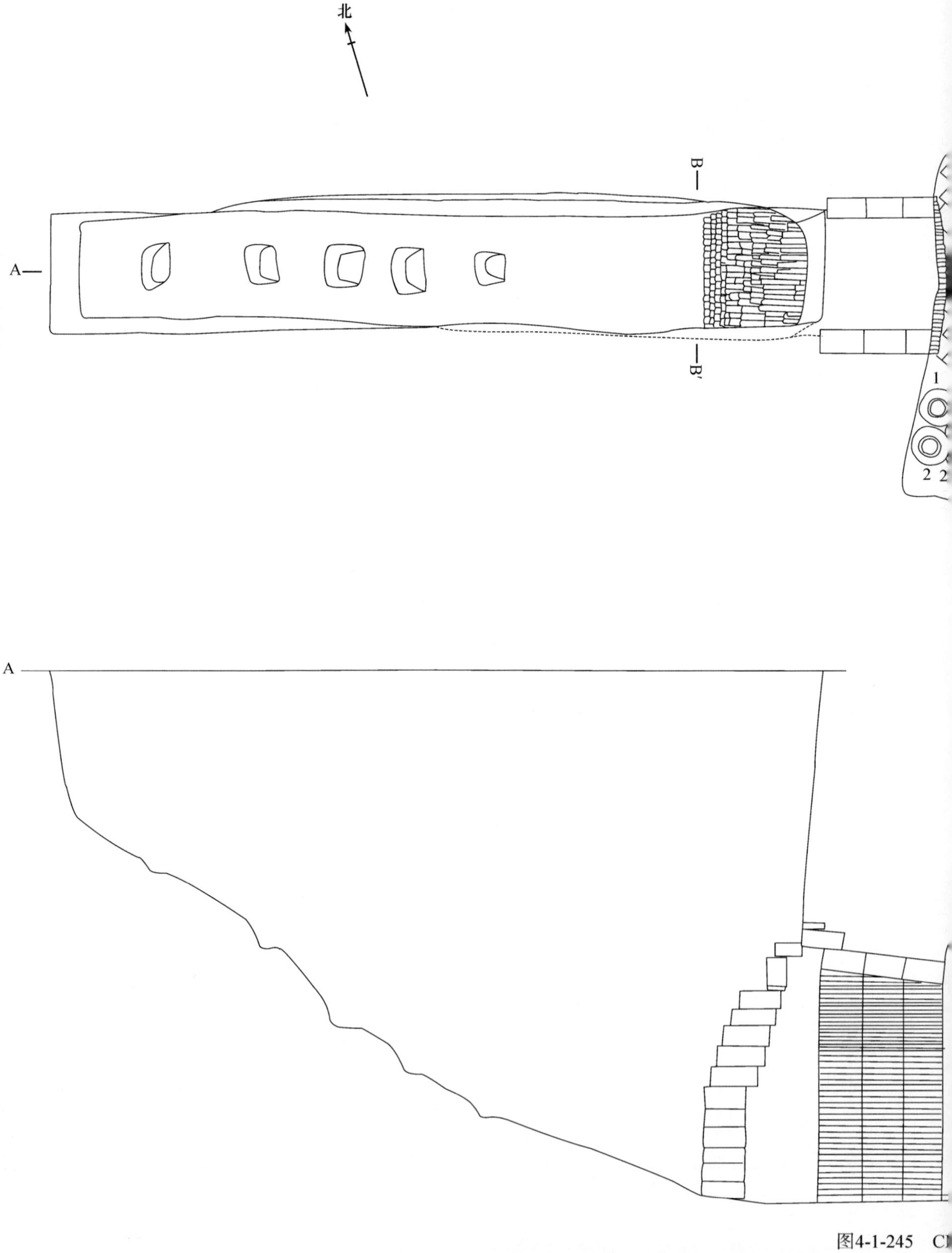

图4-1-245　C

1～4. 陶罐　5. 小陶罐　6. 陶案　7. 陶井　8. 陶灶　9、23～25. 陶
14. 银指环（7件）　16. 铜钱（172枚）　17. 陶圈　18. 铜

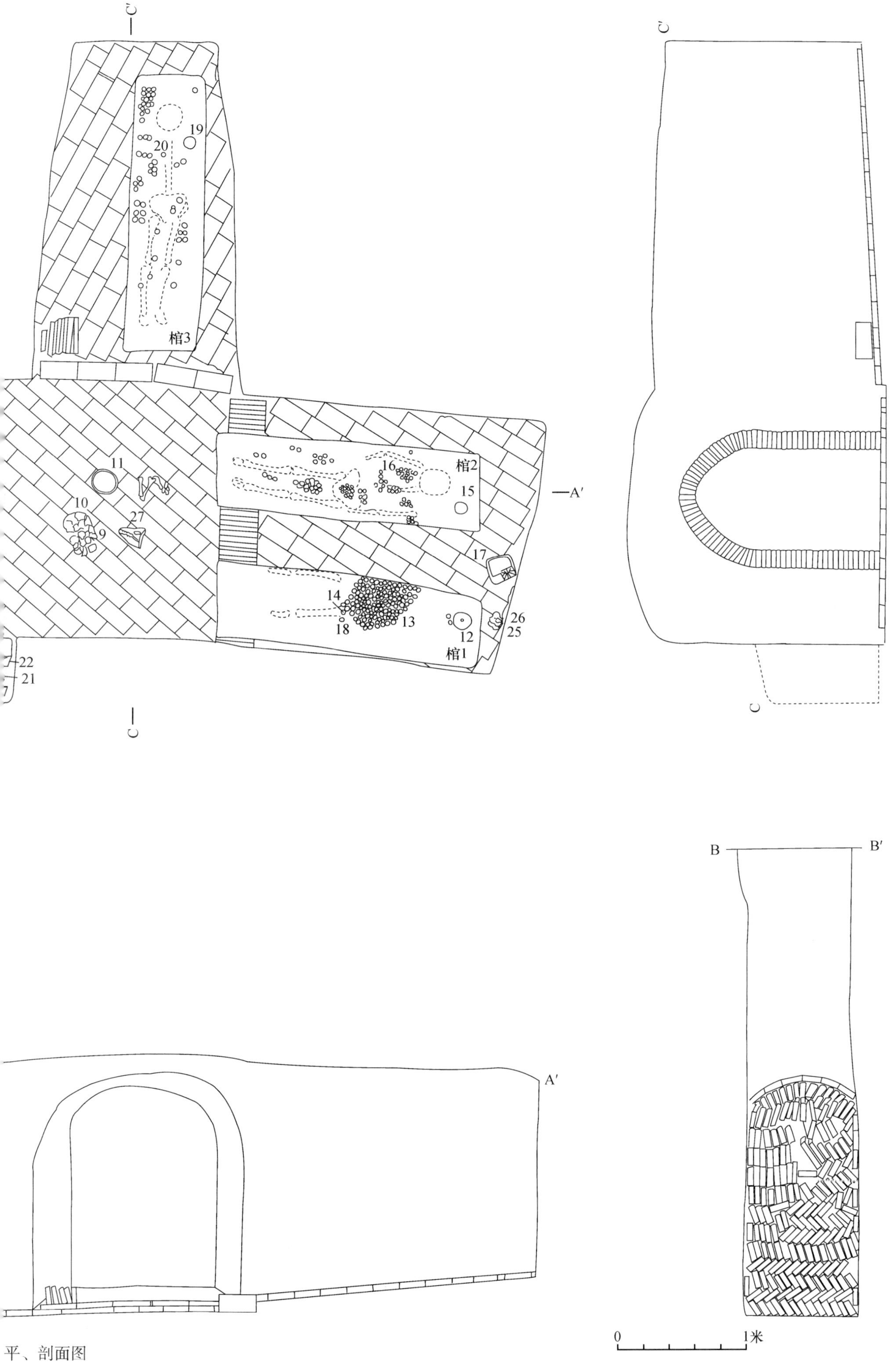

平、剖面图

10. 陶碗　11. 陶盘　12、15、19. 铜镜　13. 铜钱（174枚）

20. 铜钱（121枚）　21. 陶魁　22. 陶勺　26. 陶狗　27. 猪骨

底面为斜坡状，坡度20度，局部较陡，可达42度左右。斜坡面上有五个凹坑式台阶，台阶面长0.18～0.3、宽0.14、进深0.24米。

封门：位于墓道东端，甬道券门外侧。青砖封门，现存十三层封门砖，由下向上第六至十三层排列不规则且较松散，应是二次开启墓门后再次封堵所致，下部五层排列较规则、紧密，应为第一次封门。像这样二次开启墓门时揭去部分封砖仅可容棺进入的现象，在此墓地中常见。封门砖为丁砖侧放，第一至八层为左、右对角分层斜放，第九至十三层为丁砖侧放。封砖底面宽0.86、高1.68米。

甬道：位于墓室西侧中部。拱顶土洞砖券结构，砖券为单重三层券结构，下部一层砖券完整，上部两层券只有拱顶部分。其中第一层和第二层券为丁砖侧放，第三层券砖为丁砖平铺。甬道底平面为长方形，门洞底面宽0.76、进深0.84、高1.46米。

墓室：拱顶土洞结构。由前厅、后室及右侧室组成，通长4.6～4.8米。前厅略呈东西长方形，长2.4～2.5、宽1.96、洞高1.96米，底面为东南–西北向斜行错缝铺砖（图版一九〇，1）。后室平面呈东西长方形，主要做棺床，为生土台铺砖结构，内高外低，东西长2.2～2.3、南北宽1.96、洞高1.5～1.8米，棺床生土台高于厅室底面0.1～0.3米。棺床上为东南–西北向斜行错缝铺砖，棺床沿为一排侧放丁砖。

侧室：一个，位于前厅东北角。拱顶土洞结构，平面呈南北长方形，底面为生土台，内高外低，亦主要做棺床，口宽1.6、内边宽1.1、进深2.6～2.7、洞高1.5～1.76米，生土台高于厅室底面0.04～0.2米。底面有东北–西南向斜行错缝铺砖，床沿为一排平铺顺砖，共一层。侧室西南角铺砖上有四块侧放丁砖。

耳室：一个，位于墓室厅室西南角。拱顶土洞结构，平面呈长方形，口宽1、内边宽1.04、进深0.46、洞高0.86～0.96米。底面为生土台结构，高于厅室底面0.04米，生土台面与厅室砖铺底面平。

葬具：木棺三副。棺1位于后室棺床左侧，长2、宽0.56米。棺2位于后室棺床右侧，长2、宽0.56～0.58米（图版一九〇，2）。棺3位于侧室棺床中部，长2.14、宽0.56米（图版一八九，2）。底面均铺有白灰泥，使用铁棺钉固棺。

葬式：人骨架三具，朽蚀严重，均呈粉末状。墓主均仰身直肢，头向墓室或侧室内侧，面向不明，性别不明。棺1内墓主为一次葬，头向东，身高约1.5米。墓主头上方有铜镜1面，左手部有银指环7件、铜环1件，周身散置铜钱174枚。棺2内墓主为一次葬，头向东，身高1.6米。墓主头上方有铜镜1面，周身散置铜钱172枚。棺3内墓主为一次葬，头向北，身高1.6米。墓主头左侧有铜镜1面，周身散置铜钱121枚。后室两位墓主应为夫妇合葬，与侧墓室墓主关系不明，疑为一夫两妻合葬。

出土遗物：27件（组），有陶器、铜镜、铜器、钱币、银器和动物骨头，计有陶罐4件、小陶罐1件、井1件、灶1件、圈1件、耳杯4件、魁1件、案1件、狗1件、勺1件、盘1件、碗1件（图4-1-246；图版一九〇，3），铜镜3面，铜环1件，铜钱3组467枚，银指环1组7件，动物骨头1件，器物出土于厅室中部和耳室内，耳室内有陶罐、井、灶、案和耳杯等（图版一八九，

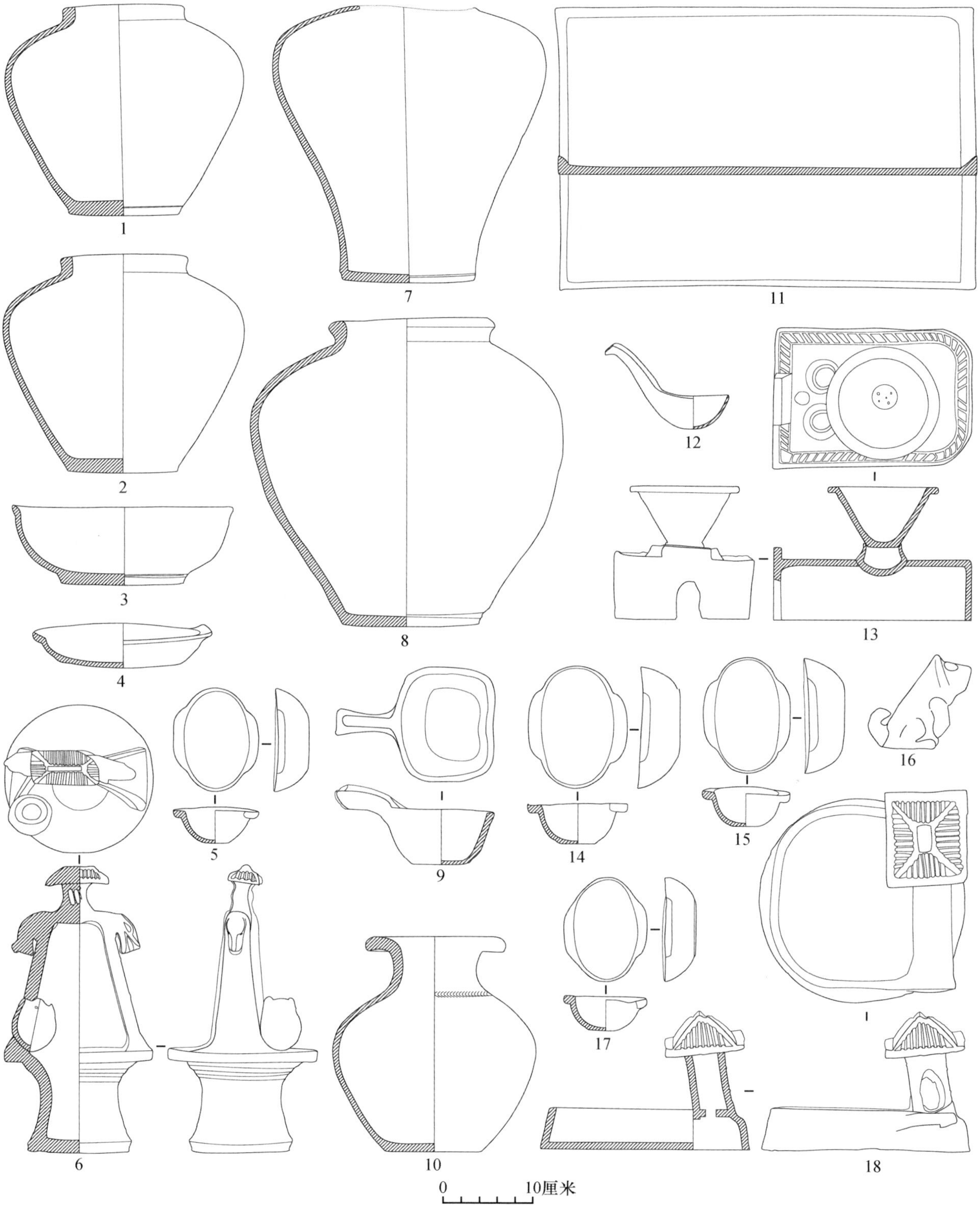

图4-1-246　CM2出土陶器

1、2、7、8. 罐（CM2：1、2、4、3）　3. 碗（CM2：10）　4. 盘（CM2：11）　5、14、15、17. 耳杯（CM2：23、24、25、9）　6. 井（CM2：7）　9. 魁（CM2：21）　10. 小罐（CM2：5）　11. 案（CM2：6）　12. 勺（CM2：22）　13. 灶（CM2：8）　16. 狗（CM2：26）　18. 圈（CM2：17）

3），陶圈出自后室两棺之间，厅室中部有陶盘和残陶器各1件以及一副动物骨架，应是作为供器和供品。随葬陶器为一套器物组合。厅室内的动物骨头可能为一头猪。用整猪随葬的现象见于BM21。

CM2的年代应属东汉晚期。

（二四）2006HGC区T9M3（下文简称“CM3”）

CM3位于C区中东部的T9中部。叠压于第3层下，墓口距地表0.65、墓深4.5米。墓道向南，方向198度。保存完整。

由坟丘、供台、墓道、封门、甬道、墓室组成（图4-1-247；图版一九一，1）。

坟丘：塌落坟丘堆积位于墓道北端。平面形状不规则，南北长5.8、东西宽2.6～4.2、深1.3米。坟丘堆积黄褐色土，间杂少许红土颗粒和残砖。

供台：位于塌落坟丘堆积的南部居中。由于墓室塌陷，坟丘随之塌落，坟丘南侧的砖砌供台也随坟丘塌落，其原始形制不明。从发掘情况来看，为平砖平砌，砖至少有五层（图版一九一，3）。

墓道：位于墓室南侧中部。平面呈南北长方形，口大底小，通长9.84、口部宽1～1.06、底面宽0.82～0.96米。底面为斜坡状，坡度约30度。

封门：位于墓道北端，甬道券门外侧。青砖封门，共保存十七层封门砖，为左、右对角分层斜放。底面宽1、上部宽0.77、高1.9米。从封门砖的摆放看，上部十层相对较为零乱，下部七层则码放整齐，推测上部十层砖应是被二次启开过。

甬道：两处，均为拱顶土洞单层砖券结构。第一处位于厅室南侧封门内侧，外边为丁砖结构，内侧为土洞结构。甬道底平面呈长方形，底面宽1.3、进深0.66、高1.32米。拱券顶部填几块平砖及侧砖。第二处位于前厅通往后室的通道处，外侧亦为丁砖拱券结构，内侧为拱顶土洞结构，拱顶略有塌落，顶上有两层平铺顺砖。券道底面宽0.9、进深0.5、塌落后高1.2米（图版一九一，2）。

墓室：拱顶土洞结构，由前厅和后室组成。前厅为横前堂布局，平面呈东西向长方形，长5.6～5.8、宽1.7～1.8、洞高3.38米。前堂左侧作耳室使用，右侧约2.6米宽的范围为生土台铺砖结构，可能原为棺3的棺床，后因棺3墓主埋葬时棺床上已经出现塌陷，所以放在了前堂中部，生土台面高于厅室底面0.2～0.28米。台面为一顺一丁交替铺砖。后室平面不甚规则，略呈椭圆形，长径3.14、短径1.34～1.72、洞高2.6～3.4米。前堂左侧和后室底面平，均无铺砖（图版一九二，1）。

葬具：木棺三副。棺1位于后室左侧，长2.4、宽0.5～0.66米。棺2位于后室右侧，长2.1、宽0.44～0.6米（图版一九三，1）。棺3横置于厅室中部，长2.22、宽0.56米（图版一九三，3）。木棺底面均有白灰泥，均使用铁棺钉固棺。

葬式：人骨架三具，朽蚀严重，均呈粉末状。三位墓主均为仰身直肢。棺1内墓主为一次葬，头向南，身高约1.55米。墓主头上方有铜镜1面，铜镜上有1把小铁刀，身体中部两侧散置铜钱210枚，棺室内有铜顶针和铁镊各1件，棺内中部偏西有“一刀平五千”刀币1件。从随葬器物推断墓主为女性。棺2内墓主为一次葬，头向南，身高1.6米。墓主头右上方有铜镜1面，西侧有铜顶针，身体中部两侧散置铜钱86枚。从随葬品判断墓主亦应是女性。棺3内墓主为一次葬，头向西，身高约1.55米。墓主头右上方有铜镜1面、石器2件，身体左侧有1把铁剑，尖向东，柄向西，东端中间有小铁刀1把，周身盖满铜钱，共880枚（图版一九三，4）。从随葬长铁剑推断墓主应为男性。若此判断不误的话，把两位女性放在主墓室却将男性放在前厅的现象较少见，这可能与他们的埋葬时间有关，当然也不排除其他可能。疑为一夫两妻合葬。

出土遗物：55件（组），有陶器、铜镜、铜器、钱币、铁器、石器、漆器（保存痕迹，未能采集）和动物骨头，有小陶罐1件、瓮1件、罐5件、仓4件、井2件、灶1件、圈1件、耳杯3件、长方形盒1件、魁1件、案1件、甑1件、猪1件、鸡1件、狗1件、勺1件、器盖1件（图4-1-248A、248B；图版一九二，2），铜镜3面，铜眉刷1件、顶针4组5件、盖弓帽1件，铜钱4组1177枚（含1枚刀币），铁刀3件、剑2件、镊1件、指环1件、钩2组3件，长方形石器1件、方形石器1件，漆奁1件，动物骨头1组。此外，在塌陷坟丘中出土1件陶井，残甚，不能算作CM3的随葬品。器物出土于厅室东侧地面、西侧供台和棺内，厅室东侧有陶罐、井、灶、长方形盒、圈和部分残铁器，西侧供台中部放一副动物骨架（似狗骨），在其周围有陶案、器盖、耳杯和罐等，在供台的最里侧正中有1把铁剑（图版一九三，2），不知如此摆放是否有特殊的用意。三棺内都随葬大量的钱币和随身装饰品。随葬陶器为一套器物组合。值得注意的是，虽为一套器物组合，却有2件陶井。这种特殊的组合方式，不见于其他墓葬。

CM3为东汉晚期规格较高的土洞墓，墓葬为双重砖券甬道，且有可能为一夫两妻合葬。墓内出土1000余枚铜钱，另有1枚“一刀平五千”刀币。这些均反映出墓主的身份较高或家境比较富裕。

CM3的年代应属东汉晚期。

（二五）2006HGC区T10M4（下文简称“CM4”）

CM4位于C区东中部的T10东北角。叠压于第3层下，墓口距地表0.6、墓深3.6米。墓道向西，方向293度。保存完整。

由坟丘、墓道、封门、甬道、墓室、耳室组成（图4-1-249；图版一九四，1）。

坟丘：塌落坟丘堆积位于墓道东端。平面呈椭圆形，长径4.4、短径2.8、深1.2米。坟丘堆积黄褐色土，间杂少许红土颗粒。在坟丘西端临近墓道尾端发现数块残砖，可能为坟丘前的供台并随坟丘塌落（图版一九四，2）。

墓道：位于墓室西侧中部。平面呈东西长方形，通长6.12、宽0.72～0.84米。底面为斜坡

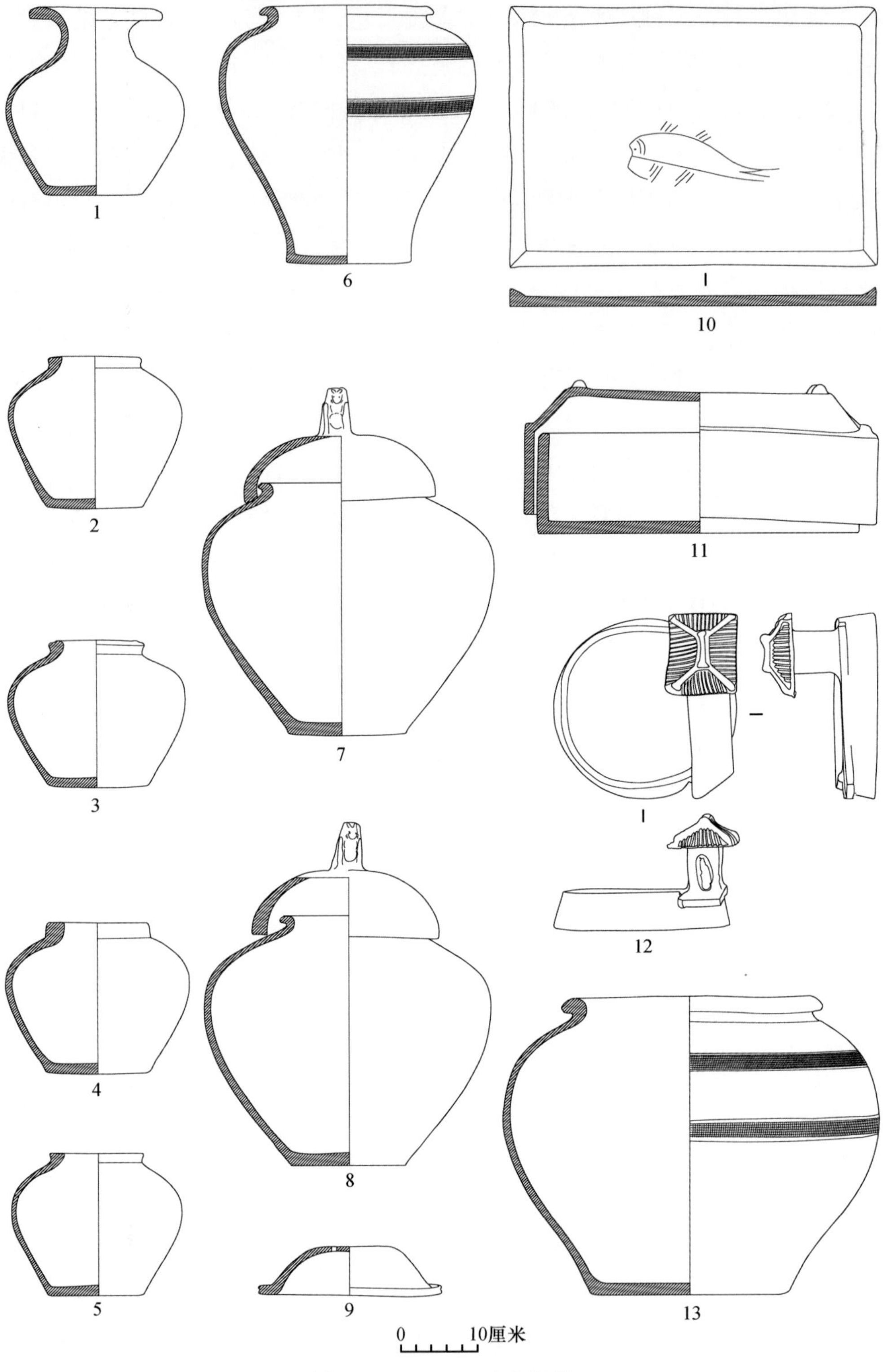

图4-1-248A　CM3出土陶器

1. 小罐（CM3：28）　2～5. 仓（CM3：30、32、36、49）　6～8. 罐（CM3：37、35、38）　9. 器盖（CM3：8）　10. 案（CM3：3）　11. 长方形盒（CM3：33）　12. 圈（CM3：39）　13. 瓮（CM3：2）

图4-1-248B　CM3出土陶器

1、2、9. 耳杯（CM3：5、6、4）　3. 魁（CM3：48）　4. 猪（CM3：40）　5. 甑（CM3：26）　6、12. 井（CM3：21、31）　7. 狗（CM3：41）　8. 鸡（CM3：51）　10. 灶（CM3：29）　11. 勺（CM3：47）　13、14. 罐（CM3：7、34）

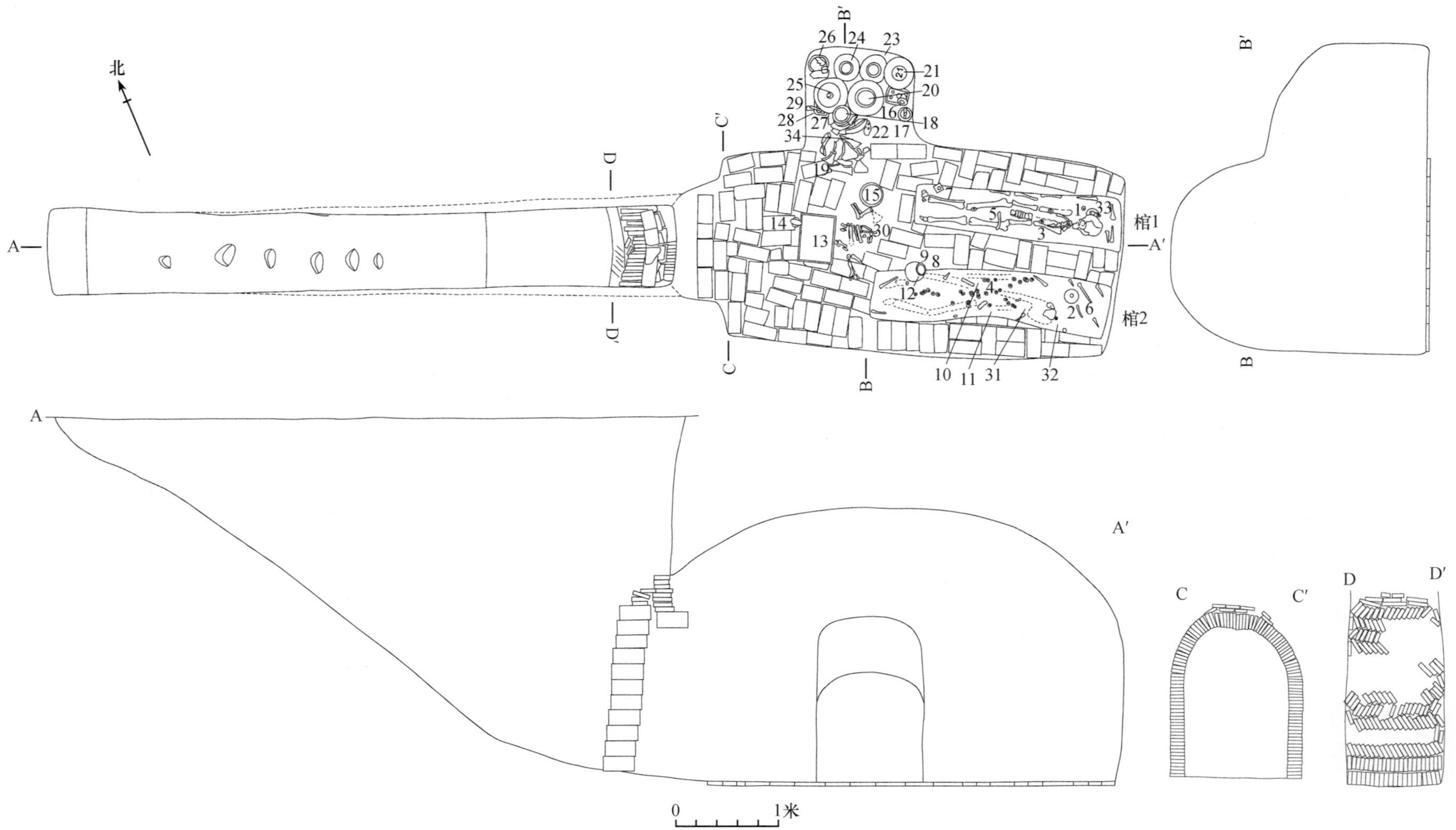

图4-1-249　CM4平、剖面图

1、2. 铜镜　3. 铜钱（51枚）　4. 铜钱（173枚）　5. 铁棺钉（12件）　6. 铁棺钉（10枚）　7. 陶臼形器　8、9、14. 陶耳杯　10、11. 铁带扣　12. 陶盘　13. 陶案　15. 陶碗　16. 陶灶　17. 陶井　18. 陶壶　19～21、23～25. 陶罐　22. 陶狗　26. 陶圈　27、28. 陶勺　29. 陶魁　30. 狗骨　31. 铁钩　32. 铜指环　33. 铁刀　34. 陶器盖

状，坡度较陡，约40度。斜坡面上中段有椭圆形凹坑式脚窝六个，脚窝长径0.18～0.22、短径0.1～0.14、进深0.04～0.1米。

封门：位于墓道东端，甬道券门外侧。青砖封门，共十七层封门砖，下部两层为丁砖侧放，第三至十四层为丁砖左、右对角分层斜放，第十五至十七层为顺砖错缝平砌。封门砖墙底宽0.9、上宽0.85、高1.87米。

甬道：位于墓室西侧中部。拱顶土洞砖券结构，外侧为进深一丁砖宽的单层砖拱券顶结构，内侧为土洞结构，底平面呈长方形，东部有一排铺砖。甬券门洞底面宽0.98、进深0.4、高1.42米。

墓室：拱顶土洞结构。平面基本呈东西向圆角长方形，无明显的前厅、后室区分，通长3.9、宽1.8、洞高2.66米。墓室底面铺砖，铺置无规律（图版一九四，3）。

耳室：一个，位于墓室右侧。拱顶土洞结构，底平面呈长方形，口宽1.04、内边宽1、进深0.84～0.94、洞高1.04～1.6米（图版一九五，2）。

葬具：木棺两副。棺1位于墓室内部右侧，长2、宽0.36～0.5米。棺2位于墓室内部左侧，长2.3、宽0.46～0.53米（图版一九五，1）。木棺底面均铺有白灰泥，均使用铁棺钉固棺。

葬式：人骨架两具。两位墓主均为一次葬，仰身直肢，头向东。棺1内墓主面向南，经鉴定为男性，年龄为30岁左右，身高1.7米。墓主头下压铜镜1面，周身散置铜钱51枚。棺2内墓主面向上，倾向为女性，成年人，身高1.6米。墓主头右上方有铜镜1面，周身散置铜钱173枚。应为夫妇合葬。

出土遗物：34件（组），有陶器、铜镜、铜器、钱币、铁器和动物骨头，计有陶壶1件、罐6件、井1件、灶1件、圈1件、耳杯3件、魁1件、案1件、狗1件、盘1件、碗1件、勺2件、臼形器1件、器盖1件（图4-1-250A、250B；图版一九五，3），铜镜2面，铜指环1件，铜钱2组224枚，铁刀1件、钩1件、带扣2件、棺钉2组22件，狗骨1组，器物主要出土于墓室中部和耳室内，其中墓室中部正对棺床出土陶案、碗、耳杯和1具动物骨架，动物骨架朽蚀严重。耳室中有陶罐、壶、井、灶、圈、魁等。随葬陶器为一套器物组合。

CM4的年代应属东汉晚期。

（二六）2006HGC区T10M5（下文简称“CM5”）

CM5位于C区中东部的T10西部。叠压于第3层下，墓口距地表0.6、墓深5.54米。墓道向北，方向15度。在墓道尾端近封门处有一盗洞，墓室遭严重盗扰。

由坟丘、墓道、封门、甬道、墓室、耳室组成（图4-1-251；图版一九六，1）。

坟丘：塌落坟丘堆积位于墓道南端。平面呈椭圆形，长径4.6、短径2.5、深1米。坟丘堆积黄褐色土，间杂少许红土颗粒。

图4-1-250A　CM4出土陶器

1. 壶（CM4：18）　2、4～8. 罐（CM4：19、20、25、21、24、23）　3. 井（CM4：17）　9. 盘（CM4：12）　10. 碗（CM4：15）　11. 圈（CM4：26）　12. 案（CM4：13）　13. 灶（CM4：16）

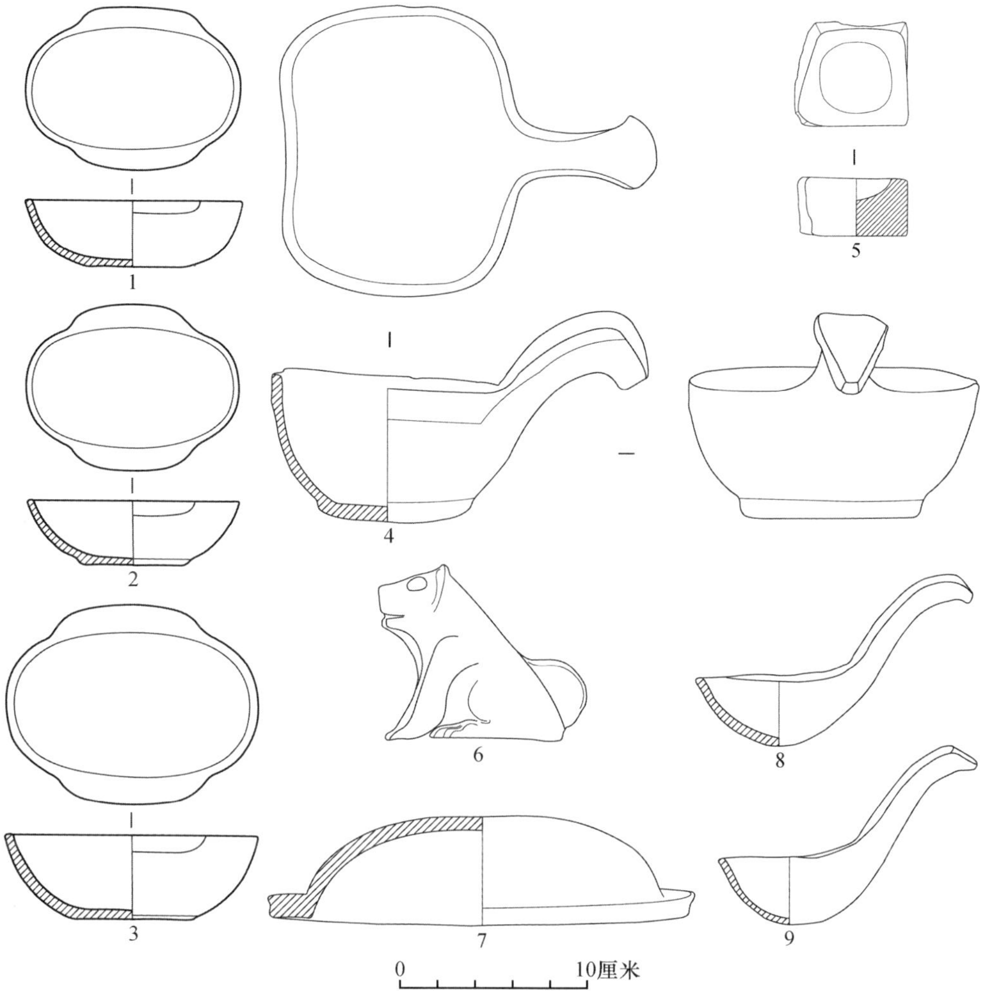

图4-1-250B　CM4出土陶器

1～3. 耳杯（CM4：8、9、14）　4. 魁（CM4：29）　5. 臼形器（CM4：7）　6. 狗（CM4：22）
7. 器盖（CM4：34）　8、9. 勺（CM4：28、27）

墓道：位于墓室北侧中部。平面呈南北长方形，通长10.4、口宽0.76～0.92、底面宽1.04米。底面为斜坡状，坡度20～27度。

封门：位于墓道南端，甬道券门外侧。青砖封门，因盗扰严重，仅存六层封门砖，均为丁砖左、右对角分层斜放。底面宽0.95、高0.94米。

甬道：位于墓室北侧中部。发掘时盗扰塌落严重，仅存拱顶土洞，具体高度不明。底平面呈长方形，宽1.04、进深1米。

墓室：拱顶土洞结构。平面呈南北长方形，由前厅、供台和后室组成，土洞通长5.7米。前厅平面呈南北长方形，长2.54、宽1.96～2、洞高2.96米。供台位于前厅与后室之间棺床前，为生土台铺砖结构，南北宽0.8米，台面高于厅室底面0.1米。后室主要做棺床，为生土台铺砖结构，平面长2.36、宽2.06、洞高2.2～2.64米，台面高于厅室底面0.3米。墓室底面均有铺砖：厅室内为东南–西北向斜行错缝铺砖；供台为顺砖错缝平铺，台沿共三层铺砖；棺床上为东北–西南向斜行错缝铺砖，床沿为两层铺砖，下层为丁砖平铺，上层为丁砖侧放（图版

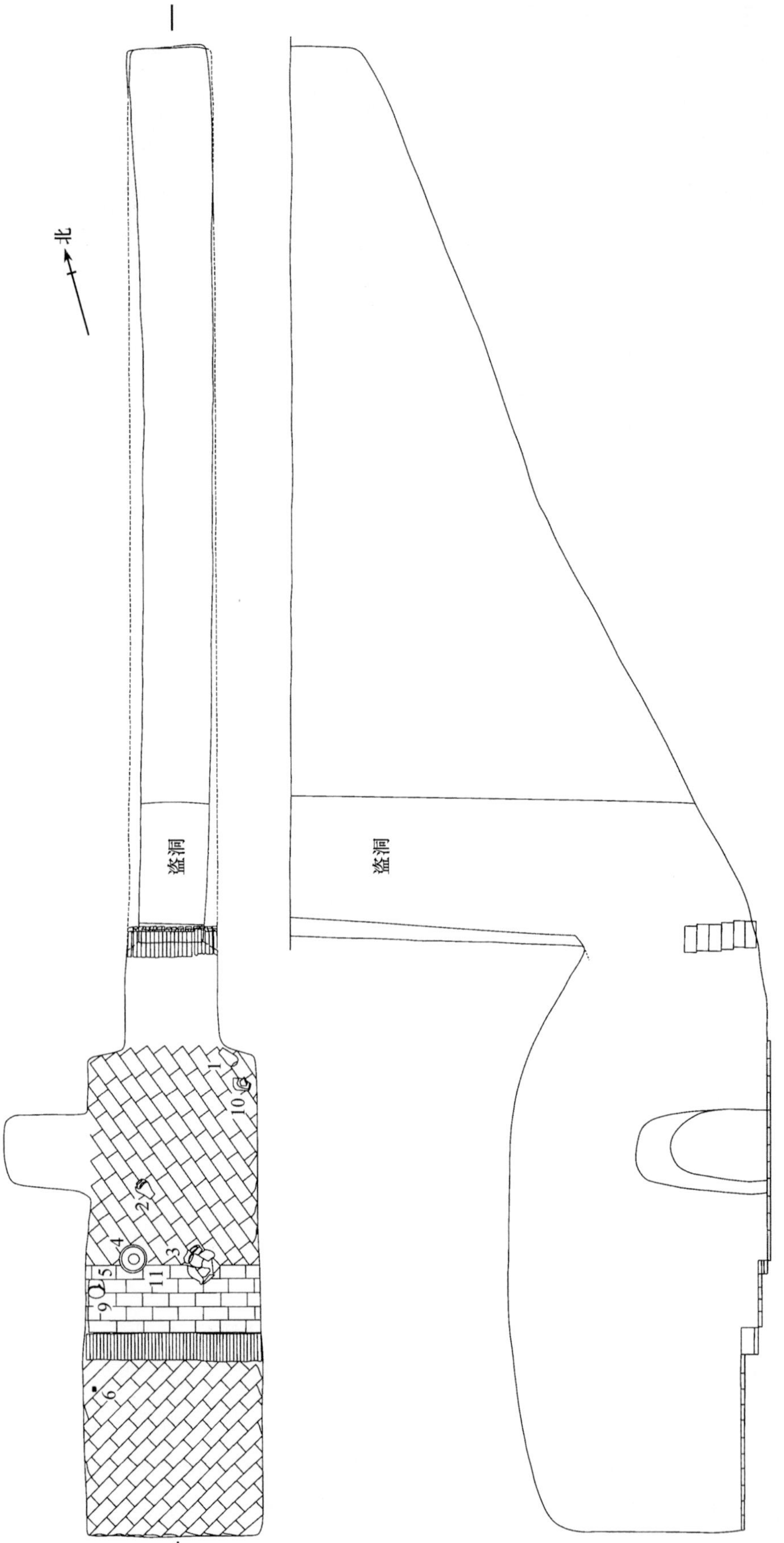

图4-1-251　CM5平、剖面图

1、2. 陶仓　3. 陶罐　4. 陶盆　5. 陶樽　6. 铜钱（5枚）　7. 陶圈　8. 铁锸　9. 陶耳杯　10. 陶灶　11. 陶井亭顶（7、8出自盗土中）

一九六，2）。

耳室：一个，位于前厅左侧中部。拱顶土洞结构，底平面呈长方形，口宽0.92、内边宽0.8、进深0.94、洞高1.1～1.46米。底面为生土台，台面与厅室铺砖面平。

葬具与葬式：由于盗扰严重，葬具、葬式等均不详。从墓内出土两套器物推断应有两副棺。

出土遗物：11件（组），有陶器、钱币和铁器，计有陶罐1件、仓2件、井亭顶1件、灶1件、樽1件、耳杯1件、盆1件、圈1件（图4-1-252；图版一九六，3），铜钱1组5枚，铁锸1件，器物多被扰动，原位置不详。从现存器物推断原应有两套器物组合。

CM5的年代应属东汉晚期。

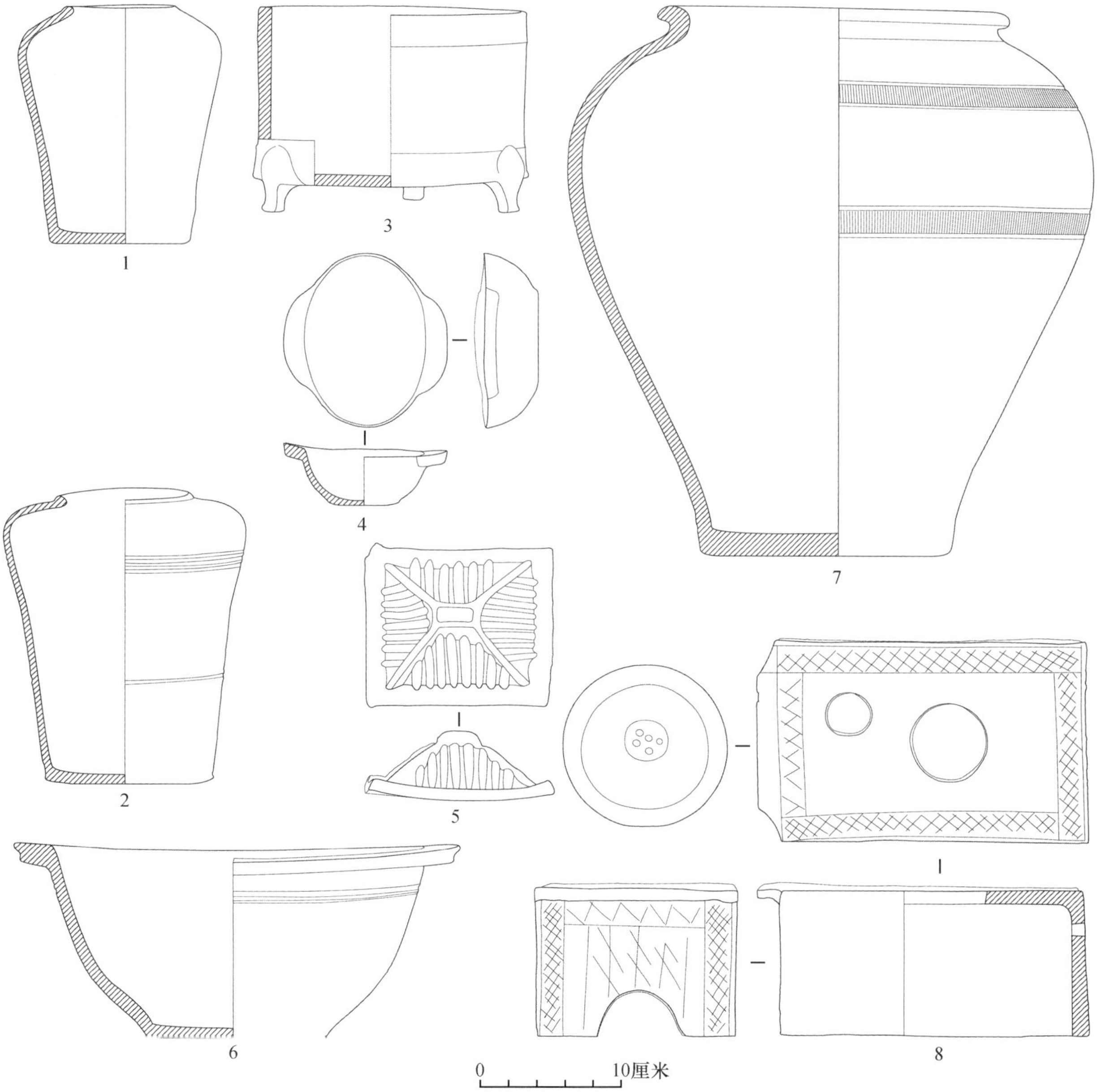

图4-1-252　CM5出土陶器

1、2. 仓（CM5：1、2）　3. 樽（CM5：5）　4. 耳杯（CM5：9）　5. 井亭顶（CM5：11）　6. 盆（CM5：4）　7. 罐（CM5：3）　8. 灶（CM5：10）

（二七）2006HGC区T10M6（下文简称“CM6”）

CM6位于C区东中部的T10东部。叠压于第3层下，墓口距地表0.6、墓深5.5米。墓道向北，方向15度。在墓道尾端近封门处有一盗洞，墓室遭到严重盗扰。

由坟丘、墓道、封门、甬道、墓室、耳室组成（图4-1-253；图版一九七，1）。

坟丘：塌落坟丘堆积位于墓道南端。平面呈椭圆形，长径4、短径3.6、深1.5米。坟丘堆积黄褐色土，间杂少许红土颗粒。

墓道：位于墓室北侧中部。平面呈南北长方形，口小底大，通长10.88、口部宽0.7～0.92、底面宽0.8～1米。底面为斜坡状，坡度26～30度。

封门：位于墓道南端，甬道券门外侧。青砖封门，由于盗扰严重，现仅存六层封门砖，均为丁砖左、右对角分层斜放。底面宽0.98、高0.8米。

甬道：位于墓室北侧中部。拱顶土洞砖券结构，单重双层券，外侧为进深两丁砖宽拱券顶，内侧为土洞结构。第一层券为进深两丁砖拱券，第二层砖券位于第一层北部外侧。甬券平面呈长方形，门洞底面宽1、进深0.8、高1.32米。

墓室：拱顶土洞结构。平面形状不甚规则，由前厅、供台和后室组成，土洞通长6.2～6.3米。前厅略呈圆角长方形，南北长2.5、东西宽1.8～2.18、洞高2.5米。供台位于前厅与后室之间，为生土台铺砖结构，供台沿较高，与棺床沿形成一凹槽式供台，供台东西长2.1、南北宽1.3米，台面高于厅室底面0.08米。后室主要做棺床，为生土台铺砖结构，内高外低，生土台平面长2.4～2.5、宽1.9～2.1、洞高2.2～2.32米，台面高于厅室底面0.24～0.36米。前厅底面无铺砖，供台有五排铺砖，其中台沿砖和第三排砖为顺砖平铺，其余三排为丁砖对缝平铺，台沿铺砖共五层，棺床上为东北–西南向斜行错缝铺砖，床沿为五层错缝平铺顺砖（图版一九七，2）。

耳室：一个，位于墓室前厅右侧东南角。拱顶土洞结构，底平面为长方形，口宽1.2、内边宽0.96、进深1.04、洞高1.4～1.8米。

葬具：木棺两副。棺1位于棺床右侧，长2.14、宽0.52～0.64米。棺2位于棺床左侧，长2.06、宽0.62～0.68米。棺内底面均铺有白灰泥，棺2使用铁棺钉，棺1未见铁棺钉。

葬式：由于盗扰严重，葬式不明。棺1东北角有铜镜1面，棺内散落有铜钱10枚。棺2内保存少量股骨和胫骨，有铜钱9枚。

出土遗物：15件（组），有陶器、铜镜、铜器、钱币、铁器、石器和动物骨头，计有陶壶1件、仓1件、井1件、圈1件、甑1件（图4-1-254；图版一九七，3），铜镜1面，铜顶针1件，铜钱2组19枚，铁刀1件、戟1件、铁器1件，长方形石器1件，动物骨头似狗骨。器物组合及套数不明。

CM6的年代应属东汉晚期。

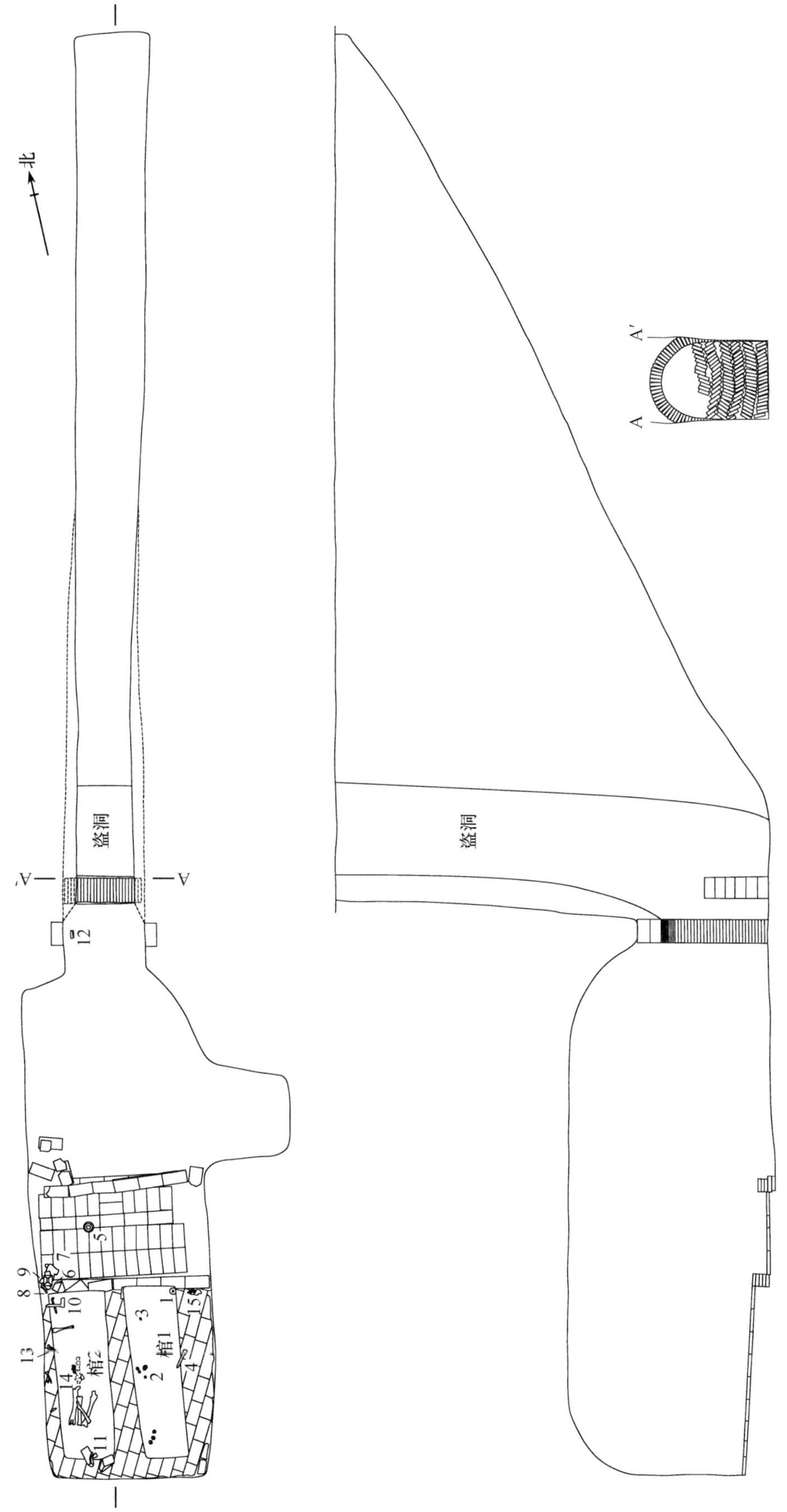

图4-1-253　CM6平、剖面图

1. 铜镜　2. 铜钱（10枚）　3. 铜顶针　4. 铁刀　5. 陶甑　6. 陶井　7. 陶仓　8. 陶壶　9. 长方形石器　10. 铁戟　11. 陶圈　12. 铁器　13. 铁棺钉（4件）　14. 铜钱（9枚）　15. 动物骨头

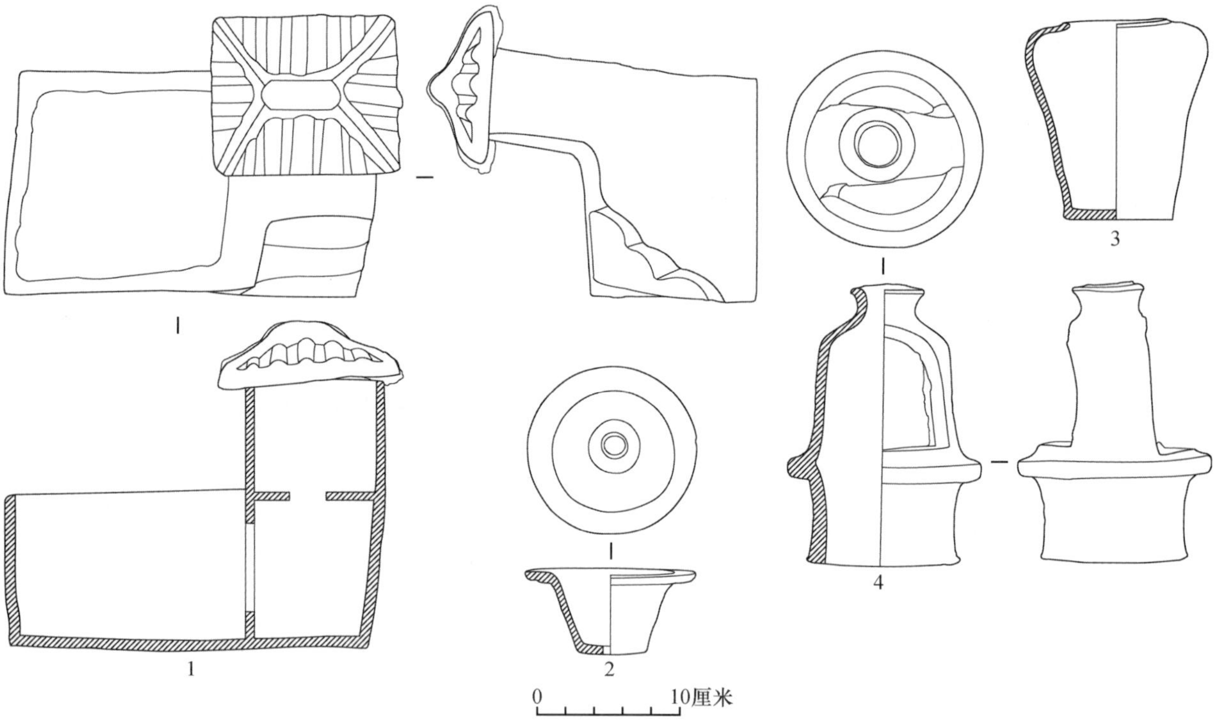

图4-1-254　CM6出土陶器

1. 圈（CM6：11）　2. 甑（CM6：5）　3. 仓（CM6：7）　4. 井（CM6：6）

（二八）2006HGC区T11M12（下文简称“CM12”）

CM12位于C区东中部的T11中部。叠压于第3层下，墓口距地表0.6、墓深4.8米。墓道向北，方向15度。保存完整。

由坟丘、墓道、封门、甬道、墓室、耳室组成（图4-1-255；图版一九八，1）。

坟丘：塌落坟丘堆积位于墓道南端。平面呈椭圆形，长径4.6、短径2.8、深1.1米。坟丘堆积黄褐色土，间杂少许红土颗粒。

墓道：位于墓室北侧中部。平面呈南北向长方形，口小底大，通长9.8、口部宽0.76～0.84、底面宽0.82～1米。底面为斜坡状，坡度30～40度。

封门：位于墓道南端，甬道券门外侧。青砖封门，共十八层封门砖，均为丁砖左、右对角分层斜放。底面宽1、上部宽0.92、高1.8米。

甬道：位于墓室北侧中部。拱顶土洞砖券结构，外侧为进深一丁砖宽的双层砖拱券顶结构，内侧为土洞结构，底平面呈长方形。甬券底面宽1、进深0.8～0.86、高1.34米。甬券砖槽位于墓道两边生土内。

墓室：拱顶土洞结构。平面呈南北向长方形，由前厅和后室组成，通长5.3米。前厅平面呈南北向长方形，长2.94～3、宽1.84、洞高2.36米。后室平面亦呈南北长方形，主要做棺床，为生土台铺砖结构，长2.3～2.36、宽1.84～1.9、洞高1.9～2.3米，棺床生土台面高于厅室底面

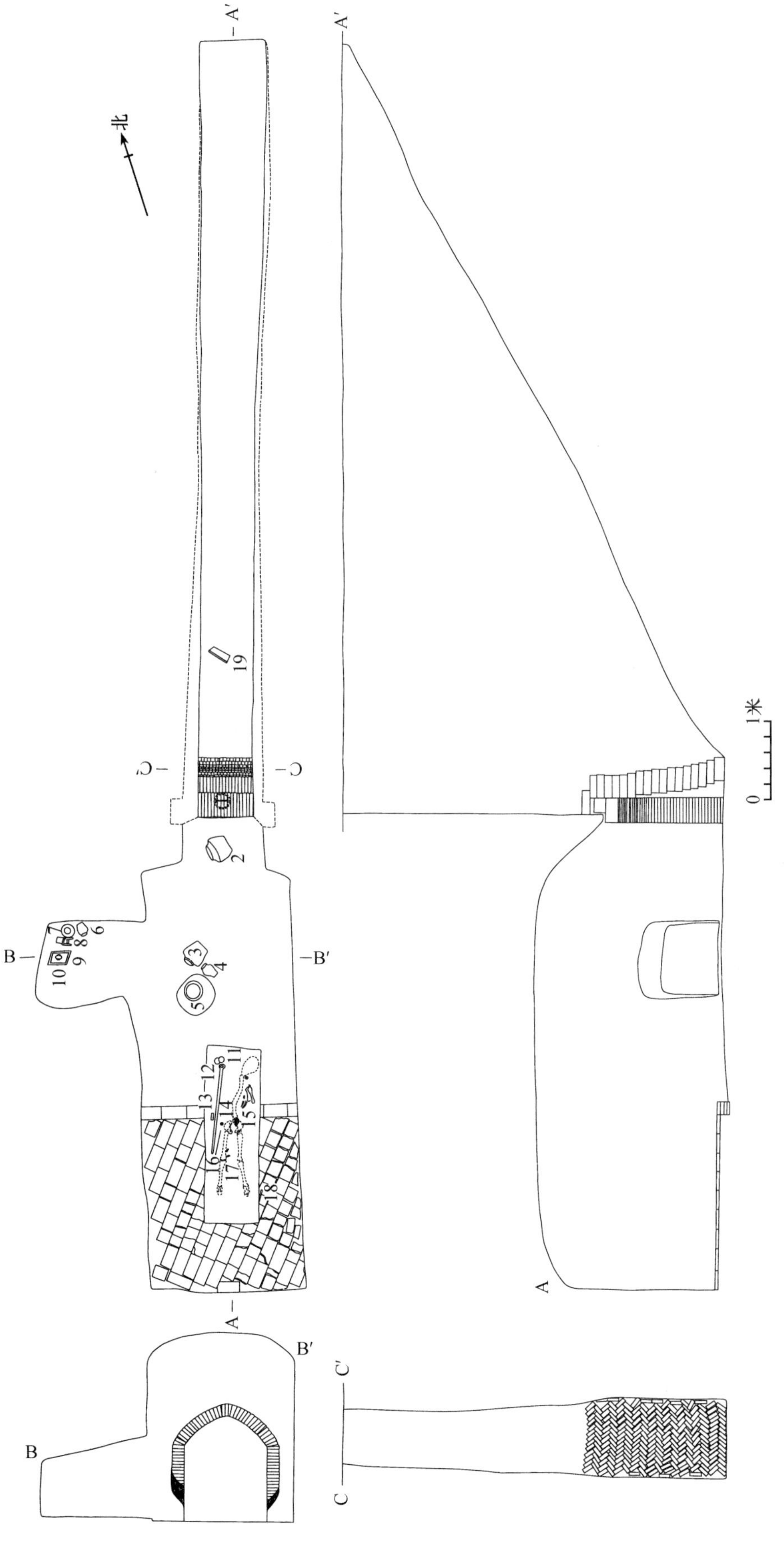

图4-1-255　CM12平、剖面图

1. 陶樽　2、3. 陶罐　4、6、7. 陶仓　5. 陶瓮　8. 陶井　9. 陶灶　10. 陶耳杯　11. 粉　12. 铜镜　13. 长方形石器　14、17. 铁刀　15. 铜钱（29枚）　16. 铜带钩
18. 铁棺钉（2件）　19. 铁锸

0.14米。前厅底面无铺砖，棺床上为东北–西南向斜行错缝铺砖，残砖较多；床沿铺砖为顺砖错缝平铺，共四层（图版一九八，2）。

耳室：一个，位于前厅左侧中部。拱顶土洞结构，底平面略呈长方形，口宽0.94、内边宽1.04、进深1.1～1.2、洞高0.7～1.4米，底面高于厅室底面0.04米。

葬具：应位于棺床中部，因进水漂移至厅室中。木棺一副，长2.24、宽0.66米。棺内底铺有青灰一层，使用铁棺钉。

葬式：人骨架一具。朽蚀严重，呈粉末状，仰身直肢，头向北，面向上，经鉴定为男性，年龄在30～35岁之间，身高1.65米。棺内西北角有铜镜1面、粉1块，西侧有环首铁刀1把，尖向南，柄向北，刃向东，铁刀西侧中部有长方形石器1件，墓主腰间有铜带钩1件，周身散置铜钱29枚。

出土遗物：19件（组），有陶器、铜镜、铜器、钱币、铁器、石器和粉，计有陶罐2件、仓3件、瓮1件、井1件、灶1件、樽1件、耳杯1件（图4-1-256；图版一九八，3），铜镜1面，铜带钩1件，铜钱1组29枚，铁刀2件、锸1件、棺钉1组2件，长方形石器1件，粉1块。器物部分在耳室中，少数在厅室中部，部分陶器在甬道，大部分应为漂移所致。随葬陶器为一套器物组合，未随葬陶圈。

CM12的年代应属东汉晚期。

（二九）2006HGC区T16M20（下文简称“CM20”）

CM20位于C区西北部的T16中部。叠压于第1层下，墓口距地表0.2、墓深2.94米。CM20位于现代取土坑内，坑深约1.4米，其原有深度应不少于4米。墓道向南，方向195度。该墓被盗扰，盗洞位于墓道尾端近封门处。

由墓道、封门、甬道、墓室、耳室组成（图4-1-257；图版一九九，1）。

墓道：位于墓室南侧中部。平面呈南北长方形，现存长5.16、口宽0.52、底面宽0.64～0.76米。底面为斜坡状，坡度27～30度。斜坡面中段有近似椭圆形凹坑式脚窝五个，脚窝长径0.14～0.2、短径0.1～0.24、进深0.04米。

封门：位于墓道北端，甬道券门外侧。青砖封门，由于盗扰严重，现仅存十层封门砖，均为丁砖左、右对角分层斜放。底面宽0.8、高1.17米。底部有残砖，为顺砖侧放（图版一九九，2）。

甬道：位于墓室南侧中部。拱顶土洞砖券结构，底平面呈长方形，甬券底面宽1.04、进深1～1.14、高1.84米。

墓室：拱顶土洞结构。平面为较规则长方形，由前厅、后室组成，土洞长4.3～4.4、洞高1.84米，前厅南北长2.16～2.3、东西宽1.9～1.98米。后室主要做棺床，为生土台铺砖结构，平面长2.1～2.14、宽1.64～1.98、洞高1.5～1.66米，棺床台面高于厅室底面0.08～0.2米。墓室底

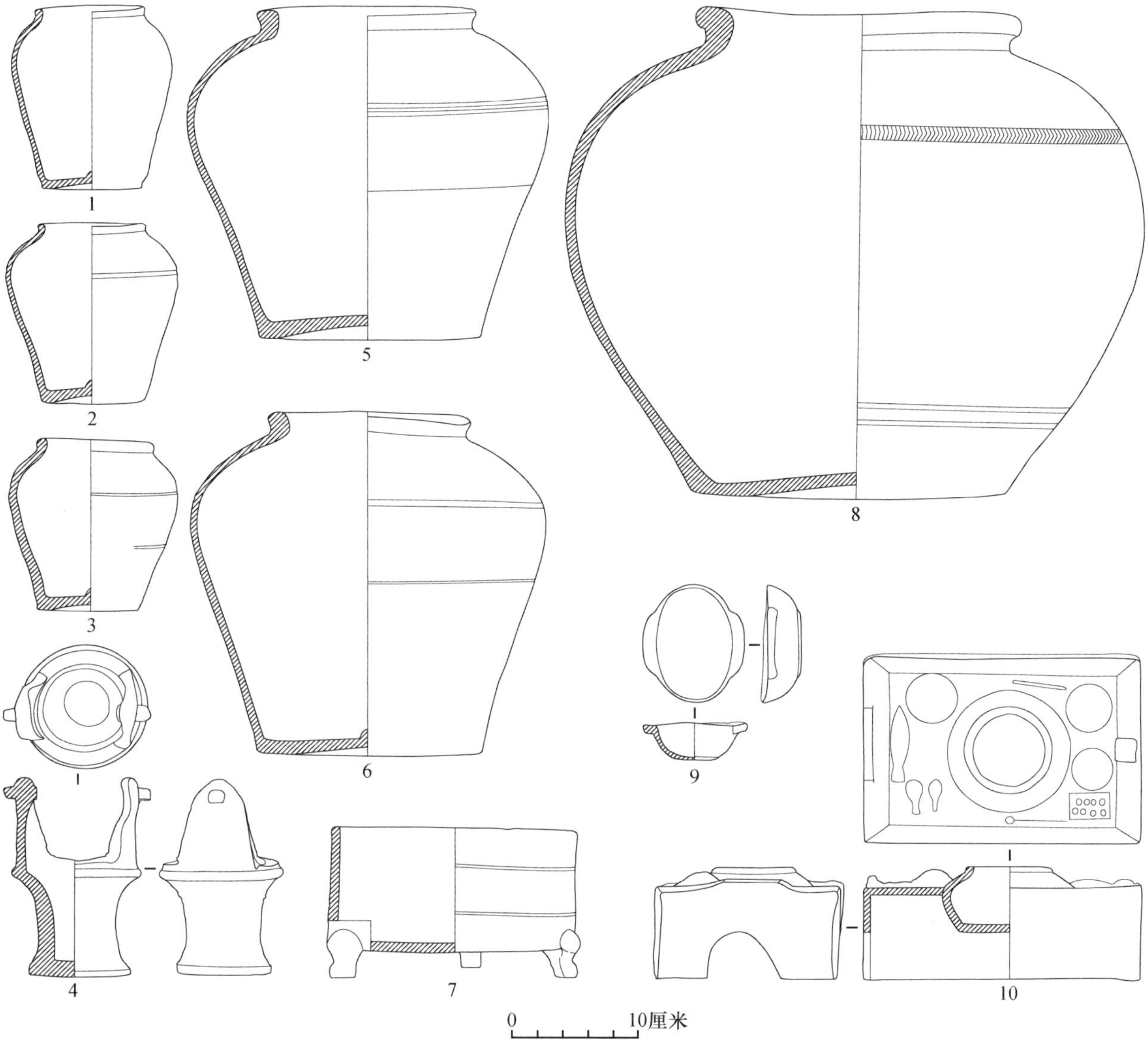

图4-1-256　CM12出土陶器

1～3. 仓（CM12：4、6、7）　4. 井（CM12：8）　5、6. 罐（CM12：2、3）　7. 樽（CM12：1）
8. 瓮（CM12：5）　9. 耳杯（CM12：10）　10. 灶（CM12：9）

面均有铺砖，厅室内为南北向斜行错缝铺砖，棺床上铺砖不规则，床沿为一排平铺顺砖。

耳室：一个，位于墓室前厅左侧中部。拱顶土洞结构，底平面为长方形生土台，口宽0.84、内边宽0.8、进深0.7～0.76、洞高0.74米，底面高于厅室底面0.06米。

葬具与葬式：由于盗扰严重，葬具和人骨均不存，葬式不明。葬具应为木棺，涂白灰泥和使用铁棺钉，木棺具体形制不明。

出土遗物：19件（组），有陶器、铜镜、铁器和钱币，计有陶罐1件、仓4件、井1件、灶1件、樽1件、耳杯3件、案1件、瓮1件、盘1件、纺轮2件（板瓦磨制）（图4-1-258；图版一九九，3），铜镜1面，铜钱1组69枚，铁棺钉1组7件。随葬器物出土于耳室和厅室内。其中，厅室中部有1件陶瓮，其周边放置着陶樽、陶灶、陶耳杯、残陶井、铜镜，陶案立置于耳

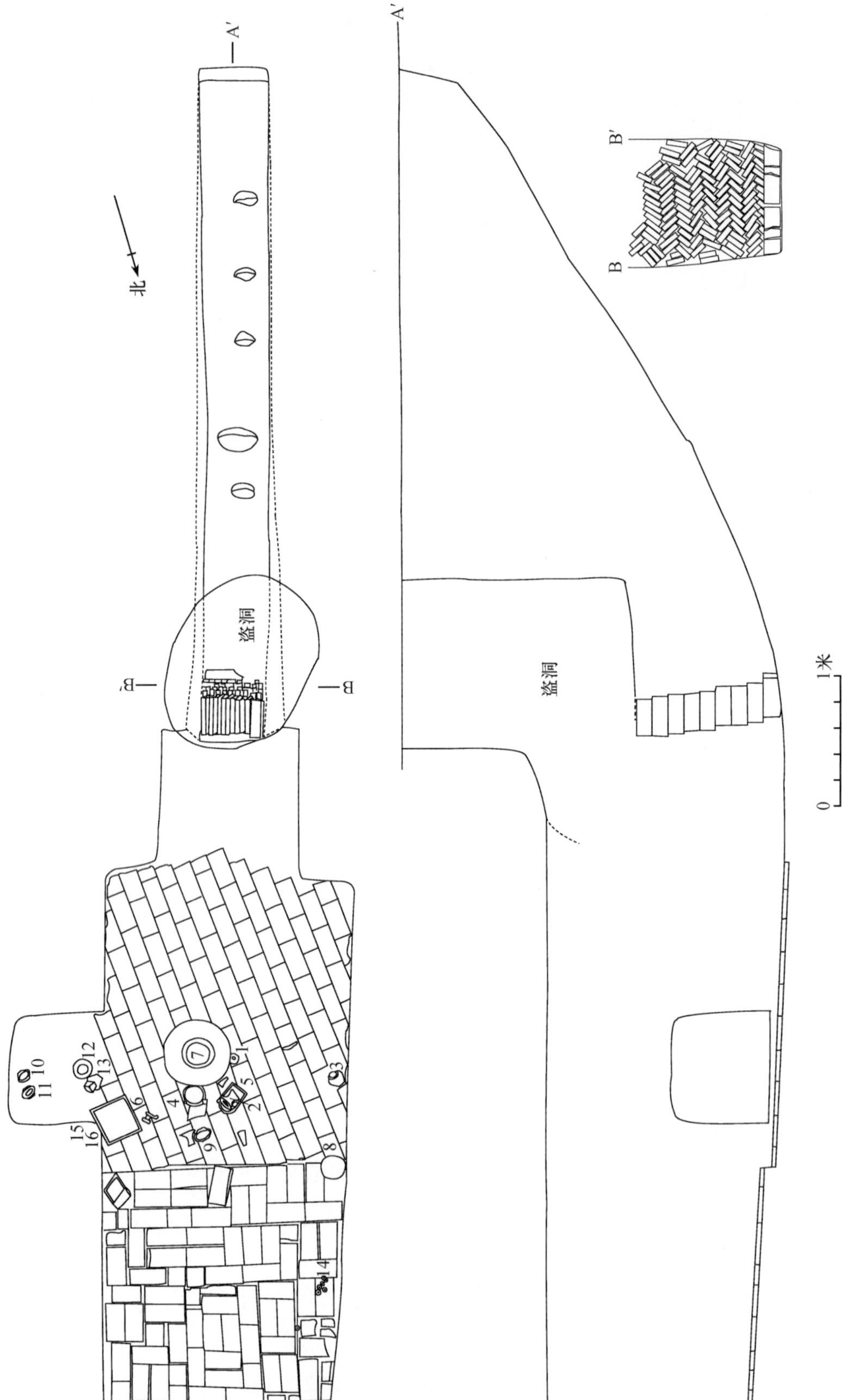

图4-1-257　CM20平、剖面图

1. 铜镜　2. 陶井　3、12、13、18. 陶仓　4. 陶樽　5. 陶灶　6. 陶案　7. 陶瓮　8. 陶盘　9～11. 陶耳杯　14. 铜钱（69枚）　15、16. 陶纺轮　17. 铁棺钉（7件）　19. 陶罐（17～19出自扰土中）

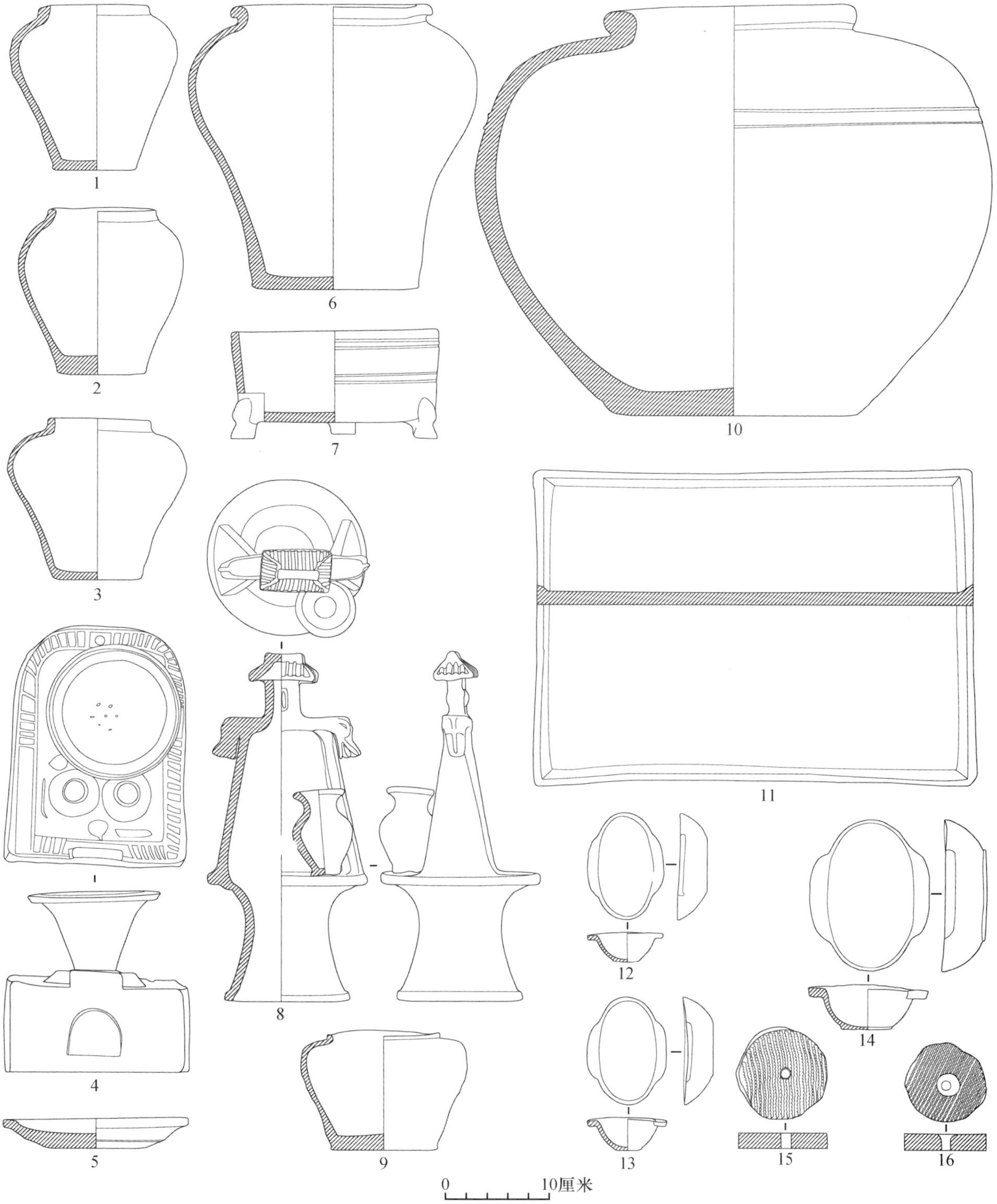

图4-1-258　CM20出土陶器

1～3、9. 仓（CM20：3、13、18、12）　4. 灶（CM20：5）　5. 盘（CM20：8）　6. 罐（CM20：19）　7. 樽（CM20：4）　8. 井（CM20：2）　10. 瓮（CM20：7）　11. 案（CM20：6）　12～14. 耳杯（CM20：10、11、9）　15、16. 纺轮（CM20：15、16）

室门口，耳室内放置2件陶耳杯、2件陶仓等（图版一九九，4），棺床右上角有1件陶盘。从随葬品的出土位置看，多数与常规不符，推测可能因进水漂移或者被盗墓者扰动过。随葬陶器为一套器物组合，但未见陶圈。新出土器类为板瓦制作的陶纺轮。

CM20的年代应属东汉晚期。

七、Db 型 墓

Db型墓，带斜直长斜坡墓道，墓道上无天井和进棺槽。该型墓较少，此次共清理3座，其中1座为新莽至东汉初年，2座为东汉中期。

此型墓较少，年代为东汉早、中期，西汉时期及东汉晚期均没有此型墓，说明此类墓在营建和使用上并不广泛。这可能与地理位置有关，其中AM3、AM37北部皆因有现代地面建筑未能确认是否还有汉代墓葬，而BM16北端确有年代为东汉早期的BM13的墓室，原墓室上应有较大的封丘，故BM16的墓道是为避让其北侧的墓葬才为斜向。这种为避让其他坟丘而改变墓道方向的现象在此墓地中较为常见，有的是墓道斜向其他方向，有的墓道折90度，更有的把墓道方向改在另一侧，即本该向北而改向南，本该向东则改而向西。这种特殊现象，为判断两墓之间的相对年代提供了依据。

（一）2006HGA区T3M3（下文简称“AM3”）

AM3位于A区西北部的T3东北角。叠压于第2层下，墓口距地表0.35、墓深5.86米。墓道向北，方向20度左右。在墓道尾端甬道上方有一盗洞，墓室遭到严重盗扰。

由坟丘、墓道、封门、甬道、墓室、耳室组成（图4-1-259；图版二〇〇，1）。

坟丘：塌落坟丘堆积位于墓道南端。平面呈椭圆形，长径3.6、短径2.6、深1.3～1.6米。坟丘堆积黄褐色土，间杂少许红土颗粒。

墓道：位于墓室北侧中部，斜向右前方且略弧，通长11.24、宽0.88～1米。底面为斜坡状，坡度25～30度。在斜坡面中段有近椭圆形凹坑式脚窝十九个，脚窝长径0.32～0.76、短径0.2～0.28、进深0.06～0.1米。

封门：位于墓道南端，甬道券门外侧。青砖封门，现存六层封门砖，均为丁砖左、右对角分层斜放，偶有前后交错摆砖，层与层两边中间放一块立砖。底面宽0.98、高0.92米（图版二〇〇，2）。

甬道：位于墓室北侧中部。拱顶土洞砖券结构，外侧为丁砖券，内侧为土洞结构，砖券顶被盗扰，只保存直墙，甬券两侧墙砖为两丁两顺交替砌筑。底平面近长方形，甬券底面门洞宽0.98、进深0.6、洞高1.9米。

墓室：拱顶土洞结构。由前厅、后室组成，土洞通长5.1米，前厅长2.54、宽2.26～2.3、洞

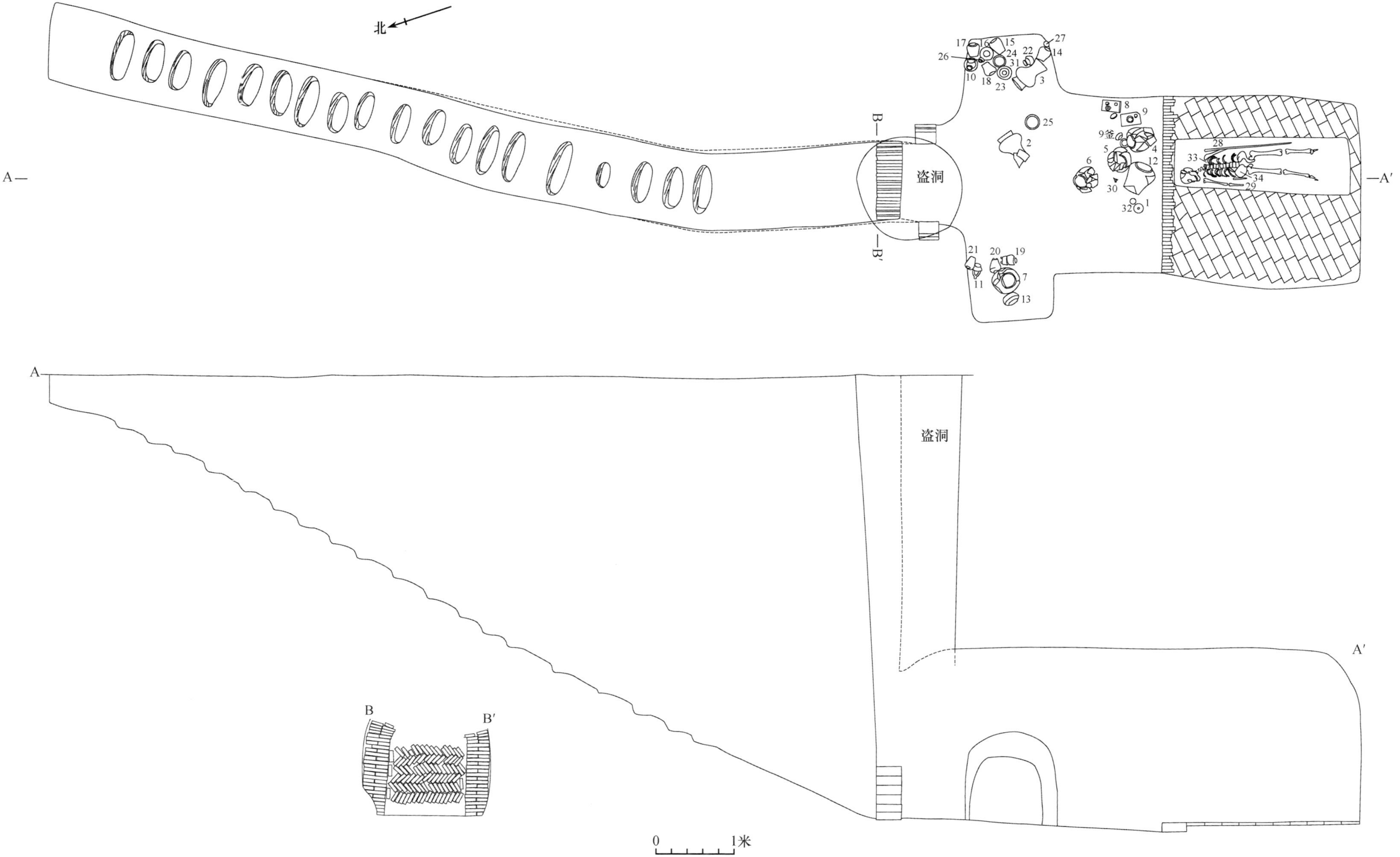

图4-1-259　AM3平、剖面图

1. 铜镜　2、3. 绿釉陶壶　4～7. 绿釉陶罐　8、9. 陶灶　10、11. 陶井　12、13. 陶罐　14～21. 陶仓　22、23. 小陶罐　24、25. 陶樽　26. 鸮形小陶壶　27、31. 陶耳杯　28. 铁剑　29. 铁镊　30. 动物骨头　32. 铜钱（16枚）　33. 铜钱（2枚）　34. 铁勺（3件）

高2.36米。后室主要做棺床，为生土台铺砖结构，平面长2.56、宽2.26～2.3、洞高2.2～2.3米，台面高于厅室底面0.08～0.14米。厅室底面无铺砖，棺床上为东西向斜行错缝铺砖，床沿为一排侧放丁砖（图版二〇一，1）。

耳室：两个，位于墓室前厅北端左、右两侧。均为拱顶土洞结构，平面为圆角长方形，左耳室口宽1.1、内边宽1、进深0.54、洞高0.84～1.18米，右耳室口宽1.2、内边宽0.96、进深0.7～0.8、洞高0.84～1.18米。

葬具：盗扰严重，现存木棺一副，位于棺床右侧，长2.26、宽0.6～0.72米。从棺床上痕迹判断原应为两副木棺，棺底面铺有青灰和白灰泥各一层（图版二〇〇，3）。

葬式：现存人骨架一具。保存完整，骨质较差，一次葬，头向北，面向西，经鉴定为男性，年龄在45～50岁之间，身高1.6米。墓主左臂有铁剑1把，尖向南，柄向北平放，右手握铁镊1件及1组铁勺，棺内有铜钱2枚。

出土遗物：34件（组），有釉陶器、陶器、铜镜、钱币、铁器和动物骨头，计有釉陶壶2件、罐4件，鸮形小陶壶1件、小罐2件、罐2件、仓8件、井2件、灶2件、樽2件、耳杯2件（图4-1-260A、260B；图版二〇一，2），铜镜1面，铜钱2组18枚，铁剑1件、镊1件、勺1组3件，动物骨头1组。随葬器物主要出土于耳室和厅室南部，其中左耳室有陶罐和陶仓，右耳室有陶仓、釉陶壶、陶井等，右耳室门前有陶樽和釉陶壶各1件，棺床正前面的厅室中部有2件陶灶、陶罐、1面铜镜和一些碎骨头，其中部分陶器和动物骨骼应是供品和供器。随葬陶器应为两套器物组合。

该墓较为特殊，棺床上只有一副棺具，墓主人也仅有一人，却随葬了两套器物，且配制非常规整，除鸮形小陶壶外，其他陶器均为2件。在此墓地中，通常一位墓主随葬一套器物，两位墓主随葬两套或一套器物。像AM3这样一位墓主随葬两套器物的仅此一例。且AM3棺具位于棺床右侧，左侧空置，颇值得思考。

AM3的年代应属新莽至东汉初年。

（二）2006HGA区T20M37（下文简称“AM37”）

AM37位于A区东南角的T20北中部。叠压于第2层下，墓口距地表0.35、墓深5.2米。墓道向北，方向16度。在墓道尾端靠近封门处有一盗洞，墓室遭到严重盗扰。

由坟丘、墓道、封门、甬道、墓室、耳室组成（图4-1-261；图版二〇二，1）。

坟丘：塌落坟丘堆积位于墓道南端。平面呈椭圆形，长径4.5、短径2.8、深1.1米。坟丘堆积黄褐色土，间杂少许红土颗粒。

墓道：位于墓室北侧中部。斜向右前方且略弧，平面直线长10.84、曲线通长11.4米，口部宽0.64～1.16、底面宽0.84～1.16米。底面呈斜坡状，坡度25度。

封门：位于墓道南端，甬道券门外侧。双层封门，内侧为木板门，外侧为青砖封门。由

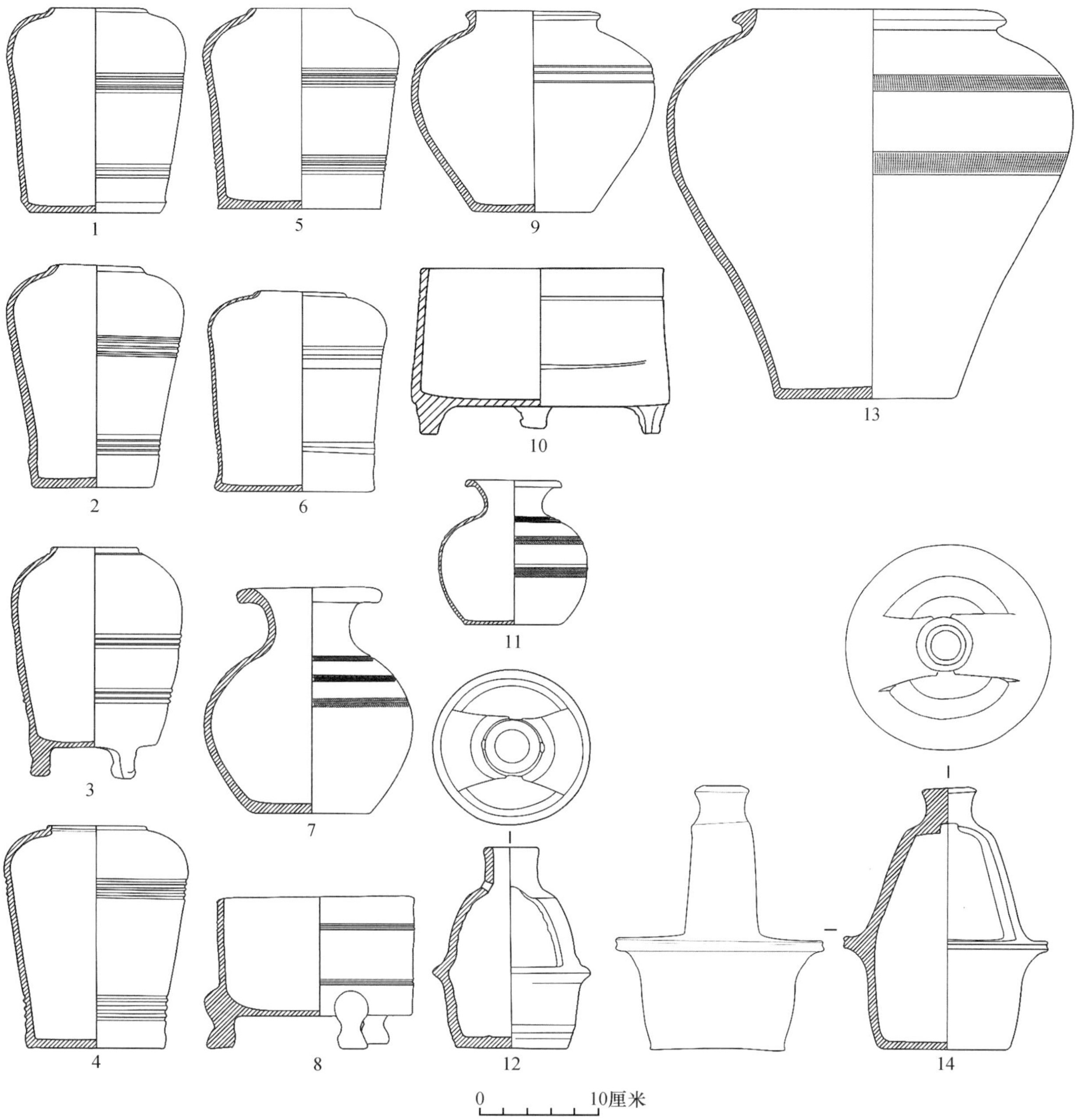

图4-1-260A　AM3出土陶器

1～6. 仓（AM3：14、18、21、15～17）　7、11. 小罐（AM3：23、22）　8、10. 樽（AM3：24、25）
9、13. 罐（AM3：13、12）　12、14. 井（AM3：11、10）

于盗扰严重，内侧木门仅存底面横木，应是木门底部的过门木，木板长1.06、宽0.26、厚0.14米。门板上面两侧边有铁门枢2个。封门砖也仅存下部七层，均为丁砖左、右对角分层斜放，层与层两边中间有　块砖。底面宽1.1、存高0.84米。

甬道：位于墓室北侧中部。拱顶土洞砖券结构，砖券顶被盗扰，只保存直墙，墙砖为丁砖平砌。底平面近长方形，甬券门洞底面宽1.08、进深0.94、高0.8米。

墓室：拱顶土洞结构。平面呈规则长方形，由前厅和后室组成，土洞通长6～6.1米，前

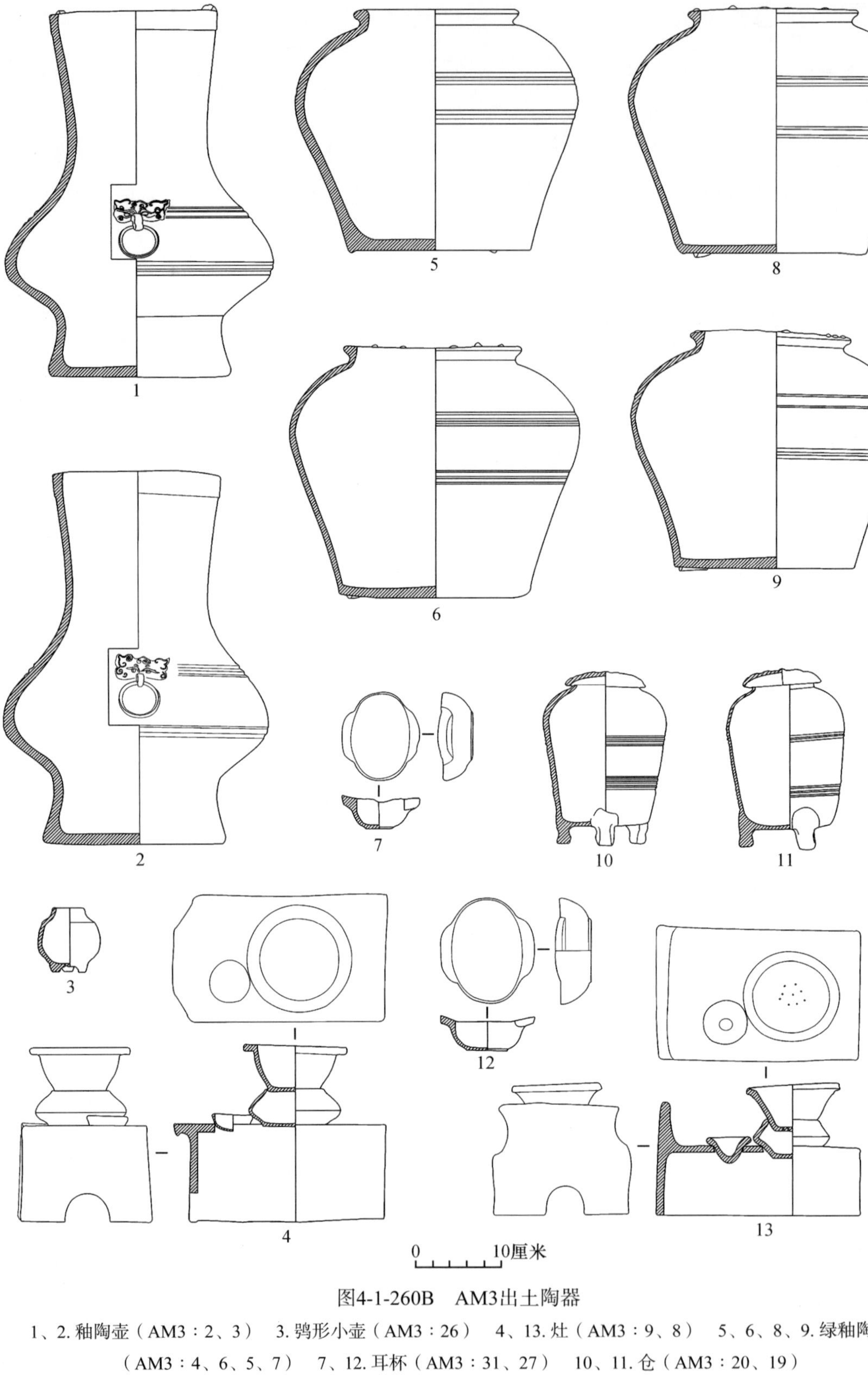

图4-1-260B　AM3出土陶器

1、2. 釉陶壶（AM3：2、3）　3. 鸮形小壶（AM3：26）　4、13. 灶（AM3：9、8）　5、6、8、9. 绿釉陶罐（AM3：4、6、5、7）　7、12. 耳杯（AM3：31、27）　10、11. 仓（AM3：20、19）

厅长3.4～3.6、宽2.04～2.16、洞高2.14米。后室主要做棺床，为生土台铺砖结构，平面长2.5～2.6、宽1.9～2.16、洞高2.02米，台面高于厅室底面0.16米。厅室底面为东北–西南向斜行错缝铺砖，棺床上为东南–西北向斜行错缝铺砖，床沿为两层青砖，上层为丁砖侧放，下层为丁砖平铺（图版二〇二，2）。

耳室：一个，位于墓室前厅东北端。拱顶土洞结构，平面为圆角长方形，口宽1.1、内边宽1.06、进深0.9～1.3、洞高0.96～1.72米。

葬具：木棺两副。棺1位于棺床右侧，残长2.1、宽0.62～0.7米。棺2位于棺床左侧，残长2.14、宽0.6～1.05米。两棺均使用铁棺钉，棺2底面有白灰泥一层。

葬式：现仅存棺2内部分腿骨的朽蚀痕迹，可知棺2内墓主头向北。棺内散置铜钱9枚。推测原应为夫妇合葬。

出土遗物：45件（组），有陶器、钱币、铁器、铅器、石器、骨器，有陶壶4件、彩绘罐2件、罐5件、仓5件、井1件、灶1件、圈1件、熏炉1件、耳杯1件、盒1件、魁2件、案1件、盘2件、勺2件、汲水罐1件（图4-1-262A、262B；图版二〇二，3），铜钱1组9枚，铁刀2件、锸1件、戟1件、钩1件、门枢2件、棺钉1组5件，铅衔镳1件、帽饰2件，长方形石器1件、方形石器1件，圆骨片1件。器物主要出土于耳室和厅室内，其中耳室内有陶仓、壶、案、灶、井、熏炉和魁，厅室中有陶罐、陶仓、铁戟和铁刀，甬道内有2件陶壶。随葬陶器为一套器物组合。

AM37的年代应属东汉中期。

（三）2006HGB区T4M16（下文简称“BM16”）

BM16位于B区西北部的T4中部。叠压于第2层下，墓口距地表0.4、墓深8.74米。墓道向北，方向15度。在墓室前端有一大盗洞，墓室遭到严重盗扰，随葬品几乎被洗劫一空。

由坟丘、墓道、封门、墓室、耳室组成（图4-1-263；图版二〇三，1）。

坟丘：塌落坟丘堆积位于墓道南端。平面呈椭圆形，长径3.6、短径3.4、深1.4米。坟丘堆积黄褐色土，间杂少许红土颗粒。

墓道：位于墓室北侧中部。斜向右前方且略弧，平面曲长13.4～14.7、宽1.2米。底面为斜坡状，坡度25～37度。

封门：青砖封门，因盗扰严重，封门砖仅存四层，均为丁砖左、右对角分层斜放。底面宽1.24、高0.54米。

墓室：拱顶土洞砖室结构。平面呈南北向长方形，无前厅和后室区分，土洞通长5.3、宽2.4米，墓室长4.66、宽2.06～2.1、洞高2.24米。无甬道，门洞设于墓室前墙中部。拱顶被盗扰，保留底部少许墙，前墙为一丁两顺砌筑，两侧砖墙为丁砖错缝平砌，后墙为顺砖错缝平砌。墓室底面为斜行“人”字形铺砖。

耳室：两个，位于墓室北端左、右两侧。均为拱顶土洞结构，口部与墓室结合处为砖拱券

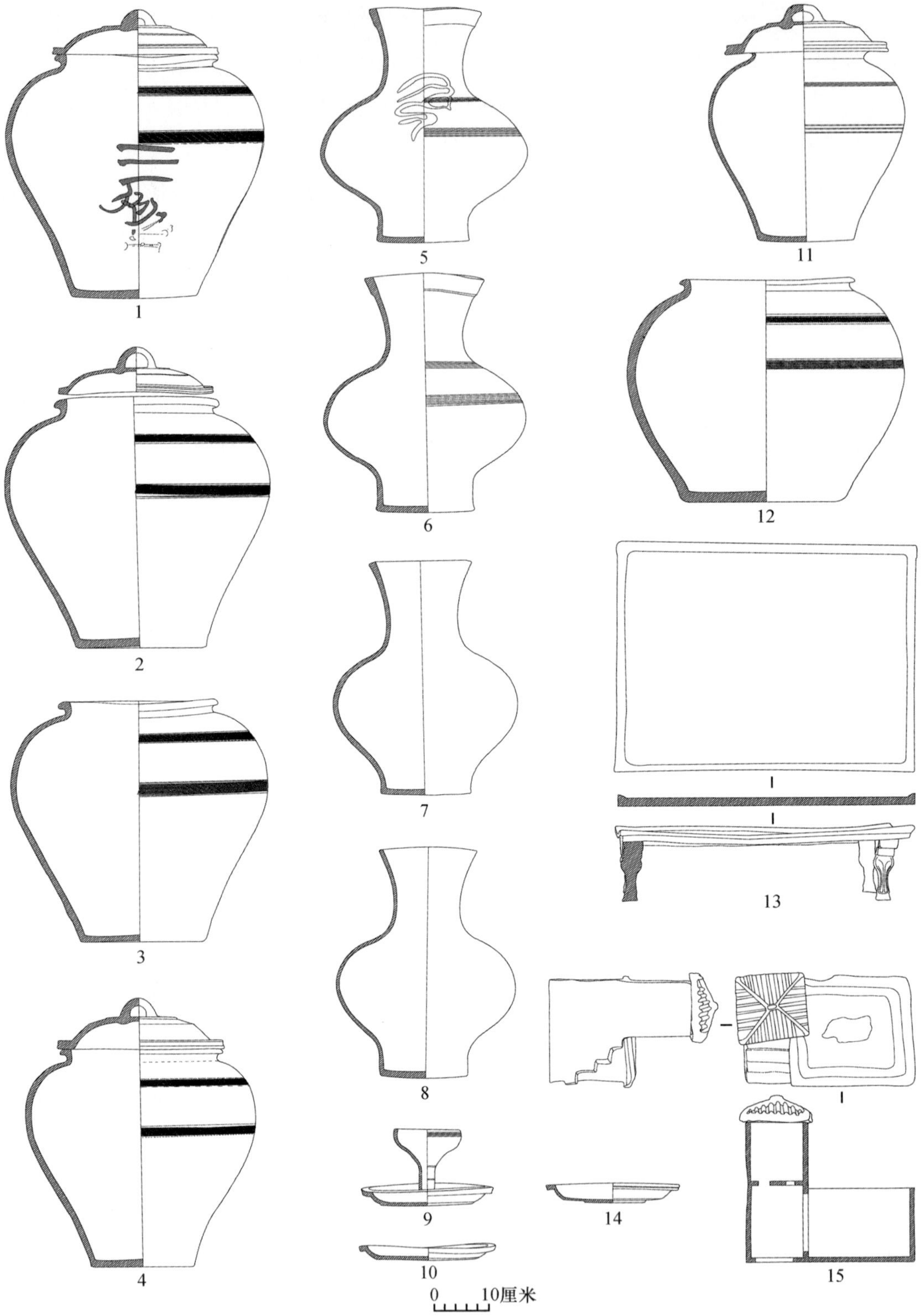

图4-1-262A　AM37出土陶器

1、2. 彩绘罐（AM37：2、3）　3、4、11、12. 罐（AM37：10、11、31、44）　5～8. 壶（AM37：13、14、16、33）
9. 熏炉（AM37：18）　10、14. 盘（AM37：20、21）　13. 案（AM37：34）　15. 圈（AM37：32）

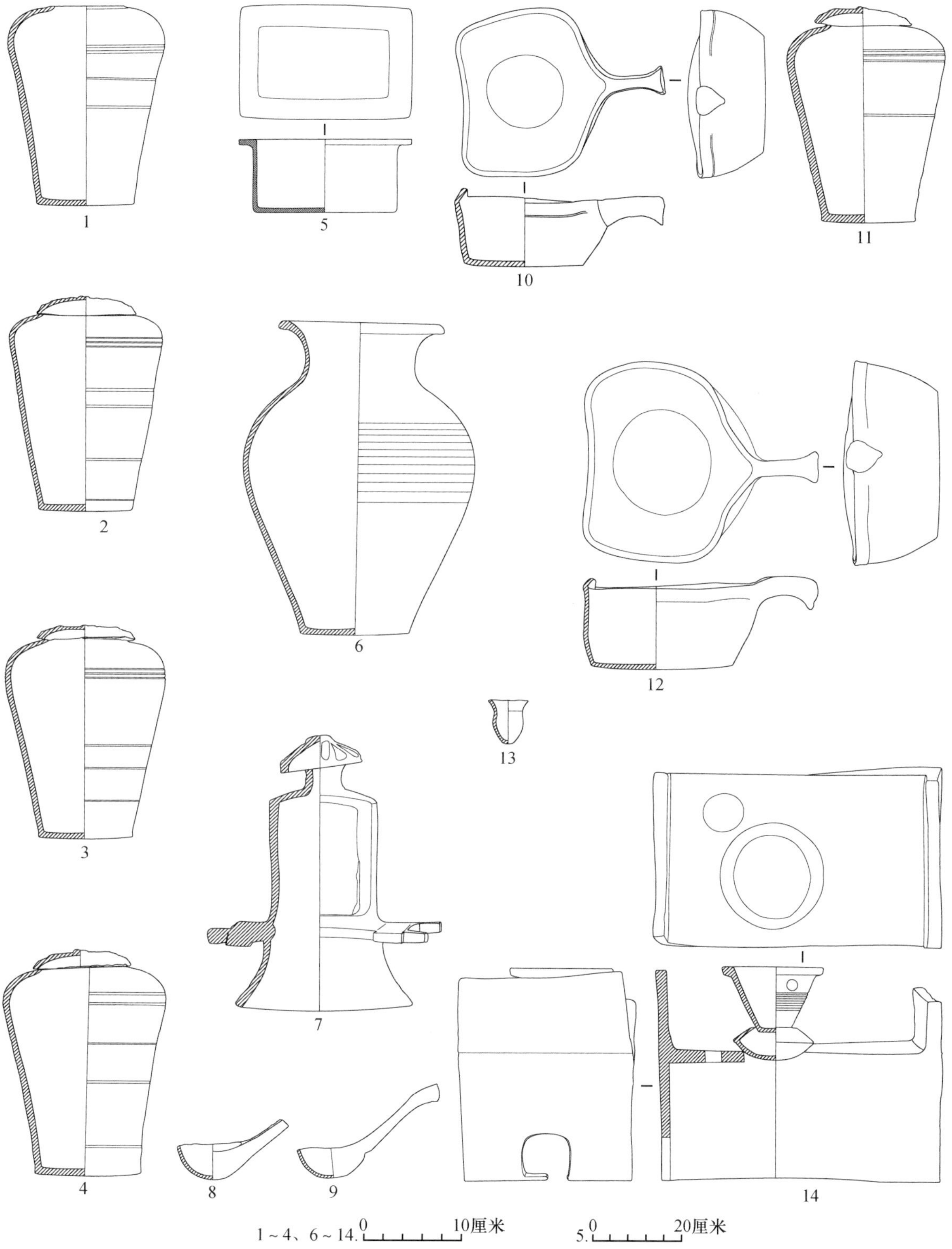

图4-1-262B　AM37出土陶器

1～4、11. 仓（AM37：8、27～30）　5. 长方形盒（AM37：9）　6. 罐（AM37：25）　7. 井（AM37：26）　8、9. 勺（AM37：23、36）　10、12. 魁（AM37：22、35）　13. 汲水罐（AM37：19）　14. 灶（AM37：24）

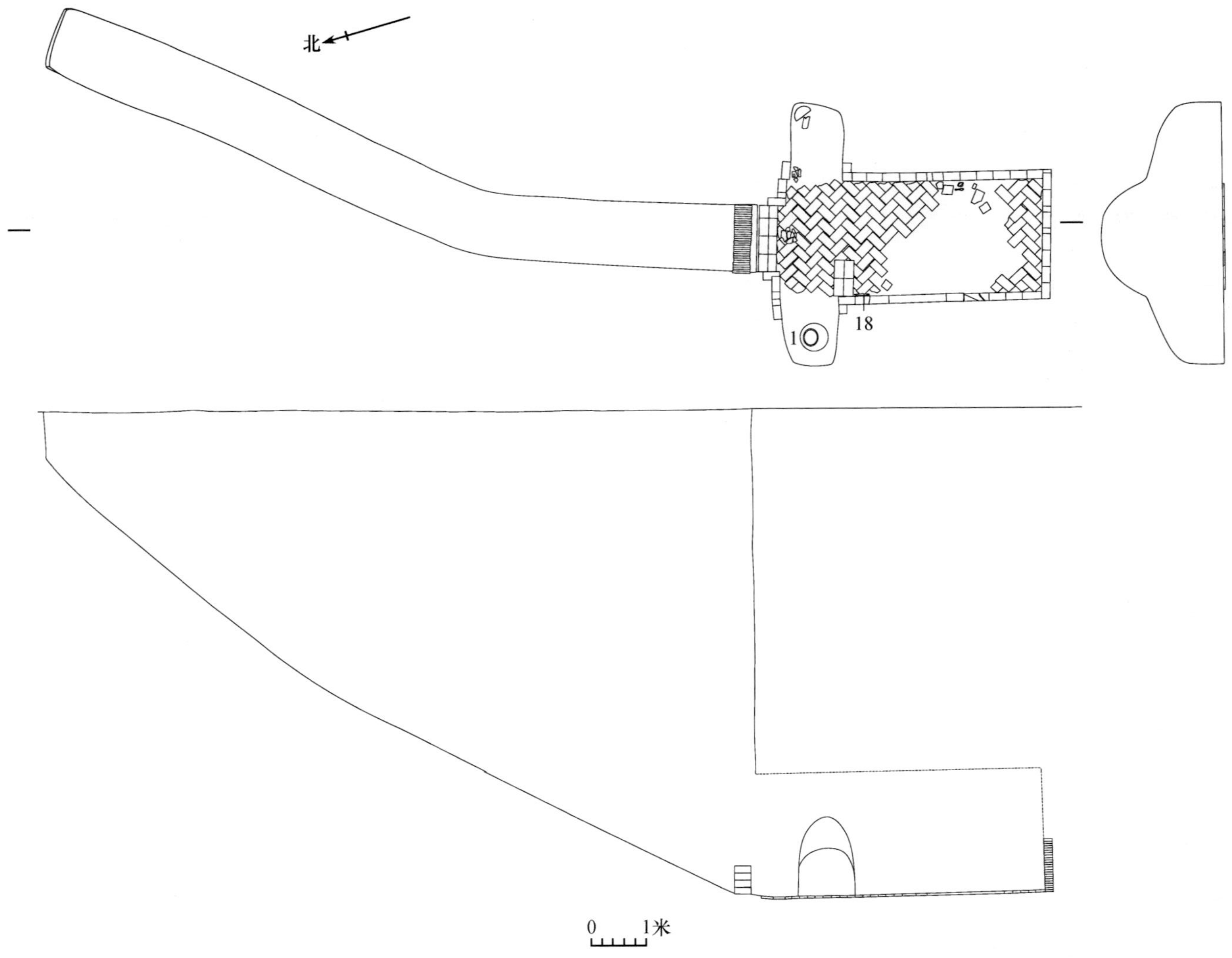

图4-1-263　BM16平、剖面图

1. 陶瓮　2. 涂朱陶筒形杯　3. 涂朱舟形陶盒　4. 涂朱陶盘　5. 涂朱陶勺　6～12. 涂朱陶耳杯　13. 陶盆　14～16. 陶器盖　17. 陶案足（3件）　18. 铁刀　19、21. 铜眉刷　20. 铜带钩　22. 铜盖弓帽（3件）　23. 铜帽饰　24. 铜犄饰　25. 铜兽面饰　26. 铜当卢　27. 铜弩机　28. 铜扣饰（2～17、19～28出自墓底）

结构。耳室平面呈圆角长方形，左耳室口宽1.04、内边宽0.7、进深1.1、洞高0.8～1.4米，右耳室口宽0.94、内边宽0.84、进深1.1～1.2、洞高0.86～1.4米。

葬具与葬式：因盗扰严重，葬具与人骨均不存，葬具、葬式均不明。

出土遗物：28件（组），有陶器、铜器和铁器，计有涂朱陶耳杯7件、涂朱舟形盒1件、案足1组3件、涂朱陶勺1件、涂朱陶筒形杯1件、涂朱陶盘1件、瓮1件、盆1件、器盖3件（图4-1-264；图版二〇三，2），铜带钩1件、眉刷2件、弩机1件、当卢1件、盖弓帽1组3件、帽饰1件、兽面饰1件、锜饰1件、扣饰1件，铁刀1件。器物主要出土于盗土中。随葬陶器组合不详。

BM16是此次发掘墓葬中面积较大者，而且也是最深的土洞砖室墓，结合盗土中出土的涂朱陶器及铜车马构件等来看，BM16墓主的地位应较高。

BM16的年代应属东汉中期。

八、Ea 型 墓

E型墓，带台阶长墓道，在靠近墓道尾端有过道和天井。共3座。通常情况下，墓道是为掏挖墓室时向外搬运土方用，营建墓室时也可作运砖的通道；天井则是下棺之处。依墓道直、斜不同分两亚型。Ea型为直长墓道带规则台阶，并有过道和天井。主要流行于新莽至东汉早、中期，其他时期不见。

（一）2006HGA区T11M20（下文简称“AM20”）

AM20位于A区东南部的T11中部。叠压于第2层下，墓口距地表0.4、墓深3.74米。墓道向北，方向10度。在天井处有一盗洞，墓室遭到严重盗扰。

由墓道、甬道、墓室、耳室组成（图4-1-265；图版二〇四，1）。

墓道：位于墓室北侧中部。平面呈刀把状，由台阶墓道、过道及天井组成，口长4.4、口宽0.6～0.76、底面宽0.58～0.66米。台阶墓道位于天井北侧，现存十四级台阶，台阶面宽0.14～0.38、台高0.2～0.32米。过道位于台阶墓道与天井之间，是由墓道进入天井及墓室的一个过洞，为拱形土洞结构，平面生土梁宽0.3、洞高2.1米。过道下由台阶延伸至天井内，天井平面口部长2.3、宽0.82～0.84米。壁面垂直，规则整齐。天井底面呈斜坡状，北端距墓口3.36米，南端与墓室底面平（图版二〇四，2）。

甬道：由于盗扰严重，封门和甬道形制不明，仅存拱顶土洞。底平面呈长方形，底面宽0.84、进深0.3、洞高2.24米。

墓室：拱顶土洞砖室结构。平面呈南北向长方形，由前厅和后室组成，土洞通长6、洞高2.3～2.34米，前厅长2.8、宽2.08米。后室主要做棺床，为生土台结构，长2.84、宽2.08米，棺床生土台高于厅室底面0.14米。墓室壁面垂直，规则整齐。前厅现存铺砖为东南–西北向斜行

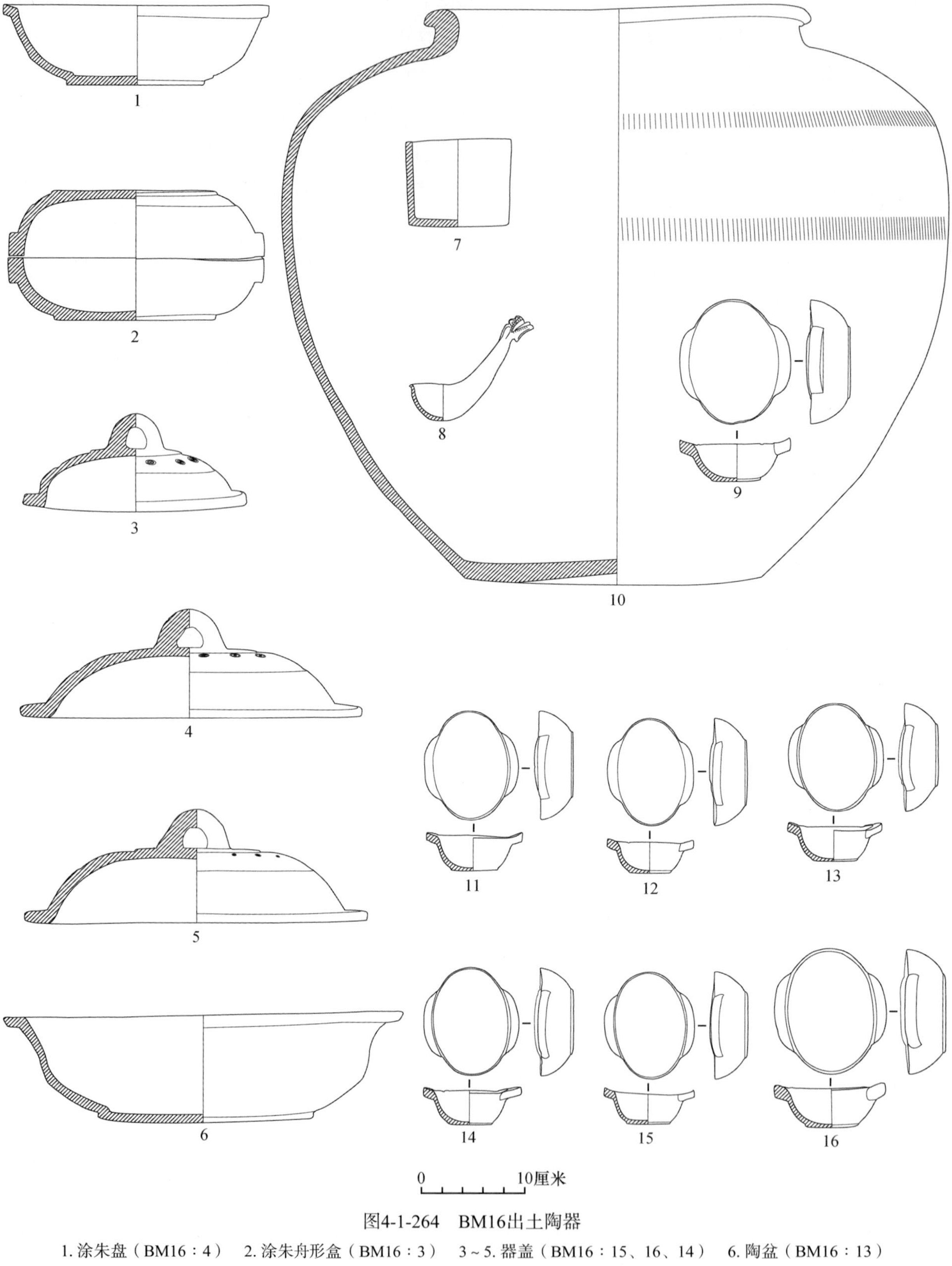

图4-1-264　BM16出土陶器

1. 涂朱盘（BM16：4）　2. 涂朱舟形盒（BM16：3）　3～5. 器盖（BM16：15、16、14）　6. 陶盆（BM16：13）
7. 涂朱筒形杯（BM16：2）　8. 涂朱勺（BM16：5）　9、11～16. 涂朱耳杯（BM16：7、6、8、10、11、9、12）
10. 瓮（BM16：1）

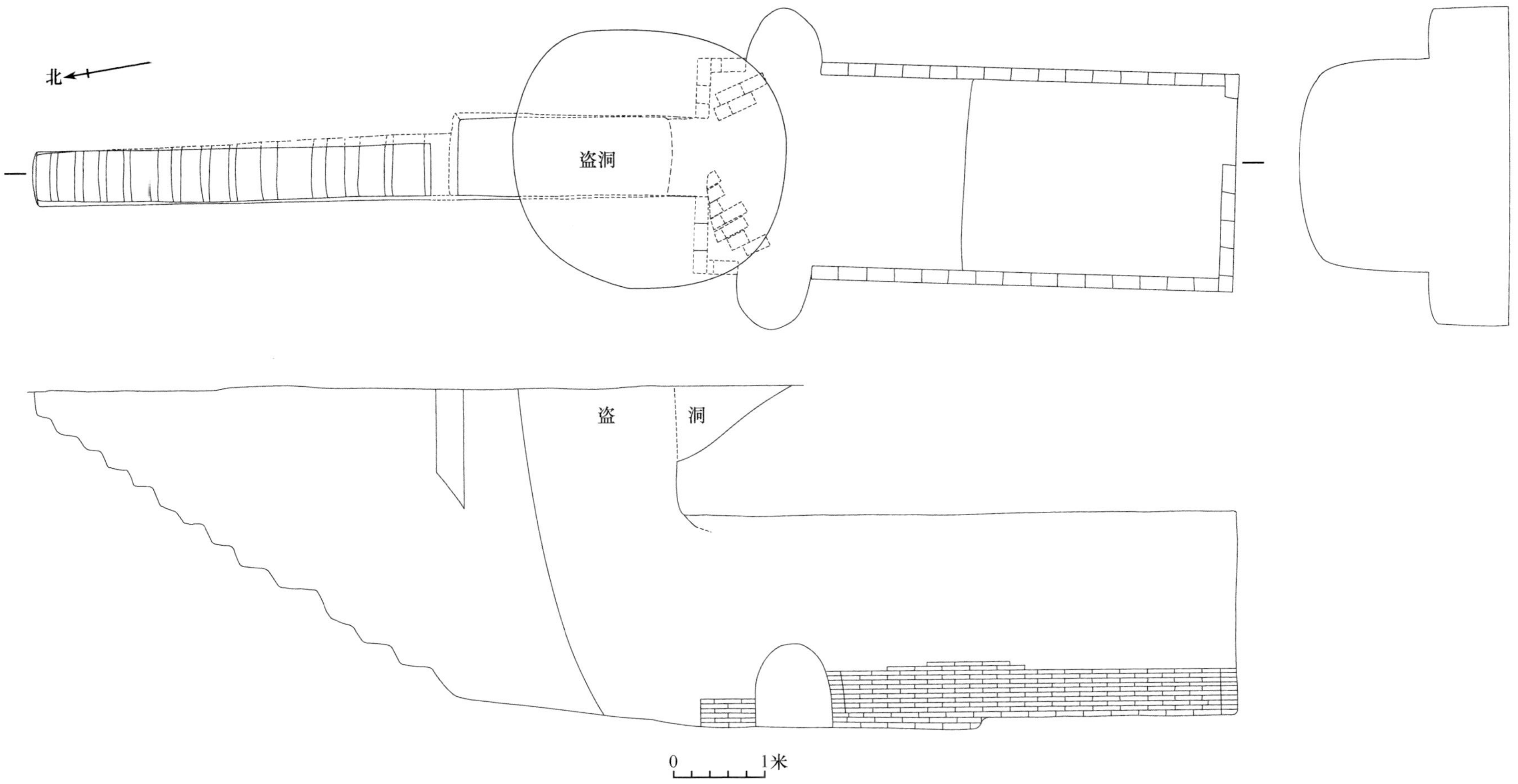

图4-1-265 AM20平、剖面图

1. 铜钱（2枚） 2. 铁钩 3. 小陶勺 4. 陶灶 5. 陶碗 6. 陶罐 7. 陶器盖 8. 陶案足（3件） 9. 陶鼎 10. 陶魁柄 11. 陶案足（3件）（均出自扰土中）

错缝平铺，后室棺床铺砖被盗扰。

耳室：两个，位于墓室北端前厅左、右两侧。拱顶土洞结构，平面略呈半椭圆形，左耳室口宽0.8、进深0.76、洞高0.9米，右耳室口宽0.82、进深0.7、洞高0.9米。

葬具与葬式：因盗扰严重，葬具和人骨均不存，葬具、葬式均不明。

出土遗物：11件（组），有陶器、钱币和铁器，计有陶鼎、罐、灶、魁、小勺、碗、器盖各1件、案2件（图4-1-266；图版二〇四，3），铜钱1组2枚，铁钩1件，陶器主要出土于盗土中。器物组合不明，从现存陶器器类推断为一套器物组合。

AM20为双重券门结构，残存器物中有陶鼎，说明墓主身份还比较高。

AM20的年代应属新莽至东汉初期。

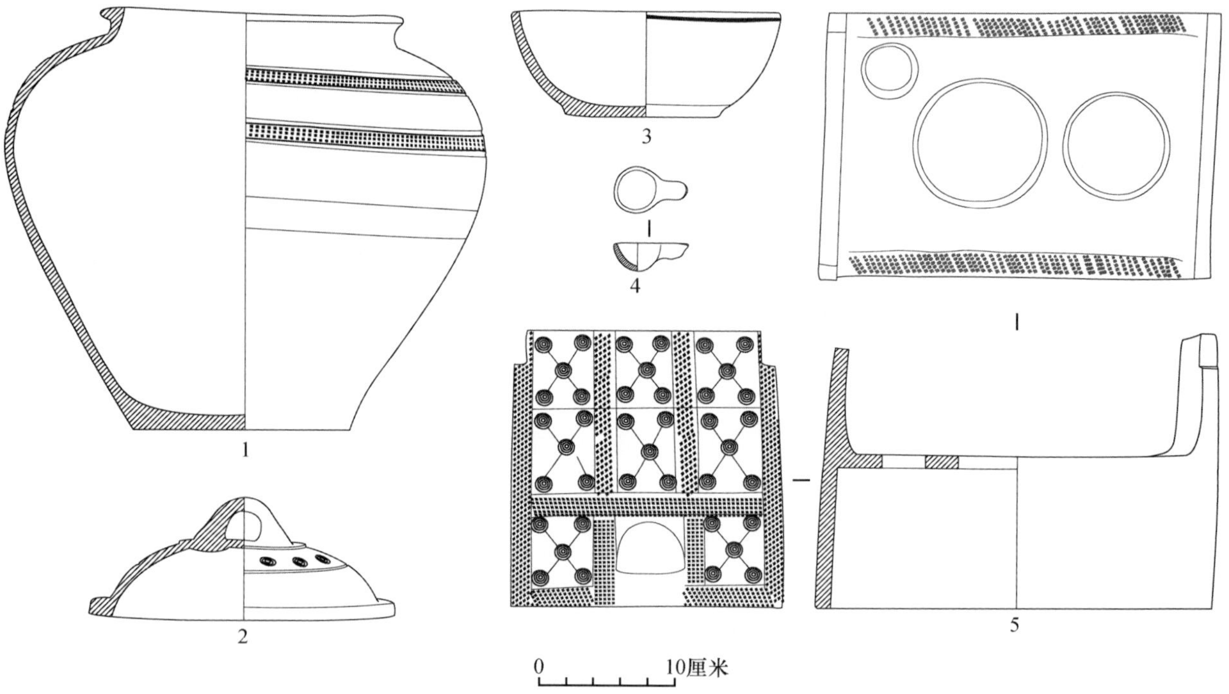

图4-1-266　AM20出土陶器

1. 罐（AM20：6）　2. 器盖（AM20：7）　3. 碗（AM20：5）　4. 小勺（AM20：3）　5. 灶（AM20：4）

（二）2006HGA区T12M23（下文简称“AM23”）

AM23位于A区东部的T12东中部。叠压于第2层下，墓口距地表0.5、墓深4.7米。墓道向北，方向15度。保存完整。

由坟丘、墓道、封门、甬道、墓室、耳室组成（图4-1-267；图版二〇五，1）。

坟丘：塌落坟丘堆积位于天井南部。平面呈椭圆形，长径3.6、短径2、深1.6米。坟丘堆积褐色土，间杂黄土和红土颗粒，显然是为营建墓室就地挖掘生土直接堆筑于墓室顶部而成。

墓道：位于墓室北侧中部。平面近刀把状，由供台、台阶墓道、过道和天井组成。

供台位于墓道尾端0.1～0.35米处，可能是随墓道填土下沉所致。供台有三层砖，底层为顺砖平铺，第二层为丁、顺侧砖作框，供台面保存两排砖，北部为三块丁砖平铺，南部为一块平铺顺砖。

带台阶墓道位于天井北侧，口长4.8、宽0.52～0.6、底面宽0.46～0.6米。现存十五级台阶，台阶面宽0.22～0.38、台高0.14～0.4米。

过道位于台阶墓道与天井之间，是由墓道进入天井及墓室的过洞。拱形土洞结构，平面生土梁宽0.62、底面宽0.6、洞高1.9～2.2米。

天井位于台阶墓道和封门之间，平面口部长2.78、宽0.9、底面宽0.98～1.2米。壁面垂直，规则整齐。天井底面为斜坡状，北端距墓口4.2米，南端与墓室底面平。天井北端两侧壁面有一组共五个脚窝，脚窝长0.26～0.3、宽0.16～0.26、进深0.1～0.16米，脚窝间距0.5～0.52米。

封门：位于天井南端，甬道券门外侧。青砖封门，现存二十四层封门砖，上部七层为顺砖平砌，下部十七层为丁砖左、右对角分层斜放，偶有前后交错摆放，层与层中间两侧边为一侧放丁砖。封门砖缝隙较大，应与二次开启墓门有关。封门砖墙底面宽1.16、高2.1米（图版二〇五，2）。

甬道：位于墓室北端。拱顶土洞砖券结构，甬券为双层砖券，直墙内侧为丁砖平砌，外侧为三块丁砖侧放，墙顶部为两层顺砖平砌。底平面呈长方形，门洞底面宽1.24、进深0.3、高1.78米。

墓室：拱顶土洞结构。平面呈南北向长方形，由前厅和后室组成，土洞通长5.34～5.4、洞高2.44米，前厅长2.74～2.82、宽1.8～1.9米。后室主要做棺床，为生土台铺砖结构，底面内高外低，南北长2.58～2.6、东西宽1.9米，棺床生土台高于厅室底面0.18～0.26米。前厅无铺砖，后室棺床上为南北向斜行错缝铺砖，棺床沿为一排侧放丁砖（图版二〇六，1）。

耳室：一个，位于墓室前厅右侧。拱顶土洞结构，底平面近正方形，口宽1、内边宽0.84、进深0.84、洞高0.8～1.2米（图版二〇六，2）。

葬具：木棺两副。棺1位于棺床右侧，长2.2、宽0.72米。棺2位于棺床左侧，长2.1、宽0.6米。两棺内底面均铺有青灰一层，棺2底面还铺有白灰泥一层（图版二〇六，4）。

葬式：人骨架两具，朽蚀严重，均呈粉末状。两位墓主均为一次葬，仰身直肢，头向北。棺1内墓主面向上，倾向为成年男性，身高1.78米。墓主头部有铜镜1面，腰部有铜带钩2件，其中1件位于左腹部下侧，可能为铁剑专用带钩，右臂上压铜钱一串共684枚（图版二〇六，3），左臂压1把长铁剑，尖向南，柄向北平放。棺2内墓主面向西，双腿膝部略弯曲外撇，倾向为成年女性，身高1.56米。墓主头部有铜镜1面（图版二〇六，5），耳部有琉璃耳饰，右脚外侧有残铜镜1片，左手处有铜钱11枚。应为夫妇合葬。

出土遗物：57件（组），有陶器、铜镜、铜器、钱币、铁器和琉璃器，计有陶壶1件、小壶1件、罐10件、小罐1件、仓9件、井2件、灶2件、圈2件、樽3件（其中2件有器盖）、耳杯5件、案1件、筒形杯1件、勺1件、盘5件、瓮1件、器盖2件（图4-1-268A、268B、268C；图版二〇五，3），铜镜3面（其中1面铜镜残甚，仅余少量镜缘），铜带钩2件，铜钱2组695枚，铁

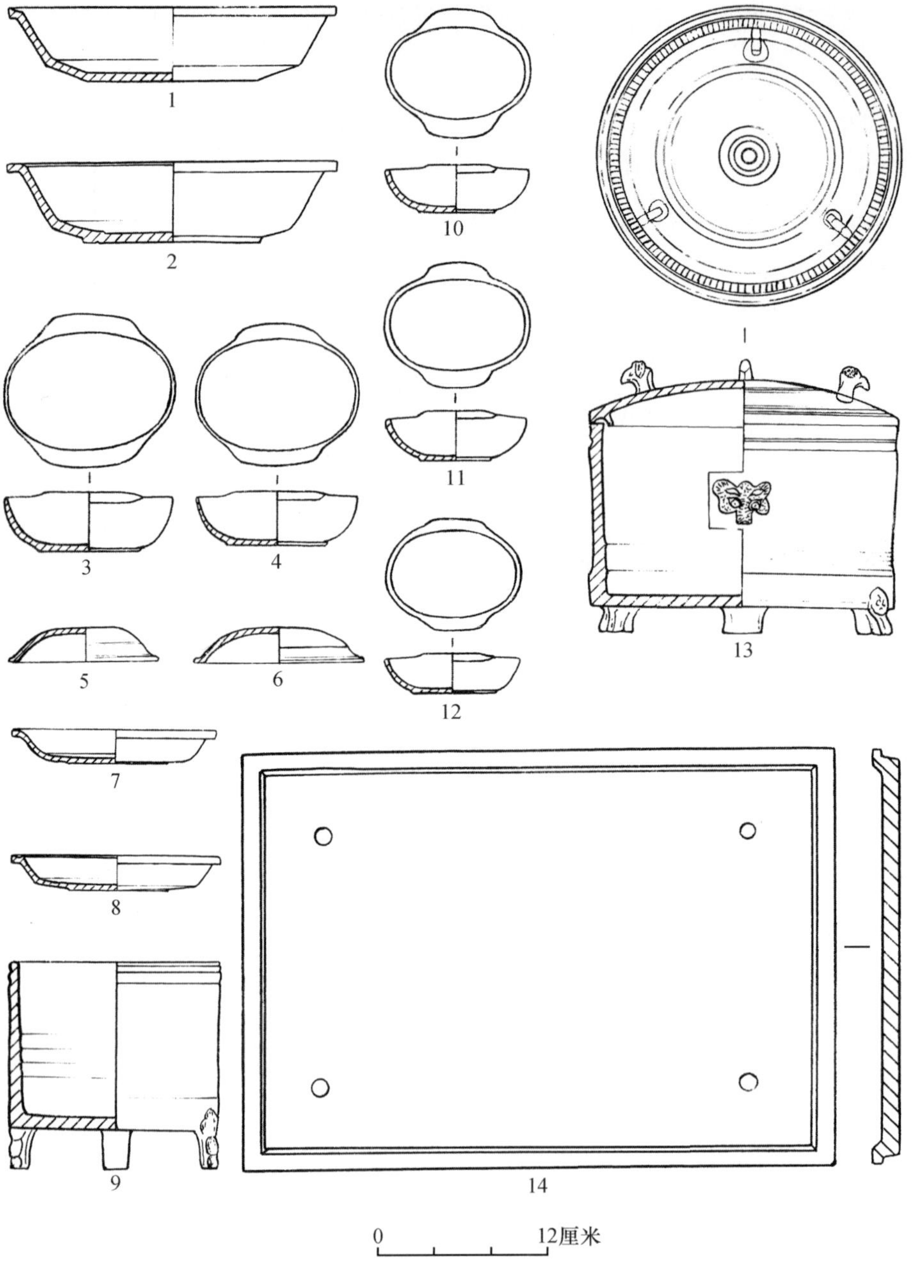

图4-1-268A　AM23厅室出土陶器

1、2、7、8. 盘（AM23：28、33、23、24）　3、4、10～12. 耳杯（AM23：30、36、25、26、37）　5、6. 器盖（AM23：34、35）　9、13. 樽（AM23：32、31）　14. 案（AM23：27）

刀1件、剑1件，琉璃耳饰1组2件。陶器主要出土于耳室和厅室南部、厅室左侧及棺上，其中耳室内有陶罐、壶、仓、灶、圈、小壶和井等，厅室南部有陶瓮、案、樽、耳杯和盘，厅室左侧有陶灶、圈、井和罐，棺床上有陶仓、罐和樽，大部分随葬陶器应是原位置，但也不排除部分陶器有稍许移位的可能。随葬陶器为两套器物组合。

AM23为双重券门结构，说明墓主身份较高。女墓主棺内有铜镜残片，为该墓地中较为罕见的墓例，其寓意不明。若取破镜重圆之意，墓中男墓主棺内却没有另一半残镜。此类现象见

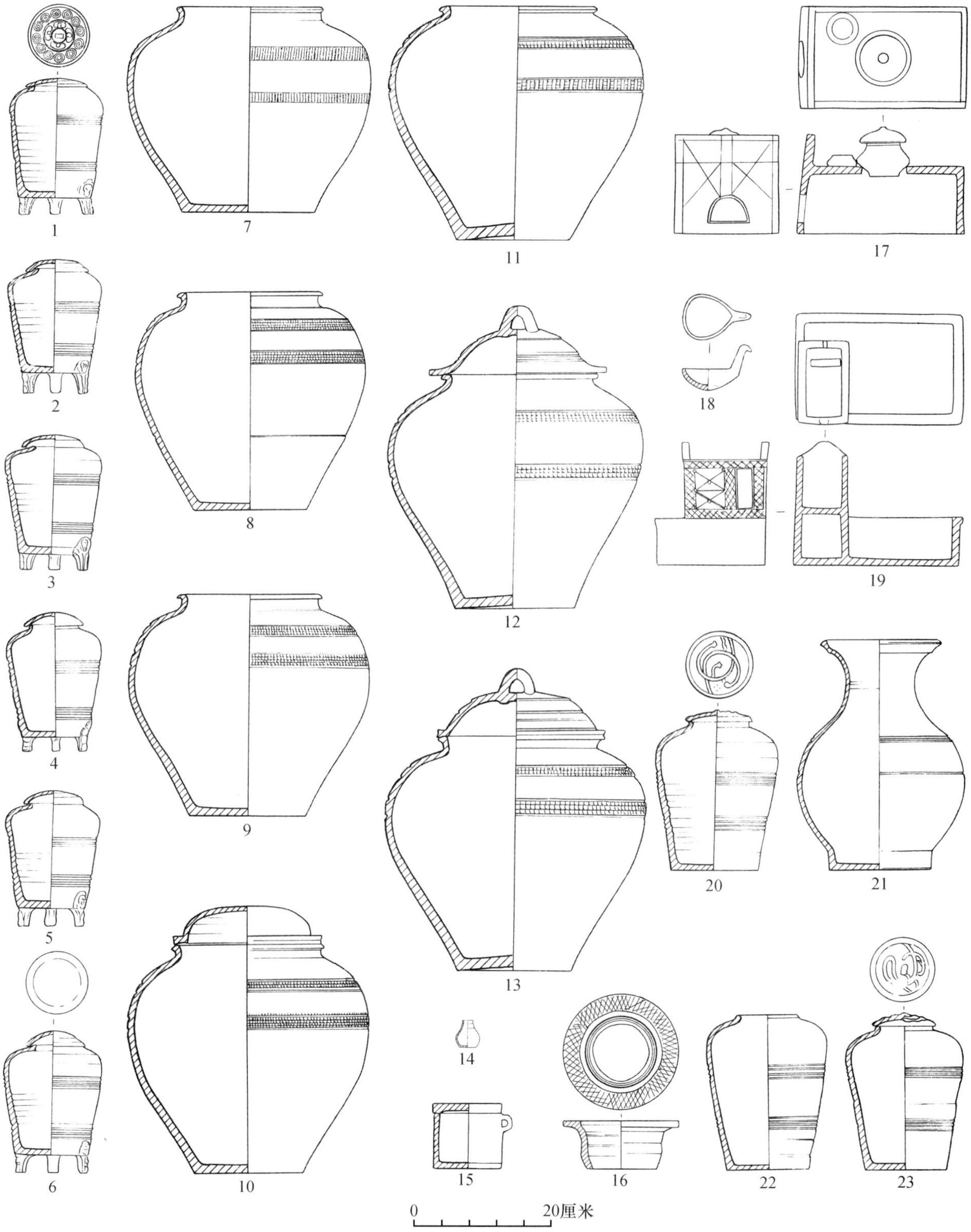

图4-1-268B　AM23耳室及周围出土陶器

1～6、20、22、23. 仓（AM23：9～13、51、43、55、52）　7～13. 罐（AM23：39、49、50、46、48、44、47）　14. 小壶（AM23：53）　15. 筒形杯（AM23：38）　16. 井（AM23：41）　17. 灶（AM23：40）　18. 勺（AM23：54）　19. 圈（AM23：42）　21. 壶（AM23：45）

图4-1-268C　AM23墓室西侧出土陶器

1. 樽（AM23：14）　2. 井（AM23：20）　3. 盘（AM23：17）　4. 小罐（AM23：56）　5、9、10. 罐（AM23：18、15、16）
6. 圈（AM23：22）　7. 灶（AM23：21）　8. 瓮（AM23：19）

于BM11，但后者为单棺葬，本次发掘中没能找到BM11的另一半。此类现象寓意如何，还需要更多的资料验证。

AM23的年代应属东汉早期。

（三）2006HGA区T29M73（下文简称“AM73”）

AM73位于A区西北部的T29北中部。叠压于第2层下，墓口距地表0.3、墓深5.74米。墓道向北，方向18度。在天井靠近封门处有一盗洞，墓室遭到严重盗扰。

由坟丘、墓道、封门、墓室、耳室组成（图4-1-269；图版二〇七，1）。

坟丘：塌落坟丘堆积位于天井南部。平面呈椭圆形，残长径4.2、短径2.8、深2.8米。坟丘堆积褐色土，间杂黄土、红土颗粒，北部稍浅，南部略深（图版二〇八，3）。

墓道：位于墓室北侧中部。平面呈刀把状，口小底大，由台阶墓道、过道和天井组成，通长8.14米，台阶墓道平面长4.74、宽0.58～0.62、底面宽0.54～0.7米。现存十七级台阶，台阶面宽0.14～0.32、台高0.1～0.48米。过道位于台阶墓道与天井之间，是由墓道进入天井及墓室的过洞，拱形土洞结构，地平面生土梁宽0.3、底面宽0.7、洞高2.64米。过道下由台阶延伸至天井。

天井口部平面长3.1、宽0.9～1.16米，下口长2.82、宽0.94～1.16米。天井底面为斜坡状，北端距墓口5.22米，南端与墓室底面平。在天井两侧壁面有一组脚窝，每侧各有八个，脚窝基本垂直且平行相对，长0.2～0.24、宽0.14～0.18、进深0.08～0.16米，脚窝间距0.3～0.54米（图版二〇七，2）。

封门：青砖封门，由于盗扰严重，现仅存底面三层封门砖，均为丁砖左、右对角分层斜放，偶有前后交错摆放。

墓室：拱顶土洞砖室结构。平面呈南北向长方形，由前厅和后室组成，土洞通长5.58、宽2.32～2.36、洞高2.38米。前厅平面近长方形，长3.2、宽2米。后室平面近长方形，主要做棺床，为生土台结构，长2.2、宽2、洞高2.28米，台面高出厅室底面0.1米。墓室底面原均应有铺砖，由于盗扰大部分铺砖已被破坏，厅室内为斜行错缝铺置，棺床上保存两块铺砖，推测应为平砖丁放。墓室砖墙存高0.5米，为丁砖、顺砖错缝砌筑。墓室砖券口盗扰严重，形制和结构不明。

耳室：两个，位于墓室厅室左、右两侧。左耳室为龛形砖室，进深一丁砖，因盗扰严重仅存底面几层砖，口宽1.1、券高1.1米（图版二〇八，1）。右耳室为土洞结构，平面呈靴状，入口与墓室结合处为砖拱券，入口宽0.96、横内宽2.52、竖内宽1.28米，横径进深2.4、横洞高1～1.34、竖进深2.6、竖洞高0.94米（图版二〇八，2）。

出土遗物：19件（组），有陶器、铜器、钱币和铁器，计有陶罐1件、仓6件（其中1件只有仓盖）、井亭顶1件、樽1件、耳杯1件、案1件、勺1件、器盖2件、陶片1件（图4-1-270；图版二〇七，3），铜带钩1件，铜钱1组4枚，铁刀1件、钩1件，陶器主要出土于右耳室，有陶仓

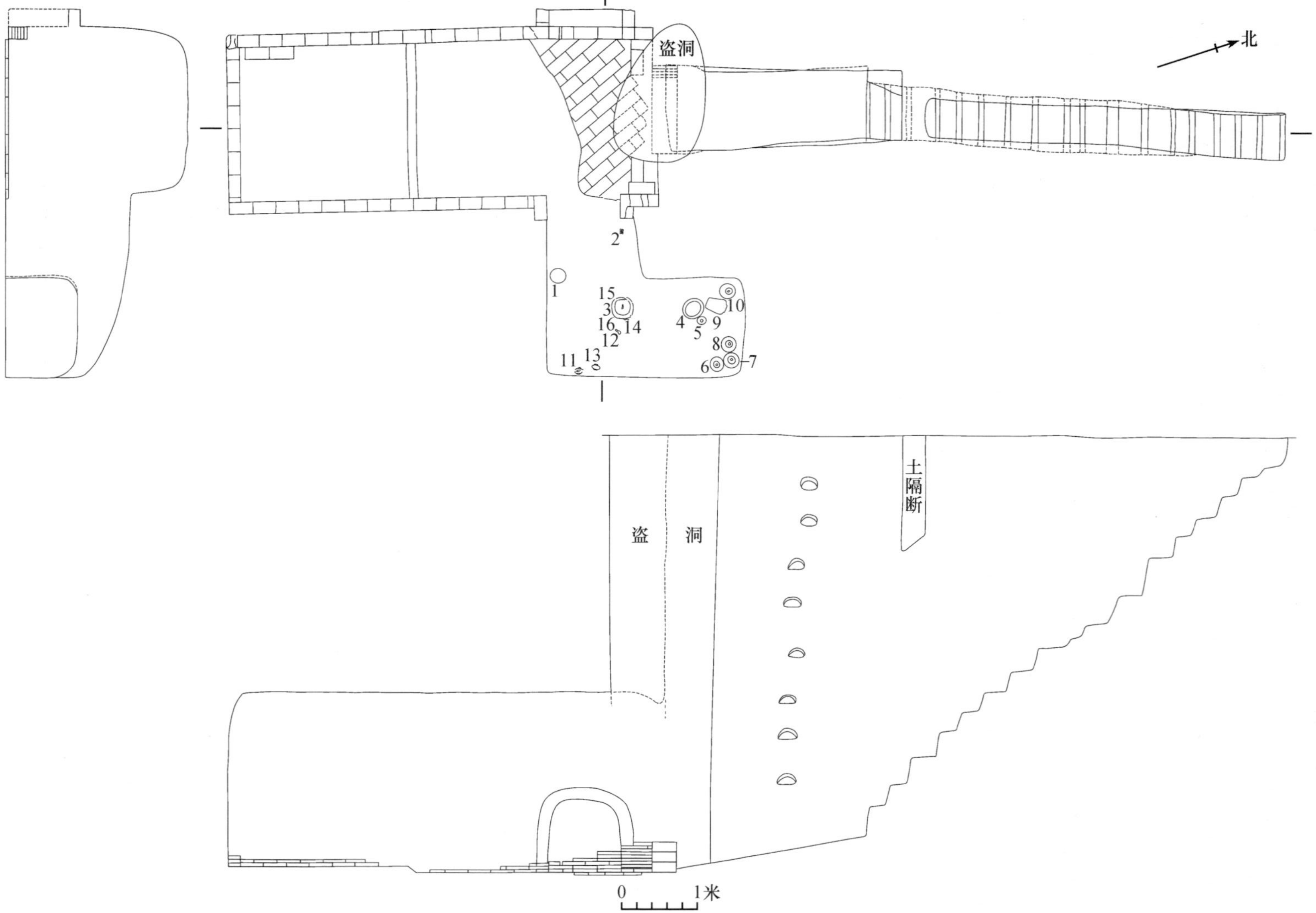

图4-1-269　AM73平、剖面图

1. 陶樽　2. 陶井亭顶　3. 陶罐　4、14. 陶器盖　5. 陶仓盖　6～10. 陶仓　11. 陶案　12. 陶片　13. 陶耳杯　15. 陶勺　16. 铁钩　17. 铜带钩　18. 铜钱（4枚）
19. 小铁刀（17～19出自盗土中）

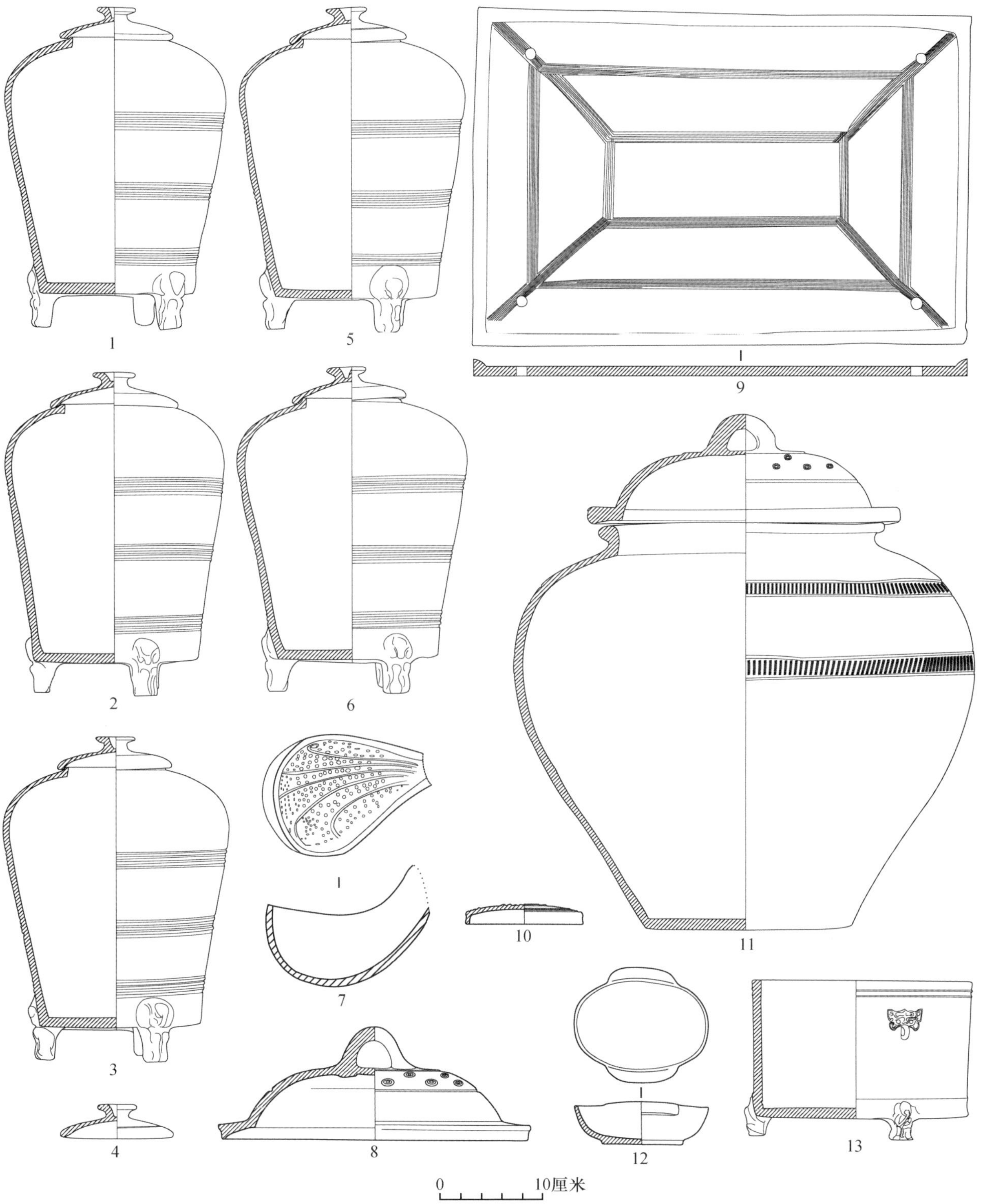

图4-1-270　AM73出土陶器

1～3、5、6. 仓（AM73：6～10）　4. 仓盖（AM73：5）　7. 勺（AM73：15）　8、10. 器盖（AM73：4、14）
9. 案（AM73：11）　11. 罐（AM73：3）　12. 耳杯（AM73：13）　13. 樽（AM73：1）

和陶樽。随葬陶器应为一套器物组合。

AM73为双重券门结构：第一重为土洞过洞券门，第二重为墓室券门。该墓墓室为砖室。由此推断有双重券门墓的墓主往往有着较高的社会地位。

AM73的年代应属东汉早期。

九、Eb 型 墓

Eb型墓，带斜长墓道、台阶、过道及天井。数量较少，共2座，时代为新莽至东汉早期，与Ea型墓基本同时。

（一）2006HGA区T29M61（下文简称"AM61"）

AM61位于A区西北部的T29西北部。叠压于第2层下，墓口距地表0.35、墓深4.76米。墓道向北，方向15度。在天井中部有一盗洞，墓室遭到严重盗扰。

由坟丘、墓道、封门、甬道、墓室、耳室组成（图4-1-271；图版二〇九，1）。

坟丘：少许塌落坟丘堆积位于天井南部1.5米处。平面呈椭圆形，长径1.55、短径1.2、深0.8米。外围有一周塌落的生土范围，坟丘堆积褐色土，间杂黄土、红土颗粒。

墓道：位于墓室北侧中部，由台阶墓道、过道、天井组成。台阶墓道位于天井北端，并斜向左前方，口长4、宽0.54～0.6米。现存十五级台阶，台阶面宽0.16～0.3、台高0.16～0.34米。由上向下第六、七、九、十二级台阶面上各放有铜钱1枚，第十一级台阶面上放有铜钱4枚（图版二一〇，1）。这种在台阶上放铜钱的现象，仅见于此墓，其用意不详。

过道位于台阶墓道和天井之间，是由墓道进入天井和墓室的过洞式通道。拱形土洞结构，地平面上生土梁宽0.4～0.6、洞高2.1米。过道下由台阶延伸至天井内。

天井口部平面呈南北长方形，长2.6、宽0.94～1.04米。壁面垂直，规则整齐。底面为斜坡状，北端距墓口3.9米，南端与墓室底面平。在天井北端两侧壁面有一组脚窝，每侧五个，长0.16～0.22、宽0.1～0.14、进深0.1～0.18米，脚窝间距0.28～0.66米（图版二一〇，2）。

封门：位于天井南端，甬道券门外侧。青砖封门，现存七层封门砖，均为丁砖左、右对角分层斜放，为前后交错摆放。底面宽1.04、高1.08米。

甬道：位于墓室北端，拱顶土洞结构。平面呈喇叭形，外窄内宽，因盗扰，洞已塌落。底面宽1.1～1.64、进深0.6～0.66米。

墓室：拱顶土洞结构。平面为南北向长方形，由前厅和后室组成，土洞通长3.76～3.9、洞高2米，前厅长1.4～1.54、宽2.14～2.18米。后室主要做棺床，为生土台铺砖结构，长2.36、宽2.14米，棺床生土台高于厅室底面0.14米。墓室壁面垂直，规则整齐。前厅无铺砖，后室棺床

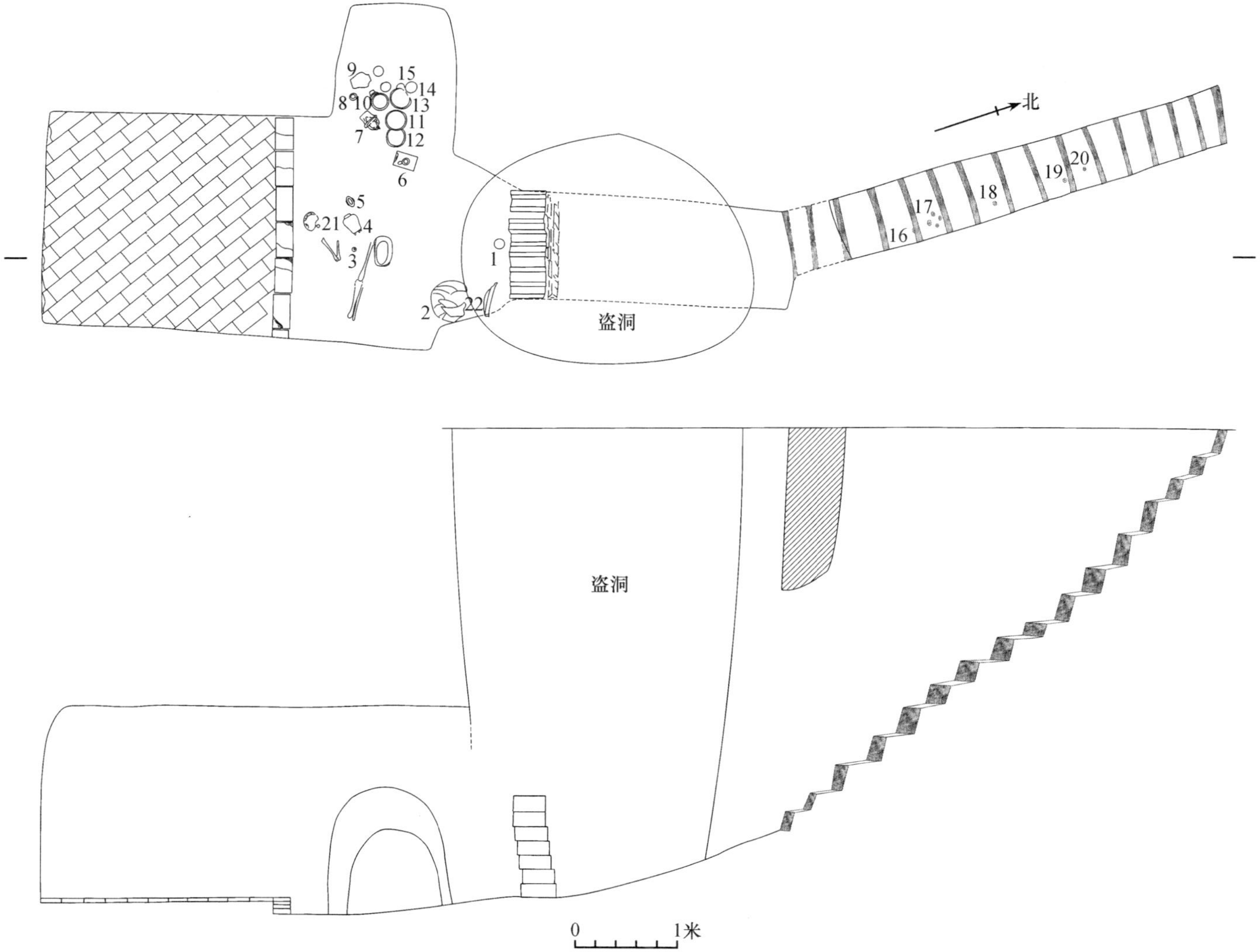

图4-1-271　AM61平、剖面图

1. 铜镜　2. 陶瓮　3. 铜钱（3枚）　4、9. 陶仓　5. 陶耳杯　6. 陶灶　7. 陶井　8. 鸮形小陶壶　10～13. 陶器盖　14、15. 陶仓盖　16、18～20. 铜钱　17. 铜钱（4枚）　21. 银指环　22. 陶樽

上为南北向斜行错缝铺砖，棺床沿为一排错缝平铺顺砖，共四层（图版二〇九，2）。

耳室：一个，位于墓室前厅北部左侧。拱顶土洞结构，平面近圆角长方形，口宽1.2、内边宽0.94、进深1.1、洞高0.8～1.2米。

葬具与葬式：由于盗扰严重，仅存木棺朽痕。从木棺痕迹推断应为一副木棺。厅室内有被盗扰的人骨，其中一段手指上还有1件银指环。这种现象说明，该墓是被埋葬后不久、至少人骨尚未完全朽尽就被盗扰。人骨架散乱较甚，葬式不明。

出土遗物：22件（组），有陶器、铜镜、钱币和银器，计有鸮形小陶壶1件、瓮1件、仓4件、井1件、灶1件、樽1件、耳杯1件、器盖4件（图4-1-272；图版二一〇，3），铜镜1面，铜钱6组11枚，银指环1件。器物主要出土于耳室和厅室右前部，其中耳室内有陶仓、小陶壶、陶仓盖和陶灶，厅室中散置着陶耳杯、陶仓、陶瓮、铜镜和散乱的人骨等。随葬陶器应为一套器物组合。

AM61为双重券门结构，说明墓主身份较高。墓道上放置有铜钱，可能是黄泉路上也不缺钱的寓意。这种在墓道中放置铜钱的现象，仅见于此墓和BM9。

AM61的年代应属新莽至东汉初期。

（二）2006HGA区T29M72（下文简称“AM72”）

AM72位于A区西北部的T29南部。叠压于第2层下，墓口距地表0.4、墓深5.68米。墓道向北，方向16度。保存完整。

由坟丘、墓道、封门、甬道、墓室、耳室组成（图4-1-273；图版二一一，1）。

坟丘：塌落坟丘堆积位于天井南部。平面呈椭圆形，长径3.8、短径3.4、深1.1米。坟丘堆积褐色土，间杂黄土、红土颗粒。

墓道：位于墓室北侧中部。平面近刀把状，由台阶墓道、过道、天井组成。

台阶墓道斜向左前方，口部平面长3.9、宽0.54～0.6、底面宽0.6～0.68米。现存十四级台阶，台阶面宽0.22～0.36、台高0.16～0.4米。

过道位于台阶墓道和天井之间，是台阶墓道进入天井和墓室的过洞式通道，拱形土洞结构，地面上墓道至天井之间的生土梁宽1～1.4、底面宽0.62、洞高2.5米。过道下由台阶延伸至天井内。

天井口部平面呈南北长方形，长2.68、宽0.94～1、底面宽1.02～1.2米。壁面垂直，规则整齐。天井底面为斜坡状，北端距墓口4.86米，南端与墓室底面平。天井北端两侧壁面有一组脚窝，每侧七个，长0.18～0.26、宽0.08～0.14、进深0.08～0.12米，脚窝间距0.24～0.56米。

封门：位于天井南端，甬道券门外侧。青砖封门，共十七层封门砖，底面一层及顶部两层为顺砖平砌，中间十四层均为丁砖左、右对角分层斜放，层与层中间两侧边为一侧放丁砖。底面宽0.98、高2.1米。

图4-1-272　AM61出土陶器

1、2. 仓（AM61：4、9）　3. 鸮形小壶（AM61：8）　4. 耳杯（AM61：5）　5. 樽（AM61：22）　6、8、10、11. 器盖（AM61：13、10～12）　7. 井（AM61：7）　9. 灶（AM61：6）　12. 瓮（AM61：2）

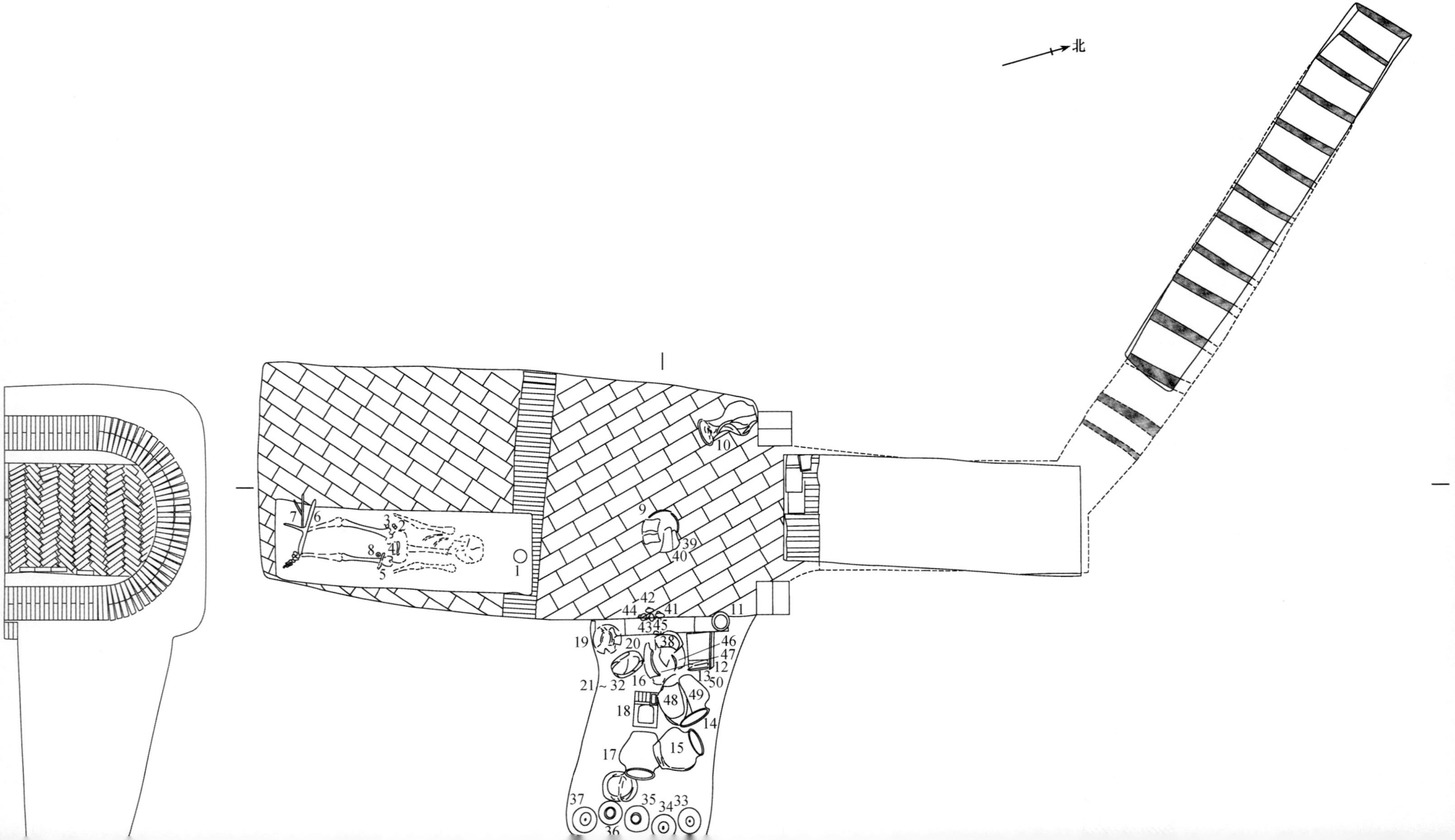
北

图4-1-273　AM72平、剖面图

1. 铜镜　2. "乐丰私印"铜印　3. "乐冯私印"铜印　4. 铜带钩　5. 铁刀　6、7. 铁戟　8. 铜钱（6枚）　9. 陶樽　10. 陶壶　11. 陶魁　12. 陶案　13. 陶灶　14～17. 陶罐　18. 陶圈　19. 陶鼎　20. 舟形陶盒　21～32、41～45. 陶耳杯　33～37. 陶仓　38. 鸮形小陶壶　39、40. 铁钩　46、47. 陶盘　48. 陶井　49. 小陶罐　50. 陶勺

甬道：位于墓室北侧中部。拱顶土洞砖券结构，甬券为双层砖券。直墙部分为两丁两顺交替砌筑，拱券为双层丁砖侧放。甬道底平面呈长方形，门洞底面宽1.2、进深0.3、高1.34米。底面外侧边为一排平铺顺砖，内侧为厅室内延伸的斜行铺砖。

墓室：拱顶土洞结构。平面为南北向长方形，由前厅和后室组成，土洞通长4.48、洞高1.94米，前厅长1.96～1.98、宽1.94～2.2米。后室主要做棺床，为生土台铺砖结构，内低外高，长2.5～2.52、宽1.9～2.2米，棺床生土台高于厅室底面0.1～0.14米。前厅为南北向斜行错缝铺砖，后室棺床上为东北–西南向斜行错缝铺砖，棺床沿为一排侧放丁砖（图版二一一，2）。

耳室：一个，位于墓室厅室右侧。拱顶土洞结构，平面近圆角长方形，口宽1.46、内宽1.2、进深1.94～2.1、洞高0.9～1.4米。耳室底面为生土台，内高外低略呈斜坡状，高于厅室底面0.14～0.2米。底面台沿有一排砖为顺砖错缝平铺，共三层（图版二一一，3）。

葬具：位于棺床右侧。木棺一副，长2.3、宽0.7米。棺底铺有一层白灰泥（图版二一二，1）。

葬式：人骨架一具，保存完整，但朽蚀严重，多为粉末状。墓主为一次葬，仰身直肢，头向北，面向东，倾向为男性，成年人，身高1.7米。墓主头上方有铜镜1面，腰部有铜带钩和小铁刀各1件，右髋骨西侧有铜印章2枚，左股骨近端内侧有一串铜钱，脚骨上有较大铁戟2件。

出土遗物：50件（组），有陶器、铜镜、铜器、钱币和铁器，计有陶鼎1件、壶1件、鸮形小壶1件、罐4件、小罐1件、仓5件、井1件、灶1件、圈1件、樽1件、耳杯17件、舟形盒1件、魁1件、案1件、盘2件、勺1件（图4-1-274A、274B；图版二一二，2），铜镜1面，铜带钩1件、铜印章2枚，铜钱1组6枚，铁刀1件、戟2件、钩2件。陶器主要出土于耳室及厅室内，其中耳室内有陶仓、罐、圈、灶、舟形盒、案、鼎和魁等，厅室内散置陶壶和陶樽。随葬陶器为一套器物组合。新出土器类为陶舟形盒，盒内整齐码放有14件陶耳杯（图版二一一，4），说明了陶舟形盒的作用和一套完整陶耳杯的数量，14件耳杯在当时日常生活中可能为完整的一套酒具。

AM72为双重券门结构，墓内随葬有2枚鎏金铜印章，说明该墓主身份较高。2枚铜印章分别为“乐丰私印”和“乐冯私印”，说明以AM72为中心的墓葬群很可能为乐氏家族的族墓地。从墓内出土的2件较大的铁戟来看，墓主有可能是当时的武官。

AM72的年代应属新莽至东汉初期。

一〇、F 型 墓

F型墓，有两条墓道。共8座。最早出现于新莽时期或者新莽至东汉初年，流行于东汉中期，东汉晚期偶见。

此型墓墓道较为复杂，几乎包含了墓道的全部型式。不但直观地反映了墓葬进行二次同穴合葬的现象，而且从打破关系上为究明墓道型式的时代早晚和前后演变提供了重要的依据。

图4-1-274A　AM72出土陶器

1、2、5、6. 罐（AM72：14、15、17、16）　3. 壶（AM72：10）　4. 鼎（AM72：19）　7. 井（AM72：48）　8. 舟形盒（AM72：20）　9. 盘（AM72：47）　10. 案（AM72：12）　11. 灶（AM72：13）　12. 圈（AM72：18）　13. 魁（AM72：11）　14. 樽（AM72：9）

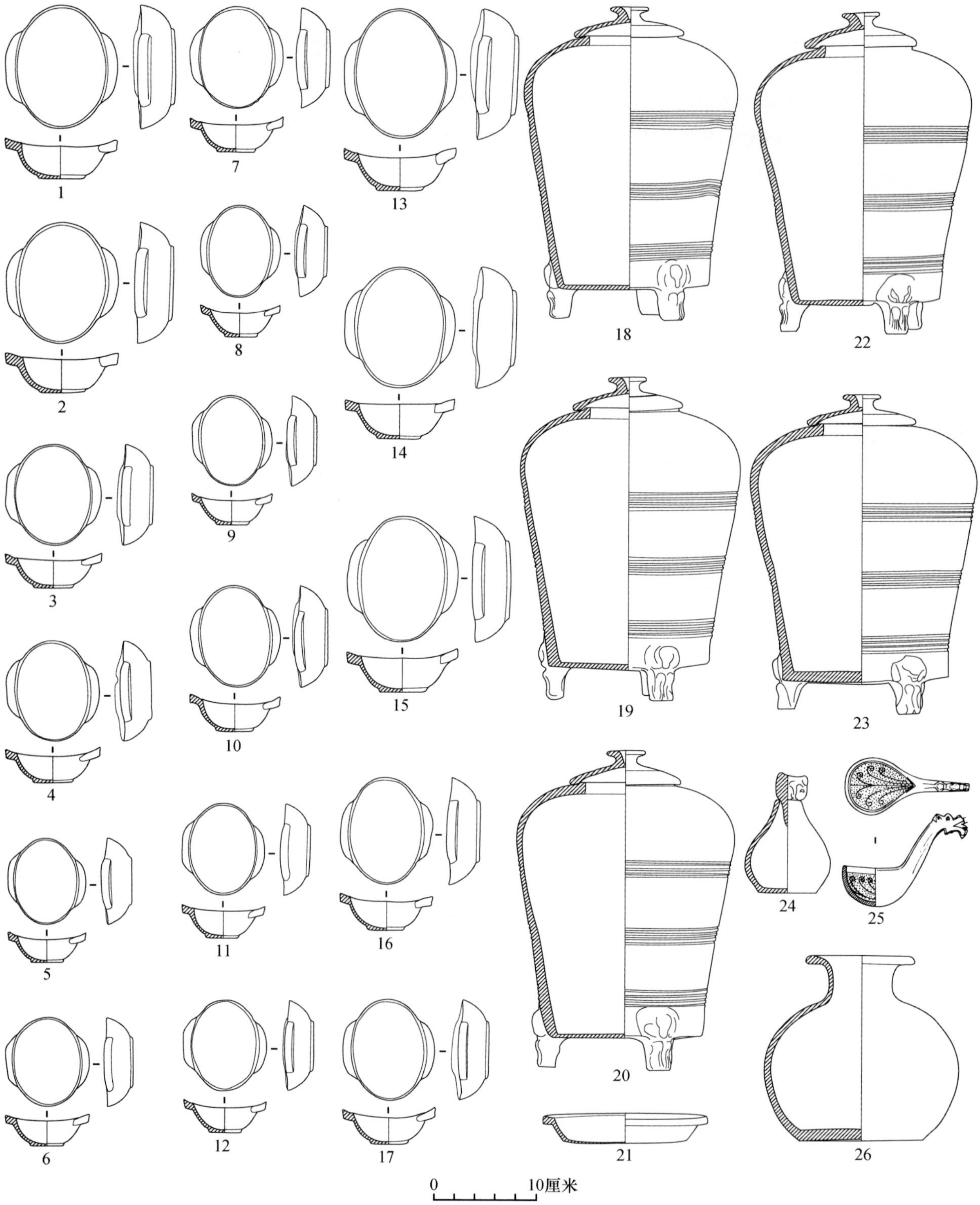

图4-1-274B　AM72出土陶器

1～17. 耳杯（AM72：21～24、30、41、27～29、25、31、32、45、44、43、42、26）　18～20、22、23. 仓（AM72：33～37）　21. 盘（AM72：46）　24. 鸮形小壶（AM72：38）　25. 勺（AM72：50）　26. 小罐（AM72：49）

在双墓道墓葬中，相同时期、相同墓道形式的墓葬有2座，分别为：双竖井式墓道墓葬1座，双斜长墓道并带台阶和天井墓葬1座。不同时期、有不同型式墓道墓葬6座，其中原为台阶携竖井式墓道、后改为斜坡带下滑式棺槽的墓葬3座；原为台阶携竖井式墓道、后改为斜坡式墓葬2座；原为斜坡带下滑式棺槽墓道、后改为斜坡式墓道墓葬1座。

双墓道墓葬数量较少，结构较为特殊，不再进行细分。

（一）2006HGA区T28M60（下文简称“AM60”）

AM60位于A区西北部的T28中部。叠压于第2层下，墓口距地表0.3、墓深5.1米。两个墓道一个向北，一个向东，墓向（以竖井中轴线为准）为15度左右。在墓道竖井处有一盗洞，墓室遭到严重盗扰。

由坟丘、墓道、封门、墓室、耳室组成（图4-1-275；图版二一三，1）。

坟丘：两处，均位于竖井南部，应是前厅和后室两处被盗扰后塌落所致。北端坟丘平面近椭圆形，长径4.5、短径4、深约1米；南端坟丘略呈圆形，长径2.3、短径2、深约1米。坟丘堆积褐色土，间杂黄土、红土颗粒。

墓道：两条。墓道1台阶墓道位于竖井北部左侧，向左侧斜37度，口部平面长5.06～5.6、口宽0.62～0.64、底面宽0.52～0.6米。现存十四级台阶，台阶面宽0.2～0.38、台高0.16～0.34米。墓道2台阶墓道位于竖井东北端，与竖井基本成直角，口部平面长5～5.04、宽0.52～0.6、底面宽0.6～0.66米。现存十四级台阶，台阶面宽0.1～0.32、台高0.22～0.38米。竖井部分呈南北向长方形，长2.9、宽1米。竖井底面为斜坡状，北端距墓口4.8米，南端底面与墓室底面平（图版二一四，1）。

封门：位于竖井南端，甬道券门外侧。青砖封门，由于盗扰严重，现存两层封门砖，为丁砖左、右对角分层斜放。在竖井南边缘处向两侧折出0.06～0.14米的封门砖槽。封门底面宽1.14米，因盗扰严重，高不详。

墓室：拱顶土洞砖券结构。平面呈南北向长方形，由前厅和后室组成，土洞通长5.98～6、洞高2.4米，前厅长3.16、宽2.14米。后室主要做棺床，为生土台铺砖结构，棺床长2.54～2.62、宽2.14米，生土台高于厅室底面0.04米。前厅、后室均为东北–西南向斜行错缝铺砖，后室棺床铺砖被盗扰，只保存几块，具体结构不明。墓室砖券两端被盗后塌落，现存中部少许拱券，拱券高2.4米，拱顶为丁砖错缝砌筑。

耳室：两个，位于墓室前厅北端左、右两侧。均呈拐角形，与墓室结合处为砖券结构。左耳室口宽1.04、南北向部分内边宽1.5、东西向部分内边宽1.04米，耳室南北长2.04～2.1、东西长2.4～2.56米，南北向洞高1.2、东西向洞高1.5米（图版二一四，3）。右耳室口宽1.04、南北向部分内边宽1.26、东西向部分内边宽1.2米，南北向长2.2～2.44、东西向长2.36～2.46米，南北向洞高1.28、东西向洞高1.5米（图版二一四，2）。

葬具与葬式：由于盗扰严重，葬具与人骨均不存，葬具、葬式均不明。

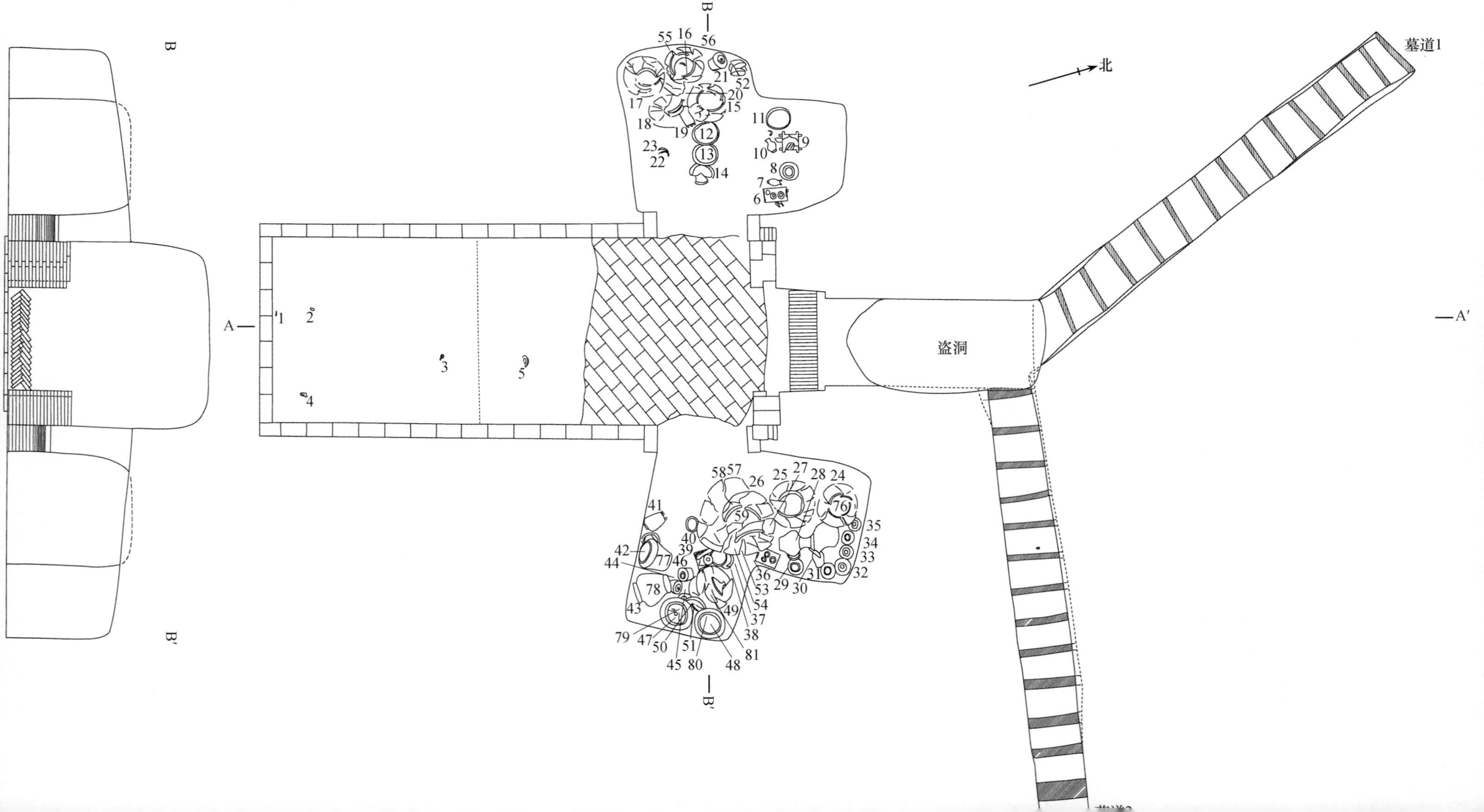

墓道1
北
盗洞
A
A′
B
B′

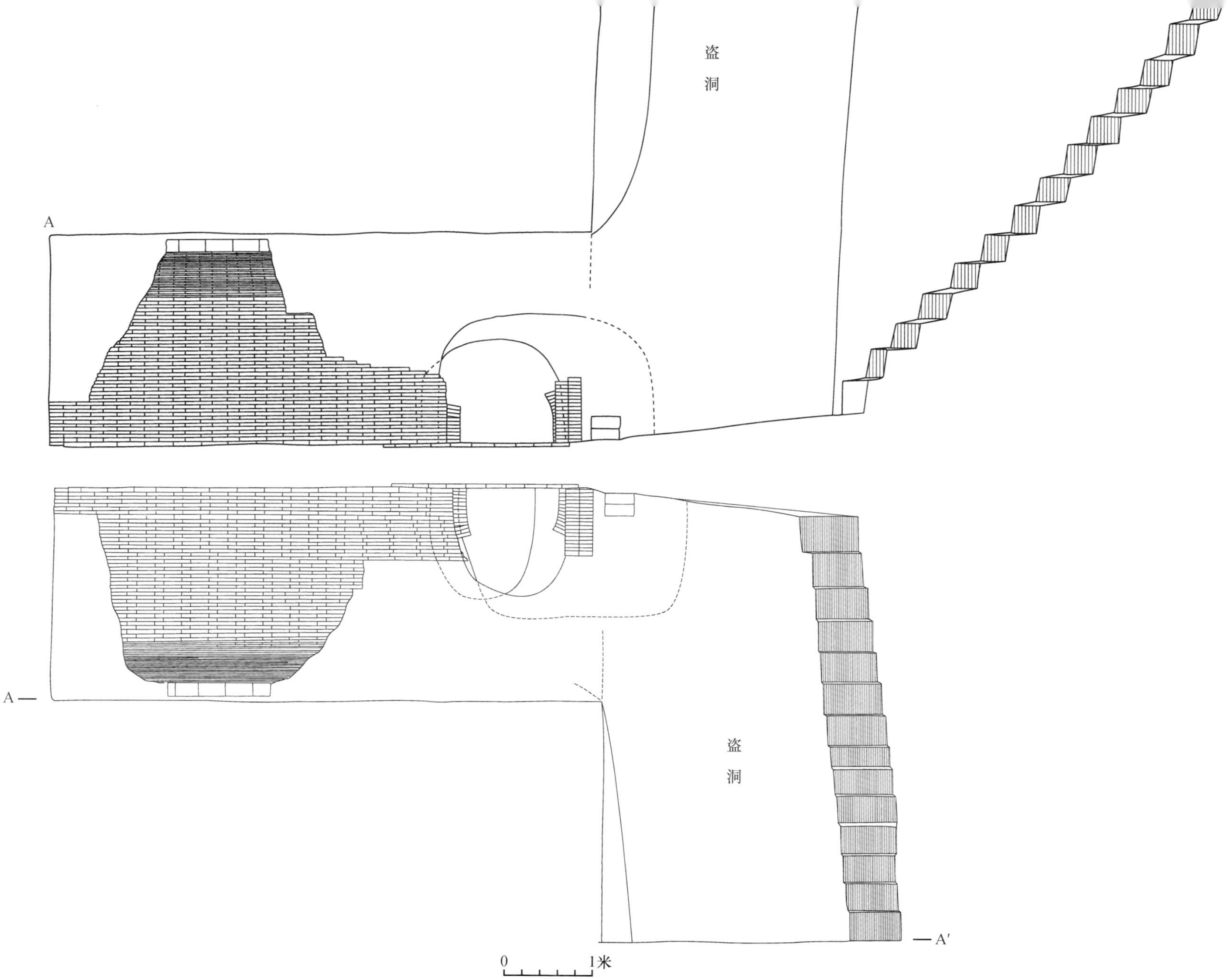

图4-1-275　AM60平、剖面图

1. 铜带钩　2. 铜镈　3. 铜钱（8枚）　4、5、57、58、62～69. 陶耳杯　6、36. 陶灶　7、53、54. 鸮形小陶壶　8、38. 陶鼎　9、39. 陶井　10. 小陶罐　11、40、70. 陶盘　12～14、55、56、71、72. 陶器盖　15、16、18、24、42、43、47～49. 陶罐　17. 彩绘陶罐　19～21、30～35、41、44～46、50～52、60、61. 陶仓　22、23. 铁钩　25、26、59. 陶瓮　27～29. 陶壶　37. 陶魁　73. 彩绘陶器盖　74. 陶魁柄　75. 陶案足　76～81. 陶饼形器（60～75出自盗土中，76～81分别出自24、42、43、47～49内）

出土遗物：81件（组），有陶器、铜器、钱币和铁器，计有陶鼎2件、壶3件、鸮形小壶3件、小罐1件、罐10件（其中1件有彩绘）、仓18件、井2件、灶2件、耳杯12件、魁2件（其中1件仅存柄）、瓮3件、盘3件、案1件（仅存案足）、器盖8件（其中1件有彩绘）、饼形器6件（图4-1-276A、276B、276C、276D；图版二一三，2），铜带钩1件、镈1件，铜钱1组8枚，铁钩2件。器物主要出土于左、右耳室内，扰土中出土的陶器可能原应在厅室内。其中，左耳室有罐4件、仓4件、鼎1件、井1件、灶1件、小罐1件、鸮形小壶1件、盘1件和器盖若干，应是一套完整的器物组合；右耳室出土有瓮3件、罐6件、壶3件、小壶1件、仓12件、鼎1件、魁1件、耳杯2件、井1件、灶1件、盘1件、鸮形小壶2件，应是一套数量最多的完整器物组合；还有部分陶器出土于厅室或盗土中，主要是耳杯和部分仓、器盖。随葬陶器应是两套器物组合。

该墓出土的6件陶饼形器，出土时分别盛在6件陶罐内，用途不详。

AM60的年代应属新莽至东汉初年。

（二）2006HGB区T18M44（下文简称“BM44”）

BM44位于B区东南隅的T18西南角。叠压于第2层下，墓口距地表0.4、墓深3.8米。双墓道均向北，方向15度左右。在墓道1的尾端、靠近封门处有一盗洞，墓室遭到严重盗扰。

由墓道、封门、墓室组成（图4-1-277；图版二一五，1）。

墓道：双竖井式墓道。墓道1位于墓室北侧中部偏西，平面呈南北向长方形，口部长2.3、宽0.82～0.86米，底平面长2.38、宽0.86～0.9米。底面略呈斜坡状，北端深3.4米，南端与墓室底面平。在墓道北端两侧壁面有一组脚窝，西侧五个，东侧六个，脚窝略斜错，较对称设置，脚窝长0.22～0.26、宽0.14～0.16、进深0.14～0.14米，间距0.24～0.56米。墓道2位于墓室北端右侧，尾端与墓道1相距0.6米，前端与墓道1相距0.7米。平面呈南北向长方形，口部长2.32、宽0.62米，底平面长2.28、宽0.68～0.8米。底面略呈斜坡状，北端深3.4米，南端与墓室底平。在墓道北端两侧壁面有一组脚窝，每侧六个，脚窝基本垂直，平行相对设置，脚窝长0.2～0.3、宽0.14～0.24、进深0.14～0.16米，间距0.26～0.5米。

封门：两个墓道均为青砖封门，由于盗扰严重，封门砖墙被破坏严重，具体结构不详。墓道1底面仅保留一块平铺丁砖；墓道2内保留两排丁砖，内侧一排为整砖，外侧一排为残砖。

墓室：拱顶土洞结构。平面原为长方形，后由于墓道2的营建，墓室东北角处有明显的二次营建现象，主墓室长3.8～3.96、北端宽2.74米（含二次营造时加建宽度）、南端宽1.5、洞高1.6米。壁面较垂直，底面平整规则，墓底无铺砖。

葬具：位于墓室南半部。木棺两副，朽蚀严重，仅存朽痕。棺1位于右侧，长1.88、宽0.34～0.54米。棺2位于左侧，长1.9、宽0.4～0.54米。

葬式：人骨架两具，保存完整，骨质一般。墓主均为一次葬，仰身直肢，头向北，面向西。棺1内墓主倾向为男性，成年人，身高1.65米。棺2内墓主倾向为女性，成年人，身高1.58米。颈部有铜钱1枚。应为夫妇合葬。

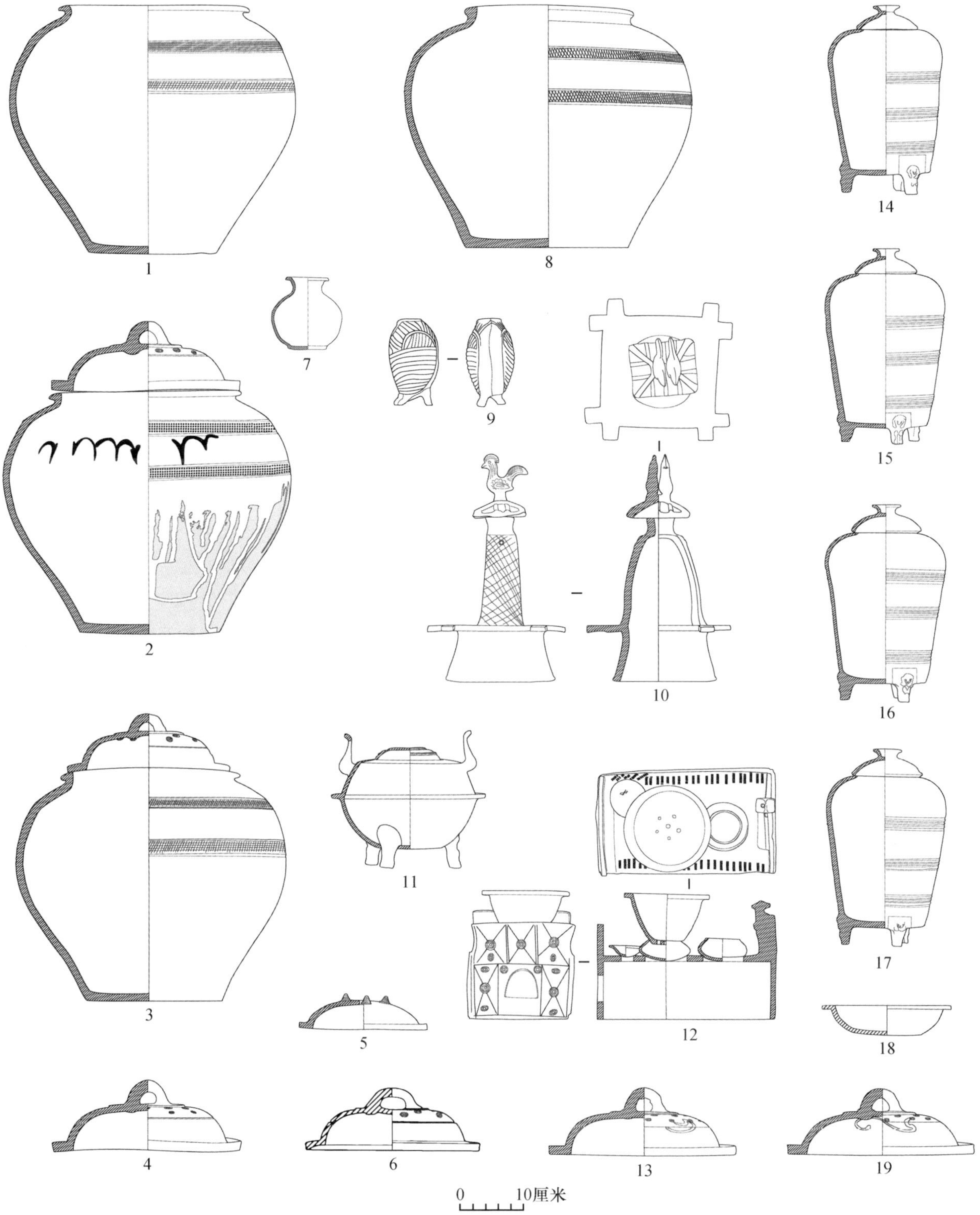

图4-1-276A　AM60左耳室出土陶器

1、3、8. 罐（AM60：18、16、15）　2. 彩绘罐（AM60：17）　4～6、13、19. 器盖（AM60：12、55、56、13、14）
7. 小罐（AM60：10）　9. 鸮形小壶（AM60：7）　10. 井（AM60：9）　11. 鼎（AM60：8）　12. 灶（AM60：6）
14～17. 仓（AM60：19、52、21、20）　18. 盘（AM60：11）

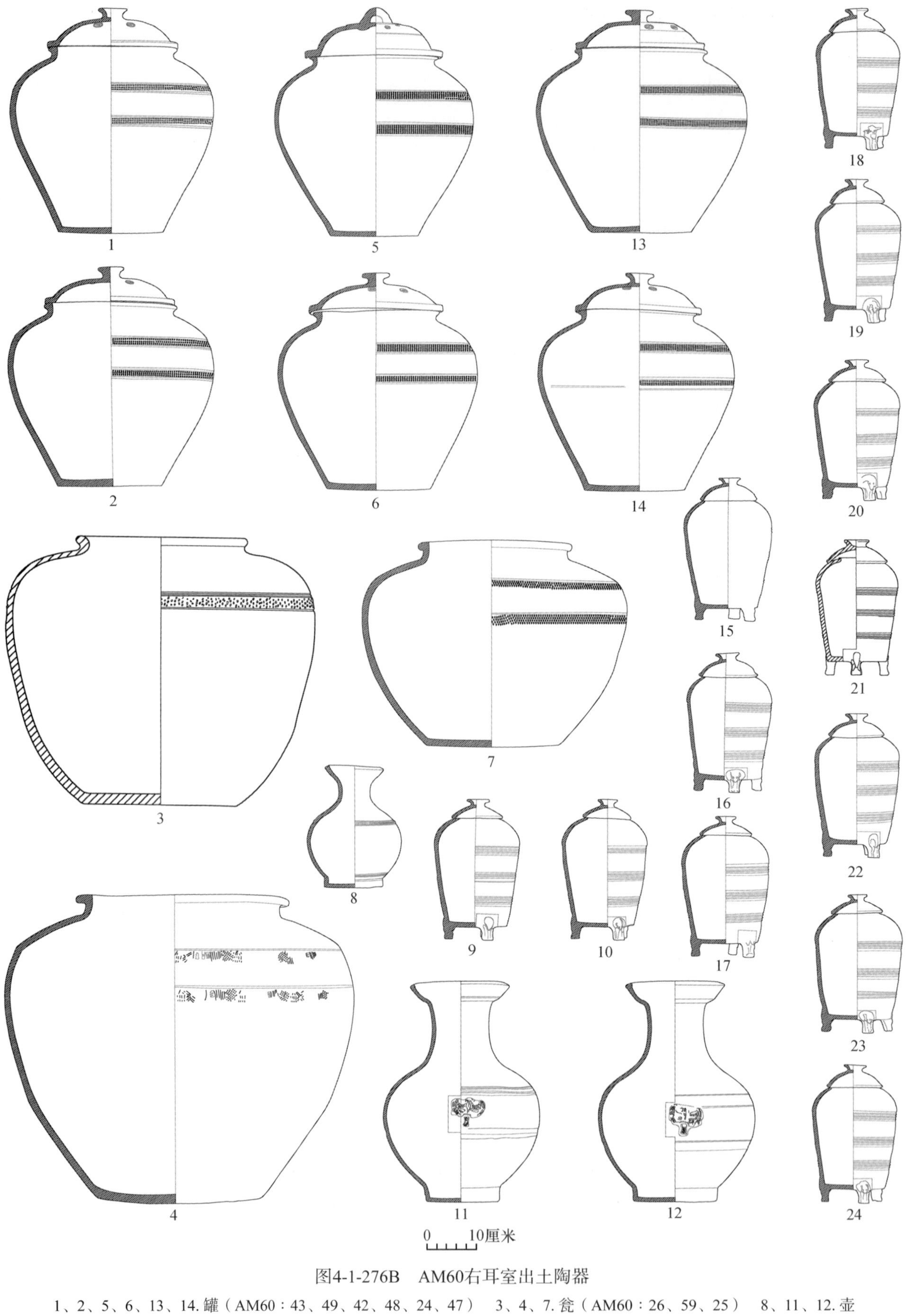

图4-1-276B　AM60右耳室出土陶器

1、2、5、6、13、14.罐（AM60：43、49、42、48、24、47）　3、4、7.瓮（AM60：26、59、25）　8、11、12.壶（AM60：29、27、28）　9、10、15～24.仓（AM60：31、30、41、34、33、46、35、51、50、45、44、32）

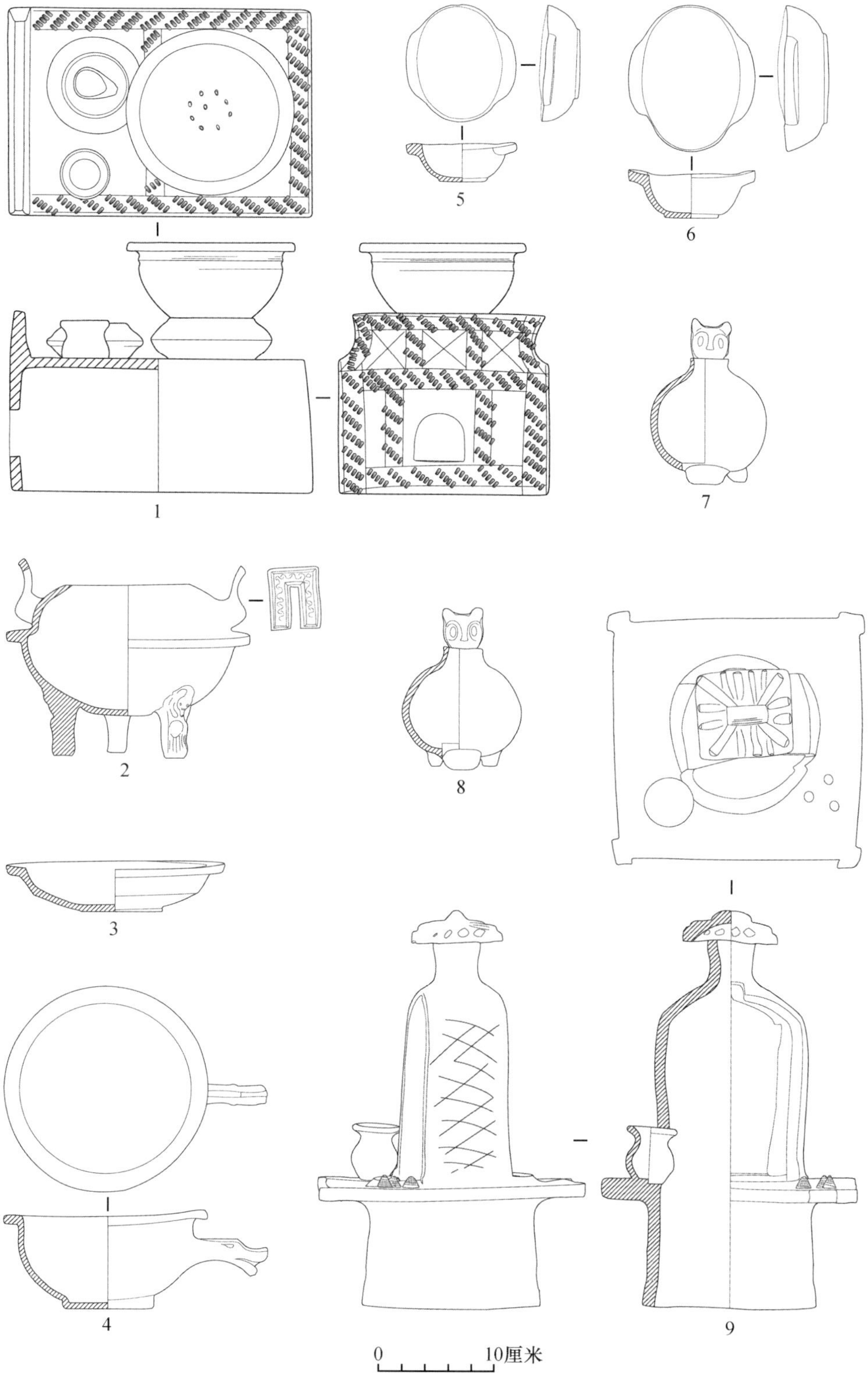

图4-1-276C　AM60右耳室出土陶器

1. 灶（AM60∶36）　2. 鼎（AM60∶38）　3. 盘（AM60∶40）　4. 魁（AM60∶37）　5、6. 耳杯（AM60∶57、58）　7、8. 鸮形小壶（AM60∶53、54）　9. 井（AM60∶39）

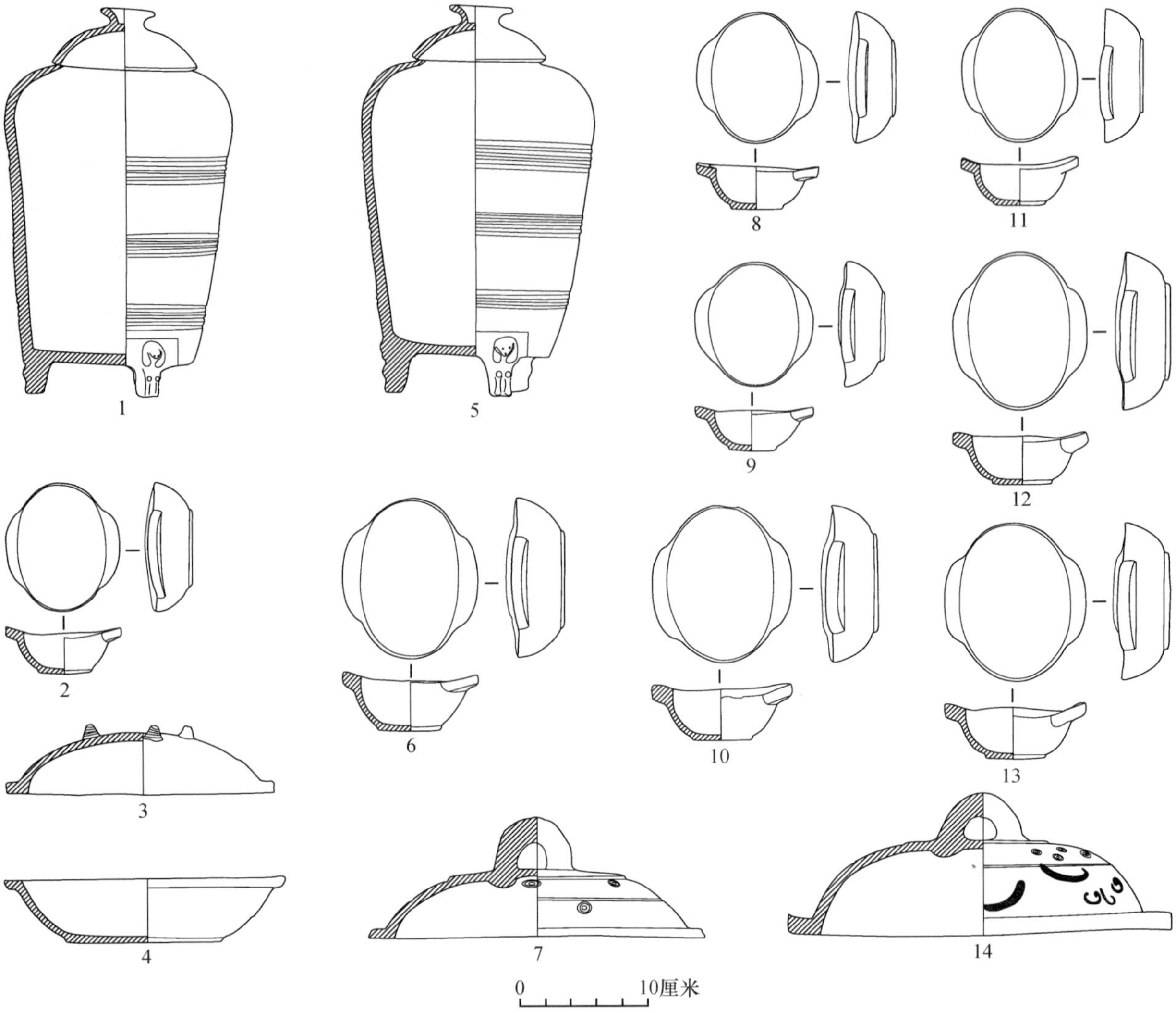

图4-1-276D　AM60盗土出土陶器

1、5. 仓（AM60：60、61）　2、6、8～13. 耳杯（AM60：66、69、62、65、68、63、64、67）　3、7. 器盖（AM60：71、72）　4. 盘（AM60：70）　14. 彩绘器盖（AM60：73）

出土遗物：2件，计有陶盆1件（图4-1-278；图版二一五，2）、铜钱1枚，陶盆位于棺室前中部。由于盗扰严重，器物组合不明，当然也不排除仅随葬1件陶盆的可能。

BM44的年代应为新莽至东汉初年。

（三）2006HGA区T12M21（下文简称“AM21”）

AM21位于A区东南部的T12南部。叠压于第2层下，墓口距地表0.3、墓深4.76米。墓道向北，方向15度。在前厅东侧有一早期盗洞，墓室遭到严重盗扰。从盗洞出土的2件宋代白瓷碗判断，此墓很可能早在宋代就已被盗掘。

由墓道、封门、甬道、墓室、耳室组成（图4-1-279；图版二一六，1）。

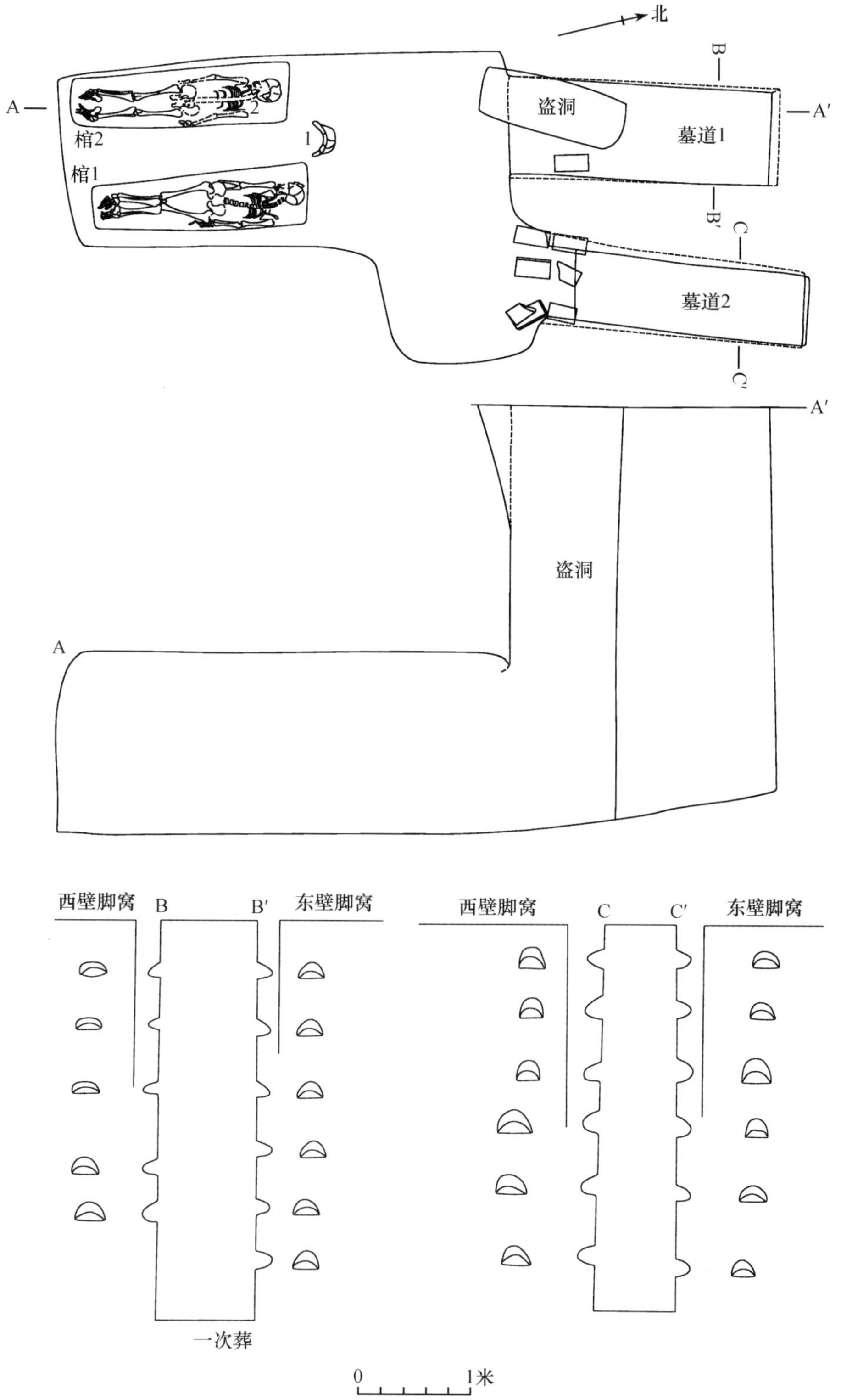

图4-1-277　BM44平、剖面图

1. 陶盆　2. 铜钱

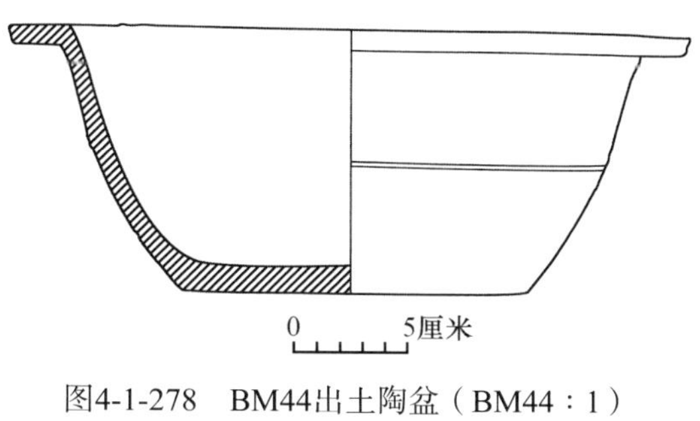

图4-1-278　BM44出土陶盆（BM44：1）

图4-1-279

1、2、4、8、9、26、27、31、32. 陶壶　3.瓮　5、33～40、42、79. 陶罐　6、15、18、24. 涂朱陶樽　7、41. 涂
23、30. 铜镜　28、50. 陶井　29、51. 陶灶　43、91. 铁戟　44～49. 涂朱长方形陶盒　52. 陶圈　53～57. 陶
78. 陶魁　89、90. 铁矛　92、93. 铜弩机　94. 陶勺　95. 陶樽　96. 铜钗　97～

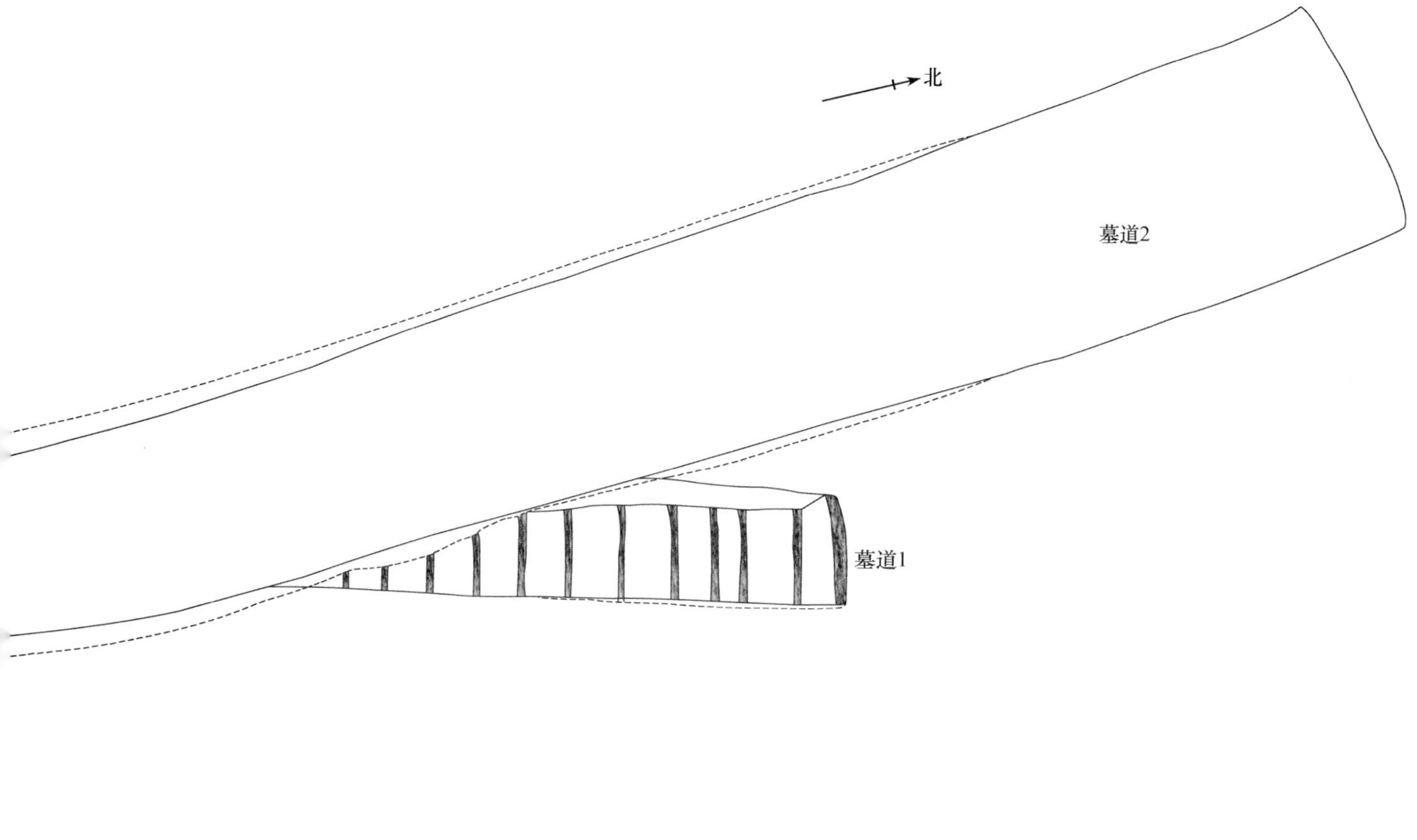

AM21平面图

朱陶案 10～12. 圆形陶盒 13、22、25、74～77、80～88. 陶耳杯 14、16、17、19、20. 涂朱陶盘 21. 陶熏炉
金 58. 铜当卢 59～61、67、72. 铜镈 62～65、69、70. 铜盖弓帽 66、68. 铜軎 71. 铜衔镳 73. 铜鞘首饰
9. 狗骨 100、101. 瓷碗 102. 铜钱（2枚）（1、2、96、100～102出自盗土中）

墓道：双墓道。墓道1为直长墓道，带台阶和竖井。墓道2为斜长墓道，在斜坡墓道的两侧壁面上设下滑式进棺槽。墓道1现仅存北端台阶墓道部分，竖井部分已被墓道2完全打破。墓道1残长3.7、口宽0.74、底面宽0.64米。现存十二级台阶，台阶面宽0.14～0.34、台高0.16～0.2米。墓道2位于墓室北侧中部，斜向左前方，口部平面长12.4米，前端设长方形置棺槽，宽1.6米，尾端较窄，宽约0.92米。底面为斜坡状，坡度25度。沿墓道底部两侧壁面设下滑式进棺槽，槽宽1.46～1.5、高1.1米。

封门：位于墓道南端，甬道券门外侧。双层封门，外侧为青砖封门，内侧为木板门。木板门已朽尽，仅余两边木板印痕，木板残宽0.2、厚0.16、高1.24米（图版二一六，2、3）。木门结构和木板数量不明。外侧封门砖共十四层，均为丁砖左、右对角分层斜放，上部五层为前后交错摆放，层与层中间两侧边为侧放丁砖。封门砖墙底面宽1.5、上部宽0.8、高1.96米。

甬道：两处，分别位于墓室北侧中部和前厅与后室之间，均为土洞砖券结构。由于盗扰严重，甬券皆已塌落，仅保存底部直墙，底平面为长方形。第一处为封门进入前厅的通道，券门洞底面宽1.32、进深0.9、高1.24米。底面为由前堂底面延伸过来的铺砖。第二处为由前堂通往后室的通道，现仅存直墙部分，底面宽0.96、进深0.34米。

墓室：拱顶土洞砖券结构，由前厅、后室组成。前厅平面呈东西向长方形，土洞横长12.1、宽2.5米。因前厅土洞较长，营建砖券厅堂时西侧收缩了3米，因此使得砖券厅室的东西长度较原土洞短了许多，前厅内长8.36、宽2.1～2.2、券高2.7米。前厅右侧底面有铺砖，作为墓内供台，供台东西长3.06、高于厅室底面0.08米。前厅墙为丁砖错缝平砌，起券时为两丁错缝砌筑，前厅底面为东南–西北向斜行错缝铺砖；供台面有两种铺砖方式，沿内一排为顺砖平铺，其余为东北–西南向斜行错缝平铺，台沿为一排平铺丁砖，共两层。

后室平面呈南北长方形，主要作棺床，为生土台铺砖结构，土洞通长3.8、宽2.2、洞高2.8米，砖室内长3.34、宽1.9米，棺床生土台高于厅室底面0.2米。棺床上内侧铺砖为顺砖错缝平铺，外侧为碎砖无规律平铺（图版二一七，3）。砖墙为丁砖错缝平砌，起券时为两丁错缝砌筑，前厅左、右山墙与后室后墙均在拱券外侧，为单立墙。

耳室：位于厅室墓门以东的北侧壁上，沿供台西边缘向北。拱顶土洞结构，入口处为砖拱券，拱券已被盗扰，现仅存少许直墙。平面不甚规则，进入耳室后向右侧扩出0.34米宽，口宽0.7、内边宽1.04、进深1.9、洞高0.98～1.26米（图版二一七，2）。

葬具与葬式：由于盗扰严重，棺和人骨架均不存，葬具和葬式均不明。但据后室和厅室左侧各出土1面铜镜推测至少有两副棺。虽然厅室左侧有1面铜镜，但厅室左侧地面有大量动物骨骼，还有陶熏炉、樽和耳杯等供器（图版二一七，1），推断厅室左侧不应作侧室使用，出土铜镜很可能是由后室被盗扰至此。如此则两棺原都应在后室内。

出土遗物：100件（组），有陶器、铜镜、铜器、钱币、铁器和动物骨头，计有陶壶9件、瓮1件、罐11件、仓5件、井2件、灶2件、圈1件、熏炉1件、樽5件（其中4件内壁涂朱）、耳杯16件（其中7件内壁涂朱）、圆形盒2件、长方形彩绘盒6件（内壁涂朱）、魁1件、涂朱案2件、涂朱盘5件、勺1件（图4-1-280A、280B、280C、280D；图版二一六，4），铜镜2面，

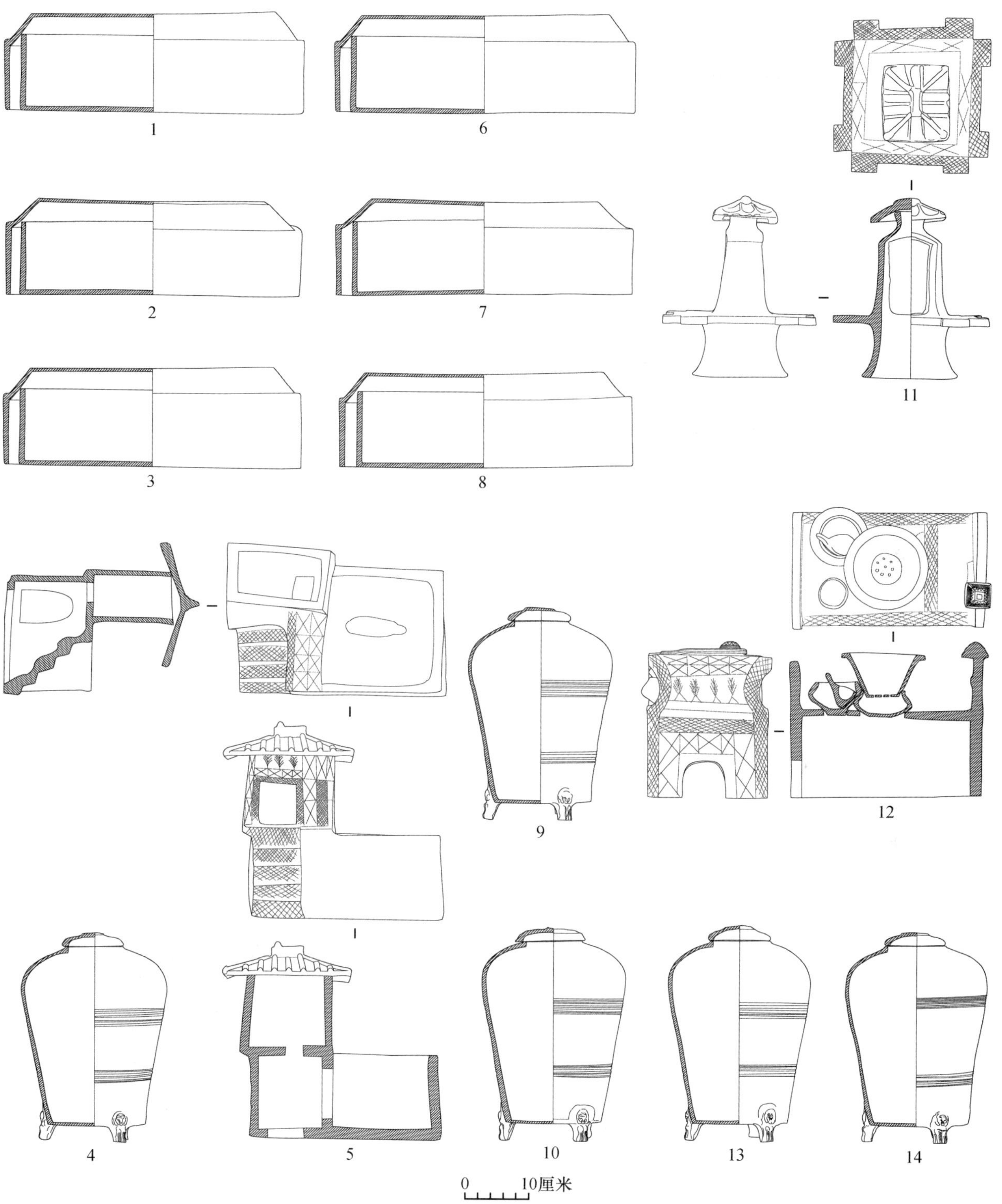

图4-1-280A　AM21耳室出土陶器

1～3、6～8. 长方形涂朱盒（AM21：44～49）　4、9、10、13、14. 仓（AM21：57、53～56）　5. 圈（AM21：52）
11. 井（AM21：50）　12. 灶（AM21：51）

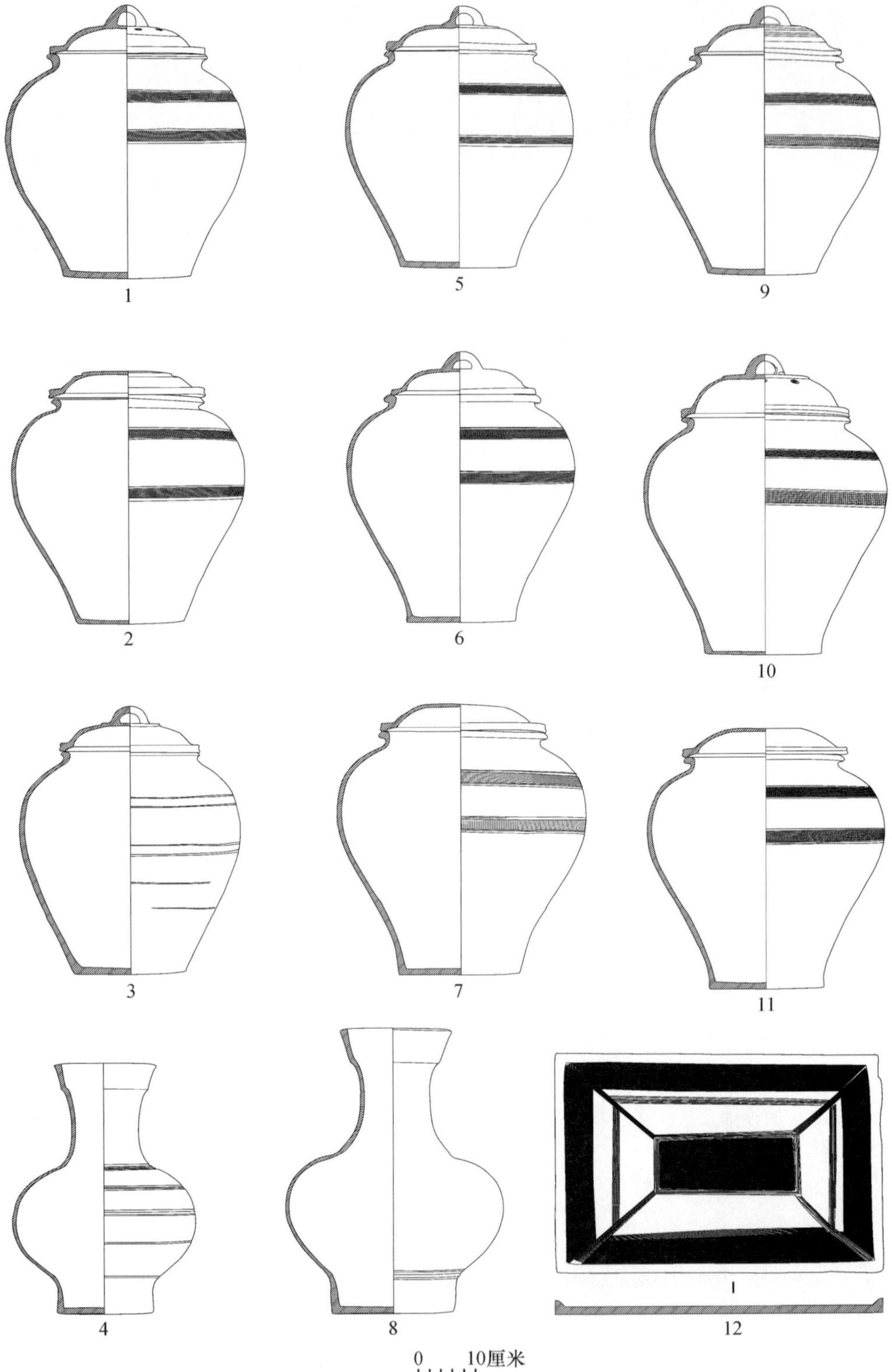

图4-1-280B　AM21厅室出土陶器

1～3、5～7、9～11. 罐（AM21：36、33、37、35、40、39、34、42、38）　4、8. 壶（AM21：31、32）

12. 涂朱案（AM21：41）

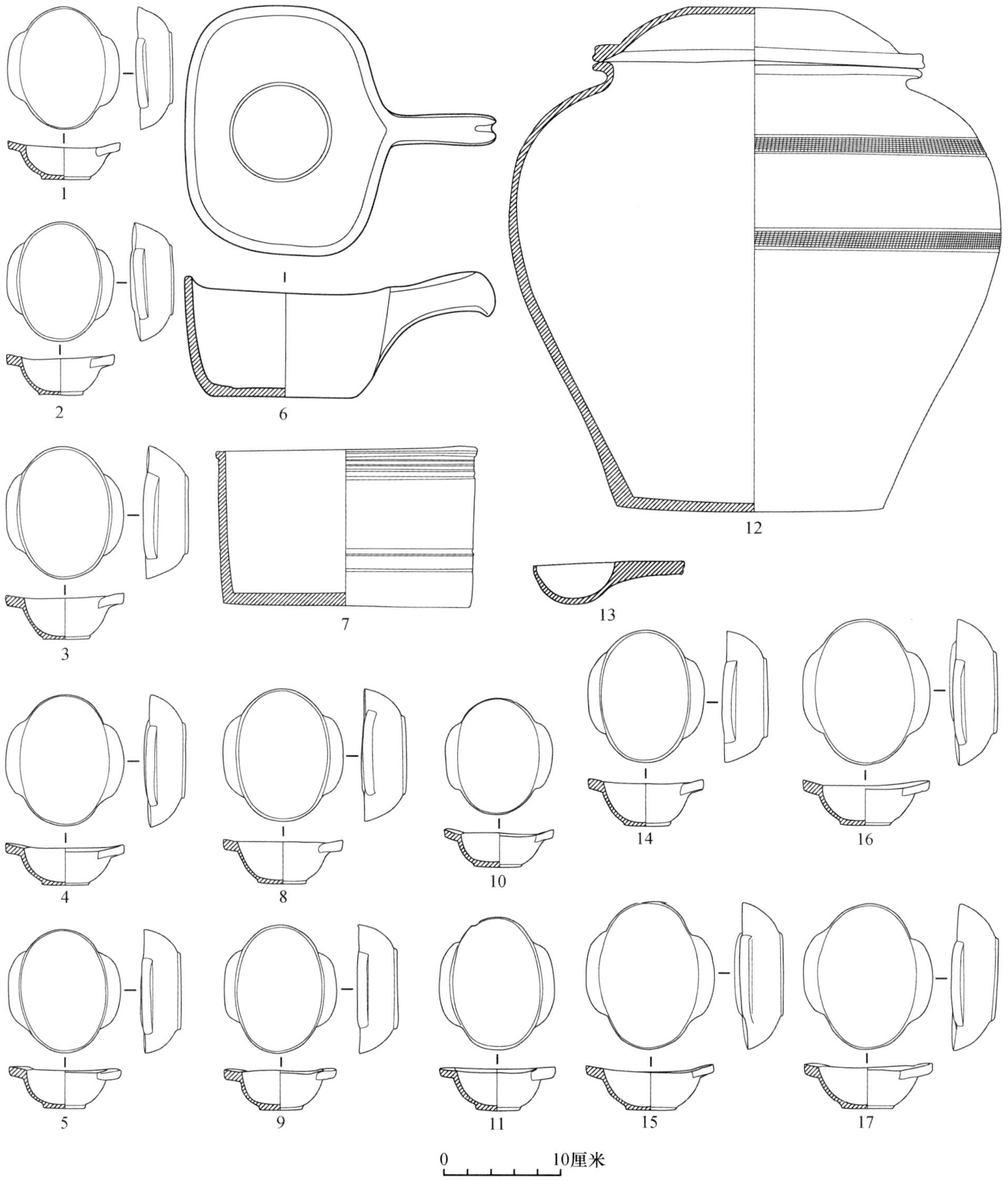

图4-1-280C　AM21厅室出土陶器

1～5、8～11、14～17. 耳杯（AM21：74、80、82、87、86、84、77、75、76、83、85、88、81）　6. 魁（AM21：78）　7. 樽（AM21：95）　12. 瓮（AM21：79）　13. 勺（AM21：94）

图4-1-280D AM21厅室和棺床出土陶器

1～3、5～7、15. 壶（AM21：1、2、4、9、26、8、27） 4、8、16、17. 樽（AM21：6、18、24、15） 9～13. 盘（AM21：16、14、20、19、17） 14. 熏炉（AM21：21） 18. 案（AM21：7） 19～21. 耳杯（AM21：13、25、22） 22. 灶（AM21：29） 23. 罐（AM21：5） 24、25. 圆形盒（AM21：11、12） 26. 井（AM21：28）

铜弩机2件、鞘首饰1件、当卢1件、衔镳1件、軎2件、盖弓帽6件、镈5件、轪1件，铜钱1组2枚，铁戟2件、矛2件，狗骨3件。器物主要出土于前厅东侧供台上和耳室内，其中前厅东侧放置10余件罐、3件壶、1件案、2件樽以及数量众多、形式多样的盘和器盖，不少器物似被扰动，位置有变动，有些陶器被盗扰者打碎。耳室内有仓5件、灶1件、圈1件、井1件、彩绘长方形盒6件以及大量铜兵器、铁兵器和构件等。在前厅左侧放置动物骨头，能明确判明种属的有3只狗，此外还有陶樽、熏炉和耳杯等。后室中还有4件陶壶，可能为墓室进水漂移所致，也不排除与盗墓扰动有关。随葬陶器为两套器物组合。

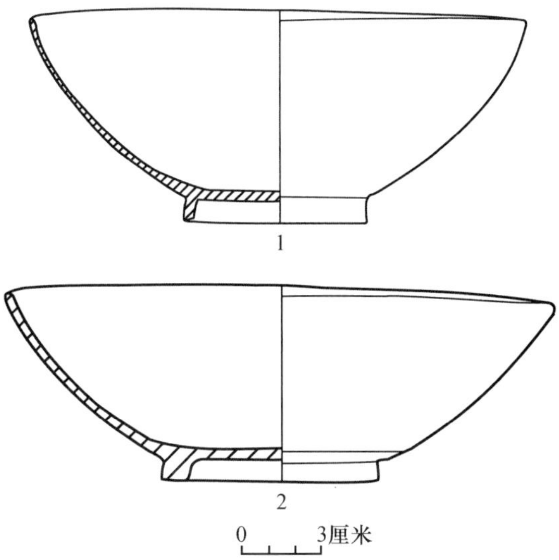

图4-1-280E　AM21盗洞出土晚期瓷器
1、2. 瓷碗（AM21：100、101）

另有2件白瓷碗出土于盗洞中（图4-1-280E），时代应属于宋代。

AM21是东汉晚期规模最大的砖室墓，但因盗扰严重，相关丧葬礼俗不得而知。单从墓葬结构和现存随葬器物来看，墓主生前应有着较高的社会地位且可能习武：首先是墓室使用了规模较大的横前厅布局和双重券道，且整体为砖室拱券结构；其次是供台上随葬有成套的铜车马饰和铜构件，耳室内放置铁戟、铁矛和铜弩机等大量兵器；另外墓中涂朱和彩绘陶器数量较多。

AM21的年代应属东汉中期。

（四）2006HGA区T12M27（下文简称“AM27”）

AM27位于A区东南部的T12北部。叠压于第2层下，坟丘堆积局部被AM25墓道打破，墓口距地表0.3、墓深4.76米。墓道向北，方向15度。在墓室顶部有一盗洞，墓室遭到严重盗扰。

由坟丘、墓道、封门、甬道、墓室组成（图4-1-281；图版二一五，3）。

坟丘：塌落坟丘堆积位于墓室上部。平面近椭圆形，长径4.6、短径2、深1.1米。坟丘堆积黄花土，间杂黑褐土颗粒，显然为挖墓室土洞时掏出的生土直接堆筑而成。

墓道：双墓道。墓道1被墓道2打破，大部分被破坏，仅存部分台阶和竖井。墓道1为斜长墓道，带台阶和竖井，台阶部分位于竖井北端，并斜向左前方，残长2.7、口残宽0.84米。现存八级台阶，台阶面宽0.16～0.3、台高0.14～0.28米，竖井部分存长2.7、宽0.9米。墓道2位于墓室北侧中部，斜向左前方，为斜直长斜坡式，底部两侧壁面设下滑式进棺槽，平面长8.7、宽0.8～1.08米，进棺槽宽1.04～1.1、高0.84～1.1米。底面为斜坡状，坡度27度。斜坡面上有十七个脚窝，脚窝长0.24～0.46、宽0.14～0.24、进深0.1～0.14米。

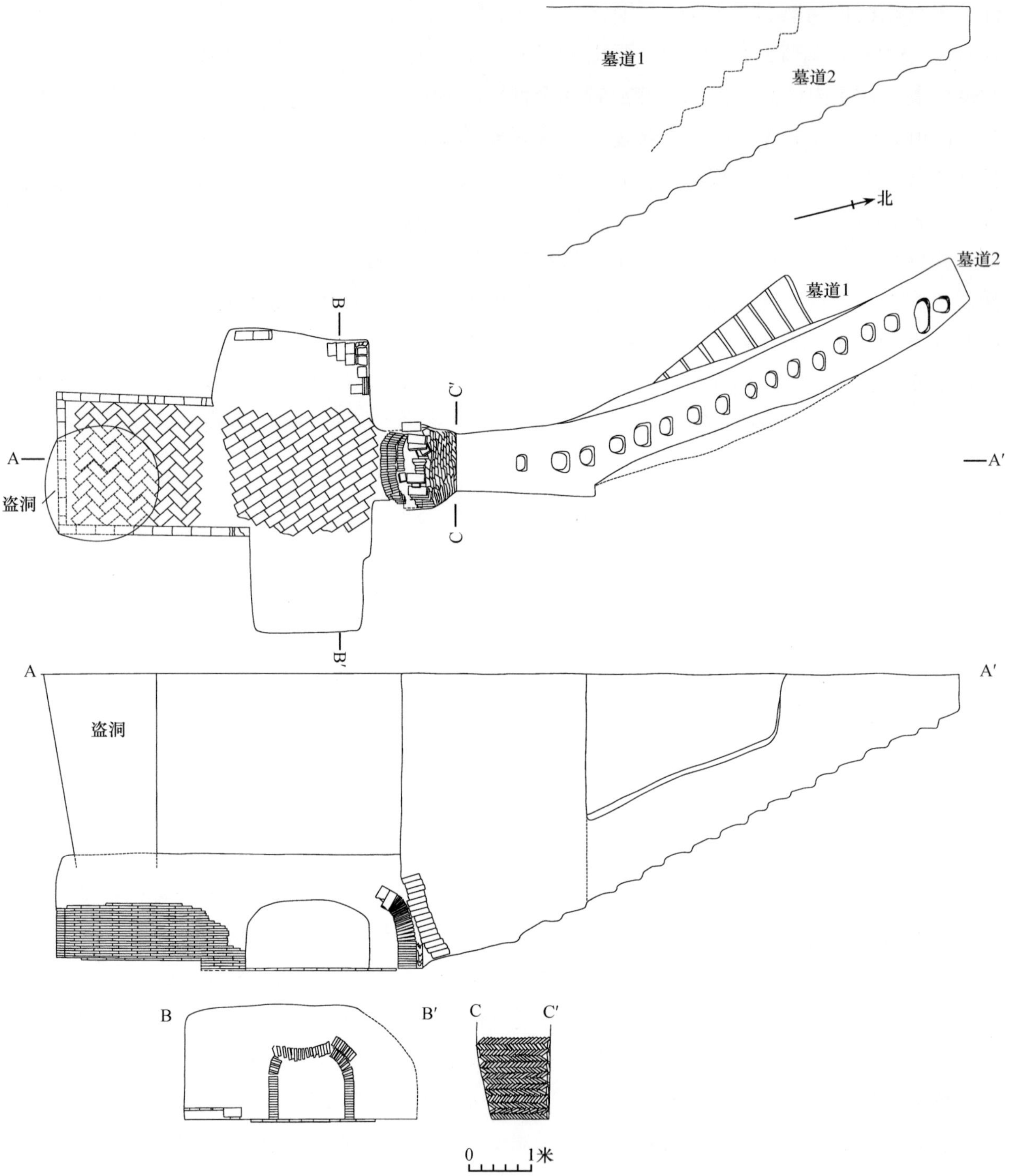

图4-1-281　AM27平、剖面图

1. 铁锸　2. 铜钱（43枚）　3. 长方形石器　4. 铁刀　5、10. 铁钩　6. 铁棺钉（7件）　7. 铜带钩　8. 铜铺首　9、11. 铜钱　12. 陶壶　13、14. 陶器盖　15. 陶樽　16. 陶盒　17、18. 陶耳杯（1出自墓道填土中，2～18出自盗土中）

封门：位于墓道南端，甬道券门外侧。双层封门，外侧为砖封门，内侧为木门。由于盗扰严重，木门形制和木板数量不详，仅存两边框朽痕，厚0.1、存高0.4米。外侧封门砖共十四层，多数为丁砖左、右对角分层斜放，偶有前后交错摆放。封门砖墙底面宽0.9、上部宽1.14、高1.28米。

甬道：位于墓室北侧中部。土洞砖券结构，因盗扰甬券已部分塌落，外侧为双层砖券，内侧为土洞结构，其中第二层券砖只有拱顶而无直立墙。底平面为长方形，甬道券门洞底面宽1.08、进深0.76、高约1.2米。

墓室：拱顶土洞砖券结构，由前厅和后室组成。前厅为土洞结构，底平面为东西向长方形，土洞横长4.6～4.8、宽1.9～2.2、洞高1.86米。前厅内左侧为生土供台，供台横长0.88米，底面高于厅室底面0.14米。前厅右侧底面有朽木痕迹和白灰泥，可能此处曾有一棺，或是盗墓者把棺床上的木板移至此处所致。前厅底面中间为东南–西北向斜行错缝铺砖，供台面为顺砖错缝平铺，多为残砖，台沿砖为两层，下面为一排顺放丁砖，上面为一排侧放顺砖。

后室平面呈南北向长方形，土洞砖室结构，主要做棺床，为生土台铺砖结构，土洞长2.46～3、宽2.2、洞高1.7米，棺床长2.14、宽1.9～1.96米，棺床生土台高于厅室底面0.18米。棺床上为斜行"人"字形铺砖，床沿砖被盗扰。墓室砖墙存高1.1米。

出土遗物：18件（组），有陶器、铜器、钱币、铁器和石器，计有陶壶1件、樽1件、盒1件、耳杯2件、器盖2件（图4-1-282；图版二一五，4），铜带钩1件、铺首1件，铜钱3组45枚，铁刀1件、锸1件、钩2件、棺钉1组7件，长方形石器1件。陶器主要出土于盗土中，器物组合不明。随葬品中有1件铜铺首，为本次发掘汉墓出土遗物中唯一一件。

AM27的年代应属东汉中期。

（五）2006HGA区T12M24（下文简称"AM24"）

AM24位于A区东南部的T12西北部。叠压于第2层下，墓口距地表0.3、墓深4.54米。墓道均向北，方向约24度。在竖井近封门处和墓室顶部均发现盗洞，墓室遭到严重盗扰。

由坟丘、墓道、封门、甬道、墓室、耳室组成（图4-1-283；图版二一八，1）。

坟丘：塌落坟丘堆积位于竖井南部。平面近椭圆形，长径5.2、短径2.3、深1.6米。坟丘堆积褐色土，间杂黄土、红土颗粒。

墓道：双墓道。墓道1被墓道2打破，仅存第一级台阶部分和竖井。墓道1为直长墓道，带台阶和竖井，竖井部分口部长2.4、宽0.86米，台阶面宽0.36、高0.2米。墓道2为直长斜坡墓道，长8.7米，斜坡上部有置棺槽，置棺槽平面长1.6、宽1.02米，置棺槽以南部分墓道宽0.5米，底部两侧壁面设下滑式进棺槽，槽宽0.9、高0.8～1.4米。底面呈斜坡状，坡度约37度。斜坡面上有九级凹坑式台阶，台阶面长0.28～0.32、宽0.06～0.16、进深0.06～0.14米。

封门：位于竖井南端，甬道券门外侧。青砖封门，由于盗扰严重，现仅存三层封门砖，均

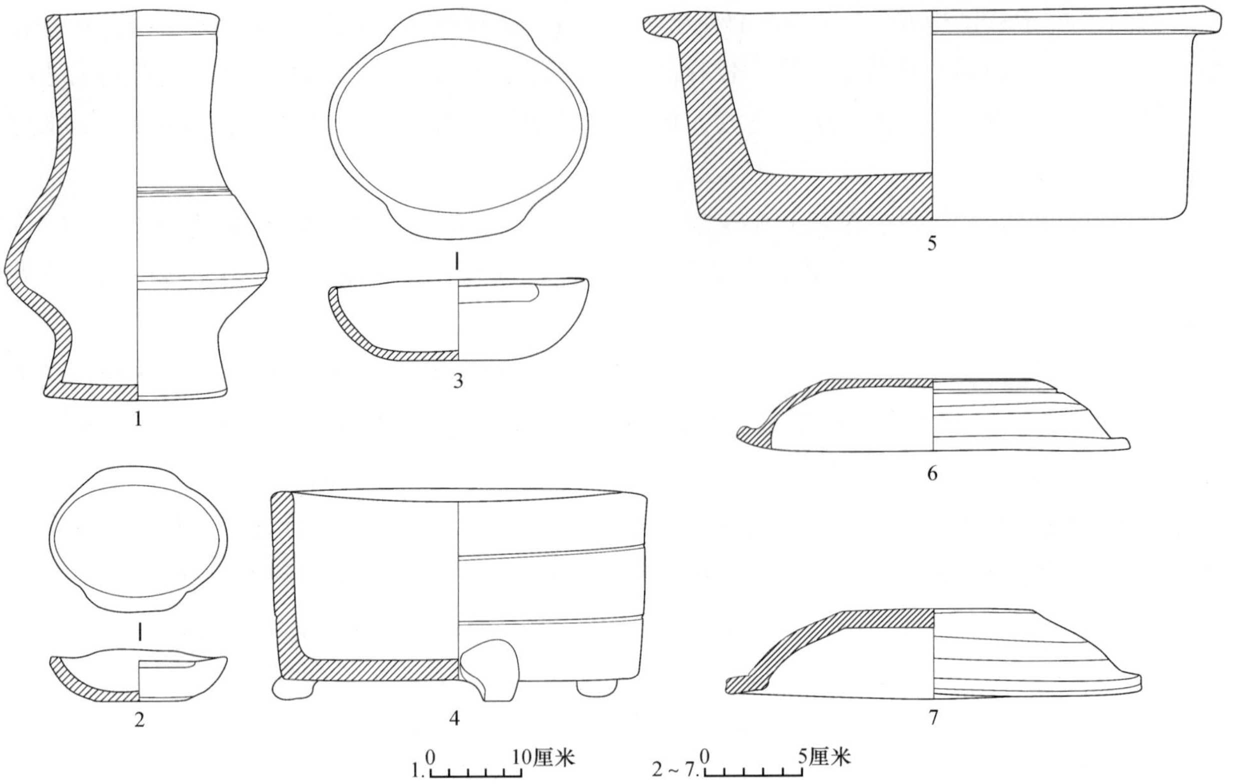

图4-1-282　AM27出土陶器

1. 壶（AM27：12）　2、3. 耳杯（AM27：17、18）　4. 樽（AM27：15）　5. 盒（AM27：16）　6、7. 器盖（AM27：14、13）

为丁砖左、右对角分层斜放，前后交错摆放。底面宽0.9、存高0.35～0.6米。

甬道：位于墓室北侧中部。拱顶土洞砖券结构，由于盗扰严重，券顶已经塌落，现仅存部分直墙部分。墙砖有两种砌筑方式：内侧为两丁两顺交替放置，外侧为两层侧放丁砖。底平面呈长方形，宽1.06、进深0.3、墙存高0.45～0.9米。

墓室：拱顶土洞结构。平面呈长方形，由前厅、供台和后室组成，土洞通长6、洞高2.16米。前厅略呈南北向长方形，长2.6、宽1.94米。供台位于前厅与后室之间，在厅室底面铺砖之上，东西长和棺床同，南北宽约0.9米，供台面高于厅室底面约0.14米。原应放置供器和供品，由于盗扰严重，供台结构不完整。后室平面呈南北向长方形，主要作棺床，为生土台铺砖结构，棺床长2.5、宽1.94米，生土台高于厅室底面0.15～0.2米。墓室内普遍铺砖，前厅为东南–西北向斜行错缝铺砖，铺砖延伸至供台下；供台内填熟土，台面为两排丁砖对缝平铺，台沿为一排侧放丁砖；后室棺床上为东南–西北向斜行错缝铺砖，床沿铺砖残存一排两块侧放丁砖（图版二一九，1）。

耳室：仅有右耳室，平面为圆角长方形，口宽1.06、内边宽0.9、进深1.26、洞高1.28米（图版二一九，3）。

葬具：木棺两副。棺1位于棺床右侧，长1.9、宽0.6～0.76米。底面铺青灰、白灰泥各一层。棺2位于棺床左侧，长1.94、宽0.58～0.6米。底面铺白灰泥一层。两棺均使用铁棺钉（图

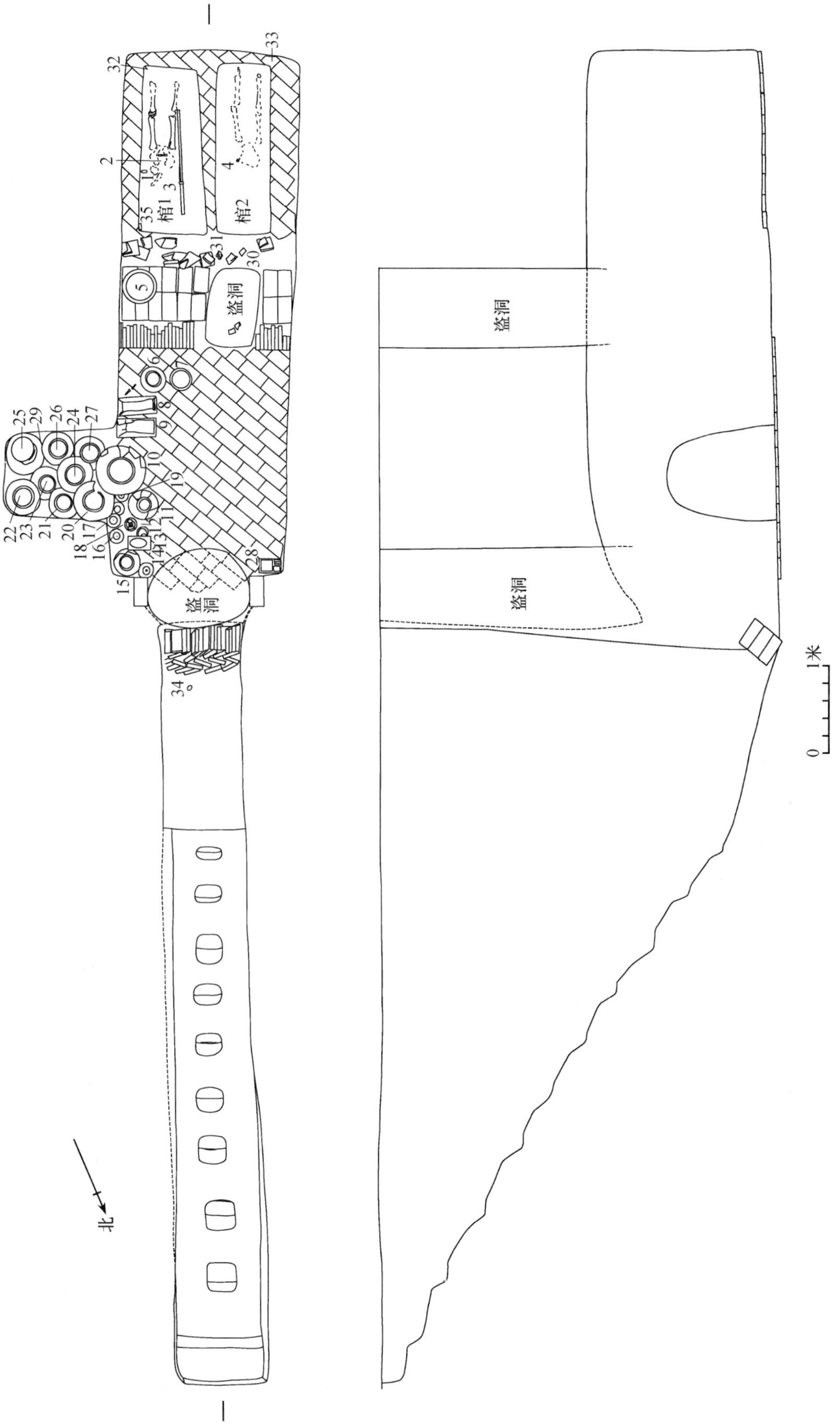

图4-1-283　AM24平、剖面图

1. 铜钱（16枚）　2. 铜带钩　3. 铁剑　4. 铜钱　5. 陶盆　6、15. 绿釉陶壶　7、34. 陶器盖　8、9. 绿釉长方形陶盒　10. 陶瓮　11. 陶壶　12. 陶井　13. 陶灶　14、16～19. 陶仓　20、22、25、26. 陶罐　21、23、24、27. 绿釉陶罐　28. 陶圈　29. 铁钩　30. 陶樽　31. 陶耳杯　32. 铁棺钉（7件）　33. 铁棺钉（2件）　35. 长方形石器（30、31出自盗土中）

版二一九，2）。

葬式：人骨架两具，均为一次葬，仰身直肢，头向北。棺1内墓主经鉴定为男性，年龄为40岁左右，身高约1.65米。墓主身体右侧有1把铁剑，尖向南，柄向北平放，左手握铜钱16枚，腰部有铜带钩1件，棺内东北角有长方形石器1件。棺2内墓主倾向为女性，成年人，身高约1.6米。由于盗扰，墓主髋骨以上部分遭不同程度的扰动。墓主腰部有铜钱1枚。应为夫妇合葬。

出土遗物：35件（组），有釉陶器、陶器、铜器、钱币、铁器和石器，计有绿釉陶壶2件、罐4件、盒2件，陶壶1件、罐4件、仓5件、井1件、灶1件、圈1件、樽1件、耳杯1件、盆1件、瓮1件、器盖2件（图4-1-284A、284B；图版二一八，2），铜带钩1件，铜钱2组17枚，铁剑1件、钩1件、棺钉2组9件，长方形石器1件。器物主要出土于耳室和前厅右侧，其中，耳室内出土有陶罐和绿釉陶罐各4件，耳室口有1件大陶瓮，厅室右侧有陶仓5件、壶1件、灶1件、井1件和绿釉陶壶2件、绿釉长方形盒2件，供台上有陶盆1件。随葬陶器应为一套器物组合。

AM24的年代应属东汉中期。

（六）2006HGA区T22M45（下文简称“AM45”）

AM45位于A区东南部的T22西南部。叠压于第2层下，墓口距地表0.3、墓深4.54米。墓道向南，方向193度。保存完整。

由坟丘、墓道、封门、甬道、墓室组成（图4-1-285；图版二二〇，1）。

坟丘：塌落坟丘堆积位于竖井北部。平面近圆角三角形，横长4.4、竖长4.2、深1.2米。坟丘堆积褐色土，间杂黄土、红土颗粒。

墓道：双墓道。墓道1被墓道2打破。墓道1为直长带台阶和竖井，现仅存前端第一至第四级台阶和竖井部分，台阶面宽0.18～0.2、台高0.14～0.16米。竖井部分口部平面呈南北长方形，长2、宽0.74～0.96米。墓道2为直长斜坡墓道，总长9.2米，斜坡前端有南北向长方形置棺槽，置棺槽平面长1.8、前端宽0.96米，墓道中部宽0.5米，墓道底部两侧壁面设下滑式进棺槽，槽宽0.98～1.1、高0.88～1.32米。底面为斜坡状，坡度32度。斜坡面上有十一级凹坑式台阶，台阶面长0.32～0.48、宽0.1～0.2、进深0.08～0.1米（图版二二〇，2）。

封门：位于竖井北端，甬道券门外侧。青砖封门，共十六层封门砖，顶部两层为顺砖错缝平铺，下部十四层为丁砖左、右对角分层斜放，偶有前后交错摆放。底面宽0.96、上部宽0.84、高1.7米。

甬道：两处，均为拱顶土洞砖券结构。第一处砖券位于封门内侧与厅室之间，为单层砖拱券顶结构，门洞底面宽1.02、进深0.92、高1.3米。底面为斜行错缝铺砖。第二处位于厅室与后室之间，由于墓室坍塌，砖拱券斜倒于厅室内，拱券层数不明，现存左侧墙为两丁两顺交替砌筑，右侧为一丁两顺平砌。底面宽0.98、进深0.3、存高1.1米。

墓室：拱顶土洞结构，由前厅和后室组成。前厅呈东西向长方形，东西长4.54～4.7、南北

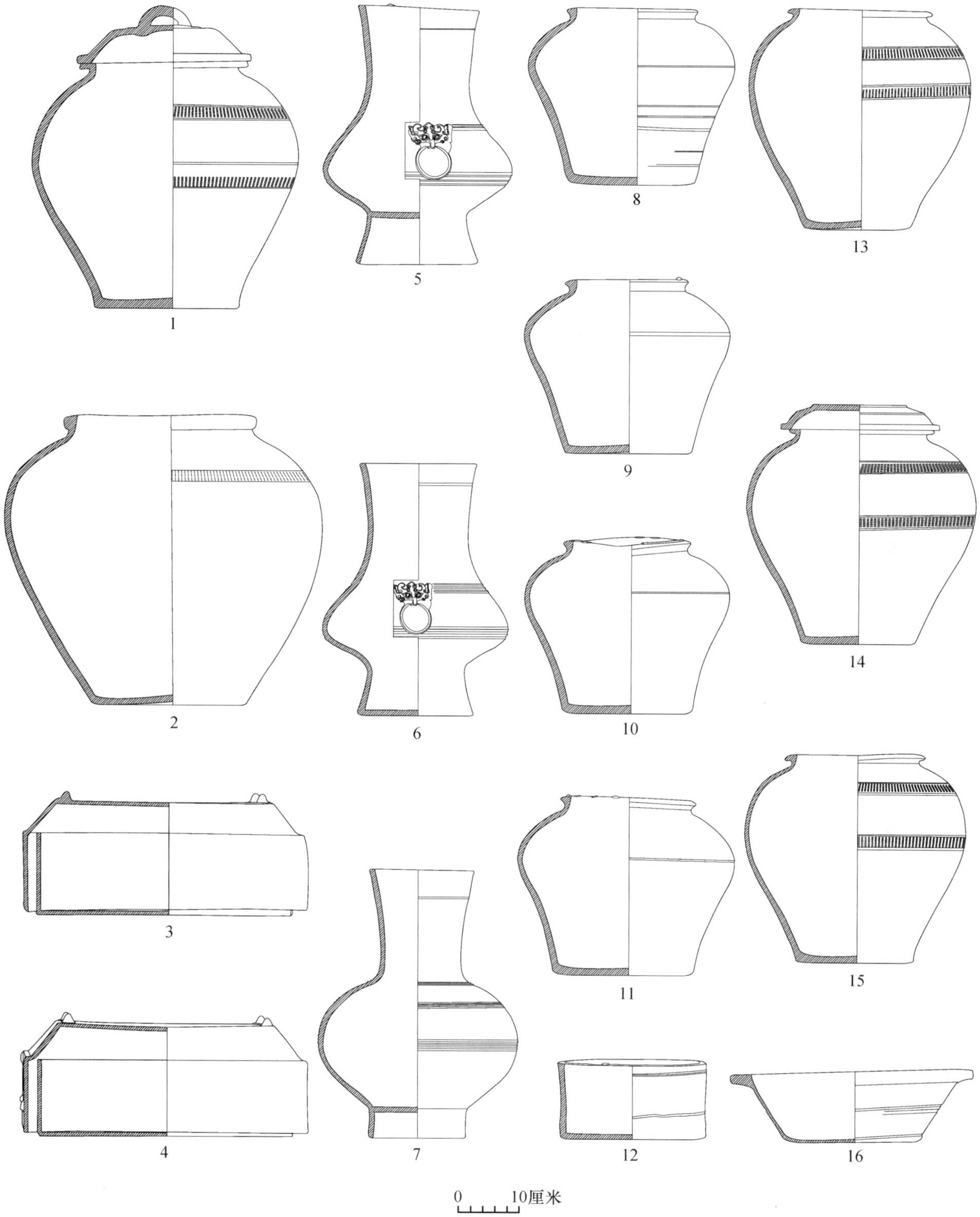

图4-1-284A　AM24出土陶器

1、13～15. 罐（AM24：20、22、25、26）　2. 瓮（AM24：10）　3、4. 长方形绿釉陶盒（AM24：8、9）　5、6. 绿釉陶壶（AM24：6、15）　7. 壶（AM24：11）　8～11. 绿釉陶罐（AM24：21、23、24、27）　12. 樽（AM24：30）　16. 盆（AM24：5）

图4-1-284B　AM24出土陶器

1. 井（AM24：12）　2～5、8. 仓（AM24：14、17、16、18、19）　6. 灶（AM24：13）　7. 圈（AM24：28）
9. 耳杯（AM24：31）　10、11. 器盖（AM24：34、7）

宽1.94～2米。前厅右侧有宽1.2～1.3的供台，为生土台铺砖结构，台面高于厅室底面0.14米。台面为三种铺砖方式，内侧为东南–西北向斜行错缝铺砖，中间为两丁两顺交替平铺，台沿为丁砖错缝顺放，共三层，前厅为东南–西北向斜行错缝铺砖。后室平面呈南北向长方形，主要做棺床，为生土台结构，内高外低，长2.6～2.7、宽1.9～1.96米，棺床生土台高于厅室底面0.18～0.28米。棺床为东南–西北向斜行错缝铺砖，床沿砖位于第二处甬道下，为一排侧放丁砖（图版二二〇，3）。

葬具：木棺两副。棺1位于棺床左侧，长1.98、宽0.66米。棺2位于棺床右侧，长1.98、宽0.66～0.78米。两棺底面均铺有一层白灰泥，均使用铁棺钉（图版二二一，1）。

葬式：人骨架两具，朽蚀严重，多呈粉末状。均为一次葬，仰身直肢，头向南，面向上。棺1内墓主倾向为女性，成年人，身高约1.5米。右肩部有铜镜1面，铜镜下有纺织品（图版二二一，2、3），左手处散置铜钱32枚、玉器1件，手腕处有串珠1串、银镯2件（图版二二〇，4），右手处散置铜钱27枚，头部右侧有1块粉，粉下有木奁痕迹，只有朽痕无法采集。棺2内墓主倾向为男性，壮年，身高约1.6米。头部左上方有铜镜1面，身体右侧有铁剑1把，尖向北柄向南平放，左手握铜钱9枚，右手处散置铜钱27枚，腰部有铜带钩和铁带钩各1件、小铁刀1把（图版二二一，4）。应为夫妇合葬。

出土遗物：63件（组），有釉陶器、陶器、铜镜、铜器、钱币、铁器、银器、铅器、石器、玉器、琉璃器和粉，计有釉陶壶2件、盒2件、罐4件，陶罐4件、瓮1件、井1件、灶1件、圈1件、樽1件、耳杯9件、魁1件、案1件、狗1件、甑1件、盘3件（图4-1-286A、286B；图版二二一，5），铜镜2面，铜带钩1件、管1件，铜钱4组95枚，铁带钩1件、刀4件、剑1件、灯1件、钩2组4件、镊1件、棺钉2组7件、残铁器1件，银镯1组2件、指环2件，铅衔饰1件，石饰1件，方形玉佩1件、玉珠饰1组4件，琉璃耳饰1件，粉1块。主要出土于前厅内，其中东南角有釉陶罐4件、釉陶壶2件、灶1件、魁1件、小罐1件、若干铁钩及部分动物骨头，西侧供台前摆放一套供器，有陶案、盘和耳杯，棺床前厅室地面有陶樽1件、罐2件、釉陶盒2件，棺床上右侧内角有陶圈1件，前厅供台右侧有长方形朽木痕迹，疑是1件木箱，台面上还有1把小铁刀。随葬陶器应是一套器物组合。

AM45的年代应属东汉中期。

（七）2006HGB区T7M9（下文简称“BM9”）

BM9位于B区西南部的T7中部。叠压于第2层下，墓口距地表0.3、墓深4.54米。墓道向北，方向14度。保存完整。

由坟丘、墓道、封门、甬道、墓室、侧室、耳室组成（图4-1-287；图版二二二，1）。

坟丘：塌落坟丘堆积位竖井南部。平面近椭圆形，长径4、短径2.3、深1.9米。坟丘堆积褐

图4-1-286A　AM45出土陶器

1. 圈（AM45：18）　2. 灶（AM45：45）　3. 井（AM45：58）　4、5、10、16. 罐（AM45：46、62、49、50）
6. 狗（AM45：63）　7～9、15. 釉陶罐（AM45：36～39）　11、12. 绿釉长方形盒（AM45：60、61）
13、14. 釉陶壶（AM45：40、41）

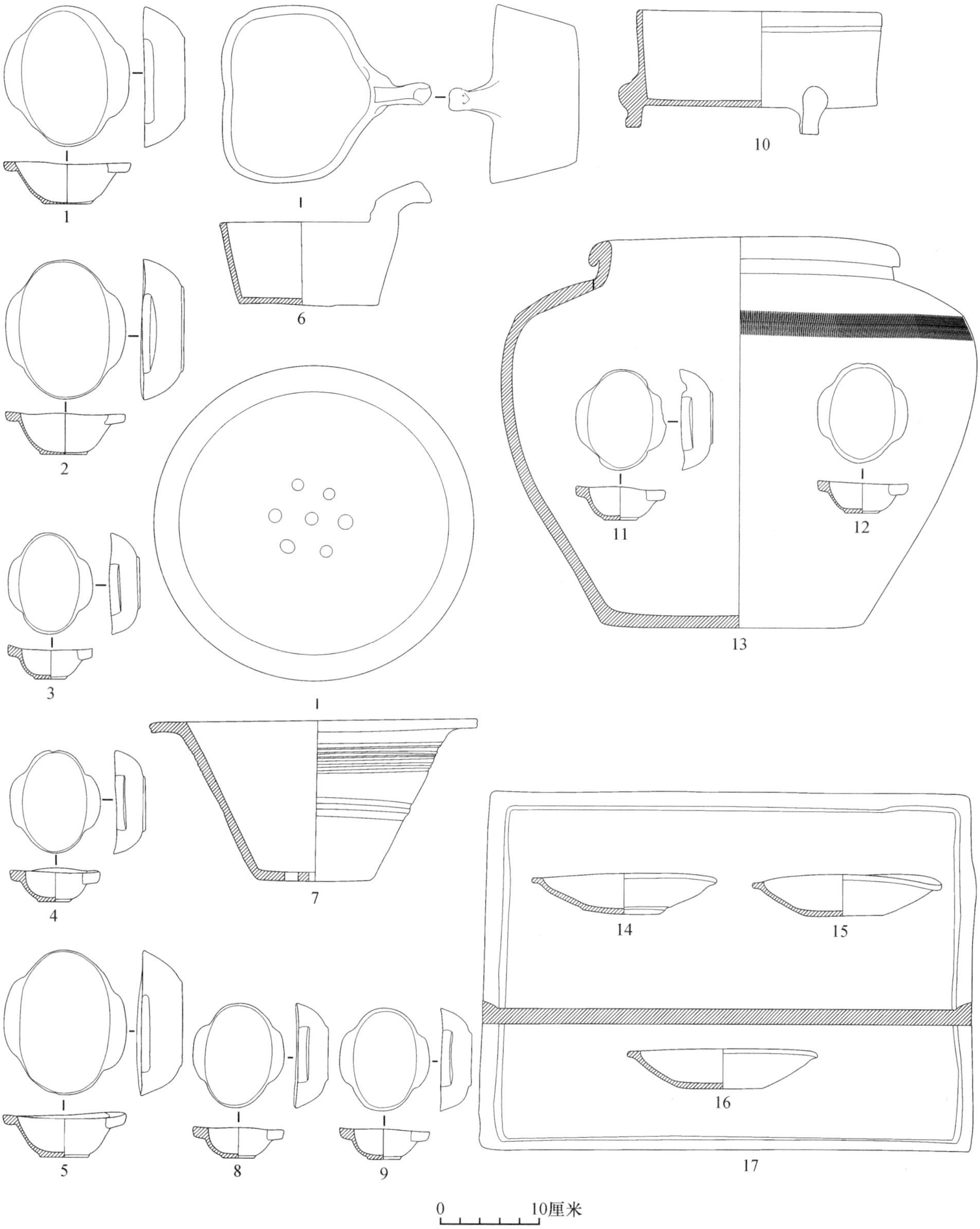

图4-1-286B AM45出土陶器

1～5、8、9、11、12. 耳杯（AM45：21、22、27、25、23、26、24、29、28） 6. 魁（AM45 ：47） 7. 甑（AM45：51）
10. 樽（AM45：34） 13. 瓮（AM45：20） 14～16. 盘（AM45：31～33） 17. 案（AM45：30）

色土，间杂黄土、红土颗粒，显系把建造墓室时掏出的生土直接堆筑于墓室顶部而成，后随墓室塌落。

墓道：双墓道。墓道1被墓道2叠压并打破。墓道1为斜长墓道，带台阶和竖井，墓道斜弯向左前方，现仅存竖井部分，竖井南北长2.5、东西宽1.14米。墓道2为斜坡式长墓道，直线长7.16、弧长9.1米，口部平面宽0.86、底面宽0.94～1.28米。底面为斜坡状，坡度约30度。

封门：位于竖井南端，甬道券门外侧。青砖封门，现存十层封门砖，均为丁砖左、右对角分层斜放，偶有前后交错摆放。底面宽1.28、高1.78米。

甬道：位于墓室北端。拱顶土洞砖券结构，外侧为单层砖券，内侧为拱顶土洞。发掘时券顶已经塌落，现仅存少许拱顶及直墙部分。甬券直墙砖设于墓道两侧生土内一丁砖宽的券槽内，为一平三丁交替砌筑，起券时为丁砖平砌。门洞底面宽1.26、进深0.9、存高1.4米。底面砖为顺砖错缝平铺。

墓室：拱顶土洞结构。由前厅、后室组成，通长6～6.2、洞高2.9米（图版二二三1）。前厅大致呈南北向长方形，平面长3.5、宽2.3米。后室平面呈南北向长方形，主要做棺床，为生土台结构，内高外低，长2.5～2.7、宽2.08～2.3米，棺床生土台高于厅室底面0.14～0.18米。前厅底面砖为顺砖错缝平铺，厅室西南角底面铺六块丁砖，作两排放置，用途不明，可能作简单的供台使用；棺床有东北–西南向斜行错缝铺砖，床沿为一排侧放丁砖。

侧室：一个，位于厅室北端右侧。拱顶土洞结构，底平面呈长方形，口宽0.9、内边宽1、进深2.04、洞高1.7～2.04米（图版二二三，2）。

耳室：一个，位于墓室前厅北端左侧。拱顶土洞结构，平面呈梯形，口宽0.8、内边宽0.94、进深0.76～0.86、洞高1.1～1.3米（图版二二三，3）。

葬具：木棺三副。棺1位于棺床右侧，长2.36、宽0.74米。棺2位于棺床左侧，长2.16、宽0.52～0.64米。棺3位于侧室内，长1.9、宽0.64～0.68米。三棺底面均铺有一层白灰泥，棺1和棺3使用铁棺钉。

葬式：人骨架三具。朽蚀严重，均呈粉末状。棺1内墓主为一次葬，仰身直肢，头向北，面向不明，不易判断性别和年龄，从随葬器物推测可能为男性，成年人，身高约1.8米。墓主右侧有铁剑1把，尖向南柄向北平放，腰部有铜带钩1件，左手握铜钱3枚。棺2内墓主为一次葬，仰身直肢，头向北，面向不明，疑为女性，成年人，身高约1.6米。墓主头部右上方有铜镜1面，镜上有小铁刀1把，左手握3枚铜钱。棺3内墓主为二次葬，头向西，仅存少许碎骨头，骨骼较小，似未成年。推测棺床上两位应为夫妇合葬，侧室中儿童可能为前者子女，早年夭折，后迁葬于父母身边。

出土遗物：51件（组），有陶器、铜镜、铜器、钱币和铁器，计有小陶罐1件、罐10件、仓5件、井1件、灶1件、圈1件、樽1件、耳杯11件、魁1件、案2件、盆1件、盘4件（图4-1-288A、288B、288C；图版二二二，2），铜镜1面，铜带钩1件，铜钱3组7枚，铁刀3件、剑1件、钩1组2件、棺钉2组4件，主要出土于厅室南部、耳室内及棺床上左侧，其中耳室内有陶罐

1件、陶仓5件（1件倒在耳室口）、陶灶1件，厅室南部正中对着棺床有陶案1件，附近有陶耳杯、盘以及井；棺1北端有陶罐、盘和耳杯，棺2左侧有陶罐、小罐、樽、盘，陶盘上置陶魁1件和陶耳杯。另有1件陶罐漂浮至墓室顶部，内有谷物。随葬陶器应为一套器物组合。

BM9的年代应属东汉中期。

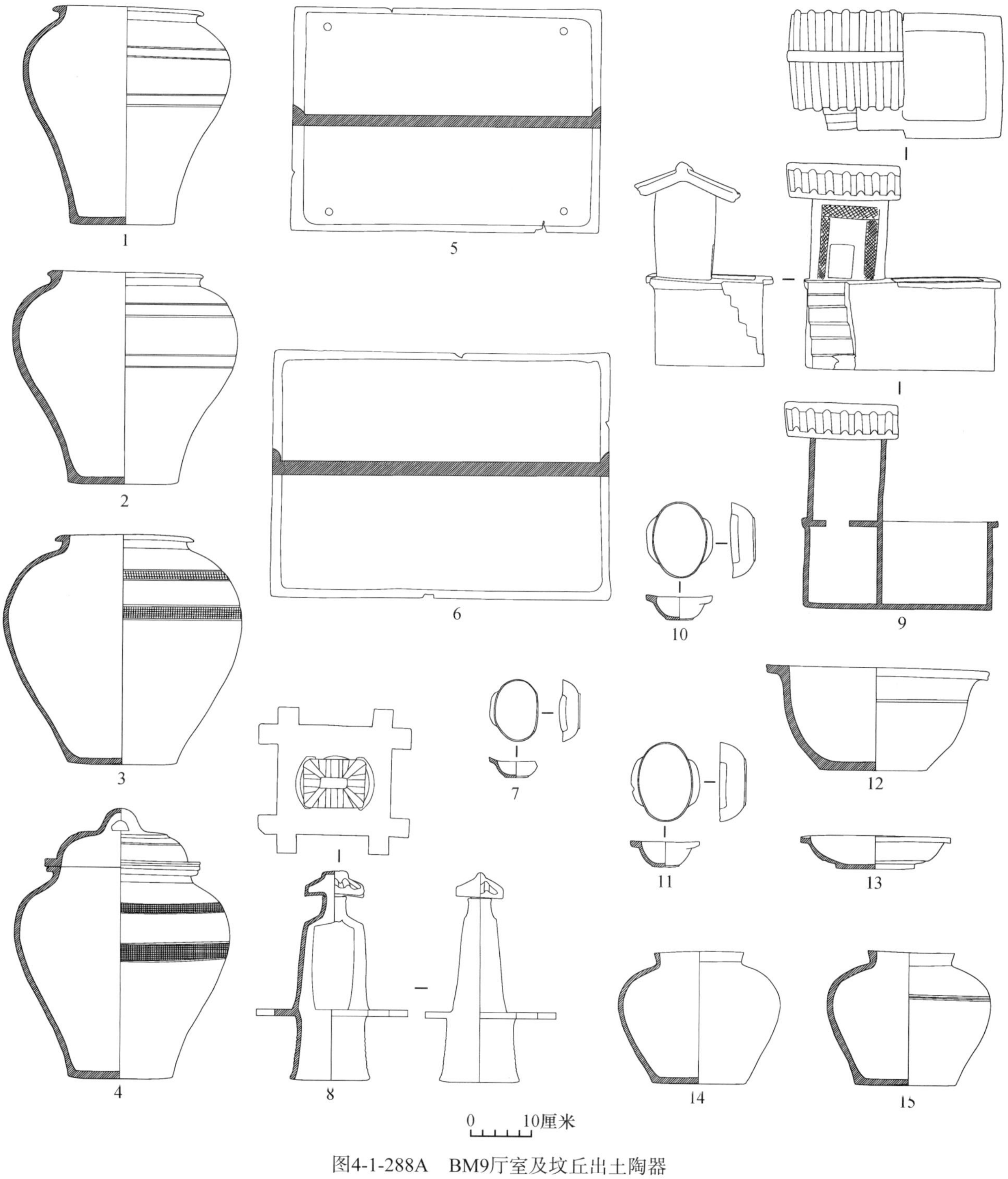

图4-1-288A　BM9厅室及坟丘出土陶器

1～4、14、15. 罐（BM9：21、51、23、29、22、44）　5、6. 案（BM9：24、28）　7、10、11. 耳杯（BM9：41、40、25）　8. 井（BM9：27）　9. 圈（BM9：30）　12. 盆（BM9：26）　13. 盘（BM9：42）

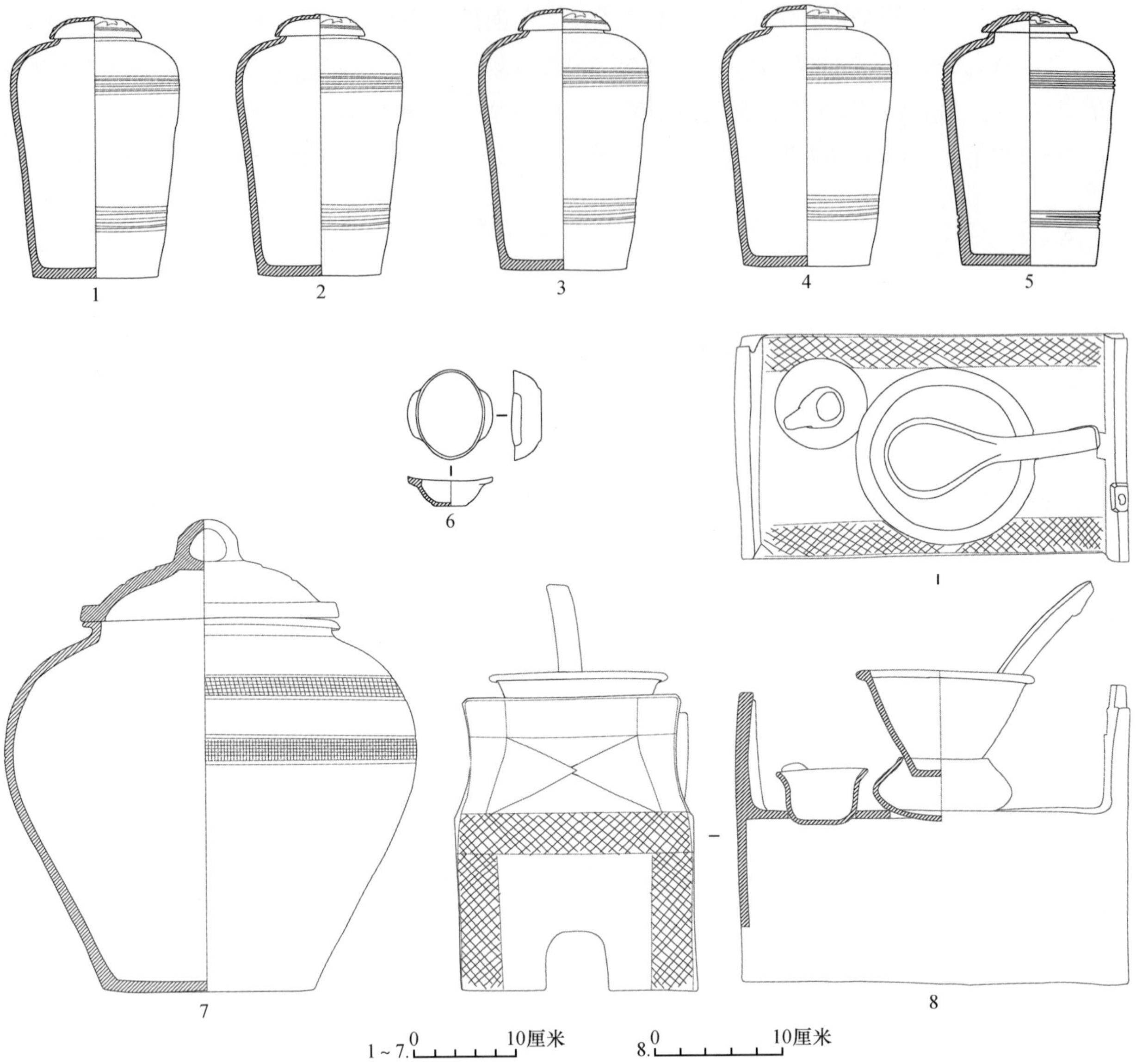

图4-1-288B　BM9耳室出土陶器

1～5. 仓（BM9：31～35）　6. 耳杯（BM9：38）　7. 罐（BM9：36）　8. 灶（BM9：37）

（八）2006HGB区T26M61（下文简称“BM61”）

BM61位于B区中部偏南的T26中部。叠压于第2层下，墓口距地表0.3、墓深3.6米。墓道向西，方向285度。在墓道尾端近封门和甬道处以及墓室顶部均发现有盗洞（图版二二四，1），墓室遭到严重盗扰，除一耳室内还有随葬陶器外，其他随葬品均不存。

由墓道、封门、甬道、墓室、耳室组成（图4-1-289；图版二二五，1）。

墓道：位于墓室西侧中部。双墓道，有二次挖开现象。墓道1基本被墓道2完全打掉，仅在中部还留有下滑式进棺槽痕迹。墓道1为直长斜坡式墓道，斜坡有下滑式进棺槽。墓道2为直长斜坡墓道，未见进棺槽，平面通长10.1、口宽0.68～1.04、底面宽1.18～1.32米。底面为斜坡

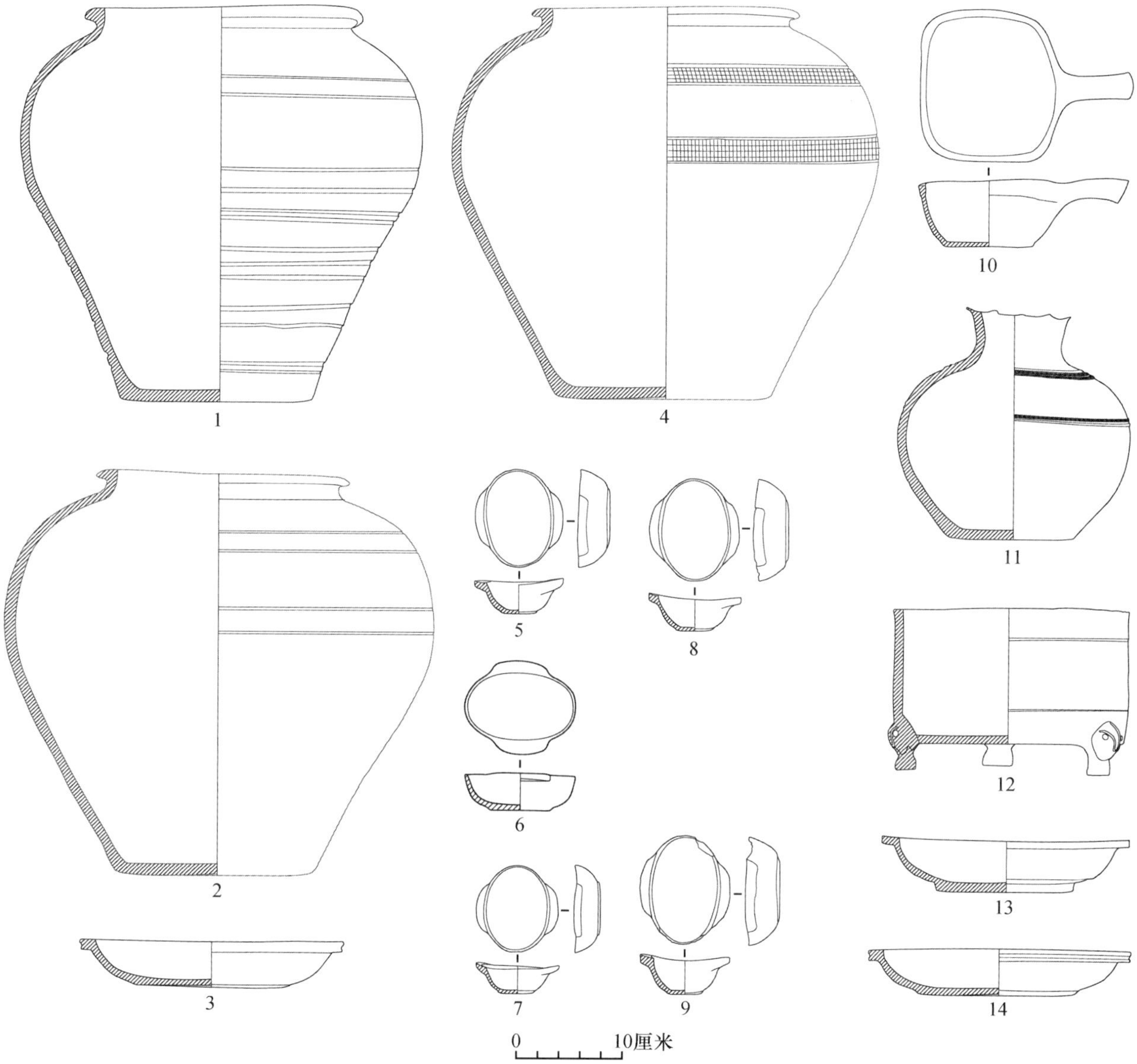

图4-1-288C　BM9棺床出土陶器

1、2、4. 罐（BM9：7～9）　3、13、14. 盘（BM9：50、11、14）　5～9. 耳杯（BM9：16、19、46、17、20）
10. 魁（BM9：13）　11. 小罐（BM9：10）　12. 樽（BM9：12）

状，坡度22度。

封门：位于墓道东端，甬道券门外侧。青砖封门，现存二十一层封门砖，上部十三层为顺砖错缝平砌，下部八层为丁砖左、右对角分层斜放，封门砖墙设有砖槽，向两侧墓道壁面凹进0.3米深，槽宽约0.4米。封门砖作“T”字形，上面顺砖宽于下面丁砖，封门砖墙上部顺砖宽约1.62、下部侧砖宽1.1～1.34、高1.54米（图版二二四，2）。

甬道：两处，均为拱顶土洞砖券结构。第一处甬券位于墓道进门处，门洞底面宽1.1、进深0.96、高1.7米。第二处位于前厅和后室之间，为由厅室进入后室的通道，券道门洞底面宽1.06、进深0.92、高1.5米。两重券道底面均为斜行“人”字形铺砖（图版二二四，3）。

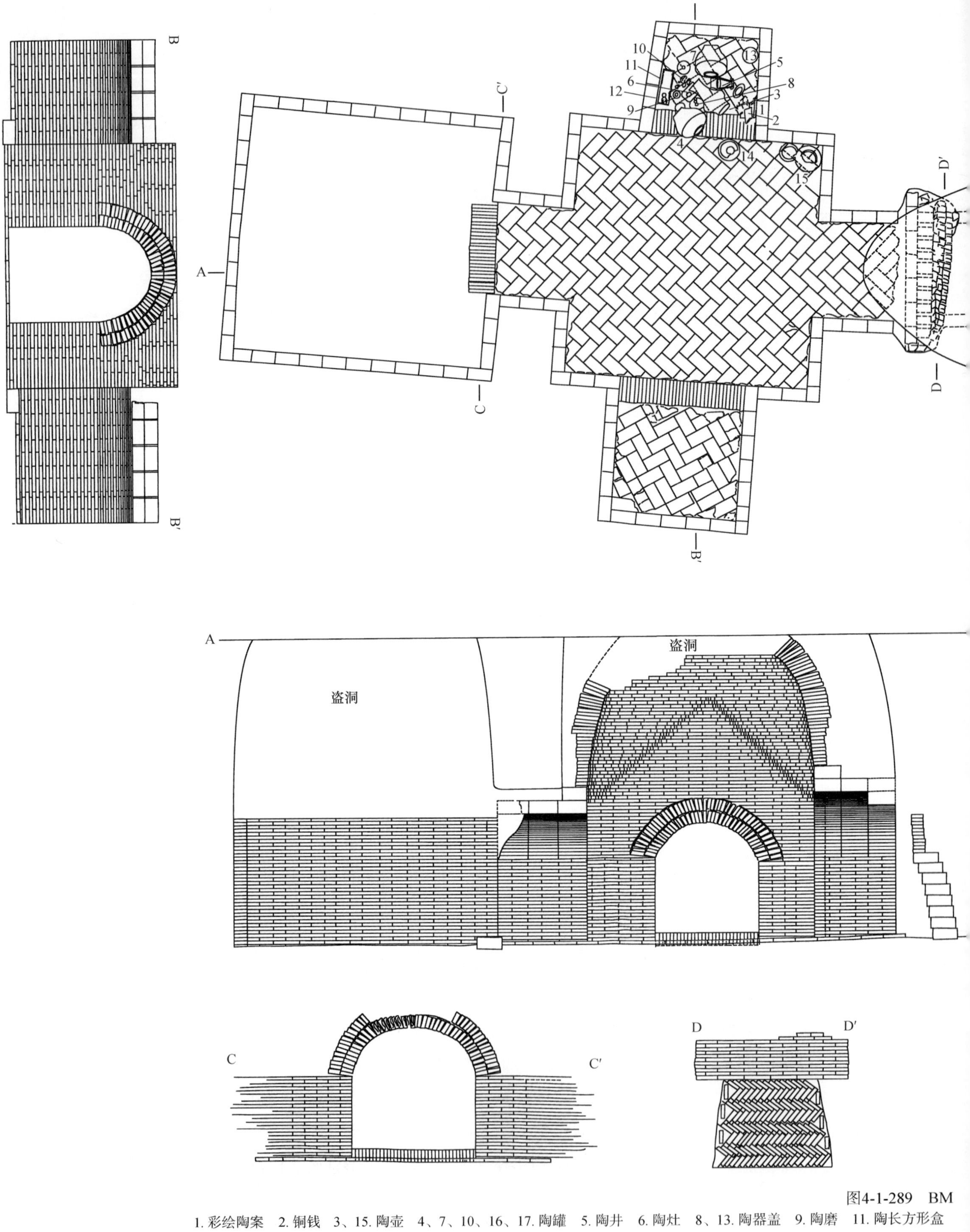

图4-1-289　BM

1. 彩绘陶案　2. 铜钱　3、15. 陶壶　4、7、10、16、17. 陶罐　5. 陶井　6. 陶灶　8、13. 陶器盖　9. 陶磨　11. 陶长方形盒

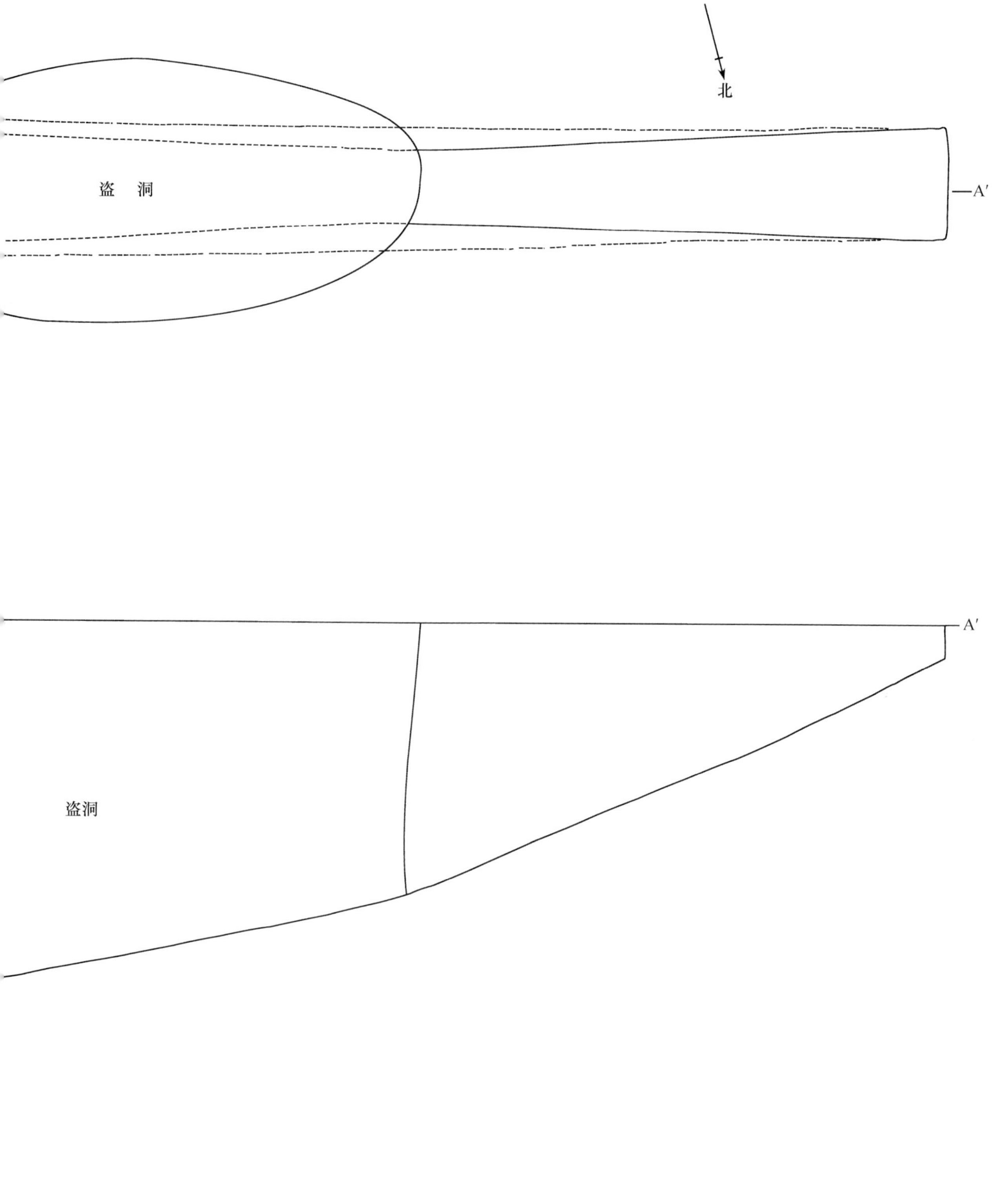

61平、剖面图

12. 陶狗　14. 小陶罐　18、21. 石磨盘　19. 玉环饰　20. 铜钱（10枚）　22. 铁刀　23. 铁棺钉（6件）（16～23出自盗土中）

墓室：竖穴土坑墓圹双穹隆顶砖室结构，由前厅和后室组成（图版二二五，2）。前厅土坑墓圹口部略呈正方形，边长约2.6米，墓圹坑底边长3.04～3.1米，前厅砖墙内边长2.74～2.8米。前厅穹隆顶部被扰，墓室现存高约3.46米，底面有斜行“人”字形铺砖（图版二二四，4）。后室土坑墓圹平面为圆角正方形，边长3.6米，后室平面大致呈正方形，边长3.04～3.14、室内边长2.74～2.8米。后室主要做棺床，棺床底面与厅室底面平。底面铺砖被盗扰，仅存床沿一排侧放丁砖，丁砖高于厅室底面铺砖。后室被盗严重，墙存高约1.5米（图版二二四，5）。盗土中出土2件石磨盘，应是前厅和后室拱券封顶之用。

耳室：两个，位于墓室前厅左、右两侧。均为拱顶土洞砖券结构，拱券为双层券。两个耳室地面均为生土台铺砖结构，生土台高于厅室底面0.1米，左耳室口宽1.2、内边宽1.06、进深1.2、洞高1.4米（图版二二四，6），右耳室口宽1.42、内边宽1.42、进深1.54、洞高1.3米。底面均为斜行“人”字形铺砖，台沿为一排侧放丁砖。

葬具与葬式：墓室内被盗扰严重，葬具与人骨均不存，葬具、葬式均不明。

出土遗物：23件（组），有陶器、钱币、铁器、石器和玉器，计有陶壶2件、小罐1件、罐5件、井1件、灶1件、长方形盒1件、彩绘陶案1件、狗1件、磨1件、器盖2件（图4-1-290；图版二二五，3），铜钱2组11枚，铁刀1件、棺钉1组6件，石磨盘2件，玉环饰1件。器物主要出土于左耳室和盗土中。左耳室有陶罐2件、壶1件、长方形盒1件和器盖2件，厅室西南角有陶壶1件，其他器物均见于盗土中。因盗扰严重，器物组合不明。新出土器类为陶磨。墓室内陶壶盖钮为胡人像。陶人、动物明器和农具陶磨的出现，体现了汉代人的生活状况。

BM61为双穹隆顶砖室墓，为此次发掘的5座穹隆顶砖室墓中规模较大者。

BM61的年代应属东汉晚期。

一一、未分型墓葬

2006HGB区T2M2（下文简称“BM2”）

BM2位于B区西北角的T2西北角。墓室北部被现代水井打破，墓道北部叠压在现代道路和水渠下，未能全部发掘，故无法判断形制。叠压于第2层下，墓口距地表0.3、墓深5.2米。墓道向北，方向15度。

据清理只知道墓室为拱顶土洞砖室，平面呈长方形，由前厅和后室组成。前厅被现代水井打破，具体形制不明。后室平面呈长方形，主要做棺床，为生土台结构，南北长2.7、东西宽1.9、高2.16米，生土台高于厅室底面0.12～0.16米。棺床面上有东北–西南向斜行错缝铺砖，床沿为一排侧放丁砖（图4-1-291；图版二二六，1、2）。

葬具与葬式：被破坏严重，葬具、葬式均不明。

出土遗物：仅在扰土中出土铜钱19枚。器物组合情况不明。

BM2的年代应属东汉早期。

图4-1-290　BM61出土陶器

1、2. 壶（BM61：3、15）　3. 小罐（BM61：14）　4、13. 器盖（BM61：13、8）　5～7、10、11. 罐（BM61：4、7、10、17、16）　8. 狗（BM61：12）　9. 灶（BM61：6）　12. 长方形盒（BM61：11）　14. 井（BM61：5）

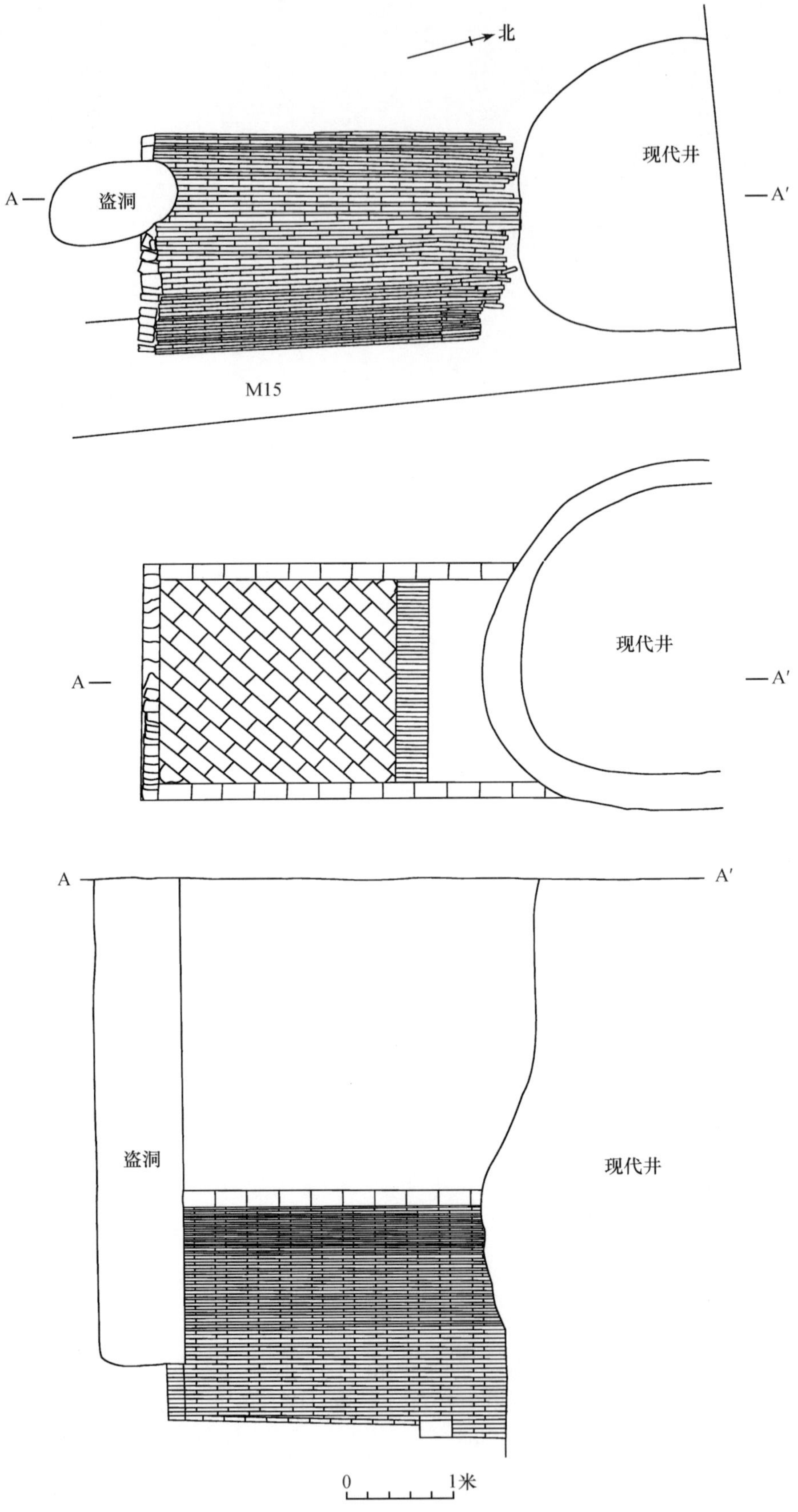

图4-1-291　BM2平、剖面图

“十三五”国家重点出版物出版规划项目
南水北调中线工程河南省考古发掘报告
河南省文物局　主编
第34号

辉县路固

（中）

中国社会科学院考古研究所　编著

科学出版社
北京

内 容 简 介

2006年4月至2007年12月，中国社会科学院考古研究所安阳工作站对南水北调中线工程干渠——河南新乡市辉县路固村西发掘了一处墓地，有汉代墓葬148座，宋代墓葬30座，另有少量明代墓和清代墓。汉代墓地范围内有汉代建筑基址、陶窑、水井和灰坑。汉代墓葬出土遗物有陶器、铜器、铁器、银器、铅器、铜镜、钱币、玉器、石器、琉璃器、玛瑙器、骨器、漆木器和粉块等。

路固汉代墓葬群的发掘，应是豫北地区汉代墓地规模较大、也较为系统的一次发掘，墓葬间的空间布局清楚，出土遗物丰富，为豫北地区的汉代墓葬制度研究提供了重要资料。

本书可供考古学、历史学方面的专家学者和高校相关专业的师生参考、阅读。

图书在版编目（CIP）数据

辉县路固 / 中国社会科学院考古研究所编著. —北京：科学出版社，2017.10

（南水北调中线工程文物保护项目河南省考古发掘报告；第34号）

“十三五”国家重点出版物出版规划项目

ISBN 978-7-03-055097-2

Ⅰ.①辉… Ⅱ.①中… Ⅲ.①汉墓-墓群-发掘报告-辉县 Ⅳ.①K878.85

中国版本图书馆CIP数据核字（2017）第268577号

责任编辑：张亚娜 / 特约编辑：田 雨 / 责任校对：邹慧卿

责任印制：肖 兴 / 封面设计：陈 敬

科学出版社 出版

北京东黄城根北街16号

邮政编码：100717

http://www.sciencep.com

中国科学院印刷厂 印刷

科学出版社发行 各地新华书店经销

*

2017年10月第 一 版 开本：889 × 1194 1/16

2017年10月第一次印刷 印张：53 插页：198

字数：2 300 000

定价：980.00元（全三册）

（如有印装质量问题，我社负责调换）

"13th Five-Year Plan" National Key Publications Publishing and Planning Project

Reports on the Cultural Relics Conservation
in the South-to-North Water Diversion Project
Administration of Cultural Heritage of Henan Province
Henan Vol.34

Lugu Cemetery in Huixian

II

Institute of Archaeology， Chinese Academy of Social Sciences

Science Press
Beijing

第二节 遗 物

路固墓地汉代墓葬出土遗物数量较多，陶器有2800余件，其他还有铜器、铁器、银器、铅器、玉器、石器、琉璃器、玛瑙器、瓷器、骨器、漆木器和粉块等1300余件，圆形方孔铜钱7963枚和刀币1枚。

一、种类和功能分组

（一）种类

按照质地不同，遗物可分为陶器、铜器、铁器、铅器、银器、玉石器、骨器、琉璃器、玛瑙器、粉块、漆木器和各种动物肉类祭品等。

按照器类分，陶器有鼎、瓮、罐、盆、碗、钵、灯、熏炉、壶、鸮形小壶、扁圆壶、案、樽、魁、勺、耳杯、筒形杯、长方形盒、圆形盒、舟形盒、盘、仓、炉、灶、井、圈、器盖、鸡（鸟）、狗、猪、鸽子、轮盘、饼形器、纺轮、兽面饰、垫、砖以及残砖改制器、筒瓦、板瓦等。按陶质和表面装饰等，可分为泥质红胎绿釉陶、泥质红胎黄釉陶，泥质灰陶施白彩、红彩或局部涂朱，泥质灰陶、夹砂灰陶等。

铜器有镳斗、洗、镜、铺首、带钩、手镯、指环、眉刷、镊子、刀、鞘首饰、弩机、镞、顶针、车马器（包括軎、衔镳、当卢、轙、锜饰、盖弓帽、泡、扣饰、帽饰、环形饰、管形饰、兽面饰、铜构件等）、铃、印章、镈、扣器等。

铁器有钱币、带钩、指环、剪、镊子、顶针、带扣、勺、刀、剑、戟、矛、镞、灯盏、锸、铲、镰、钩、环、圆形箍、饰件、棺钉等。

铅器有镜、钗、軎、衔镳、盖弓帽、帽饰、扣饰、构件、粉托等。

银器有手镯、指环等。

玉石器有长方形石器、方形石器、圆形石器、刻铭石器、石磨盘、石磨、石饰、石墨饰、石握手、方形玉佩、玉剑璏、玛瑙坠饰、绿松石珠饰、小玉饰等。

琉璃器有耳饰等。

骨器有六博骰子、管、骨饰等。

动物肉类祭品有羊、狗、猪、鸡、鱼等。

另外还有粉块、漆盒以及盗洞中出土的2件宋代瓷碗等。

（二）功能分类和组合

按照形制和使用功能可将随葬品分为六类。类与类之间可能存在交错，如作为供器类的陶樽也有仿铜造型，但因其功能较为特殊，本文认为将其归为供器类更合适。

第一类：仿铜陶礼器

器类较少，主要是陶鼎、陶壶和部分陶樽等。根据时间的不同，组合情况也不完全相同。西汉晚期至新莽时期，主要以陶鼎、陶壶为主。东汉初年，新出现有小陶壶（鸮形壶）。东汉早、中期，以陶壶为主，鲜见仿铜陶鼎。到了东汉晚期，仿铜陶壶也已极少见。

第二类：日用陶器

以陶瓮和各种型式的陶罐为主，一直在墓地中使用。

第三类：供器类陶器

包括祭祀用具和仿日常生活用的陶熏炉等。较早出现的是以陶樽、耳杯、盘（碟）以及小罐为核心的祭祀用具组合，少数小型墓葬只随葬1件陶樽、盆或耳杯。陶案出现以后，陶案、樽、耳杯、盘、小罐的组合日益增多，并逐渐取代陶樽、耳杯和盘的组合，成为祭祀用具的主要组合。部分规模稍大的墓葬中还增加了陶魁、陶勺、长方形陶盒和舟形陶盒等。

供器类陶器，显然是一套酒器，与汉代画像石宴饮图中的酒具配制相似，下葬时陶樽中应盛有酒水，陶盘（或陶盆）中应盛有食物作供品。从发掘资料看，供器常出土于厅室中部正对棺床的位置，往往与动物骨架共存。动物种类有猪、羊、狗、鸡、鱼等，显然亦为供品。

第四类：模型明器

最早出现的是陶仓、井、灶组合。陶圈出现以后，陶仓、井、灶、圈的组合逐渐固定下来。陶仓的数量不定，多者达18件，少者仅1～2件，一般以5件为一组，数量较多者可能为多套。随葬多套陶仓者多见于双棺葬或三棺葬。而陶井、灶、圈组合通常为一墓一套，常见于单棺葬；随葬两套者，常见于双棺葬或三棺葬；鲜见随葬三套井、灶、圈组合的墓例。

另外，规模相对较大、出土遗物较多的墓中，还出土有铜、铅质小型车马器和小型铜弩机，与陶仓、井、灶和圈等模型明器放在一起，也应属于明器。

第五类：陶俑

陶俑种类不多，以陶鸡、狗为主，数量也较少。偶可见到陶猪和鸽，但陶猪多与陶圈共出。

第六类：随身器物

随身器物主要是具有实用功能的兵器、工具和装饰品。兵器有铜（或铁）刀、铜镞、铁剑、铁矛、铁戟和铁镞等；工具有铁剪、铁削、小铁刀、铁锸、铁铲、铜（或铁）顶针等；装饰品有琉璃耳饰、玛瑙坠饰、银手镯、银（或铜、铁）指环、铜（或铁）带钩、铜眉刷、铜

（或铁）镊子，各种玉、石饰件和粉块、粉托、漆盒、扣器等；文房类有长方形石器、方形石器、圆形石器和刻铭石器等，因多数这类石器表面都有墨迹，应具有“砚”的功能；另外还有骨六博骰子、骨饰、铜钱、铜镜等随身物品。这些器物多放置在墓主周围。

二、数量和放置位置

竖井墓道单室墓中，有的墓葬规模非常小，如BM42，仅能容纳一棺，无空间置放随葬品，棺内也仅随葬了1枚“小泉直一”铜钱。

规模稍大的单室土洞墓，如AM77、BM12、BM39、BM40、BM43、BM46、BM47、BM51、BM55、BM60、BM67等，随葬品也非常少，多的也仅有10余件，有的墓仅墓主手中握有若干铜钱，有的墓无随葬品。铜钱、骨饰等多在棺内，陶器等多放在墓室与棺之间。部分未被扰动的墓葬，随葬品放置有序，陶樽和陶耳杯放置于厅室中央，厅室两侧放置陶仓、井、灶等。

规模更大一些的带耳室单室土洞墓，如AM48、AM50、AM51、AM69、AM79、BM30、BM44、BM45、BM48、BM49、BM52、BM54、BM77等，随葬品种类较多，数量更多，最多的可达80件。未被扰动的墓葬，随葬品也摆放有序，如陶樽、耳杯、少量罐常置于棺前，其余如陶壶、鸮形小壶、罐、小罐、盘、井、灶等均放置于耳室中，铁刀、银指环、玛瑙饰件、铜镜、铜钱等多出土于棺内。

竖井墓道墓葬中，带耳室的砖室墓仅有3座（BM20、BM50、BM53），虽均被盗扰，但仍保存了不少随葬品，少者10余件，多者达50件。随葬品中铜镜、铜带钩、（铜或铅）车马器、铜弩机、陶樽等被扰动，位置不明，而陶壶、小陶壶、陶仓、陶井、陶灶等未被扰动的随葬品多在耳室内。

依据墓室结构和规模，竖井带斜坡墓道单室墓可分为三个等级。

等级最低的应是无耳室土洞墓，有AM38、AM40、AM56、BM11、BM25、BM56、BM59、BM70、BM71、BM73、BM76、CM19。这些墓葬的随葬品普遍较多，多者可达49件。部分墓葬被盗扰严重，不足10件。随葬品的出土位置也较为规律，如铜镜、铁刀、铁剑、琉璃耳饰、铜指环、长方形石器等随身器物置于棺内，陶器类随葬品置于墓室与棺之间、棺外的棺床上或厅室中。

等级稍高的是带耳室土洞墓，有AM22、AM23、AM43、AM53、AM61、AM63、AM68、AM71、AM72、AM75、AM76、BM1、BM14、BM27、BM28、BM29、BM37、BM57、BM58、BM68、BM75、CM1。这些墓葬随葬品也较多，最多者达63件。随身器物中新出现铜带钩，不见于无耳室土洞墓中。铜带钩、铜镜、铁剑、铁刀、铁戟、铜印章、长方形石器（多为男性墓主棺内出土）、琉璃耳饰、串珠饰（多为女性墓主随葬）、铜指环等均在棺内，有的还在棺内一端放置粉块，部分墓主还枕有筒瓦。陶质随葬品中，案、勺、魁、耳杯、樽、盘以及少量罐等祭祀用具多置于厅室中部，陶罐、仓、井、灶、圈、长方形盒以及铅或铜车马器等多置于耳室内，由于部分墓葬耳室较浅或仅有一个耳室，除在耳室置放随葬品外，厅室两边以及棺床前也置放有陶井、陶灶、陶仓、陶壶、陶瓮、陶熏炉以及铅或铜车马器等。

等级最高的应是带单或双耳室的砖室墓，有AM20、AM27、AM29、AM60、AM62、AM73、BM3、BM13、BM55、BM65、BM69。这些墓葬的随葬品也最多，即使被盗扰严重的墓葬也出土有10～20余件随葬品，最多可达73件。随葬品的摆放位置与前几类墓相似，祭祀用具多置于厅室中部棺前，而陶罐、仓、井、灶、圈等放置于耳室中。

斜坡墓道单室墓，依据墓葬结构和规模分四个等级。

规模最小的应是墓室较狭小的土洞墓，如AM7、AM9、BM38，均保存完好，出土随葬品数量普遍较少，最少的2件，多者也不足20件。以陶器类随葬品为主，祭祀用具多放置于棺前或厅室中间，其他陶质随葬品或放置于木棺与墓室壁之间，或放置于厅室中（其中AM9出土有陶圈，单独放置于棺床后方）。随身的器物极少，仅AM7棺内出土有铁刀、铜镜、铜钱，其他墓葬未出土。

规模略大一些的无耳室土洞墓，如AM2、AM6、AM8、AM11、AM19、AM32、AM39、AM41、AM44、AM78、BM6、BM26、BM72，随葬品相对较多，未被盗扰的AM39出土数量最多，达44件，其余墓葬出土的随葬品为10～30余件。随身器物的种类和数量都有些许增多，包括铜镜、铜钱、铁剑、铁刀、铁戟、铁剪、琉璃耳饰、铜带钩、骨饰、铅镜、粉块等，多出土于棺内。陶质随葬品中祭祀用具多放置于厅室中部，出土有陶圈的多放置于棺床后侧，其他陶制随葬品则放置于棺床上木棺与墓室壁之间。

墓室规模较大的单或双耳室土洞墓，如AM3、AM24、AM26、AM34、AM36、AM37、AM54、AM70、BM8、BM22、BM31、CM4、CM6、CM12、CM20、CM21，随葬品更为丰富，即使被盗扰严重的墓葬，也出土有10～20余件随葬品，未被盗扰的BM8出土随葬品多达59件。保存完整的墓葬，祭祀用具多放置于厅室中部，其他陶质随葬品则放置于耳室中。而已被盗扰的墓葬，厅室内随葬品多被扰动或打碎，但数量并未明显减少。尤其值得注意的是，大多数被盗墓葬中的铜镜仍存在。其余陶质随葬品出土于耳室中，出土有陶圈的多放置于棺床后侧。随身器物种类和数量也较为丰富，均出土于棺内。

墓室规模最大的带耳室砖室墓，如AM5、AM28、AM33、BM16等，出土随葬品最丰富。但由于砖室墓多数被盗扰，随葬品组合均不完整，器物位置也被扰动。随身器物较多，尤其是铜器、铁器、玉器、石器等明显多于前三个等级的墓葬。

本次发掘的双室墓仅有6座（BM7、BM9、BM23、BM62、BM74、CM2），均保存完整，未被盗扰。随葬品多在20件以上，BM9最多，达50件。随葬品的放置位置不同，一部分放置于棺床上，一部分放置于耳室内，侧室口也出土有少量随葬品。

本次发掘的5座穹隆顶双室墓（AM1、AM10、AM31、AM67、BM61）规模较大，但均被盗扰。有些仅在盗土中出土七八件或10余件随葬品，墓室中随葬品所剩无几。部分保存相对较好的墓保留有30余件随葬品，多出土于厅室中。

横前堂单后室墓共有15座，依据墓室结构不同分为两个等级。

一是土洞墓室墓，规模相对较小，共有11座（AM17、AM18、AM45、AM46、BM5、BM17、BM21、BM24、BM35、BM64、CM3）。双棺墓的随葬品较多，有40～60余件，摆放有序，前堂中央放置一组祭祀用具，一端放置其他大部分陶质随葬品，随身器物放置于棺内，部分墓将陶圈放置于棺后侧。单棺墓出土的随葬品相对较少，少则14件，多则32件，放置位置与双棺葬相似。

二是砖砌墓室的墓葬，规模普遍较大，共有4座（AM4、AM21、AM25、AM57），多被盗扰严重，仅出土10余件随葬品。已被盗扰但保存相对较好的AM21出土了近100件随葬品，大部分陶质随葬品放置于前堂，部分墓葬还在前堂设置一耳室，随葬品置于其内。

横前堂双后室墓仅有1座（AM7）。该墓被严重盗扰，随葬品仅存24件，陶质随葬品除少量放在后室外，大部分放置在前堂。

总体来说，随葬品数量与墓葬形制和规模有关，土洞墓、单室墓的随葬品数量少，砖室墓、双室墓的随葬品数量相对较多，但砖室墓、双室墓易被盗扰，因而有些砖室墓残存的随葬品数量反而比土洞墓少。陶器中祭祀用具多放置于厅室中央，其他陶器多放置于厅室两侧、耳室、棺床上木棺外，而随身器物如铜镜、铜钱、铁剑、铁刀以及装饰用品等多出土于棺内。

此外，本次还发掘1座墓室结构较为特殊的墓葬（BM36）。该墓保存完好，为一竖井式墓道，两侧各有一土洞式墓室。随葬品较少，仅在各自木棺内随葬铜钱和铜镜1面，在木棺前的狭小厅堂内正中放置1件陶樽。

三、型式分析

（一）陶器

器类较多，有鼎、瓮、罐、长方形盒、圆形盒、舟形盒、盆、碗、灯、熏炉、壶、鸮形小壶、扁圆壶、案、樽、魁、勺、耳杯、圆筒杯、盘、仓、烤炉、灶、井、圈、器盖、磨盘、鸡（鸟）、狗、猪、鸽、轮盘、饼形器、纺轮、兽面、陶垫、砖以及残砖改制器、筒瓦、板瓦等。

1. 陶鼎

共12件。出土于10座墓中，其中AM60出土2件，AM48除出土1件鼎外，还有1件鼎耳。均为泥质灰陶。圜底或圜底近平，三蹄足，有耳，部分有盖。10件根据器形差别分三型。

A型：共6件。子口内敛，腹部装饰有宽凸棱，两耳附在肩部。根据腹部变化分三式。

Ⅰ式：共4件。半球形腹，弧形盖。

标本AM48：28，盖中心模印四瓣柿蒂纹。器身为长方形耳略外撇，耳上有圆孔。圜底近平，三足厚重。盖上、口沿、肩部分别装饰一周同心圆戳印纹，肩边和沿边还各装饰一周竖短线纹带。两耳最宽处19.9、腹径18.3、通高16.4厘米（图4-2-1，1；图版二二七，1）。

Ⅱ式：共1件。扁球形腹。

标本AM72：19，覆盘形盖，平沿，盖上有凸弦纹。器身为长方形耳向上内收后外撇，耳上有窄方形孔。圜底，三足略外撇。器身素面。腹径24.5、通高18厘米（图4-2-1，2；图版二二七，2）。

Ⅲ式：共1件。折腹。

标本BM29：39，无盖。长方形耳内收后外撇，耳上有窄方形孔。圜底近平，三矮足。腹部最宽处21.5、通高18厘米（图4-2-1，3；图版二二七，3）。

B型：共2件。均有盖。器身为敛口，鼓腹，腹部无凸棱，两耳在腹中部。

标本BM75：4，质地坚硬。浅覆盘形盖，盖顶部略平，盖面近边缘处下切一周，盖面边缘

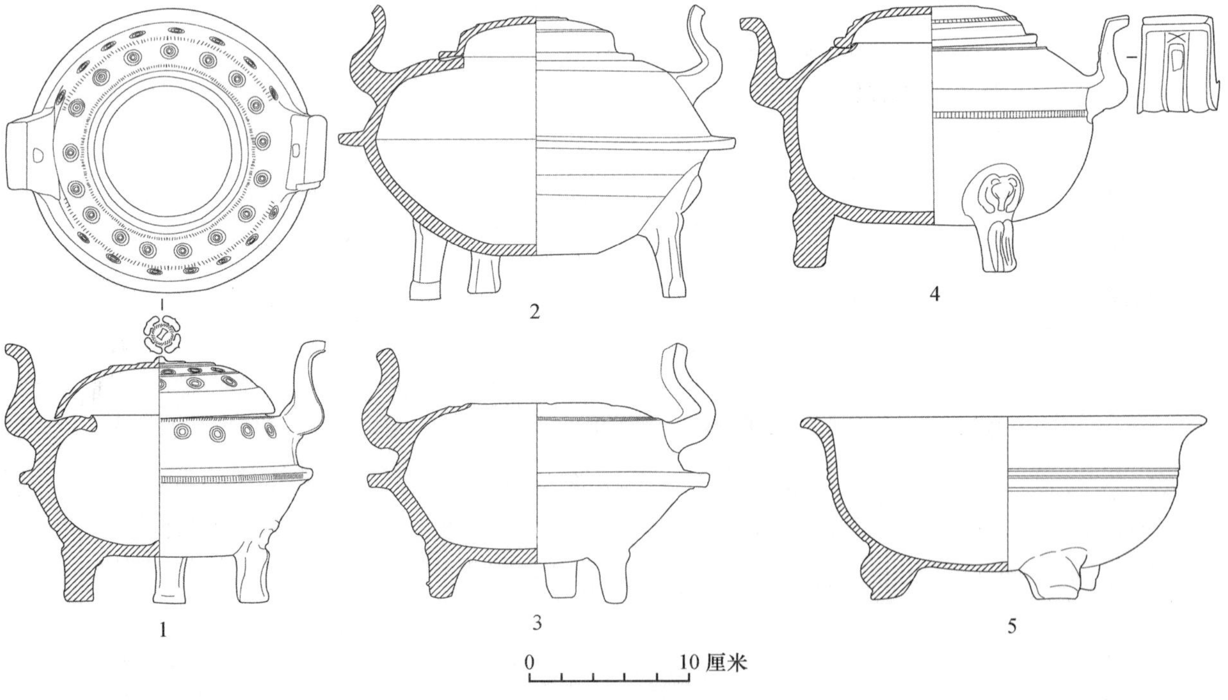

图4-2-1　陶鼎

1. AⅠ式（AM48：28）　2. AⅡ式（AM72：19）　3. AⅢ式（BM29：39）　4. B型（BM75：4）　5. C型（AM17：25）

外折呈方口，盖壁中部饰一周带状锯齿纹。器身为子口内敛，折肩，肩部两侧附对称弯曲板耳，耳上端向外平折，板耳有穿，腹略呈直筒状，下腹部弧收，平底，腹底附模制豕形三足。耳下饰一周带状锯齿纹，其余素面。器身为轮制，双耳与足为模制后与器身粘接。盖径12.4厘米，器身口径10.3、最宽处23.8、通高16厘米（图4-2-1，4；图版二二七，4）。

C型：2件。盆形鼎。

标本AM17：25，器形较矮，敞口，卷沿，圜底，蹄形矮三足。腹壁饰三周凹弦纹。口径24.5、高11.3厘米（图4-2-1，5；图版二二七，5）。

2. 陶壶

共153件，另有6件壶盖[①]，其中9件陶壶残碎无法修复，能进行型式分析者144件。

153件陶壶有明显的组合搭配规律[②]。

第一类组合：随葬1对形制相同陶壶。共25座墓，出土25对陶壶。

第二类组合：随葬2对陶壶，两两形制相同。共6座墓，出土12对陶壶。这些墓葬多为双棺葬，2对陶壶应分属两个墓主。

第三类组合：随葬3件陶壶，其中2件形制相同，另1件形制相异。共5座墓，多双棺葬。另有1座墓（AM60）出土3件陶壶，形制均相同。

第四类组合：随葬4件形制相同陶壶。共4座墓，合计出土16件陶壶。另有两墓（BM11、BM25）随葬的4件陶壶中2件形制相同，另2件形制各异，其中有1件扁圆壶，形制较为特殊。

第五类组合：出土9件形制相同陶壶。仅AM21，但从此墓为三棺葬推测，墓内出土的9件陶壶应分为三组，每组3件。

第六类组合：随葬1件陶壶。共30座墓，合计出土陶壶30件。

第七类组合：随葬2件陶壶，陶壶形制不同，仅见于BM60。

由此可见，这些陶壶多成对出现，规格较高的墓葬中会有多对。

153件陶壶中，有25件带釉陶壶，其余128件为泥质灰陶壶。泥质灰陶壶中15件有彩绘，彩绘有红彩、白彩或红与白相间施彩。无论是施釉还是彩绘，器形均与普通的泥质灰陶壶相同，故进行统一的型式分析。依口、颈、腹、底的差异分十型。

A型：28件。其中23件为釉陶壶，5件为泥质灰陶壶（2件有彩绘）。侈口，平沿，粗长颈稍收，溜肩，扁鼓腹，高假圈足外撇。颈、肩、腹部装饰两周或三周弦纹，部分贴塑铺首或铺首衔环。

标本AM46：34，泥质红陶胎，外施绿釉。口沿下饰一周细弦纹，颈下饰三周弦纹，腹部

① 由于陶壶出土时大部分倾倒或破碎，有盖器物的盖与器身分离，无法判断器盖与陶壶的组合关系，只能单独编号。

② 需要说明的是，这里所说的组合仅指随葬陶壶的形制和数量。虽然有不少墓葬被盗扰，但多数为早年被扰动，盗扰者的目的应不在随葬品，多数被盗扰墓葬中铜镜仍在，陶器更是保存完好。因此，这里讨论陶壶组合时并不受墓葬是否被盗扰的影响。

饰两周弦纹，上腹部两侧贴塑对称模印铺首。口径19.1、底径19.4、高43.5厘米（图4-2-2，1；图版二二七，6）。

B型：28件。大部分为泥质灰陶，偶见泥质红陶。部分有盖。扁圆腹，假圈足。按照器形差别分五式。

Ⅰ式：15件。平沿或折沿，细长颈，颈部内收。肩、腹装饰两周或三周弦纹。

标本BM61∶3，泥质灰陶。器物较大，器形修长。轮制浅弧面盖，盖顶有粘接的模型蹲坐状人形钮，盖内下垂一周成子母口。器身颈、腹交接处两侧贴塑模印铺首衔环，口沿下饰三周宽凹弦纹，颈、腹交接处饰数周凹弦纹。口径18.7、底径17.6、带盖高53厘米（图4-2-2，2；图版二二八，1、2）。

Ⅱ式：6件，出自2座墓中。侈口，粗长颈内收。肩部装饰多周弦纹。

标本AM8∶3，泥质灰陶。口沿下饰一周凹弦纹，颈下饰四周凹弦纹。口径18.2、底径15.6、高40厘米（图4-2-2，3；图版二二八，3）。

Ⅲ式：3件，出自2座墓中。直口，平沿，粗长颈，溜肩，假圈足较高，假圈足底内折。

标本BM7∶3，泥质浅灰陶。器形略小，沿面上有一周凹槽，其余素面，轮制痕迹明显，近底处内斜切一周。口径16.9、底径13.8、高38厘米（图4-2-2，4；图版二二八，4）。

Ⅳ式：2件，均出自BM76。有盖，盖上有凸弦纹。器身为直口，平沿，长颈，假圈足较高。

标本BM76∶10，泥质红陶。弧形盖，盖面中间有一凸起的小圆钮，盖面有两周凸弦纹。器身为扁圆腹外鼓，最大径略偏于腹中下部。器身颈部有一周凹弦纹，肩腹部及腹中下部各有两周凹弦纹。器盖为模制，器身为轮制。口径14.7、底径14.3、带盖高43厘米（图4-2-2，5；图版二二八，5）。

Ⅴ式：2件。侈口，平沿，粗长颈，浅腹，假圈足较矮，大平底。

标本AM76∶8，泥质灰陶。颈腹分界明显，腹足分界圆缓。颈下饰三周凹弦纹，腹部饰三周凹弦纹。口径17.6、底径16.4、高37.5厘米（图4-2-2，6；图版二二八，6）。

C型：38件。其中7件有彩绘图案或文字。盘口较深，平沿，圆鼓腹。按照器形不同分三式。

Ⅰ式：22件，出自9座墓中。5件有彩绘图案。细长颈内收，假圈足。肩、腹部饰弦纹。

标本AM21∶1，泥质灰陶。方唇，细长颈，颈、腹分界明显。唇面饰一周细弦纹，颈下饰三周宽凹弦纹，肩腹、上腹和腹底部各饰两周凹弦纹。口径16.8、底径16.5、高41.5厘米（图4-2-2，7；图版二二九，1）。

Ⅱ式：4件，出自2座墓中。细长颈内收，腹稍浅。素面。

标本BM57∶1，方唇。唇下有一周凹槽和一周凸棱，颈与腹交接处有三周凹弦纹，腹部有两周凹弦纹。口径18.8、底径15.1、高42厘米（图4-2-2，8；图版二二九，2）。

Ⅲ式：12件。2件有红彩字。粗长颈内收，肩、腹部有弦纹。

标本BM71∶10，尖唇。唇下饰一周细凸棱与一周宽凹弦纹，腹部两侧贴塑模印铺首衔

图4-2-2　陶壶（一）

1. A型（AM46：34）　2. BⅠ式（BM61：3）　3. BⅡ式（AM8：3）　4. BⅢ式（BM7：3）　5. BⅣ式（BM76：10）　6. BⅤ式（AM76：8）　7. CⅠ式（AM21：1）　8. CⅡ式（BM57：1）　9. CⅢ式（BM71：10）　10. DⅠ式（AM72：10）　11. DⅡ式（BM15：25）　12. DⅢ式（AM56：1）

环，一侧环缺失，另一侧铺首残，颈与腹交接处饰四周凹弦纹，腹部饰两组各三周凹弦纹。口径17.4、底径15.5、高39.5厘米（图4-2-2，9；图版二二九，3）。

D型：30件。大盘口，盘壁外侈，弧度较大，平沿或折沿下垂，束颈，溜肩，球腹，矮假圈足。肩、腹部饰弦纹或弦纹带，部分腹部贴塑一对铺首或衔环铺首。根据颈、腹部变化分五式。

Ⅰ式：22件，出自15座墓葬中。其中5件高20～25厘米，其余高35～45厘米。细长颈，整体瘦高。

标本AM72：10，颈下部及腹部各饰两周凹弦纹，上腹部贴塑对称模印铺首。口径24、底径16.7、高49.4厘米（图4-2-2，10；图版二二九，4）。

Ⅱ式：1件，出自BM15。颈部较Ⅰ式粗短，整体稍显圆鼓。

标本BM15：25，烧制火候较高，质地坚硬。器物较大，最大径在腹中部，近底部斜切一周。肩、腹部各有一组弦纹，每组两周。口径19.2、底径21、高41厘米（图4-2-2，11；图版二二九，5）。

Ⅲ式：5件，出自4座墓葬中。颈较Ⅰ式粗而较Ⅱ式细，腹最大径略上移。

标本AM56：1，盘口底部有一周折棱，盘底内缩一周，似一盘在壶口上。颈腹部饰三周凹弦纹，腹部饰两周凹弦纹。口径17.5、底径14.3、高32.7厘米（图4-2-2，12；图版二二九，6）。

Ⅳ式：1件。粗长颈，球腹稍扁。

标本BM75：32，质地坚硬。盘口外侈，沿面外斜，尖唇，最大径在腹中部。肩、腹交接处饰一周带状锯齿纹，上、下各有一周凹弦纹。口径18.4、底径18.9、高37厘米（图4-2-3，1；图版二三〇，1）。

Ⅴ式：1件。细长颈，球腹稍扁。

标本BM58：9，器物较大，盘口底略向外平折凸出，颈内束，最大径位于腹中部。颈下与腹中部均有两周锯齿纹。口径23.6、底径14.8、高44.4厘米（图4-2-3，2；图版二三〇，2）。

E型：6件。喇叭口，束颈，溜肩，椭圆形腹，腹最大径在肩腹间，颈、腹分界不明显，假圈足不明显，平底或底部近平。根据腹部不同分二式。

Ⅰ式：3件，出自3座墓葬中。最大径在中腹偏上。

标本AM55：4，盘口，方唇。颈下饰两周弦纹，中腹部饰一周弦纹。口径15.5～18.4、底径13.1、高33.2厘米（图4-2-3，3；图版二三〇，3）。

Ⅱ式：3件，出自2座墓葬中。最大径在中腹略偏下。

标本BM20：10，器物较小，盘口，斜沿，细长颈。肩部和腹部均有较宽凹弦纹。口径12.8、底径12.1、高27.3厘米（图4-2-3，6；图版二三〇，4）。

F型：6件，出自3座墓葬中。4件有彩绘图案。盘口，细颈，斜肩，尖鼓腹下垂，假圈足。

标本BM11：6，模制博山形圆盖，顶部模印山峦，平口，折沿。器身口底部平折弧形内收，颈部缓斜向下，与腹无明显界限，腹部最大径在中部。颈部用红粉彩饰横条带和三角锯齿

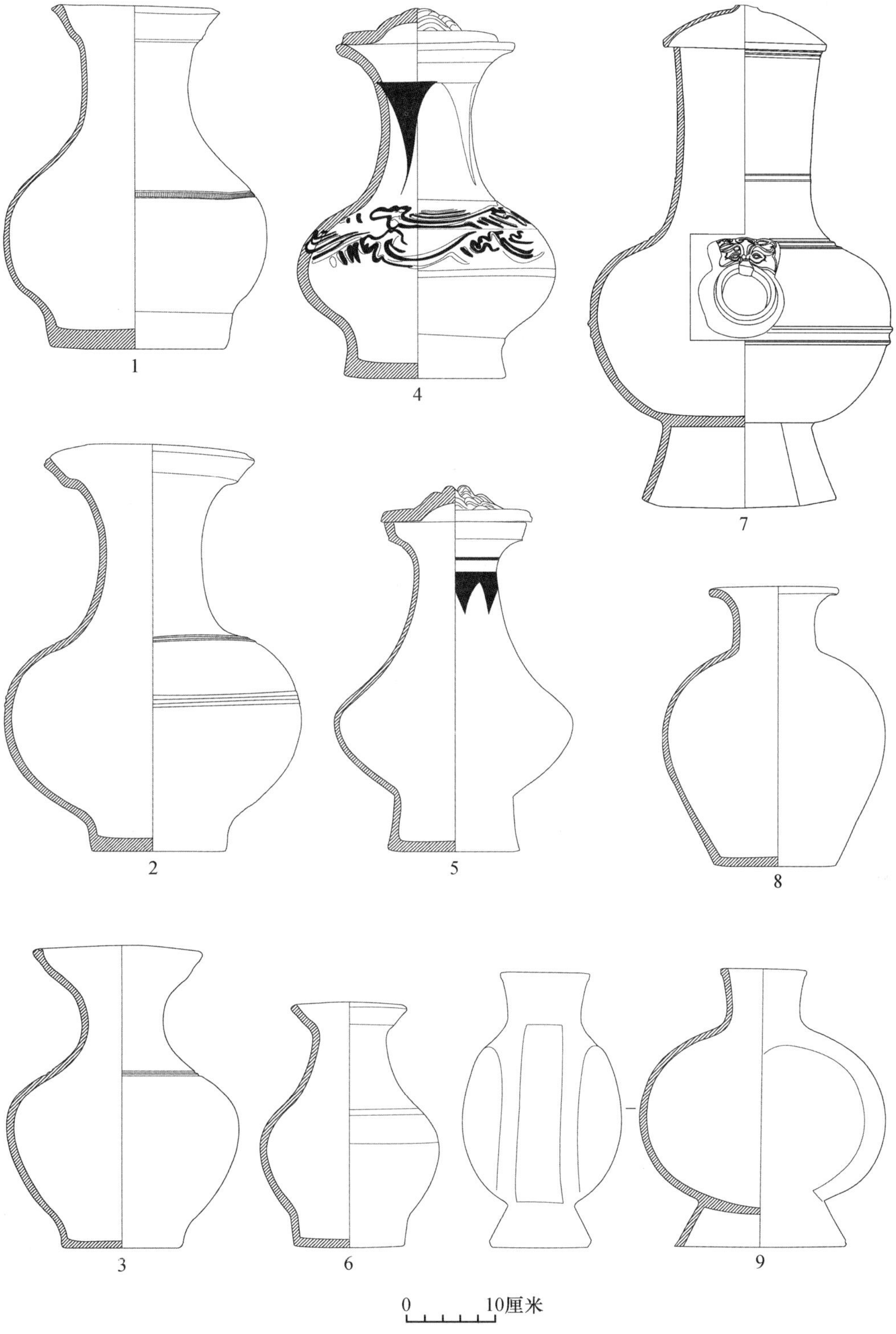

图4-2-3　陶壶（二）

1. DⅣ式（BM75：32）　2. DⅤ式（BM58：9）　3. EⅠ式（AM55：4）　4. G型（BM74：10）　5. F型（BM11：6）　6. EⅡ式（BM20：10）　7. H型（AM31：26）　8. I型（BM12：2）　9. J型（BM11：20）

形纹。口径16.4、底径15.1、通高45.5厘米（图4-2-3，5；图版二三〇，5）。

G型：3件，出自2座墓葬中。均有彩绘。大喇叭口，细长颈，溜肩，扁鼓腹，假圈足。

标本BM74：10，盖面如山峰状凸起，盖缘向外突出一周较宽的环带，盖壁较厚，盖口沿向外平折，盖上有模印山纹，盖面环带上模印一周曲线纹。器身最大径在腹中部。器身饰较细的凹弦纹和凸弦纹，颈部和腹部分别残留有橙、粉两色的三角纹和花鸟纹，圈足下部有粉色和白彩绘的卷云纹。口径19.4、底径17、通高40.8厘米（图4-2-3，4；图版二三一，1、2）。

H型：1件。直口，直颈，弧肩，圆鼓腹，八棱高圈足。

标本AM31：26，弧形盖，盖上有凸棱纹，盖口侈。器身口沿下分三段饰四组弦纹，腹部饰两周粗弦纹，颈下两侧贴塑对称模印铺首，铺首为实鼻衔环。口径16.8、底径19.8、通高57.1厘米（图4-2-3，7；图版二三〇，6）。

I型：1件。侈口，细长颈，鼓肩，长椭圆腹，平底。

标本BM12：2，素面。口径14.4、底径13.5、高32.3厘米（图4-2-3，8；图版二三一，5）。

J型：1件。扁圆壶。

标本BM11：20，口微侈，平沿，口沿外侧凸出一周，直颈，圆肩，肩部两侧有长方形孔，椭圆形扁腹，腹部两侧外鼓且自颈下向左、右两边分别呈半环状下凹半周，高方圈足外侈，圈足四个棱角被斜切。素面。口径10.3、足长19.3、足宽11.6、高32.5厘米（图4-2-3，9；图版二三一，3、4）。

3. 鸮形小陶壶

共34件。出自21座墓葬中，有9座墓葬各出土1对，其中有8对形制相同，BM29所出2件中有1件破碎，无法判断2件形制是否相同；2座墓葬各出土3件，其中BM50所出3件形制相同，AM60所出3件中2件相同，1件形制迥异；10座墓葬各出土1件。由此看来，鸮形小陶壶与大陶壶组合关系相似，成对出土的比率较高。1件绿釉陶，其余均为泥质灰陶。器物较小，高均不超过15厘米，多小口，圜底，大部分附有鸮首器盖，故称“鸮形小陶壶”。除1件破碎外，其余33件依形制和足部变化分四型。

A型：25件。三足。前两足并列，后足外撇。部分有鸮首盖。根据高矮变化分二式。

Ⅰ式：6件，出土于3座墓葬中。体形瘦长。尖圆唇，束颈，鼓腹。

标本BM69：8，鸮首形器盖为手制。器身为敛口，鼓腹略下垂。三足中两个乳足一个扁足。素面。口径3.1、腹径8.7、通高15.5厘米（图4-2-4，1；图版二三一，6）。

Ⅱ式：共19件，出自12座墓葬中。整体矮胖，腹部最大径下移，腹下垂。

标本BM75：6，鸮首形盖为手制。器身为鼓腹下垂明显，两乳足在前，一宽扁足在后。素面。口径2.3、腹径9.3、通高14.1厘米（图4-2-4，2；图版二三二，1）。

B型：3件，出土于2座墓葬中。三足鸟形，有鸮首。三足中前两足并列，后足成尾状。

标本BM55：3，鸮首器盖为模制。器身呈鸟兽形，合模而成。器身上端和前侧用同心圆纹装饰，后端两侧模印有翅膀和羽毛。口径3.2、腹径7.4、通高13.5厘米（图4-2-4，6；图版二三二，2）。

C型：1件。双足鱼形，无鸮首。

标本AM60：7，双模合制而成。器身作站立鱼形，鱼口圆张。下附三足，两乳足在前，三角形鱼尾足在后。器身上装饰条索状鱼鳞纹。高12.6厘米（图4-2-4，5；图版二三二，3）。

D型：4件，根据器物形制不同分二式。

Ⅰ式：3件，出土于3座墓葬中。器身与A型相似，部分有鸮首。

标本AM43：11，鸮首形器盖。器身为尖圆唇，鼓腹下垂，平底。口下有数周轮旋痕。腹径7.1、通高9.9厘米（图4-2-4，4；图版二三二，4）。

Ⅱ式：1件，平底。

标本AM74：8，敛口，圆唇，鼓腹，最大径在中腹，中腹以下急收为小平底，鸮形钮盖不见。器壁较厚，素面。腹径5.2、高4.6厘米（图4-2-4，3；图版二三二，5）。

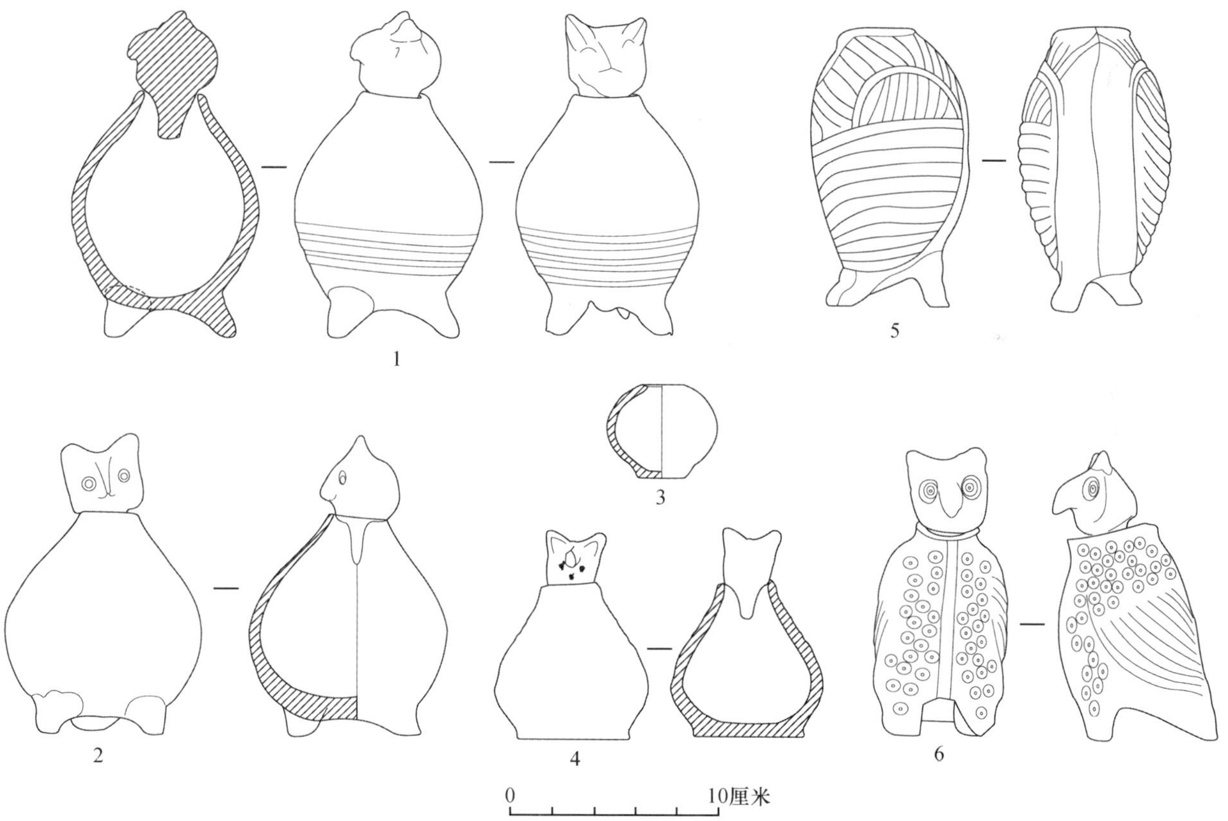

图4-2-4　鸮形小陶壶

1. AⅠ式（BM69：8）　2. AⅡ式（BM75：6）　3. DⅡ式（AM74：8）　4. DⅠ式（AM43：11）　5. C型（AM60：7）　6. B型（BM55：3）

4. 陶罐

共531件。各墓所出数量差异较大，从1件到15件不等。除15件残碎及7件特殊形制外。其余509件完整陶罐依口沿、颈、肩、腹部不同分四型。

A型：31件。出土于25座墓葬中，其中5座墓葬分别出土2件，1座墓葬出土3件，19座墓葬各出土1件。可见此类陶罐每墓多随葬1件，随葬多件者常见于多棺墓或者有多套随葬品的墓葬中。均泥质灰陶。侈口，束颈，溜肩，鼓腹。部分腹部装饰二组或三组凸弦纹，弦纹间有竖刻划纹。按照腹部差异分四式。

Ⅰ式：13件，3座墓葬各出土2件，7座墓葬各出土1件。细颈，球腹。

标本AM36：9，沿略外卷，平底，最大径在中腹部。颈下饰三周弦纹，上腹和中腹部各饰两周弦纹，弦纹上有刻划纹。口径13.3、底径11.2、高21.5厘米（图4-2-5，1；图版二三二，6）。

Ⅱ式：6件，出土于6座墓葬中。椭圆形腹，腹部最大径上移。

标本CM3：28，卷沿，最大径在上腹部，平底。素面。口径17.3、底径13.2、高24.1厘米（图4-2-5，2；图版二三三，1）。

Ⅲ式：11件，1座墓葬出土3件，2座墓葬出土2件，4座墓葬各出土1件。圆腹略扁，平底较大。

标本AM72：49，卷沿，最大径在中腹部，底内凹。素面。口径11.3、底径12.5、高19厘米（图4-2-5，3；图版二三三，2）。

Ⅳ式：1件。扁圆腹，大平底。

标本BM21：33，卷沿，束颈，肩部斜，腹较直。素面。口径8.2、底径15.6、高13.4厘米（图4-2-5，4；图版二三三，3）。

B型：151件，46件绿釉陶，105件泥质灰陶。平沿或卷沿，矮领，鼓腹。肩、腹部饰几周凹弦纹。根据形制不同分五式。

Ⅰ式：45件，其中36件绿釉陶，9件灰陶。出土于16座墓葬中，其中3座墓葬各出土3件，3座各出土4件，5座各出土2件，3座各出土1件，2座分别出土6件、5件。鼓腹。

标本AM6：2，泥质红胎绿釉陶。敛口，方唇，斜圆肩，下腹内收，底略内凹。最大径在肩、腹交界处，腹径大于器高。下腹有两周凹弦纹。口径18、底径18.8、高27.2厘米（图4-2-6，1；图版二三三，4）。

Ⅱ式：34件，出土于11座墓葬中，其中1座出土9件，3座各出土4件，1座出土3件，4座各出土2件，2座各出土1件。4件绿釉陶，30件灰陶（2件彩绘）。腹下部略弧，底略弧。

标本BM24：19，泥质灰陶。器形矮胖，侈口，尖圆唇，圆肩，肩部有两个对称的小圆孔，上腹部圆鼓。最大径在上腹部，腹径大于器高。肩、腹交界处有两周较宽凹弦纹。口径21、底径21.6、高29.4厘米（图4-2-6，4；图版二三三，5）。

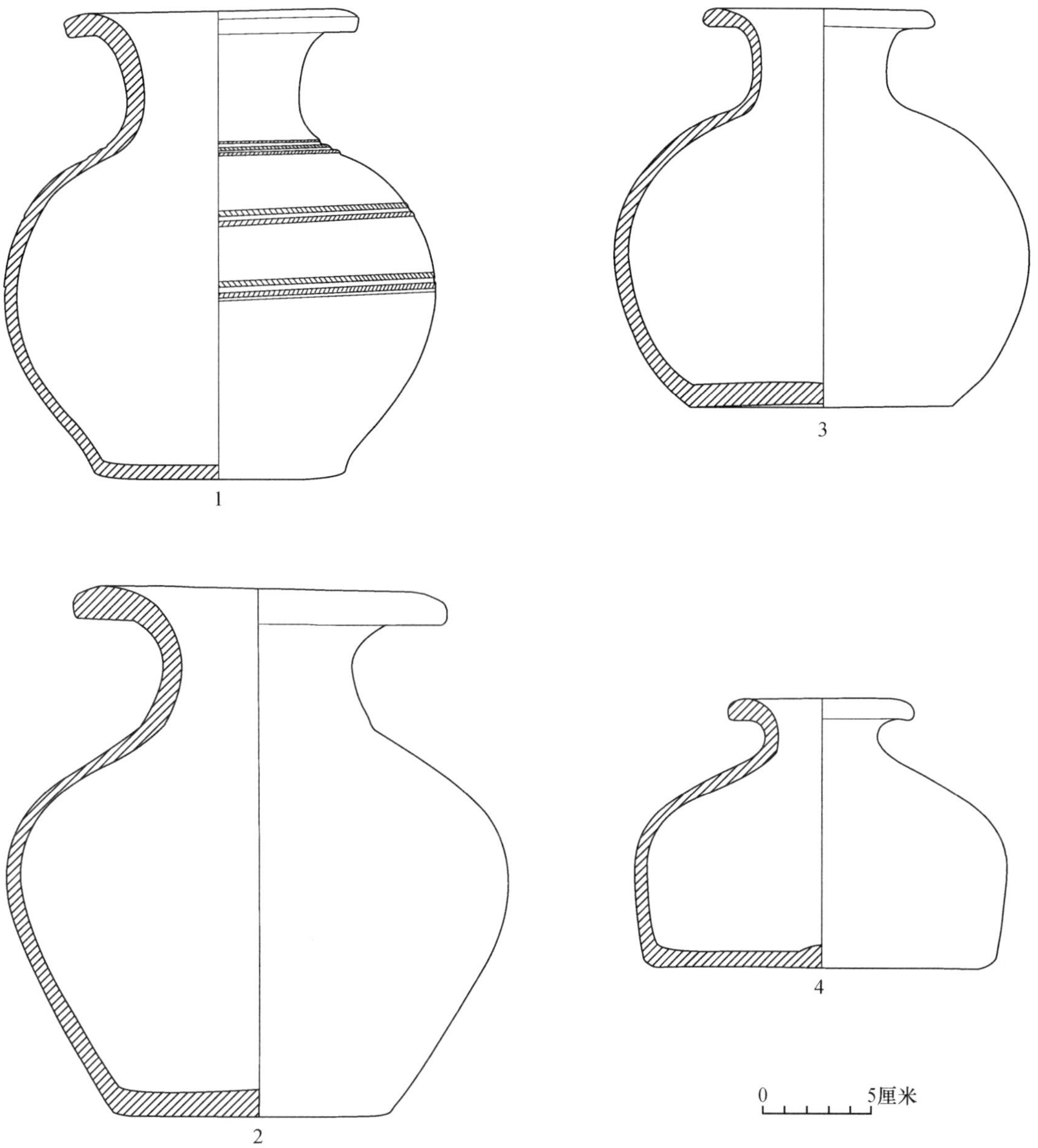

图4-2-5　陶罐（一）

1. AⅠ式（AM36∶9）　2. AⅡ式（CM3∶28）　3. AⅢ式（AM72∶49）　4. AⅣ式（BM21∶33）

Ⅲ式：41件，出土于16座墓葬中，其中5座墓葬各出土2件，1座出土8件，3座各出土4件，2座各出土3件，其余5座各出土1件。均为泥质灰陶。下腹斜，底略弧。

标本BM62∶12，器形略小，一侧口沿挤压变形。器盖盖面呈半球形，盖口直，盖顶有模制捉手。器身为敛口，折沿，圆溜肩，鼓腹，下腹急内收，小平底。最大径在上腹部，腹径大于器高。腹部有二周较宽浅凹弦纹。口径14、底径13.5、高25厘米（图4-2-6，2；图版二三三，6）。

Ⅳ式：12件，出土于8座墓葬中，其中1座墓出土3件，2座各出土2件，5座各出土1件。均为泥质灰陶。敛口，腹下部弧收，平底。素面。有的有熊形或猫头鹰钮盖。

图4-2-6　陶罐（二）

1. BⅠ式（AM6：2）　2. BⅢ式（BM62：12）　3. BⅣ式（CM3：35）　4. BⅡ式（BM24：19）　5. BⅤ式（BM22：11）
6. CⅡ式（CM4：20）　7. CⅠ式（AM10：8）　8. DⅠ式（AM71：30）　9. DⅡ式（AM50：5）

标本CM3：35，盖面略呈半球形，盖口直，盖顶部粘接一模制蹲立状熊形捉手。器身为敛口，卷沿，沿面边缘下凹一周，尖唇，鼓腹，腹下部弧，底略弧。素面。口径20.3、底径15.8、通高44.6厘米（图4-2-6，3；图版二三四，1）。

Ⅴ式：19件，出土于10座墓葬中，5座各出土2件，1座出土5件，其余4座墓各出土1件。均为泥质灰陶。有的还有覆钵形盖。直领，腹下部弧，大平底，整体矮胖。部分颈肩处有三角齿状纹、刻划纹，腹部有弦纹。

标本BM22：11，泥质灰陶。器物略小，敛口，腹稍浅。颈肩处有一周三角锯齿纹和一周菱形纹。口径14.5、底径16.7、高24.5厘米（图4-2-6，5；图版二三四，2）。

C型：28件。小口，鼓腹，腹下部急收，平底。最大径在上腹部，腹径略小于器高。根据形制不同分二式。

Ⅰ式：15件，出自8座墓葬中，其中出土3件和4件的各有1座墓，2座各出2件，其余4座各出1件。均泥质灰陶。整体瘦高，尖唇，直口，直领，底部稍外撇。素面。

标本AM10：8，矮领，斜肩。口下有一周短齿纹、连弧纹和下垂菱形纹，上腹部有一周凹弦纹。口径19.7、底径15.3、高33厘米（图4-2-6，7；图版二三四，3）。

Ⅱ式：13件，出自6座墓葬中，其中3座墓各出1件，2座墓各出3件，1座墓出4件。均为泥质灰陶。侈口，短领或无领。素面。

标本CM4：20，口部挤压变形，呈不规则圆形。球面形器盖，盖顶近平，盖顶中央有一较大的呈蹲坐状的钮。钮呈鸮形，圆目，长尖嘴凸出，背部凹槽作羽毛状。器身为口微敛，圆唇，广肩，肩腹部扁圆，最大径位于肩、腹交接处。腹部自上而下呈曲线内收，小底略弧。素面。口径17.5、底径15.5、通高40.7厘米（图4-2-6，6；图版二三四，4）。

D型：数量最多，共299件。单墓所出数量也较多，据统计出土10件以上的墓葬就有8座，最多的1座墓出土15件。出土3～5件的墓葬居多，出土超过5件的墓葬多数为双棺或三棺葬，为两套或三套随葬品组合。侈口，卷沿，短颈，鼓腹。腹部有两周纹饰带，大部分有戳印纹。根据形制不同分二式。

Ⅰ式：163件。出土于45座墓葬中，其中8座各出4件，3座各出5件，3座各出3件，7座各出2件，2座各出9件，2座各出6件，15座各出1件，其余5座墓分别出土12件、11件、10件、8件和7件。7件绿釉陶，156件泥质灰陶（其中12件有彩绘）。体形瘦高，腹最大径在肩部，腹下部急收。

标本AM71：30，泥质灰陶。器物较高，尖圆唇，圆肩，腹下部曲线斜内收，小平底。上腹部有两周带状压印网点纹，下腹有抹痕。口径22.2、底径15.9、高30.6厘米（图4-2-6，8；图版二三四，5）。

Ⅱ式：136件。出土于34座墓葬中，其中2座各出土9件，2座各出土6件，3座各出土3件，4座各出土2件，16座各出土1件，其余墓葬分别出土15件、13件、12件、11件、10件、8件、4件。均为泥质灰陶（其中6件施彩）。形体矮胖，圆鼓腹，腹下部曲线内收，平底或底略内凹。

标本AM50：5，泥质灰陶。尖唇，圆肩，小平底略内凹。腹径大于器高，最大径在上腹部。肩部和上腹部饰两周宽带状菱格纹，腹部有数周轮制宽凹弦纹。口径23.8、底径19、高32.9厘米（图4-2-6，9；图版二三四，6）。

另外还出土7件形制比较特殊的陶罐。

标本AM51：23，泥质灰陶。侈口，圆唇，鼓肩，垂折腹，小平底。最大径在下三分之一处，腹部最大处有折棱，下腹有两周凹弦纹。口径5.3、底径4.4、高11.5厘米（图4-2-7，4；图版二三五，1）。

标本BM17：5，泥质灰陶。大圆口内敛，上腹圆鼓，下腹斜收，小平底。肩部饰数周凹弦纹。口径18.5、底径11.6、高17.6厘米（图4-2-7，1）。

标本CM3：7，泥质灰陶。体形较小，敛口，圆肩，平底。肩部饰几周细绳纹。口径16、底径12.4、高11.7厘米（图4-2-7，3）。

标本BM3：48，泥质灰陶。口沿、颈及上腹部分残，腹中部鼓，下腹部斜收，平底。腹部饰凹弦纹数周，轮制。底径13、残高25.4厘米（图4-2-7，7；图版二三五，2）。

标本BM70：4，泥质灰陶。器形较大，盘口略外侈，盘口内壁下方向内下凹一周，粗短颈中部内凹，溜肩，肩部略折，最大径偏于肩腹交接处的下方，下腹斜收，平底。肩部有数周宽凹弦纹，轮制。口径16.5、底径16.3、高36.8厘米（图4-2-7，2；图版二三五，5）。

标本AM26：12，泥质灰陶。器壁厚，敛口，方唇，斜肩，鼓腹，下腹斜收，平底。腹饰较零乱中绳纹。口径14.8、底径19.5、高32.3厘米（图4-2-7，6；图版二三五，3）。

标本AM37：25，泥质灰陶，表面光滑，黑灰色脱落。器形竖高，喇叭口，束颈，鼓腹，小平底。中腹部饰暗弦纹，下腹有抹光痕。口径17.5、底径11.3、高35.5厘米（图4-2-7，5；图版二三五，4）。

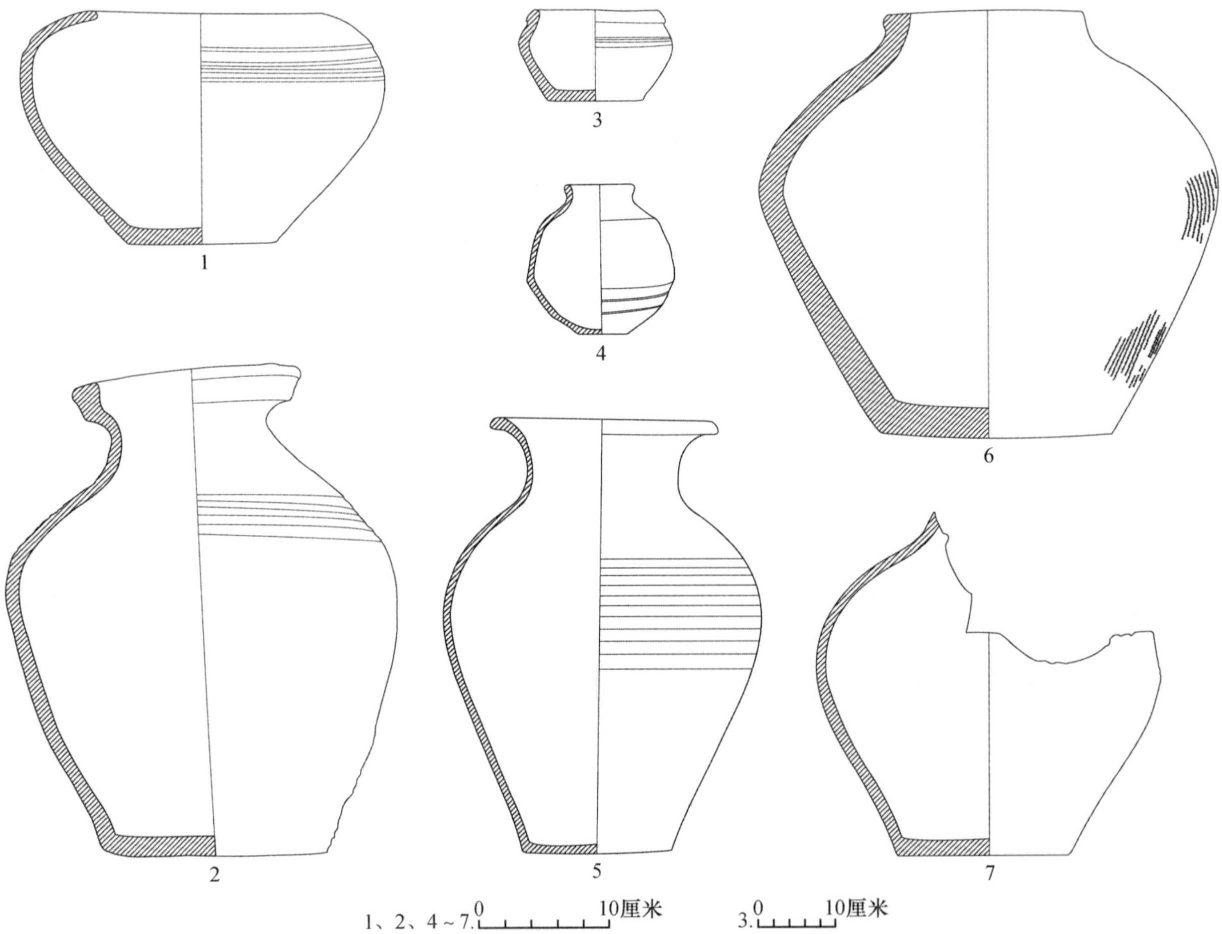

图4-2-7　陶罐（三）

1. BM17：5　2. BM70：4　3. CM3：7　4. AM51：23　5. AM37：25　6. AM26：12　7. BM3：48

5. 陶瓮

共44件。通常单墓出土数量较少，多数一墓仅出土1件，偶有多棺墓出土数量较多，如AM60和BM15各出土3件。小口，鼓腹，大平底或底微内凹。有些腹部装饰几周纹饰带。器物普遍较大，一般腹径大于器高，腹径多在40厘米以上。2件残、5件形制特殊者未分型，其余37件根据形制不同分四式。

Ⅰ式：22件。卷沿，短颈，腹下部弧收。腹部多有二、三周戳印纹带。整器特征为“矮、短、丰、圆”。

标本AM62：1，泥质灰陶。直口，沿略外卷，尖唇，圆肩，大平底。最大径在上腹部。肩、腹部饰两周带状压印菱格纹，腹部饰暗弦纹。口径38.6、腹径59.2、底径28.8、高51.4厘米（图4-2-8，1；图版二三五，6）。

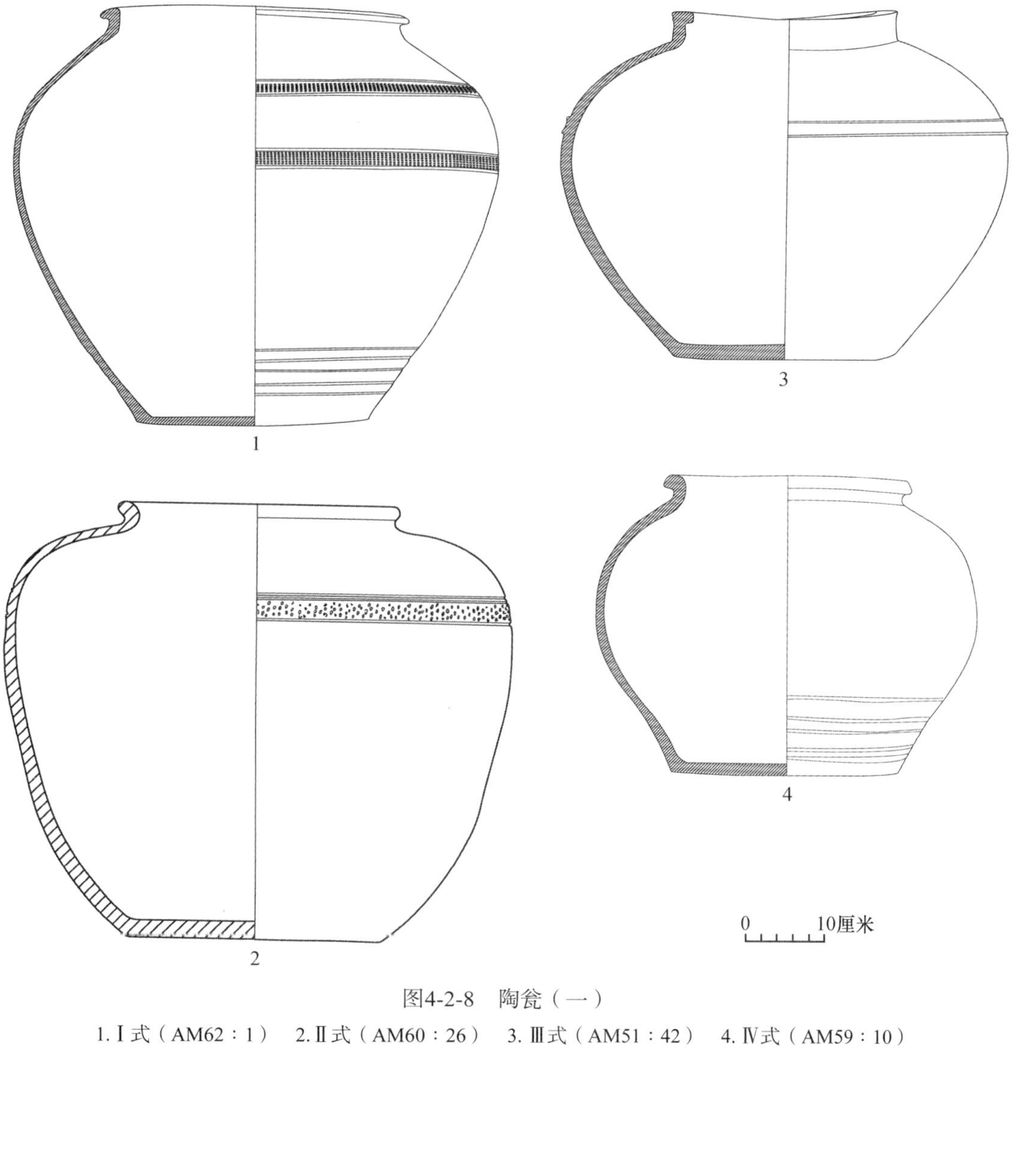

图4-2-8　陶瓮（一）

1. Ⅰ式（AM62：1）　2. Ⅱ式（AM60：26）　3. Ⅲ式（AM51：42）　4. Ⅳ式（AM59：10）

Ⅱ式：4件，出土于3座墓葬中。圆唇，束颈，广肩，鼓腹，大平底。肩腹间饰一周压印纹和几条弦纹。

标本AM60：26，泥质灰陶。侈口，卷沿，广圆肩。腹径大于器高，最大径在肩腹部。肩部饰一周带状菱形压点纹。口径35.5、腹径64.6、底径34、高55.5厘米（图4-2-8，2；图版二三六，1）。

Ⅲ式：4件，出土于2座墓葬中。敛口，直领，深腹，平底。

标本AM51：42，泥质灰陶。口部略变形，方唇，平沿内勾，斜圆肩，鼓腹，下腹弧收，小平底。最大径在上腹部，腹径大于器高。肩部饰一周宽带状附加堆纹。口径25.5～27.8、腹径53～54.6、底径27.5、高42.7厘米（图4-2-8，3；图版二三六，2）。

Ⅳ式：7件。出土于7座墓葬中。卷沿，短颈，深鼓腹。

标本AM59：10，泥质灰陶。侈口，平底。最大径在中腹部，腹径大于器高。下腹饰数周弦纹。口径31、腹径47.3、底径28.5、高36.6厘米（图4-2-8，4；图版二三六，3）。

另有部分型式较特殊的陶瓮。

标本AM62：52，泥质灰陶。器形较大，直口，宽平折沿，方唇，短颈，圆腹，平底。最大径在腹部，腹径大于器高。上腹部饰两周带状压印网格纹。口径33.1、腹径45.5、底径26.2、高39厘米（图4-2-9，1；图版二三六，4）。

标本AM34：6，泥质灰陶。直口，宽平折沿，方唇，唇下内收，沿底面内凹，短颈，圆腹，腹底部凹收，平底。最大径在中腹部，腹径大于器高。沿面边缘饰一周凹弦纹，上腹饰两周带状布纹，腹壁饰划纹。口径45、腹径50.9、底径29.2、高44.7厘米（图4-2-9，2；图版二三六，6）。

标本AM58：5，泥质灰陶。覆盆形器盖，顶部有一周凸起，顶部作模制半环钮，盖口沿平折，方唇，唇面内凹，沿底面内凹，盖面饰一周弦纹。器身为直口，卷沿，短颈，斜圆肩，鼓腹，下腹斜收，底内凹。腹径大于器高。上腹饰一周弦纹，下腹部有轮制旋痕。口径27.8、腹径44.4、底径23.8、通高46.4厘米（图4-2-9，3；图版二三六，5）。

6. 陶仓

共521件，其中9件残碎无法进行型式划分。均为泥质灰陶，少部分施彩绘。还出土84件陶仓盖①。部分仓中有粟等谷物腐朽物。

每墓中随葬陶仓的数量不同，最多可达18件（如AM48和AM60），少的仅有1件，以5件最为常见。大致有以下几类组合关系。

第一类，随葬5件陶仓，形制相同。共40座墓葬，是路固墓地中最常见的陶仓组合，其中8座墓随葬A型陶仓，15座墓随葬B型陶仓，17座墓随葬C型陶仓。

① 需要说明的是，部分陶仓出土时就带有仓盖，有些陶仓由于出土时被扰动，仓盖与陶仓分离而不知组合关系，现为单独编号。

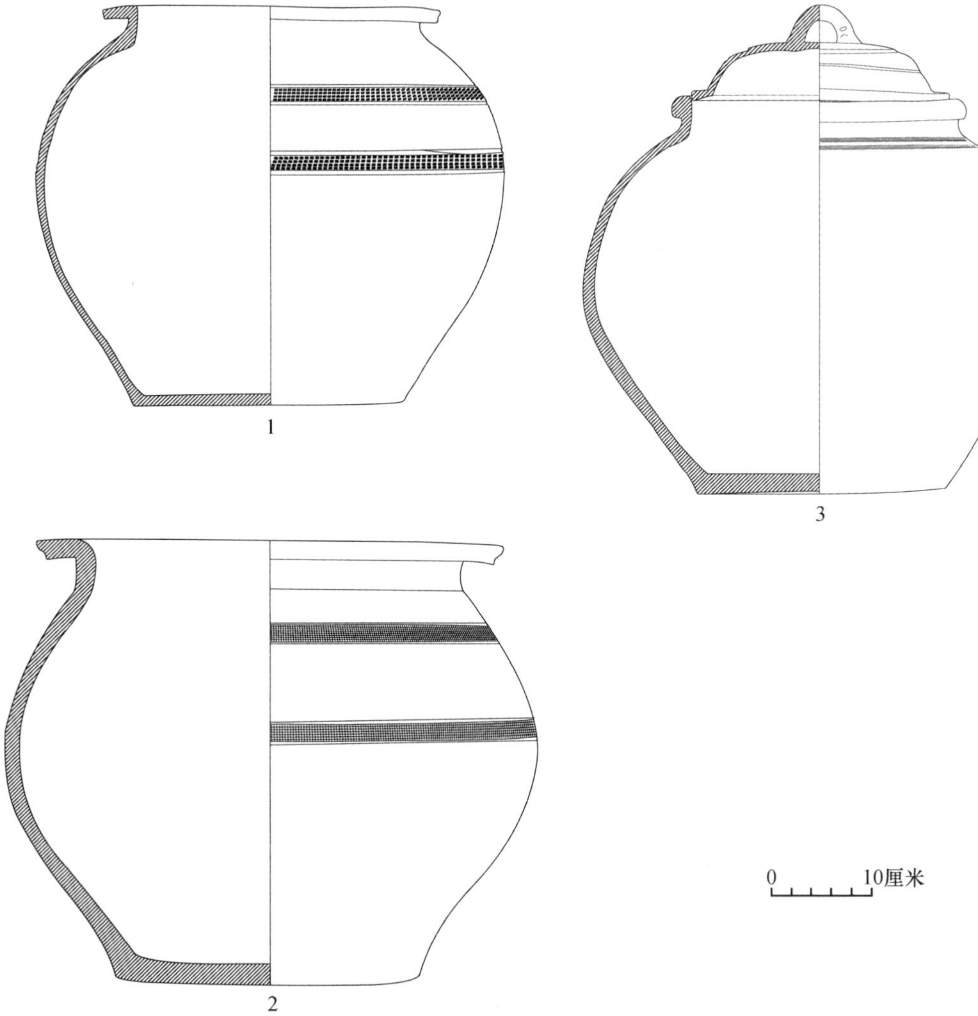

图4-2-9　陶瓮（二）

1. AM62：51　2. AM34：6　3. AM58：5

第二类，随葬5件陶仓，但形制不完全相同，明显是用不同形制的陶仓拼凑成的“5件套”。这类墓葬共3座，AM32是用1件B型仓加4件C型仓，BM20是用1件B型仓加4件A型仓，BM54是用2件AⅤ式仓加3件AⅡ式仓。

第三类，随葬陶仓数量多于5件。共24座墓葬，其中随葬18件的有AM48①和AM60，随葬16件的是BM50，多数墓葬随葬11件，如AM50、BM29、BM30和BM77，随葬10件的墓葬有AM51、AM68、AM71、AM75、BM13、BM14。这些随葬5件以上的墓葬多为多棺墓，同墓所出的陶仓形制也多不相同，应是2套或2套以上，如AM71出土10件陶仓，其中5件为CⅠ式，1件CⅢ式、4件CⅣ式。从中仍能看出重视5件仓为一组的随葬习俗。

第四类，随葬陶仓数量不足5件。共29座墓葬。其中，多数随葬4件或2件。这类墓葬规模

① AM48中随葬的陶仓除这18件外，还有4件陶仓盖，其中有1件可能属于没带陶仓盖的AM48：21，其余3件可能属于其他陶仓，AM48是迁葬墓，有些陶仓可能被迁葬时取走。

普遍较小。

根据形制不同分三型。

A型：230件。三足仓。小口，部分有模制器盖。器身为轮制。依照形制不同分五式。

Ⅰ式：23件，出自4座墓葬中。均有盖。器身为筒形腹，腹壁稍斜，倾斜度小于10度。制作精良，三足动物形象刻画精细。

标本BM30∶2，器物较高大。弧面形器盖，盖面上模制双交龙图案，中央有凸起的鸟兽形小钮。仓身为直口，广圆肩，腹部自上而下斜收，最大径位于肩、腹交接处，平底，豕首人身状三足。腹部饰四组宽凹弦纹，每组四周。口径9.4、腹径23.8、底径19.8、通高34.8厘米（图4-2-10，1；图版二三七，1）。

Ⅱ式：171件，出自25座墓葬中。腹上大下小，腹壁倾斜度大于Ⅰ式。部分有盖。三足刻画较粗糙，动物形象抽象。

标本BM50∶16，形体较Ⅰ式矮。浅弧面形器盖，盖面中央有凸起的小圆钮，盖面底部向外凸出一周环带，便于与器口扣合。器身上粗下细，敛口，口沿内壁下凹，唇部不明显，小广圆肩，腹部自上而下内收，平底，三足均呈立熊状。最大径在肩、腹交接处。盖面饰交叉的双凤图案，条带状羽毛密集显著，腹饰二组凹弦纹。口径8、腹径16.1、底径11.7、通高23.1厘米（图4-2-10，3；图版二三七，2）。

Ⅲ式：22件，出自4座墓葬中。腹上粗下细明显，腹壁斜收。

标本AM36∶28，器盖为模制，盖面略平，边缘下折，盖面中央略作圆形凸起，盖面分三层饰四周凸棱。器身为敛口，尖唇，广圆肩，平底，模制豕首人形三足。腹部饰二组凹弦纹，每组二周。口径8.9、腹径16.3、底径10.4、通高22.5厘米（图4-2-10，4；图版二三七，3）。

Ⅳ式：4件，出自2座墓葬中。腹壁圆弧。

标本BM11∶9，器物较大，无盖。矮直口，有唇，口内侧面内凹一周，圆肩，最大径在肩腹部，平底，模制踞熊三足。腹饰六周凹弦纹。口径9.3、腹径24.6、底径18.2、高35厘米（图4-2-10，2；图版二三七，4）。

Ⅴ式：10件，出自4座墓葬中。圆鼓腹，器身似罐，小平底，下置三足。

标本BM68∶20，弧面形器盖，盖顶中央有一长弯耳状兽面略向上凸出，下部有两周模印凸棱，盖口下部接近口沿处向下折出较宽的一周环带，盖面内壁有弧形切削修整痕迹。器身为小圆直口，尖圆唇，广肩，鼓腹，最大径在上腹部，下腹曲收，平底，三兽形足均外撇。器盖和上腹部有红、白彩绘图案，上腹部饰三周弦纹，盖面饰新月形、弧线形纹样，盖口边缘有一周较宽的竖线彩绘，盖面内壁中央亦涂满彩绘，器身外壁口沿周围饰三角状彩绘，上腹部凹弦纹之间饰卷云纹彩绘图案。口径9.2、腹径27.3、底径15.7、通高28.5厘米（图4-2-10，5；图版二三七，5）。

B型：132件。平底仓。器盖为模制，器身为轮制。仓体与A型相似，只是无足。B型的组合关系与A型和C型相同，也常见5件一组。器物较小，依照形制不同分四式。

Ⅰ式：35件，出自9座墓葬中。体形瘦长，腹壁斜。

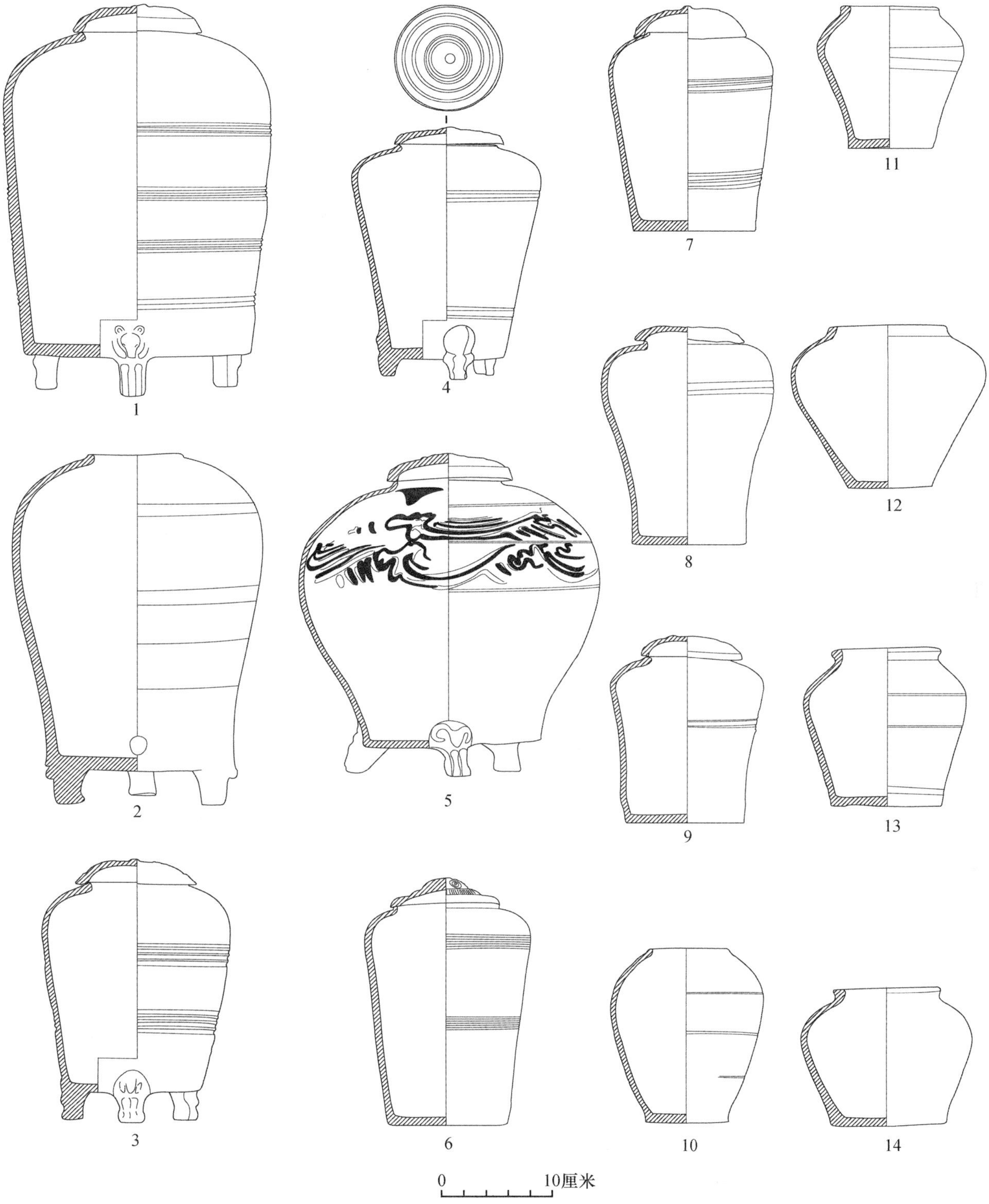

图4-2-10　陶仓

1. AⅠ式（BM30：2）　2. AⅣ式（BM11：9）　3. AⅡ式（BM50：16）　4. AⅢ式（AM36：28）　5. AⅤ式（BM68：20）　6. BⅠ式（BM73：3）　7. BⅡ式（AM68：8）　8. BⅢ式（BM76：19）　9. BⅣ式（BM26：11）　10. CⅠ式（AM71：19）　11. CⅡ式（BM72：3）　12. CⅡ式（AM54：5）　13. CⅢ式（AM46：42）　14.CⅣ式（AM71：12）

标本BM73：3，圆形器盖，无钮，整个盖面呈三级阶梯状，盖顶部隆起，其上饰一周带状小乳丁纹和一周带状同心圆戳印纹，盖壁中间上斜凸起一周，其上饰一周锯齿纹，盖面边缘平折，其上饰两周凹弦纹。器身为敛口，沿面内斜，尖唇，广圆肩，上腹略粗于下腹。腹壁饰两组凹弦纹，每组四周。口径6.8、腹径14.9、底径10.5、通高21.5厘米（图4-2-10，6；图版二三七，6）。

Ⅱ式：55件，出自13座墓葬中。体形稍胖，腹壁斜，腹部均饰两组弦纹。

标本AM68：8，乳丁钮球面形器盖，盖面模印圆圈梅花点纹。器身为敛口，圆唇，广圆肩，腹上粗下细。腹壁有两组凹弦纹，每组三周。口径7.8、腹径14.6、底径11、通高20.2厘米（图4-2-10，7；图版二三八，1）。

Ⅲ式：34件，出自12座墓葬中。腹上部外鼓明显，下壁弧收。

标本BM76：19，形体较为修长。浅弧面形器盖，盖壁较薄，盖面近平。器身为敛口，沿外卷，圆鼓肩，下腹部略呈筒状。盖面模印简单的交龙纹，腹部饰数周凹弦纹。口径7.9、腹径15.8、底径10.3、通高20.1厘米（图4-2-10，8；图版二三八，2）。

Ⅳ式：8件，出自3座墓葬中。制作粗糙，体形矮胖，腹中部内弧，近底部内折。

标本BM26：11，弧面形器盖。器身为敛口，圆唇，圆折肩，腹部自上而下略斜收，上腹径略大于下腹径，最大径位于折肩处。器盖自内向外分别饰有圆周状蝙蝠纹和较密集的同心圆戳印纹，腹部饰两组凹弦纹。口径6.6、腹径13.6、底径10.2、通高14.4厘米（图4-2-10，9；图版二三八，3）。

C型：150件。罐式仓。此类器物与罐相似，与仓的形制不相同，体形非常小，高常不足20厘米，多12～16厘米。出土这类器物的墓葬极少出土A、B型仓，而伴出的罐与出土A、B型仓的墓葬出土的罐在种类、形制和组合关系上都非常相似。可见这类器物并无罐的功能，应是充当了陶仓的角色。

罐式仓的组合关系也与常见的A型和B型陶仓相似，常见5件一组，一墓出土5件罐式仓的墓葬达17座。以往这类器物常被认作小型陶罐，由于体形较小，在罐的研究中一般不被重视。依照形制差异分四式。

Ⅰ式：9件，出土于2座墓葬中，分别出土5件、4件。小口，无领，鼓腹，腹壁圆弧。

标本AM71：19，器物瘦高，敛口，圆唇，圆溜肩，最大径在上腹部。腹部饰三周凹弦纹。口径7.5、腹径13.7、底径7.3、高15.9厘米（图4-2-10，10；图版二三八，4）。

Ⅱ式：70件，出土于19座墓葬中，9座墓各出土5件，5座各出土3件，2座墓各出土2件，2座墓各出土1件，1座出土4件。直领，溜肩，斜腹，平底，底径略小于口径。

标本BM72：3，侈口，厚圆唇，圆肩略圆折，腹部微曲内收，小平底。最大径位于肩、腹圆折处，腹径略等于器高，器内壁底部有尖圆乳凸。肩部饰数周细凹弦纹。口径8.8、腹径13、底径7.4、高13.8厘米（图4-2-10，11；图版二三八，6）。

标本AM54：5，口微敛，方唇，斜肩，鼓腹，下腹急收，小平底。最大径位于肩、腹交接处。口径10.8、腹径17.4、底径7.7、高14.8厘米（图4-2-10，12；图版二三八，5）。

Ⅲ式：48件，出土于12座墓葬中，其中6座出土5件，2座各出土1件，其余墓葬分别出土7件、4件、3件和2件。折沿，直领，平底，口径、底径相同。体形比Ⅱ式矮胖。

标本AM46：42，侈口，方唇，斜肩，下腹斜收，平底。腹部饰三周弦纹。口径10、腹径14.5、底径9.8、高14.5厘米（图4-2-10，13；图版二三九，1）。

Ⅳ式：23件，1座墓出土5件，3座墓各出土4件，1座墓出土3件，3座墓各出土1件。体形矮胖，侈口，领较矮，鼓腹，平底，底径略大于口径。

标本AM71：12，器物较小，方唇，斜圆肩，腹壁斜收，平底。最大径在肩、腹交接处，腹径大于器高。素面。口径9.9、腹径15.6、底径10.5、高10.5厘米（图4-2-10，14；图版二三九，2）。

C型罐式陶仓，时代多属东汉晚期，应是两汉时期常见的陶仓随葬习俗逐步淡出历史舞台时期的代替品。

除数量众多的陶仓外，还出土84件陶仓盖，部分可能属于上述陶仓。根据形制差异分二型。

A型：覆钵形仓盖。均压模成型，直径10～12厘米。仓盖除少数素面外，多数压印有缠龙纹、缠枝花纹、莲蓬纹、柿蒂纹和瓦棱纹等纹饰。

缠龙纹仓盖最多见。有的缠龙纹较简单，只是象征性凸起几条相交线条，如BM53：3（图4-2-11，1）。有的则较复杂，如BM58：6，有龙首和龙爪，身体上还饰有羽毛（图4-2-11，2）。BM54：6和BM54：16，除龙首、龙爪、羽毛外，躯干上还有鳞片（图4-2-11，3、4）。

有缠枝花纹的仓盖数量不多，主要出自AM48。图案有两种：一种以仓盖中心点为圆心环绕四周圈点纹，其外环绕三组缠枝花纹，如AM48：78（图4-2-11，5）；一种在仓盖中心点压印出一环钮，以其为中心环绕两周圈点纹，其外有一周纹饰带，内饰四组缠枝和众多圈点纹，如AM48：81（图4-2-11，6）。这种带缠枝花纹的仓盖应是仿漆木器设计。

另外还有少量莲蓬纹仓盖（AM4：26、27）（图4-2-11，7、8）、柿蒂纹仓盖（BM57：10）（图4-2-11，9）和瓦棱纹仓盖（CM21：8）（图4-2-11，10）。

B型：带捉手仓盖。数量较少，常见于东汉中晚期，如AM73：5（图4-2-11，11）。

7. 陶井

共130件，其中仅有井亭顶的9件，仅余汲水罐的3件，仅保留井身的3件，残碎无法复原的4件，完整者111件。分别出自107座墓葬，其中出土3件的有1座墓（CM3），出土2件的有21座墓葬，其余墓葬均各出土1件。出土陶水井的墓葬占汉墓总数的72.3%，可见汉代当地人对水井的重视程度之高。

均为泥质灰陶，根据井架、井身、井亭不同分四型。

A型：43件。井身中部内收，底部外撇，大部分有底。圆形井沿，沿上立井架、井亭。部分伴出汲水罐，或固着于井沿上，或可活动。井身、井架、井亭顶均为分开制作，连接处容易

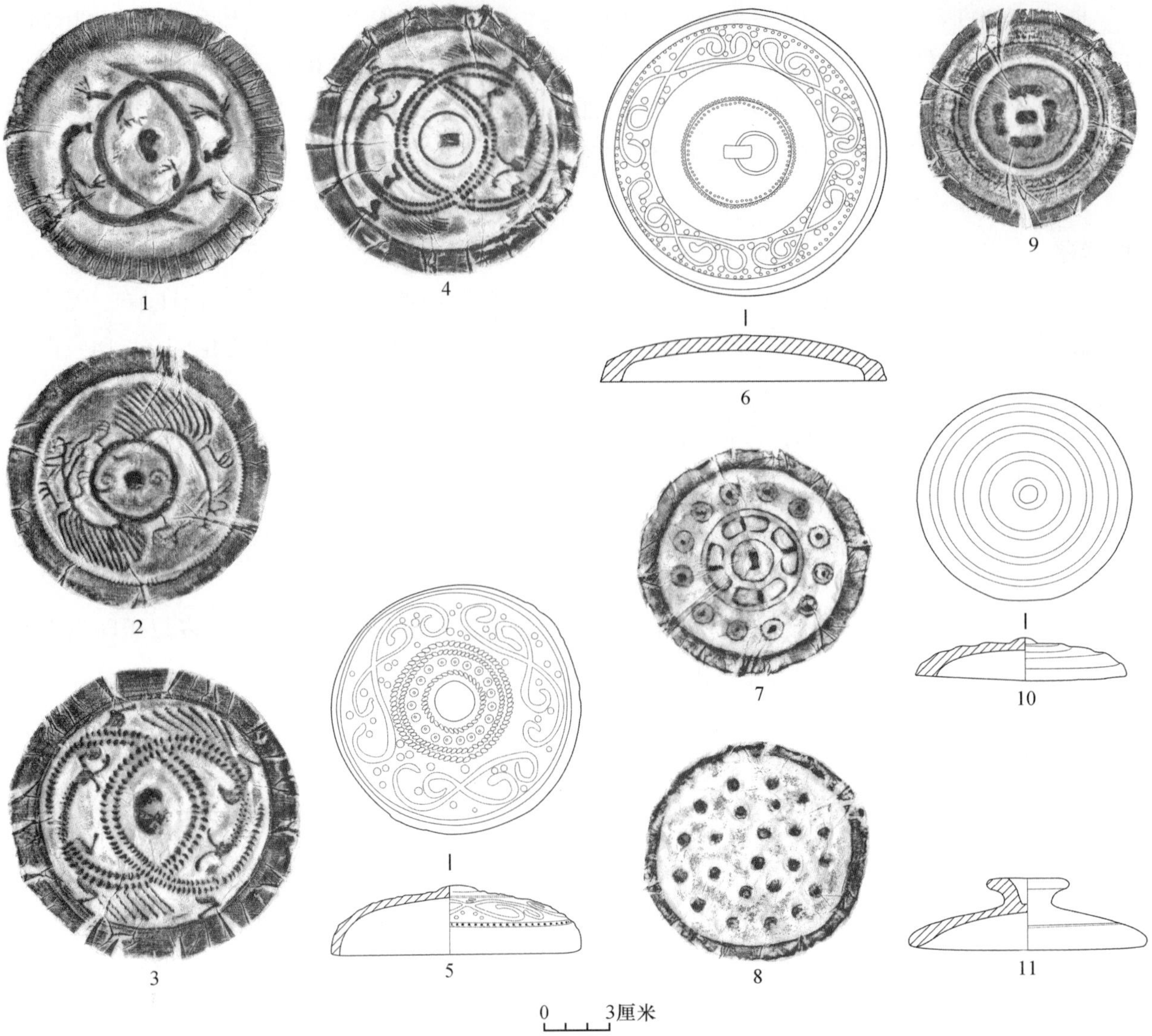

图4-2-11　陶仓盖

1～4. A型缠龙纹仓盖（BM53：3、BM58：6、BM54：6、BM54：16）　5、6. A型缠枝花纹仓盖（AM48：78、AM48：81）　7、8. A型莲蓬纹仓盖（AM4：26、27）　9. A型柿蒂纹仓盖（BM57：10）　10. A型瓦棱纹仓盖（CM21：8）　11. B型仓盖（AM73：5）

分离或断开。根据井身、井架不同分五式。

Ⅰ式：21件。出土于20座墓葬中，其中1座墓出土2件，其余每墓1件。井架斜，侧面呈梯形，两侧雕有龙首，龙首形象生动。井架上覆四阿顶亭顶，颈部固定有模制而成的辘轳。

标本CM3：31，整体呈花篮状，井身与井架为分开制作。井体为轮制，上口呈喇叭形外卷，近底处下切一周，无底。井架为两块模制的梯形长板，其上加仿木横栏，横栏两侧为模制龙首。横栏上为两个短竖直板制成的井亭，亭顶为长方形四阿顶。井台直径14.6、底径11、通高28厘米（图4-2-12，1；图版二三九，3）。

Ⅱ式：3件，分见于3座墓葬。井身侧面呈梯形，底略外撇。横栏两侧雕有龙首，龙首比Ⅰ式模糊，有的仅置两个对称的泥突。井架颈部模印辘轳，上或覆四阿顶亭顶。

图4-2-12　陶井

1. AⅠ式（CM3：31）　2. AⅡ式（AM17：17）　3. AⅢ式（AM46：33）　4. AⅣ式（AM34：9）　5. AⅤ式（AM8：10）　6. BⅠ式（BM64：26）　7. BⅡ式（AM48：45）　8、10. DⅠ式（AM4：6、AM23：41）　9. CⅠ式（AM21：50）　11. DⅡ式（BM13：3）　12. CⅡ式（AM72：48）

标本AM17：17，井口为宽沿外折。栏口上接井架。井架方厚宽大，架顶横梁粗弯，横梁两端有下垂龙首，架顶安装辘轳。井栏上固着1件小汲水罐。井沿直径14、最宽15.8、汲水罐高4.6、通高26厘米（图4-2-12，2；图版二三九，4）。

Ⅲ式：10件，出土于10座墓葬中。井架斜，侧面略呈弧形，四阿顶亭顶与井架为粘接而成。均无汲水罐。

标本AM46：33，器物较小，喇叭口状井栏，无井底，井架与井身为轮制一体。井架为在两侧对称斜立，顶端横架模制横梁，方形井亭，模制长方形四阿顶亭盖。井栏直径11.4、通高18厘米（图4-2-12，3；图版二三九，5）。

Ⅳ式：6件，出土于5座墓葬中，其中1座墓出土2件。井架圆弧，侧面略呈梯形，肩部圆。

标本AM34：9，器形较小，整体细高，上、下为一体。井栏为侈口，底边切抹一周，平底。筒形井架原为轮制圆折肩，再把两侧各挖去少半而成，切口近方形。架顶作筒钮形井亭，亭盖缺失。井栏直径9.6、通高17.8厘米（图4-2-12，4；图版二三九，6）。

V式：3件，出土于3座墓葬中。井架圆弧，肩部圆，弧形井架占井沿的二分之一。

标本AM8：10，井栏为侈口，平底，与井架为一体，顶部斜收成小口井亭。在平栏口上将圆筒两侧各挖去少半部分形成井架。井栏直径9.6、通高15.6厘米（图4-2-12，5；图版二四〇，1）。

B型：43件。井身呈圆筒形，大部分无底。井架圆弧或略圆弧，折肩或圆肩，底部平折，与井身黏合在一起形成井沿。大部分未见汲水罐。部分有四阿顶亭盖。根据井架不同分二式。

Ⅰ式：36件，其中有5座墓葬各出土2件，26座墓葬各出土1件。井架较高。

标本BM64：26，井身为轮制，无底，井身和井栏为一体制成。井身口略外折，形成较宽的环形圆台作为井栏，井栏的内侧口沿略向外突出，井栏上接折肩明显的轮制筒，轮制筒的对应两面被切去少半形成井架，井架上方有一环形钮，上接模制的四阿顶井亭盖。素面。井栏直径14.5、底径10.1、通高23.4厘米（图4-2-12，6；图版二四〇，2）。

Ⅱ式：7件，出土于7座墓葬中。井架较矮。

标本AM48：45，陶质细腻，器表呈银灰色。器物较矮，整体轮制，井身作圆筒形，口部外折形成宽环沿井栏，平底。井架宽矮，圆筒形井亭，上接模制长方形四阿顶亭盖。井架与井亭为一体，均作圆筒形，上部圆筒两侧对称位置各切除四分之一扇面形成井架。井架两侧有“※”形直线交叉纹，交叉纹中间饰压印菱形回纹，井栏边缘饰一周弦纹，边棱饰压印斜齿纹。井栏直径14.6、底径12.5、通高19.6厘米（图4-2-12，7；图版二四〇，3、4）。

C型：19件。井身呈圆筒形，井口外撇，无底。井沿呈“井”字形。井架立于井沿上，侧面呈梯形，折肩，大部分井架上覆四阿顶亭盖。部分井沿、井架上有划线纹。根据四阿顶形制不同分二式。

Ⅰ式：12件，出土于12座墓葬中。无四阿顶亭盖或四阿顶亭盖上无装饰。

标本AM21：50，井身束腰，下部外撇，无底，上口部有“井”字形平板井栏。栏面刻划菱形方格纹、三角纹和几何纹。井栏口部接井架，架顶有筒钮形井亭，上承长方形四阿顶亭盖。井栏边长24、通高28.5厘米（图4-2-12，9；图版二四〇，5）。

Ⅱ式：7件，出土于7座墓葬中。四阿顶亭盖脊上有立鸟。其中BM20：8除亭盖脊上立双鸟外，屋顶四角还各立一鸟（图版二四一，1、2）。

标本AM72：48，器物高大，井体口小底大，井口有方形仿木“井”字形井栏，栏面刻划直线纹、菱形方格纹和圆圈纹。栏口上接斜立井架，井架外侧刻划菱形纹。架顶上有模制长方形四阿井亭盖，亭顶瓦脊头为小陶兽。顶脊有两只模制站立公鸡。井栏板边长24.42～25.5、通高38.3厘米（图4-2-12，12；图版二四一，3、4）。

D型：6件，出自6座墓葬中。仅有圆筒形井身，无井架。依有无井底分二式。

Ⅰ式：共5件。井壁较直，无底。

标本AM4：6，直口，宽平折沿，方唇，内沿上凸。下腹部有一周凹弦纹。口径16.1、高9.7厘米（图4-2-12，8；图版二四〇，6）。

标本AM23：41，侈口，宽平折沿，方唇，沿内内勾，腹微鼓。沿面刻划网格纹。口径17.3、高7.2厘米（图4-2-12，10；图版二四一，5）。

Ⅱ式：1件。斜壁，平底。

标本BM13：3，敛口，圆唇。素面。口径15.4、高7.6厘米（图4-2-12，11；图版二四一，6）。

8. 陶灶

共134件。出自113座墓葬，占汉墓总数的77.7%，可见陶灶随葬比例之高。其中有21座墓葬随葬2件，其余均随葬1件。均为泥质灰陶。一般由灶身、釜、甑组合而成，有的为单件釜，有2件釜的釜大小相异，小釜中常有一小勺，大釜上常有甑。有些墓葬因盗扰严重，仅留甑或釜。另有5件残碎无法修复。完整者124件根据灶身前壁形状不同分七型。

A型：44件。灶身前壁中间高出灶面，呈“凸”字形。根据灶面形制不同分四个亚型。

Aa型：1件。灶面为圆头。

标本CM20：5，拱形火门不通地，灶面后端有圆形出烟孔。灶上设三个火眼，两个火眼较小，并列于前端。釜固着于灶上，下半部分与灶面同时模制，上半部为黏合而成，釜为侈口，鼓腹，圜底。后侧釜上置一甑，甑为敞口，小平底，底有小孔七个。灶面有泥条网格纹。灶面长22.6、宽17.3、通高17.6厘米（图4-2-13，6；图4-2-14，1；图版二四二，1）。

Ab型：1件。灶面为六边形，前宽后窄。

标本AM17：19，方形火门不通地，灶面后端有圆形出烟孔。灶上设三个火眼，两个火眼较小，并列于前端。釜皆固着于灶上，下半部分与灶面同时模制，上半部为黏合而成，釜为敛口，鼓腹，圜底。后侧釜上置一甑，甑为敞口，小平底，底有小孔五个。灶面有泥条凸弦纹。灶面长22.5、宽17.5、通高11厘米（图4-2-13，1；图版二四二，2）。

Ac型：10件。灶面为六边形，前、后等宽，灶面后端有圆形出烟孔或假孔。灶上设三个火

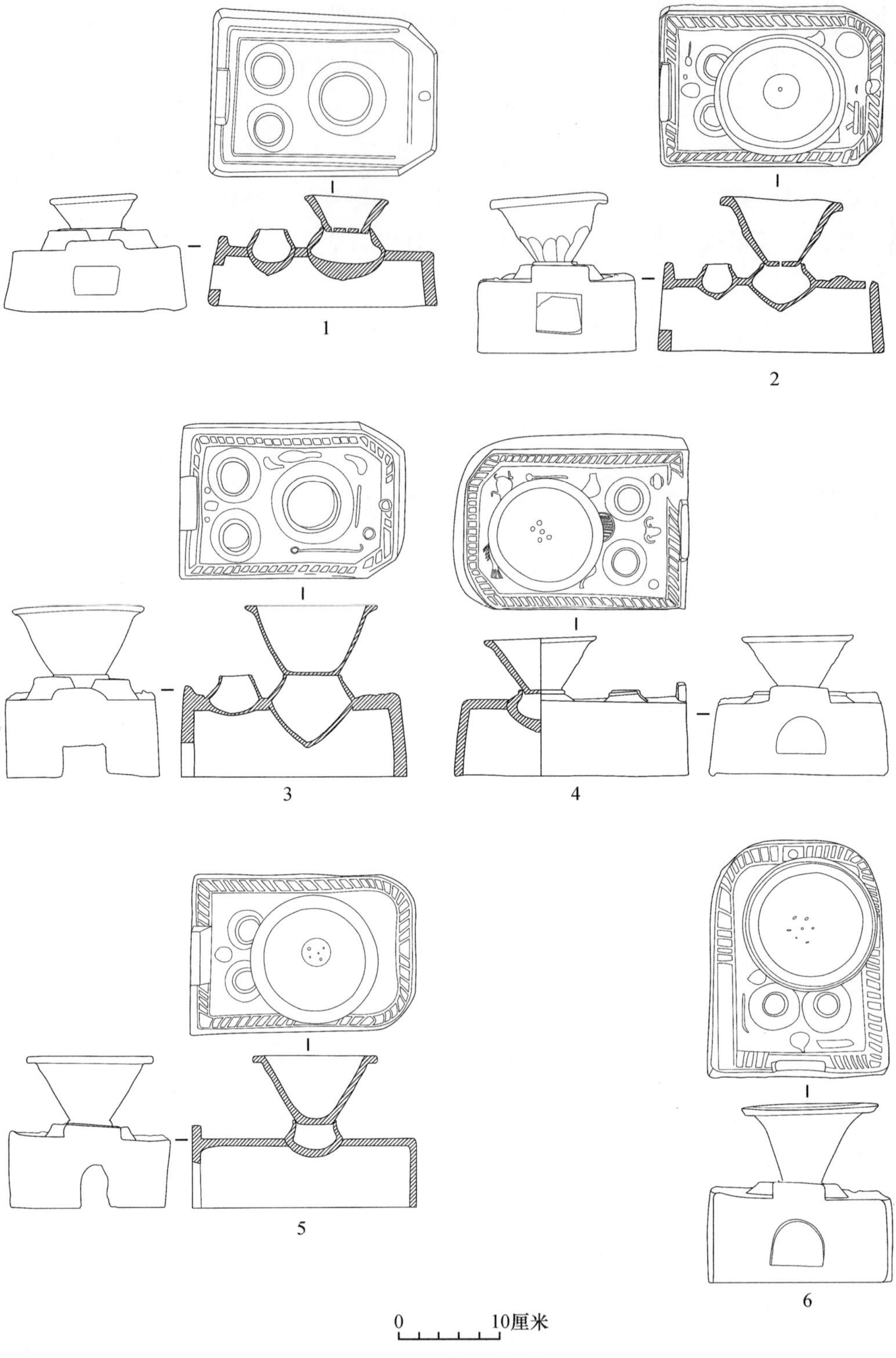

图4-2-13　陶灶（一）

1. Ab型（AM17：19）　2. AcⅠ式（AM71：22）　3. AcⅡ式（AM2：16）　4. AcⅢ式（AM42：15）　5. AcⅣ式（CM2：8）　6. Aa型（CM20：5）

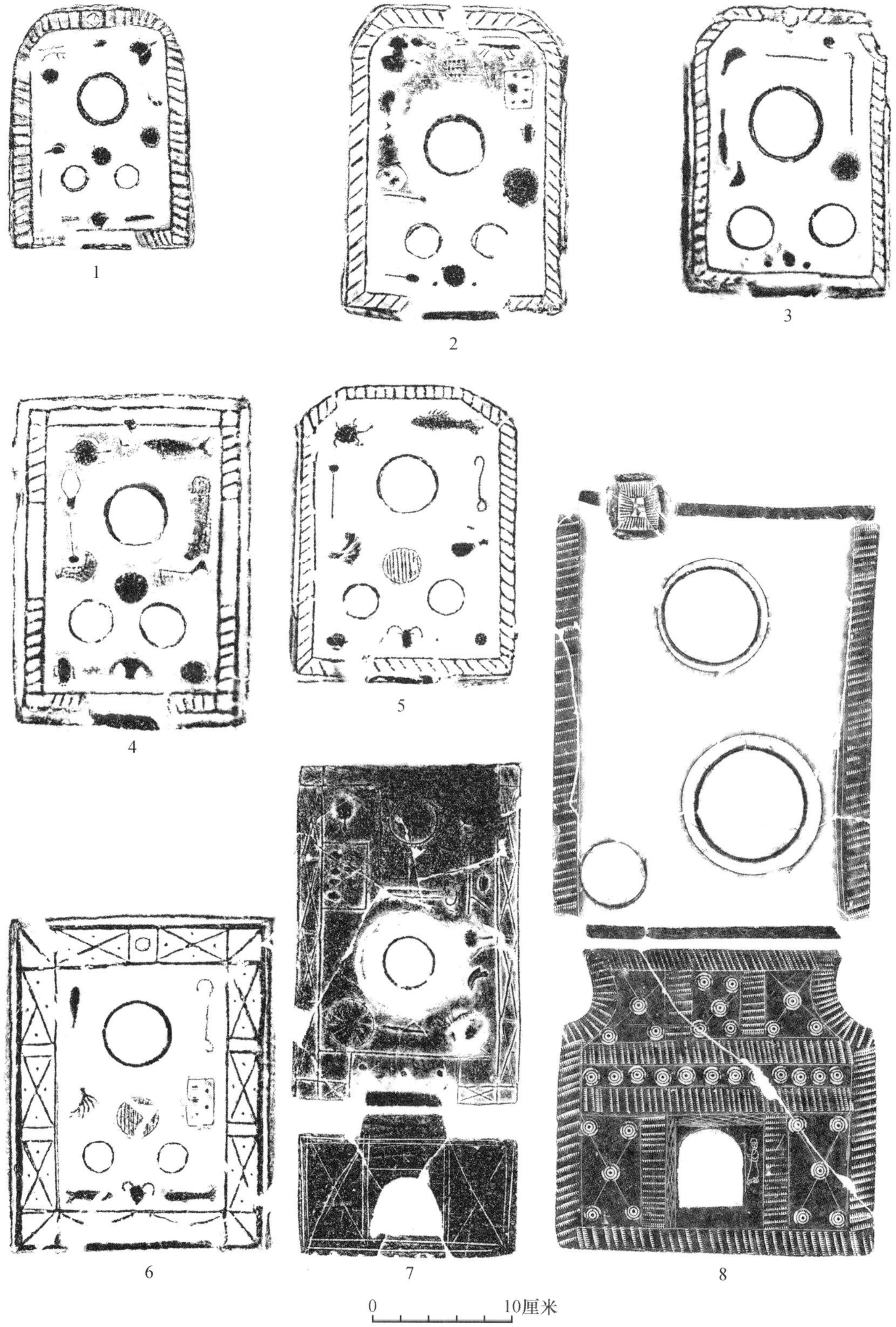

图4-2-14　陶灶面纹饰拓本（一）

1. CM20：5　2. AM71：22　3. AM2：16　4. AM70：15　5. AM42：15　6. AM44：6　7. AM71：39　8. AM72：13

眼，两个小火眼并列于前端，后端火眼较大。釜皆固着于灶上，下半部与灶面同时模制，上半部为黏合而成，釜为敛口，鼓腹，圜底或尖底。后侧釜上置一甑，甑为敞口，小平底，底有小孔若干。灶面有一周泥条网格纹，还模印有案、勺、瓢、刀、悬钩、鱼、耳杯、筛子等。根据火门不同分四式。

Ⅰ式：4件。火门为方形，不通地。

标本AM71：22，“品”字形分布的三火眼上均粘着1件模制陶釜。灶面上模印勺、案、盘和耳杯等图案。灶面长22.4、宽15.3、通高15.3厘米（图4-2-13，2；图4-2-14，2；图版二四二，3）。

Ⅱ式：1件。火门为方形，通地。

标本AM2：16，后部有短柱形烟囱，灶面上模印铁勾、削刀、瓢等图案，甑底有五个小圆孔。灶面长22.5、宽14.8、通高17厘米（图4-2-13，3；图4-2-14，3；图版二四二，4）。

Ⅲ式：2件。火门为拱形，不通地。

标本AM42：15，灶门上端有凸起的挡板，灶面模印羊头、鱼、鸡、勺、瓢、耳杯、筛子等图案，甑底有五个小圆孔。灶面长20.8、宽15.5、通高13.7厘米（图4-2-13，4；图4-2-14，5；图版二四二，5）。

Ⅳ式：3件。火门为拱形，通地。

标本CM2：8，灶面模印勺子、筷子等图案。灶面长21.4、宽15、通高14.1厘米（图4-2-13，5；图版二四二，6）。

Ad型：32件。灶面呈长方形，前、后等宽，灶面后端有圆形出烟孔或假孔，灶上设一至三个火眼。部分釜固着于灶上，部分釜可活动。根据火门不同分四式。

Ⅰ式：1件。火门呈方形，通地。

标本AM70：15，灶面后端有圆形假出烟孔。灶上设三个火眼，前两个小火眼并列，后面火眼较大。釜固着于灶上，下半部与灶面同时模制，上半部为黏合而成，釜为敛口，鼓腹，圜底或底略尖。后侧釜上置一甑，甑为敞口，小平底，底有小圆孔五个。灶面周边装饰一周泥条网格纹，还模印有羊头、鱼、耳杯、盘等图案。灶面长23、宽16、通高12.8厘米（图4-2-15，1；图4-2-14，4；图版二四三，1、2）。

Ⅱ式：1件。火门略呈长方形，不通地。

标本AM18：17，灶面后端有圆形出烟孔或假孔。灶上设三个火眼，前两个小火眼并列，后面火眼较大。釜固着于灶上，下半部与灶面同时模制，上半部为黏合而成，釜为敛口，鼓腹，圜底或底略尖。后侧釜上置一甑，甑为敞口，小平底，底有小孔多个。灶面周边装饰一周泥条网格纹，还模印有圆点、炊具等图案。灶面长20.3、宽14、通高14.3厘米（图4-2-15，2；图版二四三，3、4）。

Ⅲ式：16件。火门呈拱形，不通地。灶上设置1～3个火眼，有的为真火眼，有的则是假火眼。火眼上常黏附着陶釜，釜为敛口，圜底或底略尖。后侧釜上置一甑，甑为敞口，小平底，底有小孔多个。有的有圆形烟孔，有的烟囱为圆形或方形凸起。灶面装饰泥条网格纹或方格

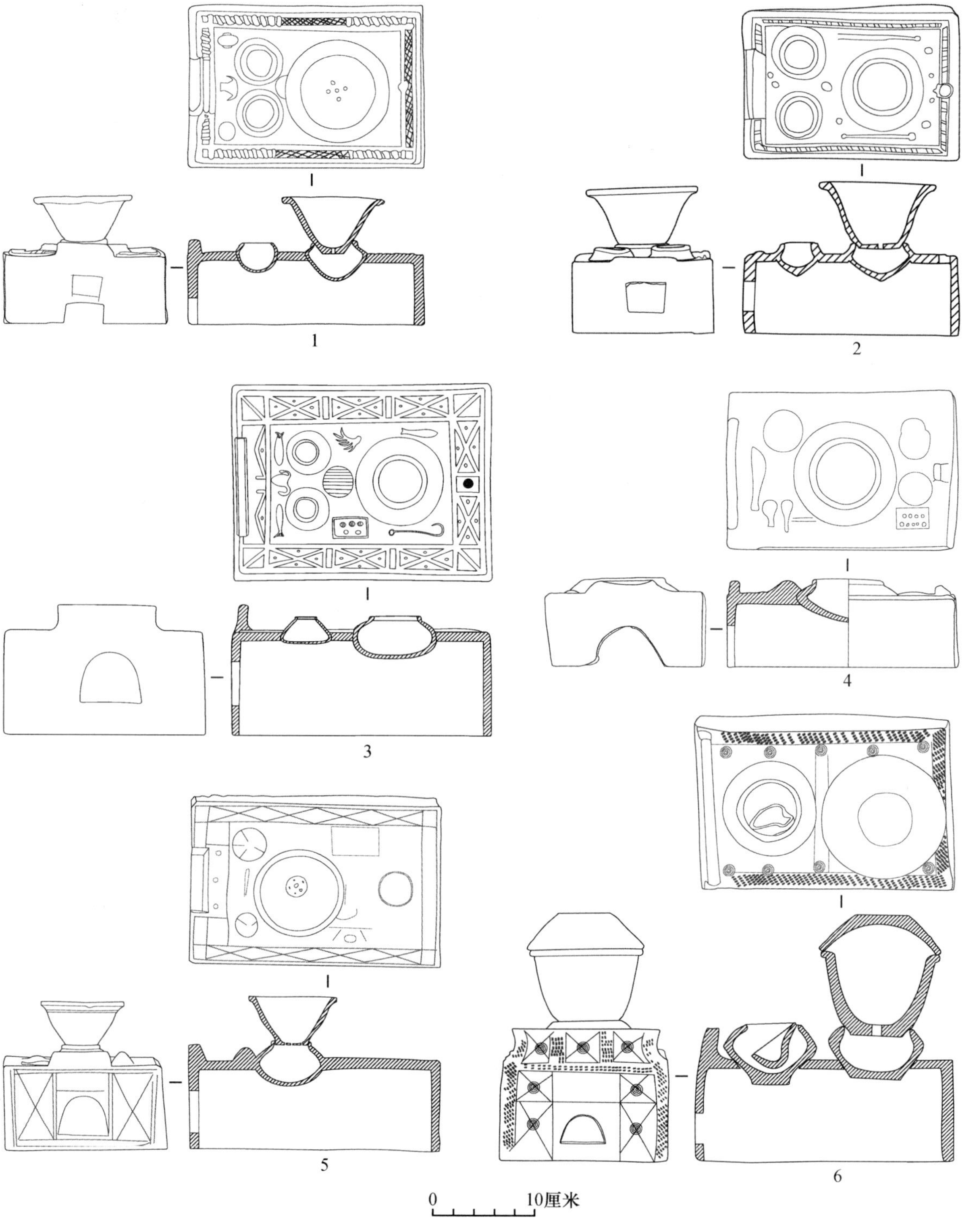

图4-2-15　陶灶（二）

1. AdⅠ式（AM70：15）　2. AdⅡ式（AM18：17）　3. AdⅢ式（AM44：6）　4. AdⅣ式（BM72：8）　5. AdⅢ式（AM71：39）　6. BⅠ式（AM51：22）

纹，还模印炊具、食品和餐具等图案。

标本AM44：6，模制规整，花纹制作精致。三个火眼上固着三件釜，末见甑。灶门一侧中部设一矮挡板。灶面边缘模印边框三角纹、圆点纹等几何纹样，灶面火眼周围模印鱼、羊头、悬钩、筛子、案（案上有5件耳杯）、扫帚等图案。灶面长24、宽18.8、通高12.3厘米（图4-2-15，3；图4-2-14，6；图版二四三，5、6）。

标本AM71：39，灶面上仅有一个火眼，其上黏附甑，甑上承釜，釜底有六个孔。灶面模印有案、几、耳杯、筛子等图案。灶面边缘模印菱形纹、三角纹等几何纹，灶前壁刻划几何纹图案。灶面长24.2、宽16、通高15厘米（图4-2-15，5；图4-2-14，7；图版二四四，1、2）。

Ⅳ式：14件。1件上设两个真火眼，13件设一个真火眼和一个假火眼。火门呈拱形，通地，釜皆固着于真火眼上。灶面上仅用泥条装饰弦纹一周。

标本BM72：8，灶台较矮。灶面仅有一个大火眼，上置一釜，无甑。前端有灶门和挡火板，后端设方柱形烟囱。灶面模印有勺子、筷子、鱼、带9件耳杯的长方形案、瓢、盘等图案，四周边缘均模制凸起的直线边框。灶面长20.8、宽14.5、通高7.8厘米（图4-2-15，4；图版二四四，3）。

B型：35件。前壁高出灶面，有的甚至高过后面放置的釜甑，高出部分两端削成弧形。火门均为拱形，灶面为长方形。大部分前壁和灶面上有戳印点纹，部分还装饰有划纹和戳印同心圆纹。根据火门不同分四式。

Ⅰ式：17件。5座墓葬分别出土2件，7座墓葬分别出土1件。火门不通地。仅2件设置三个火眼，其余皆只设两个火眼，前面火眼小，后面火眼大。火眼上均置可活动的釜，釜为敛口，折腹，平底或圜底。前釜内多置小勺，后釜上多置甑，甑为敞口，小平底，底有小孔若干。前壁和灶面装饰有成排戳印纹几何图案。

标本AM51：22，灶体为模制，部分稍变形。灶面中间有两条线，将灶面分为前、后两区，每区各有一火眼。两个火眼上均置活动的釜，前釜内放置小勺，后釜上置甑，甑上倒扣一盆，应作甑盖使用。前端设挡烟板，后端设圆形烟孔。灶面装饰戳印纹、划线纹和同心圆纹等组成的几何纹饰。灶面长25.2、宽17、通高25.2厘米（图4-2-15，6；图版二四四，4～6）。

Ⅱ式：8件。1座墓葬出土2件，6座墓葬分别出土1件。火门不通地，灶后有出烟墙，灶上设二至三个火眼，3件在出烟墙上设置带盖烟囱。

标本AM72：13，器形较大，灶体作长方体，灶上设置三个火眼。火眼上均置活动的釜，釜为敛口，折腹，平底或近圜底。前面第一个小釜内置小勺，最后一个釜上置一甑，甑为敞口，小平底，底有小孔五个。灶前、后两端均设挡板，前端挡板略矮于后端；后端挡板内侧壁粘贴方形拐弯烟道，烟道顶部有四阿式烟囱帽。灶面周边饰一周戳印纹，灶前壁饰戳印纹、同心圆纹、划线纹和斜格直齿纹组成的几何图案，灶门右侧立一人，右手持杖。灶面长33.5、宽22.8、通高27.7厘米（图4-2-16，1；图4-2-14，8；图版二四五，1、2）。

Ⅲ式：8件，出土于7座墓葬中。火门通地。灶上设两个火眼，前火眼小，后火眼大。火眼上均置活动的釜，釜为敛口，折腹，平底或近圜底。有的前面小釜内置小勺，后面釜上置一甑，甑为敞口，小平底，底有小孔若干。灶前壁饰戳印纹、划线纹组成的几何图案，灶面饰一周戳印纹。

标本AM50：2，器形较小，灶体较矮。灶面中部有横画线，将灶面分为前、后两区，前区设两个火眼，后区无火眼。前火眼较小，置带小勺的陶釜；后火眼较大，上置釜、甑，灶面尾端有长烟孔，前端有挡板。灶面边缘模印几何条齿纹和刻划纹，灶前壁有刻划纹和压印条齿纹。灶面长23、宽15.2、通高15.5厘米（图4-2-16，2；图4-2-17，1；图版二四五，3、4）。

Ⅳ式：2件。火门通地，前、后端均有较高挡板，灶后有出烟孔。

标本AM21：51，器形较大，模制，较规整。灶面设三个“品”字形布局的火眼，火眼上均置活动的釜，釜为敛口，折腹，平底或近圜底。前面一个小釜内置小勺，最后一个釜上置甑，甑为敞口，小平底，底有小圆孔八个。灶后有出烟墙，墙上设置带四阿顶烟囱盖。陶灶前壁和灶面上均装饰划线几何纹图案。灶面长30.4、宽18.2、通高23.4厘米（图4-2-16，3；图4-2-17，2；图版二四五，5、6）。

C型：7件。前壁高，呈方形或长方形。其中3件灶设二个火眼，4件设一个火眼。火眼上置活动的一釜一甑。前壁和灶面饰一周戳印纹和划纹。根据有无出烟墙分二式。

Ⅰ式：5件。1件设两个火眼，4件设一个火眼，火眼上置活动的釜、甑。火门呈拱形，不通地，无出烟墙。

标本BM52：3，灶面设两个火眼，火眼上均置活动的釜，釜为敛口，鼓腹，平底。前面釜内置小勺，后面釜上置一甑，甑为敞口，小平底，底有小圆孔五个。灶后端设一个方形烟孔。前壁和灶面上饰戳印纹组合成的几何纹图案。灶面长29.6、宽18.3、通高17.9厘米（图4-2-16，4；图4-2-17，3；图版二四六，1～3）。

Ⅱ式：2件。均设两个火眼，火眼上置活动的釜、甑。火门呈拱形或方形，通地，有出烟墙。

标本BM59：7，两个火眼中前面火眼小，后面火眼大，火眼上均置活动的釜，釜为敛口，折腹，平底。前面釜内置小勺，后面釜上置甑，甑为敞口，小平底，底有小圆孔七个。灶身前、后两端均有高挡板，前端有长方形通地灶门，后端内壁模印烟囱，烟囱顶部模制四阿顶，顶部有一圆形小孔，顶上饰菱形方格纹，灶面长边内刻划菱形方格纹，灶门四周饰刻划菱形方格纹。灶面长29.8、宽18.1、通高24.6厘米（图4-2-16，5；图版二四六，4、5）。

D型：1件。前壁挡板呈山形。

标本AM48：46，陶质细腻，深灰色陶衣部分脱落。器物较大，灶体大致呈长方体，灶面光滑，中部微凸起，灶面有重直线纹、菱形纹、连弧纹。后端有圆烟孔。灶上设二个火眼，火眼上置活动的釜、甑。两釜均为敛口，有唇，折腹，上腹模印阳文“内三三石”四字，平底。甑为敞口，平折沿，小平底，底有密集小方孔，上腹饰轮制弦纹，下腹有抹光痕。陶勺呈半个长把葫芦形，内面模制，外壁削修。前壁和灶面有划线纹组成的几何图案。灶后无出烟墙。灶面长29.8、宽20.6、通高17.8厘米（图4-2-18，1；图版二四七，1～3）。

E型：26件。前壁有遮烟沿，灶面呈“凸”字形。根据火门形制不同分三式。

Ⅰ式：10件。9件灶面设二个火眼，1件设一个火眼。火门呈拱形，不通地。火眼上置活动

图4-2-16　陶灶（三）

1. BⅡ式（AM72：13）　2. BⅢ式（AM50：2）　3. BⅣ式（AM21：51）　4. CⅠ式（BM52：3）　5. CⅡ式（BM59：7）

图4-2-17　陶灶面及前壁纹饰拓本（二）

1. AM50：2　2. AM21：51　3. BM52：3　4. BM74：9　5. AM58：27　6. AM39：18

的釜、甑，釜上或放置小勺。前壁和灶面饰戳印纹、划线纹、圈纹等几何图案。

标本BM74：9，灶体大致呈长方体，灶台较高，灶面前端凸出前壁，凸出部分的两端边缘均被切成弧形。灶面中间置一大一小两个火眼，火眼上置活动的釜、甑。灶面后端有一不明显的细长形凹痕作烟孔。灶面和前壁均有双线作框，内饰菱形方格纹、斜三角纹和同心圆戳印纹组成的几何图案。灶面长24.1、宽14.8、通高20.9厘米（图4-2-17，4；图4-2-18，2；图版二四七，4～6）。

Ⅱ式：10件。7件灶面设二个火眼，3件设一个火眼。火门呈拱形，通地。火眼上置活动的釜、甑，有些釜上放置小勺。部分前壁和灶面装饰戳印纹、划线纹、同心圆戳印纹组成的几何图案。

标本AM68：25，灶身大致作长方体，灶面前端凸出，灶上有前、后两个火眼，前部火眼小，后部火眼大，火眼上置活动的釜、甑。素面。灶面长25.1、宽15、通高19.9厘米（图4-2-18，3；图版二四六，6）。

Ⅲ式：6件，出土于5座墓葬中。1件设三个火眼，3件设两个火眼，2件设一个火眼。火门呈方形，通地，火眼上置活动的釜、甑。仅1件上有划线几何纹，其余均素面。

标本BM76：12，灶体大致呈长方形形，灶面前端黏附较厚的新月形泥板，向前凸出。灶面中间设一大一小两个火眼，火眼上置活动的釜、甑。灶面长23.5、宽14.5、通高16.8厘米（图4-2-18，4；图版二四八，1、2）。

F型：10件。器身作长方体，根据灶面形制不同分二个亚型。

Fa型：1件。灶面一端呈方形，一端为弧形。

标本AM58：27，火门呈拱形，不通地，灶面后端有圆形出烟孔。灶上设三个火眼，呈“品”字形分布，前两个火眼并列，大小一致，釜皆固着于灶上，下半部与灶面同时模制，上半部为黏合而成。釜为敛口，鼓腹，圜底。后侧釜上置一甑，甑为敞口，小平底，底有小孔七个。灶面用泥条装饰成网格纹，还模印有案、勺、瓢、刀、悬钩、盘、筛子等图案。灶面长22、宽15.6、通高9.9厘米（图4-2-17，5；图4-2-19，1；图版二四八，3、4）。

Fb型：9件。灶面呈长方形，根据火门形制不同分二式。

Ⅰ式：6件。出土于5座墓葬中。1件有三个火眼，火眼上固着釜，釜上置甑。3件设二个火眼，火眼上置活动的釜、甑。2件设一个火眼，上置可活动釜。火门呈拱形，通地。

标本AM39：18，整体呈长方体，模制而成，灶面有一个火眼，上置一釜。灶面用细线刻划一大一小两个鱼纹。灶面长23、宽15、通高12.8厘米（图4-2-17，6；图4-2-18，5；图版二四八，5、6）。

Ⅱ式：3件。灶上仅一个火眼，火眼上置活动的一釜一甑。火门呈方形，通地。

标本AM76：9，整体呈长方体，灶身为模制。火眼位于灶面中部略偏前，灶面前部刻划细线几何纹。灶面长24.5、宽16.2、通高20.3厘米（图4-2-19，2；图版二四九，1）。

G型：1件，灶面呈圆形。

标本BM57：3，上部呈浅盘形，平沿，尖圆唇，唇部粘接三个呈等边三角形的模制扁乳状

图4-2-18　陶灶（四）

1. D型（AM48：46）　2. EⅠ式（BM74：9）　3. EⅡ式（AM68：25）　4. EⅢ式（BM76：12）　5. FbⅠ式（AM39：18）

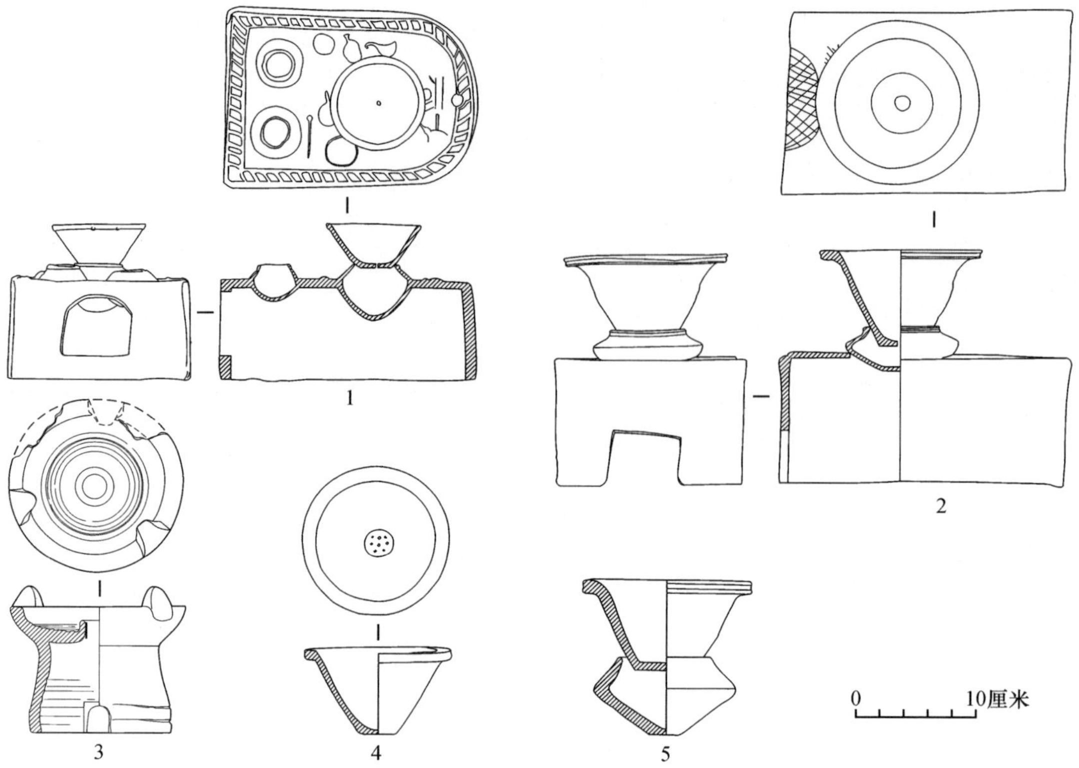

图4-2-19　陶灶和甑釜

1. Fa型灶（AM58：27）　2. FbⅡ式灶（AM76：9）　3. G型灶（BM57：3）　4. 甑（CM3：26）　5. 甑釜（AM36：14）

支架，其中一个残，残存两个皆内敛，盘底中部有凸起的圆孔，下部呈筒状，近底处略弧，炉壁上开一拱形通地火门，无底。素面，轮制。口径14.5、底径11.8、通高12.2厘米（图4-2-19，3；图版二四九，2）。

另外还有一些陶灶，从型式划分上已经包含在上述内容中，但灶面模印花纹丰富，包含着大量的文化信息。这里将部分未见于上述标本中的较为典型的陶灶纹饰列于此处，供学术界研究使用（图4-2-20，1～12；图4-2-21，1～13）。

还有一些墓葬可能由于盗扰，不见灶，仅出土釜、甑组合或仅有小甑，共10件（套）。

标本AM36：14，一釜一甑。釜为敛口，折腹，小平底，下腹部有抹修痕。甑为敞口，方唇，沿面外卷，斜腹，小平底，底部正中有一圆穿。釜口径7.6、腹径11.5、高6.4厘米，甑口径13.8、底径4.8、通高12.7厘米（图4-2-19，5）。

标本CM3：26，仅存甑。器物较小，侈口，平折沿，方唇，腹部斜收，小平底，底部中部有八个小圆孔。素面。口径12.6、底径3.1、高7.2厘米（图4-2-19，4）。

9. 陶圈

共77件。多数一墓出土1件，但部分双棺墓出土2件，如AM4、AM23、AM31、AM71、BM65等。均为泥质灰陶。大部分在墙角一侧建陶厕，陶厕悬架于陶圈之上。其中有23件圈内

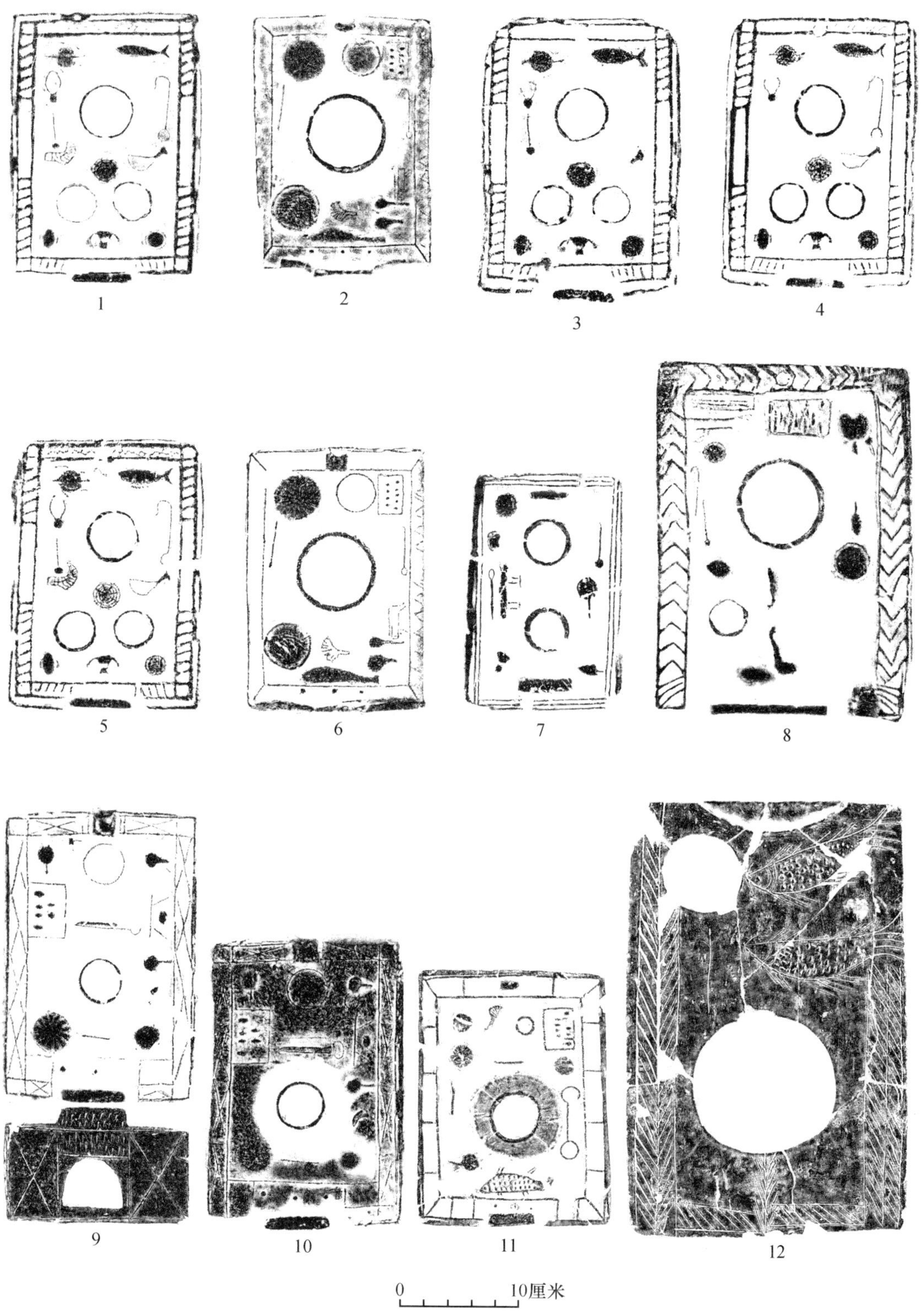

图4-2-20　陶灶纹饰拓本（三）

1. AM7：14　2. AM8：11　3. AM9：2　4. AM10：13　5. AM11：1　6. AM12：9　7. AM31：1　8. AM31：30　9. AM41：2　10. AM34：10　11. AM46：47　12. AM45：45

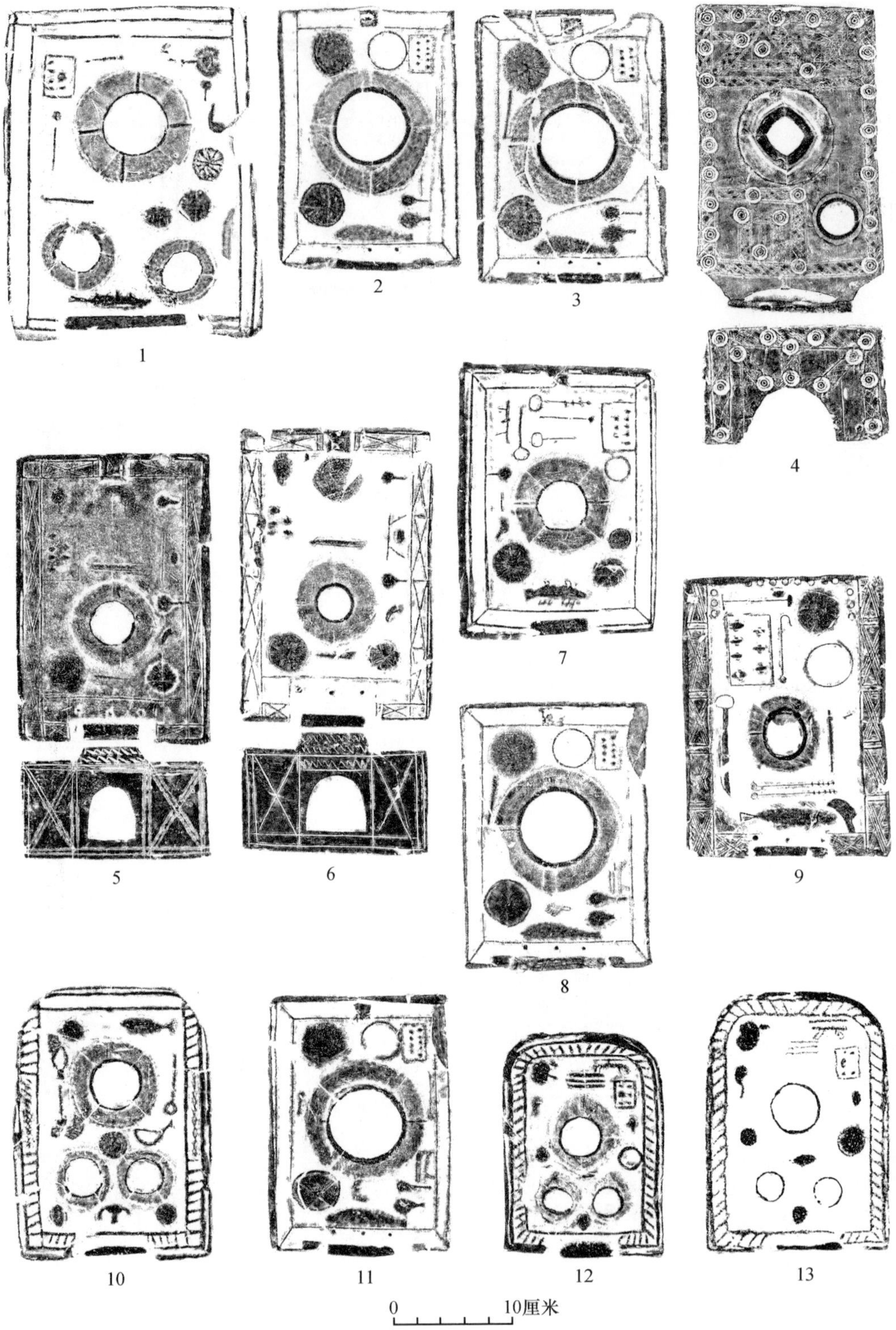

图4-2-21　陶灶纹饰拓本（四）

1. AM47：9　2. BM6：1　3. BM7：13　4. BM1：1　5. BM24：28　6. CM19：2　7. BM31：14　8. BM8：29　9. BM35：9　10. BM62：1　11. BM72：8　12. CM3：29　13. CM4：16

有陶猪，猪有站立和伏卧两种，数量为1～4只，有的母猪还带有1～6只不等的小猪崽。有3件残毁较甚无法进行型式分析，其余74件根据形制不同分五型。

A型：15件。半圆形，平底，一侧有方形陶厕。根据陶厕形制不同分三式。

Ⅰ式：10件。方形陶厕，椭圆形门，有斜坡通往圈外，底部有孔与圈相通，四阿式顶。

标本AM31：8，轮制圆盘形圈体，围栏较矮，口下饰一周凹弦纹。在围栏直边一侧斜搭一块长条形板。陶厕为模制长方形四阿屋顶，另一端出围栏外，形成一平台，上作厕屋，下作猪舍。斜坡外侧呈弧形。圈径20、最宽22.5、通高15.5厘米（图4-2-22，2；图版二四九，3）。

Ⅱ式：2件。方形陶厕，椭圆形门，有斜坡通往圈外，斜坡外侧设台阶，四阿式顶。

标本AM58：3，轮制圆盘形圈体，围栏较矮。在围栏一边上沿建一长方形平台，台面上建陶厕，台面下为猪舍。陶厕建于平台一端，朝向平台一侧开厕门，平台另一端设五级台阶。圈内附卧猪1只，与圈底粘在一起。圈体口径23.4、通高16.2厘米（图4-2-22，3；图版二四九，4）。

Ⅲ式：3件。方形陶厕，悬山顶，开方形或椭圆形门，有斜坡通往圈外。

标本AM47：6，轮制圆盘形圈体，平底，圈栏较矮，圈口稍内敛。盘口边缘斜搭一长条形盖板，一端高一端矮，较高的一端搭建陶厕，另一端呈斜坡状并搭出圈外，形成一坡道。陶厕中部挖孔通入圈内，悬山顶为模制。长条形盖板下作猪舍。陶圈内贴塑卧猪1只。圈长径20.5、短径20.7、通高14.4厘米（图4-2-22，1；图版二四九，5）。

B型：35件。方形或长方形，平底，陶圈后墙角建有方形陶厕。根据陶厕以及陶厕屋顶不同分五式。

Ⅰ式：8件，出土于7座墓葬中。方形陶厕开方形或椭圆形门，有台阶通往圈外，无屋顶。部分陶厕内有孔与圈相通，陶圈底部或有孔。

标本AM76：18，圈体作立体长方形，四块泥板合围成围栏。在圈体长边三分之一处上口一角建长方形陶厕，对应一端有模制通地台阶。陶厕底部挖长方形孔，陶厕对台阶一侧开长方形门，门框周边装饰模印网格纹。陶厕下有隔墙将圈隔成圈和猪舍两部分，圈内有底，猪舍内的底板被挖去。围栏长22.7、宽14.7、通高18.3厘米（图4-2-23，3；图版二四九，6）。

Ⅱ式：6件。方形陶厕开方形门，有台阶或斜坡通往圈外，四阿顶。部分陶厕内有孔与圈相通。陶圈底部或开孔。

标本AM21：52，器物较大，整体作立体长方形，圈壁围栏较高。在长边一侧作隔墙，将圈隔成圈和猪舍两部分，墙上有拱形门。隔墙上承搭盖板，盖板一端建长方形陶厕，另一端为通地台阶。陶厕上承活动的长方形四阿式大屋顶，厕底有长方形孔与猪舍相通。陶厕正面以及台阶上装饰有方格纹和三角纹。圈内有三头手制陶猪。圈长31.2、宽20.2、通高32.3厘米（图4-2-23，4；图版二五〇，1、2）。

Ⅲ式：14件，出土于13座墓葬中。方形陶厕，有台阶或斜坡通往圈外，部分顶上还装饰瓦纹。

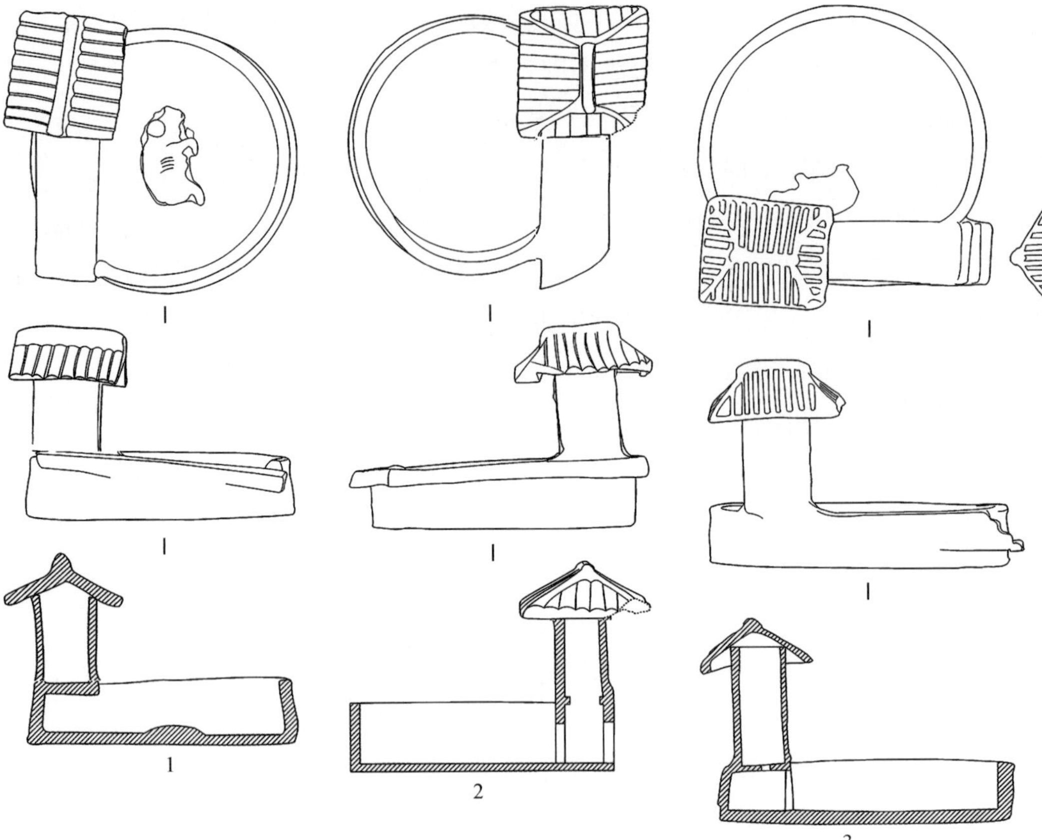

图4-2-22　陶圈（一）

1. AⅢ式（AM47：6）　2. AⅠ式（AM31：8）　3. AⅡ式（AM58：3）

标本BM65：12，质地坚硬，器壁厚重，制作较精致规整。器物较大，圈体略呈方形，四边围栏较高，围栏上口为平折沿，沿面中间有一周方形凸棱，圈底平，底部有一模制哺乳母猪。与圈围栏同高的泥制台上为筒状陶厕，前壁上开长方形门与小窗，歇山顶，顶部屋檐与屋脊上均粘接有手制小鸟，屋内底部一侧有长条形孔与圈墙上的圆拱门相通，一侧有四级台阶。陶厕底部有椭圆形孔通地。陶厕正面装饰网格纹。圈长34.5、宽21.5、通高35厘米（图4-2-23，2；图版二五〇，3、4）。

Ⅳ式：1件。方形陶厕，分上、下两层，四阿顶，顶上装饰瓦垄。陶厕有斜坡通往圈外，圈墙上有平顶。

标本AM48：44，陶质细腻，器表呈纯灰色。器物较大，圈体呈立体长方形，圈体围栏较高，栏口作模制两阿顶遮沿，平底。在圈体一角建陶厕，上层较宽，四边均开方形窗，下层较窄，仅在斜坡道一侧设长方形门。陶厕下应是猪舍，角落处开一圆拱形门，圈内躺卧一模制母猪，前伏五只猪仔，作哺乳状。斜坡上装饰划线纹。圈体长35.5、宽23.5、通高35.2厘米（图4-2-23，1；图版二五〇，5、6）。

Ⅴ式：6件。方形陶厕，陶厕无台阶或斜坡，四阿顶，部分分上、下两层，上层开方形

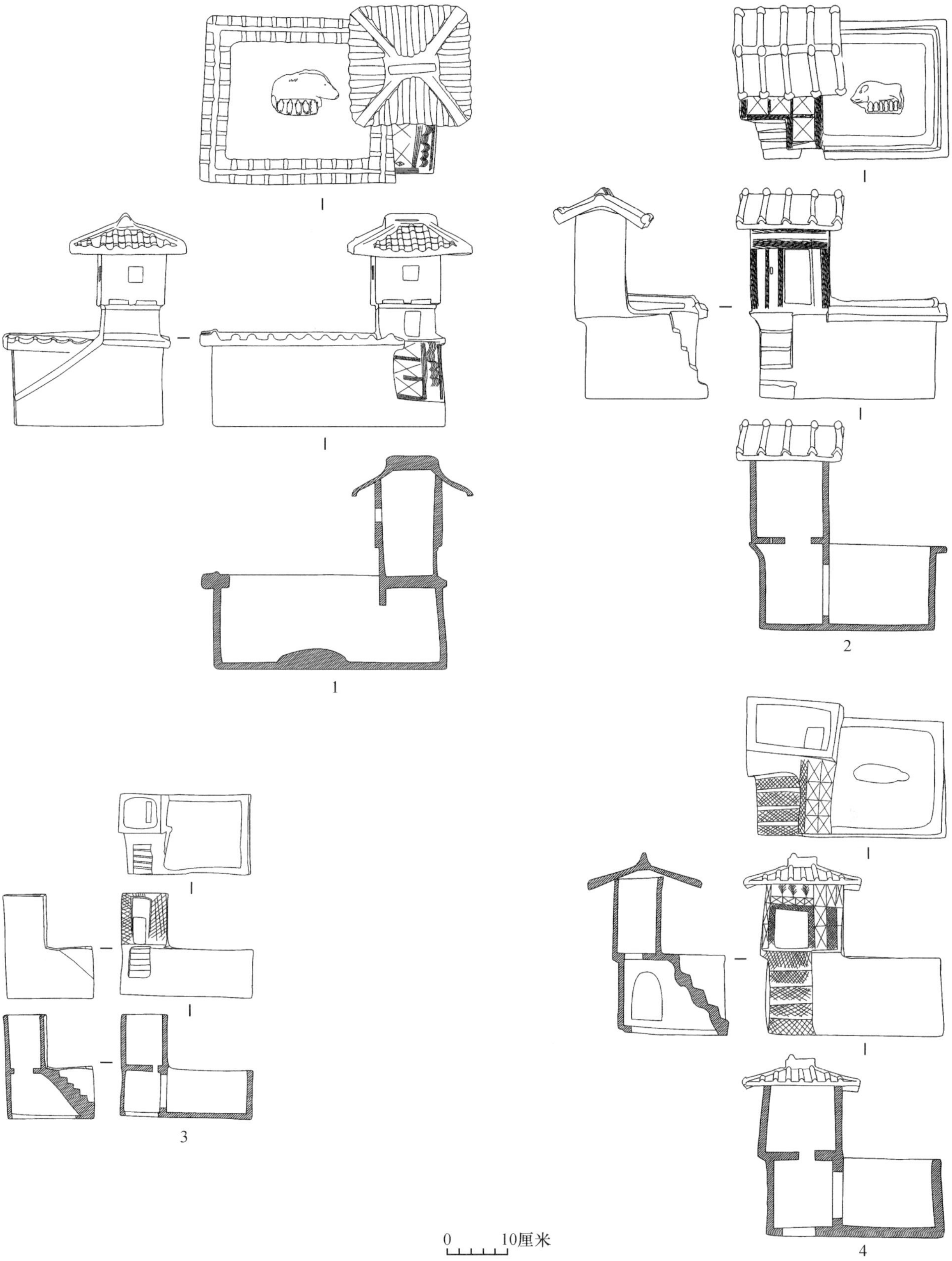

图4-2-23 陶圈（二）

1. BⅣ式（AM48：44） 2. BⅢ式（BM65：12） 3. BⅠ式（AM76：18） 4. BⅡ式（AM21：52）

门。其中1件只剩下圈墙。

标本BM68：13，大部分为模制。平面呈长方形，四壁由四块泥板粘接成围栏，泥板接合处有竖直刮削痕迹，围栏上口平折，底较平，圈内有一头平躺的模制母猪和五只小猪仔。在一侧约三分之一处设有隔墙，将圈分为两部分，隔墙上有一长方形门道。隔墙上方一隅建有一座分上、下两层的陶屋，下层四壁中间均有较大的圆形窗户，模制四阿屋顶较大，底面中部有长方形孔可通下面的猪舍。围栏前壁左侧开有一长方形门，不通地，前壁饰斜方格刻划纹，门左右均刻划树纹。圈长27.3、宽20.5、通高24.6厘米（图4-2-24，1；图版二五一，1、2）。

C型：5件。圆形，无底，无陶厕，一侧有平顶，上有孔。有的圈内有1只陶猪，AM54圈内有4只陶猪，较为罕见，这从一个侧面反映出两汉时期普通民众的饲养能力已达到相当高的水平。

标本AM17：6，轮制。覆钵形，下口稍大，顶部稍小，顶部挖去大半圆作圈栏口，留少半圆作猪舍，圈栏较矮，中部内束，猪舍顶部挖长方形孔。圈径18.3、通高4.2厘米（图4-2-24，2；图版二五一，3）。

D型：18件。方形或长方形，无底，圈墙上有平顶。一墙角建有方形陶厕，陶厕上开椭圆形或方形门。根据圈墙形制不同分三式。

Ⅰ式：9件。圈墙为平顶，内口呈扇形。

标本AM8：19，圈体呈方形，模制围栏较矮，圈墙上部向内平折成宽平沿，沿面刻划几何纹。长方形小陶厕无顶，较宽一面开拱门。圈长17.8、宽17.4、通高10.6厘米（图4-2-24，4；图版二五一，4）。

Ⅱ式：7件。圈墙为平顶，内口呈方形。部分陶厕内有孔与陶圈相通。

标本AM71：37，圈体略呈方形，无底，圈栏稍矮，栏上口四周向内平折成宽折沿，平沿上刻划边线和对角线纹。陶厕为方形，无顶，向栏面一侧开门，内底有长方形孔通陶圈。圈长17.4、宽16.8、通高11.7厘米（图4-2-24，3；图版二五一，5）。

Ⅲ式：2件。陶厕宽度大于平顶，圈墙为平顶，内口呈曲尺形。

标本BM7：12，圈体平面呈方形，模制。四块泥板合成封闭围栏，围栏上向口内平折，形成宽沿。左上方一隅建一方形陶屋，有门无顶，屋内底部正中有一长条形穿孔，下通陶圈内。圈体无底。素面。圈长18.1、宽17.2、通高11.3厘米（图4-2-24，6；图版二五一，6）。

E型：1件。方形，平底，圆形陶厕。

标本AM33：4，圈体由四块泥板围栏粘接而成，较矮。圈体一隅上口粘接一圆筒形陶厕，底部有一长方形孔通向圈内，外侧有一圆拱形门。圈体长18.4、宽18.1、通高14.2厘米（图4-2-24，5；图版二五二，1）。

10. 熏炉

共12件。1件绿釉陶，11件泥质灰陶。分别出自12座墓葬中，每墓出土1件。除1件残破较

图4-2-24 陶圈（三）

1. BⅤ式（BM68：13） 2. C型（AM17：6） 3. DⅡ式（AM71：37） 4. DⅠ式（AM8：19） 5. E型（AM33：4） 6. DⅢ式（BM7：12）

甚外，其余11件根据形制不同分四型。

A型：8件。博山炉。1件绿釉陶，7件泥质灰陶，出土于8座墓葬中。盖为山峰状。炉身为子口，圆腹，圜底，炉座呈喇叭形立于炉盘上，部分座柄中空，连成管孔直达盘座，部分实心。座柄中部或作箍状凸起，或饰凹弦纹。炉身、炉盘多无纹饰。

标本AM21：21，泥质灰陶。盖为重山堆叠形，盖身有不少小圆孔，盖面山峰间模印林木、猴、虎等。炉身为敛口，口下饰两周弦纹。炉底为轮制圆盘形，敞口，方沿平折，平底。盘中央为空心柱柄，上承炉身，孔管较细，直达盘座。炉口径8.7、盘径24.7、通高21厘米（图

4-2-25，1；图版二五二，2）。

B型：1件。博山炉。盖上几乎无纹饰，只用隐约划线纹表示山峰。炉身为子口，圆腹，圜底，下连炉座。炉座呈喇叭形立于炉盘上，座柄中部有箍状凸起，中空达盘座，炉盘较高，圜底。

标本AM63：21，泥质灰陶。桃形炉盖为模制，其余部分为轮制。圆钵形炉身口下饰两周凸弦纹，其余素面。盘径24、通高19.9厘米（图4-2-25，2；图版二五二，3）。

图4-2-25　陶熏炉

1. A型（AM21：21）　2. B型（AM63：21）　3. C型（BM59：5）　4. D型（BM76：18）

C型：1件。圆形熏炉。

标本BM59∶5，泥质灰陶。由盖、炉、承盘三部分组成。盖为覆钵形，敞口，平沿，方圆唇，弧腹，顶部弧，素面，轮制。炉身为敛口，平沿，口沿上粘有三个呈等边三角形分布的内敛模制扁乳状支架，口沿下有两周宽凹槽，凹槽下腹壁上为两周带状长方形镂孔，中间以两周凹弦纹为界，腹壁两侧各粘接一个半环状把手，上腹较直，下腹急收，底部近平连接座柄。承盘为敞口，平折沿，浅腹，平底，下附三模制豕形足，腹壁中部饰两周凸棱，盘心为空心柄，柄中部有一周凸棱，素面。炉身口径19.5、盘座口径24、通高22.7厘米（图4-2-25，3；图版二五二，4）。

D型：1件。龟座形熏炉。

标本BM76∶18，泥质灰陶。炉盖分为两部分，下部如博山炉盖山峰状凸起，顺山峰起伏，无镂孔；上部为一小熏炉，炉身为敛口，深腹，圜底，实心座柄，中腰有箍状凸棱，炉座立于炉盘上，下与博山炉盖相接。炉身为子口，深腹，圜底，实心柄，中部有箍状凸棱。座身为龟头上仰，四足外伸，中空。通高33厘米（图4-2-25，4；图版二五二，5）。

11. 陶烤炉

1件。方形镂孔。

标本AM48∶61，泥质灰陶。炉身为斜壁，平底，四熊形足。口沿处有交叉凸棱纹，正面有三竖长孔，侧面有二竖长孔。长19.7、宽11.5、通高8厘米（图4-2-26；图版二五三，1、2）。

12. 陶樽

共111件。分别出自89座墓葬中，其中出土5件和3件的各1座墓，出土2件的有16座墓，其余71座墓均各出土1件。除1件绿釉陶外，其余均为泥质灰陶（5件有彩绘）。8件损毁严重无法进行型式划分，其余根据形制不同分两型。

A型：80件。其中1件绿釉陶，79件泥质灰陶（其中有5件彩绘）。筒形，平底，下有三足。根据器身深浅和三足形制不同分四式。

Ⅰ式：64件。2座墓葬各出土3件，12座各出土2件，34座各出土1件。1件绿釉陶，63件泥质灰陶（1件器身施白彩，5件器身有铺首，1件有弧面形盖，盖上有三鸡首饰，1件仅存弧面形盖）。腹较深，三足稍高。

标本AM48∶60，泥质灰陶，陶质坚硬细腻，器表呈银灰色。直口，方唇，模制人面三足。腹部有两周凹弦纹。口径20.1、高16.5厘米（图4-2-27，1；图版二五二，6）。

标本AM72∶9，泥质灰陶。弧面器盖，盖口呈下垂子口，盖面等距离分布三只模制鸟首钮，盖面有三周瓦棱纹，瓦棱纹中间有一周压印斜齿纹。器身为直口，方唇。中腹置对称模制铺首一对，穿孔鼻，腹底部凸出一周宽边，坐姿人形三足，犹如怀抱幼仔。口径21.82～23、通高21厘米（图4-2-27，2；图版二五三，3）。

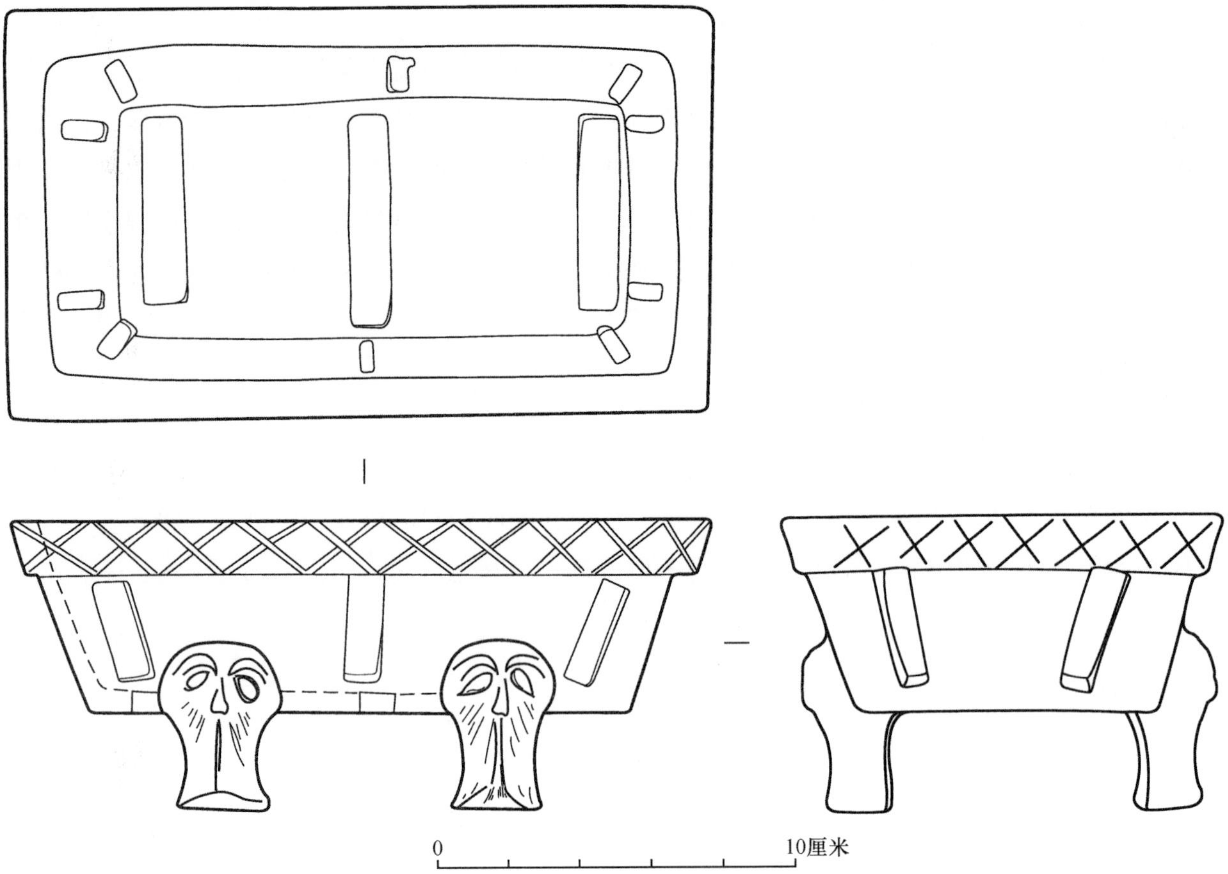

图4-2-26　陶烤炉（AM48：61）

Ⅱ式：7件。出土于7座墓葬中。均为泥质灰陶，其中1件有彩绘。腹较深，三足较矮。

标本AM41：15，矮筒形，口略小，底稍大，底部等距离分布三熊形足，足跟外撇。外壁饰两周凹弦纹。口径18.6、底径19.6、高11.6厘米（图4-2-27，3；图版二五三，4）。

标本AM43：15，口微侈，底部等距离分布三兽足，足跟残。腹部饰数周凹弦纹。口径17.7、底径17.3、残高12.9厘米（图4-2-27，4；图版二五三，5）。

Ⅲ式：6件，出土于6座墓葬中。均为泥质灰陶，浅腹。

标本AM47：17，泥质灰陶。矮筒形，方唇，直壁，底部等距离分布三蹄形足。器腹上部饰三周凹弦纹，近底部有两周弦纹。口径18.5、高9.2厘米（图4-2-27，5；图版二五三，6）。

Ⅳ式：4件，出土于4座墓葬中。腹较深，三足位于底部，如同三乳丁。

标本BM63：16，泥质灰陶。矮筒形，口不甚规则，微呈椭圆形，口稍敛，方唇。腹部饰两周凹弦纹。口径19.9～21.6、高12.5厘米（4-2-27，6；图版二五四，1）。

B型：22件，出土于22座墓葬中。均为泥质灰陶。器身为筒形，无足。器身多装饰有二至三周凹弦纹。

标本AM2：15，樽体为轮制矮筒形，底略内凹。口部饰两周凹弦纹，中腹饰两周宽凹弦纹，底部饰一周凹弦纹。口径16～18、高8.4厘米（图4-2-27，7；图版二五四，2）。

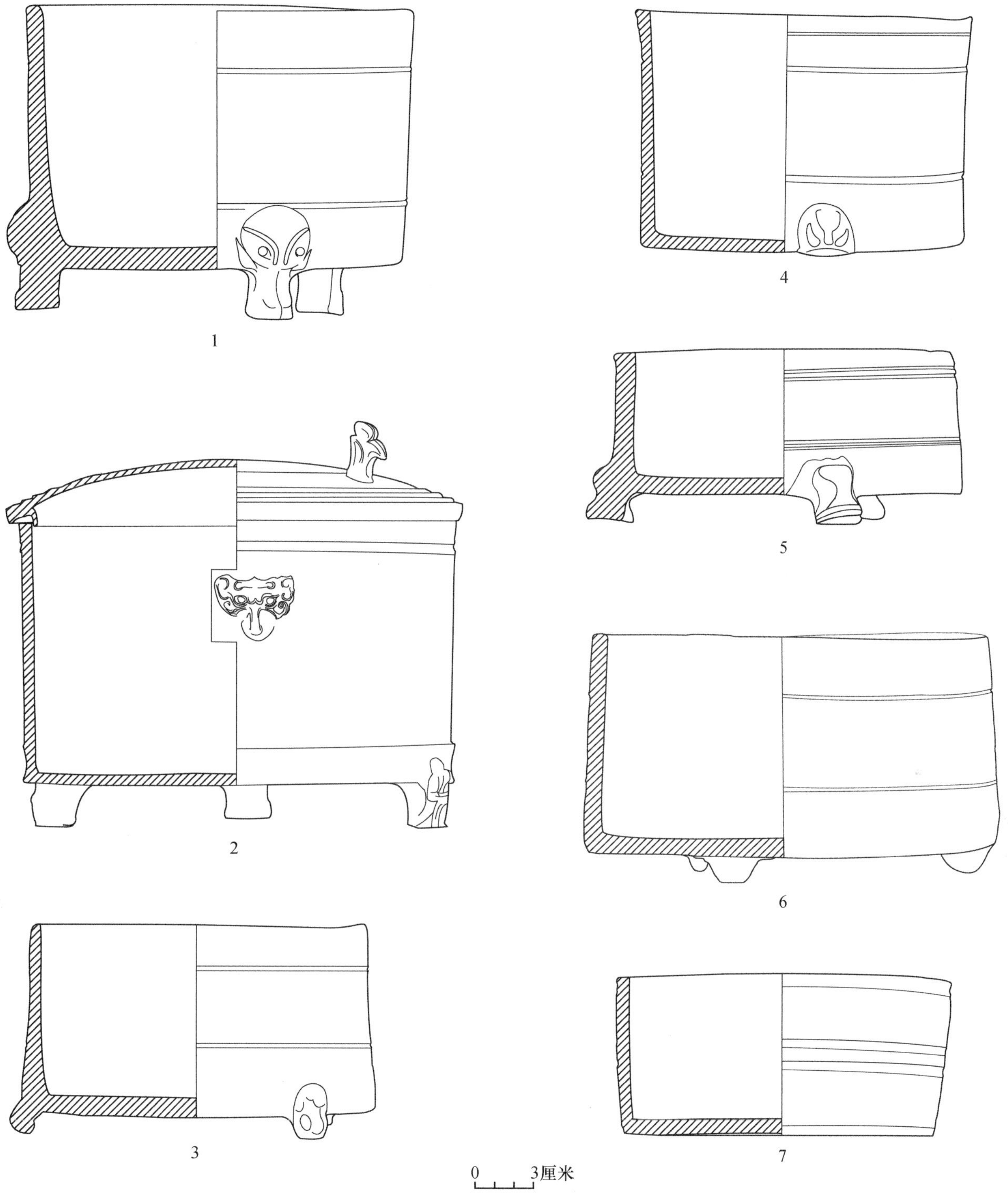

图4-2-27　陶樽

1、2. AⅠ式（AM48：60、AM72：9）　3、4. AⅡ式（AM41：15、AM43：15）　5. AⅢ式（AM47：17）

6. AⅣ式（BM63：16）　7. B型（AM2：15）

13. 陶盒

共64件。陶胎多为泥质红陶胎。其中有7件绿釉陶，57件泥质灰陶，其中20件有彩绘。依据形制不同分六型。

A型：26件。其中1座墓出土6件，8座墓各出土2件，4座墓各出土1件。5件为绿釉陶，21件为泥质灰陶（8件有彩绘）。1件仅存盒身，4件只存盒盖，4件盖上有乳丁。方盒是由器身和器盖两部分组成，器身和器盖作立体长方形，盖比盒身略大，盒身套入盖中，盒身和盒盖之间还有较大空隙。盖为平顶或盖顶四角各有一个乳丁，顶中间剔出长方形沟槽，盒盖壁上部斜。

标本AM21：44，盒盖为泥质灰陶，盒身为泥质红陶。整器作长方体，器形规整，各部分均为模制后再粘接在一起，四块泥板合成盒身，平底，外套长方体盒盖。盖裙略矮于盒身，四周间隙稍大，盒盖上部内收一周，盖壁上部斜，平顶，顶部作长方形内凹。盖外涂红彩。盖长46、宽19.6、高16.6厘米，盒身长41.5、宽16.4、高12.1厘米，通高17厘米（图4-2-28，1；图版二五四，3）。

B型：6件。均为泥质灰陶。长方盒，方唇，平折沿，深腹，平底。大部分器身装饰刻划纹，制作非常精良。

标本AM71：46，整体平面呈长方形，宽平折沿，腹壁较直。器身四周及口沿上饰刻划直线纹、几何纹和波浪纹。盒口长26.5、宽18.8、高10.8厘米（图4-2-28，2；图版二五四，4）。

C型：2件。整体呈椭圆形，由器身和器盖两部分组成。是本次发掘汉墓中较为罕见的盒类。

标本BM68：28，泥质灰陶。器物较小，盒盖与盒身四壁均较直，盖顶部略隆起，比器身略大，盒身被全部套入盒盖内。器身为直口，直腹，平底。整器均为模制，素面。盒盖长径20.3、短径8.2米，盒身长径17.6、短径7厘米，通高7.7厘米（图4-2-28，4；图版二五四，5、6）。

D型：17件，其中6座墓各出土2件，1座出土3件，2座各出土1件。2件绿釉陶（陶胎为泥质红陶），15件泥质灰陶（10件器表施白彩或彩绘）。器身和器盖为圆筒形套合，盖顶弧，部分器盖顶有三乳丁。

标本AM57：10，盒盖为泥质红陶胎，外施绿釉，盒身为泥质红陶，无釉。盒身作圆筒形，口略小，底稍大。盒盖上部略大，盖面有等距离分布的三个乳丁，盖面饰三周凹弦纹。盒身与盒盖之间间隙较大。盒盖口径22.3厘米，盒身口径16.9、底径18.8、高14.3厘米，通高16.8厘米（图4-2-28，5；图版二五五，1、2）。

E型：9件。均为泥质灰陶，2件有彩绘，4件盒内施红彩。舟形盒，由盒盖、盒身两部分扣合而成。盒盖、盒身形制相似，盖为平顶，顶上剔出椭圆形凹槽，部分盒盖上部略内凹，盒盖上装饰多组划线纹，顶上还有四个乳丁。从发掘情况看，这类舟形盒普遍制作精致，有的出土时内装成组的耳杯。

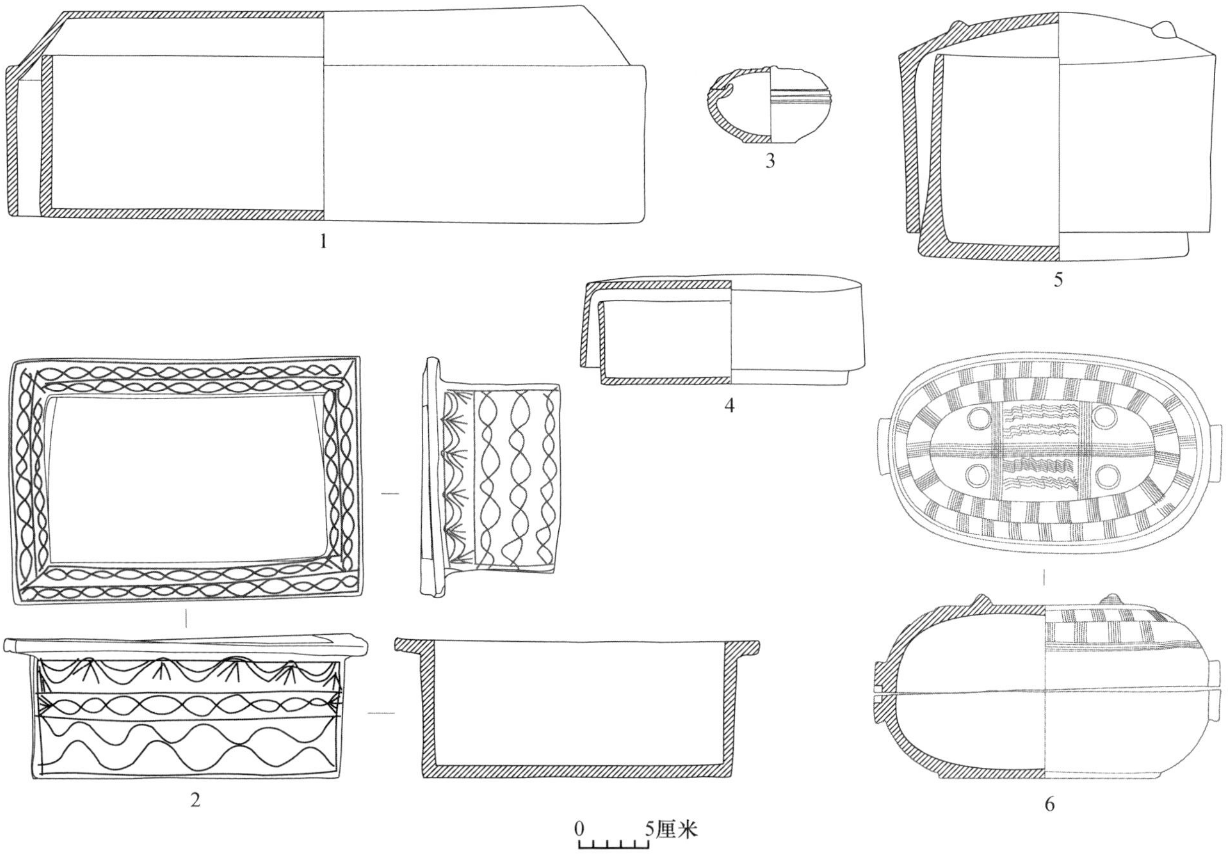

图4-2-28 陶盒

1. A型（AM21：44） 2. B型（AM71：46） 3. F型（BM75：8） 4. C型（BM68：28） 5. D型（AM57：10）
6. E型（BM29：35）

标本BM29：35，泥质灰褐陶。器盖顶部凸出少许，盖四角凸起同心圆乳丁。器盖与器身两端分别有两个半圆形捉手组成的圆形把手，把手上各刻划三周线纹。器物内壁与把手上涂朱，盖顶有直线划纹与波带状划纹，器盖中部饰椭圆形划纹一周。整器为模制，纹饰刻划规整精致，应是仿漆木器制作而成。长径24.4、短径14.7、通高14厘米（图4-2-28，6；图版二五五，3、4）。

F型：4件。均为泥质灰陶。钵形盒，子母口，由盒盖和盒身两部分扣合而成。

标本BM75：8，器物小，模制，盖面中部饰兽形钮，绕钮饰两条相交的简易龙纹。盒身为子口稍宽，口沿下有两周凸棱，腹部呈弧形，小平底。素面。口径9.7、底径5.5、盒高5.8米，通高8厘米（图4-2-28，3；图版二五五，5、6）。

不同形制的陶盒，可能有不同的功能，如E型舟形盒出土时内盛成组的陶耳杯，应是专门用于盛装酒器。F型陶盒较小，可能是果盒或首饰盒。其他较大的长方形盒和圆形盒，应是食盒。

14. 陶盆

共19件。分别出自18座墓葬中，AM29出土2件，其余每墓各出土1件。陶盆与陶盘一样，多出土于厅室中部，与案、耳杯共出，其功能也应与陶盘相似。均为泥质灰陶，其中有2件涂朱。1件残碎，其余根据形制不同分五型。

A型：7件。宽沿，深腹，大平底。根据颈部不同分二式。

Ⅰ式：1件。束颈明显，腹略鼓。

标本BM12：1，敞口，宽平沿外卷，口沿稍上翘，方唇，腹部斜内收，底略内凹。外腹近口部以及中腹部分别有三周和一周较深宽弦纹。轮制。口径37.8、底径17.2、高18.6厘米（图4-2-29，1；图版二五六，1）。

Ⅱ式：6件。均为泥质灰陶。束颈不明显，上腹较直，下腹内收。

标本BM3：28，敞口，宽平沿，方唇，唇面外侧有凹槽一周，腹略鼓，下腹弧收，底中部略内凹。上腹饰凹弦纹两周，内壁饰暗弦纹。轮制。口径38.1、底径18.4、高14.2厘米（图4-2-29，2；图版二五六，2）。

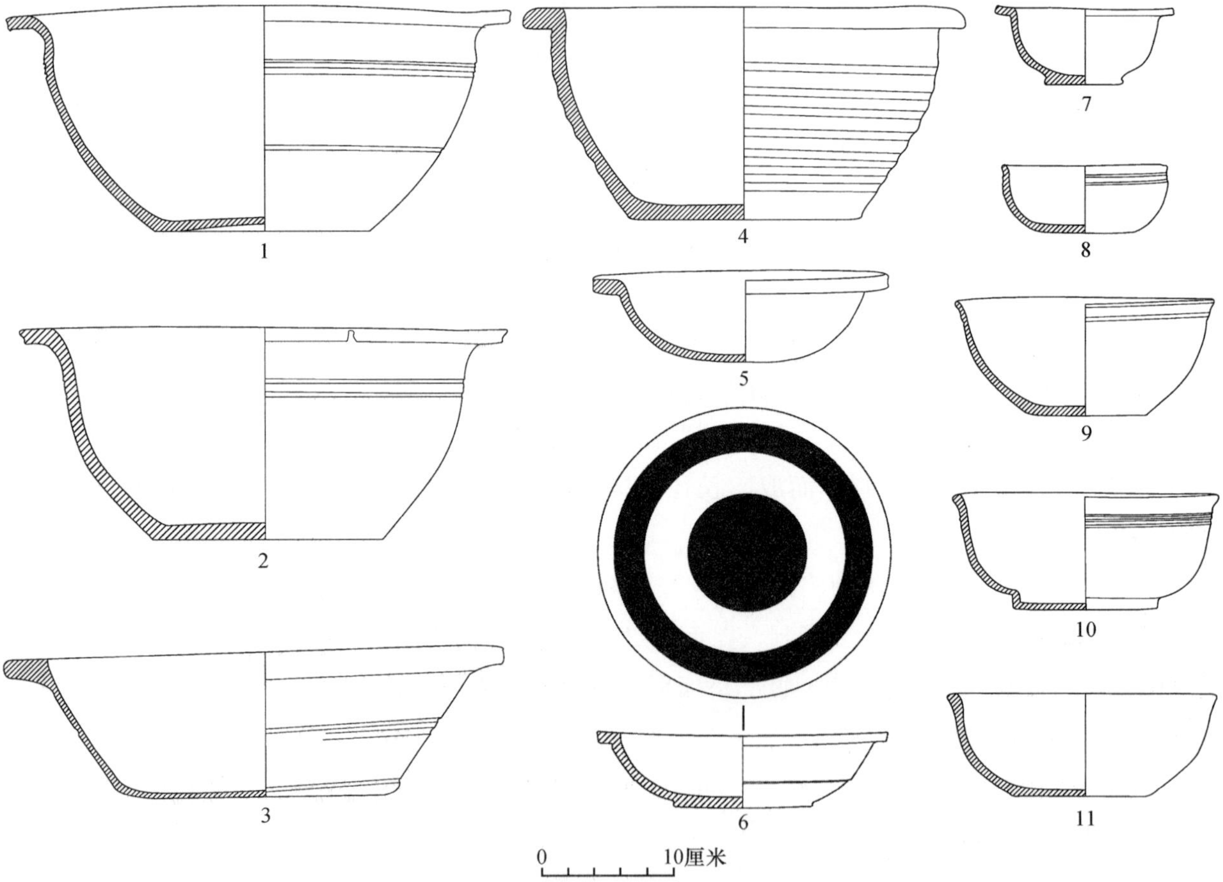

图4-2-29　陶盆和陶碗

1. AⅠ式盆（BM12：1）　2. AⅡ式盆（BM3：28）　3. Db型盆（AM24：5）　4. C型盆（BM38：1）　5. Da型盆（BM13：4）　6. B型盆（AM29：12）　7、10. A型碗（BM59：47、CM1：10）　8、9. B型碗（BM21：16、BM68：6）　11. E型盆（AM6：5）

B型：4件。其中2件为泥质灰陶，另2件有彩绘。假圈足。

标本AM29：12，泥质灰陶，器腹内壁施同心圆朱红彩绘。敞口，宽平沿外折，方唇，下腹内收。口径22.5、底径10.7、高5.8厘米（图4-2-29，6；图版二五六，3、4）。

C型：3件。深腹，厚胎。

标本BM38：1，泥质灰陶。敞口，厚圆唇，宽平沿，上腹较直，下腹内收，平底。中腹以下有规则的瓦棱纹。口径32.1、底径16.7、高15.8厘米（图4-2-29，4；图版二五六，5）。

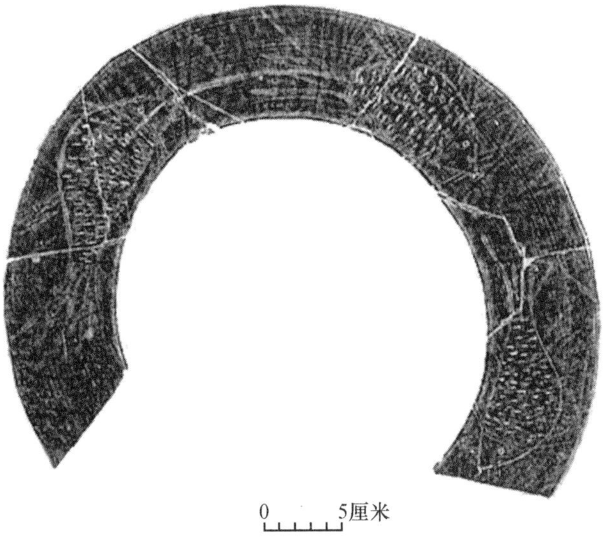

图4-2-30　陶盆内底鱼纹拓本（AM24：5）

D型：2件。浅腹，依底部形制不同分二亚型。

Da型：1件。圜底。

标本BM13：4，泥质灰陶。器物较小，敞口，宽折沿，沿面上有浅凹槽一周，方唇，腹急内收，圜底。素面。口径22.3、高6.7厘米（图4-2-29，5；图版二五六，6）。

Db型：1件。大平底。

标本AM24：5，泥质灰陶。敞口，平折沿，斜腹，平底。腹部饰两周凹弦纹，底面饰一周凹弦纹；内壁上腹部饰一周弦纹，内有三条鱼纹，底部饰一周弦纹。口径39.2、底径22.1、高10.5厘米（图4-2-29，3；图4-2-30；图版二五七，1、2）。

E型：2件。钵形盆。

标本AM6：5，泥质灰陶。敞口，圆唇，腹壁弧收，小平底。素面，轮制。口径20.3、底径10、高8.1厘米（图4-2-29，6；图版二五七，3）。

15. 陶碗

共12件。出自10座墓中，其中BM59和BM60各出土2件，其余8座墓各出土1件。最早见于东汉早、中期，多见于东汉晚期。主要出土于墓葬厅室内。均为泥质灰陶。根据沿、底部差异分二型。

A型：共7件。折沿或卷沿，假圈足。

标本BM59：47，器物较小，质地坚硬，敞口，平折沿，方唇，上腹较直，下腹弧，假矮圈足。素面。轮制。口径13.8、底径6、高6.1厘米（图4-2-29，7）。

标本CM1：10，敞口，沿略外卷，圆唇，上腹壁近直，下腹弧收。口沿下方有两道较宽凹弦纹。轮制。口径18、底径9.7、高8.1厘米（图4-2-29，10）。

B型：共5件。敞口或口略直，平底。

标本BM68：6，器物较大，敞口，圆唇，深腹，小平底。素面。轮制。口径19.1、底径9、高8.4厘米（图4-2-29，9）。

标本BM21：16，敞口，尖圆唇。口沿下饰两周凹弦纹。轮制。口径12.2、底径7、高5厘米（图4-2-29，8）。

16. 陶魁

共30件。出自27座墓葬中，AM37、AM60和AM62各出土2件，其余墓葬各出土1件。均为泥质灰陶，其中1件腹内涂朱。3件损毁严重无法进行型式划分，其余27件依器身形制不同分四型。

A型：9件，出土于8座墓葬中。BM29被盗严重，仅存龙首柄，从其余6件龙首柄魁形制判断，BM29所出同类器应属此型。器身似盆，圆形，斜沿，平底，龙首柄。

标本AM72：11，敞口，方唇，下腹圆收，假圈足状小平底，腹部一侧向上斜伸而后外折一模制龙首柄。口下饰一周弦纹。口径17.4、底径7.8、高7.8厘米（图4-2-31，1；图版二五七，4）。

B型：4件，出土于4座墓葬中。器身为椭圆形，假圈足，柄为器身长边一侧口沿向上伸出，柄首下垂。

标本AM19：6，圆角弧边长方形，敞口，口下略凸出唇状宽边，弧腹，假圈足状小平底，底平面亦作圆角长方形。模制。长径15.7、短径13.3、高7.5、通长22厘米（图4-2-31，2；图版二五七，5）。

C型：12件。出土于11座墓葬中。器身为马蹄形，平底，长边一侧斜出一叶梗形柄。

标本AM2：13，敞口，口下略凸出宽边，柄上斜而后平折，斜腹。素面。口长16、宽12、高7.6厘米，通长19.3厘米（图4-2-31，3；图版二五七，6）。

D型：2件，出土于2座墓葬中。器身为长方形或近似长方形，平底，短柄从器身长边一侧口沿平伸。

标本CM3：48，器身略似长方形，敞口，平沿，口沿外侧凸出一周，前端器壁略内曲，弧腹，叶梗形柄，柄尾端略下垂。口长13.8、宽11.3、高6.3厘米，通长18.5厘米（图4-2-31，4；图版二五八，1）。

17. 陶勺

共34件。这里的陶勺，是指模制的长柄陶勺，可能为实用器，与灶上釜中放置的明器化小陶勺不同。分别出自28座墓葬，除4座墓（AM2、AM37、AM62、CM4）各出土2件外，其余均每墓出土1件。从出土情况看，有6件（AM2：12、AM19：5、AM37：36、AM70：27、BM62：15、BM65：21）置于陶魁内，1件（AM18：10）置于陶樽中，应是配套使用的挹酒

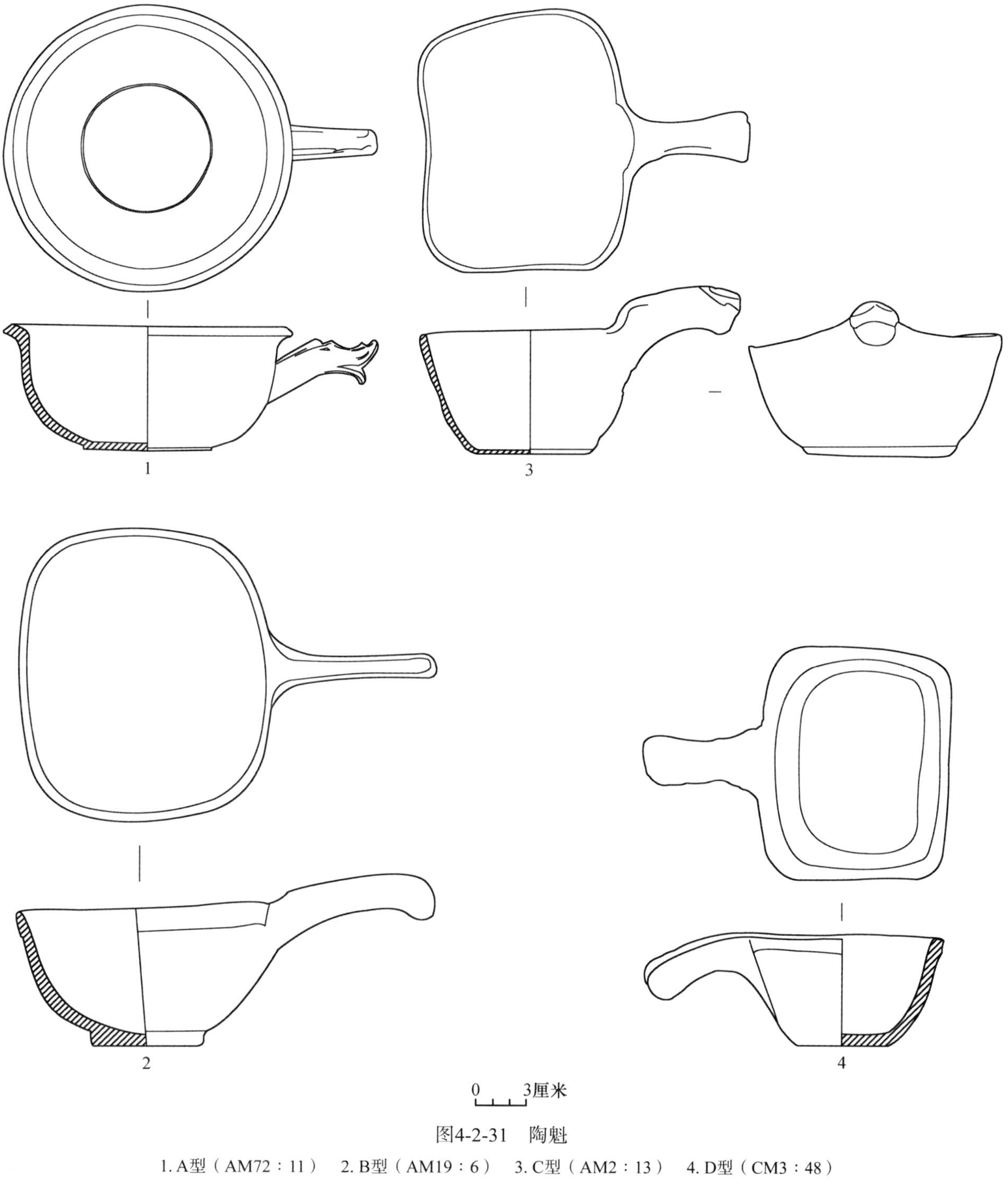

图4-2-31　陶魁

1. A型（AM72：11）　2. B型（AM19：6）　3. C型（AM2：13）　4. D型（CM3：48）

器。也偶见出自陶盆（AM62的2件陶勺均出自陶盆内）或陶盘（BM29：51）中，可能偶作舀食器使用。有3件残碎无法复原，其余依形制差异和花纹不同分三型。

A型：10件。龙首柄，均为手、模兼制。部分勺内腹和龙首涂朱，未涂朱者在内外器表涂有银粉（或为铅粉），应是仿漆器。根据勺体不同分二式。

Ⅰ式：7件。勺体呈椭圆形。器腹内壁和龙首为模制，外壁和柄为手制。器腹内壁模印凸

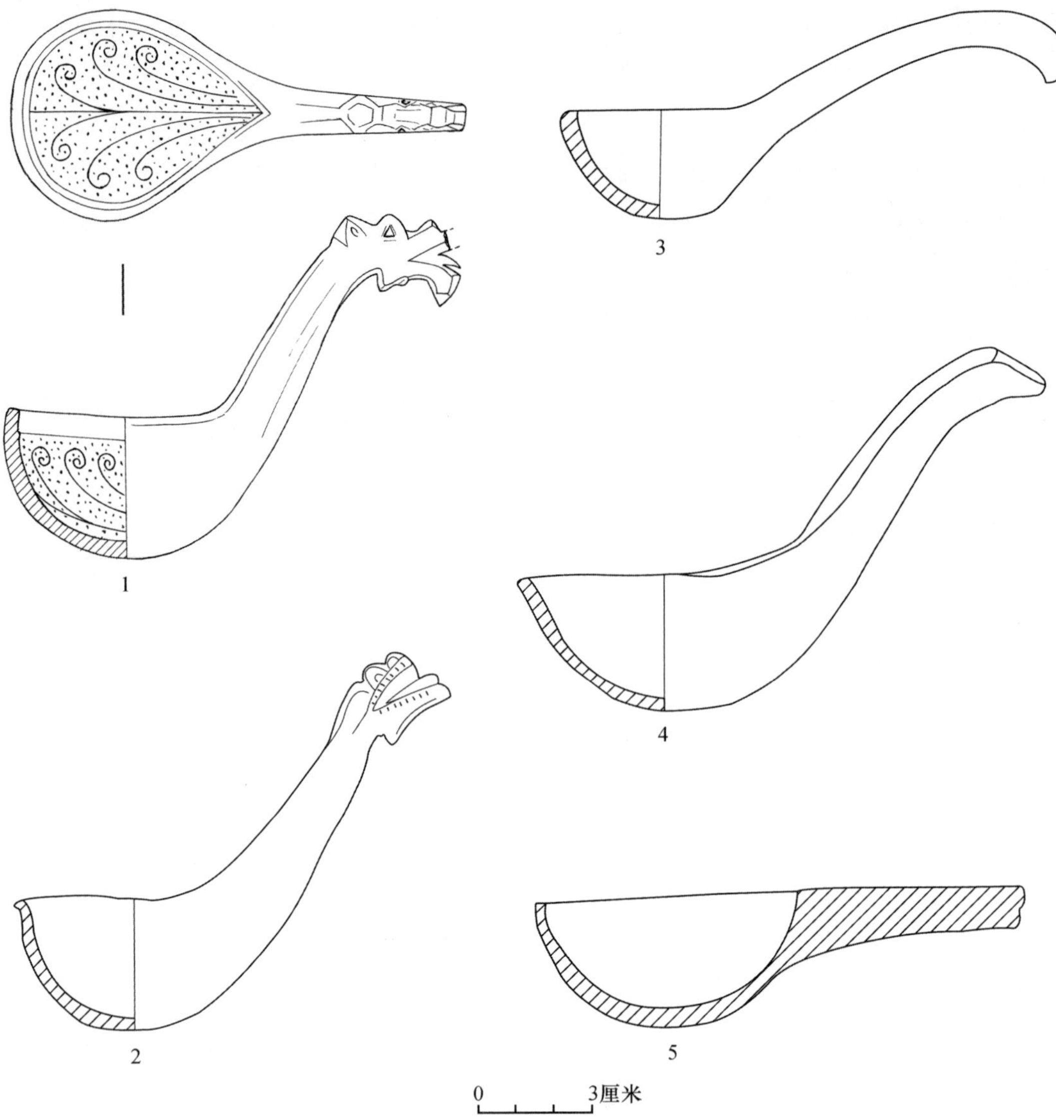

图4-2-32　陶勺

1. AⅠ式（AM72：50）　2. AⅡ式（BM16：5）　3、4. B型（AM22：26、CM4：27）　5. C型（AM21：94）

线卷云纹和点状纹。主要流行于新莽至东汉初年。

标本AM72：50，泥质灰陶。勺首前端宽肥，直口，弧腹，圜底，勺柄短而斜向上，末端为模制龙首，龙首下颚向内钩曲。勺内壁涂有银粉状物，勺内局部和龙首涂朱。通长12、高9.7厘米（图4-2-32，1；图版二五八，2）。

Ⅱ式：3件。勺体近圆形。器腹内壁模印纹痕浅而不清晰。仅见于东汉中期。

标本BM16：5，泥质灰陶。勺、柄为分制后粘接而成。勺体为敞口，深弧腹，圜底，勺柄稍曲，龙首为合模制成，下颚稍向内钩曲。勺内腹和龙首均涂朱。通长12.6、高10厘米（图4-2-32，2；图版二五八，3、4）。

B型：17件。模、手兼制，勺体内壁为模制，外壁和柄部为手制。圜底，曲柄。整体器形与A型相似，不同之处是B型勺体内壁无模印花纹，柄端无龙首，整体不如A型精致。

标本AM22：26，泥质灰陶。勺体大致近圆形，弧腹，勺尾外斜，勺柄断面为三棱形，柄尾向下钩曲。勺体口径5.5、通长12.8厘米（图4-2-32，3；图版二五八，5）。

标本CM4：27，泥质灰陶。整体略呈带柄叶形，勺体作椭圆形，敞口，深腹，截面呈圆柱状的勺柄上斜，后端上部向下斜折，尾端略显钩曲状。通长15.3厘米（图4-2-32，4；图版二五八，6）。

C型：4件。整体模制，柄部与勺体口沿平。

标本AM21：94，泥质灰陶。勺首呈圆形，敞口，弧腹，圜底，尾部平出锥尾形勺柄，尾端部分残。内壁有模制后的齿刮纹。勺体口径7.6、残长13厘米（图4-2-32，5；图版二五九，1）。

18. 陶案

共58件。分别出自54座墓，其中7座（AM20、AM21、AM26、AM58、AM62、BM9和BM59）各出土2件，其余每墓各出土1件。绝大部分为泥质灰陶，偶见泥质红褐陶，其中有6件在案盘内涂朱。5件残破较甚，另有6件仅存案足，无法进行型式划分，其余50件根据案盘形制和是否有足分为二型。

A型：44件。案盘呈长方形，根据有无案足分二亚型。

Aa型：14件。有四个直板蹄形案足，根据案足与案盘承接方式不同分二式。

Ⅰ式：5件。案盘四角无穿孔，四足顶部为平面，直接与案盘底部承接。这种承接方式无法使案盘和案足固定在一起，应是明器常见的简单化制作方式。案盘内常见模印几何纹、线条纹等，有的还在线条组成的长方形框内涂朱。

标本AM11：5，泥质灰陶。案盘四周边缘向外斜面凸起，表面模印对角线向内连接长方形凸棱纹。足为模制。案盘平面长45、宽31.4～31.8、带足高14厘米（图4-2-33，1；图版二五九，2）。

Ⅱ式：9件。案盘四角有圆形穿孔，足顶部呈圆形榫凸，可套接于案盘四角的圆形穿孔以承案盘。案盘内有模印的几何纹和线条纹等，部分涂朱。

标本AM73：11，泥质灰陶。案盘四周边缘向外斜凸出厚边，案面有密集细线组成的两重长方形，长方形角部有斜线相连。案盘平面长48.2、宽32.7、边厚1.6、带足高13.5厘米（图4-2-33，2；图版二五九，3）。

Ab型：30件。盘下无足。案盘内模印几何纹和线条纹，部分在盘内涂朱，有的还在盘内刻划鱼纹。

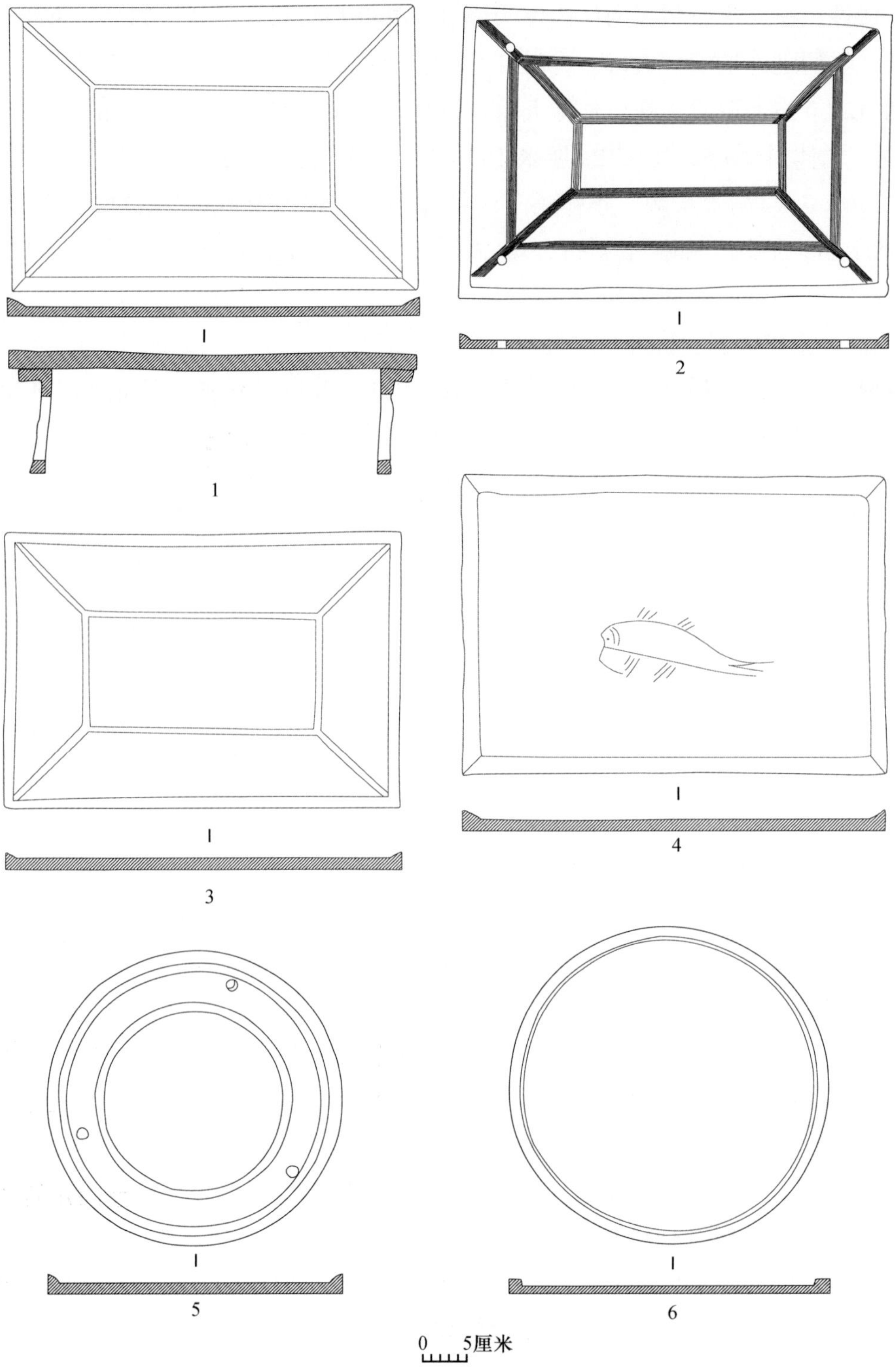

图4-2-33 陶案

1. AaⅠ式（AM11：5） 2. AaⅡ式（AM73：11） 3、4. Ab型（BM62：6、CM3：3） 5. Ba型（AM63：12）
6. Bb型（AM42：7）

标本BM62：6，泥质灰陶，案面略呈黄褐色。案面四周边缘向上凸起约0.5厘米的方形厚边，中部有凸起的圆形泥条，形成同案盘平面形状略同的长方形，长方形的四角有泥条和案盘四角相连。案盘平面长44.3、宽28.8厘米（图4-2-33，3；图版二五九，4）。

标本CM3：3，泥质灰陶。案盘四周边缘呈棱形凸起，微向外倾斜。案盘面刻划一条鱼。案盘平面长47.2、宽34、高3厘米（图4-2-33，4；图版二五九，5）。

B型：3件。案盘平面呈圆形，依案盘下有无足分二亚型。

Ba型：2件。案盘下有足。案面常见刻划同心圆纹，有的还在不同的同心圆区域带内涂朱。

标本AM63：12，泥质灰陶。案盘边缘向外凸起，边缘有等距离分布的三个圆孔，下承三直板蹄形足。案面饰四周多重线细弦纹，将案面分为四环，中环内涂朱。案盘直径34.2、边厚2.2、盘缘凸起1、带足高13.6厘米（图4-2-33，5；图版二五九，6）。

Bb型：1件。案盘下无足。

标本AM42：7，泥质红褐陶，火候稍低，陶质疏松。案盘边缘外斜凸起厚边。案盘直径36、边厚1.6、盘缘凸起0.7厘米（图4-2-33，6；图版二六〇，1）。

19. 陶耳杯

共424件。其中52件涂朱，3件绿釉陶，其余均为泥质灰陶。分别出自109座墓葬，其中39座墓葬各出土1件，21座墓葬各出土2件，12座墓葬各出土3件，5座墓葬各出土4件，4座墓葬各出土5件，7座墓葬各出土6件，7座墓各出土7件，4座墓葬各出土9件，出16件和17件的各有2座墓葬，另有6座墓分别出土8件、10件、11件、12件、15件和18件。出土陶耳杯的墓葬虽有部分被盗扰，但均为早年盗扰且耳杯未被盗，故陶耳杯组合分析未受影响。

从陶耳杯的出土情况看，出土7件及以下的墓例相对较多，出土8件及以上的墓例较少，多数仅见一例。由此推测，陶耳杯组合应以7件以下为多见，超过7件的墓例不排除存在多套耳杯的可能。如AM21，共出土16件耳杯，但大小不完全相同，其中有8件（AM21：80～87）放置在陶案（AM21：41）上，或平放，或倒扣，杯内涂朱，应是完整一套耳杯组合；其余的8件均为泥质灰陶，分置多处，是不是一套无法确定。由此看来，AM21随葬的陶耳杯至少应有两套组合。这样的耳杯组合方式在路固汉墓中较为常见。

从发掘看，陶耳杯的出土情况有四种：一是出土于陶案之上，应是与陶案配套使用；二是出土于陶樽内，或散见于陶樽近旁，应是与陶樽配套使用；三是出土于舟形陶盒内，应是成套出土的酒器，其数量有益于探讨汉代耳杯的组合和使用方式；四是散见于墓室内各处。从第三种情况看，舟形盒内的耳杯数量也不尽相同，最多的12件，少的4件。12件者很可能为两套，4件者则可能为一套。

陶耳杯形制的早晚变化不是非常显著。均为模制。口部呈椭圆形，敞口，弧腹，平底，假圈足，长径两侧有对称新月形双耳。虽然耳杯形制变化不大，但杯口的长径和短径比还是有

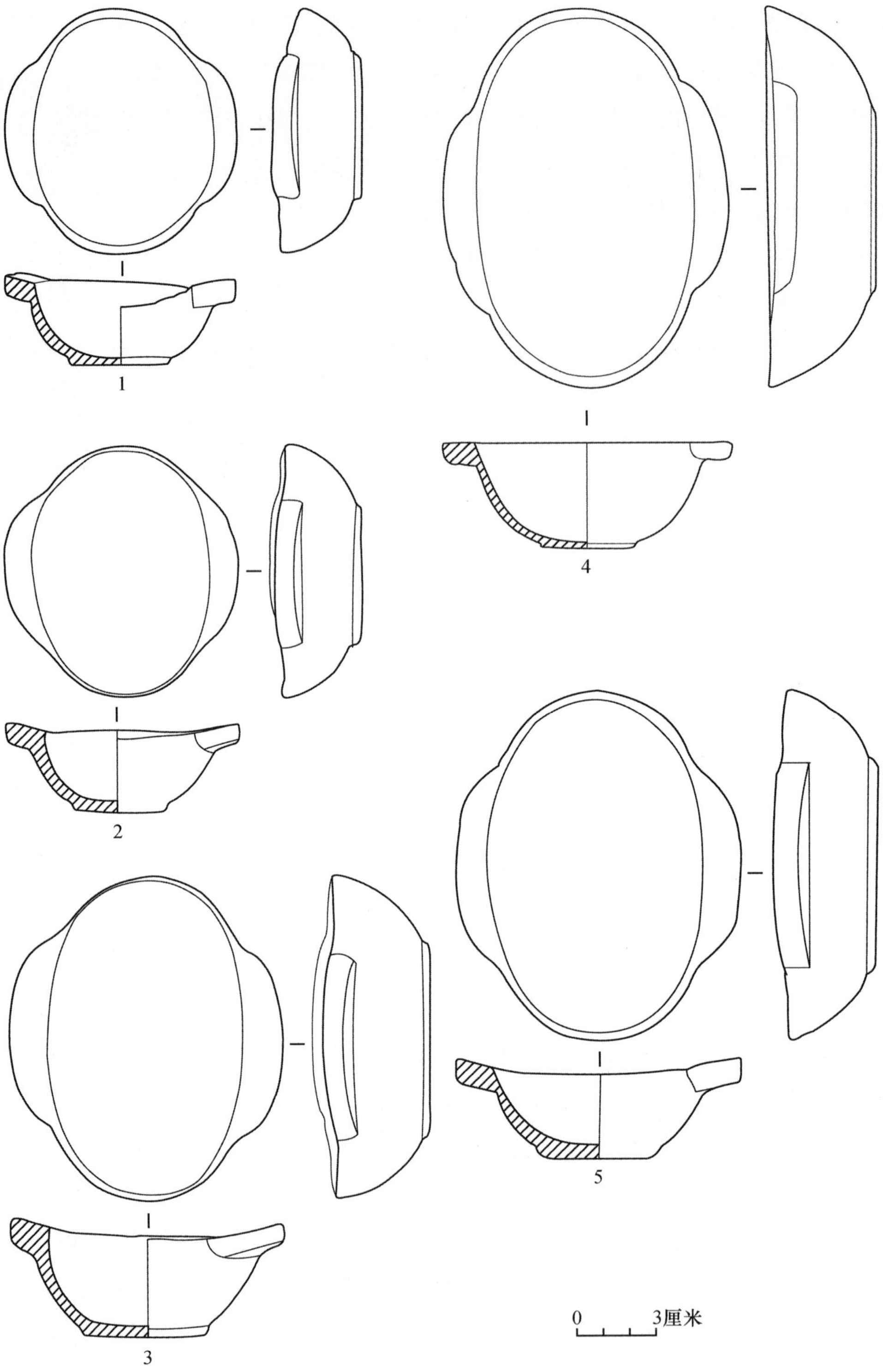

图4-2-34　陶耳杯

1. AM50∶17　2. AM60∶65　3. AM60∶69　4. AM18∶6　5. AM33∶9

些变化，早期大约从西汉晚期至新莽或东汉初年，耳杯口部长径在10厘米左右，长径和短径的比例为1：1.2左右。自东汉中期开始，耳杯的口部长径增大，除常见10厘米左右的外，还大量出现12厘米以上者，到东汉中晚期，口部长径最大可达15厘米，14厘米左右者较为多见。

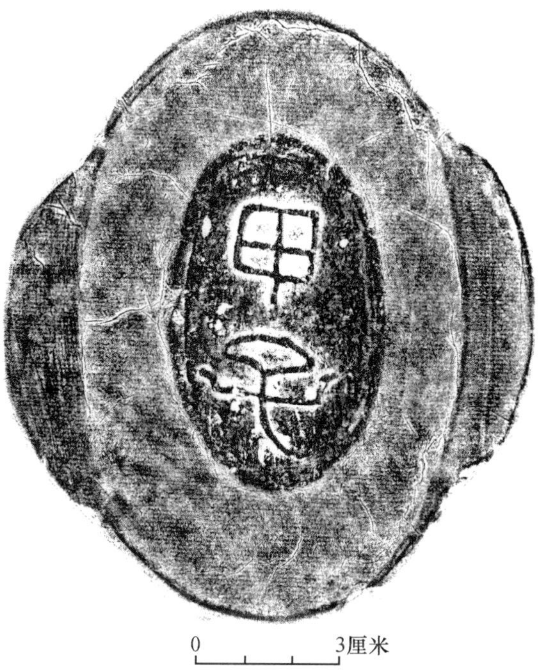

图4-2-35　陶耳杯底铭文拓本（AM60：69）

标本AM50：17，泥质灰陶。器壁稍薄，口部稍宽圆，两耳上翘，实足底略凸出。口长径9.4、短径9、高3.4厘米（图4-2-34，1；图版二六〇，2）。

标本AM60：65，泥质灰陶。器壁较薄，两耳上翘，底部凸出矮实足。口长径8.6、短径8.2、高3.1厘米（图4-2-34，2；图版二六〇，3）。

标本AM60：69，泥质灰陶。器壁稍薄，两耳上翘，底部凸出矮实足。底面有模印阳文“甲子”二字。口长径12.4、短径10.6、高4.4厘米（图4-2-34，3；图4-2-35；图版二六〇，5、6）。

标本AM18：6，泥质红陶。器物较大，两耳薄瘦，与口沿平。口长径15、短径11.1、高4.2厘米（图4-2-34，4；图版二六〇，4）。

标本AM33：9，泥质灰陶。器物稍大，器壁稍薄，两耳上翘，实足底略凸出。口长径13.5、短径10.9、高3.8厘米（图4-2-34，5；图版二六一，1）。

20. 陶盘

共105件。分别出自56座墓葬中，其中有2座墓各出土5件，有3座墓各出土4件，另有9座墓各出土3件，14座墓各出土2件，出土1件的墓葬共有28座。有11件涂朱。从出土情况看，有14件出土于陶案之上，其中多数与陶耳杯共存，说明陶盘可能是与陶案、陶耳杯配套使用的饮食器具，耳杯为酒器，陶盘应为盛食器。除3件残碎无法复原外，其余依器形不同分三型。

A型：6件。方唇，卷沿，浅腹，圜底略平或底稍内凹。

标本AM50：1，泥质灰陶。敞口，平折沿，沿面内凹，弧腹，平底，腹、底交界平缓，分界不清，内壁底部微下凹一周。口径20.2、底径11、高4.8厘米（图4-2-36，1；图版二六一，2）。

B型：51件。大部分为敞口，偶见敛口，浅腹，实心小平底，似假圈足。依据口径大小和足部不同分二亚型。

Ba型：44件。折腹。口径较大，通常都在20厘米以上。多在下腹部有一周折线。

标本AM48：59，泥质灰陶，陶质细腻坚硬，器表呈黑灰色。敞口，平折沿，方唇。内壁下腹部微收一周，底微下凹一周。口径21.5、底径11、高4.9厘米（图4-2-36，2；图版二六一，3）。

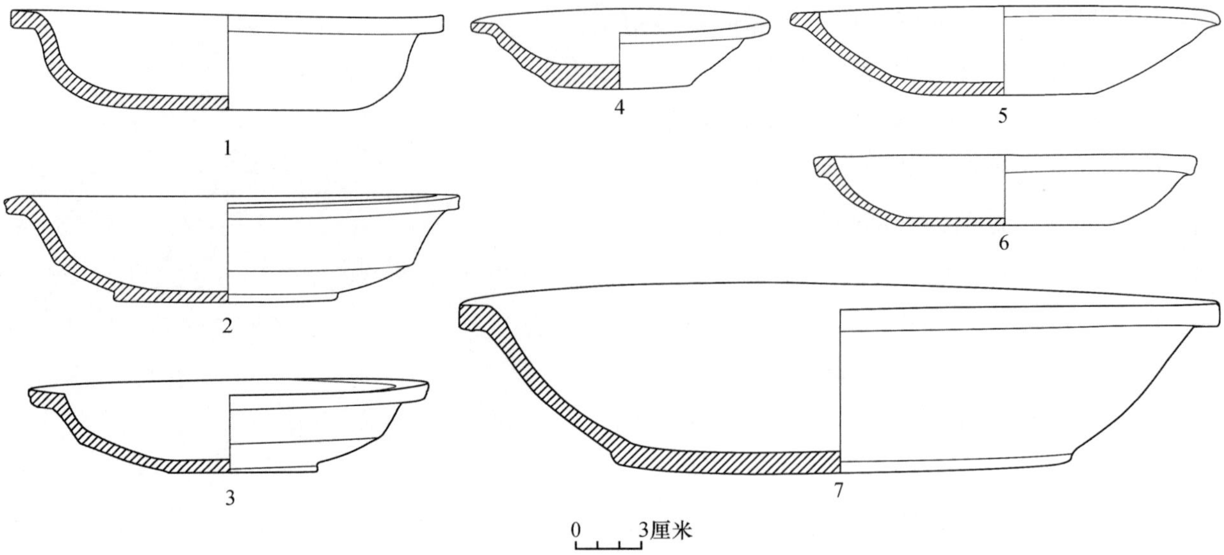

图4-2-36 陶盘

1. A型（AM50：1） 2、3. Ba型（AM48：59、AM60：40） 4. Cc型（BM68：2） 5. Cb型（AM45：33）
6. Ca型（BM56：3） 7. Bb型（BM69：39）

标本AM60：40，泥质灰陶。敞口，折沿。口径17.8、底径7.3、高3.8厘米（图4-2-36，3；图版二六一，4）。

Bb型：7件。口径普遍较大，大部分在22厘米以上，最大的1件口径达36厘米。敞口，折沿，方唇，浅腹，大平底呈假圈足状。

标本BM69：39，泥质灰陶。器物大，厚方唇，弧腹。内壁中部有一周折棱。素面，轮制。口径36、底径22.1、高8.5厘米（图4-2-36，7；图版二六一，5）。

C型：45件。敞口，浅腹，平底。依据底部特征不同分三亚型。

Ca型：19件。大平底。

标本BM56：3，泥质灰陶。器物较小，平折沿，方唇，唇中部微凹，浅弧腹，器物内壁中部下凹一周，底部边缘向外凸出一周。素面，轮制。口径17、底径9.1、高3厘米（图4-2-36，6；图版二六一，6）。

Cb型：17件。敞口，腹壁斜，平底或底微内凹。

标本AM45：33，泥质灰陶。平折沿，浅腹，小平底。腹壁饰轮制弦纹，内壁底部微凹一周。口径19.5、底径8.8、高3.3厘米（图4-2-36，5；图版二六二，1）。

Cc型：9件。器形较小，敞口，宽折沿，小平底，底部胎较厚。

标本BM68：2，泥质灰陶。器形较小，器壁较厚，方唇，唇中部略外鼓，浅斜腹，器物内壁中部向外凸出一周，器物内壁底部呈圆形下凹。器物外壁有较规则的圆周状凹凸现象，轮制。口径13.5、底径6.5、高2.8厘米（图4-2-36，4；图版二六二，2）。

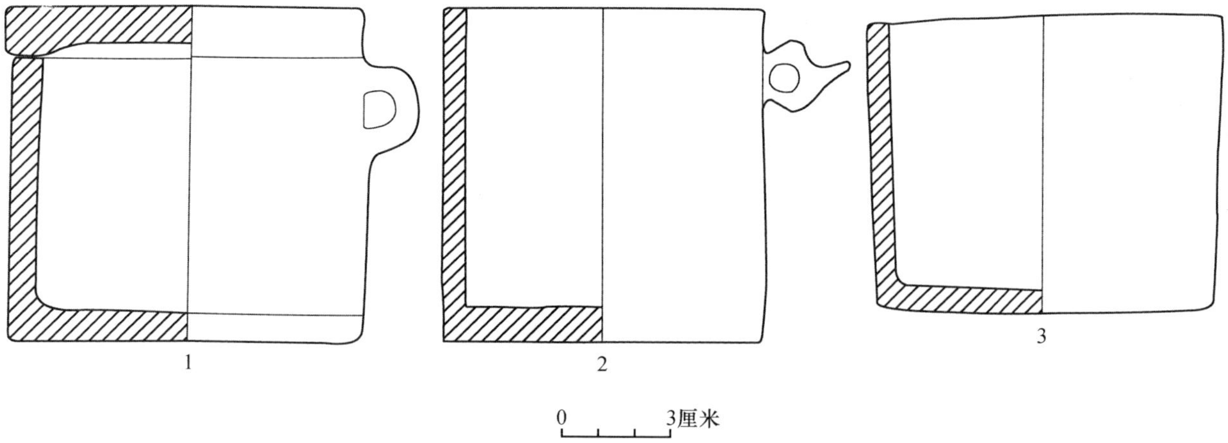

图4-2-37　陶筒形杯
1. AM23：38　2. AM62：31　3. BM16：2

陶盘的形制相对较稳定，早、晚期变化不明显，如A型盘常见于西汉晚期至新莽时期，偶见于东汉中晚期。B型常见于东汉初年和东汉中期，东汉晚期也有一定的数量。C型在东汉早、中期数量较少，常见于东汉晚期。

21. 陶筒形杯

3件。有2件有环状鋬，1件无鋬；1件有器盖，其他2件无器盖。

标本AM23：38，泥质灰陶。有盖。直口，平底，有一环状鋬。素面。口径9.7、通高9.5厘米（图4-2-37，1；图版二六二，3）。

标本AM62：31，泥质灰陶。直口，方唇，平底，口下一侧有鹅首状鋬。口径9.4、高9.6厘米（图4-2-37，2；图版二六二，5）。

标本BM16：2，泥质灰陶。器物矮胖，直口，平沿，口径略大于底径，平底。杯身内壁涂朱，轮制。口径10.2、底径9.8、高8.4厘米（图4-2-37，3；图版二六二，4）。

22. 陶灯

2件。均出自AM17，形制基本相同，1件残碎。

标本AM17：33，泥质灰陶。灯盘作盘形，敞口，方唇，浅腹，盘底接一喇叭形柄。座底有极薄平底。盘口径9.4、圈足径7.7、高8厘米（图4-2-38；图版二六二，6）。

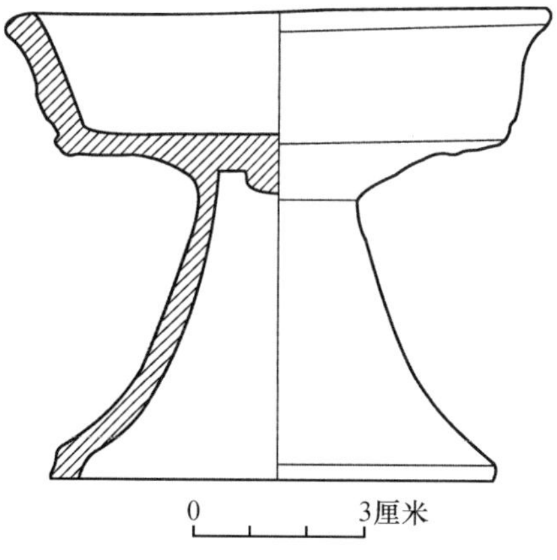

图4-2-38　陶灯（AM17：33）

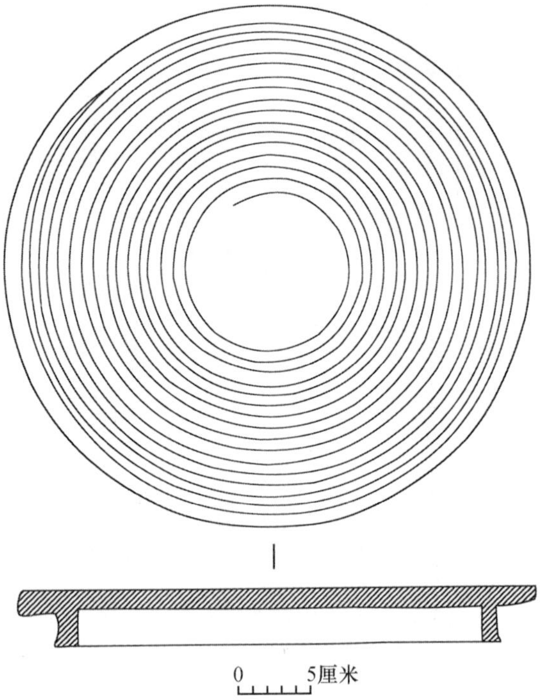

图4-2-39　陶轮盘（AM71：28）

23. 陶轮盘

2件，1件残损严重（AM56：4）。

标本AM71：28，泥质灰陶。平板圆盘形，盘面布满同心圆凹弦纹，盘底下有直立圈足，圈足稍外撇。底面刻“大吉利”三字。盘径35.8、高3.8厘米（图4-2-39；图4-2-40，1、2；图版二六三，1、2）。

24. 陶磨

共4件。明器，形制大致相同，均由上、下两扇扣合而成，应为仿石磨。出土于规模较大的汉墓中。

AM10：1，泥质灰陶。模制。磨盘表面中央有圆形凸起，中留隔梁，两侧有半月形深槽，槽底各有一磨眼直通磨盘面。磨柄在一侧，中间有一圆孔。磨盘内面中央有一较大圆坑，周围为斜磨齿。盘径9、通高5.8厘米（图4-2-41，1；图版二六四，1、3）。

AM11：2，泥质灰陶。仅存上扇，厚圆饼形，有柄，柄上有孔。磨盘中间有圆形凸起，中留隔梁，两侧有半月形深槽，槽底各有一圆形磨眼。磨底中心有一圆坑，底面有斜磨齿。盘径9.1、厚3厘米（图4-2-41，2；图版二六三，3）。

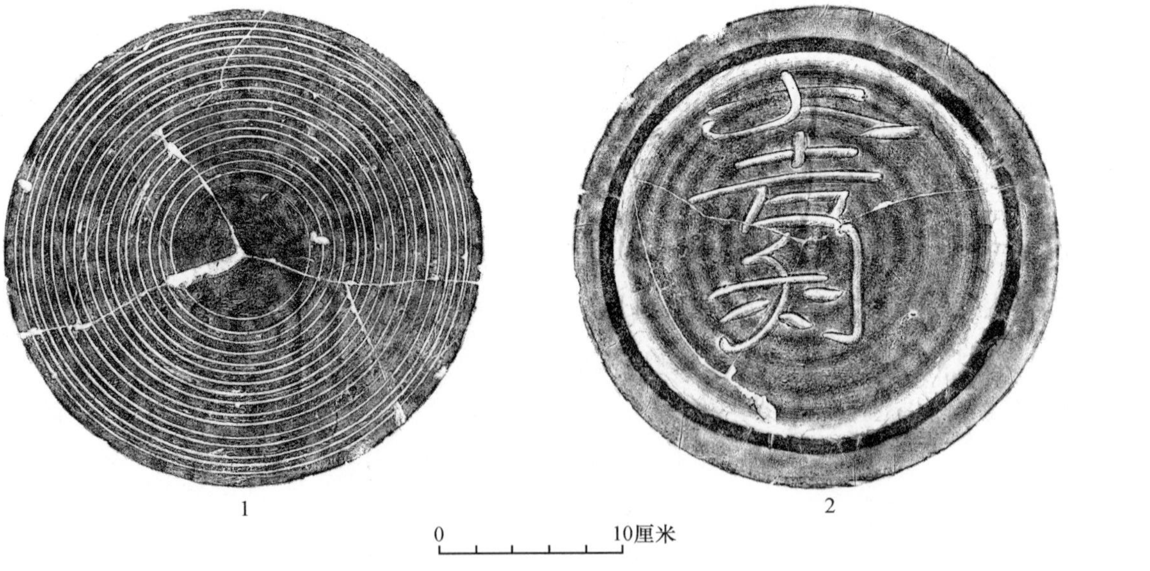

图4-2-40　陶轮盘拓本（AM71：28）

1. 表面纹饰　2. 底部刻铭

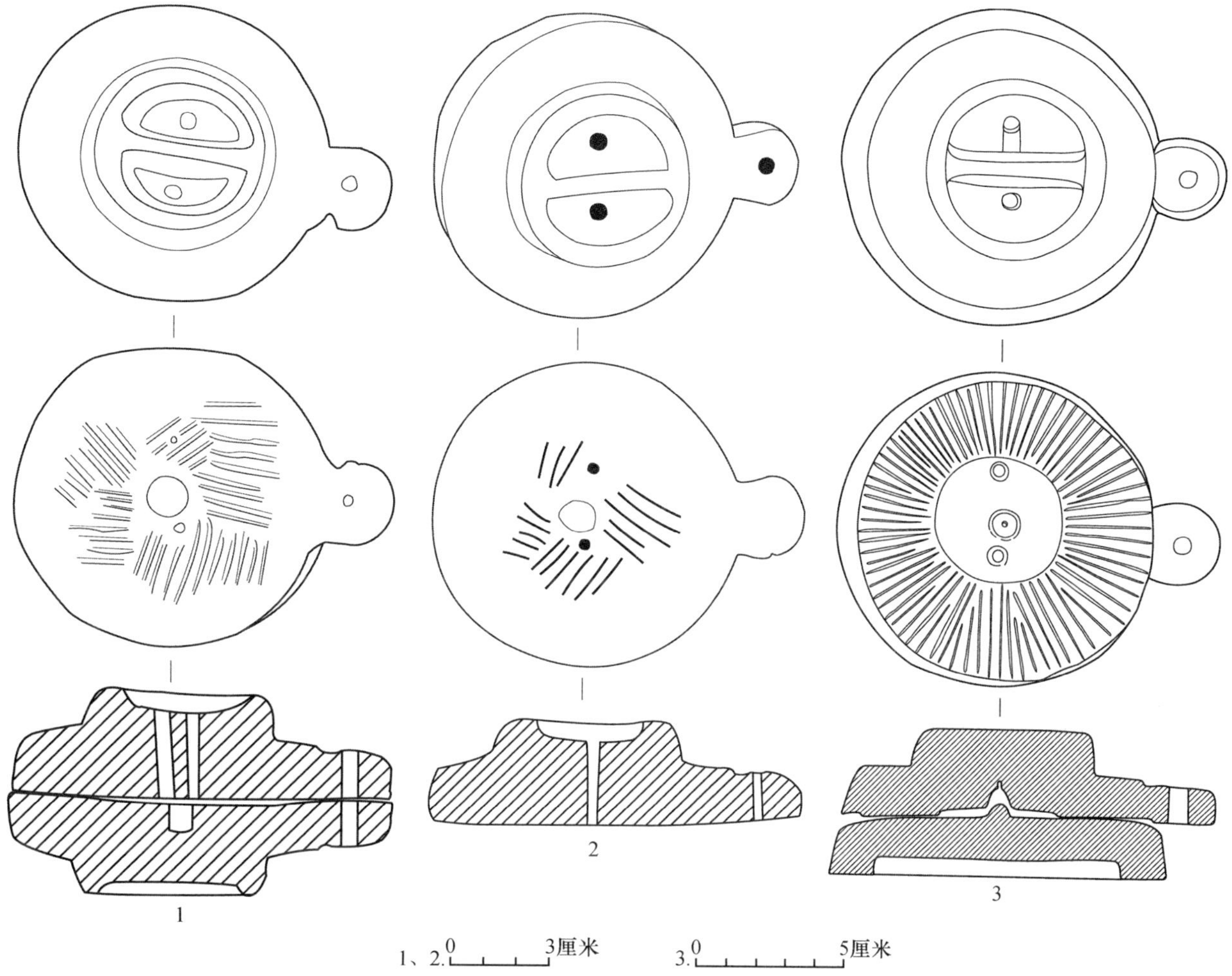

图4-2-41 陶磨

1. AM10：1 2. AM11：2 3. AM70：30

AM70：30，泥质灰陶。模制。两扇均为厚圆饼形，上扇一侧有圆形柄，柄上有孔。磨扇中央有圆形凸起，中留隔梁，两侧有半月形深槽，槽底各有圆形磨眼。磨底中心有一圆轴脐孔。底面为斜磨齿。下扇中间厚边缘薄，磨面有斜磨齿，中心凸起轴脐，底面平。盘径11.4、通高5.2厘米（图4-2-41，3；图版二六四，2、4）。

25. 陶镇

仅发现1件。

标本AM39：25，泥质红陶。整体呈圆锥体，底面平整而光滑，上部稍残。底径3.4、残高4厘米（图4-2-42，5；图版二六五，1）。

26. 陶饼形器

共13件。均两两成对出土，分别出自3座墓葬，其中AM51出土1件，AM60和BM13各出土

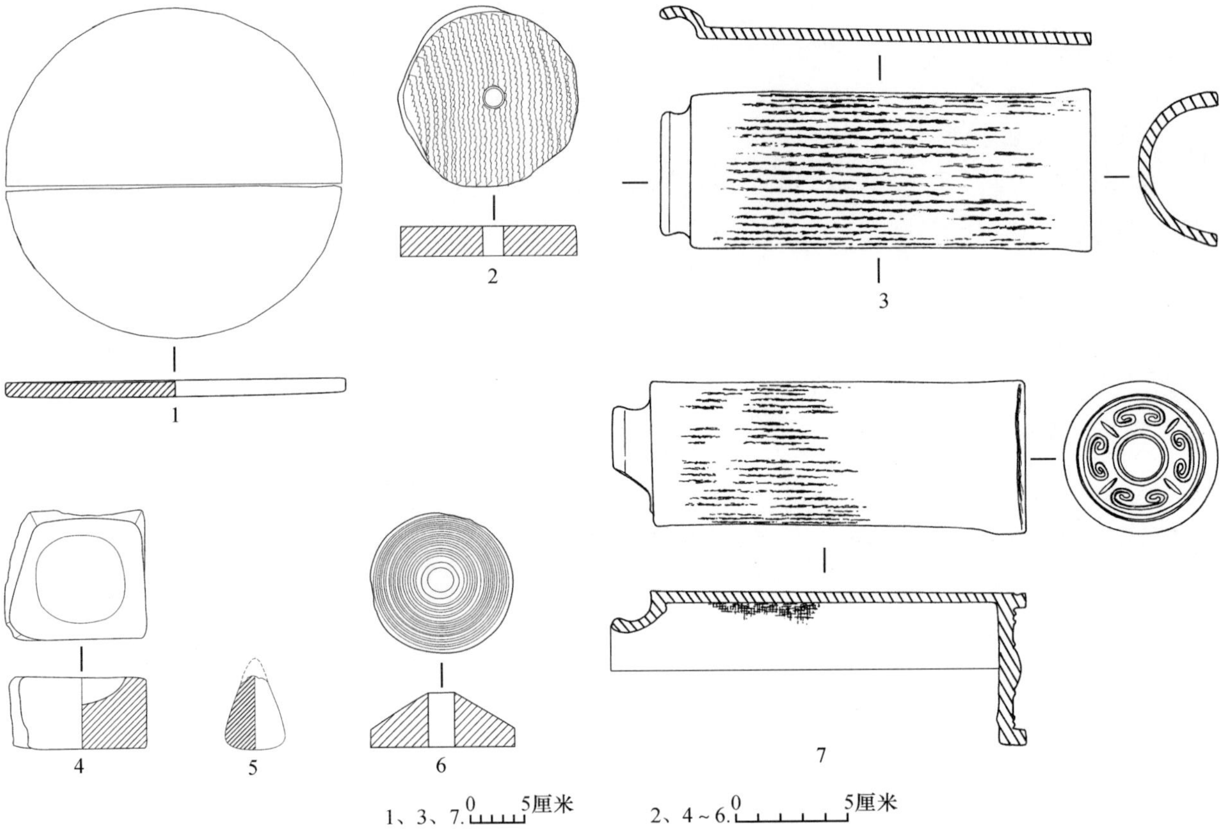

图4-2-42　陶饼形器、纺轮、镇和筒瓦

1. 饼形器（BM13：22）　2、6. 纺轮（CM20：15、BM63：31）　3、7. 筒瓦（BM23：6、BM22：3）　4. 臼形器（CM4：7）　5. 镇（AM39：25）

3对。AM51和AM60所出的陶饼形器均装盛于陶罐中，BM13所出的3对均出土于盗土中，不排除出土时也装盛于陶罐中的可能。

陶饼形器均为一个圆形陶饼从中间剖开。

标本AM51：53，泥质灰陶，烧制火候较高。素面，轮制。直径16、厚1.3厘米（图版二六五，2）。

标本AM60：73，泥质灰陶。素面，轮制。直径16、厚1.2厘米（图版二六五，3）。

标本BM13：22，泥质灰陶，部分呈红褐色，烧制火候不高。整体呈圆形，中间有明显切痕，边微侈。素面，轮制。直径30.2、厚1.2厘米（图4-2-42，1；图版二六五，4）。

陶饼形器的用途目前尚不清楚。从出土情况看，有两个明显的特征：一是成对出土；二是多出土于陶罐中。由于这些陶罐都自带有器盖，因此排除了它们作为器盖的可能。在甘肃嘉峪关出土的画像砖庖厨图中，非常生动地反映了汉代制饼的场景。饼应是汉代重要的主食面点，这些陶饼形器不排除就是汉代烧饼的明器。

27. 陶臼形器

共1件。出自CM4棺1，用途不明。

标本CM4：7，泥质红陶。似为残砖磨制而成，器物较小，器壁较厚，四面相邻两侧的断面均不规整，平面略呈长方形，中部有一半圆形凹槽。素面。长6.3、宽5.8、高3.5厘米（图4-2-42，4）。

28. 陶纺轮

共3件。1件为模制，另2件为残板瓦磨制而成。

标本BM63：31，泥质灰陶。一面中间凸起，一面平，中部有圆形孔。凸面有密集细弦纹，另一面饰细刻划纹。直径6.5、厚1.8厘米（图4-2-42，6）。

标本CM20：15，泥质灰陶。板瓦磨制而成，平面略呈圆形，轮壁较厚，中部有一圆形孔。一面饰粗绳纹，另一面较粗糙。直径8.1厘米（图4-2-42，2）。

29. 瓦

共10件。均为泥质灰陶。分别出自6座墓葬。其中2件为板瓦碎块，8件为筒瓦。8件筒瓦中，有2件为残瓦当，分别出自盗土和填土中。BM21出土的2件板瓦和1件筒瓦当，均以碎块形式放在墓主身上；AM43所出1件、BM22所出2件和BM23所出2件，均置于墓主头下，应为头枕。

标本BM22：3，瓦身前有较厚圆瓦当，瓦当中央有伞状凸起，瓦唇较高。瓦当饰四区分式卷云纹，瓦面饰粗绳纹。模制。直径13.2、长36.7厘米（图4-2-42，7）。

标本BM23：6，外壁饰粗绳纹，内壁饰布纹。直径14.3、长38.2厘米（图4-2-42，3）。

30. 陶猪

数量较多，但均与陶圈共出，大部分出土于陶圈内，少部分虽在陶圈外，但与陶圈距离很近，应也是与陶圈共存。这里不再对陶猪单独介绍，详见陶圈部分。

31. 陶鸡

在本次发掘的汉墓中，除厅室中偶见鸡骨架的祭品外，在耳室中还可见到陶鸡。共发现13件，分别出自11座墓葬中，除AM17和AM18各出土2件外，其余9 座墓均各出土1件。另外，值得注意的是，出土陶鸡的11座墓葬中，有7座墓还出土有陶狗。

陶鸡的形制大致相同，均为双模模压扣合而成，腹部肥硕，翘尾，双足不明显，足部为平底座。

AM11：7，泥质灰陶。平首，高冠，尖喙，抱翅，长尾上翘后下弯，腹下有圆底座，底座两侧模印两腿和足。长12.7、高10.4厘米（图4-2-43，7；图版二六六，1、2）。

AM54：14，泥质灰陶。圆首，尖喙，有冠，直颈，圆腹，抱翅，翘尾，腹下作平底方座，两侧模印腿和足。长13.7、高12.8厘米（图4-2-43，1；图版二六六，3、4）。

AM17：16，泥质灰陶。有冠，圆目，尖喙残，直颈，抱翅，翘尾而后下弯，尾残，腹下作底座，底座两侧模印腿和足。残长8.8、高10.6厘米（图4-2-43，2；图版二六六，5、6）。

32. 陶狗

共14件。分别出自13座墓葬，除AM31出土2件外，其余12座墓葬各出土1件。其中有7件与陶鸡共出。陶狗的形制早晚变化不甚明显。除3件残碎，其余11件依踞坐形态分四型。

A型：8件。后肢蹲坐。

标本AM11：6，泥质灰陶。二目圆凸，平视前方，前肢直立，尾上卷。空腹。长10.6、高9.6厘米（图4-2-43，5；图版二六七，1）。

标本AM54：12，泥质灰陶。二目凸出，平视前方，前肢直立，尾部蜷曲回收，腹下部中空。长11.4、高9.2厘米（图4-2-43，6；图版二六七，2）。

B型：1件。平卧。

标本AM45：63，泥质灰陶。模制。侧首平视，前肢前伸，后肢弯曲，甩尾。长13、高4.1厘米（图4-2-43，9；图版二六七，3）。

C型：1件。站立。

标本AM31：7，泥质灰陶。双模合制。体形方短，平首前视，二目圆大外凸，前胸与腹部模印袢带，并连向背部的模印圆环，腹部模印斜棱，四肢粗直，尾部方正。腹中空。长14、高11.9厘米（图4-2-43，3；图版二六七，5、6）。

D型：1件。半蹲半立。

标本AM17：11，泥质灰陶。模制。平首，前肢站立，后肢蹲卧，卷尾。空腹。长10.2、高8.5厘米（图4-2-43，8；图版二六七，4）。

33. 陶鸽

仅发现1件。

标本AM19：11，泥质灰陶。模制。圆首，圆目，长喙，细颈，圆腹，尖尾，抱翅站立，腹下作底座，底座两侧模印腿和足。背部有一圆孔。足部有白彩和红彩。长14.8、残高11.8厘米（图4-2-43，4；图版二六八，1、2）。

图4-2-43　陶鸡、狗和鸽

1、2、7. 鸡（AM54：14、AM17：16、AM11：7）　3. C型狗（AM31：7）　4. 鸽（AM19：11）　5、6. A型狗（AM11：6、AM54：12）　8. D型狗（AM17：11）　9. B型狗（AM45：63）

34. 陶兽面

仅发现1件。

标本BM15：9，泥质灰陶。两耳平直，末端向内卷曲，圆目，有上睫，两颊圆鼓，鼻部残。长18.1、高10.9厘米（图4-2-44；图版二六八，3）。

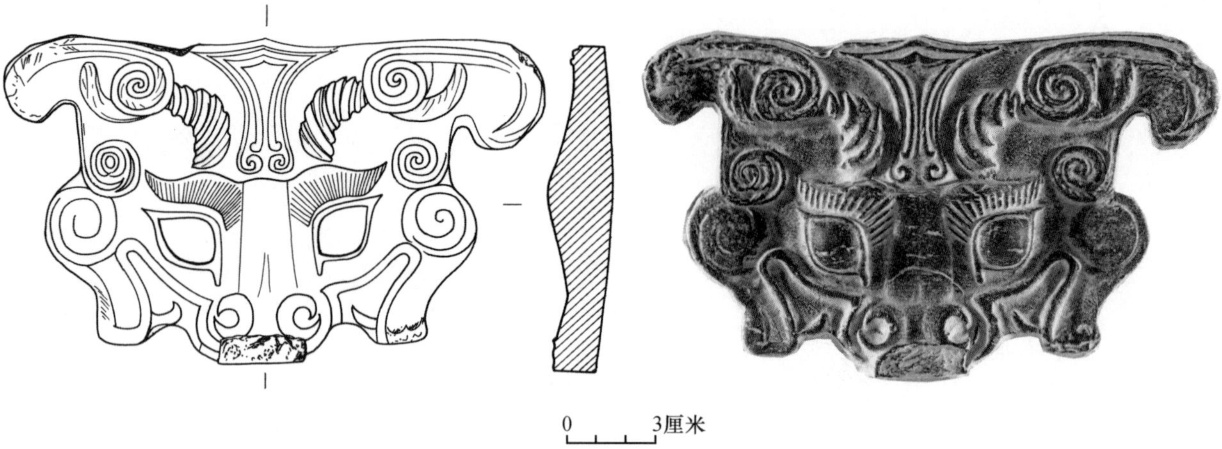

图4-2-44　陶兽面（BM15：9）

（二）铜器

数量较少，有容器、铜镜、钱币、车马器、兵器、工具、装饰具和妆具、印章以及一些不知用途的青铜构件等。

1. 铜容器

本次发掘出土青铜容器较少，仅有鐎斗和洗，均出自BM15。

鐎斗　1件。

标本BM15：6，器壁较薄。圆盒形盖，盖面弧，边缘略凸起一周，盖顶有窄穿孔钮。器身为扁球形腹，底部有三蹄形足。口外侧有独立合页穿，与器盖相合。腹部与合页相对方向有一鸽首形流，流口作鸟首形合页穿，内穿鸟喙形盖。与流呈90度角处有一方管形柄。腹径15.8、柄长9.8、通高14.2厘米（图4-2-45，2；图版二六八，5、6）。

洗　1件。

标本BM15：2，器壁很薄。敞口，折沿，弧腹，下腹以下残。口径22.2、残高7.8、壁厚0.05～0.1厘米（图4-2-45，1；图版二六八，4）。

2. 铜镜

共98件。其中4件残甚，形制不辨。其余94件可分十一类，有昭明镜、日光镜、四乳镜、

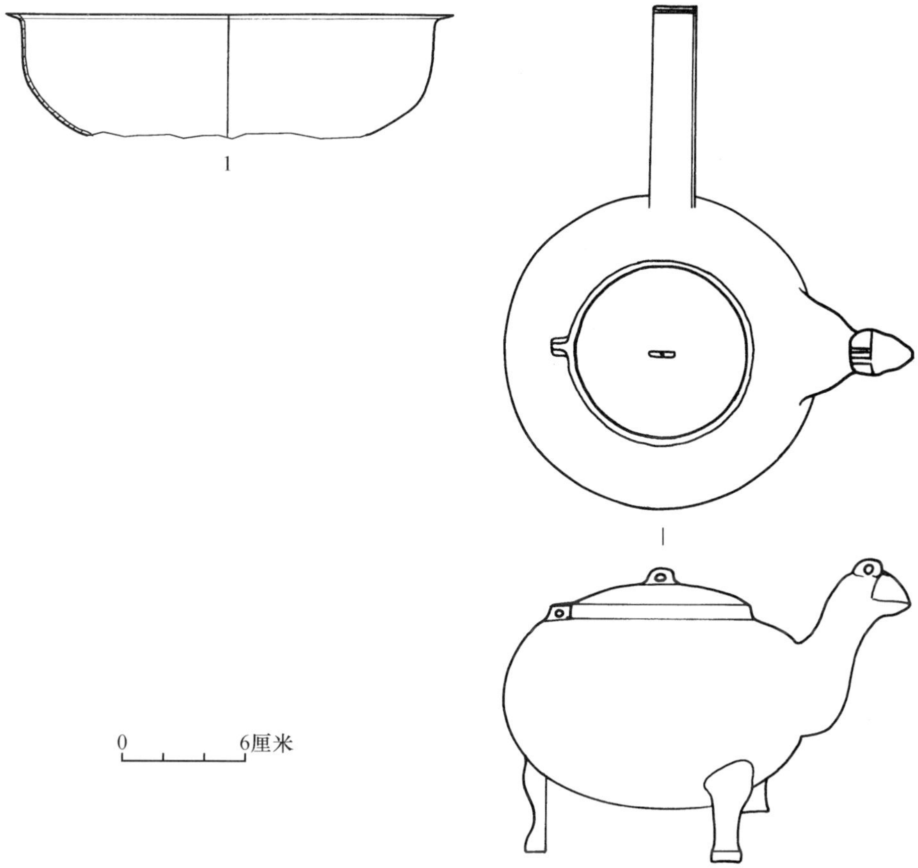

图4-2-45 青铜洗和镳斗
1. 洗（BM15：2） 2. 镳斗（BM15：6）

五乳镜、七乳镜、连弧纹镜、云雷纹镜、博局镜、变形四叶纹镜、龙虎纹镜和纹饰不清小镜。其中我们将特别注明不同类别铜镜间的共存关系。

（1）昭明镜

共7件。分别出自6座墓葬。6件保存完整，1件（AM62：47）残甚，似为昭明镜，但无法判断型式。

有一组共存关系，即B型昭明镜（BM36：4）与AⅣ式博局四神镜（BM36：1）共存。依据铭文不同分二型。

A型：1件。非方正铭。铭文为非篆非隶的篆隶式变体，字铭间有“而”字，字体结构不甚规范，简笔现象突出。

标本AM51：28，半球形钮，圆形钮座。钮座外为内向八连弧纹，钮座与八连弧之间有短弧线和凸起多边形饰，之外分别为短斜线纹带、铭文带和短斜线纹带。素缘。铭文为“内清以昭明光日月不□”。直径8.2厘米（图4-2-46，1；图版二六九，1）。

B型：5件。方正铭，依纹饰不同分三式。

Ⅰ式：2件。圆钮座。钮座外有一周宽凸弦纹，钮座与凸弦纹之间为四组（每组三线）短

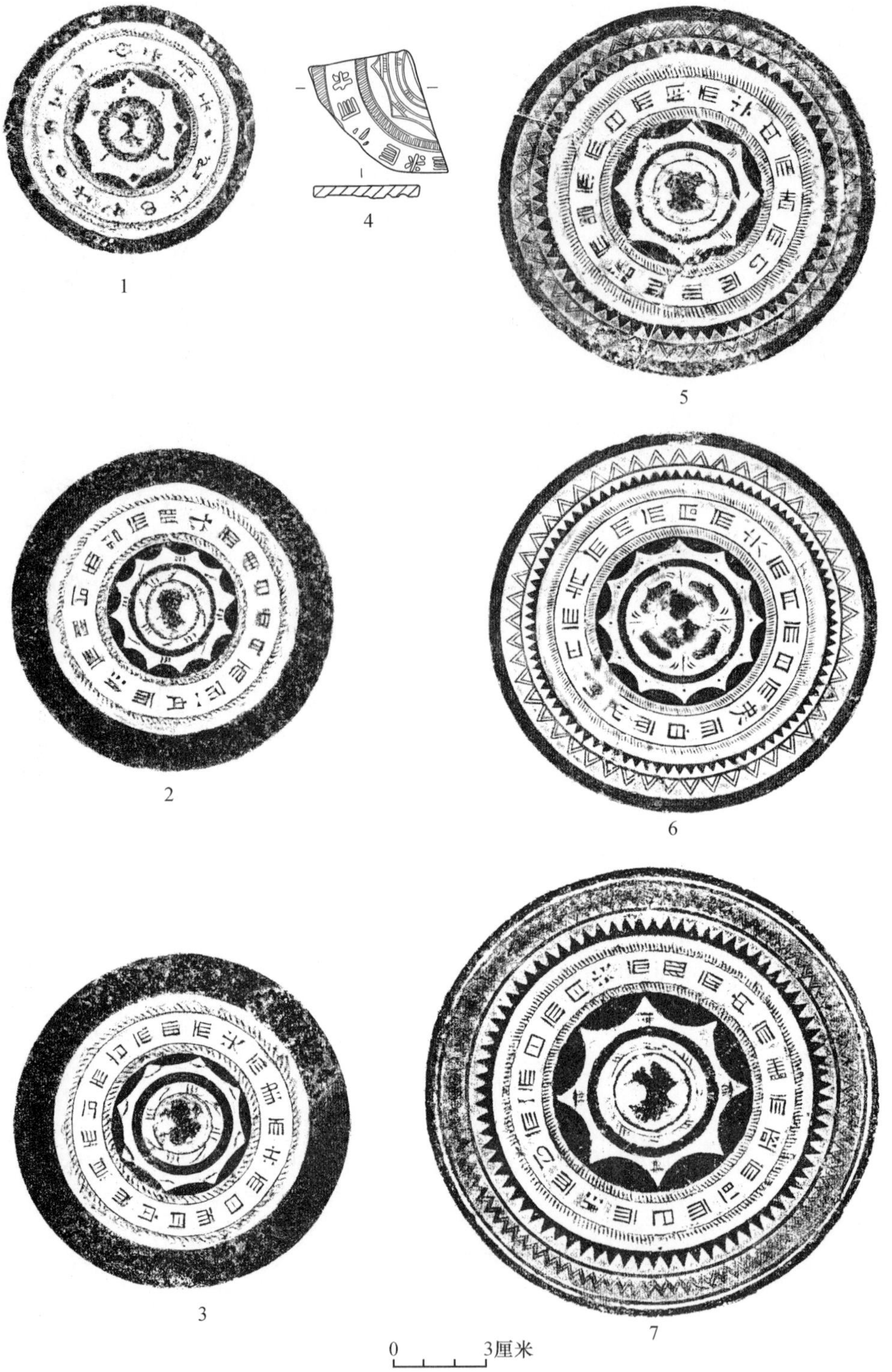

图4-2-46　昭明铜镜

1. A型（AM51：28）　2、3. BⅠ式（AM72：1、BM36：4）　4. 型式不明（AM62：47）
5、7. BⅡ式（AM3：1、AM76：1）　6. BⅢ式（CM21：1）

竖线纹与四组（每组一线）弧线纹相间环列，之外为内向连弧纹、短斜线纹、铭文、短斜线纹。素缘。

标本AM72：1，内向十二连弧纹，连弧纹带与宽弦纹带之间也有四组（每组三线）短竖线纹与四组（每组一线）弧线纹相间环列，铭文为“内青质以昭明光象日月□”，每两字之间有“而”字，首、尾以“··”相隔。直径10.5厘米（图4-2-46，2；图版二六九，2）。

标本BM36：4，内向八连弧纹，连弧纹内角有一短弧线纹。铭文为“内青以昭明光象夫日月”，每两字中间有一“而”字。直径10.8厘米（图4-2-46，3；图版二六九，3）。

Ⅱ式：2件。圆钮座。钮座外有一周宽凸弦纹，钮座与凸弦纹以及凸弦纹与内向八连弧纹之间为四组（每组三线）短竖线纹与四组（每组一线）弧线纹相间环列，之外为内向八连弧纹、短斜线纹、铭文、短斜线纹。镜缘为三角锯齿纹和双线波纹二重。

标本AM3：1，铭文为“内青以明象昭日月光”。直径12厘米（图4-2-46，5；图版二六九，4）。

标本AM76：1，镜身有裂痕，铭文为“内象亟昭巳（泄）清以一日月光明”。直径14.5厘米（图4-2-46，7；图版二六九，5）。

Ⅲ式：1件。四叶钮座，镜缘为三角锯齿纹和双线波纹二重。

标本CM21：1，钮座外有一周宽凸弦纹，四叶之间饰草形纹，之外为内向十二连弧纹、短斜线纹、铭文、短斜线纹，十二连弧内角各有一“·”纹。铭文为“内青明同光月日象白之□”。直径12.4厘米（图4-2-46，6；图版二六九，6）。

此外，还有标本AM62：47，残甚。残长5.2厘米（图4-2-46，4）。

（2）日光镜

共3件。分别出自3座墓葬。

未发现与其他类型铜镜有共存关系。

标本BM20：21，圆钮座。钮座外为内向八连弧纹、短斜线纹、铭文、短斜线纹，钮座与内向八连弧纹之间为四组短竖线纹与四组弧线纹相间环列，每组一线或三线。素缘。铭文为非篆非隶的篆隶式变体：“见◎日◈光◎之◈天◎下◈大◎明◈”。直径7.7厘米（图4-2-47，1；图版二七〇，1）。

标本BM75：1，形制与BM20：21相同，铭文为：“见◈日◎之◈光◎天◈下◎大◈明◎”。直径6.8厘米（图4-2-47，2；图版二七〇，2）。

标本BM58：26，残甚，仅能辨别为日光镜，其余不详（图4-2-47，3）。

（3）四乳镜

共17件。根据四乳间环绕纹饰不同分三型。

A型：8件，分别出自7座墓葬。四乳四虺镜（或称变形四螭纹镜）。

共存关系共有四组：AM21：23与七乳七禽兽四神镜（AM21：30）共存，AM40：2与四乳四虺镜（AM40：6）共存，BM11：3与博局无乳禽鸟云纹镜（BM11：2）共存，BM17：1与连弧纹云雷纹镜（BM17：8）共存。

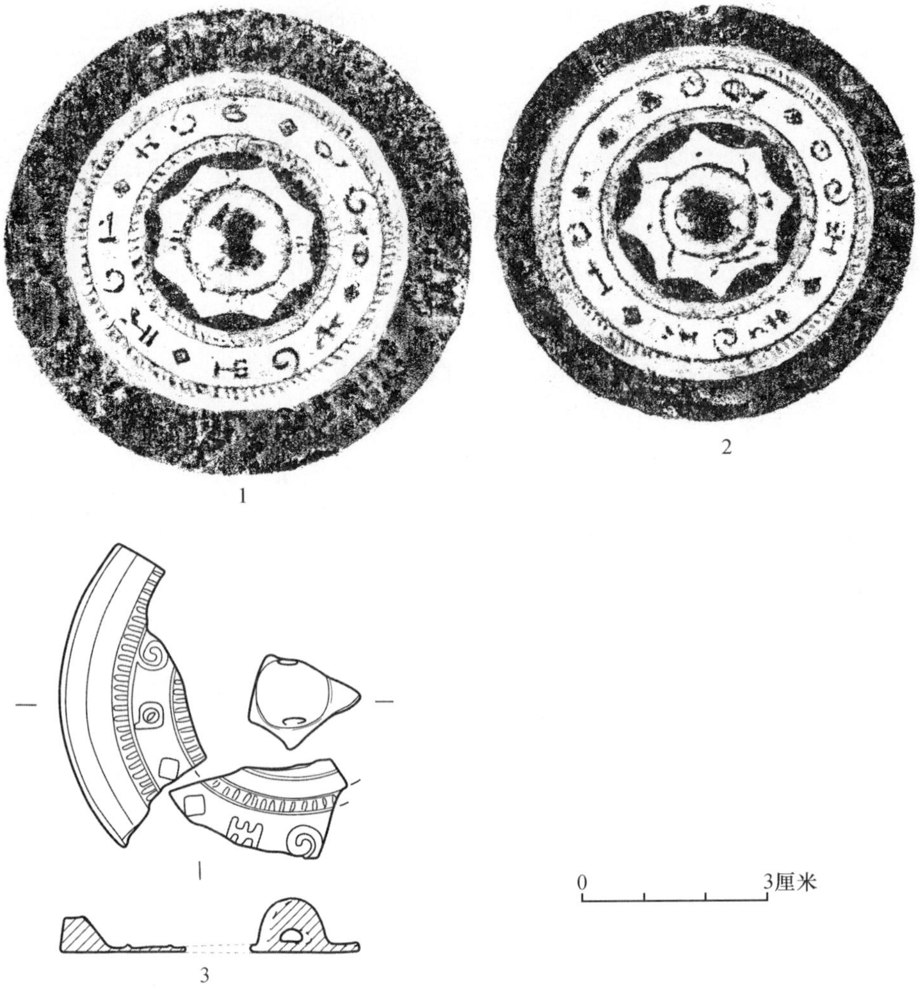

图4-2-47　日光铜镜

1. BM20：21　2. BM75：1　3. BM58：26

依据器物大小和花纹布局差异分四亚型。

Aa型：1件。器物较大，钮部的穿孔方向正对两乳，并蒂十二连珠纹座。

标本BM17：1，半球形钮。十二连珠纹座中有四条短直线将钮座分为四个区，每区内有三个连珠。钮座外由内而外依次为短斜线纹带、凸弦纹带、短斜线纹带、主纹饰带、短斜线纹带。主纹饰带内四乳丁大致与钮座内四条短直线构成的十字顶角相对，四虺虺首与尾大致相同，与四虺首相对的有虎首、龙首、凤首和蛇首，虺尾下方各有一鸟，虺背上方各有沿内短斜线圈行走的鹿、蜗牛、禽鸟等。宽素缘。直径18厘米（图4-2-48，1；图版二七〇，3）。

Ab型：1件。器物较大，四叶钮座，钮部穿孔方向朝向两乳之间的位置。

标本BM29：8，半球形钮。钮座外由内而外依次为短斜线纹带、凸弦纹带、短斜线纹带、主纹饰带、短斜线纹带。主纹饰带内四乳丁与钮座的四叶相对。四虺虺首与虺尾大致相同，虺首下方、虺背、虺尾下方各有一鸟。素缘。直径15.7厘米（图4-2-48，2；图版二七〇，4）。

Ac型：3件。半球形钮，圆钮座。2件钮部穿孔朝向两乳之间的位置，1件穿孔朝向两乳。

图4-2-48 四乳铜镜（一）

1. Aa型（BM17：1） 2. Ab型（BM29：8） 3～5. Ac型（AM40：6、AM40：2、BM77：1）
6. Ad型（AM21：23）

雕纹内外有两只鸟纹，钮座外饰对称四组（每组三线）短竖线纹，间饰一组短弧线纹。钮座外自内而外依次为短斜线纹、主纹饰、短斜线纹。素缘。

标本AM40：6，直径11厘米（图4-2-48，3；图版二七〇，5）。

标本AM40：2，直径8.7厘米（图4-2-48，4；图版二七〇，6）。

标本BM77：1，一边残。直径约7.8厘米（图4-2-48，5；图版二七一，1）。

Ad型：3件。半球形钮，圆钮座。钮部穿孔朝向两乳之间的位置。钮座外纹饰自内而外依次为短斜线纹、主纹饰、短斜线纹（AM21：23仅为主纹饰、短斜线纹），有的钮座外饰对称四组短竖线纹和四组短弧线纹。虺纹外侧靠近缘部有鸟纹，内侧仅饰弧线。素缘。

标本AM21：23，直径7.9厘米（图4-2-48，6；图版二七一，2）。

标本BM11：3，残镜。直径7.8厘米（图4-2-49，1；图版二七一，3）。

标本BM28：1，直径9厘米（图4-2-49，2；图版二七一，4）。

B型：7件。四乳禽兽镜。分别出自7座墓葬。

共存关系有三组：AM63：1与博局八禽兽四神镜（AM63：3）共存，AM67：5与连弧纹铭文镜（AM67：1）共存，AM71：1与AM71：3共存，五乳。

根据主纹不同分三个亚型。

Ba型：1件。四乳龙虎纹镜。

标本AM63：1，半球形钮，圆钮座。钮部穿孔方向朝向四乳之间的位置。钮座外纹饰自内而外依次为凸弦纹带、短弧线和短竖线、凸弦纹带、短斜线纹带、主纹饰区、短斜线纹带，主纹饰区四乳之间有相对的二长尾鸟和龙、虎等四神兽。双线锯齿纹缘，锯齿宽且疏。直径10.7厘米（图4-2-49，3；图版二七一，5）。

Bb型：1件。四乳龙凤镜。

标本BM14：1，半球形钮，圆钮座。钮部穿孔方向朝向四乳之间。钮座外纹饰自内而外依次为对称四组（每组三线）短竖线纹和四组（每组二线）短弧线纹、凸弦纹带、短斜线纹带、主纹饰区、短斜线纹带、凸弦纹带、双线折线纹带，主纹饰由四乳丁分成四区，间饰二凤二龙，其中一龙呈长蛇状，一龙几何化。素缘。直径10.3厘米（图4-2-49，4；图版二七一，6）。

Bc型：5件。四乳禽鸟镜。

标本AM7：1，半球形钮，圆钮座。钮部穿孔方向正对二乳。钮座外即为主纹区，四乳之间有绕钮布列的四鸟，主纹为半浮雕状，主纹外为一周双线弦纹，再外为短斜线纹带，最外为一周长而密的锯齿纹。直径8.4厘米（图4-2-49，5；图版二七二，1）。

标本AM10：18，半球形钮，圆钮座。钮部穿孔方向正对二乳。钮座外即为主纹区，四乳之间有绕钮布列的四鸟，主纹为半浮雕状，主纹外有一周双线弦纹，再外为短斜线纹带，最外为一周长而密的锯齿纹。直径8.4厘米（图4-2-49，6；图版二七二，2）。

标本AM71：1，半球形钮，圆钮座。钮部穿孔方向正对二乳。钮座外为主纹区，四乳外无凸棱，之间有禽、鸟各两个，一鸟不辨，二禽向乳对立，禽、鸟背乳而立，主纹区外有短斜线

图4-2-49　四乳铜镜（二）

1、2. Ad型（BM11：3、BM28：1）　3. Ba型（AM63：1）　4. Bb型（BM14：1）　5、6. Bc型（AM7：1、AM10：18）

纹一周。锯齿缘，锯齿宽且疏。直径7.3厘米（图4-2-50，1；图版二七二，3）。

标本BM56：1，半球形钮，圆钮座。钮穿孔方向朝向两乳之间。钮座外纹饰自内而外依次为凸弦纹、主纹区、短斜线纹带、凸弦纹，主纹饰为四乳之间有四鸟，两只鸟向乳对立，另两只绕钮右旋布列。锯齿缘。直径7.4厘米（图4-2-50，2；图版二七二，4）。

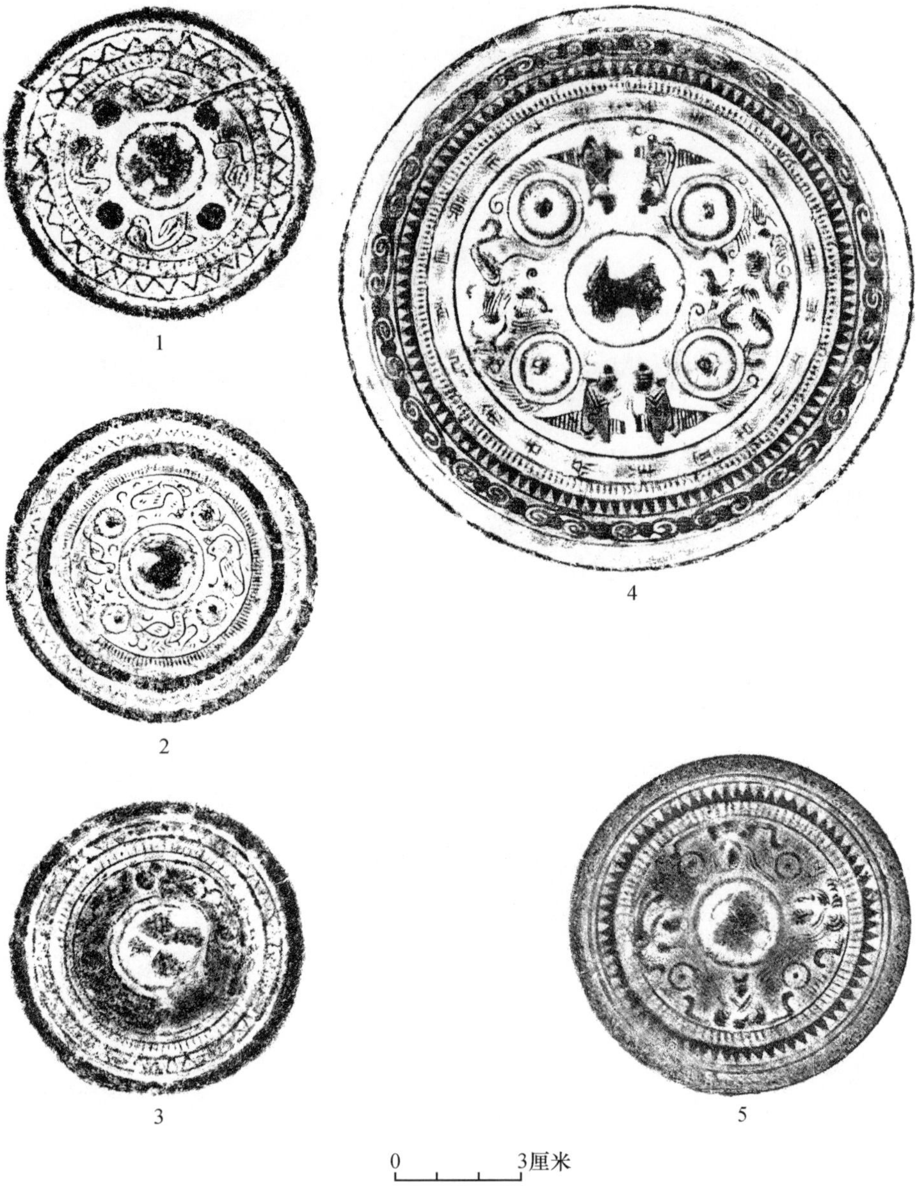

图4-2-50　四乳铜镜（三）

1～3. Bc型（AM71：1、BM56：1、AM67：5）　4、5. C型（BM21：23、CM2：19）

标本AM67：5，半球形钮，圆钮座。座外为主纹区，四乳之间纹饰用线条表现，不辨，可能为禽鸟纹，主纹区外为一周凹弦纹带，再外为短斜线纹带。锯齿缘。直径6.9厘米（图4-2-50，3；图版二七二，5）。

C型：2件。四乳人物画像镜，分别出自2座墓葬。

共存关系有两组：BM21：23与变形四叶纹镜（BM21：30）共存，CM2：19与五乳五禽四神镜（CM2：12）和连弧纹铭文镜（CM2：15）共存。

标本BM21：23，半球形钮，圆钮座。钮部穿孔方向朝向二乳之间。四乳之间相对位置有对坐人物两对和奔兽两个。与穿孔相对的二乳间为对坐人物，非穿孔相对的是两奔兽。之外为铭文带，钮穿正对的一端起铭，右旋读："[尚]方作镜自有己（纪），余（辟）去不羊宜古市，上有东[王]父[西]王母"。铭文圈外有一周短斜线纹带。锯齿、卷云纹缘。直径13.5厘米（图4-2-50，4；图版二七二，6）。

标本CM2：19，半球形钮，圆钮座。钮部穿孔方向正对二乳。主纹区四乳之间各有一端坐人物，主纹区外有一周短斜线纹带。锯齿纹缘。直径8.1厘米（图4-2-50，5；图版二七三，1）。

（4）五乳镜

共5件，分别出自4座墓葬中，其中BM64出土2件。

共存关系有三组：AM57：25与连弧纹镜（AM57：27）共存，CM2：12与连弧纹铭文镜（CM2：15）、四乳人物画像镜（CM2：19）共存，BM64：1五乳禽鸟镜与五乳几何纹镜（BM64：5）共存。

均为半球形钮，圆钮座。根据乳间纹饰不同分三型。

A型：2件，分别出自2座墓葬。四神镜。

标本AM57：25，座外有短直线和短弧线饰，主纹区五乳之间有四神和羽人（或似猴兽）。外为铭文带，穿孔相对的乳上方起铭，铭文右旋读："[尚][方]作竟真大巧，上有山[人]不知老兮"。镜铭疏密不一，或本缺字，或笔画残缺。铭文圈外为一周短直线纹带。锯齿、弦纹、卷云纹三重纹饰缘。直径15.1厘米（图4-2-51，1；图版二七三，2）。

标本CM2：12，钮座外有两周凸弦纹，间有短直线和小圆凸丁相间饰。主纹区五乳之间有四神和另一兽。外为铭文带，穿孔相对的乳上方起铭，铭文右旋读："尚方作竟大毌伤，上有奇虫辟不羊"。铭文带外为一周短直线纹带。锯齿、双线凹弦纹、锯齿纹三重纹饰缘。直径15.1厘米（图4-2-51，2；图版二七三，3）。

B型：2件。禽鸟镜。主纹区自内而外为鸟（禽）纹带、"一=一"纹带、短斜线纹带。鸟（禽）纹带由五乳丁分成五区，乳丁已简化为圆圈内一小乳点，间饰五鸟（禽）纹。"一=一"纹带用辐射状的竖线隔成几个小区，间饰"一=一"横纹。三角锯齿纹缘。

标本BM64：1，钮座外即为主纹区。五乳之间有绕钮布列的五只鸟，矮胖笨拙。主纹外用辐射状的三短直线分为四个小区，间饰"一=一"纹。再外为短斜线纹带。锯齿缘。直径7.2厘米（图4-2-51，3；图版二七三，4）。

标本BM5：4，钮座外为一周凸弦纹。钮座与凸弦纹之间有一周横列的短弧线。凸弦纹外为主纹区，五乳之间有五鸟。主纹区外用辐射状的双短直线和三短直线分为十个小区，内各有"一=一"纹。外为短斜线纹带。锯齿缘，锯齿长而密。直径8.8厘米（图4-2-51，4；图版二七三，5）。

C型：1件。几何纹镜。

标本BM64：5，钮座外有一周凸弦纹。主纹区为几何纹带、短斜线纹带二重。几何纹带五乳丁之间为两条正反相对勾卷的弧线，当为简化禽鸟纹，乳丁已简化为圆圈内一乳点。单线三角纹缘。直径7厘米（图4-2-51，5；图版二七三，6）。

图4-2-51　五乳铜镜

1、2. A型（AM57：25、CM2：12）　3、4. B型（BM64：1、BM5：4）　5. C型（BM64：5）

（5）七乳镜

共2件，出自2座墓葬。

有一组共存关系：AM21：30与四乳四虺纹镜（AM21：23）共存。

依据纹饰差异分二型。

A型：1件。四神镜。

标本AM21：30，半球形钮，圆钮座。座外有九个绕钮的带座乳丁，之间有铭文和勾卷弧纹，铭文三字："乐未央"。乳丁纹带外有两周较窄的凸面弦纹带。之间为铭文带，起铭位置在钮穿的正下方，首、尾以"："相隔，铭文为："上大山，见仙人，食玉英，饮礼泉，宜官秩，保子孙"。主纹饰区有七个六连弧座的乳丁，之间绕钮左旋分布着羽人、朱雀、凤鸟、白虎、仙鹿、玄武、青龙。之外为一周短斜线纹带。锯齿、凸弦纹、卷云纹三重纹饰缘。直径16.1厘米（图4-2-52，1；图版二七四，1）。

B型：1件。禽鸟镜。

标本BM3：1，半球形钮，圆钮座。座外有短弧线构成的水涡纹，之外有一周凸弦纹带和一周短斜线纹带，主纹饰区七乳间各有一鸟，之外为短斜线纹带。锯齿、凸弦纹、卷云三重纹缘。直径11.7厘米（图4-2-52，2；图版二七四，2）。

（6）连弧纹镜

共28件。均为半球形钮，根据纹饰不同分四型。

A型：8件，云雷连弧纹四字铭文镜。

常见与博局镜共存，共存关系有三组：AM45：1与博局八乳八禽鸟镜（AM45：11）共

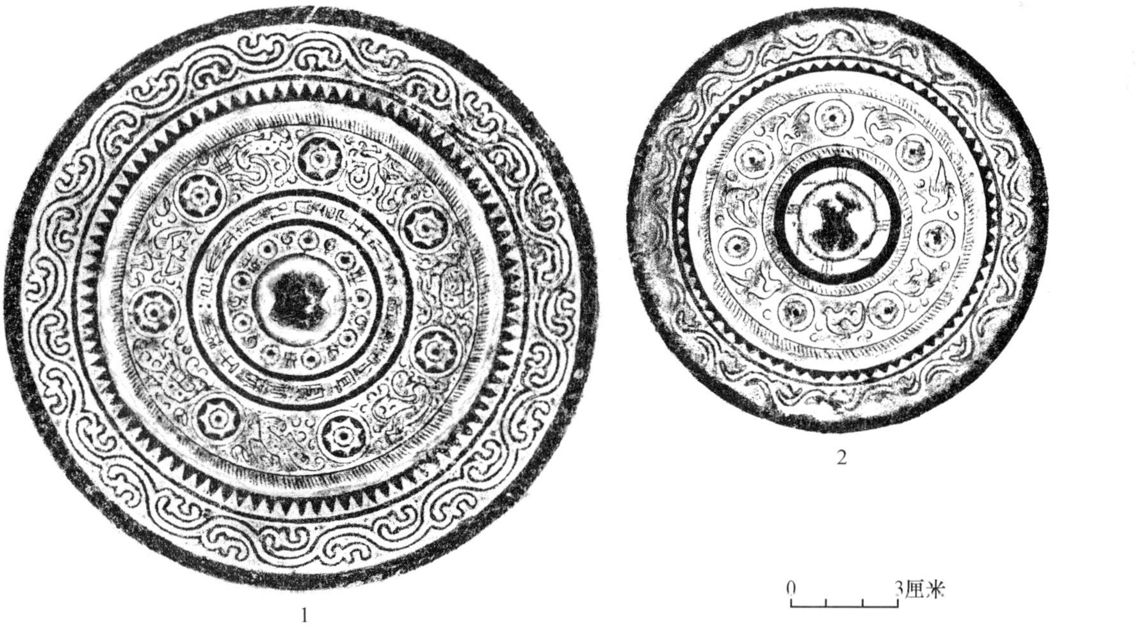

图4-2-52 七乳铜镜

1. A型（AM21：30） 2. B型（BM3：1）

存，AM46：10、AM46：14与变形四叶人物纹镜（AM46：1）共存，BM63：29与简易博局镜（BM63：33）共存。

此型铜镜直径普遍较大，最大直径可达20厘米，最小也在15厘米以上。根据钮座花纹不同分三式。

Ⅰ式：1件。四叶呈宝珠形，素缘。

标本BM63：29，半球形钮，桃形四叶钮座。钮座与八连弧纹之间有一周凸面宽弦纹带。四叶之间各有一铭，为右旋读“长宜子孙”。八连弧内角有山字形和凸起物相间的纹饰。八连弧外为一周短斜线纹。之外为重圈弦纹，弦纹上等距离分布八个云雷纹，与八连弧内角相对。重圈纹与缘之间还有一周短斜线纹。直径19.8厘米（图4-2-53，1；图版二七四，3）。

Ⅱ式：1件。四叶呈宝珠形。

标本BM9：5，半球形钮，扁桃形四叶钮座。钮座与八连弧之间由内而外为一周短斜线纹和一周凸面宽弦纹带。四叶之间各有一铭，为右旋读“长宜子孙”。八连弧内角有四个相间分布的花瓣纹。八连弧外为一周短斜线纹。之外为重圈弦纹，弦纹上等距离分布八个云雷纹，与八连弧内角相对。重圈纹与缘之间还有一周短斜线纹。锯齿、凸弦纹和卷云纹三重纹饰缘。直径17.2厘米（图4-2-53，2；图版二七四，4）。

Ⅲ式：6件。半球形钮，四叶钮座，四叶均呈扁桃形。尺寸较大，直径均在15厘米以上，以20厘米左右为多，最大的可达26厘米。四叶间各有一铭，为“长宜子孙”。3面八连弧内角饰花叶纹和变形山字纹，3面八连弧内角各有一铭文，为“寿如金石，佳且好兮”。多为素缘。

标本BM24：1，钮座与八连弧之间由内而外为一周短斜线纹和一周凸宽弦纹带。四叶之间各有一铭文，为右旋读“长宜子孙”。八连弧内角各有一铭文，与穿孔正对的“长”字下方起铭，为右旋读“寿如金石，佳且好兮”。八连弧外为一周短斜线纹，之外为重弦纹带，上面等距离分布八个云雷纹，与八连弧内角相对。重圈纹与缘之间还有一周短斜线纹。素缘。直径20厘米（图4-2-53，3；图版二七四，5）。

标本AM46：10，钮座与八连弧之间由内而外为一周短斜线纹和一周凸面宽弦纹带。四叶之间各有一铭文，为右旋读“长宜子孙”。八连弧的内角各有一铭文，与钮穿孔正对的“长”字下方起铭，为右旋读“寿如金石，佳且好兮”。八连弧外为一周短斜线纹，之外为重圈弦纹，弦纹上等距离分布八个云雷纹，与八连弧内角相对。重圈弦纹与缘之间还有一周短斜线纹。素缘。直径15.7厘米（图4-2-53，4；图版二七四，6）。

标本AM46：14，钮座与八连弧之间有一周凸面宽弦纹带。四叶之间各有一铭文，为左旋读“长宜子孙”。八连弧的内角各有一铭文，与钮穿孔正对“孙”字下方起铭，为右旋读“寿如金石，佳且好兮”。八连弧外为一周短斜线纹，之外为重圈弦纹，弦纹上等距离分布六个云雷纹。重圈弦纹与缘之间还有一周短斜线纹。素缘。直径18.2厘米（图4-2-53，5；图版二七五，1）。

标本AM39：3，钮座与八连弧之间由内而外为一周短斜线纹和一周凸面宽弦纹带。四叶之间各有一铭文，为右旋读“长宜子孙”。八连弧的内角各有花瓣和山字形相间的纹饰。八连弧

图4-2-53 连弧纹铜镜（一）

1. AⅠ式（BM63：29） 2. AⅡ式（BM9：5） 3~6. AⅢ式（BM24：1、AM46：10、AM46：14、AM39：3）

图4-2-54　连弧纹铜镜（二）

1、2. AⅢ式（AM36：6、AM45：1）　3. BⅠ式（BM8：18）　4～6. BⅡ式（BM5：1、CM3：9、BM17：8）

外为一周短斜线纹，之外为重圈弦纹，弦纹上等距离分布八个云雷纹，与八连弧内角相对。重圈纹与缘之间还有一周短斜线纹。素缘。直径18.8厘米（图4-2-53，6；图版二七五，2）。

标本AM36：6，钮座与八连弧之间由内而外为一周短斜线纹和一周凸面宽弦纹带。四叶之间各有一铭，为右旋读“长宜子孙”。八连弧的内角为花瓣和山字形相间的纹饰。八连弧外为一周短斜线纹，之外为重圈弦纹，弦纹上等距离分布八个云雷纹，与八连弧内角相对。重圈纹与缘之间还有一周短斜线纹。素缘。直径19厘米（图4-2-54，1；图版二七五，3）。

标本AM45：1，钮座与八连弧之间由内而外为一周短斜线纹和一周凸面宽弦纹带。四叶之间各有一铭，为右旋读“长宜子孙”。八连弧的内角为花瓣和山字形相间的纹饰。八连弧外为一周短斜线纹，之外为重圈弦纹，弦纹上等距离分布八个云雷纹，与八连弧内角相对。重圈纹与缘之间还有一周短斜线纹。素缘。直径20厘米（图4-2-54，2；图版二七五，4）。

B型：7件。云雷连弧纹镜。半球形钮，钮座与内向八连弧之间有一周凸弦纹，内向八连弧与缘之间有云雷纹。四叶之间无铭文。最大直径11厘米，最小直径9厘米。

共存关系有五组：BM8：18与博局八乳八禽兽四神镜（BM8：14）共存，CM3：9与简易博局八乳镜（CM3：19）、连弧纹铭文镜（CM3：15）共存，BM5：1与五乳五禽兽镜（BM5：4）共存，BM17：8与四乳四虺纹镜（BM17：1）共存，AM57：27与五乳五禽兽四神镜（AM57：25）共存。常见与博局镜、多乳镜共存。

根据钮座及整体形制不同分三式。

Ⅰ式：1件。扁桃形四叶钮座。

标本BM8：18，八连弧外为一周短斜线纹。之外为重圈弦纹，弦纹上等距离分布八个云雷纹，与八连弧内角相对。重圈纹与缘之间还有一周短斜线纹。素缘。直径11厘米（图4-2-54，3；图版二七五，5）。

Ⅱ式：3件。圆钮座。直径9～10厘米。内向八连弧与缘之间为重圈弦纹和短斜线纹带，重圈弦纹上等距离分布八个云雷纹，与八连弧内角相对。制作比Ⅰ式粗糙。素缘。

标本BM5：1，钮座外即为内向八连弧纹。之外为重圈弦纹，弦纹上等距离分布八个云雷纹，与八连弧内角相对。重圈纹与缘之间还有一周短斜线纹。直径9.5厘米（图4-2-54，4；图版二七五，6）。

标本CM3：9，钮座外即为内向八连弧纹。之外为重圈弦纹，弦纹上等距离分布八个云雷纹，与八连弧内角相对。重圈纹与缘之间还有一周短斜线纹。直径9.6厘米（图4-2-54，5；图版二七六，1）。

标本BM17：8，钮座与八连弧之间有一周凸面宽弦纹带。八连弧外为重圈弦纹，弦纹上等距离分布八个云雷纹，与八连弧内角相对。重圈纹与缘之间还有一周短斜线纹。直径9.2厘米（图4-2-54，6；图版二七六，2）。

Ⅲ式：3件。形制和纹饰与Ⅱ式相同，但重圈纹带上无云雷纹。直径9～11厘米。素缘。

标本AM32：1，座外有一周凸弦纹，之外为内向八连弧纹，内向连弧纹与缘之间有重圈纹和短斜线纹带。直径10.8厘米（图4-2-55，1；图版二七六，3）。

图4-2-55　连弧纹铜镜（三）

1～3. BⅢ式（AM32：1、AM57：27、CM12：12）　4. CⅠ式（AM67：1）　5、6. CⅡ式（CM3：15、CM4：1）

标本AM57：27，座外有一周凸面圈带，之外为内向八连弧纹，内向连弧纹与缘之间有重圈纹和短斜线纹带。直径9.2厘米（图4-2-55，2；图版二七六，4）。

标本CM12：12，钮座外为内向八连弧纹，连弧纹与缘之间有重圈纹和短斜线纹带。直径9厘米（图4-2-55，3；图版二七六，5）。

C型：11件。连弧纹凹面圈带四字铭文镜①。

共存关系有六组：AM67：1与纹饰不清小镜（AM67：5）共存，CM3：15与简易博局八乳镜（CM3：19）共存，CM4：1与连弧纹镜（CM4：2）共存，AM70：31与纹饰不清小镜（AM70：1）共存，CM2：15与五乳五禽兽四神镜（CM2：12）共存，AM58：13与四乳八禽鸟镜（AM58：11）共存。整体上看，此型镜与多乳纹镜共存的概率较高。

普遍较大，直径9.8～16厘米。根据钮座纹饰不同分四式。

Ⅰ式：1件。

标本AM67：1，半球形钮，桃形四叶钮座。四叶间各有一铭，为右旋读“长宜子孙”。之外为内向八连弧纹，连弧纹与缘之间为凹面圈带。素缘。直径11.5厘米（图4-2-55，4；图版二七六，6）。

Ⅱ式：4件。四叶似蝙蝠形，附于钮座上未伸出。直径10～15厘米。钮座与连弧纹间或有凸弦纹带。四叶间各有一铭，为右旋读或对读“长生宜子”、“长宜子孙”。

标本CM3：15，半球形钮，四叶座。四叶间各有一铭，为右旋读“长生宜子”。之外为内向八连弧纹，钮座和连弧纹之间有一周凸面圈带纹，连弧纹与缘之间为凹面圈带。素缘。直径14.2厘米（图4-2-55，5；图版二七七，1）。

标本CM4：1，半球形钮，四叶座。四叶间各有一铭，为对读“长生宜子”。之外为内向八连弧纹，连弧纹与缘之间为凹面圈带。素缘。直径10.3厘米（图4-2-55，6；图版二七七，2）。

标本CM4：2，半球形钮，四叶座。四叶间各有一铭，为右旋读“长宜子孙”，字体作长脚花式篆。之外为内向八连弧纹，钮座和连弧纹之间有一周凸面圈带纹，连弧纹与缘之间为凹面圈带。素缘。直径14.5厘米（图4-2-56，1；图版二七七，3）。

标本AM26：1，半球形钮，四叶座，叶茎和双瓣均附于钮座上。四叶间各有一铭，为右旋读“长宜子孙”。之外为内向八连弧纹，连弧纹与缘之间为凹面圈带纹。素缘。直径12厘米（图4-2-56，2；图版二七七，4）。

Ⅲ式：5件。四叶似蝙蝠形，由钮座向外伸出，与钮座有一定距离。直径10～16厘米。四叶间各有一铭，为“君长宜官”、“君宜高官”、“长宜子□”、“位至三公”类。部分钮座外还有一周凸面宽弦纹带，部分八连弧内角也有铭文，为“生如山石，子□□兮”（如AM2：1），或有“o”“⧫”相间纹饰（如AM17：22）。

---

① 以往出土的连弧纹四字铭文镜中，以“长宜子孙”铭文最多，人们习惯将其称为“长宜子孙”镜，但此墓地出土铭文为“长宜子孙”的铜镜仅4面，同时这类铜镜与云雷连弧纹镜的区别是八连弧纹与镜缘之间无纹饰，为一条凹面圈带，因此此处称为“连弧纹凹面圈带四字铭文镜”。

图4-2-56　连弧纹铜镜（四）

1、2. CⅡ式（CM4∶2、AM26∶1）　3～6. CⅢ式（AM17∶22、AM2∶1、AM54∶1、AM58∶13）

标本AM2：1，半球形钮，四叶座。四叶间铭为左旋读“君长宜官”。之外为内向八连弧纹，钮座和八连弧纹之间有一周凸面圈带纹。八连弧纹内角各有一铭，为左旋读“生如山石，子□□兮”。八连弧纹与缘之间为凹面圈带。素缘。直径16厘米（图4-2-56，4；图版二七七，5）。

标本AM17：22，半球形钮，四叶座。四叶间铭为左旋读“君宜高官”。之外为内向八连弧纹，钮座和八连弧纹之间有一周凸面圈带纹。连弧内角间有“o”“♦”。八连弧纹与缘之间为凹面圈带。素缘。直径13.4厘米（图4-2-56，3；图版二七七，6）。

标本AM54：1，半球形钮，四叶座。四叶间铭为左旋读“长宜子孙”。之外为内向八连弧纹，八连弧纹与缘之间为凹面圈带。素缘。直径10.2厘米（图4-2-56，5；图版二七八，1）。

标本AM58：13，半球形钮，四叶座。四叶间铭为左旋读“位至三公”。之外为内向八连弧纹，钮座和八连弧纹之间有一周凸面圈带纹。八连弧纹与缘之间为凹面圈带。素缘。直径11.3厘米（图4-2-56，6；图版二七八，2）。

标本CM2：15，半球形钮，四叶座。四叶间铭为左旋读“君长宜官”。之外为内向八连弧纹，八连弧纹与缘之间为凹面圈带。素缘。直径9.8厘米（图4-2-57，1；图版二七八，3）。

Ⅳ式：1件。纹饰不清楚，应为四叶钮座，四叶隐约呈扁桃形，四叶之间有字，其中一字似为“位”字，其余字无法辨别。

标本AM70：31，半球形钮，圆钮座。钮座外纹饰不清，之外为内向八连弧纹，内向连弧纹与缘之间有凹面圈带。素缘。直径9.9厘米（图4-2-57，2；图版二七八，4）。

D型：2件。连弧纹凹面圈带镜（或称素连弧纹镜）。内向连弧纹与缘之间的凹面圈带内无纹饰。较小，直径无超过10厘米者。

标本AM42：1，半球形钮，圆钮座。钮座外有一周凸弦纹，之外为内向八连弧纹，内向连弧纹与缘之间有凹面圈带。素缘。直径8.8厘米（图4-2-57，3；图版二七八，5）。

标本BM62：1，形制、花纹与AM42：1相同。直径8.5厘米（图4-2-57，4；图版二七八，6）。

（7）云雷纹镜

共2件，分别出自2座墓葬中。这类指只有云雷纹而没有连弧纹的铜镜。仅有一组共存关系：AM59：2与八乳八禽兽四神博局镜（AM59：1）共存。

半球形钮，圆钮座。钮座外为重弦纹圈，之外为短斜线纹。依主纹不同分二型。

A型：1件。多重弦纹圈上有云雷纹。

标本AM59：2，多重圈弦纹上有等距离的四个云雷纹，之外为一周较疏的短斜线纹。锯齿、凸弦纹二重纹饰缘。直径9厘米（图4-2-58，1；图版二七九，1）。

B型：1件。多重弦纹圈上只有五组短斜线纹，无云雷纹。

标本CM19：1，钮座外有一周短斜线纹圈，之外为多重圈弦纹，内弦纹上距离分布有五组三条竖短直线纹。重圈纹之外为一圈较疏的短斜线纹。锯齿、凸弦纹二重纹饰缘。直径6.8厘米（图4-2-58，2；图版二七九，2）。

图4-2-57　连弧纹铜镜（五）

1. CⅢ式（CM2：15）　2. CⅣ式（AM70：31）　3、4. D型（AM42：1、BM62：1）

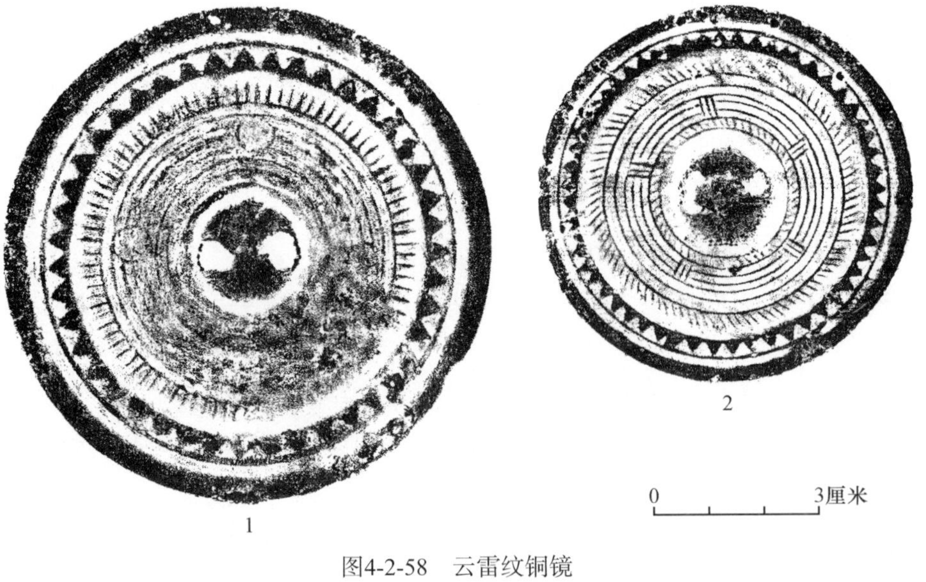

图4-2-58　云雷纹铜镜

1. A型（AM59：2）　2. B型（CM19：1）

（8）博局镜

共24件。分别出自22座墓葬，其中AM22和AM23各出土2件。

共存关系共有十一组：AM22：5四神博局镜与龙虎博局镜（AM22：3）共存，AM23：4和AM23：8皆为四神博局镜，AM59：1四神博局镜与连弧纹云雷纹镜（AM59：2）共存，BM8：14四神博局镜与连弧纹云雷纹镜（BM8：18）共存，AM63：3四神博局镜与四乳禽兽纹镜（AM63：1）共存，BM36：1四神博局镜与昭明镜（BM36：4）共存，AM45：11鸟纹博局镜与连弧纹云雷纹镜（AM45：1）共存，BM11：2鸟纹博局镜与四乳四虺纹镜（BM11：3）共存，AM58：11简化鸟纹博局镜与连弧纹铭文镜（AM58：13）共存，BM63：33简化博局镜与连弧纹云雷纹镜（BM63：29）共存，CM3：19简化博局镜与连弧纹云雷纹镜（CM3：9）、连弧纹铭文镜（CM3：15）共存。其中以博局镜与连弧纹云雷纹镜的共存关系最为常见。

博局镜的演变主要体现在纹饰的简化，包括钮座、“TLV”和双线框、乳丁、铭文带以及主纹等诸多方面。C型简式博局镜的时代晚于A型和B型。A型和B型大致能反映同一纹饰主题的演变过程。C型和D型则主要体现个体差别。根据主纹区纹饰不同分四型。

A型：10件。四神博局镜，根据钮座形制不同分两个亚型。

Aa型：6件。四叶钮座，根据钮座和纹饰的繁简、乳丁和铭文的有无分四式。

Ⅰ式：2件。四叶呈扁桃体。钮座外有弦纹方格和双线方格，弦纹方格与双线方格间折绕十二带圆座乳丁及十二地支铭右旋读“子丑寅卯辰巳午未申酉戌亥”。主纹区自内而外分别为“TLV”纹带、铭文带、短斜线纹带三重。“TLV”纹带由TLV、方格分成四方八极，T形纹两侧各有一枚带圆座乳丁。四方八极内饰四神，四神配置情况各镜不同。外区铭文为“尚方”铭，其余空间填卷云纹。外缘自内而外依次为三角锯齿纹、水波云纹（或称波纹）、三角锯齿纹等三重纹饰带。

标本AM22：5，四神配置情况是：青龙配瑞鸟、朱雀配凤鸟、白虎配蟾蜍、玄武配羽人，铭文为右旋读“尚方作竟真大巧，上有仙人不知老，渴饮玉泉饥食枣，知天下”。镜正面破损。直径17.6厘米（图4-2-59，1；图版二七九，3）。

标本AM59：1，锈蚀严重，四神图案模糊，隐约可见青龙配凤鸟、白虎和玄武所配纹饰不清。十二地支铭仅模糊可见右旋读“子丑□□辰巳□□□酉□亥”，外区铭文亦模糊，隐约可见右旋读“□□□竟真大□上□山人不□□渴饮玉泉□□□”。镜正面破损。直径16.5厘米（图4-2-59，2；图版二七九，4）。

Ⅱ式：1件。四叶呈扁桃体，无十二地支铭，其余与Ⅰ式布局基本一致。

标本AM75：4，钮座外为双线方格，四叶之间有一条短直线与双线方框相接，方格四角饰有花苞叶纹。主纹区自内而外分别为“TLV”纹带、铭文带、短斜线纹带三重。“TLV”纹带由TLV、方格分成四方八极，T形纹两侧各有一枚带圆座乳丁。四方八极内饰四神，四神配置情况是：青龙配蟾蜍、朱雀配凤鸟、白虎配鹿、玄武配羽人。外区铭文为“善铜”铭：“新有善铜出丹阳，和以银锡清且明，左龙右虎掌四彭，朱雀玄武顺阴阳”。外缘自内而外

图4-2-59　博局铜镜（一）

1、2. AaⅠ式（AM22：5、AM59：1）　3. AaⅡ式（AM75：4）　4、5. AaⅢ式（AM43：38、AM61：1）
6.AaⅣ式（BM8：14）

依次为三角锯齿纹、双线波纹、三角锯齿纹三重纹饰。直径14.1厘米（图4-2-59，3；图版二七九，5）。

Ⅲ式：2件。四叶呈扁桃体，无十二地支铭。主纹有“TLV”纹带、短斜线纹带两重，无铭文带。“TLV”纹带中T形纹两侧无乳丁，内饰四神，四神配置情况各镜不同。其余空间填卷云纹。外缘为一到二周纹饰带。有的双线方格内四角装饰有花苞叶纹。

标本AM43：38，双线方格四角装饰有花苞叶纹，外缘饰三角锯齿纹、水波云纹两重纹饰。四神纹饰模糊，配置情况是：青龙所配纹饰不清、朱雀配凤鸟、白虎配白虎、玄武配蛇。镜缘缺一小角，似为有意破损。直径13.5厘米（图4-2-59，4；图版二七九，6）。

标本AM61：1，四神配置情况是：青龙配羽人、朱雀配瑞鸟、白虎配蟾蜍、玄武配蛇。外缘饰一周双线齿纹。直径9.4厘米（图4-2-59，5；图版二八〇，1）。

Ⅳ式：1件。四叶似蝙蝠形，由钮座向外伸出，与钮座有一定距离。

标本BM8：14，四叶中间向外伸出作“T”形。钮座外有弦纹方格和双线方格，弦纹方格与双线方格间每边饰三组短横线纹（每组四线，作“—=—”）、二组短竖线纹（每组三线）。主纹区自内而外分别为“TLV”纹带、短斜线纹带、铭文带三重。“TLV”纹带由TLV、方格分成四方八极，T形纹两侧有乳丁。四方八极内饰四神，四神配置情况是：青龙配凤鸟、朱雀配角羊、白虎配蟾蜍、玄武（有龟无蛇）配羽人。外区铭文为“尚方”铭：“尚方作竟真大巧，上有山人不知老，渴”。外缘装饰双重三角锯齿纹。镜正面破损。直径16厘米（图4-2-59，6；图版二八〇，2）。

Ab型：4件。圆钮座，根据主纹区不同分二式。

Ⅰ式：3件。与Aa型Ⅲ式布局基本相同，无十二地支铭，主纹区有“TLV”纹带、短斜线纹带两重纹带，无铭文带。“TLV”纹带中T形纹两侧无乳丁，内饰四神，其余空间填卷云纹。外缘饰双重纹带。

标本AM63：3，双线方格内四角饰卷云纹，四神配置情况是：青龙配羽人、朱雀（或称瑞鸟）配瑞鸟、白虎配蟾蜍、玄武配蛇。外缘自内而外为三角锯齿纹、双线齿纹。直径10.1厘米（图4-2-60，1；图版二八〇，3）。

标本BM25：1，双线方格内四角饰心形纹。四神占据四方，无其他搭配。外缘为三角锯齿纹、云纹（或称连续云藻纹）两重花纹。直径12.5厘米（图4-2-60，2；图版二八〇，4）。

标本AM23：8，圆钮外有双线方框，方框四角外侧各有一乳丁，乳丁与“V”纹将主纹区分为四区，“T”纹和“L”纹之间置四神。内区外边缘为弦纹和斜短线纹，外区内侧为锯齿纹，外侧为双线三角纹。直径9.4厘米（图4-2-60，3；图版二八〇，5）。

Ⅱ式：1件。比Ⅰ式简化，无十二地支铭，主纹区有“TLV”纹带、短斜线纹带两重纹带，无铭文带。“TLV”纹带仅有T形纹，V形纹由圆座乳丁替代，无L纹。

标本BM36：1，钮座外有二周凸弦纹，弦纹内饰对称四组短弧线条（每组二线），外有双线方格。“TLV”纹带由T、圆座乳丁、方格分成四方八极，内饰四神，四神居四方，无配饰，其余空间填卷云纹。外缘自内而外为三角锯齿纹、水波云纹两重纹带。直径10.3厘米（图

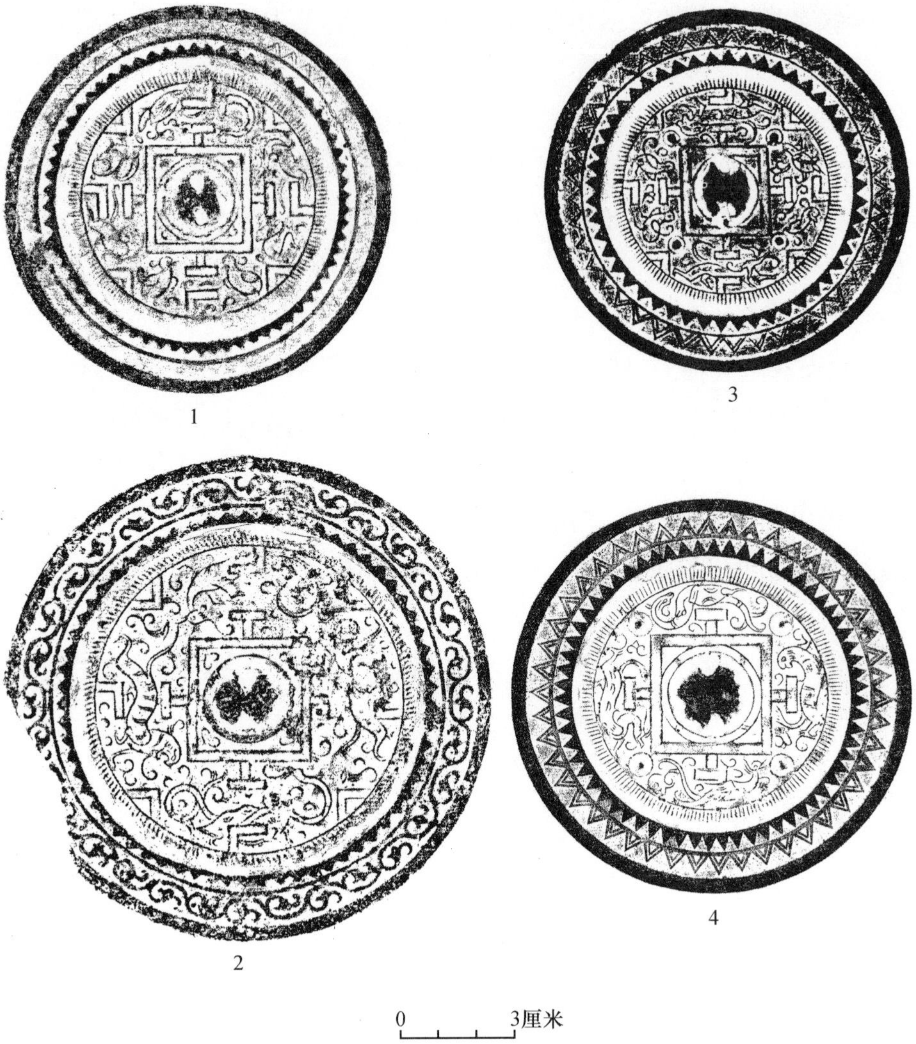

图4-2-60　博局铜镜（二）

1～3. AbⅠ式（AM63：3、BM25：1、AM23：8）　4. AbⅡ式（BM36：1）

4-2-60，4；图版二八〇，6）。

B型：7件。鸟纹博局镜，依据花纹繁简和有无铭文带分三式。

Ⅰ式：2件。四叶钮座，四叶呈扁桃体。“TLV”及双线框齐备。与AaⅠ式镜钮、钮座、主纹区布局基本一致，仅在“TLV”纹带内饰八鸟，两两隔V形纹相对。钮座与双线框之间纹饰相对较复杂，有八乳和铭文带。

标本AM28：2，半球形钮。钮座外为折绕十二带圈座乳丁及十二地支铭，外为双线方框，十二地支及铭文的布置均以钮穿一线为中轴，十二地支布列于十二乳丁之间，起始位置正对钮穿：“子丑寅卯辰巳午未申酉戌亥”。主纹饰分为内、外区，内区为“TLV”和乳丁，间饰相背八鸟。主纹区外为铭文带，起铭位置正对钮穿：“［尚］方作竟［真］［大］［巧］，［上］有仙人不知老，渴［饮］［玉］泉饥食［枣］”。主纹区与缘之间有一周短斜线纹带。锯齿纹、凸弦纹和锯齿纹三重纹饰缘。直径16.4厘米（图4-2-61，1；图版二八一，1）。

图4-2-61 博局铜镜（三）
1、2. BⅠ式（AM28：2、AM38：1）

标本AM38：1，半球形钮。钮座外为折绕的十二带圈座乳丁及十二地支铭，外为双线方框，十二地支及铭文的起止布置均以钮穿一线为中轴，十二地支布列于十二乳丁之间，起始位置正对钮穿“子丑寅卯辰巳午未申酉戌亥”。主纹饰分为内、外区，内区为“TLV”和乳丁，间饰相背八鸟。主纹区外为铭文带，起铭位置正对钮穿，字为反书：“尚方作竟真大巧，上有山人不知老，渴饮玉泉饥食石兮”。主纹区与缘之间有一周短斜线纹带。锯齿纹、凸弦纹、水波纹、锯齿纹四重纹饰缘。直径16.4厘米（图4-2-61，2；图版二八一，2）。

Ⅱ式：3件。圆钮座。与AbⅠ式镜钮、钮座、主纹区布局基本一致，仅在“TLV”纹带内饰八鸟，两两隔V纹相对。四叶座有退化趋势，无铭文带。

标本AM23：4，钮座外有双线方框。框外为主纹饰区：框外近角处分别饰有乳丁纹，共八乳；有“TLV”，其中T纹呈“米”字形；每个乳丁外有一禽鸟。镜内区外边缘处有一周弦纹和短斜线纹带，外区内侧为三角形锯齿纹，外侧为双线三角纹。直径11.6厘米（图4-2-62，1；图版二八一，3）。

标本AM45：11，半球形钮。钮座外为双线方框，方框四内角各有一圆点。方框外为主纹饰区，有“TLV”和乳丁，间饰相对八鸟。主纹区与缘之间有一周短斜线纹带。锯齿纹、弦纹、变形卷云纹三重纹饰缘。直径10.7厘米（图4-2-62，2；图版二八一，4）。

标本BM11：2，半球形钮。钮座外为一方框，方框内角各有一短弧线，外为双线方框。双线框外为主纹饰区，有“TLV”，无乳丁，间饰相背八鸟，鸟纹的刻画较为随意。主纹区与缘之间有一周短斜线纹带。两重锯齿纹缘。直径10.2厘米（图4-2-62，3；图版二八一，5）。

Ⅲ式：2件。简化鸟纹博局镜。半球形钮，圆钮座，四方四乳，向乳对立或背立一鸟，无铭文带。

标本BM72：22，钮座外为双线方框，钮座与双线框之间的空间较大。双线框外为主纹饰区，向四乳对立二鸟。主纹区与缘之间由内而外有两周弦纹和一周短斜线纹带。锯齿纹、凸弦

图4-2-62　博局铜镜（四）

1～3. BⅡ式（AM23：4、AM45：11、BM11：2）　4、5. BⅢ式（BM72：22、AM58：11）　6. C型（AM34：5）

纹和锯齿纹三重纹缘。直径11.7厘米（图4-2-62，4；图版二八一，6）。

标本AM58：11，钮座外为双线方框，钮座与双线框之间的空间较大。双线框外为主纹饰区，向四乳背立二鸟。主纹区与缘之间由内而外有两周弦纹和一周短斜线纹带。锯齿纹、凸弦纹和锯齿纹三重纹缘。直径10.8厘米（图4-2-62，5；图版二八二，1）。

C型：6件。简式博局镜。半球形钮，圆钮座。博局纹不全，只有“TLV”和双线框纹中的一种或两种。直径均不超过10厘米。

标本AM34：5，钮座外为双线框，双线框的四角为四乳丁所压。四方有一“T”，“T”两侧有纹饰，漫漶不清。之外为一周短斜线纹带。锯齿纹缘。直径6.5厘米（图4-2-62，6；图版二八二，2）。

标本BM63：33，钮座外有四“T”，四“T”之间各有一乳丁，“T”两侧各有一勾弧纹，之外为一周短斜线纹带。锯齿纹缘。直径6.5厘米（图4-2-63，1；图版二八二，3）。

标本BM76：2，钮座外有两周凸弦纹，之外有四个“▭”和四个乳丁，间有简易鸟纹各一个，之外为一周短斜线纹带。锯齿纹缘。直径7.1厘米（图4-2-63，2；图版二八二，4）。

标本CM3：19，钮座外有一周凸弦纹，之外为双线方框。双线方框内角有山字形饰各一个。四方各有一“T”、二乳丁和两组对称的三条或四条短弧线纹，之外为一周短斜线纹带。锯齿纹、凸弦纹和锯齿纹三重缘。直径7.3厘米（图4-2-63，3；图版二八二，5）。

标本CM6：1，钮座外为双线方框。四方各有一个“▭”，左、右各有一乳丁，之外为一周短斜线纹带。锯齿纹缘。直径6.7厘米（图4-2-63，4；图版二八二，6）。

标本CM20：1，钮座外有四个“T”，“T”之间各有一乳丁，“T”两侧各有一勾弧纹，之外为两周凸弦纹和一周短斜线纹带。素缘。直径7.3厘米（图4-2-63，5；图版二八三，1）。

D型：1件。简式龙虎纹博局镜。无双线方框，“TLV”仅有V，无T、L，也无乳丁。

标本AM22：3，半球形钮，圆钮座。钮座外有一周短斜线纹带，之外为主纹区。主纹区由四个V分为四区，内有二龙二虎，绕钮奔跑，之外为一周短斜线纹带。锯齿缘。直径9.2厘米（图4-2-63，6；图版二八三，2）。

（9）变形四叶纹镜

共4件，分别出自4座墓葬。

共存关系有二组：BM21：30与四乳人物画像镜（BM21：23）共存，AM46：1与连弧纹云雷纹镜（AM46：10、AM46：14）共存。

依据四叶间纹饰不同分三型。

A型：2件，变形四叶夔纹镜。

标本AM18：1，半球形钮，圆钮座。钮座外蝙蝠形四叶向外呈放射状分布，将主纹区分为四区，四叶内各有一“三”饰，四叶之间各有一个简化的夔纹。主纹区外有一周宽凹面圈带。

图4-2-63　博局铜镜（五）

1～5. C型（BM63：33、BM76：2、CM3：19、CM6：1、CM20：1）　6. D型（AM22：3）

图4-2-64　变形四叶纹铜镜

1、2. A型（AM18：1、BM21：30）　3. B型（BM22：8）　4. C型（AM46：1）

素缘。直径9.7厘米（图4-2-64，1；图版二八三，3）。

标本BM21：30，半球形钮，圆钮座。钮座外蝙蝠形四叶向外呈放射状分布，将主纹区分为四区，四叶之间各有一个夔纹，四叶内各有一铭，为右旋读“位至三公”。主纹区外有一周细连珠纹。云纹缘。镜背破损，有裂痕。直径10.5厘米（图4-2-64，2；图版二八三，4）。

B型：1件，变形四叶对凤纹镜。

标本BM22：8，半球形钮，圆钮座。钮座外宝珠形四叶向外呈放射状分布，将主纹区分为四区，四叶内纹饰不清，四叶之间各有一对凤。内向十六连弧缘。四叶内有铭文，文字模糊不清，似为右旋读“君长［宜］［官］”。镜背有破损。直径13.2厘米（图4-2-64，3；图版二八二，5）。

C型：1件，变形四叶羽人镜。

标本AM46：1，半球形钮，圆钮座。钮座外宝珠形四叶向外呈放射状分布，将主纹区分为四区，两叶之间又向外凸出一乳凸将每个区分为两部分。四叶及四乳凸外各有椭圆形小圈一个。四叶之间饰羽人和雷纹。四叶之外为内向十六连弧纹，其外为一周宽凹面圈带。素缘。直径12.1厘米（图4-2-64，4；图版二八三，6）。

（10）龙虎纹镜

共3件，分别出自3座墓葬。与其他类型铜镜无共存关系。半球形钮，圆钮座。依据龙虎布局不同分二型。

A型：2件，龙虎对峙钱纹镜。

标本AM47∶2，钮座外一侧钮穿上方为“五朱”钱纹，钱纹两侧有龙、虎对峙。龙和虎均为长尖角，凸目，大口，龟甲纹背，爪足。龙、虎尾部有一蛇状物。主纹外为短直线纹带。锯齿纹、弦纹、波浪纹三重纹缘。直径9厘米（图4-2-65，1；图版二八四，1）。

标本BM35∶1，钮座外钮穿上方为“五朱”钱纹，钱纹两侧有龙、虎对峙。龙和虎均为长

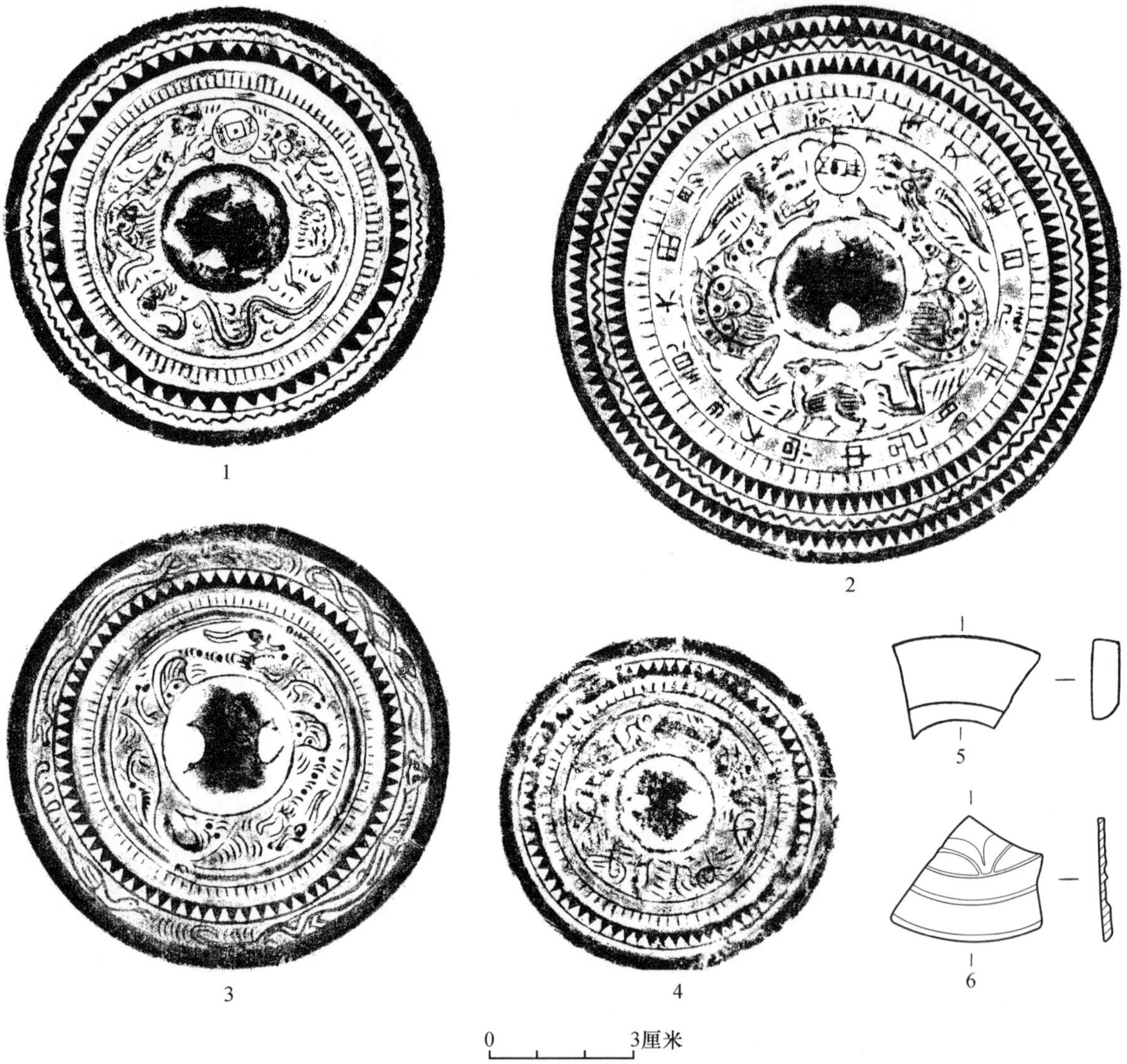

图4-2-65　龙虎纹镜铜镜、纹饰不清小镜和残铜镜

1、2. A型龙虎纹镜（AM47∶2、BM35∶1）　3. B型龙虎纹镜（BM1∶6）　4. 纹饰不清小镜（AM70∶1）　5、6. 残镜（AM23∶7、AM10∶21）

尖角，凸目，大口，龟甲纹背，爪足。龙、虎尾部有一只小鹿。主纹外为铭文带，穿下方鹿脚位置起铭，为“尚方作竟大毋伤，巧工刻之成文章，日降备俱居中”。外有一周短直线纹带。锯齿纹、波浪纹和锯齿纹三重纹缘。直径11.7厘米（图4-2-65，2；图版二八四，2）。

B型：1件，龙虎绕钮纹镜。

标本BM1：6，钮较大。钮座外即为主纹区，内有绕钮龙、虎，龙和虎均为长尖角，凸目，大口，龟甲纹背，爪足。龙、虎之间有一细目尖嘴长腿长尾兽，与其中一龙或虎相对。主纹区外为铭文带，等距离分布“千万大吉”四字。之外有一周短直线纹带。锯齿纹、动物纹二重纹缘，动物为逆时针分布着朱雀、青龙、玄武、白虎四神纹。直径9.3厘米（图4-2-65，3；图版二八四，3）。

（11）纹饰不清小镜

共1件。

共存关系有一组：与连弧纹铭文镜（AM70：31）共存。

标本AM70：1，半球形钮，圆钮座。座外为主纹区，纹饰用线条表现，不辨。主纹区外为一周凹弦纹带，再外为短线纹带。锯齿缘。直径6.9厘米（图4-2-65，4；图版二八四，4）。

（12）残镜

2件，仅存少部分，有的仅存一片镜缘，无法判断其类别。

标本AM23：7，宽素缘。残长2.3厘米（图4-2-65，5）。

标本AM10：21，现存镜面上有一个连弧纹。残长3.1厘米（图4-2-65，6）。

3. 兵器和小工具

有刀、弩机、镞、鞘首饰、顶针、镨。

（1）刀

共4件。其中2件保存完整，另2件被盗扰，AM25：1仅存3.4厘米长的刀尖，AM17：40仅存刀柄。

标本BM5：13，保存完整。出土时带有皮革类刀鞘，朽尽，仅存铜鞘首帽。刀身修长，单面刃，刀尖呈三角形。刀背与刀柄平齐，刃略宽于柄。直内形柄，尾端连铸一椭圆形环。刀身宽3.2、通长64.4厘米（图4-2-66，1；图版二八五，1）。

标本AM58：16，保存尚好。刀身薄而修长，单面刃，刀尖处略显双面锋，前部稍窄，尖呈锐角，刀身与柄平齐，柄稍厚，柄尾连铸一椭圆形环。刀身宽1.5、厚0.12、通长31.4厘米（图4-2-66，2；图版二八五，2）。

（2）弩机

共9件。其中7件保存完整，均有郭、牙、刀、钩心等，另2件仅存残构件，或存一牙，或存一框架。多数器物较小，制作粗糙简单，应属明器。分别出自7座墓葬中，其中AM21和AM31各出土2件。

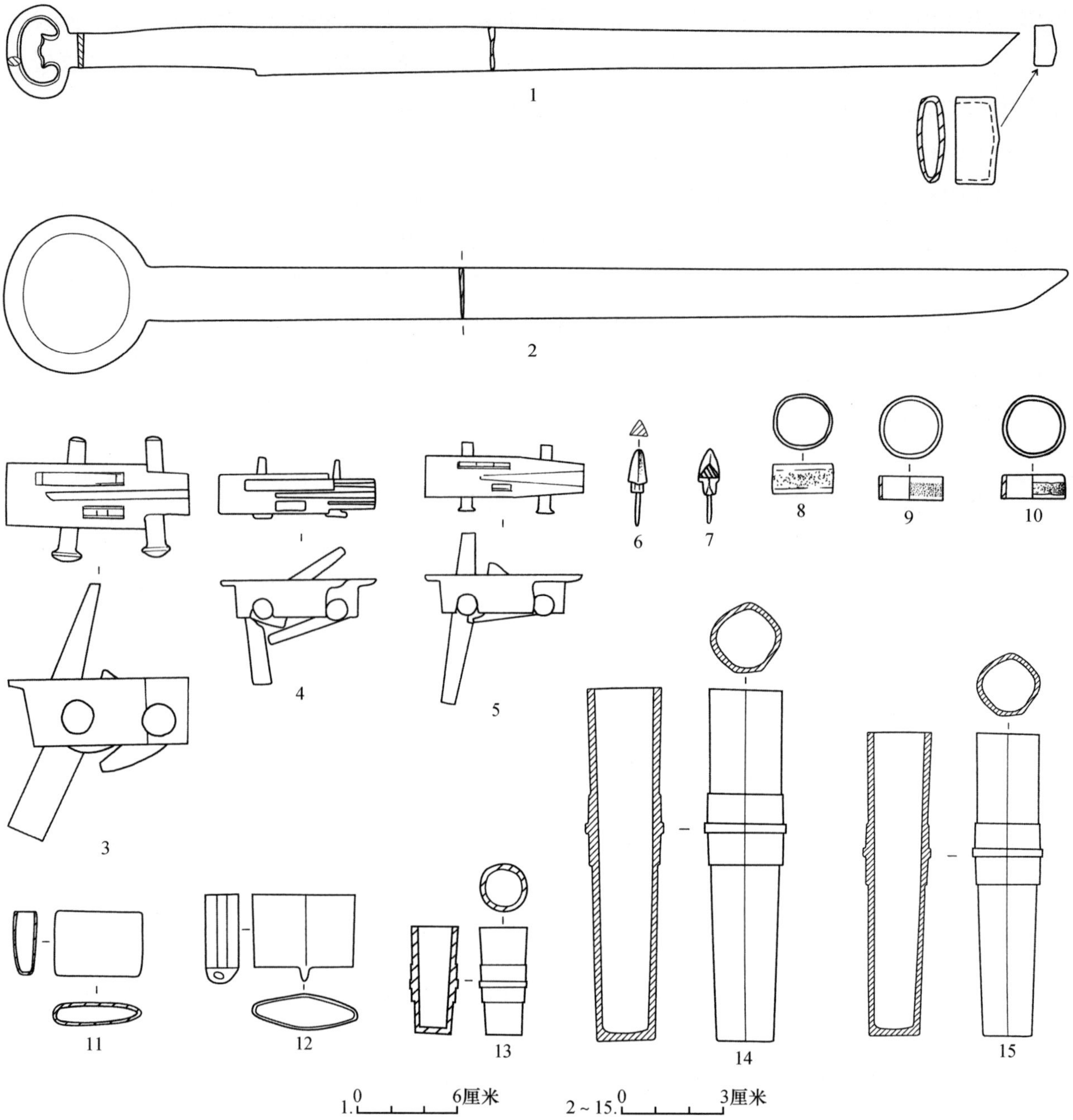

图4-2-66　铜兵器和工具

1、2. 刀（BM5：13、AM58：16）　3～5. 弩机（AM21：93、AM31：41、BM69：19）　6、7. 镞（BM75：17-1、BM69：18）　8～10. 顶针（BM21：28、AM59：31、AM59：32）　11、12. 鞘首饰（AM33：5、AM21：73）　13. B型镈（AM21：61）　14、15. A型镈（AM21：59、AM21：60）

标本AM21：93，长5.4、宽3.8厘米（图4-2-66，3；图版二八六，1）。

标本AM31：41，出土于扰土中。长4.7、通高4.1厘米（图4-2-66，4；图版二八六，2）。

标本BM69：19，长4.7、宽2、通高5.2厘米（图4-2-66，5；图版二八六，3）。

（3）镞

共10件。BM69出土6件，BM75出土4件，未见集束现象。普遍较小，三棱刃，三刃向前聚成锋，横断面呈等边三角形，关部断面近圆形。铤部细长。从过小判断这些铜镞均应是与明器弩机配套的明器。

标本BM75：17-1，长2.3厘米（图4-2-66，6；图版二八五，3）。

标本BM69：18，长2.2厘米（图4-2-66，7；图版二八五，4）。

（4）鞘首饰

本次发掘出土数十把铁剑和铁刀，大部分尚存鞘痕。鞘形制较简单，少有装饰者，铜鞘饰更鲜见。均位于鞘的底部，应是包裹在鞘底端，起装饰和加固作用。刀（或剑）鞘保存完好者，铜鞘饰都与刀或剑锈连在一起，没有单独编号，仅被盗扰者单独编号。

标本AM21：73，器物较小，形似长方形，中空，内填有木屑，中部较鼓，两侧略扁，断面略呈菱形，底部有一半环形钮。通长2.8、宽3.1厘米（图4-2-66，12；图版二八七，1）。

标本AM33：5，形制与AM21：73相似，唯底部环钮残。通长2.3、宽2.7厘米（图4-2-66，11；图版二八七，2）。

（5）顶针

共12件。分别出自7座墓葬中，其中BM21出土3件，AM59、BM35和BM8各出土2件，CM3出土4组5件。

形制大致相似，为圆箍形，外表密布凹窝。多出土于女性棺内，有的直接套在墓主右手指上（如BM8棺1墓主）。

标本BM21：28，表面上有凹坑四周，上、下各饰一周细凹弦纹。外径1.8、内径1.6、高0.9厘米（图4-2-66，8）。标本BM21：38，形制、大小均与BM21：28相同。标本BM21：37，残碎，形制不明。

标本AM59：31，外表有两周凹弦纹，表面上有凹坑三周，均密集分布在凹弦纹内。外径1.9、高0.7厘米（图4-2-66，9；图版二八七，3）。

标本AM59：32，形制与AM59：31相同。外径1.8厘米（图4-2-66，10；图版二八七，4）。

（6）镈

共6件。分别出自AM21和AM60中，其中AM21出土5件。依据大小不同分二型。

A型：4件，器物较大。

标本AM21：59，圆筒形，口缘处略大，另一端稍小，平底，中空成銎，内填圆木头，木头上缠有麻绳。底中部有一极小圆孔，中部有一周宽凸棱。长9.8厘米（图4-2-66，14；图版二八七，5）。

标本AM21：60，形制与AM21：59相同，銎内也残留一段圆木，木头上缠有麻绳。长9.2厘米（图4-2-66，15；图版二八七，6）。

B型：2件，器物较小。

标本AM21：61，圆筒形，口缘处稍大，中空成銎，内填一楔形木头。中部有一周宽凸棱。口径1.2、底径1.5、长3.2厘米（图4-2-66，13；图版二八八，1）。

4. 车马器

有车軎、衔镳、当卢、铃、锜、軥饰、车釱及其他构件等。

（1）车軎

共6件。分别出自4座墓葬中，其中AM29和AM21各出土2件，均应是1对；另2件出土于BM75和BM69。依据大小不同分二型。

A型：2件。均出自AM21，较大。

标本AM21：66，圆筒形，中空成銎，口端较大，近口处两侧各有一圆孔，器中部与近末端各有一周宽凸棱，另一端略弧。口内径2、口外径3.6、长4.5厘米（图4-2-67，1；图版二八八，2）。

B型：4件，较小。

标本AM29：13，喇叭形，中部和近末端各有一周宽凸棱，盘口厚重。口径2.3、长2.8厘米（图4-2-67，2；图版二八八，3）。

（2）衔镳

共5套，形制相同。

标本AM21：71，衔为三节连成，每节两端成环形，互相扣合，中间一节较短。镳弯曲如S形，上有两孔，两端为弧形薄片。衔长13.5、镳长10厘米（图4-2-67，3；图版二八八，4）。

（3）当卢

共4件，分别出自4座墓葬。依形制不同分二型。

A型：1件。直板形，较厚重。

标本AM21：58，器物较大，叶片形，上部呈三角形，较尖锐，下部呈弧形，器身中间有一周较宽凸棱，背面有两个半环形钮。长12.4厘米（图4-2-67，4；图版二八九，1）。

B型：3件。马头形，中部镂空，较轻薄。

标本BM69：20，较完整，背面有两个半环形钮。长10.4厘米（图4-2-67，5；图版二八九，2）。

（4）铃

共2件。分别出自2座墓葬，1件完整，另1件残。

标本BM76：30，上窄下宽的扁筒形，平顶，上有半环钮，下缘两尖角下垂，器内半圆钮上悬一鱼形舌。铃身两面均饰方格纹和乳丁纹，下缘弧形铃口处饰一周三角纹。铃口宽3.5、通高3.7厘米（图4-2-67，6；图版二八九，3）。

标本BM57：8，大部分残，所存部分形制和纹饰与BM76：30相似，唯铃顶部呈椭圆形。残高2.5厘米（图4-2-67，7）。

（5）锜

共3件。整体器形如把钉状，断面近方形或菱形。

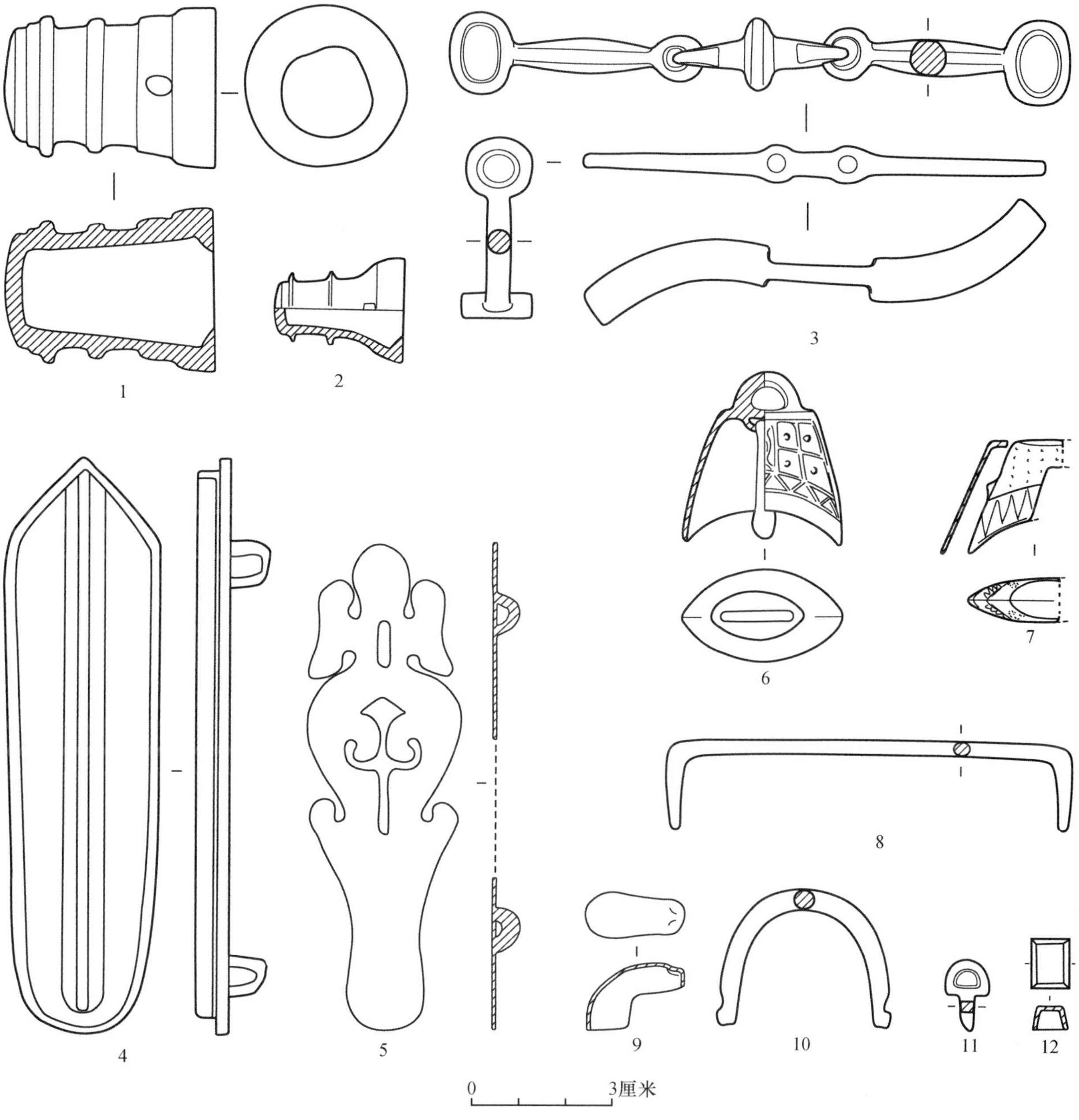

图4-2-67 铜车马器

1. A型车軎（AM21：66） 2. B型车軎（AM29：13） 3. 衔镳（AM21：71） 4. A型当卢（AM21：58） 5. B型当卢（BM69：20） 6、7. 铃（BM76：30、BM57：8） 8. 锜（BM75：18） 9. 軥饰（BM69：30） 10. 轙（AM21：96） 11、12. 构件（BM69：12、BM69：22）

标本BM75：18，断面近圆形。长8.8、高1.9厘米（图4-2-67，8）。

（6）軥饰

仅出土1件。

标本BM69：30，兽首形，断面呈马蹄形。长2.4、宽1.1厘米（图4-2-67，9）。

（7）轪

共4件。“n”形，断面近圆形，两端各有一凹槽。

标本AM21：96，高3、宽3.7厘米（图4-2-67，10）。

（8）其他构件

共3件。形制各异，可能均为马车构件。

标本BM69：12，一端呈梯形，一端为插销状。长1.5厘米（图4-2-67，11）。

标本BM69：22，整体呈长方体，一面内凹，凸起面上有一方形穿。长1.1、宽0.8、厚0.4厘米（图4-2-67，12）。

标本AM8：22，铃形，上面有一环钮，下部有一条缝，铃体内有一小球，已锈连在铃体上，无法出音。应是马车上的小装饰。长径1.1厘米。

5. 装饰具和妆具

有手镯、环、眉刷、带钩、盖弓帽、筒形帽、兽面饰、帽钉、扣饰、管饰、铺首等。铜镜也应属此类，由于数量较多，故单独介绍。

（1）手镯

共2件。均出自AM71，分别位于棺1墓主的左、右手旁。1件残，1件保存完好。

标本AM71：8，断面略呈椭圆形，素面。外径7、内径6.6厘米（图4-2-68，1；图版二八九，4）。

（2）环

共18件。根据圆环直径和器形特征不同分三型。

A型：10件。断面呈圆形或椭圆形。出土时多数套在墓主右手指上，偶见戴在左手者。一般是一手戴1件。

标本AM40：30，细丝状，断面呈椭圆形。直径2、断面径0.1厘米（图4-2-68，2）。

标本BM7：18，细丝状，断面呈椭圆形。直径1.8～2.2、断面径0.12～0.15厘米（图4-2-68，3；图版二八九，5）。

B型：7件。直径较指环大。一般铜指环和银指环的直径都在2厘米左右，而这种铜环形饰的直径为2.6～3.2厘米。从出土情况看，大多出土在头骨两侧，应是头上饰件，也有可能为耳环。

标本BM1：7，断面呈圆形。外径2.8、内径1.9厘米（图4-2-68，4）。

标本BM24：6，断面略呈圆形。外径2.6、内径1.7厘米（图4-2-68，5）。

C型：1件。

标本BM21：40，较小，上端为一圆环，下接一穿过圆环的细长圆柱，器物一侧有明显的布纹朽痕。通长5.2厘米（图4-2-68，6）。用途不详，不排除为明器马车上配件的可能。

（3）眉刷

共7件。4件出土于盗洞或扰土中，未被扰动的3件。有的出土于棺内，有的出土于两棺之

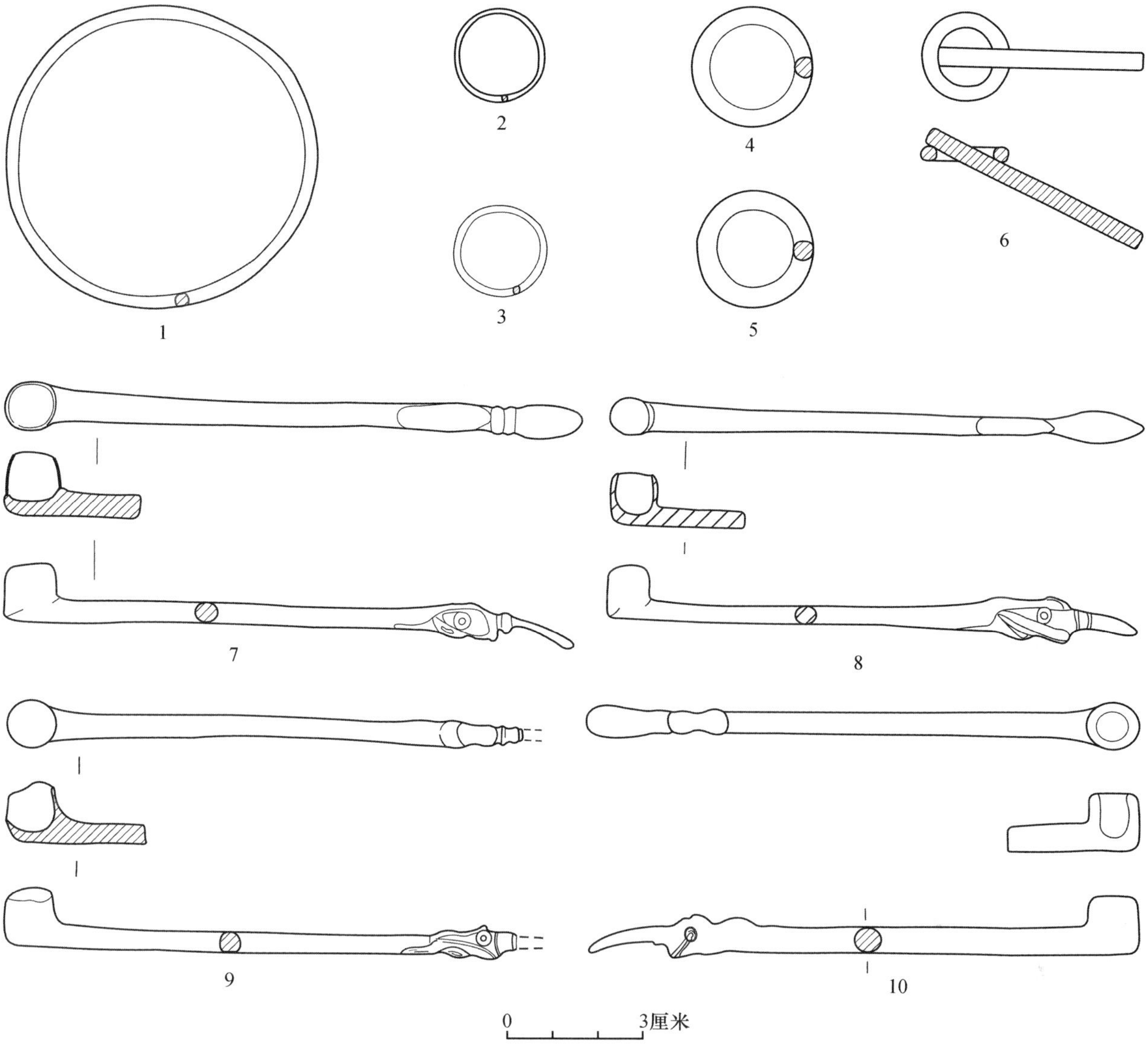

图4-2-68 铜装饰具和妆具（一）

1. 手镯（AM71：8） 2、3. A型环（AM40：30、BM7：18） 4、5. B型环（BM1：7、BM24：6） 6. C型环（BM21：40）
7～9. A型眉刷（BM16：21、BM20：22、CM3：10） 10. B型眉刷（AM51：27）

间。其中2件柄端残，无法分型，其余5件根据柄端不同分二型。

A型：3件。细长烟斗形，柄端作鸭首形，双目贯通成穿孔。

标本BM16：21，斗口敛，中空成銎以承刷毛，刷毛已朽，尚留朽痕。柄部断面呈椭圆形。斗口径0.9、斗深1、通长12.7厘米（图4-2-68，7；图版二九〇，1）。

标本BM20：22，斗口直，直壁，其他形制和BM16：21相似。斗口径0.9、斗深0.9、通长12厘米（图4-2-68，8；图版二九〇，2）。

标本CM3：10，柄部断面呈圆形，其他和BM16：21形制相同。斗口径1.1、斗深1、通长11.5厘米（图4-2-68，9）。

B型：2件。柄端鸭首已简化，没有细部刻划，眼部为一圆穿。

标本AM51：27，斗为直口，圜底。柄部断面为圆形。斗口径1、斗深0.85、通长12.2厘米（图4-2-68，10；图版二九〇，3）。

（4）带钩

共29件。分别出自25座墓葬，其中有4座墓葬各出土2件，分别是AM23、AM36、BM20和BM64；另有3座出土2件的为一铜一铁，为AM45、AM62和BM3。出土2件带钩的7座墓葬中，有5座墓出自男性棺内，并佩有铁刀或铁剑。由此判断，带钩的功能一为束带，一为佩带刀剑。

依据大小和形制不同分三型。

A型：19件。形体细长，长通常在9厘米以上，有的可达13厘米。圆形钮，钩首回顾。依据钩首是否为动物分二亚型。

Aa型：11件，钩首为动物顾首形。

标本AM57：36，鸟首形钩首，腹部上鼓，断面呈半圆形。背部有一圆平钮。长9.8厘米（图4-2-69，1；图版二九一，1）。

标本AM62：2，器物较大，整体厚重。马首形钩首，腹部上鼓，断面呈半圆形，末端呈圆形。背部有一圆平钮。颈部有凸卷云纹和斑点纹。长11.2厘米（图4-2-69，2；图版二九一，2）。

标本BM8：34，鹅首形钩首，细长颈，腹部上鼓，颈、腹断面呈半圆形，下腹扁圆如螳螂腹部。背部有一圆平钮。腹部有羽毛纹。长9.5厘米（图4-2-69，3；图版二九一，3）。

Ab型：8件。钩首为素面顾首形。

标本CM12：16，鸭嘴形钩首，腹部上鼓，断面呈菱形。背部有一圆平钮。通长9.6厘米（图4-2-69，4；图版二九一，4）。

标本AM24：2，圆舌形钩首，腹部上鼓，断面呈圆角半圆形。背部有一圆平钮。长10.1厘米（图4-2-69，5；图版二九一，5）。

标本AM36：3，圆舌形钩首，腹部上鼓，断面呈圆角半圆形。背部有一圆平钮。长12.6厘米（图4-2-69，6；图版二九二，1）。

另有1件（BM23：8）首、尾两端均残，无法分型。

B型：7件。形体短硕，长3～6厘米，背部圆钮近尾端。

标本BM3：37，蛇首形钩首，颈部较细，腹部圆鼓，有三块镶嵌凹槽，但镶嵌物已脱失。背部较平。长4.5厘米（图4-2-69，7；图版二九二，2）。

标本BM20：20，出土于盗洞中。鹅首形钩首，颈部细圆，腹部呈半圆球状鼓起。背部有一半球形钮，钮与尾平齐。长3厘米（图4-2-69，8；图版二九二，3）。

C型：3件。圆钮硕大，钩体犹如禽鸟单柱独立于圆钮之上。

标本AM36：24，圆钮底面内凹，钮心柱上为一鸟首形弯钩。高2.5厘米（图4-2-69，9；图版二九二，4）。

标本AM43：36，形制与AM36：24相似，钮为圆形，中央鼓起，圆柱之上为一鸟首形弯

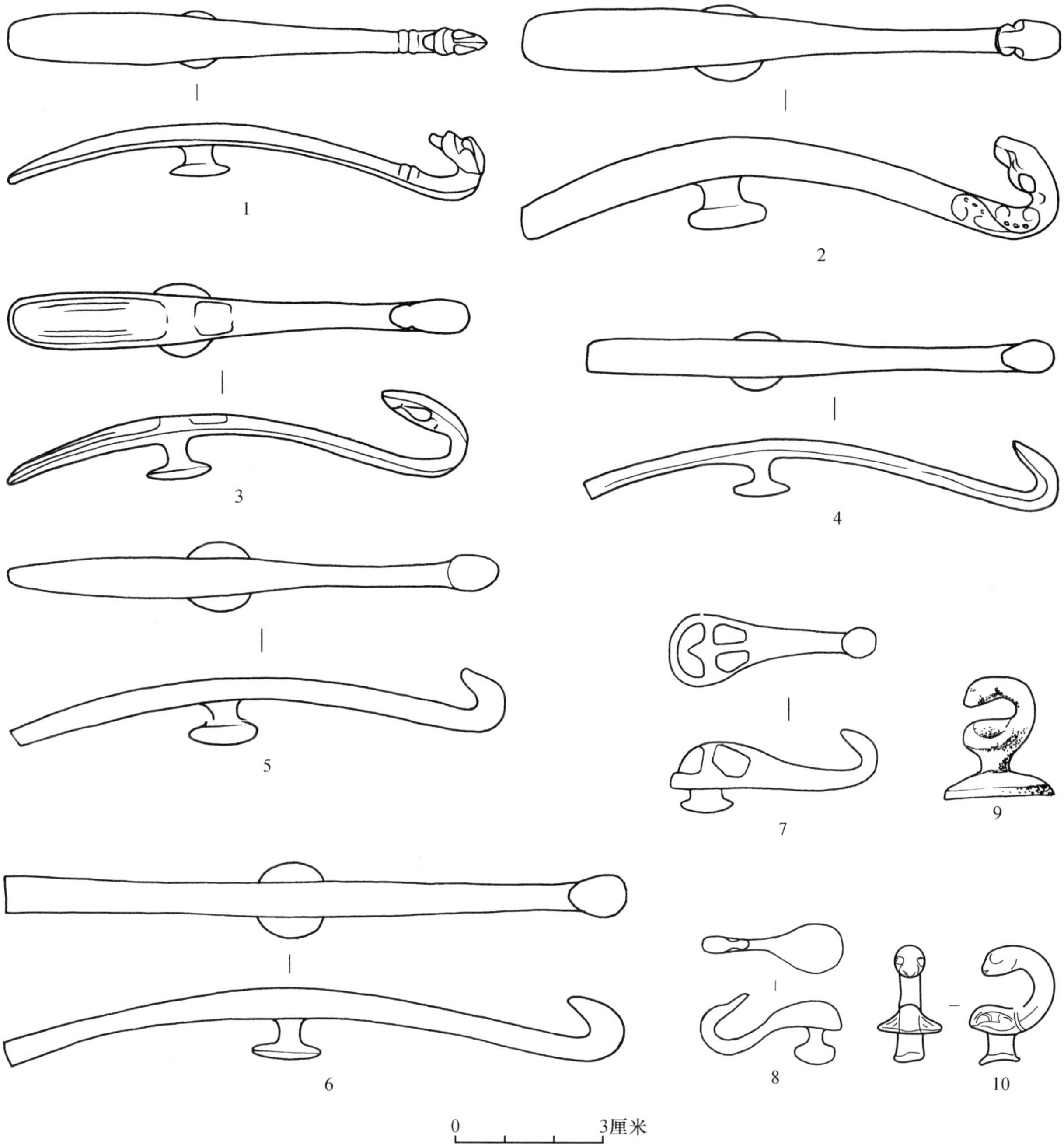

图4-2-69　铜装饰具和妆具（二）
1～3. Aa型带钩（AM57：36、AM62：2、BM8：34）　4～6. Ab型带钩（CM12：16、AM24：2、AM36：3）
7、8. B型带钩（BM3：37、BM20：20）　9、10. C型带钩（AM36：24、AM43：36）

钩。高2.7厘米（图4-2-69，10；图版二九二，5）。

（5）盖弓帽

共27件。多出土于随葬品较多的墓葬中，数量不等，少则1～2件，多则7～8件，最多的达11件。形制大多相同，整体呈细管状，中空。一端为圆形銎，另一端为一中空圆球，或呈蘑菇钮状，器体一侧有一倒钩。根据形体大小不同分二型。

A型：1件，器物较大且较厚重。

CM3：18，帽首呈椭圆球状。銎径1、长8.7厘米（图4-2-70，1；图版二九三，1）。

B型：26件。器物较小且较轻薄，部分残碎严重。

标本AM29：10，帽首呈蘑菇钮状。銎径0.75、长2.9厘米（图4-2-70，2；图版二九三，2）。

标本AM21：70，帽首呈圆锥状。銎径0.85、长4.5厘米（图4-2-70，4）。

（6）筒形帽

共14件。分别出自5座墓葬，其中AM29出土5件，BM75出土4件，BM69出土3件，BM15及BM16因被盗扰仅存1件。BM15出土的1件因残碎严重不参与分型。器物普遍较小，依据形制不同分二型。

A型：8件。粗矮，中部有一周凸棱。

标本BM69：26，直径1～1.2、长1.5厘米（图4-2-70，5）。

B型：5件。细长，中部有一周凸棱。

标本AM29：6，直径0.8～0.9、长1.8厘米（图4-2-70，3）。

（7）兽面饰

共3件。分别出自2座墓葬，其中BM75出土2件。形制相同，也有可能为车马器构件。

标本BM75：14，平面作马蹄形，兽面外凸，背面内凹，在平直的一端有一扁方形插销。长3、宽2.6厘米（图4-2-70，8；图版二九三，3）。

（8）帽钉

共7件。形制相同，上为蘑菇形盖，下为尖锐的钉子，犹如门钉。出土于棺内，应是棺或漆木器上的装饰具。根据大小不同分二型。

A型：5件。器物较大，均出自BM21。

标本BM21：35，帽径2.3、高1.8厘米（图4-2-70，6）。

B型：2件。器物较小，分别出自2座墓葬中。

标本BM27：3，帽径1.5、高1.4厘米（图4-2-70，7）。

（9）扣饰

共4件。外形与铜帽钉相似，但帽下无钉，而是为半桥形环，犹如钮扣。推测也是马车上的饰品。

标本BM75：68，帽径1.2、高0.9厘米（图4-2-70，9）。

（10）管饰

仅1件，应是马车上起连接作用的构件。

标本AM45：5，圆筒形，一端较宽大，上、下均无底，中空，内填一楔形木头。素面。口径1.2、底径0.9、长4.2厘米（图4-2-70，10）。

（11）铺首

仅1件。

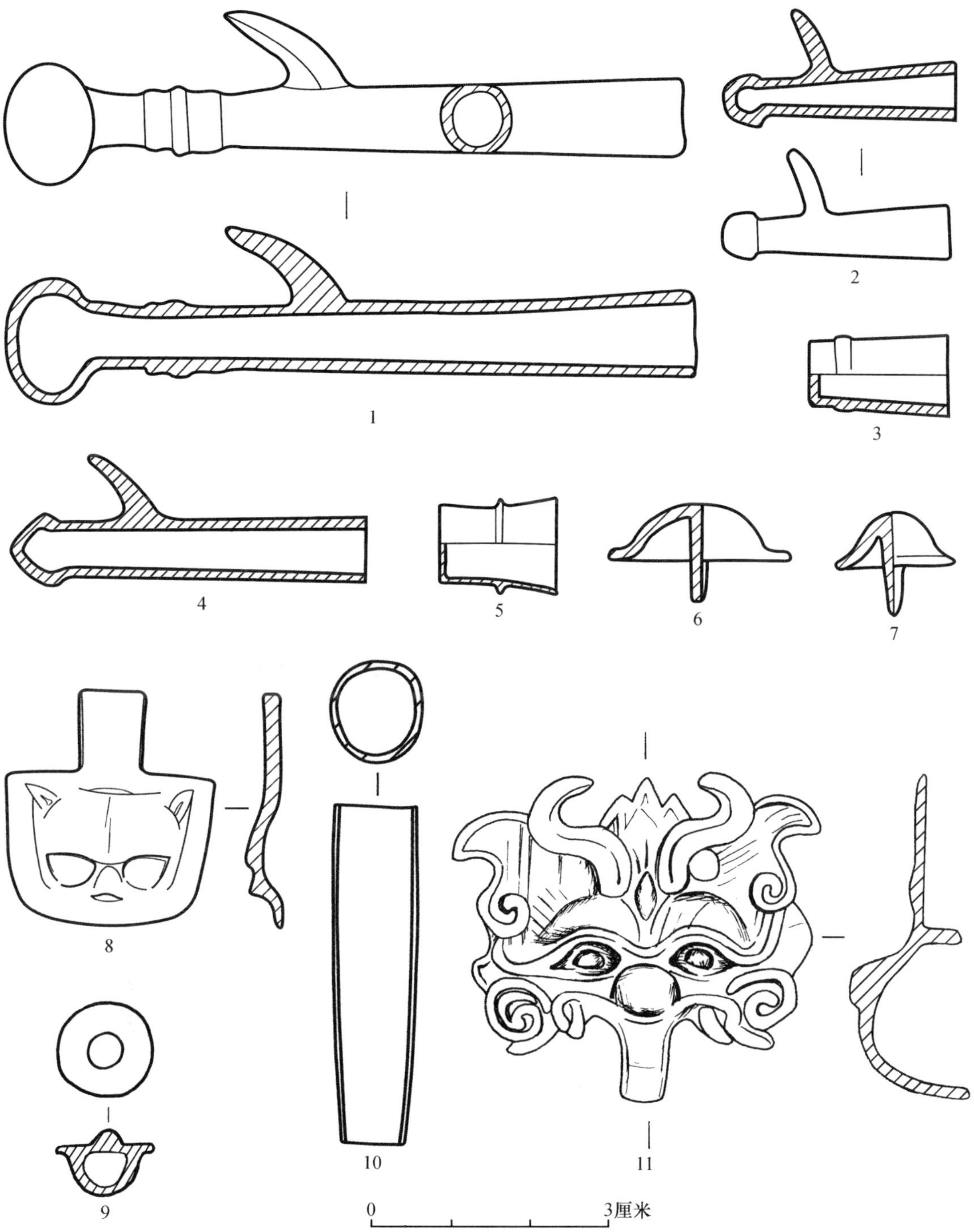

图4-2-70　铜装饰具和妆具（三）

1. A型盖弓帽（CM3：18）　2、4. B型盖弓帽（AM29：10、AM21：70）　3. B型筒形帽（AM29：6）　5. A型筒形帽（BM69：26）　6. A型帽钉（BM21：35）　7. B型帽钉（BM27：3）　8. 兽面饰（BM75：14）　9. 扣饰（BM75：68）　10. 管饰（AM45：5）　11. 铺首（AM27：8）

标本AM27：8，铜薄片铸成。长方形，眉弯曲，双目凸起，下视，穿孔衔环。长4.3、宽4.2、厚0.15厘米（图4-2-70，11；图版二九三，4）。

6. 铜印章

共4枚，分别出自AM72、BM3和BM14。

标本AM72：2，表面鎏金。立方体，上有兽形曲颈顾首钮。印文为阴文篆字“乐丰私印”。底边长1.2、高1.8厘米（图4-2-71，1；图版二九四，1、2）

AM72：3，形制与AM72：2相同，印文为阴文篆字“乐冯私印”。底边长1.2、高1.9厘米（图4-2-71，2；图版二九四，3、4）。

BM3：38，立方体，上有翘首龟形钮。印文为阴文篆字“郭禹私印”。底边长1.25、高1.5厘米（图4-2-71，3；图版二九五，1、2）。

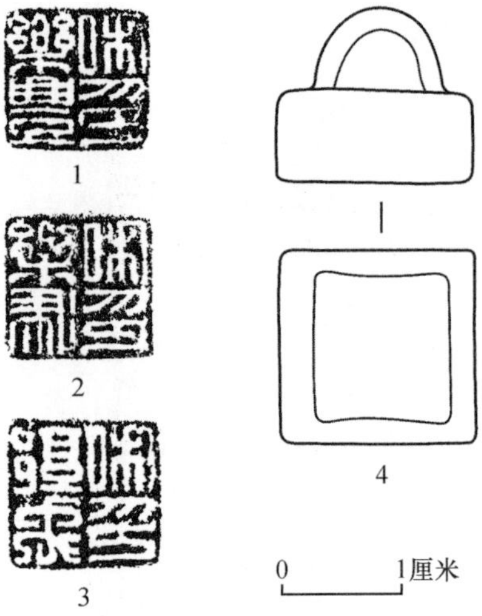

图4-2-71　铜印章及印文
1. AM72：2　2. AM72：3
3. BM3：38　4. BM14：31

BM14：31，立方体，半环形宽带印钮。底面平，无印文。底边长1.6、高1.5厘米（图4-2-71，4；图版二九五，3、4）。

值得注意的是，AM72出土有2枚印章，并列放置，印文分别为“乐丰私印”和“乐冯私印”。“乐”应是墓主人姓氏，“丰”和“冯”应是此人同音不同字的名字。

7. 铜钱

此次发掘出土铜钱的有134座墓葬。134座墓葬中A区65座，B区56座，C区13座。所出铜钱在种类和数量上均以东汉五铢为大宗，另有少量半两钱（可能为两汉时期铸造）以及西汉晚期五铢钱（多为宣帝后期至西汉末），新莽时期铜钱以货泉为主，有部分大泉五十，少量货布、小泉直一、一刀平五千等（表4-1）。

从出土情况看，既有散放者，又有成串用织物包好置于固定位置者，如手侧、腰侧、头侧、颈部、肩部、胸部、腹部、身下，也有单独置于墓主口中者。钱币还出土于厅室、耳室、棺内、墓室、墓道等。不同的出土位置应是特定葬仪或特定象征意义的物化表现，对钱币的出土位置、摆放方式以及与其他器物相对关系的考察，有助于我们深入了解丧葬活动的细节与象征意义。

尚需一提的是，以前很少有对出土钱币的使用痕迹进行观察与研究，我们这次在资料整理过程中虽然对此问题足够重视，但是由于钱币的保存状况所限，更由于随着时间的流逝，使用和流通痕迹很难有定性定量的衡量标准，因此对于这批钱币在入葬前的使用、流通情况无法做详细、量化的考察。但是在整理过程中发现有相当大比例的钱币应该是未曾使用便葬入墓中，个中含义值得进一步研究。

共有汉代钱币7953枚。其中因锈蚀严重或为保护铜钱外包裹的织物而无法去锈的有5174枚，保存较好的2779枚根据钱文或形制特征不同分八类。部分钱币的尺寸及重量见表4-1。

（1）半两钱

共56枚。无内、外郭，正方形穿，穿左、右有篆文“半两”二字。钱身大小、厚薄不一，多数或铸造粗劣，或保存不佳。

标本BM21：26a，字口深峻，字体隶化，为“十”字两（图4-2-72，1；图版二九六，1、2）。

标本BM21：34、26b，字体粗大，“人”字两，直径达2.7厘米以上。其中标本BM21：26b有穿孔（图4-2-72，2、3；图版二九六，3、4）。

（2）五铢钱

1788枚。正方形穿，依据钱文字形差异分四型。

A型：36枚。“铢”字右半侧的“朱”字上、下两笔均为方折。根据“五”字交笔不同分二式。

Ⅰ式：22枚。“五”字中间两笔与上、下两横呈锐角斜交。

标本BM24：5，肉面平滑，郭宽窄均匀，钱正面无内郭而有外郭，背面有内、外郭，正面穿左、右有篆文“五铢”二字，钱文纤细，笔画清晰。“五”“铢”二字偏窄长，“金”字头呈等边三角形，四点较长。“朱”字上、下均方折，上短下长，中间一横画较短，“朱”字头高于“金”字。钱体表面残留有包裹的织物痕迹（图4-2-72，4；图版二九六，5、6）。

Ⅱ式：14枚。“五”字中间两笔与上、下两横垂直或几近垂直相交。

标本BM20：18a，周郭均匀而厚实，钱文纤细工整，“五”字交笔弯曲，交笔与上、下两横相交处呈垂直状态，“朱”字头与“金”字头等高，背面光素无文，其余特征和Ⅰ式相同（图4-2-72，5；图版二九六，7、8）。

B型：347枚。“铢”字右半侧的“朱”字上、下两笔为上方折、下圆折。根据“五”字交笔不同分二式。

Ⅰ式：280枚。“五”字中间两笔与上下两横呈锐角相交。

标本BM11：1a，钱重达3.7克。郭厚肉平，铸造精良，保存完好。“五”字交笔弯曲，“金”字头略呈等腰三角形，四点较长（图4-2-72，6；图版二九七，1、2）。

Ⅱ式：67枚。“五”字中间两笔与上、下两横垂直或几近垂直相交。

标本BM20：18b，保存较好，钱文纤细秀丽，“五”字中间两笔弯曲相交，且与上、下两横垂直，“朱”字头高于“金”字头，“金”字旁四点较长（图4-2-72，7；图版二九七，3、4）。

C型：2枚。“铢”字右半侧的“朱”字上、下两笔为上圆折、下方折，“五”字中间两笔与上、下两横呈锐角相交。

标本CM3：24a，“五铢”二字较宽大，“五”字中间两笔弯曲相交，“铢”字铸造不完整，与周郭有挤压现象，“金”字头呈等腰三角形，四点较长（图4-2-72，8；图版二九七，5、6）。

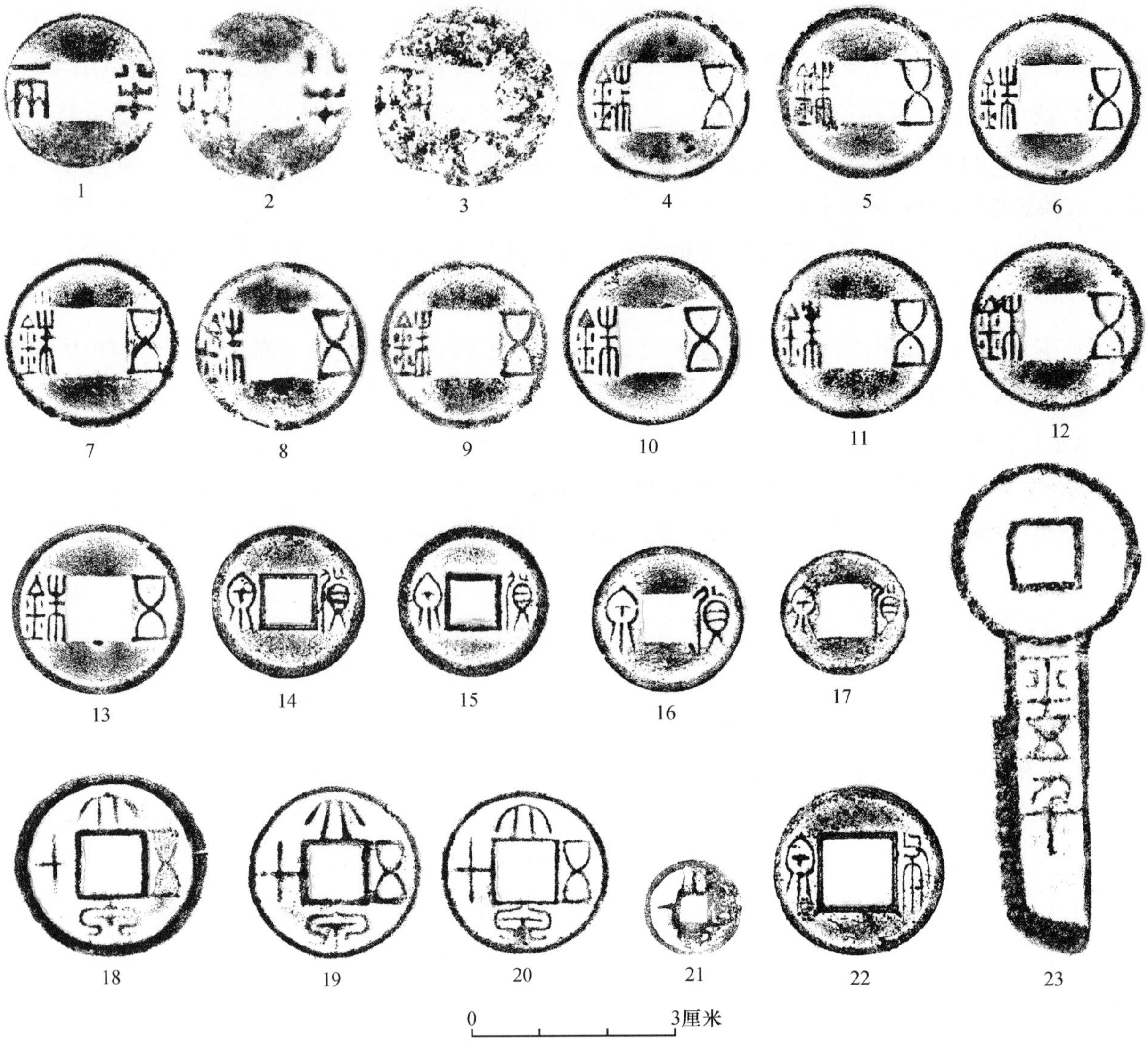

图4-2-72　铜钱拓本

1～3. 半两钱（BM21：26a、34、26b）　4. AⅠ式五铢（BM24：5）　5. AⅡ式五铢（BM20：18a）　6. BⅠ式五铢（BM11：1a）　7. BⅡ式五铢（BM20：18b）　8. C型五铢（CM3：24a）　9、10. DⅠ式五铢（BM21：26c、BM11：1b）　11～13. DⅡ式五铢（CM2：13、CM3：24b、BM11：1c）　14. A型货泉（BM36：5a）　15. B型货泉（BM36：5b）　16. C型货泉（BM36：5c）　17. 小货泉（BM36：5d）　18. A型大泉五十（BM3：35）　19、20. B型大泉五十（CM3：22a、22b）　21. 小泉直一（AM28：1）　22. 布泉（BM36：5e）　23. “一刀平五千”刀币（CM3：46）

D型：1403枚，“铢”字右半侧的“朱”字上、下两笔均为圆折。根据“五”字交笔不同分二式。

Ⅰ式：1077枚，“五”字中间两笔与上、下两横呈锐角相交。

标本BM21：26c，钱文较粗，“五”字中间两笔弯曲相交，“朱”字上画圆折且有外分的笔意（图4-2-72，9；图版二九七，7、8）。

标本BM11：1b，钱文工整纤细，“五”字中间两笔弯曲相交，“朱”字上画圆折但不外撇（图4-2-72，10；图版二九八，1、2）。

Ⅱ式：326枚，“五”字中间两笔与上、下两横垂直或几近垂直相交。

标本CM2：13，钱体表面被均匀的绿锈包裹，“五铢”二字宽大工整，“五”字中间弯曲相交的两笔与上、下两横垂直，“金”字头呈规整的等边三角形，“朱”字上画圆折且外分（图4-2-72，11；图版二九八，3、4）。

标本CM3：24b，钱文清晰，“五”字中间弯曲相交的两笔与上、下两横垂直，“金”字头略呈等腰三角形，“朱”字上画圆折但不外分（图4-2-72，12；图版二九八，5、6）。

标本BM11：1c，保存完好，钱文纤细工整，“金”字头呈镞形，“朱”字上画圆折但不外分，“五”字中间两笔与上、下两横垂直（图4-2-72，13；图版二九八，7、8）。

（3）货泉

222枚，依据重量和铸造不同分三型。

A型：68枚。内郭如两个十分规矩的大小方框紧凑相套。外郭为外高内下型，形成一条细而工整的线圈，内、外郭间为悬针篆书体“货泉”二字，纤细而刚劲。标本如BM36：5a（图4-2-72，14；图版二九九，1、2）。

B型：92枚。此型是在A型基础上演变而来，大部分钱制造仍比较精细规整，但内郭以一个粗线条的方框代替了两个相套的细线条方框，外郭也不完全采用外高内下型，出现了用粗线条代替细线条的迹象，同时，此型钱币重量减少。标本如BM36：5b（图4-2-72，15；图版二九九，3、4）。

C型：62枚。此型货泉继续减重，制作粗劣，钱正面内郭消失，背面部分有内郭。标本如BM36：5c（图4-2-72，16；图版二九九，5、6）。

另外还有一些小货泉，如标本BM36：5d（图4-2-72，17；图版二九九，7、8）。

（4）大泉五十

共98枚，依据钱文字形差异和重量不同分二型。

A型：43枚。文字粗壮深陷，缘阔肉厚，铜质颇佳，制作笃实厚重，重量均在7克以上，确有“大钱”风范。如标本BM3：35（图4-2-72，18；图版三〇〇，1、2）。

B型：55枚。与A型不同的统归为此型。此型钱文细瘦清晰，外郭变窄，钱体变薄，钱身减重。如标本CM3：22a、22b（图4-2-72，19、20；图版三〇〇，3、4；图版三〇一，1、2）。

（5）小泉直一

共6枚。形制相同，钱体小巧轻薄，钱文纤细，钱文为篆书直读，面、背俱有内、外郭。如标本AM28：1（图4-2-72，21；图版三〇一，3、4）。

（6）“一刀平五千”刀币

仅1件。

标本CM3：46，青铜质地，制作工艺极为精巧。钱体似刀形，刀环大小与五铢相当，上、下有以黄金嵌错竖书的阴文“一刀”二字，刀身铸有阳文篆书“平五千”三字（图4-2-72，23；图版三〇一，5、6）。

（7）布泉

共2枚。

标本BM36：5e，造型似货泉而略大，铸造精良，钱面重好，钱文为悬针篆体，字体纤细而清晰，“泉”字直竖中断（图4-2-72，22；图版三〇〇，5、6）。

（8）特型钱

606枚，有剪轮钱、磨郭钱、符号钱、重影钱、重好钱、私铸钱、花穿五铢钱、外部有砍痕五铢钱、“五”字上下穿孔五铢钱、左读五铢钱、90度合背五铢钱、綖环五铢钱、对文五铢钱等。

剪轮钱　共142枚，有6枚货泉和136枚五铢钱。

标本BM7：16，B型货泉（图4-2-73，1；图版三〇〇，7、8）。

标本AM18：2，DⅠ式五铢钱（图4-2-73，2；图版三〇二，1、2）。

磨郭钱　共166枚，有12枚货泉和154枚五铢钱。

标本BM21：26d，DⅠ式五铢钱（图4-2-73，3；图版三〇二，3、4）。

符号钱　共92枚，有5枚货泉和87枚五铢钱。

标本BM62：2a，DⅡ式五铢钱，正面穿下侧一星（图4-2-73，4；图版三〇二，5、6）。

标本BM43：6，BⅠ式五铢钱，背面穿上侧一横（图4-2-73，5；图版三〇二，7、8）。

标本BM49：17，BⅡ式五铢钱，正面穿下侧半星（图4-2-73，6；图版三〇三，1、2）。

标本BM63：32，DⅠ式五铢钱，正面穿上侧一星（图4-2-73，7；图版三〇三，3、4）。

重影钱　共70枚，皆为五铢钱。

标本AM57：26，BⅠ式五铢钱（图4-2-73，8；图版三〇三，5、6）。

重好钱　共107枚，有3枚货泉和104枚五铢钱。

标本BM62：2b，DⅡ式五铢钱（图4-2-73，9；图版三〇三，7、8）。

私铸钱　共17枚，有15枚五铢钱和2枚货泉。

标本BM62：2c，五铢钱，钱体轻薄，钱文不整（图4-2-73，10；图版三〇四，1、2）。

花穿五铢钱　共3枚。如标本CM3：22c（图4-2-73，11；图版三〇四，3、4）。

外郭有砍痕五铢钱　仅1枚。标本AM46：4（图4-2-73，12；图版三〇四，5、6）。

边缘饰点状连珠纹璧形薄铜片　仅1枚，标本AM17：30，薄铜片被夹于钱串中，不知何功用（图4-2-73，13）。

“五”字上下穿孔五铢钱　共3枚。标本AM36：7（图4-2-73，14；图版三〇四，7、8）。

左读五铢钱　仅1枚。标本AM40：32，反铸（图4-2-73，15；图版三〇五，1、2）。

90度合背五铢钱　仅1枚。标本AM45：3，钱体厚重（图4-2-73，16；图版三〇五，3、4）。

綖环五铢钱　仅1枚。标本BM22：4a（图4-2-73，17；图版三〇五，5、6）。

对文五铢钱　仅1枚。标本BM22：4b（图4-2-73，18；图版三〇五，7、8）。

除上述外，还有素面钱、“五”字异形五铢钱、布泉、磨光钱等。

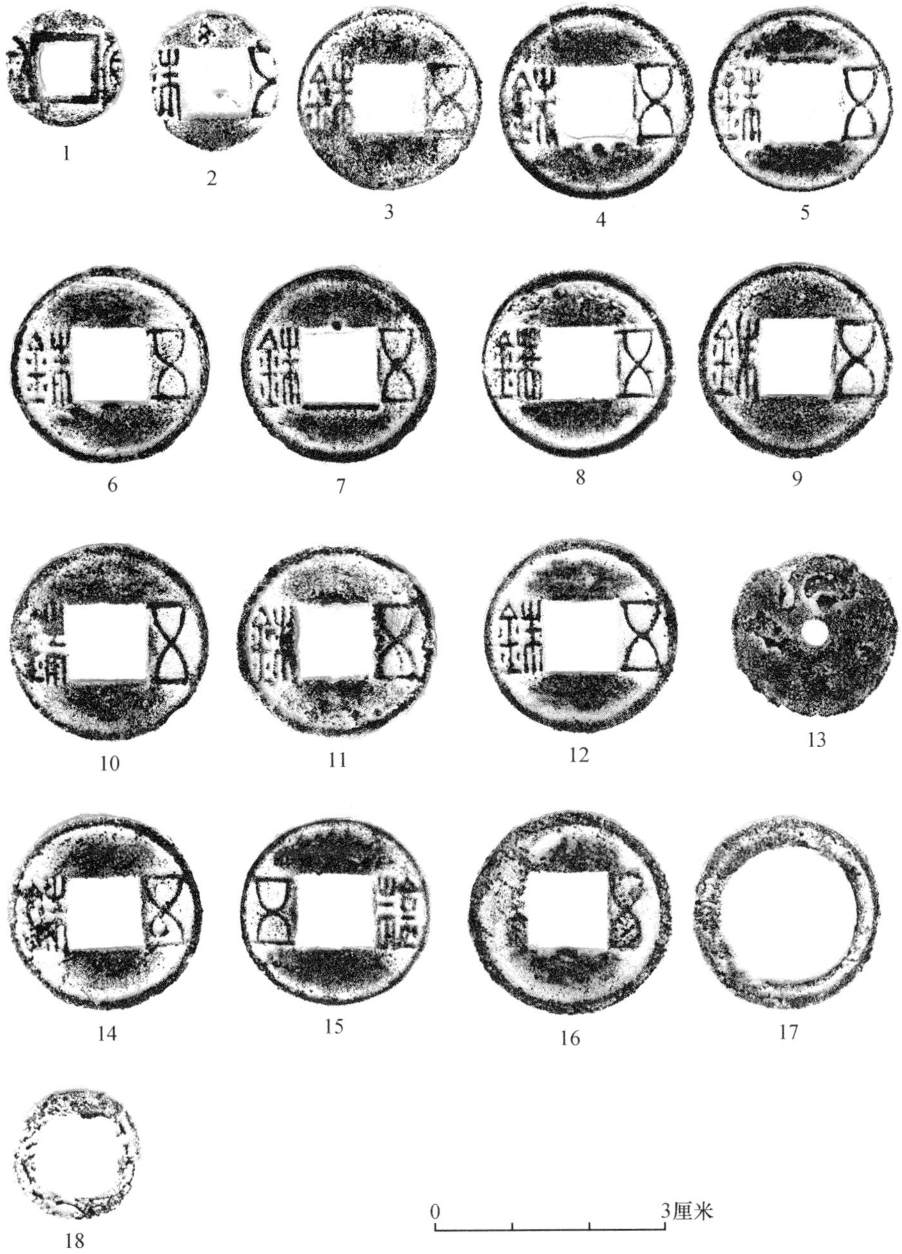

图4-2-73　特型铜钱拓本

1、2. 剪轮钱（BM7：16、AM18：2）　3. 磨郭五铢钱（BM21：26d）　4～7. 符号五铢钱（BM62：2a、BM43：6、BM49：17、BM63：32）　8. 重影五铢钱（AM57：26）　9. 重好钱（BM62：2b）　10. 私铸钱（BM62：2c）　11. 花穿五铢钱（CM3：22c）　12. 外郭有砍痕五铢钱（AM46：4）　13. 边缘饰点状连珠纹的璧形薄铜片（AM17：30）　14. “五”字上下穿孔五铢钱（AM36：7）　15. 左读五铢钱（AM40：32）　16. 90度合背五铢钱（AM45：3）　17. 綖环五铢钱（BM22：4a）　18. 对文五铢钱（BM22：4b）

表4-1　辉县路固墓地出土部分钱币统计表

编号	器号	名称	钱径（厘米）	穿径（厘米）	郭宽（厘米）	郭厚（厘米）	内厚（厘米）	重量（克）	备注
1	BM21：26a	半两钱	2.38	0.8			0.09	2.8	
2	BM21：34	半两钱	2.73	0.9			0.12	5.9	

续表

编号	器号	名称	钱径（厘米）	穿径（厘米）	郭宽（厘米）	郭厚（厘米）	内厚（厘米）	重量（克）	备注
3	BM21：26b	半两钱	2.82	0.8			0.16	4.25	
4	BM24：5	AⅠ式五铢钱	2.57	1	0.15	0.15	0.07	2.7	
5	BM20：18a	AⅡ式五铢钱	2.62	0.9	0.2	0.14	0.06	2.95	
6	BM11：1a	BⅠ式五铢钱	2.6	1	0.2	0.16	0.07	3.7	
7	BM20：18b	BⅡ式五铢钱	2.61	1	0.2	0.16	0.07	2.8	
8	CM3：24a	CⅠ式五铢钱	2.58	0.9	0.15	0.14	0.06	3	
9	CM2：13	CⅡ式五铢钱	2.56	0.95	0.1	0.14	0.1	3.1	
10	BM21：26c	DⅠ式五铢钱	2.57	0.9	0.15	0.15	0.11	3.75	
11	BM11：1b	DⅠ式五铢钱	2.59	0.9	0.1	0.15	0.07	3.1	
12	CM3：24b	DⅡ式五铢钱	2.56	0.9	0.15	0.13	0.07	3	
13	BM11：1c	DⅡ式五铢钱	2.58	0.9	0.15	0.15	0.1	3.75	
14	BM36：5a	A型货泉	2.28	0.6	0.2	0.16	0.1	3.3	
15	BM36：5b	B型货泉	2.29	0.6	0.2	0.17	0.08	3.3	
16	BM36：5c	C型货泉	2.24	0.7	0.2	0.17	0.1	3	
17	BM36：5d	C型货泉	1.91	0.8	0.1	0.08	0.06	1	
18	BM3：35	A型大泉五十	2.85	0.8	0.25	0.3	0.19	10.2	
19	CM3：22a	B型大泉五十	2.61	0.8	0.2	0.17	0.07	3.8	
20	CM3：22b	B型大泉五十	2.55	0.9	0.15	0.16	0.07	2.5	
21	BM36：5e	布泉	2.55	1	0.15	0.13	0.08	3.2	
22	AM28：1	小泉直一	1.44	0.4	0.1	0.12	0.09	0.9	
23	CM3：46	一刀平五千	2.86	0.8	0.2	0.45	0.28	25.9	环下刀部长4.6、宽1.2～1.4、厚0.28～0.43、通长7.4厘米
24	BM7：16	剪轮货泉	1.69	0.7			0.11	1.1	
25	AM18：2	剪轮五铢	1.72	0.9			0.06	1.1	
26	BM21：26d	磨郭五铢	2.48	0.9	0.05	0.15	0.08	2.5	
27	BM62：2a	穿下一星五铢	2.59	0.9	0.15	0.15	0.08	3.5	
28	BM43：6	穿上一横五铢	2.49	1	0.1	0.16	0.09	2.75	
29	BM49：17	穿下半星五铢	2.61	0.9	0.15	0.2	0.1	4.3	
30	BM63：32	穿上一星五铢	2.6	0.9	0.15	0.15	0.08	3.4	
31	AM57：26	重影五铢	2.53	1	最宽0.2	0.16	0.1	2.5	郭宽不规则
32	BM62：2b	重好五铢	2.6	0.9×0.85	0.15	0.15	0.1	3.2	
33	BM62：2c	私铸五铢	2.6	1	0.1	0.09	0.05	2.2	
34	CM3：22c	花穿五铢	2.65	约1	0.2	0.16	0.1	3.4	
35	AM46：4	外郭砍痕五铢	2.55	0.9	0.15	0.15	0.08	3.3	
36	AM17：30	薄圆铜片	2.26	直径0.3			0.15	0.95	
37	AM36：7	五字上下穿孔五铢	2.57	0.9	0.15	0.14	0.08	3.01	

续表

编号	器号	名称	钱径（厘米）	穿径（厘米）	郭宽（厘米）	郭厚（厘米）	内厚（厘米）	重量（克）	备注
38	AM40：32	左读五铢	2.51	0.9	0.1	0.13	0.08	3.2	
39	AM45：3	合背五铢	2.73	0.9	0.2	0.2	0.17	7	
40	BM22：4a	綖环五铢	2.59	内径约1.8	0.15	0.12	0.1	1.9	
41	BM22：4b	对文五铢	1.69	0.9			0.08	0.6	

8. 其他

（1）扣器

2件，均出自AM17厅室中。

标本AM17：7，铜箍木胎，木胎朽尽仅余两圈铜箍。一圈铜箍直径约5.8厘米，另一圈直径13厘米（图4-2-74，1；图版三〇六，1）。

（2）镊子

仅有1件。

标本BM17：9，尾端相连，首端内曲，尾端加两周铁箍。镊体断面呈长方形。长7.2厘米（图4-2-74，2；图版三〇六，2）。

其他还有很多铜质器物，多数用途尚不明确。

口琀，通常用小玉饰或石饰作口琀，但也偶见小铜饰。本墓地中发现有用2枚无文铜质

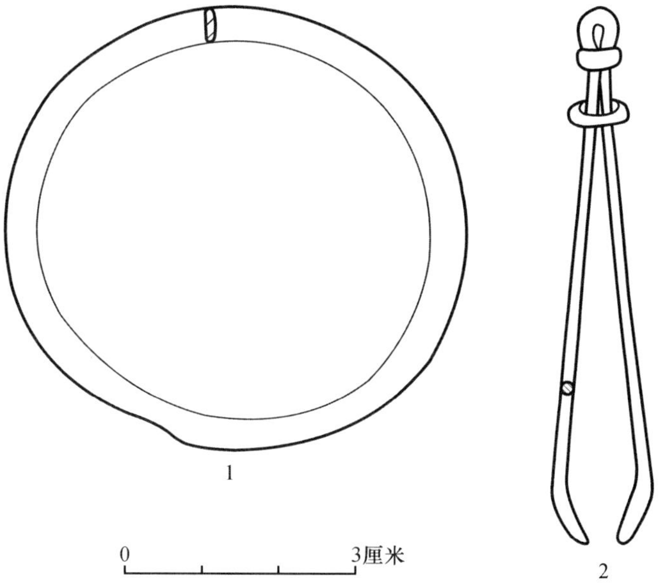

图4-2-74　铜扣器和镊子

1. 扣器（AM17：7）　2. 镊子（BM17：9）

方孔圆钱为口琀者，如AM34、AM42、AM62、AM68、AM69、AM79、BM42、BM46、BM49、BM62。

也有把铜钱用绳穿起来挂于颈项之下，疑作装饰使用，如BM44。

（三）铁器

有工具、兵器、日常用具及棺钉。

1. 工具

有铲、犁头、锸、镰、剪、镊子等。

（1）铲

2件。銎部略呈上宽下窄的梯形，横断面作长方形或圆角长方形。

标本BM28：27，出土于墓道填土中，保存完整。铲面平阔，愈接近刃部愈薄。銎口长5.7、宽3.3厘米，刃宽9.8、高11厘米（图4-2-75，1；图版三〇六，3）。

标本AM79：4，銎口为规矩长方形，铲大部分残。残高10厘米（图4-2-75，2；图版三〇六，4）。

（2）犁头

因锈蚀严重，无法分离，故件数不明，至少应在12件以上。均出自BM22。出土时有数组，每组4件套在一起。

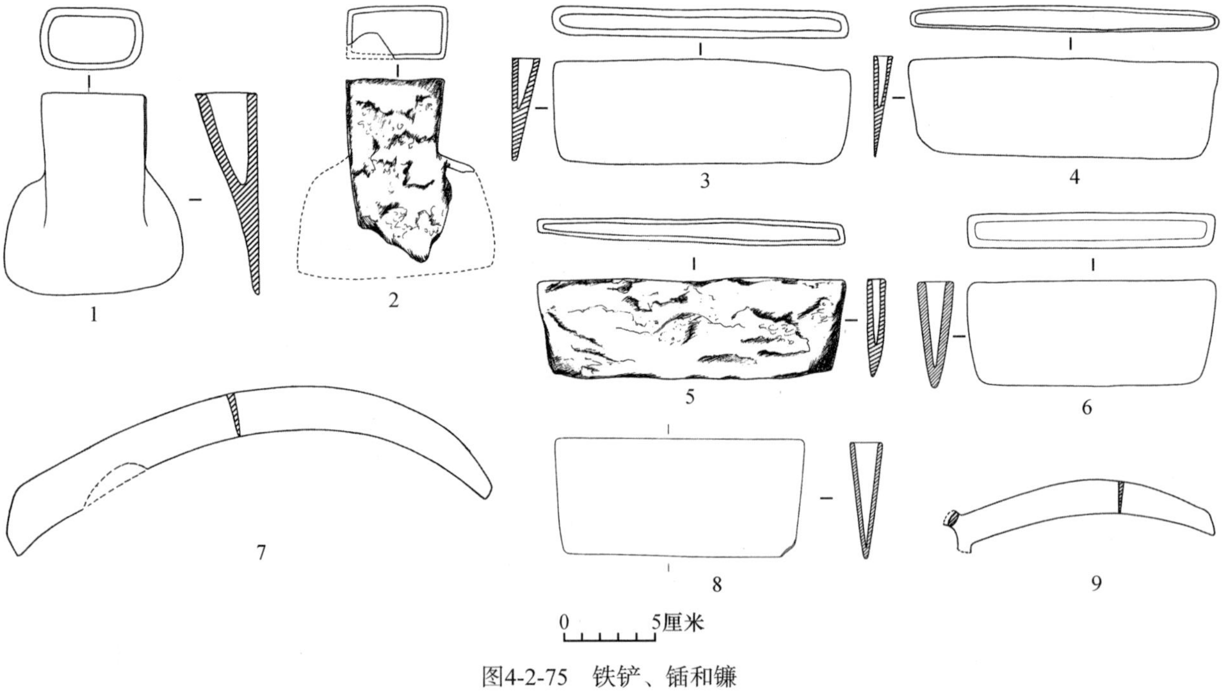

图4-2-75　铁铲、锸和镰

1、2. 铁铲（BM28：27、AM79：4）　3～5. A型铁锸（CM19：21、AM76：34、BM72：17）
6、8. B型铁锸（BM59：30、BM11：34）　7. B型镰（AM39：5）　9. A型镰（BM62：3）

标本BM22：6，整体呈“V”字形（图版三〇六，5）。

（3）锸

11件。呈上宽下窄的倒梯形，依据纵断面形制不同分二型。

A型：7件。纵断面为变形“V”形，一侧边垂直，一侧边斜。

标本CM19：21，銎口呈椭圆形，刃部平直。銎口长16.1、宽1.5、高5.6厘米（图4-2-75，3；图版三〇七，1）。

标本AM76：34，銎口呈长条椭圆形，刃部略外凸。銎口长16.8、宽1、高5.5厘米（图4-2-75，4；图版三〇七，2）。

标本BM72：17，銎口呈长方形，四边均棱角分明，刃部平直。銎口长16.7、最宽1.2厘米，刃宽15.3厘米，高5.6厘米（图4-2-75，5；图版三〇七，3）。

B型：4件。纵断面呈标准“V”形。

标本BM59：30，銎口呈长方形，刃部平直。銎口长13.1、宽1.2、高6.1厘米（图4-2-75，6；图版三〇七，5）。

标本BM11：34，形制与BM59：30相同。銎口长13.5、宽0.9、高6.5厘米（图4-2-75，8；图版三〇七，4）。

（4）镰

共4件。3件相对完整，1件残。依据柄部形制差异分二型。

A型：2件。形制相似，均为环首形镰柄。其中1件锈蚀严重。

标本BM62：3，镰身呈拱桥形，曲刃，镰背较宽厚。通长14.2厘米（图4-2-75，9；图版三〇八，1）。

B型：1件。直内形镰柄。

标本AM39：5，镰身内弧，背部上弓，刃部内曲。通长27.4厘米（图4-2-75，7；图版三〇八，2）。

（5）剪

共2件。锈蚀严重，大部分残断，无法复原。

（6）镊子

共12件。锈蚀严重，大多数残甚，仅有1件保存尚好。形制基本相似，为一根铁条自中点折回，有的在连接端加一周或两周铁箍。铁条多数为扁圆细铁丝状，也有一些稍宽。

2. 兵器

160件，有刀、剑、戟、矛和镞。

（1）刀

共104件。均为单面刃，部分出土时带刀鞘。依据刀首特征和刀体长短不同分三型。

A型：共15件。大型刀，椭圆形环首，通长在100厘米以上。

标本CM12：14，刀身修长，刀锋尖而锐利，刀背较宽。出土时带木质刀鞘，鞘上有红、黑彩痕迹。通长111厘米（图4-2-76，1；图版三〇八，3）。

标本BM28：8，刀身较CM12：14略宽。出土时带木质刀鞘，已朽，刀柄处缠有绳子。通长100厘米（图4-2-76，2；图版三〇八，4）。

标本BM14：30，刀体厚重，刀背较厚。出土时刀身带木质刀鞘，鞘外和刀柄处均缠有绳子。通长106厘米（图4-2-76，3；图版三〇八，5）。

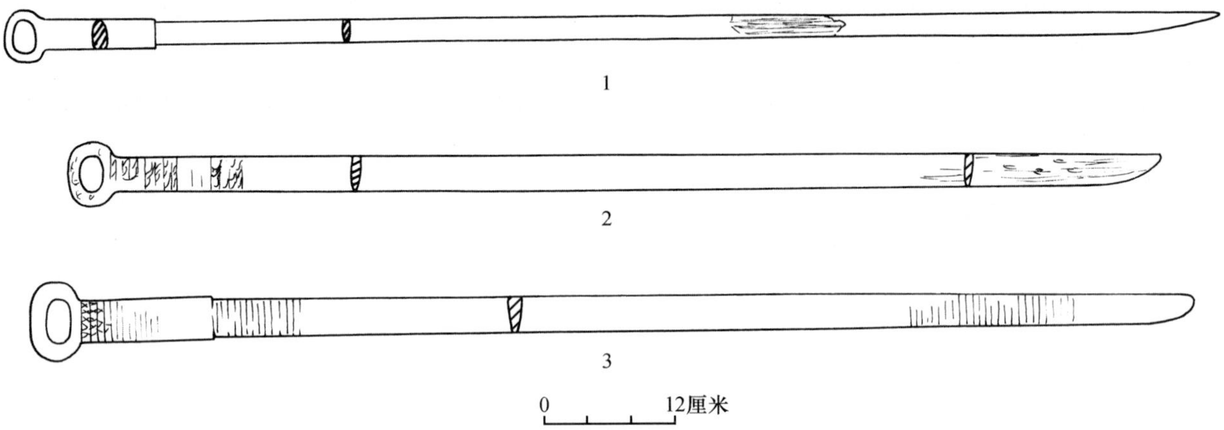

图4-2-76　A型铁刀

1. CM12：14　2. BM28：8　3. BM14：30

B型：共54件。小型刀，环形刀首，长在40厘米以内。依据刀首形制差异及刀身特征不同分五个亚型。

Ba型：共32件。圆形或椭圆形首，刀身修长，较直，近刀尖处锋刃上弧。

标本AM58：16，圆形环首，断面呈椭圆形，刀背较窄，整刀轻盈。通长31.7厘米（图4-2-77，1）。

标本AM38：3，椭圆形环首，断面呈圆角方形，刀背较宽，整刀厚重。出土时带木质黑彩刀鞘，鞘的形状与刀形相似，上宽下窄，断面呈“V”形。通长38.8厘米（图4-2-77，2；图版三〇九，1）。

Bb型：共19件。刀首由刀身向后延伸，并向下弯曲内勾而成，且多数未形成环。依刀身形制不同分曲刃（或弧刃）和直刃二式。但从发掘资料来看，这两式无早晚演变，可能是同时共存的两种刀形。

BbⅠ式：12件，直刃。

标本AM79：10，环首部分残，刀身修长，刃部较直，近刀尖处弧。通长22厘米（图4-2-77，3；图版三〇九，2）。

标本BM21：27，整刀厚重，刀背较宽。长15厘米（图4-2-77，10；图版三〇九，3）。

BbⅡ式：7件，曲刃（或弧刃）。

标本AM38：14，刀背较宽且略向上弓起。长32.4厘米（图4-2-77，4；图版三〇九，4）。

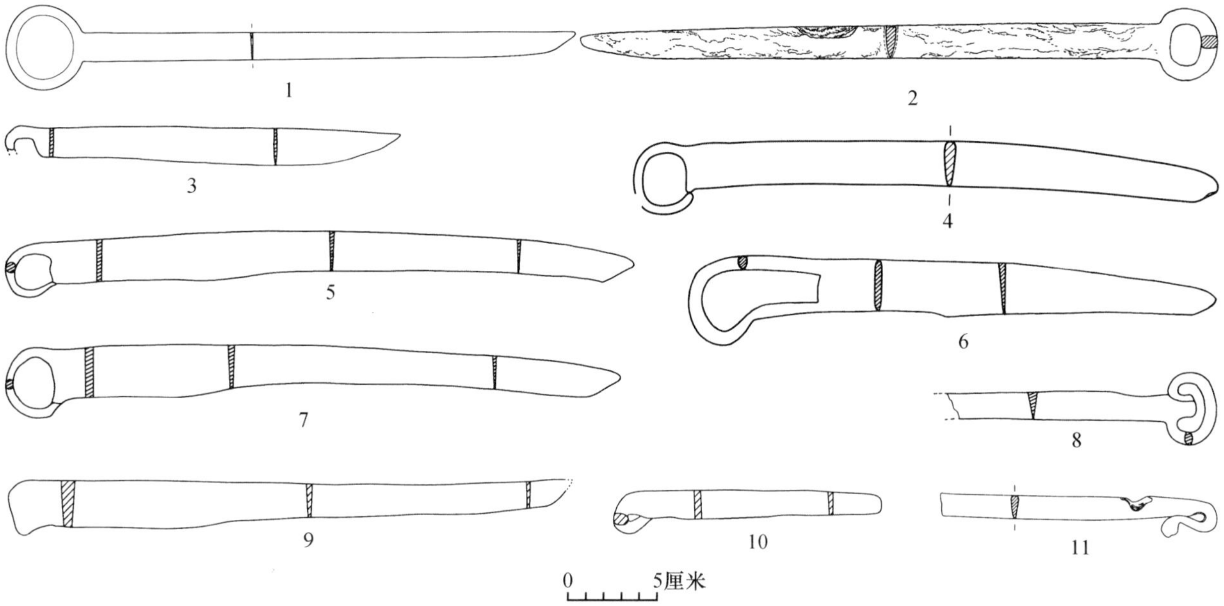

图4-2-77　B型和C型铁刀

1、2. Ba型（AM58：16、AM38：3）　3、10. BbⅠ式（AM79：10、BM21：27）　4、5、7. BbⅡ式（AM38：14、AM76：33、BM24：18）　6. Bc型（AM18：19）　8. Bd型（AM45：13）　9. C型（BM17：10）　11. Be型（AM44：1）

标本AM76：33，刀柄处较厚重，断面呈长方形，刀背弓起较甚，弧刃较明显。通长35厘米（图4-2-77，5；图版三一〇，1）。

标本BM24：18，刀柄部厚重，刀身修长，曲刃明显。通长34.5厘米（图4-2-77，7；图版三一〇，2）。

Bc型：仅1件。

标本AM18：19，杖首形刀首，柄部厚重，刀身越靠近刀锋处越显纤细锋锐。通长29.5厘米（图4-2-77，6；图版三一〇，3）。

Bd型：仅1件。

标本AM45：13，“心”字形环首，断面呈椭圆形。刀背较宽厚，刀身直，刀身前端残。残长15.3厘米（图4-2-77，8；图版三一〇，4）。

Be型：仅1件。

标本AM44：1，“∽”形环首，断面呈方形。刀身细长，刃部磨损严重，刀锋端残。残长15.4厘米（图4-2-77，11；图版三一〇，5）。

C型：2件。直柄，刀首无环形饰。

标本BM17：10，刀柄厚重，刀身纤细修长，刀锋部呈三角形。通长31.5厘米（图4-2-77，9；图版三一〇，6）。

另有33件铁刀残甚，多数为环首刀的环首部分，也有部分为刀身前端，无法判断形制。

（2）剑

共28件（表4-2）。其中8件锈蚀残损严重，无法进行型式划分。完整或大致完整者20件，出土时多有涂彩木质剑鞘，部分鞘外粘有纺织品痕迹。依有无剑格及剑身形制不同分三型。

A型：17件。带铜剑格，断面呈扁菱形。剑身修长，两面微起脊。扁圆茎，均未见剑首。

标本AM24：3，保存完整，剑身上有木鞘朽痕，木鞘上有粗织物及黑色皮状物，距剑格23厘米处的剑鞘上有约15.1厘米宽的红漆绳痕。茎长9.2、通长102.8厘米（图4-2-78，1；图版三一一，1）。

标本AM57：29，近剑格处茎较粗，茎首较细。茎长20.8、通长114厘米（图4-2-78，2；图版三一一，2）。

标本CM3：11，茎略呈亚腰形。茎长14、通长105.6厘米（图4-2-78，3；图版三一一，3）

标本AM36：12，茎细长。茎长19.3、通长115.5厘米（图4-2-78，4；图版三一一，4）

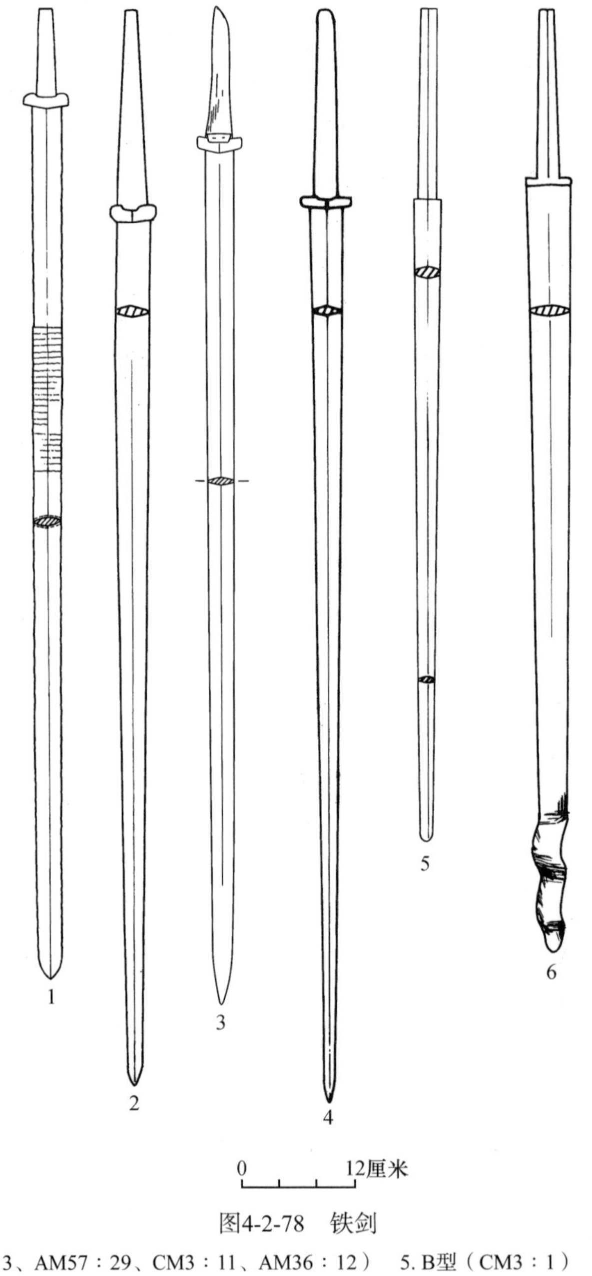

图4-2-78　铁剑

1～4. A型（AM24：3、AM57：29、CM3：11、AM36：12）　5. B型（CM3：1）　6. C型（AM51：1）

B型：2件。无铜剑格，可能为木质剑格，已朽尽。茎断面呈扁圆形，无剑首。剑身修长，两面有脊。

标本CM3：1，茎长20、通长88厘米（图4-2-78，5；图版三一一，5）。

C型：1件。无铜剑格，剑身较前两型宽，锋前端呈蛇形波浪状。该型剑形制奇特，较为罕见。

标本AM51：1，茎长18、通长101厘米（图4-2-78，6；图版三一一，6）。

表4-2　铁剑统计表

序号	器物编号	数量	出土位置	是否带鞘	有无剑格	茎长（厘米）	茎宽（厘米）	通长（厘米）	厚（厘米）	备注
1	AM3：28	1	棺室墓主左臂上	有木鞘痕迹	有	91.2	3.1	106	1.2	
2	AM19：3	1	棺1墓主右侧	有木鞘痕迹	有	残88.8	2.4	残89	0.8	残剑柄铜剑格
3	AM22：2	1	棺1西侧墓主右臂下	有木鞘痕迹	无	残97.6	3.2	残112.4	0.8	剑尖残
4	AM23：1	1	棺1墓主左臂上	有木鞘痕迹	有	90	3	107	0.8	木鞘上有红漆
5	AM24：3	1	棺1墓主身体右侧	有木鞘痕迹	有	92.1	3	102.8	1.2	内含铜剑格铜小带钩
6	AM36：12	1	厅室东南角床沿附近	有木鞘痕迹	有	94.8	3.2	116	1	剑西侧边有小带钩
7	AM39：8	1	墓主右臂	有木鞘痕迹	有	残94	2.5	残108	0.8	木鞘外施红漆
8	AM43：37	1	棺1墓主右臂	有木鞘痕迹	有	88.4	2.8	99	1.2	
9	AM45：12	1	棺2墓主右侧	有木鞘痕迹	有	90	3.3	104	0.8	
10	AM46：2	1	棺1墓主左臂	有木鞘痕迹	有	91.2	2.8	113	1	考古所暂留标本
11	AM48：68	1	厅室南部中间耳室口处	不明	不明	不明	2.5	残10	0.6	残存尖部
12	AM51：1	1	墓室中间	有木鞘痕迹	无	82	4	100	1	上浮0.4米
13	AM57：29	1	棺2南部中间墓主南侧	有木鞘痕迹	有	91.2	2.8	114	1	木鞘外施红漆
14	AM58：43	1	厅室鹅卵石中	有木鞘痕迹	不明					残为数段
15	AM59：5	1	棺2墓主身体左侧	有木鞘痕迹	有（玉）	83.2	3.2	96	0.5	木鞘外施红漆，有玉质剑璏
16	AM62：5	1	棺1墓主左侧下部	有木鞘痕迹	有	残87.2	2.8	残99	1.2	木鞘外施红漆
17	AM79：2	1	棺1墓主右侧	有木鞘痕迹	有	78	4	104.4	1.6	剑格部有金叶，锈严重碎断
18	BM1：4	1	棺1墓主左侧	有木鞘痕迹	有	残83.6	2.8	残104	1.2	有鞘朽痕，似布包裹
19	BM3：4	1	棺2墓主左臂上	有木鞘痕迹	有	残54.8	2.8	残60	1.2	
20	BM8：33	1	棺2墓主左侧	有木鞘痕迹	有	88.8	2.8	106	1	木鞘外施红漆
21	BM9：1	1	棺1墓主右侧	有木鞘痕迹	有	残86	3.3	残106	1.2	木鞘外施红漆
22	BM15：15	1	棺床东侧	无	不明	不明	2.8	残19.5	0.6	残存尖部
23	BM17：12	1	墓室东端盗土中	无	有	94.8	2.8	116	1.2	
24	BM64：2	1	棺1墓主右臂外侧	有木鞘痕迹	有	残87.6	3.25	残100	0.8	木鞘外施红漆
25	BM69：15	1	耳室	无	不明					残存碎段
26	CM1：11	1	墓主身体左侧	有木鞘痕迹	有	86.4	3.2	残104	1.2	
27	CM3：1	1	前厅西侧供台上最里侧	有木鞘痕迹	无	68	2.7	88	1	
28	CM3：11	1	棺3墓主身体左侧	有木鞘痕迹	有	88	3	105.3	0.7	木鞘外施红漆

注：指剑身中部宽度。

（3）戟

共12件。分别出自9座墓葬中，其中AM21、AM72和BM23各出2件，其余6墓各出1件。由刺兵“矛”和砍斫兵“戈或斧”两部分组成，出土时矛和戈常带有木鞘。1件残碎严重，其余11件依据砍斫部不同分二型。

A型：8件。由矛和戈组成，据矛和戈的连结处是否有铜箍（应起加固作用）分二亚型。

Aa型：6件。矛、戈连铸，连结处无铜箍。依矛、戈夹角不同分三式。

Ⅰ式：1件。矛、戈夹角呈直角。

标本AM72：7，矛和戈均为两面刃，柄部断面呈等边三角形。矛长27.5、戈长21、通长51.6厘米（图4-2-79，1；图版三一二，1）。

Ⅱ式：2件。矛、戈夹角稍小于90度。

标本AM36：5，矛体和戈体均为双面刃。矛锋尖圆，戈锋略呈等边三角形。出土时戈部带木鞘，鞘体朽尽，仅余铜鞘首。戈长19、通长48.2厘米（图4-2-79，2）。

Ⅲ式：3件。矛、戈夹角明显小于90度。

标本AM72：6，矛体和戈体均为双面刃，锋部圆弧，柄部断面呈圆角长方形。矛长28.4、戈长20.5、通长51.6厘米（图4-2-79，3；图版三一二，2）。

标本AM57：28，矛体和戈体均为双面刃，矛锋残，戈锋略呈等边三角形。出土时戈部带木鞘，鞘体朽尽，仅余铜鞘首。戈长22.5、残长54.4厘米（图4-2-79，4；图版三一二，3）。

Ab型：2件。矛、戈连铸，连结处的戈部尾端加置一铜箍，矛和戈的夹角较AaⅢ式更小。

标本AM21：43，出土时戈部尚带有木鞘，鞘体木虽朽，但铜鞘首完好保存。矛部和戈部均为双面刃，柄部断面呈等边三角形。矛长21.8、戈长19.2、通长42.2厘米（图4-2-79，5；图版三一二，4）。

标本AM21：91，与AM21：43形制、大小完全相同，可能为同时所铸（图4-2-79，6；图版三一三，1）。

B型：3件。由矛和斧组合而成，形制特殊，较为罕见。起初被认为是铁柄斧子，但由于所谓的“柄部”均为双面刃，并有尖锐的锋刃，与A型矛部相同，故此判断该型也应是铁戟。

从铸造看，B型不同于A型的矛、戈连铸法，而是矛、斧分铸后再将矛嵌入斧尾端的长方形銎内。3件斧戟柄部均残。

标本BM23：13，矛部为双面刃，中体弧鼓无脊。斧刃部平，双面刃。矛长25、宽3、斧刃宽8.5、斧长14厘米（图4-2-79，7；图版三一三，2）。BM23：15，与BM23：13形制、尺寸均相同，应是一对（图4-2-79，8；图版三一三，3）。

标本CM6：10，矛部形制与BM23：13相同，不同的是斧刃部弧。矛长23.5、中宽3.7、斧刃宽8.9、斧长13.9厘米（图4-2-79，9；图版三一三，4）。

（4）矛

共6件。其中5件出自墓葬中，1件出自灰坑中。依骹部差异分二型。

A型：4件。整体细长，通长在28厘米以上。刺叶似柳叶形，双面刃。骹部断面呈椭圆形，骹尾端为弧形内凹，犹如尾翼。

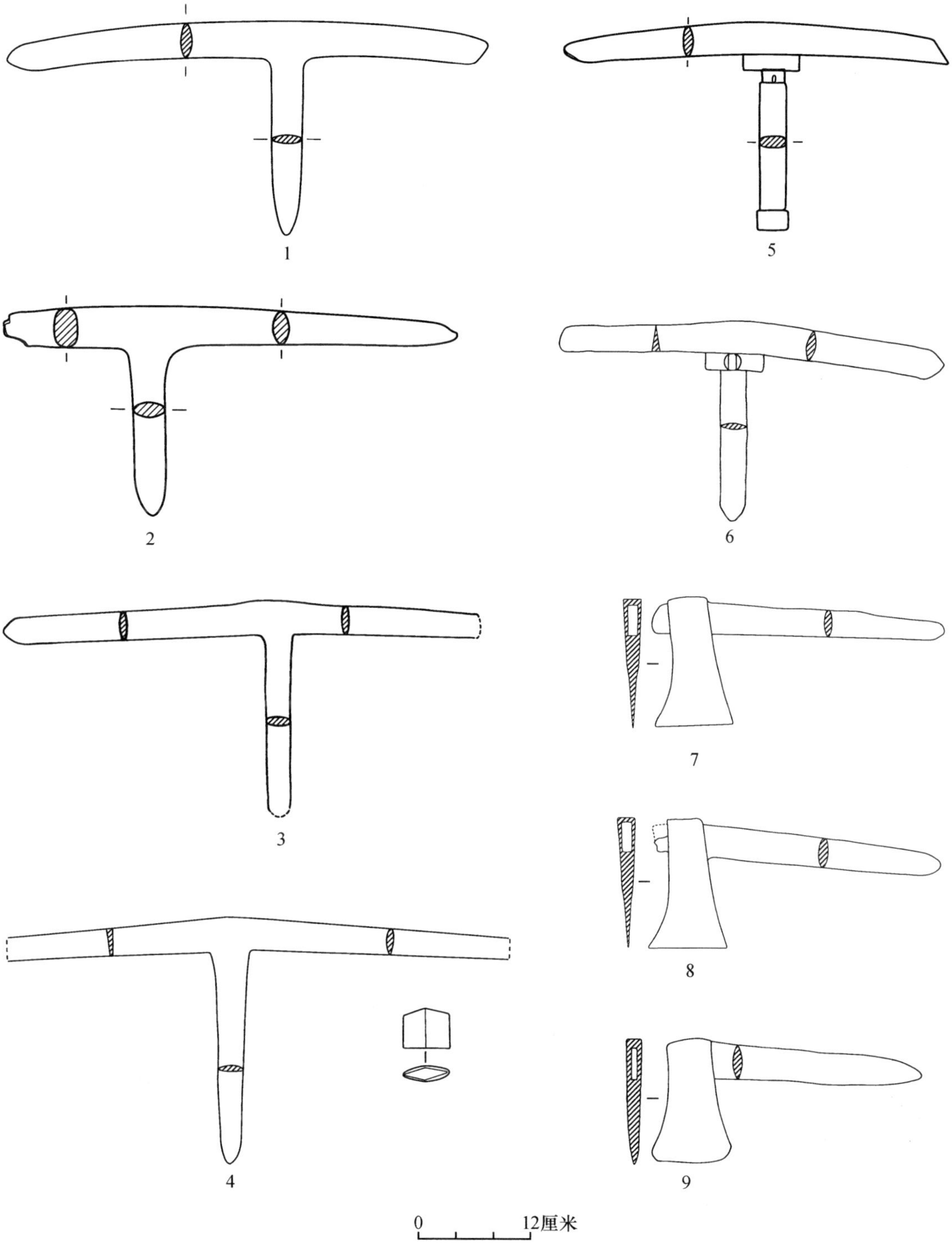

图4-2-79　铁戟

1. AaⅠ式（AM72：7）　2. AaⅡ式（AM36：5）　3、4. AaⅢ式（AM72：6、AM57：28）　5、6. Ab型（AM21：43、AM21：91）　7～9. B型（BM23：13、BM23：15、CM6：10）

标本AM21：89，刺叶长14.3、通长32厘米（图4-2-80，1；图版三一四，1）。

标本AM21：90，刺叶长15.8、通长28.2厘米（图4-2-80，2；图版三一四，2）。

标本AM62：34，刺叶长14.9、通长33.4厘米（图4-2-80，3；图版三一四，3）。

标本AM62：33，刺叶长16.4、通长28.9厘米（图4-2-80，4；图版三一四，4）。

上述4件铁矛分别出自2座墓葬中，均两两成对出土。但值得注意的是，每对铁矛均一长一短，且体长者刺叶短，体短者刺叶长。这种现象恐非巧合，可能与当时铁矛的成对使用有关。

标本CH1②：1，刺叶长17.5、通长33.3厘米（图4-2-80，5；图版三一四，5）。

B型：1件。骹部断面呈圆形，骹尾端平齐。

标本BM17：15，刺叶呈柳叶形，双面刃。刺叶长7.5、通长16.3厘米（图4-2-80，6；图版三一四，6）。

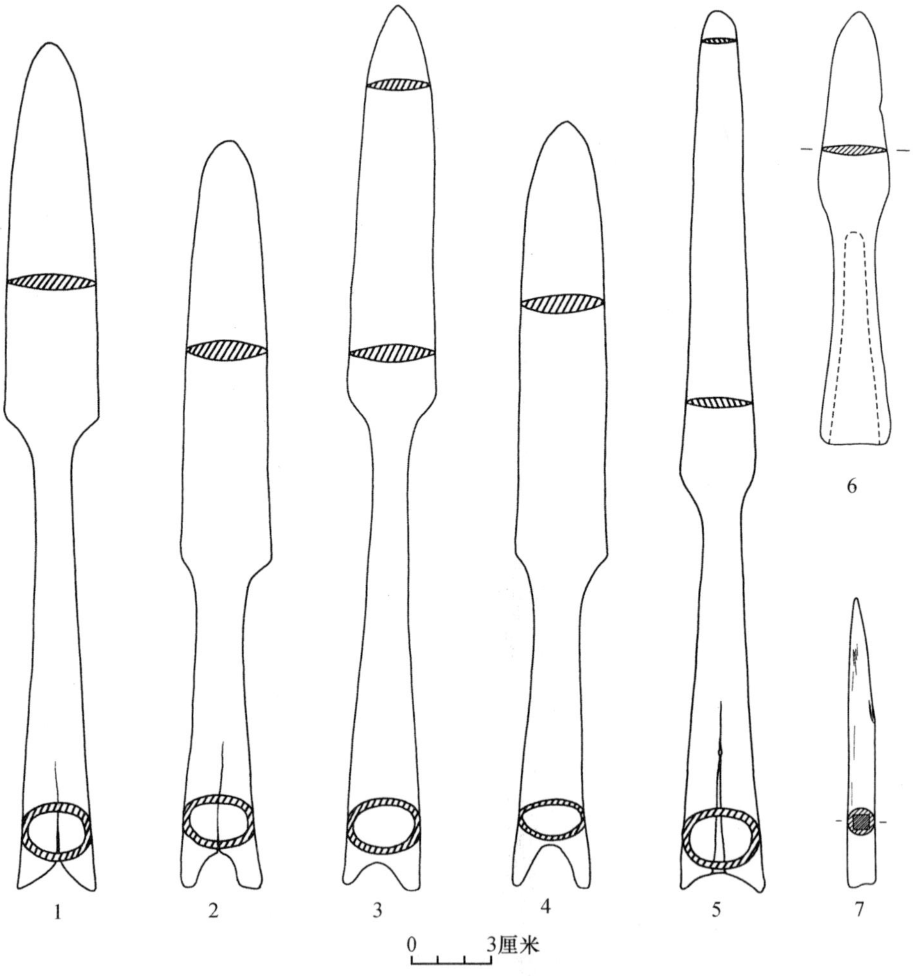

图4-2-80　铁矛和铁镞

1～5. A型（AM21：89、AM21：90、AM62：34、AM62：33、CH1②：1）　6. B型（BM17：15）　7. 铁镞（AM48：65-1）

（5）镞

共10件。均出自AM48南耳室近门处，应是一束成捆放置，断面呈圆形的木质杆已朽尽。此类镞形制较特殊，从1件残断标本的断面看，此镞为两层结构：整体为长条形圆柱体，内为一断面呈正方形的长柱体金属心，外附断面呈圆形的特殊金属。外层所附特殊金属非常重，成分尚待测定。

标本AM48：65-1，圆锥形尖，圆形镞杆与镞体直径相同。镞内心边长0.6、镞体直径1、通长11厘米（图4-2-80，7；图版三一五，1）。

3. 日常用具

174件，有勺、带钩、带扣、灯、顶针、门枢、钩、钱、箍。

（1）勺

共4件。分别出自2座墓葬，其中AM3出土1件，AM79出土3件，因锈蚀严重，这3件铁勺粘连在一起。

标本AM3：34，勺体较小，勺柄细长。通长6.6厘米（图4-2-81，1）。

标本AM79：29，勺体略呈椭圆形，勺柄为麻花状。通长7.6厘米（图4-2-81，2）。

（2）带钩

共6件。分别出自6座墓，其中AM45、AM62和BM3除出土1件铁带钩外，还同出1件铜带钩，并有佩刀或剑共存。大部分锈蚀严重，仅有3件保存相对完整。根据形制不同分二型。

A型：2件。细长条形，形制与Ab型铜带钩相同。

标本AM47：5，鸭嘴形钩首，腹部鼓，断面呈椭圆形。背部有一圆平钮。素面。长12厘米（图4-2-81，3）。

标本BM63：40，鹅首形钩首，腹部鼓。背部有一圆钮。长11.7厘米（图4-2-81，4）。

B型：1件。形体粗短，形制与B型铜带钩相似。

标本AM45：14，器物较小，钩首残，细长颈，末端呈蘑菇形鼓起。背部有一圆平钮。残长4.1厘米（图4-2-81，6）。

（3）带扣

共2件。均出自CM4，形制相同，应为1对。

标本CM4：10，长条形，一端为方形折回成双层，中央有一圆形穿孔。另一端为圆角。长10、宽2.1、厚0.7厘米（图4-2-81，5）。

（4）灯

共6件。分别出自6座墓葬中。锈蚀严重，大部分灯盏保存尚好，但柄和上部支架多锈断，无法复原。根据形制不同分二型。

A型：1件。高柄，圈足。

标本AM18：13，灯盏大部分残。圈足径6.1、残高5.9厘米（图4-2-81，7）。

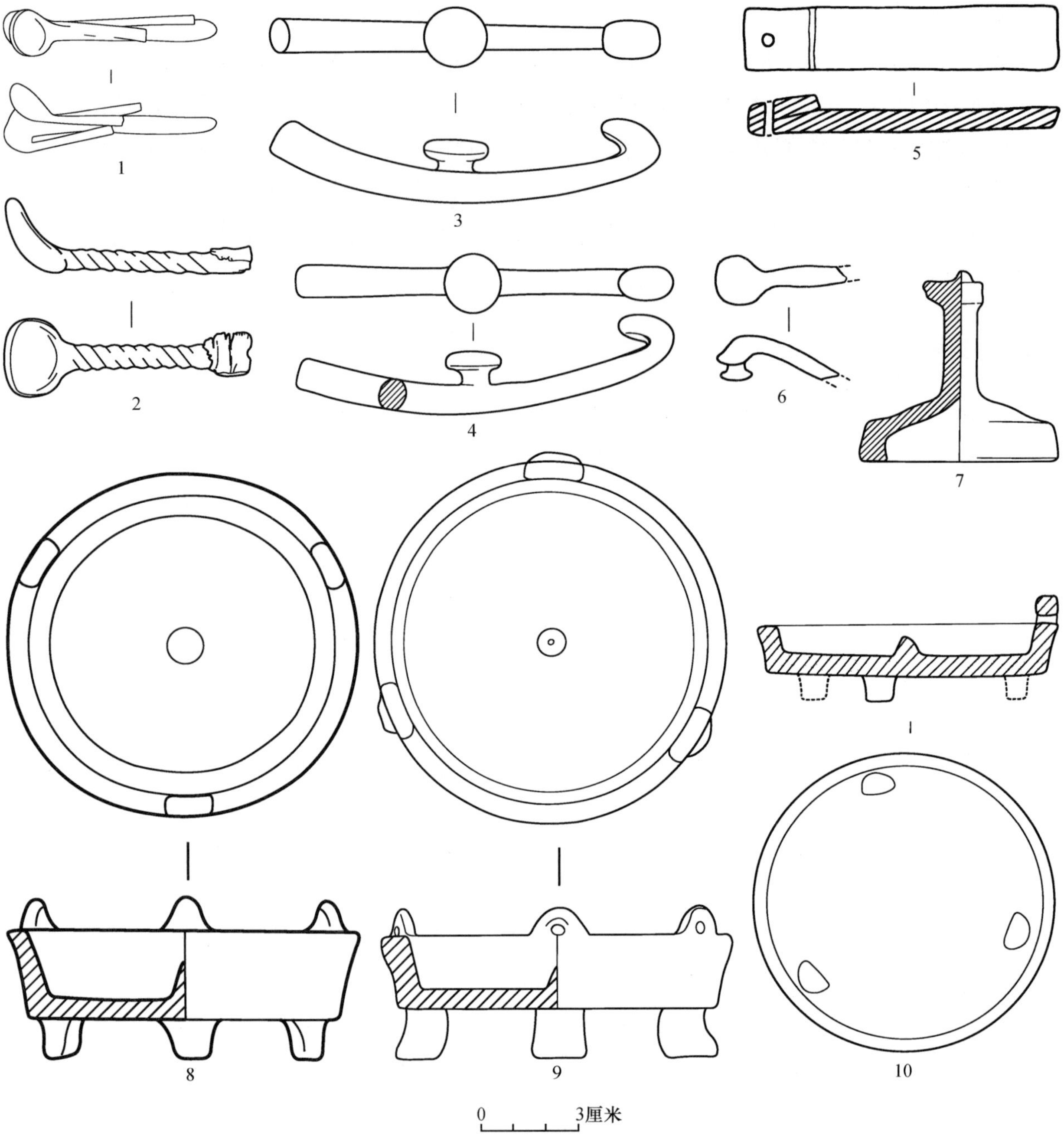

图4-2-81 铁器

1、2. 勺（AM3：34、AM79：29） 3、4. A型带钩（AM47：5、BM63：40） 5. 带扣（CM4：10） 6. B型带钩（AM45：14） 7. A型灯（AM18：13） 8～10. B型灯（AM45：59、BM21：13、AM74：9）

B型：3件。圆形浅盘，平底，下附三足。

标本BM21：13，底下外缘设等距离三扁足，盘口沿与足对应位置有三角形花边耳，耳上有穿孔，可能为悬挂所设置的穿孔钮。盘口径10.8、盘深1.5、通高4.7厘米（图4-2-81，9）。

标本AM45：59，形制与BM21：13相似，由于锈蚀严重，耳上无明显穿孔。盘口径10.4、盘深2、通高4.8厘米（图4-2-81，8）。

标本AM74：9，盘口沿上有等距三角形耳，其中一耳保存完整，有穿孔，其余两耳残。盘口径9.2、盘深0.9、通高3.3厘米（图4-2-81，10）。

（5）顶针

共12件，形制与铜顶针相同。

标本AM71：36，较厚重，外壁中部有密集凹坑。外径2.1、高0.9厘米（图4-2-82，1）。

标本AM17：8，铁片卷成。外径1.8、高0.7厘米（图4-2-82，2）。

标本BM72：21，长方形铁片卷成，略呈椭圆环形，表面略鼓。因腐蚀严重不见凹坑。直径1.6～1.9、高0.9厘米（图4-2-82，3）。

（6）门枢

共16件。均成对出土于墓口处，原应为固定墓门。其中，除BM64出土1对外，其余均集中出自A区中部的墓葬中。依据形制差异分二型。

A型：10件。上部为圆环。圆环应用于固定门枢，下部呈半“工”形。

标本AM40：26，用宽约1.3厘米的铁片弯折成圆圈形。环径5、残长22.2厘米（图4-2-82，5）。AM40：27，形制与AM40：26相同。通长19.2厘米（图4-2-82，4）。

标本BM64：50、49，形制相同，用中部宽（直径约1.5厘米）两端窄（直径约0.6厘米）的铁条弯折而成。环径5.8、通长24.8厘米（图4-2-82，6、7）。

B型：6件，平面呈“n”形。

标本AM39：40，用宽约2厘米的铁条弯曲而成。残长11.2厘米（图4-2-82，8）。

标本AM39：41，形制与AM39：40相同。长9.7厘米（图4-2-82，9）。

（7）钩

共126件。锈蚀严重，多数残断。依据形制不同分二型。

A型：56件。其中41件保存较完整，15件残甚。主体呈锥形，尾端有倒“8”形链。这类钩饰多数是钉在厅室或耳室的墙壁上。

标本AM41：20，长锥。“8”形链长5、锥长19厘米（图4-2-82，10）。

标本BM5：32，长锥尾部有一圆环和短锥。长锥长21.7、短锥长5.8厘米（图4-2-82，13）。

B型：70件。其中43件保存尚好，27件残甚。主体为弯钩状，尾端带倒“8”形链或与锥形铁条相连。这类钩具与A型功能相似，也是钉在厅室或耳室的墙壁上，用于悬挂物品。

标本AM45：48，钩体用扁铁条弯曲而成，尾端与一短锥相连。钩体长12、短锥长8.2厘米（图4-2-82，14）。

（8）箍

共3件。均出自AM48耳室，用途不详。形制基本相同，圆柱形。

标本AM48：62，较厚重。外径2.8、内径2.4、高2.9厘米（图4-2-82，11）。

标本AM48：63，箍内有朽木痕。外径3、内径2.3、高2.8厘米（图4-2-82，12）。

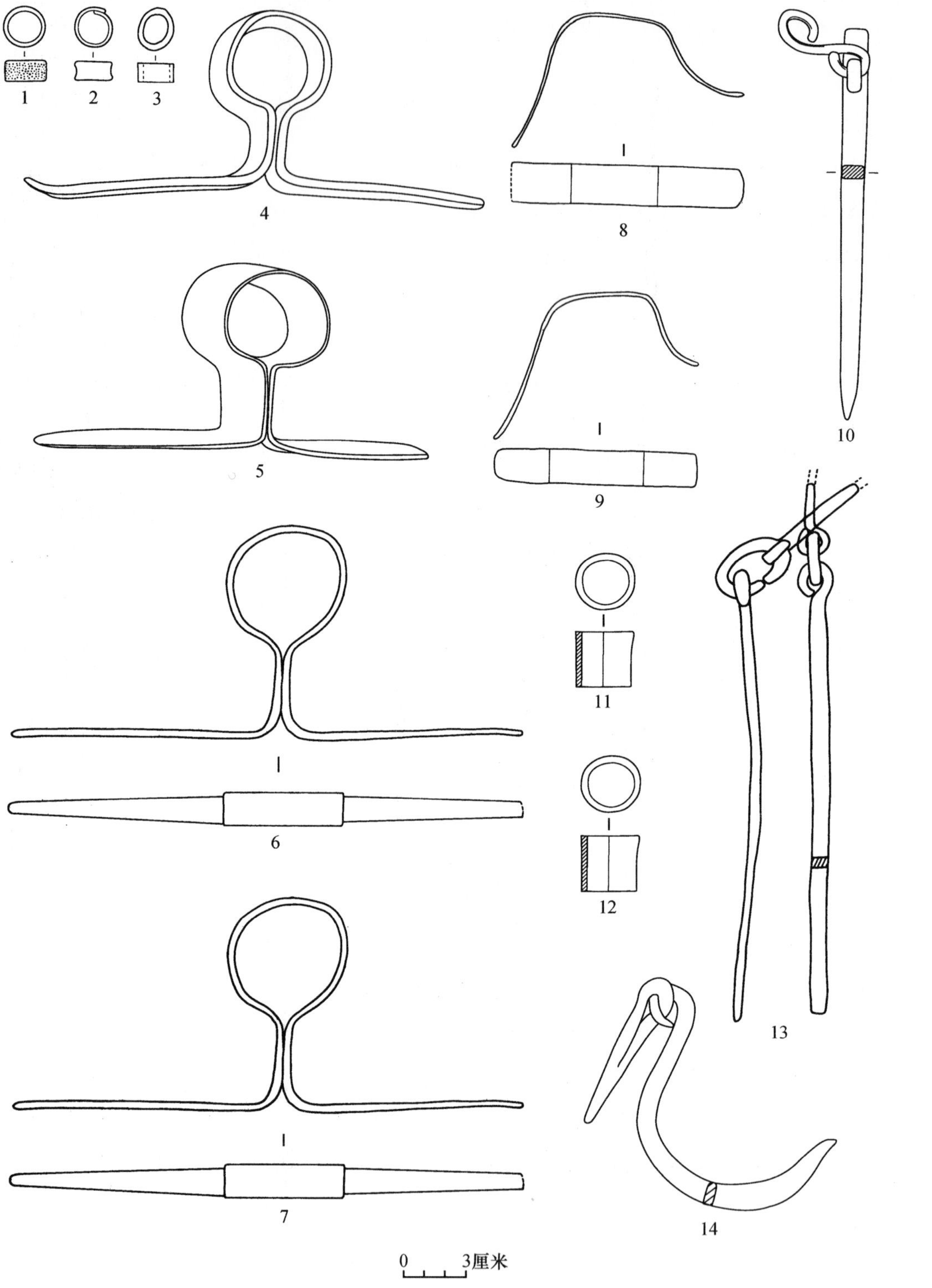

图4-2-82 铁器

1～3. 顶针（AM71：36、AM17：8、BM72：21） 4～7. A型门枢（AM40：27、AM40：26、BM64：50、BM64：49） 8、9. B型门枢（AM39：40、41） 10、13. A型钩（AM41：20、BM5：32） 11、12. 箍（AM48：62、63） 14. B型钩（AM45：48）

（9）铁钱

2枚。分别出自AM78棺室东南角（AM78：24）和BM35墓主人左手旁（BM35：15）（图版三一五，2、3）。

4. 其他

有棺钉543件，形制大致相同，一端较尖锐，另一端呈蘑菇帽状，中部断面多呈方形。

此外还有多件残碎较甚的铁器，因锈蚀严重，无法判断形制。

（四）铅器

62件，有镜、盖弓帽、帽饰、軎、衔镳、刀、粉托、钗、构件等。

1. 镜

共2件。

标本AM71：3，锈蚀严重，纹饰不辨（图版三一五，4）。

标本AM44：12，出土于棺内墓主头下。半球形钮，无穿，有四乳，纹饰不辨（图版三一五，5）。

2. 盖弓帽

31件。分别出自7座墓葬，其中有3座墓各出土1件，其余4座墓分别出土6～9件。多数出土铜盖弓帽的墓葬不见铅盖弓帽，唯有AM43出土8件铅盖弓帽和1件铜盖弓帽。

形制大致相同，普遍较小，细管状，中空。一端为圆形銎，銎口稍大，另一端为圆球状，一侧有一钩。

标本AM43：29，上部有一周凸弦纹。銎口径0.7、长2.9厘米（图4-2-83，1）。

标本AM46：31，器身有两周凸弦纹。銎口径0.7、长3.1厘米（图4-2-83，5）。

3. 帽饰

共7件。分别出自3座墓葬，其中AM43出土3件，AM37和AM59各出土2件。形制大致相同。

标本AM43：33，体小残缺，形似軎，圆筒形，中部凸起一周很高的弦纹。长1.2、一端口径1.1厘米（图4-2-83，2）。

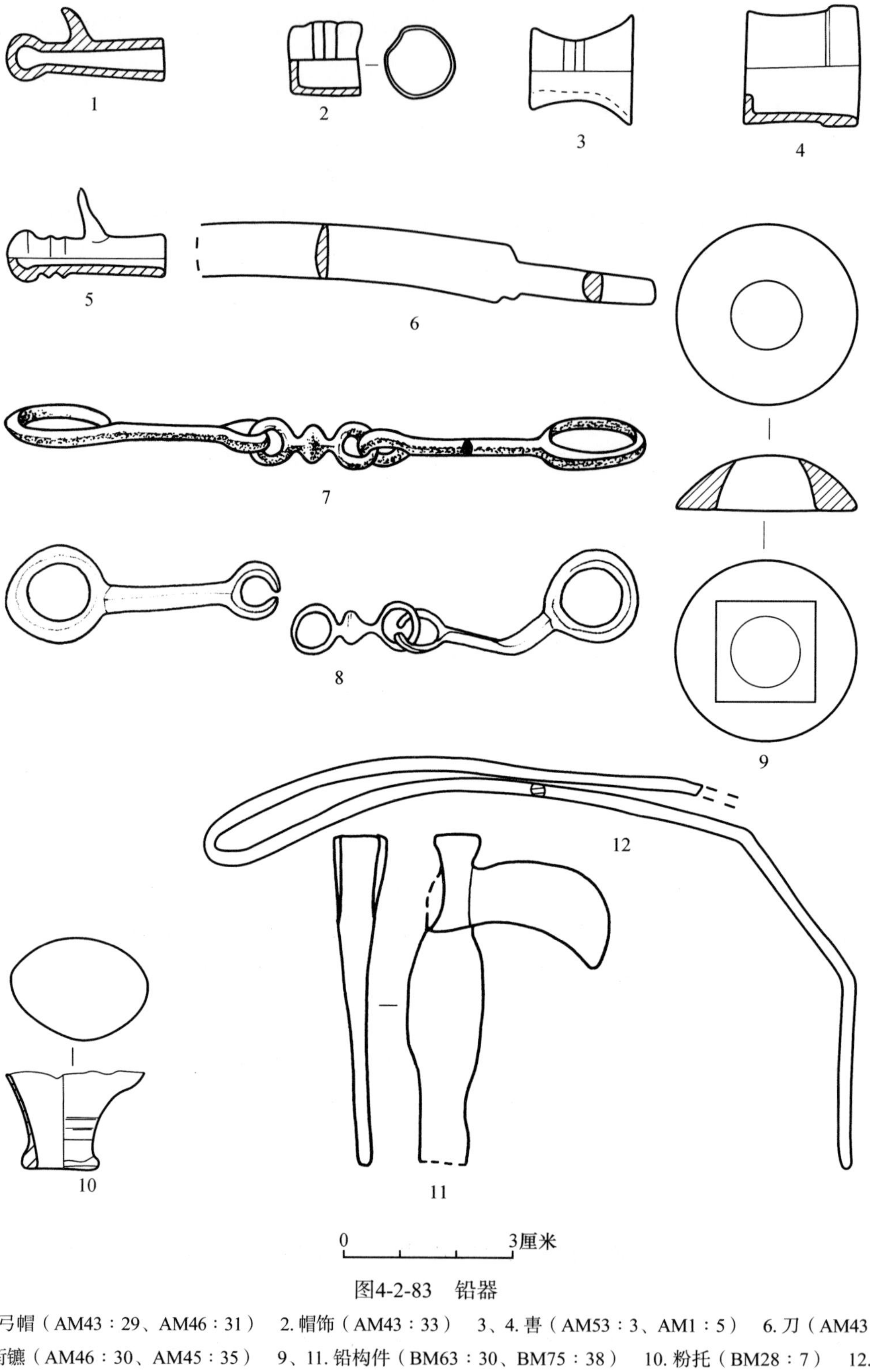

图4-2-83　铅器

1、5. 盖弓帽（AM43：29、AM46：31）　2. 帽饰（AM43：33）　3、4. 軎（AM53：3、AM1：5）　6. 刀（AM43：20）　7、8. 衔镳（AM46：30、AM45：35）　9、11. 铅构件（BM63：30、BM75：38）　10. 粉托（BM28：7）　12. 铅钗（AM46：27-1）

4. 害

共5件。分别出自4座墓葬，其中AM53出土的2件形制基本相同。

标本AM53：3，圆筒喇叭形，中部饰三周细弦纹。直径1.3～2.2、长1.7厘米（图4-2-83，3）。

标本AM1：5，圆筒形，中空成銎，一端平，有一孔，一侧有一小圆孔，另一侧有一孔，应是装辖的穿孔。口径2.1、长2厘米（图4-2-83，4）。

5. 衔镳

共8套。分别出自8座墓葬。形制与铜衔镳相同，多数残。

标本AM46：30，三节相连，均已断开，每节的两端成环形，应为互相咬合，中间一节较短。残长11.5厘米（图4-2-83，7）。

标本AM45：35，三节连环，两节外端为大圆环，内端为小圆环，中节为短节双环相连。断面呈菱形。通长11.4厘米（图4-2-83，8）。

6. 刀

1件。

标本AM43：20，长方形薄片形，一端内收。残长8.3、宽1.2厘米（图4-2-83，6）。

7. 粉托

共2件。形制不同，喇叭形，其上有一平台，平台上承托粉块。

标本BM28：7，中部饰三周细弦纹。直径1.3～2.2、残高1.7厘米（图4-2-83，10）。

8. 钗

共5件，均出自AM46，形制相同。

标本AM46：27-1，为一根铅条从中部折回，断面呈扁圆形。长11.8厘米（图4-2-83，12；图版三一六，1）。

9. 构件

共2件。

标本BM63：30，半圆形，较厚重，中部有一穿孔，上弧下直。底径3.3、厚1.2、孔径0.9厘米（图4-2-83，9）。

标本BM75：38，中间有一梯形圆管，两侧各如鹰翅展开。管内残存木屑。长6、宽1.6厘米（图4-2-83，11）。

（五）银器

33件，有指环和手镯。

1. 指环

共27件，圆环形。

从出土情况来看，通常见于人骨左手指上。一般一手戴1枚指环，戴2枚者有AM70棺2墓主和BM17，戴3枚者有AM46棺2墓主和BM63棺1墓主。也有出土于墓主口内，如AM46棺1墓主和AM45棺2墓主。CM2较为特殊，相同形制的7件银指环均置于墓主左腿旁。

依据断面形制不同分二型。

A型：20件，断面呈椭圆形。

标本BM64：6，外径2.1、内径1.8、断面宽0.12厘米（图4-2-84，1；图版三一六，3）。

B型：7件。内面较平，外面呈圆弧形凸起，断面呈半圆形。

标本AM50：43，外径1.8、内径1.5、断面宽0.3厘米（图4-2-84，2；图版三一六，4）。

2. 手镯

6件。分别出自3座墓葬，每墓各出土2件。出土时多套在左手腕上。形制基本相同，均呈圆环形，断面为圆形或椭圆形，外径在5.8～7.2厘米之间。

标本AM45：6、64，1对，断面均呈椭圆形。AM45：6，较大。外径7～7.2、内径6.2～6.4

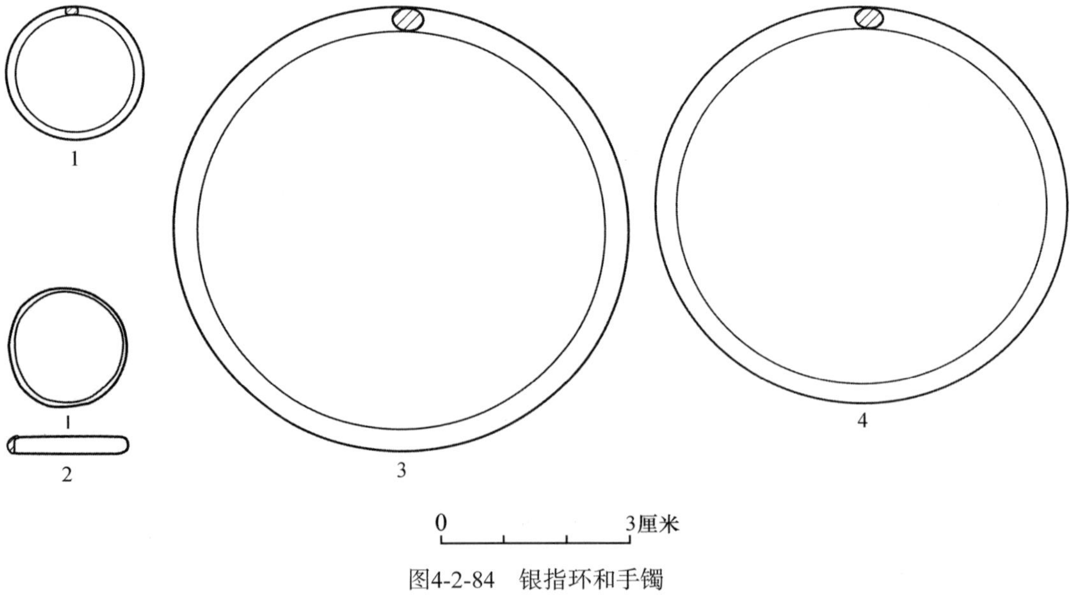

图4-2-84　银指环和手镯

1. A型指环（BM64：6）　2. B型指环（AM50：43）　3、4. 手镯（AM45：6、64）

厘米（图4-2-84，3；图版三一六，2右）。AM45：64，较小。外径6.7～6.9、内径5.9～6.1厘米（图4-2-84，4；图版三一六，2左）。

（六）石器

31件，有豚、磨、磨盘、石墨饰、长方形石器、方形石器、圆形石器和石球等。

1. 豚

共2件。均出自AM58，分别位于墓主人的左、右手旁。与河南洛阳烧沟汉墓出土同类器[①]相同，其用途应是“握手”。

标本AM58：33，长方体，是在一长方形石条上简单地刻划几条阴线刻纹，使其略具猪的形态。长8.8、宽1.5、厚2.2厘米（图4-2-85，1；图版三一七，1）。

2. 磨

仅出土1件。

标本BM63：35，上扇呈圆锥形凸起，底面内凹，边缘凸出一周直沿。底面中央挖一圆坑，坑边做斜齿状，坑心通圆孔。锥面有划弦纹、直线纹和三角线纹。底扇为磨面，中间平，边缘下凹一周，与上扇呈子母口扣合，底面刻剔成三足。直径9.1、通高6.9厘米（图4-2-85，2；图版三一八，1）。

3. 磨盘

共3件。分别出自2座墓葬中，均用于覆盖穹隆顶墓室的顶部。AM67可能只有前厅为穹隆顶，出有1件石磨盘。BM61前厅和后室均为穹隆顶，出土2件石磨盘。

从BM63出土石磨形制判断，AM67所出应为磨上盖，BM61所出均为下部磨体部分。

标本AM67：3，花岗岩。圆形，中间厚，边缘薄，中央凸起，中心镶方形铁轴脐，盘面作直磨齿。直径50、中央厚10、边厚5厘米（图4-2-85，5；图版三一八，2）。

标本BM61：18，圆形，中间有榫凸，圆面上有数道宽凹槽。直径46、厚11.5厘米（图4-2-85，3；图版三一八，3）。BM61：21，形制与BM61：18基本相同。

4. 石墨饰

仅见1件。

---

① 洛阳区考古发掘队：《洛阳烧沟汉墓》第207页，科学出版社，1959年。

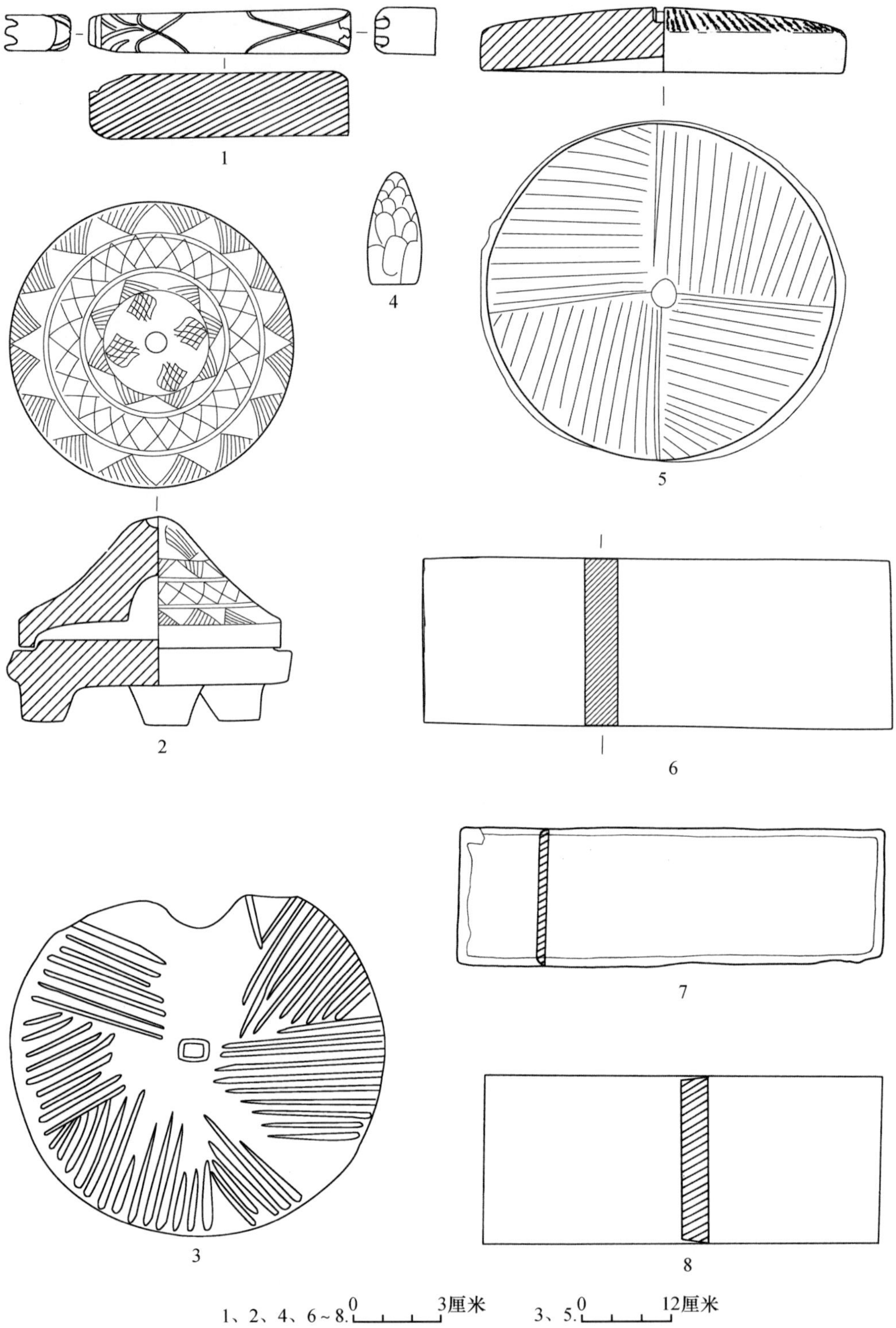

图4-2-85　石器

1. 豚（AM58：33）　2. 磨（BM63：35）　3、5. 磨盘（BM61：21、AM67：3）　4. 石墨饰（BM1：27）
6～8. 长方形石器（AM39：22、AM51：24、AM47：4）

标本BM1：27，外表作鱼鳞穗花纹。直径1.6、长3.9厘米（图4-2-85，4；图版三一七，4）。出土于棺3铜镜下，尖部向南，平面向北，局部有裂。用途不详。

5. 长方形石器

共14件。整体呈长方形薄板形，材质多为灰色或褐色板岩或细砂岩。有些打磨光滑，光滑面中部有明显的墨迹。由此推测这种长方形石器可能就是简单的砚台，有的还附有研石。石砚打磨较粗糙，研石磨制较精致，有的还有刻字。相似的器物见于陕县汉墓[①]。

标本AM39：22，各面均打磨光滑，其中一面尤为光滑，其上中部有墨痕。长15.7、宽5.7、厚1.1厘米（图4-2-85，6；图版三一七，3）。

标本AM51：24，一面打磨光滑，明显为长期使用而形成。另一面较粗糙，砂性较大。有墨痕。长14.2、宽4.5、厚0.4厘米（图4-2-85，7；图版三一七，2）。

标本AM47：4，青灰色，较粗糙。长13.3、宽5.8、厚1厘米（图4-2-85，8；图版三一九，1）。

6. 方形石器

共6件，据形制不同分二型。

A型：2件。制作精良，一面有刻铭，另一面有墨迹。

标本BM3：3，石质呈棕色。立体扁方形，上面稍小，底面稍大，四周规整光滑。上面有竖排阴刻篆文“君官宜”三字。长2.95、宽2.93、厚1.4厘米（图4-2-86，1；图4-2-87，1；图版三一九，3）。

标本AM63：4，黑色。一面呈方形，磨制光滑。一面呈圆形凸起，呈捉钮状，打磨精良。圆形捉钮上刻有“贵富”二字。长2.8、宽2.8、厚1.2厘米，圆形捉钮直径2.8厘米（图4-2-86，2；图4-2-87，2；图版三一九，4）。

B型：4件。长方形薄板状。一面磨制较好，有墨迹。另一面较粗糙。多数保留打制痕迹。

标本AM24：35，较薄。一面平滑，明显为长期使用所致，呈黑色。粗糙一面呈青灰色。边长2.7、厚0.3厘米（图4-2-86，4；图版三一九，2）。

标本CM3：53，一面黑色，残余明显墨迹。粗糙一面呈青灰色。与CM3：45长方形石器共存，应是一套研器和砚台。长4、宽3.8、厚0.4厘米（图4-2-86，5；图版三二〇，2）。

从石板上有墨迹判断，这些石器应与书写有关。再加上这种方形石器常与长方形石器共存，且两者都有一面磨制较好，表面有墨迹。由此推测，这两种石板应是共同使用的一套文房用具，长方形石器应起砚台的作用，而较小的方形石器可能就是研墨的工具。

---

① 中国社会科学院考古研究所：《陕县东周秦汉墓》第195页，科学出版社，1994年。

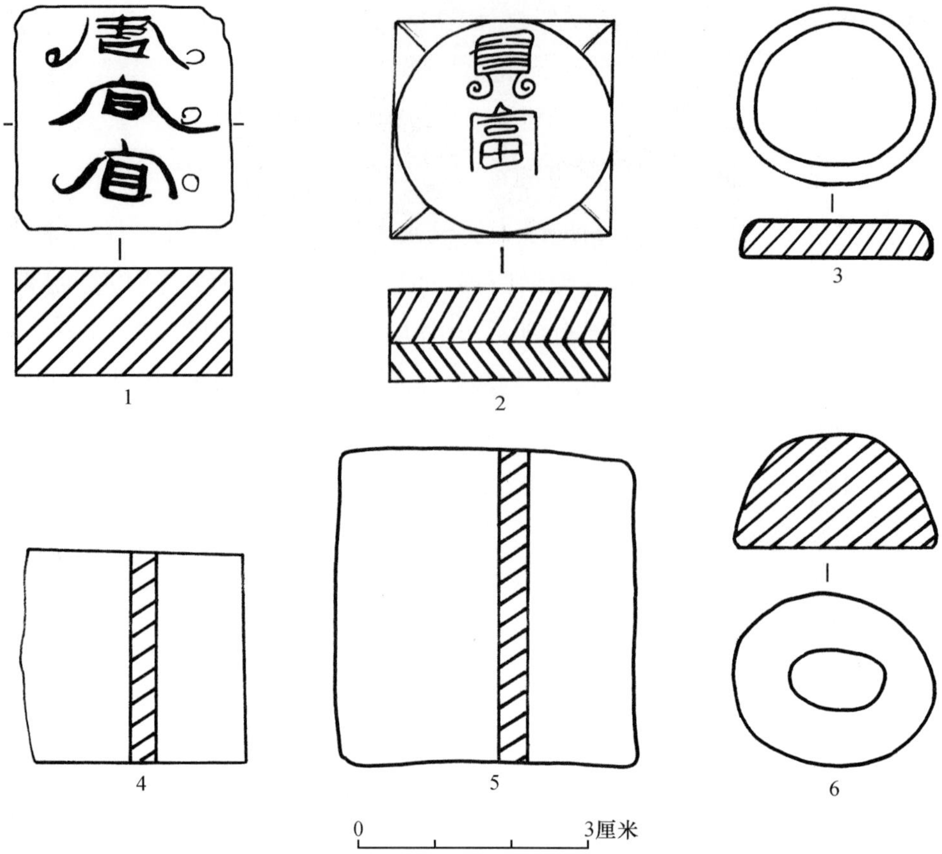

图4-2-86　石器

1、2. A型方形石器（BM：3、AM63：4）　3. 圆形石器（BM56：8）　4、5. B型方形石器（AM24：35、CM3：53）
6. 石球（BM8：48）

7. 圆形石器

仅有1件。

标本BM56：8，青灰色砂石，两面均较粗糙。石片状，未见墨迹。推测其功能与AM24：35等方形石器相似，只是尚未用于研墨。直径2.5、厚0.4厘米（图4-2-86，3）。

8. 石球

共2件。

标本AM45：2，似汉白玉。椭圆形，出土于朽尽的漆化妆盒内，与铜镜、粉块、眉刷共存。长径2.4、短径1.7厘米（图版三二〇，3）。

标本BM8：48，半球状，一面圆，底面平整光滑，似常打磨。底长径2.6、短径2.2、厚1.4厘米（图4-2-86，6；图版三二〇，4）。用途不详。

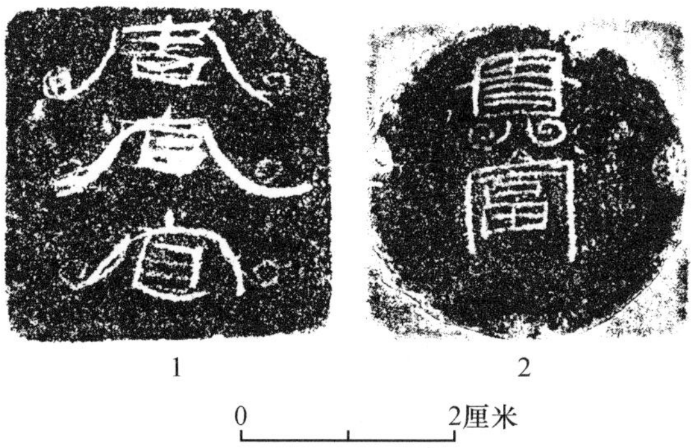

图4-2-87　方形石器刻铭拓本

1. BM3：3　2. AM63：4

（七）玉器、玛瑙器

13件，有玛瑙耳饰、长方形穿孔玉板、玉剑璏、方形玉佩、白玉环饰等。

1. 玛瑙耳饰

共8件。均为水滴形薄片，透明或半透明，上部有一小穿孔。出土时多见于墓主耳旁，且多成对出土。

标本AM50：42，1对，形制、大小完全相同，应出自同一块料。上半部为深红色，下半部为晶莹透亮的白色。AM50：42-1，长2.4、最宽1.1、厚0.07厘米（图4-2-88，5；图版三二一，1）。

标本BM29：54，1对，形制、大小均相同。BM29：54-1，长1.4、最宽0.8厘米（图4-2-88，6；图版三二一，2）。

标本AM75：37、38，均为灰白色，似经火烧过，玛瑙的石性已发生变化，极易破碎。长1.7、最宽1.2、厚0.1厘米。

标本BM48：12，长1.4、宽1、厚0.1厘米（图版三二一，3）。

2. 长方形穿孔玉板

仅有1件。

标本BM68：29，灰白色，长方形薄片形，四角各有一单面钻穿孔。长3.1、上宽1.6、下宽1.65、厚0.15厘米（图4-2-88，1；图版三二一，4）。

此器形制与洛阳烧沟汉墓出土的长方形玉板（M1039：8）相同[①]，唯不同的是路固汉墓出土玉板出自BM68棺1墓主人口中，可能为口琀。洛阳烧沟汉墓所出玉板与铜剑的玉璏共出，可能为剑鞘上的装饰品。

---

① 洛阳区考古发掘队：《洛阳烧沟汉墓》第209页，科学出版社，1959年。

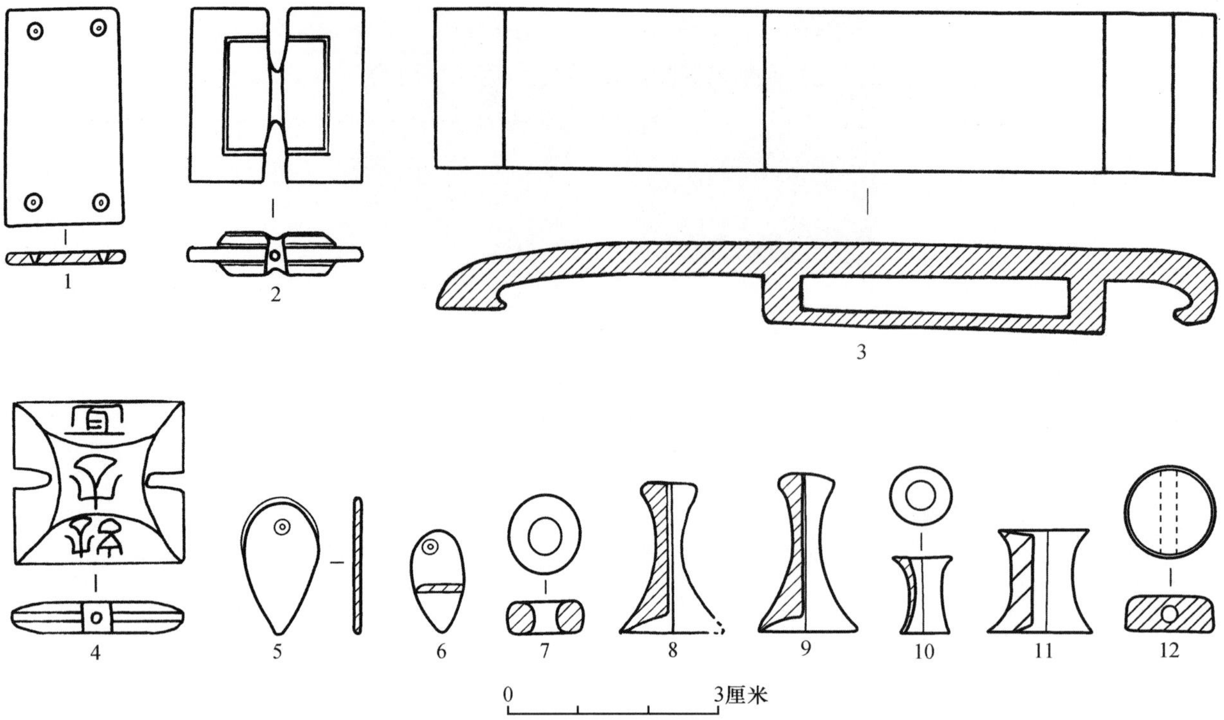

图4-2-88　玉器、玛瑙器和琉璃器

1. 长方形穿孔玉板（BM68：29）　2、4. 方形玉佩（BM29：1、AM45：7）　3. 玉剑璏（AM59：6）　5、6. 玛瑙耳饰（AM50：42-1、BM29：54-1）　7. 白玉环饰（BM61：19）　8～11. 琉璃耳饰（AM22：4、AM76：28、BM72：16、AM45：56）　12. 琉璃坠饰（AM57：32）

3. 玉剑璏

仅有1件。

标本AM59：6，青玉，素面。长11.2、宽2.3厘米，背部长方形孔长4.85、宽0.8厘米。出土时附于铁剑（AM59：5）的木鞘上（图4-2-88，3；图版三二一，5）。

4. 方形玉佩

共2件。形制大致相似，不同的是1件佩戴于墓主左手腕（AM45：7），另1件出土于墓主人口中，疑作口琀（BM29：1）。

标本AM45：7，青玉。中部厚，四周呈斜坡状，两侧中部均有缺口，缺口内有对钻穿孔。正、反面刻“宜子孙”三字。边长2.2、中部厚约0.35厘米。与1对银镯和5件串饰共存。由此推测这件方形玉佩和串饰可能均为挂在银镯上的坠饰（图4-2-88，4；图4-2-89；图版三二一，6）。

标本BM29：1，青玉。形制与AM45：7相似，玉片两面有对称长方形凸面，两边有对称缺口，口内钻一细孔。边长2.5、中部厚0.7厘米（图4-2-88，2；图版三二一，7）。

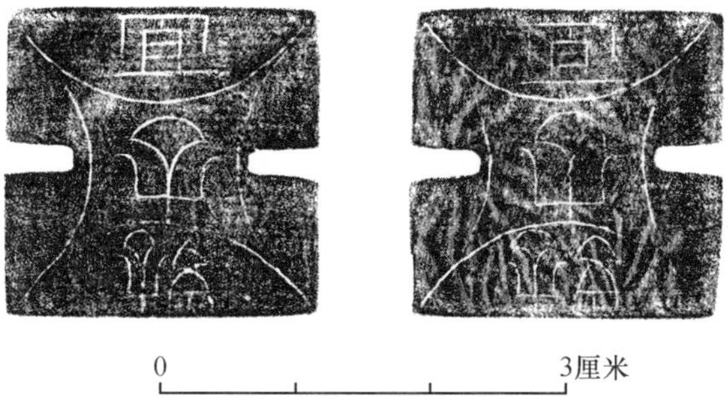

图4-2-89 方形玉佩拓本（AM45：7）

5. 白玉环饰

仅有1件。

标本BM61：19，乳白色，中间有穿孔。直径1.1、孔径0.5、厚0.5厘米（图4-2-88，7，图版三二二，1）。

（八）琉璃器

38件，有耳饰和坠饰等。

1. 耳饰

共36件。喇叭形，一端直径较大，常呈喇叭形口，另一端较小，中心有贯穿孔。大部分出土于墓主人两耳附近，其中有32件为成对出土。

标本AM22：4，大口内凹呈喇叭形。大口一端直径1.3、另一端直径0.8、孔径0.05、高2.1厘米（图4-2-88，8；图版三二二，2）。

标本AM76：28，形制与AM22：4相似。高2.2厘米（图4-2-88，9；图版三二二，3）。

标本BM72：16，束腰形，上、下两端均呈喇叭形。上端直径0.9、下端直径0.7、高1.1厘米（图4-2-88，10；图版三二二，7）。

标本AM45：56，束腰形，上、下两端均内凹。上端直径1.3、下端直径1.5、孔径0.2、高1.5厘米（图4-2-88，11；图版三二二，6）。

2. 坠饰

共2件。形制相同，圆片形。

标本BM8：22，黑色，一侧有细穿孔。直径1.3、厚0.6厘米（图版三二二，4）。

标本AM57：32，形制与BM8：22相同。直径1.35厘米（图4-2-88，12；图版三二二，5）。

（九）绿松石器

仅有少量坠饰。

标本AM17：39，方形，两侧内凹，中间有细穿孔。边长0.8、厚0.6厘米（图版三二三，2）。

（一〇）骨器

共15件，有六博骰子、簪和骨饰等。

1. 六博骰子

共5件，均出自AM46，形制、大小基本相同。

标本AM46：28-1，立体长方形，断面为正方形，表面平整光洁。长2.9、断面边长1.15厘米（图4-2-90，1；图版三二四，1）。

2. 簪

共4件。多数残，BM8：35、AM17：38和AM39：23尚保留大部分，BM53：13仅存簪帽部分。

标本AM17：38，两端均残，雕刻簪首扁平，残端留有半孔，簪头一端呈圆形。残长8.8厘米（图4-2-90，4）。

标本AM39：23，长方形骨片状。簪首残，仅中间有半圆残孔，簪头圆。簪首断面呈长方形，下部断面呈三角形。残长15.8、宽0.8、厚0.4厘米（图4-2-90，7）。不排除为纺织器具的可能。

3. 骨饰

共6件。

标本AM44：3，犹如商周时期的圆雕玉鸟，鸟首上扬，歧尾平伸，腹部有横穿孔。长1.3、宽0.9、厚0.7厘米（图4-2-90，5；图版三二四，2、3）。

标本AM74：3，圆形，中心有一圆孔。两面有对称两道弦纹，孔外饰一道弦纹，中间饰一周小圆圈纹。直径2.15、厚0.4、孔径0.3厘米（图4-2-90，2；图版三二四，5）。与1枚剪轮铜钱伴出，应是一套手链饰。

标本BM53：15，长方形骨片，两端残。内侧刻出两个小长方形凸块。长2.2、宽0.8、厚0.3厘米（图4-2-90，3）。

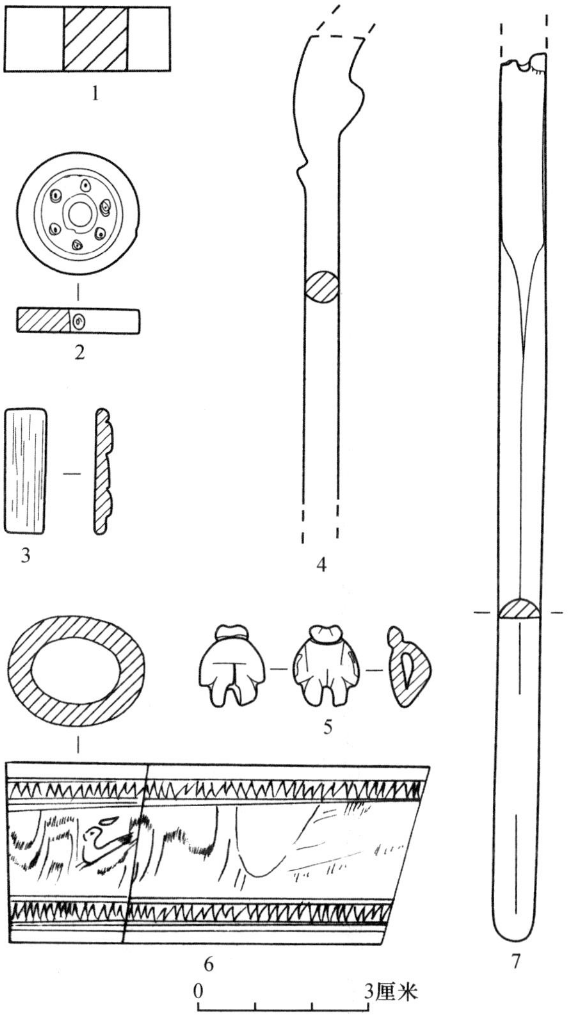

图4-2-90 骨器

1. 六博骰子（AM46：28-1） 2、3、5、6. 骨饰（AM74：3、BM53：15、AM44：3、BM3：47）
4、7. 簪（AM17：38、AM39：23）

标本BM3：47，圆筒状，下端直径稍小，上端为椭圆形，直径稍大。管壁上、下均饰双线条弦纹宽边，宽边内饰锯齿纹。管壁中部有山形纹、跑鹿，鹿后有一人挽弓搭箭射鹿。上端最大径2.6、下端直径2.2、长3.3厘米（图4-2-90，6；图版三二四，4）。相似的刻纹骨管饰也见于陕县秦汉墓葬中，但陕县秦汉墓所出骨管底部有骨片为底，故发掘者称之为骨杯[①]。

（一一）粉块状遗存

共23块。多出土于棺内，常与铜镜、眉刷等化妆具伴出。在有些较讲究的墓葬中，粉块和其他化妆具一起装盛于漆奁中，如BM5（图版三二〇，1）。

① 中国社会科学院考古研究所：《陕县东周秦汉墓》第196页，科学出版社，1994年。

关于汉墓中出土粉块状遗存的用途，我们已做过深入的分析，应是当时人用于化妆的装饰品[①]，详见附录。

（一二）其他

共有串饰5件，所用组件均相同。

标本AM45：8，有骨器2件、石器2件、铜器1件、玛瑙器1件和琥珀3件，均为圆环形，直径0.4厘米左右（图版三二三，6）。出土时位于棺1墓主左手腕处。

标本AM58：29，有3件白瓷珠和1件铜饰组成。出土时位于棺2墓主右手处（图版三二三，7）。

标本AM71：6，共11件灰白色瓷珠，宝塔形（图版三二三，3）。

标本AM17：42，2件灰白色瓷珠，均呈椭圆形（图版三二三，1）。

标本BM24：4、31，出土时散开，应是串饰。一种呈圆角方形，中部有圆穿孔，珠体上有4个乳状凸。另一种较大，珠体上有6个乳状凸（图版三二三，4、5）。出土时均位于墓主头旁。

① 赵春燕、岳洪彬、岳占伟：《南水北调河南辉县跑固汉代墓群出土白色粉块的化学分析及相关问题》，《华夏考古》2013年第3期。

第五章　汉代以后墓葬

辉县墓地180座墓葬中，汉代以后的墓葬共32座，其中小型土洞墓30座，长方形土坑竖穴墓2座，分别为宋代墓葬30座，明代墓葬1座，清代墓葬1座，这些墓葬的墓道均为竖井式。出土遗物较少，没有进行型式划分，现按照早晚、分区介绍如下。

第一节　宋代墓葬

宋代墓葬共30座，其中A区发掘10座，B区发掘7座，C区发掘13座。28座为小型土洞墓，2座为长方形土坑竖穴墓。

一、墓葬介绍

（一）2006HGA区T10M12（下文简称“AM12”）

AM12位于A区中部偏西的T10中北部。该墓叠压于第2层下，墓口距地表0.4、墓深2.5米。方向195度。保存完整。

全墓由墓道、墓室两部分组成（图5-1-1；图版三二五，1）。

墓道：位于墓室南侧中部。平面呈南北长方形，墓道口平面长1.7、宽0.7～0.74米，底面长1.7、宽0.76～0.8米，深1.9～2.14米。墓道壁面较规则，底面为斜坡状。

墓室：拱顶土洞结构。底平面呈梯形，外宽内窄，长1.7、宽0.52～0.72、洞高0.8～0.9米。底面内深外浅呈斜坡状。

葬具：木棺一副，使用铁棺钉。位于墓室中部，平面呈梯形，长0.76、前宽0.36、后宽0.26米。

葬式：墓内有骨架一具，为二次葬，较完整，头向南，骨质较差（图版三二五，2）。

出土遗物：铁棺钉6枚。

AM12虽无随葬品，但从与周围宋墓（AM12～AM16）的排列判断其应属宋代。

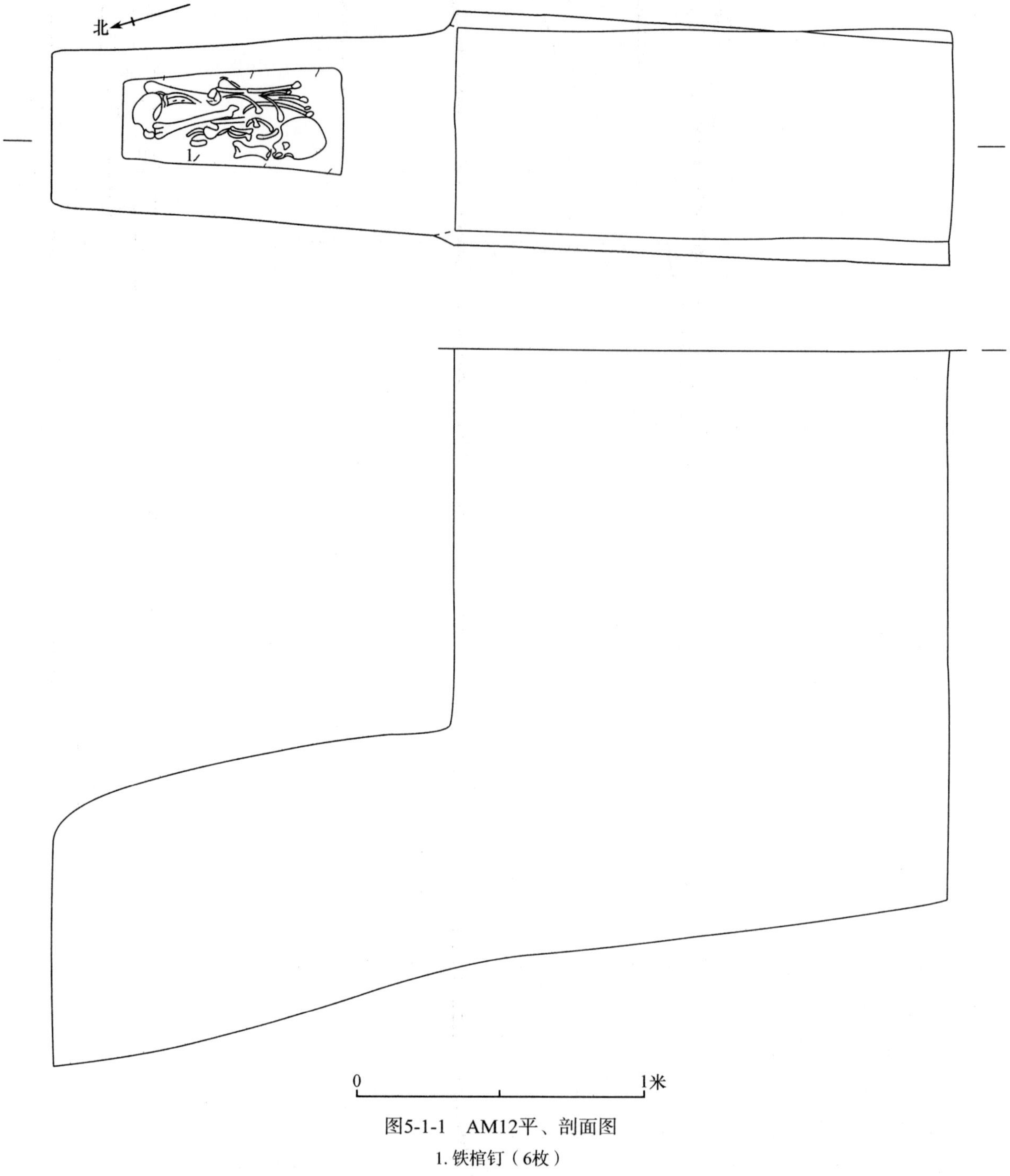

图5-1-1　AM12平、剖面图
1. 铁棺钉（6枚）

（二）2006HGA区T10M13（下文简称“AM 13”）

AM13位于A区中部偏西的T10东北部。该墓叠压于第2层下，墓口距地表0.4、墓深2.5米。方向194度。保存完整

全墓由墓道、墓室两部分组成（图5-1-2；图版三二五，3）。

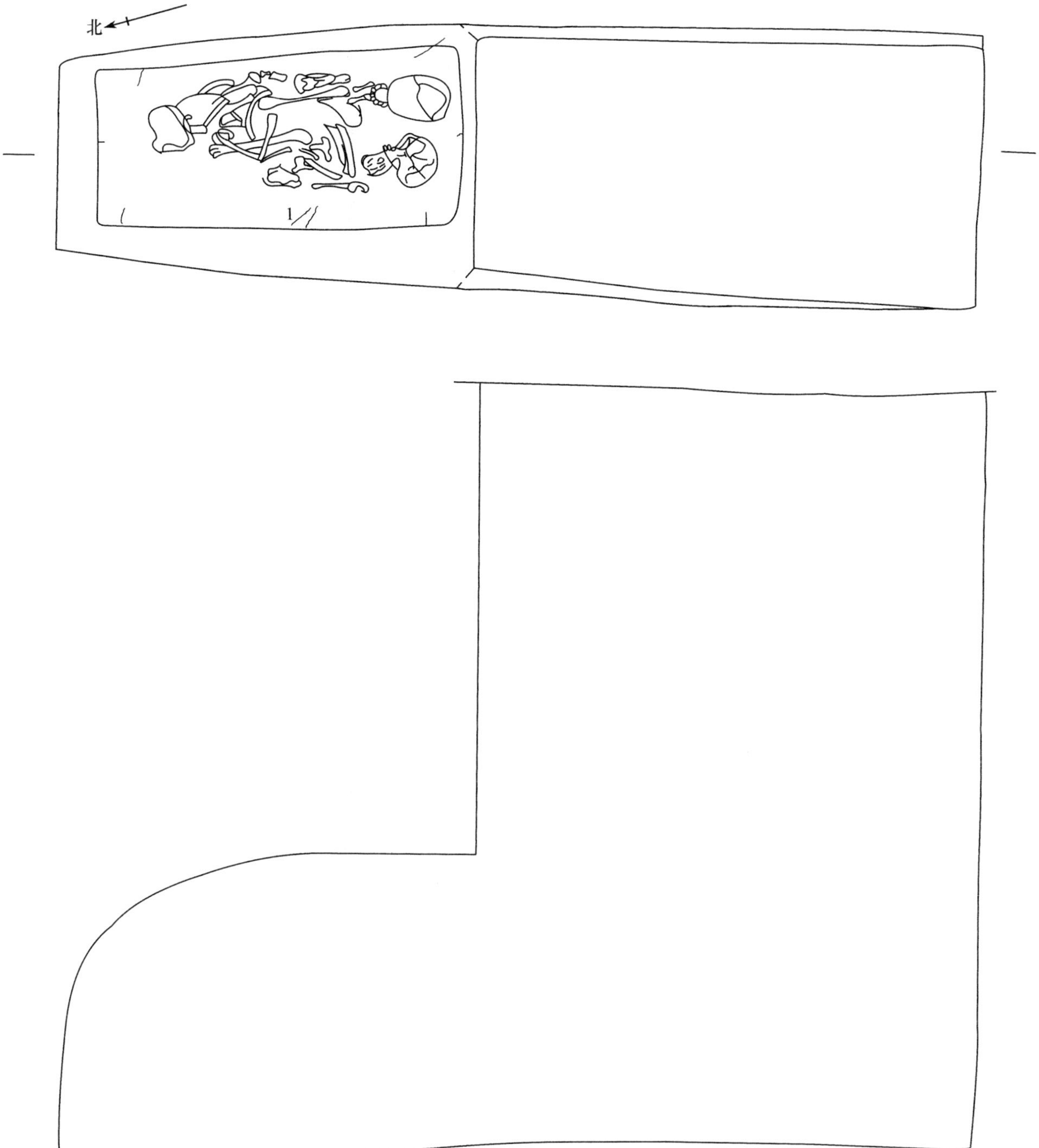

图5-1-2　AM13平、剖面图
1. 铁棺钉（7枚）

墓道：位于墓室南侧中部。平面呈长方形，墓道口平面长1.6、宽0.74～0.84米，底面长1.6、宽0.84～0.88米，深2.4米。墓道壁面垂直整齐，底面较平整。

墓室：拱顶土洞结构，无封门。平面呈梯形，外宽内窄，长1.3、宽0.6～0.84、洞高0.7～0.92米。底面内深外浅呈斜坡状。

葬具：木棺一副，使用铁棺钉。位于墓室中部，平面呈梯形，长1.14、前宽0.56、后宽0.5米。

葬式：人骨架两具，应为夫妇同棺合葬。均为二次葬，头向南，骨架较完整，骨质较差，肢骨放置散乱（图版三二五，4）。

出土遗物：无。

AM13虽无随葬品，但从与周围宋墓（AM12A～AM16）的排列关系判断其应属宋代。

（三）2006HGA区T10M14（下文简称“AM14”）

AM14位于A区中部偏西的T10东北部。该墓叠压于第2层下，墓口距地表0.4、墓深2.7米。方向198度。保存完整。

全墓由墓道、墓室两部分组成（图5-1-3；图版三二六，1）。

墓道：位于墓室南侧中部。平面呈南北长方形，墓道口平面长1.4、宽0.64米，底面长1.4、宽0.78～0.84米，深2.5～2.6米。墓道壁面较垂直规整，底面呈斜坡状。

墓室：拱顶土洞结构，无封门。墓室底平面呈梯形，外宽内窄，长1.4、宽0.58～0.8、洞高0.9～1.16米。底面呈内深外浅的斜坡状。

葬具：木棺一副，使用铁棺钉。位于墓室中部，平面呈梯形，长1.3、前宽0.58、后宽0.36米。

葬式：人骨架一具，为二次葬，头向南，骨架较完整，骨质较差（图版三二六，2）。

出土遗物：铁棺钉4枚。

AM14虽无随葬品，但从与周围宋墓（AM12～AM16）的排列关系判断其应属宋代。

（四）2006HGA区T10M15（下文简称“AM15”）

AM15位于A区中部偏西的T10东南部。该墓叠压于第2层下，墓口距地表0.4、墓深2.24米。方向190度。保存完整。

全墓由墓道、墓室两部分组成（图5-1-4；图版三二六，3）。

墓道：位于墓室南侧中部。平面呈南北长方形，墓道口平面长1.42、宽0.8米，底面长1.42、宽0.76米，深2～2.4米。墓道壁面垂直规整，底面为浅斜坡状。

墓室：拱顶土洞结构，无封门。平面近长方形，外窄内宽，长1.58、宽0.72~0.76、洞高0.7～0.8米。底面较平整。

葬具：木棺一副，使用铁棺钉。位于墓室中部，平面呈梯形，长1、前宽0.46、后宽0.56米。

葬式：人骨架两具，应为夫妇同棺合葬。均为二次葬，头向南，骨架较完整，骨质较差，肢骨放置散乱（图版三二六，4）。

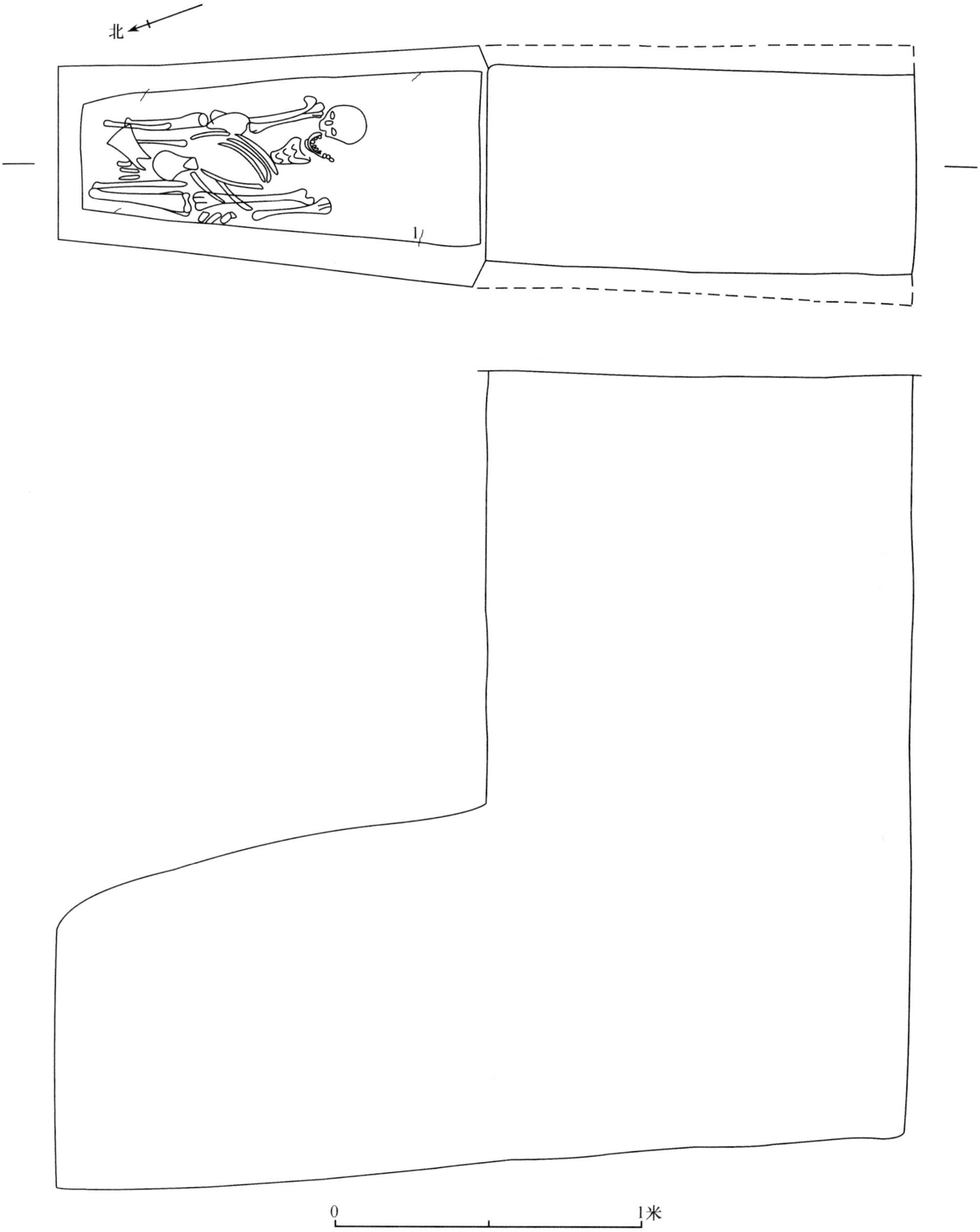

图5-1-3　AM14平、剖面图
1. 铁棺钉（4枚）

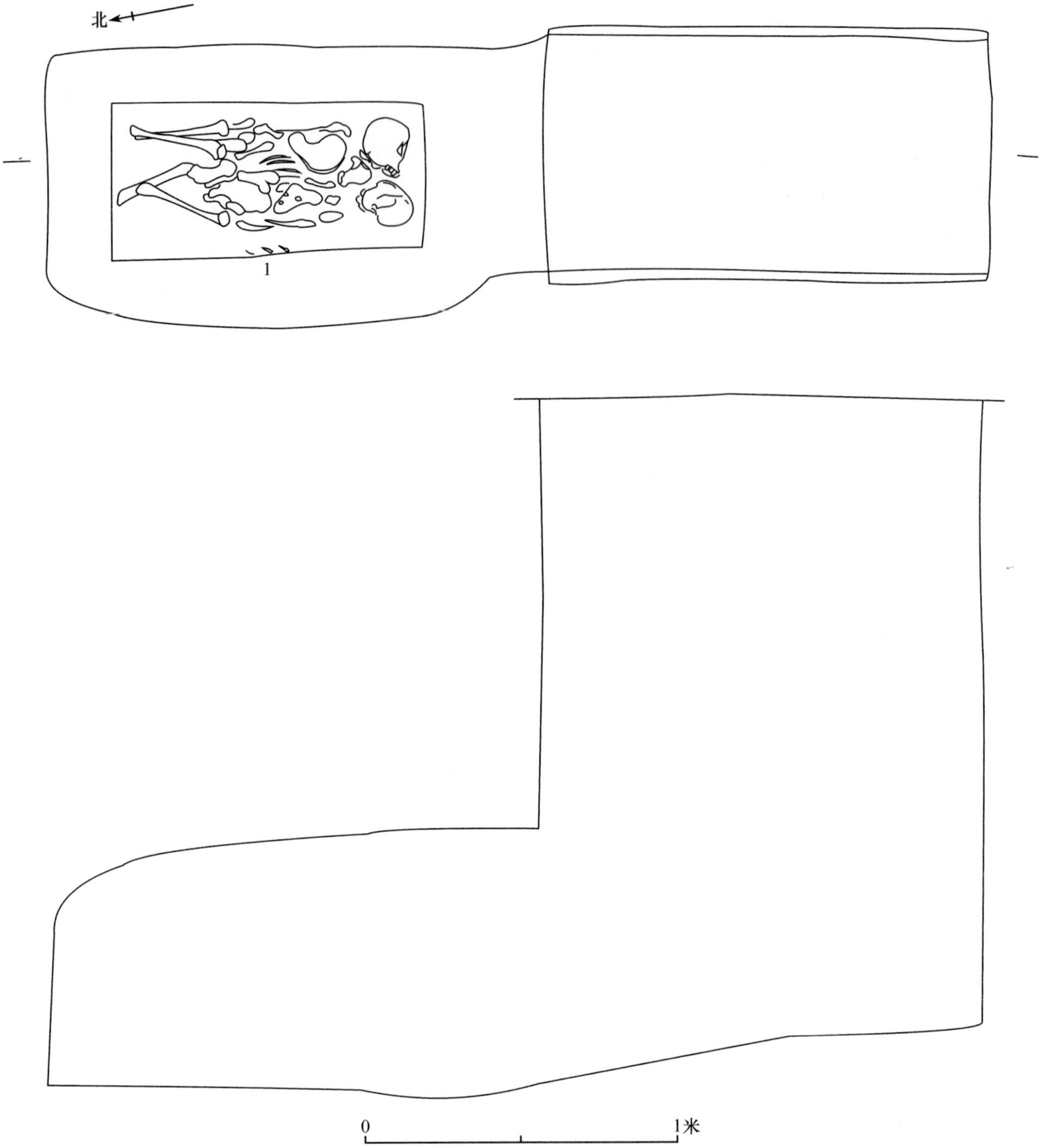

图5-1-4　AM15平、剖面图
1. 铁棺钉（9枚）

出土遗物：铁棺钉9枚。

AM15虽无随葬品，但从与周围一组宋墓（AM12～AM16）的排列关系判断其应属宋代。

（五）2006HGA区T10M16（下文简称“AM16”）

AM16位于A区中部偏西的T10东南部。该墓叠压于第2层下，墓口距地表0.4、墓深2.2米。方向192度。保存完整。

全墓由墓道、墓室两部分组成（图5-1-5；图版三二七，1）。

墓道：位于墓室南侧中部。平面呈南北长方形，墓道口平面长1.4、宽0.74米，底面长1.4、宽0.8米，深2.1～2.16米。墓道壁面垂直规整，底面呈缓坡状。

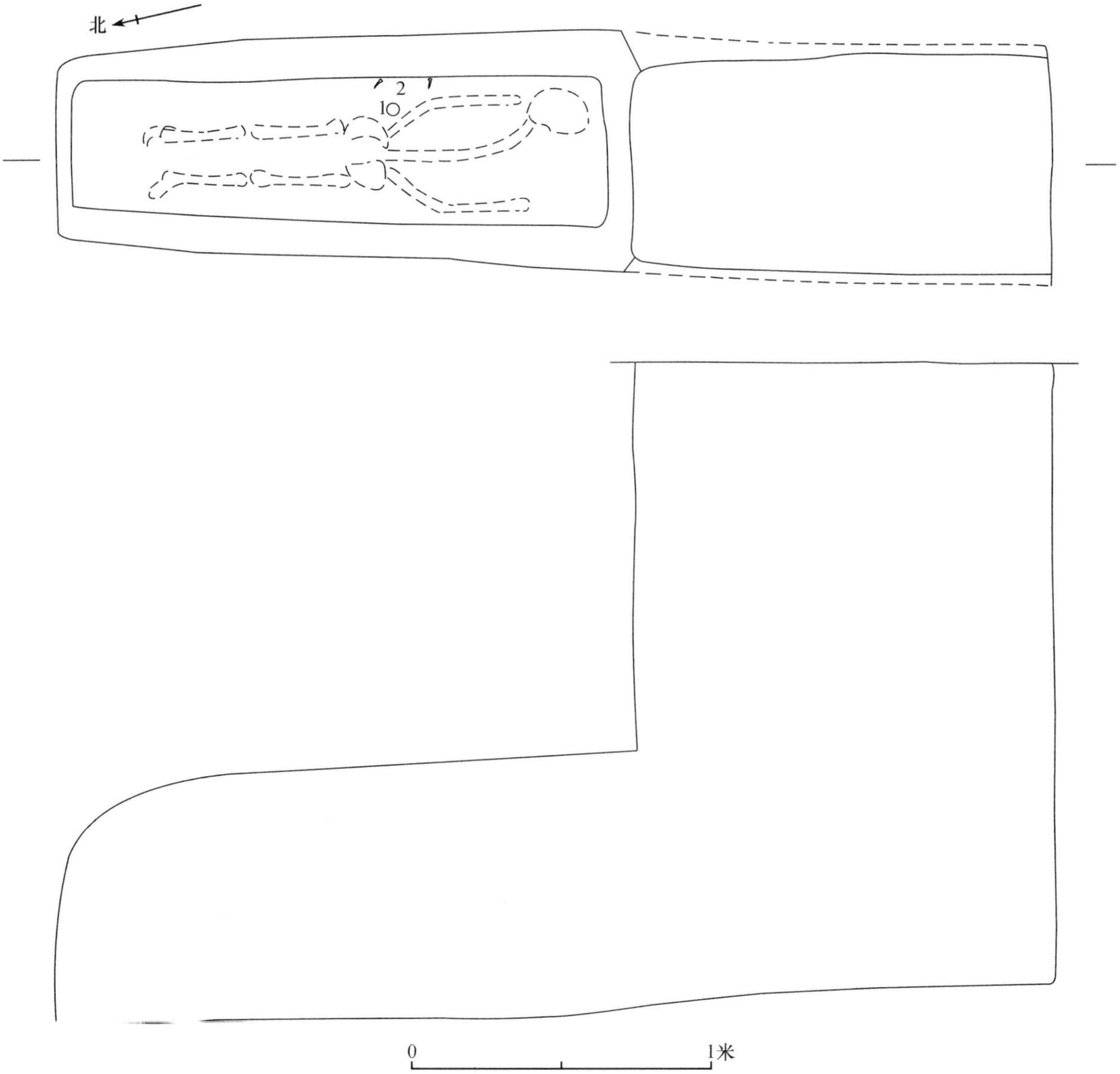

图5-1-5　AM16平、剖面图

1. “绍圣元宝”铜钱　2. 铁棺钉（5枚）

墓室：拱顶土洞结构，无封门。平面近长方形，外宽内窄，长1.92、宽0.72～0.76、洞高0.7～0.8米。底面较平整。

葬具：木棺一副，使用铁棺钉。位于墓室中部，平面呈梯形，长1.6、前宽0.5、后宽0.44米。

葬式：人骨架一具，一次葬，仰身直肢，头向南，面向上，骨架完整，但大部分朽为骨末。右手部置铜钱1枚（图版三二七，2）。

出土遗物：仅出土1枚“绍圣元宝”铜钱，另有铁棺钉5枚。

从所出“绍圣元宝”判断，AM16应属宋代，其年代不早于北宋哲宗绍圣年间（公元1094～1098年）。

AM12～AM16应为同一家族墓葬，平面布局上分为南、北两排，北排自西向东分别为AM12、AM13、AM14，南排自西向东为AM15、AM16。AM12～M15均为二次葬，仅AM16为一次葬。由此判断，AM16可能为5座墓葬中最晚的1座，AM12～AM15的年代当不晚于AM16，故判断它们也应属于宋代。

（六）2006HGA区T24M49（下文简称“AM49”）

AM49位于A区中部的T24中部。该墓叠压于第2层下，墓口距地表0.35、墓深2.9米。方向202度。保存完整。

全墓由墓道、墓室两部分组成（图5-1-6；图版三二八，1）。

墓道：位于墓室南侧中部。墓道口平面呈梯形，南北长2.1、东西宽0.56～0.82米，底面长2.06、宽0.6～0.9米，深2.6～2.84米。墓道壁面垂直规整，底面呈斜坡状。

甬道：位于墓道与墓室之间。拱顶土洞结构，底平面呈长方形，底面宽0.64、进深0.12、洞高1.22米。

墓室：拱顶土洞结构，无封门。平面近梯形，外窄内宽，长2.14、宽1.44～1.86、洞高1.2米。底面内深外浅，略呈斜坡状。

葬具：木棺两副，平面均呈梯形。棺1位于墓室右侧，上浮0.3米，长1.74、前宽0.64、后宽0.5米。棺2位于墓道内，距底面0.6～0.8米，长1.8、前宽0.56、后宽0.4米。

葬式：人骨架两具，应为夫妇合葬。棺1内人骨为二次葬，头向北，骨质较差，保存肢骨，因进入雨水使得更为散乱。棺内仅随葬1件酱釉瓷罐（图版三二八，2）。棺2内人骨为一次葬，仰身直肢，头向北，面向上偏东，双腿股骨交错，右股骨压左股骨直放。骨架完整，骨质较差。倾向为女性，身高1.5米（图版三二八，3）。

出土遗物：仅有1件酱釉瓷罐。AM49较特殊，虽然两个人骨为同穴合葬，但不知什么原因，一个放在墓室内，一个却放在了墓道内。

从出土遗物和墓葬形制判断，AM49应属宋代。

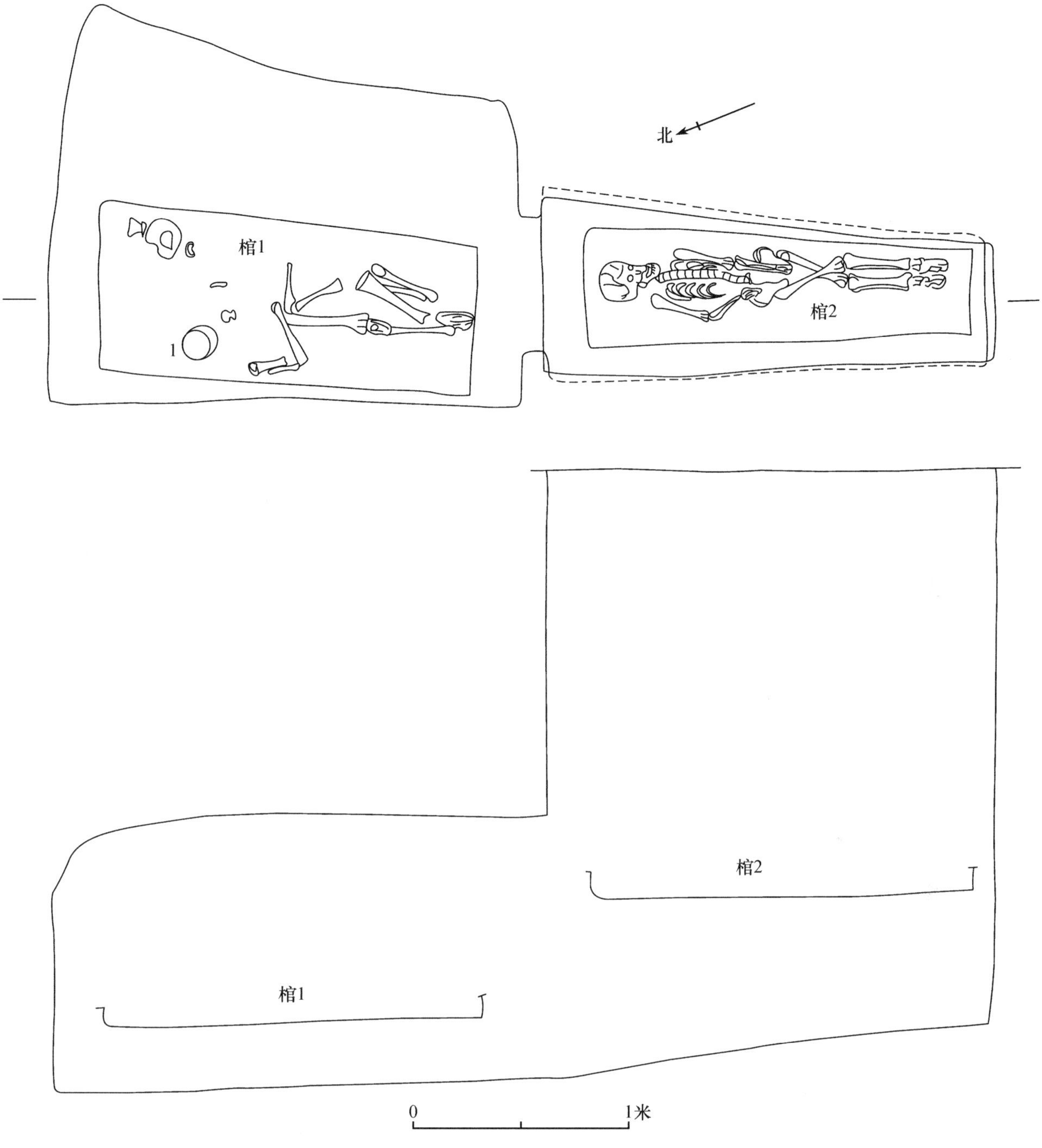

图5-1-6　AM49平、剖面图
1. 酱釉瓷罐

（七）2006HGA区T3M64（下文简称“AM64”）

AM64位于A区西北部的T3东部偏南。该墓叠压于第2层下，墓口距地表0.4、墓深2.28米。方向195度。保存完整。

全墓由墓道、墓室两部分组成（图5-1-7；图版三二七，3）。

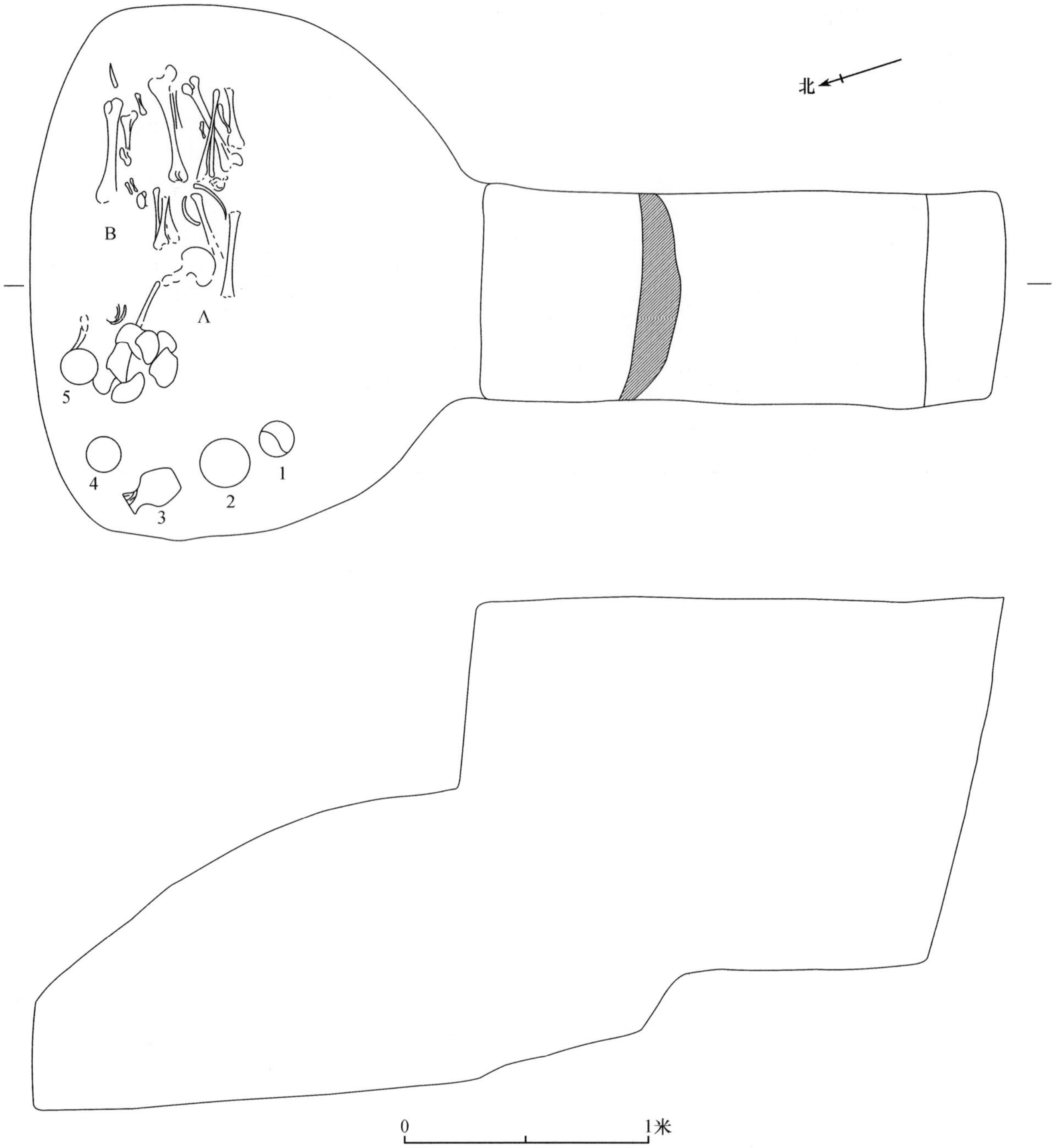

图5-1-7　AM64平、剖面图

1、4、5. 白瓷盏　2. 黄瓷碗　3. 黄釉瓷执壶　A、B. 人骨

墓道：位于墓室南侧中部。平面呈南北长方形，墓道口平面长2.1、宽0.86米，底面长1.8、宽0.86、深1.68～2.18米。墓道壁面较垂直而规则，底面中部以南较平整，以北呈斜坡状。

墓室：拱顶土洞结构。底部平面近椭圆形，长径2.2、短径1.8、洞高0.5～1.2米。底面内深外浅，略呈斜坡状。

葬式：人骨架两具，应为夫妇合葬。均为二次葬，头向西，骨架放置散乱（图版三二七，4）。

出土遗物：共5件，有黄釉瓷执壶和碗各1件、白瓷盏3件。

AM64的随葬品形制与BM10相似，BM10所出钱币为北宋初年，据此推断AM64的年代亦应属北宋初年。

（八）2006HGA区T3M65（下文简称“AM65”）

AM65位于A区西北部的T3南中部。该墓叠压于第2层下，墓口距地表0.3、墓深2.58米。方向194度。保存完整。

全墓由墓道、封门、墓室三部分组成（图5-1-8；图版三二九，1）。

墓道：位于墓室南侧中部。平面呈南北长方形，墓道口平面长2.4、宽0.82～0.88米，底面长2.44、宽0.98～1.02米，深2.52～2.58米。墓道壁面垂直规整，底面较平整。

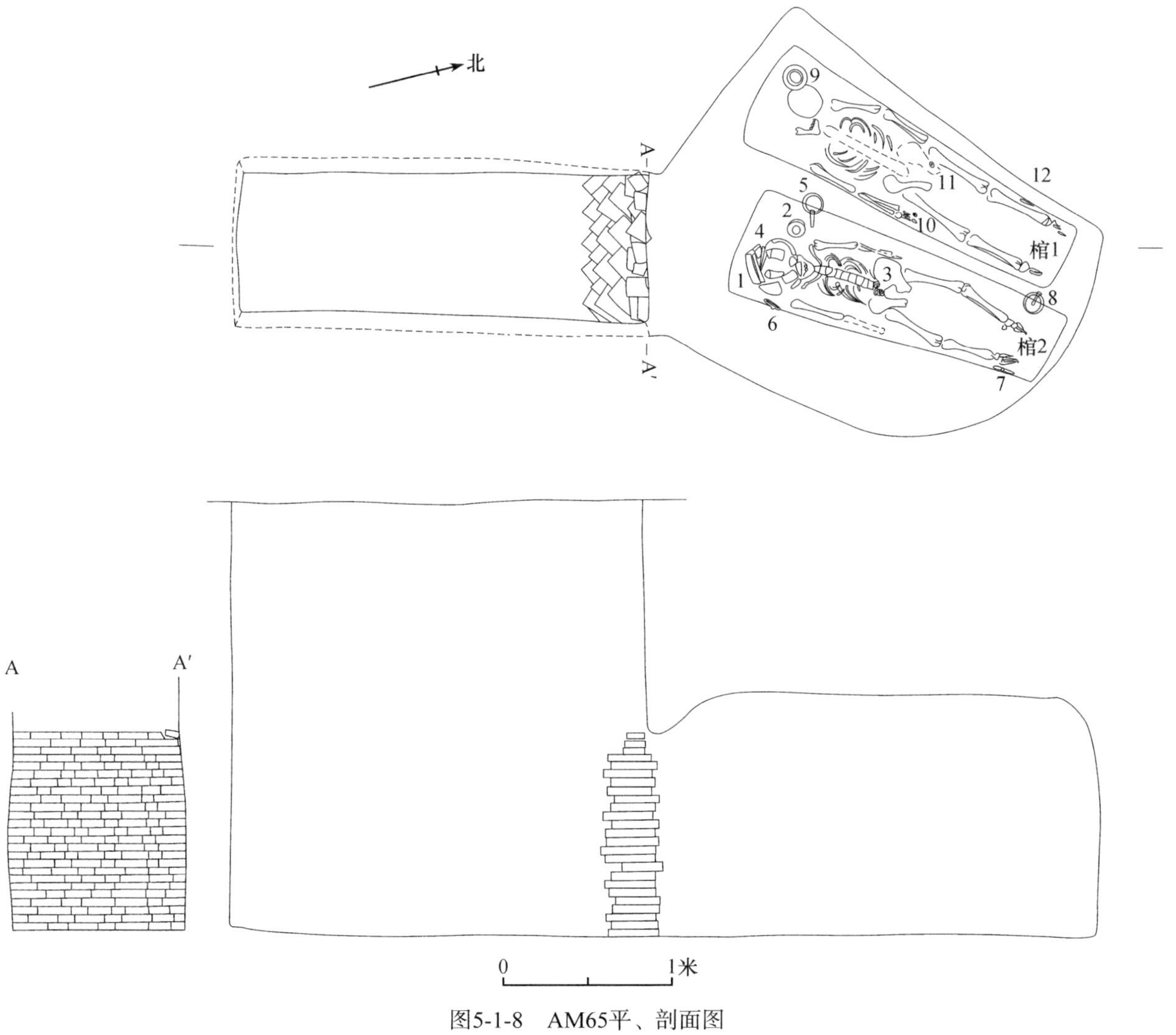

图5-1-8　AM65平、剖面图

1. 绿釉瓷枕　2. 白瓷罐　3. 铜钱（17枚）　4. 铜钗　5～8. 铁吊环　9. 陶罐　10. 铜钱（6枚）　11. 铜钱（1枚）　12. 铁棺钉

封门：共有25层封门砖，上面三层为平砖顺放，下面二十二层为丁砖左、右对角分层斜放，一层在前一层在后。

墓室：拱顶土洞结构。平面近长方形，外宽内窄，长2.52、宽1.7～2、洞高1.4米。底面十分平整。

葬具：木棺两副，平面均呈梯形。棺1位于墓室右侧，长2.06、前宽0.62、后宽0.4米。棺2位于墓室左侧，长1.96、前宽0.62、后宽0.42米。棺1使用铁棺钉，棺2使用铁吊环。

葬式：人骨架两具，应为夫妇合葬，均为一次葬。棺1内人骨为仰身直肢，头向南，面向上，骨架完整，骨质一般，倾向为男性，身高1.7米。人骨头部有1件小陶罐，右手握6枚铜钱，左手握1枚铜钱。棺2内人骨为仰身直肢，头向南，面向上，骨架完整，骨质较差，倾向为女性，身高1.5米。人头骨下有1件绿釉陶枕，头部有1件铜钗，头左侧有1件白瓷罐，腰部有铜钱17枚（图版三二九，2～4）。

出土遗物：共12件（组），计有陶罐、绿釉陶枕、白瓷罐、铜钗各1件，铁吊环4件、棺钉1枚，另有铜钱3组24枚。AM65较特殊，女墓主随葬2件瓷器，而男墓主只随葬1件小陶罐。棺2四角有铁吊环，铜钱也比棺1多10枚。这从一个侧面反映出此墓女墓主身份较男墓主高。

AM65出土钱币可辨有“开元通宝”4枚、“太平通宝”1枚、“咸平元宝”1枚、“皇宋通宝”3枚、“元丰通宝”2枚、“元祐通宝”2枚、“景祐元宝”1枚、“祥符元宝”1枚、“天圣元宝”3枚、“至和元宝”1枚、“熙宁元宝”2枚、“绍圣元宝”1枚，另有2枚锈蚀严重不可辨。由此判断，AM65的年代应为北宋时期，年代在公元1038～1097年之间。

（九）2006HGA区T3M66（下文简称“AM66”）

AM66位于A区西北部的T3中南部。该墓叠压于第2层下，墓口距地表0.3、墓深4.2米。方向194度。保存完整。

全墓由墓道、墓室两部分组成（图5-1-9；图版三三〇，1）。

墓道：位于墓室南侧中部。平面呈南北长方形，墓道口平面长1.92、宽0.84米，底面长1.5、宽0.84米，深4.2～4.4米。墓道壁面较直，底面呈缓坡状，较墓室底面深0.2米。

墓室：拱顶横置土洞结构，无封门。平面形状不规则，西宽东窄，长2.48、宽1.26～2.1、洞高0.72～1.1米。底面较平整。

葬具：木棺一副，使用铁棺钉和吊环。位于墓室北侧，平面呈梯形，长1.92、前宽0.6、后宽0.54米。

葬式：人骨架一具，一次葬。仰身直肢，头向西，面向上，骨架完整，骨质较差，倾向为女性，身高1.7米。墓主双耳有水晶环饰，身上散置铜钱7枚，左手处有64枚。棺外前端放有1件白瓷罐（图版三三〇，2）。

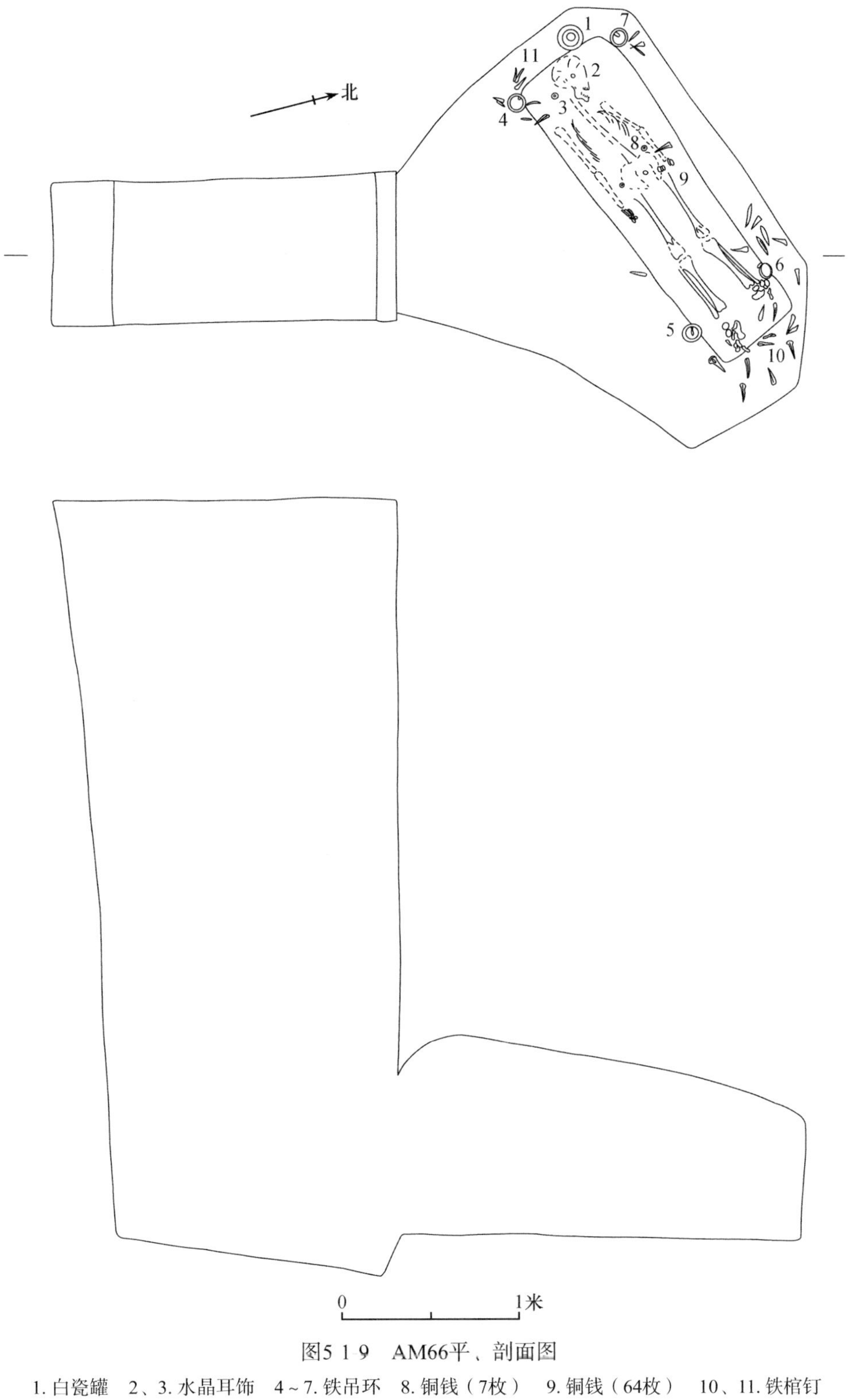

图5 1 9　AM66平、剖面图

1. 白瓷罐　2、3. 水晶耳饰　4～7. 铁吊环　8. 铜钱（7枚）　9. 铜钱（64枚）　10、11. 铁棺钉

出土遗物：共11件（组），有白瓷罐1件，水晶环饰2件，铜钱2组71枚，铁棺钉2组22枚，其中1种铆钉1种枣核钉，铁吊环4件。

AM66与AM65南北相距6.6米，AM66墓主与AM65内女墓主木棺均使用了铁吊环。综合葬式、葬俗推测这两座墓可能属于同一家族。

AM66出土铜钱可辨有“天禧通宝”2枚、“景祐元宝”2枚、“皇宋通宝”4枚、“熙宁元宝”7枚、“大观通宝”2枚、“明道元宝”1枚、“嘉祐元宝”1枚、“元丰通宝”1枚、“元祐通宝”5枚、“绍圣元宝”1枚、“元符通宝”2枚、“圣宋元宝”2枚。从出土瓷罐和钱币判断AM66的年代应属北宋时期，从钱币纪年看其年代应不早于北宋徽宗大观年间，即公元1107～1110年。

（一〇）2006HGA区T12M80（下文简称“AM80”）

AM80位于A区东南部的T12南中部。该墓叠压于第2层下，墓口距地表0.7、墓深2.7米。方向206度。保存完整。

全墓由墓道、封门、墓室三部分组成（图5-1-10；图版三三〇，3）。

墓道：位于墓室南侧中部，发掘AM21前厅时发现，长2.4、宽1.2、深2.9米。

封门：用两块长方形残石条封门，其中一块底部有榫，疑似石碑，但无刻文，位于墓室洞口外侧。石板中部断开并塌落，残长0.85、宽0.3、厚0.15米。

墓室：拱顶土洞结构。平面近梯形，外窄内宽，长2～2.15、宽0.97～1.4、洞高1.2米。底面较平整。

葬具：木棺两副，平面均呈梯形。棺1位于墓室左侧，长1.65、前宽0.54、后宽0.36米。棺2位于墓室右侧，长1.75、前宽0.65、后宽0.4米。棺1底面铺有一层白灰，棺2底面铺有白灰和青灰。

葬式：人骨架两具，应为夫妇合葬。棺1内人骨为二次葬，仰身直肢，头向北，面向上略偏西，骨架较完整，骨质较好，脚骨放于左股骨上。棺内有1件小黑瓷罐，东南角有1块板瓦。棺2内人骨为一次葬，仰身直肢，头向北，面向上略偏东，骨架完整，骨质较好。倾向为女性，身高1.55米。墓主头下有4块板瓦作横“工”字形摆放，棺内有铜钱3枚。

出土遗物：共11件（组），有黑瓷罐1件、板瓦5件、铜钱3枚，另有铁棺钉2枚。

AM80随葬钱币有“嘉祐通宝”和“皇宋通宝”各1枚，另有1枚锈蚀严重不可辨。从随葬瓷器、钱币和葬俗判断，AM80的时代应属北宋，不早于仁宗嘉祐年间，即公元1056～1063年。

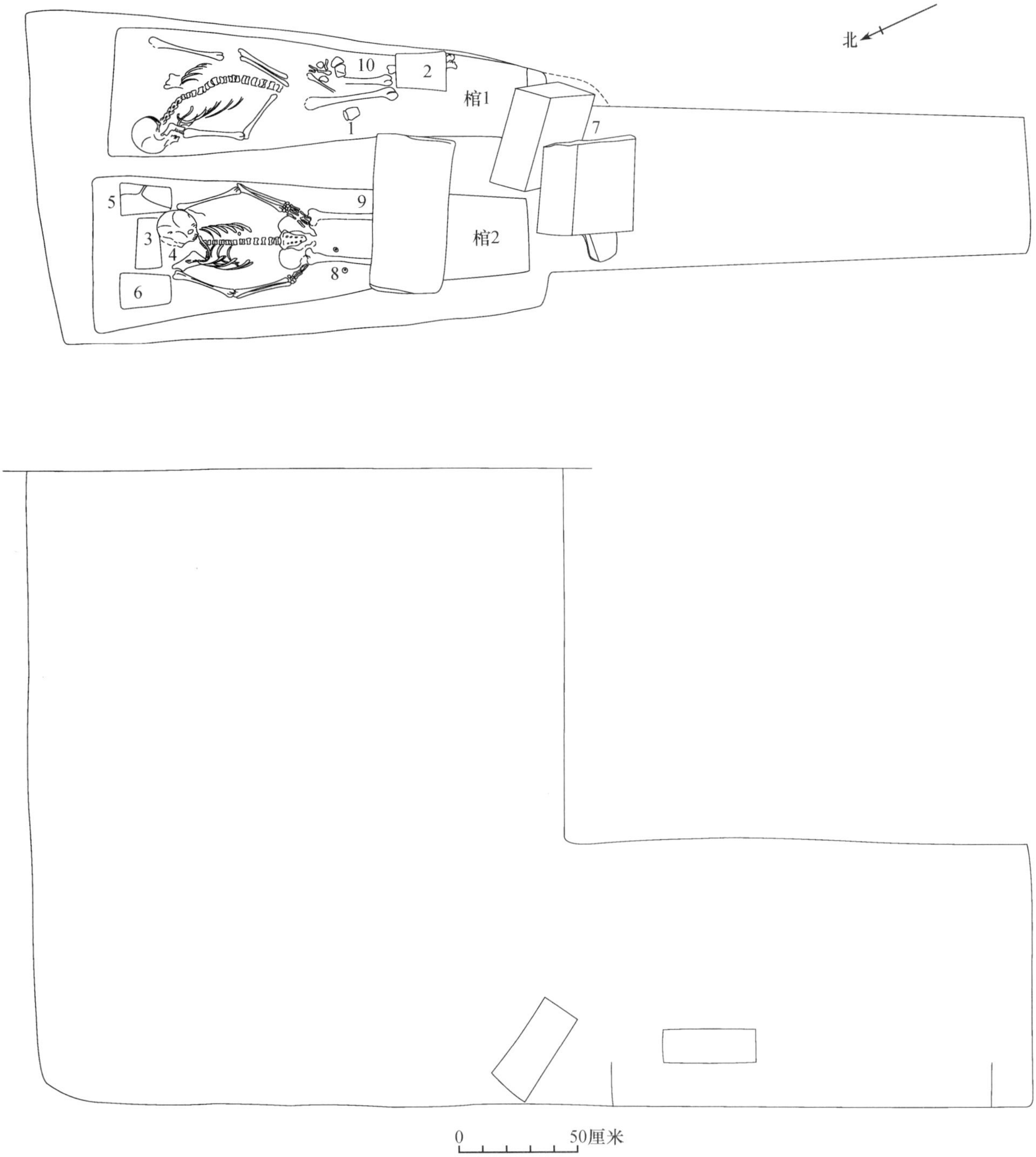

图5-1-10　AM80平、剖面图

1. 黑瓷罐　2～6. 板瓦　7. 封门石　8. 铜钱（3枚）　9、10. 铁棺钉

（一一）2006HGB区T7M4（下文简称“BM4”）

BM4位于B区西中部偏南的T7东南角。该墓叠压于第2层下，墓口距地表0.35、墓深2.64米。方向195度。保存完整。

全墓由墓道、封门、墓室三部分组成（图5-1-11；图版三三一，1）。

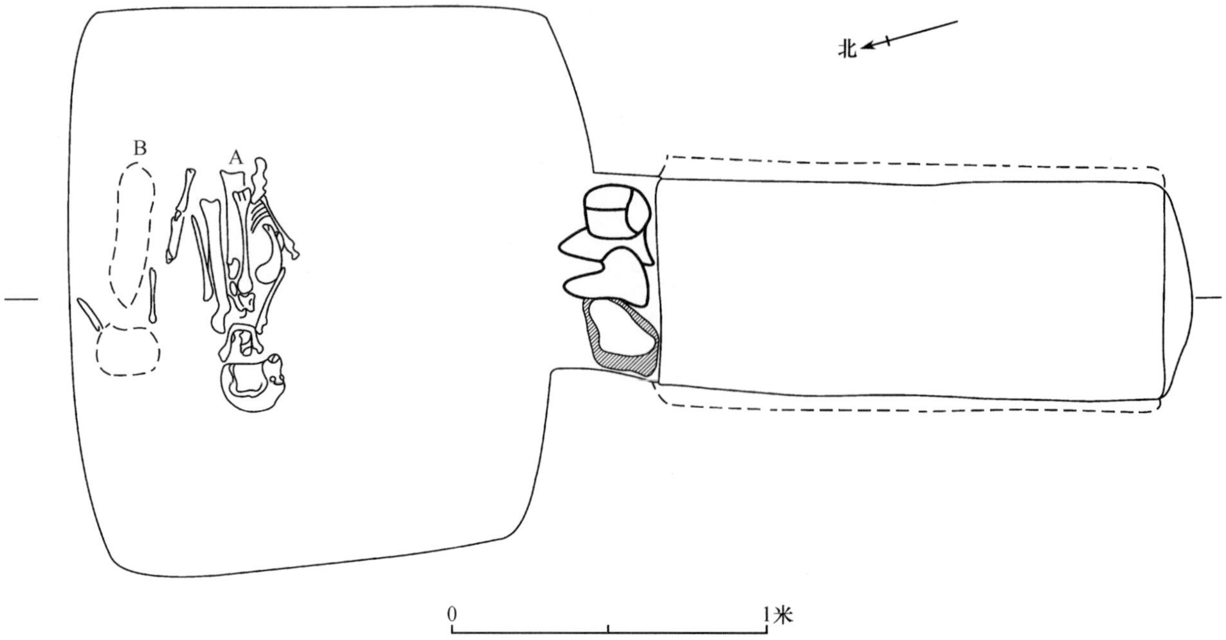

图5-1-11　BM4平面图

A、B. 人骨

墓道：位于墓室南侧中部。平面呈南北长方形，墓道口平面长1.7、宽0.7米，底面长1.6、宽0.8米，深2.3～2.5米。墓道壁面垂直规整，底面呈斜坡状。

封门：位于甬道内，由碎砾石块垒成，高0.7米。

墓室：拱顶土洞结构。平面近长方形，长1.7～1.8、宽1.5～1.6、洞高1～1.1米。底面较平整。

葬具：不明，无棺。

葬式：人骨架两具，应为夫妇合葬。均为二次葬，其中一位墓主进行过火葬，头向西，骨架保存较少，骨质较差（图版三三一，2）。

出土遗物：只在人骨B南侧有少许谷痕。

BM4虽无随葬品，但从墓葬形制和葬俗判断其应属宋代。

（一二）2006HGB区T7M10（下文简称“BM10”）

BM10位于B区西中部偏南的T7东中部。该墓叠压于第2层下，墓口距地表0.3、墓深3.6米。方向198度。保存完整。

全墓由墓道、封门、墓室三部分组成（图5-1-12；图版三三一，3）。

墓道：位于墓室南侧中部。平面呈南北长方形，墓道口平面长2.14、宽0.62～0.66米，底面长2.1、宽0.62～0.96米，深3.3～3.5米。墓道壁面较规整，底面呈缓坡状。

封门：位于墓室门洞内，由碎石块垒成，高0.8米。

墓室：拱顶土洞结构。平面近圆形，长径2.3、短径2.2、洞高0.8～1.04米。由前厅、后室

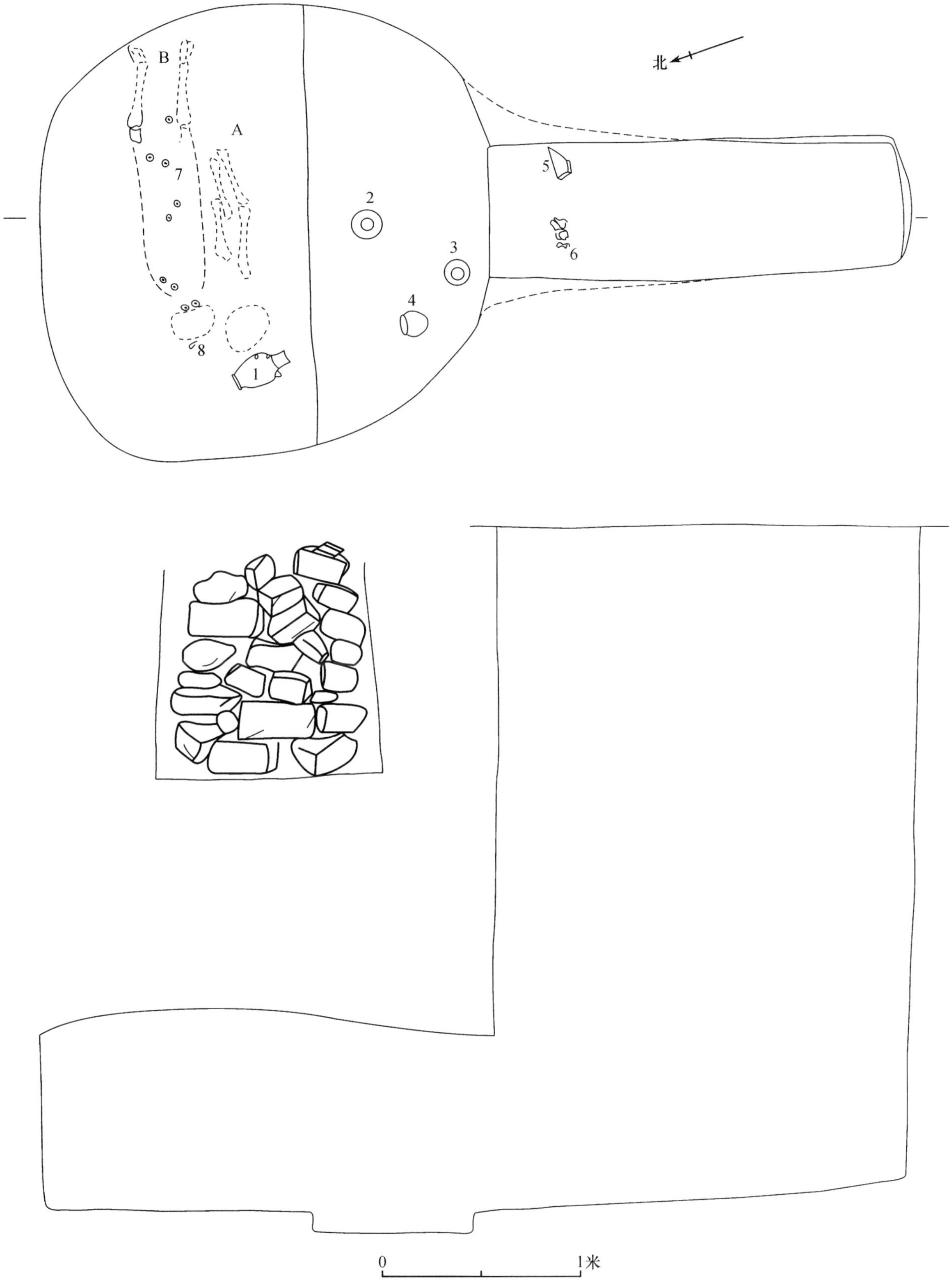

图5-1-12　BM10平、剖面图

1. 瓷执壶　2、5. 瓷碗　3、6. 瓷盏　4. 陶罐　7. 铜钱（10枚）　8. 铁镊　A、B. 人骨

组成。前厅宽0.8米。后室作棺床使用，为生土台结构，高于前厅底面0.1米（图版三三一，4）。

葬具：单木棺，朽蚀严重，形制、结构不明。

葬式：人骨架两具，应为夫妇合葬。棺1内人骨为二次葬，头向西，已朽为骨末，疑为男性。头部有1件瓷执壶。棺2内人骨为一次葬，仰身直肢，头向西，骨架完整，朽为骨末，疑为女性，身高1.5米。头部有铁镢1件，身下散置铜钱10枚。

出土遗物：共8件（组），计有瓷执壶1件、瓷碗2件、瓷盏2件、陶罐1件，铁镢1件，另有铜钱1组10枚。

BM10出土钱币可辨有“开元通宝”1枚、“淳化元宝”2枚。从出土遗物判断，BM10的年代应属北宋时期，不早于北宋太宗淳化年间，即公元990～994年。

（一三）2006HGB区T11M18（下文简称“BM18”）

BM18位于B区中南部的T11中东部。该墓叠压于第2层下，墓口距地表0.65、墓深1.26米。方向198度。保存完整。

全墓由墓道、封门、墓室三部分组成（图5-1-13；图版三三二，1）。

墓道：位于墓室南侧中部。平面呈南北长方形，口、底大小相同，平面长1.9、宽0.8～0.84、深0.92～1.06米。

封门：位于墓室门洞外，由碎砾石块、鹅卵石、青砖混合垒成，高0.5米。

墓室：拱顶横置土洞结构。平面形状不规则，长2.1、宽0.8～1.4、洞高0.6～0.7米。墓底较为平整，较墓道底面深0.2米。

葬具：单木棺，朽蚀严重。平面略呈梯形，长1.6、前宽0.46、后宽0.4米。

葬式：人骨架一具，一次葬。仰身直肢，头向西，面向上略偏北，骨架完整，骨质较差，倾向为女性，身高1.4米。墓主头部有铜钗1件，头下有瓷枕、瓷罐和瓷盏各1件，胸部有铜钱4枚，左、右手各握铜钱2枚，棺前端外侧有瓷盏1件（图版三三二，2）。

出土遗物：共6件（组），计有瓷枕1件、瓷罐1件、瓷盏2件、铜钗1件，另有铜钱1组8枚。

从墓葬形制和出土瓷器形制判断，BM18应属北宋。BM18出土铜钱有“皇宋通宝”1枚、“元丰通宝”3枚、“天圣元宝”1枚、“天禧通宝”1枚、“景德元宝”1枚、“嘉祐元宝”1枚。从钱币推断BM18的的年代不早于仁宗嘉祐年间，即公元1056~1063年。

（一四）2006HGB区T11M19（下文简称“BM19”）

BM19位于B区中南部的T11西中部。该墓叠压于第2层下，墓口距地表0.6、墓深3.8米。方向185度。保存完整。

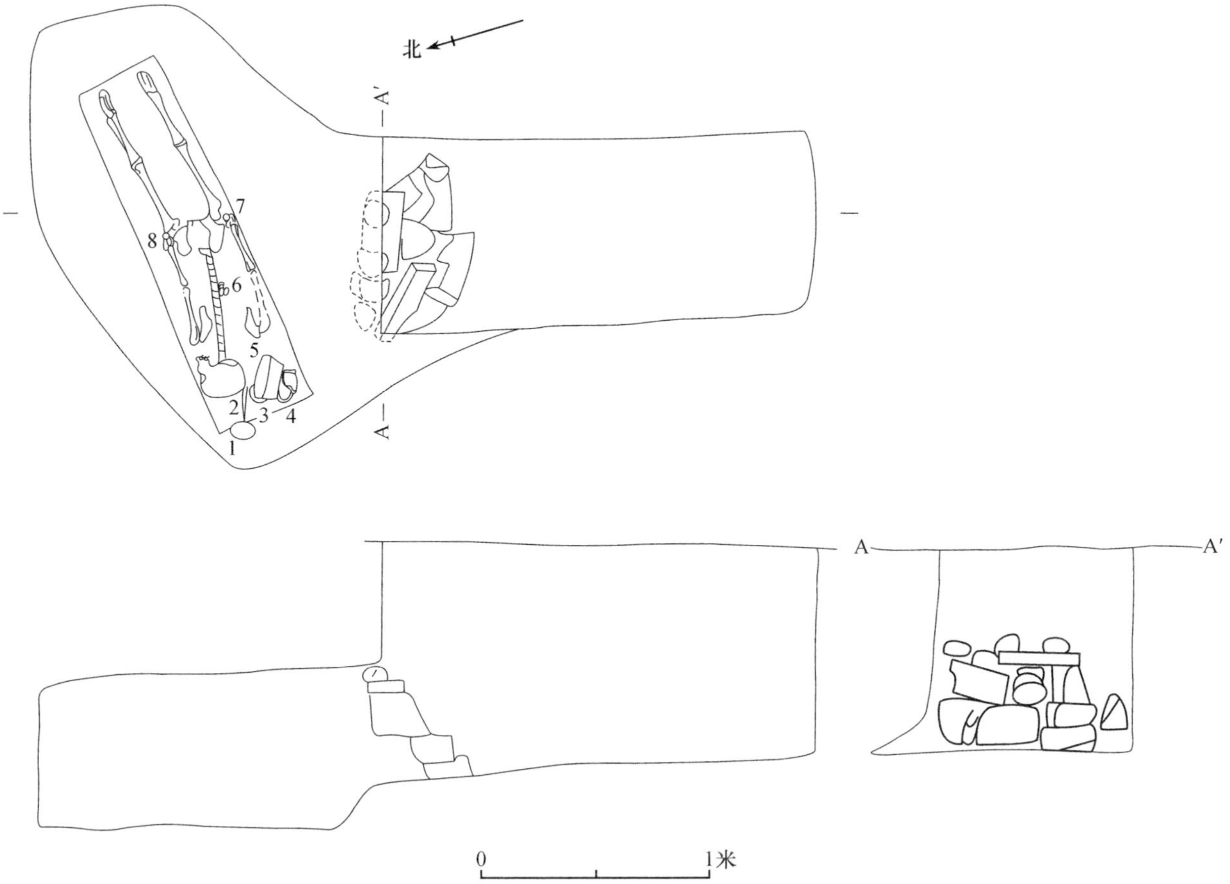

图5-1-13　BM18平、剖面图

1、3. 瓷盏　2. 铜钗　4. 瓷罐　5. 瓷枕　6. 铜钱（4枚）　7、8. 铜钱（各2枚）

全墓由墓道、封门、墓室三部分组成（图5-1-14；图版三三二，3）。

墓道：位于墓室南侧中部。平面呈南北长方形，墓道口平面长1.78、宽0.86~1米，底面宽0.78~0.9米，深3.4~3.6米。

封门：位于墓室门洞外。共有4块条石封门，发掘时已经塌落，条石长0.6~0.8、宽0.4、厚0.15、存高1.14米。

墓室：拱顶横置土洞结构。平面近椭圆形，长径2.4、短径1.9、洞高1.4~2米。底面较平整，较墓道底面深0.2米。

葬具：单木棺，朽蚀严重。平面呈梯形，长1.9、前宽0.76、后宽0.56米。

葬式：人骨架两具，应为夫妇同棺合葬。人骨A为二次葬，头向西，人骨较少，骨质较差，倾向为女性。人骨B为一次葬，仰身直肢，头向西，骨架完整，骨质较差，倾向为男性，身高1.45米。人骨头左侧有瓷罐1件，左手部置铜钱1枚（图版三三二，4）。

出土遗物：共3件，计有瓷盏和罐各1件，另有铜钱1枚。

依据墓葬形制和出土瓷器推断BM19的年代应属北宋。出土铜钱为“元丰通宝”，是北宋神宗元丰年间铸币，即BM19的年代应不早于公元1078~1085年。

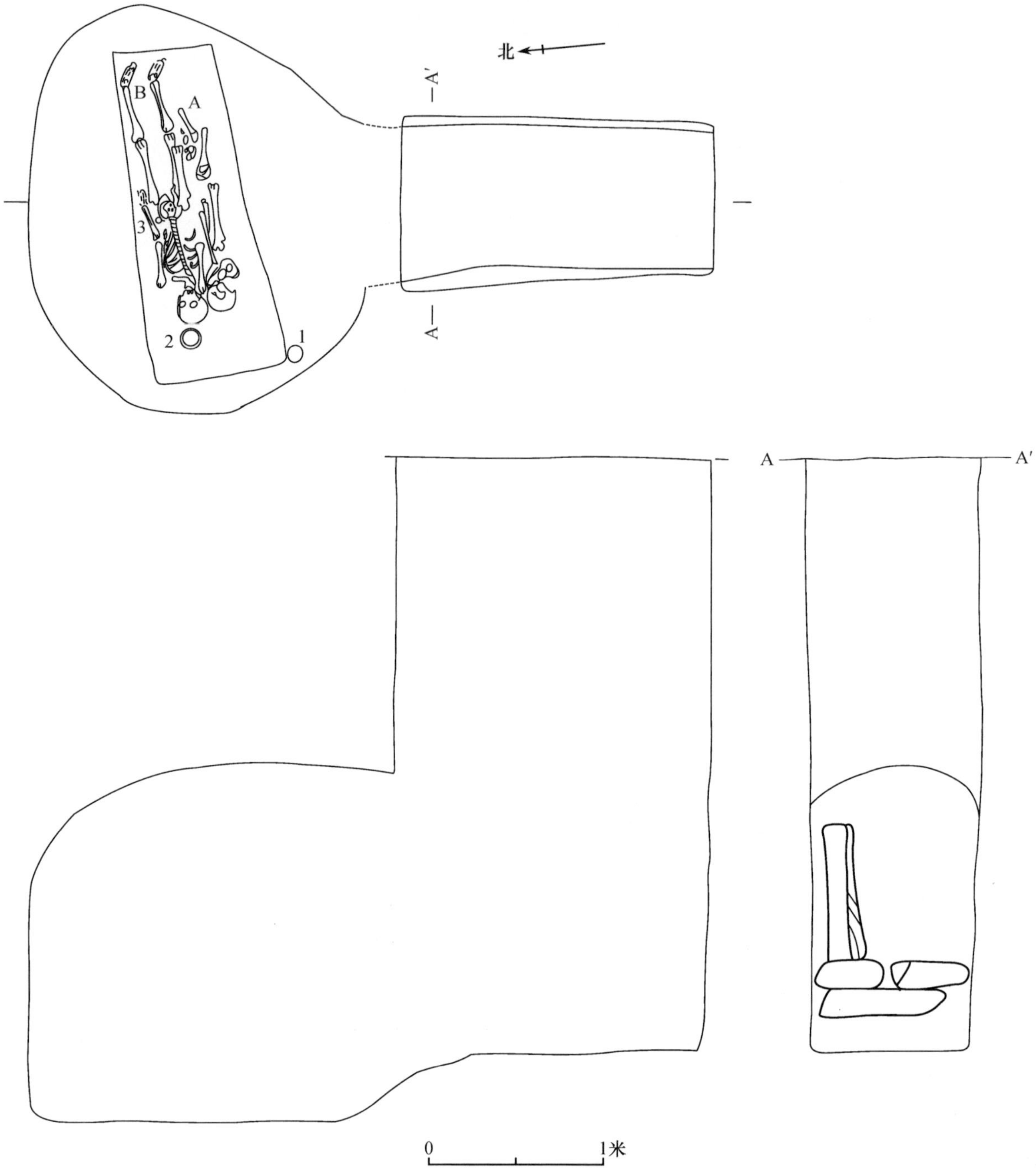

图5-1-14　BM19平、剖面图
1. 瓷盏　2. 瓷罐　3. 铜钱　A、B. 人骨

（一五）2006HGB区T11M32（下文简称“BM32”）

BM32位于B区中南部的T11东北部。该墓叠压于第2层下，墓口距地表0.6、墓深3.6米。方向188度。保存完整。

全墓由墓道、封门、墓室三部分组成（图5-1-15；图版三三三，1）。

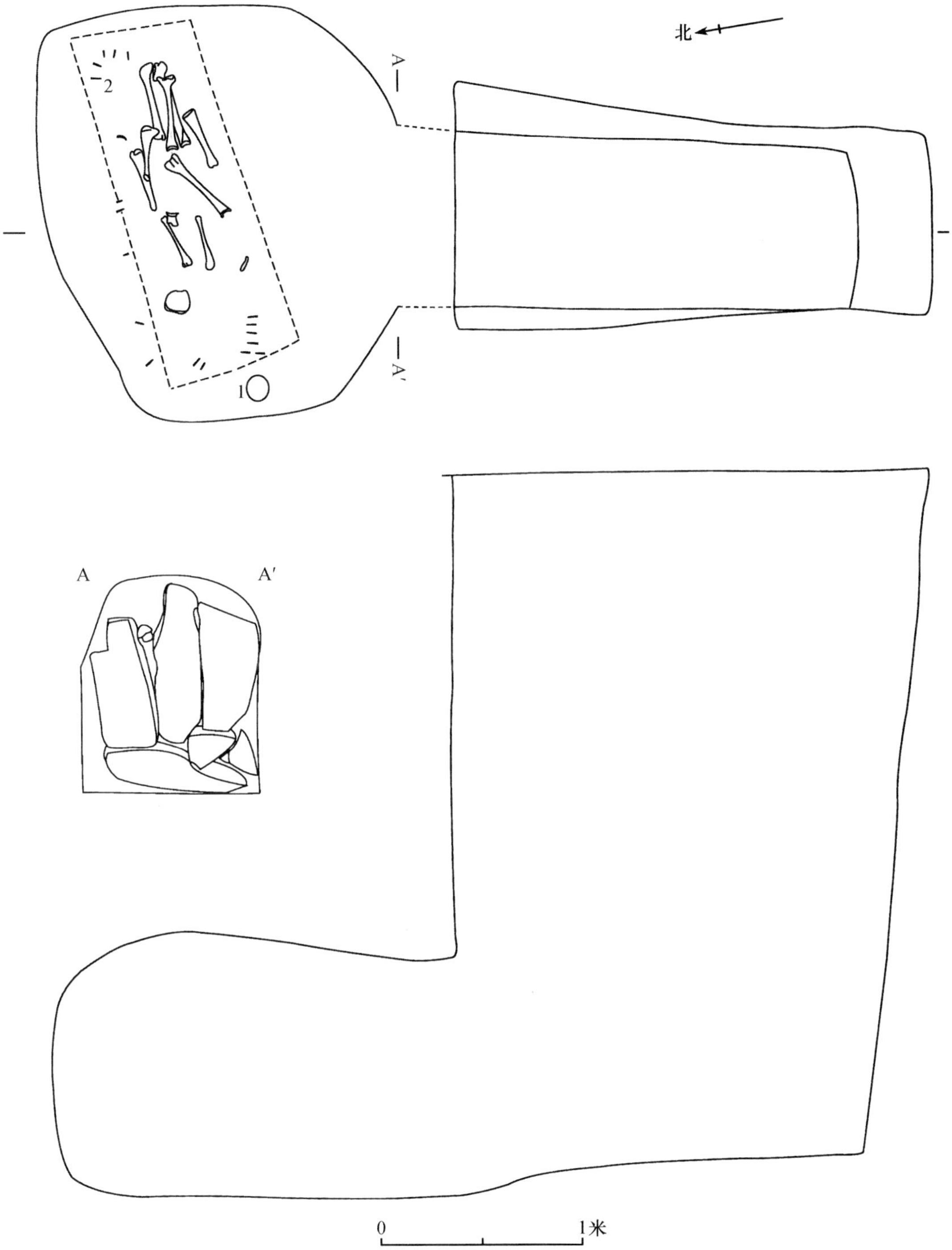

图5-1-15　BM32平、剖面图
1. 白瓷盏　2. 铁棺钉（28枚）

墓道：位于墓室南侧中部。平面呈梯形，墓道口平面长2.4、宽0.92～1.2米，底面长2.2、宽0.8～0.9米，深3.4～3.6米。

封门：位于墓室门洞内。由四块青石、一块砂石、一块砂礓石垒砌而成，其中砂礓石平放铺底，砂石和青石立放于砂礓石上，存高1.05米。

墓室：拱顶横置土洞墓，平面形状不规则，长径2.1、短径1.5～1.75、洞高1.1～1.3米。墓室底面较平整。

葬具：单木棺，使用铁棺钉，木朽严重。平面呈梯形，长1.86、前宽0.68、后宽0.62米。

葬式：人骨架两具，大妇同棺合葬。均为二次葬，其中一位进行了火葬，头向西，人骨较少，骨质较差（图版三三三，2）。

出土遗物：1件白瓷盏，位于木棺西端外侧，另有铁棺钉28枚。

从墓葬形制和出土瓷碗判断BM32的年代应属北宋。

（一六）2006HG区BT11M33（下文简称“BM33”）

BM33位于B区南中部的T11北部正中。该墓叠压于第2层下，墓口距地表0.35、墓深1.8米。方向190度。保存完整。

全墓由墓道、甬道、墓室三部分组成（图5-1-16）。

墓道：位于墓室南侧中部。平面呈南北长方形，墓道口平面长1.76、宽0.8米，底面长1.7、宽0.88米，深1.5～1.8米。

甬道：拱顶土洞结构，位于墓室南侧中部。平面呈长方形，底面宽0.54、进深0.36、洞高1米。

墓室：拱顶横置土洞结构。平面近圆角长方形，长1.7、宽1.3、洞高0.86～1.06米。底面较平整。

葬具与葬式：均不明，墓室底面仅存两颗人牙及一段人骨，由此判断此墓应为迁出墓，捡拾人骨时没有完全收取。

出土遗物：无。

BM18、BM19、BM32、BM33均为横置土洞结构，且BM32、BM33东西并排，间距仅1.4米，BM19位于BM33西南部，间距约1.8米，BM18位于BM32东南部，间距也大致为1.8米；BM19和BM18则东西成排，间距近4米。四座墓排列整齐，初步判断为同一家族墓。

BM33的年代应属宋代。

（一七）2006HGB区T23M66（下文简称“BM66”）

BM66位于B区北中部的T23东中部。该墓叠压于第2层下，墓口距地表0.3、墓深1.7米。方向190度。该墓为迁葬墓，没有被盗扰痕迹。

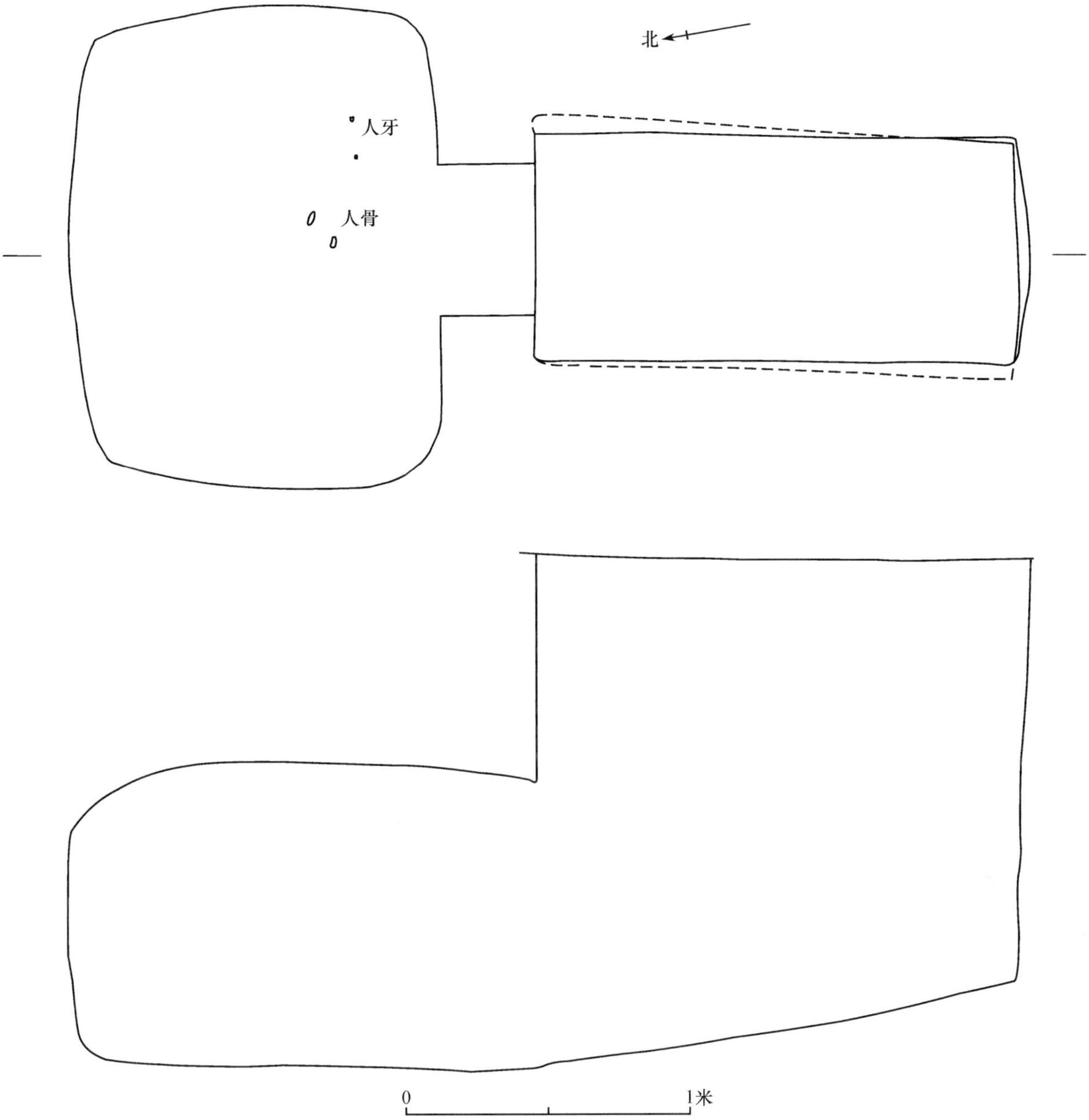

图5-1-16　BM33平、剖面图

全墓由墓道、墓室两部分组成（图5-1-17）。

墓道：位于墓室南侧中部。平面呈南北长方形，墓道口平面长2.2、宽1.1米，深1.5米。墓道壁面垂直规整，底面较平整。

墓室：拱顶土洞结构。平面近圆角长方形，外宽内窄，长1.8、宽0.84～1.2、洞高1.5米。底面较平整，较墓道深0.2米。

葬具与葬式：均不明，墓室底面填土内有铜钱2枚及铁棺钉4枚。

出土遗物：仅发现散置的2枚铜钱。

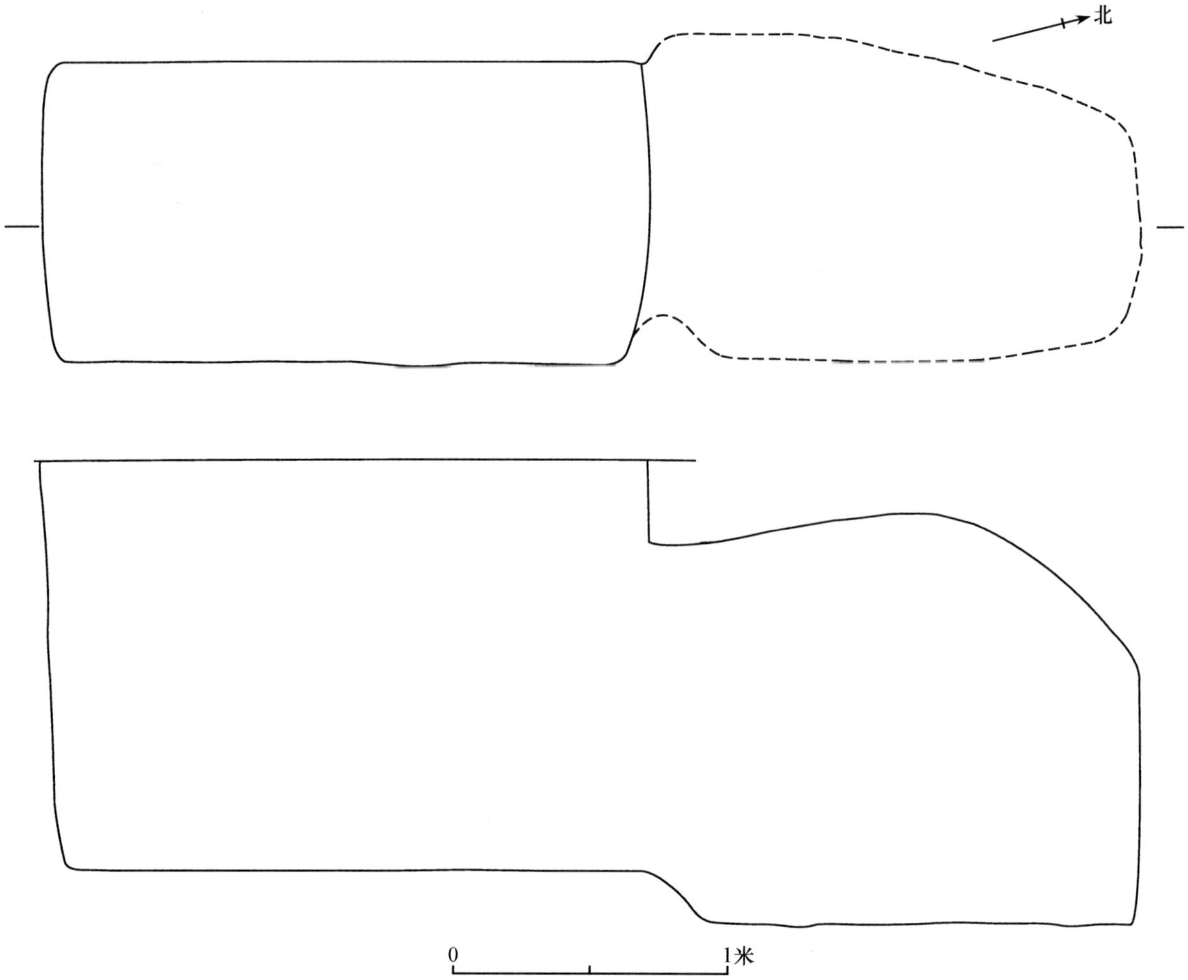

图5-1-17　BM66平、剖面图

由BM66出土的“祥符元宝”和“元丰通宝”铜钱推断墓葬年代应不早于北宋神宗元丰年间，即公元1078～1085年。

（一八）2006HGC区T6M7（下文简称“CM7”）

CM7位于C区东南部的T6东北部。该墓叠压于第3层下，墓口距地表0.6、墓深2米。方向190度。保存完好。

全墓由墓道、墓室两部分组成（图5-1-18；图版三三四，1）。

墓道：位于墓室南侧中部。平面呈南北长方形，墓道口平面长1.65、宽0.78～0.8米，底面长1.4、宽0.9米，深1.5～1.75米。

墓室：斜平顶土洞结构。平面近圆角梯形，外宽内窄，长1.8、宽0.6～0.8、洞高0.5～0.95米。底面较平整，较墓道底面深0.18米。

葬具：仅见单木棺朽痕，平面呈梯形，长1.62、前宽0.5、后宽0.36米。

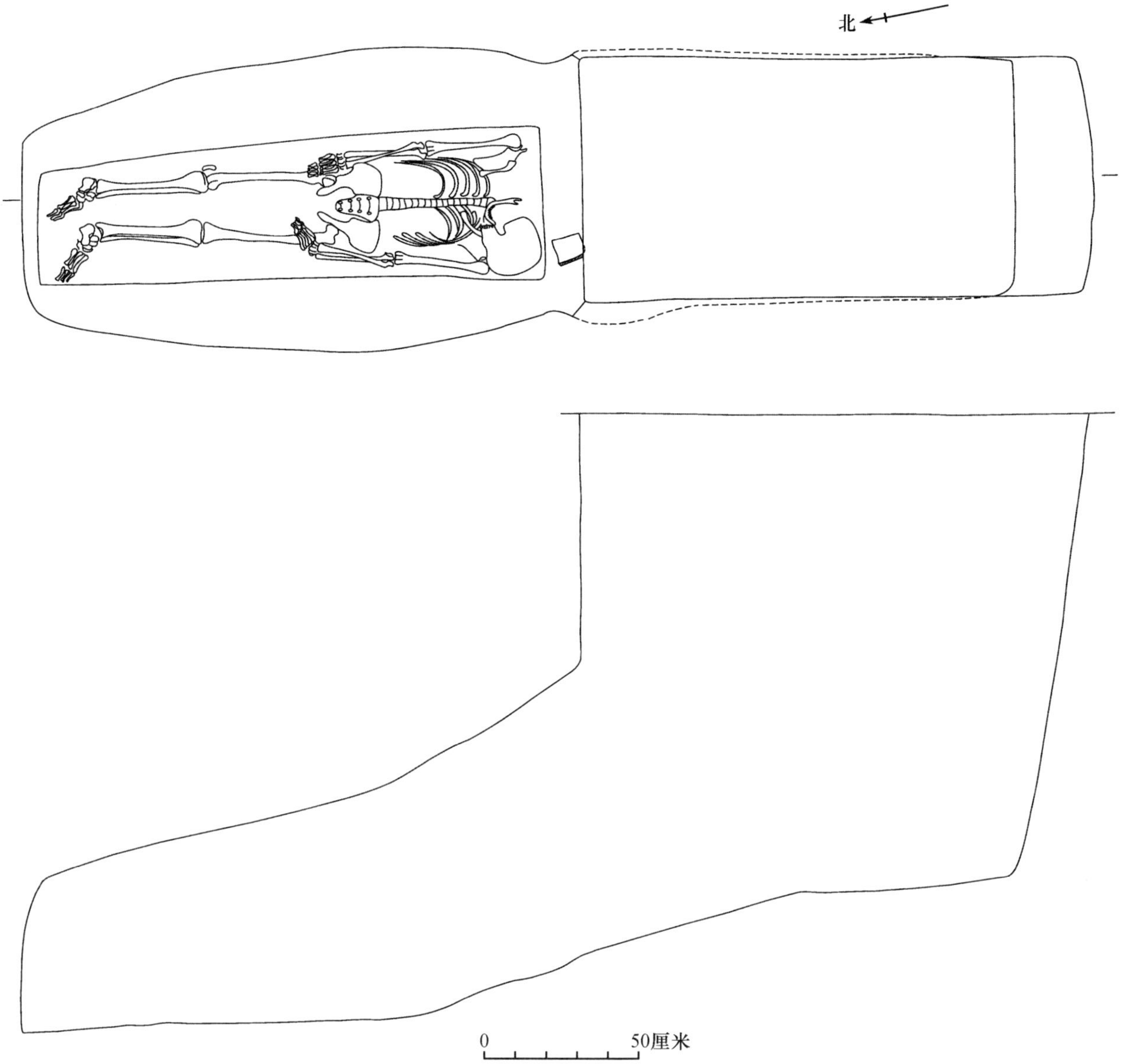

图5-1-18　CM7平、剖面图

葬式：人骨架一具，一次葬，仰身直肢，头向南，面向上，骨架完整，骨质一般，倾向为男性，身高约1.6米。

出土遗物：无。

从墓葬形制和葬俗判断CM7的年代应属宋代。

（一九）2006HGC区T6M8（下文简称“CM8”）

CM8位于C区东南部的T6中部。该墓叠压于第3层下，墓口距地表0.6、墓深1.3米。方向196度。保存完好。

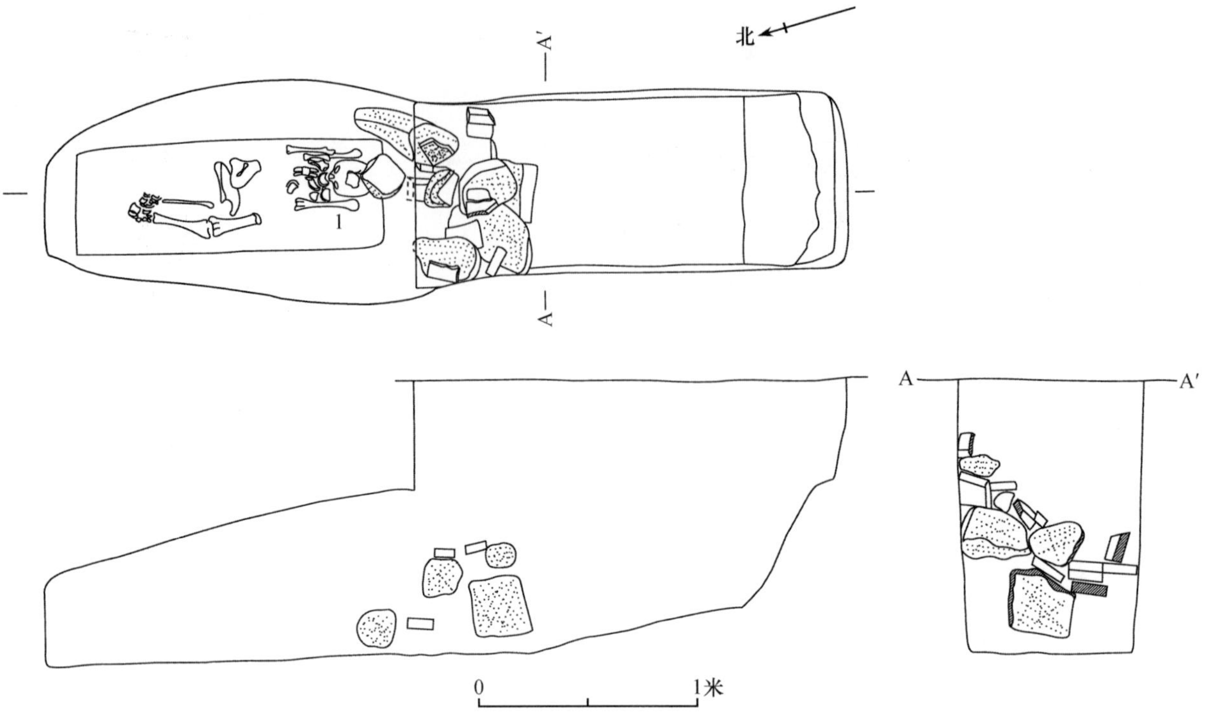

图5-1-19　CM8平、剖面图
1. 铜钱（3枚）

全墓由墓道、封门、墓室三部分组成（图5-1-19；图版三三四，2）。

墓道：位于墓室南侧中部。平面呈南北长方形，墓道口平面长1.98、宽0.8米，底面长1.5、宽0.76米，深1.06～1.26米。墓道壁面较垂直规则，底面呈斜坡状。

封门：位于墓室门洞外侧，砖、鹅卵石混合垒成，封门宽0.8、高0.48～0.94米。

墓室：斜平顶土洞结构。平面近圆角梯形，外宽内窄，长1.7、宽0.5～0.94、洞高0.36～0.76米。底面较平整。

葬具：仅见单木棺朽痕，平面呈梯形，长1.4、前宽0.5、后宽0.48米。

葬式：人骨架一具，二次葬，头向南，面向上，骨质一般，倾向为男性。头骨下有铜钱3枚。

出土遗物：铜钱3枚。

从CM8出土的货泉、“元祐通宝”和“圣宋元宝”推断其年代应不早于北宋徽宗建中靖国年间，即公元1101年。

（二〇）2006HGC区T6M9（下文简称“CM9”）

CM9位于C区东南部的T6西中部。该墓叠压于第3层下，墓口距地表0.6、墓深2.7米。方向200度。保存完好。

全墓由墓道、墓室两部分组成（图5-1-20；图版三三四，3）。

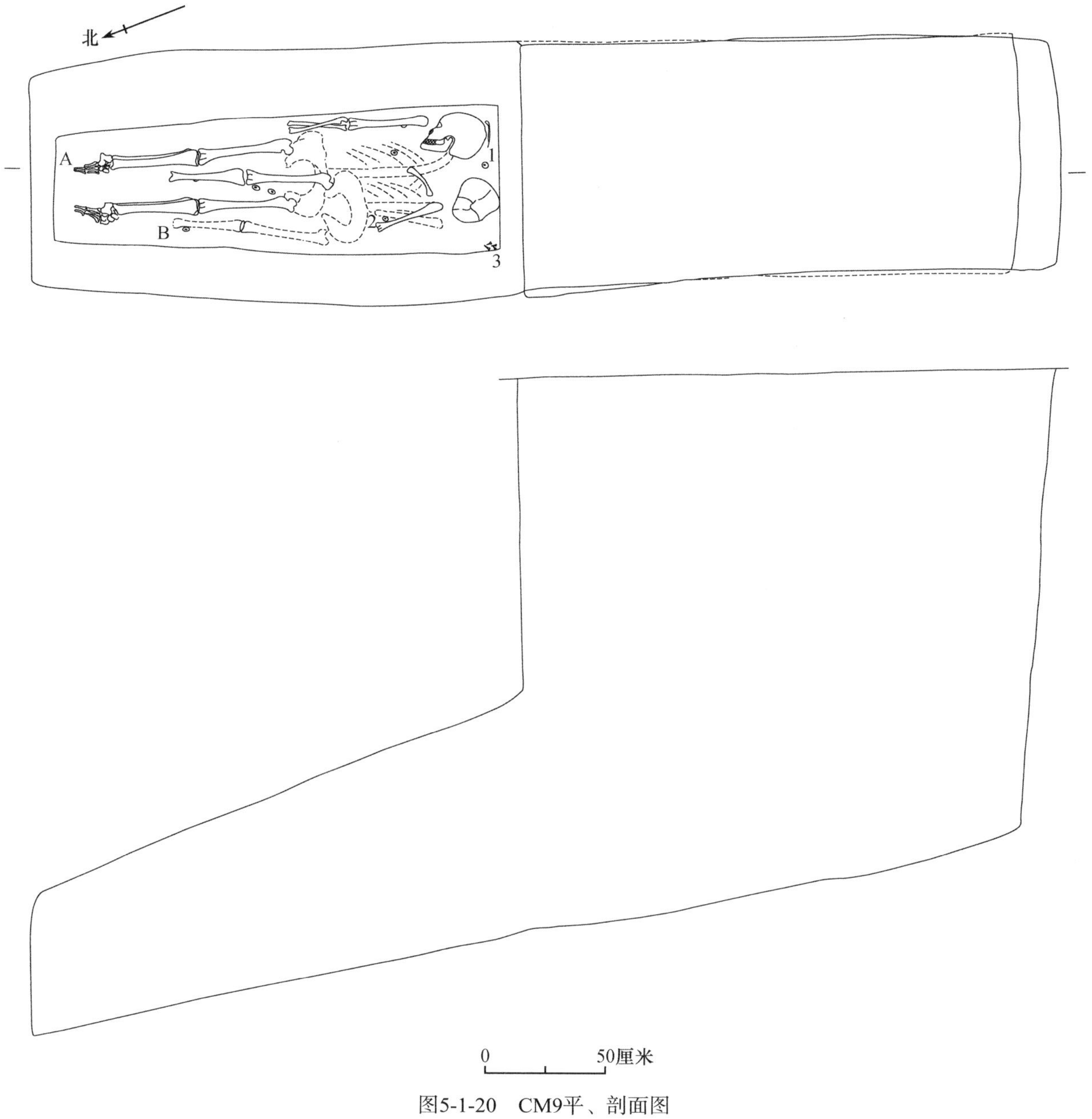

图5-1-20　CM9平、剖面图

1. 铜簪　2. 铜钱（28枚）　3. 铁棺钉（4枚）　A、B. 人骨

墓道：位于墓室南侧中部。平面呈南北长方形，墓道口平面长2.25、宽0.96～1.05米，底面长2.07、宽1～1.03米，深1.9～2.3米。墓道壁面垂直规整，底面呈斜坡状。

墓室：斜平顶直穿土洞结构。平面呈梯形，外宽内窄，长2.05、宽0.87～1.07、洞高0.6～1米。墓室内端底面较外端底面深0.4米，底面呈斜坡状。

葬具：仅见单木棺朽痕，使用铁棺钉。平面呈梯形，长1.85、前宽0.6、后宽0.43米。

葬式：人骨架两具，应为夫妇同棺合葬。棺室内散放铜钱28枚。人骨A为一次葬，居棺室内中间，仰身直肢，头向南，面向上斜向东，骨架完整，骨质较差，倾向为男性，身高1.65米。墓主头上有铜簪1件。人骨B为二次葬，仰身直肢，头向南，面向上，骨质一般，倾向为女性。

出土遗物：3件（组），有铜簪1件、铜钱1组28枚、铁棺钉1组4枚。

从墓葬形制和葬俗判断CM9的年代应属北宋时期。出土铜钱可辨有“开元通宝”3枚、“太平通宝”1枚、“至道元宝”1枚、“祥符通宝”3枚、“祥符元宝”1枚、“天禧通宝”1枚、“天圣元宝”1枚、“皇宋通宝”3枚、“熙宁元宝”3枚、“元丰通宝”2枚、“元祐通宝”1枚、“绍圣元宝”2枚、“圣宋元宝”2枚，另有4件锈蚀严重，钱文不可辨。由此判断CM9的年代应不早于北宋徽宗建中靖国年间，即公元1101年。

（二一）2006HGC区T6M10（下文简称“CM10”）

CM10位于C区东南部的T6西中部。该墓叠压于第3层下，墓口距地表0.6、墓深0.8米。方向10度。保存完好（图5-1-21；图版三三三，3）。

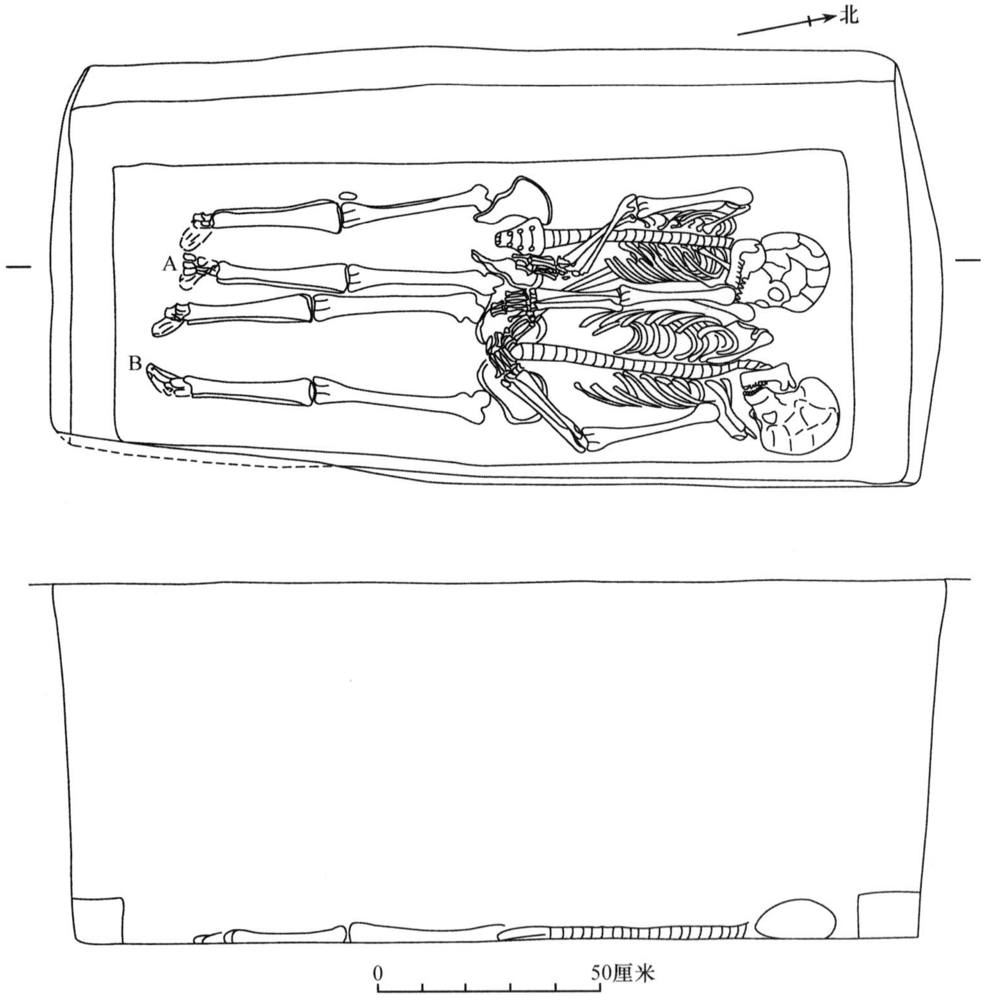

图5-1-21　CM10平、剖面图

长方形土坑竖穴墓，墓口平面长2、宽0.83～0.95米，底面长1.88、宽0.73～0.9米。墓室壁面较垂直规整，底面较为平整。

葬具：仅见单木棺朽痕，平面呈梯形，长1.65、前宽0.7、后宽0.61米。

葬式：人骨架两具，应为夫妇同棺合葬。均为一次葬，仰身直肢，头向北，面向上，女墓主身高1.4米，男墓主身高1.55米。

出土遗物：无。

CM10形制较为特殊，两位墓主为同棺合葬，且均为一次葬，这样现象说明夫妇二人有可能为同时死亡。

根据墓葬形制、葬俗和地层叠压关系，初步判断CM10的年代可能为宋代。

（二二）2006HGC区T11M11（下文简称“CM11”）

CM11位于C区中东部的T11中部。该墓叠压于第3层下，墓口距地表0.6、墓深1.95米。方向202度。保存完好。

全墓由墓道、墓室两部分组成（图5-1-22；图版三三三，4）

墓道：位于墓室南侧中部。平面呈南北长方形，墓道口平面长1.81、宽0.99米，底面长1.71、宽0.86米，深1.35～1.45米。墓道壁面垂直规整，底面呈斜坡状。

墓室：斜平顶直穿土洞结构。平面呈梯形，长1.6、宽0.62～0.94、洞高0.68～0.9米。墓室底面斜，内端较外端深0.3米。

葬具：仅见单木棺朽痕，平面呈梯形，长1.8、前宽0.5、后宽0.4米。由于墓室较短小，木棺没有全部放入墓室，部分在墓道内。

葬式：人骨架一具，位于棺室内中间。一次葬，仰身直肢，头向南，面向上斜向东，骨架完整，骨质较差，倾向为男性，身高1.65米。墓主头右侧有黑瓷罐1件。

出土遗物：仅出土1件黑瓷罐。

根据层位叠压关系和出土遗物形制，初步判断CM11的年代应属宋代。

（二三）2006HGC区T12M13（下文简称“CM13”）

CM13位于C区东中部的T12北中部。该墓叠压于第3层下，墓口距地表0.55、墓深1.5米。方向200度。保存完好（图5-1-23；图版三三五，1）。

长方形土坑竖穴墓，墓口平面长2、宽0.7～0.77米，底面长2.1、宽0.62～0.76米。墓室略向北倾斜。壁面较垂直规整，底面较为平整。

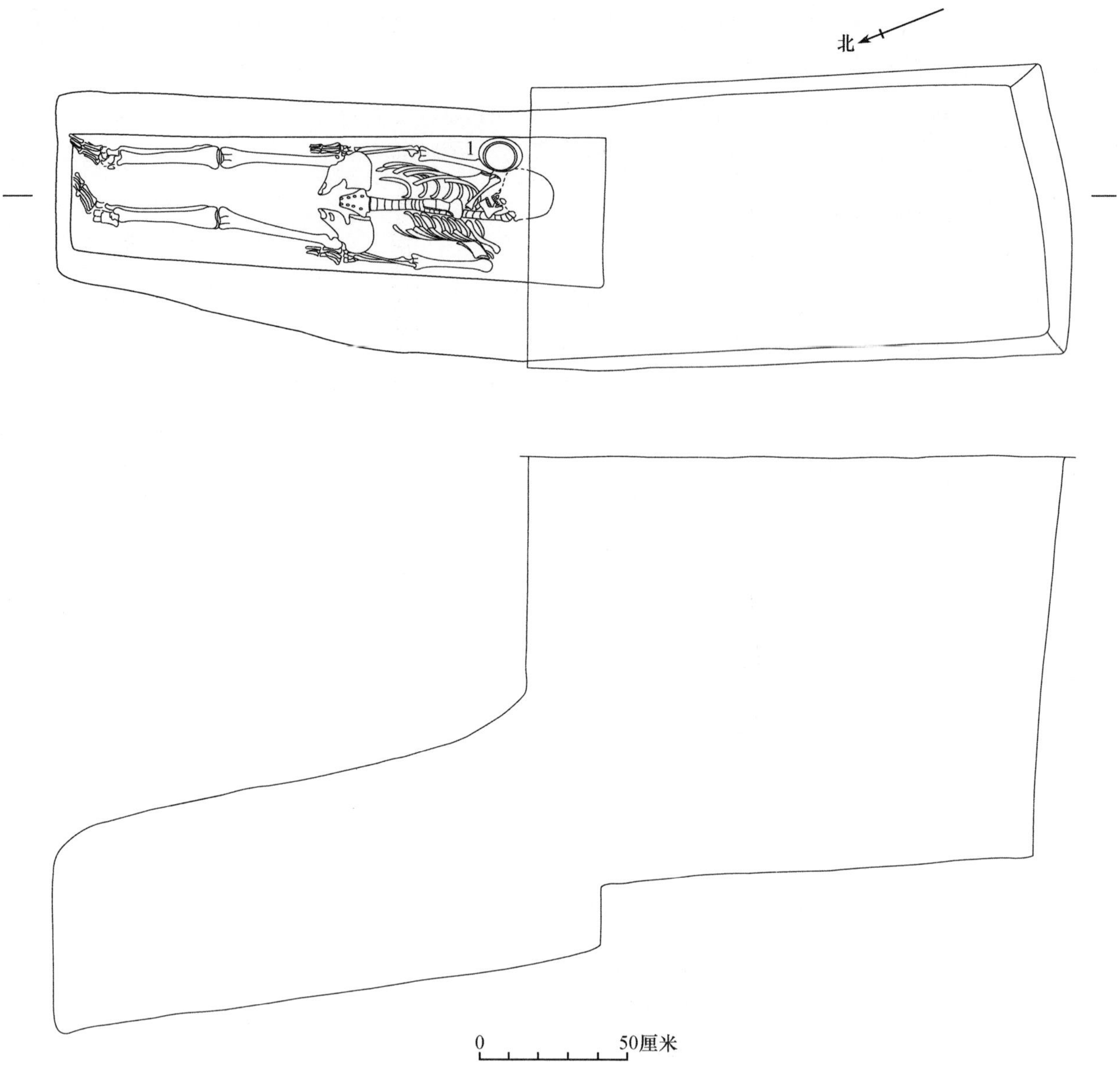

图5-1-22　CM11平、剖面图
1. 黑瓷罐

葬具：仅见单木棺朽痕，平面呈梯形，长1.87、前宽0.53、后宽0.37米。

葬式：人骨架一具，一次葬，仰身直肢，头向南，面向西，骨架完整，骨质较好，倾向为男性，身高1.65米。

出土遗物：无。

根据层位叠压关系和墓葬形制判断CM13的年代为宋代。

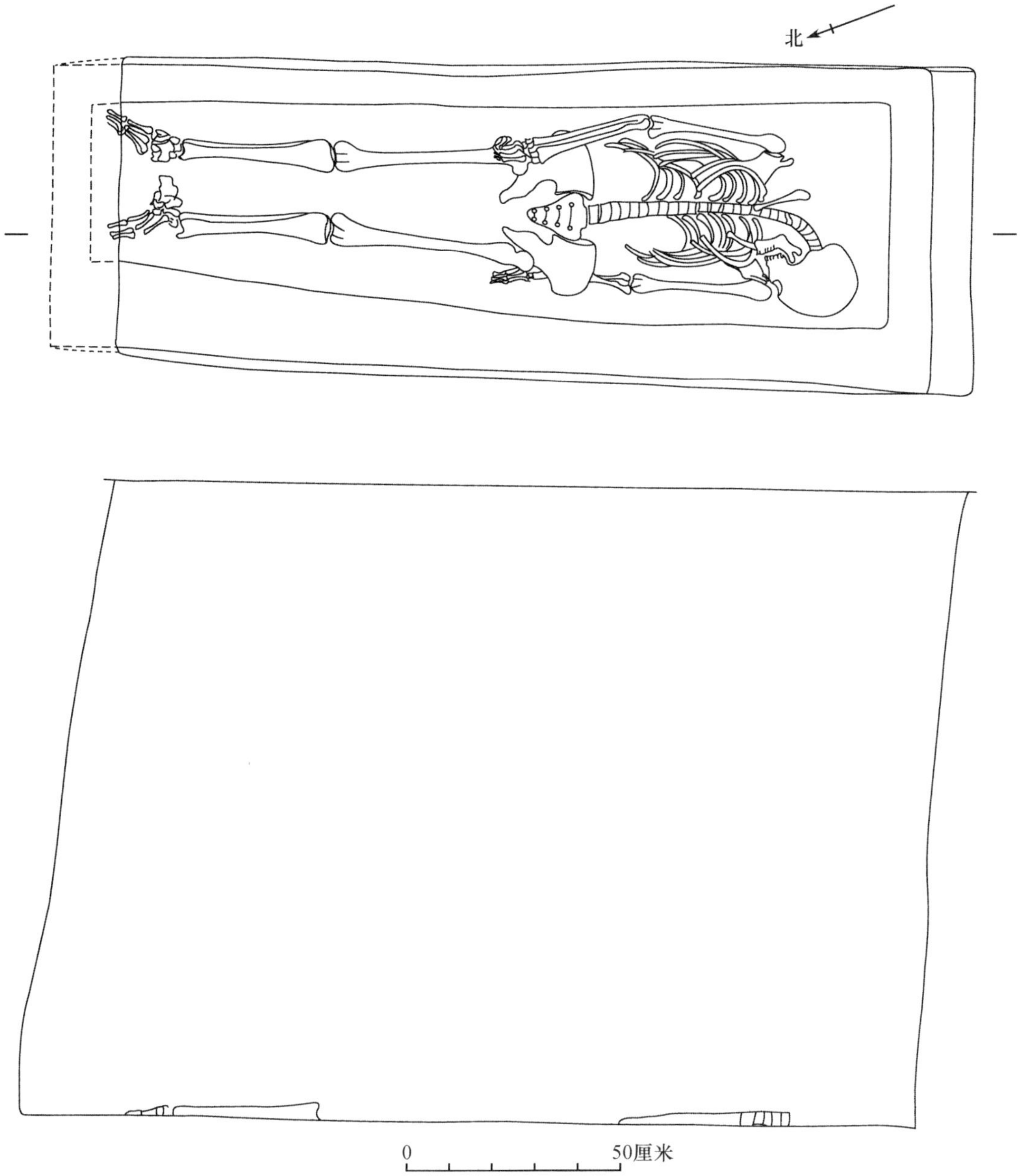

图5-1-23　CM13平、剖面图

（二四）2006HGC区T12M14（下文简称“CM14”）

CM14位于C区东中部的T12南中部。该墓叠压于第3层下，墓口距地表0.55、墓深1.5米。方向200度。保存完好（图5-1-24；图版三三五，2）。

墓道：位于墓室南侧中部。平面呈南北长方形，墓道口平面长2.1、宽0.74～0.8米，底面长1.83、宽0.66～0.84米，深1.9～2.1米。墓道壁面垂直规整，底面呈斜坡状。

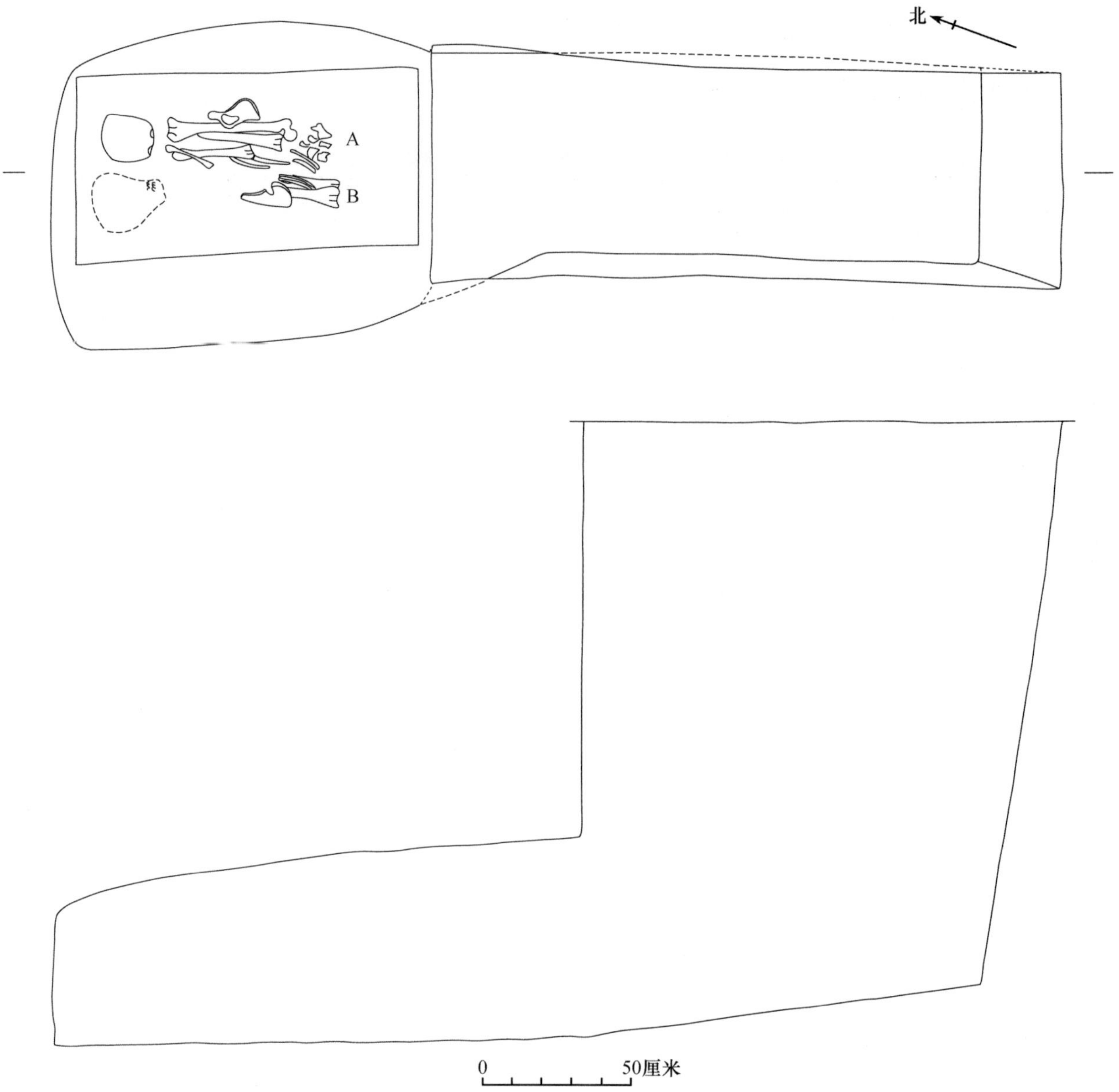

图5-1-24　CM14平、剖面图
A、B. 人骨

墓室：斜平顶土洞结构。平面呈长方形，长1.28、宽0.84～0.95、洞高0.45～0.65米。底面较平整。

葬具：仅见单木棺朽痕，平面略呈长方形，长1.15、前宽0.63、后宽0.6米。

葬式：人骨架两具，应为夫妇同棺合葬。均为二次葬，头向北，骨架不完整，朽蚀严重。

出土遗物：无。

依据层位叠压关系和墓葬形制，初步判断CM14的年代为宋代。

（二五）2006HGC区T13M15（下文简称“CM15”）

CM15位于C区东中部的T13北中部。该墓叠压于第3层下，墓口距地表0.35、墓深2.1米。方向195度。保存完好。

全墓由墓道、封门、墓室三部分组成（图5-1-25；图版三三五，3）。

墓道：位于墓室南侧中部。平面呈“T”字形，墓道口平面长1.92、宽0.93～1.25米，底面长1.85、宽0.82～1.25米，深1.85～1.93米。墓道壁面垂直规整，底面呈斜坡状。

封门：石板封门。位于墓室门外侧，横放一块石板形成门楣，立放一块石板作门板。门板两侧缝隙用鹅卵石填塞。

墓室：斜平顶直穿土洞结构。平面略呈长方形，外宽内窄，长1.6、宽0.65～0.8、洞高0.6～0.9米。底面较为平整。

葬具：仅见单木棺朽痕，平面呈长方形，长1.9、前宽0.65、后宽0.63米。

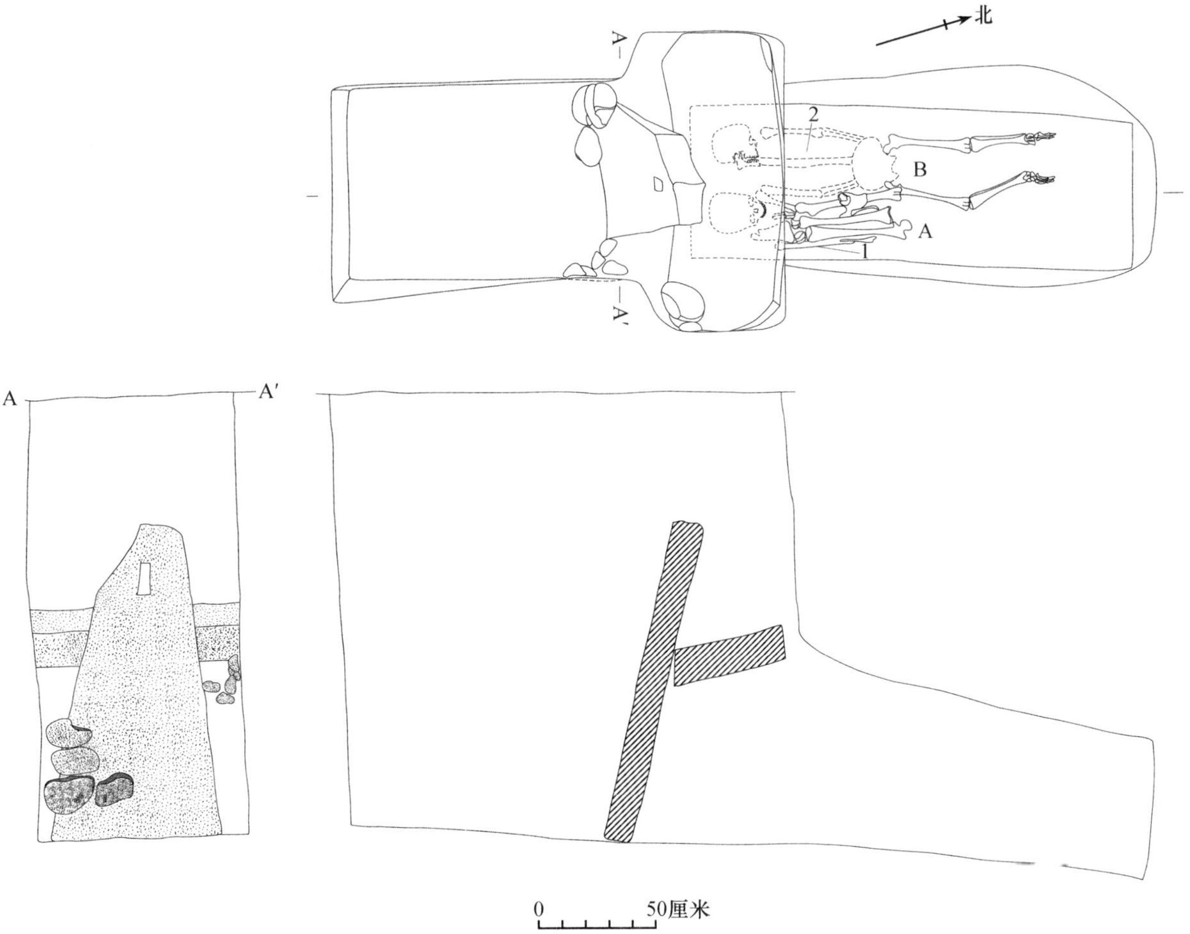

图5-1-25　CM15平、剖面图

1. 铜钱（2枚）　2. 铜钱（4枚）　A、B. 人骨

葬式：人骨架两具，应为夫妇同棺合葬。人骨A为二次葬，头向南，面向上，倾向为女性。身下压2枚铜钱。人骨B为一次葬，位于棺室中间，仰身直肢，头向南，面向上略斜向北，倾向为男性，身高1.6米。身下压4枚铜钱（图版三三五，4）。

出土遗物：仅有铜钱6枚。

依据层位叠压关系和墓葬形制，初步判断CM15的时代为宋代。所出铜钱可辨有“元丰通宝”“崇宁重宝”“大观通宝”“元祐通宝”“宣和通宝”各1枚，另有1枚锈蚀严重，钱文不可辨。由此判断，CM15的年代应不早于北宋徽宗宣和年间，即公元1119～1125年。

（二六）2006HGC区T13M16（下文简称“CM16”）

CM16位于C区东中部的T13西南部。该墓叠压于第3层下，墓口距地表0.6、墓深1.7米。方向200度。保存完好。

全墓由墓道、墓室两部分组成（图5-1-26；图版三三六，1）。

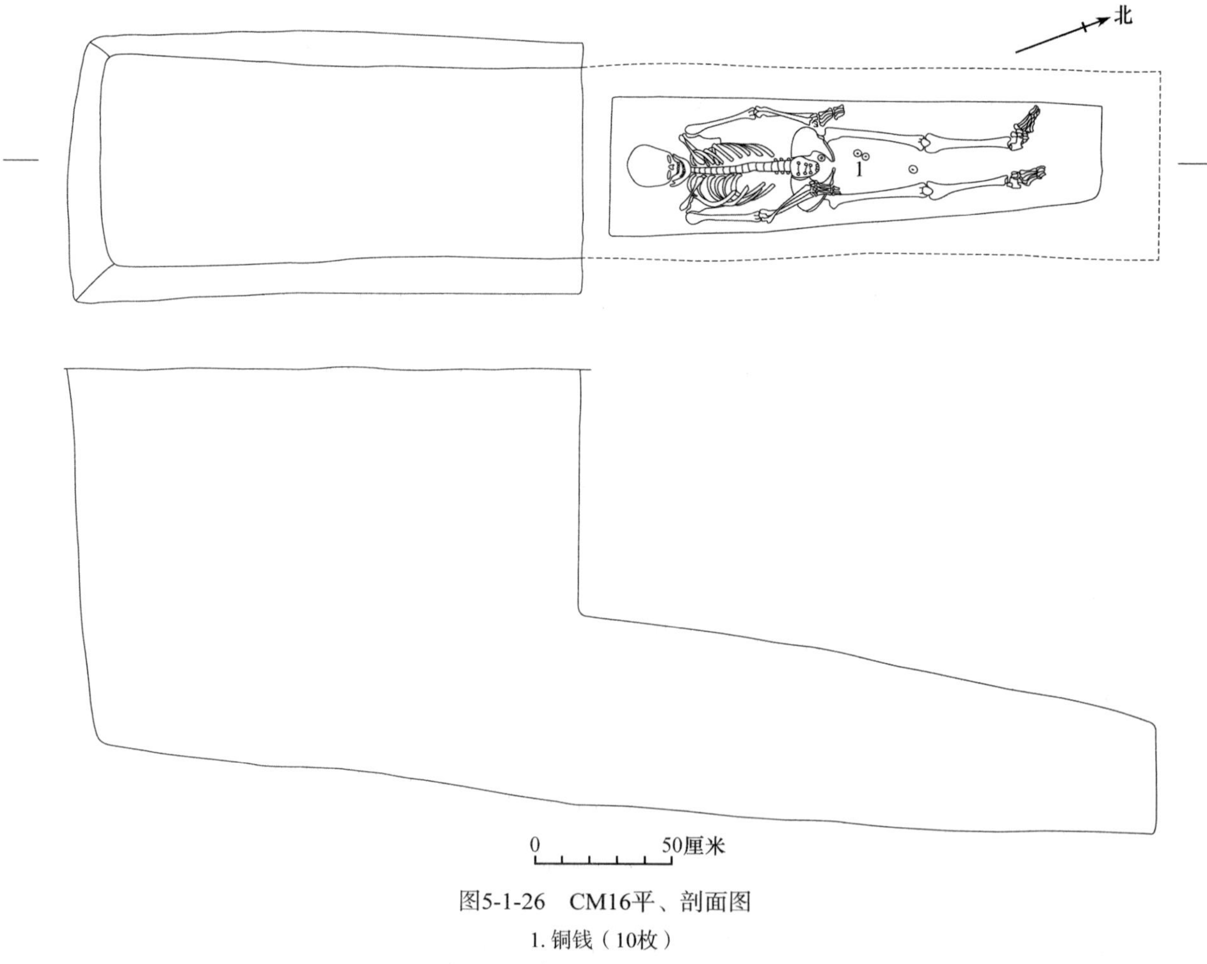

图5-1-26　CM16平、剖面图
1. 铜钱（10枚）

墓道：位于墓室南侧中部。平面呈南北长方形，墓道口平面长1.9、宽0.93米，底面长1.78、宽0.7～0.78米，深1.38～1.6米。墓道壁面垂直规整，底面呈斜坡状。

墓室：斜平顶直穿土洞结构。平面呈长方形，长2.1、宽0.7、洞高0.4～0.7米。底面斜，内端比外端深0.1米。

葬具：仅见单木棺朽痕，平面呈长方形，长1.9、前宽0.65、后宽0.63米。

葬式：人骨架一具，一次葬，位于棺室中间。仰身直肢，头向南，面向上，骨架完整，骨质较好，倾向为女性，身高1.4米。墓主身下散置铜钱10枚。

出土遗物：仅出土铜钱10枚。

依据层位叠压和墓葬形制，初步判断CM16的时代为北宋。出土铜钱可辨有“淳化元宝”“至道元宝”“景德元宝”“皇宋通宝”“元丰通宝”“元祐通宝”各1枚，其余4枚钱文不可辨。从钱币判断，CM16的年代应不早于北宋哲宗元祐年间，即公元1086～1094年。

（二七）2006HGC区T13M17（下文简称“CM17”）

CM17位于C区东中部的T13东南部。该墓叠压于第3层下，墓口距地表0.6、墓深2.07米。方向200度。保存完好。

全墓由墓道、墓室两部分组成（图5-1-27；图版三三六，2）。

墓道：位于墓室南侧中部。平面呈南北长方形，墓道口平面长1.85、宽0.57～0.7米，底面长1.5、宽0.74～0.86米，深1.55～1.68米。

墓室：斜平顶土洞结构。平面近椭圆形，长径1.4、短径1、洞高0.4～0.8米。底面斜，内端比外端深0.27米。

葬具：仅见单木棺朽痕，平面呈长方形，长1.85、宽0.5米。墓室较小，木棺有0.55米长在墓道内。

葬式：人骨架一具，一次葬，位于棺室中间。仰身直肢，头向南，面向上略斜向西，骨架完整，骨质较好，倾向为男性，身高1.6米。墓主身下置铜钱13枚。

出土遗物：仅出土铜钱13枚。

从层位叠压关系和墓葬形制，初步判断CM17的年代应属金代。出土铜钱可辨有“开元通宝”2枚、“天圣元宝”1枚、“皇宋通宝”1枚、“治平元宝”2枚、“元丰通宝”4枚、“元祐通宝”1枚、“大定通宝”1枚，另有1枚钱文不可辨。由此判断，CM17的年代应不早于金世宗大定年间，即公元1161～1189年。

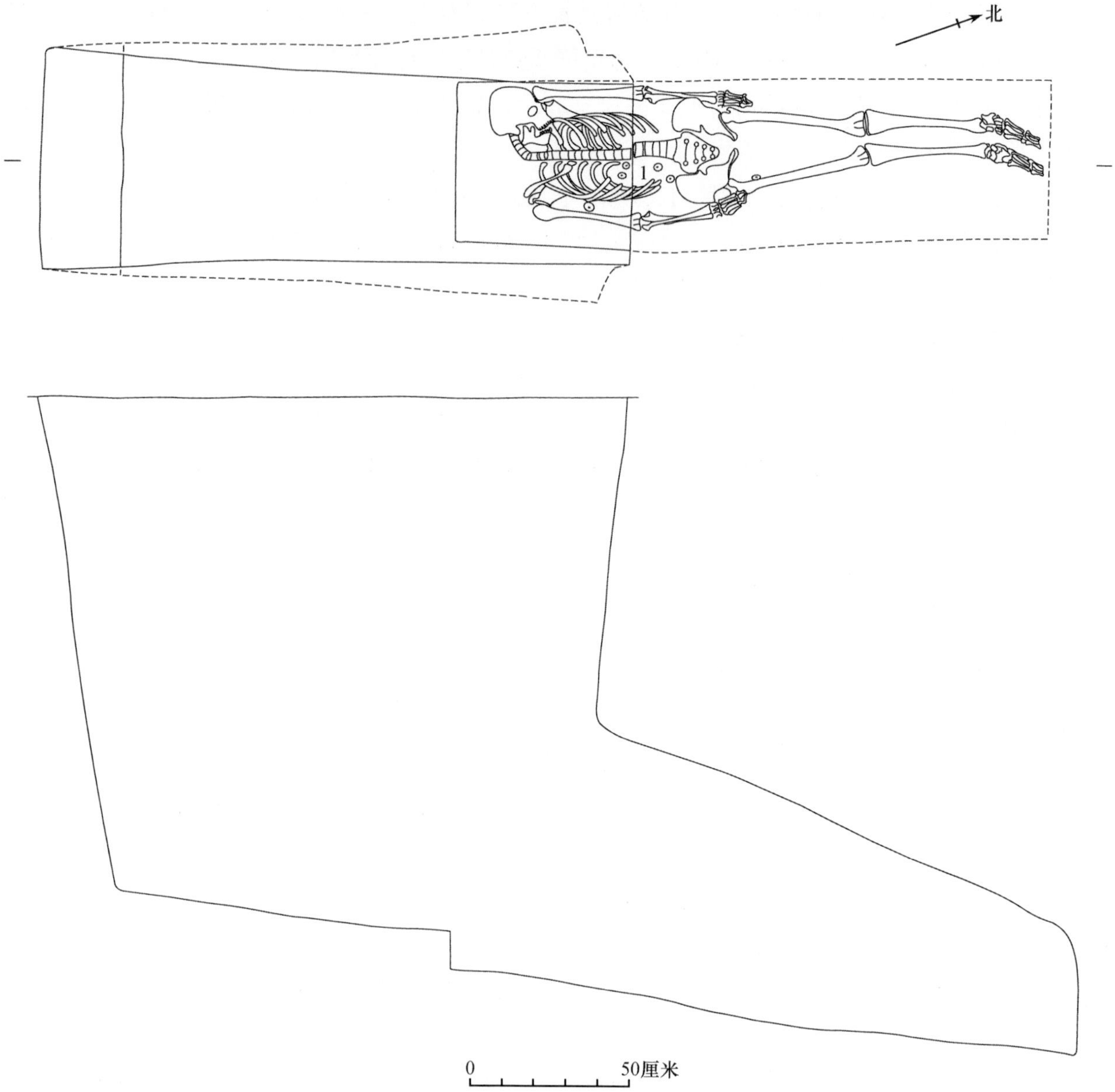

图5-1-27　CM17平、剖面图
1. 铜钱（13枚）

（二八）2006HGC区T14M18（下文简称“CM18”）

CM18位于C区中部的T14中部。该墓叠压于第3层下，墓口距地表0.55、墓深2.35米。方向200度。保存完好。

全墓由墓道、墓室两部分组成（图5-1-28；图版三三六，3）。

墓道：位于墓室南侧中部。平面呈南北长方形，墓道口平面长1.75、宽0.76～0.82米，底面

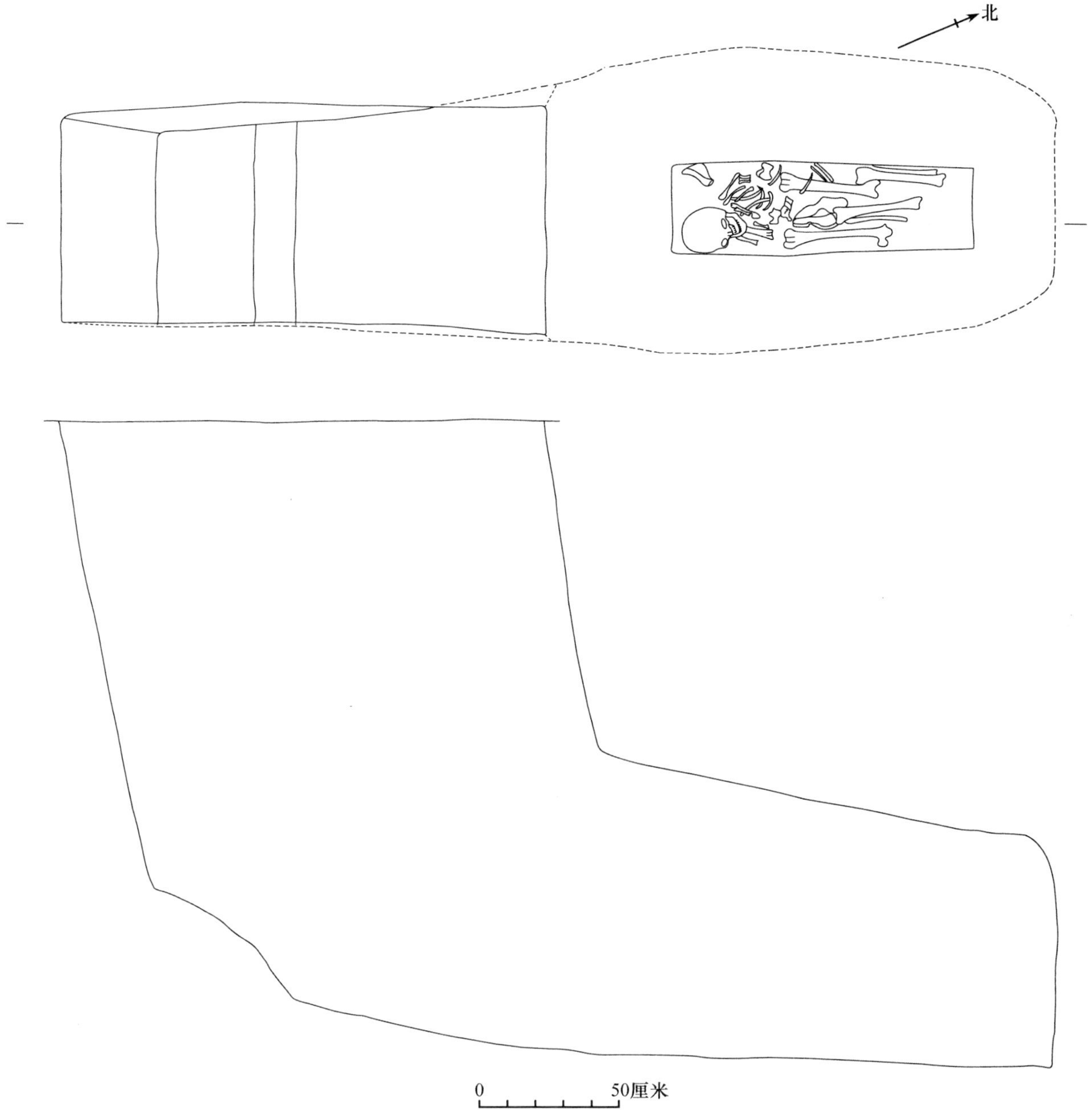

图5-1-28　CM18平、剖面图

长1.4、宽0.72～0.93米，深1.7～2.28米。

墓室：斜平顶土洞结构。平面近圆角长方形，外宽内窄，长1.85、宽0.65～1、洞高0.85～1.1米。底面较为平整，内端比外端深0.05米。

葬具：仅见单木棺朽痕，平面呈长方形，长1.1、前宽0.32、后宽0.29米。

葬式：人骨架一具，位于棺室中间。二次葬，头向南，面向上，骨架完整，骨质较好，倾向为女性。

出土遗物：无。

依据层位关系和墓葬形制，初步判断CM18的时代可能为宋代。

（二九）2006HGC区T11M22（下文简称“CM22”）

CM22位于C区中东部的T11西中部。该墓叠压于第3层下，墓口距地表0.6、墓深1.75米。方向193度。保存完好。

全墓由墓道、墓室两部分组成（图5-1-29；图版三三六，4）。

墓道：位于墓室南侧中部。平面呈南北长方形，墓道口平面长2.08、宽0.98～1.08米，底面长1.8、宽0.87～0.9米，深1.6～1.65米。

墓室：斜平顶直穿土洞结构。平面呈长方形，长2.2、宽0.9～0.95、洞高0.65～0.8米。底面呈斜坡状，内端较外端深0.1米。

葬具：仅见单木棺朽痕，平面呈梯形，长1.85、前宽0.64、后宽0.52米。

葬式：人骨架两具，应为夫妇同棺合葬。人骨A为二次葬，位于木棺左侧，头向南，骨架较完整，骨质一般，倾向为女性。人骨B为一次葬，位于木棺右侧，仰身直肢，头向南，面向上略斜向西，骨架完整，骨质较差，倾向为男性，身高1.65米。

出土遗物：无。

依据层位叠压关系和墓葬形制，初步判断CM22的时代为宋代。

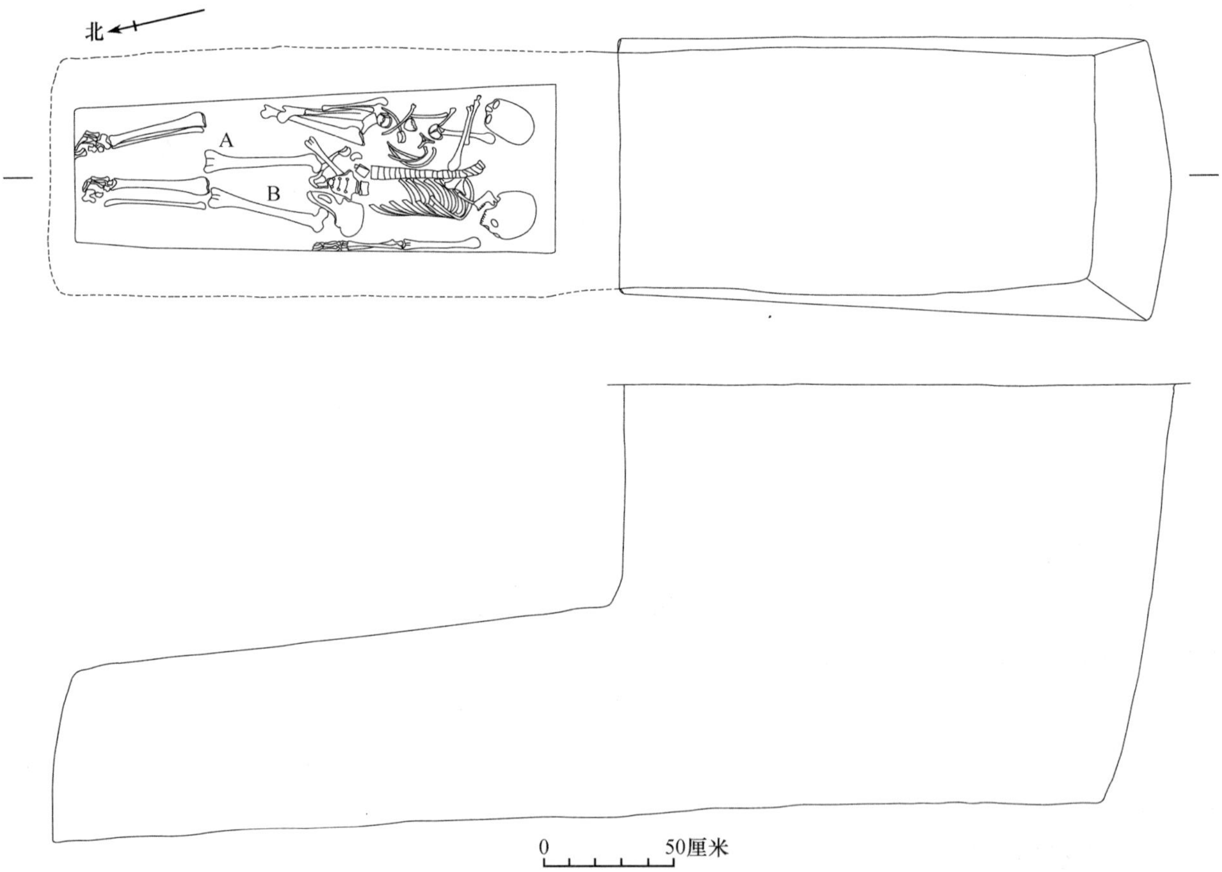

图5-1-29　CM22平、剖面图

A、B. 人骨

（三〇）2006HGC区T5M23（下文简称“CM23”）

CM23位于C区东南部的T5东北隅。该墓叠压于第3层下，墓口距地表0.6、墓深2.6米。方向196度。保存完好。

全墓由墓道、墓室两部分组成（图5-1-30；图版三三六，5）。

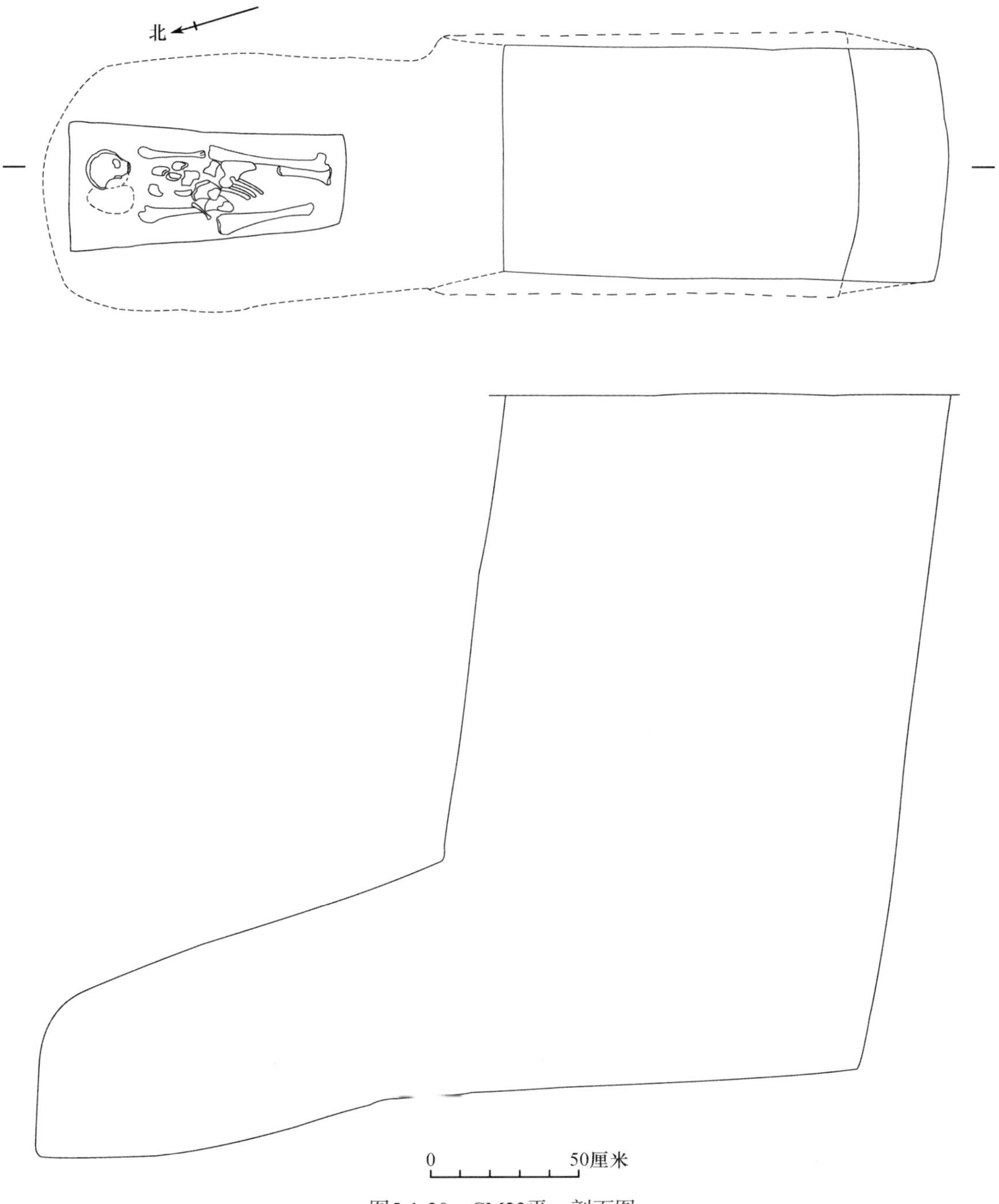

图5-1-30　CM23平、剖面图

墓道：位于墓室南侧中部。平面呈南北长方形，墓道口平面长1.5、宽0.76～79米，底面长1.4、宽0.88～0.9米，深2.3～2.38米。

墓室：斜平顶直穿土洞结构。平面略呈长方形，长1.25、宽0.78～0.82、洞高0.55～0.79米。底面呈斜坡状，内端较外端深0.2米。

葬具：仅见单木棺朽痕，平面呈梯形，长0.93、前宽0.44、后宽0.3米。

葬式：人骨架两具，应为夫妇同棺合葬。均为二次葬，头向北，骨架不完整，骨质较差。

出土遗物：无。

根据层位叠压关系和墓葬形制，初步判断CM23的年代可能为宋代。

二、遗　　物

有陶器、瓷器、铜器、铁器、水晶饰品和钱币。

（一）陶器

宋代墓葬出土陶器较少，仅有2件陶罐、1件绿釉陶枕和5件板瓦。

1. 罐

共2件，器物较小。

标本AM65：9，泥质灰陶。直口，方唇，折肩，斜腹，平底，腹径大于器高，最大径在肩部。颈部有两周凹弦纹，腹部有断续凹弦纹。口径8.9、腹径12.6、底径6.4、高9.7厘米（图5-1-31，2；图版三三七，1）。

标本BM10：4，泥质灰陶。体态浑圆，侈口，沿略下斜，尖圆唇，矮颈，圆肩，鼓腹，最大径位于腹中部，且腹径大于器高，平底。素面，轮制。口径10.5、腹径15.4、底径8.1、高11.6厘米（图5-1-31，1；图版三三七，2）。

2. 绿釉陶枕

1件。

标本AM65：1，泥质红陶胎。倒马蹄形，底部稍小，枕面外缘较高，内缘直边低凹。枕面有四条划线纹框，中间有花草纹。长31、宽22.8、高11厘米（图5-1-31，3；图版三三七，3）。

3. 板瓦

5件。均出自AM80，位于墓主人头下，应是作头枕使用。

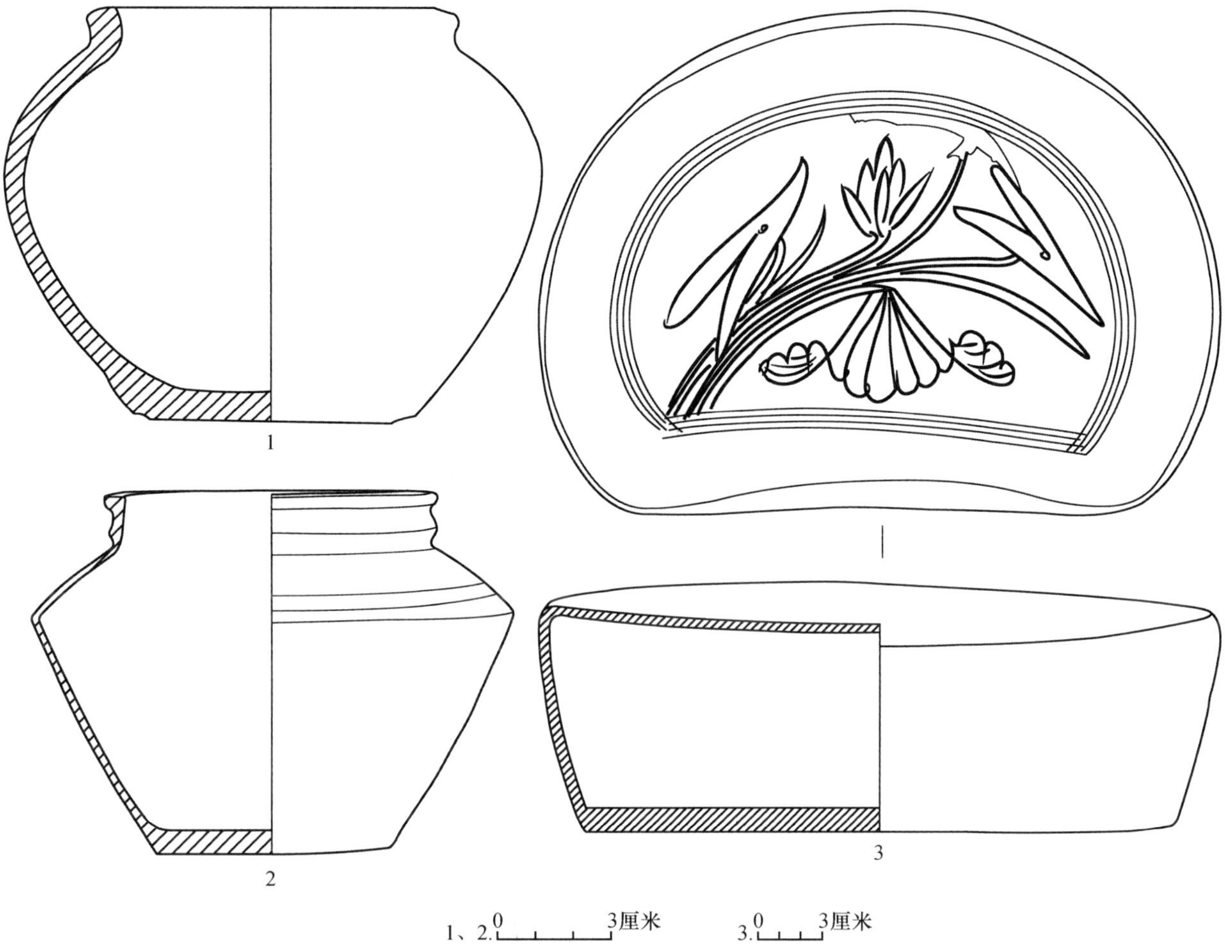

图5-1-31　陶器

1、2. 陶罐（BM10：4、AM65：9）　3. 绿釉陶枕（AM65：1）

（二）瓷器

共23件，有碗、盏、执壶、枕、罐等，釉色以白色为主，另有少量黑釉、酱釉、黄釉等。

1. 碗

3件。敞口，均施半釉。依腹部深度差异分二型。

A型：2件，腹较浅。

标本AM64：2，器壁较厚，圆唇，假圈足。灰白色胎，上半部与内壁施黄釉。口径19、底径11.2、高6.4厘米（图5-1-32，1；图版三三八，1）。

标本BM10：5，腹稍深，腹壁斜，假圈足略外撇。灰白色粗胎，内壁及外壁上腹部施乳白色釉。口径18.3、底径7.6、高6.8厘米（图5-1-32，2；图版三三八，3）。

B型：1件，腹较深。

标本BM10：2，腹壁缓收，假圈足略外撇，足底外部向内斜收进一周。器身内壁施乳白色

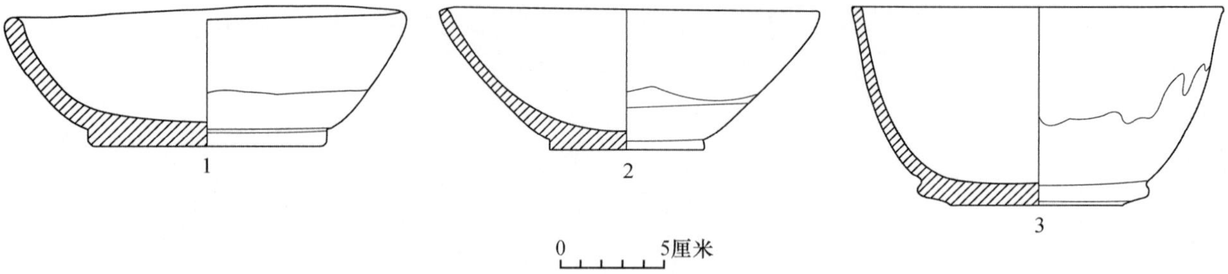

图5-1-32　瓷碗

1、2. A型（AM64：2、BM10：5）　3. B型（BM10：2）

釉，上部釉较厚，下部釉较薄，外壁上腹部施乳白色和酱色釉，下腹部露红色粗胎。轮制。口径16.5、底径10.4、高9厘米（图5-1-32，3；图版三三八，2）。

2. 盏

共9件。敞口，浅腹。均施半釉，以白釉居多，其次为黄釉，偶见酱色釉、浅灰色釉和浅褐色釉。依圈足形制不同分二型。

A型：6件，假圈足。

标本AM64：1，尖唇，足外撇。灰白色胎，上半部与内壁施白釉。口径14、底径8.1、高3.6厘米（图5-1-33，1；图版三三八，4）。

标本AM64：4，器壁较厚，圆唇。上半部与内壁施乳白色釉，下半部露灰色胎。口径13.6、底径7.6、高4.3厘米（图5-1-33，2；图版三三八，5）。

标本AM64：5，器壁较厚，圆唇。上半部与内壁施乳白色釉，下部露灰白色胎。口径14.1、底径7.8、高4.6厘米（图5-1-33，3；图版三三八，6）。

标本BM10：3，口沿外凸一周，腹壁缓收。上腹部及器身内壁施乳白色釉，下腹部露粗白色胎。轮制。口径12.6、底径5.2、高4厘米（图5-1-33，4；图版三三九，1）。

标本BM10：6，腹壁缓收，足略外撇。内壁有乳白色釉，外壁上部施乳白、浅灰、浅褐色釉，下腹部露粗白色胎。轮制。口径12.3、底径5、高3.9厘米（图5-1-33，5；图版三三九，2）。

标本BM32：1，腹壁斜收，足略外撇，足底部向内斜收，内底下凹。内壁及外壁上部均施乳黄色釉并有冰裂纹，内壁近底部有一周环带胎，外壁近底部露白色胎。轮制。口径11、底径4.9、高3.3厘米（图5-1-33，6；图版三三九，3）。

B型：3件，矮圈足。

标本BM18：3，腹壁斜收，内壁底部下凹一周，圈足外撇，圈足底部向内斜收一周。内壁及外壁上部施乳黄色釉，外壁近底部露白色胎。轮制。口径11、圈足径5、高4.1厘米（图5-1-33，7；图版三三九，4）。

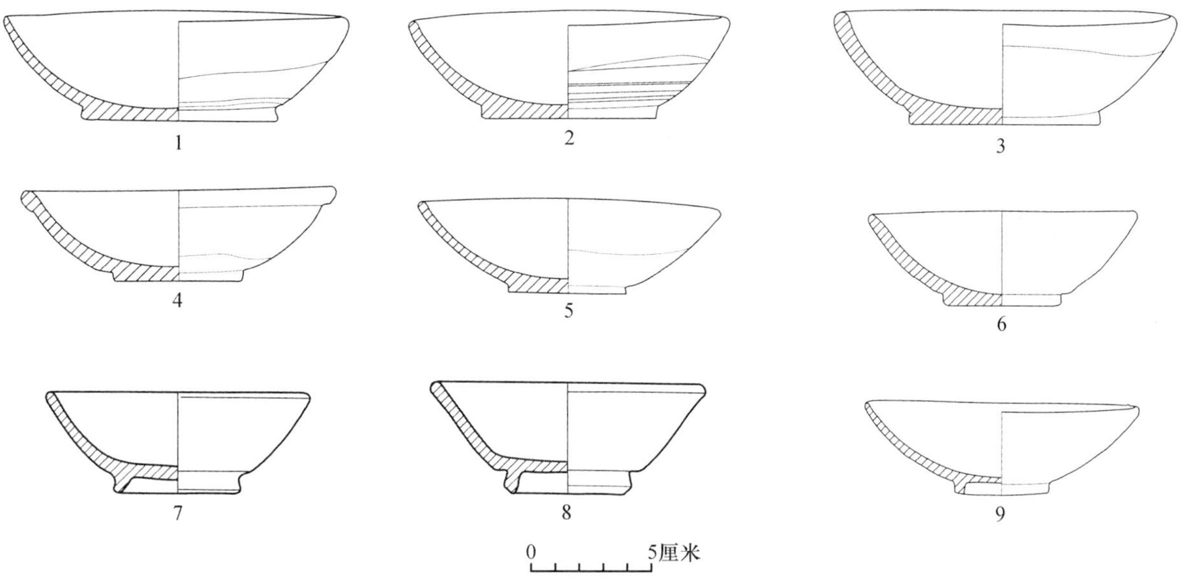

图5-1-33　瓷盏

1～6. A型（AM64：1、AM64：4、AM64：5、BM10：3、BM10：6、BM32：1）　7～9. B型（BM18：3、BM18：1、BM19：1）

标本BM18：1，腹壁斜收，内壁底部下凹一周，圈足略外撇，圈足底部向内斜收一周。内壁及外壁上部施乳黄色釉，外壁近底部露白色胎。轮制。口径11.3、圈足径4.9、高4.6厘米（图5-1-33，8；图版三三九，5）。

标本BM19：1，尖圆唇，弧腹。内壁与外壁施乳黄色釉，釉层上遍布开片，釉面光滑，腹下部露白色胎。口径11.3、圈足径3.9、高3.7厘米（图5-1-33，9；图版三三九，6）。

3. 执壶

有2件。

标本AM64：3，筒口外侈，外卷唇，高颈，上部稍大，椭圆腹，平底，假圈足，颈下有一上斜乳状流，流口对侧执手残，颈下两耳残。壶身施黄釉，下部露灰色胎。口径8～8.4、腹径15.7、底径10、高23.6厘米（图5-1-34，1；图版三三七，4）。

标本BM10：1，直口，长颈，椭圆形腹，最大径位于腹中部，流位于颈肩交接处，较粗短，流管为圆形，执手残，位于肩颈处和腹部，假圈足，圈足底部向内斜收一周。肩部、颈部施乳黄色釉，器身下部三分之二露红胎。轮制。口径5.3、腹径14.4、底径8.4、高24.8厘米（图5-1-34，2；图版三三七，5）。

4. 枕

仅1件。

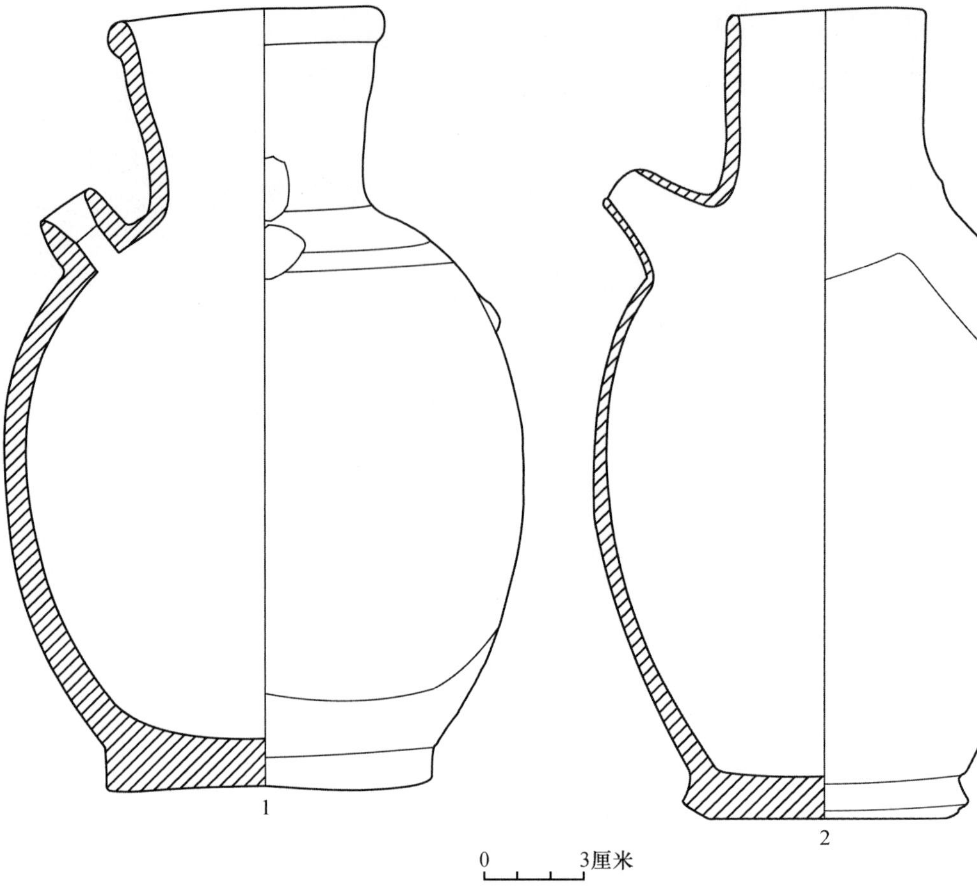

图5-1-34　瓷执壶
1. AM64：3　2. BM10：1

图5-1-35　瓷枕（BM18：5）

标本BM18：5，器物较小，倒马蹄形，底部稍小，枕面稍大且下凹，内缘稍低。枕面有棕灰色团花纹，周围有弧钩纹。乳白色瓷。长20.2、宽14、高8.2厘米（图5-1-35；图三四〇，1、2）。

5. 罐

有7件。

标本AM66：1，侈口，圆唇，直颈，扁圆腹，矮圈足。外施白釉，腹底部无釉，胎质灰白。口径10、腹径11.8、圈足径6.2、高10.1厘米（图5-1-36，1；图版三四〇，3）。

标本AM65：2，器形浑圆，敛口，圆唇，圆腹，矮圈足，腹径大于器高，最大径在中腹部。胎质较细，通身施白釉。口径6、腹径10.8、圈足径6.1、高9厘米（图5-1-36，2；图版三四〇，4）。

标本BM19：2，口微侈，尖唇，束颈，肩部两侧附对称耳，已残，鼓腹，下腹弧收，矮圈足。腹部有两周凹槽。内壁与器表施白釉，呈乳白色，釉面较光滑，腹下部露白色胎。轮制。口径10.7、腹径11.7、圈足径6.5、高8.2厘米（图5-1-36，6；图版三四〇，5）。

标本AM49：1，敛口，口下内凹一周，圆肩，弧腹，假圈足外撇，最大径在肩腹部，颈肩部有两个对称穿孔耳，耳残。上半部施酱釉，下半部露酱色胎，胎质粗糙。口径12.5、腹径17、底径9.3、高13.1厘米（图5-1-36，4；图版三四〇，6）。

标本BM18：4，侈口，平沿，圆唇，圆肩，鼓腹，腹径大于器高，且最大径位于腹中部，矮圈足略外撇，圈足底部向内斜收一周。器身内壁及外壁上部施白釉，外壁下腹部露白色胎。轮制。口径9.1、腹径11.2、圈足径6.5、高6.9厘米（图5-1-36，3；图版三四一，1）。

标本CM11：1，口微敛，圆唇，扁圆腹，下腹弧收，矮圈足，肩部两侧有对称耳。器内与器壁大部分有黑釉，仅近底部与圈足处露白色胎。轮制。口径10.8、腹径14、圈足径5.7、高8.8厘米（图5-1-36，5；图版三四一，2）。

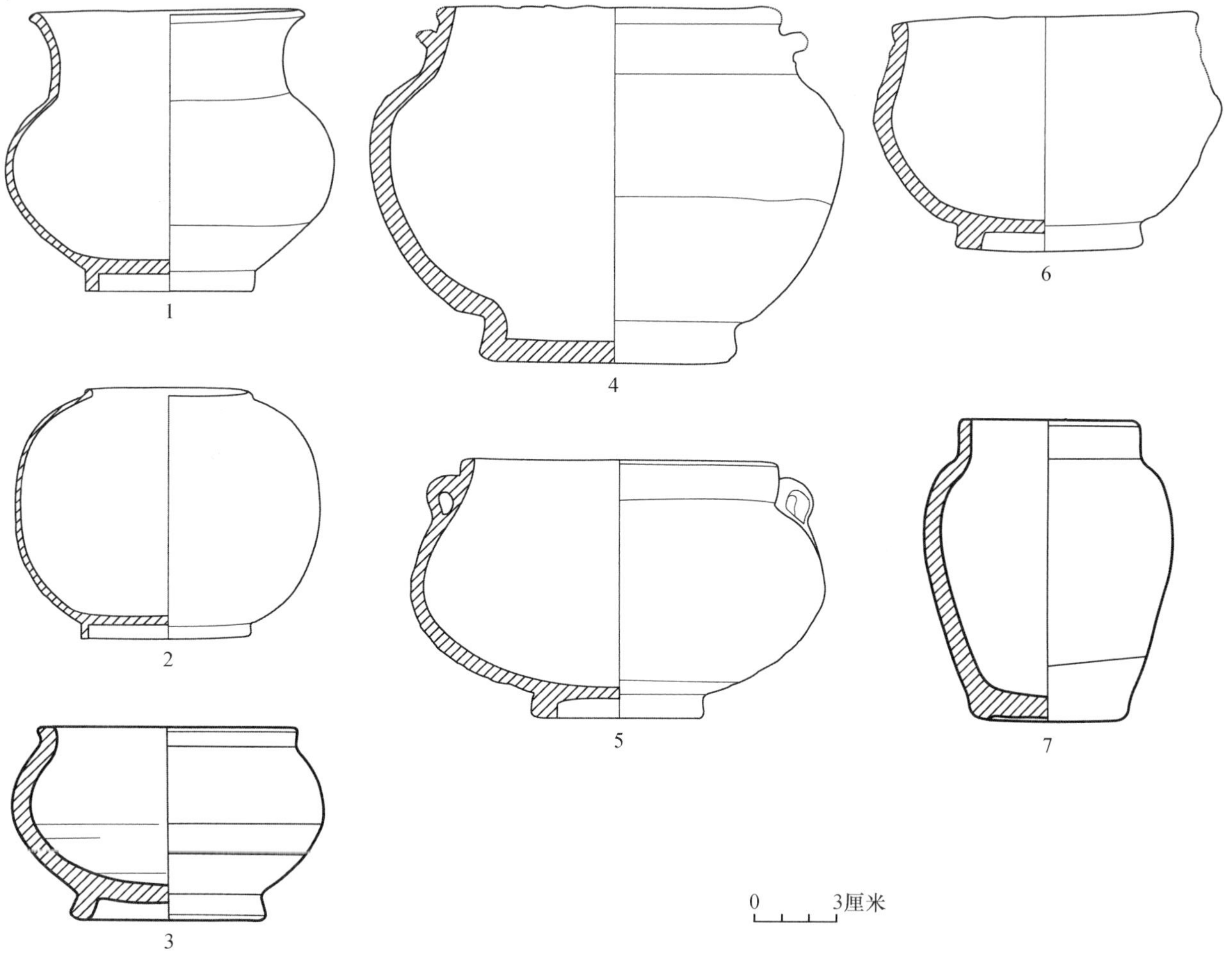

图5-1-36　瓷罐

1. AM66：1　2. AM65：2　3. BM18：4　4. AM49：1　5. CM11：1　6. BM19：2　7. AM80：1

标本AM80：1，直口，溜肩，弧腹，矮圈足。器身施黑釉，腹下部露胎。口径6.4、腹径8.7、圈足径5.8、高10.9厘米（图5-1-36，7；图版三四一，3）。

（三）铜器

共4件，有钗、簪和扣。

1. 钗

共2件。保存完整，形制相似，均为一根粗铜丝从中间折回。

标本AM65：4，长15.8厘米（图5-1-37，1；图版三四二，1）。

标本BM18：2，长21.5厘米（图5-1-37，2；图版三四二，2）。

2. 簪

仅有1件。

标本CM9：1，整体为细长铜片，一端尖，一端作圆勺状簪首，簪身弧。长13.3厘米（图5-1-37，3；图版三四二，3）。

3. 扣

仅有1件。

标本BM34：3，扣体残缺严重，形制不辨。

（四）铁器

数量较少，主要是棺构件。

1. 吊环

共8件。分别出自AM65和AM66，每墓各出土4件，对称分布在棺的四角，推测原应嵌在棺木之上，作为抬棺、下棺入墓室之用。

这8件铁棺饰形制相同，均是在断面呈圆角方形的圆环上有一“U”形环钉。

标本AM65：7，圆环外径11.2、钉残长8厘米（图5-1-37，4）。

标本AM66：5，圆环外径9.5、钉残长7.1厘米（图5-1-37，7）。

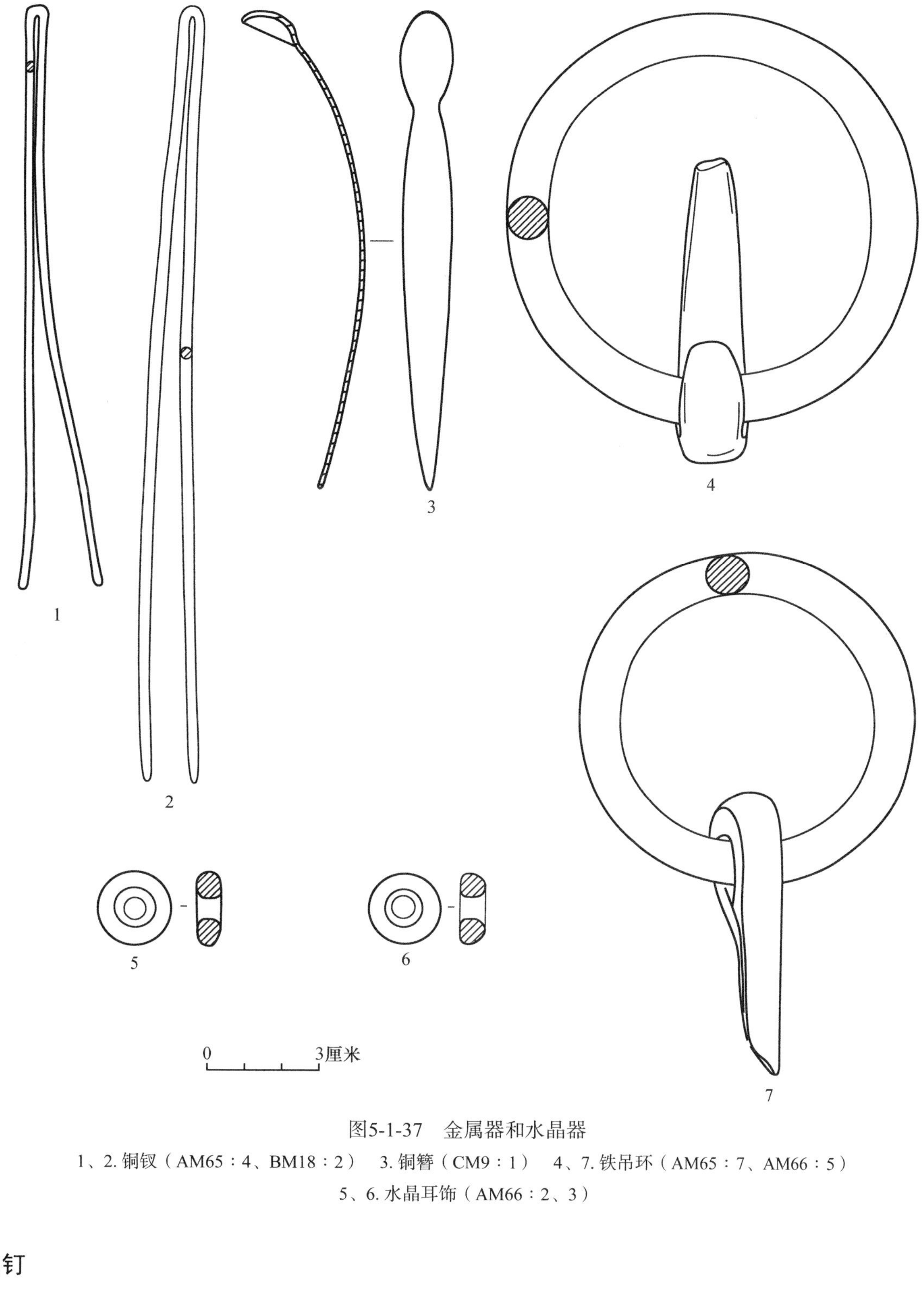

图5-1-37　金属器和水晶器

1、2. 铜钗（AM65：4、BM18：2）　3. 铜簪（CM9：1）　4、7. 铁吊环（AM65：7、AM66：5）
5、6. 水晶耳饰（AM66：2、3）

2. 棺钉

有方形钉身和圆形钉身两种形制，以方形钉身占多数。

标本CM9：3，钉身呈方形，上粗下细，钉帽歪于一侧。长10厘米。

（五）水晶饰品

仅有2件，为1对水晶耳饰，均出自AM66。白色透明。形制、大小均相同，圆形，一面稍平，一面圆鼓，中心有一圆孔，孔边缘向内斜收。

标本AM66：2，直径1.9、孔径0.6、厚0.7厘米（图5-1-37，5；图版三四二，4）。

标本AM66：3，直径1.9、孔径0.6、厚0.7厘米（图5-1-37，6；图版三四二，5）。

（六）钱币

数量较少，详见表5-1。

标本BM10：7a，“淳化元宝”，旋读，行书（图5-1-38，1）。

标本AM66：9a，“皇宋通宝”，直读，真书（图5-1-38，2）。

标本AM66：9b，“元丰通宝”，旋读，行书（图5-1-38，3）。

标本CM8：1，“元祐通宝”，旋读，行书（图5-1-38，4）。

标本CM9：2a，“绍圣元宝”，旋读，篆书（图5-1-38，5）。

标本AM66：9c，“圣宋元宝”，旋读，篆书（图5-1-38，6）。

标本AM66：9d，“大观通宝”，直读，真书（图5-1-38，7）。

标本CM17：1a，“大定通宝”，直读，真书（图5-1-38，8）。

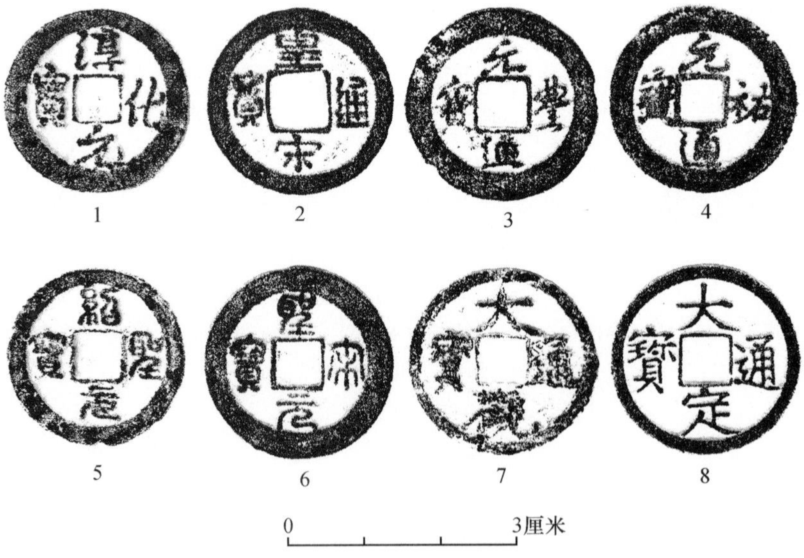

图5-1-38　宋墓出土铜钱拓本

1.“淳化元宝”钱（BM10：7a）　2.“皇宋通宝”钱（AM66：9a）　3.“元丰通宝”钱（AM66：9b）　4.“元祐通宝”（CM8：1）　5.“绍圣元宝”钱（CM9：2a）　6.“圣宋元宝”钱（AM66：9c）　7.“大观通宝”钱（AM66：9d）　8.“大定通宝”钱（CM17：1a）

表5-1 宋代墓葬出土部分钱币统计表

器号	名称	钱径（厘米）	穿径（厘米）	郭宽（厘米）	郭厚（厘米）	内厚（厘米）	重量（克）
BM10：7a	淳化元宝	2.5	0.5	0.3	0.17	0.1	5.3
AM66：9a	皇宋通宝	2.49	0.7	0.3	0.13	0.1	3.4
AM66：9b	元丰通宝	2.57	0.6	0.4	0.13	0.1	3.4
CM8：1	元祐通宝	2.48	0.5	0.3	0.12	0.08	3.7
CM9：2a	绍圣元宝	2.4	0.6	0.25	0.16	0.1	4.4
AM66：9c	圣宋元宝	2.52	0.6	0.3	0.1	0.05	2.9
AM66：9d	大观通宝	2.47	0.6	0.2	0.16	0.11	4.5
CM17：1a	大定通宝	2.52	0.6	0.2	0.13	0.08	3.3

第二节 明代墓葬

一、墓葬介绍

仅有1座（2006HGA区T25M52，下文简称“AM52”）。

AM52位于A区中部的T25东中部。该墓叠压于第2层下，墓口距地表0.4、墓深3.2米。方向164度。保存完好。

全墓由墓道、甬道、墓室三部分组成（图5-2-1；图版三四三，1）。

墓道：位于墓室南侧中部。平面呈梯形，墓道口平面长2.3、宽0.62～0.82米，底面长2.1、宽0.64～1.04米，深2.6～2.84米。墓道壁面垂直规整，底面呈斜坡状。

甬道：位于墓室南侧中部。拱顶土洞结构，平面呈长方形，底面宽0.82、进深0.2、洞高1.5米。

墓室：拱顶土洞结构。平面近梯形，外窄内宽，长2.2、宽1.26～1.4、洞高1.54～1.64米。底面内深外浅，略呈斜坡状。

葬具：木棺两副。棺1位于墓室右侧，平面呈梯形，长1.82、前宽0.6、后宽0.46米。棺2位于墓室左侧，平面呈长方形，长1.76、宽0.54米。

葬式：人骨架两具，应为夫妇合葬。棺1内人骨为一次葬，仰身直肢，头向北，面向上，骨架完整，骨质一般。倾向为女性，身高1.5米。人骨口含1枚铜钱，棺上中间有1件小黑瓷罐，罐底有模印阳文“叙”字，罐下压1块板瓦，瓦上有朱彩道符，朱彩脱落严重，棺1南端有3块青砖。棺2内墓主为一次葬，仰身直肢，头向北，面向上略偏西，骨架完整，骨质较差（图版三四三，2）。倾向为男性，身高1.6米。棺上南端扣放1块板瓦，瓦上有朱彩道符，朱彩脱落严重。

出土遗物：有瓷罐1件、板瓦2件，另有1枚“万历通宝”铜钱。

由层位叠压关系、墓葬形制及出土遗物，初步推断AM52的年代应属明代。

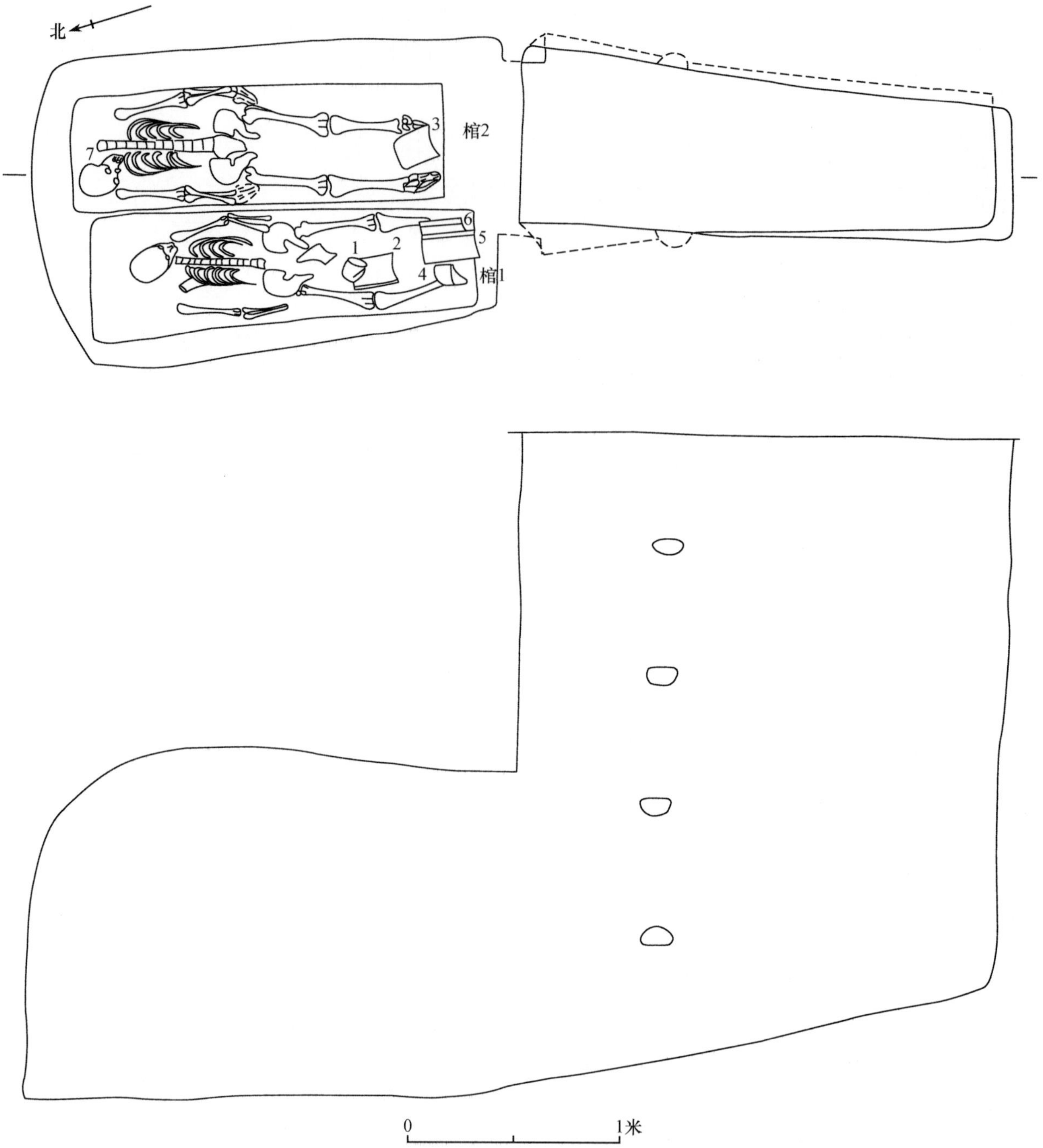

图5-2-1　AM52平、剖面图
1. 瓷罐　2、3. 朱符板瓦　4～6. 砖　7. 铜钱

二、遗　　物

共有4件，有瓷罐、朱符板瓦和铜钱。

1. 瓷罐

仅1件。

标本AM52：1，直口，扁圆腹，假圈足，颈肩部两侧有对称耳。上部三分之一饰酱色釉，下部露胎。罐底有模印阳文“叙”字（图5-2-2，2）。口径8.8、腹径11、底径6、高11.4厘米（图5-2-2，1；图版三四三，5、6）。

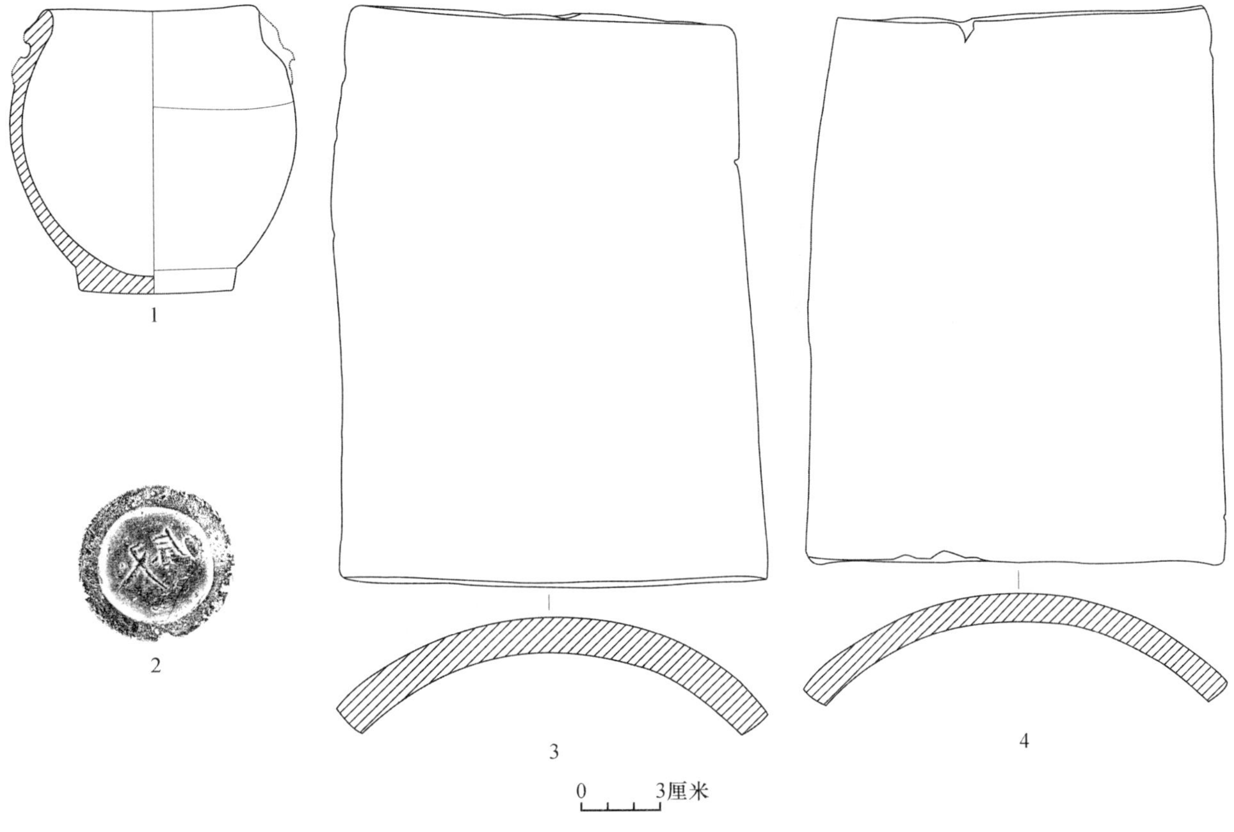

图5-2-2　AM52出土遗物

1. 瓷罐（AM52：1）　2. 瓷罐底部文字拓本（AM52：1）　3、4. 朱符板瓦（AM52：2、3）

2. 朱符板瓦

有2件，长方形。

标本AM52：2，长22.6、宽16.4厘米（图5-2-2，3；图版三四三，3）。

标本AM52：3，长21.8、宽16厘米（图5-2-2，4；图版三四三，4）。

图5-2-3　AM52出土“万历通宝”钱（AM52：7）

3. 铜钱

仅1枚。

标本AM52：7，“万历通宝”，旋读。直径2.55、穿边长0.6厘米（图5-2-3）。

第三节　清代墓葬

一、墓葬介绍

仅有1座（2006HGB区T5M34，下文简称“BM34”）。

BM34位于B区西北部的T5南中部。该墓叠压于第2层下，墓口距地表0.3、墓深2.78米。方向175度。保存完好。

全墓由墓道、封门、墓室三部分组成（图5-3-1；图版三四四，1）。

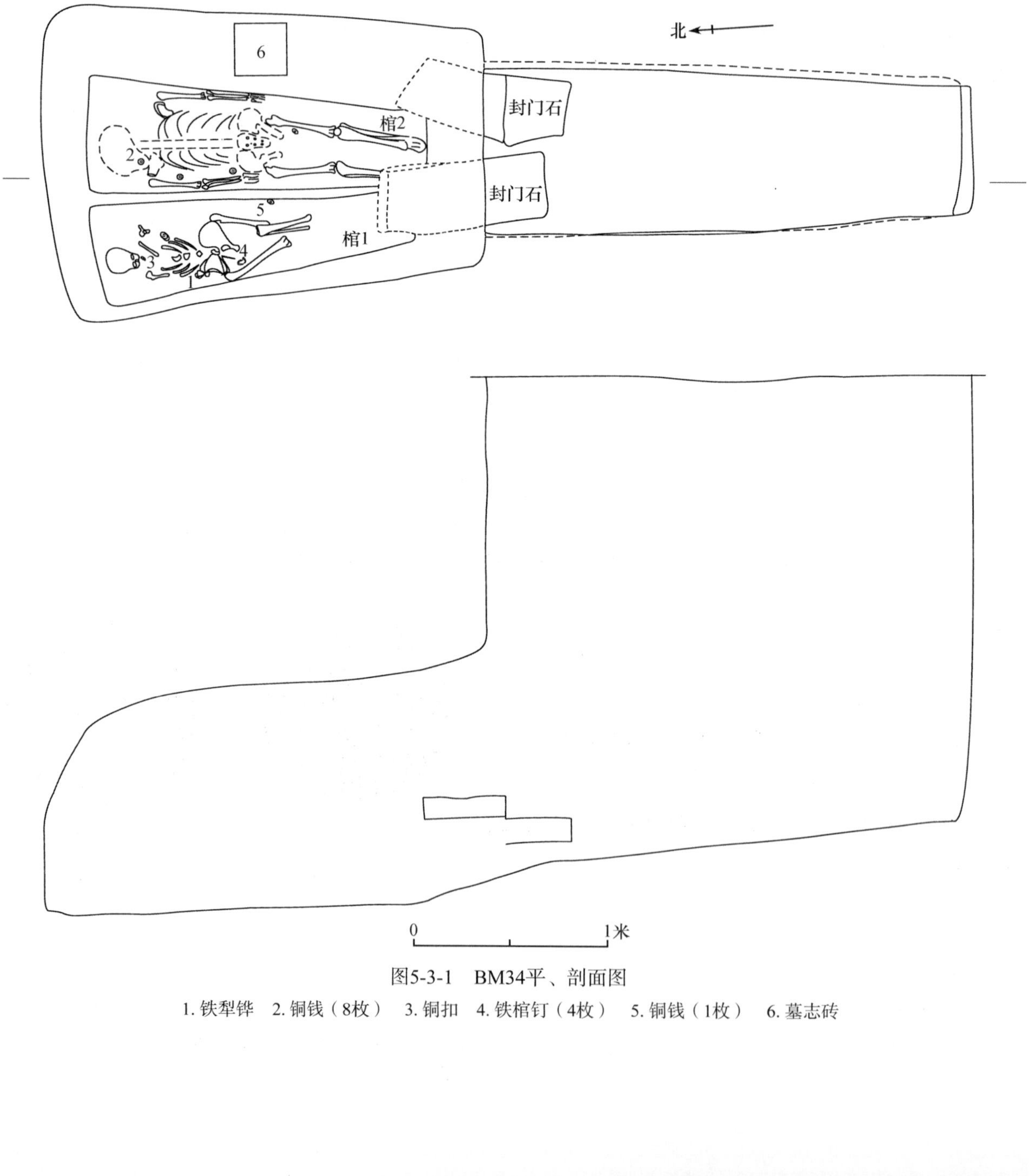

图5-3-1　BM34平、剖面图

1. 铁犁铧　2. 铜钱（8枚）　3. 铜扣　4. 铁棺钉（4枚）　5. 铜钱（1枚）　6. 墓志砖

墓道：位于墓室南侧中部。梯形竖井式，墓道口平面长2.5、宽0.66～0.86米，底面长2.44、宽0.7～0.92米。墓道壁面垂直规整，底面呈斜坡状，前端深2.3、尾端深2.58米。

封门：石板封门，位于墓室洞口外侧。封门为两块长方形石板，发掘时中间断开，石板长1.1、宽0.36、厚0.12米。

墓室：拱顶土洞结构。平面呈梯形，外窄内宽，长2.3、宽1.2～1.64、洞高1.18米。底面较为平整。

葬具：木棺两副。棺1位于墓室右侧，平面呈梯形，长1.66、前宽0.5、后宽0.3米。棺2位于墓室中间，平面呈梯形，长1.8、前宽0.6、后宽0.4米。棺2内底面铺青灰、白灰各一层，两棺均使用铁棺钉。

葬式：人骨架两具，应为夫妇合葬。棺1内人骨为二次葬，头向北，骨架较完整，骨质较差。女性，身高约1.55米。棺内置铜钱1枚、铁犁铧1件。棺2内人骨为一次葬，仰身直肢，头向北，面向上略偏西，骨架完整，骨质较差。男性，身高1.6米。棺内置铜钱8枚，棺左侧中间有1块陶墓志砖，上有朱书文字，但因年代久远，文字脱落严重，无法辨认（图版三四四，2）。

出土遗物：计有铁犁铧1件、陶墓志砖1件、铜扣1件，另出土铜钱9枚。铜钱钱文可辨较少，有“顺治通宝”、“康熙通宝”各1枚，其他锈蚀严重。

依据墓葬层位叠压关系和出土遗物，初步判断BM34应属清代。

二、遗　　物

共有5件（组）件，有铁犁铧、墓志砖、铜钱、铜扣和铁棺钉。

1. 铁犁铧

仅1件。

标本BM34：1，仅存犁铧头，锈蚀严重，上部内凹，銎口横断面呈枣核状，纵断面略呈鸭首形，犁面两翼展阔。銎口宽6.4、两翼宽14.7、高15厘米（图5-3-2，1；图版三四四，3）。

2. 墓志砖

仅1件。

标本BM34：6，近正方形。有朱书文字，脱落严重，不可辨认。长27、宽26.5、厚6厘米（图5-3-2，2；图版三四四，4）。

3. 铜钱

9枚。

标本BM34：2a，“康熙通宝”，直读，真书，背“临”。直径2.6、穿边长0.5、郭宽0.4、郭厚0.1、内厚0.06厘米，重3.4克（图5-3-3）。

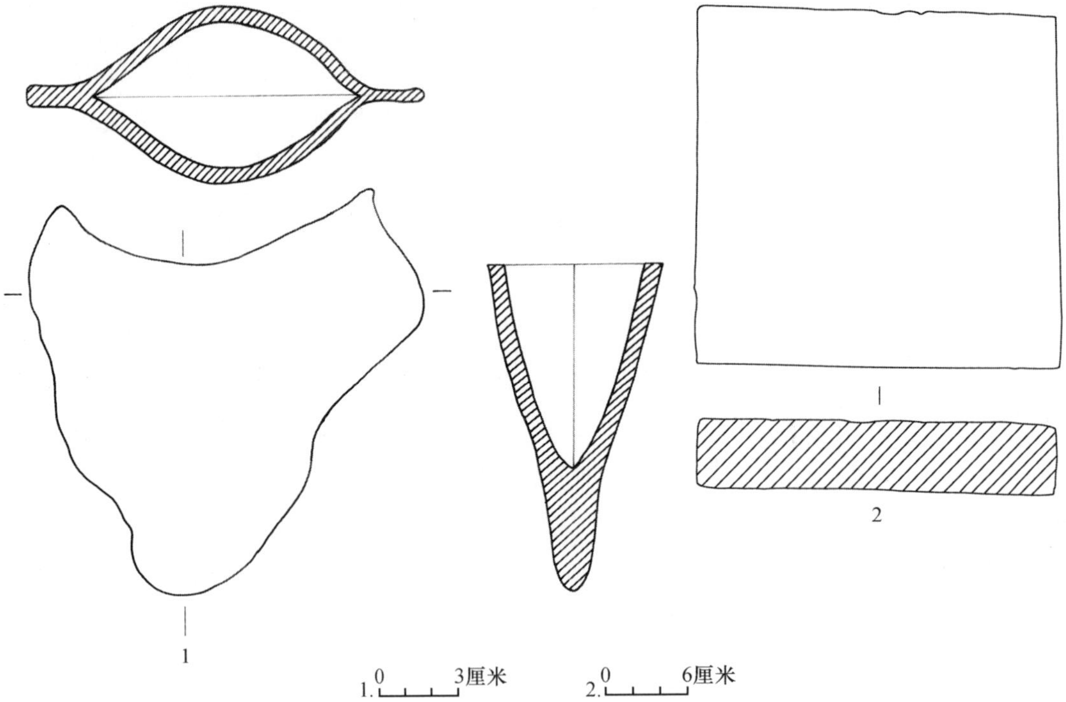

图5-3-2　BM34出土遗物

1. 铁犁铧（BM34：1）　2. 墓志砖（BM34：6）

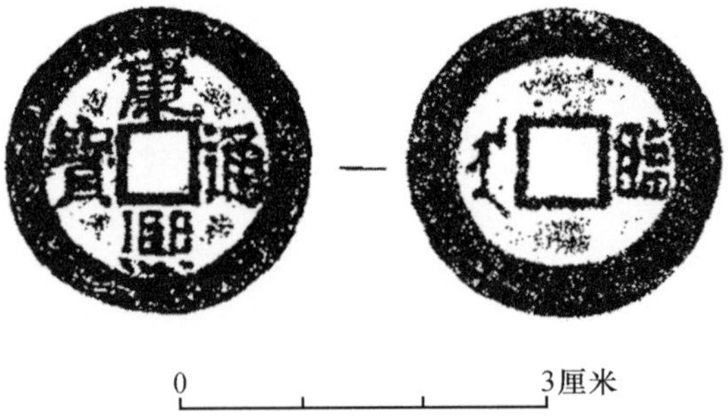

图5-3-3　BM34出土“康熙通宝”钱（BM34：2a）

第六章　初步认识

一、关于建筑基址

路固墓地，除发现大量墓葬外，还发现一处建筑基址（编号2006HGC区F1，简称CF1），时代与其周围的墓葬群相同。这是谁的房子？为何独处于大片墓地中？

CF1主体部分应在本发掘区的西侧，均已被取土坑破坏，而现在残留部分可能为CF1倒塌后的部分建筑构件堆积，堆积下未见基础槽和夯土。根据目前资料，已无法得知CF1的平面布局和建筑结构，只能根据建筑构件了解部分信息。

CF1的建筑堆积分三处。第一处主要分布在T1南部中偏西处，范围东西长约5米，南北宽1.5～2.5米，面积约10平方米；第二处主要分布于T1西北部，南北长5米，东西宽2米，面积约10平方米；第三处主要分布于T3西北部及T5西南部，南北长10米，东西宽7～8米，面积约76平方米。另外还有零星的砖瓦片，建筑堆积的范围约100平方米。在建筑基址的北部下层，有一处用石头砌的半地穴式窑穴，窑穴中间有一圆形窑坑。

CF1内有大量的建筑构件，以筒瓦片、板瓦片和砖块为主，另有少许石块和瓦当。除此之外，还出土部分釉陶片和陶片。陶片均为泥质灰陶，可辨器形有盆、瓮、罐等。这些建筑构件在汉代建筑堆积中常见，说明CF1与周围密布的墓葬时代相同。

这么大一片墓葬群中间有孤零零的一座建筑基址，其作用是什么？与周围墓葬有什么关系？从发掘看，CF1周围零星分布着生活遗存，有水井、窑穴、排水设施，但少有生活垃圾如灰坑、灰沟堆积等，说明有人在此居住，但居住者应很少。此类建筑，很可能是当时规模较大的墓地中常见的祠堂。

墓地祠堂，最早见于秦代。秦始皇出寝于陵侧，又立便殿于陵旁，《后汉书·明帝纪》注引《汉官仪》“……以晦、望、二十四气、三伏、社、腊及四时上饭”。在汉代墓地中就更为常见，西汉刘邦建“原庙”于长陵附近，东汉明帝上陵陵园规模宏大，陵寝的功能齐备达到鼎盛。上行下效，贵族官吏以至平民，也纷纷在茔域内建祠堂，行守冢、祭墓等祭祀之礼。

文献中也有大量关于墓地祠堂的记载，如《汉书·龚胜传》：“胜因敕以棺敛丧事：‘勿随俗动吾冢种柏作祠堂’”。《汉书·张禹传》：“禹年老，自治冢茔，起祠室”。《汉书·霍光传》：“（霍）禹既嗣为博陆侯，太夫人显改光时所自造茔制而侈大之，起三出阙，筑神道，北临昭灵，南出承恩，盛饰祠堂，辇阁通㘣永巷，而幽良人婢妾守之”。《汉书·王莽传》：“（瓜田）仪文降，未出而死。莽求其尸葬之，为起冢、祠堂”。《盐铁论·散不足》：“今中者祠堂屏阁，垣阙罘罳”。

以往的考古发掘中也发现有祠堂。1985～1988年在汉魏洛阳城西白马寺镇东汉墓园遗址的东区发现有三进院落组成的建筑群，主体堂基进深五间，面阔七间。发掘者认为，该建筑群类似于西汉杜陵陵园东南的五号建筑遗址（便殿），具有某些祭祀类建筑的功能①。这里很可能就是该墓园祭享用的祠堂。

墓地祠堂是死者灵魂起居饮食和后人祭祀的场所，因此祠堂又称为“食堂”、“斋祠”、“食斋祠”等，在祠堂中的祭祀称为“房祀”。《春秋公羊传注疏》：“祠，犹食也，犹祭祀也。春物始生，孝子思亲，祭祀而食之，故曰祠，因以别死生”。可知“祠堂”就是祠主灵魂享用祭食的地方。

除作扫墓祭享外，墓地祠堂还可作服丧守冢之用。汉代盛行服丧制度，二千石以上官员实行三年服丧，平民也盛行守丧习俗。服丧期间在墓旁搭建“庐舍”或“冢舍”居住。《礼记注疏》记载：“父母之丧，居倚庐”。《前汉书》：“涉父死，让还南阳赙送，行丧冢庐三年”。看来这种冢舍是简单可居住的建筑，后人服丧之后每年上冢时，亦可在冢舍中留宿，甚至还可简单宴请同来祭祀的亲朋故友。

两汉时期守冢的习惯，不仅是当时社会等级制度的反映，更是当时盗墓横行的社会现状的一种需求。据《汉书·高帝纪》记载，刘邦最早为秦始皇帝置守冢20家。西汉时霍光以皇帝礼制埋葬，并“置园邑三百家”来守护墓园。《前汉书》记载，汉成帝外家王林卿聚宾客到“长陵上冢，留饮数日，……杀婢婿，埋冢舍”。颜师古注：“婢婿，外人与婢奸者也。冢舍，守冢之舍也”。看来守冢制度极为严格，等级越高，冢舍规模越大，守冢户越多。像辉县路固这样的平民墓地，有一间独舍守冢足矣。

综上判断，墓地中的CF1，很可能就是墓地祠堂，既是该墓地集体祭祀的场所，也可作为服丧人或守墓人的居所。

二、关于陶窑

路固墓地A区墓群中间发现1座陶窑（AY1），陶窑周围有一眼水井和规模较大的取土坑，它们应是一组遗存。AY1由操作间、窑门、火塘、窑室、窑床和“山”字形烟道组成，整体结

---

① 中国社会科学院考古研究所洛阳汉魏城队：《汉魏洛阳城西东汉墓园遗址》，《考古学报》1993年第3期。

构与焦作武陟苗庄汉代陶窑完全相同[①]。该类陶窑是两汉时期北方地区常见的陶窑形制[②]。

由于AY1在墓群中，周围除一眼水井、一个取土坑及密集的汉墓葬外，没有发现其他生活遗存，如居址、灰坑、长期使用的道路等遗迹。

AY1内尚存数百块已烧制完成的砖，码放整齐。从窑室容量和砖的码放密度计算，AY1一次应可烧制约两千块砖。本次发掘的汉墓多数规模较小，为土洞墓室，只有券门、封门和棺床用砖，总用砖量应不超过两千块，恰好是陶窑一次的烧砖量。因此，AY1很可能与此汉墓群有关，应是专门为墓地提供用砖的窑场。

在墓地中专门设陶窑为建墓提供用砖的方式，常见于两汉时期。如2013年焦作市文物考古研究所在武陟县苗庄村的汉代墓地中清理了3座汉代陶窑，陶窑周围分布着大量汉墓[③]。2011年西安市未央区张家堡发现了3座汉代陶窑，周围密布有同时期的汉墓400余座[④]。在重庆市重钢长寿搬迁区的大湾湾墓群中也发现了1座陶窑。

三、关于汉代墓葬

（一）路固汉墓群的分组、分期和年代

路固墓地的墓葬形制和随葬品变化有其连续性，根据墓葬形制、随葬品组合和随葬品形制的变化，可大致将148座汉代墓葬分为八组。

1. 分组

（1）第一组

此组共11座墓葬，计有AM50、BM12、BM15、BM30、BM43、BM48、BM49、BM50、BM55、BM69、BM75。

墓葬形制有A型、Ba型、Bb型、Da型。以A型（竖井墓道）为主，共7座，占63.6%。此组墓主要为双棺葬墓，有5座；单人墓仅1座；其他因盗扰严重，埋葬方式不清。

随葬品中，仿铜陶礼器组合为壶、小罐，部分墓有鼎。日用陶器组合以罐、瓮为主。供器为樽、耳杯组合，还未出现案。模型明器为仓、井、灶组合为主，还未出现圈。鼎有AⅠ式和B型；壶以D型为主，主要有DⅠ、DⅡ、DⅢ、DⅣ式，另有少量EⅠ式和J型；罐以AⅠ式、

① 焦作市文物考古研究所、河南省文物局南水北调文物保护办公室：《焦作武陟苗庄汉代陶窑发掘简报》，《中原文物》2015年第5期。

② 李毓芳：《汉代陶窑初论》，《汉唐与边疆考古研究》第一辑，科学出版社，1994年。

③ 焦作市文物考古研究所、河南省文物局南水北调文物保护办公室：《焦作武陟苗庄汉代陶窑发掘简报》，《中原文物》2015年第5期。

④ 中国考古学会编：《中国考古学年鉴（2012）》，文物出版社，2013年。

DⅡ式为主，另有少量的AⅢ式；小罐有AⅠ式、AⅡ式和B型；瓮为Ⅰ式；樽为AⅠ式；仓主要为AⅠ式、AⅡ式及少量的BⅡ式；井为BⅠ式；灶以BⅠ式为主，有少量的BⅢ式。

另外，还出土了铜盖弓帽、管形器、弩机、镞、勺形器，铁刀、剑，铅盖弓帽、管形器，琉璃饰件等。

（2）第二组

此组共30座墓葬，计有AM3、AM20、AM29、AM43、AM48、AM51、AM55、AM60、AM61、AM62、AM63、AM69、AM72、AM75、AM77、AM79、BM3、BM14、BM25、BM27、BM28、BM29、BM36、BM42、BM44、BM47、BM54、BM74、BM77、CM1。

墓葬形制有A型、Ba型、Bb型、Db型、Ea型、Eb型和F型。其中A型共11座，占36.7%；Ba和Bb型共13座，占43.3%；其他各型占比均较小。可知A型（竖井墓道）在这一时期仍较流行，但B型（带台阶的墓道）已大量出现，并成为该时期的主流墓葬形制。此组有2座三人合葬墓，16座双人合葬墓，6座单人墓，其他因盗扰严重埋葬方式不清。可见此组墓葬以双人合葬墓为主。

此组墓随葬品器类和数量增多。仿铜陶礼器组合和第一组相同，仍以壶、小罐为主，部分墓有鼎。日用陶器组合以罐、瓮为主。供器仍以樽、耳杯为主，但是部分墓葬出土了案、魁、盒、熏炉，案、樽、耳杯、魁、盒、熏炉的供器组合开始形成。模型明器以仓、井、灶组合为主，开始出现圈，但数量极少。AM3比较特殊，出土有2件A型釉陶壶和4件BⅡ式釉陶罐，尤其该墓出土有AⅢ式昭明镜，年代为西汉末至新莽时期，并出土有2枚大泉五十钱，未见建武五铢钱。鼎有AⅠ、AⅡ、AⅢ式；壶以DⅠ式为主，另有少量的A、G型和CⅠ、DⅢ、EⅠ式；罐仍为A、D型组合，主要有AⅠ、AⅢ、DⅠ、DⅡ式，另有少量的BⅡ式；小罐为AⅠ、AⅡ、DⅠ、DⅡ式及C型，以AⅡ式为多；瓮以Ⅰ式为主，也有少量的Ⅲ式等，多一墓一件；樽以AⅠ式为主，也有少量的AⅡ、AⅣ式和C型；盒为D型；魁为A型；熏炉有A、B、E型；仓为A、B型，以AⅡ、BⅡ式为主；井为B、C型，主要有BⅠ、BⅡ、CⅠ、CⅡ式；灶为B、E型，主要为BⅠ、BⅡ、BⅢ、EⅠ、EⅡ、EⅢ式，另有少量的AdⅢ式和D型；圈开始出现，主要有CⅢ、CⅣ式。

另外，还出土有铜带钩、印章，铁刀、剑、钩、勺形器、铲、带钩、矛、戟、镞、车马器，铅车马器，长方形石板和琉璃饰件等。

（3）第三组

此组共34座墓葬，计有AM23、AM30、AM38、AM40、AM53、AM56、AM68、AM73、AM74、AM76、BM2、BM11、BM13、BM20、BM26、BM37、BM39、BM40、BM45、BM46、BM51、BM52、BM53、BM56、BM57、BM58、BM59、BM60、BM65、BM67、BM68、BM70、BM71、BM73。另外，BM41可能也属此组。BM41是未建成之墓，但其附近的BM57、BM58均属第三组，由此判断，BM41大致也应属该时期。

墓葬形制有A型、Ba型、Bb型、Ca型、Cb型、Da型和Ea型。其中A型共10座，占29.4%；Ba型和Bb型共18座，占52.9%；其他各型占比均较小。可知，虽然A型（竖井墓道）墓葬仍较流行，但B型（带台阶长墓道）墓葬已超过A型墓，成为主流墓葬形制。在该组墓葬中，有1座三人合葬墓，11座双人合葬墓，9座单人墓。其他墓葬或被盗扰严重，或为迁葬墓，埋葬方式不清。此组墓仍以双人合葬墓为主，单人葬所占比例上升。

随葬品中，仿铜陶礼器器类减少，多为1件陶壶，小罐仍有少量出土，鼎已不见。日用陶器组合以罐、瓮为主；供器中，樽、耳杯组合仍占主要地位，案、樽、耳杯、魁、盒组合也在发展中。模型明器组合为仓、井、灶、圈。其中AM74较为特殊，为横前堂双后室墓，随葬陶器均为釉陶器，有2件A型釉陶壶、3件BⅠ式釉陶罐以及1件DⅡ式小釉陶罐，所出铜钱均为东汉早期，未出土铜镜。该组墓葬的随葬品型式多样，陶壶中DⅠ式数量减少，C型数量增多，主要有CⅠ、CⅡ、CⅢ式，另有少量的A、F、G型及BⅠ、BⅤ、DⅢ、DⅤ、EⅠ、EⅡ式；罐以DⅠ式为主，另有少量的AⅠ、BⅡ、DⅡ式；小罐为B型及DⅠ、DⅡ式；樽以AⅠ式为主，另有少量的AⅡ式及B、C型；盒、魁、熏炉的数量均较少，盒为A、C型，魁为A、B型，熏炉为D型；仓主要为A、B型，有AⅡ、AⅢ、AⅣ、AⅤ、BⅡ、BⅢ式；井为B、C型，有BⅠ、BⅡ、CⅠ、CⅡ式；灶为B、C、E、F型，其中BⅠ、BⅡ式数量减少，CⅠ、CⅡ式相对较多，还新出现了EⅠ、EⅡ、EⅢ、FbⅠ、FbⅡ式；圈以C型为主，主要有CⅠ、CⅡ、CⅢ、CⅤ式，以CⅢ式为最多。

另外，还出土有铜带钩、勺形器、指环、弩机、铃，铁刀、剑、铲、戟、环，铅车马器，琉璃耳饰，方形石板等。

（4）第四组

此组共5座墓葬，计有AM41、AM42、AM44、AM71、CM19。

墓葬形制有Ba型、Bb型、Ca型。其中Ca型有3座，占60%；其他各型均只有1座，不见A型墓。可知有斜坡墓道的墓葬开始流行，竖井墓道墓不见，带台阶墓道的墓葬已较少见。该组墓葬中，有2座双人合葬墓，2座单人墓，另有1座墓葬因盗扰严重葬具和葬式不清。

随葬品器类和组合部分承接第二组变化，与第三组不同，主要表现在仓、井、灶、圈上。随葬品中，仿铜陶礼器为壶，日用陶器组合以罐为主，供器以案、樽、盒、耳杯为主，另有极少量陶鸡。模型明器为仓、井、灶、圈组合。陶壶为BⅠ、CⅢ式；罐以DⅠ式为主，另有少量CⅠ式；瓮为Ⅱ式；樽为AⅠ、AⅡ式；盒为B型；熏炉为A型；仓的型式不同于第一、二、四组，为C型，有CⅠ、CⅡ、CⅣ式；井为A型，有AⅠ、AⅢ式；灶为A型，有AcⅠ、AcⅢ、AdⅢ式，以AdⅢ式为主；圈为A、B、D型，有AⅡ、AⅢ、DⅡ式和B型。

另外，还出土有铜带钩、环、指环，铁刀、环，琉璃耳饰和长方形石板等。

（5）第五组

此组共18座墓葬，计有AM4、AM21、AM22、AM24、AM27、AM28、AM36、AM37、AM39、AM45、BM1、BM5、BM9、BM16、BM63、BM64、BM76、CM21。

墓葬形制有Ba型、Bb型、Ca型、Cb型、Da型、Db型和F型。其中F型有5座，占27.8%；Ca型和Cb型共5座，占27.8%；Da型有3座，占16.7%；其他各型占比较小。可见，C、D型（无台阶的斜坡墓道）和F型（双墓道）为此时期流行的墓葬形制。此组墓葬中，有2座三人合葬墓，

12座双人合葬墓，1座单人墓，其他3座墓葬具和葬式不明。此时期仍以双人合葬墓为主。

随葬品器类承接第三组变化。随葬品中，仿铜陶礼器为壶，日用陶器组合以罐为主，供器以案、樽、耳杯、盒、魁、熏炉组合为主，也有少量的樽、耳杯组合，模型明器为仓、井、灶、圈组合，此外还出土有少量的陶鸡、狗，此组釉陶器数量增多。陶壶以C型为主，有CⅠ、CⅡ、CⅢ式及少量A型和BⅠ、BⅣ式；罐仍以DⅠ式为主，B型开始增多，有BⅠ、BⅡ、BⅣ式及少量AⅠ、DⅡ式；瓮的数量极少；樽有AⅠ、AⅡ、AⅢ、AⅣ式及B、C型，其中C型数量增多；盒以A型为主，另有少量的B、D型；魁为B、C型；熏炉以A型为主，有少量的C型；仓以B型为主，有BⅠ、BⅡ、BⅢ、BⅣ式及少量的AⅡ、AⅢ式；井为B、C型，以BⅠ、CⅠ式为主，另有少量的AⅢ、BⅡ式；灶以E、Fb型为主，其次为B型，有BⅡ、BⅣ式，另有少量的AdⅢ、CⅠ、CⅡ式，圈为C型，有CⅠ、CⅡ、CⅢ、CⅤ式。

另外，还出土有铜带钩、铺首、指环，铁剑、刀、铲、镰、车马器、戟、剪，铅车马器，琉璃耳饰，长方形石板等。

（6）第六组

此组共19座墓葬，计有AM32、AM47、AM54、AM57、AM58、AM59、AM67、AM70、AM78、BM6、BM7、BM8、BM17、BM23、BM24、BM31、BM35、BM62、BM72。

墓葬形制有Bb型、Ca型、Cb型和Da型。其中Ca型有11座，占57.9%；Da型有5座，占26.3%；其他类型墓葬占比较小。此组墓葬有4座三人合葬墓，7座双人合葬墓，7座单人墓，仍以合葬墓居多。

随葬品器类承接第四组变化，与第五组不同。随葬品中，仿铜陶礼器为壶，日用陶器组合以罐为主，供器以案、樽、耳杯组合为主，也有少量的樽、耳杯组合，模型明器为仓、井、灶、圈组合，还出土有少量陶鸡、狗，此组釉陶器数量又增多。陶壶以A型为主，另有少量的BⅠ、BⅢ、CⅢ式；罐以B、C型为主，有BⅠ、BⅡ、BⅢ、BⅣ、BⅤ、CⅡ式及少量的DⅠ、DⅡ式；瓮的数量极少；樽有AⅠ、AⅡ、AⅢ式和B、C型，以B型数量最多；仓为C型，有CⅡ、CⅢ、CⅣ式，以CⅢ式的数量最多；井以A型为主，有AⅠ、AⅢ、AⅣ、AⅤ式及少量的BⅡ式；灶以A型为主，有AcⅠ、AcⅢ、AdⅡ、AdⅢ、AdⅣ式，以AdⅢ、AdⅣ式的数量最多，另有少量的Fa型；圈以A、B、D型为主，有AⅠ、AⅡ、AⅢ、DⅠ、DⅡ、DⅢ式及B型；圈为CⅤ式。

另外，还出土有铜带钩、弩机、环、指环，铁刀、剑、钩，琉璃饰件、耳饰，长方形石板等。

（7）第七组

此组共2座墓葬，计有CM5、CM6。

墓葬形制均为Da型，其中有1座双人合葬墓。

随葬品器类延续第五组变化。陶罐为DⅠ式，仓为BⅡ、BⅢ式，井为BⅠ式，灶为EⅡ式，圈为CⅡ式，樽及耳杯为AⅠ式。

另外，还出土有铁斧和长方形石板等。

（8）第八组

此组共28座墓葬，计有AM1、AM2、AM5、AM6、AM7、AM8、AM9、AM10、AM11、AM17、AM18、AM19、AM25、AM26、AM31、AM33、AM34、AM35、AM46、BM21、BM22、BM38、BM61、CM2、CM3、CM4、CM12、CM20。

墓葬形制有Ca型、Da型和F型。其中，Da型有17座，占60.7%；Ca型有10座，占35.7%；F型仅有1座。可见，无进棺槽的斜坡墓道墓在这一时期最为流行。该组墓葬中，有3座三人合葬墓，9座双人合葬墓，8座单人墓，其他墓葬的埋葬方式不清。

随葬品器类延续了第六组变化。仿铜陶礼器以壶为主，日用陶器组合以罐为主，供器以案、樽、耳杯、盒、魁组合为主，模型明器为仓、井、灶、圈组合，还出土有数量较多的陶鸡、狗。陶壶有A型和BⅠ、BⅡ式；罐以B、C型为主，有BⅠ、BⅢ、BⅣ、BⅤ、CⅠ、CⅡ式及少量AⅡ、DⅠ、DⅡ式；瓮的数量极少；樽有AⅠ、AⅢ、AⅣ式和B型，以B型为主；仓均为C型，有CⅡ、CⅢ、CⅣ式；井主要为A型，有AⅠ、AⅡ、AⅢ、AⅣ、AⅤ式；灶以A型为主，有Aa、Ab型，AcⅠ、AcⅡ、AcⅣ、AdⅠ、AdⅢ、AdⅣ式及少量的FbⅠ式；圈为A、B、D型，有AⅠ、AⅢ、DⅠ、DⅡ式和B型；圈为E型。

另外，还出土有铜鞘首饰、指环，铁刀、灯盏、铲，琉璃耳饰和长方形石板等。

2. 分期

综合墓葬形制、随葬品组合和器物特征，可将路固汉墓分为五期。依据墓葬出土铜镜和钱币对五期的年代大致判断如下。

第一期，包括第一组墓葬。此期墓葬出土有日光镜，流行年代为西汉中晚期，出土钱币的年代主要为西汉中偏晚至西汉晚期，未出现王莽时期货币。故此组墓的年代应为西汉中晚期至西汉晚期。

第二期，包括第二组墓葬。此组墓葬出土有A型及BⅠ式、BⅡ式昭明镜，AaⅡ式、AaⅢ式、AbⅠ式、AbⅡ式博局镜，Ab型、Ac型、Ad型、Ba型、Bb型四乳镜和B型七乳镜，流行年代为西汉晚期至东汉早期。钱币中出现了“小泉直一”、“大泉五十”、“货泉”等王莽时期钱币，未出现建武五铢。据此判断第二期的年代应为新莽至东汉初年。

第三期，包括第三组和第四组墓葬。第三组墓葬出土有日光镜，AaⅣ式、AbⅠ式、BⅠ式和BⅡ式博局镜，Ac型、Ad型和Bc型四乳镜，流行年代为西汉晚期至东汉早期；第四组墓葬出土有Bc型四乳镜、D型连弧纹镜和B型云雷纹镜，主要流行年代亦为东汉早期。两组墓葬都出土有东汉早期铜钱。由此判断该期墓葬的年代应为东汉早期。

第四期，包括第五组、第六组墓葬。第五组墓葬出土有BⅢ式昭明镜，AaⅠ式、BⅠ式、BⅡ式、C型和D型博局镜，AⅠ式、AⅡ式、AⅢ式和BⅡ式连弧纹镜，Aa型、Ad型和Bc型四乳镜，A型、B型和C型五乳镜，A型七乳镜及B型龙虎纹镜等，主要流行年代为东汉中期；第六组墓葬出土有AaⅠ式、AaⅣ式、BⅢ式博局镜，A型云雷纹镜，AⅢ式、BⅠ式、BⅡ式、

BⅢ式、CⅠ式、CⅢ式、CⅣ式和D型连弧纹镜，AⅠ式、D型四乳镜，A型、B型和C型五乳镜，A型七乳镜以及A型、B型龙虎纹镜，主要流行年代亦为东汉中期。据此推断此期的年代应为东汉中期。

第五期，包括第七组、第八组墓葬。第七组墓葬出土有C型简式博局镜；第八组墓葬出土有C型简式博局镜，Bc型四乳镜、C型四乳人物画像镜，A型五乳四神镜，AⅢ式、BⅡ式、BⅢ式、CⅡ式和CⅢ式连弧纹镜，A型、B型和C型变形四叶纹镜等，主要流行于东汉晚期，且出土铜钱的年代也为东汉晚期。由此判断第五期的年代应为东汉晚期。

（二）路固墓地汉代墓葬的演变

路固墓地汉代墓葬群的时间跨度较大，为自西汉晚期至东汉末年，甚至不排除少数墓葬可晚至三国时期。这些墓葬的形制也随着时间的推移不断发生着变化（表6-1）。

表6-1 路固汉墓形制流行区间示意图

<table>
<tr><td rowspan="2">分期
形制</td><td>西汉晚期</td><td>新莽至东汉初</td><td colspan="2">东汉早期</td><td colspan="2">东汉中期</td><td colspan="2">东汉晚期</td><td rowspan="2">典型墓例</td></tr>
<tr><td>第一组</td><td>第二组</td><td>第三组</td><td>第四组</td><td>第五组</td><td>第六组</td><td>第七组</td><td>第八组</td></tr>
<tr><td>A型</td><td colspan="3">══════════</td><td></td><td></td><td></td><td></td><td></td><td>AM50（图6-1，1）</td></tr>
<tr><td>Ba型</td><td colspan="6">～～～══════～～～～～～</td><td></td><td></td><td>AM76（图6-1，2）</td></tr>
<tr><td>Bb型</td><td colspan="6">～～～══════～～～～～～～～～～</td><td></td><td></td><td>BM68（图6-1，3）</td></tr>
<tr><td>Ca型</td><td></td><td></td><td colspan="6">～～～～═════════------═══</td><td>AM8（图6-1，4）</td></tr>
<tr><td>Cb型</td><td></td><td></td><td colspan="4">～～～------～～～～～～</td><td></td><td></td><td>AM67（图6-1，5）</td></tr>
<tr><td>Da型</td><td colspan="8">～～～------～～～------═════════════</td><td>CM3（图6-1，6）</td></tr>
<tr><td>Db型</td><td></td><td colspan="4">～～～----------～～～</td><td></td><td></td><td></td><td>BM16（图6-1，7）</td></tr>
<tr><td>Ea型</td><td></td><td colspan="2">～～～～～～</td><td></td><td></td><td></td><td></td><td></td><td>AM23（图6-1，8）</td></tr>
<tr><td>Eb型</td><td></td><td>～～～</td><td></td><td></td><td></td><td></td><td></td><td></td><td>AM72（图6-1，9）</td></tr>
<tr><td>F型</td><td></td><td colspan="7">～～～----------═══----------～～～</td><td>AM60（图6-1，10）</td></tr>
</table>

注：“双横线”表示“流行”，“波浪线”表示“存在但不常见”，“省略号”表示“可能存在但没有发现实例”。

西汉晚期，路固汉墓群的墓葬形制常见A型（竖井墓道）和Ba型、Bb型（即竖井带台阶的斜坡墓道），偶见Da型，以A型最为多见。多数墓葬上方无坟丘①，少数发掘时发现坟丘痕迹。墓葬多向北，少数朝东。多数为土洞墓，部分用砖封门，均无甬道。部分墓葬用小砖铺地，少数为砖室墓。墓室以单墓室为主，长在3.4～5米之间，最大长5.4米，宽多在1.9～2.2米之间。墓室多有一个耳室，有的有两个耳室，整体墓室呈“T”字形。部分墓室后部有生土棺床，有的棺床上铺砖，墓室内多有两棺。均为仰身直肢葬。

① 汉代墓上有坟丘的现象较为常见，且多是挖掘墓室土堆积而成。由于西汉晚期时路固汉墓多为单墓室，土方量较小，所以坟丘亦较小，经后世破坏多已不存。

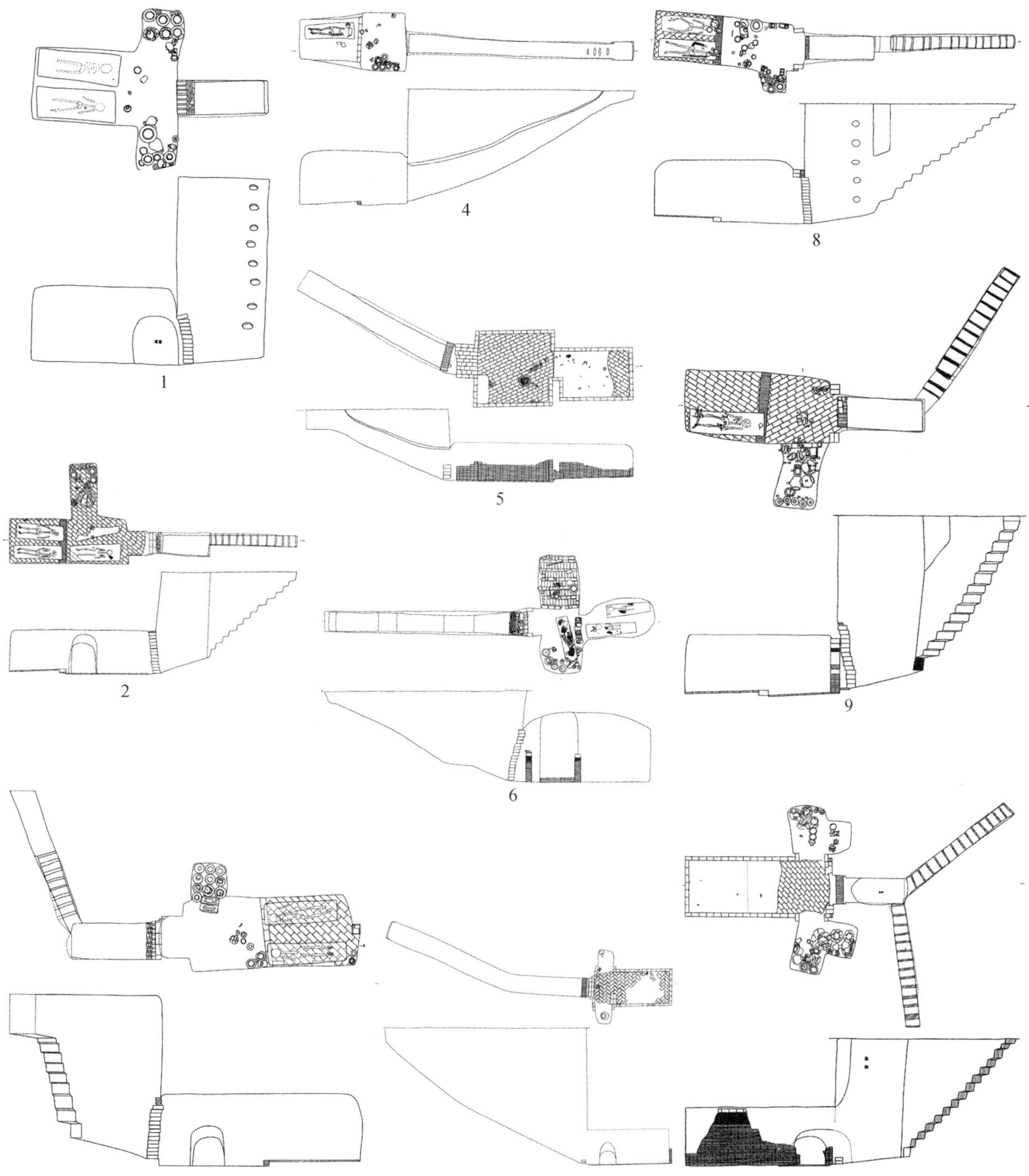

图6-1 汉墓形制

1. AM50 2. AM76 3. BM68 4. AM8 5. AM67 6. CM3 7. BM16 8. AM23 9. AM72 10. AM60

新莽至东汉初年，墓葬数量增多，形制也较西汉晚期复杂多样，除西汉晚期流行的A型墓仍较多外，Ba型和Bb型的数量较多，成为该时期的主流墓形；新出现少量Db、Ea、Eb和F型。该时期出现的“一担挑”式竖井墓道双洞室墓，为汉墓群所仅见。大部分竖井带斜坡墓道单室墓上有坟丘，而竖井墓道单室墓有坟丘的比较少。墓葬仍以北向为主，少数向东。墓室长度增加，多在3.9～6.6米之间，多有耳室，少数呈“T”字形或“十”字形。除部分墓葬为土洞墓、墓室为生土地面外，用砖现象也普遍增多，多数墓室为小砖铺地，或为砖室墓。另外，新出现2座三棺葬墓，墓室规模稍大；其余仍以双棺葬为主；少部分小墓为单棺葬，墓室较小。均为仰身直肢葬。

东汉早期，以Ba、Bb型（斜坡带台阶并有竖井墓道）墓葬最为多见，A型（竖井墓道）墓数量减少，新出现了Ca、Cb型（不带台阶的斜坡墓道）墓，有少量的Da型和Ea型墓，出现穹隆顶双室墓和横前堂双后室墓，但数量较少，均各有1座。Ba型和Bb型墓上多有坟丘，有的在坟丘前或坟丘上设置砖砌供台。墓葬仍以北向为主，少数朝东，新出现南向和少量西向墓。墓道长多在3.9～4.9米之间。约一半的墓葬有一个或两个耳室。B型墓多有砖砌棺床。此期仅见1座三棺葬，此墓后室棺床上置两棺，前厅置一棺；双棺葬和单棺葬占比较大，前者略高于后者。

东汉中期，A型墓不见， Ba型和Bb型墓数量急剧减少，Ca型、Da型（不带台阶和天井的斜坡墓道）墓大量出现，成为主要的墓葬形制，新出现横前堂后室墓。墓室正上方地面上多有坟丘堆积。墓葬仍以北向为主，东、南、西向墓也有少量出现。墓室长多在4～7米之间，多为单耳室墓，双耳室墓较少，单室墓墓室后部多有棺床。有6座三棺葬，但仍以双棺葬为主。葬式均为仰身直肢。

东汉晚期，均为斜坡墓道墓，仍以单室墓为主，穹隆顶墓和横前堂后室墓比较常见。墓葬形制主要为Ca型和Da型，有少量F型。墓室上方地面多有坟丘堆积，墓内也多有棺床，单室墓大小不一，小的长不足3米，大的长达6.9米，常见一个耳室墓或无耳室，有两个耳室者极少。有3座三棺葬，1座横前堂后室墓，仍以双棺葬和单棺葬最为常见。葬式均为仰身直肢。

（三）路固汉代墓地形成过程分析

从目前发掘的资料来看，路固墓地最早始自西汉晚期，历经新莽至东汉初年、东汉早期、东汉中期，最晚可至东汉晚期，甚至可晚至三国时期。

1. 第一期汉墓的分组、分群和空间分布情况

属于该期的墓葬共有11座，分别是AM50、BM12、BM15、BM30、BM43、BM48、BM49、BM50、BM55、BM69、BM75。从图6-2可以看出，西汉时期的墓葬可大致分为四组，

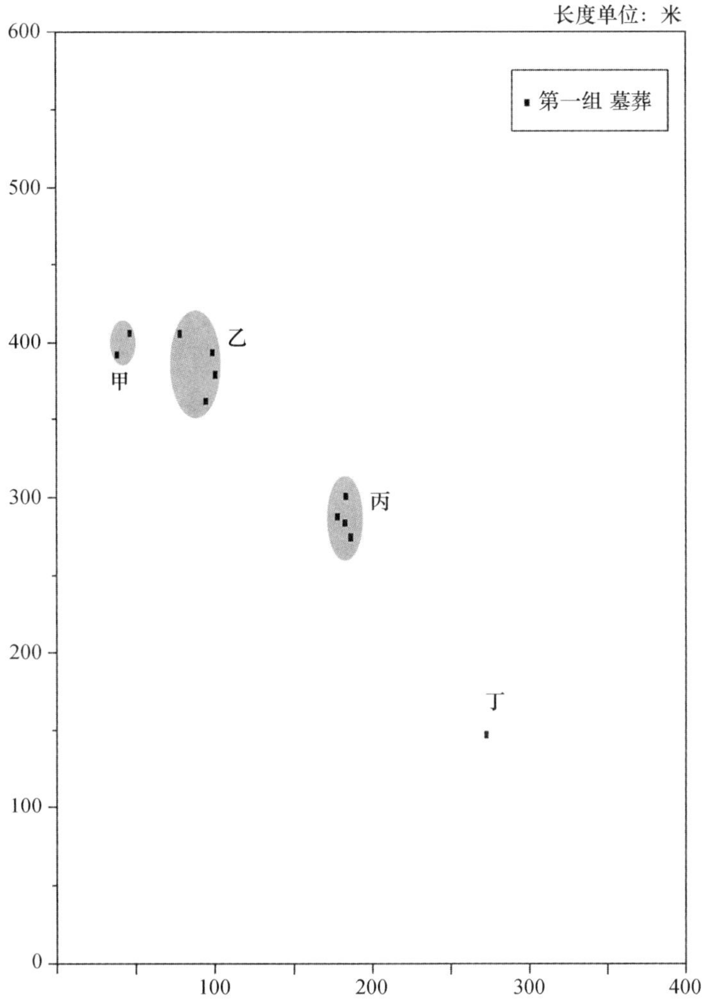

图6-2　西汉晚期墓组分布示意图

本文称为“甲墓组”、“乙墓组”、“丙墓组”和“丁墓组”[1]。其中，甲、乙和丙墓组较为集中，丁墓组仅有1座墓。

“甲墓组”，位于B区的西北部，西汉晚期仅葬入BM15、BM30两座墓葬，墓道均向北。从随葬品特征判断，BM30可能略早于BM15。在新莽以后各期，均有数量不等的墓葬葬入此墓地。至东汉晚期，该墓地的墓葬总数达到18座，规模已相当可观，不排除为同一家族的墓地的可能。

“乙墓组”，位于甲墓组东侧约40米处，有BM12、BM43、BM69、BM75等4座墓葬。其中的BM69和BM75均为竖井带斜坡墓道单室墓，两墓均有“T”字形耳室，其中BM69为小砖券墓，BM75用小砖铺地，两墓都使用了小砖作为建墓材料。在随葬品方面，BM69随葬有2件A型小陶罐、1件Ⅰ式陶瓮、8件AⅠ式陶仓、1件BⅠ式陶灶，BM75也随葬有2件A型小陶罐、1件Ⅰ式陶瓮、1件AⅠ式陶仓和1件BⅠ式陶灶。两墓的器物形制非常相似，且大部分随葬品

① 为了区别于A、B、C三个发掘区的编号，对本报告各墓组以天干、地支为顺序编号。

位于耳室内。从墓葬形制、方向、相互间的位置关系及随葬品形制和摆放方式，判断BM69和BM75很可能为一组，不排除二者有亲缘关系的可能。

“丙墓组”，位于B区的东南部，有BM48、BM49、BM50和BM55等4座墓葬。这4座墓均向北，排列紧密有序。BM48、BM49为土洞墓，BM50为砖券墓，BM55小砖铺地。4座墓形制相同，均有两个耳室，墓室内均有两棺。BM55虽为竖井带斜坡墓道，但是竖井两壁有脚窝。4座墓均被盗扰，随葬品的可比较性不高，其中BM55随葬1件DⅡ式陶罐、1件B型小陶罐，BM50随葬15件DⅡ式陶罐、3件AⅠ式小陶罐、1件Ⅰ式陶瓮、16件AⅡ式陶仓和2件AⅠ式陶樽，BM49随葬3件DⅡ式陶罐、1件Ⅰ式陶瓮和1件AⅠ式陶樽，BM48随葬2件AⅠ式陶樽。这4座墓的随葬器物形制相似，当然也有可能反映了西汉晚期的时代特征，不过这4座墓位置相邻，排列紧密，墓葬形制和方向均相同，年代也均为西汉晚期。由此推测，这4座墓有可能存在着亲缘关系。

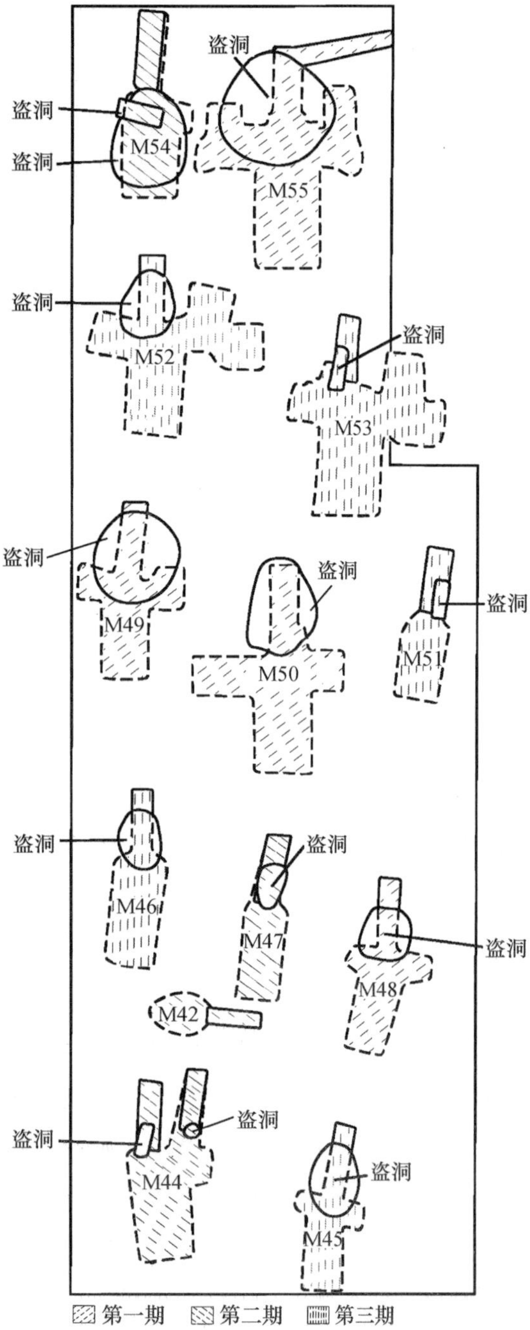

图6-3　B区东南隅“丙墓组”汉墓分布图

与“丙墓组”相邻的还有9座汉墓，形成东西成行、南北成排、排列整齐的墓群，每行两座或三座墓，南北共五排，时代最晚的为东汉早期。从空间排列上看，这13座汉墓很可能为同一家族的墓群（图6-3）。由于该组墓葬中没有发现更为直接的证据，如印章、墓志等文字类的信息，所以，关于该组墓群为同一家族墓地的判断仍是一种推测，还有待于更多的资料验证。

“丁墓组”，属于西汉晚期的墓葬只有1座，位于A区中部偏北。此处有4座A型墓葬，均为竖井墓道，其中3座属于新莽至东汉初年。该组墓葬群应是西汉晚期至东汉初年的一个家族墓地。

2. 第二期汉墓的分组、分群和空间分布情况

到了第二期，即新莽至东汉初年，路固墓地的汉墓数量大增，分布范围也较第一期大得多（图6-4），除西汉晚期的“乙墓组”没有新墓葬入外，“甲墓组”、“丙墓组”和“丁墓组”的数量都有不同程度的增加。此外，又出现更多新的墓葬组群，如在B区新出现“戊墓组”和“己墓组”，在A区新出现“庚墓组”、“辛墓组”和“壬墓组”。另外，C区东南部的CM1也属于此时期。

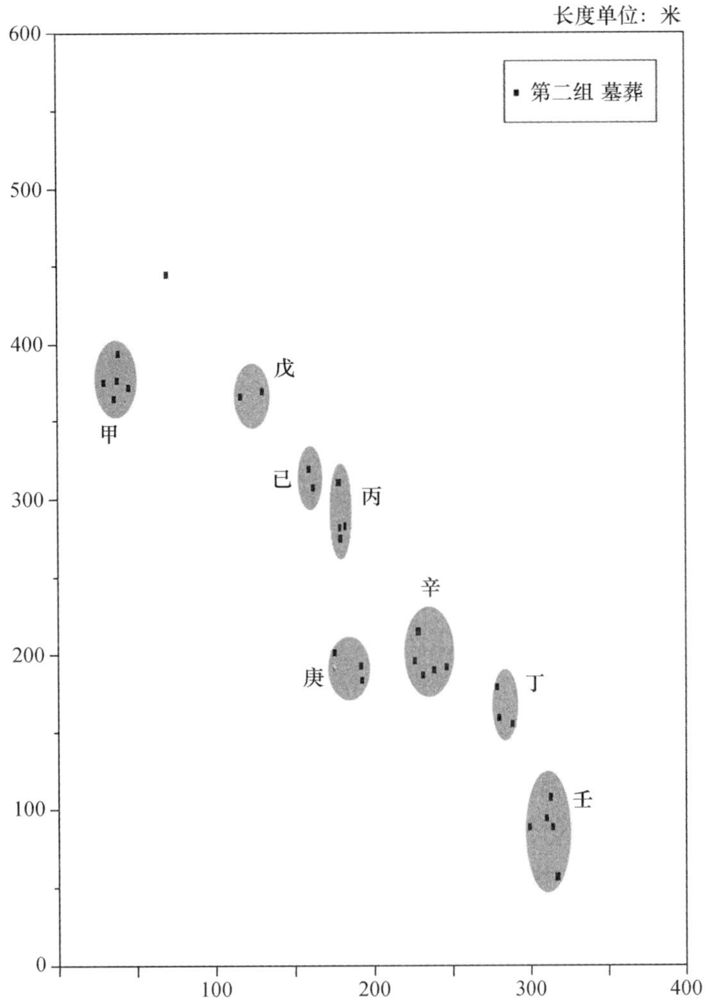

图6-4　新莽至东汉初年各墓组分布示意图

这一时期，“甲墓组”，新增有BM3、BM27、BM28、BM29、BM36等5座墓。从随葬品看，BM3、BM27、BM28、BM29均出土有D型陶舟形盒，BM28的陶仓盖与BM29的陶仓盖相似，同时随葬有B形陶灶。有一个值得注意的现象，即是BM3墓室打破BM30墓室，说明在营建BM3时，BM30的坟丘已不存，墓室也完全被破坏掉。这为路固墓地汉墓群所仅见。

“乙墓组”，没有墓葬葬入，但东汉早期新葬入的墓葬较多。

“丙墓组”，新增BM42、BM44、BM47和BM54等4座墓，仍均为竖井墓道单室墓。至此，自北向南的第一排、第三排、第四排和第五排都已形成，只缺第二排尚没有墓葬。

“丁墓组”，新增加AM48、AM51、AM55等3座墓。这样，AM50、AM51、AM55东西成排，均为竖井墓道单室墓且均为双人葬。AM48和AM51均为东向，有两套随葬品并放置于两个耳室内，有DⅠ式壶、DⅡ式陶罐、AⅡ式小陶罐、AⅡ式陶仓、BⅠ式陶井、BⅠ式陶灶。从两墓位置相邻、墓葬形制一致，随葬品的器类、形制、组合及摆放位置均相同等现象判断，两墓可能有一定的亲缘关系。AM50和AM55均向北，均为双棺葬。AM50有两个耳室，随葬两套器物，有DⅢ式陶壶、AⅠ式陶罐、AⅡ式小陶罐、AⅡ式陶仓、BⅢ式陶灶。AM55无耳室，仅随葬了一套器物。“丁墓组”仅有上述4座墓，自西汉晚期开始，到东汉初年，再无新的墓葬葬入。可能与此墓组南侧有AY1而不便安排新墓有关。

此时期新增的“戊墓组”，位于“甲墓组”的东侧、“乙墓组”的东南侧。该墓组仅有BM14和BM74，均为Ba型，北向，东西成排。BM74的一棺置于耳室中，即将耳室转变成了侧室，侧室口还放置有几件陶器，因此兼有耳室储物的功能，器物有CⅠ式和G型陶壶、DⅠ式陶罐、BⅠ式和AⅤ式陶仓、BⅠ式陶井、EⅠ式陶灶、AⅠ式陶樽。BM14则辟了一个浅耳室，放置随葬品，器物有DⅡ式陶罐、BⅡ式陶仓、BⅠ式陶井、EⅢ式陶灶、AⅠ式陶樽。两墓均出土D型陶罐、B型陶仓、BⅠ式陶井、E型陶灶、AⅠ式陶樽，随葬品器类和组合的相似性较大，两墓可能存在亲缘关系。在该墓组的南侧分布着7座东汉早、中期墓葬，应与“丁墓组”为同一家族。

在“戊墓组”与“丙墓组”之间分布着“己墓组”。该墓组在此时期只葬入了BM25、BM77等2座墓葬，墓向均朝北，BM25在南，BM77在北。在二墓周围还分布着6座墓葬，时代皆为东汉早、中期，不排除它们与“己墓组”为同一家族墓群的可能。

在“丙墓组”的东南侧，新出现“辛墓组”，有AM60、AM61、AM72、AM75、AM77等5座墓。除了AM77为A型外，其余4座墓均为B型，AM61、AM72、AM75为小砖铺地，AM60为小砖券顶。AM60、AM61、AM72、AM75的随葬品非常相似。其中AM75为双棺葬，有两个耳室，有两套随葬品，分别出土于两个耳室内，随葬陶器有DⅠ式陶壶、AⅢ式与DⅡ式陶罐、AⅡ式陶仓、BⅠ式陶井、BⅠ式陶灶和Ⅰ式陶瓮。AM60也有两个耳室，亦有两套随葬品，分别出土于两个耳室内，随葬陶器有DⅠ式陶壶、AⅠ式与DⅡ式陶罐、AⅡ式和C型小陶罐、AⅠ式陶鼎、AⅡ式陶仓、C型陶井、BⅡ式陶灶、Ⅰ式瓮、陶魁和陶耳杯。AM61、AM72均为单棺葬，各有一个耳室，AM61随葬陶器有AⅠ式陶樽、Ⅰ式陶瓮、AⅡ式小陶罐、AⅡ式陶仓、BⅠ式陶井、BⅢ式陶灶、陶耳杯；AM72随葬陶器有DⅠ式陶壶、DⅡ式陶罐、AⅢ式和DⅠ式小陶罐、AⅡ式陶鼎、AⅠ式陶樽、AⅡ式陶仓、CⅡ式陶井、BⅡ式陶灶、CⅢ式陶圈、D型陶盒（内有陶耳杯12件）、陶案、陶耳杯、陶盘、陶勺、陶魁等。4座墓的随葬品陶器器类和组合非常相似，且供器多放置于前厅，其他随葬品多放置于耳室。由此判断这4座墓可能有家族亲缘联系，“辛墓组”可能为家族墓地。AM72出土有2枚铜印，印文为“乐丰私印”和“乐冯私印”，推测“辛墓组”可能为“乐”氏家族的墓地。

在“辛墓组”的西侧新增加“庚墓组”，二者相距20米，中间为空白地带。“庚墓组”有AM3、AM69、AM79等3座墓。其中AM3为Db型（斜坡墓道土洞墓），AM69、AM79为A型（竖井墓道土洞墓）。到了东汉早、中期，在AM3和AM69的西侧和南侧先后葬入4座墓葬，可能同属于一个家族墓地。从墓葬规模和随葬品数量判断，“庚墓组”的整体规格低于其东侧的“辛墓组”。

在“丁墓组”的东南部，新出现“壬墓组”，二者相距40米，有AM20、AM29、AM43、AM62、AM63等5座墓。其中AM63为东向，墓道被AM62打破，说明建AM62时，AM63的坟丘尚在，因为要避开AM63的坟丘，AM62的墓道只能折向东部。AM29、AM43、AM62、AM63

为B型（竖井带斜坡墓道双耳室单室）墓，AM20为E型墓，墓室长多在5米以上，宽为2米左右。从形制相似、墓向多向北、年代相近、空间布局紧凑合理等，推测这5座墓之间应有着某种联系，不排除均属于同一家族墓地的可能。

3. 第三期汉墓的分组、分群和空间分布情况

到了第三期，即东汉早期，位于A区的“丁墓组”没有新增墓葬，其他各墓组都有不少新葬入的墓葬，而且还新增不少墓组。如B区新增“癸墓组”和“寅墓组”，A区新增“子墓组”和“丑墓组”（图6-5）。

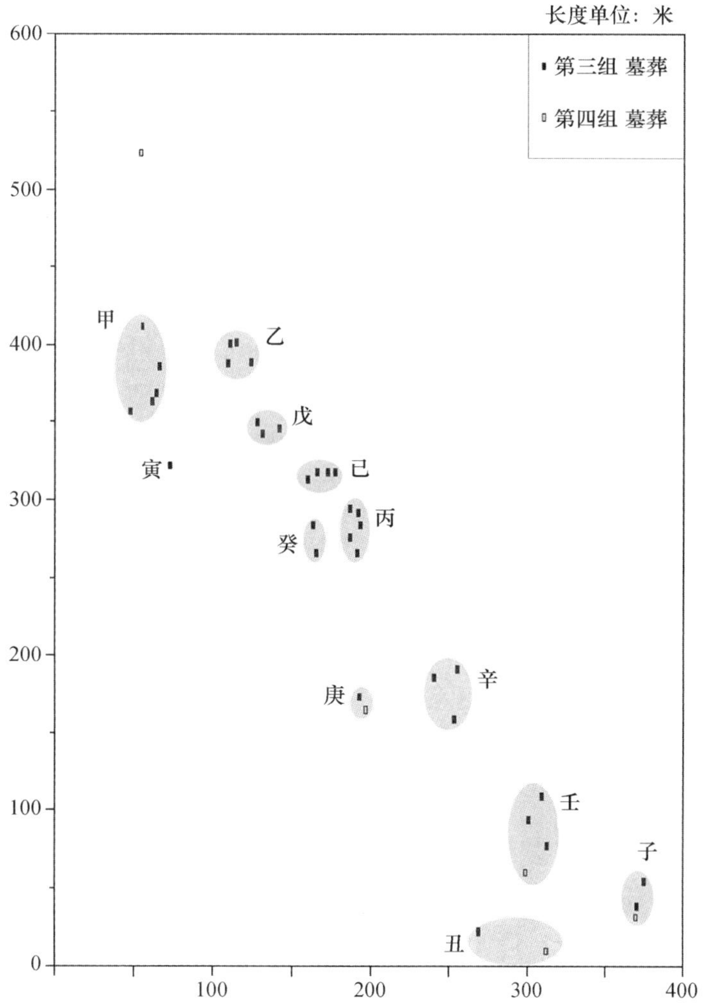

图6-5　东汉早期各墓组分布示意图

“甲墓组”，在此期新增加BM2、BM20、BM37、BM39、BM40等5座墓。其中，BM37位于BM29南侧、BM36西侧，与属于第二期的BM28、BM29和BM36形成南北两排、每排两墓的布局。如果“甲墓组”是一个大的家族墓地的话，BM37等4座墓，加上BM29北侧的BM24，很可能属于该家族中某个分支家庭的墓地。BM39和BM40规模较小，虽然墓向不一，但均为A

型墓，时代相近，两墓关系应比较密切。BM20与其西侧属于第二期的BM3东西成排，墓向均朝北，中间留出了1座墓的空间，在东汉中期偏早阶段葬入了BM16，故此判断，这三座墓应是有意安排，不排除三者亦为该家族某分支家庭成员的可能。

“乙墓组”，此期新增加了BM70和BM67，二者位于BM69的东北侧，相距不足5米，且墓道均向南。BM68位于BM69的东南侧，墓道向北且向东北折出，似为有意规避BM69，但仍在墓道口部打破了BM69的墓道。从空间布局上看，BM67、BM68、BM69、BM70等4座墓葬的墓道均向中间汇聚，坟丘呈半环形分布，缺口向东，推测它们的关系应比较密切。BM13位于上述4座墓的东侧，墓道向北，推测应是该墓组所代表家族的成员之一，但与该家族群关系渐趋疏远，形成新的分支。

“戊墓组”，原来只有最北侧的BM14和BM74，此期在BM74的东南侧葬入了BM71和BM73，墓向与BM74相同，均北向，三者之间应有着密切的关系。BM65位于BM71东部约8米处，东向，其周围没有其他墓葬，但东汉中期有新墓葬入。

“己墓组”，此期在BM77北侧新增加BM57、BM58、BM59和BM60等4座墓。从空间分布上看，BM57与BM77为东西排列，BM68与BM77为南北排列，BM68与BM59、BM60东西排列整齐，且5座墓均为北向。其中BM60为竖井墓道单室墓，出土陶器有CⅠ式和DⅢ式陶壶、DⅠ式陶罐、Ⅰ式陶瓮、BⅠ式陶井、EⅠ式陶灶、CⅢ式陶圈、AⅠ式陶樽；BM57、BM58、BM59为竖井带斜坡墓道单室墓，BM59出土陶器有CⅠ式陶壶、DⅠ式陶罐、Ⅰ式陶瓮、AⅡ式陶仓、CⅠ式陶井、FbⅡ式和CⅡ式陶灶、CⅢ式陶圈、AⅠ式陶樽、D型陶熏炉；BM58出土陶器有DⅤ式陶壶、Ⅰ式陶瓮、AⅡ式陶仓、CⅡ式陶井、FbⅠ式陶灶、CⅠ式陶圈、AⅠ式陶樽，BM57出土有CⅡ式陶壶、仓盖、井等。4座墓位置相邻，墓葬形制具有延续性，随葬陶器组合和形制非常相似，由此推测，该组墓葬关系密切，不排除属于同一家族墓地的可能。

“丙墓组”，在第一、二期时均葬入不少墓葬，且在第二期已基本形成规模，此期新葬入BM45、BM46、BM51、BM52、BM53等5座墓。其中，BM52和BM53分别位于BM54和BM55的正南方，且东西成排，其南侧是亦呈东西排列的BM49和BM50以及本期新葬入的BM51，BM45和BM46则正好插入最南侧两排墓葬的空白处，使得南北形成五排东西向排列的墓葬。显然，“丙墓组”是按照一定的平面规划来安排墓葬的，这13座墓葬应存在着非常密切的关系。

在“丙墓组”西侧约18米处，新出现“癸墓组”，有BM26和BM56等2座墓。BM26在北，墓道南向，BM56在南，墓道北向。两墓看起来似乎处处相反，其实不然，这种把墓道相向布置的现象，还见于B区“甲墓组”的BM23和BM24、“乙墓组”的4座墓以及C区“未墓组”的5座墓。由此看来，路固汉墓群中墓道相对或向中心汇聚的现象，恰是同一墓组中墓葬排列的规律或特征。故此推测，“癸墓组”这2座墓的关系也应比较密切。

在“甲墓组”东南侧30余米处，新出现“寅墓组”。东汉早期只有BM11，此期又葬入2座墓。

“辛墓组”，此前已有5座墓葬，此期又葬入AM73、AM74和AM76。其中AM73和AM74位于新莽时期葬入的4座墓北侧，与这4座墓形成南北两排、东西各三墓的整齐排列。这6座墓之间应有着密切的关系。AM76位于该墓组的南侧，与北侧的AM60一样，可能都属于该墓组中关系稍疏远的分支成员的墓葬。

“庚墓组”，新葬入的为AM68、AM71。AM68位于AM69西侧，AM71位于AM69南侧，三者墓道均向北，但AM68的墓道中间折向西北，AM71的墓道中部折向正东。从整个墓组的排列来看，目前已葬入的4座墓，形成南北三排，只是最北排只有AM3，最南排只有AM71，只有中间排为两墓东西并排，很明显北排西侧和南排西侧都是有意预留的空间。由此推测，“庚墓组”各墓之间关系密切。

“壬墓组”，在新莽至东汉初年葬入5座墓，其中4座墓位于该墓组的中部，相对较集中，另一墓位于该墓组的最南部。此期葬入的4座墓，从空间位置上仍显得较分散。AM23位于偏北部，AM56位于AM20西侧，三者均北向，呈等边三角形分布，中间预留位置在第四期时葬入了本次发掘的规模最大的AM21。此前葬入的AM43、AM62和AM63，平面布局亦呈三角形布列，中间预留位置在本期葬入了AM53。AM44则安排在了AM29的西北侧。“壬墓组”是本次发掘中规模最大的墓组，规模最大的墓葬AM21位于该墓组的核心位置，整个墓组有明显的规划。推测应是较大的一处汉代家族墓地。

在“壬墓组”的东南侧30余米处，新出现“子墓组”。此期在“子墓组”葬入AM38、AM40和AM41等3座墓葬。其中AM38和AM40墓道朝北，AM41墓道向南。从埋葬年代看，AM38和AM40大致同时，AM41则稍晚，也就是说，在建造AM41时，AM40已经存在，可能正因此AM41的墓道才南向；但是建造AM40时其北侧尚没有东汉中期的AM37，看来AM40的墓道折向东北，并非是为了躲避AM37的坟丘，而是为AM37预留空间。AM37和AM38的墓道向北并折向东北，可能也是出于这方面的考虑。由此看来，“子墓组”区域显得非常有规划性，该墓组内各墓葬之间应存在着紧密联系。

“丑墓组”，位于“壬墓组”的正南部，为东汉早期新出现的墓组。本期葬入AM30和AM42，其中AM30墓道向北，AM42墓道向东。从空间位置上看，似乎这2座墓相距较远，布局很松散，但若考虑到东汉中期和东汉晚期葬入的墓葬，则可发现，其实这2座墓中间的20多米区域是规划好的预留空间。因此推测，本期葬入的两墓可能还存在着某种联系。

在C区新葬入1座墓（CM19），墓道向北。此墓周围没有同时期的墓葬，应是新出现的一个墓组，不排除其与东汉晚期形成的“未墓组”有某种联系的可能。

4. 第四期汉墓的分组、分群和空间分布情况

到了第四期，即东汉中期，大部分墓组仍在使用，并葬入不少新的墓葬，如“甲墓组”、“戊墓组”和“壬墓组”，都有数量较多的新墓葬入；“癸墓组”和“丙墓组”则无新墓埋葬，推测这些家族可能改葬他处，或已无后人。除此之外，还新增了不少墓组，如A区的“巳墓组”、“午墓组”、“辰墓组”和“卯墓组”（图6-6）。

“甲墓组”，本期新葬入BM1、BM5、BM16、BM23、BM24和BM35等6座墓葬，其中前3座墓属第五组，为东汉中期偏早阶段，后3座墓属第六组，为东汉中期偏晚阶段。在前3座

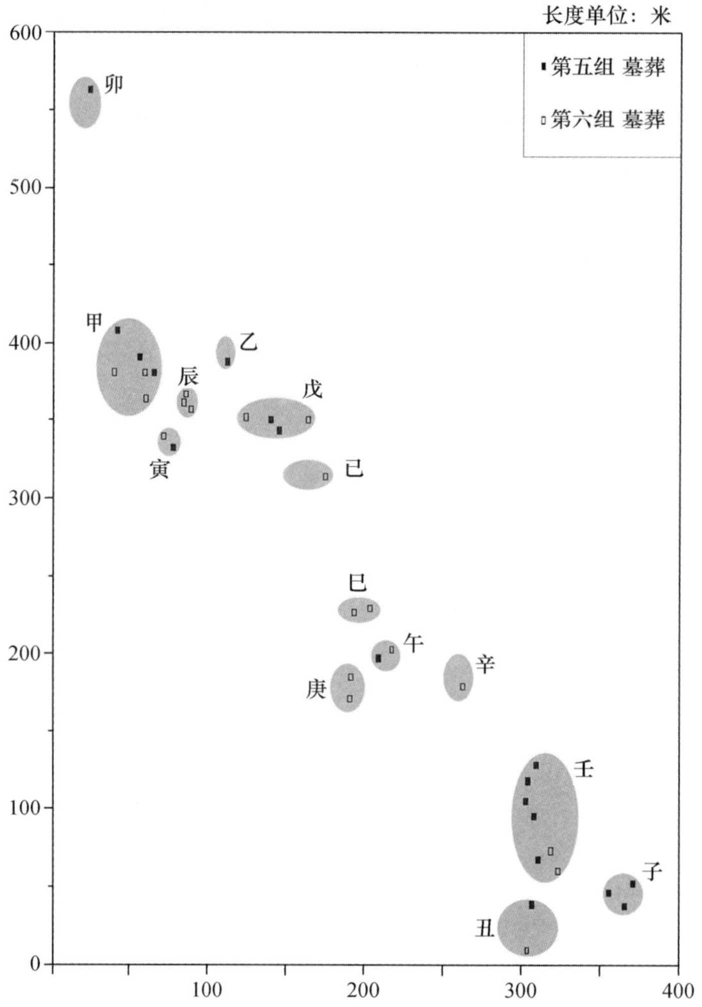

图6-6　东汉中期各墓组分布示意图

墓葬中，BM14位于BM2和BM15西侧，墓道均向北；BM16恰位于BM3和BM20之间，墓道亦均向北；BM5位于BM20南侧，墓道向南。在后3座墓葬中，BM23和BM24位于BM5西侧，与BM5东西排列。值得注意的是，BM23墓道向西，BM24墓道朝东，两墓相向布列，应是有意安排。BM35位于BM27和BM39南侧，墓道向西。至此，“甲墓组”已基本形成东西成行、南北五排的布局。

“乙墓组”，在本期仅葬入BM76，墓道向东，基本与BM75平行。此后再无新墓葬入。

“戊墓组”，本期新葬入BM62、BM63、BM64和BM72等4座墓，其中前2座墓属第五组，为东汉中期偏早阶段，后2座墓属第六组，为东汉中期偏晚阶段。BM64与其北侧的BM65为平行分布，相距很近，墓道均向东且折向南，BM63墓室在BM65墓室西侧，墓道向南，三者之间应有密切的关系。BM72与其西侧的BM73为平行分布，墓道均向北，二者与其东侧的BM71应有关系。BM62在BM65东侧，墓道向东，二者相距不远，应属同一墓组。此后，“戊墓组”再无新墓葬入。

“寅墓组”，在第三期曾葬入BM11，本期又葬入BM9和BM17，两墓均北向。该墓组的3

座墓虽然墓向不完全相同，但坟丘相距很近，且呈三角形分布，时代亦相近。由此推测，三者之间应有某种联系。此后，“寅墓组”再无新墓葬入。

“己墓组”，本期葬入最后1座墓BM31。此墓组以前入葬的墓葬，除未完成的BM41外，其他均墓道向北，BM31却墓道向南，看似与该墓组不符，但从墓室位置来看，基本为东西成行、南北两排的布局，也就是说当年墓室上坟丘的排列还是比较整齐的。由此推测，BM31仍是“己墓组”的一部分。此墓组南侧的“癸墓组”和东南侧的“丙墓组”，在本期均无新墓葬入。

“己墓组”的南部，新出现“巳墓组”，本期葬入AM57和AM58，两墓均属第六组，为东汉中期偏晚阶段。AM57墓道向东，AM58墓道向北，两者墓室基本呈东西成排布局。

在“辛墓组”和“庚墓组”之间，本期新出现“午墓组”并葬入AM4和AM59，两墓均为北向，前者属第五组，为东汉中期偏早阶段，后者属第六组，为东汉中期偏晚阶段。这2座墓与第五期入葬的AM5，在空间位置上相对集中，应属同一墓组，三者应存在某种联系。

“辛墓组”的东南部，本期新葬入AM78，墓道向南，与该墓组的AM76相向布局，应属该墓组最后一座入葬的墓葬。

“壬墓组”，在本期新增7座墓，自北向南分别是AM27、AM24、AM22、AM21、AM54、AM45和AM47，其中AM54和AM47属第六组，为东汉中期偏晚阶段，其余都属第五组，为东汉中期偏早阶段。从空间分布上分析，AM21恰位于AM56和AM20中间预留的位置，其北侧是东汉早期葬入的AM23，营建AM21时可能为避开AM23的坟丘，把AM21较宽大的墓道向西北方向弧出，这应是按照某种规划有意安排。AM22、AM24位于AM56北侧，AM27位于AM24北侧，三墓均沿该墓组的西边缘下葬，且均梯级向东错出一墓的位置，显然也是有意安排。

“子墓组”，在本期葬入AM36、AM37、AM39等3座墓。三墓均属第五组，为东汉中期偏早阶段。其中AM37位于AM38西侧，两者东西并排，AM39位于AM40西侧，两者亦东西并排；AM36位于AM39西侧，距离稍远。三座墓葬与其并排的墓葬均为北向，排列整齐有序，应属同一墓组，相互间的关系应比较密切。

“丑墓组”，在本期葬入AM28和AM32。AM28属第五组，为东汉中期偏早阶段，AM32属第六组，为东汉中期偏晚阶段。AM32位于AM42西侧，两者墓室大致呈东西排列；AM28位于北侧，东距“壬墓组”的AM29约10米。从整体空间分布看，“丑墓组”与“壬墓组”相距较近，不排除其是“壬墓组”的一部分的可能。

在C区西北新出现“卯墓组”，此期仅葬入1座墓（CM21），墓道向北。

5. 第五期汉墓的分组、分群和空间分布情况

到了第五期，即东汉晚期，路固墓地入葬的墓葬数量明显减少，很多墓组如B区的“乙墓组”、“戊墓组”、“己墓组”、“寅墓组”和A区的“辛墓组”、“庚墓组”等，均无新墓入葬，也即是在第四期的时候，这些墓组均已不再发展。此外，在一些空白地带，新增了一些

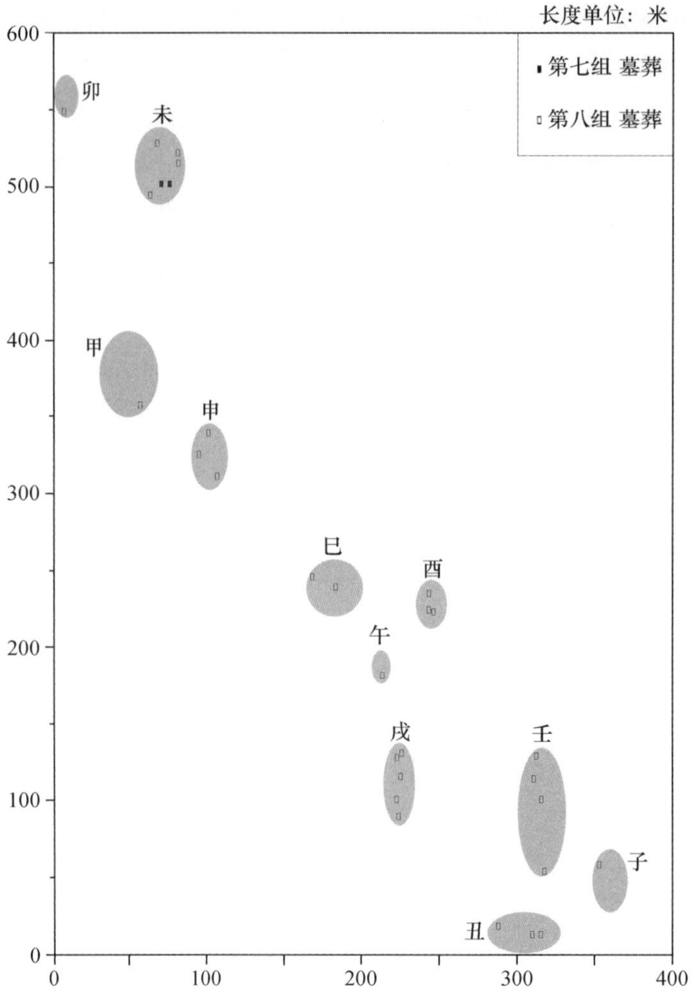

图6-7　东汉晚期各墓组分布示意图

墓组，如B区的“申墓组”，A区的“酉墓组”、“戌墓组”和C区的“未墓组”（图6-7）。从整体空间分布来看，路固墓地是向北、向南发展，A区和C区是新墓安葬的集中区域，B区则只在中间空白地带安排少数墓葬。

“甲墓组”，本期仅新入葬1座墓葬BM38，位于墓组的东南角，墓道向北，与BM5南北相对。至此，此墓组再无新墓入葬，基本形成了由19座墓葬组成的东西成行、南北五排的墓地，应是一处规模较大的家族墓地。

在B区中部空白地带，新增“申墓组”，此期共葬入至少3座墓[①]，BM61在北，BM21居中且向前突出，BM22在南，三墓呈“品”字形分布，墓道均为西向。其中，BM61为前堂后室的砖室墓，规格较高；BM21和BM22为土洞墓，两墓棺内均见筒瓦作枕的现象。

“巳墓组”，自东汉中期偏晚阶段开始葬入2座墓，到本期新增AM1和AM2，两墓均为

① 在BM21东侧曾探出5座墓葬（BM01～BM05），被一大片现代家族墓所叠压，因协调无果而未能发掘。仅凭勘探信息，无法判断这5座墓的时代，不排除为汉墓的可能。如是汉墓，从形制和排列看，应与B区的“丙墓组”相似。

北向。从平面上看，AM58、AM2和AM1，自东向西呈等距梯级错位排列，亦应是有意规划所致。

“巳墓组”的东侧稍偏南处，新出现“酉墓组”，有AM6、AM7和AM8等3座墓，三墓均为单棺土洞墓，北向。AM7和AM8的墓主应都是男性，AM6的人骨因朽尽而无法鉴别。这三座墓如果同属一个家族，也应该比较特殊。

“午墓组”，本期新葬入1座墓AM5，也是本墓组葬入的最后1座墓。AM5与第四期埋葬的AM4和AM59一样，墓道均向北，AM5与AM59南北相照，墓葬形制基本相同。三座墓时代前后相继，AM4的年代为东汉中期偏早，AM59的年代为东汉中期偏晚，AM5的年代为东汉晚期。由此推测，3座墓应存在某种联系，不排除同属于一个家族墓地的可能。

在“午墓组”南40余米处，新增“戌墓组”，共有5座墓葬，自北向南分别是AM17、AM18、AM9、AM10、AM11，墓道均向东。其中，AM10规模最大，为前堂后室的砖室墓，其他均为土洞墓。AM10为三棺葬，AM17为双棺葬，AM18和AM11为单棺葬。值得注意的是AM9，棺床很小，上面放置了一些动物，墓主人是个儿童，棺木却放在前厅墓门口。尽管各墓差别较大，但从空间分布上看，除AM18外，其他4座墓自北向南等距排列，两两之间均相距12米左右，显然是有严格的茔域规划。AM18与AM17紧密相邻，墓室与墓室之间仅相距1米，二者应有着较其他4座墓更为紧密的关系。从墓葬形制和随葬品来看，AM9为斜坡墓道单室墓，出土陶器有BⅢ式陶罐、CⅣ式陶仓、AⅠ式陶井、AdⅢ式陶灶、AⅠ式陶圈、案、B型陶樽、C型陶魁和陶鸡。AM10为穹隆顶双室墓，出土陶器有BⅠ式陶壶、CⅠ式陶罐、CⅣ式陶仓、AⅠ式陶井、AdⅢ式陶灶、AⅢ式陶圈、陶案、AⅢ式陶樽、B型陶盒、C型陶魁、陶鸡、陶狗。AM17、AM18为横前堂后室墓，AM17出土陶器有BⅢ式陶罐、CⅣ式陶仓、AⅡ式陶井、Ab型陶灶、B型陶圈、陶鸡、陶狗；AM18出土陶器有BⅢ式和BⅤ式陶罐、CⅣ式陶仓、AⅡ式陶井、AdⅠ式陶灶、陶案、B型陶樽、陶鸡。AM11为斜坡墓道单室墓，出土陶器有AⅠ式陶井、AdⅢ式陶灶、AⅡ式陶樽。这5座墓位置相邻，年代一致，随葬品非常形似，很可能有着家族亲缘关系。

“壬墓组”，在本期新增加AM26、AM25、AM19和AM46等4座墓葬。其中，AM26位于墓组的东北角，墓道向东，墓室与东汉中期的AM27的墓室大致东西成排；AM25与亦属东汉中期的AM24东西成排；AM19位于AM20北侧，墓道向东，墓室打破AM20墓道北端，AM19和AM20的墓室或者坟丘基本在南北一条线上；AM46位于墓组的南部，基本与AM44和AM47东西成排，AM46居于二者之间。至此，“壬墓组”基本形成为路固汉墓群中规模最大的一个墓组，以规模最大的AM21为中心，南北共七排，东西布列2座墓或3座墓。

“子墓组”，在本期仅葬入1座墓AM35。AM35位于AM36北侧，墓道向东，打破AM36的墓道北端。至此，此墓组共安葬7座墓，其中AM36、AM37和AM40为双棺葬，AM38、AM39和AM41为单棺葬，AM35疑似为迁葬墓，从其狭小的墓室判断，亦应是单棺葬。

“丑墓组”，在本期新葬入AM31、AM33和AM34等3座墓，墓道均向北。其中，AM31与其西侧的AM30并列，中间相距稍远，约有16米，应是为以后安葬新墓预留空间。AM33和

AM34东西并排，均为斜坡墓道单室墓，AM33出土有DⅠ式陶罐、CⅣ式陶仓、AdⅢ式陶灶、E型陶圈，AM34出土有CⅢ式陶仓、AⅣ式陶井、AdⅣ式陶灶、DⅠ式陶圈，两墓随葬品非常相似。从墓葬形制来看，AM31为前堂后室的砖室墓，规格较高，居于此墓组的中部，其他墓葬均为斜坡墓道单室土洞墓，规格稍低。

在C区建筑基址的东北新出现“未墓组”，共有6座墓，分别是CM2、CM3、CM4、CM5、CM6和CM12。CM5和CM6属第七组，为东汉晚期偏早阶段，其余4座墓属第八组，为东汉晚期偏晚阶段。这6座墓的排列与B区的“乙墓组”非常相似，墓道均向中间汇聚，CM3向南，CM2和CM4向西，CM5、CM6和CM12向北，西侧空白地带可能是为后入葬者预留的空间。“未墓组”显然经过精细规划。

C区的“卯墓组”，本期新入葬1座墓CM20，位于东汉中期葬入的CM21的西南约10米处。该墓组在本发掘区仅有2座墓，其他墓葬可能均在本发掘区的北侧。

通过对各墓组发展过程的分析，可以得出如下几点认识。

第一，辉县路固汉代墓地，是从西汉晚期开始使用，经过新莽至东汉初年、东汉早期、东汉中期和东汉晚期，最晚可能已至曹魏时期，历经200余年。西汉晚期墓葬数量较少，主要集中分布于B区的“甲墓组”、“乙墓组”和“丙墓组”所在地区，A区只有1座墓。真正大规模使用该墓地，是从新莽至东汉初年开始，这一时期，大部分墓组都有或多或少的墓葬入葬，规模较大的如“甲墓组”、“丙墓组”、“辛墓组”和“壬墓组”等，都有四、五座墓葬安葬。C区建筑基址北侧及其周围，早期入葬的墓葬较少，直到东汉晚期才开始有数量较多的墓葬入葬。

第二，各墓组墓葬数量的差别较大。如“甲墓组”共有19座墓葬，此墓组在新莽至东汉初年、东汉早期和东汉中期等三个阶段入葬人数最多。“丙墓组”共有13座墓葬，“辛墓组”共有9座墓葬，“壬墓组”先后葬入20座墓葬。“壬墓组”与“丑墓组”的界限不是很明显，如果二者是同一墓组的话，则总墓数可达27座。但也有一些墓组数量较少，如“酉墓组”、“午墓组”、“寅墓组”、“辰墓组”等均各有3座墓葬，“癸墓组”仅有2座墓葬，甚至更有1座墓的现象。这也说明不同墓组所代表的家族，人口数量存在着较大的差别。

第三，各墓组启用和延续时间也存在着较大的差别。有些墓组延续时间很长，如“甲墓组”自西汉晚期一直延续到东汉晚期，“壬墓组”自新莽时期开始至东汉晚期一直在使用。有些墓组则是从西汉晚期开始，但并没有延续多长时间便不再使用，如“丙墓组”为从西汉晚期到东汉早期，“丁墓组”从西汉晚期到新莽时期；“子墓组”、“丑墓组”从东汉早期到东汉晚期，“癸墓组”则仅存在于东汉早期。也有些墓组仅在东汉晚期使用，如“戌墓组”、“申墓组”和“未墓组”。

第四，在各墓组中，以东汉中期为界，东汉中期以前墓葬基本排列有序，打破现象极少。东汉中期开始，南北向墓葬增多，墓葬之间特别是B区墓葬相互打破现象比较多，与前期墓葬多有混杂。东汉晚期，墓地再度恢复有序状态，新的墓葬极少安排在B区，而是把墓地向南（即A区）、向北（即C区）拓展。

第五，各墓组之间都有预留的空白地带作间隔，而且各墓组相对独立。同一墓组中，墓葬的排列和空间的预置等，存在明显的规划。通常规模较大的墓葬居于墓组的中部，有的墓组墓道向中间汇聚，地面以上的坟丘应呈扇形或环形分布。种种迹象表明，路固汉代墓地中的不同墓组，很可能代表着不同的家族，一个墓组就是一个家族墓地。在同一墓组中，还可分出若干组更为集中的小组，如“甲墓组”、“戊墓组”、“辛墓组”、“壬墓组”等均如此。这些大墓组中的相对集中的小墓组，很可能是大的家族中的某个家庭组或支族墓地。

（四）相关问题探讨

1. 路固汉墓群的平面布局

路固汉代墓地，由1座房基、1座陶窑和140余座汉代墓葬组成。房基位于C区，南侧紧临“甲墓组”，应是路固汉代墓群的墓地祠堂建筑。陶窑位于“丁墓组”和“壬墓组”附近，应是专门为路固汉墓群提供墓葬用砖的窑场。房基和陶窑，都应是路固汉代墓群的组成部分。房基和陶窑成为墓地设施的一部分的现象，在汉魏时期北方地区墓地中比较常见。

路固汉代墓地中墓葬以墓组的形式相对集中分布，很少见到单独的墓葬。这些相对集中分布的墓组，很可能是某个层级的社会组织的墓地，比如家庭，或者家族。

2. 墓上坟丘和供台

路固墓地汉墓均为带墓道的洞室墓，75%以上的墓室洞高在1.8～2米之间，像BM26墓室洞高为3.06米，BM27墓室洞高为3.3米。在营造墓室的过程中必然会掏挖出大量的积土。

虽然路固墓地汉墓均为洞室墓，我们发掘时仍然非常注意每座墓的具体情况。大多数墓葬的墓室塌落，但塌陷坑中堆积用土与周围土质地明显不同，而与地面以下五六米深处的生土相同。由此推测，这些塌陷坑中的堆积应是营建洞室时掏挖出来的土，这些堆积很可能就是墓上坟丘，像AM21、AM31、BM61、AM25等墓上坟丘的体量可能还非常庞大。

部分墓葬不但坟丘高大，还有在坟丘上用砖的现象，如在AM40、AM61、CM3、BM5的坟丘塌陷堆积上都发现有砖，可能是墓上摆祭用的平台。除坟丘顶外，更常见的是在坟丘前面用砖砌一个简单的供台，如AM23、AM59、AM73、CM3、CM2等坟丘前都有明显的供台设施。

这些现象的发现，对豫北地区汉墓的墓上制度研究提供了重要资料。

墓上封丘兴起于东周时期，至两汉时期被普遍使用。但依身份地位的高低，坟丘的形制也有不同。《汉律》规定：“列侯坟高四丈，关内侯以下至庶人各有差”。封上形制，以帝陵帝后为最高规格，呈覆斗形，诸侯、公子公主也用，以锥形、山形、圆形常见。但路固汉墓群内墓葬规格普遍较低，应属平民家族墓地，坟丘的形制可能也较随意，由于没有保存较好的资料，其具体形制如何，已无法了解。

3. 多棺葬和单棺葬

在路固汉代墓群中，除1座（BM41）没建成、14座因迁葬、29座因严重盗扰造成封门和墓室被破坏外，其余104座汉墓中棺具和人骨（绝大多数呈粉末状）尚有痕迹可辨①。从棺具和人骨判断，路固汉代墓葬常见二人合葬（即双棺葬）和单人葬，还有部分三人合葬（即三棺葬）。

（1）多棺葬

有双棺葬和三棺葬两种。其中双棺葬数量较多，三棺葬数量较少。

三棺葬共有12座，占可辨墓例总数的11.5%。其中单室墓和双室墓各6座。

单室三棺葬的墓葬有AM58、AM59、AM76、BM1、BM3和BM25。其中，AM58、BM3和BM25均将三位墓主并列置于后室棺床上。BM3为男性居中，两位女性分置于左、右侧。BM25人骨朽蚀严重，无法鉴定性别，但从人骨的身高推测，大抵与BM3相同。AM58的两棺置于后室棺床上，一具人骨为二次葬，无棺，亦置棺床上，骨骼朽尽，无法鉴定性别。AM59、AM76和BM1则为棺床上置两棺，前厅横置一棺。AM59的棺床上应是夫妇二人，男右女左，前厅中的儿童不排除是该夫妇子女的可能。AM76棺床上亦应是夫妇二人，男左女右，厅室中为一成年女性，应是一夫二妻合葬。BM1棺床上为男左女右，厅室中为一儿童，可能是墓主人未成年的子女。

单室三棺葬墓的随葬品组合情况如下。

BM3为双耳室单室墓，大部分随葬陶器置于两个耳室和前厅中。BM3的右耳室有3件陶罐和2件陶仓，左耳室有2件陶罐。前厅置一组供器，包括1件陶案、14件陶耳杯、1件陶樽、1件陶盒、2件陶盘和2件陶盆等，即BM3的三位墓主只随葬了一组供器、一组日用陶器和一组模型明器仓。AM76、BM1均为单耳室单室墓，前厅置一组供器，包括陶樽、耳杯各1件，BM1还有1件陶盘，其余随葬品均置耳室中，或因墓室进水位置有改变，如AM76随葬有陶壶、瓮、井、灶、圈各1件、罐4件、仓5件，而BM1随葬有陶罐、井、灶各1件、壶2件、仓5件。可见AM76和BM1的三位墓主也只随葬了一组供器、一组日用陶器、一组模型明器和一组仿铜陶礼器，即这两座墓均只随葬了一套随葬品。AM59也是单耳室单室墓，厅室中间摆放一套供器，包括1件案、案上置5件耳杯和1件樽、案旁置2件盘和动物骨骼等，除水井外的其他日用陶器和模型明器均为一组。由此可见，上述带耳室的单室三棺葬墓均只随葬一套随葬品，供器放置于前厅，其余随葬品多放置于耳室中。

AM58、BM25为无耳室单室墓。BM25的随葬品均已被扰动，仅大致判断前厅靠右侧置1件陶壶、2件陶罐、2件陶仓和1件陶器盖，在前厅左侧置1件陶壶、2件陶樽、2件陶耳杯、5件陶仓、1件陶井和1件陶灶，在前厅中间还有陶壶、罐和器盖各2件。从数量和形制上看，BM25随葬了两组仿铜陶礼器、一组日用陶器、一组供器和一组模型明器（其中有二组陶仓）。AM58保存完整，但因卵石层墓室塌陷，厅室中陶器多数被砸碎，且与卵石混杂在一起，无法判断其

① 本节的比例计算均以棺具和人骨痕迹尚存的104座墓例为基数，本文称这些墓例为“可辨墓例”。

原来位置。从数量判断，供器有2件陶案、5件陶耳杯、2件陶盘和1件陶樽，模型明器有3件陶井、2件陶灶、1件陶圈和6件陶仓，另有5件陶罐和1件陶瓮。看来AM58仍是随葬了一套随葬品，部分供器为两组。总的来看，这2座无耳室单室墓均随葬一套器物，部分陶器出现两组，或是两组仿铜陶礼器、或是两组仓、或是两组井，两组器物分置于前厅左、右壁前，模型明器置于一处。

双室三棺葬的墓葬有BM7、BM9、BM23、BM74、CM2、CM3。其中，BM9、BM74和CM2形制相似，有两个耳室，且均将右耳室作为侧室放置一具木棺，同时在后室棺床上放置两棺。BM7和BM23只有一个侧室，无耳室，BM7侧室在右，BM23侧室在左。CM3后室棺床上置两棺，前堂横置一棺。

双室三棺葬墓的随葬品组合情况如下。

BM9、BM74和CM2均为一耳室一侧室，BM9、BM74均在耳室、侧室口、前厅中央、棺床上置一部分陶器。其中BM9随葬了两组供器、一组日用陶器、一组模型明器。BM74随葬有两组仿铜陶礼器、一组供器、一组模型明器（其中有两组陶仓）、一组日用陶器。CM2无论是供器，还是日用陶器、仿铜陶礼器、模型明器等，均只有一套，供器中的一部分（碗、盘、耳杯）置于前厅中部，一部分（案、魁、勺、耳杯）置于耳室中，侧室内未放置随葬品。

BM7和BM23只有一个侧室，无耳室。其中BM7随葬了一组日用陶器、一组仿铜陶礼器、一组模型明器，即随葬了一套器物，祭祀用具放置于前厅中央，其余器物放置于侧室口。BM23无耳室，随葬品的摆放与BM74、BM9相似，也只随葬了一组仿铜陶礼器、一组日用陶器、一组模型明器、一组供器。

CM3后室置两棺，前厅横置一棺。前厅右侧设供台，上置一组供器，包括瓮、案、盘、钵、涂朱樽各1件及耳杯3件，还有一组动物骨骼。其他随葬品都放在前厅。从随葬品数量和功能判断，CM3也仅随葬一组供器、一组日用陶器、一组仿铜陶礼器和一组模型明器。

综上分析，可以看出三棺葬墓的两个特征：一是除两例可能是夫妇与子女合葬外，其余均为一男二女合葬，说明两汉时期存在一夫多妻的可能；二是无论单室的三棺葬，还是双室的三棺葬，都是仅随葬一套随葬品，作为墓内祭祀的供器也多为一套，仅在某些单类器物上有2件的现象（如CM3有2件井），但仍为三位墓主人共用一套随葬品。

除上述12座三棺葬墓外，在可辨葬具和葬式者中，双棺葬墓即双人合葬的墓例最多，共58座，占可辨墓例总数的55.8%。

双棺葬墓有如下几个特征。一是绝大多数的双棺均置于棺床上，少数棺因墓内进水漂移至他处。二是双棺均为一次葬，占双棺葬墓例总数的90%以上。这类墓葬存在明显的二次进棺现象。三是一棺为一次葬，另一棺为二次葬，即前者入葬时后者由他处迁入与前者合葬，这种占双棺葬墓例总数的9.4%。这类墓葬通常没有二次进棺现象。四是随葬两套随葬品的墓葬有17座，随葬一套的墓葬有37座，另有4座墓葬因盗扰严重随葬品不全而无法判断。五是随葬两套随葬品的墓葬中，有8座墓随葬有两套供器，占墓例总数的近一半；随葬一套随葬品的墓葬中有1例（AM62）随葬两套供器。

（2）单棺葬

单棺葬墓的数量稍少于双棺葬墓，共有35座，占可辨墓例总数的33.7%。依棺在棺床上的位置分为两类。

A类，棺置于棺床中部。共18座墓葬，有AM2、AM6、AM9、AM11、AM42、AM61、AM78、BM17、BM24、BM35、BM38（二次葬）、BM39（二次葬）、BM42（二次葬）、BM43、BM47、CM1、CM12、CM20，其中1座（AM9）儿童墓，3座被扰严重无法判断性别。能大致判断性别的有14座墓，其中为男性的8座，女性的6座。随葬品均为一套，供器也大多是一套，有的规模较小的墓葬无供器。从随葬供器的种类和数量来看，男性墓随葬供器种类简单且数量少，多为1件陶樽，或1件陶樽和1件陶耳杯；女性墓随葬供器器类齐全且数量较多，多为1件陶案、1件陶樽、3件陶耳杯和1件陶盘，有的还搭配1件陶盘和若干动物骨骼。由此看来，两汉时期女性的地位不一定比男性低。

B类，棺置于棺床的一侧，另一侧明显为有意预留出一棺的空间。共17座墓葬，有AM3、AM7、AM18、AM38、AM39、AM47（棺移位，原应置于一侧）、AM54、AM69、AM72、BM11、BM37、BM46、BM56、BM60、BM67（二次葬）、BM71、CM19。其中3座墓被盗扰无法判断性别，能大致判断性别的有14座，其中为男性的12座，女性的2座。随葬品多为一套，供器也多为一套，有的规模较小的墓葬仅有1、2件陶器，无供器。但有1座墓（AM3）却随葬了两套随葬品，供器也是两套。此类中的BM11保存完整，值得注意的是，墓主人随葬2面铜镜，1面完整的放在头侧，另1面只有半个，原应握于手中，后滑落于两腿之间。由此判断，B类墓葬原应有二次进棺的规划，但不知何故没能形成合葬。

4. 进棺方式和二次进棺现象

（1）进棺方式

路固墓地汉墓的形制多样。墓葬形制不同，其进棺方式也不相同，这主要与墓道形制有关。此墓地大致有如下五种进棺方式。

第一种，为A型竖井墓道墓，棺具应都是从竖井墓道悬吊下棺。这种下葬方式，常见于西汉晚期至东汉早期。

第二种，为Ba型和Bb型墓，为带台阶的长墓道，墓道非常狭窄，仅可容一人上下，但在墓道末端仍有竖井，其作用应与第一种竖井墓道一样，是下棺的通道，台阶墓道则仅供营造墓室时出土使用，或埋葬时向墓室内运送随葬品。这种进棺方式，始见于西汉晚期，流行于新莽至东汉早期，东汉中期及以后少见。

第三种，为Ca型和Cb型墓，墓道为斜坡式，竖井已经不见，但斜坡墓道开口仍较狭窄，为了能顺利进棺，在墓道前端出现了长方形置棺槽，棺具从置棺槽中向下推，有些棺较宽大，常见在墓道两侧壁面上扩出进棺槽，这样墓道的横截面为上小下大。也就是说，营造墓室时向外运土、搬运营墓用砖、进棺和向墓内运送随葬品以及二次进棺等，都是通过斜坡墓道完成的。此种进棺方式，始见于东汉早期，流行于东汉中、晚期。

第四种，为Da型和Db型墓，其墓道大致与Ca型、Cb型相似，唯不同的是Da型和Db型墓道上端没有置棺槽，墓道两侧也没有进棺槽，而是加宽了墓道，棺具可以从墓道进入墓室。此种进棺方式始自西汉晚期，主要流行于东汉中、晚期。

第五种，为Ea型和Eb墓葬。这类墓数量不多，墓道形制接近Ba、Bb型，但较后两者复杂，为有台阶的长墓道，在靠近墓道末端设置过道和天井。墓道仍较狭窄，棺是通过天井悬吊沉入，然后推入墓室内。这种下葬方法，主要流行于新莽至东汉早、中期。

两汉时期墓葬的进棺方式，与墓葬的营造技术和墓道的形制有着直接的关系。西汉晚期至东汉早期流行的竖井墓道墓葬，从营造到下葬都非常不方便，应是路固各类型汉墓中最不科学的一种。后来发展成为在竖井的前端挖一带台阶的狭窄墓道，可供人员和搬运物品上、下使用，虽然较竖井墓道进步了很多，但棺仍需从竖井处悬吊沉入。直至加宽墓道，从墓道中推棺滑入墓室，才是最省力、最科学的进棺方式。

（2）二次进棺现象

由于路固墓地汉代墓葬多为合葬，两位或三位墓主同时死亡的现象很少，因此就必然会有二次进棺。在发掘过程中就发现很多二次进棺的现象，主要表现在以下两个方面。

第一，双墓道现象，即第一次进棺时挖掘了一条墓道，在第二次进棺时又挖掘了另一条墓道。这样的墓葬在路固汉墓群中有8座，其中AM21、AM60和BM44表现最为明显，两条墓道不重合。如AM21的早期墓道为带台阶的直长墓道，晚期的墓道为偏向西北方向的斜坡墓道。AM60的早期墓道折向西北方向，晚期墓道折向东。BM44的两条墓道均为竖井式，东、西平行分布。其他5座墓均为晚期墓道叠压在早期墓道之上，大部分重合。当然绝大部分墓葬在二次进棺时，都沿着原墓道开口位置下挖，偶有错位的墓葬（如CM2），不排除当时墓上除封丘外，墓道也有某种位置标志物的可能。

第二，封门砖被二次打开。除上述8座双墓道的墓葬外，其他合葬墓虽然墓道完全重合在一起，但封门被二次打开的痕迹非常明显。如AM70第一次的封门砖仅存最底部一层，上面的砖均存在第二次封门，因为砌砖方式已不同。AM62的封门，最下面5层封砖摆放整齐，上面的11层封砖码放散乱，显然不是同一次完成的。有些墓葬前、后两次进棺的间隔较长，如AM46，在第一次封门时先用木门封堵，在木门外再用砖封堵，第二次打开封门时木门已朽，只打开一半封门足可进棺，二次进棺后直接又封上墓门。

除此之外，还有一种现象值得注意。即有些单棺葬也存在二次开启封门的现象。如AM39为单棺葬，墓主为男性，且明显为一次葬，虽然其棺置于棺床的右侧，左侧留出一棺的空间，但并没有女主人入葬该墓。其墓门却有明显二次开启和再次封堵的痕迹。这种现象并非孤例，由此判断，路固汉代墓葬很可能存在提前修好墓封门待葬现象。

5. 墓内祭祀现象

在路固墓地汉墓中，除上述墓上坟丘和坟丘前供台可作简单祭拜外，墓室内也普遍存在祭祀的现象，本报告称之为“墓内祭”。从考古发掘遗存来看，墓内祭主要表现在以下两个方面。

第一，在墓室厅室或厅室中部，墓室规模较小的墓葬则在棺前，规模较大的则在厅室一侧设专门的砖砌供台，常摆放一组祭祀用具，本报告称其为“供器”。供器通常由数量不等的陶案、陶樽、陶耳杯、陶盘、陶魁、陶舟形盒组成。根据墓葬规模、墓主人的富裕程度不同，供器的组合也各有不同。

供器的组合方式主要有以下几种。

（1）1件陶樽，有BM36、BM49、BM77、CM1、CM21等。

（2）1件陶樽1件陶耳杯组合，有AM8、AM32、AM34、AM36、AM40、AM43、AM57、AM61、AM69、AM70、AM72、AM74、AM76、AM79、BM5、BM46、CM12等。也有随葬两套1件樽1件耳杯组合的，如AM50、AM51等；另有少量1件樽2件耳杯组合（如AM55）和两套1件樽3件耳杯组合（如AM68）。

（3）1件案1件樽+若干耳杯+盘、或魁、或舟形盒，如AM2、AM9、AM11、AM42、AM47、CM4等。其中陶案和樽的数量较稳定，基本是一套供器组合中1件，但耳杯数量不固定，常见3件，其次为6件，最多的达17件。

上述供器组合中，（1）类组合通常见于规模较小的墓葬，BM36最典型；使用（2）类组合的墓葬规模较单一陶樽的要大，常可见单耳室和双耳室，墓底铺砖；使用（3）类组合的墓葬规模通常较大，多为砖室墓或“T”字形横前堂墓。当然，也有规模较小的墓葬无供器。

第二，在墓室内常见动物类牺牲，本报告称为“供品”。主要有以下几类供祀方式。

（1）用完整的猪作供品，通常与供器一起置于厅室。

（2）用猪头或猪腿作供品，放置位置与整猪相同。

（3）用禽类动物作供品，或置于厅室地面，或盛放在作为供器的陶盘中，也有盛放在耳杯中的现象。

墓内祭祀应是在下葬时举行仪式，有的双棺葬墓随葬两套供器，可能在二次进棺时举行第二次祭祀仪式。墓外坟丘上或坟丘前的供台，应是埋葬之后或后人扫墓时进行祭祀的地方。

6. 关于墓主人

路固墓地的148座汉代墓葬的主人到底是谁？他们的健康状况如何？职业是什么？通过对随葬品进行分析和对人骨的鉴定[1]可窥其一斑。

首先，我们来看看他们是谁？

据王明辉先生鉴定，路固墓地的墓主人特征非常明显，他们与古代中原地区先秦时期的居民，在体质特征上是一脉相承的，他们可能就是当地更早时期古代人群的后裔，在基因上较少受到其他种族类型人群的影响。

由此鉴定结果可知，辉县路固墓地的墓主人都应是世代生活在此地。路固墓地出土了4枚铜印章（见图4-2-73），其中3枚有印文，分别是“乐丰私印”、“乐冯私印”和“郭禹

---

① 本文关于人骨鉴定方面的内容，均引自王明辉《河南辉县市路固墓地出土人骨初步分析》，详见本报告附录三。

私印”，另一枚没有印文。值得注意的是，“乐丰私印”和“乐冯私印”两枚印章均出自AM72，并列放置，为同一人所有，“乐”应是该墓主人的姓，“丰”和“冯”应是此人的私名，但两字却同音不同字。

辉县市在东周时期属魏国。魏国有个大将军叫乐羊，安邑（今山西夏县）人，曾领兵大败中山军，攻占中山国，魏文侯将其封于灵寿。乐羊的后世子孙多在灵寿安家落户。战国后期杰出的军事家乐毅，就是乐羊的后裔，曾拜燕国上将军，领燕军攻齐，大败齐军。后乐毅投奔赵国，被封于观津，号望诸君①。由此可见，东周时期豫北冀南地区，“乐”姓比较集中，路固墓地很可能为“乐”氏或者“乐”和“郭”两姓的家族墓地。

其次，他们的性别和年龄状况如何？

通过鉴定，发现路固汉墓群的墓主存在如下两个特征：一是男、女性别比例异常；二是死亡时普遍年轻。

关于他们的性别。在可鉴定的123例个体中，男性和倾向为男性②的个体有54个，女性和倾向为女性的有43个，性别不明的个体有26个，各占鉴定总数的43.9%、35%和21.1%。男、女性别比例为125.6，略高于现代社会正常性别比例，正常性别比范围为103～107。

关于他们的死亡年龄。在已鉴定的123例个体中，总体平均死亡年龄为30.71岁，除去性别不明的26例个体（其中10例为未成年个体），总体平均死亡年龄为33.91岁，其中男性为34.82岁，女性为32.77岁，男性年龄略高于女性。在全部个体中，死于壮年和中年阶段的较多，占总数的68.5%，死于青年和未成年阶段的较少，死于老年阶段的个体最少，只有一例。

鉴于上述两个明显的特征，王明辉认为，两性比例异常，是因为在当时社会“尊男轻女”思想影响下，可能存在有意识控制性别比例的现象，也有可能与两性骨骼保存状况的差异有关；死亡年龄普遍年轻，则暗示路固汉代墓群人们的健康状况较差。王明辉的分析不无道理，但也存在另外一种可能，即路固汉墓群的墓主死亡时较年轻很可能与他们的职业有关。

第三，墓主人的职业是什么？

一般来话，仅通过考古资料推断墓主人的职业，是非常困难的，这也正是考古发掘和研究的局限所在。但是根据考古发掘的实物资料，对其职业范围做大致的推测，还是存在一定可能性的。

路固墓地汉墓中的大部分人还应是普通民众，尤其是女人和孩子。但也有相当高比例的墓主，可能是军职人员。在148座汉代墓葬中，有近50座墓葬出土兵器，占汉墓总数的33.7%。兵器种类有铁剑、铁刀、铁矛、铁戟、铜弩、铜刀、铁镞、铜镞等，其中以铁剑和铁刀最为常见。多数一墓出土1件铁剑或1件铁刀，部分墓葬出土2件或多件不同类型的兵器，如AM36和AM57为铁剑、戟同出，AM48和BM69为铁剑、铜镞同出，AM62和BM17为铁剑、矛同出，AM21为铁戟、矛同出，BM75为铁戟、铜镞同出，AM39为铁剑与2件镰形兵器共出等。

---

① 《史记》卷八十《乐毅列传》。

② 有些人骨保存状况不佳，已成粉末状，但通过随葬铁刀、铁剑或戟等特征性遗物推断墓主人倾向为男性，有些则通过随葬的镊子、眉刷和粉等特征性遗物推断墓主人倾向为女性。

两汉时期有着严格的兵役制度，以征兵制为主要集兵制度，男子23岁就要承担两年常备兵役，一年卫戍京师，一年为郡国地方兵，兵役期结束后可回乡成为预备役兵，时时等待国家的征召。东汉时期，征兵制度逐渐弱化，地方豪强势力渐起，从自己控制下的依附农民中招募部曲私兵，地方武装势力大增。到东汉末期和三国时期，征兵制逐渐被世兵制所取代。世兵制就是兵、民分离，出现了兵户，兵户家的成年男子终生为兵，形成一个以当兵为世业的职业兵阶层①。路固墓地所处时代恰处于执行征兵制的晚期，最后可能还处于征兵制向世兵制的过渡阶段，因此墓地中普遍随葬兵器的现象也就不难理解了。

7. 关于路固汉墓群出土铜镜

路固墓地共发掘汉代墓葬148座，其中71座墓葬出土铜镜，占汉代墓葬总数的47.9%。共出土98面铜镜，2面铅镜（附表三）。其中，以连弧纹镜、博局镜、多乳镜最为常见，其他还有昭明镜、日光镜、云雷纹镜、四叶纹镜、龙虎纹镜等。多数墓葬（约46座）只出土1面铜镜，21座墓出土2面铜镜，4座墓出土3面铜镜。由此可知两汉时期墓葬中随葬铜镜的比例之高。

在出土3面铜镜的墓葬中，有2座为三棺墓，每棺内有1面铜镜，可见铜镜是两汉时期人们的常用之物；2座为双棺墓，如AM46的两具木棺中各出土1面，厅室供台上还放置1面铜镜。也就是说，除了属于个人的铜镜外，在相当于客厅的公共活动区域还要摆置一面镜，供家人共用。由此可见，两汉时期民间铜镜的普及率还是相当高的。

两汉时期，铜镜已为民众普遍使用，此时期官方和私营铸镜业都得到了普遍的发展。汉镜铭文中出现的许多“尚方”铭及纪氏铭文镜，就是铜镜民间普及化的最好写照。“尚方”是汉代为皇室制作御用物品的官署，属少府。《汉书·百官公卿表》中的少府下有“尚方”。颜师古注：“尚方主作禁器物”。铜镜铭文中大量出现的“尚方作镜大毋伤”、“尚方作镜真大好”、“尚方作镜四夷服”等字句，可证制作铜镜也是尚方的任务之一。纪氏镜铭如“王氏作镜真太好”、“朱氏明镜快人意”、“田氏作镜四夷服”等，都明确记述了作镜者的姓氏，有很强的广告宣传作用，表明民间铸镜业已十分普及。

还有一种值得注意的现象。在AM23的棺1内随葬1面完整铜镜，棺2除有1面完整铜镜外，还有1面残镜。BM11也有类似现象，随葬2面铜镜，1面完整，1面残。AM23和BM11均保存完整，没有发现被盗扰的现象，说明两墓中的残镜均为有意葬入。随葬残镜的现象，在各地考古发掘中也屡屡被发现。洛阳烧沟38号汉墓的两棺中各出土半面铜镜，合起来是1面完整的四神博局镜②；陕西安塞县王家湾汉墓的1面昭明镜，出土时分为两半，一半置于男主人头边，一半置女主人头边。沈从文先生认为：“西汉初年的社会，已起始用镜子作男女间爱情的表记，生前相互赠送，作为纪念，死后埋入坟里，还有生死不忘的意思。‘破镜重圆’的传说，就在这个历史阶段中产生，比后来传述的乐昌公主故事早七八百年”③。

① （南宋）陈傅良：《历代兵制》。

② 中国科学院考古研究所：《洛阳烧沟汉墓》第160页，科学出版社，1959年。

③ 沈从文：《唐宋铜镜》第2页，中国古典艺术出版社，1958年。

8. 关于路固汉墓群出土钱币

在路固汉墓群出土遗物中，以铜（铁）钱数量最多，总计近8000枚（附表四）。

在148座汉代墓葬中，有120座墓出土铜钱，占汉墓总数的81%。随葬铜钱也是两汉墓葬的典型特征之一，也恰是这些铜钱为墓葬的年代判断提供了相对精准的依据。

铜钱主要放置于墓主的手、口、腰部及身下，AM60和AM61不仅棺室内散置有铜钱，在墓道台阶上也散置少量铜钱。随葬铜钱的数量差别较大，有的墓葬随葬近千枚，有的只有寥寥数枚，差别之大正是墓主在世时贫富不同的真实写照。

所出钱币在时间跨度上涵盖西汉早、中、晚期，新莽时期和东汉早、晚等各个时代，在种类和数量上均以东汉五铢为大宗，另有少量半两钱，应为西汉早期铸造，少量西汉晚期五铢，多应为宣帝后期至西汉末所铸。新莽时期钱币以货泉为主，有部分大泉五十，少量货布、小泉值一、一刀平五千等。

“一刀平五千”刀币仅有1枚，出自CM3，青铜质地，钱体似刀形，刀环大小与五铢钱相当，上下有以黄金嵌错竖书的阴文“一刀”二字，刀身铸有阳文篆书“平五千”三字，制作工艺极为精巧。此类钱币是王莽时期所铸钱币，又称“金错也”。钱文中的“平”是“值”或“相当于”的意思，也就是说，这一枚刀币相当于五千个普通五铢钱或货泉。

CM3的墓室在北，墓道向南，墓室上应有高大坟丘，坟丘前有五层砖的供台。墓室内有三棺，应是一男两女、一夫两妻。每具棺内都随葬1面铜镜和大量的铜钱。据统计，M3共出土铜钱1100余枚。“一刀平五千”刀币就出土于棺1内，棺1内除此刀币外，还散置五铢钱210枚；男主人的棺内散置有铜钱880余枚。CM3应是本次发掘的路固汉墓保存完整的墓葬中家境最殷实的一座。

9. 路固汉墓群被盗扰情况

路固汉墓群内墓葬有近半数遭到不同程度的盗扰。从盗扰位置看，绝大多数盗墓者都选坟丘前面、大约墓门的位置向下盗挖，挖下去正好对着墓门，盗洞位置之精准，着实令人瞠目结舌。

路固墓地汉代墓葬的营造，非常有规律。首先选定位置，开始营造墓道，有的为斜坡状，有的有台阶；挖到一定深度，开始向前水平掘进，营造墓门及墓室。从墓道内挖出的土，在落葬完毕后再回填回墓道，从墓室里挖出的土，则堆积在墓室的上方形成坟丘。墓室规模越大，掏出的土就越多，坟丘也就越宏大。坟丘的前面，通常会用砖摆成供台，供台再向前1米左右，往往就是墓门。发掘的时候绝大多数墓室已塌陷，坟丘也正好随墓室塌陷沉落下去，地面又恢复到原来的样子。但是，精准的盗洞位置，不由得让人认为盗扰的时间可能很早，不排除就在下葬之后不久，甚至就是“热盗”，AM17和AM61明显就是墓主尸骨未寒时被盗掘的。

AM17的墓室结构为双重砖券，说明墓主身份较高。随葬有铜镜1面、银镯1对及串珠和铜扣器等，表明墓主生前比较富裕。墓门处有一圆形盗洞，棺床上放置两具棺木，应有两个墓主，但棺床上只有一具人骨，且散乱不堪，另一具人骨被拖拽到厅室，呈倚墙靠坐状，说明盗墓者进入墓室时，墓主尚未腐朽，被盗者拖拽至此。令人不解的是，此墓被盗扰严重，但高价值的随葬品如铜镜、银镯、串珠等均未被盗走。AM61墓主人的上半截身体被拖至厅室内，手指上还戴着1枚银指环，显然该墓也是下葬后不久、至少尸体尚未完全腐朽时便被盗。

我们不禁要问，盗墓者的目的是什么？下面来看几组数据。

第一组，此次共发掘汉代墓葬148座，其中81座有不同程度的盗扰。从盗扰情况判断，大多数是早年所为，仅有极少数几座墓（即B区的“丙墓组”）是晚近被盗。

第二组，出土铜镜的汉代墓葬共71座，其中47座保存完整，24座被盗。在被盗的24座出土铜镜的墓葬中，仍有5座墓葬出土2面铜镜。有不少的铜镜被扰离原来的位置，如AM17的铜镜被扰至墓门口，AM67的铜镜甚至被放在了封门砖上。

第三组，出土铜钱的墓葬有120座，其中66座被盗扰，保存完整的墓葬尚不足一半，但是被盗扰的墓葬中钱币基本都在。

司马迁在列举汉代职业时，曾把“掘业”（即盗墓）与“田农”、“博戏”、“行贾”、“贩脂”、“卖浆”、“洒削”、“胃脯”、“马医”等并列，而且排序上仅次于田农[①]。曹操当年设置的“摸金校尉”和“发掘中郎将”均属此类。正如王子今先生所言，汉时“‘掘冢’行为是相当常见的营生方式”[②]。由此看来，汉代盗墓活动猖獗不足为奇，第一组数据是其真实写照。

但是，令人不解的是第二、三组数据，为何盗墓者不要铜镜和钱币，难道墓葬里随葬的铜镜和钱币在当时社会生活中不能使用？《汉书·张汤传》记载：“会人有盗发孝文园瘗钱”。“瘗钱”，颜师古注引如淳曰：“瘗，埋也，埋钱于园陵以送死也”。也就是说，汉武帝时汉文帝霸陵随葬的钱币曾经被盗掘，可见汉代盗墓人对墓葬中的钱币并不避讳。

现在来看，路固墓地汉代墓葬出土遗物中，铜镜和钱币应是贵重物品，当然也应是盗墓人最为垂涎的对象。为何路固汉墓的盗掘者舍弃二者？实在没有更贴切的解释，似乎可勉强辩解为：两汉时期用镜赠于殓者，即用镜殉葬，取其炤幽冥的意思，所以曾经用于随葬的铜镜，汉时盗墓人觉得不吉利，故舍之不取。另外，汉时人对平民墓葬的盗掘动机，则可能只是掠取死者的衣物，《论衡·死伪》“掘丘墓取衣物者以千万数”[③]便是证据。

辉县路固汉代墓葬群的发掘，应是豫北地区汉墓规模较大、也较为系统的一次发掘，不但墓葬群的空间布局清楚，而且出土遗物也很丰富，为豫北地区的汉代墓葬制度研究提供了重要资料。虽然本报告对发掘资料进行了系统的整理，也取得了阶段性的成果，但仍有诸多学术问题没能解决，只能期待以后更加系统的发掘资料。

---

① 司马迁：《史记·货殖列传》第3282页，中华书局，1959年。

② 王子今：《中国盗墓史——一种社会现象的文化考察》第68页，中国广播电视出版社，2000年。

③ 黄晖：《论衡校释》第3册第907页，中华书局，1990年版。

附　　表

附表一　探方登记表

探方编号	布方情况（米）	探方总面积（平方米）	发掘目的	备注
2006HGA区T1	3×9+6×7+4×7	97	AM1	
2006HGA区T2	3×8+6×6	60	AM2	
2006HGA区T3	4×10+6×7.5+5×9+1.5×6+10×2+10.5×13.5+4.5×8+3.5×2+6×7.5	388.75	AM3、AM64、AM65、AM66、AM67、AM68、AM69、AM70、AM71	
2006HGA区T4	3×11+6.5×7.5	81.75	AM4	
2006HGA区T5	3×9+5.5×7.5	68.25	AM5	
2006HGA区T6	3×8.5+5×5.5+5×6+9.5×6.5+1	145.75	AM6、AM7、AM8	
2006HGA区T7	3×6+4×5	38	AM9	
2006HGA区T8	3×10+6.5×7.5	78.75	AM10	
2006HGA区T9	3×9+6×6	63	AM11	
2006HGA区T10	10×18	180	AM12、AM13、AM14、AM15、AM16、AM17、AM18	
2006HGA区T11	6×15+1.5×6+3×2.5	106.5	AM19、AM20	
2006HGA区T12	9×42.5+2×8.5+2×13.5+3×7.5+5×17+2×4+3×6+2.5×5+3×7+5×12+2×3	659.5	AM21、AM22、AM23、AM24、AM25、AM26、AM27、AM56、AM80	
2006HGA区T13	3×5+6×7	57	AM28	
2006HGA区T14	2.5×3+2.5×3+4×4.5+6×9	87	AM29	
2006HGA区T15	3×10+6×8.5	81	AM30	
2006HGA区T16	3.5×8.5+6×10.5	92.75	AM31	
2006HGA区T17	3×7+5.5×7.5	62.25	AM32	
2006HGA区T18	3×3+7.5×7.5+10.5×13.5+2.5×4	217	AM33、AM34、AM42	
2006HGA区T19	2×7+3×10+6×9.5	101	AM35、AM36	
2006HGA区T20	8×10+12×15+2×10+11×8+6×8+3×5	431	AM37、AM38、AM39、AM40、AM41	

续表

探方编号	布方情况（米）	探方总面积（平方米）	发掘目的	备注
2006HGA区T21	4×13.5	54	AM43	
2006HGA区T22	2.5×11+16×33+1×26.5+4×14.5+3×5	655	AM44、AM45、AM46、AM47、AM53、AM54、AM62、AM63	
2006HGA区T23	10×10	100	AM48	
2006HGA区T24	4×6	24	AM49	
2006HGA区T25	2×5+6×21.5+4×7+5×10+5×7	252	AY1、AJ1、AM50、AM51、AM52、AM55	
2006HGA区T26	3×10+5×2.5+6.5×17.5+9.5×0.5	161	AM57、AM58	
2006HGA区T27	3×9.5+9×4.5	69	AM59	
2006HGA区T28	4×5+3×10+8×7	106	AM60	
2006HGA区T29	2.5×5.5+5×14+8×19+2×14.5+4×12.5+4×6	338.75	AM61、AM72、AM73、AM75	
2006HGA区T30	5×7+8×9+5×9	152	AM74、AM77	
2006HGA区T31	5×14	70	AM76	
2006HGA区T32	3×8+5×9	69	AM78	
2006HGA区T33	5×9	45	AM79	
2006HGB区T1	6×12+3×4	84	BM1	
2006HGB区T2	5.5×6+6×7	75	BM2、BM15	
2006HGB区T3	8×12+5×7	131	BM3、BM30	
2006HGB区T4	6×9+3×5+3×7.5	91.5	BM16	
2006HGB区T5	1×6+3×4+10×12+17×8+15×33	769	BM5、BM23、BM24、BM27、BM28、BM29、BM34、BM35、BM36、BM37、BM38、BM39、BM40	
2006HGB区T6	3×7+3.5×4.5+3×4+8×13+1×4.5+5.5×6+0.5×2	191.25	BM6、BM7、BM8	
2006HGB区T7	3×12.5+5×6+12×12.5+4×5+4×1.3	242.7	BM4、BM9、BM10、BM11、BM17	
2006HGB区T8	4×8	32	BM12	
2006HGB区T9	3×7+5×7	56	BM13	
2006HGB区T10	3×5+6×8	63	BM14	
2006HGB区T11	3×7+5×6+4×4+3×4	79	BM18、BM19、BM21、BM32、BM33	
2006HGB区T12	3×7.5+5×6	52.5	BM22	
2006HGB区T13	10.5×6	63	BM20	
2006HGB区T14	5×6+3×8	54	BM31	
2006HGB区T15	5×6+3×7	51	BM25	

续表

探方编号	布方情况（米）	探方总面积（平方米）	发掘目的	备注
2006HGB区T16	3×6+5.5×7	56.5	BM26	
2007HGB区T17	3×6+5×6	48	BM41	
2007HGB区T18	11×16+14×29	582	BM42、BM44、BM45、BM46、BM47、BM48、BM49、BM50、BM51、BM52、BM53、BM54、BM55	
2007HGB区T19	3×6+5×6	48	BM56	
2007HGB区T20	14×22+5×6	338	BM57、BM58、BM59、BM60、BM77	
2007HGB区T21	5×13+1×9	74	BM62	
2007HGB区T22	21×16	336	BM63、BM64、BM65	
2007HGB区T23	4×6+5×7+12×28+3×6	413	BM66、BM67、BM68、BM69、BM70、BM75、BM76	
2007HGB区T24	4×12+8×19+1×6	206	BM71、BM72、BM73、BM74	
2007HGB区T25	3×8	24	BM43	
2007HGB区T26	3×8+4×19	100	BM61	
2007HGB区T01	14.5×5+4×8+4.4×4.8	125.62	BM01、BM02、BM03、BM04、BM05	因现代坟没能清理到底
2006HGC区T1	10×10	100	CF1、CH1	
2006HGC区T2	10×10	100	CF1	
2006HGC区T3	10×10	100	CF1、CH3、CH4	
2006HGC区T4	10×10	100	CF1	
2006HGC区T5	10×10	100	CF1、CH2、CH5、CM23	
2006HGC区T6	10×10	100	CF1、CM7、CM8、CM9、CM10	
2006HGC区T7	5×12	60	CM1	
2006HGC区T8	5×12	60	CM2	
2006HGC区T9	3×10+7×7	79	CM3	
2006HGC区T10	4×6+9×13+8×11	229	CM4、CM5、CM6	
2006HGC区T11	4×8+8×12	128	CM11、CM12、CM22	
2006HGC区T12	3×8	24	CM13、CM14	
2006HGC区T13	3×13+3×5	54	CM15、CM16、CM17	
2006HGC区T14	3×6	18	CM18	
2006HGC区T15	4×13	52	CM19	
2006HGC区T16	5×12	60	CM20	
2006HGC区T17	5×12	60	CM21	
合计	共77个探方	11002.07		

附

墓号	型式	年代		铜镜	陶鼎	陶壶	鹦形小陶壶	陶罐	陶瓮	陶仓	陶井	陶灶
		分组	分期									
AM1	Da	8	五					CⅠ			√	√
AM2	Da	8	五	连CⅢ				2BⅢ			AⅠ	AcⅡ
AM3	Db	2	二	昭明BⅡ		2A	AⅡ	2AⅠ+4BⅡ+BⅢ+DⅠ		3AⅡ+2BⅠ+3BⅡ	2BⅠ	BⅢ+EⅡ
AM4	Da	5	四					DⅠ+DⅡ		BⅢ	CⅠ+DⅠ	EⅡ
AM5	Ca	8	五			√		DⅠ				AdⅣ
AM6	Ca	8	五			2A		BⅠ		CⅣ	√	
AM7	Da	8	五	四乳Bc				BⅢ		5CⅡ	AⅠ	AdⅢ
AM8	Ca	8	五			2BⅡ		3BⅠ+2CⅠ		5CⅡ	AⅤ	AdⅣ
AM9	Da	8	五					2BⅢ+BⅣ+CⅠ		CⅡ	AⅠ	AdⅢ
AM10	Ca	8	五	四乳Bc+连√		2BⅠ		4CⅠ		5CⅡ	AⅠ	AdⅢ
AM11	Ca	8	五								AⅠ	AdⅢ
AM17	Ca	8	五	连CⅢ	C			8BⅢ			AⅡ	Ab
AM18	Da	8	五	变形四叶A	C			4BⅢ+4BⅡ+BⅤ			AⅡ	AdⅡ
AM19	Da	8	五									
AM20	Ea	2	二		√			DⅡ				BⅡ
AM21	F	5	四	四乳Ad+七乳A		9CⅠ		11DⅠ	√	5AⅡ	CⅠ+√	AdⅢ+BⅣ

表

陶案	陶樽	陶盒	魁	陶熏炉	陶碗	陶鸡	陶狗	陶盘	陶勺	陶盆	铁剑	刀	其他
									B				铜钱2组（73枚），铁棺钉1组，铅軎1
Ab	B		C			1	A	Ca	2B				铜钱1组（22枚），铁棺钉1组，兽骨1
	AⅠ+AⅣ										1		铜钱2组（18枚），铁镊1、勺1组（3件），兽骨1
√		2D√						Bb+2A					陶器盖10、仓盖6，铁门枢1
	B												铜钱1组（7枚）
										E			铜钱1组（14枚），铁棺钉1
√							A	Cb				1+√	铜钱1组（58枚），铁棺钉1组，
	B				A					C		√	铜环1、铃饰1，铜钱1组（7枚）
Ab	B		C			1		Cb					兽骨（猪、鱼、鸡）3
Ab	AⅢ	B	C			1	A		√				陶磨1，铜钱1组（8枚），铁棺钉1组，兽骨1
AaⅠ	AⅡ					1	A						陶磨1，铜钱1组（7枚），兽骨1
Ab						2	D	Ca	C			2√+铜√	陶灯2，铜扣器2，铜钱1组（27枚），铁剪2、顶针1、棺钉3组，银镯1对，绿松石珠饰1、石串珠饰1组（2个），骨簪1
Ab	B					2		Ca	C			1+√	铜钱1组（86枚），铁灯盏1、棺钉1组，漆器痕1
AaⅡ			B					Ba	B		√		陶鸽1，铜带钩1，铜钱2组（8枚）
2√			√		A								小陶勺1、器盖1，铜钱1组（2枚），铁钩1
2Ab	3AⅠ+AⅡ+B	6A+2D	C	A				5Ba漆	C				铜当卢1、鐏5、盖弓帽6、弩机2、軎2、轙1、衔镳1、鞘首饰1，铜钱1组(2枚），铁戟2、矛2，兽骨3（狗骨），瓷碗2（盗土中，宋代）

墓号	型式	年代		铜镜	陶鼎	陶壶	鸮形小陶壶	陶罐	陶瓮	陶仓	陶井	陶灶	陶
		分组	分期										
AM22	Ba	5	四	博AaⅠ+博D		2CⅠ+2CⅢ		12DⅠ+DⅡ	Ⅰ	5BⅠ	CⅠ	BⅡ	[illegible]
AM23	Ea	3	三	博AbⅠ+博BⅡ+√		DⅠ	DⅠ	AⅢ+7DⅠ+DⅡ+BⅢ+BⅤ	Ⅰ	6AⅢ+3BⅠ	CⅠ+√	2BⅠ	BⅢ
AM24	F	5	四			2A+CⅠ		4BⅠ+4DⅠ	Ⅰ	5BⅡ	BⅠ	EⅢ	[illegible]
AM25	Ca	8	五								√		
AM26	Da	8	五	连CⅡ				2BⅢ+2BⅣ+2BⅤ+CⅡ+其他+√			2AⅠ	FbⅠ	[illegible]
AM27	F	5	四			BⅢ							
AM28	Da	5	四	博BⅠ							CⅠ	FbⅠ	[illegible]
AM29	Bb	2	二						√			BⅢ	
AM30	Da	3	三							5BⅢ	BⅡ	CⅠ	
AM31	Da	8	五			H		2BⅡ+3BⅢ+BⅣ	Ⅰ		AⅠ	AdⅢ+AdⅣ	A
AM32	Ca	6	四	连BⅢ		A		BⅠ		BⅢ+4CⅣ	BⅡ	AdⅢ	[illegible]
AM33	Ca	8	五					DⅠ		CⅣ		AdⅢ	
AM34	Ca	8	五	博C					其他	5CⅢ	AⅣ	AdⅣ	[illegible]
AM35	Da	8	五					CⅠ		CⅡ			

续表

陶案	陶樽	陶盒	魁	陶熏炉	陶碗	陶鸡	陶狗	陶盘	陶勺	陶盆	铁剑	刀	其他
AaⅡ	AⅠ		B	A				2Ba	B	B	1	√	陶器盖2、壶盖2，铜带钩1，铜钱1组（7枚），铅盖弓帽2组（3件），琉璃耳饰2
AaⅡ	3AⅠ							A+4Ba	C		1	√	陶筒形杯1、器盖2，铜带钩2，铜钱2组（705枚），琉璃耳饰1组（2件）
	B	2A								Db	1		陶器盖1、壶盖1，铜带钩1，铜钱2组（17枚），铁钩1、棺钉2组，方形石器1
AaⅠ								√				铜√	陶器盖3，铁棺钉1组
Ab+√		A											铜钱1组（4枚），铁棺钉1，琉璃耳饰1
	AⅢ	B										√	陶器盖2，铜带钩1、铺首1，铜钱3组（45枚），铁锸1、钩2、棺钉1组，长方形石器1
													陶器盖1，铜钱1组（10枚），铁棺钉1组
	AⅠ									2B			陶器盖1，铜盖弓帽9、帽饰5、当卢1、軎2、轙2、衔镳1，铜钱1组（11枚）
													陶器盖1，铜钱2组（28枚）
Ab	AⅣ		D		B	1	A+C	2Ca+√	B			√	陶汲水罐1、猪1、器盖5（含一器盖钮），铜弩机2，铜钱2组（50枚）
	AⅠ											√	铜钱2组（17枚），铁棺钉1组，琉璃耳饰2
													铜指环1组（3件）、鞘首饰1，铜钱1组（11枚），铁棺钉1组，琉璃耳饰2
	B												铜钱3组（20枚），铁棺钉1组（5枚），铅衔镳1组（3件），琉璃耳饰1组（2个）
													铜钱1组（10枚），铁棺钉1组

墓号	型式	年代		铜镜	陶鼎	陶壶	鸮形小陶壶	陶罐	陶瓮	陶仓	陶井	陶灶	陶
		分组	分期										
AM36	Ca	5	四	连AⅢ				AⅠ+ 10DⅠ+√		2AⅢ		√	
AM37	Db	5	四			2CⅡ+2CⅢ		5DⅠ+DⅡ+其他		5BⅠ	CⅠ	CⅡ	
AM38	Bb	3	三	博BⅠ				2DⅠ	Ⅳ	5CⅣ	√		
AM39	Ca	5	四	连AⅢ				2DⅠ+DⅡ		5BⅠ	BⅠ	FbⅠ	
AM40	Bb	3	三	2 四乳 Ac		2BⅠ		4DⅠ	Ⅰ	5BⅢ	BⅠ	FbⅡ	
AM41	Ca	4	三			√		4DⅠ	Ⅳ	4CⅠ	AⅢ	AdⅢ	
AM42	Ca	4	三	连D				3CⅠ		3CⅡ	AⅠ	AcⅢ	
AM43	Ba	2	二	博AaⅢ		DⅢ	DⅠ	2DⅡ		7AⅡ	BⅠ	AdⅢ	
AM44	Ca	4	三	四乳残片√ （铅）						3CⅡ+√	AⅠ	AdⅢ	
AM45	F	5	四	连AⅢ+ 博BⅡ		2A		AⅡ+4BⅠ+ 2BⅤ+其他	其他		CⅠ	FbⅠ	

续表

陶案	陶樽	陶盒	魁	陶熏炉	陶碗	陶鸡	陶狗	陶盘	陶勺	陶盆	铁剑	刀	其他
		A+D√+A√						Ba			1		铜带钩2，铜钱5组（46枚），铁戟1、门枢1、棺钉3组，银指环1，粉2
AaⅠ		B	2C	A				Ba+Ca	B+B√			2√	陶汲水罐1，铜钱1组（9枚），铁戟1、锸1、门枢2、钩1、棺钉1组，铅帽饰2、衔1，方形石器1、长方形石器1，圆骨片1
												1+√	铜钱3组（12枚），铁门枢2、棺钉1组
Ab	AⅠ							2Ba			1	2√	陶垫1，铜带钩1，铜钱1组（16枚），铁镰2、门枢3、镊1、残铁器1，长方形石器1，骨器1，兽骨2，粉2
	B											1+√	铜指环1、顶针1，铜钱2组（29枚），铁门枢2、钩2组（4件）、残铁器1、棺钉2组，琉璃耳饰1组（2件）
	AⅡ			A									陶器1，铁钩3组（4件）、棺钉1
Bb	AⅢ							Cb				1	铜钱2组（10枚），铁棺钉1组
	AⅡ										1	1	陶器盖3、筒瓦1，铜带钩1，铜钱1组（116枚），铁钩1组（3件）、盖弓帽8，铅帽饰3、軎1、衔镳2
Ab	AⅠ											1+2√	铜顶针1，铜钱4组（74枚），铁棺钉1组，骨饰1
Ab	AⅢ	2A	C				B	3Cb			1	4√	陶甑1，铜带钩1、管1，铜钱4组（95枚），铁带钩1、灯盏1、钩2组（4件）、镊1、残铁器1、棺钉2组，铅衔1，银指环2、镯2，方形玉佩1，串饰1组（9件），石饰1，琉璃耳饰1，粉1

墓号	型式	年代		铜镜	陶鼎	陶壶	鸮形小陶壶	陶罐	陶瓮	陶仓	陶井	陶灶
		分组	分期									
AM46	Ca	8	五	变形四叶C+2连AⅢ		4A		5BⅠ+√		5CⅢ	AⅢ	AdⅣ
AM47	Ca	6	四	龙虎镜A				4CⅡ		4CⅡ	AⅠ	AdⅢ
AM48	A	2	二		AⅠ+√	2DⅠ	2AⅡ	2BⅡ+BⅣ+12DⅡ	Ⅰ	18AⅡ	BⅠ+BⅡ	BⅠ+D
AM50	A	1	一			2DⅢ	2AⅡ	2AⅢ+13DⅡ	Ⅰ	11AⅡ		2BⅢ
AM51	A	2	二	昭明A		2DⅠ	2AⅡ	3AⅢ+11DⅡ+√+2其他	Ⅲ	5AⅠ+5AⅡ	BⅠ	2BⅠ
AM53	Bb	3	三								√	
AM54	Da	6	四	连CⅢ				4BⅢ		3CⅡ	AⅠ	AcⅠ
AM55	A	2	二			EⅠ				5AⅡ	BⅠ	EⅠ
AM56	Ba	3	三			DⅢ					√	√
AM57	Ca	6	四	五乳A+连BⅢ		4A		6BⅠ+DⅡ		5CⅢ	AⅣ	√
AM58	Da	6	四	博BⅢ+连CⅢ				2BⅠ+3CⅡ	其他	5CⅡ+√	AⅠ+2√	Fa+√
AM59	Ca	6	四	云雷A+博AaⅠ					Ⅳ	5CⅢ	2AⅣ	AdⅣ
AM60	F	2	二		2AⅠ	3DⅠ	2AⅡ+C	AⅢ+10DⅡ	2Ⅰ+Ⅱ	18AⅡ	CⅠ+CⅡ	BⅠ+BⅡ
AM61	Eb	2	二	博AaⅢ			AⅡ		Ⅰ	2AⅡ	BⅠ	BⅢ

续表

陶案	陶樽	陶盒	魁	陶熏炉	陶碗	陶鸡	陶狗	陶盘	陶勺	陶盆	铁剑	刀	其他
AaⅠ	B							3Cb			1	√	铜钱5组（177枚），铁灯1、钩2组（4件）、镊1、棺钉2组，铅钗1组（5件）、盖弓帽2组（6件）、扣饰1、衔镳1，银指环2组（4件），骨六博骰子1组（5件），兽骨1
Ab	AⅢ							Ca				1	铜钱1，铁带钩1，长方形石器1
	AⅠ			A				4Ba	AⅠ		√		陶器盖11、仓盖4、烤炉1，铜钱1，铁方形箍1、圆形箍2、镞1组（10件）、铁器1，铅盖弓帽3
	2AⅠ							2A					铜钱2组（15枚），玛瑙饰件1组（2件），银指环1
	2AⅠ	F									1	2√	陶饼形器1，铜眉刷1，铜钱2组（13枚），铁镰1、钩2组（3件），铅軎1，长方形石器1
										√			陶器盖4，铜弩机1，铅軎2、盖弓帽8
Ab						1	A	Cb				√	铜钱1组（33枚），铁棺钉1组
	AⅠ												银指环1
												√	陶轮盘1
	B	A+B+2D									1	2√	铜带钩1，铜钱2组（111枚），铁戟1、钩2，铅衔镳1，琉璃饰1
2Ab	AⅢ							Ca+Cb			√	2√（含1铜）	铜指环1、带钩1，铜钱3组（164枚），铁棺钉1组，石豚2，琉璃耳饰1组（2件），瓷珠串饰1组（4件）
Ab	B							2Cc			1	1	铜顶针2，铜钱4组（38枚），铁棺钉2组，铅帽饰2，玉剑璏1，兽骨1，粉2
√			A+√					A+2Ba					陶饼形器3、器盖8，铜带钩1、鐏1，铜钱1组（8枚），铁钩2
	AⅠ												陶器盖4、仓盖22，铜钱6组（11枚），银指环1

墓号	型式	年代		铜镜	陶鼎	陶壶	鸮形小陶壶	陶罐	陶瓮	陶仓	陶井	陶灶	陶[partial]
		分组	分期										
AM62	Bb	2	二	昭明√		DⅠ		2DⅡ	Ⅰ+其他				
AM63	Bb	2	二	四乳Ba+博AbⅠ				AⅢ+9DⅠ		2BⅡ+2BⅣ	BⅠ	EⅠ	I[partial]
AM67	Cb	6	四	连CⅠ+四乳Bc				√		2CⅢ			
AM68	Bb	3	三			2CⅠ+I		9DⅠ		10BⅡ	DⅠ+BⅠ	EⅠ+EⅡ	I[partial]
AM69	A	2	二			√				BⅡ	√	EⅡ	
AM70	Bb	6	四	小镜+连CⅣ		BⅠ		3BⅣ+2BⅤ		2CⅡ+3CⅣ	AⅠ	AdⅠ	A[partial]
AM71	Bb	4	三	四乳Bc+铅√		CⅢ		2DⅠ	Ⅳ	5CⅠ+CⅢ+4CⅣ	AⅠ+AⅢ	AcⅠ+AdⅢ	AⅡ[partial]
AM72	Eb	2	二	昭明BⅠ	AⅡ	DⅠ	DⅠ	AⅢ+4DⅡ		5AⅡ	CⅡ	BⅡ	I[partial]
AM73	Ea	3	三					DⅡ		5AⅡ	√		
AM74	Cb	3	三			釉2A	DⅡ	3BⅠ					
AM75	Bb	2	二	博AaⅡ		2DⅠ		2AⅠ+9DⅡ	Ⅰ	10AⅡ	2BⅠ	2BⅠ	
AM76	Ba	3	三	昭明BⅡ		BⅤ		4DⅠ	其他	5BⅢ	BⅠ	FbⅡ	I[partial]
AM77	A	2	二										
AM78	Ca	6	四			2A		2BⅠ+DⅠ		7CⅢ	AⅣ	AdⅣ	I[partial]
AM79	A	2	二				AⅠ	6DⅡ		6AⅡ	2BⅠ	2BⅢ	
BM1	Bb	5	四	龙虎镜B		2CⅢ		3BⅡ		5BⅡ	BⅡ	EⅡ	

续表

陶案	陶樽	陶盒	魁	陶熏炉	陶碗	陶鸡	陶狗	陶盘	陶勺	陶盆	铁剑	刀	其他
AaⅡ+Ba	AⅠ+√	E	2A √	A				4Ba	2AⅡ		1		陶筒形杯1、器盖2，铜带钩1、眉刷1，铜钱3组（9枚），铁带钩1、钩2组（3件）、矛2、棺钉1组
Ba	AⅠ		A	B					AⅠ			1+√	陶器盖1，铜钱2组（17枚），铁钩1，铅衔1，长方形石器1、刻铭石器1
								Cc					铜钱2组（137枚），石磨盘1
	2AⅠ												陶器盖2，铜钱2组（6枚）
	√												陶仓盖5，铜钱1
Ab			C					Ca	B				陶磨1，铜钱2组（143枚），铁棺钉2组，银指环2，琉璃耳饰2
Ab	AⅠ	B						2Ba+Ca		E			陶轮盘1，铜环2、指环1，铜钱2组（81枚），铁顶针1、镊1、棺钉2组，串珠饰1组（11件），琉璃耳饰1
AaⅡ	AⅠ	E	A					Ba+Ca	AⅠ			√	铜印2、带钩1，铜钱1组（6枚），铁戟2、钩2
AaⅡ	AⅠ								AⅠ√			√	陶仓盖1、器盖2、陶片1，铜带钩1，铜钱1组（4枚），铁钩1
	釉AⅠ											1+√	铜钱4组（54枚），铁灯盏1、钩6、棺钉2组，圆形骨饰1
												2+√	陶器盖1，铜钱2组（9枚），铁钩1，玛瑙饰件2
	√											1	铜指环1，铁铺1、钩6、棺钉2组，琉璃耳饰5，兽骨1，粉3
													铜钱1组（11枚）
Ab	AⅣ							2Cc					铜钱1组（48枚），铁钱1，铁铺1、残铁器1、棺钉1组（7件）
	2AⅠ										1	1	铜钱1，铁铲1、勺1、钩3、残铁器2、棺钉1，粉1
	AⅠ										1	√	陶器盖2，铜环1，铜钱1组（47枚），铁带钩1、顶针1组（2件）、镊2组（3件）、棺钉3组，石墨饰1

墓号	型式	年代		铜镜	陶鼎	陶壶	鸮形小陶壶	陶罐	陶瓮	陶仓	陶井	陶灶	陶
		分组	分期										
BM2	无	3	三										
BM3	Ba	2	二	七乳B		√		6DⅡ+2BⅤ					
BM5	Ca	5	四	五乳B+连BⅡ		2CⅢ		4DⅠ+2DⅡ		5BⅢ	BⅠ	EⅡ	B
BM6	Da	6	四					BⅠ		CⅢ+2√	AⅢ	AdⅣ	D
BM7	Ca	6	四			2BⅢ		2BⅠ		3CⅡ	√	AdⅣ	D
BM8	Ca	6	四	博AaⅣ+连BⅠ		4A		4BⅠ+4BⅡ	Ⅰ	4CⅢ	AⅤ	AdⅣ	D
BM9	F	5	四	连AⅡ				AⅠ+2BⅡ+8DⅠ		5BⅠ	CⅠ	BⅣ	B
BM11	Ba	3	三	博BⅡ+四乳Ad		2F+CⅠ+J		2DⅠ	Ⅰ	2AⅣ+5BⅠ	BⅠ	EⅢ	B
BM12	A	1	一			Ⅰ				AⅡ			
BM13	Ba	3	三				AⅡ	AⅠ+DⅠ+DⅡ	Ⅰ	10AⅡ	DⅡ	BⅢ	
BM14	Ba	2	二	四乳Bb				AⅡ+DⅠ+9DⅡ		10BⅡ	2BⅠ	2EⅢ	
BM15	Da	1	一		AⅠ	2DⅠ+DⅡ		AⅢ+9BⅡ	3Ⅱ			BⅠ	
BM16	Db	5	四						Ⅰ				
BM17	Da	6	四	四乳Aa+连BⅡ				BⅤ+其他					

续表

陶案	陶樽	陶盒	魁	陶熏炉	陶碗	陶鸡	陶狗	陶盘	陶勺	陶盆	铁剑	刀	其他
													铜钱1组（19枚）
AaⅡ	√	2E√						Ba+2Ca		AⅡ	√	√	陶器盖2、瓦当1，铜带钩1、印章1，铜钱3组（24枚），铁带钩1、钩1组（2件）、镊1，方形石器1、长方形石器1，管形骨饰1
	B											1（铜）+√	陶器盖1，铜带钩有1，铜钱2组（62枚），铁钩3、棺钉2组，粉3
	B												铁钩1组（2件）、棺钉1组
	B							Cb					铜指环1，铜钱1组（2枚），铁棺钉1组、顶针1组（2件）、镊1组（2件）
Ab	B	2A+2D						Cb		AⅡ	1	√	铜带钩1、顶针2，铜钱3组（151枚），铁钩3组（6件）、门枢2、棺钉2组、铁器1，铅扣饰1，琉璃耳饰2、坠饰1，长方形石器1、小石块1，兽骨2，粉1、墨1
AaⅡ+Ab	AⅠ		B					2Ba+Bb+Ca		AⅡ	1	1+2√	铜带钩1，铜钱3组（7枚），铁钩1组（2件）、棺钉2组
AaⅠ	AⅠ							2Ba				√	铜钱1组（43枚），铁钩14、锸1、棺钉1组
										AⅠ			
										Da			陶饼形器3、器盖4，铜钱1组（5枚），铁钩1
	2AⅠ											1	陶器盖1，铜印章1（无字）
	2AⅠ									AⅡ	√	√	陶仓盖1、器盖4、兽面1，铜鐎斗1、帽饰1、洗1，铜钱1串（36枚），铁钩1，石片饰1、长方形石器1
√		E						Bb	AⅡ	B		√	陶杯1、器盖3，铜眉刷2、带钩1、盖弓帽1组（3件）、帽饰2、兽面饰、当卢1、弩机1、扣饰1、輢饰1
											1	2+√	陶器盖1，铜镊1，铜钱3组（318枚），铁矛1，银指环1组（2件）

墓号	型式	年代		铜镜	陶鼎	陶壶	鸮形小陶壶	陶罐	陶瓮	陶仓	陶井	陶灶	陶
		分组	分期										
BM20	A	3	三	日光镜		EⅡ				BⅡ+4AⅡ	CⅡ	BⅡ	E
BM21	Da	8	五	四乳C+变形四叶A		2BⅠ		AⅣ+BⅣ+5BⅤ			AⅡ	AcⅠ	
BM22	Da	8	五	变形四叶B				BⅤ+3其他					
BM23	Cb	6	四			2BⅡ		3DⅠ		5CⅡ	AⅢ	AdⅣ	I
BM24	Da	6	四	连AⅢ		CⅢ		2BⅡ+DⅠ		5CⅡ	AⅢ	AdⅢ	I
BM25	Ba	2	二	博AbⅠ		2CⅠ+G+EⅠ		4DⅠ		5BⅡ+2AⅤ	CⅠ	EⅠ	
BM26	Ca	3	三			2F		3DⅠ		BⅢ+2BⅣ	BⅠ	EⅡ	
BM27	Ba	2	二										
BM28	Ba	2	二	四乳Ad		DⅠ	AⅡ	DⅠ+DⅡ			CⅡ+√	BⅠ	
BM29	Bb	2	二	四乳Ab	AⅢ	DⅠ	AⅡ+√	6DⅠ		10AⅡ+√	BⅠ+CⅡ	BⅡ+EⅠ	
BM30	A	1	一		B		2AⅡ	3DⅡ+√		9AⅠ+2√		BⅠ	
BM31	Ca	6	四			A		3BⅠ		5CⅢ	AⅣ	AdⅣ	
BM35	Ca	6	四	龙虎镜A					Ⅲ	5CⅡ	BⅡ	AdⅢ	
BM36	A	2	二	博AbⅡ+昭明BⅠ									
BM37	Bb	3	三								√		

续表

陶案	陶樽	陶盒	魁	陶熏炉	陶碗	陶鸡	陶狗	陶盘	陶勺	陶盆	铁剑	刀	其他
√		E						Ba	B				陶器盖3，铜带钩2、眉刷1，铜钱1组（104枚），铁钩1，铅盖弓帽2
	B		C		B	1	A					1+3√	陶器盖1、汲水罐1、甑1、板瓦2、瓦当1，铜顶针3、环1、帽钉2组（5件），铜钱2组（920枚），铁灯盏1、顶针1、钩1组（5件）、铁器1、棺钉2组，银镯1组（2件），兽骨1
												1	筒瓦1、瓦当1，铜钱1组（72枚），铁灯盏1、铁器1、棺钉2组
	B											4√	筒瓦2，铜带钩1，铜钱3组（19枚），铁戟2、棺钉3组，粉3
Ab		B+D√						2Ba				2	铜环1，铜钱1组（62枚），银指环1，瓷珠2，琉璃耳饰1，兽骨2
		2D											陶器盖3，铜钱1组（7枚），琉璃耳饰1
		2A											陶器盖2、仓盖1，铜钱1组（9枚）
		E							AⅠ				铜帽钉1，铜钱1组（2枚）
	AⅠ	E		A						AⅡ		1	陶器盖2、仓盖6，铜带钩1，铜钱1组（7枚），铁铲1、钩1组（3件），铅軎1
AaⅡ	2AⅠ	E	A					2Ba+√	AⅠ√			2√	陶器盖1，铜钱2组（12枚），铁马衔1、钩2组（5件），方形玉饰1，玛瑙饰件1组（2件），粉1
		2F											陶仓盖1、器盖2
Ab	B							Cc					铜指环1，铜钱1组（5枚），铁钩1组（4件）、棺钉1组，琉璃耳饰1
	AⅠ							Ca					铜顶针1组（2件），铜钱3组（34枚），铁钱1，铁棺钉1组
	2AⅠ												铜钱2组（323枚）
													铁饰1

墓号	型式	年代		铜镜	陶鼎	陶壶	鸮形小陶壶	陶罐	陶瓮	陶仓	陶井	陶灶	陶
		分组	分期										
BM38	Da	8	五										
BM39	A	3	三										
BM40	A	3	三			√							
BM41	Ba	3	三										
BM42	A	2	二										
BM43	A	1	一										
BM44	F	2	二										
BM45	A	3	三			DⅠ		√					
BM46	A	3	三			DⅠ		2DⅠ		5AⅡ	BⅠ	EⅠ	
BM47	A	2	二					DⅡ		5AⅡ	BⅠ	EⅠ	
BM48	A	1	一			√					2√		
BM49	A	1	一					3DⅡ	Ⅳ				
BM50	A	1	一			2DⅠ+EⅠ	3AⅠ	AⅡ+AⅢ+15DⅡ	Ⅰ	16AⅡ	BⅠ	2BⅠ	
BM51	A	3	三									√	
BM52	A	3	三				2B	BⅡ+2√	Ⅰ			CⅠ	
BM53	A	3	三										
BM54	A	2	二							3AⅡ+2AⅤ		√	
BM55	Bb	1	一				B	DⅡ					
BM56	Ba	3	三	四乳Bc				DⅠ+DⅡ			BⅡ	CⅠ	
BM57	Bb	3	三			2BⅡ		2√				G	
BM58	Bb	3	三	日光镜√		DⅤ		DⅡ		AⅡ	CⅡ	2FbⅠ	
BM59	Bb	3	三			2CⅠ+2CⅡ		6DⅠ		5AⅢ	DⅠ+CⅠ	FbⅡ+CⅡ	
BM60	A	3	三			DⅢ+CⅠ		2DⅠ			BⅠ	EⅠ	

续表

陶案	陶樽	陶盒	魁	陶熏炉	陶碗	陶鸡	陶狗	陶盘	陶勺	陶盆	铁剑	刀	其他
										C			
													兽骨1
													铜钱1
	AⅠ							Cb					陶仓盖2，铜钱2组（22枚）
										AⅡ			铜钱饰1
													陶器盖2，铜钱1
	AⅠ												陶仓盖1，铜钱1组（2枚），玛瑙饰件1
													铜钱1
	2AⅠ												铜钱3组（4枚），银指环1，玛瑙饰件1
	AⅠ											1	陶仓盖6、器盖2，铜钱3组（11枚）
	2AⅠ							Ca					陶仓盖1，铜钱1组（4枚）
													骨饰1
	AⅠ											√	陶仓盖12、器盖2
												√	陶仓盖4、器盖5、小勺1，铜弩机1，铜钱1组（2枚），铅盖弓帽1、扣饰1、軎1，骨饰1、簪帽1
	√		A						B				陶仓盖4，铜钱2组（10枚）
												1	陶仓盖2，铜环饰1、帽钉1、环1，铜钱1组（枚），残铁器1
		2A+2D						Ca				1	铜钱1组（6枚），方形石器1、长方形石器1、圆形石器1
√	√		√			1			B				陶炉1、仓盖5，铜环1、铃1，铜钱1组（25枚），铁门枢1、棺钉1
	AⅡ+√		A					Ba	√				陶仓盖5、器盖8，铁钩1、残铁器1
2Ab	2AⅠ			D	2A			3Ba				√	陶器盖1，铁锸1、钩1
	AⅠ				A+B								陶仓盖4，铁戟1、棺钉1组

墓号	型式	年代		铜镜	陶鼎	陶壶	鸮形小陶壶	陶罐	陶瓮	陶仓	陶井	陶灶	陶
		分组	分期										
BM61	F	8	五			2BⅠ		AⅡ+2BⅢ+2BⅤ+DⅡ			AⅠ	AcⅠ	
BM62	Ca	6	四	连D				BⅢ		2CⅡ	AⅠ	AcⅢ	A
BM63	Ca	5	四	连AⅠ+博C		2BⅠ		2CⅠ	Ⅲ	5CⅢ	AⅢ	CⅠ	[illegible]
BM64	Cb	5	四	五乳B+五乳C		2BⅠ+2A		5DⅠ		BⅢ+4BⅣ	BⅠ	EⅡ	[illegible]
BM65	Bb	3	三					2AⅠ+3DⅠ		9AⅢ	CⅠ+CⅡ	2BⅡ	2
BM67	A	3	三					DⅡ					
BM68	Bb	3	三			2EⅡ+2F		4BⅢ+2DⅠ		2AⅣ+2AⅤ	BⅡ	CⅠ	[illegible]
BM69	Ba	1	一				2AⅠ		Ⅰ	8AⅠ	DⅠ	BⅠ	
BM70	Bb	3	三			DⅠ		其他		5BⅡ	DⅠ+√	EⅠ	
BM71	Ba	3	三			BⅤ+CⅢ		4DⅠ		5BⅢ	BⅠ	EⅢ	[illegible]
BM72	Ca	6	四	博BⅢ				2BⅠ		5CⅡ	AⅢ	AdⅣ	[illegible]
BM73	Ba	3	三			√		DⅠ+√		2BⅠ		√	
BM74	Ba	2	二			2CⅠ+2G		4DⅠ+DⅡ		3BⅠ+2BⅡ+4AⅤ	BⅠ	EⅠ	
BM75	Ba	1	一	日光镜	B	2DⅠ+DⅣ	2AⅡ	AⅠ+3DⅡ	Ⅰ	AⅠ+3AⅡ+BⅡ+2√	BⅠ	BⅠ+√	

续表

陶案	陶樽	陶盒	魁	陶熏炉	陶碗	陶鸡	陶狗	陶盘	陶勺	陶盆	铁剑	刀	其他
√		A					A					√	陶器盖2、磨1，铜钱2组（11枚），铁棺钉1组，石磨盘2，玉环饰1
Ab			C					Cb	√				铜钱3组（352枚），镰1、镊1、棺钉1组
Ab	AⅣ							2Cb				3√	陶纺轮1，铜钱2组（87枚），铁带钩1、钩5、棺钉2组，银指环1组（3件），铅构件1，石磨1
Ab	B			A				2Bb			1	1	铜带钩2，铜钱2组（28枚），铁锸1、钩5、门枢2、棺钉2组，银指环1，琉璃耳饰2，兽骨1
√	AⅡ+√		B	√				2Ba	B			1	陶仓盖1、器盖3（有1壶盖），铜钱1组（6枚），铁棺钉1组
													铜钱1组（7枚）
	B	2A+C	A		B			2Cc					铜钱1组（8枚），玉片1
								Bb			√	√	陶仓盖3、陶器1，铜饰1、当卢1、盖弓帽3、构件2、扣饰2、帽饰3、弩机1、軎1、衔镳2、镞6，铜钱2组（14枚）
	√											√	铜钱2组（13枚）
	AⅠ												铜钱1组（22枚）
	B												铜钱7组（120枚），铁锸1、顶针1、棺钉1组，琉璃耳饰2，兽骨2
	AⅠ												铜钱2组（54枚）
	AⅠ	F											陶仓盖11、器盖2，铜盖弓帽5、扣饰1、帽饰4、弩机1、鞘首饰1、兽面饰2、眉刷1、軎1、輢饰2、轙1、小铜镞1组（4件），铜钱3组（25枚），残铁器4，铅扣饰2、衔镳1、构件1

墓号	型式	年代		铜镜	陶鼎	陶壶	鸮形小陶壶	陶罐	陶瓮	陶仓	陶井	陶灶	陶
		分组	分期										
BM76	Bb	5	四	博C		2BⅣ		BⅡ+DⅠ		2AⅡ+2BⅢ	BⅠ	EⅢ	
BM77	A	2	二	四乳Ac			2AⅡ	2AⅢ+8DⅡ	Ⅲ	11AⅡ	2BⅠ	2BⅠ	
CM1	Bb	2	二						Ⅰ	5BⅡ	BⅠ	EⅡ	
CM2	Da	8	五	四乳C+五乳A+连CⅢ				AⅡ+3BⅢ+CⅡ			AⅠ	AcⅣ	
CM3	Da	8	五	连CⅡ+连BⅡ+博C				AⅡ+BⅢ+2BⅣ+DⅠ+其他	Ⅰ	4CⅣ	AⅠ+AⅤ	AcⅣ	
CM4	Da	8	五	连2CⅡ		BⅠ		2BⅢ+CⅠ+3CⅡ			AⅠ	AcⅣ	
CM5	Da	7	五					DⅠ		2BⅢ	√	EⅡ	
CM6	Da	7	五	博C		√				BⅢ	BⅠ	√	
CM12	Da	8	五	连BⅢ				2BⅠ	Ⅳ	3CⅢ	AⅢ	AdⅣ	
CM19	Ba	4	三	云雷B		BⅠ		5DⅠ		5CⅡ	AⅢ	AdⅢ	
CM20	Da	8	五	博C				CⅡ	Ⅳ	3CⅡ+CⅣ	AⅠ	Aa	
CM21	Da	5	四	昭明BⅢ		CⅢ+√		AⅡ+BⅣ+DⅠ					

注：1、型式前面的数字为件数，未标明件数者均为1件；2、“√”表示存在该器类，但残碎较甚，型式不辨；3、“刀”栏中，未注明者为铁刀，

续表

陶案	陶樽	陶盒	魁	陶熏炉	陶碗	陶鸡	陶狗	陶盘	陶勺	陶盆	铁剑	刀	其他
	AⅠ	2A+3D		C								1	陶器盖3，铜铃1，铜钱2组（61枚），铁棺钉2组，琉璃耳饰2，兽骨1，粉1
	2AⅠ											√	铜钱1组（4枚），残铁器1
	AⅡ				A						1		铜钱3
Ab			C		A		A	Ca	B				铜环1，铜钱3组（467枚），银指环1组（7件），兽骨2
Ab		A	D			1	A		B		2	3√	陶井1、猪1、甑1、器盖1，铜顶针4组（5件）、盖弓帽1、眉刷1，铜钱3组（1176枚）、刀币1，铁钩2、镊1、指环1，方形石器1、长方形石器1，漆奁盒1，兽骨1
Ab			C		B		A	Ca	2B			√	陶臼形器1、器盖1，铜指环1，铜钱2组（224枚），铁带扣2、钩1、棺钉2组，兽骨1
	AⅠ									C			铜钱1组（5枚），铁锸1
												1	铜顶针1，铜钱2组（19枚），铁戟1、铁器1、棺钉1组，长方形石器1
	AⅠ											1+√	铜带钩1，铜钱1组（29枚），铁锸1、棺钉1组，长方形石器1，粉1
												1+√	铁锸1、粉1、长方形石器1
Ab	AⅠ							Cc					陶纺轮2（板瓦磨制），铜钱1组（69枚），铁棺钉1组
	AⅠ												陶仓盖2、字砖1，铁钩1组（4件）、镊1、棺钉1组，琉璃耳饰1，粉1、粉盒（朽痕未能采集）

刀；4、铜镜一栏中，“博”为“博局镜”，“连”为“连弧纹镜”。

附表三　铜（铅）镜统计表

序号	铜镜编号	出土位置	正面方向	穿磨痕	时代	种类	型式	直径（厘米）	钮	钮座	缘纹	背面图案	铭文	备注
1	AM51：28	盗土中	不详	无	西汉中、晚期至东汉早期	昭明镜	A	8.2		圆形	素	八连弧，铭文	内清以昭明光日月不口	完整
2	AM72：1	棺内头骨上方	向上	无	西汉中、晚期至新莽时期	昭明镜	B	10.5	尖半球	圆形	素	水涡纹、十二连弧，铭文	内清（质？）以昭明，光象日月（夫？）	完整
3	BM36：4	棺2内头骨一侧	向上	无	西汉中、晚期至新莽时期	昭明镜	B	10.8	尖半球	水涡	素	八连弧、弧角各一简易饰，铭文	内青以昭明，光象夫日月	完整
4	AM3：1	盗土中	不详	一侧	西汉中、晚期至新莽时期	昭明镜	B	12	尖半球	圆形	锯齿	水涡纹、八连弧、四弧角有饰	内青以明象昭日月光	完整
5	AM76：1	棺内头骨上方	向下	无	西汉中、晚期至新莽时期	昭明镜	B	14.5	尖半球	圆形	锯齿	水涡纹、八连弧、四弧角有饰	内象亟昭巳（泄）清以一日月光明	完整
6	CM21：1	棺内头骨右侧	向下	两侧	西汉中、晚期至新莽时期	昭明镜	B	12.4	尖半球	四叶	锯齿	十二连弧，铭文	内青明同光月日象白之口	完整
7	AM62：48	盗土中	不详	不详	西汉中、晚期至新莽时期	昭明镜			不详			不详	……光象夫	残甚
8	BM20：21	盗土中	不详	一侧	西汉中、晚期	日光镜		7.7	近桥形	水涡	素	八连弧，铭文	见日光之，天下大明	完整
9	BM75：1	盗土中	不详	无	西汉中、晚期	日光镜		6.8	尖半球	圆形	素	水涡纹、八连弧，铭文	见日之光，天下大明	完整
10	BM58：26	盗土中	不详	无	西汉中、晚期	日光镜			近桥形			不详		残甚
11	BM17：1	棺内头骨右侧	向上	无	西汉中、晚期至东汉早期	四乳纹镜	Aa	18	尖半球	连珠	素	四乳、间各一虺	无	完整
12	BM29：8	棺2内头骨左上	向下	一侧	西汉中、晚期至东汉早期	四乳纹镜	Ab	15.7	尖半球	四叶	素	四乳、间各一虺、有鸟纹	无	完整

续表

序号	铜镜编号	出土位置	正面方向	穿磨痕	时代	种类	型式	直径（厘米）	钮	钮座	缘纹	背面图案	铭文	备注
13	AM40：6	盗土中	不详	无	西汉中、晚期至东汉早期	四乳纹镜	Ac	11	尖半球	圆形	素	四乳、间各一虺	无	完整
14	AM40：2	棺内头骨右侧	向下	无	西汉中、晚期至东汉早期	四乳纹镜	Ac	8.7	尖半球	圆形	素	水涡纹、四乳、间各一虺	无	完整
15	BM77：1	盗土中	不详	无	西汉中、晚期至东汉早期	四乳纹镜	Ac	7.8	尖半球	圆形	素	水涡纹、四乳、间各一虺	无	残
16	AM21：23	厅室	向下	一侧	西汉中、晚期至东汉早期	四乳纹镜	Ad	7.9	尖半球	圆形	素	水涡纹、四乳、间各一虺	无	完整
17	BM11：5	墓主双腿之间	向下	一侧	西汉中、晚期至东汉早期	四乳纹镜	Ad	7.8	尖半球	圆形	素	四乳、间各一虺	无	残
18	BM28：1	棺内头骨左上	向下	无	西汉中、晚期至东汉早期	四乳纹镜	Ad	9	尖半球	水涡	素	四乳、间各一虺	无	完整
19	AM63：1	棺1内头骨右侧	向下	无	西汉晚期	四乳龙虎镜	Ba	10.7	尖半球	圆形	素	水涡纹、四乳、间各一兽、二虎二龙、虎虎、龙龙相对	无	完整
20	BM14：1	棺1内头骨右侧	向下	无	西汉晚至东汉中期	四乳龙凤镜	Bb	10.3	尖半球	圆形	锯齿	四乳、间二凤、二龙	无	完整
21	AM7：1	棺内头骨左侧	向下	一侧	西汉晚至东汉中期	四乳禽鸟镜	Bc	8.4	尖半球	圆形	锯齿	四乳、间各一简易禽鸟	无	完整
22	AM10：18	盗土中	不详	一侧	西汉晚至东汉中期	四乳禽鸟镜	Bc	8.4	尖半球	圆形	锯齿	四乳、间各一禽鸟	无	完整
23	AM71：1	棺2内头骨右侧	向下	无	西汉晚至东汉中期	四乳禽鸟镜	Bc	7.3	尖半球	圆形	锯齿	四乳、间各一禽鸟	无	完整

续表

序号	铜镜编号	出土位置	正面方向	穿磨痕	时代	种类	型式	直径（厘米）	钮	钮座	缘纹	背面图案	铭文	备注
24	BM56：1	棺床头骨附近	向下	无	西汉晚至东汉中期	四乳禽鸟镜	Bc	7.4	扁半球	圆形	锯齿	四乳、间四鸟	无	完整
25	AM67：5	盗土中	不详	两侧	西汉晚至东汉中期	四乳禽鸟纹镜	Bc	6.9	尖半球	圆形	素	四乳、间简易鸟纹?	无	完整
26	BM21：23	棺1内头骨附近	向下	一侧	东汉中、晚期	四乳人物画像镜	C	13.5	尖半球	圆形	卷云	四乳、间饰对坐人物、奔兽	［尚］方作镜自有己（纪），余（辟）去不羊宜古市，上有东［王］父［西］王母	完整
27	CM2：19	棺3内	向下	一侧	东汉中、晚期	四乳人物画像镜	C	8.1	尖半球	圆形	锯齿	四乳、间各一浮雕人物、东王公、西王母	无	完整
28	AM57：25	棺1头骨右侧	向上	一侧	东汉早、中期	五乳四神镜	A	15.1	扁半球	圆形	卷草	五乳、间五兽、其中有四神，铭文	［尚］［方］作竟真大巧，上有山（仙）［人］不知老兮	稍残
29	CM2：12	棺1头骨右侧	向下	无	东汉早、中期	五乳四神镜	A	15.1	圆半球?	圆形	锯齿	五乳、间五禽兽、其中有四神，铭文	尚方作竟大毋伤，上有奇虫辟不羊	完整
30	BM64：1	棺1内头骨左侧	向下	无	东汉早、中期	五乳禽鸟镜	B	7.2	尖半球	圆形	锯齿	五乳、间五鸟	无	完整
31	BM5：4	棺2内头骨左侧	向下	一侧	东汉早、中期	五乳禽鸟镜	B	8.8	尖半球	圆形	锯齿	五乳、间五禽鸟	无	完整
32	BM64：5	棺2内头骨左侧	向下	一侧	东汉早、中期	五乳简易鸟纹镜	C	7	尖半球	圆形	锯齿	五乳、各间有一对简易鸟纹	无	完整

续表

序号	铜镜编号	出土位置	正面方向	穿磨痕	时代	种类	型式	直径（厘米）	钮	钮座	缘纹	背面图案	铭文	备注
33	AM21：30	盗土中	不详	无	西汉晚至新莽时期	七乳四神镜	A	16.1	尖半球	圆形	卷云	七乳、间左旋分布的羽人、朱雀、凤鸟、白虎、仙鹿、玄武、青龙	内圈为“乐未央”；外圈为“上大山，见仙人，食玉英，饮礼泉，宜官秩，保子孙”	完整
34	BM3：1	棺2头骨左侧	向下	无	东汉早期	七乳禽鸟镜	B	11.7	尖半球	水涡	卷云	七乳、各间一禽鸟	无	完整
35	BM63：29	棺2内	向上	无	东汉早、中期	连弧纹镜	AⅠ	19.8	扁半球	四叶	素	四叶，各间一铭；八连弧，弧角外各一云雷纹	长宜子孙	完整
36	BM9：5	棺2内	向上	无	东汉早、中期	连弧纹镜	AⅡ	17.2	尖半球	四叶	卷云	四叶，间各一铭；八连弧、八弧角四纹饰、弧角外各一云雷纹	长宜子孙	完整
37	BM24：1	棺内头骨右侧	向上	无	东汉早、中期	连弧纹镜	AⅢ	20	扁半球	四叶	素	四叶，间各一铭；八连弧、顶角外各一云雷纹，顶角内各一铭	内圈“长宜子孙”；外圈“寿如金石，佳且好兮”	完整
38	AM46：10	棺1头骨一侧	向上	一侧	东汉早、中期	连弧纹镜	AⅢ	15.7	圆半球	四叶	素	四叶，间各一铭；八连弧、弧角内各一铭，弧角外各一云雷纹	内圈“长宜子孙”；外圈“寿如金石，佳且好兮”	完整
39	AM46：14	前厅供台上	向上	无	东汉早、中期	连弧纹镜	AⅢ	18.2	扁半球	四叶	素	四叶，间各一铭；八连弧，八弧角八字铭，六云雷纹	内圈“长宜子孙”；外圈“寿如金石，佳且好兮”	完整
40	AM39：3	棺内头骨左上	向下	无	东汉早、中期	连弧纹镜	AⅢ	18.8	圆半球	四叶	素	四叶，间各一铭；八连弧，顶角各有一云雷纹	长宜子孙	完整

续表

序号	铜镜编号	出土位置	正面方向	穿磨痕	时代	种类	型式	直径（厘米）	钮	钮座	缘纹	背面图案	铭文	备注
41	AM36：6	棺2脚部	竖立放置，正面朝头骨	无	东汉早、中期	连弧纹镜	AⅢ	19	扁半球	四叶	素	四叶，间各一铭；八云雷纹，八弧角八纹饰	长宜子孙	完整
42	AM45：1	棺1右臂附近	向上	无	东汉早、中期	连弧纹镜	AⅢ	26	圆半球	四叶	素	四叶，间各一铭；八连弧，弧角内各一饰，弧角外各一云雷纹	长宜子孙	完整
43	BM8：18	棺1头骨右侧	向下	一侧	东汉中、晚期	连弧纹镜	BⅠ	11	尖半球	四叶	素	八连弧、顶角各一云雷纹	无	完整
44	BM5：1	棺1头骨左侧	向下	无	东汉中、晚期	连弧纹镜	BⅡ	9.5	扁半球	圆形	锯齿	八连弧、弧角外各一云雷纹	无	完整
45	CM3：9	棺3头骨右侧	向下	无	东汉中、晚期	连弧纹镜	BⅡ	9.6	尖半球	圆形	素	八连弧、弧角外各一云雷纹	无	完整
46	BM17：8	盗土中	不详	一侧	东汉中、晚期	连弧纹镜	BⅡ	9.2	尖半球	圆形	素	八连弧、弧角外各一云雷纹	无	完整
47	AM32：1	棺2头骨左上	向上	无	东汉中、晚期	连弧纹镜	BⅢ	10.8	尖半球	圆形	素	八连弧	无	完整
48	AM57：27	棺2头骨上方	向下	一侧	东汉中、晚期	连弧纹镜	BⅢ	9.2	尖半球	圆形	素	八连弧	无	完整
49	CM12：12	棺内头骨一侧	向下	无	东汉中、晚期	连弧纹镜	BⅢ	9	扁半球	圆形	素	八连弧	无	完整
50	AM67：1	盗土中	不详	无	东汉早期	连弧纹镜	CⅠ	11.5	扁半球	四叶	素	四叶，铭文；八连弧、凹圈带	长宜子孙	完整
51	CM3：15	棺1内头骨一侧	向下	无	东汉中期	连弧纹镜	CⅡ	14.2	尖半球	圆形	素	变形四叶，间各一铭；八连弧	长生宜子	完整
52	CM4：1	棺1内头骨一侧	向下	一侧	东汉中期	连弧纹镜	CⅡ	10.3	尖半球	圆形	素	变形四叶，间各一铭；八连弧	长生宜子	完整

续表

序号	铜镜编号	出土位置	正面方向	穿磨痕	时代	种类	型式	直径（厘米）	钮	钮座	缘纹	背面图案	铭文	备注
53	CM4：2	棺2内头骨一侧	向下	无	东汉中期	连弧纹镜	CⅡ	14.5	尖半球	圆形	素	四叶，间各一铭；八连弧	长宜子孙	完整
54	AM26：1	棺床近墓道处	向上	无	东汉中期	连弧纹镜	CⅡ	12	尖半球	连珠	素	连珠纹、八连弧，四字铭	长宜子孙	完整
55	AM2：1	棺内头骨右侧	向下	无	东汉中、晚期	连弧纹镜	CⅢ	16	尖半球	四叶	素	四叶，间各一铭；八连弧，弧角各一铭	内圈“君长宜官”；外圈“生如山石，子□□兮”	完整
56	AM17：22	盗土中	不详	无	东汉中、晚期	连弧纹镜	CⅢ	13.4	尖半球	四叶	素	变形四叶，间各一铭；八连弧，弧角有简易纹饰	君宜高官	稍残
57	AM54：1	棺内头骨左侧	向下	一侧	东汉中、晚期	连弧纹镜	CⅢ	10.2	尖半球	四叶	素	四叶，间各一铭	长宜子孙	完整
58	AM58：3	棺2头骨一侧	向下	两侧	东汉中、晚期	连弧纹镜	CⅢ	11.3	尖半球	四叶	素	四叶，间各一铭	位至三公	完整
59	CM2：15	棺2头骨一侧	向下	无	东汉中、晚期	连弧纹镜	CⅢ	9.8	扁半球	四叶	素	变形四叶，间各一铭；八连弧	君长宜官	完整
60	AM70：31	棺2内	向下	两侧	东汉中、晚期	连弧纹镜	CⅣ	9.9	尖半球	四叶	素	八连弧，四字铭不清	位□□□	完整
61	AM42：1	棺内头骨上方	向下	无	东汉中、晚期	连弧纹镜	D	8.8	扁半球	圆形	素	八连弧	无	完整
62	BM62：1	棺1内头骨上方	向下	无	东汉中、晚期	连弧纹镜	D	8.5	扁半球	圆形	素	八连弧	无	完整
63	AM59：2	棺2头骨上方	向下	一侧	东汉中、晚期	云雷纹镜	A	9	尖半球	圆形	锯齿	简易云雷纹	无	完整
64	CM19：1	棺内右肩附近	向下	一侧	东汉中、晚期	云雷纹镜	B	6.8	尖半球	圆形	锯齿	简易云雷纹	无	完整

续表

序号	铜镜编号	出土位置	正面方向	穿磨痕	时代	种类	型式	直径（厘米）	钮	钮座	缘纹	背面图案	铭文	备注
65	AM22：5	棺2头骨一侧	向下		西汉晚至东汉中期	四神博局镜	Aa Ⅰ	17.6	尖半球	四叶	锯齿	钮座外十二乳，十二支铭；四方各二相背禽兽、其中有四神	内圈“子丑寅卯辰巳午未申酉戌亥”；外圈“尚方作镜真大巧，上有仙人不知老，渴饮玉泉饥食枣，知天下”	完整
66	AM59：1	棺1头骨上方	向下	无	西汉晚至东汉中期	四神博局镜	Aa Ⅰ	16.5	圆半球	四叶	锯齿	四叶，十二支铭；八乳、四方各二相背禽兽、其中有四神	铭文不清，内圈“子丑□□辰巳□□□酉□亥”；外圈“□□□竟真大□上□山人不□□渴饮玉泉□□□”	完整
67	AM75：4	棺2头骨上方	向下	无	西汉晚至东汉中期	四神博局镜	Aa Ⅱ	14.1	尖半球	四叶	锯齿	八乳、四禽兽、四神	新有善铜出丹阳，和以银锡清且明，左龙右虎掌四彭，朱雀玄武顺阴阳	完整
68	AM43：38	棺1头骨上方	向下	无	西汉晚至东汉中期	四神博局镜	AaⅢ	13.5	尖半球	四叶	锯齿	钮座四方各两禽兽、其中有四神	无	稍残
69	AM61：1	盗土中	不详	无	西汉晚至东汉中期	四神博局镜	AaⅢ	9.4	尖半球	四叶	锯齿	四叶、四方各二相背禽兽、其中有四神	无	完整
70	BM8：14	盗土中	不详	一侧	西汉晚至东汉中期	四神博局镜	AaⅣ	16	尖半球	四叶	锯齿	八乳、八禽兽	尚方作镜真大巧，上有山人不知老，渴	完整

续表

序号	铜镜编号	出土位置	正面方向	穿磨痕	时代	种类	型式	直径（厘米）	钮	钮座	缘纹	背面图案	铭文	备注
71	AM63：3	棺2头骨上方	向下	无	西汉晚至东汉中期	四神博局镜	Ab Ⅰ	10.1	尖半球	四叶	锯齿	四方各二相背禽兽、其中有四神	无	完整
72	BM25：1	棺床头骨附近	向下	无	西汉晚至东汉中期	四神博局镜	Ab Ⅰ	12.5	尖半球	四叶	卷云	四神四方	无	稍残
73	AM23：8	棺2墓主左上角	向下	无	西汉晚至东汉中期	四神博局镜	Ab Ⅰ	9.4	尖半球	圆形	锯齿	四乳、四方四神	无	完整
74	BM36：1	棺1头骨右侧	向下	无	西汉晚至东汉中期	四神博局镜	Ab Ⅱ	10.3	尖半球	圆形	锯齿	四乳，四方四神	无	完整
75	AM28：2	盗土中	不详	无	西汉晚至东汉中期	鸟纹博局镜	B Ⅰ	16.4	尖半球	四叶	锯齿	钮座外十二乳，十二支铭；四方各二相背禽鸟	内圈“子丑寅卯辰巳午未申酉戌亥”；外圈“（尚）方作竟（真大巧），上有山人不知老，渴（饮玉）泉饥食（枣）”	残
76	AM38：1	棺内头骨一侧	向下	钮顶	西汉晚至东汉中期	鸟纹博局镜	B Ⅰ	16.4	尖半球	四叶	锯齿	八乳、八禽鸟	内圈“子丑寅卯辰巳午未申酉戌亥”；外圈“尚方作竟真大巧，上有山人不知老，渴饮玉泉饥食石兮”	稍残
77	AM23：4	棺1墓主头右侧	向下	无	西汉晚至东汉中期	鸟纹博局镜	B Ⅱ	11.6	尖半球	圆形	锯齿	八乳、钮座四方各二相背禽鸟	无	完整
78	AM45：11	棺2头骨左侧	向上	无	西汉晚至东汉中期	鸟纹博局镜	B Ⅱ	10.7	尖半球	圆形	卷云	八乳、钮座四方各二相背禽鸟	无	完整

续表

序号	铜镜编号	出土位置	正面方向	穿磨痕	时代	种类	型式	直径（厘米）	钮	钮座	缘纹	背面图案	铭文	备注
79	BM11：2	棺内头骨上方	向下	无	西汉晚至东汉中期	鸟纹博局镜	BⅡ	10.2	尖半球	方形	锯齿	四禽鸟、四卷云纹	无	完整
80	BM72：22	棺1头骨上方	向上	无	东汉中、晚期	鸟纹博局镜	BⅢ	11.7	扁半球	圆形	锯齿	双线框、四方四乳、乳两侧各一鸟形成向乳式对鸟纹	无	稍残
81	AM58：11	棺1内头骨一侧	向上	无	东汉中、晚期	鸟纹博局镜	BⅢ	10.8	扁半球	圆形	锯齿	双线框、四乳、两侧各一禽鸟	无	完整
82	AM34：5	棺2头骨一侧	侧立	一侧	东汉中、晚期	简式博局镜	C	6.5	尖半球	圆形	锯齿	四乳，其他不识	无	完整
83	BM63：33	棺1南端	向下	两侧	东汉中、晚期	简式博局镜	C	6.5	尖半球	圆形	锯齿	四乳、“T”、双弧线	无	完整
84	BM76：2	棺2头骨左上	向下	无	东汉中、晚期	简式博局镜	C	7.1	尖半球	圆形	锯齿	四乳、间“-”	无	完整
85	CM3：19	棺2头骨右上	向下	无	东汉中、晚期	简式博局镜	C	9.4	圆半球	圆形	锯齿	双线框、四方各一“T”、“T”两侧各一乳丁及三条或四条短弧线	无	完整
86	CM6：1	棺1头骨附近	向下	无	东汉中、晚期	简式博局镜	C	6.7	尖半球	圆形	锯齿	简易博局、八乳	无	完整
87	CM20：1	盗土中	不详	无	东汉中、晚期	简式博局纹镜	C	7.3	尖半球	圆形	素	简易博局、四乳	无	完整
88	AM22：3	棺1头骨一侧	向下	无	东汉中、晚期	简式龙虎纹博局镜	D	9.2	尖半球	圆形	锯齿	简易博局“L”，二龙二虎绕钮奔跑	无	完整
89	AM18：1	棺内头骨上方	向上	一侧	东汉中、晚期	变形四叶纹镜	A	9.7	尖半球	圆形	素	蝙蝠形变形四叶、间各一简化夔纹	无	完整
90	BM21：30	棺2内头骨上方	向下	无	东汉中、晚期	变形四叶纹镜	A	10.5	扁半球	圆形	卷云	蝙蝠形变形四叶、间各一简化夔纹	位至三公	稍残

续表

序号	铜镜编号	出土位置	正面方向	穿磨痕	时代	种类	型式	直径（厘米）	钮	钮座	缘纹	背面图案	铭文	备注
91	BM22：8	棺2人骨脚部	向上	两侧	东汉晚期	变形四叶纹镜	B	13.2	尖半球	圆形	连弧素	四叶、间饰对凤纹	君长（宜官）	完整
92	AM46：1	棺1头骨一侧	向上	无	东汉中、晚期	变形四叶纹镜	C	12.1	扁半球	圆形	素	四叶、间有羽人及雷纹	无	完整
93	AM47：2	棺内头骨一侧	向上	无	东汉中、晚期	龙虎纹镜	A	9	圆半球	圆形	锯齿	钱纹、龙虎纹、蛇状物	无	完整
94	BM35：1	棺内头骨附近	向上	无	东汉中、晚期	龙虎纹镜	A	11.7	扁半球	圆形	锯齿	钱纹、龙虎纹、鹿	尚方作竟大毋伤，巧工刻之成文章，日降备俱居中	完整
95	BM1：6	棺3内头骨附近	侧立	无	东汉中、晚期	龙虎纹镜	B	9.3	扁半球	圆形	鸟兽	龙虎纹	千万大吉	完整
96	AM70：1	棺1头骨附近	向下	无	东汉	纹饰不清小镜		6.9	尖半球	圆形	锯齿	简易兽纹	无	完整
97	AM23：7	棺2墓主右手部	不详	不详	东汉	不详		残长2.3			素		不详	残甚
98	AM10：21	厅室陶樽内	不详	不详	东汉	连弧纹镜	不详	残长3.1	不详			连弧纹	无	残甚
99	AM71：3	棺1内	向下		东汉	简化博局镜						似为简化博局	不详	残
100	AM44：12	棺内墓主头下	向上		东汉	四乳纹镜	无		半球无穿			四乳、间各一虺	不详	残甚

附表

编号	数量																
	不可辨	可辨															
		五铢							货泉			大泉五十		半两			
		A型		B型		C型	D型		A型	B型	C型	A型	B型		剪轮	磨廓	符号
		Ⅰ	Ⅱ	Ⅰ	Ⅱ		Ⅰ	Ⅱ									
AY1：1										1							
AM1：2	3						1	1									
AM1：3	48			4			8	6							五铢DⅠ1	五铢AⅠ1	
AM2：2	14			1			5								五铢DⅠ1		
AM3：32				3			8	1									穿上一星五铢
AM3：33												2					
AM5：1	2			1			2	2									
AM6：4	7			1			4	1							五铢DⅠ1		
AM7：4	33			1			9								五铢7	五铢8	
AM8：18	3						4										
AM10：27	7						1										
AM11：9	3									1		2		1			
AM16：1																	
AM17：30	16						1			1					五铢6，货泉C1	五铢DⅠ1	
AM18：2	32			2	1		6	2		1					五铢38	BⅠ1、DⅠ1、余2枚不辨	
AM19：1	2			1			2										
AM19：4				1			2										
AM20：1	1						1										
AM21：102	1							1									
AM22：54	4			1			2										
AM23：5																	
AM23：6																	
AM24：1	15						1										
AM24：4							1										
AM26：23							1	1								五铢DⅡ2	
AM27：11				1													
AM27：2	29						9	3									
AM27：9								1									

统计表

							出土环境		钱币的年代	备注
特型钱					小计	总计				
影	重好	私铸	冥币	其它						
					1	1	窑道	无	新莽	
					2	5	墓道	无	东汉晚	
					20	68	厅室	有	东汉晚	
重影1					8	22	棺内	有	东汉晚	
铢1	五铢DⅠ2				16	16	铜镜下	无	东汉初	
					2	2	棺内	有	新莽	
					5	7	扰土	有	东汉中晚	
					7	14	棺内	无	东汉中晚	
					25	58	棺内	有	东汉晚	
					4	7	厅室	无	东汉晚	
					1	8	扰土	无	东汉晚	
					4	7	棺内	有	新莽至东汉初	
				绍圣元宝1	1	1	右手	有	北宋哲宗绍圣年间（1094-1097）	
				边饰点状连珠的璧状薄铜片1	11	27	厅室	无	东汉晚	
					54	86	棺内	有	东汉晚	剪轮者多锈蚀不可辨，可辨者多B、D型
					3	5	棺1	无	东汉中晚	
					3	3	棺2	无	东汉中晚	
					1	2	扰土	无	新莽至东汉初	
					1	2	扰土	无	东汉中晚	
					3	7	棺1	无	东汉中晚	
						684	棺1右臂	有	东汉早中	完整一串，有绳穿痕迹
						11	棺2左手	有	东汉早中	
					1	16	棺1	有	东汉早中	包裹完整
					1	1	棺2	无	东汉早中	
					4	4	墓道扰土	有	东汉晚	1枚磨廓钱周廓似用钳子类工具掰成
					1	1	西耳室扰土	无	东汉中晚	
BⅠ1	五铢BⅠ1				14	43	墓室扰土	无	东汉中晚	重影者同时重好
					1	1	东耳室扰土	无	东汉中晚	

编号	数量																	
	不可辨	可辨																
		五铢							货泉			大泉五十		半两				
		A型		B型		C型	D型		A型	B型	C型	A型	B型		剪轮	磨廓	符号
		Ⅰ	Ⅱ	Ⅰ	Ⅱ		Ⅰ	Ⅱ									
AM28：1	5						3									五铢DⅠ1	
AM29：23	4			1	1												穿上一横五 BⅠ1、BⅠ
AM30：8	13						3							1			
AM30：9	6			1			2	2									
AM31：40	4						1										
AM31：41	41							3						1			
AM32：3							2										
AM32：4	8			1			1										
AM33：10	5			1	1		4										
AM34：1							2										
AM34：2	4						2										
AM34：3	3			1	1		2	2									正面穿下一星 BⅡ1
AM35：1	2						1	1							五铢4	五铢DⅠ2	
AM36：2	29						2										
AM36：10	6						2										
AM36：1					1												
AM36：23							1										
AM36：7				1			2										
AM37：1	5			1			3										
AM38：17				1			4	1									
AM38：2					1		3										
AM38：4	2																
AM39：7	2						5	1								五铢DⅠ1	五铢1
AM40：3	7			2			8	2									
AM40：32			1	2			5										
AM42：3	5			1	1		1		1								
AM42：6	1																
AM43：35	57								19	8	15					货泉A、B和C型各4	C型货泉正面 面穿上带星

续表

特型钱					小计	总计	出土环境		钱币的年代	备注
影	重好	私铸	冥币	其它						
				小泉直一1	5	10	棺床	有	东汉中晚	4枚DⅠ中有1枚磨廓
				嘉庆通宝2	7	11	棺床扰土	无	新莽至东汉初年	该墓可能是清嘉庆年间被盗扰
					4	17	扰土	有	东汉早中	
					5	11	扰土	无	东汉早中	
					1	5	墓室扰土	无	东汉中晚	
					4	45	厅室扰土	有	东汉中晚	
				正面磨光者1	3	3	棺2	无	东汉中晚	
			4		6	14	棺2	无	东汉中晚	
					6	11	厅室	有	东汉晚	
					2	2	棺1	有	东汉晚	
					2	6	棺2	无	东汉晚	
			2		9	12	棺2	有	东汉中晚	
					8	10	墓室	无	疑为东汉晚	
					2	31	棺1	有	东汉中晚	
					2	8	棺2	有	东汉中晚	
					1	1	棺1	有	疑为西汉初	1枚钱币单独包裹
					1	1	厅室	无	东汉中晚	
	五铢AⅠ1			五字上下各穿一孔的五铢DⅠ1	5	5	棺2	无	东汉中晚	
					4	9	棺2	无	东汉早中	叠摞放置
					6	6	棺内	无	东汉早中	铜镜下压
					4	4	棺内	无	东汉早中	
						2	右手握	无	不明	锈蚀严重
铢1	五铢1	五铢1	2		14	16	左手握	无	东汉中晚	重影、重好、穿上一横各1
					12	19	棺2	无	东汉早中	散置
	五铢BⅠ1			左读五铢BⅠ1	10	10	棺1	无	东汉早中	1枚BⅠ疑为西汉五铢
					4	9	棺内	无	新莽至东汉早中	头部散置
						1	墓主口含	无	未知	
	货泉A和B型各1			素面钱1	59	116	棺1	无	新莽末至东汉初	成串放置，均为货泉；C型背面穿一星者同时磨廓

编号	数量																
	不可辨	可辨															
		五铢							货泉			大泉五十		半两			
		A型		B型		C型	D型		A型	B型	C型	A型	B型		剪轮	磨廓	符号
		Ⅰ	Ⅱ	Ⅰ	Ⅱ		Ⅰ	Ⅱ									
AM44：13												1					
AM44：2															2（不可辨）		
AM44：4	16	1		3			13	4						1		五铢DⅠ4	
AM44：5	13			1			5	3				1					穿上一星五铢
AM45：16	6			1			1										
AM45：17	22			1			2	1									
AM45：3	7						11	1									穿上一横五 BⅠ5、D
AM45：9	13		1	4			10	1									
AM46：3	4			1													
AM46：4	68	3		4		1	36	12	1				1				朱字上一横1 上一星五铢
AM46：5	10		1				2										
AM46：6	4				1		1	1									
AM46：8	13			1	1		3	1									
AM47：3							1										
AM48：69	10																
AM50：36	4			1	2												穿上一横五 BⅠ2、D
AM50：37			1	2													穿上一横五 DⅠ1、穿下一 铢BⅠ1
AM51：2	8																
AM51：3												5					
AM52：7																	
AM54：2	21			1			8	2								五铢DⅠ1	
AM57：26	75	1	1	5			11	3									
AM57：30	9			2			3										
AM58：18	117	1		3			7										
AM58：19	21						2	1		1							

续表

特型钱					小计	总计	出土环境		钱币的年代	备注
影	重好	私铸	冥币	其它						
					1	1	棺1	无	新莽	
				小泉直一2	4	4	墓主颈下	无	新莽至东汉初	
	五铢AⅡ1				27	43	墓主右手	有	东汉早中	1枚AⅡ同时重好
Ⅰ1	五铢DⅠ1				13	26	墓主左手	有	东汉早中	重好者同时重影
	五铢BⅠ1				3	9	棺2左手	有	东汉早中	
Ⅱ1					5	27	棺2右手	有	东汉早中	
				90° 合背五铢1（似有决文但不清晰）、布泉1（背穿右上有决文）	20	27	棺1右手	无	东汉早中	穿上一横五铢BⅠ5枚中，有3枚可能为西汉中晚期昭宣五铢
Ⅰ1	五铢DⅡ2				19	32	棺1左手	有	东汉早中	
					1	5	棺1左手	有	东汉晚	
重影 2				朱字竖极短者1、外廓密集砍痕五铢1	64	132	棺1右手	有	东汉晚	
					3	13	棺2左手	有	东汉晚	
					3	7	棺2左腿	有	东汉晚	
Ⅱ1					7	20	棺2右手	有	东汉晚	
					1	1	棺内	无	东汉早中	
						10	墓室	有	东汉初	一串
					6	10	棺1	无	西汉中晚	
					5	5	棺2	无	西汉中晚	穿下一星者为半星
						8	墓室	有	东汉初?	可能为五铢
					5	5	墓室	有	新莽	一串平放
				万历通宝1	1	1	棺1口中	无	明神宗万历年间（1573-1620）	
					12	33	棺室	有	东汉早中	
重影 Ⅰ1					22	97	棺1	有	东汉早中	
					5	14	棺2	有	东汉中	
					11	128	棺1	有	东汉早中	完整者105枚，余残
					4	25	棺1右手	有	东汉早中	

编号	数量																
	不可辨	可辨															
		五铢							货泉			大泉五十		半两			
		A型		B型		C型	D型		A型	B型	C型	A型	B型		剪轮	磨廓	符号
		Ⅰ	Ⅱ	Ⅰ	Ⅱ		Ⅰ	Ⅱ									
AM58：31	10			1													
AM59：12								1									
AM59：4	5							1									
AM59：7	9						3										
AM59：8	15	2						2									
AM60：3	8																
AM61：16										1							
AM61：17									3		1						
AM61：18									1								
AM61：19										1							
AM61：20											1						货泉正面穿 一星、背穿 C型1
AM61：3										4							
AM62：3												4					
AM62：6								1									
AM62：8	1			2	1												
AM63：2				8			4										
AM63：6	5																
AM65：10																	
AM65：11																	
AM65：3	2																
AM66：8																	

续表

特型钱					小计	总计	出土环境		钱币的年代	备注
影	重好	私铸	冥币	其它						
					1	11	墓主3	有	东汉中晚	
					1	1	墓主3	有	东汉中晚	
					1	6	棺2	无	东汉中晚	
					3	12	棺2左手	有	东汉中晚	布包裹
					4	19	棺1左手	有	东汉中晚	布包裹
						8	棺床	有	新莽至东汉初	
					1	1	墓道	无	新莽	
					4	4	墓道	无	新莽至东汉初	
					1	1	墓道	无	新莽	
					1	1	墓道	无	新莽	
					1	1	墓道	无	新莽至东汉初	C型货泉同时也是符号钱
					4	4	厅室	无	新莽	
					4	4	棺1	无	新莽	
					1	1	棺1	无	东汉早中	口含
					3	4	棺2	有	东汉早中	
					12	12	棺1左手	无	东汉初	有绳穿痕迹
						5	棺2左手	无	新莽末至东汉初	可能为C型货泉
				开元通宝、太平通宝、咸平元宝、皇宋通宝（真）、元丰通宝（篆）、元祐通宝（篆）各1	6	6	棺1右手	无	北宋哲宗元祐年间（1086-1094）	元祐通宝为花穿钱
				皇宋通宝（真）1	1	1	棺1左手	无	北宋仁宗宝元年间（1038-1040）	皇宋通宝为花穿钱
				开元通宝和天圣元宝（篆）各3、景祐元宝、祥符元宝、皇宋通宝（真）、至和元宝（真）、元丰通宝（篆）、元祐通宝（篆）和绍圣元宝（行）各1、熙宁元宝1真1篆	15	17	棺2	无	北宋哲宗绍圣年间（1094-1097）	元丰通宝、天圣元宝各有1枚花穿钱
				天禧通宝、景祐元宝（真）、大观通宝各1、熙宁元宝（真）2、皇宋通宝1篆1真	7	7	墓主身上	无	北宋徽宗大观年间（1107-1110）	

编号	数量																
	不可辨	可辨															
		五铢							货泉			大泉五十		半两			
		A型		B型		C型	D型		A型	B型	C型	A型	B型		剪轮	磨廓	符号
		Ⅰ	Ⅱ	Ⅰ	Ⅱ		Ⅰ	Ⅱ									
AM66：9	37																
AM67：2	87	1		1	1		30				1	3	5				穿上一星五
AM67：6	3			1													
AM68：1	3						1				1						
AM68：2	1																
AM69：1											1						
AM70：2	73	2		2	2		20	5			3					五铢DⅠ1	穿下一星 DⅠ1，穿上 铢DⅠ1、Ⅰ
AM70：3	19	1		1			8				1					五铢DⅠ1	
AM71：2				1				1									
AM71：4	52	1		1	1		20	3									穿上一星五
AM72：8	1						1						4				
AM73：18	2						2										
AM74：4	11			1			5										穿上一星五
AM74：5	1			1			4										
AM74：6	5						5										
AM74：7	10	1		4	1		3		1								
AM75：3													4				
AM75：35												1	4				
AM77：1	8												2				
AM78：1	23			1			13	5		1						五铢DⅠ1	穿下一星 DⅠ1、穿上 铢DⅠ
AM78：24	1																
AM79：1										1							

续表

							出土环境		钱币的年代	备注
特型钱					小计	总计				
影	重好	私铸	冥币	其它						
				熙宁元宝5（篆3、真2）、元祐通宝5（篆4行1）、祥符元宝3、元符通宝（行）、圣宋元宝（篆）和皇宋通宝（真）各2、祥符通宝、天禧通宝、明道元宝（篆）、景祐元宝（真）、嘉祐元宝（真）、元丰通宝（行）、绍圣元宝（行）和大观通宝各1	27	64	左手	有	北宋徽宗大观年间（1107-1110）	祥符、熙宁、圣宋各有1枚花穿钱
DⅠ2				小泉直一1	46	133	墓室扰土	有	东汉中晚	2枚重影五铢中，五和铢字重影各1
					1	4	墓室扰土	无	东汉中晚	
					2	5	棺1	无	东汉早中	
						1	棺2	无	不明	可能为五铢?
					1	1	棺内	无	新莽末至东汉初	口含
DⅠ1					39	112	棺1	有	东汉中晚	
					12	31	棺2	有	东汉中晚	
					2	2	棺2	有	东汉早中	
					27	79	棺2	有	东汉早中	
					5	6	棺内	有	王莽至东汉初	
					2	4	扰土	有	东汉早中	
					7	18	棺1右手	有	东汉早中	
					5	6	棺1左手	无	东汉早中	
					5	10	棺2	有	东汉早中	
					10	20	棺2	无	东汉早中	
					4	4	棺1右手	无	新莽	
					5	5	棺2右臂	有	新莽	
				磨光钱币1枚	3	11	墓室	有	新莽及东汉初	
DⅠ2					25	48	棺内	有	东汉中晚	
						1	棺室	无	东汉中晚	铁钱
					1	1	棺1	无	新莽	口含

编号	数量																	
	不可辨	可辨																
		五铢							货泉			大泉五十		半两				
		A型		B型		C型	D型		A型	B型	C型	A型	B型		剪轮	磨廓	符号
		Ⅰ	Ⅱ	Ⅰ	Ⅱ		Ⅰ	Ⅱ									
AM80：8	1																
BM1：23	4		1	9	2		24	3									穿下一星五 DⅠ1，穿上一 铢BⅠ1
BM2：1	11				1		6				1						
BM3：35												8	5				
BM3：40									1								
BM3：6	10																
BM5：2	11			2			15	2									
BM5：5	20			4			5				1						
BM7：16							1								货泉B型1		
BM8：24	72			3	1		41	3	2	1				1			穿上一星五铢
BM8：32	11						7	1					1				
BM8：46							1										
BM9：3				1			2										
BM9：49							1										
BM9：6	1			1			1										
BM10：7	6																
BM11：1		1		12			19	5									穿上一星、两 穿下一星的 DⅠ各1
BM13：32	2				1												穿下一星五 BⅡ1、D
BM15：14	36																
BM17：13	74			4	2		16	2			1						
BM17：2	23		1				4						1		五铢DⅠ1		
BM17：3	163	2			1		6	5							穿上一横1、DⅠ1、余1枚不辨	五铢BⅠ1、DⅠ2	穿上一星五铢
BM18：6																	

续表

特型钱					小计	总计	出土环境		钱币的年代	备注
影	重好	私铸	冥币	其它						
				嘉祐通宝（篆）1、皇宋通宝（篆）1	2	3	棺2	无	北宋仁宗嘉祐年间（1056-1063）	
重影 DⅠ3					43	47	棺3手中	无	东汉中晚	3枚重影五铢中，有1枚同时穿下一星
					8	19	墓室盗土	无	东汉早	币面发黑
					13	13	棺2	无	新莽	
					1	1	棺1	无	新莽	
						10	棺3	有	疑为西汉中晚	成串放置
重影 DⅠ2					21	32	棺1	无	东汉中晚	
					10	30	棺2	无	东汉中晚	
					2	2	墓主头侧	无	东汉中晚	
重影 DⅠ2	五铢DⅠ1		1	穿孔五铢DⅠ1	58	130	棺1	无	东汉中晚	穿上一星的2枚中有1枚同时重好
					9	20	棺2	有	东汉中	
					1	1	棺2头下	无	东汉中	
					3	3	棺1左手	无	东汉中	
					1	1	墓道	无	东汉中	
					2	3	棺2左手	无	东汉中	
				开元通宝1、淳化元宝2	3	9	棺2身下	有	北宋太宗淳化年间（990-994）	
DⅠ3					43	43	棺室	无	东汉早中	
					3	5	扰土	无	东汉早中	
						36	墓室扰土	有	疑为西汉中晚期	织物包裹完整
DⅠ1	五铢DⅠ1		1		28	102	扰土	有	东汉中	
					7	30	墓主头部	无	东汉中	
铢，五影1、重影1					23	186	墓主腰部	有	东汉中	剪轮中的穿上一横者可能为西汉五铢
				皇宋通宝、元丰通宝（行）、天圣元宝、天禧通宝各1	4	4	胸部	无	北宋神宗元丰年间（1078-1085）	

编号	数量																
	不可辨	可辨															
		五铢							货泉			大泉五十		半两			
		A型		B型		C型	D型		A型	B型	C型	A型	B型		剪轮	磨廓	符号
		Ⅰ	Ⅱ	Ⅰ	Ⅱ		Ⅰ	Ⅱ									
BM18：7																	
BM18：8																	
BM19：3																	
BM20：18	53	1	1	22	3		18			1							
BM21：26	493			9	3		42	18	2	1	3		4	23	9（多不辨，可辨者多为D型五铢	23（DⅠ16、DⅡ4，余不可辨）	穿上一星五铢
BM21：34	208			2	1		14		1			4	4	26	23（多不辨，少数为D型五铢）	1（疑为五铢）	
BM22：4	45			4				1			1				13（五铢DⅠ1,余不可辨）	五铢3（BⅠ1,余不可辨）	
BM23：10				2			8										
BM23：28							3										
BM23：9	3			1			1										
BM24：5	34	1		1			18	4								五铢DⅡ2	穿上一横五铢
BM25：2	4									2	1						
BM26：9	1			2			5										穿上一星五（DⅠ）
BM27：2											1						
BM28：3	7																
BM29：2												2					
BM29：4	10																
BM31：18	2						3										
BM34：2																	
BM34：5																	

续表

特型钱					小计	总计	出土环境		钱币的年代	备注
影	重好	私铸	冥币	其它						
				景德元宝、嘉祐元宝各1	2	2	右手	无	北宋仁宗嘉祐年间（1056-1063）	
				元丰通宝（篆）2	2	2	左手	无	北宋神宗元丰年间（1078-1085）	
				元丰通宝（篆）1	1	1	棺2	无	北宋神宗元丰年间（1078-1085）	
铢 3、 Ⅰ2					51	104	扰土	无	东汉早	重影五铢中，五字重影者4，铢字重影1
BⅠ1				穿孔钱3（半两2、五铢DⅡ1）	142	635	棺1	有	东汉晚	9枚BⅠ五铢中，2枚疑为西汉五铢；半两钱中，3枚大钱疑为秦钱
				穿孔五铢，同时剪轮D型1	77	285	棺2	有	东汉晚	26枚半两钱中，有2枚大钱，疑为秦钱
				磨光2、綖环钱1、对文钱1、内廓上部被减去一部分肉者1	27	72	棺2	有	东汉中晚	
					10	10	棺1	无	东汉中	
					3	3	棺3左手	有	东汉中	
			1		3	6	棺2	有	东汉中	
重影 DⅡ1					28	62	棺室	有	东汉中	
					3	7	棺2	无	新莽及东汉初	不可辨者疑为五铢
					8	9	厅室	无	东汉早中	
				布泉1	2	2	扰土	无	新莽至东汉初	
						7	棺2	有	新莽	不可辨者疑为C型货泉
					2	2	棺1左手	有	新莽	
						10	棺2右手	有	疑为西汉晚	不可辨者疑为五铢
					3	5	棺1	有	东汉中	
				康熙通宝7（背东1，背原1.背河3，背临2），顺治通宝（背河）1	8	8	棺2	有	清康熙年间（1662-1722）	
				疑为泰昌通宝1	1	1	棺1	无	明熹宗天启元年（1621）	

编号	数量																
	不可辨	可辨															
		五铢							货泉			大泉五十		半两			
		A型		B型		C型	D型		A型	B型	C型	A型	B型		剪轮	磨廓	符号
		Ⅰ	Ⅱ	Ⅰ	Ⅱ		Ⅰ	Ⅱ									
BM35：2				1			7										
BM35：3	4			1	1		6	2									穿上一星五铢
BM35：4	8			2													
BM36：2	64								5	18	4				货泉A型3		
BM36：5	156								22	31	15						穿上一星货泉 2，穿下一横货 型1
BM42：1																	
BM43：6	6				4			1								五铢BⅡ2	穿上一横五 BⅠ1、BⅡ5 下一星五铢B
BM43：7																	穿上一横五 BⅡ1，穿下半 铢AⅠ和DⅠ
BM44：2																	
BM45：5	1																
BM46：12	2																
BM47：1												1					
BM48：11																	穿上一横五铢
BM48：7				1													
BM48：8				1													穿上一横五铢
BM49：15	3																
BM49：16					1												
BM49：17	4																穿上一横五 AⅡ1、穿下半 铢BⅡ2
BM50：43															五铢AⅠ1	五铢BⅠ、BⅡ、AⅡ各1	穿上一横五铢

续表

特型钱						总计	出土环境		钱币的年代	备注
影	重好	私铸	冥币	其它	小计					
				五字上下各穿一孔的五铢DⅡ1	9	9	棺室	无	东汉中	
					11	15	右手	有	东汉中	
					2	10	左手	有	东汉早中	似有属西汉中晚期者
					30	94	棺1	无	新莽至东汉初	94枚全部是货泉
	货泉B型1			布泉1	73	229	棺2	无	新莽至东汉初	1枚布泉，余均为货泉
				小泉直一1	1	1	墓主嘴边	无	新莽	疑口含
					12	18	墓室	无	西汉中偏晚至西汉晚	穿上一横五铢中5枚B型Ⅱ式中有2枚磨廓
	五铢BⅡ1				4	4	左手	无	西汉中偏晚至西汉晚	
				小泉直一1	1	1	棺2颈部	无	新莽	疑为颈下饰物
						1	扰土	无	东汉早	径小而薄，且磨光
						2	墓主口内	无	东汉早	口含
					1	1	颈下	无	新莽	无字，疑为颈下饰物
					1	1	棺1	无	西汉中偏晚至西汉晚	
					1	1	棺1颈部	无	西汉中偏晚至西汉晚	疑为颈下饰物
					2	2	棺1腹部	无	西汉中偏晚至西汉晚	
						3	棺1	无	可能为西汉末	
					1	1	棺2口内	无	西汉中偏晚至西汉晚	口含
					3	7	棺2左肩	无	西汉中偏晚至西汉晚	
					4	4	棺1	无	西汉中偏晚至西汉晚	穿上一横五铢同时磨廓

编号	数量																
	不可辨	可辨															
		五铢							货泉			大泉五十		半两			
		A型		B型		C型	D型		A型	B型	C型	A型	B型		剪轮	磨廓	符号
		Ⅰ	Ⅱ	Ⅰ	Ⅱ		Ⅰ	Ⅱ									
BM53：10	2																
BM54：11													7				
BM54：9									1	1	1						
BM55：2	4																
BM56：2							4	2									
BM57：5	20			1			2	1								五铢DⅡ1	
BM61：20	7						1								2，疑为五铢		
BM61：2															五铢DⅠ1		
BM62：16							1										
BM62：2	242			11	1		65	9		1	1		1	1	五铢DⅠ1、DⅡ2	五铢BⅠ1、DⅠ6、DⅡ2	穿上一星五 DⅠ1、DⅡ1 下一星五铢D
BM62：5	2						1										
BM63：32	41			3	1		24	4			1					五铢AⅠ1	穿上一星五 DⅠ2、DⅠ
BM63：43	5			1			1										
BM64：4	5			1			5	1									
BM64：7	9			1			6										
BM65：30	5						1										
BM66：1																	
BM67：1							7										
BM68：1				1			7										
BM69：10			1	1													穿上一横五 DⅠ1,穿下半 铢DⅠ1
BM69：34	9																穿下半星五铢
BM70：10	4			3			2										

续表

特型钱					小计	总计	出土环境		钱币的年代	备注
影	重好	私铸	冥币	其它						
						2	东耳室扰土	无	东汉早	形体较小，可能就饰物
					7	7	棺1	无	新莽末	
					3	3	棺2	无	新莽至东汉初	
						4	墓室扰土	无	疑为西汉中晚期	散碎不可辨，其中，有穿下半星五铢，剪轮中有穿上一横五铢
					6	6	棺内	无	东汉早中	
DⅡ1					5	25	扰土	有	东汉早中	磨廓五铢，同时重影
					3	10	墓道扰土	无	东汉中晚	
					1	1	南耳室	无	东汉中晚	
					1	1	棺1	无	东汉早中	口含
铢 1、 Ⅰ1	五铢DⅡ1	五铢1			109	351	棺1	有	东汉中	
					1	3	棺2	无	东汉中	
DⅠ1			1		39	80	棺1	有	东汉中	
					2	7	棺2	无	东汉中	
					7	12	棺1	有	东汉中	五铢BⅠ可能为西汉钱
					7	16	棺2	无	东汉中	
					1	6	扰土	无	东汉早中	
				祥符元宝1，元丰通宝（行）1	2	2	扰土	无	北宋神宗元丰年间（1078-1085）	元丰通宝正背均有磨痕
					7	7	棺室	有	东汉早中	
					8	8	厅室	无	东汉早中	
					4	4	扰土	有	西汉中晚期	
					1	10	墓室	有	西汉中偏晚至西汉晚	
				花穿五铢DⅠ1	6	10	棺1	无	东汉早中	

编号	数量																
	不可辨	可辨															
		五铢							货泉			大泉五十		半两			
		A型		B型		C型	D型		A型	B型	C型	A型	B型		剪轮	磨廓	符号
		Ⅰ	Ⅱ	Ⅰ	Ⅱ		Ⅰ	Ⅱ									
BM70：11				1				2									
BM71：20	15						4				1						
BM72：11		1					3	1									
BM72：12	18			2			25	8									穿上一星五铢
BM72：13				1			1										
BM72：14	1			1			4	2								五铢DⅠ2	
BM72：20							2	1									
BM72：23	14			3	1		13	1			1			1			
BM72：25	3			1			4	2									穿上一星五铢
BM74：21	5																
BM74：22	37								6	5	1						
BM75：63	6																
BM75：65							1										穿上一横五 BⅡ2、BⅠ1 下半星五铢D
BM75：2	10				1												穿上一横五 BⅡ1，穿下半 铢BⅡ2
BM76：29	1			3			16										
BM76：4	31			1			7	2									
BM77：30	4																
CM1：12、13、14										3							
CM2：20	84			2			8	14							五铢 DⅡ3	五铢 DⅡ7	
CM2：13	131			1			15	13							五铢 DⅡ2	五铢 DⅡ7	正面穿上一星 DⅡ1
CM2：16	110			4			23	11	1	2					五铢 DⅡ4	五铢 DⅡ9	正面穿上一星 DⅡ1
CM3：22	124			16	5		20	13		2		7	6			五铢 DⅡ1	
CM3：23	50			9			10	10								五铢 DⅡ1	

续表

特型钱					小计	总计	出土环境		钱币的年代	备注
重影	重好	私铸	冥币	其它						
					3	3	棺2	无	东汉早中	
DⅠ2					7	22	棺室	无	东汉早中	
					5	5	棺1左手	有	东汉中	
			1		37	55	棺1右手	无	东汉中	
					2	2	棺1	有	东汉中	
					9	10	棺2	有	东汉中	
					3	3	棺1	无	东汉中	
					20	34	棺2	无	东汉中	
					8	11	棺2	无	东汉中	
						5	棺2	无	新莽	疑为货泉
					12	49	棺2	有	新莽至东汉初	
						6	扰土	有	西汉晚	
					5	5	扰土	无	西汉中偏晚至西汉晚	
					4	14	墓室	无	西汉中偏晚至西汉晚	
					19	20	棺2右手	无	东汉中	
					10	41	棺2	无	东汉中	
						4	棺2	有	疑为东汉初	不可辨
					3	3	棺内	无	新莽末	
DⅡ2	五铢DⅡ1	五铢DⅡ1			37	121	棺3	有	东汉晚	重影的两枚中有一枚为重好，DⅡ式中有一枚疑为私铸钱
DⅡ2	五铢DⅡ1				42	174	棺1	有	东汉晚	
DⅡ4	五铢DⅡ3				62	172	棺2	有	东汉晚	重影五铢钱中五字重影者3，铢字重影者1
DⅡ6		货泉2 五铢6	1	花穿五铢DⅡ1	86	210	棺1	有	东汉晚	
DⅡ2	五铢DⅡ1	五铢DⅡ3	1		36	86	棺2	无	东汉晚	磨廓五铢一枚同时重好

编号	数量																
	不可辨	可辨															
		五铢							货泉			大泉五十		半两			
		A型		B型		C型	D型		A型	B型	C型	A型	B型		剪轮	磨廓	符号
		Ⅰ	Ⅱ	Ⅰ	Ⅱ		Ⅰ	Ⅱ									
CM3：24	522	2	4	27	15	1	109	75	1	3	2			1	五铢10、货泉1	五铢37	背面穿上一星1、正面穿上一者1、正面穿横者1
CM3：46																	
CM4：3	14			1	1		12	6			1				五铢 DⅡ1	五铢 DⅡ3	穿上一星五
CM4：4	106			8	3		15	8			1	2	6		五铢 DⅡ1	五铢 DⅡ9	正面穿上一横1、背面穿侧五铢1、正面一星五铢
CM5：6	2			1				1									
CM6：14	2						2	2									
CM6：2	4			1			1	1								五铢 DⅡ2	
CM8：1										1							
CM9：2	4																
CM12：15	18			1	1		3	3									
CM15：1	8																
CM15：2	1																
CM16：1	4																
CM17：1	1																
CM20：14	41			3			13	6									背面穿上一五铢1

注：1.表中A、B、C、D等英文字母代表钱币的分型，罗马数字代表分式，其后的阿拉伯数字代表数量；2.特型钱一栏中，只标明钱币种类
为部分钱币同时具有双重特征，这类情况在备注中都有注明。

续表

							出土环境		钱币的年代	备注
特型钱					小计	总计				
影	重好	私铸	冥币	其它						
铢5	五铢AⅠ2、AⅡ1、BⅠ22、BⅡ5、CⅠ1、DⅠ19、DⅡ5		3	花穿五铢1异形五铢1穿上凸入五铢1、素面钱3	358	880	棺3	有	东汉晚	DⅡ5枚重好中有2枚重影钱；剪轮磨廓者多为B、D型钱，因有的钱文模糊，未作详细统计
				一刀平五千1	1	1	棺1	无	新莽	
DⅡ2	五铢DⅡ8		3	西汉五铢1	37	51	棺1	无	东汉晚	2枚重影五铢和1枚穿上一星五铢，同时重好
其中重影1	五铢DⅡ13	五铢DⅡ1		五字上下各穿一孔的五铢1、大泉五十1	67	173	棺2	无	东汉晚	穿上一星、穿旁一竖者同时重好、磨廓者有5枚重好、私铸者同时重好
	五铢1	五铢1			3	5	棺床	无	东汉晚	私铸五铢同时重好
	五铢DⅡ2	五铢DⅡ1			7	9	棺2	无	东汉晚	
DⅡ1	五铢DⅡ1				6	10	棺1	无	东汉晚	重影五铢同时重好
				元祐通宝、圣宋元宝（篆）各1枚	3	3	棺内	有	北宋徽宗建中靖国年间（1101）	
				开元通宝、祥符通宝、皇宋通宝和熙宁元宝各3，元丰通宝、绍圣元宝和圣宋元宝各2，太平通宝、至道元宝、祥符元宝、天禧通宝、天圣元宝和元祐通宝各1	24	28	棺内	无	北宋徽宗建中靖国年间（1101）	开元通宝中有1枚为背铸广字的会昌开元；熙宁元宝3枚为2真1篆；圣宋元宝2枚为1行1篆
DⅡ1	五铢DⅡ2				11	29	棺内	无	东汉晚	
				元丰通宝、崇宁重宝各1枚	2	10	棺1	无	北宋徽宗崇宁年间（1102-1106）	
				大观通宝、元祐通宝、宣和通宝各1枚	3	4	棺2	无	北宋徽宗宣和年间（1119-1125）	
				淳化元宝、至道元宝、景德元宝、皇宋通宝、元丰通宝和元祐通宝各1	6	10	墓主身下	无	北宋哲宗元祐年间（1086-1094）	淳化元宝、皇宋通宝及1枚不可辨钱币钱背儿近磨平
				元丰通宝4、开元通宝和治平元宝各2、天圣元宝、皇宋通宝、元祐通宝、大定通宝各1	12	13	墓主身下	不明	金世宗大定年间（1161-1189）	元丰通宝4枚，钱文两篆两行
	五铢DⅡ1			素面钱3、五字异形者1	28	69	棺内	有	东汉晚	

注明型式者，均为型式不可辨识者；3.除标明为铁钱者外，其余均为铜钱；4.部分可辨识钱币的合计数据可能与前面各型式数量之和不符，是因

附　　录

附录一　辉县路固汉墓出土粉块的化学分析及相关问题

赵春燕　岳洪彬　岳占伟

一、前　　言

路固墓地位于新乡市辉县城关镇与孟庄镇、常村镇交界处，路固村、小王村和段屯三村之间，为南水北调工程干渠里程第602～604公里的占压区域，西北距琉璃阁遗址约2公里，东北约3公里为固围村魏国国君墓地，地理坐标为北纬35°27.079′、东经113°49.404′。墓地面积140万平方米，主要是汉代墓葬，另有少量宋代墓、明代墓和清代墓。

2006年7～12月，中国社会科学院考古研究所对墓地进行了勘探和发掘。清理汉墓140余座、宋墓30座、明墓1座、清墓1座，另有汉代建筑堆积、窖穴、灰坑、水井和陶窑等，出土陶器、铜器、铁器、铅器、玉器、玻璃器、骨器等数千件。其中有20余座墓葬出土一、二块白色粉块。这些粉块呈圆柱饼状、半圆形或半椭圆形，有的形状似直径5～8厘米的小馒头。去掉粉块外部黏附的泥土，大多数里面是纯白色，部分略呈淡黄色，有的在白色粉块的外表涂朱（图版一）。这些粉块常见于棺室内，且多与铜镜、眉刷、镊子以及一些小琉璃饰共出，并常用盒子盛装，有的位于死者头侧，有的放置于死者腰部手旁（图版二）。

这些粉块出土时，有的明显是完整的，应是下葬时放入奁盒中的新粉块；有的明显是使用了一部分，应是把墓主人生前正在使用的粉块放入奁盒中随葬；更有甚者粉块几乎用尽，只余带有很小粉块的铅制粉托。看来，这些粉块应是当时人日常使用的物品。根据这些粉块在墓中摆放的位置、出土情况和伴出物均为化妆用品等判断，这应是一种汉代人常用的粉状化妆品。

据文献记载，中国人自古以来就有用白粉装饰的传统和习俗。《楚辞·大招》："粉白黛黑，施芳泽只。长袂拂面，善留客只"。《韩非子》："故善毛嫱，西施之美，无益吾面，用脂泽粉黛，则倍其初"。可见，至迟在春秋战国时期，女子已开始白粉扑面、黛黑画眉了。

近半个世纪以来，随着考古工作的深入开展，大批妆粉实物相继出土，最有特色的是福建福州出土的南宋妆粉，被制成特定形状的粉块，有圆形、方形、四边形、八角形和葵瓣形等，上面还压印着凸凹的梅花、兰花以及荷花纹样等，有的盛在精致的钵内，有的放置在丝绸的包里①。但对这些妆粉实物的化学成分及结构的研究尚未见报道。中国古代妆粉起源于何时？其原料及作用如何？这些问题并不清楚，更无法讨论当时盛行化妆其背后所隐含的社会意义。因此，我们认为有必要对路固墓地汉代墓葬出土的白色粉块进行化学分析，确定其究竟是何种材料，以便于对其使用价值、随葬功能及所反映的社会风俗有更深入的认识。同时，为了与现代化妆品进行比较，我们购买了两种具有悠久历史的国产粉状化妆品和路固汉墓出土的样品一起进行了化学成分和结构分析。

二、样品的考古学背景及采集

根据出土遗物判断，出土有白色固体粉块的20余座墓葬的时代为东汉早、中期，级别均不高。虽然多数墓中随葬有铁剑，但并不能证明他们的身份，这很大程度上是当时社会“崇尚武功”的风俗的反映。因此，这批墓葬应为一般平民的家族墓地。

样品出土时大多为圆形或椭圆形块状，较坚硬，外部粘有泥土。取样时用手术刀小心剥去外层泥土，露出里面白色部分，再用清洁的手术刀刮取大约4克的白色粉末，经风干、粉碎、过筛等前处理过程之后，放入玻璃样品瓶中于110度烘干后待测。

购买的两种国产粉状化妆品均为名牌产品：一种为淡粉色粉末，质地松散，气味芬芳，其出产地为中国北方；另一种为白色块状，质地细腻，散发出茉莉花香味，其出产地为中国南方。

三、分析与测试

1. 化学成分分析

首先利用X射线荧光光谱技术对白色粉末及两种现代对照样品进行了分析。X射线荧光分析是确定物质中微量元素的种类和含量的一种方法。它用外界辐射激发待分析样品中的原子，使原子发出标识X射线（荧光），通过测量这些标识X射线的能量和强度来确定物质中微量元素的种类和含量。根据分光原理，可将X射线荧光光谱仪分为波长色散型（晶体分光）和能量色散型（高分辨率半导体探测器分光）两类。

样品是在清华大学分析测试中心X射线荧光光谱实验室进行测试，所用仪器为日本岛津产XRF-1700型波长色散X射线荧光光谱仪，测试结果见表一、表二。

---

① 福建省博物馆：《福州南宋黄生墓》，文物出版社，1982年。

表一　路固汉墓出土白色粉块的化学成分

样品编号	出土地点	化学成分（m/m%）										
		CaO	CO_2	SiO_2	Al_2O_3	Fe_2O_3	K_2O	TiO_2	CuO	P_2O_5	PbO	SrO
1	T31M76	49.70	38.36	7.37	2.25	1.36	0.29	0.16	0.16	0.12	0.004	0.02
2	T20M39	50.20	39.12	6.81	2.06	1.24	0.19	0.20	0.04	0.09	0.007	0.03
3	T15M19	50.27	39.08	7.08	1.83	1.24	0.19	0.19	ND	0.08	ND	0.03
4	T27M59	49.68	39.32	7.83	2.12	1.44	0.21	0.21	ND	0.07	0.001	0.03

注：ND表示未测出。

表二　现代粉状化妆品的化学成分

样品编号	产地	化学成分（m/m%）										
		CaO	MgO	SiO_2	Al_2O_3	Fe_2O_3	K_2O	TiO_2	ZnO	P_2O_5	MnO	SrO
1	北方	4.82	31.58	52.51	1.34	0.82	0.019	0.21	7.33	0.88	0.030	ND
2	南方	32.39	27.96	36.63	2.31	0.32	0.02	0.070	0.020	0.060	0.034	0.013

注：ND表示未测出。

由表一的数据可知，路固汉墓出土的白色粉块的化学成分主要含钙和碳及少量的硅、铝、铁等元素。而北方产淡粉色香粉的主要化学成分是硅和镁及少量锌、钙、铝等，南方产白色香粉的主要化学成分是钙、硅和镁及少量铝等。汉墓出土的白色粉块的主要化学成分与现代样品有很大区别，而两种现代样品的主要化学成分也不相同。若要追溯其原料来源，仅仅分析其化学成分是不够的，还要鉴定其矿物结构才能进一步做出判断。

2. 矿物结构鉴定

我们采用X射线衍射分析方法对路固汉墓出土的白色粉块及两种现代对照样品进行了结构鉴定。X射线衍射分析方法的原理是：每一种晶体都有自己独特的化学组成及晶体结构。当被X射线照射时，入射线将经过晶体物质内部的原子或离子，依照布拉格公式发生衍射，产生特有的X射线衍射图。每种类型的晶体物质都有自己的衍射图，衍射图是晶体化合物的“指纹”，可用作定性分析的依据。样品检测所用仪器为德国Bruker AXS 产GADDSD8 discover X光衍射仪。样品的X射线衍射谱图如图一至图四。

分析结果显示，路固汉墓出土的这批白色粉块的主要矿物相为碳酸钙和少量石英；现代对照样品的物相则复杂得多。产于北方的粉红色样品的主要矿物相为滑石、镍滑石、氧化锌、白云石、石英等；而产于南方的白色样品的主要物相是碳酸钙、白云石、碳酸镁、滑石等。据现代白色样品的说明书，其原料为珍珠粉、高岭土、方解石粉、滑石粉、香料等，与我们的测试结果相符，现代粉红色样品无说明书，因此，其原料只能以我们的测试结果为准。

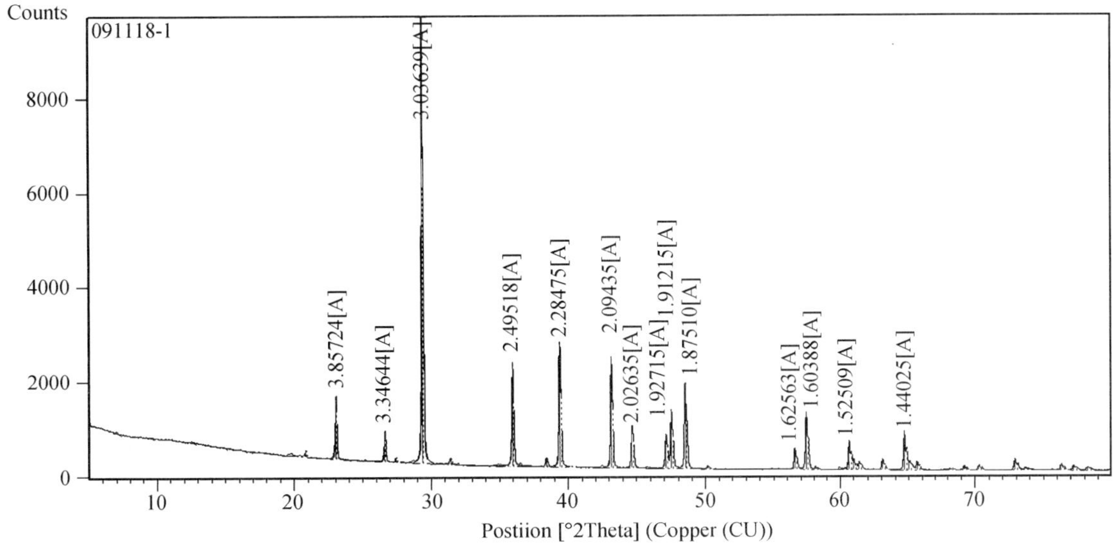

图一　路固汉墓出土白色粉块1号样品的X射线衍射谱图

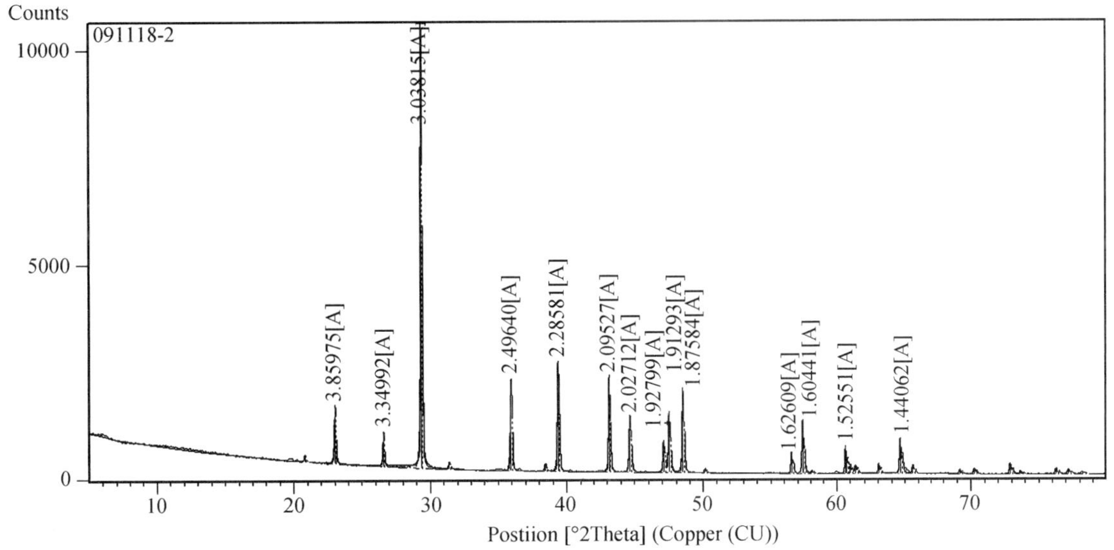

图二　路固汉墓出土白色粉块2号样品的X射线衍射谱图

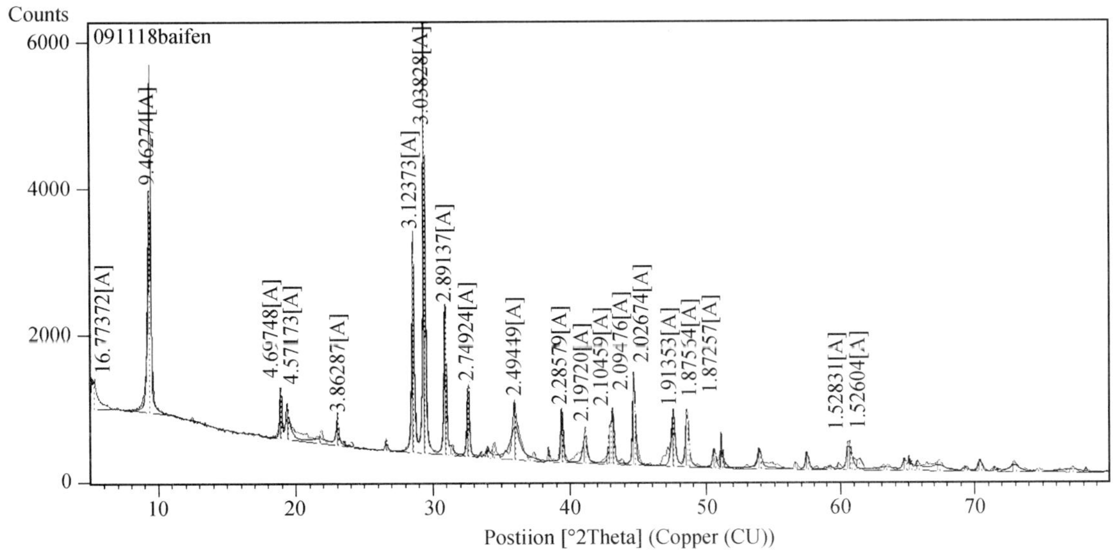

图三　现代南方产白色香粉样品的X射线衍射谱图

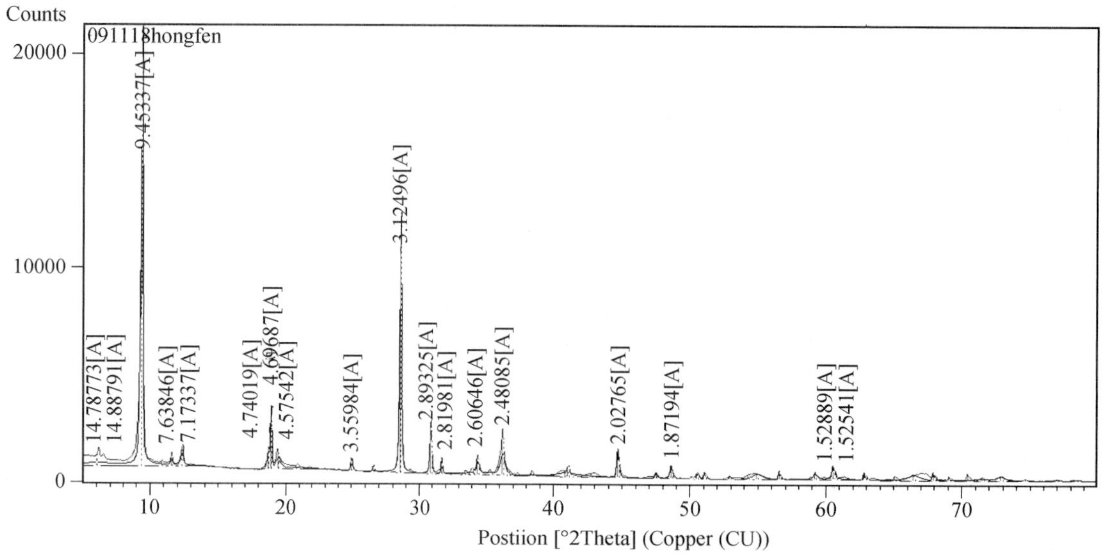

图四　现代北方产红色香粉样品的X射线衍射谱图

3. 显微结构与粒度分析

为了进一步了解路固汉墓出土白色粉块的微观形态和组成，我们采用扫描电子显微镜加能谱仪对样品的微观形态、粒度及微区成分进行了检测。显微分析是用于观察、分析细小物体（＜100μm）的技术，目的是寻找微观结构和宏观性能之间的关系。电子显微分析是利用高能电子束与物体的表面相互作用而获取微区信息的技术，与光学显微镜相比，电子显微镜具有更高的分辨率、更大的放大倍数。扫描式电子显微镜主要用于观察固体表面的形貌，与电子能谱仪相结合，可用于物质成分分析。样品测试在北京电子显微镜中心实验室进行，仪器类型为JEOL 6301F场发射扫描电子显微镜加能谱仪。该仪器可以在不损坏样品的情况下对样品的微观形貌进行观察并同时进行化学成分测定。

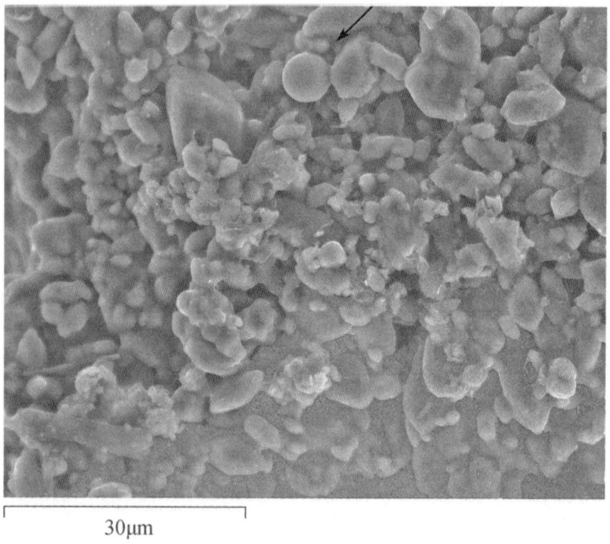

图五　路固汉墓出土白色粉块的扫描电子显微照片

在显微镜下对路固汉墓出土的白色粉块样品进行了多点观察和检测，同时拍摄了照片，现选择其中之一加以说明（图五）。

从图五可以看到，白色粉块基本由小于10微米的不同粒度大小的颗粒组成。值得一提的是，在图五中可以观察到有一种粒度在5微米大小的圆球状颗粒（图五箭头所示），与天然珍珠的形状非常相似。

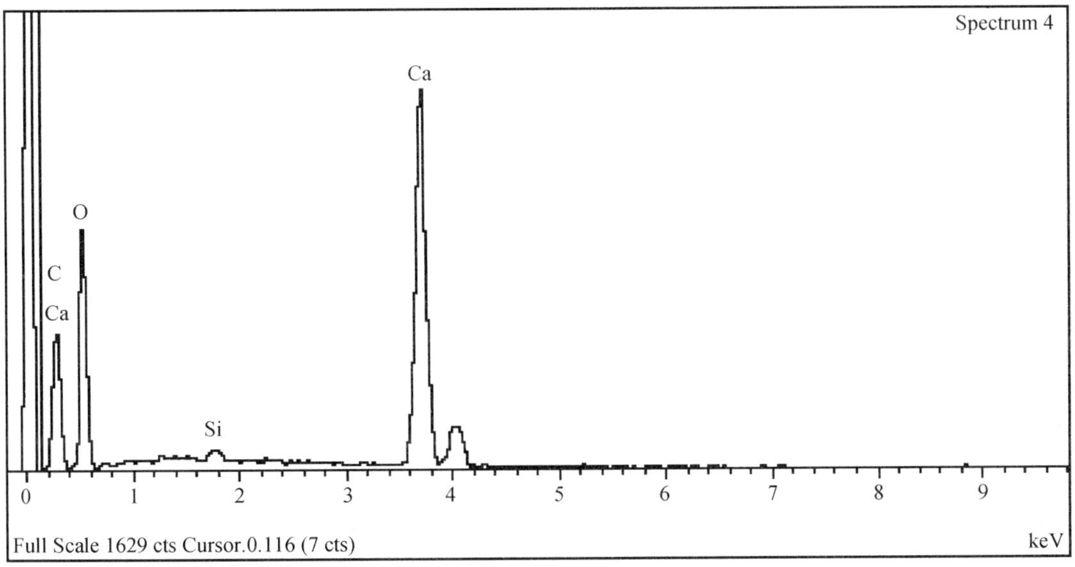

图六　路固汉墓出土白色粉块的能谱图

表三　能谱分析的汉墓出土白色粉块的成分

Element	Weight%	Atomic%	
CK	14.42	22.88	
OK	50.78	60.48	
SiK	0.45	0.31	
CaK	34.35	16.33	
Totals	100.00		

图六和表三的能谱分析结果表明，白色粉块主要由钙（Ca）、氧（O）、碳（C）及少量的硅（Si）等元素组成，可以判断白色粉块的主要成分是碳酸钙及少量二氧化硅。该结果与X射线荧光光谱分析结果非常一致，再次证明白色粉块的主要成分是碳酸钙。

四、结果和讨论

1. 白色粉块的原料

对路固汉代墓葬出土白色粉块的化学成分与物相分析结果可知其主要成分为碳酸钙，少量石英可能是出土时夹杂的少量泥土而造成。根据它们在墓葬中的位置及形状等综合分析，白色粉块可能属于一类化妆品，因此有必要对文献记载上的粉状化妆品的化学成分进行简要的回顾和梳理。

据文献记载，中国古代化妆用的白粉分矿物性和植物性两种。矿物性白粉包括以珍珠加工而成的“珠粉”、用石膏、滑石等细石研磨而成的“石粉”以及化铅为霜的“铅粉”等。植物性白粉则以各种植物为原料研碎制成。

矿物性白粉的一类为铅粉，就是用铅、锡等材料，经化学处理后转化为粉，主要成分为碱式碳酸铅。《神农本草》称之为“鲜锡”。铅粉能使人容貌增辉生色，故又名“铅华”。成语“铅华落尽”讲的正是此物。它又名胡粉、铅白、定粉、光粉、白粉、水粉、官粉、韶粉、瓦粉、辰粉、铅料等。李时珍《本草纲目》对这些别名略有解释，称“胡者糊也，和脂以糊面也；定、瓦言其形；光、白言其色；俗呼吴越者为官粉，韶州者为韶粉，辰州者为辰粉”[①]。中国古代许多地方都产铅粉，像河北定州的“定粉”，江南吴越等地的“官粉”，湖南辰州的“辰粉”，广东韶州的“韶粉”，广西桂林的“桂粉”，都极为有名。铅粉的制作方法在宋应星《天工开物·五金》卷和李时珍的《本草纲目》中都有记载[②]。显然，路固汉代墓葬出土的白色粉块主要成分不含铅，所以不是铅粉。

文献记载的古代妆粉有些原料含有石膏和滑石。石膏的主要成分是含水硫酸钙（$CaSO_4 \cdot 2H_2O$），滑石的主要成分是氧化镁及二氧化硅（$3MgO \cdot 4SiO_2 \cdot H_2O$），二者的主要成分与白色粉块皆不符，因此，路固汉墓出土的白色粉块既不是石膏粉也不是滑石粉。但两种现代粉状化妆品却都检测出滑石成分，这也是这次研究工作的一个意外收获。

文献记载的古代妆粉的另一类重要原料是珍珠粉。珍珠为美容要药，李时珍《本草纲目·金石部》卷八云：用珍珠粉“涂面，令人润泽好颜色”。现代研究结果表明，珍珠的化学组成为：$CaCO_3$（91.6%）、H_2O和有机质各4%、其他0.4%，包括20多种元素，有锶、钡、钪、钴、锌、铁、锰、硒、锗、铜等。路固汉墓出土白色粉块的主要成分为碳酸钙，与珍珠的主要成分相符，而且其碳酸钙含量也与珍珠大致相同。因此，白色粉块极有可能是由珍珠类的材料制成。至于其中所含少量的石英等，因石英是土壤的主要成分，所以，有可能是其中的泥土残余。

此外，也不排除白色粉块为贝壳类物质与其他矿物混合而成。笔者曾对二里头遗址出土的1件丽蚌进行过化学分析，结果显示其主要成分中碳酸钙的含量高达98%以上，其余元素的含量全部在1%以下[③]。显然，出土的白色粉块不是由纯粹的贝类经研磨而成。也就是说，白色粉块要么是由珍珠制作而成，要么是由贝类与其他物质混合而成。

分析结果可知白色粉块还含少量的碳，来源可能有两个：一是此粉状物在埋藏之初就混合有植物类物质，长期埋藏过程中炭化而成；二是埋藏过程中盛装粉块的木器腐朽物混入而造成。根据样品出土时为较硬的块状，而且取样是在样品的中间部位来判断，前者的可能性更大。

古代妆粉中植物性白粉是用植物种子或根部为原料研碎制成。最早也是最普遍使用的是米粉。《齐民要术》里就有关于米粉制作方法的比较详细的记载，甚至对制作米粉的米的种类都

① （明）李时珍著，尚志钧校订：《本草纲目》，人民卫生出版社，1957年。

② （明）宋应星著，管巧英、谭属春点校并注释：《天工开物》，岳麓书社，2002年。

③ 赵春燕、许宏：《二里头遗址出土贝类饰品的化学分析》，待刊。

有规定，即以梁米为首选，粟米其次。将米研磨成粉状，经过淘洗、浸泡、沉淀、干燥等步骤，制成洁白粉腻的“粉英”，然后放在日光下曝晒，晒干后的粉末即可用来妆面。由于这种白粉制作方法简单，所以在民间广泛流传，直到唐宋时期，人们仍然采用这种方法制作米粉。后来再加上各种香料，便成香粉，由于粟米本身有一定的黏性，所以用它敷面不容易脱落。

武则天所用的“神仙玉女粉”在唐代官府组织编写的药典《新修本草》上有收录，不久便流传到民间。其制作方法是采益母草晒干后捣成细粉过筛，然后加面粉和水，调好后再晒干。用黄泥做四周开窍的炉子，上下放木炭，药团放中间烧。火烧后取出凉透，细研，过筛，放入干燥的瓷皿中。用时加十分之一的滑石粉、百分之一的胭脂，调匀，研细，沐浴或洗面、洗手时，用药末擦洗。

宋代有以石膏、滑石、蚌粉、蜡脂、壳麝及益母草等材料调和而成的“玉女桃花粉”。明代有用白色茉莉花仁提炼而成的“珍珠粉”以及用玉簪花和胡粉制成玉簪状的“玉簪粉”。这些都说明，古代先民已经懂得利用各种矿物和植物原料混合而成各种妆粉。这样做除了能够使妆粉比较容易附着并滋养皮肤之外，还有一个作用就是矿物性原料加入植物类妆粉中可使后者保持相对松散，防止其黏结。可见，混合在一起的矿物性和植物类妆粉可以互相取长补短。由此，也可以推测，路固汉墓出土的白色粉块有可能加入了植物类原料，比如各种香料等，在长期埋藏过程中植物香料炭化后夹杂在白色粉块中，所以呈淡黄色。

综合以上分析结果，可以推测路固汉墓出土的白色粉块主要是由珍珠粉组成，也许还有少量的植物类香料。

作为对照样品的两种现代妆粉，产自南方的白色粉块的产品说明书上标明其成分为：珍珠粉、高岭土、方解石粉、滑石粉、香料等，与测定结果相符，同时也可以作为汉代出土样品的一个佐证。

2. 白色粉块的用途

路固汉墓出土白色粉块的墓葬的级别均不高，应都为一般平民墓葬。多数墓中都随葬铁剑，推测墓主可能为男性。可见，这一时期化妆并不是女性的专利。据史料记载，汉代有男子敷粉，《汉书·佞幸传》记载：“孝惠时，郎侍中皆冠、贝带、傅脂粉”。《汉书·广川王刘越传》记载：“前画工画望卿舍，望卿袒裼傅粉其旁”。《后汉书·李固传》记载：“固独胡粉饰貌，搔头弄姿”。路固汉墓出土的白色粉块，验证了文献的记载。也说明当时社会上化妆之风盛行，不仅女子化妆，男子也化妆。而且，男子化妆不仅限于上层社会，一般平民阶层也盛行。

3. 关于白色粉块的思考

路固汉墓出土白色粉块的主要化学成分为碳酸钙，其含量在90%左右，与现代珍珠粉的碳酸钙含量（91%左右）十分接近，推断其由珍珠经研磨而成，即史料记载的古代妆粉品种之一——珠粉。也证明汉代已使用珍珠粉制作化妆品。

文献记载，中国是世界上最早发现和使用珍珠的国家之一。早在公元前4000年的《海史·后记》就有禹帝定“南海鱼革玑珠大贝”为贡品的记载。说明中国的采珠历史可以早到6000年前。《诗经》、《山海经》、《尔雅》、《管子》、《周易》等史料中均有我国开发天然珍珠的记载。汉朝时期珍珠采捕就已形成较大规模的行业。当时分南北采珠地，北方以牡丹江流域所产淡水珠为代表，称为北珠(古称东珠)；南方以广西合浦县为中心的北部湾海域所产的海水珍珠为代表，称为南珠①。

这使得我们注意到另外一个问题：天然珍珠一般产量很少，即使在现代，1克天然珍珠粉的价钱已是不菲，路固村位于中原腹地，距文献记载的珍珠产地很遥远，价格应更加昂贵。这也许是为什么有的墓中随葬用了大半的妆粉的原因吧。此外，路固墓地出土粉块的来源也值得进一步研究。

五、结　论

通过X射线荧光光谱、X射线衍射光谱、扫描电镜加能谱仪对路固汉墓出土白色粉块的科学分析可知，白色粉块的主要化学成分为碳酸钙，其含量在90%左右，与现代珍珠粉的碳酸钙含量（91%左右）十分接近，因此可以推断其由珍珠经研磨而成的可能性较大，即史料记载的古代妆粉品种之一——珠粉，这说明汉代可能已使用珍珠粉作化妆品。

附记：论文写作过程中，得到了中国社会科学院考古研究所卢兆荫先生、李毓芳先生的热情帮助，在此表示衷心感谢！

① a. 张永滨：《珍珠》，海洋出版社，1984年；b. 张仁山：《翠钻珠宝》，地质出版社，1983年。

附录二　路固村汉墓出土棺钉的化学成分分析

中国社会科学院考古研究所化学实验室

铁器的出现是继青铜器之后，人类社会生产力又一次飞跃发展的标志。从秦汉时期开始，我国铸铁、锻铁和热处理技术有了新的发展，已基本建立起具有中国特色的古代冶铁及加工制造技术体系①。路固村墓群出土铜器、铁器、铅器等数千件。在这些金属器中，铁器占一定的比例，铁棺钉便是其中一类。因铁器的主要成分——铁的化学性质比较活泼，比较容易锈蚀，如若保存条件不好，就很容易发生锈蚀，锈体疏松体积膨胀或裂成片状。但也有些铁器在地下埋了上千年，出土时却能基本保存完整。这不仅与铁的组成、结构、加工工艺有关，而且和铁器出土时周围的环境有关。对出土铁器进行科学分析，不仅可以为探讨当时的金属制作工艺提供信息，还可以是文物保护的重要依据。基于上述理由，采用电感耦合等离子体发射光谱和扫描电子显微镜等技术手段对路固墓群出土的铁质棺钉进行了初步检测并报告如下。

一、样品的外观

路固墓地出土的棺钉外观锈蚀比较严重，大部分无钉帽，仅存钉体，且钉体上有多层鳞片状褐色锈蚀物，接触或稍振动就会有很多铁锈粉末或碎片掉落，保存比较完整的样品如图一，此棺钉长约17厘米，较粗一端约0.8厘米，较细一端则仅0.3厘米左右。图二为严重锈蚀后的棺钉，长仅存约7.5厘米，上端约0.7厘米，下端0.4厘米左右。

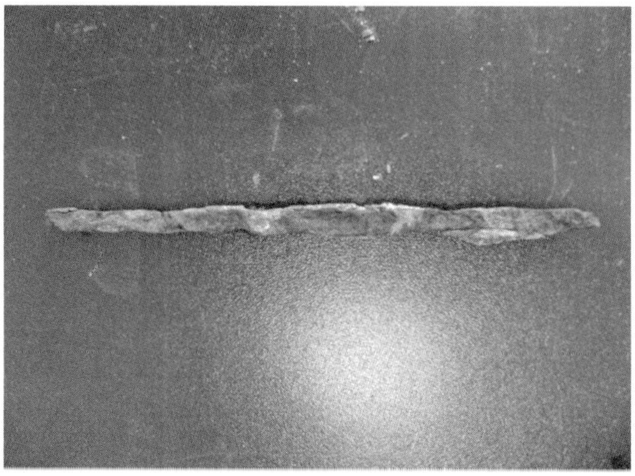

图一　M21出土棺钉

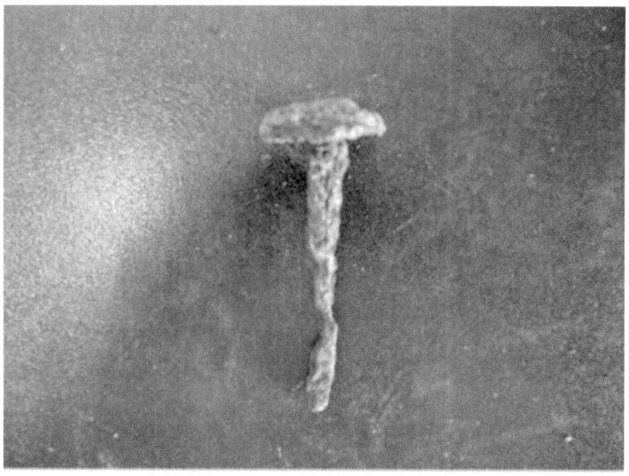

图二　M78出土棺钉

① 李众：《从渑池铁器看我国古代冶金技术的成就》，《文物》1976年第8期。

二、样品的分析与测试

1. 化学成分分析

采用电感耦合等离子体原子发射光谱（ICP—AES）法对10份棺钉样品进行测定。该方法具有操作简便、灵敏度高、检出限低、精密度高、抗干扰能力强、线性范围宽及能同时测定多元素的优点，现已成为金属化学成分分析的重要方法之一。所用仪器为美国PE公司Optima 3000全谱直读等离子体光谱仪。SCD（Segmented-array Charge-coupled-device Detector）检测器，波长范围167～375，375～780nm，直角雾化器，中阶梯光栅分光系统，AMD-K6/350计算机。等离子体气流量：15.0L/min；辅助气流量：1.50L/min；雾化气流量：0.50L/min；泵速：15r/min。各元素标准储备液均为1mg/mL的国家级标准溶液；盐酸：优级纯；实验用水均来自Millipore Qplus纯水器（电阻率为18.2MΩ/cm）的纯水。检测结果列于表一。

表一　路固墓群出土棺钉样品分析结果

样品编号	原编号	Ag（%）	As（%）	Ca（%）	Cu（%）	Fe（%）	Ni（%）	P（%）	Pb（%）
1	2006HGB区M21	0.005	0.006	0.023	0.011	87.64	0.037	＜0.005	＜0.005
2	2006HGC区M12	＜0.005	0.006	0.023	0.032	95.51	0.006	＜0.005	＜0.005
3	2006HGA区M33	＜0.005	0.010	0.17	0.034	94.21	0.038	＜0.005	＜0.005
4	2006HGC区M2-1	0.008	0.011	0.028	0.006	98.78	0.015	＜0.005	0.022
5	2006HGA区M44	0.006	0.006	0.023	0.011	91.78	0.012	＜0.005	＜0.005
6	2006HGA区M78	0.005	＜0.005	0.15	0.039	66.18	0.008	＜0.005	＜0.005
7	2006HGC区M2-2	0.007	＜0.005	0.025	＜0.005	98.93	0.008	＜0.005	0.008
8	2006HGA区M27	＜0.005	＜0.005	0.019	0.021	77.65	0.027	＜0.005	＜0.005
9	2006HGC区M2-3	0.005	0.006	0.023	0.016	98.71	0.008	＜0.005	＜0.005
10	2006HGA区M38	0.12	0.005	0.024	＜0.005	88.24	<0.005	＜0.005	＜0.005

从检测结果看，部分棺钉锈蚀严重。主要成分铁的含量低于95%，有些甚至仅剩60%左右。由于锈蚀很严重，对它们做金相鉴定很困难。

2. 棺钉表面锈蚀产物形态的观察与成分分析

为了观察棺钉锈蚀产物表面的微观形态和化学组成，采用扫描电子显微镜加能谱仪（SEM-EDS）对样品的微观形态及微区成分进行了检测。与光学显微镜相比，电子显微镜具有更高的分辨率、更大的放大倍数。样品测试是在清华大学精仪系扫描电镜实验室进行，所用仪器类型为JEOL 6301F 场发射扫描电子显微镜加能谱仪。该仪器可以在不损坏样品的情况下对表面的微观形貌进行观察并同时进行微区化学成分测定。

从图三可以清晰地观察到棺钉已经被严重锈蚀，表面形成高低不同的锈蚀层。图三中4、

5、6数字标示的是锈蚀表面的不同层位，利用能谱对其微区成分的检测发现各点所在局部区域化学组成是不同的。图四是第4位点的能谱图，图五是第5位点的能谱图，图六是第6位点的能谱图。各位点的化学成分列在表二中。

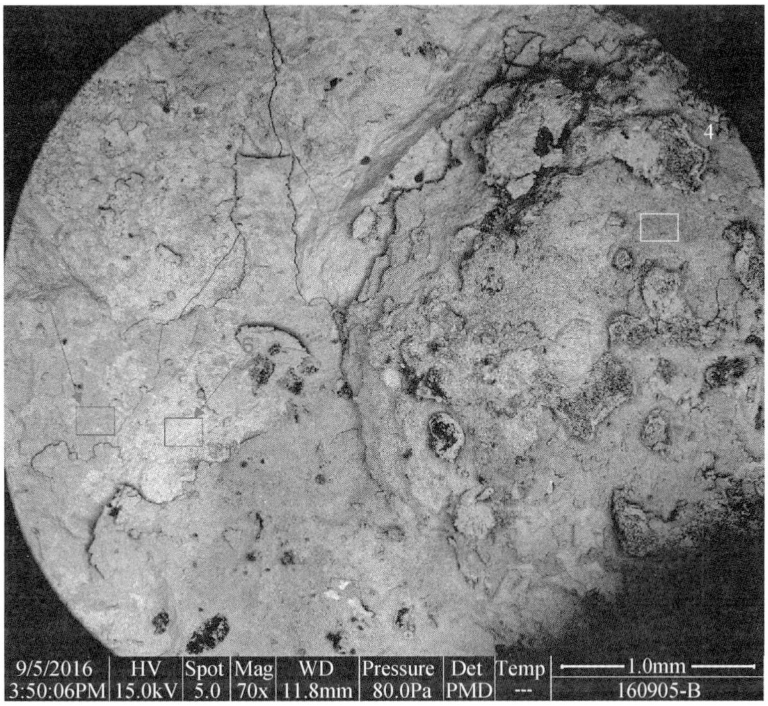

图三　棺钉锈蚀产物表面的扫描电镜照片

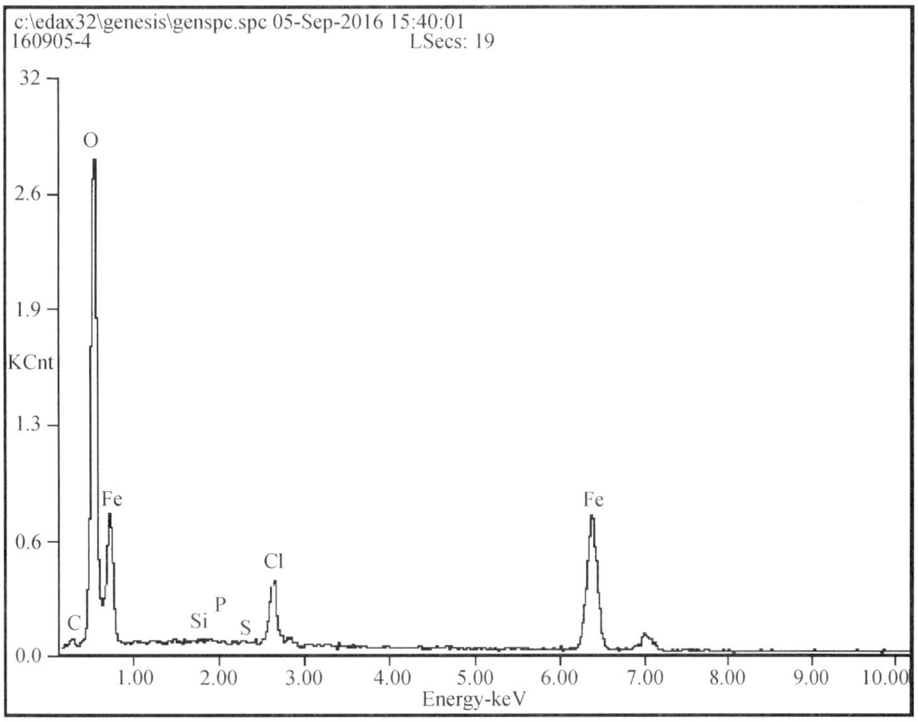

图四　棺钉锈蚀表面第4位点的能谱图

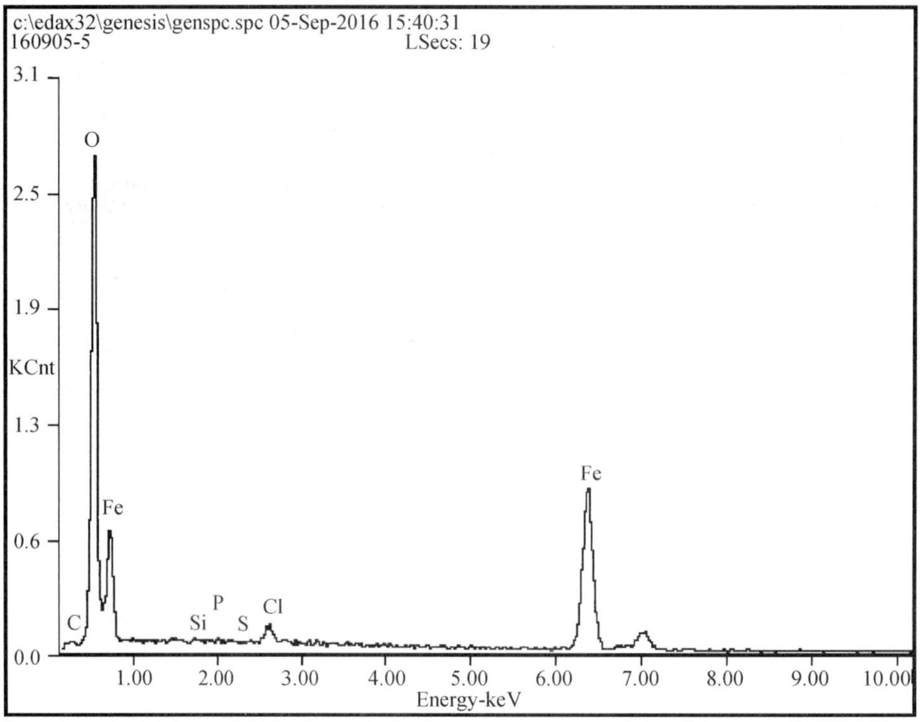

图五　棺钉锈蚀表面第5位点的能谱图

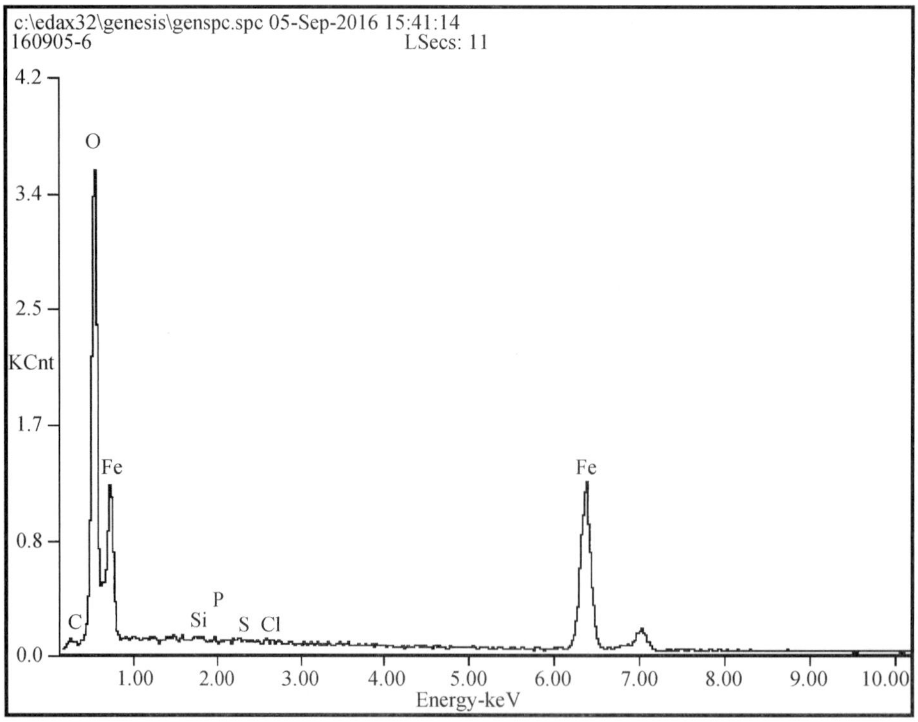

图六　棺钉锈蚀表面第6位点的能谱图

表二 路固墓群出土棺钉表面锈蚀产物的能谱检测结果

样品名称	分析位次	元素组成（Wt%）						
		C	O	Si	P	S	Cl	Fe
M21出土棺钉	第4位点	2.16	34.64	0.18	0.16	0.19	5.37	57.30
	第5位点	1.32	30.85	0.15	0.17	0.10	1.58	65.84
	第6位点	1.50	30.16	0.29	0.10	0.23	0.27	67.45

从表2的能谱分析结果可知，氯离子（Cl-）含量是逐层减少的。也就是说，最外层氯离子含量最高，底层的氯离子含量相比要低很多。对铁器模拟试片在含氯化物的污染环境中的电化学性能研究，得出氯离子具有加速铁器腐蚀的作用。本次对路固墓群出土棺钉表面锈蚀产物的能谱检测结果也表明，锈蚀最严重的最外层氯离子含量最高，提示后期文物保护的措施中要首先除掉表面的氯离子。

三、结 语

汉代铁器出土数量众多，大致可分为兵器、工具及日常用具等。相关研究成果也很多，但有关棺钉的检测结果却并不多见[①]。路固墓群出土棺钉的检测也仅是从化学成分分析的角度开展的工作。一般来说，出土的铁器带有大量的加重锈蚀的有害成分，象氯离子和硫酸根离子等都是在其埋葬期间被吸收进去。因此，在进行保护处理时，重要的是要消除这些阴离子并改善铁器的保存环境。还有就是要检测铁器的锈蚀状态。通常需要对微量锈蚀样品中所包含的化合物和阴离子进行鉴别，从而对铁器的锈蚀程度做出评估。本次检测结果显示路固墓群出土棺钉主要含氯离子，而其他阴离子的含量则非常低。因氯离子半径很小，易穿透腐蚀形成铁的氯化物，而铁的氯化物属于强酸弱碱盐，很容易水解为各种构型的铁的氧化物。特别是在大气条件下氯离子对铁器的腐蚀速度随浓度的增加而相应增加[②]。因此，对于出土的铁器一定要及时进行保护处理。

① 白云翔：《先秦两汉铁器的考古学研究》，科学出版社，2005年。

② 黄允兰、林碧霞等：《古代铁器腐蚀产物的结构特征》，《文物保护与考古科学》1996年第1期。

附录三　河南辉县市路固墓地出土人骨初步分析

王明辉

本次对路固墓地A区、B区和C区出土的123例个体进行了性别、年龄鉴定和健康状况的初步记录，其中A区69例个体、B区34例个体、C区20例个体。这些墓葬葬制不同，有单人葬、双人合葬和多人合葬，有一次葬，也有二次葬。墓葬出土骨骼保存状况不同，有的骨骼保存较好，有的仅存部分肢骨段和牙齿，甚至不少骨骼已成碎末，这给人类学研究造成了很大的困难。结合考古学研究，我们对这些骨骼的形态特征尽可能详尽地观察和记录，希望能对路固墓地古代人群有较为全面的认识。

一

在对人骨遗存进行体质人类学、考古学和法医学的研究之前，都必须首先对其做出可靠的性别鉴定，否则便会直接影响到研究结论的正确性。除性别的准确鉴定外，比较准确地鉴定古人骨标本的死亡年龄，也是进行骨骼测量研究的重要前提[①]。性别和年龄的准确鉴定不仅能够帮助我们了解古代居民的人口基本情况，而且是进行人骨进一步观察和测量的前提和基础。

本文性别和年龄鉴定方法主要依据吴汝康等先生[②]、邵象清先生[③]和朱泓先生[④]在有关论著中提出的标准，鉴定标准及记录方法概括如下。

（一）个体性别的鉴定

性别的鉴定以性别特征显著的骨骼为主要依据。在人体全部骨骼中，由于男、女两性骨盆（髋骨和骶骨）所承载的生理功能不同，所以性别差异最为明显；颅骨（包括下颌骨）次之；再次为胸骨、长骨及其他骨骼。根据不同个体全身骨骼的骨性特征，在骨盆和颅骨的鉴定基础上，再结合对其他骨骼的形态特征，综合判断个体的性别。我们的方法主要包括对骨盆、露骨和其他骨骼的鉴定。

① 朱泓：《体质人类学》，高等教育出版社，2004年。

② 吴汝康、吴新智、张振标：《人体测量方法》，科学出版社，1984年。

③ 邵象清：《人体测量手册》，上海辞书出版社，1985年。

④ 朱泓：《体质人类学》，高等教育出版社，2004年。

1. 骨盆的鉴定

一般来说，男性的骨盆粗壮、高而窄、坐骨大切迹窄而深，耻骨联合部较高，耻骨下角小。女性的骨盆浅而宽，骨面细腻，坐骨大切迹宽而浅，耻骨联合部较低，耻骨下角大，常有耳前沟。

2. 颅骨的鉴定

一般来说，男性个体的颅骨较大，厚重粗壮，眉弓发达，眶上缘圆钝，前额倾斜，颧骨高而粗壮，颧弓较粗，乳突和枕外隆突较发达；女性个体的性状正好相反，颅骨较小，光滑细致，眉弓不发达，眶上缘薄锐，前额陡直，颧骨低而纤细，颧弓较细弱，乳突和枕外隆突不发达。下颌骨在性别鉴定上也有一定的价值，一般男性个体的下颌整体大而厚重，髁突较大且粗壮，下颌角较小，下颌角区粗糙且常外翻，颏部形状多为方形；而女性个体的下颌整体上小且轻薄，髁突较小而纤细，下颌角偏大，下颌角区光滑且少外翻，颏部形状常为圆形或尖形。

3. 其他骨骼的鉴定

除骨盆、颅骨和下颌骨外，人体中许多其他部位的骨骼也能反映出一定的性别差异。因此，在鉴定实践中，若能在骨盆和颅骨（包括下颌骨）的鉴定基础上再辅之以对其他骨骼的观察，则肯定可以提高判断的准确率。例如，胸骨的性别差异也比较大，其各项测量值中男性均大于女性。特别是胸骨体与胸骨柄的长度比例，性别差异尤其明显，男性胸骨体长度一般大于胸骨柄长度的2倍，而女性中这一比例则小于2倍。再如四肢的长骨也可以体现出某些性别特征。一般来讲，男性的长骨较为粗大、厚重，肌嵴和骨突较发达，关节端的头和髁均较大，而女性的长骨则较细弱、轻巧，骨面较光滑，关节端的头和髁均较小。此外，锁骨、肩胛骨、椎骨（特别是寰椎、枢椎、第五腰椎）、肋骨、髌骨、跟骨、距骨、蹠骨和趾骨等，性别差异也比较明显，可以作为骨骼性别鉴定时的参考。

在记录时，对于性别特征明显的个体记录为男性“♂”或者女性“♀”；对于骨骼保存不好或者缺失骨盆及颅骨的个体记录为男性?“♂?”或者女性?“♀?”，表示倾向于男性或者女性的可能性更大。在统计两性个体数时，将其统计入内，而在分析测量数据时，则将其排除，以避免对两性形态特征的变异范围和各自的平均值产生偏差；对于骨骼残破，性别特征难以确定的个体记录为无法判定“?”。

（二）个体年龄的鉴定

骨骼的年龄变化与个体营养的吸收及发育是否正常都有着密切的关系，同一年龄的骨骼，会出现不同的年龄特征，而相似或相同年龄特征的骨骼，也有可能属于不同年龄的个体。所以，年龄鉴定应尽量运用多种观察方法，对骨骼上的各项信息进行综合性分析，最后再作出鉴定结论，而且对未成年个体和成年个体的鉴定方法也有不同。对于未成年个体，主要依据牙齿萌出的时间顺序、四肢骨骨化点出现和骨骺愈合情况来判断；对于成年个体，主要依据耻骨联合面年龄变化、牙齿磨耗程度、颅骨骨缝愈合情况以及全身骨骼进行综合分析。各年龄组判断标准如下。

1. 未成年期（0～14岁）

乳齿萌出或乳恒齿并存，这一时期通常除第三臼齿以外的牙齿全部萌出，一般未见牙齿磨耗。这一年龄段利用牙齿萌出规律来判断年龄是行之有效的方法。

2. 青年期（15～24岁）

耻骨联合面圆突，整个联合面由隆嵴和沟组成；最初时嵴的高度可达2～3毫米，其后联合面中部逐渐明显变平。联合面的周缘未形成，背侧缘从中部开始出现。第一臼齿和第二臼齿一般属于I级磨耗。颅骨基底缝和矢状缝未愈合或开始愈合。

3. 壮年期（25～35岁）

耻骨联合面隆嵴逐渐消失且开始下凹，背侧缘和腹侧缘完全形成，联合面开始呈卵圆形倾向。第一臼齿属于Ⅱ～Ⅲ级磨耗，第二臼齿达到Ⅱ级磨耗。颅骨基底缝已经愈合。

4. 中年期（36～55岁）

耻骨联合面开始轻度下凹，而且显得起伏不平，继而明显下凹，联合面呈卵圆形，腹侧缘和背侧缘有唇缘形成。第一臼齿属于Ⅳ级磨耗，第二臼齿达到Ⅲ～Ⅳ级磨耗。颅骨骨缝大部分愈合。

5. 老年期（56岁以上）

整个耻骨联合面骨质变得疏松，出现诸多退行性变化，腹侧缘常断裂破损。臼齿磨耗严重，齿冠磨去大部，齿质全部暴露。骨缝几乎全部愈合，骨质开始变薄。

对于年龄的记录采用具体数字和年龄分期两种表示法。具体数字表示法是用具体的数字或年龄范围来表示鉴定结果，未成年个体进行年龄鉴定的精确性要明显高于成年个体；成年个体一般采用年龄范围的方法记录，如20～25岁、45±。年龄分期表示法是用阶段性的年龄分期来归纳鉴定结果，按照惯例可划分为婴儿期（0～2岁）、幼儿期（3～6岁）、少年期（7～14岁）、青年期（15～24岁）、壮年期（25～35岁）、中年期（36～55岁）和老年期（56岁以上）。此外，对于缺乏明确年龄标志的个体，记录为“未成年”、“成年”或者“老年”，少数个体因保存很差，无法作出可信的鉴定，记录为“无法判定”。

二

1. 性别结构分析

本次观察、鉴定和分析的123例个体属于83座墓葬，其中A区47座、B区22座、C区14座，有些合葬墓中不同个体的骨骼的保存状况也不相同，我们仅对骨骼保存相对较好的个体进行了观察和鉴定。有些个体的骨骼保存较差，无法判断具体的性别，我们以随葬品作为辅助判断，对骨骼的性别做倾向性的鉴定。

A区鉴定的69例个体中，男性和倾向于男性的个体有27个，女性和倾向于女性的个体有26个，性别不明的个体有16个，各占A区鉴定总数的39.1%、37.7%和23.2%。男、女性别比例为103.85，与正常社会的两性比例较为一致[①]。B区鉴定的34例个体中，男性和倾向于男性的个体有16个，女性和倾向于女性的个体有8个，性别不明的个体有10个，男性是女性的两倍，与A区的两性比例具有较大的差异。C区鉴定的20例个体中，男性和倾向于男性的个体有11个，女性和倾向于女性的个体有9个，无性别不明个体，骨骼保存相对较好，鉴定成功率较高，两性比例为122.2，考虑到C区总体数量较少，他们的两性比例可能比较正常。

总体上，在可鉴定的123例个体中，男性和倾向于男性的个体有54个，女性和倾向于女性的个体有43个，性别不明的个体有26个，各占鉴定总数的43.9%、35%和21.1%。两性比例为125.6，略高于现代社会正常性别比例，与新石器时代的陕西临潼姜寨遗址和甘肃永登鸳鸯池遗址等两性比例比较接近，但低于新石器时代黄河流域古代居民的性别比例[②]，也与安阳大司空商代遗址人群的性别比例偏低（83）的状况[③]不同。正常社会的人口出生性别比正常范围为103～107。由于种种原因，各地区不同时代的性别比例也不同。有些原因是婴儿出生率的不同造成的，根据我国几次人口普查公布的数据，1981年我国出生婴儿性别比是108.47，2000年婴儿性别比为119.92，呈逐渐增高的趋势，反映在显示社会中会出现男多女少的局面[④]。有些古代人群可能存在原始的控制人群内部性别比例的方法，例如杀死女婴等习俗[⑤]。路固墓地整体两性比例较为异常，除了可能存在的控制性别比例的方法外，可能与两性骨骼保存状况的差异等有关。在现场对骨骼进行鉴定过程中，由于女性骨骼相对较为纤细、骨壁较薄、骨密度较小等特点，保存状况相对较男性差，被收集和准确鉴定的概率相对较低，部分保存状况较差或缺失关键部位的女性骨骼鉴定为性别不明，这也在一定程度上导致了性别比例异常。

① 刘铮、邬沧萍、查瑞传：《人口统计学》，中国人民大学出版社，1981年。

② 王仁湘：《我国新石器时代人口性别构成再研究》，见《考古求知集》，中国社会科学出版社，1997年。

③ 原海兵、王明辉、朱泓：《安阳大司空出土人骨鉴定报告》，见《安阳大司空——2004年发掘报告》附录二，文物出版社，2014年。

④ 叶晨曦、宋绿叶：《对我国出生人口性别比例失衡问题的思考》，《中共郑州市委党校学报》2005年第2期。

⑤ 王仁湘：《我国新石器时代人口性别构成再研究》，见《考古求知集》，中国社会科学出版社，1997年。

2. 年龄结构分析

在鉴定的123例个体中，只有10例个体因骨骼保存太差或缺失判断年龄的关键部位而无法判断具体的年龄阶段，其余113例个体都可以判断具体年龄阶段，占总数的91.87%，年龄鉴定成功率较高。在这10例个体中，8例成年个体，2例未成年个体。2例未成年个体均性别不明；8例成年个体中，3例男性或倾向于男性个体，2例女性或倾向于女性个体，3例性别不明。这可能暗示，在判断年龄特征关键部位骨骼（例如牙齿、骨缝愈合部位、耻骨联合面等）缺失时，部分个体的判断性别的关键部位骨骼（肢骨粗壮度、头骨碎片、盆骨残片等）保存得相对较好。

根据附表对路固墓地出土人骨的性别年龄鉴定结果，路固墓地鉴定的123例个体，总体平均死亡年龄为30.71岁，除去性别不明的26例个体（其中10例为未成年个体），总体平均死亡年龄为33.91岁，其中男性34.82岁，女性32.77岁，男性年龄略高于女性（表一）。这个平均死亡年龄与安阳大司空遗址比较，男性略低于大司空遗址（35.06岁），女性略高于大司空遗址（31.48岁）[①]，与黄河中下游地区史前人口的平均死亡年龄[②]相近。

表一　路固墓地性别年龄结构表　（比例：%）

	未成年	青年	壮年	中年	老年	成年	合计
	例数及比例	例数及比例	例数及比例	例数及比例	例数及比例	例数及比例	
男性	0（0）	3（5.6）	21（38.9）	26（48.1）	1（1.9）	3（5.6）	54
女性	0（0）	6（14.0）	17（39.5）	18（41.9）	0（0）	2（4.7）	43
性别不明	10（38.5）	7（26.9）	4（15.4）	2（7.7）	0（0）	3（11.5）	26
合计	10（8.1）	16（13.0）	42（34.1）	46（37.4）	1（0.8）	8（6.5）	123

注：未成年：0～14岁；青年：15～24岁；壮年：25～35岁；中年：35～55岁；老年：56岁以上；成年：无法判断具体年龄阶段的成年个体。

根据表一的统计结果，全部个体中，死于壮年和中年阶段的个体较多，占总数的68.5%；死于青年和未成年阶段的较少，死于老年阶段的个体最少，只有1例，暗示路固墓地古代人群的健康状况较差，平均死亡年龄较低，且生存到老年阶段的个体极少。按照性别分别分析，男、女两性都有超过80%的个体死于壮年和中年阶段（男性38.9%个体死于壮年，48.1%个体死于中年；女性39.5%个体死于壮年，41.9%个体死于中年），且以中年阶段为峰值；但女性（14%）在青年阶段的死亡率明显超过男性（5.6%）。这可能与女性在青年阶段的生育、分娩和产褥期的卫生状况较低有很大关系，部分女性非正常死亡于该阶段。同时，男性在中壮年阶段比女性更多地承担社会劳动和社会责任，以及更多地从事可能危害健康或生命的职业，该阶

① 原海兵、王明辉、朱泓：《安阳大司空出土人骨鉴定报告》，见《安阳大司空——2004年发掘报告》附录二，文物出版社，2014年。

② 王建华：《黄河中下游地区史前人口年龄构成研究》，《考古》2007年第4期。

段的死亡风险高于女性。

同时，我们也看到，在性别不明的26例个体中，多数由于年龄较小，性别特征未完全发育而无法准确判断年龄。

为了更明显地表现这种分析结果，我们利用表一的数据做成图一。

图一显示，男、女两性死亡率的高峰都出现在中年和壮年阶段，且两性在壮年阶段的死亡率基本持平。而在中年阶段，男性的死亡率明显高于女性，青年阶段的女性的死亡率则高于男性。

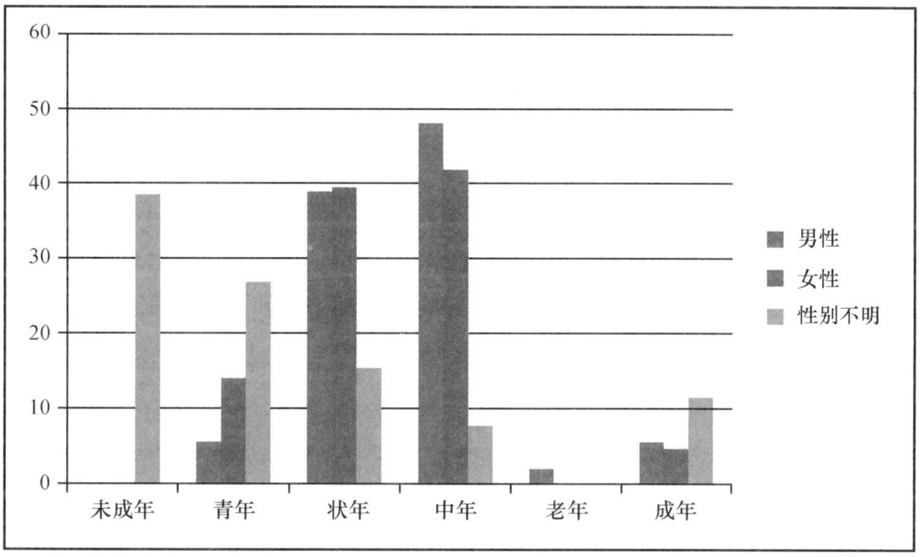

图一　路固墓地古代人群性别年龄结构图

三

附表对个体的特征描述显示，多数个体的骨骼保存很差，无法进行体质特征的测量、观察和统计分析，我们仅能对保存相对较好的头骨进行初步的观察、描述与分析。头骨特征显示，多数头骨具有卵圆形颅，偏长的中颅型以及高而偏狭的颅型，中等偏狭的面宽和中等的上面部扁平度，较低的眶型和明显的低面、阔鼻倾向，同时具有简单的颅顶缝、圆钝的眶形、发达而突出的颧骨、低矮的鼻前棘、低而凹形的鼻梁、浅的犬齿窝、扁平的面部和很高的铲形门齿出现率等蒙古人种特征，如果将其与现代亚洲蒙古人种各区域性类型进行比较，该类型居民似乎介于东亚人种和南亚人种之间的位置上，并且在若干体质特征上与现代华南地区的居民颇相近似。在新石器时代的绝大多数时间，黄河中下游地区的古代人群一直以这种体质形态为主，未见其他体质形态特征的渗入。这种类型的体质特征在黄河中下游地区具有较强的连续性，在殷墟中小墓和商丘东周墓中都占绝大多数，反映了黄河中下游地区居民体质特征和文化上的连贯性。朱泓先生将这种体质特征命名为“古中原类型”[①]。

① 朱泓：《中原地区的古代种族》，见《庆祝张忠培先生70岁论文集》，科学出版社，2004年。

路固墓地古代人群的体质特征表明，该地区古代人群与古代中原地区先秦时期的居民在体质特征上具有一脉相承的关系，他们可能就是当地更早时期古代人群的后裔，在基因上较少收到其他种族类型人群的影响。

四

我们对路固墓地人骨进行了古病理学研究。古病理学（Paleopathology）是通过古代人类遗骸及其他遗存所提供的有关病理学信息，对人类历史上疾病的发生、发展、分布及其规律进行探讨，同时对各古代人群的健康状况以及人与自然环境之间的关系进行研究的科学。古病理学研究的目的是要了解各种病理现象（包括疾病、创伤和畸形）在历史上各人群中的发生、发展和分布的证据，从而进一步了解不同人类群体的健康状况以及各种疾病发生、发展的历史及其原因，结合考古学、古人口学、文献史料学等方面的资料，深入探讨古代人类与自然环境之间的关系等[①]。

从目前古病理学的研究内容上看，主要包括人类的疾病、创伤以及发育畸形等三方面。对古代居民进行古病理学研究可以了解古代人类的健康状况，结合考古学、古人口学、文献史料等资料可以进一步探讨古代人类与自然环境之间的关系[②]。对古代人类遗骸进行病理的确认和分析是体质人类学研究的一项非常重要的内容，深入研究古代居民的疾病情况，不仅有助于了解某些现代疾病的起源和发展，而且为探讨古代居民的生活方式、生存环境、健康状况、社会习俗、社会政治等提供了重要线索。

本文对病理骨骼的确认和描述，参考朱泓先生[③]、Charlotte Roberts等[④]以及皮昕先生[⑤]的标准。

1. 口腔健康状况

在体质人类学研究中，牙齿磨耗通常是推测个体死亡年龄的一个重要标准，同时也是了解个体及其所处区域人群的食物结构以及食物制作技术的重要依据。龋齿、生前牙齿脱落等都是考察口腔健康状况的重要指标，而这些指标与个体的生活方式、食物构成、营养状况、牙齿及咀嚼器官的发育状况等紧密相关。有鉴于此，本文主要对路固墓地古代人群的牙齿磨耗、龋病、生前牙齿脱落以及其他牙齿疾病等指标进行观察，试图借助这些项目的观察、统计和分析，来探讨路固墓地古代人群的口腔健康、行为习惯、食物结构甚至生计模式等。

---

① 王明辉：《中原地区古代居民的健康状况》，《第四纪研究》2014年第1期。

② 朱泓：《古病理学讲义》，研究生课程讲义（未刊）。

③ 朱泓：《古病理学讲义》，研究生课程讲义（未刊）。

④ ［英］夏洛特·罗伯茨、基思·曼彻斯特著，张桦译：《疾病考古学》，山东画报出版社，2010年。

⑤ 皮昕：《口腔解剖生理学》第四版，人民卫生出版社，2000年。

（1）牙齿磨耗

人类牙齿在正常咀嚼过程中，牙面受食物等外来物质刺激或牙面之间互相摩擦，将导致牙齿釉质、牙本质甚至牙根部骨质缓慢、渐进的生理性磨损。由此可见，人类牙齿的磨耗实际上是上述两种方式共同作用的结果，而磨耗的程度决定于牙齿的硬度、食物的种类、咀嚼习惯和咀嚼肌的张力等①。

按照邵象清、吴汝康等制定的牙齿磨耗标准②，路固墓地的牙齿磨耗普遍较实际年龄偏重，一般偏重1-2级。在可观察到牙齿的66例个体中，有51例个体的牙齿磨耗偏重，占总数的77.3%。如果考虑有些个体的牙齿脱落或许是由于牙齿磨耗过重造成的话，牙齿磨耗过重的比例还会更高。55例个体中，1例性别不明，33例男性、21例女性个体，各占两性比例的48.8%（21/43）和61.1%（33/54），似乎男性牙齿磨耗程度略高于女性。一般而言，成年人牙齿的磨耗更多的与食物结构有关，路固墓地两性之间牙齿磨耗的不同可能与两性之间存在食物结构上的差异有关。

（2）龋病

龋齿疾患是人类常见的一种齿科疾病，也是考古遗址出土的古代人类牙齿上常见的一种疾病，其出现率与表现方式在不同时期和不同区域也有很大差异。龋齿是在以细菌为主的多种因素影响下，牙体硬组织发生慢性进行性破坏的一种疾病。龋齿通常使牙齿表面产生模糊的斑点或形成较大的腐蚀性孔洞，是一种感染性、遗传性疾病。关于其病因有多种观点和认识，主要包括食物构成、唾液成分、口腔卫生、遗传因素、釉质缺陷、饮用水中微量元素的含量以及口腔中的细菌菌落等。但一般认为饮食问题可能是造成龋齿疾患的主要原因。有材料表明，碳水化合物特别是蔗糖对龋齿的发生有强化作用。通常情况下，女性较男性有较高的龋齿患病率。随着年龄的增长，罹患龋齿的风险也不断加大。近年来，结合生计方式来探讨古代人类群体中龋齿病的流行状况已经成为研究的热点。如在农业过渡期，碳水化合物逐渐成为人们的主要食物来源，这可能导致了龋齿患病率的增加③。

在可观察到牙齿的66例个体中，有8例个体发现有龋齿现象，龋齿率为12.12%。其中男性5例，女性3例，各占男、女总数的9.3%和7%，似乎男性龋齿的发病率更高一些。

美国体质人类学家Turner对全球范围龋齿与经济类型的关系进行调查后指出，采集狩猎居民龋齿发生率在0-5.3%（平均1.3%），混合经济居民为0.44%～10.3%（平均4.8%），农业型居民为2.1%～26.9%（平均8.6%）④。无论是龋病的总体发生率还是两性的发生率，路固墓地完全符合典型农业生活的龋病发生概率。

---

① Scott R, Turner C. Dental Anthropology[J]. Ann. Rev. Anthropology, 1988, 17: 992126.

② a. 邵象清：《人体测量手册》，上海辞书出版社，1985年，b. 吴汝康、吴新智、张振标：《人体测量方法》，科学出版社，1984年。

③ 原海兵、朱泓：《牛河梁红山文化人群龋齿的统计与分析》，《人类学学报》2012年第31卷第1期。

④ Turner C. G. Dental anthropological indications of agriculture among Jomon people of central Japan. *American Journal of Physical Anthropology*, 1979, 51(4): 619~636.

8例龋病个体中，5例属于远中面或近中面的龋齿，连带造成齿冠的龋齿；3例属于咬合面的龋齿，似乎路固墓地的龋病发病多发生在牙齿的远中、近中面上，另外是咬合面龋齿，很少发生在颊侧面和舌侧面。从龋病牙位上，3例第一臼齿龋齿，2例第三臼齿龋齿、1例第二前臼齿龋齿，与其他古代人群和现代人群龋病的发生牙位基本一致。

农业居民的龋齿平均水平最高，其根本原因是农业社会发展后，人群的饮食更多地依赖种植产品，从而摄入大量的高淀粉和高糖食物而使龋齿的发生率增加，甚至引起牙齿的过早脱落。研究表明，随着时代的发展，农业在社会经济形态中所占的比重越来越大，人类的食物种类越来越倾向于富含淀粉和碳水化合物的植物型食物，而富含蛋白质的动物型食物逐渐减少。植物型食物的增长虽然解决了人口增长所带来的食物危机，但是同时也对人类的健康造成了一定的影响。因为食用大量的富含糖分和淀粉的食物加速了人类口腔内细菌的滋生，腐蚀了人类的牙齿，从而在一定程度上导致了患龋率的不断增高。

（3）牙齿生前脱落

生前牙齿脱落大致有三种情况：一种是器官正常老化（年龄较大），牙齿使用过度，自然脱落；一种是仪式、习俗或审美的需要，主动将健康的牙齿拔掉；一种是食物、疾病或创伤等因素，导致牙齿的非正常脱落。第一种由于年龄较大造成的牙齿脱落可视为判断年龄的标志之一；第二种通常具有一定的规律性，在地域、齿种、拔牙年龄和个体数量上皆有规律可循；而第三种则通常具有明显的随机性，其出现概率在不同时代和不同地域有较大的差异，但总体来说与古代人群的食物结构和口腔疾病等有关。除年龄因素外，生前牙齿脱落发病率与重度磨耗、牙周病、牙结石、龋齿等均关系密切[①]。同时，牙齿的非正常脱落还可能与个体的身体状况等有关，如体质较弱、骨质疏松、维生素缺乏等结合口腔疾病都可能在一定程度上引起牙齿的非正常脱落。

路固墓地在可观察到牙齿的66例个体中，有3例具有明显的牙齿生前脱落现象，出现率为4.5%，较甘肃礼县西山遗址早期秦人的出现率（31.82%）低得多，这可能与两者的食物结构和口腔疾病出现率的差异有关。据研究，甘肃西山早期秦人的食物结构中肉食占有相当大的比例，牙齿磨耗过重，同时引发口腔疾病等造成相当一部分牙齿过早脱落。路固墓地所在地区为典型的农业文化，以米面等为基本的食物结构，肉食摄入相对较少，牙齿磨耗较肉食人群为轻，间接造成牙齿生前脱落的比例相对较低。

路固墓地的3例牙齿生前脱落个体，1例壮年女性、1例老年男性和1例中年女性，除了老年男性个体牙齿脱落可能与年龄较大、器官退化等有关外，似乎女性更容易造成牙齿的脱落。牙齿脱落的状态主要表现为齿孔闭合、齿骨萎缩变形。尤其是M19：B的男性老年个体，牙齿脱落时间较长，齿槽骨基本磨平，上颌骨磨耗与上颚基本相平，显然多年来已经不再适于咀嚼食物，但他还是生存了很长时间，可能说明该个体的身份地位较高或较为特殊，得到了一定程度

---

① 魏苗、王涛、赵丛苍、陈靓、王昌燧：《甘肃西山遗址早期秦人的饮食与口腔健康》，《人类学学报》2009年第28卷第1期。

的照顾；或者当时该地区有较为完善的养老服务或慈善机构，对孤寡和生活不能自理的老人予以适当照顾。

1.4 其他牙齿疾病

齿根脓疡，也称根尖脓肿，主要表现为牙齿根部周围骨骼组织形成溶蚀性变异，产生瘘管或穿孔，导致牙齿松动或脱落，齿骨萎缩变形等，主要与龋齿、牙周炎、创伤以及细菌性炎症有关，这与口腔卫生状况密切相关。

路固墓地发现1例（AM15）右下颌第一臼齿齿根脓肿，齿根部形成骨质吸收造成的融蚀性凹槽。个体较少，难以进行统一和分析。

还有一例个体（BM12棺1）下颌左、右第三臼齿发育异常，形成横生方向的阻生齿，容易引发口腔炎症和持续性牙痛。

2. 肢骨骨密度和粗壮度

肢骨骨密度和粗壮度一方面反映了性别特征，一般来说男性的骨密度和粗壮度较女性高；另一方面反映了年龄特征，一般青壮年的骨密度和粗壮度较老年人和未成年人高；更重要的是肢骨骨密度和粗壮度反映了特定人群的营养健康状况，甚至是生业方式的差异等。一般而言，营养和健康状况较好的个体较营养和健康状况较差的个体的骨密度和粗壮度高，渔猎采集人群的骨密度和粗壮度较完全农业人群高。因此，对骨密度和粗壮度的研究在一定程度上反映了不同人群生业方式的差异和不同个体间营养健康状况的不同[①]。

路固墓地可观察到骨密度和粗壮度的个体有53例，其中仅观察到骨密度的个体有51例。骨密度1级（较大）有13例个体，占总数的25.5%，其中11例男性，2例女性或倾向于女性，男性的骨密度明显高于女性，但骨密度较高的个体数量占总数比例仍然偏低。骨密度2级的个体有19例，占总数的37.3%，男性12例，女性7例，男性略高于女性。骨密度3级及以上（偏低）的个体有19例，占总数的37.3%，男性7例，女性12例，女性略高于男性。

在骨骼粗壮度统计中，有21例个体可观察到粗壮度，11例个体粗壮度为1级，占总数的52.4%，其中男性10例，女性1例。粗壮度2级的个体有7例，占33.3%，其中男性5例，女性2例。粗壮度3级的个体有3例，占总数的14.3%，其中男性1例，女性2例。

以上统计数据显示，骨密度和粗壮度除了反映性别差异外，可能还反映出营养健康状况和生业模式的差异。其中骨密度更多地反映营养健康状况的差异，粗壮度更多地与劳动强度有关。在骨骼粗壮度统计中，超过一半的个体粗壮度较高，反映出路固古代人群劳动强度普遍较大，这可能与他们从事繁重的农业体力劳动等相关。在骨骼骨密度统计中，一般以上的个体骨密度偏低，说明路固古代人群的营养健康状况普遍较差，这反映出路固古代人群可能存在的食物结构单一、营养摄入不足、蛋白质食用量较少等有关。这与以渔猎采集为主的贾湖遗址古代

① ［英］夏洛特·罗伯茨、基思·曼彻斯特著，张桦译：《疾病考古学》，山东画报出版社，2010年。

人群存在的较高的骨密度完全不同，而与仰韶时代的西坡等古代人群较为接近[①]，这也说明路固墓地固有的典型的农业经济模式。

3. 骨质增生

骨质增生症现在多发于中年以上。一般认为是由于中年以后体质虚弱及退行性变；长期站立或行走及长时间的某种姿势，由于肌肉的牵拉或撕脱、出血，血肿机化，形成刺状或唇样的骨质增生；骨刺对软组织产生机械性的刺激和外伤后软组织损伤、出血、肿胀而致。骨质增生是人体衰老的一种正常退化现象，到了一定年龄，每个人在活动较多而且负重较大的关节如颈椎、膝关节、胸椎、腰椎、脚跟等都会有不同程度的骨质增生[②]。同时，劳动强度不同、营养状况差异和城乡区域间差异也会造成骨质增生发生率的不同。

中国古代人群的退行性关节病的发病时间和发病率因时代和地域的不同以及个体差异等也不完全相同，但总体来说发生概率较高，且呈年轻化倾向。路固墓地可观察到的骨质增生主要是腰椎增生和髌骨增生，其中有5例个体的腰椎呈重度增生，如BM34棺1墓主和BM28棺2墓主的腰椎增生，椎体周缘增生明显，骨赘呈舌状。CM13腰椎增生伴随着髌骨的增生。BM1棺1和BM19：A、B的腰椎增生明显。有些骨骼保存较差，无法观察到椎骨等容易增生的部位，相信真实的骨质增生发病率还会更高。这些椎骨增生的个体年龄多在中年，少数个体是中年，反映了当时人繁重的体力劳动，同时可能与营养状况较差等有关。

4. 跪踞面现象

还有一种跖骨增生现象，即AM2墓主只有第一跖骨上部前端有棱嵴状增生，跖骨前端呈碗状，这属于一种跪踞面痕迹，应与双膝着地、双脚尖向前跪坐在磨盘旁加工食物等活动有关。由于脚尖向前的跪坐姿势，脚趾骨（位于脚面上的长骨）与前端的脚趾骨经常形成一种钝角接触性摩擦，脚趾骨后端上部压迫跖骨的前端上部，使得跖骨前端上部产生应力性增生，第一脚趾骨后端上部呈半圆形，在跖骨上部前端的增生也呈半月形棱嵴状增生。这种增生可能与长期采用跪坐姿势活动或劳作有关。AM2的墓主为女性，可能与该个体生前以跪坐姿势从事家务或女红等有关。这种现象在其他遗址中也曾有过发现，如笔者在河南平顶山蒲城店龙山文化墓葬中也发现有少量个体的趾骨上有类似的增生变异。这种现象在商代晚期墓葬的成年个体中也不少，如在殷墟和河南荥阳关帝庙商代晚期遗址的成年个体左、右两侧的第一趾骨上都有类似的增生现象。这种坐式以双膝为着力点，双膝并拢，臀部置于两脚跟上，两脚尖方向向前，身体力量压在膝盖和脚骨之间，因此髌骨和脚骨受力较大，在髌骨和趾骨上产生明显的应力性增生。这种骨质增生现象在商代晚期墓葬成年个体左右脚第一跖骨和髌骨上无一例外都有这样的

① a. 王明辉：《人骨综合研究》，见《灵宝西坡墓地》，文物出版社，2010年；b. 王明辉：《人类学研究》，见《舞阳贾湖》（二），科学出版社，2015年。

② 谢利民：《骨关节炎诊断与治疗》，人民卫生出版社，2008年。

增生变异，有理由相信这是跪坐造成的。这种跪坐姿势在妇好墓出土的跪坐玉人雕像和甲骨文的“人”字上都可以找到痕迹。

5. 脑颅疾病

脑颅疾病类型多样，发病机理各不相同，症状也千差万别，多数脑颅疾病尚未在影响骨骼之前个体即去世，无法在骨骼上留下可观察的痕迹。有些慢性疾病或持续性较长的炎症等会在骨骼上留下不同类型的痕迹，我们借此可观察和识别某些脑颅疾病，从而推测个体生前的患病状况。

路固墓地发现个别个体的颅骨上有脑颅类疾病现象，但数量相对较少，似乎也没有什么规律性，仅描述并做简单分析。

脑颅内侧壁上疾病现象，主要有2例。一是AM78男性中年个体额骨内部左、右两处约呈对称状分布的骨质融蚀痕迹，但未穿透骨壁，痕迹周边光滑，有骨质吸收现象，未发现打击或断裂现象，估计属于颅内膜炎所导致。二是CM15B女性中年个体颅内部有多处星点的融蚀性凹坑，但未穿透骨壁，也有骨质吸收现象，应该与脑膜炎或内膜炎症等有关。

BM19B老年男性个体头骨顶孔附近呈片状分布有6～7个融蚀性凹坑，但皆未形成穿孔，骨质吸收现象不明显，同时面骨未变形，盆骨无变化，似与麻风病或梅毒等症状类似，但又不完全相同，其他部位骨骼未发现变化，可能与脑膜炎症等有关。

以上现象可以看出，路固墓地古代人群的脑颅类炎症较易多发，或当时存在某种传染源。脑膜炎是由病原体引起的疾病，可由感染人群的咳嗽或打喷嚏传播，也可由携带脑膜炎病毒的动物咬后感染。因此，不排除当时存在携带感染源的田鼠类动物咬人后感染，再由感染人群的飞沫传染给他人，造成该类疾病的高发。

还有一种疾病是颅缝过早愈合，即某一颅骨缝在正常年龄以前过早骨化闭合，周围颅骨就会产生与骨化颅缝呈垂直方向的生长不全，而沿骨化颅缝方向则呈代偿性过度生长。颅缝过早愈合将导致颅压增高，视力障碍，智力发育迟缓，精神失常，有可能严重损坏个体的身心健康。

路固墓地BM22棺1的颅缝过早愈合，反映的年龄状态较实际年龄大，但对颅骨的形态并未产生明显影响，因此我们认为该个体的颅缝虽然愈合相对较早，但发生在成年后，对颅骨形态基本没有影响。

6. 创伤现象

骨骼创伤严格说来也是一种病理现象，骨骼创伤种类很多，在实际工作中最多见的是各种类型的骨折（如四肢骨、椎骨部位的骨折）。它是研究古代人群健康状况、生活情况和致死原因以及社会关系的重要内容。还有一类骨骼创伤是由特殊风俗或治疗为目的的骨骼损伤，如剥头皮习俗、头骨穿孔或开颅术等。

路固墓地发现的创伤现象不多，仅在AM32棺1左侧胫骨下部发现骨骼错位愈合现象。一般人群间的暴力冲突产生的创伤多发于头部、上肢以及腰部等，很少发生在下肢，因此判断该创伤与暴力冲突等社会行为无关，可能与跌倒等无意识行为有关。

五

我们对路固墓地出土的人骨资料进行了全面的观察、记录和统计分析。路固墓地共记录鉴定个体123例，其中男性和倾向于男性的个体有54个，女性和倾向于女性的有43个，性别不明的个体有26个，各占鉴定总数的43.9%、35%和21.1%。两性比例为125.6。

在鉴定的123例个体中，113例个体都可以判断具体年龄阶段，占总数的91.87%，年龄鉴定成功率较高。全部123例个体的平均死亡年龄为30.71岁，除去性别不明的26例个体，总体平均死亡年龄为33.91岁，其中男性34.82岁，女性32.77岁，男性年龄略高于女性。全部个体中，死于壮年和中年阶段的个体较多，占总数的68.5%，死于青年和未成年阶段的较少。按照性别分别分析，男、女两性都有超过80%的个体死于壮年和中年阶段。

头骨特征显示，多数头骨具有卵圆形颅，偏长的中颅型以及高而偏狭的颅型，中等偏狭的面宽和中等的上面部扁平度，较低的眶型和明显的低面、阔鼻倾向，同时具有简单的颅顶缝、圆钝的眶形、发达而突出的颧骨、低矮的鼻前棘、低而凹形的鼻梁、浅的犬齿窝、扁平的面部和很高的铲形门齿出现率等蒙古人种特征，这种体质特征可称为“古中原类型”。体质特征表明，该地区古代人群与古代中原地区先秦时期的居民在体质特征上具有一脉相承的关系，他们可能就是当地更早时期古代人群的后裔，在基因上较少收到其他种族类型人群的影响。

路固墓地的牙齿磨耗普遍较实际年龄偏重，同时存在着两性差异。龋齿患病率为12.12%，且似乎男性龋齿的发病率更高一些。有4.5%的个体具有明显的牙齿生前脱落现象，且似乎女性更容易造成牙齿的脱落，牙齿脱落后的生存可能与社会照顾有关。路固墓地还有一定的齿根脓肿和第三臼齿发育异常现象。

路固墓地古代居民存在一定的肢骨骨密度和粗壮度较弱的现象，反映出路固古代人群普遍的劳动强度较大，这可能与他们从事繁重的农业体力劳动等有关，同时说明路固古代人群的营养健康状况普遍较差，这反映出路固古代人群可能存在的食物结构单一、营养摄入不足、蛋白质食用量较少等有关。路固墓地古代人骨上还可观察到一定的骨质增生现象，反映了当时人繁重的体力劳动，同时可能与营养状况较差等有关。同时，还可在脚骨上观察到跪踞面现象，可能与特殊的跪坐姿势有关。在颅骨上还可观察到脑膜炎、颅骨缝过早愈合等疾病现象。在肢骨上可以观察到少量骨折愈合等创伤现象。

河南辉县市路固墓地出土人骨性别年龄鉴定表

	墓号	保存状况	性别	年龄	备注
A区（47座墓葬）					
	M2墓主	头骨片和肢骨	女	30～35	性征不明显，骨密度1级，牙齿磨耗3级，左右第一跖骨上有明显的跪踞面痕迹
	M3墓主	肢骨片和牙齿	男	45～50	性征明显，骨密度3级，粗壮度1级，牙齿磨耗4～5级，颅缝皆已愈合
	M5棺2	肢骨段和牙齿	男	30±	耻骨联合面特征明显
	M8棺1	头骨片、肢骨段和牙齿	男	35～40	性征明显，骨密度2级，粗壮度2级，牙齿磨耗3～4级
	M12	完整头骨，肢骨	女	30±	性征明显，耻骨联合面平坦，但牙齿基本未磨耗，可能与此人生前食物比较精细有关，墓主身份可能较高
	M13　A	头骨片和肢骨段	男	30±	性征明显，牙齿磨耗2～3级，骨密度1级，颅缝未愈合
	M13　B	肢骨和盆骨	女	30±	性征明显，耻骨联合面清晰，骨密度2级
	M14	完整头骨和肢骨	女	35±	性征明显，牙齿磨耗3级，骨密度3级，骨质疏松程度远大于实际年龄，且此现象比较普遍；右侧下颌M1远中齿冠龋齿；卵圆形颅，长颅，高颅，狭颅，中高面，中面，中高眶，中鼻等
	M15	肢骨和牙齿	女	30±	性征明显，骨密度1级，粗壮度3级；左上M1近中齿冠龋齿，右M1齿根脓肿
	M15（B？）	头骨片，盆骨和肢骨	女	30±	性征明显，牙齿磨耗2～3级，骨密度2～3级
	M17棺1西	肢骨片	女？	成年	骨质保存较差
	M17棺2西：A	头骨片和牙齿	男	成年	骨质保存较差
	M17棺2西：B	头骨片和牙齿	女	成年	骨质保存较差
	M17厅室	肢骨	男	30～40	性征明显，骨密度2级
	M18	牙齿	不明	30～35	牙齿磨耗3级
	M19棺2	肢骨片	女	40±	性征明显，耳状关节面呈凹形，表面略粗糙
	M22棺1	肢骨片	男	20±	性征不明显，牙齿未经磨耗，但骨密度极小，3级，骨质疏松，钙质流失严重或吸收不足
	M22棺2	肢骨片	女	18～20	牙齿未经磨耗，肢骨缝皆愈合
	M24棺1	肢骨片	男	40±	性征明显，骨密度2级
	M24棺2	肢骨片	男？	成年	肢骨保存较差
	M26	残肢骨	男	壮年	肢骨较粗壮，盆骨性征明显，骨密度大，耳状关节面均匀平整
	M29	肢骨片	女	25～30	颅缝微愈合；肢骨极细弱，骨密度极低，骨壁极薄；下颌牙齿皆生前脱落，齿骨萎缩变形，属于明显的钙质和维生素缺乏症状，可能与吸收较差有关

续表

墓号	保存状况	性别	年龄	备注
M31 厅室扰土中	头骨片和肢骨	女	20 ~ 25	性征明显，齿尖略磨耗，M3未萌出
M32棺1	肢骨段	男	45 ~ 50	性征明显，牙齿磨耗4级，颅缝皆愈合，骨密度2级；左侧胫骨下部骨折错位愈合
M32棺2	肢骨片和牙齿	女	40 ~ 45	性征明显，牙齿磨耗4级，骨密度3级，颅缝多愈合
M34棺1	头骨片和肢骨段	男	40 ±	性征明显，骨密度2级，牙齿磨耗3 ~ 4级
M34棺2	头骨片	女	30 ~ 35	性征明显，牙齿磨耗3级
M39	牙齿	男？	25 ~ 30	仅有牙齿，不易判断性别。因随葬有长铁剑，故推测为男性
M40棺1	肢骨	男	30 ~ 35	性征明显，牙齿磨耗3级，骨密度1级
M40棺2	残牙3枚	不明	30 ~ 40	仅有牙齿，不易判断性别
M42上浮墓主	头骨片和肢骨段	男？	25 ~ 30	性征明显，M3刚萌出，略磨耗。随葬有一把长铁刀，怀疑为男性
M43	股骨内外髁	不明	成年	骨质保存太差
M43棺1	牙齿	男	25 ~ 30	仅有牙齿，不易判断性别
M43棺2	牙齿	女	25 ~ 30	仅有牙齿，不易判断性别
M44墓主棺1	头骨片和肢骨	女	35 ±	性征不明显；牙齿磨耗3 ~ 4级，骨密度2级
M44棺2	肢骨段和牙齿	男	30 ±	性征明显；牙齿磨耗2 ~ 3级，骨密度1级
M45棺1	1枚牙齿	不明	成年	仅有1枚牙齿，不易判断性别年龄
M45棺2	数枚牙齿	不明	壮年	仅有牙齿，不易判断性别
M46	牙齿	不明	壮年	仅有牙齿，不易判断性别
M47墓室上浮墓主	牙齿	不明	20 ~ 30	仅有牙齿，不易判断性别
M49棺1	头骨片和肢骨段	男	40 ±	性征明显，冠缝愈合，人字缝部分愈合；骨密度2级，粗壮度1级
M50棺1	牙齿	不明	7 ~ 8	I1刚萌出
M50棺2	牙齿	不明	12 ~ 14	M2刚萌出未磨耗，齿根弱
M54墓主	肢骨和牙齿	男	25 ~ 30	性征明显，M3略磨耗，骨密度2级，高于实际显示的年龄； 咬合面有明显龋齿
M55棺1	肢骨段和牙齿	女	25 ~ 30	性征明显；牙齿磨耗2级
M55棺 2	头骨片和肢骨段	男	25 ~ 30	性征明显，牙齿磨耗 2 级
M57棺1	头骨片和肢骨段	女	30 ±	性征明显，牙齿磨耗2 ~ 3级，骨密度2级，粗壮度中等，颅缝部分开始愈合
M58墓主3	头骨、肢骨和牙齿	女	40 ~ 45	性征明显，牙齿磨耗3 ~ 4级；骨密度3级，整体较轻，骨密质较小，骨松质较多，粗壮度3级，颅缝未愈合
M59厅室	小孩肢骨段	不明	7 ~ 9	M1I1刚萌出，其余为乳齿

续表

墓号	保存状况	性别	年龄	备注
M61厅室	头骨片、肢骨段和牙齿	男?	40±	牙齿磨耗3～4级，骨密度2级，粗壮度2级，颅缝皆愈合
M62棺2	牙齿	女	18～20	仅有牙齿，不易判断性别
M63棺2	肢骨段和牙齿	不明	16～20	骨质保存太差，牙齿微磨耗
M64棺1	肢骨段	男	30～40	性征明显，骨密度2级，粗壮度1级
M64棺2	肢骨段和牙齿	女	40±	性征明显，牙齿磨耗4级，骨密度2级
M65棺1	头骨片，肢骨和牙齿	男	25±	性征明显，牙齿磨耗1～2级，骨密度1级，粗壮度2级
M65棺2	肢骨段和牙齿2枚	女	中年	性征明显，骨密度3级，较牙齿磨耗显示的年龄大；骨质疏松可能与钙质流失或缺乏某种与钙质沉积有关的维生素有关
M66	肢骨和2枚牙齿	男	16～20	性征不明显，牙齿未磨耗
M68棺2	肢骨残段和少量牙齿	女	45±	中等粗壮和中等骨密度；牙齿4级磨耗
M70棺1	头骨片、肢骨段和牙齿	男	40～45	性征明显，牙齿磨耗4级，骨密度1级，粗壮度1级；
M70棺2	乳齿	不明	3～5	只有2枚乳齿
M74棺2	少量肢骨片和牙齿	不明	7～8	M1和I1刚萌出，其余为乳齿
M74棺1	少量肢骨片和牙齿	不明	7～8	M1和I1刚萌出，其余为乳齿
M75棺1	牙齿	不明	10～14	仅有牙齿，不易判断性别
M75棺2	牙齿	不明	16～18	仅有牙齿，不易判断性别
M78	头骨片	男	35～40	性征明显，牙齿磨耗3～4级；额骨内部左右两处有骨质融蚀痕迹，估计属于颅内膜炎所导致
M79棺1	肢骨碎片	男?	成年	骨质保存太差
M79棺2	肢骨段和牙齿	女	16～18	肢骨缝部分愈合
M80	相对较完整头骨片、肢骨段和盆骨	女	25±	性征明显；M3刚萌出，耻骨联合面较清晰
M80棺1	头骨、肢骨和盆骨	女	18～20	性征明显，牙齿未磨耗，肢骨缝皆愈合
B区（22座墓葬）				
M1棺1	肢骨和牙齿	男	45～50	性征明显，粗壮度1级，骨密度2级，牙齿磨耗4～5级，颅缝多愈合；左侧前臼齿远中齿颈龋齿；腰椎增生
M1棺3	牙齿	不明	14～16	仅有牙齿，不易判断性别；恒齿萌出，未磨耗
M4　A	头骨片和肢骨段	男	40±	性征明显，骨密度2级，粗壮度1级，牙齿磨耗3～4级
M4　B	碎头骨片	不明	未成年	年龄太小，骨质保存较差
M7棺2	肢骨段	女	20～30	骨质保存较差
M7棺1（南侧）	肢骨段	男	壮年	性征明显，骨密度和粗壮度1级
M7耳室墓主	肢骨片和牙齿	不明	7～8	横中门齿刚萌出

续表

	墓号	保存状况	性别	年龄	备注
	M8棺1墓主	1枚残牙	不明	成年	仅有牙齿，不易判断性别
	M8棺2墓主	残牙	不明	中年	仅有牙齿，不易判断性别
	M9	小孩残骨	不明	未成年	骨质太差
	M12棺1	头骨片、肢骨段和牙齿	女	25～30	性征明显，下颌左右M3横生阻生齿，下颌右M2咬合面2级龋洞
	M12棺2	肢骨段和牙齿	男	30±	性征明显，M3略磨耗，骨密度2级，粗壮度1级，可能与钙质流失或某种维生素缺乏有关
	M14棺1	牙齿	不明	20±	仅有牙齿，不易判断性别
	M18	肢骨	女	30～35	性征明显，牙齿磨耗3级，骨密度2级，粗壮度2级
	M19：A	头骨片和肢骨段	男	40～45	性征明显；龋齿2枚；腰椎增生；颅内缝皆愈合，外缝未愈合；骨密度2～3级，粗壮度1级
	M19：B	头骨和肢骨	男?	老年	上下颌牙齿皆生前脱落，齿骨萎缩变形，尤其上颌骨磨耗与上颚基本相平；性征不明显，肢骨粗壮度1级，骨密度3～4级，颅缝完全愈合；椎骨增生明显；头骨顶孔附近有6～7个融蚀性凹坑，但皆未形成穿孔，面骨未变形，盆骨无变化，似与麻风病或梅毒等症状类似，但又不完全相同
	M22棺1	肢骨段和牙齿	男	30±	性征不明显，粗壮度2级，坐骨大切迹身而窄；颅缝多愈合，但牙齿磨耗只有2级
	M23棺1	肢骨残段和少量牙齿	女	14～18	盆骨性征明显，牙齿微磨耗
	M23棺2	头骨片和肢骨段	男	30～35	性征明显，牙齿磨耗3级，骨密度1级；下颌右侧M3咬合面龋洞
	M23棺3	肢骨段和牙齿	女	25～30	性征明显，M3略磨耗
	M24	牙齿	不明	14～18	恒齿萌出，未磨耗
	M26西棺(棺2)	肢骨段	男	40±	性征明显，骨密度2级
	M28棺1	肢骨和牙齿	女	35±	性征明显，牙齿磨耗3级半，耻骨联合面清晰
	M28棺2	肢骨段和牙齿	男	30±	性征明显，牙齿磨耗2级，骨密度1级；腰椎增生明显，呈舌状，较实际显示的年龄大
	M31棺2	肢骨	男?	30～40	性征不明显，粗壮度中等，骨密度1级
	M32墓主	肢骨	男	40±	性征明显，牙齿磨耗4级，骨密度2～3级；部分肢骨似乎经过烧烤；普遍的骨质疏松程度较牙齿磨耗显示的年龄大
	M34	头骨片和肢骨段	女	45～50	性征明显，颅缝皆愈合；骨密度低3级；腰椎增生严重，呈舌状； 下颌牙齿皆生前脱落，齿骨萎缩变形
	M34棺2	肢骨段	男?	中年	骨密度3级，中等粗壮
	M35棺室	肢骨段和残牙	女	30～35	性征不明显，牙齿磨耗3级，骨密度3级，钙质流失严重

续表

墓号	保存状况	性别	年龄	备注
M36棺1墓主	牙齿	不明	14～18	仅有牙齿，不易判断性别
M36棺2墓主	牙齿	不明	16～18	仅有牙齿，不易判断性别
M37	肢骨和牙齿	男	35±	骨密度1级，粗壮度1级，牙齿磨耗3～4级
M38墓主	肢骨片和牙齿	男	25±	性征明显，M3略磨耗，骨密度1级
M39墓主	头骨和肢骨段	男	20～25	性征不明显，头骨呈男性，肢骨粗壮程度较低，可能与肢骨肌肉萎缩有关；M3刚萌出未磨耗，颅缝未愈合
C区（14座墓葬）				
M4棺1墓主	肢骨段和牙齿	男	30±	性征明显，牙齿磨耗2～3级
M7墓主	肢骨和牙齿	男	30～35	性征明显，牙齿磨耗3级，骨密度1级
M8	头骨片、肢骨段和牙齿	男	35±	头骨性征明显，牙齿磨耗3级；下颌右M3远中齿颈龋
M9棺1	肢骨段	男	40～50	性征明显，骨密度2级，牙齿磨耗4级
M9棺2	头骨片和牙齿	女	中年	盆骨下肢骨性征明显，肱骨极粗壮，牙齿磨耗4级
M10：A	肢骨段和牙齿	男	35～40	性征较明显，骨密度3级，粗壮度中等，牙齿磨耗3～4级； 钙质流失严重，骨密质较薄，骨干多为骨松质
M10：B	肢骨	女	35～40	性征明显，骨密度3级，牙齿磨耗3～4级
M12墓主	肢骨段和盆骨片	男	30～35	性征明显，牙齿磨耗3级，骨密度中等，粗壮度中等
M13	头骨片、肢骨段和牙齿	男	45±	性征明显，骨密度2级，粗壮度1级，牙齿磨耗4～5级； 腰椎和骶骨增生
M14 A墓主	头骨片和肢骨段	女?	35±	肢骨中等发育，但坐骨大切迹浅而宽；骨密度1级，部分肢骨骨密质成蓝灰色；颅内缝皆愈合，牙齿磨耗3级
M14 B墓主	肢骨片	女?	35±	性征不明显，牙齿磨耗3级，骨密度2级
M15（女性一次葬）B	头骨片	女	45±	性征明显；颅缝只有人字缝愈合，骨密度2～3级；颅内部有多处星点的融蚀性凹坑，但未穿透骨壁，应该与脑膜炎症有关
M15（男性二次葬）	头骨片和肢骨段	男	30～35	性征明显，牙齿磨耗3级，骨密度1级，粗壮度1级
M16墓主	头骨和肢骨	女	35±	性征明显，牙齿磨耗3级，骨密度3级，远高于实际年龄； 五角形颅，中长颅，阔颅，高颅等
M17墓主身下	完整头骨，盆骨和肢骨	男	35±	盆骨性征明显，牙齿磨耗3～4级
M18	头骨片和肢骨	女	30±	性征明显，牙齿尖磨平，齿质未磨耗，骨密度2级

续表

	墓号	保存状况	性别	年龄	备注
	M22：A	头骨片、肢骨和牙齿	男	40±	性征明显，牙齿磨耗4级；骨密度2级；粗壮度1级；耻骨联合面清晰
	M22：B		女	中年	性征明显，牙齿磨耗4～5；骨密度极低
	M23	肢骨	女	中年	性征明显，骨密度3级
	M23　B	肢骨段	男	中年	性征明显，骨密度2级

后 记

2006年4月至2007年12月，为配合南水北调工程，中国社会科学院考古研究所安阳工作队承担了南水北调中线工程干渠——河南新乡市辉县孟庄镇路固村西古代墓葬群的发掘，历时一年零八个月。本次发掘由岳洪彬主持，岳占伟协助，谢肃、何毓灵、唐际根、刘忠伏和崔良生等参与了部分发掘工作。

2008年春季，中国社会科学院考古研究所启动了本报告的整理工作。该课题由岳洪彬主持，主要参与整理的有岳洪彬、岳占伟、苗霞，北京大学考古文博学院研究生缪丹、杨清越、陈灿平和李雨生也参与了部分整理工作。

2008～2014年，是中国社会科学院考古研究所安阳工作队基建发掘工作最为繁重的时期，虽然《辉县路固》发掘报告项目已启动，但为保证殷墟基建发掘的顺利开展，《辉县路固》发掘报告的整理工作不得不时断时续。再加上《安阳大司空》课题也在同时进行中，使得《辉县路固》发掘报告的整理时间更为紧张。直至2014年5月《安阳大司空》出版后，本课题组成员才能集中精力，投入到《辉县路固》发掘报告的整理和编撰中。

本次发掘的人骨标本的鉴定和后期分析由中国社会科学院考古研究所考古科技实验研究中心王明辉完成，金属器的现场保护由王影伊和李存信负责，汉墓出土白色粉块及金属遗物的检测分析工作均由赵春燕负责。

在整理过程中，协助整理陶片和陶器修复的有霍廷合、侯文明、王庆军、杨树林、段桂云、霍慧庆、张娥、单青霞、王卫国、梁道安等，铜镜修复和保护由王浩天团队完成，绘图由屈光富、黄晓芳、缪丹、杨清越、陈灿平、李雨生、刘晓贞、岳小燕、李晓燕、何凯、陈会霞、张晓斌等完成，拓本由何海慧、王好义完成，照片由岳占伟、申明清拍摄，器物卡片由高振龙、董好、霍慧军、岳小燕、王艳丽等完成。

本报告由岳洪彬、岳占伟、苗霞、缪丹共同编著，陈灿平参与了铜镜的整理和部分撰写，李雨生参与了钱币的整理和部分撰写。岳洪彬通览全稿。孔祥星、刘一曼两位先生审阅了铜镜部分稿件并提出了宝贵意见。

在发掘和资料整理期间，自始至终都得到河南省文物局、中国社会科学院考古研究所、夏商周研究室、安阳工作站等各级领导和同仁的大力支持；北京大学考古文博学院齐东方教授多次到现场指导整理工作；钱国祥研究员带领洛阳工作站同仁到发掘工地协助航拍；白云翔、朱岩石、杨哲峰、张建锋、鹏宇等先生对本报告的整理方法、陶器分期和铜镜铭文释读等，都提出了宝贵的意见。

中国社会科学院考古研究所陈星灿所长、刘国祥处长和巩文主任，河南省文物局南水北调办公室张志清主任、秦文波副主任、孔祥珍副主任等，为本报告的出版多方协调；科学出版社张亚娜、中国社会科学院考古研究所苗霞，为本报告的编辑出版付出了大量的心血。

考古发掘是一项集体科研活动，田野考古资料的整理和分析更是多学科共同参与的综合研究。《辉县路固》报告也是集体劳动和集体智慧的结晶。正是上述各位的大力支持和通力合作，本报告才得以顺利出版。在此谨向各位致以衷心的感谢！

由于编撰者水平所限，报告中难免会有纰漏，敬请大家批评指正！

编　者

2017年7月